山东大学年鉴

（2022）

桑晓旻　赵　海　主编

山东大学出版社
·济南·

图书在版编目(CIP)数据

山东大学年鉴.2022/桑晓旻，赵海主编.--济南：山东大学出版社，2024.5

ISBN 978-7-5607-8010-8

Ⅰ.①山… Ⅱ.①桑…②赵… Ⅲ.①山东大学-2022-年鉴 Ⅳ.①G649.285.21-54

中国国家版本馆 CIP 数据核字(2023)第 246248 号

责任编辑　李　璐　朱若翌　肖淑辉
美术设计　王秋忆

山东大学年鉴(2022)
SHANDONG DAXUE NIANJIAN（**2022**）

出版发行　山东大学出版社
社　　址　山东省济南市山大南路 20 号
邮　　编　250100
发行热线　(0531)88363008
经　　销　新华书店
印　　刷　山东新华印务有限公司
规　　格　787 毫米×1092 毫米　1/16
　　　　　12 插页　47.5 印张　1130 千字
版　　次　2024 年 5 月第 1 版
印　　次　2024 年 5 月第 1 次印刷
定　　价　180.00 元

1 月 11 日，学校召开主题为“构建一流科技创新体系 打造国家战略科技力量”的科技创新大会。

1月11日，山东大学与西湖大学签署校际合作框架协议。

1月12日，济南市人民政府与山东大学共建济南市疾病预防控制中心、济南市儿童医院签约仪式举行。

2 月，山东大学新能源系统控制教师团队获评第二批“全国高校黄大年式教师团队”，山东大学考古团队获评第二批“山东省高校黄大年式教师团队”。

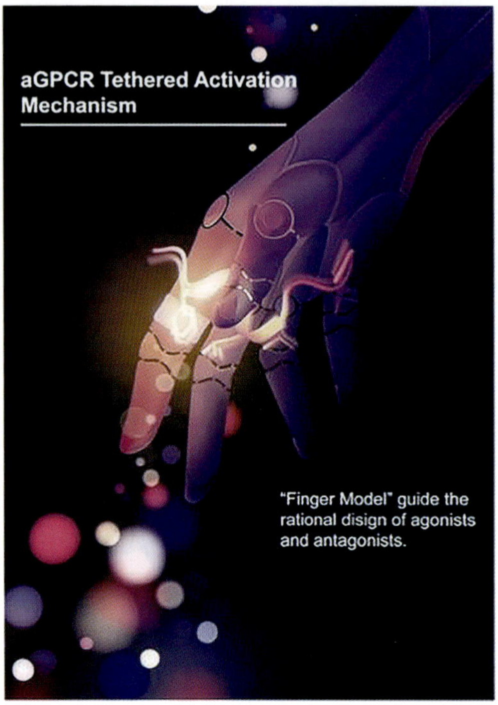

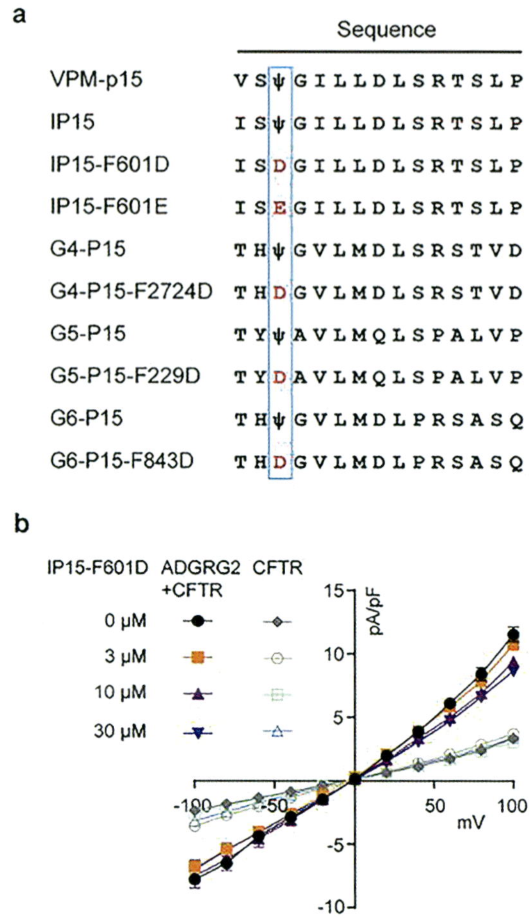

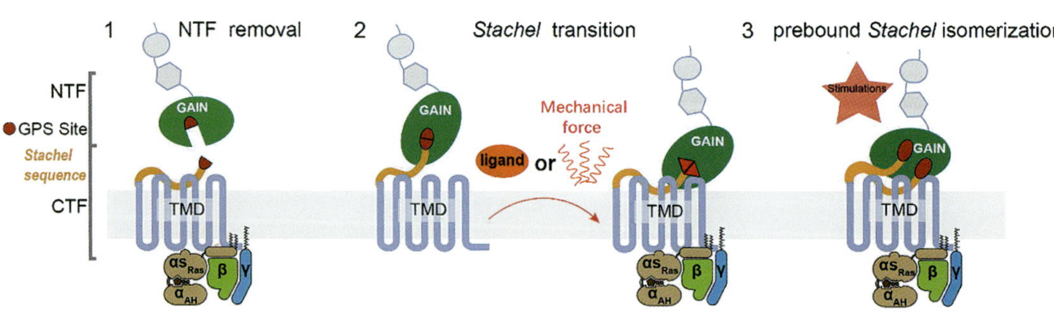

4 月 13 日，山东大学基础医学院孙金鹏和于晓教授团队在 *Nature* 杂志上分别以“Structural basis for the tethered peptide activation of adhesion GPCRs”和“Tethered peptide activation mechanism of the adhesion GPCR ADGRG2 and ADGRG4”为题，背靠背发表两篇关于粘附类 G 蛋白偶联受体(adhesion GPCR，aGPCR)的研究成果。

5 月 7 日，学校召开学习贯彻习近平总书记给《文史哲》编辑部全体编辑人员重要回信精神一周年座谈会。

5 月 7 日，《新文科理论与实践》正式创刊，山东大学人文社科期刊社揭牌成立。

6 月初，学校分别与德州市、淄博市、泰安市签署战略合作框架协议，进一步提升校地合作广度、深度和精度。

6 月 17 日，山东大学与历城区委区政府共同举行美德历城“中华美德学堂”启动仪式。

7 月 14 日，山东大学非物质文化遗产研究院揭牌。

7 月 15 日，第十七届“中国青年女科学家奖”颁奖典礼在北京钓鱼台国宾馆隆重举行，山东大学控制科学与工程学院张海霞教授获此殊荣。

7 月 17 日，山东大学零磁医学研究院学术论坛暨第十五期齐鲁医院多学科交叉论坛举行。会上，山东大学零磁医学研究院揭牌成立。

7 月 18 日至 19 日，由山东大学主办的“新文科建设高峰论坛 2022”在青岛召开。

7 月 30 日至 31 日，由山东大学联合主办，济南地铁、兰州地铁、青岛地铁等沿黄 7 省 11 家轨道交通集团联合发起的“2022 黄河流域轨道交通高质量发展论坛”在济南举行。

7 月，王文兴院士荣获“环境化学终身成就奖”。

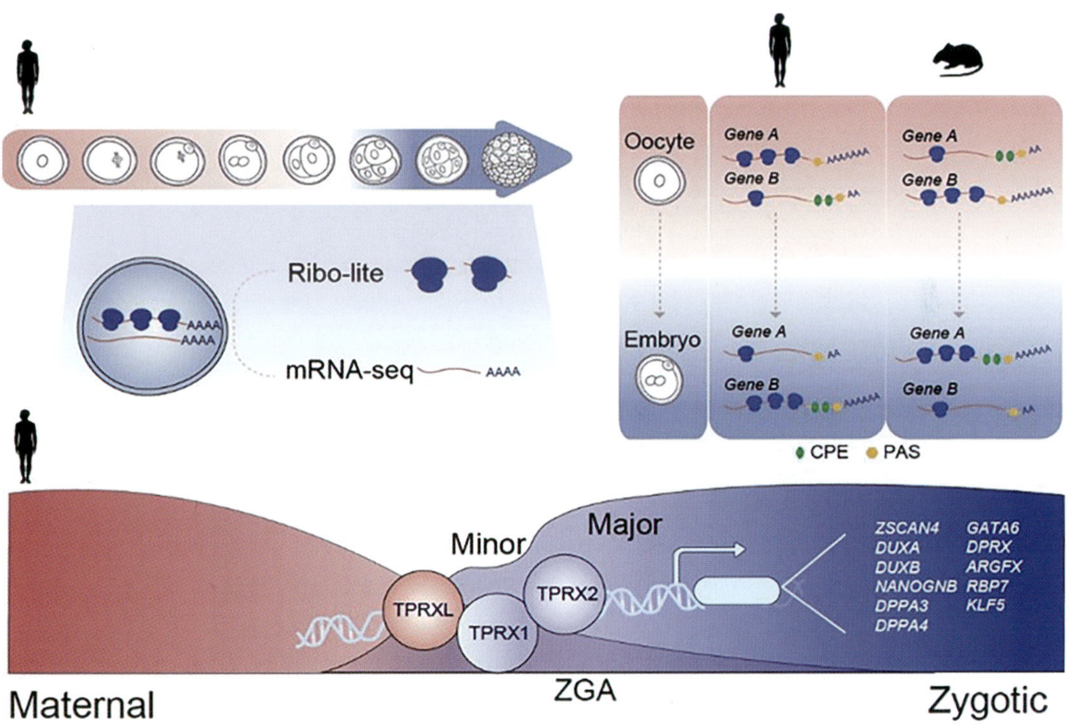

9 月 8 日，山东大学生殖医学研究中心陈子江院士、赵涵教授团队联手清华大学颉伟教授团队，在 *Science* 杂志上发表题为“Translatome and transcriptome co-profiling reveals a role of TPRXs in human zygotic genome activation”的文章。

9 月 17 日，智能盾构下线暨“智慧一号”盾构始发仪式在济南地铁 6 号线凤凰路站举行，标志着整体搭载山东大学研发的“五官一脑”的智能盾构正式进入工程应用阶段。

9 月 26 日至 28 日，学校联合承办第八届尼山世界文明论坛。

10 月 7 日，学校首次使用全息互动方式开展直播互动教学，标志着山大全息互动教室建设进入实际使用阶段。

10月16日上午10时，中国共产党第二十次全国代表大会在北京人民大会堂隆重开幕。山东大学师生医务员工通过电视、网络、广播等各种方式，认真收听收看党的二十大开幕会。

11 月 2 日，学习贯彻党的二十大精神中央宣讲团来山大宣讲。

11 月 5 日，加利福尼亚大学圣塔芭芭拉分校教授、山东大学潘承洞数学研究所所长张益唐在山大作报告。

11 月 9 日，“人类命运共同体视野下的世界政党论坛”在济南举办。

11 月 10 日，山东大学党委书记郭新立宣讲党的二十大精神。

11 月 17 日，山东大学校长李术才宣讲党的二十大精神。

11 月 10 日至 13 日，由中国化学会、山东大学共同主办的第十七届全国有机合成化学学术研讨会在济南举行。

11 月 12 日，第十七届中国青年科技奖颁奖仪式举行，山东大学岩土工程中心教授刘斌、齐鲁医院教授徐峰荣获该奖项。

11 月 26 日，山东大学等单位共同举办的第二届黄河发展论坛、中国区域经济 50 人论坛第 22 次研讨会暨第六届鲁青论坛以线上线下相结合的方式举行。

12 月 9 日，宝钢教育基金会公布 2022 年度宝钢教育基金(宝钢教育奖)评选结果，山东大学 10 位师生获得奖励。其中，泰山学堂 2019 级本科生孙树喆获得优秀学生特等奖。至此，学校本科生连续 5 年获宝钢优秀学生特等奖。

12 月 10 日，陈子江院士、孙金鹏教授荣获“谈家桢生命科学奖”。

12 月 14 日，山东大学与贝尔格莱德大学签约合建孔子学院。

山东大学与大阪大学签约共建国际合作联合实验室。

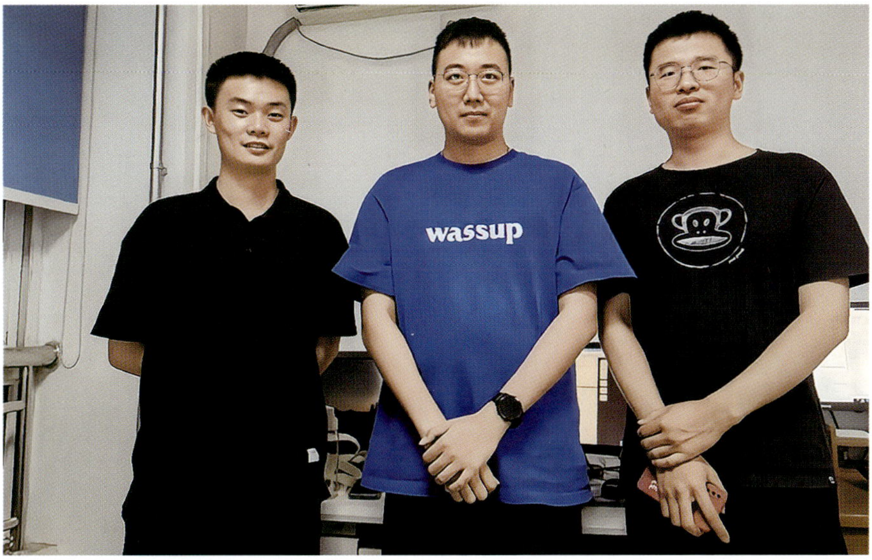

山大学子在第十八届中国研究生数学建模竞赛中荣获一等奖 1 项、二等奖 20 项、三等奖 38 项。

全国一等奖

队伍编号	学校/单位	队伍名称
CPC20225116	山东大学	宛香都

全国二等奖

队伍编号	学校/单位	队伍名称
CPC20221585	清华大学	桃李特攻队
CPC20229520	建投数据科技(山东)有限公司	山东建投数据科技

全国三等奖

队伍编号	学校/单位	队伍名称
CPC20220079	山东科技大学	哞哞草原
CPC20223247	郑州大学	郑大摸鱼队
CPC20224875	拓竹科技&华声医疗&顺丰科技	003
CPC20227205	西南石油大学	Omega
CPC20228765	西南石油大学	Lambda
CPC20229988	齐鲁工业大学	灵犀

并行基金奖

队伍编号	学校/单位	队伍名称
CPC20224673	山东大学	所以爱会消失对不队
CPC20226566	太原理工大学	TUT1

山大学子在全国并行应用挑战赛中获得全国一等奖 2 项、二等奖 1 项。

山大学子获第六届中国研究生公共管理案例大赛特等奖。

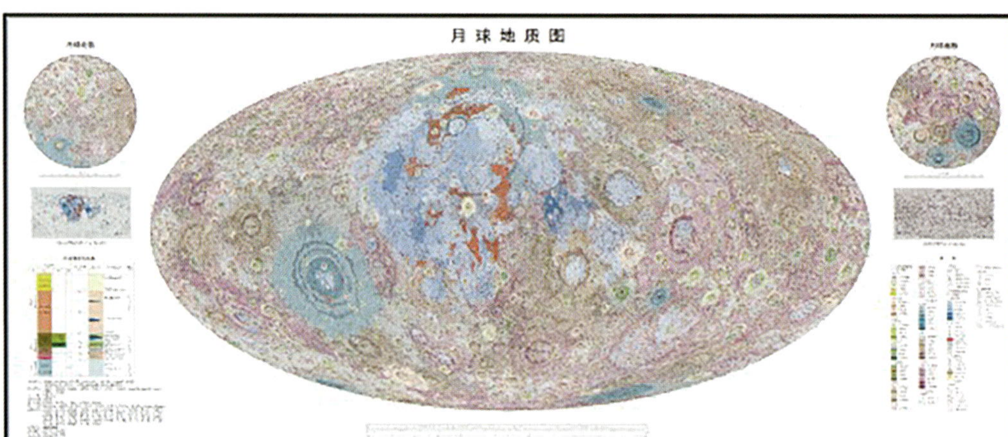

2012—2022 年，在“嫦娥工程”探测数据支持下，山东大学作为牵头单位，联合多家单位完成了世界第一幅 1∶250 万月球地质图。

山东大学与青岛地铁集团、山东能源集团、中国广核集团等签署合作协议。

《山东大学年鉴》编纂委员会

江小荃　方　郁　赵　萍　徐　慧　王　薇　谢欣彤　郑海涛
张　磊　刘海华　王　庆　武　剑　徐良瑜　韩　杰　曲珊娜
张　啸　侯　雯　袁玉起　王建峰　杨　洁

编写说明

一、《山东大学年鉴（2022）》是由学校年鉴编纂委员会主持编纂的一部综合性资料工具书，是全面系统记述学校各领域、各方面建设发展情况的年度史料性文献。

二、本年鉴编纂坚持以马克思列宁主义、毛泽东思想、邓小平理论、“三个代表”重要思想、科学发展观、习近平新时代中国特色社会主义思想为指导，客观地记载学校在各项工作中取得的成绩，及时总结存在的问题，以史为鉴。

三、本年鉴记述时限上起2022年1月1日，下止2022年12月31日。部分内容依实际情况，在时限上略有延伸。

四、本年鉴结合时代特点和山东大学特色，以学校事业发展为主线，从党政管理、人才培养、科学研究、服务社会、师资队伍建设、国际合作与交流、基本建设、校办产业以及图书、档案、出版等各个方面反映山东大学办学全貌。全书共分概述、特载、年度十大新闻、党的建设和思想政治工作、行政工作、学院建设、威海校区、青岛校区、齐鲁医学院、附属医院、表彰和奖励、毕业生名单、大事记、附录等栏目。

五、本年鉴以文章和条目为基本体裁，文字力求客观准确、简洁凝练。

六、年鉴编纂涉及学校各职能部门、直属附属单位，各学院、教学部，各附属医院等单位。本年鉴所刊内容均由各单位确定专人负责提供，并经本单位领导审定。

《山东大学年鉴》编委会

2023年9月

目　录

概　述

特　载

年度十大新闻

党的建设和思想政治工作

行政工作

学院建设

威海校区

青岛校区

齐鲁医学院

附属医院

表彰和奖励

毕业生名单

大事记

附　录

概述

2022年山东大学概况

山东大学是一所历史悠久、学科齐全、特色鲜明，在国内外具有重要影响的综合性大学，2017年入选世界一流大学建设高校（A类），2022年入选第二轮“双一流”建设高校及建设学科名单。建校122年来，山东大学秉承“为天下储人才，为国家图富强”的办学宗旨，践行“学无止境，气有浩然”的校训精神，弘扬“崇实求新”的优良校风，踔厉奋发，薪火相传，坚持把世界一流大学建设同服务国家富强、民族复兴、人民幸福融为一体，办学特色日益彰显，核心竞争力显著增强，服务社会能力持续提升，努力走出了一条“中国特色、世界一流、山大风格”的建设新路。进入新时代，尤其是山东大学第十四次党代会召开以来，学校始终把习近平新时代中国特色社会主义思想作为办学治校、攻坚克难的“金钥匙”，全面学习贯彻习近平总书记关于教育的重要论述和给《文史哲》编辑部全体编辑人员重要回信精神，聚焦培养社会主义建设者和接班人、服务国家高水平科技自立自强，大力实施“七大战略”，深入凝聚广大教职医务员工的共识、智慧和力量，形成了团结奋斗服务中华民族伟大复兴的昂扬精神状态和浓厚干事氛围，推动学校“由大到强”历史性转变迈入从量变到质变的新阶段。

现学校总占地面积8000余亩，有3家直属附属医院。学科专业实力雄厚，有博士学位授权一级学科46个，博士学位授权二级学科1个，硕士学位授权一级学科52个，本科招生专业97个，博士后科研流动站42个，涵盖除军事学以外的所有学科门类。在校生总数7万余人，专任教师5182人，其中国家级领军人才234人，国家“四青”人才229人。学术核心竞争力持续增强，现有国家级科研平台17个，基础学科拔尖学生培养计划2.0基地9个，教育部人文社会科学重点研究基地4个，另有大批省级重点实验室和工程技术研究中心。

2022年，在党中央关怀下，在教育部和山东省委省政府的领导下，山东大学紧扣学习宣传贯彻党的二十大精神主题主线，坚定拥护“两个确立”，坚决做到“两个维护”，不断增强用习近平新时代中国特色社会主义思想“金钥匙”指导办学治校的政治自觉，胸怀“两个大局”，牢记“国之大者”，坚决把习近平总书记关于教育的重要论述和重要指示批示有效转化为“双一流”建设的实际行动，精耕细作推动立德树人、支撑高水平科技自立自强等各项工作开创新局。

坚持把学习宣传贯彻党的二十大精神作为首要政治任务。全面学习、全面把握、全面落实取得阶段性成果，《光明日报》整版报道学校的先进经验做法。积极发挥学术优势、人才优势，多措并举做好党的二十大精神的研究阐释。支持建设20支“习近平新时代中国特色社会主义思想研究专项”团队，倾力打造习近平新时代中国特色社会主义思想研究重镇，3个智库入选CTTI高校百强智库。立德树人成效有新提升。深入落实立德树人根本任务，开展“五育协同育人工程”，发挥学生工作党委作用，实施本科生、研究生综合评价，建立辅导员队伍建设“1＋N”制度体系，“三全育人”改革持续深化，“大思政”工作格局进一步完善。“四新”建设和专业“优特新”建设扎实推进，持续引领全国新文科建设发展，持续打造基础学科拔尖创新人才培养模式升级版，系统搭建“高峰—高原—高地”阶梯式超常规人才培养模式，获评首批国家级创新创业学院，人才自主培养能力全面提升。学术创新发展有新突破。全力落实学术兴校战略，前瞻布局战略新兴交叉学科和方向，成立零磁医学研究院和智能创新研究院，高水平学科增量和总数实现突破。强化有组织科研，建立重大项目政策支持和条件保障机制，国家基金立项经费数、项目数、人才项目及重点类项目持续突破。科研创新能力与水平跨越提升，全国重点实验室重组取得重要进展，获批国家医学攻关产教融合创新平台项目建设，新增冷冻电镜等一批高端装备；入选第二批中国文艺评论基地，获批各类国家社科重大项目数位列全国第七。人才队伍建设有新气象。出台《关于加强和改进新时代人才工作的实施意见》，人才引领发展全面迈进 2.0 时代。着力加强战略人才队伍建设，新增 18 位领军人才、58 位“四青”人才，增量居全国高校前列；1 个团队获评“全国高校黄大年式教师团队”。积极融入山东“2＋N”人才集聚雁阵格局建设，校地资源叠加优势更加凸显。文化传承创新有新贡献。举办学习贯彻习近平总书记重要回信精神一周年座谈会，组建人文社科期刊社，举办第二届黄河发展论坛和第六届鲁青论坛，全球汉籍合璧等国家重大文化工程有力有序推进，获评山东省首批中华优秀传统文化传承示范校。开放办学格局有新拓展。扎实推进服务山东高质量发展 2.0 行动方案，深化与省教育厅和济南、淄博、泰安、德州等 4 地市战略合作，与山东能源集团共建未来技术学院、产业研究院，推动建设地下工程灾害防控与智能建造国家重大科技基础设施，校地校企签约共建平台 70 余个。积极推进“全球一流学科合作计划”，3 个项目入选国家留学基金管理委员会创新型人才国际合作培养项目，与墨尔本大学等海外高校新签或续签校际协议 22 份，与塞尔维亚贝尔格莱德大学签约共建孔子学院。支撑保障水平有新高度。坚持用好“3D”工作法，大力推进改革创新，现代大学治理体系不断完善；持续拓展办学空间，高质量落实民生工程和年度服务师生十件实事；高效统筹疫情防控和学校事业发展，创新完善应急处置体系，“横向边、纵到底、全覆盖”的安全工作格局日趋完善，山大人的获得感更加充实，幸福感更可持续，安全感更有保障。

站在新的历史起点上，山东大学将紧密团结在以习近平同志为核心的党中央周围，坚持不懈学思践悟习近平新时代中国特色社会主义思想，全面学习、全面把握、全面落实党的二十大精神，踔厉奋发、笃行不怠，埋头苦干、勇毅前行，扎实推动中国特色世界一流大学建设取得新成效，为以中国式现代化全面推进中华民族伟大复兴作出新的山大贡献！

（郑柔澄）

特载

在2022年春季学期工作会议上的讲话

郭新立

（2022年2月18日）

同志们：

今天，我们召开学校中层领导班子换届后的第一次新学期工作会议，主要任务是以习近平新时代中国特色社会主义思想为指导，以迎接和学习贯彻党的二十大为主线，总结成绩、分析形势，研究部署今年的学校工作。刚才，樊校长代表学校对今年的工作进行了全面部署，我们还对百廿校庆工作进行了总结表彰。各单位一定要认真学习传达，坚决抓好落实，要以受到表彰的先进典型为榜样，见贤思齐、履职尽责、奋发有为，不断推动各项工作上台阶上水平。

回顾学校近几年的发展历程，在全校上下团结一心、共同奋斗下，学校已逐步形成昂扬向上、加速赶超、高质量发展的良好态势。我们胸怀“两个大局”，牢记“国之大者”，立足山大校情，系统提出“121行动路径”“七大战略”，科学编制“十四五”规划、第二轮“双一流”建设方案、龙山校区（创新港）发展规划，“由大到强”历史性转变的步伐愈发坚定、愈发强健、愈发有力，“中国特色、世界一流、山大风格”的发展道路越走越清晰、越走越笃定、越走越宽广。实践证明，第十四次党代会以来，学校制定实施的事业发展战略和策略是科学正确的，必须一以贯之、锲而不舍地向纵深推进，久久为功、善作善成！

天下大事，必作于细；治之已精，益求其精。毛泽东同志说，中国就是靠精耕细作吃饭。习近平同志反复强调，要下一番“绣花”功夫。我们要清醒认识到，正确的事业发展战略和策略只是建设担当中华民族伟大复兴大任世界一流大学的坚实根基，绝不是骄傲自满、故步自封的条件和资本。对标对表“三新一高”要求，当务之急和重中之重就是要把精耕细作摆在更加突出的位置，使之内化为以质图强、争创一流的思维范式、发展方式、工作模式，推动全校上下统一思想、凝聚共识，全力以赴做好“聚势谋远”的“后半篇文章”。强化精耕细作，是立足学校新发展阶段作出的战略判断，是完整准确全面贯彻新发展理念的重要体现，是服务和融入构建新发展格局、实现高质量发展的根本要求，也是建设世界一流大学、实现“由大到强”历史性转变的必由之路。

——要深刻认识精耕细作对于进一步巩固“由大到强”发展根基的重要意义。过去几年，我们各项事业取得了新进步、实现了新突破、迈上了新台阶，整体实力实现跃升，主要办学指标迈入第一方阵，为推进第二轮“双一流”建设奠定了良好基础和发展优势。必须要以精耕细作促基础扎实扎深，通过专业化、科学化和精细化的高质量发展，着力提质增效、发扬优势、光大优势。

——要深刻认识精耕细作对于进一步激发“由大到强”内生动力的重要作用。过去，我们深刻把握“五期叠加”发展形势，将学校发展的政策红利持续释放、空间优势持续扩大、融合活力持续激发、强大势能持续汇聚，世界一流大学建设取得了显著成效。站在新的历史起点上，要保持良好发展势头不减、劲头不松、力度不降，必须要以精耕细作深化培育内生增长新动能，才能迎来更加广阔的发展前景。

——要深刻认识精耕细作对于进一步补齐“由大到强”短板弱项的重要价值。对标新时代党和国家的要求、对表“双一流”建设标准，我们还有一定差距和不足。比如高层次创新人才培养能力不够强、培养质量不够高，顶尖领军人才相对匮乏，学术创新和服务支撑不够有力，校区分散、资源紧缺、结构性矛盾突出等。反映出我们在理念思路、体制机制、方式方法上存在过于粗放，精准化、精细化水平不高的问题。为此，必须从转变思维范式和工作方式入手，以精耕细作抓改革、抓创新、抓落实，用符合新时代办学规律的实招硬招补短板强弱项。

前不久，学校先后召开务虚会、全委会、党委常委会，围绕建设新时代一流干部人才队伍，开展了卓有成效的研讨，进一步凝聚了共识、明确了方向、形成了思路，充分体现了精耕细作的理念和导向，大家要认真学习贯彻第十一次全委会精神，扎实做好年度工作。下面，我围绕“精耕细作”谈几点意见。

一、要精耕细作强思想

思想是行动的先导。解决好思想认识问题，就解决好了方向和动力问题。要大力推动精耕细作入脑入心入行，不断增强全体师生医务员工精耕细作的政治自觉、思想自觉、行动自觉。

（一）打牢精耕细作的思想基础

习近平新时代中国特色社会主义思想是当代中国马克思主义、二十一世纪马克思主义，既是世界观，也是方法论，是指引我们奋进新征程的行动指南。做到精耕细作，首要是深学细悟习近平新时代中国特色社会主义思想，坚持读原著、学原文、悟原理，对习近平总书记重要讲话、重要指示批示精神，对《习近平谈治国理政》一、二、三卷，特别是对习近平总书记关于教育的重要论述做到精读细研，深刻体悟贯穿其中的马克思主义立场观点方法，切实用“金钥匙”筑牢精耕细作的思想根基，从中找寻精耕细作的工作思路、基本原则和实施办法，不断把学习成效转化为理论素养、政治素养、精神境界和解决实际问题的能力，转化为做好本职工作、推动事业发展的强大动力。总而言之，工作能否做到精耕细作，关键在于能否学深悟透习近平新时代中国特色社会主义思想。

（二）营造精耕细作的文化氛围

精耕细作是一种严谨认真、追求完美的精神品格，体现了对事业的尊重、热爱和坚守。要在全校大力营造推崇精耕细作、践行精耕细作的“匠心文化”，加强典型选树、强化宣传引导，全方位立体化推动广大师生医务员工树牢精耕细作的意识和态度，将把握大局和躬身实践有机融合起来，着眼谋大事干大事成大事，强化担当作为，让精益求精、臻于至善等成为新时代山大人的文化标识。

（三）倡树精耕细作的良好作风

要以精耕细作为核心，在全校大力培育和弘扬严谨细致、一丝不苟、求真务实的良好作风，谨慎对待容易的事情，慎重处理细小的事情，认真完成好每一项工作，做到不敷衍、不偷懒、不应付。要处理好质量和效率的关系，急办不等于粗办、降低质量。越是急事，越要细心细致，越要注意关键环节。要脚踏实地、真抓实干、稳扎稳打，发扬一竿子插到底、一锤子砸个坑的精神，干就干实，干就干好，不断追求改革发展的高标准、高水平、高质量。

二、要精耕细作强党建

党的领导是建设中国特色世界一流大学的最大优势。要把精耕细作思维融入学校党建工作全过程各方面，使党的领导优势持续彰显，以高质量党建引领学校事业高质量发展。

（一）理论武装要进一步走深走实

要坚决克服浮在面上、流于形式的问题，深入破解“两张皮”，在推动知行合一上下细功夫、真功夫，把悟思想、强党性和抓工作、保落实系统结合起来、有机融为一体。建立健全二级单位党组织会议、机关部务会“第一议题”制度，加大对二级单位党组织、机关部门理论学习的调研、督导和检查力度，督促其提升理论学习的制度化、规范化、科学化水平，并带动指导基层党支部开展好政治理论学习，先做到不缺位不失位，进而做到有质量有效果。构建分层、精准、特色的“三位一体”干部教育培训体系，建立健全“传帮带”的制度机制，聚焦学校中心工作和重点任务成立“工作坊”，促进党员干部理论水平、政治能力和业务素质多元提升，始终跟上学校事业发展需要和时代发展步伐。

（二）基层党建要进一步入细入微

围绕提升“四力”，持续抓基层、强基础、固基本，推动基层党建全面进步全面过硬。一以贯之推进组织体系建设，认真贯彻落实《中国共产党普通高等学校基层组织工作条例》，加强党支部标准化规范化建设，切实打通“最后一公里”，把基层党组织打造成适应新时代发展需求的坚强战斗堡垒。全面推进各领域基层党建工作，重点研究学生、机关、附属中学、附属医院、离退休等领域的基层党建问题，充分发挥党对学校各领域发展的引领和保障作用，加强宏观谋划、统筹协调、精准指导，实现重点、难点工作专抓专管、精细推进。

（三）正风肃纪要进一步抓常抓长

坚持以人民为中心，围绕践行“一线工作法”，在推动工作向基层延伸，反对形式主义、官僚主义，服务师生医务员工，营造良好干事创业氛围上取得新成效。加强调查研究，把精准思维贯穿到调研全过程，在深入分析思考上下功夫，及时发现并解决好师生医务员工反映集中的突出问题。弘扬实干精神，下定“明知山有虎，偏向虎山行”的决心，对部署的各项任务紧盯不放、一抓到底，直到抓出实际成效、达到预期目标。深入推进“六个机关”建设，将精细文化系统融入管理服务工作，防止“灯下黑”问题，树立向质量要效益、以质量谋发展的思想，组织实施机关“争先计划”“攻坚行动”，大力弘扬精益求精、开拓创新、攻坚克难、担当作为的优良风气。学习贯彻落实十九届中央纪委六次全会精神，坚持“严”的主基调，强化“严”的氛围，坚持“三不”一体推进正风肃纪反腐，进一步抓深抓实抓细纪律建设，推动全面从严治党向纵深发展，让政治生态更加清正。

三、要精耕细作强改革

改革是学校事业发展的根本动力。要发挥好改革的突破和先导作用，用好改革“关键一招”，持续在增强改革系统性、整体性、协同性上精耕细作，不断提高改革精准化、精细化水平。

（一）系统集成优化改革

要破立并举细致做好教育评价改革，充分发挥其牵引作用、导向作用，把各项改革任务系统集成到教育评价改革之中，统筹推进育人方式、办学模式、管理体制和保障机制变革。持续以人才激励改革带动人事人才体制机制深度变革，形成包含师资队伍的分类发展、绩效考核、薪酬改革的2.0改革方案。持续以科技成果评价为突破口，带动科研组织模式升级换代，实现跨学校、跨学科、跨领域、跨国界的协同创新。持续以学生德智体美劳全面发展为导向，牵引人才培养模式改革，推动人才培养更好服务新时代人才强国战略。

（二）协同联动强化改革

要在推进融合发展上下足功夫，注重统筹兼顾各个领域、各个方面的改革任务，使得各项政策举措协同联动，走活全校改革一盘棋。要持续用好学科交叉融合的“催化剂”，破除行政壁垒和学科壁垒，解决学科“老小散弱虚”的问题，推进“三学一体”发展。要持续推动汇聚融合，发挥举校体制优势，实现政策资源同向同行、形成合力，助力“大学科”“大平台”“大团队”“大项目”建设。要持续拓展深化融合，加强与政府、企业、科研院所、医疗卫生单位等各行各界互联共建，构建协同创新体系。

（三）聚力攻坚深化改革

要推动改革向深度效度拓展，一个山头一个山头地攻，一个难关一个难关地破，着力攻坚长期困扰学校发展的重点、难点问题，不断以新突破开创引领新局面。持续深化一体发展，全面落实《关于进一步深化一校三地一体发展的改革方案》，着力推动组织体系、制度体系、运行机制“三位一体”的系统变革。持续深化强院兴校行动，尽快完善校院两级管理体制，推进管理重心下移，充分激发学院发展活力和内生动力。持续深化绩效管理，建立健全绩效评价指标体系，优化人财物绩效评价机制，科学引导资源配置，提高资源使用效益。

四、要精耕细作强发展

实现高质量发展是一场耐力赛，不会一蹴而就。要保持“咬定青山不放松”的韧劲，增强精耕细作的定力和耐心，持之以恒推动各方面工作走深、走细、走实，在量的累加提升中推动整体发展质的飞跃。

（一）着眼未来培养时代新人

从培养社会主义建设者和接班人的政治高度，深入践行为党育人、为国育才的时代使命。加快构建“以德为先、拔尖引领、交叉创新、全面发展”的高质量人才培养体系。紧抓全面提高人才培养能力这个重点，扎实推进“六大工程”（铸魂育人工程、专业培优工程、拔尖培养工程、融合育人工程、素质拓展工程、质量提升工程），努力培养最优秀的本科生和最具创造力的研究生，持续彰显为国育贤的育人特色。加快构建三全育人工作格局。发挥好学生发展委员会和学生工作党委双引擎作用，制定辅导员、班主任等育人工作岗位说明书，构建家校社协同育人体系，努力在“到岗到家到位”上见真功、显担当。

（二）立足全局打造一流师资

牢牢把握新时代人才强国的战略布局，围绕服务建设世界重要人才中心和创新高地，坚持把培育国家战略人才力量作为重中之重，落实人事人才体制机制改革2.0版，建立分层次、分类别、精准化的引人育人体系，加快壮大人才队伍，持续增强人才效能，稳步提升人才比较优势。创新“三位一体”人才培育引用体系。结合学校“学术创新五大计划”，立足科研实践，将自主培养、高端引进、作用发挥有机统一起来，在科技创新主战场上培养造就更多战略科学家和学术大师。壮大学科领军人才队伍和高水平创新团队。构建“学校支持＋教学科研单位配套”两级协同培养机制，打造优秀团队、杰出人才、重大成果和原创思想的“源头活水”。把青年科技人才培养放在更加突出的位置。将政策重心放在具有发展潜质的青年科技人才上，给信任、给机会、给激励、给舞台，支持青年人才挑大梁、当主角。

（三）聚焦关键推进科研创新

围绕服务高水平科技自立自强、建设世界科技强国，瞄准“出尖出峰”，继续深入实施学术兴校战略。抓好平台建设这个基础。以全国重点实验室整合重组为契机，加速推进科技考古、地下空间安全防控等重点平台建设进程，全力赋能科技创新。抓好基础研究这个关键。不断完善以基础研究为根，向创造技术、成果转化延伸拓展的科学研究模式，打通基础研究和重点研发的衔接堵点，以原始创新带动关键技术攻关能力提升。抓好成果转化这个环节。加强“高价值应用科技成果”的评选和推广，着力推进一批“千万级”以上成果转化，进而推进一批“亿元级”成果转化实现突破。抓好大学科技园这个载体。发挥学校“三位一体”（技术转移中心、大学科技园、工研院）成果孵化与转化体系优势，促进创新链与产业链深度融合。

（四）围绕急需服务社会发展

山东省2022年工作动员大会提出的“十大创新”为我们指明了服务山东的工作方向。要继续深化“服务山东战略就是服务国家战略，服务山东发展就是服务国家发展，扎根齐鲁大地创建世界一流大学”的理念，落实落细服务山东行动方案2.0版。进一步建强服务队伍。广泛凝聚“山大系”力量，整合学校科教资源，与各区域重点战略精准对接，推进“‘山大系’品牌战略计划”。进一步拓展服务路径。构建完善“三核引领、多点突破”服务布局，着力形成“N院N企”学科和产业统筹融合、良性互动的发展格局。进一步创新服务体制。强化正向激励，完善评价机制，将解决重大工程技术难题、在经济社会事业发展中作出重大贡献等纳入职称、岗位晋升条件，不断增强师生医务员工服务国家和区域发展的责任感使命感。

（五）牢记嘱托传承创新优秀文化

今年上半年，我们将迎来习近平总书记给《文史哲》编辑部全体编辑人员重要回信一周年。要继续围绕“坚持中国道路、弘扬中国精神、凝聚中国力量”的时代课题，全力推进哲学社会科学创新发展，努力回答时代之问。贯彻落实教育部面向2035高校哲学社会科学高质量发展行动计划，细化五年行动方案和强刊计划，重组一校三地人文社科科研力量和学术资源，打造一流人文社科期刊的“山大方阵”与山大办刊模式，在构建中国特色哲学社会科学体系中体现新担当。加强一流智库平台建设，立足国家和山东省重大需求，聚焦智库建设的主攻方向，构建高水平的山大智库群，促进学科建设与智库建设的深度融合。推进文科实验室建设，构建“学校—学科集群—学院”三级文科实验室体系，以培育国家重点实验室和教育部哲学社会科学重点实验室为目标，整合全校优势学科和实验室资源，打造新文科教学科研重要阵地。

（六）与时俱进构建开放新局

要深刻把握百年变局和世纪疫情交织带来的外部挑战，克服困难、突出重点，着力提高师资队伍、人才培养、科研合作国际化水平。一方面，以巩固完善全球合作伙伴网络为重点，通过“全球一流学科伙伴计划”，与一流研究型大学构建起以学院为主体、以学科为基础的战略合作伙伴关系。另一方面，以探索国际交流合作新模式为重点，依托互联网技术，做大、做强、做优线上国际交流项目，拓展师生国际交流渠道途径，搭建多元的国际化交流学习桥梁。

五、要精耕细作强治理

一流大学离不开一流的治理。要深入贯彻“五治并举”思路，持续在学校治理体系和治理能力现代化上精耕细作，源源不断地将治理效能转化为发展势能。

（一）不断优化制度体系

要突出系统性、科学性、创新性，加快构建以章程为核心的现代大学制度体系，切实把制度优势转化为治理效能。要提高系统性。持续推进制度“废改立释”，加快补齐重大制度短板，及时废止修订陈旧制度，推动学校制度体系更加成熟、更加定型。要提高科学性。把“为谁解决问题、解决什么问题、怎样解决问题”作为工作的出发点和着力点，不断理清思路、明确路径、建立机制，确保学校制度符合高等教育规律、适应改革发展需要。要提高创新性。突出问题导向，坚持精益求精，聚焦制度建设中的难点痛点堵点，因事而化、因时而进、因势而新，推动学校制度务实高效、行稳致远。

（二）精心打造干部队伍

要坚决贯彻落实新时代党的组织路线，统筹推进校领导班子、中层领导班子、科级干部队伍建设，着力打造一支与担当中华民族复兴大任世界一流大学建设相适应的高素质专业化干部队伍。要锻造坚强有力的校领导班子。聚焦加强党对学校的全面领导，紧密结合深化巡视整改，持续增强校领导班子、校区和齐鲁医学院领导班子追求卓越、只争朝夕、改革攻坚的意识和能力，切实建好学校内涵式高质量发展的“一线指挥部”。

要塑造锐意进取的中层领导班子。围绕第二轮“双一流”建设和“十四五”改革发展重大任务，深入贯彻落实加强新时代中层领导班子建设意见，在推进“选育管用”上出新招实招，多措并举强化班子“功能”、提升治理能力、激励担当作为、凝聚监督合力，全面建设可堪大用能担重任的中层干部队伍。要锤炼担当作为的科级干部队伍。提高战略思维、注重长远规划，加强校院协同、聚力精细管理，进一步健全完善全链条机制，努力打造一支讲政治、敢担当、胜任岗位、充满活力的科级干部队伍。

（三）切实守牢安全底线

2022 年是政治大年，要全面聚焦党的二十大胜利召开，深刻认识严峻形势，将维护学校安全稳定作为 2022 年首要政治任务，强化底线思维，织好织密织牢网格体系，推进安全工作专项巡视全覆盖，持续提升安全管理精细化水平。要从“细”抓好网格建设。完善“1＋8＋8”的安全工作体系，构建安委会顶层设计、安委办协调调度、各安全工作组纵向到底、各校园安全专班横向到边的“大安全网”，持续完善“全员共建共享”的安全治理格局，发挥党支部的积极作用，推动全校各单位、全体师生医务员工层层压实安全工作责任。要从“严”抓好安全检查。坚持全领域多方位强化意识形态安全、学生安全、实验室安全、网络安全、教师安全等监督检查，明确各层级安全责任，确保问题隐患发现及时、处置及时。要从“实”抓好工作考核。落细落实《山东大学安全稳定工作考核评价办法》，启动安全工作“零基”评价，细化完善奖惩制度，健全考核评价指标体系，严格安全考核问责。要从“常”抓好疫情防控。贯彻“预防为主”和“主动防疫”方针，严格落实疫情防控政策要求和常态化防疫措施，坚决维护师生医务员工生命安全和身体健康。

同志们！我们每一个人都是山大历史的见证者、创造者、贡献者。站在百廿山大守正创新、以质图强的历史新起点上，希望每一个学院、每一个部门、每一位教职医务员工都真正把精耕细作内化于心、外化于行，大力倡导“致广大而尽精微”、事事精耕细作的风尚，深入落实“精进、精细、精准”的要求，全面推动思想、党建、改革、发展、治理的精耕细作、提质增效，不断开创担当中华民族复兴大任的世界一流大学建设新局面，努力在服务国家富强、民族复兴、人民幸福的新征程中贡献山大力量，以“强校兴国”的优异成绩迎接党的二十大胜利召开！

谢谢大家！

在山东大学2022年全面从严治党工作会议暨安全工作专项巡视动员部署会上的讲话

郭新立

（2022年3月4日）

同志们：

今天，我们召开学校2022年全面从严治党工作会议暨安全工作专项巡视动员部署会，目的是深入学习贯彻习近平新时代中国特色社会主义思想和党中央关于全面从严治党的新部署新要求，总结成效，分析问题，部署任务，坚持不懈把全面从严治党向纵深推进，为学校“十四五”高质量发展和第二轮“双一流”建设提供有力政治保障，以更好统筹发展和安全的优异成绩迎接党的二十大胜利召开。这次会议既是一次动员部署会，也是一次警示教育会，更是一次落实促进会。下面，我再谈三点意见：

一、坚持学深悟透，切实增强勇于自我革命的政治自觉

理论上清醒，政治上才能坚定，行动上才能自觉。勇于进行全面从严治党这场伟大自我革命，重中之重是要学深悟透习近平总书记关于自我革命的战略思想，深入贯彻落实习近平总书记在十九届中央纪委六次全会上的重要讲话精神，全面把握精神实质、核心要义，在做到“三个深刻认识”中把握根本遵循。

一是要深刻认识自我革命的重大意义。经过百年奋斗特别是十八大以来新的实践，我们党给出了跳出“历史周期率”的第二个答案，这就是自我革命。习近平总书记指出，党经过百年探索，找到了跳出历史周期率的两个答案，一“外”一“内”：一百年来，党外靠发展人民民主、接受人民监督，内靠全面从严治党、推进自我革命，保证了长盛不衰、不断壮大发展。这两个答案，目标一致，内在统一，都源于党的初心使命，统一于新时代全面从严治党的伟大实践，确保了党不变质、不变色、不变味，始终走在时代前列、立于不败之地。

二是要深刻认识自我革命的时代内涵。在十九届中央纪委三次全会上，习近平总书记归纳了党的自我革命的“四自”内涵，即自我净化、自我完善、自我革新、自我提高。在六次全会上，习近平总书记又进一步强调，“自我革命就是补钙壮骨、排毒杀菌、壮士断腕、去腐生肌，不断清除侵蚀党的健康肌体的病毒，不断提高自身免疫力，防止人亡政息”，这是对自我革命时代内涵的高度凝练和最新阐释，与“四自”既一脉相承、

又与时俱进，彰显了我们党检视自身、常思己过、刀刃向内，坚决同一切损害党的先进性和纯洁性的因素作斗争，永葆生机活力的坚定决心和顽强意志。

三是要深刻认识自我革命的实践要求。习近平总书记强调，“全面从严治党是新时代党的自我革命的伟大实践，开辟了百年大党自我革命的新境界”。要立足“十年磨一剑”的革命性锻造，领会这十年党脱胎换骨式的变化，从“宽松软”到“严紧硬”、从胶着对垒到压倒性胜利全面巩固的艰辛不易；要把握“六个必须”的全方位总结，领会自我革命与全面从严治党之间的内在逻辑，理解自我革命“是什么”的科学内涵；要深化“九个坚持”的规律性认识，把准新时代推进自我革命的前进方向，明确新时代将自我革命引向深入的实践要求，把党的伟大自我革命进行到底。

习近平总书记关于党的自我革命的战略思想，系统完整回答了什么是自我革命、怎么推进自我革命这一重大命题，是习近平新时代中国特色社会主义思想的重要组成部分，是推进全面从严治党的行动指南。站在学校发展新的历史起点上，要保持刀刃向内的自我革命精神，丰富和发展坚持自我革命的宝贵经验，提升自我革命的政治境界、思想境界，善于以自我革命的思想和精神推动学校全面从严治党向纵深发展，引领保障学校“由大到强”的步伐愈发坚实、“争创一流”的目标如期实现。

二、坚持精耕细作，扎实推动全面从严治党向纵深发展

同志们，过去的一年，我们始终保持永远在路上的清醒坚定，坚决贯彻党的教育方针和习近平总书记关于教育的重要论述，围绕学校改革发展大局、聚焦立德树人根本任务，坚定不移推进全面从严治党，不断把党的领导优势转化为学校高质量发展的突出成效。

一年来，我们深刻感悟思想伟力。扎实开展党史学习教育，坚决捍卫“两个确立”，受到了一次全面深刻的政治教育、思想淬炼、精神洗礼；深入学习贯彻习近平总书记给《文史哲》编辑部全体编辑人员重要回信精神，研究制定哲学社会科学创新发展行动方案，积极探索中华优秀传统文化“两创”的山大模式；持续加强师生思想政治引领，强化意识形态阵地建设管理，旗帜鲜明用党的创新理论铸魂育人。我们不断强化政治引领。增强“两个维护”政治担当，高质量迎接和配合中央巡视，做深做实巡视“后半篇文章”，以巡促改、以巡促建、以巡促治，有效解决了一校三地一体发展等一批重点难点问题。坚决克服“两张皮”，高质量编制“十四五”事业发展规划和第二轮“双一流”建设方案，完善提出“七大战略”，谋划实施“学科融合创新计划”，扎实推进龙山校区（创新港）规划建设，“中国特色、世界一流、山大风格”的发展道路愈发清晰笃定。我们持续建强组织体系。深入实施干部人才“双轮驱动”，系统推进校领导班子、中层领导班子、科级干部自身建设，完善“四个作用”的特色党建模式，强化基层党组织政治功能，为学校高质量发展提供坚强组织保障。我们深入推进正风肃纪。一以贯之坚持“严”的主基调，统筹推动“两个责任”贯通联动，贯彻落实中央八项规定及其实施细则精神，持之以恒纠治“四风”，创新“四分法”开展“我为群众办实事”实践活动，促进查处一批违规违纪案件、制定完善一批务实管用制度。筑牢拒腐防变防线，大力推进四个重点领域腐败风险专项清理整顿工作，深化标本兼治，一体推进“不敢腐、不能腐、不想腐”，让“严”的主基调更加鲜明，让风清气正的政治生态持续巩固，在新的起点上以高水平党的建设推动了学校事业的高质量发展。

成绩属于过去，未来任重道远。要贯彻落实好党中央关于全面从严治党的新部署新要求，就必须紧紧围绕习近平总书记关于“教育领域全面从严治党取得一定成效，但责任压力传导还不到底，严的氛围没有完全形成”这一科学判断，突出问题导向、增强忧患意识，冷静清醒、实事求是地对全面从严治党的形势和特征做到“三个深刻把握”。一是要深刻把握党和国家全局全面从严治党的形势特征。党的十八大以来，全面从严治党取得了历史性、开创性成绩，但习近平总书记明确指出，腐败和反腐败较量还在激烈进行，并用“四个任重道远”（防范形形色色的利益集团成伙作势、“围猎”腐蚀还任重道远，有效应对腐败手段隐形变异、翻新升级还任重道远，彻底铲除腐败滋生土壤、实现海晏河清还任重道远，清理系统性腐败、化解风险隐患还任重道远）阐述了反腐败斗争新的阶段性特征，发人深省。二是要深刻把握教育系统全面从严治党的形势特征。通过深思细悟习近平总书记重要指示批示和中央巡视反馈意见，要清醒认识到，尽管从纵向看、历史看教育系统全面从严治党不断进步、形势不断趋好，但从横向看相比全国总体情况和其他领域，教育系统仍然慢半拍、处于落后状态，当前阶段总的特征就是严的氛围没有完全形成。特别需要指出的是，中央纪委国家监委以中纪发 2022 年 1 号文的形式印发了《关于深化中管高校纪检监察体制改革的意见》，明确中管高校纪检监察机构一体履行党的纪律检查和国家监察两方面职责，中管高校纪委书记（向阳同志）担任国家监委派驻监察专员，实现了执纪审查与执法调查有机统一、纪律监督与监察监督全面覆盖。深化中管高校纪检监察体制改革，是坚持党对中管高校的全面领导、强化中管高校领域正风肃纪反腐的重要举措，产生的影响重大而深远。学校党委和全校各级党组织要认真学习领会、坚决贯彻改革部署要求，更加全面地贯彻落实党的教育方针和党中央决策部署，更加坚定地深化全面从严治党。每一名教职医务员工都要习惯于在受监督和约束的环境中工作和生活，为了山大越来越好倍加努力。三是要深刻把握学校全面从严治党的形势特征。对标对表中央要求，结合中央巡视反馈意见和我们的自查分析，近年来，学校全面从严治党取得了突出成效，政治生态持续优化，但仍存在缺失缺项，在落实落细主体责任、完善权力运行监督和制约机制、加强廉洁风险防控与深入破解“象牙塔”里的官僚主义、形式主义等问题上依然任重道远，严的氛围并没有完全形成。对于上述形势我们要清醒认识，对于问题不足要高度重视、认真加以解决。

同志们，2022 年，是党的二十大召开之年，也是学校精耕细作、争先进位的关键一年。面对更加复杂的形势和更加繁重的任务，我们要坚持以习近平新时代中国特色社会主义思想为指导，弘扬伟大建党精神，聚焦迎接和学习贯彻党的二十大这条主线，把握历史主动，坚持精耕细作，紧密结合深化巡视整改，深入研究破解学校全面从严治党的重点难点问题，大力推动全面从严治党乘势而上、再接再厉，确保学校事业行稳致远。

第一，着力强化党的政治建设统领作用。习近平总书记强调，要以党的政治建设为统领，继续推进新时代党的建设新的伟大工程。要清醒认识到，学校政治建设统领作用与党中央要求还存在不小差距：夯实思想基础有短板，学习运用党的创新理论指导实践、解决问题不自觉、不自如；驾驭政治风险能力不够强，对面临的严峻形势和风险挑战从政治上认识不足、重视不够，存在麻痹大意、掉以轻心的问题；政治引领发挥不充分，破解党建和业务“两张皮”问题不够有力，有的落实意识形态工作责任制、加强师德师风建设不到位，师德失范、学术不端、发表不当言论等问题时有发生。下一步，要牢牢坚持以党的政治建设为统领，深入贯彻落实“第一议题”制度，持续完善“五个一”学习模式，切实把学懂弄通做实“金钥匙”作为首要政治任务，推动党史学习教育往深里走、往心里走、往实里走，担好为党育人、为国育才的政治使命；要把增强政治能力作为立身之本，全面提升“政治三力”，落实落细校领导班子及成员年度规定动作清单，自觉加强政治历练；要加强意识形态阵地建设，落实意识形态工作责任制，持续推动思想政治工作传统优势同信息技术高度融合，不断增强师生思想政治工作的针对性、实效性；要坚持党建业务“一盘棋”，深化“双带头人”培育工程，在认识上“聚合”，在推进上“融合”，在考核上“整合”，不断提升学校治理现代化水平。

第二，着力夯实全面从严治党政治责任。习近平总书记指出，党要管党，才能管好党；从严治党，才能治好党。全面从严治党是各级党组织的职责所在。要清醒认识到，学校各级党组织在落实管党治党主体责任方面还存在冷热不均的问题，有的党组织和同志对“严”的认识还不够到位，主体责任、“一岗双责”扛得不牢、抓得不紧，责任落实的“最后一公里”还未完全打通；个别党组织和领导干部甚至责任落实的“最初一公里”就存在问题，对自己应负的责任认识不清晰。下一步，要深刻理解全面从严治党政治责任的内涵，系统把握落实主体责任的具体要求，贯彻《中国共产党普通高等学校基层组织工作条例》，着力推动落实“一办法三清单”，使学校各级党组织真正成为管党治党的领导主体、落实主体、工作主体和推进主体，使上上下下、条条块块都动起来，合力把每个领域、每个环节的党建工作抓具体、抓深入；要突出对各级“一把手”的监督，着力在强化纪委政治监督、做实日常监督、增强斗争本领、严格执纪问责上下功夫求实效，努力解决不敢监督、不愿监督、不会监督的问题；要推动党委主体责任、书记第一责任人责任和纪委监督责任贯通联动、一体落实，把主体责任和监督责任一贯到底，把“一岗双责”压紧压实，形成全党动手一起抓的生动局面。

第三，着力巩固拓展作风建设和纪律建设成果。习近平总书记强调，“党的作风就是党的形象，关系人心向背，关系党的生死存亡”；“要全面加强纪律建设，用严明的纪律管全党治全党”。要清醒认识到学校有的党组织和党员干部落实严的主基调仍然不到位，纪律意识、规矩意识、责任意识、服务意识仍然欠缺，官僚主义、形式主义仍然存在，重点领域和关键环节廉洁风险仍然突出。中央巡视反馈意见也指出了我们“加强作风建设有差距”，“有的领域违规违纪问题易发多发”问题。2021 年，全校共有 25 人受到党纪政纪处分，有 7 个单位、14 名干部被追责问责。有的政治站位不高、政治担当不够，抓中央巡视整改、审计整改不力；有的有令不行、有禁不止，执行上级和学校党委的决策部署打折扣、搞变通；有的麻痹大意、失职失责，导致工作出现重大失误；有的漠视学生利益，对学生诉求不关心不作为，造成不良影响；有的违反请示报告制度，重要事项未经学校研究就擅自执行。近期，习近平总书记就《“象牙塔”内的官僚主义亟待整治》作出重要批示，再一次为我们敲响了警钟。下一步，要坚决贯彻习近平总书记的重要批示精神，切实在作风建设的常和长、严和实、深和细上下功夫，紧盯“不作为、慢作为、乱作为、虚作为”现象，深入查摆“象牙塔”内“四风”问题在我校的表现形式，坚决抓好整改落实，以优良党风政风带动校风学风、师德师风和医德医风建设。要继续开展重点领域、关键环节廉政风险排查防控工作，持续深化“非主业领域”腐败风险清理整顿工作，严格落实民主集中制、“三重一大”集体决策制度和个人重大事项报告制度，盯紧“关键少数”，规范权力运行，严格追责问责，一体推进“不敢腐不能腐不想腐”，不断放大巡视整改效应，努力取得更多制度性成果和更大治理效能。

第四，着力从严加强干部教育管理监督。习近平总书记指出，要坚持从严教育、从严管理、从严监督，把从严管理干部落实到干部队伍建设全过程。近日，习近平总书记在中央党校（国家行政学院）中青年干部培训班开班式上强调，年轻干部必须筑牢理想信念根基，守住拒腐防变防线。在全面从严治党越来越严的背景下，学校个别党员干部仍然不知敬畏、不守底线，违规违纪甚至违法问题时有发生。有的组织观念淡漠，不如实报告个人有关事项，未经组织批准因私出国（境）；有的自由散漫，对学校制定的各项规章制度置若罔闻，不服从组织安排；有的公私不分、以权谋私，用公款、科研经费支付应由个人承担的费用；有的心存侥幸、缺乏敬畏，在试用期内违反中央八项规定精神和廉洁纪律，接受管理服务对象宴请，并且在组织谈话核实时，不如实说明情况，违反组织纪律，错上加错，性质恶劣；有的法律意识缺失，多名干部因酒驾醉驾问题受到严肃处理，更有甚者无底线、无节操，以身试法、触犯刑律，教训十分惨痛。尤其需要引起我们警惕的是，年轻干部违规违纪现象呈现上升态势。党的十九大以来，全校共有20名年轻干部受到党纪政纪处分（其中“80后”18人，“90后”2人），占同期全校受处分人数的22.2%。对这些问题，我们要高度重视，主动担起责任，从严加强干部尤其是年轻干部教育管理和监督，经常性开展廉洁从政、党纪法规、案例警示教育，用好监督执纪“四种形态”，引导干部对党忠诚老实，严守纪法规矩；要深入剖析干部违纪违法新特征新表现，落实落细党组织和领导班子的日常教育管理监督责任，层层设防、处处设防，抓早抓小、严管厚爱，监督干部守住政治关、权力关、交往关、生活关和亲情关，让他们在严管下成长、在磨砺中成才。学校寒假务虚会从校领导班子、中层领导班子、科级干部三个层面，就建设忠诚干净担当的高素质干部队伍进行系统谋划，相关文件下发后，各级党组织要认真抓好贯彻落实工作。

第五，着力持续完善学校监督体系。《关于深化中管高校纪检监察体制改革的意见》明确指出，要通过深化改革，优化领导体制、健全工作机制、明确工作职责，推动各有关责任主体敢于善于监督。要清醒认识到，学校监督工作的整体合力还没有完全形成，党委的全面监督、纪委的专责监督、职能部门的职能监督和基层党组织的日常监督、党员的民主监督还没有做到一体发力，监督的精准性有效性还有差距，不敢监督、不善于监督的问题还普遍存在。下一步，要主动适应纪检监察体制改革要求，在更大范围整合运用监督力量，健全完善学校监督体系，充分发挥党委、纪委、职能部门和基层党组织监督作用，促进纪律监督、监察监督、巡视监督、职能监督贯通协同，用有效的载体和机制把监督融入日常、做在经常，以强有力的监督为学校内涵式高质量发展提供坚强保证。

三、坚持强基固本，以维护安全稳定的实际行动迎接党的二十大胜利召开

同志们，明者防祸于未萌，智者图患于将来。习近平总书记反复强调，必须坚持统筹发展和安全，增强机遇意识和风险意识，树立底线思维。近年来，学校党委深入学习贯彻总体国家安全观，全面加强党对安全工作的领导，按照“3D”工作思路，将安全发展理念贯穿到学校各项事业的全过程各方面，系统构建一校三地安全工作体系，有效维护了安全稳定，有力保障了“十四五”良好开局。同时，我们也应清醒认识到，当前世界百年变局加速演变，俄乌冲突、疫情散发等影响安全的不稳定、不确定因素持续增多，学校面临的整体安全形势日趋严峻复杂，安全工作责任重大、任务艰巨。尤其是学校近期连续发生几起安全事件，暴露出“八横八纵”网格化管理体系还不够细密，全员安全责任仍未压实，有的党员干部法纪意识还比较淡薄。2022 年是“政治大年”，值此重大历史关头，确保校园安全，积极为党的二十大胜利召开营造和谐稳定的社会环境，是学校党委义不容辞的政治责任。为此，学校党委经过认真研究，决定开展一次贯穿全年的安全工作专项巡视，充分发挥巡视的利器作用，推动学校安全工作提质量、上水平，为党的二十大胜利召开守土尽责、保驾护航。

一是要通过“以巡补钙”，让专项巡视成为深化思想认识的过程。要持续学深悟透“金钥匙”。深入学习领会习近平总书记总体国家安全观和关于安全生产重要论述的精髓要义，坚定不移贯彻新发展理念，牢固树立安全发展意识，杜绝思想上“吃空饷”，筑牢安全工作的思想根基。要坚守政治巡视定位。突出政治标准，强化政治监督，推动全校各级党组织、广大党员干部牢固树立“安全是政治，稳定是大局”的思想，从“两个维护”的政治高度，充分认识校园安全稳定是国家安全的重要组成部分，深刻理解确保师生医务员工安全就是践行人民安全的宗旨。要努力做到知行合一。督促各级党组织和广大党员干部牢固树立“稳定压倒一切，安全重于泰山”的思想，切实将学习成果转化为加强和改进安全工作的思路举措成效，把抓安全的指导思想搞对头，把抓安全的工作方法搞对路，坚决守牢意识形态、师生安全、疫情防控等“一排底线”，努力形成高质量发展与高质量安全的良性互动。

二是要通过“以巡督责”，让专项巡视成为压实主体责任的过程。要夯实各级党组织的主体责任。推动全校各级党组织进一步强化使命担当，坚持党对安全工作的绝对领导，以最坚决的态度、最严格的措施、最有力的手段，把维护学校安全作为重要的政治任务抓紧抓好。主要负责人要常思职责之重，常怀不安之心，常抓反复之患，不重视安全稳定、抓不好安全稳定就是不合格的领导。要织密安全工作责任网络。以专项巡视全面覆盖、纵向贯通推动实现安全管理无盲区、无死角，坚持重心下移、力量下沉，聚焦校园安全管理各个领域、最小“网格”、最小单元，直到每一位责任人，实现事故隐患一露头就有人抓，异常情况一出现就有人报，违规行为一发生就有人管，以全体山大人的“万众一心”保“万无一失”。要抓实安全工作规章制度。注重检验安全工作规范落实情况，聚焦安全工作谋划部署、安全隐患排查整改、风险研判、安全工作责任书签订、安全工作“零基”评价、考核问责等情况，加强监督检查，筑牢全时段、全领域、全覆盖的安全责任防线。

三是要通过“以巡查漏”，让专项巡视成为排查风险隐患的过程。要通过未巡先改下好“先手棋”。被巡视单位要充分发扬自我革命精神，消除被动等待的惰性思想，强化“我要改”的政治自觉，切实落实政治巡视“同题共答”的工作要求，严格按照学校未巡先改部署安排，全面检视自身工作，坚持抓早抓紧、举一反三，扎实开展自查自纠、未巡先改专项行动，加强常态化安全隐患排查和风险防范，提高安全工作精细化水平。要通过全面巡视打好“主动仗”。巡视组要发挥巡视政治监督和政治导向作用，扭住“责任”，全力查找不落实的制度、盯紧不落实的人员、抓住不落实的环节，着力发现安全工作中存在的普遍性、典型性问题，并与业务指导组一起协同提出精准有效的意见建议，防浮治虚、防偏治粗、防松治散，确保风险隐患早预防、早化解、早处置。

四是要通过“以巡促改”，让专项巡视成为改进问题不足的过程。要加强一体统筹。各单位要把深化中央巡视整改，教育部、山东省等相关专项检查整改和安全工作专项巡视整改有机统筹起来，坚持全面系统、扎实有序推进，防止片面化、零碎化、机械化，下好整改“一盘棋”。要全面精准整改。加强自查自纠问题、专项巡视发现问题整改，做到即知即改、立行立改、全面整改，集中力量补短板、强弱项，要推出精准务实管用的整改措施，坚决防止官僚主义、形式主义，在反复出现的问题上“较劲”，在反映强烈的问题上“开刀”，务求彻底改、改彻底。要凝聚监督合力。纪检监察、组织等部门要紧盯未巡先改、边巡边改、集中整改、深化整改全过程各环节，整合工作力量，加强协同配合，提升整改监督效能。要建立健全整改责任制，每项整改任务都要具体到人，整改不到位就要倒查责任，不搞“下不为例”、不搞“区别对待”、不搞“网开一面”。

五是要通过“以巡强治”，让专项巡视成为健全安全体系的过程。要用好巡视成果。将“当下改”和“长久立”紧密结合起来，认真总结分析巡视发现问题背后的深层次矛盾和原因，更加注重建章立制、源头治理，持续完善“1＋8＋8”安全工作体系，加快健全高水平的校园安全人防、物防、技防网络，推动制度执行更“严”，制度笼子更“密”，责任压得更“实”，实现更加科学精准精细的安全管控。要增强治理能力。各被巡视单位要以本次专项巡视为契机，加强对安全工作规律性的把握，大力推进安全治理的规范化、法治化、正规化建设，切实将维护安全作为发展的第一要务、领导干部的第一责任、衡量工作的第一标准，全力以赴把安全工作抓紧、抓实、抓到位。

在此，我还要特别强调一下巡视工作的保密纪律。各单位、各部门和每一名同志都要从讲政治的高度增强保密意识，恪守保密要求，未经批准不得以任何形式宣传报道专项巡视工作，不得通过微信、微博等自媒体擅自发布信息。希望大家时刻绷紧政治安全这根弦，务必确保工作万无一失、取得成效。

同志们！走好新的赶考之路，必须要以习近平新时代中国特色社会主义思想为指导，坚持严的主基调不动摇，以自我革命精神锻造己身，以永远在路上的执着坚持不懈把全面从严治党向纵深推进，努力营造风清气正的政治生态、和谐安定的育人环境，以全面从严治党的实际成效保障学校改革发展稳定的大好局面，奋力谱写担当中华民族复兴大任的世界一流大学建设新篇章，以优异成绩迎接党的二十大胜利召开！

在学校迎接经济责任审计动员部署会上的讲话

郭新立

（2022 年 5 月 30 日）

同志们：

接受经济责任审计是我校必须全力完成好的一项重大政治任务。从去年开始，我们就提前谋划准备，今年 3 月起，又按照审计署驻济南特派办的要求，认真配合做好审前调查工作。根据安排，审计组将于 6 月 2 日开始入校进点审计。为了高质量做好配合经济责任审计各项工作，我再强调三点要求。

一、思想认识再提高，进一步增强接受监督的政治自觉

经济责任审计作为中国特色社会主义审计制度的重要组成部分，是强化干部管理监督、规范权力运行的重要措施，对于促进教育改革发展、促进权力规范运行、促进反腐倡廉和推进教育治理体系和治理能力现代化具有十分重要的意义。全校上下必须要在思想认识上再提高，在重视程度上再提高。校领导班子首先要再提高思想认识，有效督促带动校区和二级单位领导班子成员再提高思想认识，之后大家一起教育引导全体师生医务员工再提高思想认识。必须要进一步学深悟透习近平总书记关于审计工作的重要讲话和指示批示精神，尤其是习近平总书记在中央审计委员会第一次会议上的重要讲话精神，要进一步认真学习《党政主要领导干部和国有企事业单位主要领导人员经济责任审计规定》《山东大学经济责任制实施细则》等经济责任相关制度，持续深化对经济责任审计重要性和必要性的理解把握，从战略和全局的高度再学习、再领会经济责任审计的目标定位、任务要求，切实把思想和行动统一到党中央对审计工作的部署要求上来。必须要深刻认识经济责任审计的政治属性和政治功能，把抓好配合经济责任审计作为捍卫“两个确立”、树牢“四个意识”、坚定“四个自信”、做到“两个维护”的政治检验，以强烈的政治责任感和历史使命感全力以赴做好配合审计工作。

二、目标责任再压实，进一步提升配合审计的工作质量

国家审计工作时间长、跨度大，点多面广，相信大家在前期的审前准备阶段已经有深入的体会。下一阶段的进点审计工作，我们面临的任务会更加繁重和艰巨。全体校领导班子、全校各级党组织和党员干部，要坚决贯彻习近平总书记关于“各级领导干部要

积极主动支持配合审计工作，依法自觉接受审计监督”的指示要求，务必做好充足的思想准备和行动准备，以对党忠诚、对学校和师生高度负责的态度，以“严真细实快”的作风，全面深入细致地将各项任务落实到位。

一是要扛起主体责任。配合审计工作领导小组要进一步发挥好抓总作用，加强统筹协调、整体推进和督促落实，及时研究解决重要问题，为学校配合审计工作提供有力指导和坚强保证。配合审计工作专班和各专项工作组，要进一步发挥好枢纽作用，更加积极主动与审计组沟通情况，进一步完善衔接顺畅、配合高效的工作体系，确保组织有力、推进有力、措施有力。全校各级党组织和单位主要负责人要发挥好表率作用，“一把手”要带头亲自抓配合审计工作，一丝不苟、精耕细作地落实学校部署和审计组要求。

二是要狠抓重点关键。全校上下要不断增强大局意识，树牢“一盘棋”的思想，要紧扣主要矛盾和矛盾的主要方面来做好配合工作，要增强工作的针对性，切忌“眉毛胡子一把抓”。尤其是要抓好攻坚克难，在破解重点难点堵点问题上加强统筹协调，确保人员到位、要求到位、落实到位。要聚焦配合审计工作的成效加强监督，纪检监察、巡视部门和组织部门要坚持巡视监督的好经验好做法，凝聚监督合力，加大督导检查力度，对措施不力、行动迟缓，消极应付、敷衍推诿的单位和个人一律严肃追责问责，不留死角、没有例外。

三是要务求工作实效。现阶段配合审计是我们各项工作的重中之重，各单位一定要高度重视，瞪起眼来、较起真来，要把最精干、最优秀的力量放到配合审计工作的一线。要始终把政治纪律和政治规矩挺在前面，全面夯实政治责任，严格请示报告制度，严格落实工作程序，严格履行工作职责，对提供的材料层层把关、层层审核，确保准确无误、全面翔实，绝不能经领导签个字层层转发就了事，各级领导要对签的字负责。接受谈话时，要坦诚客观，不回避、不遮掩，但绝不能没有根据乱讲乱说，每个人都要对自己说的话负责。要增强保密意识，恪守保密要求，未经批准不得以任何形式宣传报道配合国家审计工作，不得通过微信、微博等自媒体擅自发布信息。今年是政治大年，敏感节点临近，希望大家时刻绷紧政治安全这根弦，务必确保配合工作万无一失、有序推进。

三、政治担当再强化，进一步彰显审计整改的显著成效

经济责任审计是“问诊治病”，问诊是前提，治病是关键。要精耕细作地做好审计整改“后半篇文章”，在整改落实上下大力气、下真功夫。整改绝不是表态高、调门高，高高举起又轻轻放下，而是要看态度、看措施、看行动、看效果。要始终把抓好整改作为检验政治意识、考验政治担当的“试金石”，坚决克服“过关”心态，对于审计发现的问题，不仅要照单全收，更要做到照单全改，确保事事有着落、件件有回音。我作为党委书记，一定坚决履行好第一责任人职责，坚持从本人改起，以身作则带头认领问题，带头整改落实，坚决做到重要工作亲自部署、重大问题亲自过问、重点环节亲自协调、重要案件亲自督办。全体校领导班子成员要落实“一岗双责”，自觉把自己、把职责、把工作摆进去，以上率下发挥好头雁作用，主动认领责任，坚决落实分管领域整改任务，层层压实整改责任，形成上下联动一起抓整改的良好局面。各校区、各学院、各部处要提高认识、端正态度，切实将整改贯穿审计全过程，突出“当下改”与“长久治”相结合，做到即知即改、立行立改、全面整改、真改实改；要加强工作统筹，把推进审计整改与加快推进新一轮“双一流”建设、全面落实“十四五”重大任务、深化中央巡视整改、持续提升治理现代化水平等重点工作贯通结合起来，在举一反三、标本兼治中强化成果运用，以高质量审计整改推动学校加快实现“由大到强”历史性转变！

当前，疫情防控形势依然严峻，校园安全稳定压力不断积累。全校上下要切实提高政治意识、大局意识、风险意识，强化底线思维，坚持稳字当头、稳中求进，着力推进公共安全、学生安全、实验室安全、网络安全、安全生产和公共卫生安全、科技安全、教师安全等各类风险隐患的排查整改，确保问题隐患发现及时、处置快速、整改有效，把风险隐患消除在萌芽状态。同时，要深刻认识抗疫斗争的复杂性和艰巨性，按照“风险最小化”的总体防控策略，主动适应相对封闭管理的新形势新变化，切实把“外防输入”放在更加关键重要的位置，全方位筑牢疫情防控的“四道防线”。

时间节点马上就要到了。要更加严格地落实意识形态责任制，做好意识形态研判，加强对涉意识形态苗头性、倾向性问题分析研判，特别是对学生、教工思想状态的研判，扎实做好舆情风险防范和应急处置各项工作。

同志们，只有勇于自我革命才能赢得历史主动！让我们以习近平新时代中国特色社会主义思想为指导，牢牢抓住并切实用好经济责任审计这一重大机遇，促进学校全面从严治党、改革发展稳定各项工作再上新台阶，以实际行动迎接党的二十大胜利召开！

谢谢大家！

在 2022 年秋季学期工作会议上的讲话

郭新立

（2022 年 9 月 1 日）

同志们：

今天，学校召开 2022 年秋季学期工作会议，主要任务是紧扣迎接和学习宣传贯彻党的二十大主题主线，深入贯彻落实党中央国务院决策部署和教育部、山东省工作要求，聚焦“精耕细作开新局”，全面总结学校春季学期工作情况，对秋季学期工作进行安排部署，进一步统一思想、压实责任、推动落实、维护安全，确保如期高质量完成各项工作任务。

刚才，我们公布了新一轮本科教育教学审核评估迎评工作方案，签订了任期目标责任书，通报了选人用人工作民主评议情况。李校长代表学校总结了春季学期工作，部署了秋季学期重点任务，并对强化担当作为、狠抓工作落实提出了明确要求。各单位一定要认真学习传达，坚决抓好落实。下面，我就贯彻全委会精神，坚持“精耕细作开新局”谈几点意见。

一、精耕细作开新局，必须要紧扣迎接和学习宣传贯彻“党的二十大”主题主线

习近平总书记在省部级主要领导干部专题研讨班上指出：“即将召开的党的二十大，是在进入全面建设社会主义现代化国家新征程的关键时刻召开的一次十分重要的大会，将科学谋划未来 5 年乃至更长时期党和国家事业发展的目标任务和大政方针，事关党和国家事业继往开来，事关中国特色社会主义前途命运，事关中华民族伟大复兴。”（8 月 30 日，中共中央政治局会议建议中国共产党第二十次全国代表大会 10 月 16 日在北京召开）。我们坚持精耕细作开新局，必须要牢牢把握迎接和学习宣传贯彻党的二十大的重大机遇，紧紧围绕学习党的最新理论成果、落实重大部署要求加快实现高质量发展。

——要进一步增强践行“两个维护”的政治自觉。校领导班子和中层干部要带头旗帜鲜明讲政治，身先示范，身体力行，充分认识党的二十大的重大意义，不断增强“四个意识”，坚定“四个自信”，持续提高政治判断力、政治领悟力、政治执行力，始终自觉在政治立场、政治方向、政治原则、政治道路上同以习近平同志为核心的党中央保持高度一致。要把迎接党的二十大、学习宣传贯彻党的二十大精神作为当前和今后一个时期的首要政治任务，坚持早谋划、早部署，大力推进与中心工作的深度融合，在加强党对高校的全面领导上争做标杆，推动党的二十大精神在山大落地生根。

——要进一步增强拥护“两个确立”的思想自觉。坚定不移深学笃用党的二十大精

神，与深入学习领会《习近平谈治国理政》第四卷、习近平总书记关于教育的重要论述和给《文史哲》编辑部全体编辑人员重要回信精神紧密结合起来，深刻把握蕴含其中的重大意义、科学体系、精髓要义和实践要求，坚持好、运用好其中的立场观点方法和宝贵经验，持续提高思想理论水平，确保学校各项工作始终沿着“金钥匙”的指引前进。

——要进一步增强推进“强校兴国”的行动自觉。要将党的二十大精神作为指导学校发展的根本遵循，全面把握新时代新征程党和国家事业发展新要求、人民群众新期待，对标对表大会制定的行动纲领和大政方针，坚决有力地把重大决策部署转化为服务“国之大者”的思路举措，结合学校第二轮“双一流”建设方案、“十四五”规划、“七大战略”，调整优化发展目标任务，形成务实可行的工作方案，努力彰显新时代“强校兴国”的山大担当。

二、精耕细作开新局，必须要把握“四点”推进的工作思路

第十四次党代会以来，学校坚定不移地探索“中国特色、世界一流、山大风格”的发展道路，团结带领师生医务员工“追求卓越、只争朝夕”，推动学校“双一流”建设跑出“加速度”，“由大到强”进入从量变到质变的新阶段。这些成绩得益于全体教职医务员工的共同努力。在此，我代表学校向大家表示衷心的感谢！

站在“由大到强”迈入攻坚期、改革踏入“深水区”的新节点，我们要坚持以“精耕细作”的思维、标准、模式破解改革发展稳定的“重点、难点、薄弱点、风险点”，切实推动各项工作提质增效，加快开创高质量发展新局面。

——要消除“思想薄弱点”开新局。习近平总书记指出，中国共产党之所以能够历经艰难困苦而不断发展壮大，很重要的一个原因就是我们党始终重视思想建党、理论强党，使全党始终保持统一的思想、坚定的意志、协调的行动、强大的战斗力。只有解决好全校上下思想认识问题，才能为实现高质量发展奠定基础、才能为各项改革提供坚强有力的思想武装。要用好“金钥匙”，提升认识新境界，围绕学习贯彻党的二十大精神，持续在学懂弄通做实上见真章出实效，深刻把握“国之大者”要求和新时代教育工作规律，始终将学习成果转化为提升政治能力、破解发展难题的实际成效。要解放思想，探索发展新路径，锚定建设担当中华民族复兴大任的世界一流大学不动摇，贯彻“三新一高”要求，发扬历史主动精神，从理念、思路、体制机制等深层次方面突破短板弱项，以更高治理水平提升发展效能。要增强活力，营造事业新气象，以落实《山东大学校领导联系学院工作实施细则（试行）》为抓手，通过校领导班子、中层干部带头践行“一线规则”，进一步把工作重心向基层倾斜，落实落细“首尾相连、红烧中段”工作闭环，确保重大决策部署在学校落地生根。要加强典型选树、强化宣传引导，营造浓厚文化氛围，让精耕细作逐步内化为广大师生医务员工以质图强、争创一流的思维范式和行为习惯。

——要聚力“发展重点”开新局。发展重点，是实现高质量发展的“衣领子”“牛鼻子”。要发挥党的领导优势，进一步完善“发挥四个作用”的特色党建模式，显著提升政治引领力、发展推动力、组织凝聚力，切实推动党建与高质量发展的深度融合，持续在深度破解“两张皮”上求突破。要坚守立德树人根本任务，不断巩固思想政治工作生命线，着力打造专业现代化 2.0 版，积极探索拔尖创新和急需人才培养“山大方案”，全面提升高层次创新人才供给能力。刚才，学校部署了新一轮本科教育教学审核评估迎评工作，评的是本科教学，看的是整体工作，事关人才培养质量和学校办学声誉，事关立德树人根本任务。因此，这绝不是本科生院一个部门的事，不是几个部门的事，也不是本科教育教学一位分管领导同志的事，这是全山大的事，是全体师生医务员工的事。必须要思想认识到位，从为党育人、为国育才的政治高度，聚焦提升立德树人成效，落实好各项迎评任务，夯实一流建设基础，促进本科教育实现内涵发展、特色发展、创新发展。必须要工作推进到位，充分发扬改革创新精神，坚持“四个面向”，以创新人才培养为牵引，补短板、强弱项、固底板、扬优势，扎实推进人才培养工作再上台阶。必须要责任落实到位，各职能部门、各学院要按照工作方案分工，明确目标、压实责任，集中动员全校力量，做到人人关心、人人知晓、人人参与、人人担责，交出一份体现山大水平的优异答卷。要服务高水平科技自立自强，进一步聚焦“四个面向”，对接国家和山东科技创新急需，抢抓国重重组和山东构筑高能级创新平台的机遇，统筹推进“四大”建设，加快完善以自主培养一流人才和产生一流学术成果为目标的创新体系，努力在打造国家战略科技力量上求突破。要贯彻重要回信精神，始终牢记习近平总书记历史嘱托，树立“建构中国自主的知识体系”的目标导向，积极助推中国特色哲学社会科学体系建设，加快培育造就“山大学派”，主动服务推动文明交流互鉴，努力在回答文化“两创”时代之问上求突破。

——要突破“改革难点”开新局。要全力推进一体发展改革实现关键突破，坚定不移按照“稳规模、优结构、补短板、强优势、促融合、创一流”的工作思路，优化一校三地学科布局、教学科研机构设置，系统推进“三学”一体发展，创造性地提出深化改革的实招高招，广泛汇聚高质量发展一体合力。要持续深化人事人才 2.0 改革落地见效，制定实施《加强和改进新时代人才工作的实施意见》，围绕学科“出尖出峰”，优化顶层设计，完善“高精尖缺”人才精准培养引进机制，提升各类人才引育实效；改进资源配置和领导班子成员考核评价模式，构建人事人才工作内外联动格局；推动战略人才力量引育跨越突破，坚决筑牢高质量发展人才基础。要全面推进内部治理体系的精细化变革，落实“五治并举”治理思路，坚持和完善党委领导下的校长负责制，加快构建以章程为统领的现代大学制度体系；加强学术组织建设，健全以学术委员会为核心的学术权力运行机制；毫不松懈抓好作风建设，推动学校《关于进一步精简会议、提高会议质量的若干措施》落地见效，形成务实重行、真抓实干的新常态，充分激活高质量发展内生动力。

——要防控“安全风险点”开新局。今年是政治大年，国内外形势严峻复杂，校园安全稳定重于泰山。从现在开始到党的二十大胜利闭幕后三天，是维稳工作的关键期，要以实战状态严格落实中央部署和教育部、山东省的要求，牢固树立“万无一失、一失万无”的理念，坚持稳字当头、防范在先，严而又严、紧而又紧、实而又实抓好安全稳定工作。一方面，要突出抓重点关键。坚持把政治安全放在首位，强化全领域全方位安全管理，以安全工作专项巡视整改为抓手，聚焦“开学保障、师生思想动态和疫情防控”三项重点，坚决做到“五个到位”，即迅速把上级精神和学校要求传达到位，抓老生返校、新生报到、军训等关键环节到位，关注思想动态到位，“立足于有”的应急演练到位，督查检查到位，全力确保校园和谐稳定局面。另一方面，要层层压实责任。要充分发挥好“1＋8＋8”安全管理运行体系功能，严格落实领导在岗在班和零报告等工作要求，切实把责任压实压紧到每一个校区、每一个单位、每一个人。各校区指挥小组要强化使命担当，聚焦做好安全稳定和疫情防控工作，责任对号入座、任务对点落实；各教学科研单位、各部门要结合安全工作专项巡视整改，以“自我革命”和“刀刃向内”的勇气查缺补漏，坚持守土有责、守土负责、守土尽责，务必管好自己的人和自己的事。前期，学校党委、纪委分别对安全责任落实不到位的个别学院领导班子和前任领导进行了集体谈话和严肃批评，责令反思整改。全校各单位要引以为戒，教育带领师生医务员工认真落实“疫情要防住、经济要稳住、发展要安全”的总体要求，切实增强“时时放心不下”的责任感，全面抓好风险排查，扎实做好防范化解，为党的二十大胜利召开营造安全稳定的良好环境。

在这里，我要特别强调一下，当前疫情形势严峻复杂，要严格落实山东省、济南市的疫情防控要求，认真执行各项防控举措，全力确保万无一失。一是要进一步强化校园管理，切实加强校园管控，减少校园内聚集性活动，狠抓校园快递收发、校内施工、外包服务等关键环节，严防疫情输入风险。二是要进一步强化师生医务员工的教育管理。扎实做好信息收集工作，全面及时准确摸排返校师生情况，做到底数清、情况明。深入推进疫情防控知识宣传普及，从严从实落实每日核酸检测要求，积极引导师生医务员工加强科学防护。要深入细致地加强思想引领，及时妥善回应师生医务员工合理诉求。三是要进一步强化纪律要求，充分发挥监督保障执行作用，将疫情防控监督作为加强政治监督的重要载体。各级党组织要切实扛起政治责任，确保疫情防控要求和任务不折不扣落实到位。

三、精耕细作开新局，必须要用好“精细”的思维方法

同志们，能否把以上“四点”抓准、抓好、抓出成效，直接决定了学校高质量发展的速度和水平。我们要着力在转变思维范式、创新工作模式、完善体制机制上下功夫，将“精耕细作”的要求融入学校事业发展的全过程，贯穿每个学院和部处、每名教职医务员工履职尽责的各方面，画出精耕细作的最大同心圆，加快实现“由大到强”质的飞跃。

——推进破解“四点”，要进一步凝聚“精耕细作”的共识。习近平总书记指出：“人心是最大的政治，共识是奋进的动力。”共识就是团结，共识就是力量。要充分发挥“关键少数”的头雁作用。以系统推进干部队伍建设为牵引，带动各级领导班子和广大干部在“精耕细作”上以身作则当表率，主要负责同志要亲自谋划推进落实，班子成员要抓好分管领域的落实工作，形成以上率下、层层示范、整体联动的总体效应。要充分发挥基层党组织的战斗堡垒作用。深入贯彻《中国共产党普通高等学校基层组织工作条例》，坚持大抓基层的鲜明导向，着力打造践行“精耕细作”的坚强堡垒，显著增强学院党委、基层党支部的引领保障成效。要充分发挥师生医务员工的“主人翁”作用。强化典型选树，大力发现宣传“精耕细作”的先进人物和生动事例，教育引领师生医务员

工对标模范、见贤思齐，持续激发山大人建功“双一流”的“主人翁”担当，让更多的“精耕细作”好榜样不断涌现。

——推进破解“四点”，要进一步找准“精耕细作”的关键。科学的思想方法和工作路径，是落实“精耕细作”要求、推动事业高质量发展的关键“利器”。要坚持系统思维。围绕学校大局和中心工作，抓纲带目、以点带面，系统把握其中的“重点、难点、薄弱点、风险点”，找准找对改进提升工作的有效路径，以“四点”的突破带动整体工作的提升。要增强创新意识。把能否改革创新作为衡量“精耕细作”的重要标准，积极转变思维范式，坚信一切皆有可能，打破一切不符合高质量发展要求的思维定式、固有模式、路径依赖，要从中解放出来，创造性地提出改进工作的新思路新模式新举措。要加强细节管理。认真负责对待工作中的每一个细节和小事，绝不能浮在面上、大而化之，必须细致细究，把工作落细落实到最小单元；以精益求精的态度、求真较真的精神，把每一个细节都做扎实、做到位、做到最优。

——推进破解“四点”，要进一步强化“精耕细作”的实效。没有实实在在的工作成效、发展成果，高质量发展就是“无本之木”“无源之水”。要坚持问题导向求实效。牢固树立问题意识、善于调查研究、勇于担当尽责，紧密结合中央巡视深化整改、国家经济责任审计整改和学校安全工作专项巡视整改，进一步找准制约学校高质量发展的瓶颈问题，以“精耕细作”破解难题，取得促进改革、推动发展的整改成效。要坚持目标导向求实效。要紧紧围绕服务“国之大者”、坚持“四个面向”、践行“四个服务”推进精耕细作，要紧紧围绕第二轮“双一流”建设、“十四五”重大改革发展任务推进精耕细作，要紧紧围绕“121”路径、“七大战略”、“3D”工作法推进精耕细作，久久为功、善作善成。要坚持效果导向求实效。刚才，我们举行了《任期目标责任书》签订仪式，各二级单位的领导班子要认真履行对学校党委的庄严承诺，按照立下的“军令状”，深入落实全面从严治党和改革发展稳定责任，强化使命担当、始终真抓实干，坚决避免“把说了当做了，把做了当做成了，把做过了当做好了”，在新的任期内展现新气象、实现新突破。谁的责任落实不好，谁的工作拖了后腿、影响了大局，就要严肃追究谁的责任。学校将加快构建权责清晰、科学高效的责任体系，进一步健全“大督办”机制，细化实化“首尾相连、红烧中段”的工作链条，确保“精耕细作”要求落到实处，有力推动高质量跨越式发展。

同志们！“致广大而尽精微”是成事之道。让我们坚定历史自信，增强历史主动性，认真学习贯彻新学期工作会议精神，精耕细作地促进改革、推动发展、维护稳定，奋力开创中国特色世界一流大学建设新局面，以实际行动迎接党的二十大胜利召开！

全面开创担当中华民族复兴大任的世界一流大学建设新局面

郭新立

（2022 年 11 月 10 日）

老师们、同志们：

党的二十大是在全党全国各族人民迈上全面建设社会主义现代化国家新征程、向第二个百年奋斗目标进军的关键时刻召开的一次十分重要的大会，具有无比重大和深远的里程碑意义。大会主题是：高举中国特色社会主义伟大旗帜，全面贯彻新时代中国特色社会主义思想，弘扬伟大建党精神，自信自强、守正创新，踔厉奋发、勇毅前行，为全面建设社会主义现代化国家、全面推进中华民族伟大复兴而团结奋斗。大会主题明确宣示了我们党在新征程上举什么旗、走什么路、以什么样的精神状态、朝着什么样的目标继续前进的重大问题。

作为党的二十大代表，我带着山大人的重托到北京参加了这次大会，现场聆听了习近平总书记所作的报告，倍感振奋、备受鼓舞。党的二十大深刻阐述了中华民族伟大复兴战略全局和世界百年未有之大变局历史条件下的一系列重大理论和实践问题，为山东大学扎根中国大地，担负新使命、奋进新征程，全面实现“由大到强”历史性转变提供了根本遵循。下面，聚焦学习宣传贯彻党的二十大精神，全面开创担当中华民族复兴大任的世界一流大学建设新局面，我和大家谈四个方面的学习体会。

一、不断提高政治站位，深刻认识党的二十大的重要意义

（一）大会的基本情况

党的二十大于 10 月 16 日至 22 日在北京举行。大会高举中国特色社会主义伟大旗帜，坚持马克思列宁主义、毛泽东思想、邓小平理论、“三个代表”重要思想、科学发展观，全面贯彻习近平新时代中国特色社会主义思想，分析了国际国内形势，提出了党的二十大主题，回顾总结了过去五年的工作和新时代十年的伟大变革，阐述了开辟马克思主义中国化时代化新境界、中国式现代化的中国特色和本质要求等重大问题，对全面建设社会主义现代化国家、全面推进中华民族伟大复兴进行了战略谋划，对统筹推进“五位一体”总体布局、协调推进“四个全面”战略布局作出了全面部署。大会批准了习近平同志代表十九届中央委员会所作的《高举中国特色社会主义伟大旗帜，为全面建设社会主义现代化国家而团结奋斗》的报告，批准了十九届中央纪律检查委员会的工作

报告，审议通过了《中国共产党章程（修正案）》，选举产生了新一届中央委员会和中央纪律检查委员会。

（二）党章修改的意义和内容

为什么要修改党章？目的是要把党的二十大报告确立的重大理论观点和重大战略思想写入党章，使修改后的党章充分体现马克思主义中国化时代化最新成果，充分体现党的十九大以来党中央提出的治国理政新理念新思想新战略，充分体现党的工作和党的建设新鲜经验，以适应新形势新任务对党的工作和党的建设提出的新要求。

修改的主要内容。一共包括50处，其中总纲部分修改37处，条文修改13处。在总纲部分，增写了弘扬坚持真理、坚守理想，践行初心、担当使命，不怕牺牲、英勇斗争，对党忠诚、不负人民的伟大建党精神，以伟大自我革命引领伟大社会革命，必须提高政治判断力、政治领悟力、政治执行力，增强贯彻落实党的理论和路线方针政策的自觉性和坚定性，推进马克思主义中国化时代化，党的自我革命永远在路上，不断健全党内法规体系等内容；将坚持新时代党的组织路线作为党的建设的基本要求之一写入党章。在条文部分，增写学习党的历史，增强“四个意识”、坚定“四个自信”、做到“两个维护”，作为党员应尽的义务；顺应基层呼声，首次增写加强医院党的建设的内容。

（三）大会的深远影响

党的二十大事关党和国家事业继往开来，事关中国特色社会主义前途命运，事关中华民族伟大复兴，对于动员全党全国各族人民更加紧密地团结在以习近平同志为核心的党中央周围，为全面建设社会主义现代化国家、全面推进中华民族伟大复兴而团结奋斗，具有重大现实意义和深远历史意义。

二、紧紧围绕“五个牢牢把握”，深入领会党的二十大的精神要义

二十大报告深刻阐释了新时代坚持和发展中国特色社会主义的一系列重大理论和实践问题，描绘了全面建设社会主义现代化国家、全面推进中华民族伟大复兴的宏伟蓝图，为新时代新征程党和国家事业发展、实现第二个百年奋斗目标指明了前进方向、确立了行动指南，是党和人民智慧的结晶，是党团结带领全国各族人民夺取中国特色社会主义新胜利的政治宣言和行动纲领，是马克思主义的纲领性文献。

（一）二十大报告的基本框架

二十大报告分3个板块，15个部分，3万余字的篇幅中含有300多个新提法。第一板块包括导语和第一至第三部分，是总论；第二板块包括第四至第十四部分，是党和国家各方面事业部署的展开；第三板块包括第十五部分和结束语。

（二）二十大报告的主要精神

习近平总书记在参加党的二十大广西代表团讨论时强调，学习贯彻党的二十大精神，要牢牢把握过去五年工作和新时代十年伟大变革的重大意义，牢牢把握新时代中国特色社会主义思想的世界观和方法论，牢牢把握以中国式现代化推进中华民族伟大复兴的使命任务，牢牢把握以伟大自我革命引领伟大社会革命的重要要求，牢牢把握团结奋斗的时代要求。这“五个牢牢把握”，是我们学习贯彻落实党的二十大精神的重要思想

指引。

1. 牢牢把握过去五年工作和新时代十年伟大变革的重大意义

过去五年和新时代以来的十年，在党和国家发展进程中极不寻常、极不平凡。五年来，以习近平同志为核心的党中央，统筹中华民族伟大复兴战略全局和世界百年未有之大变局，以奋发有为的精神把新时代中国特色社会主义不断推向前进。十年来，以习近平同志为核心的党中央，团结带领全党全军全国各族人民撸起袖子加油干、风雨无阻向前行，义无反顾进行具有许多新的历史特点的伟大斗争。

一是要重点把握好三件大事的重大意义。这三件大事：一是迎来中国共产党成立一百周年；二是中国特色社会主义进入新时代；三是完成脱贫攻坚、全面建成小康社会的历史任务，实现第一个百年奋斗目标。第一件大事意味着我们党作为世界上最大的马克思主义执政党，经过百年奋斗和革命性锻造变得更加坚强有力。第二件大事意味着中国特色社会主义展现出强大生机活力，这是我国发展的新的历史方位。第三件大事意味着第一个百年奋斗目标的实现，为全面建设社会主义现代化国家奠定了坚实的基础。

二是要把握好十年伟大变革的里程碑意义。表现在四点：一是中国共产党在革命性锻造中更加坚强有力；二是中国人民的前进动力更加强大，奋斗精神更加昂扬，必胜信念更加坚定；三是改革开放和社会主义现代化建设深入推进，实现中华民族伟大复兴进入了不可逆转的历史进程；四是科学社会主义在21世纪的中国焕发出新的蓬勃生机。中国式现代化，为人类实现现代化提供了新的选择。

三是要把握好“两个确立”的决定性意义。“两个确立”是党在新时代取得的重大政治成果，是推动党和国家事业取得历史性成就、发生历史性变革的决定性因素，是新时代引领党和国家事业从胜利走向新的胜利的政治保障，是战胜一切艰难险阻，应对一切不稳定性的最大确定性、最大底气和最大保证。我们要深刻领悟“两个确立”的决定性意义，增强“四个意识”，坚定“四个自信”，做到“两个维护”，切实提高政治判断力、政治领悟力、政治执行力，坚定不移地在思想上、政治上、行动上同以习近平同志为核心的党中央保持高度一致。

2. 牢牢把握新时代中国特色社会主义思想的世界观和方法论

马克思主义是我们立党立国、兴党兴国的根本指导思想。实践告诉我们，中国共产党为什么能，中国特色社会主义为什么好，归根到底是马克思主义行，是中国化时代化的马克思主义行。党的十八大以来，以习近平同志为主要代表的中国共产党人，从理论和实践的结合上深入回答关系党和国家事业发展、党治国理政的一系列重大时代课题，取得重大创新成果，集中体现为习近平新时代中国特色社会主义思想。这一思想是当代中国的马克思主义、是21世纪的马克思主义，是中华文化和中国精神的时代精华，实现了马克思主义中国化时代化新的飞跃。党的十九大、十九届六中全会对这一思想的主要内容作了概括，我们必须长期坚持并不断丰富和发展。

把握好这部分内容，我们必须深刻理解“两个结合”，即把马克思主义基本原理同中国具体实际相结合，同中华优秀传统文化相结合。前者是我们党一直强调并坚持的，是党百年征程史中一条宝贵的经验，也是我们党事业不断成功的法宝。后者是习近平总书记在建党百年庆祝大会上提出来的，二十大报告又作了深入阐述。同时，要深刻理解习近平新时代中国特色社会主义思想的世界观和方法论。在二十大报告当中，总书记用了“六个必须坚持”来深刻阐述。一是坚持人民至上是根本的价值导向，要时刻站稳人民立场、把握人民愿望、尊重人民创造、集中人民智慧。二是坚持自信自立是应有的精神风貌，要坚定“四个自信”，以更加积极的历史担当和创造精神为发展马克思主义作出新的贡献。三是坚持守正创新是事业发展的着力点，要坚持马克思主义基本原理不动摇，坚持党的全面领导不动摇，坚持中国特色社会主义不动摇，紧跟时代步伐，顺应实践发展，以新的理论指导新的实践。四是坚持问题导向是解决前进道路上各种难题的方法和路径，要增强问题意识，不断提出真正解决问题的新理念、新思路和新方法。五是坚持系统观念是学以致用、融会贯通的关键要点，要不断提高战略思维、历史思维、辩证思维、系统思维、创新思维、法治思维、底线思维能力，整体性推进各项事业高质量发展。六是坚持胸怀天下是新时代我们党的胸襟和气魄，要站在推动构建人类命运共同体的高度，为解决人类面临的共同问题作出贡献。

这“六个必须坚持”深刻揭示了这一科学思想的理论品格和鲜明特质，展现了习近平总书记的人民立场情怀、民族自信自尊、守正创新的勇气、强烈的问题意识、全面系统的观念和海纳百川的胸怀。

3. 牢牢把握以中国式现代化推进中华民族伟大复兴的使命任务

二十大报告旗帜鲜明地提出党的中心任务，就是团结带领全国各族人民全面建成社会主义现代化强国、实现第二个百年奋斗目标，以中国式现代化全面推进中华民族伟大复兴。报告强调，中国式现代化是人口规模巨大的现代化，是全体人民共同富裕的现代化，是物质文明和精神文明相协调的现代化，是人与自然和谐共生的现代化，是走和平发展道路的现代化。这几个特点是中国式现代化的中国特色。到目前为止，世界上实现了现代化的国家有 20 多个，不到 30 个，人口不到 10 亿。如果中国实现了现代化，那么现代化的人口数量将要翻一番多，会极大地改变世界现代化的格局。

一是深刻理解中国式现代化的本质要求和重大原则。报告首次提出中国式现代化的本质要求，共有九条，可以概括为两个“坚持”、一个“高”和六个与“人”相关的要求：两个“坚持”是坚持中国共产党领导，坚持中国特色社会主义；一个“高”就是实现高质量发展；六个与“人”相关的要求包括发展全过程人民民主，丰富人民精神世界，实现全体人民共同富裕，促进人与自然和谐共生，推动构建人类命运共同体，创造人类文明新形态。世界上既不存在定于一尊的现代化模式，也不存在放之四海而皆准的现代化标准。因此，我们推进的现代化是中国共产党领导的社会主义现代化，既不走封闭僵化的老路，也不走改旗易帜的邪路。

关于全面建成社会主义现代化强国的形势和任务，报告作出新的研判和部署，强调了“两步走”的战略安排：从二〇二〇年到二〇三五年基本实现社会主义现代化，从二〇三五年到本世纪中叶把我国建成富强、民主、文明、和谐、美丽的社会主义现代化强国。对于二〇三五年的总体目标，报告在十九大报告的基础上，作了特别清晰的阐明。比如，在目标中强调，“经济实力、科技实力、综合国力大幅跃升，人均国内生产总值迈上新的大台阶，达到中等发达国家水平”，这与党的十九大相比，增加了关于综合国力的表述，加入人均产值迈上新的大台阶，将“达到中等发达国家水平”融入进去，充分体现了在国家未来发展建设中对“富强”的理解。

未来五年是全面建设社会主义现代化国家开局起步的关键时期，报告除了强调“经济高质量发展取得新突破，科技自立自强能力显著提升，构建新发展格局和建设现代化经济体系取得重大进展”等目标任务外，还从改革开放、国家治理、民主法治、精神文化、民生保障、美丽中国、国家安全、军队建设、大国外交等方面绘就了“施工图”。

同时，我们要牢牢把握实现中国式现代化的重大原则，即“五个坚持”：坚持和加强党的全面领导，坚持中国特色社会主义道路，坚持以人民为中心的发展思想，坚持深化改革开放，坚持发扬斗争精神。这些重大原则为推进中国式现代化提供了行动指南。

二是全面学习中国式现代化的战略举措。党的二十大报告对中国式现代化的推进作了战略谋划，并从“五位一体”总体布局和“四个全面”战略布局等各个方面进行具体部署。

——在经济建设上，加快构建新发展格局，着力推动高质量发展。报告开宗明义强调，高质量发展是全面建设社会主义现代化国家的首要任务，从构建高水平社会主义市场经济体制、建设现代化产业体系、全面推进乡村振兴、促进区域协调发展、推进高水平对外开放等五个方面对经济工作进行了全面、系统、深入的部署。

——在教育科技人才方面，实施科教兴国战略，强化现代化建设人才支撑。党的二十大报告指出，教育、科技、人才是全面建设社会主义现代化国家的基础性、战略性支撑。把教育、科技、人才放在一起进行统筹部署、集中表达，这在党代会报告，包括两会报告当中是第一次。这是党中央从突出创新在我国现代化建设全局中的核心地位出发所作出的重大战略安排。以往党代会的报告，教育往往放到民生里、科技往往放到经济里、人才往往放在党的建设里。在2018年全国教育大会上，习近平总书记提出，“教育是党之大计、国之大计”。因此，这次党代会报告把三大战略摆放在一起，而且紧跟在推动高质量发展部分进行论述，无论从位置、从高度、从地位都体现了对教育、科技、人才的高度重视，可以说这是一次重大创新，充分体现了党对教育、科技、人才与高质量发展之间相互作用的规律有了更精准的把握。

从系统观念上看。教育、科技、人才，三者互为核心而并行不悖，以有机、整体的形式构成全面建设社会主义现代化国家的基础性、战略性支撑。我们常说“三个第一”——科技是第一生产力、人才是第一资源、创新是第一动力，而高水平研究型大学，就像山东大学这样的学校，恰恰是“三个第一”的重要结合点。所以，我们要深刻领会统筹三者背后的理论逻辑：高质量教育体系是人才和科技力量可持续发展及创新要素可持续供给的基础保障；完善的科技创新体系是强化我国战略力量的核心，也是发挥人才优势的重要条件；人才优势是支撑我国教育体系升级、高水平科技自立自强的重要核心。我们要更好理解三方面工作的相互关系：高水平科技自立自强是现代化建设的战略支撑，高素质人才是科技创新力和社会创造力的来源和基础，高质量教育体系是造就拔尖创新人才的根基。我们要准确把握一体落实三大战略的着力点和突破口：坚持系统思维、突出问题导向，找准三者互促共进的难点堵点卡点；形成“高质量教育—高素质人才—高水平科技自立自强”新的良性循环。党的二十大报告里提出，要“坚持教育优先发展、科技自立自强、人才引领驱动”。只有形成三位一体的“三角协调”关系，良性互动的“循环互促”逻辑，衔接互补的“整体功能”输出，才能更高质量地服务于创新型国家建设。

从历史使命来看。提出这一重大论断，是我们党在新时代审时度势，根据国内外形势，特别是根据党的中心任务和发展主题而作出的重大决定。只有建立大教育、大科技、大人才观，才能更好支撑和服务第二个百年奋斗目标的实现。

——在政治建设上，发展全过程人民民主，保障人民当家做主。报告从加强人民当家做主的制度保障、全面发展协商民主、积极发展基层民主、巩固和发展最广泛的爱国统一战线等四个方面进行系统部署。报告指出，人民民主是社会主义的生命，是全面建设社会主义现代化国家的应有之义。

——在法治建设上，坚持全面依法治国，推进法治中国建设。法治建设也是在历次党代会报告中首次单独成章阐述。报告从完善以宪法为核心的中国特色社会主义国家法律体系、扎实推进依法行政、严格公正司法、加快建设法治社会等四个方面进行部署。报告强调，全面依法治国是国家治理的一场深刻革命。必须更好发挥法治固根本、稳预期、利长远的保障作用，在法治轨道上全面建设社会主义现代化国家。

——在文化建设上，推进文化自信自强，铸就社会主义文化新辉煌。报告指出，全面建设社会主义现代化国家，必须坚持中国特色社会主义文化发展道路。报告从建设具有强大凝聚力和引领力的社会主义意识形态、广泛践行社会主义核心价值观、提高全社会文明程度、繁荣发展文化事业和文化产业、增强中华文明传播影响力等五个方面作出部署。其中，构建中国特色哲学社会科学学科体系、学术体系、话语体系，也在这一章中作了部署。

——在社会建设上，增进民生福祉，提高人民生活品质。报告从完善分配制度、实施就业优先战略、健全社会保障体系、推进健康中国建设等四个方面进行部署。特别提出为民造福是立党为公、执政为民的本质要求，这也是总书记对中国共产党执政理念内涵的进一步深入概括和科学总结。

——在生态文明建设上，推动绿色发展，促进人与自然和谐共生。报告从加快发展方式绿色转型，深入推进环境污染防治，提升生态系统多样性、稳定性、持续性，积极稳妥推进碳达峰、碳中和等四个方面进行系统部署。报告强调，尊重自然，顺应自然，保护自然是全面建设社会主义现代化国家的内在要求。

——在国家安全方面，推进国家安全体系和能力现代化，坚决维护国家安全和社会稳定。这也是首次单独出现专章论述，并把国家安全、社会稳定提升到民族复兴的根基这一高度。报告从国家安全体系、安全能力、治理水平和治理体系这四个方面进行了部署。

概括下来，教育、科技、人才、法治、安全是历次党代会报告里没有专章进行描述的，而这次在党的二十大报告里都分别进行了专章描述，体现出：第一是抓重点，这五个方面都是重点，教育、科技、人才是基础性战略性支撑，法治和安全都是非常重要的根基；第二是强短板，体现了党中央英明决策和战略部署。

同时，报告对国防和军队建设、港澳台工作和外交工作作了重大部署：强调要实现建军一百年奋斗目标，开创国防和军队现代化新局面；坚持和完善“一国两制”，推进祖国统一；促进世界和平与发展，推动构建人类命运共同体。

4. 牢牢把握以伟大自我革命引领伟大社会革命的重要要求

全面建设社会主义现代化国家，全面推进中华民族伟大复兴，关键在党。党的十八大以来，党中央以“十年磨一剑”的定力推进全面从严治党，以“得罪千百人，不负十四亿”的使命担当推进史无前例的反腐败斗争，打出一套自我革命的“组合拳”。经过不懈努力，党找到了“自我革命”这一跳出治乱兴衰历史周期率的第二个答案（第一个答案是毛泽东同志和黄炎培同志在延安“窑洞对”中给出的“人民监督”）。报告从坚持和加强党中央集中统一领导，坚持不懈用新时代中国特色社会主义思想凝心铸魂，完善党的自我革命制度规范体系，建设堪当民族复兴重任的高素质干部队伍，增强党组织政治功能和组织功能，坚持以严的基调强化正风肃纪，坚决打赢反腐败斗争攻坚战持久战等七个方面作出部署。

5. 牢牢把握团结奋斗的时代要求

团结才能胜利，奋斗才会成功。报告在最后强调，团结奋斗是中国人民创造历史伟业的必由之路，并对青年和青年工作提出要求。报告号召全党全军全国各族人民要紧密团结在党中央周围，牢记空谈误国、实干兴邦，坚定信心、同心同德，埋头苦干、奋勇前进，为全面建设社会主义现代化国家、全面推进中华民族伟大复兴而团结奋斗！习近平总书记在参加党的二十大广西代表团讨论时用了一句比喻：全党全国各族人民要在党的旗帜下团结成“一块坚硬的钢铁”。团结奋斗，是中国共产党和中国人民最显著的精神标识。历史已经证明并将继续证明：能团结奋斗的民族才有光明前途，能团结奋斗的政党才能立于不败之地。

三、深学细悟“六个必须坚持”，精耕细作推动“由大到强”实现质的飞跃

新征程赋予新使命，新征程呼唤新作为。我们要坚持以党的二十大精神为指引，持续学懂弄通做实习近平新时代中国特色社会主义思想“金钥匙”。学习、宣传、贯彻、落实党的二十大精神，学深悟透是基础，贯彻落实是关键。我们每一位同志都要体会到，学习宣传贯彻党的二十大精神必须把学深悟透作为基础，然后要结合本单位、本职工作，把党的二十大精神贯彻到实践中，体现到个人的奋斗中。山东大学在学习宣传贯彻习近平新时代中国特色社会主义思想方面，形成了“金钥匙”的共识，这是我们的宝贵经验。我们要深刻领悟“六个必须坚持”的精神内涵，心怀“国之大者”，大力推动立德树人和“七大战略”的提档升级，把发展科技第一生产力、培养人才第一资源、增强创新第一动力更好结合起来，不断开创担当中华民族复兴大任的世界一流大学建设新局面，全面提升支撑教育强国、科技强国、人才强国建设的质量和贡献度。

（一）找准新时代新征程山东大学的历史方位

“方位决定定位，定位决定地位。”所以，任何一个时期，都务必要明确我们的历史方位在哪里。新时代十年，特别是学校第十四次党代会以来的五年，是山东大学与党和国家共奋进的开拓期和跨越期。我们坚持把习近平新时代中国特色社会主义思想作为办学治校的“金钥匙”，全面贯彻党的教育方针，紧紧围绕立德树人根本任务，深入探索“中国特色、世界一流、山大风格”发展道路，谋划“121”行动路径，实施“七大战

略”，擘画“双一流”“十四五”“龙山校区（创新港）”建设蓝图，推进“强校兴国”行动，举办百廿校庆，党的领导优势持续彰显，人才数量连续翻番，创新能力跨越提升，治理体系日臻完善，首轮“双一流”建设成效显著，学校“双一流”建设跑出了“加速度”，“由大到强”历史性转变迈入从量变到质变的新阶段。

这些成绩的取得是在党的坚强领导下，学校党委和全校师生医务员工坚持走中国特色社会主义高等教育发展道路，团结奋斗、埋头苦干干出来的，来之不易，务必倍加珍惜！借此机会，我代表学校党委，向全体师生医务员工的辛勤付出和无私奉献表示衷心的感谢！

展望党的二十大绘就的民族复兴新蓝图，开创学校“由大到强”新局面，必须清醒认识、深刻把握新时代新征程上的机遇和挑战。建设担当中华民族复兴大任的世界一流大学，前途光明，任重道远。

——未来五年是山东大学实现“由大到强”根本性转变的战略机遇期，我们必须要自信自省，以主动担当作为抢抓机遇乘势而上。面向第二个百年奋斗目标，党和国家、山东省对高等教育的需求从来没有像今天这样迫切，高等教育对中国式现代化的支撑作用将更加凸显。科教兴国、人才强国、创新驱动发展等一系列国家重大战略叠加推进的重要历史机遇，务必要紧紧抓住。我们要以“教育是国之大计、党之大计”的自信自省，将一流大学建设全面融入中国式现代化进程，显著增强“四个服务”的能力水平，在服务“国之大者”中实现“由大到强”的根本性转变。

——未来五年是山东大学实现“由大到强”根本性转变的风险挑战期，必须自信自强，以强烈忧患意识防范风险、固本强基。世界之变、时代之变、历史之变正以前所未有的方式展开，我国发展进入战略机遇和风险挑战并存、不确定难预料因素增多的时期。山东大学处在一个“将强未强、全面求强”的关键阶段，“内涵跃升期、改革攻坚期、发展转型期、建设高峰期”叠加交汇。我们要精准把握学校新的发展阶段特征，增强志气、骨气、底气（这也是习近平总书记重要回信的要求，是鼓舞山大人斗志的精神力量）。我们要坚持“彰显党的领导最大优势、突出思想变革最强先导、发挥文化凝心聚力关键作用”等宝贵经验，更加突出培养一流人才、服务国家战略需求、争创世界一流的导向，始终把发展进步的命运牢牢掌握在自己手中，不断夺取全面建设中国特色世界一流大学的新胜利！

（二）坚定不移落实立德树人根本任务，努力培养德智体美劳全面发展的社会主义建设者和接班人

1. 新时代十年成绩

习近平总书记在党的二十大报告中讲到教育的时候，第一句话就是“培养什么人、怎样培养人、为谁培养人”，这是教育的根本问题。十年来，我们围绕这一根本问题，紧紧围绕立德树人根本任务，强化人才培养中心地位，不断提升人才培养质量，培养近13万学子积极投身国民经济主战场。特别是党的十九大以来，学校坚持把立德树人融入思想道德教育、文化知识教育、社会实践教育各环节，健全思政工作体系，布局“优特新”专业，形成了“通识教育、拔尖教育、创新创业教育”三位一体的本科人才培养体系和“交叉汇聚、开放融合”为特色的研究生教育模式，引领全国新文科建设，双创

教育走在全国前列，“家国情怀、担当精神、崇实品格、创新素养”的山大基因广受赞誉。

2. 存在的问题

党的二十大报告指出，“必须把教育事业放在优先位置，深化教育改革，加快教育现代化，办好人民满意的教育”。我们的育人工作距离习近平总书记提出的要求还有不小差距。一是培养“最优秀的本科生和最具创造力的研究生”底气还不足。育人理念不够聚焦，支撑育人目标的人才培养体系不够完善，评价机制不够科学高效。二是教育教学质量亟待提升。“大思政”格局不够完善，“三全育人”到岗到家到位问题解决不彻底，“五育并举”的成效不够显著。三是育人合力凝聚不够充分。各类办学优势向人才培养汇聚转化不足。为此，我们要认真思考：如何凝练创新山东大学的育人理念，加快构建新时代一流人才培养体系？如何显著提升中国式现代化急需人才的培养能力？

3. 下一步思路和举措

一是突出“立德”的鲜明导向。牢牢把握“为党育人、为国育才”的正确方向，将培根铸魂育人摆在首位，力争在构建“三全育人”山大模式上实现突破；抓实抓好思政金课、课程思政，创新日常思政教育形式载体，切实增强思政教育的亲和力、针对性、实效性，统筹提升各支育人队伍能力水平，全力培养“听党话、跟党走”的社会主义建设者和接班人。二是健全“一流”的育人体系。适应创新突破、学科交叉、知识更新的新常态，遵循教育规律，优化升级育人理念，以教育评价改革为牵引，以落实“五育并举”为重点，统筹推进育人方式、办学模式、管理体制、保障机制的深刻变革，着力建好金专、金课、金师、金教材，积极推进教育数字化战略，构建山大特色的一流人才培养体系。三是聚焦“急需”的培养目标。优化学科专业设置，强化“四大学堂”“强基计划”等优势，以超常规方式加快培养紧缺人才和卓越工程人才，持续健全引导毕业生到祖国最需要的地方建功立业的支持保障机制，为中国式现代化建设提供“硬核”资源。

（三）坚定不移深化人才强校战略，为全面构筑世界重要人才中心和创新高地作出重要贡献

1. 新时代十年成绩

十年来，我们坚持党管人才，下大力气推进人事人才工作体制机制改革，构建具有山大特色的杰出人才体系，学校人才工作一年一个台阶。特别是党的十九大以来，我们深刻认识人才工作的极端重要性，将人才强校战略摆在“七大战略”之首，也是我们的主战略，凝聚起人事人才体制机制改革是“牛鼻子”的广泛共识，“1 意见 N 方案”深入实施，具有国际竞争力的人事人才制度体系初具雏形，“翻番”“倍增”成为人才工作成效的代名词。近五年来，学校共新增国家级高层次人才 252 位，其中包括术才同志、子江同志同时当选院士。到目前为止，在今年公布的各类国家级人才项目中，我校入选总量排名全国第八，这是我们的历史最好成绩，其中万人全国第一，青年拔尖人才入选数量位居全国第二，仅次于清华。以上都是我们人才工作取得的优异成绩。

2. 存在的问题

党的二十大报告提出，要加快建设世界重要人才中心和创新高地，着力形成人才国际竞争的比较优势。与中国式现代化建设的需要相比，我们高层次人才的贡献度还不够

高；与对标高校相比，我们缺乏战略科学家，战略领军人才不够多，战略青年人才的储备不足，各类创新团队的总体规模还比较小，协同创新、集中攻关的主动性还不够强；与学校发展相比，我们的战略视野还不够宽，“小富即安”的思想还不同程度存在，甚至还很有“市场”，对于“新”的理解还不够深入（党的二十大报告在教育、科技、人才部分中提到要“开辟发展新领域新赛道”），对于“大”的追求还不够坚决（我们总说要实现“由大到强”的根本性转变，坦率地说，我们很多地方还都不够“大”）；改革面临不少难啃的“硬骨头”。因此，我们要认真思考以下这些问题：满足国家重大战略需求的人才缺口有多大？制约人才工作新突破的短板弱项在哪里？办学资源如何能可持续满足人才队伍特别是高精尖人才的需要？

3. 下一步思路和举措

实现人事人才工作的突破，关键是推动实现“三个转变”：一是向“聚焦党和国家重大战略需求建设人才队伍，引领带动体制机制改革”转变；二是向“牢牢抓住主要矛盾，针对关键短板精准发力”转变；三是向“全校协同推进改革，发挥校内外资源叠加优势”转变。为了实现这三个转变，一要坚持目标精准聚焦。打造一支敢打胜仗、能打胜仗的战略人才队伍是必须坚持的新目标。各学院、各单位都要围绕这一目标大力破除制约人才发展的体制机制障碍，抓住海外人才回流的战略机遇，引育一批有利于事业发展的高水平创新人才。二要坚持体制深度创新。人事体制机制改革没有终点，永远在路上。上周党委常委会讨论通过了人事人才体制机制改革2.0版（《山东大学关于加强和改进新时代人才工作的实施意见》），我们正在推动实施，目的就是要进一步破除束缚。我们要构建战略科学家发现、培养、使用机制，加速实现战略科学家队伍建设的突破；要深度融入山东省的“2＋N”人才集聚雁阵格局，发挥龙山校区（创新港）高能级平台优势，加快实现领军人才集聚；要在团队引进、考核、评价、分配等重要问题上破题，实现“卡脖子”关键核心技术的大集团有组织协同攻坚。三要坚持活力有效释放。要强化聘期考核，建立起以岗位职责完成情况为基础的考核和绩效分配模式，更充分调动存量的创造性。同时，要多措并举支持优秀青年人才挑大梁、当主角。

（四）坚定不移深化学术兴校战略，为实现高水平科技自立自强提供有力支撑

1. 新时代十年成绩

十年来，我们深入贯彻创新驱动发展战略，坚持“四个面向”，始终把学术卓越作为核心价值追求，学术核心竞争力不断增强。特别是党的十九大以来，我们大力实施学术兴校战略，成立国家战略科技力量建设委员会，促进“学科—团队—平台”一体发展，建成新一代半导体材料集成攻关大平台等国家级平台15个，承担自然科学国家重大科技项目96项、国家社科基金重大项目78项，获国家科学技术奖34项，年度科研经费达30亿元，在数学、生殖医学、岩土工程、新材料等领域取得一系列原创性科研成果，并在川藏铁路、大飞机制造、载人航天等重大工程中获得应用，学术基本面进入国内高校第一方阵。在哲学社会科学方面，我们认真学习贯彻习近平总书记给《文史哲》编辑部全体编辑人员重要回信精神，取得了一系列标志性的重要成果。

2. 存在的问题

党的二十大报告强调，要以国家战略需求为导向，集聚力量进行原创性引领性科技攻关，坚决打赢关键核心技术攻坚战。党的二十大报告特别突出国家战略需求，就是要服务“国之大者”，培养国家战略科技力量、国家战略科技人才。对标党的二十大报告提出的这一要求，我们的学术核心竞争力仍亟待提升。学校“121”行动路径中的“1”就是聚焦学术核心竞争力这一关键，这个关键问题不解决或者解决不好，立德树人的根本任务、服务国家和地方的创新能力以及我们自身的发展都不可能做好。学科力量分散、山多峰少的问题还未得到根本解决，基础学科原始创新的供给能力不足，参与国家战略需求导向的原创性引领性科技攻关偏少，在构建中国特色哲学社会科学体系方面的成果不够显著。同时，有组织科研需加大力度，基础研究与关键技术攻关的协同不足，“四大”建设特别是国家重点实验室建设有待突破，国际科技合作存在不足。为此，我们要认真思考：如何找准“三个第一”的结合点和发力点，有力支撑高水平科技自立自强？如何贯彻落实习近平总书记重要回信精神，精心打造中国特色哲学社会科学的“山大学派”，推动建构中国自主的知识体系？如何融入举国体制，更好地服务国家战略？

3. 下一步思路和举措

始终坚持“四个面向”，以推动“12 棵树”（也就是我们谋划的 12 个学科集成平台）的创新发展为突破，强化战略引领、组织创新、交叉融合，开辟新领域新赛道，塑造新动能新优势。一是聚焦聚力高水平科技自立自强。发挥基础研究主力军和主阵地作用，提升免疫调控、空间物理等重大基础研究项目承担能力，努力涌现一批“从 0 到 1”的原创性成果。瞄准集成电路、临床医学与健康、高端晶体材料等国家战略关键核心领域，以及山东十强产业，积极承担一批国家重点研发计划、重大项目，助力关键核心技术突破。二是聚焦聚力构建中国特色哲学社会科学。倡导研究中国问题、中国经验，强化研究的系统性谋划、整体性推进、项目化管理，集成重点马院等优势力量，全面打造习近平新时代中国特色社会主义思想研究重镇，加快建设哲学社会科学创新平台体系，聚焦黄河流域生态保护和高质量发展等国家战略推进新型智库建设，努力在中国特色哲学社会科学建设上实现突破。三是聚焦聚力有组织科研。加快变革科研范式和组织模式，积极探索新型举校体制模式，强化同国家实验室、新型科研机构、科技领军企业的协同创新与合作攻关。加快建立以创新成果质量和实际贡献为导向的科研绩效评价制度（11 月 9 日，科技部、教育部、工信部等八部门联合印发《关于开展科技人才评价改革试点的工作方案》，大家要好好学习），推动支持政策从“输血式”向“造血式”的转变。四是聚焦聚力培育创新文化。大力弘扬科学家精神，持续健全有利于创新的制度体系，努力营造尊重创新、鼓励创新、保障创新的氛围环境。

（五）坚定不移深化服务山东战略，在服务新时代社会主义现代化强国强省建设中展现新作为

1. 新时代十年成绩

十年来，我们深入贯彻“扎根中国大地办大学”指示精神，为国家和山东高质量发展提供了强有力的人才、智力和科技支撑。特别是党的十九大以来，我们创造性实施服务山东战略，构建服务山东“山大系”，新建校地企合作平台 224 个，专利群转让实现亿元级突破，“服务山东战略就是服务国家战略，服务山东发展就是服务国家发展，扎

根齐鲁大地创建世界一流大学”的理念深入人心。

2. 存在的问题

党的二十大报告中提出，要为全面建设社会主义现代化国家提供基础性战略性支撑。山东省第十二次党代会围绕“走在前、开新局”，部署了“六个新跃升”奋斗目标、十二项重点任务。对标这些要求，我们还存在一些不足：一是对接国家和区域发展需求不够精准，对一些重大问题、重点领域、行业共性技术的有组织集成攻关不够；二是推动产学研融合的思路和举措不够创新，在引入市场化合作机制、探索新型合作共建模式上存在短板。我们要认真思考，如何更好统筹和对接现代化强国和现代化强省的建设需求，战略配置科技力量，强化资源集聚融合，促进教育链人才链与产业链创新链有机衔接？

3. 下一步思路和举措

我们要在大力落实《山东大学服务山东高质量发展行动方案（2021—2025 年）》基础上抓住新机遇、谋划新思路、实现新突破。党的二十大期间，在山东代表团中，各个地市的市委书记、省里各个部门的领导都表达了希望跟山东大学加强合作的意愿，要求非常迫切、支持非常有力，我们一定要抓住这个机遇。坚持立足山东，辐射全国，争取作出新的更大贡献。一是加强顶层设计，紧抓山东新旧动能转换综合试验区建设、黄河流域生态保护和高质量发展等国家战略交汇叠加的机遇，强化前瞻性思考、战略性布局、整体性推进，全面增强服务山东高质量发展的主动意识和创新能力。二是推动校地合作大突破，围绕山东推进“一群两心三圈”建设，优化完善“三核引领、多点突破”的战略布局，把握山东建设绿色低碳高质量发展先行区的重大历史机遇，进一步提升“山大系”服务效能；完善产业研究院体系，持续推动苏州、深圳研究院转型发展，深化与重庆、黑龙江、云南等省市合作，更深入服务国家和区域重大战略。三是构建校企融合发展新格局，深入落实《推动产教融合、构建院企合作社会服务体系行动计划》，激发学院合作潜力，促进学校和产业的资源要素集聚融合、优势互补。四是强化制度保障，创新完善供需对接、校内协同、资源整合、评价激励等体制机制，为更好地服务国家、服务山东提供坚实的制度支撑。

（六）坚定不移深化文化引领战略，争做铸就社会主义文化新辉煌的排头兵

1. 新时代十年成绩

十年来，学校党委把文化建设摆在突出位置，不断推进文化传承创新，在组建“全球汉学联盟”、推进儒家文明与其他文明的交流对话、推动中国语言和文化的海外传播等方面作出了重要贡献。特别是党的十九大以来，我们以增强文化自信的担当，大力实施文化引领战略，以社会主义核心价值观为统领，深入挖掘学校红色文化，大力弘扬伟大抗疫精神，以新时代山大文化筑同心、聚合力，成功举办百廿校庆，淬炼全校师生“追求卓越、只争朝夕”的精气神，进一步筑牢团结奋斗的思想基础。

2. 存在的问题

党的二十大报告指出，要增强文化自信，围绕举旗帜、聚民心、育新人、兴文化、展形象建设社会主义文化强国。推动文化引领战略的提档升级，必须要在服务文化自信自强中展现更大的作为和担当。（大会主题第一个谈道路和思想，第二个谈血脉和基

因——伟大建党精神，第三个谈工作态度和奋进姿态。其中有16个字——“自信自强、守正创新，踔厉奋发、勇毅前行”，自信主要是“四个自信”，其中文化自信是更基础、更广泛、更深厚的自信）对标这一要求，我们存在以下不足：一是新时代山大文化的建设力度不够，对其精神内核的凝练还不够精准深刻，将山大精神内化于心、外化于行做得还不够；二是推动中华优秀传统文化“两创”的创新举措不多，在中华优秀传统文化研究阐释上还有不足，服务中国话语体系和中国叙事体系成效还不够显著。为此，我们要认真思考，如何以伟大建党精神有效地引领和感召全体山大人奋进新时代新征程？如何为建设社会主义先进文化、构建人类命运共同体作出山大贡献，争当铸就社会主义文化新辉煌的引领者和开拓者？

3. 下一步思路和举措

一是扎实推动中华优秀传统文化“两创”，以习近平总书记重要回信精神为指引，大力推进哲学社会科学创新发展行动方案，充分发挥“古文、古史、古哲、古籍”优势，全面提升人文社科学术原创能力、思想引领能力、学术话语体系构建与传播能力、国际学术影响力，回答好“坚持中国道路、弘扬中国精神、凝聚中国力量”的时代课题。二是积极探索中华文化“走出去”的新路径，坚守中华文化立场，发挥儒学研究高地等特色优势，勇于创新对外文化交流和文明对话的新范式，讲好中国故事，传播好中国声音。三是深入践行社会主义核心价值观，以伟大建党精神为源头活水，挖掘校史资源、红色资源，建立健全新时代山大人的精神谱系和荣誉体系，在研究阐释宣传社会主义核心价值观上作表率。

（七）坚定不移深化国际化战略，构建高水平对外开放办学新格局

1. 新时代十年成绩

十年来，我们深刻把握“扩大教育对外开放”总体要求，不断推动国际化工作制度体系迭代升级，构建起全维度的国际化工作格局。特别是党的十九大以来，我们大力实施国际化战略，与全球200余所高校签署校际协议，与20多所世界一流大学或科研机构建立战略合作关系；与澳国立合作成立联合理学院；有海外经历学生比例由7%提高至21%，培养国际学生35000余人；建立12个海外人才工作站，长期外籍教师数量由不足90人增长至255人；深度参与AMS、ATLAS等国际重大科学工程，显著增强了国际影响力。

2. 存在的问题

当前，世界进入新的动荡变革期，国际交流工作面临前所未有的挑战，我们的国际化工作也存在一些短板：高层次高水平的合作交流偏少，全球胜任力人才培养能力不足，国际科研合作成效不够显著，国际化工作体系不够完善，管理服务人员的国际化能力亟须提升。党的二十大报告指出，中国将积极参与全球治理体系改革和建设。为此，我们要认真思考，如何深化拓展平等开放的全球合作网络，致力于扩大互利共赢的汇合点？如何切实提升全球胜任力人才培养质量？如何更深入高效服务中国参与全球治理体系改革和建设，助力构建人类命运共同体？

3. 下一步思路和举措

一是构建高效能国际交流合作格局。实施“全球一流学科合作计划”，构建世界一

流战略合作网，推进多边联盟建设，主动服务“一带一路”高质量发展。加强国际科研合作，积极参与制定专业和行业国际标准，支持国际科技协同创新，提高国际中文教育质量，服务我国国际传播能力建设和文化软实力提升。二是构建高质量国际化人才引育体系。探索“海外经历＋在地国际化培养”双轮驱动新模式，加强全球胜任力人才培养。打造“境外访问学者”体系，深入实施引智计划。三是构建高品质国际化管理服务模式。建设政治可靠、业务过硬的国际化管理与服务队伍，持续推进国际化校园内涵建设，实现管理服务从“立足本土”向“融通世界”的转变。

（八）坚定不移深化一体发展战略，融汇新时代高质量发展合力

1. 新时代十年成绩

正是在十年前，威海分校更名为威海校区，青岛校区启动建设，山东大学开启了一校三地办学新格局。十年来，我们坚持“统筹布局，一体发展”的方针，持续探索完善异地多校区办学模式，不断汇聚一校三地争创一流的合力。特别是党的十九大以来，学校大力实施一体发展战略，落实“六个统一”要求，形成了“一体是为了发展”的广泛思想共识；我们抓住中央巡视整改契机，制定实施深化一校三地管理体制机制改革的意见和方案，深入推进“学院、学科、学者”一体发展，加快实现各校区资源共享、优势互补，威海校区是新亮点和青岛校区是新引擎的定位更加清晰，各校区的内生动力和发展活力更加迸发，全校上下对于加快一体发展的必要性重要性紧迫性的认识更加深刻。

2. 存在的问题

党的二十大报告提出，“深入实施区域协调发展战略”“构建优势互补、高质量发展的区域经济布局”。对标报告要求和学校事业发展目标，我们统筹推进“三地八校区”协同发展不够有力，“六个统一”原则落实不够彻底，发展不平衡不充分问题仍然突出，推进一体高质量发展还有许多卡点瓶颈亟待突破。为此，我们要认真思考：如何加快构建要素有序自由流动、办学功能优势互补、教育资源和公共服务更加趋同的校区协调发展格局？如何着眼龙山校区（创新港）规划建设，统筹推进组织架构、制度体系、运行机制“三位一体”的系统变革？如何积极探索以“小切口”带动“大变革”的实施模式？

3. 下一步思路和举措

一是深入推进“三学”一体发展。以实施“学科融合创新计划”为抓手，有力有序推动三地学科一体发展、融合发展、交叉发展、创新发展，积极稳妥推进学科、学科方向、专业的优化调整和错位布局，优化学院设置，引导学院整合做强。二是持续完善科学高效的管理体制和保障机制。进一步健全学校和校区管理机构，落实校区管理机构与学校对口管理机构实行一体化运行、一体化管理、一体化考核，推进政策和资源配置一体化。三是坚持以数字化赋能推动一校三地均衡发展。抢抓数字教育发展战略机遇，依托数字化、信息化、智能化等手段推动一校三地一体发展开创新局面。四是抢抓龙山校区（创新港）建设机遇。立足长远发展，瞄准学科汇聚融合交叉和学科更新换代的目标要求，大力推动一校三地学科、平台、队伍、育人、国际化等多位一体的集成建设，按照大系统、大融合、大服务的原则构建新型支撑保障体系，筑牢一流大学建设的坚实

基础。

（九）坚定不移深化融合发展战略，加快塑造高质量发展新优势

1. 充分认识融合发展的重要意义

党的二十大报告将“教育、科技、人才”进行统筹部署，并强调了“城乡融合发展”“数字经济和实体经济深度融合”等重要任务，鲜明地体现了通过“融合”来应变局、育新机、开新局的创新思维、问题导向和系统观念。融合发展是顺应新一轮科技革命和产业变革趋势的战略选择，也是实现高水平科技自立自强和高质量发展的必然要求。

我们要深刻认识到，面对严峻复杂形势，必须准确识变、科学应变、主动求变。例如，“中国式现代化”提出的一系列重大课题，不汇聚多学科力量协同攻关，就很难突破！山东省新旧动能转换正如火如荼地推进，迫切需要强有力的科技和人才支撑，甚至有的领域已经走在了高校的前面，我们的工科不去主动对接产业、携手干大事，行吗？为此，我们必须跳出传统的教学模式、科研模式、治理模式，主动突破学科的“壁垒”和大学的“围墙”，以更加开放的胸怀响应时代变革、拥抱社会发展，通过“融合发展”实现办学理念、育人模式、发展方式的提档升级。只有这样，山东大学才能更好地适应“大科学时代”，更深入地融入和服务新发展格局。

2. 始终锚定融合发展的战略目标

我们将融合发展确定为学校第七大发展战略，制定实施《山东大学关于推进融合发展的实施意见》，全面系统推进学科融合、产教融合、科教融合、医教融合、军民融合、校政融合等“六大融合”。随着战略的实施，全校各领域正在展现融合发展的生动气象。

预计到“十四五”末，学校将形成更有利于融合发展的新体制新机制，建设一批一流学科高峰和新兴交叉学科，建成一批融合交叉大平台，凝聚一批融合交叉大团队，产出一批融合交叉大成果，培养大批复合型创新人才，学术核心竞争力大幅提升；到2035年，融合发展将成为山东大学鲜明的办学特色，我们将全面构建融合发展新模式，力争成为具有全球重要影响力的文化重镇、科创中心、人才高地。

3. 坚定不移地深入实施融合发展战略

一是以体制机制创新全面推进“六大融合”。深化融合发展体制机制改革，打破路径依赖和观念束缚，积极探索有利于融合发展的新体制、新模式、新路径，推动在学科融合、科教融合等领域实现重要突破，全面提升创新人才供给能力、学术创新能力、服务高质量发展能力。二是以融合发展理念引导其他战略迭代升级。将融合发展的理念贯穿其他六大战略中，走活“深化融合发展”一盘棋，有力推动办学理念、育人模式、发展方式的革故鼎新。

（十）坚定不移统筹发展与安全，确保学校事业行稳致远

1. 新时代十年成绩

十年来特别是党的十九大以来，我们深入学习贯彻总体国家安全观，创造性提出“3D”工作法，科学构建“1＋8＋8”安全体系，推出网格化管理服务，加强安全稳定队伍及能力建设，全方位筑牢校园安全稳定屏障，有效应对了突发事件、疫情等风险挑战，学校安全制度健全完善、安全责任清晰明确、安全教育普及深化、安全管理有序高

效、安全落实人人有责，切实维护了师生医务员工生命安全和身体健康。

2. 存在的问题

党的二十大报告专章强调安全，足见党对安全这一国之大事要事的重视程度。安全是民族复兴的根基，稳定是国家强盛的前提。学校安全工作永远在路上，按照报告提出的“以新安全格局保障新发展格局”的工作要求，我们要认真思考：如何进一步健全学校重点领域安全保障体系和重点专项协调体系？如何提高防范化解重大风险能力？如何健全学校共建共治共享的安全治理制度，以网格管理打通基层治理“最后一公里”？

3. 下一步思路和举措

一是持续完善“1＋8＋8”安全体系。结合深化安全工作专项巡视整改，进一步优化安委会顶层设计、安委办协调调度、各安全工作组纵向到底、各校园安全专班横向到边的“大安全网”，加快健全“全员共建共治共享”的安全治理格局。二是切实提高应急处突能力。面向“两个大局”，习近平总书记反复告诫我们，要准备经受风高浪急甚至惊涛骇浪的重大考验。防范化解重大风险，必须发扬斗争精神，提高斗争本领。要推进专项应急预案编制、衔接，充分利用互联网、大数据、智能辅助决策等新技术，加强专业应急平台建设，促进与地方、部门的信息共享和联动处置。我们的领导干部要不断提高应急处突的见识和本领，对可能发生的各种风险挑战，要做到心中有数、分类施策、精准拆弹，有效掌控局势、提前化解危机。三是进一步夯实基层治理基础。网格是基层治理的最小单元，是切实打通基层治理的“神经末梢”。要学习政府基层网格化管理成熟经验，完善学校网格化管理机制，真正做到“网中有格、格中有人，人在格上、事在格中”，用“小网格”筑牢安全“大保障”。

还需要特别强调的是，要抓紧抓好疫情防控工作。这件事要有“始终放心不下”的责任感紧迫感，防疫做好了一稳皆稳，做不好一失皆失。

一是继续提高思想认识。近期，国内疫情风险地区、新增感染人数持续处于高位并且不断增加，呈现出点多面广、多条传播链并行、溯源困难、多个毒株交织等特点，病毒变得越来越狡猾，防控压力越来越大，给我们带来了各种各样的新挑战，同时存在新冠肺炎疫情与流感等季节性疾病叠加的可能，其复杂程度，不亚于今年3、4月份，甚至可能更为严峻，千万不能掉以轻心，千万不要以为太平无事，要保持高度警醒，慎终如始抓好防控工作。二是不断优化管理服务。要结合学校实际，不增不减、全面精准落实属地和教育系统防疫部署，凡是我们已经部署的要严格落实到位。严格落实“五早”要求和“人、物、环境同防”措施，进一步细化实化人员出入校、师生活动轨迹动态掌握、常态化核酸检测等管理措施，严防疫情输入校园。当前，除了核酸检测这个“探头”以外，还有一个就是要把好“入口关”，很多病毒来源都是意想不到的。要统筹落实疫情防控和校园服务保障，系统提升教学、科研、锻炼、餐饮、购物、就医、快递等服务保障质量，营造良好舒心的生活、学习和工作环境。三是牢牢坚持疫情舆情同防。疫情往往和舆情相伴随，是一对孪生子。要深刻汲取近期各地因疫情等引发舆情的惨痛教训，加强对苗头性问题和不良信息的分析研判，坚决防范遏制负面舆情发生，切实维护校园和谐稳定。要细致做好政策传达解释和人员思想引领工作，畅通师生诉求渠道，健全问题解决反馈机制，及时回应解决师生医务员工合理诉求和急难愁盼问题，从根源上消除舆情隐患。今天我们也有学生代表参加，学校为了更好回应解决师生各项诉求，专门成立了学生发展保障委员会，通过各种渠道去了解合理诉求，只要是合理的就立即解决，这一点我们做到快速有力。如果还有没及时做到的，希望同学们通过校长信箱、权小益、“12345”和辅导员等各种途径积极反馈。防疫情防舆情容不得半点形式主义、官僚主义，要坚决杜绝漠视不理、坚决防止层层加码。学校党委已经研究提出，校长信箱和“12345”明确实行“首接负责制”，首先给谁，谁就要负责，要快速行动、快速处置。关键还是坚持以人民为中心、以师生为本，与时俱进提高学校疫情防控的科学化、精准化、人性化水平。

（十一）坚定不移推进全面从严治党，在创建一流大学征程中彰显党的领导最大优势

1. 新时代十年成绩

十年来，我们坚持和加强党对学校的全面领导，坚定不移推动全面从严治党向纵深发展，党的建设新的伟大工程取得突出成效。特别是党的十九大以来，我们紧紧围绕落实立德树人根本任务，牢牢把握新时代党的建设总要求，深入践行新时代党的组织路线，“金钥匙”的共识深入人心，“两张皮”难题得到有效破解，党的领导优势在引领“由大到强”转变中持续彰显。

2. 存在的问题

办好中国特色社会主义大学，关键在党。坚持和加强党对学校的全面领导，核心是从根本上破解“两张皮”问题。在这一方面，我们还有较大提升空间：一是政治建设统领作用发挥不够。学深悟透“金钥匙”存在不足，谋划改革发展的站位和格局有差距，谋大事、干大事、成大事的作用发挥还不充分。二是制度体系建设不够完善。落实党的领导纵到底、横到边、全覆盖的制度体系已经成形，但之间还缺少“卯榫”，系统集成和有机衔接存在弱项。三是组织凝聚力需进一步增强。“有形覆盖”和“有效覆盖”没有实现有机统一，部分党支部政治功能和组织功能不强；落实党建工作责任制“上热中温下冷”、压力“层层递减”的问题在学院层面仍然存在。为此，我们要认真思考：如何把深学细悟“金钥匙”的成效持续转化为高质量发展的动能？如何加快打造一支胜任一流大学建设的高素质专业化干部队伍？如何把学校各级党组织建成坚强战斗堡垒？这些问题考虑清楚了，才能从根本上引领推动立德树人和“七大战略”的提档升级。

3. 下一步思路和举措

一是用好“金钥匙”破解难题。要大力弘扬理论联系实际的马克思主义学风，以学院和党支部为重点推广落实“五个一”的学习模式，坚持问题导向，推动党员干部学好用好“金钥匙”的世界观和方法论，聚焦高质量发展，着力增强攻坚克难和服务师生的本领。二是坚持和加强党的全面领导。要始终坚持和完善党委领导下的校长负责制，深化完善学校党委、学院党委、党支部、党员“四个作用”的特色模式，充分发挥党对学校各领域发展的引领和保障作用。三是把制度优势转化为治理效能。坚持制度治党、依规治党和依法治校、依章办学相统一，以党章为根本，以民主集中制为核心，把学习贯彻高校基层组织工作条例与构建以章程为统领的现代大学制度体系有机结合起来，形成坚持真理、修正错误，发现问题、纠正偏差的机制。四是建设堪当民族复兴重任的高素质干部队伍。要锻造坚强有力的校领导班子，切实建好学校高质量发展的“一线指挥

部”。要塑造锐意进取的中层领导班子，深入贯彻落实加强新时代中层领导班子建设意见，大力实施干部人才双轮驱动，加强干部斗争精神和斗争本领的养成。要锤炼担当作为的科级干部队伍，加强校院协同，进一步完善全链条发现培养机制。五是增强基层党组织的创造力凝聚力战斗力。围绕增强基层党组织政治功能和组织功能，发挥党组织战斗堡垒和党员先锋模范作用，解决好“抓谁”的问题，重点做好党组织书记、党务队伍、“双带头人”、党员骨干等队伍建设；解决好“抓什么”的问题，发挥考核“指挥棒”作用，把党建引领改革发展、推动学科建设、科技创新等重大任务落实情况作为重要指标；解决好“怎么抓”的问题，探索具有学科特色的党建工作模式，推动“两张皮”问题在基层得到根本性解决。六是坚持以自我革命的决心正风肃纪反腐。保持严的基调，锲而不舍落实中央八项规定精神，抓住“关键少数”以上率下，持续深化纠治“四风”，在践行一线规则、反对形式主义和官僚主义、落实师生为本上取得新成效。要深入落实全面从严治党“一办法三清单”，坚持不敢腐、不能腐、不想腐一体推进，让学校的政治生态更加清正。

四、从严从实抓好学习宣传贯彻，推动党的二十大精神落地生根

学习宣传贯彻党的二十大精神，是当前和今后一段时期的首要政治任务，我们要以强烈的政治责任感和历史使命感，切实把思想和行动统一到党的二十大精神上来。

（一）加强组织领导，扎实做好学习宣传

要高站位、高标准、高质量组织广泛深入的学习宣传活动，做到入脑入心入行。要坚持领导带头，以身作则争当学深悟透、知行合一的表率，我今天在这宣讲，下周术才校长要宣讲，我们各位校领导后面要到联系学院去宣讲，也希望我们各二级单位的书记、院长到师生当中去宣讲；要原原本本、逐字逐句学习党的二十大报告和党章。各二级单位党组织要负起主体责任，下真功夫抓好本单位学习贯彻方案的落实；各党支部要严把“三会一课”、主题党日质量关，组织好党员干部师生的学习。要精心安排干部教育培训、宣讲活动，增强学习教育的亲和力、针对性、有效性。要充分发挥全媒体优势，营造浓厚舆论氛围。要发挥学科优势，做好研究阐释和宣传普及，增强和提高学习宣传的理论深度、实践力度、情感温度。

（二）坚决拥护“两个确立”，坚决做到“两个维护”

学习宣传贯彻党的二十大精神，就是要深刻领悟“两个确立”的决定性意义，增强“四个意识”、坚定“四个自信”、做到“两个维护”，以实际行动践行对党忠诚。每一名师生党员都要在学习领会中持续提高政治判断力、政治领悟力、政治执行力，思想上要坚定坚决，政治上要坚定坚决，行动上要坚定坚决。各级党组织要从自身实际出发，时刻保持“两个永远在路上”的清醒和坚定，强化责任落实，坚持全面从严，完善制度体系，一刻不松地抓好党的建设各项工作，切实以高质量党建引领高质量发展。

（三）做好结合文章，切实推动高质量发展

空谈误国、实干兴邦。各级党组织、党员干部要不断增强践行党的二十大精神的行动自觉，带头做到“三个务必”，坚持将党的二十大精神融入学校改革发展的方方面面，与深入贯彻落实习近平总书记重要回信精神紧密结合起来，与完善党中央重大决策部署

落实机制紧密结合起来，与贯彻落实山东省第十二次党代会精神紧密结合起来，与推进“十四五”规划、新一轮“双一流”建设紧密结合起来，与统筹做好巡视、审计“后半篇文章”紧密结合起来，科学谋划新思路新举措，着力在补短板、强弱项、固底板、扬优势上下功夫，不断提升工作的落实质效。临近年底，全校各单位要以学习贯彻党的二十大精神为动力，坚决做到“疫情要防住、经济要稳住、发展要安全”，用好“3D”工作法，全力冲刺四季度，努力完成全年目标任务。

在党的二十大召开之前，党委常委会讨论通过了学校学习宣传党的二十大精神的工作方案。近期，根据中央精神、教育系统精神和山东省委精神，又专门印发了学校学习宣传贯彻党的二十大精神的文件，各级党组织要高度重视、认真部署。另外，今天我在第三部分提出了很多思考题，大家都要认真思考。近期，党委常委会讨论决定，寒假务虚会的主题是：学习宣传贯彻党的二十大精神，推动学校各项工作开创新局面。通过举办专题学习班，进一步深入学习贯彻党的二十大精神，结合学校发展实际，围绕历史方位、发展目标、发展阶段、根本任务、七大战略等方面，科学谋划学校未来发展，真正把党的二十大精神转变成推动学校改革发展、安全稳定和疫情防控的强大精神动力。这一点做好了，我们学懂弄通做实习近平新时代中国特色社会主义思想就做到位、做到家了。学校各级领导班子，特别是二级单位领导班子，都要按这个思路来推进。

老师们，同志们！让我们紧密团结在以习近平同志为核心的党中央周围，坚持以党的二十大精神为指引，坚定历史自信，增强历史主动，敢于斗争、敢于胜利，精耕细作、团结奋斗，为全面建设社会主义现代化国家、全面推进中华民族伟大复兴作出新的山大贡献！

谢谢大家！

在 2022 年春季学期工作会议上的讲话

樊丽明

（2022 年 2 月 18 日）

同志们：

大家好！我们刚刚度过了一个紧张忙碌、非常充实的寒假。为了加快推动学校向高水平研究型大学的转型，全校各单位的许多同志坚守岗位、加班加点、不辞劳苦，聚精会神完善事业规划、制定任期目标、推进教学科研、夯实服务保障、做好疫情防控，为学校事业育先机、开新局打下了良好基础。借此机会，我代表学校向大家道一声“辛苦了”，谢谢大家！

刚才，我们全面总结了百廿校庆工作，隆重表彰了一批贡献突出的先进单位和先进个人。通过成功举办 120 周年校庆，山大精神文化进一步弘扬，学校美誉度和影响力进一步提升，“强校兴国”的合力进一步汇聚。百廿校庆的成功经验启示我们，只要山大人始终坚持“追求卓越、只争朝夕”的奋进姿态，守正创新、争先进位，就一定能克服任何困难、不断从胜利走向胜利。“一年之计在于春。”今天，围绕学校工作，我主要跟大家交流三方面、“六个新”的内容。郭书记还将作总结讲话，对大家提出具体要求。

一、坚定自信，总结新成效、把握新起点

2021 年，我们站在建党百年、建校百廿的历史交汇点，在习近平总书记给《文史哲》编辑部全体编辑人员重要回信精神的指引下，全力以赴谋大局、抓大事、迎大考、解难题，实现了“十四五”良好开局，推动学校“由大到强”转变迈出新步伐、世界一流大学建设实现新突破。

——统筹推进党史学习教育走深走实。贯彻学史明理、学史增信、学史崇德、学史力行的要求，着眼大局，结合实际，取得显著成效，学校典型经验做法被中央和教育部简报报道 27 次。广大党员、干部受到了全面深刻的政治教育、思想淬炼、精神洗礼，达到了学党史、悟思想、办实事、开新局的目的。

——深入学习贯彻习近平总书记给《文史哲》编辑部全体编辑人员重要回信精神。研究制定哲学社会科学创新发展行动方案，谋划推进强刊计划，深入实施文化引领战略，推动实施全球汉籍合璧、《永乐大典》综合整理等国家重大文化工程，积极探索中华优秀传统文化“两创”的山大模式，努力彰显建设文化强国的使命担当。

——顺利完成中央巡视。以“两个维护”的政治担当，以巡促改、以巡促建、以巡促治。通过集中整改，学校党委政治建设统领作用愈发彰显，立德树人战略地位全面夯

实，执行党委领导下的校长负责制更加到位，新时代意识形态工作扎实推进，全面从严治党不断深入，班子队伍和基层党组织建设切实加强，治理体系和治理能力现代化水平持续提升。

——科学擘画发展蓝图。高质量编制“十四五”事业发展规划和第二轮“双一流”建设方案，完善提出“七大战略”，谋划实施“学科融合创新计划”，布局“4+8”一流学科领域，推动龙山校区（创新港）纳入山东省“十四五”规划重点建设项目，“中国特色、世界一流、山大风格”的发展道路愈发清晰笃定。

——全面加快内涵建设步伐。育人成效持续提升。获批 28 个国家级一流专业建设点，总量已达 58 个；新增 3 个基础学科拔尖学生培养计划 2.0 基地；教育部首批新文科建设项目、课程思政示范项目数量列全国第一；获首届国家优秀教材奖 9 项。队伍建设再创佳绩。国家级人才入选人数创历史新高，新增入选长江、杰青等国家级领军人才 16 位，国家“四青”人才 49 位，较 2020 年增长 75%。科研创新不断突破。7 项成果获国家科技奖，8 篇科研成果在 *Nature*、*Cell* 等顶尖期刊上发表，首次实现国家重大攻关任务单项目经费 5 亿元，亿元级科技成果转化项目实现零的突破。竞争性科研经费达到 23.75 亿元，较 2020 年增长 42%。新增“国家智能社区体育健康治理实验基地”，共建黄河国家战略研究院等高端智库。服务社会扎实推进。推动省政府在全省转发《山东大学服务山东高质量发展行动方案》，成立服务山东高质量发展联盟，持续扩大“山大系”品牌效应。支撑保障全面夯实。扎实推进“我为群众办实事”，高质量落实年度服务师生“十件实事”，办学条件持续改善，有效解决了一批师生急难愁盼问题，切实增强了山大人的获得感、幸福感、安全感。一年来的成绩来之不易，借此机会，向辛勤工作、努力付出的广大教职医务员工表示衷心的感谢！

同志们，今年是山东大学加快发展、争先进位的关键时期。置身“两个大局”，站在守正创新、继往开来的新起点，学校的内外环境正发生着深刻变化。我们只有跳出山大看山大、立足全局看山大、放眼长远看山大，准确识变、科学应变、主动求变，才能抓住重大机遇，开创内涵式高质量发展的新局面。下面，主要谈五个坐标：

一是要找准国际坐标，深刻认识和把握百年变局和世纪疫情交织叠加带来的风险挑战。教育始终是各国竞争的高地和关键领域，面对对外开放和创新合作的复杂环境，我们必须要居安思危，团结调动一切积极因素和优势力量，锲而不舍地实现既定目标。二是要找准国家坐标，深刻认识和把握教育在中华民族伟大复兴进程中的先导地位。中央经济工作会议、中央人才工作会议等一系列重要会议，围绕增强科技和人才供给，对高水平研究型大学提出了更多期待、更高要求。我们必须全面认识教育国之大计、党之大计的地位作用，为加快建设世界重要人才中心和创新高地、支撑高水平科技自立自强作出山大贡献。三是要找准山东坐标，深刻认识和把握新时代社会主义现代化强省建设带来的重大机遇。山东正锚定“走在前列、全面开创”“三个走在前”的目标定位，奋力开创建设新局面。我们必须抓住山东全力支持山大发展的历史机遇，主动担当作为，更精准地服务迫切需求，更深度地融入山东“十大创新”任务，在山东“创新引领走在前，聚力实现新突破”中扛大梁、担重任、建新功。四是要找准高教坐标，深刻认识和把握高等教育改革发展的总体态势。高等教育进入了普及化阶段，大而不强、活力不够等问题比较突出，与国家发展需要和人民群众期盼相比还存在着较大的差距；第二轮“双一流”建设已经启动，百舸争流，慢进即退，我们必须更加突出培养一流人才、服务国家战略需求、争创世界一流的导向，保持定力、久久为功、善作善成。五是要找准山大坐标，深刻认识和把握“五期叠加”的特殊发展阶段。“十四五”期间，我们将一直处在“内涵提升期、创新突破期、改革攻坚期、治理优化期、建设高峰期”，任务十分繁重。我们必须立足校情，顺势而为，敏锐洞察发展的阶段性特征和形势变化，强优势补短板增活力，以质图强谋新篇。

二、再接再厉，锚定新目标、抓实新任务

2022 年是党的二十大召开之年，是实施“十四五”规划承上启下的重要一年，也是推进第二轮“双一流”建设的起步之年，大事多、要事多、难事多，做好各项工作意义重大。我们要聚焦迎接和学习贯彻党的二十大这条主线，全面发力，精耕细作，扎实推进各项事业再上新水平。今年学校工作的基本思路是：以习近平新时代中国特色社会主义思想为指导，深刻感悟“两个确立”的决定性意义，深入学习贯彻党的十九大和十九届历次全会精神，认真领会落实习近平总书记关于教育的重要论述、给《文史哲》编辑部全体编辑人员重要回信精神，增强“四个意识”、坚定“四个自信”、做到“两个维护”，心怀“国之大者”，全面贯彻“三新一高”要求，牢牢坚持立德树人根本任务，大力实施“七大战略”，深入践行“121”行动路径，统筹抓好常态化疫情防控和改革发展稳定要务，着力精耕细作、锐意攻坚克难、持续争先进位，不断开创担当中华民族复兴大任的世界一流大学建设新局面，以“强校兴国”优异成绩迎接党的二十大胜利召开。

关于今年的工作，学校全委会、常委会都作了安排部署，主要包括九个方面 31 项重点任务，下面择要讲一下：

（一）着力彰显党的领导优势

1. 学懂弄通做实党的创新理论。把学习贯彻习近平新时代中国特色社会主义思想作为首要政治任务，全力做好迎接党的二十大胜利召开和学习宣传贯彻。

2. 加强党的创新理论阐释。积极组织申报教育部习近平新时代中国特色社会主义思想研究重大专项和研究中心，培育产出一批标志性研究成果，打造思想研究重镇。

3. 发挥政治建设统领作用。始终把政治建设摆在首位，召开 2022 年全面从严治党工作会议，巩固拓展党史学习教育成果。

4. 抓实深化巡视整改。贯彻落实《关于加强巡视整改和成果运用的意见》，狠抓落实立德树人根本任务、推进一体化发展、落实意识形态工作责任制、深化全面从严治党、加强基层党组织建设等重点整改。

5. 提高基层党建质量。突出基层党组织政治功能，加强党建引领基层治理，深化党组织议事决策规范提升；推进党建“双创”培育建设，提高发展党员质量。

6. 建设高素质专业化干部队伍。认真贯彻新时代党的组织路线，深入实施干部人才“双轮驱动”，统筹推进校领导班子、中层领导班子、科级干部队伍建设。

7. 坚定不移正风肃纪。深入贯彻落实十九届中央纪委六次全会精神，推动政治监督具体化、常态化；保持“严”的氛围，深化学校纪检体制改革；做好迎接国家审计工作。

（二）着力加快改革创新步伐

8. 推动“十四五”规划落地见效。学习贯彻《关于构建教育高质量发展体系的指导意见》，完善改革发展重大任务“施工图”，组织签订任期目标责任书。

9. 推进龙山校区（创新港）规划建设。完成概念性总体规划方案和修建性详细规划，推动配套项目建设。

10. 深化综合改革。大力实施融合发展战略，扎实推进教育评价改革、一校三地一体发展、融合发展体制机制创新、医学教育管理体制改革等重点任务。

（三）着力落实立德树人根本任务

11. 推动新时代思想政治工作守正创新。加快构建思想政治工作体系，推进思想政治质量提升工程，深化“三全育人”，落实“五育并举”，全面推进学生综合评价改革；学习贯彻教育部“大思政课”和马克思主义学院建设推进会精神，打造“大思政课”格局，提升全国重点马院建设水平。

12. 发展一流本科教育。召开人才培养工作会议，启动新一轮本科教育教学审核评估准备工作，分步推进一体化招生培养，加强基础学科人才培养；建设70余个国家级一流专业，建成120门国家级一流课程，出台教材建设“十四五”规划；深化新文科、新工科、新医科建设，引领全国新文科发展。

13. 提高研究生创新人才培养质量。打造以服务需求为导向的学科专业体系，畅通本硕博一体化培养机制；争创“国家产教融合研究生联合培养基地”；健全高素质能力复合型导师发展体系。

14. 促进毕业生更加充分更高质量就业。落实就业工作“一把手”工程，加快形成“大就业”工作格局，推动就业与招生、培养联动改革。

（四）着力建设一流人才队伍

15. 加强师德师风建设。落实《关于完善高校教师思想政治和师德师风建设工作体制机制的指导意见》，进一步健全教师思想政治和师德师风建设工作机制，深入开展师德师风警示教育。

16. 完善人事人才制度体系。打造人事人才体制机制改革2.0版，稳妥推进代表性成果评价，推动聘期考核改革，明确各级各类岗位职责；制定实施拔尖博士后培育计划，全方位实现省校博士后共育；推出新一轮绩效工资改革方案，实施新一期能力提升计划。

17. 打造具有国际竞争力的人才队伍。召开学校人才工作会议，出台“顶尖人才突破计划”，推进“领军人才倍增计划”，加强创新团队培育，支持优秀青年人才发展。

（五）着力增强学术核心竞争力

18. 建设一流学科。扎实落实第二轮“双一流”建设方案，贯彻推进学科汇聚融合交叉创新实施意见，召开学科建设工作会议，推进12个一流学科领域跨越发展；强化学术委员会职能。

19. 提升科技创新能力。全力推进国家重点实验室整合重组，深入实施“科研组织机制创新计划”“科研平台重构计划”“原始创新突破计划”“关键核心技术攻关计划”

"科技成果转化跃升计划"；竞争性科研经费力争增长20%以上。

20. 推进人文社科振兴。深入实施哲学社会科学创新发展行动方案和强刊计划，做好教育部人文社科重点研究基地培育建设，加强一流智库平台、文科实验室和创新团队建设，持续培育"山大学派"。

（六）着力提升服务社会成效

21. 打造服务山东工作2.0版。全力推进《服务山东高质量发展行动方案（2021—2025)》落实落地，做优做强"山大系"品牌，推动形成"N院N企"发展格局。

22. 完善服务社会工作体系。构建服务国家战略布局，持续推进研究院转型发展；推动校友工作提质增效；全面构建新发展格局下的筹资体系。

（七）着力强化文化引领

23. 弘扬新时代山大精神和山大文化。深入落实文化引领战略，强化百廿校庆感染力影响力，推进文明校园建设，构建"大宣传"格局。

24. 推动中华优秀传统文化创造性转化创新性发展。大力实施和参与全球汉籍合璧工程、《永乐大典》综合整理等国家重大文化工程，加快推进"乡村儒学""社区儒学"建设发展，建好建强中华美德教育学院。

（八）着力提升国际合作交流能力

25. 健全国际化人才培养机制。构建全球胜任力人才培养体系，继续推进"国际学分计划"；升级"留学山大"品牌，实施国际学生招生质量提升计划，推动国际学生趋同化管理提质增效，积极发展海外中文教育。

26. 加强国际科研合作。推动国际科研合作支持体系建设，搭好合作平台，完善战略布局，实施"海外一流学科伙伴计划"。

27. 推进师资队伍国际化。打造山大特色的外专引智质量评估体系，建设高质量外籍教师队伍，实施教职工国际化能力提升计划。

（九）着力强化支撑保障

28. 发挥财务牵引功能。进一步强保障、防风险、讲绩效，安排全口径收支预算135亿元，推进财务治理能力建设，深化学院综合预算改革。

29. 改善支撑保障条件。加快打造智慧校园，推进重点基建项目和办学条件建设，深化高水平实验室建设与管理，统筹完善一校三地国有资产管理体制机制，强化人财物绩效考核。

30. 增进民生福祉。高质量实施民生工程、暖心工程，统筹推进"我为群众办实事"、年度服务师生"十件实事"和深化"五大聚心工程"建设。

31. 构建大安全格局。全力维护政治大年学校安全稳定，制定党的二十大安全工作保障方案，完善安全工作管理机制，启动"零基"评价；从严从紧抓实常态化疫情防控。

三、争先进位，落实新要求、展现新气象

征途漫漫，唯有奋斗。对山东大学百廿奋斗历史最好的致敬，是书写新的奋斗历史。在这里，围绕做好学校今年及下一阶段的工作，我以"四个更加"为主题与各位

交流：

（一）更加明确高质量发展这一目标

教育是事关国家发展和民族未来的千秋基业，要切实将党和国家事业对高等教育的新期待转化为学校高质量发展的新担当。一是为加快建设世界重要人才中心和创新高地贡献力量。深入贯彻落实新时代人才工作新理念新战略新举措，精准把握人才工作的新形势新目标，抓住机遇、超前布局，系统谋划推进人事人才体制的新一轮改革，广泛集聚人才、团结人才、造就人才、壮大人才，以强烈的责任感、使命感、紧迫感推进各项任务落地落实，为建设国家战略人才力量、实现科技自立自强作出积极贡献。二是为经济社会高质量发展蓄势赋能。要在贯彻“三新一高”要求中找准方位、把握趋势、看清方向，在优化人才培养、学科建设、科学研究、社会服务供给上下足功夫，全面提升服务经济社会高质量发展的能力和水平。在这个方面，要面向国家急需和区域发展迫切需要，提升积极性主动性紧迫性，面向工科类医学类紧缺人才，未来技术学院、现代产业学院等发展重点，储能技术、新能源等新兴专业，形成新思路，实现新突破。三是为人民群众对优质教育的需求提供支撑。要对标对表《关于构建教育高质量发展体系的指导意见》，以服务国家急需为己任，积极推进人才培养模式等更大范围更深层次的变革，顺应时代发展、适应学生需求，努力办好人民满意的教育。

（二）更加突出创新发展这一关键

从党和国家到山东省、教育部，都坚持把创新摆在核心地位。作为高等教育“国家队”、山东高校领头羊，我们必须把握机遇、突出重点，努力成为支撑引领高质量发展的创新引擎。一是重点抓好融合发展战略实施。融合发展是创新发展的重中之重，贯穿学校事业发展全过程各方面。要持续深化融合发展理念，大力实施融合发展战略，深入推进学科融合、科教融合、产教融合、军民融合、医教研融合，勇于突破“围墙”“壁垒”，积极探索融合发展新理念新道路新模式，着力提升学术创新能力、高层次创新人才培养能力、服务支撑国家和区域发展能力，全面塑造学校面向未来的新优势。二是重点抓好一校三地一体发展。一校三地是学校最大办学实际，全校上下对于加快一体发展形成了广泛思想共识。要大力实施一体发展战略，增强“一体首先是为了发展”的意识，全面落实深化一体发展的改革意见，创新优化一体发展的体制机制，进一步激发校区办学活力、融汇一体发展合力、聚合整体创新动力。三是重点抓好人事人才制度创新。要抓住第二轮“双一流”建设和龙山校区（创新港）规划建设的有利契机，牵住人事人才体制机制改革这一“牛鼻子”，着力打造改革 2.0 版，将人才资源更精准投向重点学科、重要领域、重大平台，促进资源配置效益最大化，提升人才和创新工作一体化效能。四是重点抓好医学体制机制改革。聚焦健康中国、健康山东需求，把握临床医学成为一流学科的良好机遇，大力推动部委省共建齐鲁医学，以创新引领医学教育高质量发展迈上新高度。

（三）更加重视精耕细作这一要求

精耕细作是学校争先进位、以质图强的必然要求。一是提升规划计划的精细化。要围绕“十四五”规划实施、第二轮“双一流”建设启动、龙山校区（创新港）建设推进，紧密结合制定任期目标责任书，持续在深化、细化、实化、量化上下功夫，明确任务书、时间表、路线图，做到精准施策、精准发力，确保学校发展战略全面落实、稳步推进、取得实效。二是提升过程管理的精细化。要持续健全“定目标—抓落实—严考核—强保障”的闭环机制，加强定期总结评估，贯彻“精、准、细、实”要求，加快推动粗放式管理向精细化管理转变，从管得住向管得好转变，以精细化管理促进内涵式发展。三是提升考核评价结果运用的精细化。以深化教育评价改革为牵引，突出质量和贡献导向，加强人财物绩效考核，完善更加科学精准有效的考评结果运用机制。要进一步发挥正向激励机制的作用，通过荣誉、晋升、奖励等多方面相结合，分清层次、拉开档次；要实现考核结果与项目、经费等挂钩，有效推动各项任务落实落地。

（四）更加抓牢思想引领这一先导

思想引领方向，思想统领行动，思想决定作为。新阶段新形势新任务迫切需要我们进一步强化思想武装，持续在学懂弄通做实上下功夫。一是抓实“第一议题”制度。要围绕学习贯彻党的二十大精神，推动全校各级党组织严格落实“第一议题”制度，持续用好“五个一”学习模式，切实将“第一议题”学习成效转化为推动学校改革发展的思路举措和强劲动力。二是创新方式方法。充分运用各类手段，系统创新学习载体，不断丰富学习形式，将理论学习与形势教育、政策宣讲、工作实践紧密结合起来，打通学以致用、知行合一全链条，切实让各级干部和学术骨干真正把学思践悟融通为一体，以思想革命引领自我革命，营造担当作为、狠抓落实的浓厚氛围。三是树牢协同思维。“改革越深入，越要注意协同。”今年是学校深化综合改革的关键之年、攻坚之年，新时代教育评价改革、一校三地一体发展改革等任务艰巨繁重。要认真落实“一盘棋”思想，坚持以协同发力破局开路，在向协同要动力聚合力中啃下硬骨头、打赢攻坚战，努力交出更加精彩的改革答卷！

同志们！实干成就梦想，奋斗铸就辉煌。站在学校发展的新起点，我们要深刻认识学校当前面临的新目标、新任务、新要求，以精耕细作增实效，以争先进位求突破，以实干担当促发展，守正创新、精耕细作，不断实现内涵式高质量发展的新突破，以优异成绩迎接党的二十大胜利召开！

谢谢大家！

赓续山大精神　作勇担时代责任的青年表率

——在2022届本科生毕业典礼上的讲话

樊丽明

（2022年6月19日）

尊敬的各位嘉宾、各位老师，

亲爱的2022届毕业生同学们：

大家晚上好！

今天，山东大学新甲子首批毕业生、也是首批“00后”毕业生，在这里整装待发，即将踏上人生的新征程。首先，我代表学校，向全体毕业生同学表示热烈的祝贺！祝贺你们学业有成，收获硕果！向坚守本职岗位、辛勤培育你们成长成才的全体教职医务员工致以崇高的敬意！

艰难方显勇毅，磨砺始得玉成。你们的大学求学之路很不平凡，新冠肺炎疫情让大家增加了许多独特且难忘的经历。但正是这不平凡的岁月，造就了不平凡的你们。纵使疫情反复，纵使千难万阻，你们坚毅果敢、勇担重任，与母校、与国家共克时艰，用青春奋斗、立志成才的坚定脚步，为校园增添了斑斓绚丽的色彩，为山大留下了自豪骄傲的印记。公共卫生学院的刘文静、徐润泽、张梦迪、曾嘉仪、许诺、陆娅胶、程亮、寇德健等八位同学，你们闻令而动、逆行而上，在济南出现本土疫情的危急时刻，主动请缨参与槐荫区的流调溯源工作，以扎实、朴实、踏实的实际行动，为守护泉城平安作出了积极贡献，展现了山大人历久弥坚的“家国情怀”。艺术学院的修宇同学，你响应号召、应征入伍，参与国庆70周年阅兵式现场演奏的光荣任务，将56首曲谱熟记于心，做到了“站五小时不倒，吹五小时不错”，向世界展现了中国军人的昂扬风貌。马克思主义理论专业的26名“小青马”，祝贺你们成为全国首届马理专业本科毕业生，希望你们秉持山大人的崇实品格，继续加强学习研究，争做马克思主义的信仰者、传播者、实践者。电气工程学院的吴浩同学，你勇于创新、大胆实践，四年间参与了百余场科技比赛，创造了6项国家发明专利和实用新型专利授权，如期完成了自己设定的“小目标”，以山大人的创新素养为实施创新驱动战略贡献了青春力量。

全体2022届毕业生们，同心战疫是你们必须面对的重大考验，是你们砥砺奋进的重要经历，更是你们毅然肩负的历史责任。在这场疫情大考中，你们克服困难、吃苦耐劳，网上学习、远程实验、线上答辩、“云端”求职，高质量地完成了各项任务；你们顾全大局、奉献小我，共同书写了“一夜之间，万余名师生顺利转运”的山大抗疫故事；你们沉着冷静、积极乐观，与同窗倾囊互助、与“大白”暖心互促、与群众倾情互动，分享着身边的小确幸和小美好，用热情奉献和硬核担当展现了山大人的力量，彰显了新时代山大精神。你们以迎难而上、敢为人先的勇气和顽强拼搏、担当实干的坚韧，交出了精彩的毕业答卷，证明了“新时代的山大学子是好样的，是堪当大任的”！我由衷地为你们点赞，为你们喝彩！

青春孕育无限希望，青年创造美好明天。回首山大121年的历程，山大青年的命运与责任从来都同时代紧密相连。民族危亡之际，我们矢志“教育救国”；社会主义革命和建设阶段，我们勠力“学术报国”；改革开放时期，我们锐意“科教兴国”；社会主义建设新时代，我们奋楫“强校兴国”。从1901到2022，一代又一代山大青年从这里奔赴五湖四海，在与时代同频共振、与民族休戚与共的砥砺前行中，创造出经得起实践、人民和历史检验的辉煌业绩，积淀形成了以“爱国报国、忠诚奉献的家国情怀，勇挑重担、开拓奋进的担当精神，坚忍勇毅、不务虚功的崇实品格，敢为人先、追求卓越的创新素养”为核心的山大精神，将“心怀家国天下、勇担时代使命”深深融入山大血脉之中，创建了情感相连、命运相通的文化密码，成为全体山大人的鲜明底色和精神标识。

“一代人有一代人的长征，一代人有一代人的担当”，历史的接力棒即将交到你们手中。当前，你们正处在中华民族发展的最好时期和人生的黄金季节，既面临着建功立业的历史机遇，也肩负着“天将降大任于斯人”的时代使命。希望你们赓续山大精神，续写新一代山大人知责、担责、尽责的精彩华章，在实现国家富强、民族复兴、人民幸福的时代征程上奋力奔跑、争当表率，跑出新时代青年的最好成绩。借此机会，我送给同学们三句离别寄语：

一是气有浩然，作新时代青年知责的表率。浩然之气，代表着崇高理想、坚定信念、责任担当，是志气、骨气、底气的统一体。从革命战争年代的山大学子投笔从戎、保家卫国，到和平年代面临新冠肺炎疫情白衣执甲、逆行出征，对时代责任的坚守跨越时空，诠释着山大人的初心使命。曾任我国空军司令的抗美援朝一等功臣、山东大学校友王海上将，少时就立志报国，对革命路上的每一步，他都迈得坚定踏实，对身上肩负的责任，他每时每刻都清醒执着。在抗美援朝战争中，王海带领一支年轻的飞行大队发扬“空中拼刺刀”精神，以一当十，巡天卫国，与美国空军激战80多次，击落击伤敌机29架，以不怕牺牲的大无畏精神护山河无恙，用生命诠释了对党、对祖国、对人民的无限忠诚。新时代的指针已经转到同学们眼前，你们生逢盛世，实现中华民族伟大复兴是大家义不容辞的历史责任。希望同学们像王海等优秀校友学习，涵养至正至大的浩然之气，胸怀“国之大者”，坚守崇高理想，始终知责于心，立志做大事，不要立志做大官，甘愿到基层和人民中去建功立业，让青春之花绽放在祖国最需要的地方，用忠诚和奉献守护家国、守护人民。

二是刚毅厚重，作新时代青年担责的表率。“刚毅厚重”是山大人的鲜明品格，是对国家和人民大爱不言的深情，是对民族和时代大任不语的负重。一代代山大人始终勇挑时代重担、不负人民重托，在青春之小我与国家、民族、时代之大我的交相辉映中彰显责任担当。就在今年，就在我们身边，我校98级医学校友白晓卉因病牺牲在支援威海抗疫的一线，年仅42岁。自2020年疫情发生以来，她坚毅逆行，辗转奋战于北京、新疆、河南、山东等抗疫前线，创造了改造核酸检测实验室的“山东速度”，用实际行动践行了“我愿意以我所学，尽我全力，用心守护患者健康”的诺言。在经营小家与奉献大家、在轻松安全与困难危险之间，她可以选择小家和平安。但是，她毅然选择了后者，以山大人刚毅厚重的坚守撑起了对国家、对时代的责任。“志不求易者成，事不避难者进。”希望你们向白晓卉校友学习，向优秀山大人学习，向时代模范学习，培育刚毅坚强的意志，厚重深沉的担当，以“舍我其谁”的气概始终担责于身，主动将个人发展融入强国建设和民族复兴的伟大事业，耐得住寂寞和平凡，经得住失败和挫折，踏平坎坷，厚积薄发，奋勇争先，在新时代向阳而生、追光而行。

三是崇实求新，作新时代青年尽责的表率。一直以来，山大人融“扎实、朴实、踏实”的品格与“探索、开拓、创新”的精神于一身，成就了崇实求新的优良校风，能吃苦、肯奋斗，坐得住、敢突破的山大人在祖国建设的各条战线上辛勤耕耘，书写了一部波澜壮阔、荡气回肠的创业史、发展史、奋斗史。从20世纪50年代开始，以蒋民华院士为代表的山大晶体材料团队六十余年如一日，致力于解决国家“卡脖子”技术难题，打破晶体材料制备的国际封锁，由化学系的一个实验小组起步发展，从无到有、从有到优、从追赶到领先，累计研发出一百多种重要晶体材料，十多项成果填补了国际空白，为“神光工程”等国家重要战略急需作出了不可替代的贡献，被称赞为“国家的宝贝”。今天，这个团队又主动扛起新一代半导体材料关键技术的攻关重任，为打造世界一流的“中国芯”发光发热。“为者常成，行者常至。”当今时代，惟实干者、创新者进，惟实干者、创新者强，惟实干者、创新者胜。作为社会中最有生气、最有闯劲的群体，你们身上蕴含着改造客观世界、推动社会进步的无穷力量。希望同学们向一代代崇实求新的山大人看齐，求真务实、开拓创新，做“行动派”而不做“空想家”，把“不可能”变成“一定能”，争当走在时代前列的奋进者、开拓者、奉献者，以崇实求新的实际行动展现新时代山大人的责任担当。

“恰同学少年，风华正茂！”你们即将带着山大的精神和母校的祝福远行。在人生新航程上，希望你们扬起山大精神的风帆，乘风破浪、砥砺前行，争作堪当民族复兴大任的青年表率！

母校永远祝福你们、关注你们、支持你们！欢迎同学们常回家看看！

谢谢！

在 2022 年秋季学期工作会议上的讲话

李术才

（2022 年 9 月 1 日）

同志们：

大家好！刚刚我们度过了一个繁忙而充实的暑期，为做好配合国家经济责任审计、教学科研、疫情防控等重点工作，很多同志坚守岗位、加班加点，为学校秋季学期各项工作的良好开局打下了坚实基础。在此，我代表学校向大家的辛苦劳动和付出表示衷心感谢！

根据学校工作安排，我主要和大家交流三个方面的内容：

一、总结回顾学校春季学期的工作成效

春季学期以来，学校进一步深学细悟习近平新时代中国特色社会主义思想，围绕迎接和学习宣传贯彻党的二十大主题主线，深入落实习近平总书记给《文史哲》编辑部全体编辑人员重要回信精神，大力实施“七大战略”，坚持用好“3D”工作法，经受住突发疫情等风险考验，如期完成各项既定任务，推动学校“由大到强”迈出了崭新步伐。成绩主要体现在七个方面：

一是全面从严治党焕发新气象。政治建设统领地位得到强化，党委领导下的校长负责制更加完善，校领导班子等各级干部队伍建设成效初显，制定《校领导联系学院工作实施细则（试行）》，织密建强“四位一体”组织工作体系，不断深化中央巡视整改，扎实推进迎接配合经济责任审计政治任务，全面从严治党的政治引领保障作用充分发挥。

二是立德树人成效得到新提升。开展“五育协同育人工程”，探索“三全育人”山大模式，构建辅导员队伍建设“1＋N”制度体系，出台教材建设“十四五”规划，推进学位授权点现代化 2.0 建设，新增国家级一流专业 16 个。

三是人才队伍建设实现新突破。加快人事人才体制机制 2.0 改革，引进顶尖与领军人才 19 人，国家“四青”等青年人才 62 人，获批设立 32 个山东省首批“博新岗位”。

四是科研创新能力迈上新台阶。成立零磁医学研究院、智能创新研究院，扎实推进首批国重领域重组，自然科学科研立项到账经费近 8.2 亿元，较同期增长 34％，国家社科基金重大项目（专项）位居前列，人文社科科研经费较同期增长 46％，成果转化 49 项，其中千万级成果 5 项。1 人获光华工程科技奖。

五是文化引领担当展现新作为。精心组织学习贯彻习近平总书记给《文史哲》编辑部全体编辑人员重要回信精神一周年座谈会，扎实推进全球汉籍合璧等重大文化工程，

获评山东省首批中华优秀传统文化传承示范学校。

六是开放办学水平达到新高度。与济南谋划推进若干重大战略合作项目，与淄博、泰安、德州，山东黄河河务局、国铁济南局、山东能源集团等签署战略合作协议。制定“全球一流学科合作计划”实施办法，高水平“朋友圈”进一步扩大。

七是平安山大建设取得新进展。健全“1＋8＋8”安全管理运行体系，开展安全工作专项巡视，打赢校园突发疫情攻坚战，统筹疫情防控和事业发展的能力越来越强。

同志们！“积土而为山，积水而为海。”春季学期的成绩来之不易，是全校师生医务员工团结奋斗的结果。立足中华民族伟大复兴战略全局和世界百年未有之大变局，迈步第二个百年奋斗目标新征程，我们要深刻认识和把握“三新一高”要求，咬定目标、脚踏实地、增强信心、直面问题，坚持一张蓝图绘到底、一以贯之抓落实，加快推动学校实现“由大到强”历史性转变，不断夺取世界一流大学建设新胜利！

二、聚焦聚力秋季学期重点任务

“由大到强”其时已至、其势已成，学校发展进入全面求强、大踏步向一流大学迈进的新阶段。做好秋季学期的工作，对学校巩固提升向上向好发展态势具有重要意义。

秋季学期，学校工作的基本思路是，坚持以习近平新时代中国特色社会主义思想为指导，以迎接党的二十大和学习宣传贯彻党的二十大精神为主线，深入学习领会《习近平谈治国理政》第四卷和习近平总书记关于教育的重要论述、给《文史哲》编辑部全体编辑人员重要回信精神，加强党的领导，牢记“国之大者”，聚焦“立德树人”，围绕实施“七大战略”，着力贯彻精耕细作要求，大力落实“双一流”建设、“十四五”规划、深化中央巡视整改和经济责任审计整改等重点任务，全面开创世界一流大学建设新局面。

秋季学期，要紧紧围绕学校中心工作，以“精耕细作”的态度和方法，着力抓好九个方面重点工作。

一是着力彰显党的领导最大优势。强化政治建设统领作用，坚持和完善党委领导下的校长负责制，持续提升各级领导干部政治能力，写好巡视、审计“后半篇文章”；筑牢意识形态安全防线，扎实推进全省高校意识形态工作专项督查整改；健全“四位一体”组织体系，不断提高基层党建质量；持续深化正风肃纪反腐；充分发挥统一战线的重要法宝作用。

二是着力推进人才强校战略。落实立德树人根本任务，完善大思政工作体系，推动辅导员队伍建设“1＋N”制度体系落地见效，全力做好教育部本科教育教学审核评估迎评工作，促进毕业生更加充分更高质量就业。加强教师思政和师德师风建设，深入推进人事人才发展体制机制2.0改革，召开学校人才工作会议，加强高水平师资队伍建设。

三是着力推进学术兴校战略。召开“双一流”建设推进会议，持续深化学科交叉融合创新。加强国家战略科技力量建设，举全校之力高质量推进国重重组工作。大力推进全球汉籍合璧工程等国家重大文化工程及焦家遗址发掘保护利用工作，潜心培育大平台、大团队、大项目、大成果。加快新型高水平智库和文科实验室建设，提高咨政建言质量和社会服务能力。

四是着力推进服务山东战略。对接国家和山东急需，大力落实《山东大学服务山东高质量发展行动方案（2021—2025年）》，深化政产学研一体化合作，促进教育链、人才链与产业链、创新链有机衔接，提高精准服务国家和区域高质量发展能力。

五是着力推进文化引领战略。深入贯彻习近平总书记重要回信精神，落实、落细哲学社会科学创新发展行动方案。弘扬新时代山大精神和山大文化，制定落实学校文明校园创建实施方案。

六是着力推进国际化战略。完善全球胜任力人才培养工作体系，开展“全球一流学科合作计划”项目试点，拓展海外中文教育平台，提升师资队伍国际化能力。

七是着力推进一体发展战略。牢固树立“一盘棋”思想，加快完善山大特色的异地多校区管理模式，紧密结合实施“强院兴校”行动，推动一校三地学院、学科、学者“三学”一体发展。

八是着力推进融合发展战略。持续深化融合发展理念，深入推进学科融合、科教融合、产教融合、医教融合等，突破“围墙”和“壁垒”，积极探索融合发展新道路、新模式。

九是着力夯实安全发展保障。完善“1＋8＋8”安全管理运行体系，从严从紧、科学精准做好疫情防控工作，切实提升应急处置能力水平。发挥财务保障功能，扎实推进龙山校区（创新港）规划建设，加快打造智慧校园，持续改善办学条件。用心用情用力办好服务师生“十件实事”，持续深化“五大聚心工程”，让发展成果更多更公平惠及全体师生医务员工。

同志们，以上九个方面，是秋季学期工作的主攻任务，工作艰巨、责任重大，我们要统筹兼顾、一体推进，保质保量、不折不扣完成好。

三、以担当实干推动高质量发展任务落实落地

大道至简，实干为要。现在的主要目标，就是担当作为、狠抓落实，以“事思敬”“执事敬”的敬业精神，以认真负责的态度，把“规划图”变成“施工图”，把“时间表”变成“计程表”，奋力开创学校高质量发展新局面。结合前期一校三地工作调研情况，我再谈五点意见：

（一）坚定服务“国之大者”的目标导向

评价学校发展得好不好，首先要看学校对国家的贡献。大家要始终心怀“国之大者”，坚持问题导向、目标导向，做到想国家之所想、急国家之所急、应国家之所需。一是要执行好党的教育方针，践行“四个服务”，坚决扛起为党育人、为国育才的使命，深化文、理、工、医等多学科交叉融合培养，不断提升本科生的学习能力和研究生的创新能力；要大力弘扬科学家精神，教育引导教师成为“大先生”，全力培养担当民族复兴大任的时代新人。二是要大力加强一流师资队伍建设，贯彻中央人才工作会议精神，持续深化人事、人才体制机制改革，抢抓济青创建人才集聚平台的重大机遇，引育更多国际一流的领军人才和创新团队，为建设国家和区域人才中心和创新高地提供高质量人才支撑。三是要全力服务高水平科技自立自强，聚焦“四个面向”，强力推进“有组织

的科研”，着力加强重大科技基础设施、国重等大平台建设，重点打造国家战略科技力量，高度重视基础研究，持续打赢“卡脖子”关键核心技术攻坚战。

（二）增强担当作为的责任意识

学校发展蓝图要变成美好现实，关键是领导干部负责任、有担当，切实发挥“关键少数”以上率下的头雁作用。一方面，领导干部要勇于担当、扛起责任。守一方土，尽一份责，认真种好自己的“责任田”。另一方面，要敢于斗争、攻坚克难。越是在学校发展面临挑战多、任务重的关键时刻，越需要各级领导干部不畏艰险、冲锋在前，以“自我革命”“壮士断腕”的决心和勇气，打硬仗、啃硬骨头，突破体制机制障碍，打破固有利益的藩篱，充分释放活力。

（三）提升学习研究的本领能力

习近平总书记强调：“干部特别是年轻干部要提高政治能力、调查研究能力、科学决策能力、改革攻坚能力、应急处突能力、群众工作能力、抓落实能力”等七种能力。我们要有本领不够的危机感，不断增强谋事干事成事的真本领。一是要不断学习，做学习型干部。要按照总书记指出的，“努力学习各方面知识，努力在实践中增加才干，加快知识更新，优化知识结构，拓宽眼界和视野，着力避免陷入少知而迷、不知而盲、无知而乱的困境，着力克服本领不足、本领恐慌、本领落后的问题”。二是要实事求是，做研究型干部。要着眼学校高质量发展需求，把调查研究作为做好工作的基本功，坚持实事求是、具体问题具体分析，提高运用正确思路分析问题、好的办法解决问题的能力，决不能“刻舟求剑”“郑人买履”，简单应付了事。三是要开阔视野，做有格局高眼光的干部。要牢固树立一流意识、紧紧围绕一流目标、认真贯彻一流标准，不断开拓国际视野、世界眼光，积极学习借鉴世界一流大学、一流学科的成功经验，坚持在全球范围内寻找坐标系，摒弃“小富即安”心态，努力开拓进取。

（四）健全公平公正的评价机制

目前学校遇到的很多瓶颈、难题，是发展中不可避免的问题，但不少是由于机制体制不顺畅引起的。我们要加快完善公平公正的评价机制，为推动高质量发展提供制度保障。一方面，要构建突出“质量贡献”的科研和人才评价机制。要着力破“五唯”，科学设置考核指标，讲究差异化，不搞“一刀切”，把对国家社会贡献度作为重要考量，强调学术水平和实际贡献，突出代表性成果在学术评价中的重要性，鼓励教师大力弘扬科学家精神，承担大项目，产出大成果。另一方面，要完善干部评价机制。突出政治标准，树立奖罚分明的鲜明导向。评价重在看发展、看变化，以实绩论英雄，要将考核结果与激励奖惩、绩效评价等挂钩，将个人发展与实际贡献紧密结合，鼓励引导广大干部明责、履责、尽责。

（五）夯实改革发展的支撑保障

高质量发展需要相应的资源作为有力支撑。一方面，要向内深度挖潜。要发挥全校上下的积极性主动性，强化资源统筹，优化资源配置，让空闲的实验室等空间资源流动起来、物尽其用，不断提高办学效益。另一方面，要对外开拓合作。坚持以贡献求支持、以服务求发展，大力实施融合发展战略，强力推进与政府部门、科研机构、企事业单位的战略合作和共建共享，多渠道广泛争取社会资源，有力助推学校高质量跨越式发展。

同志们！实干铸就伟业，奋斗开创未来。我们要坚持一切工作有利于学校事业发展的出发点，认真贯彻精耕细作要求，追求卓越、只争朝夕，担当作为、埋头苦干，齐心协力推动世界一流大学建设迈上新台阶、实现新突破、开创新局面，以优异成绩迎接党的二十大胜利召开！谢谢大家！

胸怀“国之大者”　争做培育时代新人的“四有”好老师

——在庆祝2022年教师节暨优秀教师表彰大会上的讲话

李术才

（2022年9月9日）

老师们、同学们：

大家下午好！

今天，我们欢聚一堂，隆重庆祝共同的节日“教师节”。刚才受到表彰的先进集体和个人，成绩突出、事迹感人，他们有的深耕思政课堂、传播党的创新理论，有的勇攀科研高峰、服务科技自立自强，有的扎根平凡岗位、无私奉献全员育人，有的创新思路方法、为学生倾注大爱深情，他们充分彰显了新时代山大教师深厚的家国情怀，展现了“有理想信念、有道德情操、有扎实学识、有仁爱之心”的精神风貌，是广大教职医务员工的优秀代表，无愧于教书育人楷模的光荣称号！首先，我代表学校，向受到表彰的先进集体和个人表示热烈的祝贺，向广大教职医务员工致以节日的问候！

教师承担着传播知识、传播思想、传播真理的历史使命，肩负着塑造灵魂、塑造生命、塑造社会主义建设者和接班人的时代重任。立足中华民族伟大复兴战略全局和世界百年未有之大变局，踏上第二个百年奋斗目标新征程，把握学校全面求强、大步迈向世界一流大学的关键期、攻坚期和机遇期，知识和人才的重要性愈发突出，教育和教师的地位与作用更加凸显。我们更为深刻地认识到，教师是国家富强、民族振兴、人民幸福的重要基石，是教育发展的第一资源，是山东大学实现“由大到强”、加快建设担当民族复兴大任世界一流大学的中坚力量。

近年来，学校认真贯彻落实习近平总书记关于教育的重要论述，深入实施人才强校战略、学术兴校战略，大力推进高素质专业化创新型教师队伍建设，学校教师工作一年一个台阶，师资队伍实现量增质优，教师人人尽展其才、好教师不断涌现的良好局面基本形成。广大教职医务员工发扬百廿山大的“师道”光荣传统，认真贯彻党的教育方针，潜心立德树人，矢志科研报国，推动取得了“全国大学生‘三创一挑’竞赛成绩高校第一”等一系列优异成绩，培养了大批富有“家国情怀、担当精神、崇实品格、创新素养”的时代新人，产出了众多引领性、标志性的重要成果，为服务“国之大者”、推动学校“由大到强”作出了积极贡献。借此机会，我代表学校，向全校教职医务员工的辛苦劳动和无私付出表示衷心的感谢！

一个人遇到好老师是人生的幸运，一个学校拥有好老师是学校的光荣，一个民族源源不断涌现出一批又一批的好老师则是民族的希望。习近平总书记始终心系广大教师，对教师队伍建设作出了一系列重要指示批示，强调教师是立教之本、兴教之源，号召广大教师做“四有”好老师、当“四个引路人”、实现“四个相统一”。“三尺讲台系国运，一生秉烛铸民魂。”无论是过去还是将来，国家兴衰系于教育，根本在教师。牢牢把握“为谁培养人、培养什么人、怎样培养人”这一根本性问题，争做心怀“国之大者”的“四有”好老师，当好“四个引路人”，坚持“四个相统一”，努力培养担当民族复兴大任的时代新人，是山大每一名教师必须担负起的光荣使命。在此，我提四点希望与大家共勉：

一是要坚定理想信念，做指引学生爱党爱国的信仰之师。有理想信念是成为好老师的根本要求。国家最高科学技术奖和“八一勋章”获得者、我校土建与水利学院名誉院长钱七虎院士，自小就立下献身国防的大志，矢志奋斗 60 年，为国家构筑了“地下钢铁长城”，创建了防护工程学人才培养体系，用实际行动交出了自己的人生答卷：国之需要，我之理想。好老师就是要心中有国家和民族，明确意识到肩负的国家使命和社会责任。希望大家以钱七虎院士为榜样，始终心有大我、至诚报国，牢记为党育人、为国育才的使命任务，自觉把个人的科学追求融入中华民族伟大复兴的中国梦当中，引导学生奉献国家、立志成为党和人民需要的优秀人才，肩负起支撑科技自立自强、推动中华优秀传统文化“两创”的时代重任。

二是要涵养道德情操，做塑造学生高尚人格的品行之师。道德情操，是好老师践行教育使命的重要品质。师者，人之模范也，一言一行都给学生以极大的影响。“全国抗击新冠肺炎疫情先进个人”“全国优秀共产党员”获得者，山大二院（第二临床学院）马承恩教授，重言传更重身教，以仁心仁术、忠诚担当的模范言行教导学生“为学、为事、为人”，树立了“大医精诚、大爱无疆”的榜样。好老师的道德情操，需要在坚持不懈的自我修养中提升。希望大家向马教授学习，深入领会“经师”与“人师”的时代内涵，坚持以德立身、以德立学、以德施教，不断增强“言为士则、行为世范”的自觉，持续提高道德修养和人格品质，以模范行为引导学生把握好人生方向、扣好人生的第一粒扣子，努力做学生“为学、为事、为人”的大先生。

三是要丰富扎实学识，做培养学生学习创新能力的学问之师。好老师就是要学识渊博、视野开阔、充满智慧，这是“传道授业解惑”的前提。连破两套国外顶级密码的王小云院士，曾在接受采访时分享了自己的成功秘诀。她说，自己最喜欢的事情就是看书，读书是支撑她在密码学领域不断取得新成就的力量源泉。身处科学飞速发展的新时代，知识更新迭代速度不断加快，对教师知识储备、胸怀视野的要求也越来越高。“水之积也不厚，则其负大舟也无力。”掌握精深的知识，是教师“传道”的基本前提。希望大家向小云院士学习，秉持终身学习的理念，与时俱进、守正创新，加快知识更新、优化知识结构，积极吸纳先进的教育理念和前沿的科研成果，主动采用科学高效的教学方法，引导学生提升学习能力、增强创新思维，更好满足国家对高层次优秀人才的需求和期待。

四是要胸怀一颗爱心，做严慈相济的仁爱之师。好老师应该是仁师，没有爱心成不了好老师。长江学者、文学院院长杜泽逊教授，始终坚持因材施教、爱生如子，针对每个学生的特点提出专业发展建议；当学生遇到困难时，他总是倾其所能地帮助解决，深受学生爱戴，被称赞为是“望之俨然，即之也温”的师长。教育不能没有情感，好老师对学生的教育和引导，一定是充满爱心和信任的。希望大家向泽逊教授学习，坚持有教无类，因材施教，把教书育人作为“仁而爱人”事业，用心、用情、用爱教育学生，尊重、理解、宽容学生，善于发现每一名学生的闪光点，公平公正地对待每一名学生，做学生的良师益友，让学生“亲其师、信其道”，让所有进入山大的学生都能成长为国家栋梁之材。

兴国必先强师，强校必先强师。在新的起点上，推动学校“由大到强”实现质的飞跃、开创“双一流”建设新局，根本上要靠人才、要靠教师。下一步，学校将深入贯彻落实习近平总书记重要指示批示精神，坚持从战略和全局高度充分认识教师工作的极端重要性，大力推进人才强校和学术兴校战略，全面落实教师为本的理念，举全校之力让广大教师在岗位上有幸福感、事业上有成就感、社会上有尊崇感，加快造就强力支撑世界一流大学建设的高水平创新型教师队伍。一是要动真碰硬“严师”，强化政治引领和价值引导，紧抓师德师风第一标准，大力弘扬科学家精神，使广大教师始终坚持学术自由和学术规范相统一，做到自尊自律自强、严守行为底线、追求高位标杆。二是要多措并举“强师”，不断完善山大特色杰出人才体系，全面深化人事人才体制机制 2.0 改革，落实落细教职工能力提升计划，持续营造教师“人人皆可成才、人人尽展其才”的良好发展生态。三是要用心用情“惠师”，突出质量和贡献导向，不断健全公平公正的评价考核机制，稳步提升教职工待遇，完善荣誉表彰体系，持续营造尊师重教、崇尚学术的良好氛围。全校各部门、各单位要满腔热情关心关爱教师，多为他们办实事、做好事、解难事，不断营造更好的从教环境，促进广大教师在山大安心从教、舒心从教、放心从教。

老师们，同志们！让我们坚持以习近平新时代中国特色社会主义思想为指引，始终牢记“为国育贤”初心，深入践行“四有”好老师要求，努力当好“青年学生努力成为担当民族复兴大任时代新人”的筑梦人，以“立德树人”的扎实成效、“强校兴国”的实际行动迎接党的二十大胜利召开！

最后，衷心祝愿大家教师节、中秋节“双节”快乐，工作顺利，阖家幸福！

谢谢大家！

共享新发展　共创新未来

——在第七届齐鲁青年论坛上的致辞

李术才

（2022 年 11 月 11 日）

尊敬的龚文东副部长；各位领导、各位来宾，各位青年才俊：

大家上午好！又踏层峰辟新天，更扬云帆立潮头。

在全国上下掀起学习宣传贯彻党的二十大精神热潮之际，山东大学齐鲁青年论坛如约而至，喜迎全球青年才俊，彰显山大汇聚天下英才的真心诚意，这不仅是山东大学贯彻落实党的二十大精神的生动实践，也是学校助力深入实施人才强国战略的生动实践。在此，我谨代表山东大学，向参加本次论坛的各位领导、来宾和青年朋友们表示热烈欢迎！向长期以来关心支持山东大学发展的各界友朋表示衷心感谢！

党的二十大报告指出，教育、科技、人才是全面建设社会主义现代化国家的基础性、战略性支撑，必须坚持科技是第一生产力、人才是第一资源、创新是第一动力。强化现代化建设人才支撑，鲜明标示了人才在国家全局中的重要战略地位。这既是高瞻远瞩的指路引航，也是对广大青年的殷切期待，更是温暖人心的亲切关怀，赋予了今天论坛更加特殊的使命和意义。

一直以来，山东大学始终坚守“为天下储人才，为国家图富强”的初心使命，真心爱才、悉心育才、倾心引才、精心用才。进入新时代，为了更好服务青年人才成才发展，2016 年，山东大学发起举办齐鲁青年论坛，致力于搭建海内外青年学者沟通交流的平台，诚挚邀约海内外青年学者加盟山大、共创未来。我们欣喜地看到，已成功举办的六届论坛，吸引了来自 30 多个国家和地区的 2000 余位优秀青年学者来校交流，线上参会人数过万，上百名优秀青年才俊通过论坛加入山东大学，挑起大梁、担起重任，其中一部分快速成长为国家级、省部级人才，为学校“双一流”建设和国家发展注入了青春活力、不竭动力。齐鲁青年论坛的影响力、辐射力、带动力也因此不断扩大，已经成为山东大学、山东省乃至全国高校引才的知名品牌！

本届齐鲁青年论坛，以“共享新发展、共创新未来”为主题，旨在期盼广大青年才俊选择山大，在山大的广阔舞台上放飞理想，实现个人与山大、个人与国家的共享共荣、共进共赢。我们坚信，各位青年学者加入山大，一定能够携手书写新时代新征程的人生精彩篇章！

刚刚，大家观看了宣传片《齐鲁青未了》，初步了解了山大人守正创新、争创一流的精神风貌。下面，我再从四个视角，向大家简要介绍山东大学的历史与精神，特色与优势，以及引才育才的深厚诚意与优质环境。

一、历史悠久、底蕴深厚

提起山东大学，首先便是历史悠久。1901 年，山东大学堂承齐鲁文脉，融中西学术，秉章程办学，是继京师大学堂之后中国创办的第二所国立大学，也是中国第一所按章程办学的大学，被誉为中国近代高等教育的起源性大学。建校 121 年来，山东大学始终初心如磐、使命在肩，以“强校兴国”的责任担当，书写了一部波澜壮阔、荡气回肠的创业史、发展史、奋斗史。

山东大学因图强而生，秉复兴而行，虽数经变迁、几度分合，始终坚持“教授高深学术，培养硕学宏才”，培养了开国元帅罗荣桓、当代诗魂臧克家、国学泰斗季羡林等一批革命先驱、学术英才，为实现民族独立、人民解放积蓄了中坚力量。20 世纪 50 年代，《文史哲》开风气之先，山东大学也在院系调整中参与支持建设了十余所大学。2000 年，原山东大学、山东医科大学、山东工业大学三校合并组建新山东大学，成为名副其实的综合性大学，博士点增量列国内高校榜首。进入新时代以来，学校全面贯彻党的教育方针，紧紧围绕“四个服务”，始终聚焦立德树人，深入实施“七大战略”，在教育部首轮“双一流”建设成效评议中获评“显著”(第一档)，国家级人才总量较“十三五”初实现倍增，金融数学、密码学、生殖医学、地下工程等一批学科方向进入世界一流行列，创立“非线性期望”中国学派，儒学研究“山大学派”初见端倪，书写了担当民族复兴大任世界一流大学建设新篇章。

山东大学 121 年的发展历程，是中华民族前赴后继、百折不挠走向复兴的一个生动缩影，也是在中国共产党领导下中国高等教育从小到大、由弱变强的一个生动缩影！

二、精神引领、薪火相传

习近平总书记强调，科学成就离不开精神支撑，科学家精神是科技工作者在长期科学实践中积累的宝贵精神财富，要大力弘扬科学家精神。山东大学扎根中国大地，厚植齐鲁沃土，在与时代同频共振、与民族休戚与共的砥砺前行中，在一代又一代山大人立德树人、科研报国的不懈奋斗中，积淀形成了具有山大风格、中国特色的山大精神，成为指引和激励一代又一代山大人前赴后继、勇往直前的信仰之基、力量之源。山大精神与科学家精神、与社会主义核心价值观高度统一，生动诠释了“为国”“为学”“为人”的价值追求。

山大人以实际行动践行胸怀祖国、服务人民的爱国精神。曾在山大物理系任教的“两弹一星”元勋王淦昌先生，恪守“我愿以身许国”的铿锵誓言，放弃了本可以一帆风顺的一生，毅然回到了自己内忧外困、物资贫乏的祖国。没有实验室，只有一间空教室；没有经费、没有器材，那就自己造。1961 年，他再次改变了自己的人生轨迹。上一次，他舍弃的是国外优越的研究条件。这一次，他索性舍弃了姓名，改名“王京”，隐姓埋名奋战戈壁荒漠 17 年，他的理由只有一个，“可以没有我，但不可以没有祖国”。爱国是最高的道德，报国是最大的成功。为国分忧、为国解难、为国尽责，已成为山大人矢志不渝的坚守，刻进骨子里、融入血液中、落在行动上。

山大人以实际行动践行勇攀高峰、敢为人先的创新精神。在20世纪60年代初，条件还非常艰苦的情况下，山东大学老校长潘承洞先生就在“哥德巴赫猜想研究”中，取得了令世人瞩目的成绩，先后证明了命题（1＋5）和（1＋4），两次在这一世界级难题研究中居于领先地位。1982年，潘承洞以在“哥德巴赫猜想研究”中取得的卓越成就，与陈景润、王元一起，获得了国家自然科学一等奖。因此，国际数学界把他和华罗庚、王元、陈景润四人，并称为中国数论学派的四大杰出代表。高强度的工作加上生活艰苦，他的眼睛有两千多度近视，学生们总能记起他那高大的身躯，完全贴附在案头批写演算。他还有一个弟子，是第一位在中国本土完成本硕博培养的院士，密码学领军人王小云，她连续破解国际顶级密码算法，直接改写了中国乃至世界密码学的编年史。过去，敢为天下先的实践，让山大人收获了自信和勇气。未来，山大人也一定能肩负起历史赋予的科技创新重任，自立自强、勇于创新。

山大人以实际行动践行追求真理、严谨治学的求实精神。曾任山东大学副校长的童第周先生，在近五十年的科研实验中，从不迷信学术权威，坚持用事实说话。他用辩证的观点思考当时遗传学的各种理论，认为只强调细胞核的遗传作用，忽视细胞质这个外因的作用，是不科学的。对此，他重新着手细胞质与细胞核的研究，成功培育出“童鱼”，开创了异种细胞核移植的先河，证明了细胞质在遗传中的作用，震惊了世界，被誉为“中国克隆之父”。学生们赶到实验室，看到的第一个人永远是童第周。他以言传身教教育学生：“我们的事业需要的是手，而不是嘴。”求真务实是科学研究立足之本。山大人将始终保持探求真理的热爱、诚信为本的底色，瞄准我国关键核心技术自主可控目标，为从跟跑到并跑、领跑作出更大贡献。

山大人以实际行动践行淡泊名利、潜心研究的奉献精神。一代代山大人深受齐鲁文化滋养、儒家思想熏陶，以朴实、扎实、务实的精神底色，在苦干实干、默默奉献中不断创造历史伟业。《文史哲》杂志几代编辑人员数十年如一日，淡泊名利、潜心研究，恪守“学术为本，质量立刊”的原则，聚焦中国问题，引领学术潮流，在“昌明传统学术，锻铸人文新知，植根汉语世界，融入全球文明”中走出了一条独具特色的办刊之路，为弘扬中华文明、繁荣学术研究作出了积极贡献，赢得了“文科学报之王”的美誉。正是一代代山大人不畏困难、不慕虚荣，日拱一卒、功不唐捐，汇聚起山东大学一步一个脚印前行的磅礴力量。

山大人以实际行动践行甘为人梯、奖掖后学的育人精神。1952年，刘先志先生放弃大城市、重点大学、大企业的优厚条件，回到家乡山东，不仅是为了家乡工业和教育的建设发展，也为了实现自己“学校与工厂相结合，培养既有理论又有实践经验的建设人才”的理想。他先后主讲过二十多门课程，并亲自给本科生上基础课。他经常说：“教授就应该给大学生讲基础课，否则怎么能称教授。”刘先生积极响应国家“向科学进军”的号召，举办了首届全国机械振动学讲习班。他精心编写讲义，亲自登台授课，为中国振动力学的发展奠定了厚实的人才基础，讲习班的学员很多成为振动力学方面的专家，其中有多位成为两院院士。科学事业是接力事业。只有人才辈出才能拾级而上，才能基业长青。今天的山大人，将坚持好“为党育人、为国育才”这一初心使命，奋力培养一代又一代德智体美劳全面发展的社会主义建设者和接班人。

山大人以实际行动践行集智攻关、团结协作的协同精神。2020 年 2 月，山东大学齐鲁医院、山大二院共同派出了 312 名医护人员火线驰援武汉抗疫一线。“东齐鲁、西华西”在武汉天河机场历史性会师的一刻，感动了无数国人。为全力配合武汉主战场，学校公共卫生学院火速成立 40 人攻坚团队，跟踪分析官方数据，为前线提供重要参考；第二医院王传新教授团队在疫情初期成功研发出新型冠状病毒检测试剂盒，检测时间最快可达 3 分钟。当下，科学发展日新月异，深度融合，集智攻关、团结协作是大科学时代的必然趋势。山大人将始终秉持“国之所需，吾之所向”信念理念，加强有组织科研，倡导团队协作，完善科技创新体系，集聚力量进行原创性引领性科技攻关，齐心协力实现创新能力快速提升、重大成果持续涌现，有力服务支撑高水平科技自立自强。

三、实力雄厚、特色鲜明

在跨越两个世纪的办学实践中，山东大学积淀形成了“学科齐全、文史见长、人才荟萃、顶天立地”的办学特色和鲜明优势，探索走出了“中国特色、世界一流、山大风格”的发展道路，学校整体发展水平进入国际主流排行榜全球 200 强。

一是学科齐全。山东大学现有博士学位授权一级学科 46 个，硕士学位授权一级学科 52 个，本科招生专业 95 个，博士后科研流动站 42 个，涵盖除军事学以外的所有学科门类（文学、历史、哲学、经济、管理、法学、理学、工学、农学、医学、教育、艺术、交叉学科），是中国目前学科门类最齐全的大学之一。2017 年，国家颁布了双一流建设高校名单，学校成功入选世界一流大学建设高校（A 类）。2021 年，中国语言文学、数学、化学、临床医学成功入选第二轮“双一流”建设学科。目前，学校重点布局建设 12 个一流学科领域，着力推动 4 个“双一流”建设学科率先进入世界一流前列，重点发展“马克思主义理论与国家治理”“中国特色经济学与高质量发展”“生命科学与技术”“材料及加工制造”“智能建造与智慧工程”“低碳能源与环境”“控制科学与信息技术”“网络空间安全与智能计算”等 8 个特色学科，尽快进入世界一流行列。山东大学本科招生专业中 92.8% 为国家级或省级一流专业建设点，其余均为战略新兴专业，全面实现专业“优特新”。

二是文史见长。山东大学一直是文史哲领域各种学术思潮的领导者和参与者，几度创造辉煌。《文史哲》杂志作为新中国第一家高校文科学报，因刊发李希凡、蓝翎两位在校大学生关于《红楼梦》讨论的文章，受到毛主席的关注。2021 年 5 月 9 日，习近平总书记给《文史哲》编辑部全体编辑人员回信，充分肯定《文史哲》杂志在弘扬中华文明、繁荣学术研究等方面所取得的成绩。近 5 年，学校积极参与和举办世界儒学大会、尼山世界文明论坛、儒学全球论坛等高规格文化盛会，助力优秀传统文化“两创”；获 20 项高校人文社科优秀成果奖，取得了一批人文社科研究重大成果：“全球汉籍合璧工程”获国家重点文化工程立项支持，《杜甫全集校注》等 4 项成果获全球华人国学大典国学成果奖，田野考古项目“山东章丘焦家遗址”入选“全国十大考古新发现”和“中国六大考古新发现”，“许昌人”研究入选“中国科学十大进展”。

三是人才荟萃。文学巨匠闻一多、沈从文、老舍，“中国克隆之父”童第周，“中国雷达之父”束星北，“中国藻类研究之父”曾呈奎曾在山大执掌教鞭，培养了开国元帅罗荣桓、周总理恩师高亦吾、当代诗魂臧克家等一批革命先驱和学界泰斗。121 年来，山东大学为党和国家输送大批德才兼备的优秀人才，本科毕业生当选两院院士人数列全国高校第 7 位；4 名毕业生获“未来科学大奖”，人数居全国高校第 1。党的十九大以来，山东大学将“人才强校”确立为七大发展战略之首，始终做到与国家战略同脉搏、与学校事业相契合。现有专任教师 4700 余人，其中国家顶尖人才 24 人，国家领军人才 227 人，国家“四青”人才 229 人。2022 年，在已公布的国家级人才项目中，学校国家杰出青年科学基金入选数量实现翻番，国家“四青”人才年度入选数量再创历史新高，部分国家级人才单项实现巨大突破。

四是顶天立地。1904 年，山大人在 *Nature* 杂志上发表论文，开启了中国科学界走向世界的进程。“童鱼”“夏不等式”“彭一般原理”等皆是出自山大、用中国人命名的重大成果。近十几年来，山东大学聚焦“四个面向”，在多个领域取得系列原创性突破、攻克一批“卡脖子”难题：彭实戈院士团队创立国际公认的“非线性期望”中国学派，为防范与化解重大金融风险作出突出贡献；张运院士团队在国际上首先提出应用多普勒超声技术估测血流动力学参数的新方法和新公式，在心血管病基础研究领域产生重要影响；陈子江院士团队突破不孕症遗传发病与早期胚胎发育调控机制，领跑国际生殖医学研究，治愈了一大批不孕不育患者；王文兴院士团队率先将量子化学计算引入环境化学领域，在大气 PM2.5 和灰霾化学等重要领域取得系列开创性成就；王小云院士团队牵头制定国际密码算法标准（SM3），研发“迪诺区块链系统”，构建起国际密码中国话语权，为国家航天重大工程和国家金融安全提供了坚实支撑；岩土工程团队突破隧道地下工程灾害预报世界性难题，处于国际领先地位，为川藏铁路等全国 26 个省区市、300 余项重大基础设施工程建设保驾护航。立足齐鲁大地，山东大学实施“百廿山大强校兴国行动”和服务山东战略，深化校政、校地、校企合作，努力在服务全面建设社会主义现代化强国强省中扛大梁、担重任、建新功。

四、筑巢引凤、近悦远来

10 月 27 日，党的二十大闭幕不到一周，习近平总书记带领中共中央政治局常委专程从北京前往陕西延安，瞻仰延安革命纪念地。在瞻仰延安革命纪念地时，习近平总书记强调：延安革命旧址是一本永远读不完的书。

上个世纪三四十年代，在绵延不绝的黄土高原上，曾经出现了一道独特的风景：成千上万的热血青年，背着行囊，怀揣希望，艰难跋涉在通往延安的道路上。众所周知，当时的延安物质清苦，为什么却能感召成千上万的热血青年？美国记者斯诺在《红星照耀中国》中尝试给出答案。我想，首先是强烈的救亡意识、家国情怀，这也是广大热血青年奔赴延安的内在动因。另外非常重要的是，我们党对知识的高度重视和对人才的充分尊重，广大青年在延安学习、工作和生活，他们的理想、才华、热情和抱负能够得到尽情发挥。

新时代新征程上，山东大学励志将学校打造成为新时代人才汇聚的高地，创新实施更加积极、更加开放、更加有效的人才政策，求贤若渴，不拘一格，切实把各方面优秀人才集聚到党和人民事业中来。就在十几天前，学校围绕学习贯彻党的二十大精神，审议通过了《山东大学关于加强和改进新时代人才工作的实施意见》，以此为牵引全面铺开新一轮人才发展体制机制改革。这也是党的二十大之后，学校党委常委会研究通过的第一个议题。山东大学将锚定建设担当中华民族复兴大任的世界一流大学这一战略目标，努力建成有利于人才汇聚成长、人尽其才、各展其能、脱颖而出的具有吸引力和国际竞争力的制度生态，形成“天下英才聚山大，万类霜天竞自由”的人才创新发展新格局。

放眼未来，山东大学将围绕“四个面向”集聚一批战略科学家和学术大师，在优势学科和特色学科拥有一批顶尖学术水平引领者和创新团队，在关键技术领域储备一批把论文写在祖国大地上且潜力巨大的青年人才，在学术前沿融合交叉领域成就一批先行者，加速释放潜力，担起时代重任，助力广大优秀人才走出一条属于自己的不忘初心、坚持正确方向之路，一条自强不息、坚持改革创新之路，一条行胜于言、坚持服务国家之路！

站在新起点上，山东大学向海内外青年学者朋友发出最诚挚的邀请，一起为建设世界重要人才中心和创新高地、为实现中华民族伟大复兴而奋斗！山东大学也有理由、有能力、有信心，成为海内外青年学者朋友的向往之地、奔流之地，回答好属于自己的“人生之问”，更好爱党报国、敬业奉献、服务人民！

选择山大，这里将为青年人才实践创新搭建更广阔的舞台。大树参天植自根基，江河万里流有源头。实现高水平科技自立自强，归根结底要靠高水平的战略人才力量，要靠源源不断的青年人才。基于此，山东大学始终为青年人才提供全力支持、搭建广阔舞台。一是为大家提供多样平台支持。目前，学校现有国家级科研平台 26 个，部委级科研平台 51 个，省级重点实验室和工程技术研究中心等省级科研平台 150 余个。依托济青国家人才平台建设，学校在促进现有晶体材料、微生物国家重点实验室入列新序列的基础上，谋划新建 3—5 个全国重点实验室，打造一批高水平基础研究平台、科教产融合新型平台，布局建设重大科技基础设施，加快构筑平台先发优势、规模优势、比较优势。二是为大家提供先进实验条件支持。聚焦国家地方发展战略急需和关键核心技术“卡点”，目前学校已建成 5 个大型仪器设备公共技术平台，配备了价值 3800 万元球差电镜，启动 1.2 亿元的冷冻电镜建设。结合龙山校区建设，学校将为大家提供充足的办公、实验空间，配置大型仪器设备，不断提升基础、前沿、交叉科学实验研究水平。在学校良好实验条件的支持下，近两年基础医学院孙金鹏、于晓教授等一批青年学者连续在 *Nature*、*Cell* 上发表学术成果，实现了青年人才创新的新突破。三是为大家提供强力团队支持。在新一轮人才发展体制机制改革中，学校将稳步推进“大师＋团队”的建设模式，为青年学者配备生涯发展导师，鼓励支持青年学者加入科研创新团队、参与重大重点项目，强化传帮带实效，帮助青年学者快速成长，尽早成才。学校还将进一步面向国家重大战略需求，探索新型举校体制，强化有组织的科研，培育关键核心技术攻关团队，定向培养一批具有较大潜力的中青年 PI，赋予更大的人财物支配权、技术路线决策权、经费比例自主权，为青年人才挑大梁、担重任、当主角创造条件。

选择山大，这里将为青年人才塑造人生提供更丰富的机会。学校高度重视青年人才成长发展，构建了完善的校内杰出人才体系，为不同学科、不同发展阶段的青年人才提供个性化重点支持，帮助探索适合个人的成长路径，推动优秀青年人才快速脱颖而出。其中，“齐鲁青年学者”作为最受关注的品牌项目，面向校内外遴选已取得重要标志性研究成果的优秀青年人才，给予非常有竞争力的薪酬和经费支持，其中第一层次直接聘为长聘教授、博士生导师，第二层次直接聘为预聘制研究员、正高职称，这在国内高校是为数不多的。“未来计划青年学者”作为托举青年学者成长的普惠性项目，通过增发岗贴和提供科研经费支持，帮助青年学者在事业起步阶段快速成长。目前，学校支持期内的齐鲁青年学者、未来计划学者已达800余位，齐鲁青年学者中有187位已入选国家级、省级人才项目，占比近40%。除了校内杰出人才体系，学校还构建了青年人才多途径晋升发展通道。现有的预聘—长聘体系中，预聘制副研究员、研究员可同级转聘副教授、教授，满足业绩条件后均不受学院年度晋升岗位数限制，确保青年人才发展不受论资排辈的影响；“优秀青年教师特别评审”以发展潜力为重要评判标准，单列指标、单独评审，不设任职年限、职称等门槛条件，可直接破格晋升教授；特别资助类博士后，提供非常有竞争力的薪酬待遇，出站可留校申请预聘制教师，也可直接申报齐鲁青年学者。以学校近三年国家优秀青年基金获得者为例，2020年“优青”数学学院聂天洋教授、2021年“优青”基础医学院杨帆教授、2022年“优青”经济学院张群姿教授均得益于上述政策，由助理研究员或博士后身份短时间内直接破格晋升为教授博导，在学校支持下短期内又获得国家优秀青年基金，他们在山东大学并不是个例。

选择山大，这里将为青年人才建功立业创造更优质的环境。青年学者正处于发展进步的爬坡期、成家立业的负重期，成长发展和薪酬待遇都是十分关心且绕不开的现实问题。山东大学始终坚持尊重劳动、尊重创造，以真金白银的高质量政策，想方设法提高青年人才薪酬待遇、解除后顾之忧，让青年人才的待遇与发展和贡献、付出成正比。一是高度重视人才发展生态构建。大力营造尊重知识、尊重人才，鼓励创新、宽容失败的良好氛围。出台《山东大学人才工作表彰奖励办法》，立起“一流目标、一流贡献、一流待遇”的鲜明导向；制定《山东大学领导干部与专家学者联系服务“直通车”实施方案》，畅通领导干部联系服务专家学者渠道；构建起全面立体、层次分明的荣誉体系，每年举办教师节表彰大会，强化宣传感召；构建服务人才工作环境，组织开展人事人才工作专题培训，积极开展送政策下基层、我为群众办实事等活动，发布疫情防控常态化期间人事人才工作服务指南，高标准完成人力资源管理信息系统一期建设，推动业务网上办、掌上办，加快实现“两不出”。二是高度重视人才发展编制保障。学校想人才之所想，急人才之所以急，密切与山东省和济南、青岛、威海等地市沟通联系，协调拓展编制、社保等人才支持政策，无论青年学者是以长聘教授、副教授，还是预聘制研究员、副研究员、助理研究员、统招博士后身份加入学校，学校均提供事业编制身份保障，让广大青年学者更加安心稳定开展工作。三是高度重视人才生活保障服务，针对青年人才工作压力、子女教育、住房医疗等操心事、烦心事，山东大学持续出台各项暖心政策举措，让青年人才充分享受政策红利，实实在在感受到关爱就在身边、关怀就在眼前。在子女教育方面，学校具有从幼儿园到高中的全阶段优质教育资源，在2018年的第三方全国初中排行榜上，山大附中居全国第2位，能够为广大青年学者提供最优质的基础教育资源；在医疗保障方面，学校拥有自己的直附属医院体系，齐鲁医院、山大二院、山大口腔医院等都是三甲医院，尤其是齐鲁医院在2021年度全国三级公立医院绩效考核中获“A＋＋”评级，位居全国第13位。我们为广大学者开通附属医院绿色就医通道，使大家能够更好享受到优质医疗保障。此外，学校还提供条件完善的教师和博士后公寓、资源丰富的图书馆、设备齐全的体育运动设施，校区间便捷的学校班车等各类优质服务。学校文学院院长杜泽逊教授曾经这样总结他所感受的山东大学人才工作特色：“为国家储人才，为学生求良师。唯才是举，一事一议，实事求是，不拘一格。修文德以来之，既来之更安之。”

愿将黄鹤翅，一借飞云空。各位青年学者朋友们生逢其时，施展才华的舞台无比广阔，实现梦想的前景无比光明，希望大家怀抱梦想又脚踏实地，敢想敢为又善作善成。山东大学愿意为各位的成长发展保驾护航，期盼大家关注山大、走进山大、建设山大，我们携手同行，共享新发展、共创新未来。新征程上，让我们牢记“国之大者”，共同谱写新时代青年的绚丽华章，不断开创中国特色世界一流大学建设新局面，合力为建成世界重要人才中心和创新高地作出新的更大贡献！

最后，预祝本届论坛圆满成功！祝福各位工作顺利、身体健康、生活愉快！

谢谢大家！

始终心怀“国之大者” 奋力投身强国建设

——学习贯彻落实党的二十大精神宣讲提纲

李术才

（2022 年 11 月 17 日）

老师们、同志们、同学们：

这段时间以来，全国上下、全校上下都掀起了学习宣传贯彻党的二十大精神的热潮。一个月前，作为列席人员，我非常荣幸地参加了此次盛会，现场聆听了习近平总书记所作的报告，报告高屋建瓴、气势恢宏，倍感振奋、备受鼓舞、深受教育。尤其是报告从前所未有的战略高度，提出“教育、科技、人才”是全面建设社会主义现代化国家的基础性、战略性支撑的重大论断，令我们教育工作者和科技工作者深感责任重大、使命光荣！

习近平总书记在中央政治局第一次集体学习时强调，全党要在全面学习、全面把握、全面落实上下功夫，坚定不移把党的二十大提出的目标任务落到实处，奋力夺取全面建设社会主义现代化国家新胜利。按照习近平总书记“三个全面”要求，今天我与各位一起，再一次深入学习领会党的二十大精神，并聚焦推动教育、科技、人才重大战略部署在学校落地生根、开花结果，从三个方面跟大家分享学习思考的体会。

第一部分：切实提高政治站位，全面学习党的二十大精神

党的二十大是在全党全国各族人民迈上全面建设社会主义现代化国家新征程、向第二个百年奋斗目标进军的关键时刻召开的一次十分重要的大会。党的二十大作出的各项决策部署、取得的各项成果，必将对全面建设社会主义现代化国家、全面推进中华民族伟大复兴，对夺取中国特色社会主义新胜利发挥十分重要的指导和保证作用。学习贯彻党的二十大精神，首先要在全面学习上下功夫，全面、系统、深入学习，完整、准确、全面领会党的二十大精神，对是什么、干什么、怎么干了然于胸，为贯彻落实打下坚实基础。

（一）深入理解党的二十大的重大意义

党的二十大是一次高举旗帜、凝聚力量、团结奋进的大会，事关党和国家事业继往开来，事关中国特色社会主义前途命运，事关中华民族伟大复兴，在党和国家发展进程中具有重大现实意义和深远历史意义。

1. 深刻认识党的二十大报告是党团结带领全国各族人民夺取中国特色社会主义新

胜利的政治宣言和行动纲领。报告从坚持和发展中国特色社会主义的政治高度，回顾总结了过去5年的工作和新时代10年的伟大变革，阐述了开辟马克思主义中国化时代化新境界、中国式现代化的中国特色和本质要求等重大问题，对全面建设社会主义现代化国家、全面推进中华民族伟大复兴进行了战略谋划，对统筹推进“五位一体”总体布局、协调推进“四个全面”战略布局作出了全面部署，为新时代新征程党和国家事业发展、实现第二个百年奋斗目标指明了前进方向、确立了行动指南，是一篇闪耀着马克思主义真理光芒的纲领性文献。

2. 深刻认识党章修正案对推进新时代党的事业和党的建设具有根本规范和指导作用。大会通过的党章修正案，把党的二十大报告确定的重要思想、重要观点、重大战略、重大举措写入党章，充分体现了党的十九大以来党的理论创新、实践创新、制度创新成果，对坚持和加强党的全面领导、坚定不移推进全面从严治党、坚持和完善党的建设、推进党的自我革命提出了明确要求，有利于更好发挥党章的规范和指导作用，为党和国家事业发展提供了重要制度保障。

3. 深刻认识大会选举产生的以习近平同志为核心的新一届中央领导集体体现了全党全军全国各族人民的共同意志、共同心愿。党的二十大和二十届一中全会选举产生以习近平同志为核心的新一届中央领导集体，是一个凝聚全党共识、反映人民期待，值得全党全军全国各族人民充分信赖的中央领导集体，是一个政治坚定、团结统一、富有活力、能够适应党和国家事业长远发展需要的中央领导集体。习近平同志继续当选为党的总书记、中央军委主席，是党心所向、民心所盼、众望所归，必将为夺取新时代中国特色社会主义伟大胜利、实现中华民族伟大复兴中国梦提供坚强政治保证和组织保证。

（二）系统学习党的二十大报告主要内容

如前所述，党的二十大报告是党团结带领各族人民夺取中国特色社会主义新胜利的政治宣言和行动纲领，是马克思主义的纲领性文献，具有强大的思想引领力、政治动员力、时代感召力。

党的二十大报告分3个板块15个部分，3万余字的篇幅中含有300多个新提法。第一板块包括导语和第一至第三部分，是总论；第二板块包括第四至第十四部分，是党和国家各方面事业部署的展开；第三板块包括第十五部分和结束语。

第一板块主要内容：

报告导语部分开宗明义指出了大会的主题：高举中国特色社会主义伟大旗帜，全面贯彻新时代中国特色社会主义思想，弘扬伟大建党精神，自信自强、守正创新，踔厉奋发、勇毅前行，为全面建设社会主义现代化国家、全面推进中华民族伟大复兴而团结奋斗。大会主题是大会的灵魂，是党和国家事业发展的总纲，明确宣示了我们党在新征程上举什么旗、走什么路、以什么样的精神状态、朝着什么样的目标继续前进的重大问题。我们可以从四个方面来认识。一是高举中国特色社会主义伟大旗帜。旗帜决定方向，道路决定命运。二是全面贯彻习近平新时代中国特色社会主义思想，是我们党坚持信仰、信念，把握历史主动的根本所在。三是弘扬伟大建党精神，自信自强，守正创新，踔厉奋发，勇毅前行。这是对精神状态的要求。四是为全面建设社会主义现代化国家，全面推进中华民族伟大复兴而团结奋斗。“两个全面”揭示出使命更光荣，任务更艰巨，挑战更严峻，事业更伟大。团结才能胜利，奋斗才会成功。总书记还专门强调了“三个务必”：全党同志务必不忘初心、牢记使命，务必谦虚谨慎、艰苦奋斗，务必敢于斗争、善于斗争。“三个务必”体现了强烈的使命担当、忧患意识和斗争精神。

报告第一部分是“过去五年的工作和新时代十年的伟大变革”，从十六个方面总结概括了十年来的伟大变革。理解这一部分，重点把握三方面内容。一要重点把握好三件大事的重大现实意义和深远历史意义。这三件大事是：一是迎来中国共产党成立一百周年，二是中国特色社会主义进入新时代，三是完成脱贫攻坚、全面建成小康社会的历史任务，实现第一个百年奋斗目标。二要重点把握好十年伟大变革的里程碑意义。三要重点把握好“两个确立”是十年伟大变革的根本政治保障。（“两个确立”后面还将重点阐述。）

报告第二部分是“开辟马克思主义中国化时代化新境界”，揭示出“两个行”——中国共产党为什么能，中国特色社会主义为什么好，归根到底是马克思主义行，是中国化时代化的马克思主义行。报告深刻阐释习近平新时代中国特色社会主义思想的理论创新和实践创新，党的十九大、十九届六中全会提出的“十个明确”“十四个坚持”“十三个方面成就”概括了这一思想的主要内容，必须长期坚持并不断丰富发展。报告指出，坚持和发展马克思主义必须同中国具体实际相结合，同中华优秀传统文化相结合。报告用“六个必须坚持”深刻阐述了习近平新时代中国特色社会主义思想的世界观和方法论：必须坚持人民至上，必须坚持自信自立，必须坚持守正创新，必须坚持问题导向，必须坚持系统观念，必须坚持胸怀天下。

报告第三部分是“新时代新征程中国共产党的使命任务”，也就是党的中心任务和中国式现代化。党的二十大报告中，把中国式现代化作为重大理论创新、制度创新和实践创新提出来，对于统一全党的思想，统一全党的意志，推动事业发展具有重大意义。

在这一部分，报告面向未来对全面建成社会主义现代化强国的形势、任务作出新的研判和新的部署。强调“两步走”的战略安排，从二〇二〇年到二〇三五年基本实现社会主义现代化，从二〇三五年到本世纪中叶把我国建成富强民主文明和谐美丽的社会主义现代化强国，指出未来五年是全面建设社会主义现代化国家开局起步的关键时期。报告特别提出前进道路需要坚持的五条重大原则：坚持和加强党的全面领导，坚持中国特色社会主义道路，坚持以人民为中心的发展思想，坚持深化改革开放，坚持发扬斗争精神。这些重大原则总结了党和人民奋进历程的宝贵经验，深刻揭示了中国式现代化的内在规律，为推进中国式现代化提供了行动指南。

第二板块主要内容：

报告第二板块是关于党和国家各项事业的新部署，体现了战略和策略的有机统一。这充分体现了报告既是纲领性文件，又是新时代新征程上的行动指南。

报告第四部分，以“加快构建新发展格局，着力推动高质量发展”为标题，从构建高水平社会主义市场经济体制、建设现代化产业体系、全面推进乡村振兴、促进区域协调发展、推进高水平对外开放五个方面对经济工作进行了全面、系统、深入的部署。报告强调：“高质量发展是全面建设社会主义现代化国家的首要任务，发展是党执政兴国的第一要务。”

报告第五部分是“实施科教兴国战略，强化现代化建设人才支撑”。报告指出：“教育、科技、人才是全面建设社会主义现代化国家的基础性、战略性支撑。必须坚持科技是第一生产力、人才是第一资源、创新是第一动力，深入实施科教兴国战略、人才强国战略、创新驱动发展战略，开辟发展新领域新赛道，不断塑造发展新动能新优势。我们要坚持教育优先发展、科技自立自强、人才引领驱动，加快建设教育强国、科技强国、人才强国，坚持为党育人、为国育才，全面提高人才自主培养质量，着力造就拔尖创新人才，聚天下英才而用之。”报告从办好人民满意的教育、完善科技创新体系、加快实施创新驱动发展战略、深入实施人才强国战略四个方面进行了具体部署。

以往党代会的报告，教育往往放在民生里、科技往往放在经济里、人才往往放在党的建设里。这次党代会报告把三大战略摆放在一起，而且紧跟推动高质量发展部分进行论述，极具战略意义和深远影响。这一部署深刻体现了以习近平同志为核心的党中央对强国崛起规律、对当今新技术革命和产业变革的时代特征、对未来世界发展大势的深刻洞察和精准把握，体现了对新时代新征程教育的基础性、先导性、全局性地位和作用的重视与期待。关于学校如何落实好这一系列重大部署要求，我在后面与大家重点交流。

报告第六部分是“发展全过程人民民主，保证人民当家做主”，从加强人民当家做主的制度保障、全面发展协商民主、积极发展基层民主、巩固和发展最广泛的爱国统一战线四个方面进行系统部署。报告指出：“人民民主是社会主义的生命，是全面建设社会主义现代化国家的应有之义。”

报告第七部分是“坚持全面依法治国，推进法治中国建设”，这次报告将依法治国单独成章，从完善以宪法为核心的中国特色社会主义国家法律体系、扎实推进依法行政、严格公正司法、加快建设法治社会四个方面进行部署。报告指出：“全面依法治国是国家治理的一场深刻革命，必须更好发挥法治固根本、稳预期、利长远的保障作用，在法治轨道上全面建设社会主义现代化国家。”

报告第八部分是“推进文化自信自强，铸就社会主义文化新辉煌”。报告指出，全面建设社会主义现代化国家，必须坚持中国特色社会主义文化发展道路，从建设具有强大凝聚力和引领力的社会主义意识形态、广泛践行社会主义核心价值观、提高全社会文明程度、繁荣发展文化事业和文化产业、增强中华文明传播力影响力五个方面作出部署。其中，构建中国特色哲学社会科学学科体系、学术体系、话语体系，也在这一章中作了部署。我们也要深入学习，认真落实，我也会在后面和大家交流。

报告第九部分是“增进民生福祉，提高人民生活品质”，从完善分配制度、实施就业优先战略、健全社会保障体系、推进健康中国建设四个方面进行部署。特别提出，为民造福是立党为公、执政为民的本质要求，这是以习近平同志为核心的党中央对中国共产党执政理念内涵的进一步深入概括和科学总结。

报告第十部分是“推动绿色发展，促进人与自然和谐共生”，从加快发展方式绿色转型，深入推进环境污染防治，提升生态系统多样性、稳定性、持续性，积极稳妥推进碳达峰碳中和四个方面进行系统部署。报告特别强调：“尊重自然、顺应自然、保护自然是全面建设社会主义现代化国家的内在要求。”

报告第十一部分是“推进国家安全体系和能力现代化，坚决维护国家安全和社会稳定”，强调国家安全是民族复兴的根基，社会稳定是国家强盛的前提，从健全国家安全体系、增强维护国家安全能力、提高公共安全治理水平和完善社会治理体系四个方面进行了部署。

报告第十二部分是“实现建军一百年奋斗目标，开创国防和军队现代化新局面”。报告强调：“如期实现建军一百年奋斗目标，加快把人民军队建成世界一流军队，是全面建设社会主义现代化国家的战略要求。”

报告第十三部分是“坚持和完善‘一国两制’，推进祖国统一”。报告特别强调，“一国两制”是中国特色社会主义的伟大创举，是香港、澳门回归后保持长期繁荣稳定的最佳制度安排，必须长期坚持；要坚持贯彻新时代党解决台湾问题的总体方略，坚持一个中国原则和“九二共识”，坚定反“独”促统。

报告第十四部分是“促进世界和平与发展，推动构建人类命运共同体”。报告指出：“中国始终坚持维护世界和平、促进共同发展的外交政策宗旨，致力于推动构建人类命运共同体。”

第三板块主要内容：

报告第十五部分是“坚定不移全面从严治党，深入推进新时代党的建设新的伟大工程”。报告强调：“全面建设社会主义现代化国家、全面推进中华民族伟大复兴，关键在党。”报告从坚持和加强党中央集中统一领导、坚持不懈用新时代中国特色社会主义思想凝心铸魂、完善党的自我革命制度规范体系、建设堪当民族复兴重任的高素质干部队伍、增强党组织政治功能和组织功能、坚持以严的基调强化正风肃纪、坚决打赢反腐败斗争攻坚战持久战七个方面作出了部署和要求，明确提出必须时刻保持解决大党独有难题的清醒和坚定，必须持之以恒推进全面从严治党。

报告结语部分，号召全党必须牢记“五个必由之路”：坚持党的全面领导是坚持和发展中国特色社会主义的必由之路，中国特色社会主义是实现中华民族伟大复兴的必由之路，团结奋斗是中国人民创造历史伟业的必由之路，贯彻新发展理念是新时代我国发展壮大的必由之路，全面从严治党是党永葆生机活力、走好新的赶考之路的必由之路。这是我们在长期实践中得出的至关紧要的规律性认识，必须倍加珍惜、始终坚持。

报告对青年寄予厚望：青年强，则国家强。当代中国青年生逢其时，施展才干的舞台无比广阔，实现梦想的前景无比光明。广大青年要坚定不移听党话、跟党走，怀抱梦想又脚踏实地，敢想敢为又善作善成，立志做有理想、敢担当、能吃苦、肯奋斗的新时代好青年，让青春在全面建设社会主义现代化国家的火热实践中绽放绚丽之花。

报告最后发出号召，全党全军全国各族人民要紧密团结在党中央周围，牢记空谈误国、实干兴邦，坚定信心、同心同德，埋头苦干、奋勇前进，为全面建设社会主义现代化国家、全面推进中华民族伟大复兴而团结奋斗！

第二部分：坚持“五个牢牢把握”，全面把握党的二十大精神

习近平总书记指出，党的二十大精神内容十分丰富，既有政治上的高瞻远瞩和理论上的深邃思考，也有目标上的科学设定和工作上的战略部署，相互联系、有机统一。只有坚持历史和现实、理论和实践、国际和国内相结合的办法，从整体到局部、再从局部到整体进行反复揣摩，才能全面掌握党的二十大精神，避免知其一而不知其二，知其然而不知其所以然。

在参加党的二十大广西代表团讨论时，习近平总书记强调，学习贯彻党的二十大精神，要牢牢把握过去五年工作和新时代十年伟大变革的重大意义，牢牢把握新时代中国特色社会主义思想的世界观和方法论，牢牢把握以中国式现代化推进中华民族伟大复兴的使命任务，牢牢把握以伟大自我革命引领伟大社会革命的重要要求，牢牢把握团结奋斗的时代要求。“五个牢牢把握”既有“怎么看”的认识论，又有“怎么办”的方法论，既明确任务目标，又指明前进方向，是我们学习贯彻党的二十大精神的重要思想指引。

（一）牢牢把握过去五年工作和新时代十年伟大变革的重大意义

过去五年和新时代以来的十年，在党和国家发展进程中极不寻常、极不平凡。我们党团结带领人民，攻克了许多长期没有解决的难题，办成了许多事关长远的大事要事，推动党和国家事业取得举世瞩目的重大成就。我们要深刻认识到，这些成就，从理论上讲是原创性、突破性、开创性的，从制度上讲是创新性、系统性、整体性的，从实践上讲是根本性、战略性、长远性的。正是因为这些成就，坚持和发展中国特色社会主义有了更为坚实的物质基础、更为完善的制度保证，马克思主义的科学性和真理性在新时代的中国得到充分检验和证明，社会主义的历史必然性、制度竞争力充分彰显出来。

这里有几个数据和大家再重温一下：全国 832 个贫困县全部摘帽，近 1 亿农村贫困人口实现脱贫。国内生产总值从 54 万亿元增长到 114 万亿元，我国经济总量占世界经济的比重达 18.5%（我国人口约占世界总人口的 18%），提高 7.2 个百分点。城镇化率提高 11.6 个百分点，达到 64.7%。人均预期寿命增长到 78.2 岁。高等教育毛入学率从 2012 年的 30%提高至 2021 年的 57.8%，进入普及化阶段，接受高等教育的人口达 2.4 亿。中国在全球创新指数的排名从 2012 年的第 34 位上到 2022 年的第 11 位。这一串串令人激动的数据也印证着，新时代十年的伟大变革，在党史、新中国史、改革开放史、社会主义发展史、中华民族发展史上具有里程碑意义。

（二）牢牢把握习近平新时代中国特色社会主义思想的世界观和方法论

习近平新时代中国特色社会主义思想是当代中国马克思主义、二十一世纪马克思主义，是中华文化和中国精神的时代精华，实现了马克思主义中国化时代化新的飞跃，为全面建设社会主义现代化国家、全面推进中华民族伟大复兴提供了思想指引和行动指南，必须长期坚持并不断丰富发展。

牢牢把握习近平新时代中国特色社会主义思想的世界观、方法论和贯穿其中的立场观点方法，要深刻领会“两个结合”和“六个必须坚持”。

“两个结合”是指把马克思主义基本原理同中国具体实际相结合、同中华优秀传统文化相结合。坚持和发展马克思主义，一是必须同中国具体实际相结合，不能把马克思主义当成一成不变的教条，要坚持解放思想、实事求是、与时俱进、求真务实，一切从实际出发，着眼解决新时代改革开放和社会主义现代化建设的实际问题，不断回答中国之问、世界之问、人民之问、时代之问；二是必须同中华优秀传统文化相结合，坚定历史自信、文化自信，坚持古为今用、推陈出新，把马克思主义思想精髓同中华优秀传统文化精华贯通起来、同人民群众日用而不觉的共同价值观念融通起来，不断赋予科学理论鲜明的中国特色。

关于“六个必须坚持”，在第一部分是简单点题，在此我们再一起深化认识：

——必须坚持人民至上，是因为人民性是马克思主义的本质属性，党的理论是来自人民、为了人民、造福人民的理论，人民的创造性实践是理论创新的不竭源泉。

——必须坚持自信自立，是因为党的百年奋斗成功道路是党领导人民独立自主探索开辟出来的，马克思主义的中国篇章是中国共产党人依靠自身力量实践出来的。

——必须坚持守正创新，是因为我们从事的是前无古人的伟大事业，守正才能不迷失方向、不犯颠覆性错误，创新才能把握时代、引领时代。

——必须坚持问题导向，是因为问题是时代的声音，回答并指导解决问题是理论的根本任务。

——必须坚持系统观念，是因为万事万物是相互联系、相互依存的，只有用普遍联系的、全面系统的、发展变化的观点观察事物，才能把握事物发展规律。

——必须坚持胸怀天下，是因为我们党是为中国人民谋幸福、为中华民族谋复兴的党，也是为人类谋进步、为世界谋大同的党。

（三）牢牢把握以中国式现代化推进中华民族伟大复兴的使命任务

中国式现代化，是中国共产党领导的社会主义现代化，既有各国现代化的共同特征，更有基于自己国情的中国特色。党的二十大报告指出，中国式现代化是人口规模巨大的现代化，人口规模巨大的中国用几十年的时间完成了西方发达国家上百年的历程，打破了“现代化＝西方化”的思维定式，为人类文明进步提供中国智慧和中国力量；中国式现代化是全体人民共同富裕的现代化，始终坚持以人民为中心的发展思想，坚持把实现人民对美好生活的向往作为现代化建设的出发点和落脚点；中国式现代化是物质文明和精神文明相协调的现代化，既牢牢把握经济建设这个中心，也将精神文明建设贯穿于中国式现代化建设的全过程；中国式现代化是人与自然和谐共生的现代化，坚持绿水青山就是金山银山的理念，坚持走生产发展、生活富裕、生态良好的文明发展道路，实现中华民族永续发展；中国式现代化是走和平发展道路的现代化，这是一条跳出“国强必霸”的现代化道路，坚持合作共赢的发展理念，努力推动构建人类命运共同体。

中国式现代化的本质要求是：坚持中国共产党领导，坚持中国特色社会主义，实现高质量发展，发展全过程人民民主，丰富人民精神世界，实现全体人民共同富裕，促进人与自然和谐共生，推动构建人类命运共同体，创造人类文明新形态。历史和实践充分证明，中国式现代化既切合中国实际，体现了社会主义建设规律，也体现了人类社会发展规律。中国式现代化这条道路，不仅走得对、走得通，而且也一定能够走得稳、走得好。

（四）牢牢把握以伟大自我革命引领伟大社会革命的重要要求

全面从严治党永远在路上，党的自我革命永远在路上，决不能有松劲歇脚、疲劳厌战的情绪，必须持之以恒推进全面从严治党，深入推进新时代党的建设新的伟大工程，以党的自我革命引领社会革命。党的二十大报告指出：“我们党作为世界上最大的马克思主义执政党，要始终赢得人民拥护、巩固长期执政地位，必须时刻保持解决大党独有难题的清醒和坚定。”这是着眼于我们党所处历史方位、面临新形势新任务、世情国情党情发展变化作出的重大论断，充分体现了管党治党的战略清醒、战略自觉、战略自信。

十年淬火锻造，十年百炼成钢。经过不懈努力，党找到了自我革命这一跳出治乱兴衰历史周期率的第二个答案，自我净化、自我完善、自我革新、自我提高能力显著增强，风清气正的党内政治生态不断形成和发展。只有以永远在路上的清醒和坚定，坚持不懈把全面从严治党向纵深推进，才能永葆党的先进性和纯洁性，确保党始终成为中国特色社会主义事业的坚强领导核心。

（五）牢牢把握团结奋斗的时代要求

习近平总书记参加党的二十大广西代表团讨论时强调："全党全国各族人民要在党的旗帜下团结成'一块坚硬的钢铁'，心往一处想、劲往一处使，推动中华民族伟大复兴号巨轮乘风破浪、扬帆远航。"团结才能胜利，奋斗才会成功。党的十八大以来，我们党紧紧依靠人民，稳经济、促发展，战贫困、建小康，控疫情、抗大灾，应变局、化危机，攻克了一个个看似不可攻克的难关险阻，创造了一个个令人刮目相看的人间奇迹。我们靠团结奋斗创造了辉煌历史，也一定能用团结奋斗开辟美好未来。在以习近平同志为核心的党中央坚强领导下，在习近平新时代中国特色社会主义思想科学指引下，只要我们团结一心、众志成城，敢于斗争、善于斗争，就一定能够战胜前进道路上的一切困难挑战，继续创造令人刮目相看的新的奇迹。

第三部分：聚焦教育科技人才强国战略部署，全面落实党的二十大精神

习近平总书记强调，学习贯彻党的二十大精神，要在全面落实上下功夫。空谈误国、实干兴邦，一分部署、九分落实。不注重抓落实，不认真抓好落实，再好的规划和部署都会沦为空中楼阁。高校尤其是像山东大学这样的"双一流"建设高校，作为科技第一生产力、人才第一资源和创新第一动力的重要结合点，要把学习贯彻党的二十大精神同坚定捍卫"两个确立"、坚决做到"两个维护"紧密结合起来，始终心怀"国之大者"，以国家战略需求为导向，全面提升服务科教兴国、人才强国、创新驱动发展战略的能力和水平，努力开辟发展新领域新赛道，不断塑造发展新动能新优势，为强化教育、科技、人才的基础性、战略性支撑作用贡献山大智慧和力量。

（一）抓住根本，坚定捍卫"两个确立"、坚决做到"两个维护"

"两个确立"是党的十八大以来我们党作出的重大政治抉择，是新时代十年最重要的政治成果，是取得伟大变革的根本原因，对新时代党和国家事业发展、对推进中华民族伟大复兴历史进程具有决定性意义。进入新时代，党和国家面临的形势之复杂、斗争之严峻、改革发展稳定任务之艰巨，世所罕见、史所罕见。以习近平同志为核心的党中央统筹中华民族伟大复兴战略全局和世界百年未有之大变局，团结带领全党全军全国各族人民，有效应对严峻的国际形势和接踵而至的巨大风险挑战，以奋发有为的精神把新时代中国特色社会主义不断推向前进，攻克了许多长期没有解决的难题，办成了许多事关长远的大事要事，推动党和国家取得了举世瞩目的重大成就。

习近平总书记以"我将无我，不负人民"的赤胆忠心，引领中国号巨轮涉险滩、战恶浪，成为众望所归、当之无愧党的核心、人民领袖、军队统帅。党和国家事业取得历史性成就、发生历史性变革，根本在于有习近平总书记作为党中央的核心、全党的核心掌舵领航，在于有习近平新时代中国特色社会主义思想科学指引。党确立习近平同志党中央的核心、全党的核心地位，确立习近平新时代中国特色社会主义思想的指导地位，反映了全党全军全国各族人民共同心愿，是历史的选择、时代的选择、人民的选择。历史和现实启示我们，必须要有定于一尊、一锤定音的权威。“两个确立”已经成为全党全军全国各族人民的高度共识和共同意志，已经体现在新时代的伟大征程中、写进了全党全军全国各族人民心坎里，是党应对一切不确定性的最大确定性、最大底气、最大保证。

新时代新征程上，我们要牢牢把握办学正确政治方向，深刻认识“两个确立”的极端重要性，把“两个确立”转化为忠诚核心、拥护核心、跟随核心、捍卫核心的自觉行动，转化为学懂弄通做实习近平新时代中国特色社会主义思想、服务“国之大者”的具体实践，体现到加强理论武装、自觉凝心铸魂上，体现到理清发展思路、科学谋篇布局上，体现到坚决贯彻落实、扎实履职担当上，体现到严肃纪律规矩、及时校正偏差上，始终在思想上政治上行动上同以习近平同志为核心的党中央保持高度一致，为实现党的二十大提出的目标任务而团结奋斗。

（二）突出重点，努力展现支撑教育强国、科技强国、人才强国的山大担当

科技是第一生产力，人才是第一资源，创新是第一动力。立足新时代新征程党的使命任务，党的二十大报告对教育、科技、人才事业首次进行一体化部署、一体化推进，既是对历史经验的科学总结，也是对未来发展的深远谋划，体现了三者相辅相成、协同发力、强劲支撑社会主义现代化国家建设的重要战略地位，为新时代教育科技人才事业指明了发展方向。

党的十八大以来，以习近平同志为核心的党中央把教育、科技、人才培养放在优先和突出位置。我国建成世界上规模最大的教育体系，各级教育普及程度均达到或超过中高收入国家平均水平；全社会研发投入达 2.8 万亿元，同比增长 14.2%，占国内生产总值比重达 2.44%，载人航天、探月探火、深海深地探测、超级计算机、卫星导航、量子信息、核电技术、大飞机制造、生物医药等取得重大成果，进入创新型国家行列；全国人才资源总量达 2.2 亿人，各类研发人员全时当量达到 480 万人年，居世界首位，已成为全球规模最宏大、门类最齐全的人才资源大国。

高水平研究型大学是国家战略科技力量的重要组成部分，肩负着为党育人、为国育才的职责使命。我们要坚持以党的二十大精神为指引，全面提高人才自主培养质量，助力加快实现高水平科技自立自强，推动建设世界重要人才中心和创新高地各项决策部署落地见效，充分发挥基础研究主力军、人才培养主阵地、重大科技突破策源地的重要作用，广泛集聚教育、科技和人才的协同力量，为服务教育强国、科技强国、人才强国建设提供强大人才支撑和知识创新贡献。

1. 深入落实立德树人根本任务，办好人民满意的教育

习近平总书记反复强调“把立德树人作为教育的根本任务”“把立德树人的成效作为检验学校一切工作的根本标准”。党的二十大报告进一步强调：“育人的根本在于立德。全面贯彻党的教育方针，落实立德树人根本任务，培养德智体美劳全面发展的社会

主义建设者和接班人。”

新时代新征程，我们要坚持以党的二十大精神为指引，全面贯彻党的教育方针，认真落实立德树人根本任务，牢记“国之大者”，坚持“五育并举”，紧盯最优秀的本科生和最具创造力的研究生的育人目标，持续提升国家急需高层次人才培养质量，始终把造就堪当民族复兴重任的时代新人作为办学之本。

第一，落实“四为服务”，用“新思想”铸魂育人。党的二十大报告指出，“培养什么人、怎样培养人、为谁培养人”是教育的根本问题。我们要始终坚守“四为服务”的教育使命，把为党育人、为国育才落到实处。

一要旗帜鲜明讲好思政课程。充分发挥全国重点马院作用，全面加强习近平新时代中国特色社会主义思想核心课程＋主干课程群建设，发挥思政课主阵地、主渠道作用，把思政课打造成落实立德树人的“灵魂课”。

二要潜移默化做好课程思政。充分发挥国家级课程思政教学研究示范中心作用，深入挖掘红色文化和校史资源，将伟大建党精神、抗疫精神、科学家精神及学校优良传统等精神财富有机融入课堂。不断创新“导学思政”，有效促进专业、学科与思政教育紧密融合。

三要躬身实践办好思政教育。铸魂育人不仅要有理论指引，还要走进社会“大课堂”。建强“大思政课”实践教学基地，开展志愿服务、理论宣讲、社会调研等多样化的实践教育，引导学生把论文写在祖国大地上，把科技成果应用在实现中国式现代化的伟大事业中。

第二，服务“国之大者”，以“新格局”对接新要求。党的二十大报告指出，全面提高人才自主培养质量，着力造就拔尖创新人才；加强基础学科、新兴学科、交叉学科建设，加快建设中国特色、世界一流的大学和优势学科。我们要始终想国家之所想、急国家之所急、应国家之所需，加快培养国家急需的高层次人才，显著提升基础学科人才培养能力，进一步健全中国特色山大风格的拔尖创新人才培养体系。

一要加快推进学科专业现代化升级。面向国家急需和科技前沿，加强基础学科、新兴学科、交叉学科建设，推动科技考古、蓝绿经济、数据科学、人工智能、健康医疗大数据等一批新兴交叉学科形成新优势；加快建设战略新兴专业和特色专业，推进“＋数据”“＋计算”“＋智能”和“医学＋”“信息＋”等“四新”专业布局，提升人才培养与国家战略需求的匹配度和贡献度。

二要构建“点线面体”国家急需人才培养体系。点，是增设新兴交叉学科增长点。线，是贯通国家急需人才生长线，打通本研培养长通道。面，是首要满足国家急需学科需求面，学校承担着10个国家急需学科专项领域，93％的博士新生在一流学科建设平台上接受培养，将70％的博士新增量投入到国家重大科研项目。体，是搭建“高地—高原—高峰”阶梯式超常规人才培养体系，建设一批校级高质量人才培养研究“高地”、山东9个重点方向和6个重点领域“高原”以及网络安全、新材料、半导体等国家工程硕博专项“高峰”，分层次、有重点地输送国家急需人才。

三要打造“五堂一院”拔尖创新人才培养升级版。全面升级泰山学堂、尼山学堂、崇新学堂、齐鲁医学堂和钱七虎班，建设经世学堂和未来技术学院，不断提升基础学科拔尖创新人才和国家急需拔尖人才培养能力和水平。要坚持有教无类，科学选才，强化自主招生，加强对各类偏才、怪才学生的全面考察；要精心育才，坚持因材施教，着力培养学生的创新意识和创新能力，激发学生的好奇心和想象力；要厚植土壤，探索新时代书院制，汇聚全校优质资源，培养学生的自主学习和终身学习能力。

第三，坚持“三新一高”，使“大发展”成为现实。党的二十大报告提出，要坚持以人民为中心发展教育，加快建设高质量教育体系。十年来，学校本科生招生规模始终稳定在1万人左右，研究生招生从5000人增加到9600人左右，增量集中在专业学位和博士研究生，说明国家对高层次人才和应用创新人才的需求愈加迫切！我们要全面深入贯彻新发展理念，推动实现人才培养工作的高质量发展。

一要加强“金专金课金教材”建设。要聚力国家级一流专业建设，推进所有专业按照一流标准制订三年建设规划，实现专业认证全覆盖；要强化国家级一流课程建设，深化课堂教学改革，提升学生自主学习能力；要建设一批高质量教材，严把教材“编审选用”关，增强教材育人功能。通过金专金课金教材建设，夯实学生的知识基础，塑造学生的可持续发展能力。

二要深化融合育人工程。当今世界，知识的交叉融合是创新产生的重要生长点。要推进学科融合，建设一批高水平双学位项目和学科交叉微专业，做强交叉融合育人大平台和交叉创新团队育人项目，提升学生交叉思维和创新创造能力。要推进科教融汇，大力拓展与高水平科研院所的合作，将人才和科研资源转化为教学优势。要推进产教融合，加强与政府、行业领军企业合作，突出学生实践创新能力培养，为行业产业输送更多研究型高端人才。

三要落实教育数字化战略。要紧抓教育数字化改革发展机遇，加快推进数字化赋能教育教学、资源供给和治理体系建设，加快建设智慧课程和智慧课堂，探索元宇宙理念下的沉浸式、交互式、探究式教学新范式，加快推动数字技术与教育教学深度融合。

四要打造教育质量文化。以迎接教育部本科教育教学审核评估为契机，强化一流师资、一流条件、一流管理、一流氛围建设。构建教师教学、学生学业、质量监测“三位一体”的质量保障体系，完善招生、培养、就业一体化评价机制，让质量文化内化为全校师生的共同价值追求和行为自觉。

第四，践行“四有”好老师标准，让“大先生”源源不断。党的二十大报告强调，加强师德师风建设，培养高素质教师队伍。我们要持续加强教师队伍建设，深入落实教书育人第一职责和师德师风第一标准，坚定践行“四有”好老师、“四个引路人”和“四个相统一”标准，加强教师培养培训，深化教育教学研究，创新教育教学理念，提升传道授业解惑能力，努力做“经师”和“人师”的统一者，做学生为学、为事、为人的“大先生”。老师们，“中国教育是能够培养出大师来的，我们要有这个自信”，这是习近平总书记对人才自主培养的要求和期望。大家不能只做传授书本知识的教书匠，要成为塑造学生品格、品行、品位的“大先生”，做“有理想信念、有道德情操、有扎实学识、有仁爱之心”的好老师。

同学们，国家的希望在青年，民族的未来在青年。前不久，习近平总书记在河南安阳红旗渠青年洞前，讲了发人深省的一段话：“年轻一代要继承和发扬吃苦耐劳、自力更生、艰苦奋斗的精神，摒弃骄娇二气，像我们的父辈一样把青春热血镌刻在历史的丰碑上。”（青年洞，是当年修红旗渠的时候，有一段悬在峭壁、地势险峻、石质坚硬的岩壁，是 300 名青年奋不顾身，历经 1 年 5 个月打通的隧洞。）同学们，一代人有一代人的使命。你们的人生，贯穿全面推进中华民族伟大复兴的关键时期。新时代新征程上，无论是攻克“卡脖子”的科技难题，还是书写乡村振兴的齐鲁样板，无论是筑梦经济建设大舞台，还是服务社会民生最基层，都需要更多德才兼备的优秀青年。希望你们坚定不移听党话、跟党走，做有理想、敢担当、能吃苦、肯奋斗的新时代好青年，让青春在全面建设社会主义现代化国家的火热实践中绽放绚丽之花！

2. 健全完善学校科研创新体系，强力支撑科技强国建设

科技是国家强盛之基，创新是民族进步之魂。党的二十大报告以“完善科技创新体系”“加快实施创新驱动发展战略”为题分两节予以突出强调，彰显了创新在现代化建设全局中的核心地位。

新时代新征程，我们要按照党的二十大作出的战略部署，始终把服务国家作为最高追求，大力实施学术兴校战略，坚决扛起中国式现代化建设的科技创新历史使命，强力支撑科技强国建设。

第一，聚焦聚力高水平科技自立自强。党的二十大报告指出，坚持“四个面向”，加快实现高水平科技自立自强，加快建设科技强国。我们要矢志自主创新，勇攀科技高峰，全面落实高水平科技自立自强的战略部署。

一要遵循科技发展规律，树立质量和效率优先的科技发展理念。习近平总书记指出，“理念是行动的先导”“发展理念是否对头，从根本上决定着发展成效乃至成败”。自然科学、技术科学和工程技术三者要互促并进，打破科技创新活动组织中的封闭与割裂，构建适应科技发展规律、有力支撑科技自立自强的科技创新模式。

二要加强基础研究和“无人区”前沿探索。党的二十大报告指出，要加强基础研究，突出原创，鼓励自由探索。科技自立自强必须建立在基础研究和原始创新的深厚根基上。许多“卡脖子”的问题，最终都“卡”在基础研究上。我们要深刻认识基础研究对自主创新极其重要的现实意义，强化国家战略需求导向，坚持目标导向和自由探索并举布局基础研究，集聚力量提升数学、物理、化学、力学、生命科学等基础学科研究深度和重大基础研究项目承担能力，强化“国之重器”的原创引领，努力涌现出一批“从 0 到 1”的原创性成果。

三要坚决打赢关键核心技术攻坚战。习近平总书记反复强调，“关键核心技术是要不来、买不来、讨不来的”。我们要强化国家战略需求导向，瞄准高端晶体材料、临床医学与健康、基因与生物技术、地下工程、先进能源技术等关键核心领域，以及山东省“十强”产业集群，积极培育和承担一批国家重点研发计划、科技创新 2030—重大项目、国家科技重大专项等，助力关键核心技术攻关取得重大突破。

四要推进学科汇聚融合交叉。新修订的《科学技术进步法》明确鼓励“推进学科交叉融合，促进基础研究与应用研究协调发展”。我们要聚焦科技创新、产业升级和重大社会实践的基础性、方向性问题，用好学科交叉融合的“催化剂”，着力推进“数据＋”“智能＋”“医学＋”等，通过医工、理工、文工交叉融合，推动创新链与教育链的深度

融合，培育新的学科增长点，塑造未来发展新动能新优势。

第二，聚焦聚力构建中国自主的知识体系。党的二十大报告指出，要“深入实施马克思主义理论研究和建设工程，加快构建中国特色哲学社会科学学科体系、学术体系、话语体系，培育壮大哲学社会科学人才队伍”“坚持创造性转化、创新性发展，传承中华优秀传统文化，不断提升国家文化软实力和中华文化影响力”。我们要以党的二十大精神为指引，深入学习贯彻习近平总书记给《文史哲》编辑部全体编辑人员重要回信精神，弘扬“文史见长”传统，守正创新，高效落实《推进哲学社会科学创新发展行动方案（2021—2025）》，把研究阐释党的二十大精神作为重大任务，在建构中国自主的知识体系、构建中国特色哲学社会科学体系、助力中华优秀传统文化“两创”上担当作为、奋勇争先。

一要加快打造习近平新时代中国特色社会主义思想研究重镇，为马克思主义中国化时代化注入新动能。充分发挥全国重点马院、教育部人文社科重点研究基地等重要平台的引领作用和多学科优势，设立研究专项、组建研究团队，从哲学、文化、经济、党建、法治等领域深入研究阐释中国之路、中国之治、中国之理，努力贡献体现中国特色、中国风格、中国气派、融通中外的新思想、新学说、新主张。

二要积极探索中华优秀传统文化“两创”的“山大模式”，为坚守中华文化立场增强时代底蕴。持续巩固“古文、古史、古哲、古籍”领先优势，强化“中国语言文学与中国古典学术”学科领域建设，发挥《文史哲》示范引领作用，做大做强儒家文明省部共建协同创新中心、“中华文明的形成与发展”等高端平台和创新团队，扎实推进“全球汉籍合璧工程”等重大工程项目，积极参与中华文明探源工程和“考古中国”项目，让中国古典学术和当代中国文化创新成果走向世界，提炼展示中华文明的精神标识和文化精髓，助力构建中国话语和中国叙事体系，展现可信、可爱、可敬的中国形象。

三要扎实推进新型智库建设，为中国式现代化建设提供高水平智力支撑。立足国家和山东重大需求，深入实施《特色新型智库建设实施意见》，集聚力量构建以黄河国家战略研究院、国家治理研究院、国际问题研究院等为引领的高水平智库群，开展前瞻性、针对性、储备性政策研究。积极将智库研究优势转化为国际传播优势，助力提升国际话语权，更好服务党和国家工作大局。

第三，聚焦聚力有组织科研。党的二十大报告对“健全新型举国体制，强化国家战略科技力量，优化配置创新资源，优化国家科研机构、高水平研究型大学、科技领军企业定位和布局，形成国家实验室体系”“加强科技基础能力建设”“深化科技体制改革，深化科技评价改革”“扩大国际科技交流合作”等作出部署。有组织科研是高校科技创新实现建制化、成体系服务国家和区域战略需求的重要形式。

一要强化国家战略科技力量。以国家目标和战略需求为导向，高质量推进国家重点实验室整合重组和新建，形成以全国重点实验室为引领的高能级科技创新平台体系。探索新型举校体制模式，加强同国家实验室、新型科研机构、科技领军企业的协同创新与合作攻关。积极谋划建设重大科技基础设施，重点培育建设地下灾害预报防控和太阳大气（与行星环境）探测技术重大科技基础设施、真空深冷重大科学装置及海洋气候环境模拟重大科技基础设施等。优化学校资源配置，改革体制机制，建设一批“十亿”级校内科研平台。对接“揭榜制”，试行“组阁制”，构建矩阵式科研组织体系，建设高水平创新团队，提升“卡脖子”关键核心技术攻关能力。

二要深化科研评价机制改革。发挥科研评价和考核的“指挥棒”作用，推动支持政策从“输血型”向“造血型”的战略转变。按照不同学科领域和研究类型，实行多元化评价，加快建立以创新成果质量和实际贡献为导向的科研绩效评价制度。对基础研究实施长周期、贡献度考核，注重解决重大科学问题和开展原创性科技创新；对应用研究，重点考评前沿技术、共性关键技术、产业瓶颈技术的创新突破和服务经济社会发展能力；实施有利于科研团队协同攻关的评价机制，尊重、用好团队每个人。

三要提升科技成果转化和产业化水平。加强产学研用深度融合，强化目标导向，以国家知识产权示范高校和专业化国家技术转移机构建设为契机，探索技术转移中心市场化运行机制，完善成果转移转化激励政策，探索教育链、人才链、产业链、创新链“四链”融合的实现路径，有效服务国家和区域产业转型升级。

四要拓展高水平国际科研交流合作。积极主动融入全球创新体系，用好全球创新资源。深入总结参与 AMS、ATLAS、STAR 等国际大科学计划（工程）的有益经验，实施更加开放包容、互惠共享的国际科研合作战略，以更加创新的思维和举措，引导支持重点建设学科谋划实施“以我为主”的国际大科学计划或大科学工程，加强国际化科研环境建设，形成大科学设施与大科学计划呼应发展的开放创新格局。

3. 凝心聚力突出重点，攻坚打造一流人才队伍

党的二十大报告指出：“深入实施人才强国战略。培养造就大批德才兼备的高素质人才，是国家和民族长远发展大计。”这是立足新时代新征程的历史方位作出的重要政治论断，鲜明标示了人才在国家全局中的突出战略地位，为加快建设人才强国指明了奋斗目标和努力方向。

新时代新征程，我们要坚持以党的二十大精神为指引，大力实施人才强校战略，锚定建设引领世界一流大学建设的战略人才力量，坚定不移深化人事人才体制机制改革，全方位营造最优人才生态环境，努力将山东大学打造成各类人才向往的高地，为强化现代化建设人才支撑作出新的更大贡献。

第一，汇聚打造担当国家重任、站在国际前沿、引领自主创新的战略人才力量。党的二十大报告指出，加快建设国家战略人才力量，努力培养造就更多大师、战略科学家、一流科技领军人才和创新团队、青年科技人才、卓越工程师、大国工匠、高技能人才。要深入学习贯彻党的二十大精神，紧密结合世界一流大学建设需要，大力扩容“顶尖—领军—青年—后备”杰出人才体系，全力打造战略人才力量，坚实支撑世界重要人才中心和创新高地建设。

一要深入实施“顶尖人才突破计划”。战略科学家和人文社会科学大师是帅才，必须超常规引进、培养。坚持引育深耕、强化联系。立足国家和学校发展急需，下大力气从重大科研项目实施主战场、重大创新平台建设一线引进顶尖人才，建立“一人一议”全球引才机制，由校领导直接沟通联系保障。坚持聚焦重点、历练提升。围绕济青国家人才平台、国家重点实验室、高端智库、战略新兴产业集群孵化等重大任务，建立健全培养历练机制，助推顶尖人才提升学术影响力、团队领导力、创新聚合力。坚持充分放

权、担当重任。实行首席专家负责制，量身定制实验室，专门打造新型研发机构，赋予其更大的科研自主权、技术路线决定权、资源整合调度权。

二要深入实施“领军人才倍增计划”。打造一流领军人才和高水平创新团队，形成群星璀璨、多极支撑的发展格局。对接需求、精准发力。围绕一流学科领域和重大创新平台，制定落实“一人一岗一策”引才台账。精准定位高潜力目标人选，实施全球定向招聘。充分利用国家建设“3＋N”人才高地契机，打造引才飞地、专家驿站，实施可叠加、能共享的柔性引才模式，不求所有、但求所用。聚焦重点、加大投入。推进“大师＋团队”建设模式，发挥省校资源叠加优势，整体引进有竞争力的大中型创新团队，确保快引进、快落地、快产出。强化国家战略需求导向，完善以科研团队为单元的资源投放方式，以重大成果为目标的团队发展模式，做大做强做优，形成品牌。围绕培养造就卓越工程师的目标任务，将高端技术型人才、产业领军人才纳入杰出人才体系进行支持，有力促进人才链、科技链、产业链融合发展。

三要深入实施“青年人才托举计划”。集聚青年人才，依托校内人才体系青年项目、预聘—长聘教师体系和博士后，建立匹配青年人才各成长阶段的全链条支持机制。丰富锻炼机会，为青年学者配备发展导师，鼓励支持青年人才加入科研创新团队、参与重大项目，提升传帮带实效。在重点建设团队实施“中青年 PI”举荐制，定向培养一批具有较大潜力的中青年 PI。解除后顾之忧，全面升级教、研、酬、住等支持政策，用好省市政策清单，切实解决教学科研、子女教育、家庭住房等急难愁盼问题，让青年人才安身、安心、安业。

同时，要重视和加强管理支撑服务队伍建设，实现与学者融合发展。实施好新一期教职工能力提升计划，为大家提供优质学习资源、成长空间、干事舞台，全面提升执行力、创造力、战斗力。

第二，推进更加积极、更加开放、更加有效的人事人才体制机制改革。党的二十大报告指出，深化人才发展体制机制改革，真心爱才、悉心育才、倾心引才、精心用才，求贤若渴，不拘一格，把各方面优秀人才集聚到党和人民事业中来。

一要深化评价改革。近年来，我们探索畅通了教学型、应用技术开发型、学科交叉型等评审通道，为全面“破五唯”奠定了良好基础。接下来，我们要加快实现从“破五唯”向“立新标”的转变，对承担国家重大攻关任务、实现“0 到 1”基础研究突破、推进重大应用转化等予以重点支持和奖励，建立师德师风、学术水平、发展潜力、实际贡献等多元一体的分类评价体系。

二要优化资源配置。在打包下放四年专任教师编制岗位的基础上，进一步聚焦一流学科建设领域，持续做大一流学科人才体量，推动学科集群式高质量发展。要善于借势借力，争取省市编制、资金、平台等资源支持，推动与兄弟高校、科研机构、领军企业的产学研深度合作，实现成本共担、人才共享、成果共用。

三要实施聘期考核。突出工作实绩和岗位贡献要求，科学编制岗位职责和聘期目标责任书，建立起以聘期任务完成情况为基础的考核模式。用好考核结果，构建岗位动态管理机制，有效调动教职医务员工的积极性、主动性和创造性。

四要完善分配模式。突出贡献导向，将绩效工资向教学科研一线、承担急难险重任务的人员倾斜。遵循优绩优酬分配原则，将绩效工资分配与聘期考核紧密挂钩。加大绩效工资投入力度，加密绩效工资层级，逐步实现并保持薪酬总体竞争力与学校地位相一致。

第三，构建尊重劳动、尊重人才、尊重知识、尊重创造的优质人才生态环境。实施更加积极、更加开放、更加有效的人才政策，引导广大人才爱党报国、敬业奉献、服务人民。

一要大力弘扬科学家精神。科学家精神是我国科技工作者在长期科学实践中积累的宝贵精神财富，是一代代科学家崇高精神的凝结，是激励引领广大人才锐意进取、开拓创新的重要力量源泉。在新的伟大征程上，我们要继续发扬以爱国主义为底色的科学家精神，加强政治引领和政治吸纳，滋养人才高尚的道德情操，引导人才苦练本领、增长才干，团结引领激励人才不懈奋斗，切实把他们集聚到党和人民事业中来，肩负起科教兴国的历史重任。

二要增强爱才育才引才用才的主动意识。习近平总书记在带领新一届中央政治局常委专程前往延安考察学习时强调，延安革命旧址是一本永远读不完的书。20 世纪三四十年代，为何物质条件非常清苦的延安却吸引着一批又一批热血青年，非常重要的一点是我们党对知识的高度重视和对人才的充分尊重。在座每位同志都要细细品味“这本书”里所蕴藏的巨大精神财富，认真体会我们党对广大人才的吸引力究竟从何而来，要进一步放大学校荣誉体系的激励效应，不断强化“榜样就在身边、我也能成为榜样”的思想自觉和行动自觉，统筹推进学校、学院、学科三级人才文化建设，充分发挥典型经验和优秀人才的示范引领作用。

希望我们的战略科学家锚定国家战略需求和战略性全局性前瞻性国家重大科技项目，超前谋划、超前布局、超前实施，确保学校科研方向与加快实现高水平科技自立自强的总要求同频共振、同向同行。希望我们的战略领军人才积极投身原创性引领性科技攻关，聚焦打赢关键核心技术攻坚战，为引领创新、破解“卡脖子”难题贡献力量。希望我们的战略青年人才在建设世界一流大学、奋进第二个百年奋斗目标中勇于立大志、担大任、干大事、成大才。希望我们职能部门的同志，立足岗位实际、增强服务意识，以深化人事人才工作体制机制 2.0 改革为契机，用心用情打造重视人才、关爱人才、成就人才的优质生态，让山大成为天下英才的向往之地、奔流之地。

老师们、同志们、同学们！学习宣传贯彻党的二十大精神是当前和今后一个时期的首要政治任务，我们要遵循习近平总书记的重要指示精神和党中央要求，按照学校党委工作安排，坚持自觉主动学，及时跟进学，联系实际学，笃信笃行学，学出坚定信仰、学出使命担当。

一是坚持把“政治挺在前”。学习贯彻党的二十大精神，要旗帜鲜明讲政治。要增强政治意识，不断提高政治判断力、政治领悟力、政治执行力，始终从政治高度深刻领悟党的二十大阐明的重大理论、实践问题，系统把握作出的重大战略部署，坚定扛起“教育、科技、人才”的重大使命，始终在政治立场、政治方向、政治原则、政治道路上同以习近平同志为核心的党中央保持高度一致。

二是坚持把“学习摆在先”。学习贯彻党的二十大精神，要真学真懂真信。要原原本本、逐字逐句学习党的二十大报告、党章和习近平总书记系列重要讲话精神等，全面、准确、深入理解内涵，精准把握外延。我们在座的各位同志，要反复研读、精准把握党的二十大报告关于“教育、科技、人才”的新任务新要求，做到内化于心、外化于行，作好示范、当好表率；要以研促学，深入开展调查研究，主动到一线找问题、破难题，扑下身子谋实招、求实效，努力做学习型研究型人才。

三是坚持把“落实作为本”。学习贯彻党的二十大精神，要落实在担当作为、干事创业的实际行动上，让党的二十大精神在山东大学落地生根、开花结果。要坚持学思用贯通、知信行统一，在“真抓实干”上狠下功夫，围绕学习贯彻党的二十大精神、研究谋划的新思路新举措，以“钉钉子”精神和“严真细实快”工作作风，有针对性地制定落实方案，细化明确时间表、施工图和任务书，将推动改革发展稳定的成效作为学习贯彻的标尺，在新时代新征程上展现“追求卓越、只争朝夕”的新气象、新作为、新担当。

老师们、同志们、同学们！新征程赋予新使命，新征程呼唤新作为。让我们坚持以习近平新时代中国特色社会主义思想为指引，深入学习贯彻落实党的二十大精神，持续深刻领悟“两个确立”的决定性意义，增强“四个意识”，坚定“四个自信”，做到“两个维护”，坚定历史自信，增强历史主动，团结奋斗，苦干实干，坚定不移走好中国特色世界一流大学创新发展之路，为以中国式现代化全面推进中华民族伟大复兴作出山大贡献！

谢谢大家！

年度十大新闻

2022 年度“十大新闻”

一、深入学习宣传贯彻落实党的二十大精神，持续激发干事创业的强劲动力

新闻事件：10 月 16 日至 22 日，中国共产党第二十次全国代表大会在北京隆重召开。山东大学党委书记郭新立作为党的二十大代表参加会议，校长、中国工程院院士李术才列席会议并当选中国共产党第二十届中央委员会候补委员。山东大学师生医务员工通过电视、网络、广播等各种方式，认真收听收看党的二十大盛况，反响强烈，表示将以党的二十大精神为指引，凝聚共识，汇聚力量，画出最大同心圆，推动学校事业发展，为实现中华民族伟大复兴的中国梦作出积极贡献。全校上下迅速掀起学习宣传贯彻党的二十大精神的热潮，郭新立、李术才在不同场合多次宣讲党的二十大精神，学校党委第一时间下发《中共山东大学委员会关于深入学习宣传贯彻党的二十大精神的通知》，持续推动理论学习和培训，广泛开展宣讲调研，有机融入教育教学，深化开展研究阐释，切实把党的二十大的目标任务和战略部署转化为山东大学的策略、路径和重点任务，转化为全体师生医务员工奋进新征程、建功新时代的强大精神力量和具体实践。

延伸阅读：11 月 2 日，学习贯彻党的二十大精神中央宣讲团来山大宣讲，中央宣讲团成员、中央财经委员会办公室分管日常工作的副主任韩文秀重点结合党的二十大对教育科技人才等一系列重大部署，聚焦当代大学生所思所想，为师生作了专题宣讲。11 月 10 日和 11 月 17 日，郭新立、李术才分别为学校师生医务员工作党的二十大精神宣讲报告。学校成立党的二十大精神青年师生宣讲团，生动讲好党的故事、国家的故事、山大的故事；发挥全国重点马克思主义学院的引领作用和山东大学的学术优势、人才优势，积极面向社会各界开展宣讲活动，形成了全方位、立体化、多维度的宣讲格局；通过举办学术论坛、申报课题、专家学者发表理论文章等多种方式对党的二十大精神进行系统化研讨和学理化阐释，推动党的二十大精神走深走实，落地生根。开展党的二十大精神线上专题培训和“三会一课”、主题党日活动，以及“喜迎党的二十大创新聚力当先锋”系列党员教育活动，推动全体党员把思想和行动统一到党的二十大精神上来。《光明日报》红船初心专版整版报道山东大学学习贯彻党的二十大精神情况。

学校以学习宣传贯彻党的二十大精神为主线，深入学习领会《习近平谈治国理政》第四卷和习近平总书记关于教育的重要论述、给《文史哲》编辑部全体编辑人员重要回信精神，深刻领悟“两个确立”的决定性意义，增强“四个自信”，坚定“四个意识”，做到“两个维护”。加强党的领导，牢记“国之大者”，推动党史学习教育常态化长效化，深化中央巡视整改和经济责任审计整改等重点任务，强化政治建设统领作用，健全

"四位一体"组织体系，不断提高基层党组织政治功能，以高质量党建引领和推动高质量发展。马克思主义学院党委入选"全国党建工作标杆院系"培育创建单位；党委学生工作部、武装部党支部，机械工程学院机械制造及其自动化研究所党支部，历史文化学院硕士生第二党支部等3个党支部入选"全国党建工作样板支部"培育创建单位。

二、举办学习贯彻习近平总书记重要回信精神一周年系列活动，推动中华优秀传统文化"两创"的山大模式凸显成效

新闻事件：5月7日，山东大学召开学习贯彻习近平总书记给《文史哲》编辑部全体编辑人员重要回信精神一周年座谈会，进一步统一思想、凝聚共识，加快推动学校哲学社会科学高质量发展，在努力回答习近平总书记提出的重大课题中彰显新担当、展现新作为、启航新征程。

延伸阅读：一年多来，学校深入学习贯彻习近平总书记给《文史哲》编辑部全体编辑人员重要回信精神，努力打造一流哲学社会科学期刊"山大方阵"，推进中华优秀传统文化"两创"，全力培育造就中国特色哲学社会科学"山大学派"，不断提升哲学社会科学思想引领能力、学术原创能力、话语体系构建与传播能力。学校联合承办第八届尼山世界文明论坛；与地方政府共同启动"中华美德学堂"；主办"新文科建设高峰论坛2022"。获评第六届全国高校"礼敬中华优秀传统文化"系列活动特色展示项目和山东省首批中华优秀传统文化传承示范校。

"强刊兴学"计划成效显著：人文社科期刊社揭牌成立，《新文科理论与实践》正式创刊。*Green Energy and Resources* 和 *Language and Health* 在 Elsevier 出版平台上线，*High-Confidence Computing* 被 Ei Compendex 收录，*ChemPhysMater* 被 Scopus 数据库收录，组织申报的 *BMEMat* 和 *Engineering Microbiology* 两种英文期刊入选2022年度中国科技期刊卓越行动计划高起点新刊项目。学校获多项山东省新闻出版奖。

三、山大学子连续五年获宝钢优秀学生特等奖，在一批高水平赛事中斩获佳绩，人才培养质量和育人成效持续提升

新闻事件：12月9日，宝钢教育基金会公布2022年度宝钢教育基金（宝钢教育奖）评选结果，山东大学10位师生获得奖励。其中，泰山学堂2019级本科生孙树喆获得优秀学生特等奖，这是山大学子连续五年获宝钢优秀学生特等奖。

延伸阅读：学校积极探索"三全育人"山大模式，开展"五育协同育人工程"，打造"五堂一院"拔尖创新人才培养升级版，"大思政"工作格局进一步深化，山大学子明大德、立大志、成大才、担大任，活跃在支教、志愿服务、社会实习实践一线，把个人奋斗融入学校、国家事业发展大局，激扬青春理想，彰显青春力量：在第八届中国国际"互联网+"大学生创新创业大赛中获得4金8银的历史最好成绩；在第十八届中国研究生数学建模竞赛中荣获一等奖1项、二等奖20项、三等奖38项；在全国并行应用挑战赛中获得一等奖2项、二等奖1项；在2022年全国大学生数学建模竞赛中获"高教社杯"等2项全国冠军；获第六届中国研究生公共管理案例大赛特等奖。在智慧城市技术与创意设计大赛、全国大学生智能汽车竞赛、全国大学生软件创新大赛、挑战杯大学生课外学术科技作品赛、全国大学生节能减排大赛、中国大学生计算机设计大赛中获得佳绩，连续四年获王大珩光学奖学生奖。学校构建全球胜任力人才培养体系，加入联合国可持续发展解决方案网络，3 个项目入选国家留学基金管理委员会公布的 2023 年创新型人才国际合作培养项目，与山口大学深化合作，与贝尔格莱德大学签约合建孔子学院，与大阪大学共建材料连接国际合作联合实验室。

四、启动第二轮“双一流”建设，大力推进一流学科领域跨越发展

新闻事件：2 月，教育部、财政部、国家发展改革委公布了第二轮“双一流”建设高校及建设学科名单，山东大学入选第二轮“双一流”建设高校，中国语言文学、数学、化学、临床医学等 4 个学科入选第二轮“双一流”建设学科。

延伸阅读：学校健全学科建设机制，擘画“双一流”建设蓝图，出台《山东大学一流学科领域建设管理办法》，推动 12 个一流学科领域聚焦重点建设方向，集中配置学科资源，着力推进师资队伍、人才培养、平台基地、科学研究、文化传承创新、国际合作交流、支撑条件等多位一体的重点建设，以集群建设的创新机制加快培育一流学科高峰。着力加强基础学科、新兴学科、交叉学科建设，深化新文科、新工科、新医科建设，引领全国新文科发展，学科评估取得历史最好成绩。前瞻布局战略新兴交叉学科和方向，黄河学、零磁医学、智能创新等一批前沿交叉领域快速发展，科技考古、数据科学、人工智能、脑科学等一批新兴交叉学科形成新优势，研究提出国家治理研究院新的体制机制，打造山东大学文科发展的新亮点。

五、新能源系统控制教师团队获评全国高校黄大年式教师团队，人才队伍建设实现新突破

新闻事件：2 月，教育部公布了第二批“全国高校黄大年式教师团队”名单，山东大学张承慧教授领衔的新能源系统控制教师团队成功入选。同时，山东大学考古团队获评第二批“山东省高校黄大年式教师团队”。

延伸阅读：学校谋划实施人事人才体制机制改革 2.0 版，出台《山东大学加强和改进新时代人才工作的实施意见》，以“八个坚持”为根本遵循，聚焦国家战略需求，建设战略人才力量，攻坚体制机制改革，强化发展支持保障，凝聚全校力量培植人才成长沃土，倾力打造一支深怀爱国之心、为国担责尽责、具有国际影响力和竞争力的高质量人才队伍。

2022 年，学校新增 14 位国家级领军人才、58 位“四青”人才，引育各类人才 353 位。王文兴院士荣获“环境化学终身成就奖”。陈子江院士、孙金鹏教授荣获“谈家桢生命科学奖”，该奖项被誉为“中国生命科学诺贝尔奖”。张承慧教授荣获第十四届光华工程科技奖。刘斌教授、徐峰教授荣获中国青年科技奖。张海霞教授荣获“中国青年女科学家奖”，是继王小云院士之后学校第二位获此殊荣的科学家。李利平教授获“科学探索奖”。4 位学者获省社会科学突出贡献奖和学科新秀奖。133 人获第 71 批和第 72 批中国博士后科学基金面上资助，分别位列全国高校第 7 名、第 8 名。

六、获批国家自然科学基金项目数、经费数再创新高，科研创新能力迈上新台阶

新闻事件：2022 年度，山东大学共获批国家自然科学基金项目 606 项（集中申报期 549 项），其中获批国家杰出青年科学基金项目 6 项，立项数较上年翻一番，优秀青年科学基金项目 12 项，全年获批重大重点项目共 33 项，在立项经费数、项目数及人才类、重点类项目等方面持续突破。

延伸阅读：学校坚持服务国家战略，立足“四个面向”，持续推动学科交叉融合创新，深入实施“科研组织机制创新计划”“科研平台重构计划”“原始创新突破计划”“关键核心技术攻关计划”，科研创新能力不断突破。获批国家重点研发计划项目 13 项。精准对接国家重大战略急需，助力实现高水平科技自立自强，在国家重点实验室体系重组方面迈出坚实步伐、取得阶段性成果。空间科学研究取得多项新进展，作为牵头单位完成世界第一幅 1∶250 万月球全月岩石类型分布图。孙金鹏和于晓教授团队在 *Nature* 背靠背发表两篇成果论文。生殖医学研究中心陈子江院士、赵涵教授团队在 *Science* 发表成果文章。多位学者研究成果在 *New England Journal of Medicine*、*PNAS*、*Nature Plants*、*JoC* 等期刊发表。

七、42 项课题获国家社会科学基金项目立项，哲学社会科学研究实现新跨越

新闻事件：10 月，全国哲学社会科学工作办公室公布了 2022 年度国家社会科学基金年度项目和青年项目立项名单，山东大学 42 项课题获准立项，立项数并列全国高校第十位。立项课题包括重点项目 5 项、一般项目 26 项、青年项目 11 项，立项总经费达 915 万元。

延伸阅读：学校深入实施哲学社会科学创新发展行动方案和强刊计划，加强一流智库平台和创新团队建设，精心培育“山大学派”，持续推进人文社科振兴。获批全国哲学社会科学工作办公室公布的国家社科基金各类重大项目 11 项。获山东省社会科学优秀成果奖 61 项。入选第二批中国文艺评论基地。3 个智库入选 CTTI（中国智库索引）高校百强智库，3 项成果获评 CTTI 2022 年度智库最佳案例与优秀成果，新增 3 个 CTTI 来源智库。《四库存目标注》荣获宋云彬古籍整理奖 · 图书奖。多位学者在《中国社会科学》《文学评论》《哲学研究》《管理世界》等期刊发表研究成果。主办第二届黄河发展论坛，为推动黄河流域生态保护和高质量发展、助力山东省“走在前、开新局”、建设人与自然和谐共生的中国式现代化献计献策。

八、与济南、德州、淄博、泰安等地市和山东能源、中广核等企业签署战略合作协议，服务国家和区域高质量发展能力进一步提升

新闻事件：1 月 12 日，学校与济南市政府签约共建济南市疾病预防控制中心、济南市儿童医院。6 月，学校分别与德州市、淄博市、泰安市签署战略合作协议，在科学研究、人才引育、文化“两创”、资政启民、民生保障等方面谋划、推动合作，一系列项目签约落地。

8 月 19 日，学校与中国广核集团有限公司签署全面战略合作框架协议，双方将在

人才培养、科学研究、技术转移和成果转化、管理创新等领域深化合作，进一步推动资源共享、人才共享、技术共享，促进产教融合发展。

8 月 31 日，学校与山东能源集团有限公司签署战略合作框架协议，在党建工作、科研平台建设、人才引育、科学研究、成果转化等方面开展全方位、深层次合作，为国家全面构建清洁低碳、安全高效的现代能源体系提供高水平科技支撑。

延伸阅读：2022 年，学校继续对接国家和山东省发展需求，深入实施服务山东战略，有序推进《山东大学服务山东高质量发展行动方案（2021—2025 年）》落实，聚焦开拓社会资源、服务学科发展，加强顶层设计，着力完善服务山东工作体系，不断提高服务山东主动性积极性。强化“三核引领、多点突破”服务布局，打造服务山东“山大系”品牌。与济南在多个方面谋划重大项目合作。与山东土地发展集团、国铁济南局、山东省生态环境厅、山东黄河河务局、中国甲午战争博物院等签署合作协议，在人才、科技、文化、平台等方面进行实质性合作。服务威海六大重点项目顺利推进，与威海市公安局、省第六地质矿产勘查院等签署合作协议。与青岛地铁等签署合作协议。

学校坚持“四个面向”，以服务国家战略、服务经济社会发展为牵引，全面加强与政府部门、高水平科研院所、行业领军企业等合作，深入推进“六大融合”，取得一批重要成果。共建金属成形高端装备与先进技术全国重点实验室、高端机械智能制造全国重点实验室、特种热防护材料与结构国家重点实验室（筹）、海洋科学与技术试点国家实验室等国家级平台，新建海洋考古研究中心、深部岩体工程与灾害控制工程实验室、山东大学（京博）高端化工与新材料研究院等一批高端创新平台。学校各领域已形成融合聚势、创新发展的良好态势，学术创新能力、高层次创新人才培养能力、服务支撑国家和区域发展能力显著提升。

九、16 个专业新入选国家级一流本科专业建设点，专业现代化建设取得新成绩

新闻事件：6 月，教育部办公厅发布《关于公布 2021 年度国家级和省级一流本科专业建设点名单的通知》，山东大学 16 个本科专业新入选国家级一流本科专业建设点，9 个本科专业入选省级一流本科专业建设点。至此，学校 97 个本科招生专业中共有 74 个国家级一流本科专业建设点，16 个省级一流专业建设点，占本科招生专业总数的 92.8%，其他均为战略新兴专业，全面实现专业“优特新”，专业现代化工程建设取得显著成效。

延伸阅读：学校大力推进专业现代化升级，发展一流本科教育，提高研究生创新人才培养质量，打造以服务需求为导向的学科专业体系，着力推进基础学科拔尖创新人才和国家急需高层次人才培养，畅通本硕博一体化培养机制，教育教学工作不断迈上新台阶。获批 2 个多学科交叉融合专业。279 门慕课作为首批精品课程亮相国家智慧教育平台，课程数位居全国第五。2 门研究生在线精品课程入选北京 2022“奋进新时代”主题成就展。77 项成果入选第九届山东省高等教育省级教学成果奖，获奖数量较上届翻一番。5 项主题案例征集项目获教育部学位与研究生教育发展中心和中国专业学位案例中心立项。

十、联合研发的搭载“五官一脑”的“智慧一号”盾构机下线始发，科技成果转化实现量质齐升

新闻事件：9 月 17 日，智能盾构下线暨“智慧一号”盾构始发仪式在济南地铁 6 号线凤凰路站举行，标志着整体搭载山东大学研发的“五官一脑”智能盾构正式进入工程应用阶段。

延伸阅读：学校面向世界科技前沿、面向经济主战场、面向国家重大需求，深入实施“科技成果转化跃升计划”，实施高价值专利和成果培育，促进科技成果转化。2022 年，学校自然科学横向合作经费达到 6.6 亿元；学校签订科技成果转化合同 86 项，其中千万级项目 7 项，实现转化经费、转化专利数、千万元转化项目三项新高。聚焦行业需求，推动校地校企签约共建平台 75 个，其中千万级平台 14 个。刘斌教授等研发的发明专利“隧道掘进机破岩震源三维地震超前探测装置及方法”获第二十三届中国专利金奖。学校召开科技创新大会，对未来五年学校科技创新工作作出全面部署，举行首届十大高价值应用科技成果颁奖典礼。

（党委宣传部）

党的建设和思想政治工作

中共山东大学委员会2022年党建工作要点

2022年学校党建工作总体要求是：以习近平新时代中国特色社会主义思想为指导，深刻感悟“两个确立”的决定性意义，深入学习贯彻党的十九大和十九届历次全会精神，贯彻落实习近平总书记“七一”重要讲话精神、关于教育和巡视工作的重要论述、给《文史哲》编辑部全体编辑人员重要回信精神，大力弘扬伟大建党精神，坚持和发展党的百年奋斗历史经验，增强“四个意识”、坚定“四个自信”、做到“两个维护”，心怀“国之大者”，完整、准确、全面贯彻新发展理念，服务构建新发展格局，坚持和加强党对学校工作的全面领导，全面贯彻党的教育方针，落实立德树人根本任务，深化巡视整改，深入实施“十四五”事业发展规划，以一流党建引领中国特色世界一流大学建设，以优异成绩迎接党的二十大胜利召开。

1. 学习宣传阐释党的创新理论。坚持不懈用党的创新理论凝心铸魂，把学习贯彻习近平新时代中国特色社会主义思想、习近平总书记关于教育工作的重要论述和党的教育方针作为首要政治任务，深入贯彻落实习近平总书记给《文史哲》编辑部全体编辑人员重要回信精神，做到学深悟透、融会贯通、真信笃行。落实“第一议题”制度，用好“五个一”学习模式，抓实党委理论学习中心组学习，深刻理解把握“两个确立”，深刻感悟“十个坚持”历史经验。深化习近平新时代中国特色社会主义思想原创性系统性学理化科学化研究阐释，培育产出一批具有重要影响的标志性研究成果。深刻感悟党坚持把马克思主义基本原理同中国具体实际相结合、同中华优秀传统文化相结合的非凡历程，深入阐释和弘扬伟大建党精神，大力发掘中华优秀传统文化的当代价值。聚焦国家与区域经济社会发展，深入研究新时代中国特色社会主义的重大理论和现实问题。积极组织申报教育部习近平新时代中国特色社会主义思想研究重大专项，启动学校习近平新时代中国特色社会主义思想研究专项，推动习近平新时代中国特色社会主义思想研究平台建设，加强一流研究团队培育，打造习近平新时代中国特色社会主义思想研究重镇。（牵头单位：党委宣传部，党委办公室，人文社科研究院，马克思主义学院；责任单位：各人文社科相关单位，全校各单位）

2. 全力迎接党的二十大胜利召开和学习宣传贯彻党的二十大精神。制定全校贯彻落实党的二十大精神的实施意见，落实教育部关于高校师生医务员工迎接、学习、宣传党的二十大专项行动部署，利用中心组学习、系列报告会、新闻宣传、专题培训、辅导讲座等形式切实抓紧抓好党的二十大精神学习宣传贯彻工作，积极营造喜迎二十大的浓厚氛围。（牵头单位：党委宣传部；责任单位：党委办公室，全校各单位）

3. 深入学习贯彻党的十九届六中全会精神。精心组织学习宣讲培训，广泛开展理论研究阐释，努力营造学习宣传贯彻党的十九届六中全会精神的浓厚氛围，教育引导师生医务员工切实把思想和行动统一到全会精神上来。坚持做好“结合文章”，将坚持和发展党的百年奋斗历史经验和学校“十四五”事业发展规划紧密结合起来，把全会精神落实到改革发展稳定和全面从严治党的全过程、各环节。（牵头单位：党委宣传部，学科建设与发展规划部；责任单位：全校各单位）

4. 巩固拓展党史学习教育成果。深化党史学习教育成果，推动建立常态化长效化制度机制，推进党的历史和创新理论进教材、进课堂、进头脑，深化“四史”、校史教育，进一步从党的百年奋斗历史中汲取前进力量，切实把学习成效转化为推动学校高质量发展的生动实践。进一步做到“学史明理、学史增信、学史崇德、学史力行”和“学党史、悟思想、办实事、开新局”，聚焦主责主业，聚力立德树人，增加历史自信、增进团结统一、增强斗争精神，切实奋进新征程、建功新时代。（牵头单位：党委宣传部，党委组织部；责任单位：全校各单位）

5. 抓实深化巡视整改。深入贯彻落实《关于加强巡视整改和成果运用的意见》，扎实推进深化巡视整改，以高质量整改成效推动学校内涵式高质量发展。持续抓好落实立德树人根本任务、推进一体化发展、落实意识形态工作责任制、深化全面从严治党、加强基层党组织建设等5个方面的整改，以重点整改带动全面、系统整改。加强整改工作的督促调度，动态掌握各项整改任务和整改举措的深化推进情况，紧盯重点整改任务持续开展督促检查，有力推动各项整改举措持续落实落细。加强统筹谋划，将中央巡视整改任务落实情况作为校内巡视监督检查的重要内容，以校内巡视推进中央巡视整改成果巩固拓展。（牵头单位：巡视整改领导小组办公室，巡视工作办公室；责任单位：全校各单位）

6. 发挥政治建设统领作用。始终把政治建设摆在首位，把习近平总书记重要指示批示作为政治要件，加强统筹协调，推进重大决策部署落地。加强政治能力专题培训，教育引导广大党员干部和师生医务员工自觉提升政治判断力、政治领悟力、政治执行力。进一步完善党委领导下的校长负责制，持续健全优化党委统一领导、党政分工合作、协调运行的工作机制。（牵头单位：党委办公室；责任单位：党委宣传部，党委组织部，全校各单位）

7. 推进全面从严治党向纵深发展。召开2022年全面从严治党工作会，以全面从严治党引领保障全面从严治学、从严治教。深入落实“一办法三清单”，牢固树立严的观念，细化实化学校党委及各级党组织全面从严治党主体责任，落实党委书记第一责任人责任和班子成员“一岗双责”。保持“严”的氛围，着力推进非主业领域腐败风险专项清理整顿，加强对“一把手”和领导班子的监督，坚持主体责任和监督责任贯通联动、同向发力，一体推进“三不”，不断提高执纪问责的政治性、精准性、实效性。（牵头单位：党委办公室，党委组织部，纪委办公室、监察处，巡视工作办公室；责任单位：全校各单位）

8. 压实意识形态工作责任制。从维护国家政治安全和人才培养的战略高度深刻认识高校意识形态工作的极端重要性，签订工作责任书，严格制度落实，深化监督检查和考核，全面落实意识形态工作责任制，牢牢掌握意识形态工作领导权。加强思想政治引领，坚持用党的创新理论占领和巩固壮大意识形态阵地，教育引导师生医务员工树立正确价值观。优化细化工作机制，加强对课堂、教材、讲座、论坛、社团、网络等各类阵地的管理，强化对宗教渗透、与境外合作交流的风险防范，做好舆情常态监测、分析研判和应急处置各项工作，切实筑牢意识形态安全防线。（牵头单位：党委宣传部；责任单位：全校各单位）

9. 加强师德师风建设。落实《关于完善高校教师思想政治和师德师风建设工作体制机制的指导意见》，进一步健全教师思想政治和师德师风建设工作机制。加强师德教育，统筹开展入职培训、师德专题培训、研究生导师培训等师德研修活动。突出典型树德，积极开展先进典型的选树宣传和表彰。做好全国高校黄大年式教师团队宣传推广，举办黄大年式教师团队经验交流会及各级团队共建联建活动。强化教师思想政治素质和师德师风考察，将师德表现作为教师招聘引进、职称评审、年度考核、导师遴选、评优奖励等的首要要求。强化底线思维和红线意识，深入开展师德师风警示教育，从严查处师德违规问题，完善师德违规分级通报制度。（牵头单位：党委教师工作部；责任单位：人事部、人才工作办公室，全校各单位）

10. 切实加强和改进学生思想政治工作。深入落实《关于台账式落实〈教育部等八部门关于加快构建高校思想政治工作体系的意见〉的工作方案》和2022年度工作台账，深化思想政治工作质量提升工程，坚持用习近平新时代中国特色社会主义思想铸魂育人。贯彻“五育并举”要求，大力落实《关于全面加强新时代学生劳动教育的行动方案》《关于全面加强和改进新时代学生体育工作的实施意见》《全面加强和改进新时代学生美育工作的行动方案（2021—2025）》，重视学生心理健康教育，深化学生综合评价改革，推进辅导员素质能力提升精准赋能平台建设，加快构建高水平高质量人才培养体系，健全立德树人落实机制。完善就业创业工作体系，促进毕业生更加充分更高质量就业。认真学习贯彻教育部“大思政课”建设推进会和马克思主义学院建设推进会精神，深入落实思想政治理论课“两对照双提升”工程，配齐建强思政课教师队伍，构建以习近平新时代中国特色社会主义思想为核心内容的课程群，全面提升思政课教学教研质量，拓宽学科领域，深化思政课教学的学理支撑，统筹推进思政课程和课程思政建设，打造“大思政课”格局；完善马克思主义理论学科本硕博一体化人才培养机制，提升马克思主义学院建设管理水平。（牵头单位：党委宣传部，学生发展委员会办公室，本科生院，马克思主义学院；责任单位：全校各单位）

11. 弘扬新时代山大精神和山大文化。大力实施文化引领战略，以百廿校庆精神丰富新时代山大精神和山大文化，持续深化百廿校庆感染力影响力，进一步拓展百廿校庆“凝聚力量、振奋精神、提振信心”的良好成效。推进文明校园建设，开展第二届“一院一品”校园文化建设项目立项，强化校史馆、校友馆、科技馆等新建文化场馆功能作用，加强龙山校区（创新港）文化建设规划，营造良好育人环境。深化媒体融合发展成效，拓展渠道、优化内容，扩大外宣矩阵和媒体朋友圈，构筑内部融合、校区协作、校院协同、内外联动、海外发力的“大宣传”格局，积极展示山大改革发展成果，进一步提升社会影响力和美誉度。（牵头单位：党委宣传部；责任单位：全校各单位）

12. 建设高素质专业化干部队伍。突出政治标准，制定实施《关于加强新时代学校领导班子建设的办法》，贯彻落实《关于加强新时代中层领导班子建设的意见》《科级干部管理办法》，统筹推进校领导班子、中层领导班子、科级干部队伍建设。规划“80后”“90后”“00后”工程，加强“双肩挑”干部培养和专业化人才引进，优化干部队伍功能和结构。继续推动轮岗交流和校内外挂职，组织专题培训，深化干部队伍思想淬炼、政治历练、实践锻炼、专业训练，切实提高干部在新时代办学治校的水平和能力。树立事业为上鲜明导向，改革完善考核评价体系，加大正向激励力度，落实关心关爱举措，激励干部担当作为。坚持严管厚爱，加强部门协同联动，强化院级单位党组织日常管理监督职责，常态化开展谈心谈话，着力构建严密有效的干部管理监督体系。（牵头单位：党委组织部、党校，党委办公室，人事部；责任单位：全校各单位）

13. 打造具有国际竞争力的人才队伍。深入贯彻中央人才工作会议精神，召开学校人才工作会议，聚焦服务国家重大战略、地方经济社会发展关键领域、学校双一流建设目标和重点方向前瞻布局，全方位培养引进用好人才，积极营造爱才、惜才、敬才、用才的浓厚氛围。制定实施“顶尖人才突破计划”，“一人一策”精准支持，建立健全首席专家负责制，引育能够发挥帅才作用的战略科学家。加快推进“领军人才倍增计划”，发挥校内外多层资源叠加优势，支持一批优秀中青年学者成长为国家级领军人才。挖掘特色人才潜力，定向培养一批“高精尖缺”国家特需领军人才，打造一批产出经世致用、咨政建言优秀成果的智库专家，建设一支具有突出产学研用协同创新能力的技术型人才队伍。加强创新团队培育，试行以团队为单元的资源配置方式，强化团队目标导向和自主权。继续加大对青年人才的助推和托举支持，提升培养精准度，给信任、机会、激励和舞台，支持青年人才挑大梁、当主角。促进支撑队伍发展，持续优化队伍结构，实现对学科发展、教学育人、科研服务、创新创业等的有力支撑。（牵头单位：人事部、人才工作办公室；责任单位：全校各单位）

14. 提高基层党建质量。持续用力抓基层、强基础、固基本，突出基层党组织政治功能，强化党建引领基层治理，继续深化党组织议事决策规范提升工作。推进党建“双创”培育建设，加强党支部标准化、规范化建设，建强支部战斗堡垒。加强基层党组织书记队伍能力建设，在选优配强的基础上，持续提升党务工作队伍的政治能力。提高发展党员质量，加大教师党员发展力度，加强党员教育培训，引导党员在学校改革发展中充分发挥先锋模范作用。（牵头单位：党委组织部；责任单位：全校各单位）

15. 坚定不移推进作风建设。坚持以人民为中心的发展思想，持之以恒纠治“四风”，坚决破除形式主义、官僚主义，制定实施精简会议若干措施。认真落实领导人员定点联系基层、联系服务专家、联系学生、定期听课、接待群众来访等制度，坚持把“一线规则”执行情况作为领导班子年度述职重要内容。统筹推进“我为群众办实事”、年度服务师生“十件实事”和深化“五大聚心工程”建设，构建覆盖广泛、便捷高效服务体系，切实解决好师生反映强烈的突出问题、制约学校改革发展的痛点难点问题、长期未解决的民生历史遗留问题。完善构建“大督办”格局，以踏石留印、抓铁有痕的劲头狠抓上级和学校重大决策部署的贯彻落实。（牵头单位：纪委办公室、监察处，巡视工作办公室，党委、校长办公室，党委组织部，工会、妇委会；责任单位：全校各单位）

16. 持之以恒加强纪律建设。深入贯彻落实十九届中央纪委六次全会精神，突出政治监督，督促各级党组织把践行“两个确立”、做到“两个维护”落实到改革发展全过程、各方面，建立工作台账，推动政治监督具体化、常态化。持续深化学校纪检体制改革，健全完善学校纪检制度体系，配齐配强校院两级专兼职纪检干部。深化审计监督，做好迎接国家审计工作，推进审计项目和审计方式双线统筹，提升审计效能。（牵头单位：纪委办公室、监察处，巡视工作办公室，审计处；责任单位：全校各单位）

17. 扎实做好群团统战工作。深入贯彻《中国共产党统一战线工作条例》，坚持和加强党对统一战线工作的集中统一领导，坚持围绕中心、服务大局，着力加强民主党派自身建设和后备干部队伍建设，协助各民主党派做好新老班子交接工作。准确把握当前共青团工作的形势和任务，聚焦“为党育人、贡献大局”的主责主业，做好建团一百周年献礼、宣传及思想引领工作。发挥好学校教代会、学代会、校工会等参与学校民主决策的作用，广泛听取师生医务员工意见和诉求，积极回应期盼。抓住师生医务员工最关心、最直接、最现实的利益问题，主动担当、主动作为，让改革红利和发展成果最大限度地惠及每一个人。全面推进“关工委”、银龄教师建设，充分发挥离退休老干部独特作用。（牵头单位：党委统战部，团委，工会、妇委会，离退休工作处；责任单位：全校各单位）

18. 着力激发内涵式高质量发展活力。坚持目标导向与问题导向相结合，深入推进依法治校，持续增强改革的系统性、整体性、协同性。深入实施融合发展创新战略，大力推进新时代教育评价改革、一校三地一体发展改革、创新融合发展体制机制等重点任务攻坚，持续推动绩效管理变革，坚决破除体制机制障碍，加快山大特色的现代大学制度体系建设，着力提升学校治理体系和治理能力现代化水平。深化医学教育管理体制改革，深入落实《医学教育改革发展规划纲要（2018—2025）》《山东大学进一步深化医学教育管理体制改革方案》，积极推动理顺医学教育各主体之间的关系，加强和规范第一、第二临床学院建设和管理，深化拓展新型直属附属医院合作模式，全力构建高水平现代化附属医院体系，以临床医学水平提升带动医学整体发展，为建设世界一流医科注入强大动力。（牵头单位：综合改革工作办公室；责任单位：全校各单位）

19. 从严从紧抓实疫情防控。贯彻“预防为主”方针和“主动防疫”要求，按照“谋划部署快一步、防控措施高一级，排查流调大一圈”原则，扎实做好师生医务员工风险摸排和健康管理，坚决筑牢校园疫情防控屏障。持续做好常态化疫情防控，深化开展应急处置演练，切实提升师生医务员工防控意识和能力。积极引导师生医务员工接种疫苗加强针，坚持核酸检测应检尽检、定期抽检，切实维护师生医务员工生命安全和身体健康。（牵头单位：疫情防控工作专班、各专项工作组；责任单位：全校各单位）

20. 坚决夯实安全工作责任。深入学习贯彻总体国家安全观，统筹发展和安全两件大事，推进学校“大安全”工作，坚持政治安全为大，制定二十大安全保障方案，维护政治大年学校安全稳定，坚持“疫情防控常态化、安全稳定常态化、改革事业发展”三维一体的“3D”工作思路，健全完善安全工作体系机制，着力强化平安校园、和谐校园建设。进一步做好师生医务员工各领域安全宣教培训，积极构建“人人懂安全、时时保安全、处处要安全”的校园安全文化氛围，开展新一轮安全工作责任书签订工作，持续压紧压实全员安全工作责任。一体推进一校三地安全工作队伍建设，织密织牢“条块结合”的校园安全立体防护网，加快网格体系线上平台建设，完善学校综合管理服务体系，实现全覆盖、全过程信息化安全管理工作机制，着力提升治理体系和治理能力现代化水平。贯彻实施《山东大学安全工作考核评价办法（试行）》，启动安全工作“零基”评价，将安全工作纳入年终考核，坚持线上考核和线下考核结合、过程考核和结果考核并重，充分发挥监督利剑作用，强化考核结果运用，切实推动安全工作成效同单位的述职评优、绩效奖励相挂钩。（牵头单位：安全工作委员会办公室、各专项安全工作组、各校园安全工作专班，疫情防控工作专班、各专项工作组；责任单位：全校各单位）

纪检监察工作

一、概况

山东大学纪委、国家监委驻山东大学监察专员办坚持以习近平新时代中国特色社会主义思想为指导，认真学习贯彻党的二十大精神，在“两个维护”中践行对党忠诚，在深化改革中实现锻造提升，在正风肃纪中彰显担当作为，推动学校纪检监察工作高质量发展进入新阶段，为促进中国特色世界一流大学建设、实现学校“由大到强”历史性转变提供了坚强保障。

二、突出第一职责，坚决扛牢“两个维护”政治责任

紧扣学习宣传贯彻党的二十大这条主线，聚焦政治安全等 10 大领域安全，协助学校党委开展贯穿全年、覆盖全校 75 个党组织的安全工作专项巡视，推动学校安全工作全面提升。围绕 20 项重点任务，制定实施学习宣传贯彻党的二十大监督工作方案，推动学习宣传贯彻走深走实，经验做法被《党风廉政建设》杂志刊载。对贯彻落实习近平总书记给《文史哲》编辑部全体编辑人员重要回信精神、学习贯彻总书记考察中国人民大学时的重要讲话精神、《永乐大典》文献系统校勘项目启动实施、黄河国家战略研究院建设等情况开展专项监督。贯彻落实中央纪委国家监委“一校一策”工作指导督促要求，通过发送提示函、开展专项约谈等方式推动中央巡视整改走深走实。坚持督战结合，制定实施《疫情防控监督工作实施方案》，组织 6 个督查组开展专项督查，推动精准做好师生转运隔离、思想教育引导、教学管理服务、涉疫舆情处置等工作。紧盯“关键少数”，制定《关于加强对“一把手”和领导班子监督的任务清单》，明确 3 个层面 15 项重点监督任务及方法路径。建立党委、纪委共同约谈机制，全年主动约谈 80 人次，对出现意识形态或疫情防控安全问题的 3 个学院党委及责任人严肃处理，约谈联系校领导、相关职能部门主要负责人，督促推动一体整改。加强中层领导班子换届纪律风气监督和评选表彰人选审核把关，提出暂缓或否定意见 2 人。推进纪检监察监督与其他

监督有机贯通，与宣传、教工、学工等部门联动高效处置5起舆情风险信访事项。

三、坚持严的基调，一体推进不敢腐、不能腐、不想腐

强化办案震慑作用，高标准全部办结中央巡视移交问题线索和信访件。统筹3个附属医院纪检工作力量，健全完善校内交叉办案、联合办案、提级办案、提级审理等机制，提升办案质量。受理检举控告类信访举报71件次，处置问题线索96件，运用第一种形态77人次、占比92.8%，立案5人、给予党纪处分6人。提升风腐纠治效能，持续加固中央八项规定堤坝，对1名在试用期内接受管理服务对象宴请的年轻处级干部给予严重警告处分、免去试任职务，开展警示教育，推动以案促改。大力整治形式主义、官僚主义，推动学校党委制定落实《领导联系学院工作实施细则》《进一步精简会议、提高会议质量的若干措施》取得明显成效。开展廉政风险排查防控、"四风"突出问题靶向纠治、酒杯中的奢靡之风专项整治等5个专项行动，推动完成非学历教育、基础教育合作办学、附属医院、校办企业等高校一些领域专项清理整顿83个风险点整改，配合做好国家审计整改。制发3份纪检建议书，推动堵塞管理漏洞、完善制度机制、提升治理水平。发挥廉政教育功能，将纪法规矩教育纳入开学、干部培训、新员工入职"三个第一课"，分层次分类别开展廉政教育和纪律教育9次。通过书面回函、会议通报等方式做好澄清正名工作，推进"三个效果"有机统一。

四、强化自身建设，着力锻造纪检监察铁军

深入抓好理论武装，围绕学懂弄通做实习近平新时代中国特色社会主义思想开展集体学习34次，召开3次纪委全委会、纪检监察专兼职干部暑期读书班暨工作务虚会，进一步提高政治判断力、政治领悟力、政治执行力。深化纪检监察体制改革，推进出台《山东大学纪检监察机构改革方案》，优化设置5个部门，增加专职干部编制数至23人，实现一校三地"机构、职能、人员"一体化。建立纪检监察室对口联系机制，加强对二级单位纪委和纪检委员的领导指导和监督检查，推动形成上下联动监督格局。大力推动"三化"建设，制定《纪委、监察专员办公室专题会议议事规则》，优化问题线索处置、谈话函询、初步核实等工作流程。吸纳法学、审计专业背景干部，优化干部队伍结构。选派4名干部赴上级纪委监委借调工作，抽调二级单位纪检干部参与学校纪检监察工作，加强实战练兵。坚持刀刃向内，对2名履职不到位的二级单位纪委书记进行诫勉。推动校地协作，与青岛市崂山区纪委监委签署"校地协作意见"，搭建理论研究、实践创新平台。学校纪检监察工作先后多次被中央纪委国家监委网站、《中国纪检监察报》、山东省纪委监委内刊等报道。

（许玉莲）

巡视工作

校内巡视工作以习近平新时代中国特色社会主义思想为指导，深入贯彻落实中央巡视工作方针，以迎接和学习宣传贯彻党的二十大为主线，坚守政治巡视定位，对标对表中央部署要求，坚持巡视工作上下联动，聚焦立德树人根本任务，努力推动校内巡视高质量发展。

一、强化理论武装，切实提高思想认识

认真落实中央巡视工作部署要求，在学校巡视机构内部组织开展学习宣传贯彻党的二十大精神系列活动，推动党的二十大精神有效贯彻落实。一是深入学习领会。研究制定学校巡视机构学习宣传贯彻党的二十大精神工作方案，组织巡视干部认真收听收看中国共产党第二十次全国代表大会开幕会，认真聆听校领导和专家学者所作的专题讲座和辅导报告，把学习领会党的二十大精神与学习领会习近平总书记关于巡视工作的重要论述结合起来，与学习领会十九届中央纪委工作报告、党的十九大以来中央巡视工作总结报告结合起来，与谋划落实学校党委巡视工作规划结合起来，努力做到全面学习、全面把握、全面落实。二是开展专题学习。组织安全工作专项巡视组组长、巡视专员、巡视办全体人员结合巡视工作实际，围绕学习贯彻党的二十大精神交流心得体会，结合安全工作专项巡视研究落实党的二十大关于维护国家安全和社会稳定部署要求的具体举措。三是突出学用结合。切实从完善党的自我革命制度规范体系的高度充分认识开展巡视工作的重要意义，深入贯彻党的二十大关于加强巡视整改和成果运用的部署要求，统筹抓好深化中央巡视整改和校内巡视整改，推动巡视监督效能转化为学校治理效能。

二、聚焦主题主线，深入开展专项巡视

认真落实学校党委巡视工作部署要求，推进巡视监督具体化、精准化、常态化，以迎接和学习宣传贯彻党的二十大为主线，针对全校 75 个党组织安全工作情况全覆盖开展专项巡视。认真履行统筹协调、指导督导、服务保障职责，拟定安全工作专项巡视工作方案，推动开展未巡先改工作，组织 7 个巡视组开展现场巡视监督，向学校党委汇报专项巡视情况和巡视整改工作安排情况，组织各巡视组反馈巡视意见，牵头组织开展整改情况审核评价工作。集中整改期间，全校 75 个被巡视党组织整改任务总体完成率达到 94%，取得显著成果。

三、坚持督战结合，组织开展专项督查

突出问题导向，强化整改监督，上半年和下半年分别牵头组建 6 个疫情防控专项督

查组，对济南各校区疫情防控责任落实情况开展专项督查，及时向学校疫情防控工作专班通报督查发现问题，向有关单位提出工作建议，进一步压紧压实各级党组织整改主体责任，督促各单位和广大师生医务员工切实落实学校疫情防控各项部署要求。

四、做好巡视规划，推动完善制度机制

深入落实中央巡视工作部署和上级通知精神，围绕学校中心工作精心谋划未来五年工作，着力完善相关制度机制，进一步增强巡视工作的系统性、整体性、协同性。一是编制巡视工作规划。全面学习贯彻党的二十大精神，锚定学校发展目标，组织制定《中共山东大学委员会巡视工作规划（2023—2027 年）》，明确学校党委未来五年巡视工作的指导思想、总体目标、主要任务和巡视重点。二是完善巡视整改制度。坚持把推动改革、促进发展作为巡视工作的出发点和落脚点，认真落实中共中央办公厅《关于加强巡视整改和成果运用的意见》，修订完善《中共山东大学委员会巡视成果运用办法》，形成《中共山东大学委员会关于加强巡视整改和成果运用的实施办法》，为提高整改质效、强化成果运用、推动综合治理提供更为坚实的制度保障。三是建立巡审协调机制。落实学校党委《关于建立健全监督协同机制的工作方案》，与审计处研究形成《关于规范巡视与审计工作协调机制的意见》，明确了信息联通、深度参与、相互跟进、成果融通等协调机制，促进巡审监督有效贯通协同、发挥最大效能。

五、加强自身建设，着力提升履职能力

一是强化责任意识。充分发挥党建优势，不断提升思想认识、政治站位、大局观念和责任意识，发扬斗争精神，增强斗争本领。班子成员作为纪监巡党支部委员会组织委员、宣传委员，积极推动支部建设工作。坚持以身作则，带动全室人员充分发挥党员先锋模范作用，围绕疫情防控、校园安全、物业管理、校园交通、餐饮快递等师生身边事、关注点，深入一校三地、部门、学院开展下沉监督调研，努力为师生医务员工解难题、办实事。2022 年，所在纪监巡党支部获评先进基层党组织和五星级党支部。二是加强队伍建设。按照“政治过硬、纪律严明、作风优良”的要求，着力打造忠诚干净担当的巡视工作干部队伍。把巡视岗位作为发现、培养、锻炼干部的重要平台，遴选年轻干部参加安全工作专项巡视，接受思想淬炼、政治历练、实践锻炼。同时，把其中部分优秀年轻干部选入巡视人才库。启动巡视专员调整补充工作，续聘 4 名领导干部、新聘 1 名领导干部。坚持打铁必须自身硬，加强纪法规矩教育，引导巡视干部严格遵守工作纪律和工作程序，坚决防止出现以巡谋私、擅权越位等“灯下黑”问题。

（张红斐）

组织工作

党委组织部（机关党委、党校）牢牢把握组织路线服务政治路线基本定位，围绕学习贯彻习近平新时代中国特色社会主义思想和党的二十大精神这条主线，全面贯彻新时代党的建设总要求和新时代党的组织路线，聚焦服务“国之大者”和学校事业发展，“精耕细作”推动组织工作融入立德树人各环节、贯穿学校“由大到强”历史性转变全过程，以高质量组织工作服务保障高质量发展，为开创建设担当中华民族复兴大任的世界一流大学新局面提供坚强组织保证。

一、旗帜鲜明讲政治，高位推动党中央和学校党委决策部署贯彻落实

1. 聚焦主线，认真学习宣传贯彻党的二十大精神。做好党的二十大代表和省十二次党代会代表候选人推荐提名工作。开展“喜迎党的二十大创新聚力当先锋”系列党员教育活动，组织基层党建成果展示，2 部党课获评全省高校“精品党课”一、二等奖，2 部作品入选“我和我的支部”优秀作品。分层开展党的二十大精神线上专题培训，全员覆盖抓好党员学习教育。制定《推动党史学习教育常态化长效化工作方案》，将党史学习教育与中心工作有机结合。

2. 围绕主责，确保上级各项决策部署落地见效。深化中央巡视整改，牵头抓好选人用人专项检查整改督促落实工作，持续巩固提升集中整改阶段成果，积极稳妥做好党政领导干部在学校兼职管理工作，研究制定《党政领导干部在山东大学兼职管理办法》，圆满完成中组部对学校选人用人巡视整改、中管干部兼职规范工作实地检查。扎实有力推进国家审计整改各项工作，进一步完善针对关键岗位的交流、定期轮岗等管理制度。配合做好学校领导班子建设和新一届全国和省人大代表、政协委员党内人选推荐提名等工作。

二、践行初心讲担当，党建引领贯通疫情防控一线

1. 强化政治引领，筑牢思想根基。坚持人民至上，坚持服务师生，在疫情防控关键节点，及时发布《让党旗在疫情防控一线高高飘扬的通知》，发出《旗帜引领方向，党团凝聚力量》号召，划拨疫情防控专项党费慰问奋战在一线的医务工作者和基层党员干部，充分发挥党的政治优势和组织优势，切实将疫情防控措施落实落地落细。

2. 严密组织体系，夯实攻坚力量。充分发挥党组织“主心骨”作用，坚持“疫情防控需要在哪里，组织力量跟进到哪里”，在师生服务保障一线成立多个临时党委和临时党支部，形成覆盖各级、上下贯通、执行有力的组织体系，不断增强党组织的组织力、凝聚力、战斗力。

3. 引领志愿服务，汇聚先锋力量。在疫情防控吃劲时期，策划推出“党旗在疫情防控一线高高飘扬”系列报道，适时组织“建强‘疫’线战斗堡垒、攻坚克难干事创业”主题党日活动，引导广大党员自觉服从党组织安排，参与配合学校疫情防控工作，推动全校上下形成“我是党员我带头，抗击疫情做先锋”的浓厚氛围，形成了“党员志愿服务队”“党员先锋队”“红马甲”等多支专项志愿服务先锋力量，为守护校园安全保驾护航。

三、精耕细作讲质量，以高质量组织工作服务保障学校事业高质量发展

1. 持续推动党建工作提质增效。一是强化党建引领基层治理。全面贯彻高校基层组织工作条例，深化学院议事决策规范提升工作。加强党对学术组织领导，将加强党的领导有关要求纳入各单位任期目标责任书、写入学校学术委员会章程。印发加强和改进校属企业、离退休党建工作的意见和相关领域党支部工作指导标准，优化党建考核体系，切实把制度优势转化为治理效能。开展清查整治突出问题、规范党务工作专项行动，持续加强基层党组织标准化、规范化建设。二是强化示范引领。持续推进党建“双创”培育建设，7 个基层党组织入选全国和省党建工作“双创”培育创建单位，2 项成果获评省高校基层党建突破项目优秀成果。注重在一线发现和选树先进典型，做好“两优一先”推荐评选工作，1 人入选山东省“创新榜样”。三是强化党员教育培训。举办党员教育培训示范班，开展教职医务员工党支部书记培训，年内培训入党积极分子和发展对象 1 万余人。加强对优秀青年教师的政治吸纳，全年发展专任教师党员 33 人，其中高层次人才 6 人。

2. 持续建设高素质干部队伍。一是加强系统谋划。围绕学校事业发展需要，将党的领导贯穿选人用人工作各方面和全过程，系统谋划设计了带有前瞻性、整体性、协同性的干部队伍建设举措。圆满完成换届调整工作及后续相关工作，干部队伍年龄结构得到进一步优化，新提拔干部中，“80 后”“85 后”干部占比大幅提升。二是拓宽选人用人视野。坚持干部人才“双轮驱动”，精准延揽高层次专业型管理人才。注重在重大任务、重点工作一线考察识别干部，加强对干部的跟踪了解。启动实施“80 后”“90 后”工程，加快优秀年轻干部递进式培养锻炼，通过岗位交流、校内双向挂职、校外岗位培养历练等多种方式，对 201 名干部和青年教师进行有效实践锻炼。三是培训赋能，提升干部干事能力。围绕学校中心工作、聚焦干部工作岗位，分层分类开展针对性培训，“线上线下”相结合，实现干部培训全覆盖。围绕学科建设和中层领导班子任期目标制定等，组织专题培训 10 余场，推出“菜单式”选课培训模式，持续提高干部政治能力、业务能力和抓落实能力。四是从严监督管理，树立实干导向。围绕学校重点任务强化干部日常监督，对安全稳定、疫情防控、班子建设等进行常态化督导，对出现苗头性问题的干部及时约谈提醒，对有问题的单位召开专题民主生活会推动改进工作。

3. 持续提升机关党的建设质量。以政治建设为统领，深入推进“六个机关”建设，落实“第一议题”学习制度，探索党建与业务融合的实现路径。引导机关党组织和广大党员在急难险重任务中打头阵、当先锋、作表率，在校园封闭管理期间，组建由 200 余名机关干部组成的党员突击队留校坚守，为万余名同学提供志愿服务，协助学校完成各

项服务保障工作，充分彰显旗帜飘扬在一线、堡垒建设在一线、党员冲锋在一线的忠诚品质和机关力量。抓好安全专项巡视整改，督促指导机关部门健全工作安全体系，机关党建质量和机关干部凝聚力、战斗力持续提升。

（冯洪彩）

宣传思想工作

党委宣传部坚持以习近平新时代中国特色社会主义思想为指导，以学习宣传贯彻党的二十大精神为主题主线，贯彻落实习近平总书记给《文史哲》编辑部全体编辑人员重要回信精神，精耕细作、聚势谋远，着力推进理论教育、意识形态、思想政治、新闻宣传、文化建设、网络信息等各项工作。

一、围绕主题主线，以党的二十大精神强化理论武装、凝心铸魂育人

制定并下发关于深入学习宣传贯彻党的二十大精神的通知，精心组织中央宣讲团来校宣讲并抓好学校各级各类宣讲。用好“学习强国”平台，开展“喜迎党的二十大精耕细作开新局”理论学习活动，共评选“优秀组织单位”18 个、“学习之星”229 人、“学习积极分子”231 人，学员总数和活跃学员数均实现了 15％的增长。

推出学习宣传贯彻党的二十大精神专题网站，共推出“党的二十大精神大家谈”“宣讲进行时”等 6 个系列报道 130 余篇，形成集合式、矩阵式的融媒体报道模式。

制定 2022 年校院两级党委理论学习中心组学习安排意见，组织学校党委理论学习中心组学习 13 次，编发政治理论学习重点和参考资料 19 期。

二、守牢底线红线，扎实推动意识形态和网络信息管理监测应对

修订完善并组织签订意识形态工作责任书，建立意识形态工作定期通报制度。做好全省高校意识形态专项督查工作，推进整改任务落实落细。开展意识形态分析研判，加强意识形态阵地建设与管理。

加强网络舆情应急处置能力建设。编发舆情日报、周报、专报。完善多部门协同联动应对机制，及时应对处置，有效避免负面影响。加强舆情工作队伍建设，组织开展舆情专题培训。强化网站与新媒体管理，开展校园媒体信息内容专项治理行动，把好建设运营第一关。高质量完成中宣部舆情直报点信息报送，2 篇稿件荣获中宣部“优秀稿件”。

三、落实根本任务，推进思想政治工作体系建设

深入推进学校思想政治工作体系建设，深化思政课程和课程思政协同，总结梳理学校思想政治工作体系三年（2020—2022）台账完成情况。全面了解并掌握师生思想动态，组织5场师生思想工作座谈会。统筹做好山东大学“红色云展厅”进校园活动，获评第一批山东高校思想政治工作创新发展中心，组织4项高校思想政治工作质量提升综合改革与精品建设项目参加全国高校评比。荣获山东省2021年度高校辅导员工作优秀案例一等奖、二等奖各1项。

四、强化宣传引领，让“正能量”澎湃“大流量”

精耕细作、做优做强外宣策划。全年学校相关正面新闻报道7513篇，转载12万余篇，各媒体矩阵刊发报道近38万篇。以山大为第一人称的原发报道4117篇，在重点媒体刊发报道1509篇。在《人民日报》、新华社、《光明日报》、央视等报道学校以实干实招推动党的二十大精神见行见效，展示学校探索中华优秀传统文化“两创”山大模式所取得的进展和成效，刊发吴臻、曾繁仁、张蕴岭、李利平等教授专访报道，推出岩土工程团队、行星科学团队、县域发展研究团队和民俗学与中国民间文学团队深度报道。做好学校官方英文网站运营维护，加强重点新闻全球推广力度，稿件落地量800余篇。

围绕学校中心工作打好融媒体“组合拳”。聚焦疫情防控思政大课，推出“党旗飘扬”“同心战疫”等系列主题报道230余篇，疫情防控专题网站发布相关资讯860多条。在学校封闭（提级）管理期间，推出“‘住’守山大，我爱我家”“红马甲，见证共克时艰的力量”等系列融媒体产品；山大新闻网全年发布新闻稿件近万篇，推出“重要回信一周年”“‘精耕细作’大家谈”等20多个专题报道。

发挥品牌栏目优势，展示奋进之姿。“山大日记”全年发稿近1600篇，结集出版《山大日记（2021）》。“山大人物”栏目全年推出典型人物采访60余篇，展现生动立体的山大人形象。发布学术类稿件900余篇，遴选推送学术类轮播图70多幅。新媒体矩阵平台共发布内容6747条，阅读量累计3.67亿，《凡我在处，便是山大》《山大人，用最朴实的方式守护山大》等，以有态度、有温度、有力度的奋进故事，深受师生喜爱。《山东大学报》刊发报纸33期，共计160个版面，设立“深入学习宣传贯彻党的二十大精神”专栏，推出“精耕细作抓落实”等特色栏目和“沿着总书记指引的方向——奋力推进哲学社会科学创新发展”等专题专版，刊发一系列精品原创文章。持续建设“百微山大”短视频品牌，摄制推出系列短视频近70部，推出“红马甲的守护”“同心战疫”等系列微视频，完成国家教学成果奖申报专题视频制作。完成主旋律MV《领航》《奔跑》等主题视频拍摄制作，展现山东大学师生一心向党、不忘初心的赤诚风貌。获评两项山东教育系统新闻宣传工作优秀案例。

五、坚持自信自强，扎实推进文化引领和精神文明创建工作

组织申报的“传承红色校史厚植家国情怀”获评第六届全国高校“礼敬中华优秀传统文化”系列活动特色展示项目，系学校第四次获此荣誉。发挥“一院一品”文化建设

项目的引领性、示范性、创新性作用，第二届立项 24 项。获评山东省首批中华优秀传统文化传承示范校，当选山东革命场馆与高校融合发展联盟召集单位。

完成第四届省级文明校园提名学校复查工作，形成自查报告，报送支撑材料 295 条。发布《山东大学文明校园创建总体实施方案》和任务分工，全面启动学校精神文明建设工作。推荐 11 位学校精神文明建设国家级、省级高层次人才。做好“山大文化网”的运营维护，发布文章 521 篇，疫情期间推出广受好评的山东大学专属线上会议虚拟背景。围绕重要时间节点，利用宣传栏、道旗、横幅、新华影廊等宣传阵地，营造校园浓厚氛围。

（刘怡康）

统战工作

党委统战部坚持以习近平新时代中国特色社会主义思想为指导，深入学习贯彻党的二十大精神，贯彻落实习近平总书记关于做好新时代党的统一战线工作的重要思想，坚持精耕细作理念，聚焦重点任务攻坚、聚力难点工作突破，为学校“双一流”建设贡献统战智慧和力量。

一、党的领导更加坚强，在构建格局聚合力上有新进展

1. 加强党对统一战线的集中统一领导。坚持把统战工作摆在重要位置，将中央统战工作会议精神纳入学校党委常委会和理论中心组学习内容开展专题学习研讨；统战工作领导小组组长、学校党委书记郭新立专门听取了《构建大格局展现新作为——加强新形势下学校统战工作汇报》并提出工作要求；把统战工作纳入学校领导班子暑期务虚会的研讨内容，党委常委会专门研究统战和各级人大、政协换届人选推荐工作；召开 2022 年学校统一战线联席会，统筹谋划民主党派事业发展。

2. 规范统战工作领导小组日常运行。坚持“议全局”与“处专项”相互结合的原则，召开学校统战（宗教）工作领导小组全体会议，研究推进学校统战工作。在制定《关于做好抵御和防范宗教向校园渗透工作的实施方案》和具体分工工作方案过程中，领导小组成员单位密切协同，广泛交换意见建议，彰显工作合力。

3. 有效延伸学校统战工作触角。进一步完善学校统一战线三级工作网络，指导各单位调整完善统战委员队伍，在全校 73 个基层单位党组织设立统战委员；落实各级党组织抓统战工作的主体责任，将统战工作纳入二级单位党组织重要议事日程、党建整体规划和党建工作考核，将中央统战工作会议精神纳入二级单位党组织理论中心组和党支部“三会一课”学习内容；强化统战干部队伍建设，利用云南师范大学国家级思想政治

教育基地资源，举办2022年统战工作队伍政治能力提升研修班，与中央社院联合开展学习贯彻党的二十大精神线上专题培训班，一校三地共计130余人次参训，实现了统战干部培训全覆盖。

二、政治引领更加精准，在凝聚思想固根基上有新提升

1. 组织“学习二十大同心跟党走”主题教育活动。把学习贯彻党的二十大精神作为统一战线首要政治任务，下发《关于认真组织收看收听党的二十大开幕会的通知》，组织各民主党派和统战团体收听收看党的二十大开幕盛况；按照“五个牢牢把握”的要求，组织各民主党派和统战团体开展各种形式的学习活动；选派12名留学人员赴京参加中央社院战略合作高校归国留学人员专题培训班。

2. 开展“矢志不渝跟党走、携手奋进新时代”政治交接主题教育。利用民主党派换届有利时机，加强民主党派领导班子自身建设，指导每月召开1次专题研讨会，组织领学促学、辅导宣讲、撰写心得体会，学习研讨习近平新时代中国特色社会主义思想、中央统战工作会议精神、习近平总书记给南京大学留学归国青年学者的回信精神和参政党建设有关文件精神，不断夯实共同思想政治基础。开展新一届民主党派领导班子培训班，通过邀请专家学者开展专题讲座，现场教学、座谈交流等形式开展集中培训，不断深化政治交接主题教育。

3. 规范民主党派理论学习和组织生活。开展民主党派落实基层组织工作细则调研督导活动，指导各民主党派制定理论中心组学习制度并以党委文件形式转发，推送《山东大学民主党派理论学习和组织生活指南》4期，为各党派组织开展学习和过好组织生活提供全面、精准指导，显著提升了民主党派基层组织规范化建设水平，有力形成了对党外知识分子的思想引领和政治吸纳。

三、党派队伍更加壮大，在选优培强助成长上有新突破

1. 巩固拓展和完善民主党派“7＋”组织体系建设。指导7个民主党派完成换届工作，选优配强领导班子成员，确保政治交接平稳有序；加强对学校民主党派的调研指导，走访对接省市统战部门，建立与7个民主党派省委的沟通协商机制；把两个“联谊会”作为统战工作新的着力点，指导学校欧美同学会开展学习研讨、调研交流等一系列特色活动；发挥山东高校民主党派活动基地平台优势，成功申报1个省级铸牢中华民族共同体意识理论研究基地，有力强化了统一战线“团结起来”“组织起来”“动员起来”的优势。

2. 深入实施党外人才“蓄水池”计划。贯彻落实“有意识地把一部分优秀人才留在党外”的政策，民主党派全年发展成员22人，开展“学校党外中青年人才库”人选调整工作，目前入库123人；将无党派人士队伍纳入学校干部人才队伍建设整体规划，拓宽视野渠道，严格标准条件，规范开展无党派人士认定工作，并择优推荐16人纳入省级层面掌握人选。

3. 探索“选育管服用”全链条工作机制。着力强化党外代表人士队伍建设，做到发现、培养、管理、使用环环相扣、循序渐进，力争实现校内“有尖有峰”，校外“出

尖出峰”的培养目标。在新一届各级人大、政协、民主党派和统战团体换届中，4 人当选全国人大代表，4 人当选全国政协委员，6 人当选山东省人大代表，34 人当选山东省政协委员，9 人当选市级人大代表，17 人当选市级政协委员，11 人担任党派省委副主委或统战团体副会长以上职务。

四、服务大局更加有力，在奉献一流显担当上有新成效

1. 深化活动创新。在民主党派和统战团体中开展了“奋进新时代、携手新征程”主题实践活动，聚焦党的二十大确立的目标任务，支持统战成员在教学、科研、管理等一线精耕细作、创新创造，在助力学校“双一流”建设和服务地方经济社会发展上实干笃行、奋楫争先。

2. 深化载体创新。聚焦国家发展战略、“三个走在前”现代化强省建设和学校“十四五”规划实施，筹划“四个一百”项目，组织社会服务、调查研究、研讨交流等活动，为党和政府、学校科学决策献计出力。协助承办鲁台中华文化教育论坛并提交大会报告，提交 8 份论坛材料，促进了两岸文化交流；民建山大主委、省政协委员、经济学院李长英教授撰写的关于外资企业的建议被时任省委书记李干杰批示；民进会员、省政协常委、经济学院侯风云教授撰写的《把建议和提案写在大地上》的文章被《光明日报》刊发，产生了良好的示范引领作用。

3. 深化理论创新。发挥学校统一战线学等学科优势、人才优势，支持山东省统战理论研究基地建设，融合山大文化特色，打造统一战线精品理论成果，彰显学校统战智库地位和作用。马克思主义学院副院长郑敬斌教授撰写的《做好新时代统战工作必须解决好人心和力量问题》被《光明日报》刊发；政治学与公共管理学院臧秀玲教授课题组的研究成果《中国新型政党制度国际话语权的基本内涵与提升路径》一文，获评中央统战部全国统战理论政策研究创新成果一等奖。

五、安全底线更加牢固，在化解风险防隐患上有新举措

1. 建立学校统一战线领域风险隐患台账。坚持并用好“3D”工作法，落实疫情防控、意识形态、“三排查三整治”、安全工作巡视要求，及时关注统战成员思想状况，做到对症下药、精准施策；研究制定《关于做好学校统一战线防范化解风险隐患工作迎接党的二十大召开的若干措施》，不断筑牢安全底线，为学校事业发展、为党的二十大胜利召开保驾护航。

2. 建立有宗教信仰师生台账。组织开展师生医务员工信教摸排工作，建立信教师生工作台账，全面、动态掌握师生信教基本情况，建立“一对一”联系制度；对人数较多的 10 余个单位开展走访调研 20 余次，指导督促做好信教师生的思想引领；拟定《山东大学关于做好抵御和防范宗教向校园渗透工作的实施方案(征求意见稿)》，加强对宗教工作的顶层设计和责任分工，完善工作机制，形成工作合力。

（刘健文）

教师工作

党委教师工作部坚持以习近平新时代中国特色社会主义思想为指导，深入贯彻落实习近平总书记关于教育的重要论述和全国教育大会精神，强化党的领导、落实师德第一标准。在学校党委的正确领导下，贯彻“精耕细作”理念，积极构建完善教师思想政治和师德师风建设工作长效机制，努力实现教师思想政治素质、师德师风修养、育人育德能力提升的重要目标。

一、“精耕细作”巩固应急防线，做好教工疫情防控工作

1. 始终注重思想引领。及时发布《关于做好校园封闭管理期间教职医务员工思想工作实施方案》，开通教工热线。两个学期 3 次封闭管理（提级管理）期间发布各类通知、反馈 158 次。济南 6 校区教工负责人召开近 30 场座谈会、走访 41 个单位，梳理意见建议 100 余条，逐一推动解决；紧跟“二十条”“新十条”变化，及时传达落实各级新要求。

2. 精细推进谋划部署。提早谋划制定《教工工作组突发新冠肺炎疫情应对处置工作方案》等文件 10 余项；梳理 6 校区 41 个党委 281 栋建筑留守人员底数，为封闭管理提供了数据支撑；强化外出人员管理，6 次对“外出审批及返校申请”程序进行修订，累计完成 38000 余人次外出审批；全年完成 90 余次对重点地区和人员的信息摸排；每天梳理在外人员底数，落实跟踪管理；总结形成《山东大学新冠肺炎疫情应急处置工作专班组成及工作规程——以中心校区为例》，自 2022 年 12 月 1 日以来，累计完成教职工“追阳”1100 余人次、“定密”2200 余人次。

3. 着力做好暖心服务。先后发布《校园封闭管理期间教职医务员工暖心行动的通知》《关于进一步加强教职工关心关爱的通知》等，协同党校办、后勤保障部等部门完成每日核酸检测、物资供应保障等实事、暖心事。中心校区师生转运隔离前后，协同机关党委组织 256 名教工志愿者完成 18 栋楼 11800 余人为期一周送餐上楼任务，主题百微视频《“红马甲”的守护》受到师生及社会关注和好评；广泛调研后形成报告，为学校党委给留守人员发放补助等决策提供支撑；督促做好在外或居家隔离教职工定人定时“一对一”联系，协同信息办多次点对点发送慰问短信，告知解难渠道，提供暖心支持。

二、“精耕细作”聚焦职能主线，推进教师思政和师德师风建设

1. 深入学习贯彻党的二十大精神。发布《教职医务员工政治理论学习安排工作方案》，对学习党的二十大精神进行部署；党的二十大开幕会后，组织优秀教师代表畅谈学习感想，推荐优秀教师代表参加理论宣讲团，累计发放《党的二十大报告辅导读本》

《二十大党章 600 题》1200 余套，掀起学习宣传贯彻热潮。

2. 坚持以活动牵引。组织“学回信强责任见行动”师德大讲堂活动，全国和山东省高校黄大年式教师团队代表做经验分享，校党委书记郭新立现场向全校发出号召。组织一校三地 429 名新聘教工入职培训，设置师德师风等五大主题 19 场报告，校长李术才讲授“第一课”。开展红色主题征文活动，邀请教育部、中央财经大学及校内领导和专家，组织开展教师工作队伍能力提升培训。

3. 完善大教师工作格局。印发《关于山东大学党委教师工作委员会组成机构及工作职责调整的通知》，学校党委书记任主任，成员单位由 15 个增加至 25 个，全面覆盖一校三地教职医务员工，构建完善了“党委统一领导，党政齐抓共管”的大教师工作格局。

4. 健全队伍和机制。建立健全“学校—校区—各二级单位”教师工作队伍，督促各单位调整完善师德师风建设领导小组，印发《中共山东大学委员会关于进一步加强和改进教师思想政治和师德师风建设若干措施》，面向一校三地 72 个基层党委召开 10 余场调研座谈会。

5. 打造平台和媒介。两次开展教职工思想状况调研，累计收回有效调研问卷近 7000 份；修订印发《师德手册》1000 余册；每周编发《教师工作周报》，展示基层好做法，宣传典型好事迹，推广别人好案例，同时转发警示教育素材，供各单位学习。

6. 彰显先进典型地位。创新“两先一优”评选模式，贯穿 9 月份开展“光荣的使命”师德师风建设月活动，推出参评对象事迹展示专题网站，增设师生代表投票推荐环节，专题网站累计浏览点击量达 57 万余人次。召开典型代表座谈会，组织隆重热烈的教师节表彰大会，在《百微山大》推出系列视频，在校园新闻网推出“光荣的使命”系列报道，设立“荣誉墙”在一校三地巡展，全方位展现对荣誉获得者的推崇。

7. 严把师德考察关口。研究完善《新聘教学科研人员思想政治素质和师德师风综合考察工作办法》，突出师德师风第一标准，2022 年共完成 6 批次近 500 名新聘人员师德师风考察，在职称评审、评优奖励、项目申报等方面完成 22 批 2200 余人次师德把关。

三、“精耕细作”坚守发展底线，提升教工安全管理效能

1. 建好安全网络。成立教工安全工作组，制定《教工安全保障工作方案》，依托“1＋8＋8”安全体系，构建了“校党委教师工作委员会（安委会）—教工安全工作组—各单位党委—各教工党支部”横到边、纵到底的安全网络。

2. 严防师德失范。组织实施“树师德正师风”专项活动，重点防范化解师德师风安全风险，对师德违规问题早发现、早处置、“零容忍”。研究拟制《学校师德失范安全事件应急处置预案》，对处置原则、处置措施等进行明确。跟踪全国舆情信息，建立包含 100 余例素材的高校师德违规案例库。

3. 突出管控重点。建立师德违规线索汇总机制，协同党校办、纪委办公室、党委宣传部等部门，定期碰头，共同处置。各单位每周上报风险隐患，随时报送重难点问题，教工部及时反馈相关部门，实施挂账销号、动态管理。梳理掌握需要关注、关心两大类 43 名重点人员，按照“一人一案、一人一策”原则，落实对应管理措施。

4. 落实巡视整改。结合日常巡查和专项巡视意见，对 28 个单位 67 项涉及教工安全的问题集中梳理形成专门台账，每周逐个单位联系，督促加快进度、按时限整改。结合电话联系、现场调研等方式，走访 6 个校区 14 个单位，了解整改情况，协助解决问题。

5. 严格底线把关。根据上级转办、举报受理等途径获悉的线索，2022 年共办理涉及师德师风、意识形态等问题 16 件。规范流程，形成《行政处分工作规定》《解除行政处分工作规定》，年内 5 名教职工因违反防疫规定、违规使用经费等受到处分。

（袁正菲）

学生工作

党委学生工作部、武装部在学校党委的坚强领导下，以习近平新时代中国特色社会主义思想为指引，深入学习贯彻党的二十大精神，紧紧围绕学校“双一流”建设目标，攻坚克难，精耕细作，以服务学生成长成才为中心，推动立德树人成效提档升级。

一、工作概述

认真细致做好常态化疫情防控背景下的学生教育管理服务，组织完成七个批次有史以来最复杂开学季的学生返校工作；以迎接学习宣传贯彻党的二十大为主线，强化全国教育系统样板支部建设、学工系统专题教育活动、本科生党员主题教育；加强顶层设计，建立“辅导员队伍建设‘1+N’制度体系”，持续优化“选、育、培、用、管”辅导员队伍全链条管理，提升自身素质、强化作用发挥，引导辅导员努力成为学生成长成才的人生导师和健康生活的知心朋友，推进立德树人根本任务落地落实落细；深入推进体育、美育、劳育工作实施方案，落实学生教育评价改革，出台《本科生综合评价办法（试行）》，建立具有山大特色的学生全面发展综合评价体系；不断完善资助体制体系，构筑精准资助基础，打造资助育人金招牌，出台《山东大学本科生学业困难帮扶管理办法》，对首批 2449 名学业困难生提供帮扶；制定出台《学生服务保障工作监督委员会工作方案》，以“两单一报”为抓手，切实畅通学生诉求渠道，及时解决学生急难愁盼，促进各单位深化主动治理、开展源头治理，营造良好育人环境；创新开展心理服务，出台《中共山东大学委员会关于加强和改进新时代学生心理健康教育工作的实施意见》与《山东大学心理健康教育工作方案》，建立“1+1”心理健康教育工作机制，努力打造“四位一体”心理健康教育工作格局；积极拓展校内外住宿资源，顺利完成秋季学期学生整体入住；顺利完成 2022 级本科生军事训练，提升新时代国防教育育人成效。

二、工作开展情况

（一）聚焦一条主线：学习宣传贯彻党的二十大精神

一是积极主动学，认真学习原文精神，学工部、武装部党支部召开全体党员大会，带动全体党员认真领悟大会精神，原原本本学、深入思考学、联系实际学，学会弄懂落实党的二十大精神；二是队伍带头学，带动各学院学生工作负责人、辅导员积极学习党的二十大精神，认真讨论，并在学生在线“学习宣传贯彻党的二十大精神”主题网站中刊登文章，展示辅导员的理想信念与育人初心；三是引导学生学，以辅导员、学生骨干为载体，在全体学生中开展学习宣传贯彻党的二十大相关活动，引导全体学生认真学习党的二十大精神，将个人发展的小我融入党和国家事业的大我之中。

（二）筑牢一条防线：做好常态化疫情防控

一是坚持开展学生健康管理。坚持开展学生健康管理，指导学院（培养单位）落实常态化疫情防控各项要求，做好疫情重点地区人员、核酸检测抽检、缺勤缺课登记追踪排查等工作，建立健全各类数据台账，针对各批次返校接站、入校报到、酒店入住、隔离转运、离校返乡工作，形势时刻变化，做到实时更新、精准摸排、不漏一人。二是动态调整学生管理政策，在春季、秋季学期返校、冬季自愿返乡离校、寒暑假等重要节点制定工作方案，先后发布相关通知提示，以“温馨提示”“明白纸”等形式向师生讲清楚属地疫情防控形势，讲明白学校政策调整。三是持续关注关怀学生，持续深入细致做好学生思想引导和疏导，关心关注学生思想、学习、生活状况，及时回应和解决学生的合理诉求和实际困难。四是积极开展健康宣传教育，通过学生在线、微信工作群发布通知、温馨提示，要求各学院（培养单位）反复提醒同学们落实常态化疫情防控措施，促进形成人物同防、多病共防的良好态势。

（三）围绕一个关键：持续完善“大思政”工作格局

一是优化“大思政”体系构建，聚焦关键环节，用好“大思政课”，讲深、讲透、讲活疫情防控这一实践教材，提升日常思想政治教育的时效性针对性，努力把“疫情危机”化为“教育良机”；二是做实各项主题教育，做好收尾两端，做好新生入学教育、毕业生教育；用好思政课堂主渠道，做好“形势与政策”课程建设，把思政课程讲活讲透；三是加强学生骨干建设，加强学生党支部标准化规范化建设，引导全体学生党员亮身份、走在前，发挥学生党建龙头作用；四是充分整合育人资源，充分完善家校社协同育人体系，召开家长会，邀请社会各行各业人才进校宣讲，为全体学生明确学涯职涯生涯规划方向，凝聚育人合力。

（四）建强一支队伍：加强辅导员队伍建设

一是构建辅导员队伍建设“1＋N”制度系列体系，以深化队伍建设改革为切入点，强化顶层设计，建立健全“辅导员队伍建设‘1＋N’制度体系”，从拓宽选聘来源宽度、加强队伍交流深度、明晰岗位职责维度、夯实发展保障强度、强化考核作用发挥效度“五个维度”，持续优化“选、育、培、用、管”辅导员队伍全链条管理，促进作用发挥，提升能力水平，引导辅导员努力成为学生成长成才的人生导师和健康生活的知心朋友。二是做实辅导员队伍专项培训，举办暑期辅导员队伍能力提升培训，从理论素养、政治能力、实践技能、文件解读、交流沟通等五个方面，对于一校三地230余名辅导员开展培训；举办2022年新进辅导员强化培训，从学习贯彻党的二十大精神、加强辅导员队伍建设、学生资助工作、学生公寓工作、共青团工作、文稿写作等方面，对机关新转任辅导员、新聘辅导员等50余人进行了培训，引导辅导员努力成为学生成长成才的人生导师和健康生活的知心朋友。

（五）找准一个切口：以军训征兵工作深化国防教育

一是高标准完成2022级新生军训工作。面对复杂程度之高与挑战之大的军训工作，科学制定军训方案，完全依托学校自身力量组建高质量军训教官队伍，将爱国主义教育贯穿军训全过程，高标准完成5805名学生的军训任务。二是扎实做好大学生应征入伍工作。2022年度全校共有32名学生（济南校本部14名、威海校区15名、青岛校区3名）携笔从戎，落细落实“推免保研”、转专业等优抚政策，因人施策，搭建平台，助力形成“戎归”长效机制，2022年度2名退役大学生士兵获得素质拓展赋分推免保研。三是营造国防教育文化氛围。充分利用“全民国防教育日”等时间节点，在各校区悬挂横幅、摆放展板、播放影音等，积极协调省、市国防教育基地开展实践活动，成立山东大学退役大学生协会，国旗护卫队已经打造成为学校一道靓丽的风景线。

（六）秉承一颗初心：持续优化学生管理服务

一是认真开展学生评奖评优工作。秉持“以德为先、能力为重、全面发展”的理念，开展了国家级、省级、市级、社会、校级各层次20余个门类36项奖项评选，1名本科生获得宝钢优秀学生特等奖，至此山东大学成为国内仅有的三所本科生获宝钢优秀学生特等奖实现“五连冠”的高校之一；健全学生综合评价体系，制定《山东大学本科生综合评价办法》，创新学生思想品德、身心发展、审美能力和劳动实践评价新机制。二是加强学风建设。制定《山东大学本科生学业困难帮扶工作办法（试行）》，摸清学生学业总体情况及学业困难学生的年级分布、心理状况等情况，修订完善《山东大学本科生学业发展性补助实施办法》，加强学业发展指导信息化建设，指导各学院根据实际情况制定学业困难帮扶实施细则。三是做好学生服务保障。聚焦服务同学主业，制定出台《学生服务保障工作监督委员会工作方案》，以“两单一报”为抓手，以满足学生校内学习生活中的现实需求为重点，切实畅通学生诉求渠道，及时解决学生的急难愁盼，促进各单位深化主动治理、开展源头治理，营造良好育人环境。四是做好学生心理工作。坚持“周报告、月排查，特殊时期日报告”制度，坚持动态报告学生心理咨询和危机干预情况，为济南校本部39151名学生建立心理健康台账；创新开展心理服务，出台《中共山东大学委员会关于加强和改进新时代学生心理健康教育工作的实施意见》与《山东大学心理健康教育工作方案》，创新建立“1＋1”心理健康教育工作机制，努力打造“四位一体”心理健康教育工作格局。五是加强学生公寓管理工作。积极构建1＋N管理制度体系，推动公寓管理系列文件，强化制度保障，确保日常工作有据可依、有章可循，积极构建规范公寓；积极拓展校外住宿资源，统筹做好学生住宿安排，落实住宿保障。六是加强学生资助工作。持续深化精准资助，共认定家庭经济困难学生3177人，发放助学贷款2719.905万元，发放临时困难补助130.02万元，奖助学金1745.59万元。深入推进资助育人，做深做细“添翼工程”，共开展70余门培训，培训近6400人次，设置勤工助学固定岗 4300 余个、临时岗 2546 个，13460 人次参加勤工助学，获得报酬 574.1149 万元。

（七）守好一条底线：维护校园安全稳定

一是协同联动共筑学生安全防线。对标学校“一体发展”“融合发展”战略，推进“三全育人”视域下学生安全工作体系，协同学生安全工作组各方力量，充分发挥学校安全工作委员会学生安全工作组秘书处职能，形成定期风险研判工作机制，形成《安全工作周报》材料，为学校层面学生安全工作决策部署提供意见建议，凝聚合力，强化协同，共筑学生安全稳定防线。二是强化关键时间节点安全风险防控。重点围绕党的二十大等重要安全期和时间节点，提前谋划部署学生安全稳定各项工作，抓好重点人群、重点区域的隐患排查，深入学习贯彻学校安全工作专项巡视动员部署会议要求，全面摸排学生安全风险隐患，制定《学生安全工作组安全保障工作方案》《党委学生工作部、武装部安全保障工作方案》，发布《学生安全大排查大整治工作实施方案》，加强安全工作全领域、全过程管理。三是开展安全工作专项巡视整改。制定《党委学生工作部、武装部安全保障工作方案》，从加强阵地建设，始终把政治安全摆在首位、强化思想认识，加强安全教育，完善工作制度、加强分析研判，织密安全工作网格，确保“物”的管理网格纵向到底，全力保证政治大年部门安全稳定。四是建立健全学生信息安全员队伍。每个学生班级按照不低于 1∶20 的比例配备学生信息安全员，各班学生信息员落实好信息收集与整理上报，始终把安全工作摆在重之又重的位置，增强安全保密意识，掌握平时特别是在重大节日、重大活动、敏感期间学生思想动态，及时了解学生群体关注的热点、敏感话题舆情，提醒学生生活中可能出现的安全隐患，及时上报存在风险行为。

三、工作成效及问题不足

始终牢记“国之大者”，服务中心全局，认真细致做好常态化疫情防控，有效化解风险挑战，科学布局、整体推进、重点突破，解决问题，破解难题，育人工作取得新成效、涌出新亮点、呈现新局面。聚焦理论学习，强化全国教育系统样板支部建设、学工系统专题教育活动、本科生党员主题教育；强化顶层设计，构建辅导员队伍建设“1＋N”制度系列体系；多措并举，推动学生评奖评优工作迈上新台阶；创新工作形式，探索优良学风建设特色模式；不断完善资助体制体系，构筑精准资助基础，打造资助育人金招牌。心理健康教育规律性、普及性、精准性、协同性进一步增强，具有山大特色的宜居公寓、规范公寓、文化公寓、安全公寓建设取得突破，新时代国防教育育人成效不断提升。

对照上级要求和广大师生期盼，工作中还存在一些问题和不足，主要表现为：受疫情等客观情况影响，众多常规工作未得到充分开展，相关工作存在一定的缺环、漏洞；信息技术手段应用水平低，在面对疫情大考时，难以提供实时精准的学生数据，也无法满足学生精细化教育管理的迫切需要；学生公寓住宿资源紧张，住宿结构不合理，无法满足学校发展需要和学生需求。

（李国强）

安全保卫工作

党委保卫部（安全管理处）在学校党委领导和上级机关的指导下，始终从党和国家事业发展全局的高度认识安全保卫工作，坚决贯彻落实总体国家安全观和学校党委精神指示，旗帜鲜明站在意识形态安全第一线、疫情防控工作第一线、校园安全稳定工作第一线，不断健全制度、强化措施、压实责任，确保校园整体平安稳定。

一、不断推动党建工作高质量发展

党委保卫部坚持以习近平新时代中国特色社会主义思想为指导，深入学习贯彻党的十九大、二十大精神，严格落实“三会一课”党内政治生活制度，认真开展“主题党日活动”和培训交流工作会，将党建与业务培训、防疫抗疫工作深度融合，营造积极的业务学习氛围和风清气正的工作环境。推进政治理论学习常态化、制度化，跟进学习习近平总书记最新重要讲话和上级有关文件精神，不断增强“四个意识”，牢固树立“四个自信”，坚决做到“两个维护”。通过开展支部书记讲专题党课、红色基地主题党日和党员过政治生日等主题党日活动，提高党员思想政治素质；开展党员示范岗、党小组志愿服务活动，切实改进工作作风，努力提升安全服务保障工作质量。

二、全力做好党的二十大安保工作

党委保卫部（安全管理处）在年初就将做好党的二十大安保工作、保证政治大年学校安全稳定，视为全年头等大事抓实、抓细、抓牢。一是思想重视，切实加强组织领导。以推进平安校园、和谐校园精细化、精准化建设为主线，精心定制《迎接二十大安保工作方案》，并成立了以支部书记为第一负责人的领导组织，以支委会、党员大会、职工大会等形式进行动员部署。二是齐抓共管，共同推进措施落实。各分管领导、科室按照职能分工承担相应的安保工作责任，明确工作措施、工作任务、工作计划，定期开展重点任务推进会、部署会，确保各项工作任务落实。与省、市、区各警种（国保、经文保、网警、特勤）及辖区派出所定期沟通、密切联系，建设校区警务室，警校联合执勤，及时受理处置师生各类求助诉求，2022 年为师生挽回（追回）财产 47.27 万元。三是突出重点，深化整治整改。各校区、各业务科室坚持每月对负责区域领域进行安全检查，在重大节日、重要敏感期加强重点检查。9 月底至 10 月 24 日，党委保卫部每日组织工作情况研判会，及时处理解决各类安全问题，有力保障了党的二十大期间校园安全稳定。

三、大力强化政治安全保卫工作

2022 年公安处正式更名为党委保卫部（安全管理处），更加凸显政治安全保卫职能。一是与公安机关及校内相关部门密切配合，做好重点人员管控、网络信息监控工作，了解掌握重点人群的思想动态、活动信息。二是重点关注及妥善处置了部分学校涉疫相关网络舆情信息，同时与校内宣传部、学工部、研工部、信息办等相关部门协作做好舆情预警、研判、处置工作。三是密切关注重点人群宗教信仰情况，与校内相关部门配合做好防范宗教渗透工作、抵制非法宗教渗透。四是协调公安、国安机关对新进教师背景审查 616 人次，开展各类人员协查工作 16 次，NGO 合作预审工作 12 宗，NGO 合作信息摸排协查 1 宗。

四、坚决筑牢校园疫情第一道封控线

2022 年疫情防控形势极其严峻，党委保卫部（安全管理处）严格执行疫情防控最新要求，让党旗始终飘扬在抗疫一线。一是高效协同配合。与学校各部门、各单位，与地方政府公安、卫生、疾控等部门严密配合、快速反应，做好校内疫情、封校及常态化防控等各项工作。二是严格查验封控。严控外来无关人员入校，认真做好出入校门人员身份核验等工作。2022 年 3 月、9 月、11 月学校先后施行多次校园封闭管控（提级管控）措施。党委保卫部（安全管理处）人员在岗率达到了 90%，区分校内管控、门卫、外围巡逻 3 类人员，在各校区校门内外分别建立隔离缓冲带，昼夜巡逻不松劲。2022 年 3 月中心校区出现疫情后，协助转运师生 1.3 万余人，近 400 辆大巴车有序进出校园，协助公安、疾控部门开展疫情流调信息约 3600 条，排查监控录像 7008 小时。2022 年 11—12 月提级管理期间，各校区配合开展 524 人次的信息流调。三是分类服务保障。各校区根据实际情况设置了必备物资供应、垃圾和实验废旧品清运车辆、教职工应急用品、工作资料等 4 类入校专用通道，保障校内正常教学、科研和业务工作不断线。四是重点巡逻排查。针对校园可能存在的死角盲点，加强排查与管控，对部分存在隐患区域围墙加装物理防护设施，在校园周边围墙关键位置安装周界报警相机 82 套。

五、进一步提升安全技术防范工作

一是强化综合指挥中心建设。先后对中心校区、趵突泉校区、洪家楼校区监控云存储系统进行了扩容，共新增 1184T 的存储空间。在校园重点部位以及美里湖、章丘产业园等位置安装高清监控摄像头，扩大了校园监控的覆盖范围。二是加强全校各技防设备的维护保养工作。将技防系统的维护保养纳入日常工作计划，进行经常性的检查督促，保障了校园安全工作的有序开展。三是大力加强智慧安防系统建设。先后在化学院和大学产业园药学实验室安装消安防一体机，对异常消安防事件实时告警。在趵突泉校区探索建设由多维感知、后台、视图数据中台和业务前台组成的多维态势感知系统，能够实现对校园内人、车、非机动车的轨迹快速还原。四是升级改造应急指挥系统。根据教育部通知要求，联合信息办共同实施高校校园安全管理与应急指挥系统升级改造项目，购置安装应急通讯终端、移动警务终端、流媒体转发网关等设备，进一步适应新形势下高校安全稳定工作发展需求。

六、进一步夯实消防安全基础

一是做好消防安全隐患排查工作。在封闭管控(提级)期发布《关于做好校园封闭管控期间消防安全工作的通知》《关于进一步加强消防安全工作的通知》等通知，指导各单位落实消防安全主体责任，检查各单位消防安全问题 394 条，向 4 个单位发送了《关于消防安全隐患的情况通报》。二是做好学生宿舍火灾自动报警系统覆盖安装工作。一校三地八校区 116 栋学生宿舍火灾自动报警系统安装工程均已验收完毕并投入使用（济南 75 栋、威海 26 栋、青岛 15 栋），学生宿舍覆盖率已达 100%。三是大力开展校园既有建筑消防隐患专项整治。克服重重困难，完成千佛山校区、洪家楼校区消防隐患整治工程，山东大学第一幼儿园消防改造工程，有效改善提升校区建筑消防安全基础设施水平。四是规范校区消防控制室管理建设工作。重新修订明确了值班室管理制度、值班制度、交接制度及火灾接警处置程序等，构建消防三级报警监督处置网络（消防中控室、楼宇值班室、应急指挥中心），提高消防安全防护能力。五是做好消防安全宣传培训工作。各校区深入各二级单位开展消防安全知识教育、火灾案例警示教育等。在“119”消防安全月活动中，通过采取消防主题展板、火灾图片展、违章电器警示展、模拟灭火、模拟逃生、组织第六届消防安全知识有奖竞赛、2022 级新生安全知识竞赛、绘画作品征集、研究生安全短视频竞赛等线下、线上活动，提高师生对待消防安全工作的重视程度。六是做好校园消防安全能力提升工作。大力完善 4 个校区微型消防站建设，200 栋重点楼宇配置了消防员应急战备柜灭火及抢险救援器材，对 12 栋重点建筑进行了年度消防设施检测等。

2022 年，经过党委保卫部（安全管理处）全体人员的共同努力，山东大学荣获“2022 年度山东省学校安全工作先进集体”荣誉称号，1 人被山东大学评为“优秀共产党员”，1 人被山东省公安厅评为“山东省成绩突出保卫人员”，6 人被济南市公安局表彰为“全市单位内部治安保卫成绩突出个人”，党委保卫部（安全管理处）2022 年度考核优秀。

（高月辉）

行政工作

山东大学 2022 年工作要点

2022 年学校工作的总体要求是：以习近平新时代中国特色社会主义思想为指导，深刻感悟“两个确立”的决定性意义，深入学习贯彻党的十九大和十九届历次全会精神，认真领会落实习近平总书记关于教育的重要论述、给《文史哲》编辑部全体编辑人员重要回信精神，增强“四个意识”、坚定“四个自信”、做到“两个维护”，心怀“国之大者”，全面贯彻“三新一高”要求，牢牢坚持立德树人根本任务，大力实施“七大战略”，深入践行“121”行动路径，统筹抓好常态化疫情防控和改革发展稳定要务，着力精耕细作、锐意攻坚克难、持续争先进位，不断开创担当中华民族复兴大任的世界一流大学建设新局面，以“强校兴国”优异成绩迎接党的二十大胜利召开。

一、着力彰显党的领导优势

1. 学懂弄通做实党的创新理论。把学习贯彻习近平新时代中国特色社会主义思想作为首要政治任务，落实“第一议题”制度，用好“五个一”学习模式，抓实党委理论学习中心组学习，深入学习贯彻习近平总书记关于教育的重要论述，深刻理解把握“两个确立”，深刻感悟“十个坚持”历史经验。围绕学校中心工作，深入推进党的十九届六中全会精神宣讲培训。全力做好迎接党的二十大胜利召开和学习宣传贯彻，制定学习宣传贯彻党的二十大精神实施意见，落实教育部关于高校师生迎接、学习、宣传党的二十大专项行动部署，积极营造喜迎二十大的浓厚氛围。（牵头单位：党委宣传部；责任单位：党委、校长办公室，全校各单位）

2. 加强党的创新理论阐释。深化习近平新时代中国特色社会主义思想原创性系统性学理化科学化研究阐释，培育产出一批具有重要影响的标志性研究成果。深刻感悟党坚持把马克思主义基本原理同中国具体实际相结合、同中华优秀传统文化相结合的非凡历程，深入阐释和弘扬伟大建党精神，大力发掘中华优秀传统文化的当代价值。聚焦国家与区域经济社会发展，深入研究新时代中国特色社会主义的重大理论和现实问题。积极组织申报教育部习近平新时代中国特色社会主义思想研究重大专项，启动学校习近平新时代中国特色社会主义思想研究专项，推动习近平新时代中国特色社会主义思想研究平台建设，加强一流研究团队培育，打造习近平新时代中国特色社会主义思想研究重镇。（牵头单位：人文社科研究院，党委宣传部；责任单位：各人文社科相关单位）

3. 发挥政治建设统领作用。始终把政治建设摆在首位，把习近平总书记重要指示批示作为政治要件，学校党委加强统筹协调，召开 2022 年全面从严治党工作会议，推进重大决策部署落地。加强政治能力专题培训，教育引导广大党员干部和师生医务员工自觉提升政治判断力、政治领悟力、政治执行力。进一步完善党委领导下的校长负责制，持续健全优化党委统一领导、党政分工合作、协调运行的工作机制。深化党史学习教育成果，推动建立常态化长效化制度机制，推进党的历史和创新理论进教材、进课堂、进头脑，深化“四史”、校史教育，进一步从党的百年奋斗历史中汲取前进力量，切实把学习成效转化为推动学校高质量发展的生动实践。（牵头单位：党委办公室；责任单位：党委宣传部，党委组织部，全校各单位）

4. 抓实深化巡视整改。深入贯彻落实《关于加强巡视整改和成果运用的意见》，扎实推进深化巡视整改，以高质量整改成效推动学校内涵式高质量发展。持续抓好落实立德树人根本任务、推进一体化发展、落实意识形态工作责任制、深化全面从严治党、加强基层党组织建设等5个方面的整改，以重点整改带动全面、系统整改。加强整改工作的督促调度，动态掌握各项整改任务和整改举措的深化推进情况，紧盯重点整改任务持续开展督促检查，有力推动各项整改举措持续落实落细。加强统筹谋划，将中央巡视整改任务落实情况作为校内巡视监督检查的重要内容，以校内巡视推进中央巡视整改成果巩固拓展。（牵头单位：巡视整改领导小组办公室，巡视工作办公室；责任单位：全校各单位）

5. 提高基层党建质量。持续用力抓基层、强基础、固基本，突出基层党组织政治功能，强化党建引领基层治理，继续深化党组织议事决策规范提升工作。推进党建“双创”培育建设，加强党支部标准化、规范化建设，建强支部战斗堡垒。加强基层党组织书记队伍能力建设，在选优配强的基础上，持续提升党务工作队伍的政治能力。提高发展党员质量，加大教师党员发展力度，加强党员教育培训，引导党员在学校改革发展中充分发挥先锋模范作用。（牵头单位：党委组织部；责任单位：全校各单位）

6. 建设高素质专业化干部队伍。突出政治标准，制定实施《关于加强新时代学校领导班子建设的办法》，贯彻落实《关于加强新时代中层领导班子建设的意见》《科级干部管理办法》，统筹推进校领导班子、中层领导班子、科级干部队伍建设。规划“80后”“90后”“00后”工程，加大“双肩挑”干部培养和专业化人才引进力度，优化干部队伍功能和结构。继续推动轮岗交流和校内外挂职，组织专题培训，深化干部队伍思想淬炼、政治历练、实践锻炼、专业训练，切实提高干部在新时代办学治校的水平和能力。树立事业为上鲜明导向，改革完善考核评价体系，加大正向激励力度，落实关心关爱举措，激励干部担当作为。坚持严管厚爱，加强部门协同联动，强化院级单位党组织日常管理监督职责，常态化开展谈心谈话，着力构建严密有效的干部管理监督体系。（牵头单位：党委组织部、党校，党委办公室，人事部、人才工作办公室；责任单位：全校各单位）

7. 坚定不移正风肃纪。深入贯彻落实十九届中央纪委六次全会精神，突出政治监督，督促各级党组织把践行“两个确立”、做到“两个维护”落实到改革发展全过程、各方面，建立工作台账，推动政治监督具体化、常态化。保持“严”的氛围，着力推进非主业领域腐败风险专项清理整顿，加强对“一把手”和领导班子的监督，坚持主体责任和监督责任贯通联动、同向发力，一体推进“三不”，不断提高执纪问责的政治性、精准性、实效性。持续深化学校纪检体制改革，健全完善学校纪检制度体系，配齐配强校院两级专兼职纪检干部。深化审计监督，做好迎接国家审计工作，推进审计项目和审

计方式双线统筹，提升审计效能。（牵头单位：纪委办公室、监察处，巡视工作办公室，审计处；责任单位：全校各单位）

二、着力加快改革创新步伐

8. 推动“十四五”规划落地见效。学习贯彻《关于构建教育高质量发展体系的指导意见》，加强面向师生医务员工的“十四五”规划宣传解读，完善“十四五”改革发展重大任务“施工图”，明确规划实施的任务书、路线图、时间表，确保“十四五”规划全面实施、有力推进。组织各教学科研单位统筹推进“十四五”规划、“一件大事”和一流学科领域建设方案完善工作；落实中层单位领导班子任期目标责任制实施办法，修改完善任期目标指标体系，组织开展任期目标论证审议和签订目标责任书；构建并完善规划编制、实施、督导、考核管理闭环，加强动态监测和评估结果运用，确保规划目标任务高质量落实。（牵头单位：学科建设与发展规划部；责任单位：全校各单位）

9. 推进龙山校区（创新港）规划建设。围绕“中国特色、世界一流、山大风格”现代化校园规划建设目标，依据创新港事业发展规划和学校“十四五”发展规划，完成概念性总体规划方案和修建性详细规划。上半年完成规划技术导则编制、专项规划设计，完成12个重点建设学科、8个学科组群及10个产教融合大平台等资源配置与功能需求的规划论证工作，压茬推进单体建筑设计和部分工程项目的开工建设。同时，全面做好各类补充协议签订、校区环评和各类手续办理，编制可研报告，取得相关部门立项批复。积极推动配套项目建设，下半年开工建设住宅、中小学，年底前完成齐鲁医院龙山院区规划设计。[牵头单位：龙山校区（创新港）规划建设办公室；责任单位：各相关单位和工作专班]

10. 深化综合改革。坚持目标导向与问题导向相结合，深入推进依法治校，持续增强改革的系统性、整体性、协同性。深入实施融合发展创新战略，大力推进新时代教育评价改革、一校三地一体发展改革、创新融合发展体制机制等重点任务攻坚，持续推动绩效管理变革，坚决破除体制机制障碍，加快山大特色的现代大学制度体系建设，着力提升学校治理体系和治理能力现代化水平。深化医学教育管理体制改革，深入落实《医学教育改革发展规划纲要（2018—2025）》《山东大学进一步深化医学教育管理体制改革方案》，积极推动理顺医学教育各主体之间的关系，加强和规范第一、第二临床学院建设和管理，深化拓展新型直属附属医院合作模式，全力构建高水平现代化附属医院体系，以临床医学水平提升带动医学整体发展，为建设世界一流医科注入强大动力。（牵头单位：综合改革工作办公室；责任单位：全校各单位）

三、着力落实立德树人根本任务

11. 推动新时代思想政治工作守正创新。深入落实《关于台账式落实〈教育部等八部门关于加快构建高校思想政治工作体系的意见〉的工作方案》和2022年度工作台账，深化思想政治工作质量提升工程，坚持用习近平新时代中国特色社会主义思想铸魂育人。贯彻“五育并举”要求，大力落实《关于全面加强新时代学生劳动教育的行动方案》《关于全面加强和改进新时代学生体育工作的实施意见》《全面加强和改进新时代学生美育工作的行动方案（2021—2025）》，重视学生心理健康教育，深化学生综合评价改革，推进辅导员素质能力提升精准赋能平台建设，加快构建高水平高质量人才培养体系，健全立德树人落实机制。认真学习贯彻教育部“大思政课”建设推进会和马克思主义学院建设推进会精神，深入落实思想政治理论课“两对照双提升”工程，配齐建强思政课教师队伍，构建以习近平新时代中国特色社会主义思想为核心内容的课程群，全面提升思政课教学教研质量，拓宽学科领域，深化思政课教学的学理支撑，统筹推进思政课程和课程思政建设，打造“大思政课”格局；完善马克思主义理论学科本硕博一体化人才培养机制，提升马克思主义学院建设管理水平。（牵头单位：党委宣传部，学生发展委员会办公室，本科生院，马克思主义学院；责任单位：全校各单位）

12. 发展一流本科教育。召开人才培养工作会议，启动新一轮本科教育教学审核评估准备工作，进一步强化本科教育中心地位，推进质量文化建设。充分发挥招生委员会作用，优化招生政策和计划管理，完善全员教育拓展机制，分步推进一体化招生培养。以国家战略需求为导向，深入推进专业现代化，调整优化专业结构，实现本科专业的全面升级，建设70+个国家级一流专业，构建10个具备国际化培养能力的专业。大力推进新文科、新工科、新医科建设，持续引领全国新文科发展，建设未来技术学院、现代产业学院、高水平公共卫生学院和专业特色学院。深入实施卓越拔尖人才培养计划，完善基础学科拔尖人才培养机制，加大强基计划培养力度，加强基础学科人才培养。加强一流课程体系建设，加大国际化课程、通识教育核心课程、创新创业课程的建设力度，制定一流课程分类建设标准，建成120门国家级一流课程。出台教材建设“十四五”规划，全面规范教材编选用管理，加快建设一批原创性高质量教材，申报国家教材建设重点研究基地。深入推进实践教学体系和“五位一体”创新创业教育体系建设，培育高水平实验教学中心和融合创新教育基地，强化学生实践与创新能力培养。推动一校三地智慧教学管理与服务平台建设，建设智慧教室、虚拟教研室、数字实验室等，推广线上线下混合式学习等教学新范式，推进信息技术与教育教学深度融合。加强基层教学组织和各级本科教学指导委员会建设，完善院级教师发展机制，提升全员育人能力。建好山东大学教育教学研究中心，引领教学学术，实施重大教学成果培育工程，实现国家教学成果奖新突破。（牵头单位：本科生院；责任单位：全校各单位）

13. 提高研究生创新人才培养质量。完善立德树人协同育人体系，发挥导学思政作用，创建“大思政”格局，大力增强“把论文写在祖国大地上”五育协同育人工程品牌影响力。打造以服务需求为导向的学科专业体系，在“高端装备”“智能制造”“生物技术”“数字经济”等方向超前谋划学科设置，优先支持国家急需学科，专项支持人工智能、储能技术、物理学、化学、急诊医学等国家急需领域招生，投入学校“双一流”建设学科的博士生招生计划比例不低于95%。积极培育量子计算等20个前沿交叉学科团队，专项培养马克思主义、网络空间安全、涉外法治和具有国际科技创新成果转化能力的新型人才。夯实创新人才培养体系，畅通本硕博一体化培养机制，提升本科直博和硕博连读招生比例，硕士推免生接收占比达50%，加快“高精特尖新”学科人才培养方案制定，开展五个一批“课程+”工程，持续推进高质量教材建设，加大以产教融合育人专项为牵引的专业学位培养规模，遴选20个校级联合培养基地重点支持，争创“国家产教融合研究生联合培养基地”。健全高素质能力复合型导师发展体系，引领导学文化新风尚，完善导师培训内容和机制，实质性推进导师团队全覆盖，深度融合行业企业导师队伍进入人才培养全链条。构建以质量贡献为引导的教育评价体系，完善研究生奖励激励机制和荣誉体系，进一步严格过程管理，强化教育管理信息化和数据应用能力。大力引进国际化优质教育教学资源。（牵头单位：研究生院、党委研究生工作部；责任单位：全校各单位）

14. 促进毕业生更加充分更高质量就业。落实就业“一把手”工程，配齐建强就业工作队伍，加快形成学校主导、学院主体、部门协作、内外联动、全员参与、保障有力的“大就业”工作格局。发挥就业育人作用，努力构建以“职业认知、生涯规划、职业体验、职前准备”为主线的职业生涯教育体系和就业价值引领工作体系，不断提升就业指导服务水平。推动就业与招生、培养联动改革，不断提升学生择业竞争力。聚焦国家重大战略和新产业、新业态、新模式布局，不断深化校地政企人才合作，提升毕业生服务国家战略就业份额。深入落实就业进展动态预警和特殊群体精准帮扶机制，持续开展“一生一策”帮扶指导。探索创新“互联网＋就业”服务模式，深入构建多层次、立体化、精细化、广覆盖的“云就业”体系。（牵头单位：学生就业创业指导中心；责任单位：全校各单位）

四、着力建设一流人才队伍

15. 加强师德师风建设。落实《关于完善高校教师思想政治和师德师风建设工作体制机制的指导意见》，进一步健全教师思想政治和师德师风建设工作机制。加强师德教育，统筹开展入职培训、师德专题培训、研究生导师培训等师德研修活动。突出典型树德，积极开展先进典型的选树宣传和表彰工作。做好全国高校黄大年式教师团队宣传推广，举办黄大年式教师团队经验交流会及各级团队共建联建活动。强化教师思想政治素质和师德师风考察，将师德表现作为教师招聘引进、职称评审、年度考核、导师遴选、评优奖励等首要要求。强化底线思维和红线意识，深入开展师德师风警示教育，从严查处师德违规问题，完善师德违规分级通报制度。（牵头单位：党委教师工作部；责任单位：人事部、人才工作办公室，全校各单位）

16. 完善人事人才制度体系。打造人事人才体制机制改革 2.0 版，提升谋划战略格局，细化实施具体举措，努力打开“十四五”人才引领发展新局面。深入落实国家教育评价改革精神，贯穿质量、能力、实效、贡献导向，全面稳妥推进代表性成果评价，建立更加科学规范的职称评审工作体系。推动聘期考核改革，规范岗位聘期管理，明确各级各类岗位职责要求，加强对考核结果的使用，完善退出机制，实现人员能进能出、岗位能上能下、薪酬能高能低。制定实施拔尖博士后培育计划，优化队伍结构，提升工作精细化水平，积极争取省市资源，深化校地、校企联合培养模式，全方位实现省校博士后共育。推出新一轮绩效工资改革方案，突出绩效分配的“一线”导向，完善绩效分配评价指标，强化优绩优酬，健全以创新增值为导向的正向激励机制。实施新一期能力提升计划，强化与学校事业发展的配套衔接，努力实现提升措施更加精准、提升效果更加显著、提升体系更加完善，形成具有鲜明特色的能力提升山大模式。（牵头单位：人事

部、人才工作办公室；责任单位：全校各单位）

17. 打造具有国际竞争力的人才队伍。深入贯彻中央人才工作会议精神，召开学校人才工作会议，聚焦服务国家重大战略、地方经济社会发展关键领域、学校“双一流”建设目标和重点方向前瞻布局，全方位培养引进用好人才，积极营造爱才、惜才、敬才、用才的浓厚氛围。制定实施“顶尖人才突破计划”，“一人一策”精准支持，建立健全首席专家负责制，引育能够发挥帅才作用的战略科学家。加快推进“领军人才倍增计划”，发挥校内外多层资源叠加优势，支持一批优秀中青年学者成长为国家级领军人才。挖掘特色人才潜力，定向培养一批“高精尖缺”国家特需领军人才，打造一批产出经世致用、咨政建言优秀成果的智库专家，建设一支具有突出产学研用协同创新能力的技术型人才队伍。加强创新团队培育，试行以团队为单元的资源配置方式，强化团队目标导向和自主权。继续加大对青年人才的助推和托举支持，提升培养精准度，给信任、机会、激励和舞台，支持青年人才挑大梁、当主角。促进支撑队伍发展，持续优化队伍结构，实现对学科发展、教学育人、科研服务、创新创业等的有力支撑。（牵头单位：人事部、人才工作办公室；责任单位：全校各单位）

五、着力增强学术核心竞争力

18. 建设一流学科。根据第五轮学科评估结果和发布实施的新一版学科专业目录及管理办法，全面分析学校学科发展情况，针对性制定学科提升方案，召开学科建设工作会议，推进学科跨越发展。落实新一轮“双一流”建设方案，完善项目组织运行机制，科学安排项目建设经费，统筹配置办学资源，推进 12 个一流学科领域跨越发展。落实推进学科汇聚融合交叉创新实施意见，实施交叉学科引导项目，一体化推进交叉学科方向、交叉平台、交叉团队建设以及交叉课题研究与交叉人才培养工作，培育建设一批新兴交叉学科和学科方向。做好山东省一流学科培育计划申报工作和学校新设机构调研论证。强化学术委员会职能，提升学科建设有关审议评议和决策咨询工作质量。（牵头单位：学科建设与发展规划部；责任单位：全校各单位）

19. 提升科技创新能力。全力推进国家重点实验室整合重组工作，扎实做好 2022 年首批重组工作，努力实现全国重点实验室建设的新突破；谋划做好 2023 年第二批重组工作，确保原有国重和新建国重高质量通过重组。实施科研平台重构计划，建设高层次科技创新体系；谋划建设国家临床医学研究中心、国家技术创新中心、医药基础研究创新中心、基础学科研究中心等若干国家重点科研平台；实施“科技创新平台提质培优行动”，推动现有国家级平台升级换代，实施校内非实体科研机构整合重组；实施“国之重器培育计划”，谋划启动“多任务激光器”“地下工程灾害探测与控制模拟”等重大科技基础设施培育建设；谋划建设科技创新军民融合研发基地，培育建设国家级国防科技平台；2022 年度新增省部级以上科研平台 5 个以上；进一步优化“攀登计划创新团队”“青年交叉科学创新群体”的建设，适时启动新一轮团队、群体的培育。推进原始创新突破计划，持续强化基础研究；实施“重大基础研究能力提升计划”，部署实施“重大基础科研项目培育计划”，增强原始创新能力。实施关键核心技术攻关计划，全面提升服务国家急需的能力；聚焦国家重大战略急需和制约产业发展的重大问题，在新一代半导体等领域锻造攻坚克难的“国家队”；进一步开拓航空航天、生物交叉、海洋、能源动力等领域关键核心技术攻关增长点，持续增强面向国家急需和国防军工领域关键核心技术集成攻关能力。推进科技成果转化突破计划，实施“产业支撑能力提升工程”，加强校地校企联合攻关，推进产学研深度融合，提升重点领域产业支撑能力；加强科技成果转移转化能力建设，谋划一批千万元、亿元级项目转化落地；完善并规范知识产权管理，建立完善的专利导航工作机制，在行业急需领域重点布局一批潜在的高价值专利群。继续推进科研组织机制创新计划，充分把握新发展阶段学术创新规律，充分发挥国家战略科技力量建设委员会作用，建立适应“大科学”时代要求的科研组织模式。提高竞争性科研经费的获取能力，力争在2021年基础上增长20%以上。（牵头单位：科学技术研究院，科技创新军民融合研究院；责任单位：全校各单位）

20. 推进人文社科振兴。贯彻落实教育部《面向2035高校哲学社会科学高质量发展行动计划》，深入实施《山东大学深入贯彻落实习近平总书记给〈文史哲〉编辑部全体编辑人员重要回信精神　奋力推进哲学社会科学创新发展行动方案（2021—2025）》，在构建中国特色哲学社会科学体系中体现新担当。聚焦出尖出峰，加强对重大项目和重大成果培育的科研组织、服务和谋划，做好教育部人文社会科学重点研究基地培育建设，高质量组织教育部第九届高等学校科学研究优秀成果奖申报工作，科研经费力争突破2亿元。大力实施《山东大学特色新型智库建设实施意见》，聚焦智库建设的主攻方向，加强一流智库平台建设，构建高水平的山大智库群，促进学科建设与智库建设的深度融合。落实《山东大学文科实验室培育建设实施意见》，整合全校优势学科和实验室资源，建设语言科学实验中心、智慧国家治理实验室、数字人文实验室，构建“学校—学科集群—学院”三级文科实验室体系。推动实施《山东大学哲学社会科学强刊计划》，发挥《文史哲》示范引领作用，打造一流人文社科期刊的“山大方阵”与山大办刊模式。稳步推进第一批人文社科创新团队建设，启动第二批建设工作，新增5个左右创新团队，为培育造就“山大学派”提供人才和团队支撑。（牵头单位：人文社科研究院；责任单位：各人文社科相关单位）

六、着力提升服务社会成效

21. 打造服务山东工作2.0版。做优做强“山大系”品牌，精准对接国家和区域经济社会发展急需，找准切入点和突破口，巩固现有合作成果，拓展深化合作领域，全力推进《服务山东高质量发展行动方案（2021—2025）》10类35个项目落实落地。以规划建设龙山校区（创新港）为契机，协助推动建设10个左右国内一流功能性科研支撑平台、重大科研基础装置和实验教学平台。持续深化与济青烟威等重点城市的战略合作，持续推进与省内其他12地市合作，加快山东工研院等平台建设，构建服务山东产业技术研究院体系。积极推动学校干部教师省内外挂职工作。全面加强与华为、中国中铁、山东高速、山东重工、海信、海尔等企业合作，积极拓展与国家电网、腾讯、比亚迪、山东黄金、山东钢铁、中广核等企业及各类行业协会的合作。引导学院结合自身特色，与更多的世界500强企业、行业领军企业建立长期、稳定、深入、全面的合作关系，推动形成“N院N企”学科和产业统筹融合、良性互动的发展格局，提升学校在

国家和区域经济社会发展中的参与度、贡献度。（牵头单位：服务山东办公室、合作发展部；责任单位：全校各单位）

22. 完善服务社会工作体系。构建服务国家战略布局，深化与云南、黑龙江、重庆、湖北等的战略合作，服务长三角、粤港澳大湾区建设，长江经济带、成渝双城经济圈建设和东北振兴等国家战略。加强校友组织建设，引导成立校友创新创业联盟、校友产业联盟、行业校友会等；提升服务校友能力，指导各地校友会在当地打造山大文化品牌；创新校友聚创工作机制，持续打造校友与母校情感共同体、事业共同体、文化共同体。全面构建新发展格局下的筹资体系，强化筹资意识，通过“慈善＋”“金融＋”“创新＋”“产业＋”等更多元的筹资方式，增加资源储备，创新筹资模式；提升基金会专业化水平，加强筹资项目管理，规范项目实施流程，完善项目评估和跟踪机制，强化资产保值增值工作，合理提高收益水平。持续推进苏州研究院、深圳研究院转型发展，加快北京研究院建设。发挥资源优势，办好继续教育非学历教育品牌，积极培养适应国家和地方经济社会发展需要的人才。（牵头单位：服务山东办公室、合作发展部，继续教育学院；责任单位：全校各单位）

七、着力强化文化引领

23. 弘扬新时代山大精神和山大文化。大力实施文化引领战略，以百廿校庆精神丰富新时代山大精神和山大文化，持续深化百廿校庆感染力影响力，进一步拓展百廿校庆“凝聚力量、振奋精神、提振信心”的良好成效。推进文明校园建设，开展第二届“一院一品”校园文化建设项目立项，强化校史馆、校友馆、科技馆等新建文化场馆功能作用，加强龙山校区（创新港）文化建设规划，营造良好育人环境。深化媒体融合发展成效，拓展渠道、优化内容，扩大外宣矩阵和媒体朋友圈，构筑内部融合、校区协作、校院协同、内外联动、海外发力的“大宣传”格局，积极展示山大改革发展成果，进一步提升社会影响力和美誉度。（牵头单位：党委宣传部；责任单位：全校各单位）

24. 推动中华优秀传统文化创造性转化创新性发展。大力实施和参与全球汉籍合璧工程、文明探源、考古中国、《永乐大典》综合整理、《中国通史》编纂等国家重大文化工程。加快推进“乡村儒学”和“社区儒学”建设发展，普及推广中华优秀传统文化。推进中华美德教育学院内涵建设，举办“美德大讲堂”系列讲座和专题活动，打造“传统节日与中华美德”系列品牌，推进中华美德深入乡村、社区、企业、机关、学校。建好儒家文明省部共建协同创新中心和国际儒学联合会山东大学研究基地，积极开展人文领域对外交流和文明对话，增进与世界文明的交流互鉴。（牵头单位：人文社科研究院；责任单位：各人文社科相关单位）

八、着力提升国际合作交流能力

25. 健全国际化人才培养机制。构建全球胜任力人才培养体系，聚焦参与全球治理和共建“一带一路”需求，拓展“外语＋专业”“专业＋外语”及全球能源互联网国际化人才培养、涉外法治人才培养等项目体系。升级深化“亚洲校园”项目，服务区域全面经济伙伴关系（RCEP）。加强对欧高层次人才培养。持续实施“国际学分计划”，与世界一流大学合作开设“海外师资课程”，推进课程国际化建设提质增效。升级“留学山大”品牌，挖掘有特色的招生领域，实施国际学生招生质量提升计划，推进国际学生趋同化管理提质增效。拓展海外中文教育平台，实施高质量海外中文教育项目。（牵头单位：国际事务部；责任单位：本科生院，研究生院，全校各单位）

26. 加强国际科研合作。推动国际科研合作支持体系建设，以人工智能、精密（智能）制造、科技考古等为重点，主动融入全球科技创新网络。加快山东大学—大阪大学材料连接国际合作联合实验室等一批国际科研合作平台建设。完善国际合作战略布局，强化与俄罗斯、乌克兰高校的交流合作，拓展与中东欧及“一带一路”共建国家合作，加强与新加坡、日本、以色列等亚洲高校的深度科研合作和人才联合培养。大力拓展与联合国可持续发展解决方案网络等重要国际组织的交流合作。实施“海外一流学科伙伴计划”，助力“强院兴校”和学校全球合作伙伴网络建设。（牵头单位：国际事务部；责任单位：科学技术研究院，人文社科研究院，全校各单位）

27. 推进师资队伍国际化。着力建设具有山大特色的外专引智质量评估体系，不断提高教学科研单位及学者积极性。落实教育部外籍教师聘任和管理办法精神，建设高质量外籍教师队伍。构建海外访问学者项目体系，加强外籍教师的招聘宣传，加大外籍博士后和外籍青年学者的引进规模和经费投入，吸引具有国际竞争力的青年科技人才充实到科研平台和团队。实施教职工国际化能力提升计划，开展线上学习和研修，提升教职员工国际化工作胜任力。鼓励学者主办和参加国际学术会议、担任学术期刊主编或编委、参与国际学术组织建设，提升国际学术影响力。（牵头单位：国际事务部；责任单位：人事部、人才工作办公室，全校各单位）

九、着力强化支撑保障

28. 发挥财务牵引功能。全面落实学校“十四五”规划与《山东大学关于新时期加强财经工作的若干意见》要求，进一步强保障、防风险、讲绩效，全面提升学校财务工作对学校事业发展的支撑牵引作用。提高财务保障能力，在“三圈一体”的财务预算框架体系下，安排全口径收支预算 135 亿元，强化全员理财理念，压实收入责任，拓宽筹资渠道，发挥经济分配政策杠杆作用，实现事业发展与收入规模良性循环。推进财务治理能力建设，以内部控制建设为抓手，把防风险摆在更加突出的位置，坚持底线思维，推进财务治理现代化。全面推进预算绩效管理，强化与预算管理的一体化，发挥预算绩效管理牵引、导向作用。深化学院综合预算改革，优化校拨经费分配体系，加大学科经费统筹力度，推动完善以目标为导向、学科为核心、学院为主体的综合预算体系，提高学院综合预算经费使用效益。（牵头单位：财务部；责任单位：全校各单位）

29. 改善支撑保障条件。贯彻教育数字化战略，加快打造以师生为中心、以服务为核心的智慧校园。结合智慧教育示范校建设，不断优化学校教育新型基础设施体系；升级信息基础设施和信息化公共服务，完善校园智慧生活环境。继续深入推进“四个一”工程，持续优化“两不出”，加快推动一校三地管理服务信息系统与智能化体系的一体规划建设、业务融合、数据共享、应用集成。持续完善数字治理体系，强化数据赋能，激活数据创新，智能支撑学校精准施策。健全网络安全管理与技术体系，提升个人信息保护水平，确保网络安全和数据安全。统筹完善一校三地国有资产管理体制机制，加强人财物绩效考核，健全激励约束机制。推动企业 IPO 上市，提升企业自主创新能力。持续推进空间资源配置改革，切实提升空间使用效益。加强大型仪器设备资源统筹，完善多部门联合论证机制，强化效益考核，力促开放共享。建成冷冻电镜结构解析平台，提高现有校级公共技术平台运行效能，提升学科汇聚融合支撑作用，拓展平台创新人才培养功能，构建实验室平台育人体系。推进高水平实验室建设，全面实施 6S 管理，提升实验室规范化水平。加强实验技术队伍建设，提高专业能力和技术水平，注重高水平技术人才的引育。持续完善实验室技术安全“六体系”，全面落实实验室安全预防措施、风险管控措施，坚守安全底线。推进青岛校区二期、蓝谷医院、中小学及威海校区研究生公寓等基建项目。推进后勤工作质量管理体系建设，加强水电等能源管理，提升服务保障工作信息化水平。强化一校三地物业监管，提高物业精细化服务水平。统筹推进基础设施、房屋修缮和限位器加装等办学条件支撑建设，进一步优化提升基础办学条件品质。［牵头单位：信息化工作办公室，资产与实验室管理部、国有资产管理办公室（经营性资产管理办公室），基建部，后勤保障部；责任单位：全校各单位］

30. 增进民生福祉。践行以师生为本的理念，高质量实施民生工程、暖心工程，统筹推进“我为群众办实事”、年度服务师生“十件实事”和深化“五大聚心工程”建设，构建覆盖广泛、便捷高效服务体系，切实解决好师生反映强烈的突出问题、制约学校改革发展的痛点难点问题、长期未解决的民生历史遗留问题。进一步完善大病救助、困难帮扶、“健康山大”等长效机制。培育特色职工活动品牌，满足教职医务员工日益增长的美好生活需要。推进营养健康食堂、绿色学校建设，多渠道满足师生交通服务需求，强化幼教服务品牌内涵发展，做优做响基础教育品牌。持续推进户表改造工程，启动实施直供水户表改造工程，实施中心校区南院、千佛山校区老旧小区提升改造项目，提升住宅区环境品质。丰富完善学校民主机制和拓宽民主渠道，做好“金点子”合理化建议的征集和落实工作。（牵头单位：党委、校长办公室，工会、妇委会，后勤保障部；责任单位：全校各单位）

31. 构建大安全格局。坚持“以人为本”理念，落实落细一校三地安全稳定工作体系建设方案，完善“八横八纵”管理工作机制，制定党的二十大安全保障方案，全力维护政治大年学校安全稳定，启动安全工作“零基”评价，推进安全工作专项巡视全覆盖，以全领域考核督导全过程管理，全力维护学校安全稳定大局。将安全宣教作为学校师生医务员工教育、干部培训的重要组成部分，完善培训内容、拓展教育方式，提升全员安全意识，努力营造“全员共建共享安全大格局”的良好氛围。结合网格线上平台建设，细化网格单元、强化责任落实、推进精细管理，提高风险和事故预见、预判、处置能力，进一步健全“分级管理、层层履职、横向到边、纵向到底、无缝衔接、全面覆盖”的校园管理服务体系。坚持不懈做好常态化疫情防控工作，贯彻“预防为主”方针和“主动防疫”要求，严格落实疫情防控政策要求和常态化防疫措施，坚决维护师生医务员工生命安全和身体健康。（牵头单位：安全工作委员会办公室、各专项安全工作组、各校园安全工作专班，疫情防控工作专班、各专项工作组；责任单位：全校各单位）

工会、妇委会工作

山东大学工会、妇委会以习近平新时代中国特色社会主义思想为指导，深刻感悟“两个确立”的决定性意义，认真学习领会习近平总书记关于工会、妇女工作的重要论述，严格落实学校党委决策部署，紧紧围绕学校中心工作和“立德树人”根本任务，把“坚持一个中心、做到两个服务、实现两个维护”作为工作主线，以工会智慧化、基层工会组织、职工之家三个平台建设为支撑点，以精耕细作暖心工程、关爱工程、建家工程、健康工程、惠员工程“五大聚心工程”为切入点，在建机制、强功能、增实效上下功夫，努力用“金钥匙”破解制约工会、妇委会发展的重点、难点、薄弱点、风险点，不断强化工会、妇委会组织和工会、妇委会工作的政治性、先进性、群众性。

一、2022 年工作概述

充分发挥桥梁纽带作用，着力强化思想引领，积极引导教职工强化主人翁意识，激发爱党爱国、爱岗敬业的热情；着力推动学校民主管理，发挥教代会在依法治校中的作用，提升民主管理质量和成效；着力引领建功立业，大力弘扬劳模精神，做好推先选优表彰、技能竞赛等工作，积极为人才发展创造条件；着力完善帮扶体系，既做锦上添花，又做雪中送炭的事，特别是解决教职工急难愁盼问题，不断提高教职工幸福感；着力加强自身建设，夯实组织基础，完善内控体系，创新活动形式，构建联系广泛、服务教职工的工作体系，为学校发展凝聚最强合力。

二、2022 年工作重点

（一）不断提高民主建设参与度

1. 落实教代会制度。4 月 26 日，通过线上线下相结合的方式，顺利召开学校四届四次教代会、十九届四次工代会。会议讨论审议了学校工作报告、财务工作报告、工会工作报告、提案工作报告，代表们以高度的使命感和责任感，为学校改革发展积极建言献策。

2. 强化教代会闭会期间民主机制规范运行。参与龙山校区（创新港）家属楼论证、组织教代会代表对《山东大学教职工聘期考核改革实施方案》进行意见征集等，有效促进学校科学民主决策落到实处。

3. 完善教代会提案制度。制定《山东大学教代会提案办理落实管理办法》，实现全年开放提案征集、提案全流程网上办理，保障了教职工参与学校民主管理的渠道全年畅通，推动增加职工健康体检项目提案等，强化了教代会提案的有效落实。

（二）服务职工群众更有温度

1. 强化思想政治引领。结合实际开展“师德建设教育月”、“山大美·家庭美·劳动美——寻找最美劳动者”作品征集、“新时代·新风采·新征程·新贡献”第五届妇女文化节、巾帼抗疫作品征集等系列主题活动，组织教职工参加上级举办的“喜迎党的二十大 良好家风进万家”作品征集、“庆祝二十大 永远跟党走”教职工书法比赛、“喜迎二十大 建功新时代”全国职工诗词原创作品比赛、“劳动我最美”短视频互动等活动，积极营造良好的师德师风氛围，引导教职工投身“强院兴校”行动，进一步坚定听党话、跟党走的决心。

2. 激发干事创业动力。支持陈增敬教授领衔的创新工作室获得山东省“劳模和工匠人才创新工作室”称号，更好发挥劳模示范、引领和辐射作用。制定《山东大学关于进一步支持女性科技人才科技创新的十条措施》，举办山东大学青年女科技工作者学术沙龙，助力培育优秀女性科技人才队伍。开展评优评先活动，进一步激发教职工爱党爱国、爱岗敬业的热情。

3. 提高服务保障质量。细化“五大聚心工程”和我为群众办实事活动，拓宽帮扶渠道，完善帮扶措施，提高帮扶质量。启动第三批职工之家建设和已建职工之家评级工作、推动非事业编制职工入会等，充分激发基层工会内生活力。全力做好关心关爱教职工工作，在疫情防控最艰难时刻，组织各基层工会积极行动、迅速落实学校指示要求，完成生活需求物资采购配送任务，为教职工提供心理咨询和健康服务等，传递“娘家人”的温暖。

4. 积极开展群众性文体活动。组织开展教职工羽毛球比赛、山大快乐健步走、“最美瞬间”随手拍、午间课堂系列活动，组队参加山东省第八届职工运动会篮球比赛等，有序推进校园文化建设，推动全民健身运动开展，增强教职工凝聚力。

（三）提升工会、妇委会工作满意度

1. 推动党建与业务工作融合发展。扎实推进党建带工建，自觉融入学校实施“十四五”规划、实现高质量发展的大局，主动协同兄弟部门开展工作，推动构建一校三地工会、妇委会工作一体化发展新格局。开展工会工作理论研究、组织工会专兼职干部参加上级培训活动，切实提升工会干部的业务能力和理论素养。

2. 建立内控制度。继续制定9项办法制度，进一步完善工会内控体系。以基层工会工作量化考核为抓手，建立健全基层工会考核评价指标体系，提升基层工会工作水平，工会组织建设得到进一步加强。

3. 提升服务效能。赴各个校区开展基层调研活动，开展“2023年服务师生十件实事”意见征集和工会工作满意度问卷调查活动等，坚持以教职医务员工需求为导向，增强工作的针对性、创新性和时效性。

4. 持续推进智慧工会建设。通过建设工会信息系统，把网上办事作为联系教职工、服务教职工的重要平台，将各类项目一站式整合，提供更加便捷的服务。工会信息化平台基本搭建完成，实现人员、资产、评奖评优、困难补助等数字化管理、动态化管理。

（刘淑红）

共青团工作

在上级团组织和山东大学党委领导下，共青团山东大学委员会坚持以习近平新时代中国特色社会主义思想为指导，认真学习贯彻党的二十大精神，聚焦“为党育人、贡献大局”的主责主业，落实“立德树人”根本任务，探索构建了“1461”工作体系，抓好工作贯彻落实，共青团引领力、组织力、服务力和大局贡献度进一步提升，学校青年工作取得新突破。

一、全面加强政治建设，强化思想锻造，把理论武装工作摆在关键位置

1. 以政治建设为根本做好思想引领。共青团山东大学委员会以党支部为单位，严格落实“第一议题”制度，制定并履行2022年度团委党支部政治理论学习计划暨“主题党日、三会一课”明白纸，先后25次召开党支部会议，带头强化思想锻造、明晰自身根本定位，把全面从严治党和党风廉政建设任务抓细抓严。

2. 着力加强和改进党建带团建工作。经过宣传学习、深入调研、文件起草、征求意见、决策论政五个阶段，成稿《中共山东大学委员会关于进一步加强和改进党建带团建工作的若干措施》。进一步推进及规范党建带团建工作的开展，推进各级党组织、团组织加强对该文件的学习宣传工作，全方位形成党建带团建工作思想共识。

3. 把理论武装工作摆在关键、重要位置。学习宣传贯彻党的二十大报告专题会及习近平总书记系列重要讲话，第一时间面向全校团干部和团员代表主持召开党的二十大报告专题会，按照党委安排，指导组建“学习贯彻党的二十大精神青年师生宣讲团”并召开3期动员培训与工作推进会，开设社会实践党建专项栏目，指导青马工程暨学校第33期团校举办党的二十大精神专题学习班，面向学生骨干和基层团委书记主讲“党的二十大精神”专题党课，引导各级团干部学理论、强政治，提升政治把握能力，增强业务工作能力。

二、有机结合青年特点，强化思想引领，着力建设引领山大青年思想进步的政治学校

1. 系统部署党的二十大学习宣传贯彻。面向一校三地发布《关于组织全校团员青年认真学习宣传贯彻党的二十大精神的通知》，团学宣传矩阵关注人数破20万，举行学习贯彻党的二十大精神青年师生宣讲团成立仪式暨动员培训会。宣讲团持续通过进支部、进宿舍、进社区、进科研一线等贴近青年的方式讲好党的二十大精神，掀起学习宣传热潮，广泛凝聚“强校兴国”青年力量。

2. 以理论学习为关键，强化青年思想引领。筑牢“青年工程”团校理论教育主阵

地，坚持用党的创新理论武装团员青年，深化“一校三堂四班”培养格局，举办第33期团校，辐射一校三地1165名团学骨干；推动普遍建立院级团校，推动掀起7万人次“青年大学习”的热潮。

3. 多种形式持续深化主题教育实践活动的思想内涵。结合喜迎二十大、建团百年等重要节点，精心组织开展48次累计1616余场主题团日活动，覆盖团员55601人次；组织14000余名青年组成1422支社会实践队伍，深入基层了解党情国情，在实践中学思践悟，胸怀“国之大者”，坚定理想信念。

4. 构建媒体宣传矩阵。提升团学媒体的引领度和辐射度，加强“青春山大”微信公众号等团学宣传阵地建设，策划并推行“青春共话党的二十大”“踔厉奋发向未来”等栏目，创作内容正向、交互性强、普及度高的原创特色推送，充分掌握青年话语特点，以广大青年喜闻乐见的图文视频等融媒体宣传形式引领青年思想，形成广泛影响。

三、聚力服务大局，组织凝聚山大青年永久奋斗的先锋力量

1. 以创新创业助力“双一流”建设和地方发展。“互联网＋”大赛创历史最好成绩。本年度校团委着力创新部门协同组织模式，将学校学科、科研、人才优势转化为赛事组织优势，取得4金8银历史最好成绩。发起成立山东大学青年创新创业服务联盟，发挥共青团的组织优势，链接校内外资源，搭建青年人才交流、校地合作平台，年内初步完成与7地市对接，成功推动了部分青年创业项目的落地。

2. 引领学生躬身社会实践工作、弘扬志愿服务精神。组织开展社会实践活动，奔赴全国各地探索开展“青鸟计划”“希望小屋”“硕博服务团”专项活动，定向挖掘千余个实习岗位，获省部级、国家级媒体多次报道。组建疫情防控青年突击队。年度累计组织6000余名疫情防控青年志愿者突击队员覆盖济南六大校区的食堂、核酸检测点、超市、快递点等抗疫场所，全年累计志愿服务时长近93万小时，在学校疫情防控工作大局中充分展现青年担当，集体经历了一堂生动的思政大课，构建“人人都做志愿者”新模式。

四、促进青年发展，涵养校园文化，全方位打造党联系青年的桥梁纽带

1. 完善体制机制，推动学生权益服务高质量发展。在学生服务保障工作监督委员会的统筹领导下，“权小益”工作室向上推动落实职能部门权益负责人制度，向下构建完善了校院班三级权益网络，着力打通双向工作体系。年度召开9场“青年圆桌会”、13场“青年之声”部门师生座谈会，收集学生权益问题反馈超8000条、回应解决率达96％，呼吁促成趵突泉—洪家楼校车开通及班次增发等“急难愁盼”问题的解决，推动大学生活动中心改造纳入学校年度十件实事。疫情防控期间，“权小益”坚持日报制工作模式，每天收集反馈同学心声，坚决做好学校党委联系广大学生的桥梁纽带。

2. 坚持重点突破，推动五育并举取得新成效。部门协同出台《山东大学学生社团建设管理办法》，完善规范管理、联络服务、品牌建设等机制，学生社团育人功能持续彰显。推动劳动教育列入学校年度服务师生十件实事，牵头构建“7＋N”劳动教育体

系，打造劳动教育山大模式。优化小树林毕业歌会、育贤校友讲坛、讲人生、十大歌手等校园文化体系，以社会主义核心价值观引领校园文化建设。

（马海波）

人事人才工作

人事部（人才工作办公室）坚持以习近平新时代中国特色社会主义思想为指导，深入学习领会党的二十大精神和中央人才工作会议精神，按照“实施新时代人才强国战略，加快建设世界重要人才中心和创新高地”重大部署，全面落实新时代人才工作新理念新战略新举措，以“四个面向”为工作牵引、以精耕细作和“3D”工作法为工作指南，深入实施人才强校战略，深化体制机制改革，快速汇聚高质量人才队伍，奋力夯实一流大学创新发展的人力支撑。

一、主要举措

（一）坚定政治方向，领航事业发展

1. 围绕中心抓党建，抓好党建促发展。坚持“围绕中心抓党建、抓好党建促发展”的原则，打造学习型样板党支部，聚焦学深悟透习近平新时代中国特色社会主义思想、中央人才工作会议精神、党的二十大精神、新一轮“双一流”建设推进会精神等，与学科建设与发展规划部、科研部门、本科生院、合作发展部等党支部开展多场联学共建活动，围绕“七个有力”积极申报并获批三项学校基层党组织活动立项，举办人事人才部门提升“七种能力”专项培训，以高质量党建解决思想根子问题，在认识上率先实现“三个转变”，引领人事人才体制机制改革 2.0 行动破题，构建全校一盘棋推进新时代人才工作新格局。

2. 统筹各业务领域，抓牢安全工作和疫情防控。贯彻总体国家安全观，完成学校安全专项巡视检查及整改工作，构建安全工作长效机制；完善人才安全制度，开展海外引进人才风险排查，确保人才安全；加强涉密人员管理，严格保密审查，确保国家秘密安全；坚持“三个坚定不移”，严格教职工出国（境）及返回审批，为防控一线人员发放绩效补助，5 人支援校外防疫工作组，确保疫情防控安全。

3. 履行政治和经济责任，落实巡视和审计检查任务。以巡促改、以审促改、以改促建，逐项整改巡视发现的问题，出台《山东大学机构设置管理办法》，构建规范合理、运行通畅的组织体系，出台《中共山东大学委员会关于深入强化思政课教师队伍建设的工作方案》，配齐配强思政课教师；高效配合审计检查及整改，三地精准报送近 80 批材料，制定问题整改方案，建立动态推进台账，做好审计“后半篇文章”。

（二）坚持“四个面向”，夯实人才“第一资源”

1. 服务国家重大需求，聚力建设战略人才梯队。抢抓发展机遇，出台《山东大学关于加强和改进新时代人才工作的实施意见》，全面迈进人才引领发展 2.0 时代。内外并举，加强顶尖领军人才建设，拟定《山东大学顶尖领军人才引育支持办法》，集聚战略科学家和学术大师。激发基层单位引育动力，组织编制年度人才引育规划，定期督导。拓宽渠道招引人才，利用人才虹吸效应，参加地市举办的多场招聘活动；利用省人才集团数据资源优势，精准寻聘高端人才；广泛发布招聘信息，向海外学者投放邀约信息 42.8 万人次；创新“云招聘”，线上举办 4 场全球云宣讲及云面试活动；举办第七届齐鲁青年论坛，21 个国家的 5000 余学者线上线下参会。

2. 发挥博士后制度优势，做强青年科技生力军。强化战略设计，制定《山东大学博士后队伍建设“十四五”规划》，聚焦强化战略设计、创新引育模式、构筑共建生态，打造一支高水平、创新型、复合型青年科技力量。完善博士后招收机制，赋予学院更多自主权，一次性下达两年的重点资助类博士后计划。搭建学术交流平台，举办“空天科技”全国博士后学术论坛，邀请领域内五位顶尖院士出席论坛并作报告，集聚全国“空天科技”领域 20 余位知名学者和 100 余名博士后，人社部和省人社厅领导参加，给予高度评价。组织校内博士后交叉论坛，遴选资助 7 个优秀博士后论坛，调动流动站积极性，营造校内学术交叉融合氛围。

3. 创新用人形式，优化教师及管理支撑队伍结构。多元引进教学资源，修订《山东大学兼职教授聘任管理办法》，设置学术型、产业型岗位，促进科教、产教融合，聘任兼职教授 16 人；招聘首批专聘教师 11 人，保障公共课、基础课师资需要。“线上云考试”分类设置高端、特需、基础岗位公开招聘辅导员、管理及教师外专技人员，先后组织 4 批事业编制岗位招聘，选拔录用优秀新生力量 119 人，来源结构更加优化，其中基础管理岗位人员平均年龄为 27.1 岁，均来自国内“双一流”及海外知名高校。充实国际化建设力量，招聘国际交流专员 9 人。畅通非编人员成长通道，开展非编岗位聘任工作。补充短期临时力量，设岗选聘 1678 位短期助理入职，有效拓展我校毕业生就业渠道。

（三）坚持改革创新，推动队伍提质增效

1. 深化评价改革，激发队伍创新活力。深入落实国家教育评价改革精神，破立并举，树立质量、能力、实绩、贡献导向，本年度职称评审新设专职科研系列评审通道，首次使用代表性成果综述，首次将人才培养成效、团队贡献、校内公共服务纳入评价，首次引入第三方机构开展同行专家评审。完善职称评审制度，出台《山东大学专业技术职务评聘实施办法》，明确评价标准、规范评审组织，全面落实教育部监管要求。

2. 推进聘期考核，增加队伍干事动力。稳步启动聘期考核改革，制定《山东大学教职工岗位聘期考核改革实施方案》，拟定《山东大学首批杰出人才体系校内支持人选聘期期满考核方案》，强化目标引领、分类考核以及结果运用，深化人员、岗位、待遇动态管理机制。完成 21 批次高层次人才考核，完成第二批杰出人才体系校内人选中期考核，完成 300 余位预聘制人员考核和续聘，其中解聘、转岗、降级、延期考核等 22 人。

3. 升级能力提升体系，提升队伍履职能力。总结第一轮能力提升工作经验和成果，申获省教学成果二等奖，以此为基础，出台并实施《山东大学能力提升工作计划(2022—2025年)》，加强对各牵头部门的统筹，召开2次能力提升推进会，与新闻传播学院联建能力提升育人实践基地。一校三地牵头面向不同层面管理人员500人次举办专项培训15期，有效促进管理服务工作提质增效。丰富海外研修项目体系，各类公派出国项目派出33人。本年度教职工培训15000人次，各支队伍履职能力全面增强。

4. 优化资源配置模式，为学校发展强力蓄能。调整编制配置方式，将紧缺资源优先用于补充专任教师，着重向一流学科领域建设学科及重点平台倾斜，优先用于补充高水平、专业化管理支撑力量，着重向承担改革发展任务较重的单位倾斜。深化绩效工资改革，制定实施2021年度业绩绩效分配方案，拟定新一轮绩效工资调整方案，优化业绩绩效分配指标体系，突出立德树人成效，进一步强化贡献和实绩，健全有利于提高竞争活力的内部分配机制。

(四) 优化管理服务，营造良好生态环境

1. 完善一校三地运行机制，提升人事人才治理水平。加强人事人才一体化顶层设计，定期组织三地学习研讨和人员培训，探索实行一校三地统一部务会制度，开展一体述职汇报与民主测评，统一思想认识、统一决策流程、统一考核标准，有力推动三地工作同向同行、三地人员同频共振。加强人事人才工作一体化部署，一体搭建引才聚才网络，一体开展机构编制岗位设置、教师外岗位招聘、年度考核、预聘期考核、职称评审等，统一人才与其他各类人员考核评价标准，推进学校纪检监察和内部审计一体化改革，理顺人员进出、教师兼职等人事服务流程，共建共享能力提升平台、人力资源管理服务平台、数字档案使用平台，促进三地业务一体高效推进。

2. 创新服务手段，提升人事人才服务质量。落实关心关爱，为高层次人才、新入职人员、离退休人员等提供贴心暖心服务，完成各类补贴申领、基本工资调增、基本养老保险基金清算等工作。通过广泛调查研究和征求意见，规范出台制度性文件8件，打造国家、省市、学校现行人事人才政策制度集中查询使用平台。构建疫情防控期间线上、线下双线服务渠道，集中优化各项业务服务流程，加快推进干部档案审核，基本完成人事档案数字化，推进人事人才服务数字化转型，提高服务效率，提升教职工满意度。

3. 开展工会活动，提升人事人才工作温度。组织荣休仪式，走访慰问离退休干部、援疆干部，组织新春茶话会，策划三八节庆祝活动，组织午间八段锦活动，组织形象照拍摄；疫情封控时期，组建志愿服务小队，为校内留守同事购置急需药物、生活必备品等，举办“慧心·赋能”主题讲座，帮校内外办公人员缓解压力、调适状态，倾力打造有温度的人事人才工作团队，将温暖与关爱传递给广大教职员工。

二、主要工作成效和亮点

(一) 广泛发动、深入挖潜、精准指导，人才队伍引育取得新突破

2022年引育各类人才353位(引进209位，自主培养144位)，新增双聘院士4位，国家级人才入选数量赶超2021年，新增14位领军人才、58位“四青”人才，列

全国高校第 8 位。引进人才成绩突出，海外优青入选数量创历史新高，列全国高校第 11 位。自主培养人才成效显著，国家杰青入选 6 位，较 2021 年翻番，国家优青入选 12 位；国家特支计划青年拔尖人才入选 20 位，列全国高校第 2 位，仅次于清华大学，其中自然科学类入选 17 位，与清华大学、浙江大学并列全国高校第 1 位，国家特支计划教学名师入选数量并列全国高校第 1 位；在泰山学者项目中，共入选攀登专家计划 3 位、特聘专家 15 位、青年专家 84 位。后备力量衔接有序，选拔录用优秀青年教师 287 位，招收博士后 546 人，为学校发展注入新动能。

陈子江院士、孙金鹏教授荣获“谈家桢生命科学奖”，该奖项被誉为“中国生命科学诺贝尔奖”；王文兴院士荣获“环境化学终身成就奖”；刘斌教授、徐峰教授荣获第十七届中国青年科技奖；张海霞教授获第十七届“中国青年女科学家奖”；李利平教授获“科学探索奖”。

（二）加强布局、优化结构、搭建平台，博士后科研创新能力提升显著

各类基金贡献率稳步提高，获国自然资助 132 项，较去年增加 18 项，占全校 24%，其中青年项目占全校 41%；获第 71、72 批面上资助，列全国第 7 位、第 8 位，其中第 71 批共 8 人获一等资助，列全国第 1 位；10 人入选省“博新计划”，54 人获省博士后创新项目资助，获评 10 个山东省博士后创新人才和 54 个省博新项目，继续领航全省第一，同时创学校历史新高。鼓励创新创业，组织参加省博士后创新创业大赛，获 1 金 1 银 3 铜 5 优胜，位列全省第一。

（三）扎根地方、主动争取、精准服务，校地资源叠加凸显新优势

积极与省市主管部门对接，多方争取编制、补助津贴等支持，增强学校对人才的吸引力。在争取山东省 500 名高层次人才周转编制基础上，商定山东省委编办和人社厅，统招博士后依托山东省人才发展战略研究院参加省直社会保险，不再占用学校编制，释放 600 余个编制用于引进重点、急需人才，大大缓解了编制资源紧张的局面。积极与省市主管部门对接，为高层次人才、博士后、青年师资争取各类补助津贴等近 2.76 亿元，强化人才支持保障。

（秦丽媛）

学科建设与发展规划

一、全面学习、全面把握、全面落实党的二十大精神

1. 以党的二十大精神引领党支部建设。围绕迎接和学习贯彻党的二十大精神这条主线，建设学习型党支部，开展教育部“双一流”建设推进会精神支部联学等贯穿全年

的系列学习研讨活动，全面强化思想理论武装。推进党组织书记抓基层党建突破项目和基层党组织活动立项，党建突破项目获评优秀。

2. 以党员责任担当筑牢安全防线。动员全体党员“亮身份、上一线、当先锋”，让党旗飘扬在机关抗疫一线，以担当有为的实际行动确保安全和发展两不误。夯实安全工作责任，扎实做好党委安全工作专项巡视、校园媒体宣传内容专项治理行动。

3. 以调查研究提升服务发展能力。聚焦国家重大战略需求，按照教育、科技、人才“三位一体”的统筹部署，认真谋划学校发展战略提档升级。坚持“服务到一线”，主动协同各职能部门，有力服务学院学科发展。领导班子以身作则，率领部门全体人员以对学校事业发展的高度责任感投身各项工作，整个部门呈现团结干事、勤奋研究、敢于吃苦、能打硬仗的生动气象。

二、高质量推进“双一流”建设

1. 完善“双一流”建设方案。对标三部委《关于深入推进世界一流大学和一流学科建设的若干意见》，组织进一步完善学校及 4 个一流学科建设方案，科学擘画“双一流”建设蓝图。

2. 推进 12 个一流学科领域建设。出台《山东大学一流学科领域建设管理办法》，推动成立学科领域建设委员会，以集群建设的创新机制加快培育一流学科高峰。

3. 科学配置建设经费。出台《山东大学预留重点学科经费配置办法》，科学配置重点学科建设经费年初分配经费、预留重点学科建设经费和基础发展经费，支持重大建设事项和新兴交叉学科领域建设。

4. 大力实施融合发展战略。出台《山东大学关于推进融合发展的实施意见》，组织专题培训和解读，全面推进“六大融合”。前瞻布局战略新兴交叉学科和方向，推动成立零磁医学研究院和智能创新研究院。研究提出国家治理研究院新的体制机制，推动加快打造出思想的一流学术高地。

5. 完成教育部“双一流”年度建设监测数据填报。开展 4 轮次修改完善，高质量完成“1＋4＋12”套监测数据填报工作，充分展示 2021 年度学校“双一流”建设的成效。

6. 完成山东省“811”计划初步申报。精心完成 27 个备选学科申报工作，为学校获得山东省更多支持、更多学科跻身下一轮国家“双一流”建设学科行列打下良好基础。

三、有力推动“十四五”规划落地落实

1. 完善中层领导班子任期目标责任书指标体系。落实中层单位领导班子任期目标责任制实施办法，总结上一届班子任期目标完成情况，立足“十四五”时期学校高质量发展要求，完善任期目标指标体系。

2. 组织编制任期目标责任书。细化审核各一流学科领域和教学科研单位量化目标任务，协调校领导和 10 余部门对全校 58 个教学科研单位的目标责任书开展 3 轮次审核论证，推动中层领导班子科学谋划“追求卓越、争创一流”的建设目标与建设任务，确保学校“十四五”总体目标任务和一流学科领域目标任务分解落实，完成新一届中层领导班子任期目标责任书签订工作。

3. 构建共同责任机制。组织一流学科领域以及一体发展有关单位共同签订同一份领导班子任期目标责任书，有力支撑学科集群建设和一体发展战略实施。

4. 强化“十四五”规划过程管理。组织重大任务各牵头单位对照“十四五”规划施工图梳理2021年目标任务落实情况，并优化2022—2025年各年度推进计划，持续完善规划实施的任务书、路线图、时间表，确保“十四五”规划全面实施、有力推进。

四、系统推进学术委员会建设

1. 全面修订《山东大学学术委员会章程》。认真学习研究上级精神，广泛调研国内外高校学术治理经验，开展3轮次征求意见，完成《山东大学学术委员会章程》修订工作，为规范和加强学术委员会建设、提升学术治理能力提供根本制度保障。

2. 启动并推进学术委员会换届工作。精心谋划制定《山东大学学术委员会换届工作方案》，部署启动并全程指导全校基层学术委员会换届工作。

3. 深入开展科研诚信与作风学风建设。以教育部专项整治活动为契机，组织全校自查科技论文10000余篇，及时发现和解决问题。优化学术不端事件处理流程，强化基层单位学风建设责任意识，召开校学术道德委员会会议4次，启动56件上级部门督办案件的调查工作，向上级部门报送调查报告等45份。切实把好各类项目申报的“学术诚信关”，配合开展学术诚信核查，完成学术诚信审核900人次。

4. 科学组织开展各类学术评价。加强与各部门沟通协同，组织人才工作专家组会议26次、专项评审10次，推动各级学术委员会在学术治理中充分发挥作用。

五、牵头推进设备更新改造专项工作

抢抓国家扩大教育领域投资的宝贵机遇，立足学校实际和长远发展需要，上下结合、充分协同、科学论证，谋划提出未来五年总价值80亿元的仪器设备需求清单，推动配齐配强“高精尖缺”重大仪器设备、构建现代化仪器设备体系、全面升级一流学科支撑条件，为学校学术核心竞争力跨越提升“强力蓄能”。

六、高效完成其他各项重要工作

细化研究龙山校区（创新港）空间布局方案，坚持统筹当下与长远、统筹存量与增量、统筹一校三地发展，基于长远规划，认真研究龙山创新港二期（2035年）和一期（2024年）空间布局事宜，提出《龙山校区（创新港）空间布局细化建议》。做好深化中央巡视整改工作，以更高站位、更实举措牵头推进有关长期整改任务落实，加快推动学校事业高质量发展。扎实配合经济责任审计工作，优质高效做好提供资料、接受访谈、取证沟通等各项任务，受到学校领导充分肯定。圆满完成教育统计，统筹全校各单位完成高等教育统计数据年度和季度填报工作，编制《山东大学2022年度统计公报》和《2022年山东大学基本情况统计分析报告》。认真做好内部控制工作，配合完成《山东大学2021年度内部控制报告》编制。

（李　磊）

人才培养

本科生教育

本科生教育始终以习近平新时代中国特色社会主义思想为指导，深入学习贯彻党的二十大精神，全面落实立德树人根本任务，牢牢把握高质量发展根本要求，紧紧围绕“双一流”建设和学校人才培养工作，坚持“精耕细作”，着力推进教育教学质量革命，加快构建中国特色世界一流的人才自主培养体系，致力于“培养最优秀的本科生”，取得显著成效。

一、深入学习党的二十大精神，全面加强党建引领

深刻理解和全面把握习近平新时代中国特色社会主义思想，深入学习贯彻党的二十大精神，不断深化对中国式现代化的认识，深刻领悟教育、科技、人才“三位一体”的战略意义，做到在学习中把握、在内心中认同、在实践中践行。通过多种方式组织开展党员活动，丰富教育形式和内容，切实增强全体党员加快建设教育强国的使命感、责任感。持续加强作风建设，将教育成果转化为培养时代新人的具体行动和有效路径，不断提升教育教学服务保障水平。圆满完成中央巡视整改、学校“深化审计整改 加强风险排查”专项行动和学校安全工作专项巡视，持续彰显党的政治优势和组织优势。

二、坚持铸魂育人，推进课程思政建设

推进习近平新时代中国特色社会主义思想和党的二十大精神“三进”，全面强化思政课程和课程思政建设，促进专业教育与思政教育深入融合、同向同行。选树课程思政示范课程、教学名师和教学团队，持续强化已立项国家级、省级和校级课程思政示范项目建设，发挥示范引领作用。组织课程思政教学比赛，省赛取得优异成绩。课程思政建设走在前列，发挥重要引领作用，相关成果获得山东省教学成果二等奖，山东省课程思政建设成果获省级教学成果特等奖。开设“泺源讲堂”，打造通识教育山大新名片。

三、强化需求导向，加快培养紧缺人才

紧紧围绕国家战略急需和经济社会发展需求，召开国家急需高层次人才和基础学科拔尖创新人才培养工作专题会议，升级学校拔尖人才培养工作，大力推进文理医工“五大学堂”建设，强化基础学科拔尖学生培养计划 2.0 基地和强基计划等拔尖人才培养项目建设，构建形成了山大特色的多层次、立体化拔尖创新人才培养体系。泰山学堂等成

果获省级教学成果特等奖。学生培养成效显著，泰山学堂2022届毕业生深造率达到99%，2022届毕业生在SCI重要学术期刊和国际会议发表论文12篇，在全国以及国际大赛中获得83项大奖，孙树喆获宝钢基金特等奖。

四、聚焦人才培养，大力推进专业现代化

坚持“四个面向”，持续优化专业结构，推进“四新”建设和专业优特新建设。新获批16个国家级一流本科专业建设点，9个省级一流本科专业建设点。学校国家级一流本科专业建设点总数达74个，位列全国第六；省级一流专业建设点16个，一流专业占本科招生专业总数的94.7%，全面实现专业“优特新”建设。获批2个多学科交叉融合专业，申报国际组织与全球治理、国际新闻传播2个新文科本科专业。新建27个微专业，微专业教育进入2.0阶段。

五、坚持规划先行，加强精品教材建设

出台《山东大学教材建设“十四五”规划》，落实立德树人根本任务，鼓励教师积极编著出版高水平高质量教材，支持开设高水平高质量课程。首批支持78本高质量教材建设。修订《山东大学教材建设与管理办法》，加强教材管理的科学化规范化。开展两轮教材排查及一轮自编教材摸底工作，全面提升马工程重点教材使用率，学校马工程重点教材使用率达100%。出台《山东大学本科课堂教学改革提高人才培养质量行动方案（2022—2025）》，279门高水平慕课上线国家智慧教育平台，课程数量位居全国第五。

六、强化引领服务，推动新文科建设走深走实

作为全国新文科建设组长单位，积极推进新文科理论研究和实践创新。入选首批教育部新文科研究与实践项目19项，位列全国第一。推进新文科教育研究中心智库建设，成功入选CTTI来源智库。“山东大学新文科理论研究与实践探索”荣获山东省教学成果奖特等奖。持续完善“一刊一报告、一会一论坛、一号一平台”工作机制，推进《新文科理论与实践》创刊并完成四期出版。发布《新文科建设年度发展报告2021》，编写《新文科建设年度发展报告2022》，举办2022新文科建设高峰论坛，召开《新文科理论与实践》编委会第一次会议。大力加强国家语言文字推广基地建设，荣获山东省语言文字工作先进集体1项、先进个人1人，入选2022年山东省中华经典诵吟特色学校。

七、全面赋能升级，创新创业教育再创辉煌

实现创新创业教育生态系统3.0建设目标，成功获批首批国家级创新创业学院，实现了“国家级基地＋国家级学院”的双品牌效应。全校创新创业教育平台数量超过45个，线上线下平台开设各类课程122门，受益学生每年达到2万余人次。2022年新立项国家级、省级、校级科创项目650余项。组织学生积极参与校级省级国家级竞赛80余场次，共获得各类国家级奖项近百项，包括互联网＋大学生创新创业大赛全国金奖4项、银奖8项（历史最好成绩），数学建模高教社杯等2项全国冠军，大学生竞赛排行

榜成绩稳定在全国前列。

八、夯实教学管理，确保高质量教学运行

面对复杂多变的疫情形势，牵头负责学校新冠肺炎疫情应急处置教学工作组，按照“六要六不要”线上教学要求，实现线上线下教学模式随时切换。重点打造暑期学校海外师资项目与暑期精品项目，累计选课人数达到30561门次，再创历史新高。完成智慧教学与服务平台一期建设，启动二期建设工程。圆满完成“学校重大设备购置和配套设施建设项目”中人才培养、设备购置、储备分库的申报、建设、购置等工作，全面推进育人硬件条件改善。完成国内首个裸眼全息教室建设并实现三地同时开课，智慧教室建设进入新阶段。发布《山东大学关于进一步加强和改进新时代本科实践教学工作的实施意见》及本科实习工作、实验教学、实习基地建设管理制度，构建实践教学“1+3”制度体系，新建校外实习实践基地37个。持续完善推免生评价体系和工作机制，出台《本科生推免办法》。荣获“山东省高等教育学籍管理工作先进集体”称号。

九、加强招生改革，生源质量稳中有升

深入研究招生政策，完善落实招生、培养、就业联动机制，科学制定、精准实施招生工作方案，持续推进全员招生宣传与教育拓展工作，2022年度生源质量进一步实现稳中有升。克服疫情防控等严峻困难，顺利完成外语类保送生、高水平运动队、综合评价、强基计划招生报名与校考工作，顺利完成集中录取、通知书发放和新生入校资格复核工作。2022年全校共录取本科新生10334人，预科新生130人，其中强基计划录取178人，综合评价录取300人，高分学生与学科特长学生比例呈连续增长趋势，校区结构、学科专业结构、生源结构得到进一步优化。实施英才计划，共选拔录取59名英才计划学生和18名省级学员，进一步加强高校高中基础学科联合育人工作。

十、坚持多措并举，推进质量文化建设

出台《山东大学迎接教育部本科教育教学审核评估奋力推进一流本科建设行动方案（2022—2025）》，以审核评估为契机，全力推进本科教育教学质量文化建设。组织青年教师讲课比赛、教学创新大赛、混合式教学创新大赛等比赛，完善以赛代练机制；组织线上教学技术培训，服务疫情常态化防控下的线上教学；开展线上教学质量提升专项行动，编辑印发4期《教学简报》。出台《山东大学基层教学组织建设管理办法》，评选首批优秀基层教学组织。完善基本状态数据库填报机制，按期完成数据填报和质量报告的撰写，数据指标显著改善。2位教师入选“万人计划”教学名师。8个专业通过专业认证申请，2个专业完成入校考查。第九届山东省高等教育省级教学成果奖顺利完成申报并取得优异成绩，77项教学成果获省级教学成果奖，其中，特等奖8项、一等奖24项、二等奖45项，获奖数量创历史新高，较上一届翻了一番。

（王　琳）

研究生教育

一、年度工作概述

聚焦“精耕细作”，围绕提质创新，研究生教育以立德树人、服务国家为根本导向，致力于培养最具创造力的研究生，研究生教育改革成效初现。

基本完成“四大工程”，初步建立了现代化的学位授权体系和动态调整机制；在科教融汇、产教融合育人体系上不断产生创新模式；交叉育人、团队育人机制由试点阶段走向推广阶段；广泛吸纳和提供全球优质教育资源，不断涌现顶级研究成果。持续增强“五个能力”，将服务国家重大战略作为研究生教育发展的“总方向”，新增研究生资源70％汇聚到国家级人才和国家重点项目中；将支撑高峰学科建设作为培养拔尖创新人才的“总势能”，93％的博士研究生投入到一流学科建设平台；提升交叉创新能力，力推交叉学科学位点建设、支持交叉创新导师团队；稳固教育资源“新基建”能力，推出新时代思政课、数字素养、智慧课程等全新课程群；研·课程思政、五育并举协同育人等品牌影响力逐步释放。以“六大体系”建设为路径，研究生教育在以立德树人为根本的大思政体系，以服务需求为导向的学科专业体系，以培养创新素养为核心的资源体系，以四有好老师为方向的导师发展体系，以质量贡献为重点的教育评价体系，以融合聚力为基础的教育开放体系建设上，取得了新成绩。

二、六大关键词系统推进研究生教育发展

（一）强基固本，完善党建与思政教育

党建铸魂，思政引领，推动习近平新时代中国特色社会主义思想“三进”，成立研究生思想政治公共课教研室，依托国家重点马院打造四部精品教材。深入“研·课程思政”三期工程，专项建课宣传贯彻党的二十大精神逾120项，挖掘典型案例，专题网站上线，推荐省级课程思政示范课程和“研思政”人物专访。推进“把论文写在祖国大地上”五育并举协同育人工程。创办《研究生教育动态》期刊，促进教育行政管理向专业化、研究型转变，率先关注和破解时代对教育提出的新问题、新挑战。激发研究生科研报国情怀，开展“红色研学”科研实践立项，涌现出如精准扶贫脱贫、乡村振兴等主题的优秀项目。聚力黄河流域人才高地，构建“山大系”研究生育人共同体。打造研究型、专家型思政队伍，加强党员骨干培养，推进党建示范创建和质量创优，遴选“研究生样板党支部”“研究生党员标兵”等。

（二）面向需求，优化拔尖人才培养机制

服务国家需求，建成现代化学位授权体系。自主评估，主动撤并，形成动态调整势能，基本建成“点线面体”系统性国家急需紧缺高层次创新人才培养体系，激发交叉学科生长点，打通基础学科拔尖人才成长线，首要满足国家急需学科需求面，搭建“高峰—高原—高地”阶梯式超常规人才培养体系，分层次、有重点地输送国家急需人才，提升研究生自主培养能力和服务国家战略能力。

支撑重大战略，持续优化招生机制。接收推免生 3089 人，硕博连读 532 人，“申请—考核”成为博士招考主渠道。设列 10 项国家急需学科，大幅超额完成国家下达的急需专项指标。对接“十强”产业发展，对重大项目、重大科研平台招生重点支持，博士新增计划的 70%投入新增国家级人才和国家重大项目招生，博士招生计划 93%用于一流学科。聚焦国家关键核心领域开展工程硕博士专项招生，涉及 6 家企业和 1 家国家实验室。

（三）开放融合，促建协同育人工程

科教融合模式日益完善，研究生广泛参与国家重大科研项目、工程项目，贡献突出，2022 年又添两名研究生在 *Nature* 等期刊发文。推进山东省科教融合协同育人联合体建设，依托经济学、数学等 6 个重点基础学科，构建高质量协同育人机制。与高水平科研院所合作，做强交叉融合育人大平台、交叉创新团队育人项目。

开展国家急需高层次人才培养，半导体、航天动力、网络安全等 6 个领域纳入重点领域，与中钢集团、兵器工业集团等企业联合制订个性化培养方案，实行“工学交替”培养方式。聚焦解决产业共性技术和需求创新问题，力争 3 年内进入国家卓越工程师学院建设第一方阵。

深入开展研究生全球胜任力工程。完成研究生国际化课程立项，开办国际师资全覆盖研究生暑期学校暨高端学术讲坛。克服疫情影响开展出国留学选派，共涉及 37 个国家项目，录取率位于全国前列。

（四）超常布局，培育研究生创新素养

培养方案改革，沿高标准、超常规路径推进。以一级学科培养方案为基础，重点关注基础学科、本硕博贯通培养模式人才高质量培养研究。

交叉学科导师团队育人试验探索已经进入深水区，动态遴选 20 个学科交叉导师团队，给予博士招生计划专项支持，每年对育人与科研成果进行从严考评。2022 年新增零磁医学创新研究团队，与人工智能、数据科学、新能源、新材料等学科团队共同组成科技前沿探索新矩阵。建设一批现代化、前沿课程群，建设学术学位核心课程系列教材等金课专项，推进案例库优质资源积累，开展创新创业学分直接认定。激励学术创新，优化奖助工作。

（五）导师领航，培育人才培养“大先生”

全面推行导师团队制，形成知识复合、学科多元、产学融合、代际结合的导师团队。支撑人才发展，简化人才认定博导资格程序。通过“我心目中的好导师”评选、导师遴选培训、导师沙龙等形成“争做大先生”系列品牌。

高质量组织新增博士生导师培训、行业导师专题培训和育人论坛。组织“案例大家谈”系列讲座。创办“导学思政下午茶”品牌。加强导师对研究生心理健康指导能力的培训。开展企业行业导师学校聘任。围绕师德师风等内容制定导师行为“负面清单”。设置充足的学术规范类公共选修课。

（六）细分评价，精准建设质量评价体系

构建柔性科学的人才科研创新能力考核评价标准。做通、做长、做优硕博连读人才培养通道，加强博士中期考核和分流机制。推进学位论文质量提升计划，开展论文质量回头看专项整治工作。建设人文社科领域研究生科研创新能力评价体系。顶天立地，分类培养体系格局逐渐完善，规范和加强专业学位研究生专业实践、联合培养基地的建设，科研与应用人才培养齐头并进，从培养全过程和评价标准等全方位细分。健全质量与贡献导向的资源优化机制，培养质量、科研贡献、就业生源等统筹考虑。大幅提升研究生助学金水平，在国家、学校两级经费配套基础上，调动导师保障积极性。推进教育数字化战略，以教育的信息化再造培养流程，细化培养数据，保障育人质量，提升教育治理能力现代化。优化学籍管理、学籍预警工作，全年保障线上线下教学的流畅切换与数据保存，教育行政过程大部分实现网络化。

2022 年 12 月 24—25 日，2023 年全国研究生入学考试举行，受疫情影响，堪称史上最艰难、最复杂的一次研考。山东大学报名考生近 2.8 万人，从考务组核心成员到监考人员，从后勤安保人员到考场内外每一位志愿者，都为“如期考研，应考尽考，平安考研”付出了很多。他们夜以继日，如履薄冰，为几万学子、几万考生成为国家栋梁，实现山大梦想，坚持了初心和责任。这集中体现了“山大人对育人使命的执着忠诚，与困难斗争的刚健意志，对专业职责的精益求精，以及无问牺牲的担当奉献”的“研考精神”。

（李啸闻）

继续教育

继续教育学院在学校党委、行政的正确领导下，在学校有关部门的大力支持下，团结带领全院教职员工深入学习习近平新时代中国特色社会主义思想，认真学习宣传贯彻党的二十大精神，坚持并不断加强党对继续教育工作的全面领导，以推动继续教育高质量发展为主题，把握内涵、扎实工作，稳步实现继续教育“质”的有效提升和“量”的合理增长。学院设党委书记 1 人，院长 1 人，副院长 3 人，鲁统超任党委书记，陈志军任院长。

一、以高质量党建引领继续教育高质量发展

一是压实主体责任，从严管党治党，强化领导班子成员的主体责任和“一岗双责”，形成全面从严治党整体合力。二是坚持党管干部、党管人才原则，严格按照学校规定开展科级干部选拔和试用期满领导干部考核工作，结合党员干部培训、实践锻炼和党风廉政教育等多项措施，建设忠诚干净担当的高素质专业化干部队伍，夯实党执政的组织基础。三是学院班子成员带领党员干部群众深入学习宣传贯彻党的二十大精神，落实党委理论学习中心组学习制度、教职工政治理论学习制度，结合“三会一课”、主题党日、专题讲座等多种活动形式，深入推动习近平新时代中国特色社会主义思想和党的二十大精神入脑入心。四是在《山东大学继续教育工作简报》推出“喜迎二十大、永远跟党走”专栏，进一步加强党员干部思想理论建设，推进党史学习教育走深走实。五是贯彻落实“三维一体”工作思路，认真履行疫情防控与安全工作职责。

二、深入学习领会继续教育改革发展要求，加强继续教育顶层设计

一是结合学校“双一流”建设目标，立足“服务学科发展”，重新制定《山东大学“十四五”继续教育事业发展规划》。二是准确把握高等学历继续教育发展新阶段、新要求，制定《山东大学网络教育试点结束工作方案及风险防控预案》《山东大学关于推进新时代高等学历继续教育改革发展实施意见》。三是编制《山东大学成人教育二十年发展状况白皮书》《山东大学自学考试二十年发展状况白皮书》《山东大学非学历教育工作报告》，系统总结继续教育近二十年发展经验，探索新时期继续教育发展路径。

三、持续推进继续教育“质”和“量”有机统一，实现协同并进

一是全面完成学历继续教育严控规模总体要求，成人学历教育报名4200余人，其中直属中心报名1200余人，实现学历继续教育收入2633.61万元，为学校争取更多学科发展资源作出贡献。二是克服疫情、人员、政策等因素影响，全校共举办非学历教育培训200余班次，培训学员1.6万余人次，实现教育培训收入3785.8万元。三是在高质量完成78423科次各项考核工作、185486份试卷评阅工作基础上，推进具有自主研发特色和较为完善的优质学习资源建设，实现自学考试收入710.8527万元。全年共实现继续教育学费等总收入7128万元。

四、夯实制度体系建设，提升规范办学意识，健康有序的继续教育办学生态持续显现

结合中央巡视、经济责任审计整改等相关要求，牵头制定《山东大学关于独立法人单位举办非学历教育的指导意见》、修订《山东大学非学历继续教育管理办法》，严格规范“自招、自办、自管”的非学历办学形式，完成非学历教育专项整治工作，把整改成果作为继续教育转型发展的突破口，明确了继续教育转型发展方向，服务学校“双一流”建设，助力学科发展。

五、服务与发展并重，探索继续教育发展新模式

一是全面落实教育培训“七强化”，深入儒学高等研究院、政管学院等二十余家科研院所开展调研，通过举办“山东大学继续教育骨干人员能力提升培训”，设计研发经济金融、企业管理、乡村振兴等专题培训课程助力办学单位办学。二是疫情封校期间协助学校推出疫情防护直播讲座并建设“拍打区”服务站，为在校师生提供拍摄打印等服务；协助团委、艺术学院等单位录制170余课时。三是服务乡村人才振兴战略实施，与定点扶贫县确山协同开展乡村人才振兴公益讲座活动2期，14个乡镇领导干部共同参与学习。

六、获奖情况

一是课程思政和思政课程同向同行、协同发力，特色项目“教育智能化引领下的高等学历继续教育药学类课程思政研究与实践”获评“2022高校继续教育课程思政优秀案例”。二是结合继续教育学生特点不断深化教育教学改革，山东大学推荐的2名学历

继续教育学生荣获全国及山东省“事迹特别感人的百姓学习之星”荣誉称号。三是特色项目“服务基层社会工作人才队伍建设，助力乡村人才振兴”获评 2022 年山东省“终身学习品牌项目”。四是高等教育自学考试山东大学评卷点荣获山东省教育考试优秀评卷点。五是山东大学校本部教学点获评 2022 高校学历继续教育优秀校外教学点。六是“‘大思政’视域下高等学历继续教育育人模式构建”“服务国家战略·助力教育援疆”“做优自考项目管理专业　助力终身教育体系构建”获评 2022 中国高校远程与继续教育优秀案例库优秀案例奖。

（郑寅朋）

国际教育

国际教育学院党委认真履行全面从严治党责任，立足“国之大者”，坚定“四个自信”，拥护“两个确立”，做到“两个维护”，坚持大抓基层鲜明导向，充分发挥基层党支部战斗堡垒作用和党员先锋模范作用，用“金钥匙”破解发展难题，构建国际中文教育高质量发展新格局；严格落实“一办法三清单”，班子成员履行“一岗双责”，强化领导班子成员全面从严治党责任，深入基层党支部指导督导党建工作；以学院党委、党委委员和基层党支部的联动工作机制构建管党治党“三级工作体系”；全面落实巡视整改，管方向抓大局，形成全面从严治党整体合力。

一、学院概况

国际教育学院以国际汉语教育人才培养、外国留学生教育、海内外汉语师资培训、国家通用语言文字推广、智库建设为主要任务，下设汉语国际教育系、对外汉语教学部、教育部来华留学生预科部等机构，是山东大学中华传统文化研究与体验基地、山东大学语言与文化传播研究中心的挂靠学院，是山东大学海外孔子学院的重要建设单位。

2022 年，学院专任教师 41 名，其中教授 6 人、副教授 19 人。

二、年度工作概述

国际教育学院坚持以习近平新时代中国特色社会主义思想引领国际中文教育发展，以扎实工作服务构建人类命运共同体；坚持落实立德树人根本任务，倡导构建“亲清师生关系”，推动“三全育人”综合改革；全面推进习近平新时代中国特色社会主义思想“三进”工作，扎实做好课程思政；落实学校服务山东、服务社会工作部署，积极服务国家战略需求；坚持精耕细作，采取系列措施，更新观念，提高认识，坚持“严”的主基调，加强规范管理，守牢疫情防控、舆情管控和网络安全。

学院当选为世界汉语教学学会常务理事单位；汉语国际教育硕士专业在中国科教网排名全国第九，本科专业软科排名第三，综合类大学第一；积极践行融合发展，在国内发起成立“国际医学中文教育协同创新中心”，实现服务山东和服务西部的新突破；与医学院建立“文医联合实验室”，实现学院新文科建设的破冰；与科大讯飞、元中文数字等联合开创产教深度融合培养新模式；理清国际合作思路，构建服务以孔子学院为龙头的国际中文教育高质量对外交流网络布局。

三、主要工作举措

（一）坚持以政治建设为统领，以正确政治方向引领国际中文教育发展

学院党委厘清学院发展思路和发展目标，确立了学院在“十四五”发展规划期间的主要任务是“积极构建人类命运共同体下的国际中文教育创新发展格局”，确立了“1＋2＋6”工作目标；坚持以“五个一”学习模式，落实“第一议题”制度，把学习贯彻《习近平谈治国理政》、习近平总书记关于教育的重要论述贯穿全年，与学习贯彻习近平总书记系列重要讲话精神、党的十九届六中全会精神和党的二十大精神紧密结合，引导师生党员坚定理想信念、牢记国际中文教育初心使命；严格执行学校规定，开展本单位防疫工作，顺利完成转运高青方舱隔离和提级管理各项工作。

（二）坚持精耕细作，采取系列措施规范管理

坚持不懈常态化长效化开展党史学习教育，树立“以教师发展和学生成长为中心”的工作理念并一以贯之，倡导树立“以公开促进公平公正”治院理念，大力推行院务公开，建立学院周报和专报制度；完成学院档案室建设；简化办事流程，严格落实“院领导接待日”“心愿箱”“吹哨单”等纾解师生堵点的有效举措，畅通了干群交流渠道；践行一线规则，把实心实意为师生办实事作为出发点和落脚点，及时妥善回应解决师生急难愁盼的问题，先后出台《关于进一步做好退休职工关心关爱的意见》《关于进一步推进“三全育人”综合改革的意见》，关心关爱每一位教职工，同中有异做好中外学生工作；引领树立了“人才破局促进师资队伍建设”“国际化工作创新发展”“以校友情怀培育中外学生”“以平台建设提高学生培养质量”等新理念；形成了“以‘鲲鹏’卓越青年人才培养计划促进学院落实‘三全育人’综合改革”“以‘青年教师托举计划’推动学院人事人才工作新破局”的新理念，全院上下营造出团结向上、干事创业的良好氛围。

（三）以扎实的课程思政，做好习近平新时代中国特色社会主义思想“三进”工作

全面推进《理解当代中国》国际中文系列教材“三进”工作，传播习近平总书记治国理政思想；受国家留学基金管理委员会委托，牵头编制《预科医学中文等级标准》；面向俄罗斯、塞尔维亚、韩国、蒙古、美国等国家青少年大力实施定制式远程教学系列课程，服务“一带一路”倡议，真实、立体、全面展示中国。

（四）落实学校工作部署，服务国家战略需求

受中外语言交流合作中心委托，面向美国、英国开展中国语言文化教育；联合贝尔格莱德中国文化中心设立“蒲公英”中文研修项目，面向在塞中资企业本土员工开展短期中文教学；合作开设中国侨联“亲情中华·为你讲故事”网上活动营；新拓展面向“一带一路”共建国家和中文纳入国民教育体系国家本土中文教师培养专项；启动与国外高校合作开展本科生、研究生联合培养方案；支持西部高校国际中文教育相关工作，赴新疆开展“推普”教学，获评“山东省语言文字工作先进单位”；服务定点帮扶和助力乡村振兴，支持河南确山和山东高青开展“中华优秀传统文化”进中学文化教育工作。

（五）强化育人顶层设计，中外学生工作再拓新局

实施学院“三全育人”综改工程，打造学院特色的“五育并举”文化标识和精品活动，探索中外学生趋同化管理“点—线—面”增效模式，从细、从严、从新做好疫情常态化学生教育管理服务。获评国家级“双创”奖励两项、山东省先进班集体、学校研究生样板党支部等，2022 届毕业生就业率达 96.95%。

（六）强化政治担当，推动落实全面从严治党主体责任

学院严格执行八项规定，深化巡视整改，以“精耕细作”要求强化作风建设，规范各类公权力和公用经费使用；构建长效化常态化机制，推进全面从严治党向基层延伸；坚持“发展要安全”，以守牢守好网络意识形态阵地为党委核心工作，制定了《关于舆情应对处置工作的实施方案》，加强意识形态阵地建设和管理；党委（扩大）会坚持“三必谈一统筹”，开展对师生思想、疫情舆情、网络信息管控、社团管理等方面进行分析研判；组织召开党外人士与系部主任联席座谈会；落实新时代党的组织路线和新时代好干部标准，调整学院科级干部，开展干部培训，为学院事业高质量发展提供支撑保障。

经过共同努力，全院牢固树立了“在服务国家战略和社会发展中贡献山大方案”的坚定信心，和谐稳定、积极向上的氛围进一步浓厚，师生获得感、幸福感、安全感普遍提高。

（曲进业）

科学技术研究

一、概述

2022 年，山东大学科技工作始终坚持以习近平新时代中国特色社会主义思想和党的二十大精神为指导，心怀“国之大者”，聚焦“四个面向”，深入落实“121”行动路径和“3D”工作法，发挥举校体制优势，克服疫情影响，配置创新资源，加强有组织的科研，精耕细作，助力大平台、大团队、大项目、大成果建设，以原始创新带动关键核心技术攻关能力提升，山东大学科技创新能力显著提升。

（一）党建显实效，思想业务双提升

科研院坚持“学习上走在前，落实上走在前”，通过积极开展支部书记讲党课、联合党建、重温党史等活动，深入学习、贯彻党的基本理论和党的二十大精神，凝心聚力，增强服务意识，形成以党建促创新、以创新带发展的工作生态，按照“规则、专业、谋划、格局”科研管理八字方针，不断增强科研管理服务的前瞻性、谋划性、专业性，管理效能大幅提升。

（二）围绕“国之大者”，高端平台建设取得重大突破

山东大学科研平台建设运行质量不断提升，高端科研平台建设持续取得突破。作为依托单位之一，与济南二机床集团有限公司共建的金属成形高端装备与先进技术全国重点实验室，与徐州工程机械集团有限公司共建的高端工程机械智能制造全国重点实验室等两个全国重点实验室获批立项建设。此外，山东大学作为第一依托单位牵头建设的地下工程灾害防控与安全建造全国重点实验室通过教育部新建全国重点实验室预审，进入科技部第二批国重重组评审答辩序列；山东大学作为依托单位之一，与南京医科大学共建的生殖医学与子代健康全国重点实验室，与石家庄以岭药业股份有限公司共建的络病学术创新转化全国重点实验室也进入了科技部第二批国重重组评审答辩序列。山东大学作为医工结合方向“挂帅”高校，首次获得国家发展改革委、教育部批准建设国家医学攻关产教融合创新平台。生殖内分泌教育部重点实验室、心血管重构与功能研究教育部重点实验室、电力电子节能技术与装备教育部工程研究中心在教育部组织的定期评估中获评优秀，国家卫健委心血管重构与功能研究重点实验室在国家卫健委组织的“十三五”定期评估中获评优秀。作为依托单位，山东大学 2022 年度共新增各类政府主导类科研平台 43 个，其中国家级重点科研平台 3 个，部委批建平台 2 个，省科技厅等部门批建 38 个。

（三）面向科技前沿，基础研究综合能力持续攀升

山东大学国家自然科学基金等基础研究项目立项经费数、项目数以及重大重点类项目和人才项目数量持续突破，再创佳绩。国家自然科学基金共获批立项 609 项，其中国家杰出青年科学基金项目 6 项，优秀青年科学基金项目 12 项，重大重点类项目 33 项。获批山东省自然科学基金项目 585 项，山东省杰青 16 项、优青 23 项，基础研究呈现蓬勃活力。8 篇高水平研究成果发表在 CNS 等顶尖期刊上，其中基础医学院孙金鹏和于晓教授团队在 *Nature* 杂志背靠背发表两篇高水平研究成果。10 位学者入选科睿唯安全球高被引科学家，53 位学者入选爱思唯尔中国高被引学者，原始创新成果不断涌现。山东大学牵头完成了世界第一幅 1∶250 万月球全月岩石类型分布图。

（四）面向重大需求，关键技术攻关能力不断强化

山东大学重大科技任务立项数和立项经费持续向好，全年获批国家重点研发计划项目 17 项、课题 50 项，其中“揭榜挂帅”和定向推荐项目通过率都达到 100%。“基于 SERF 的极弱心脑磁技术研发和临床前应用评价”等 2 个亿元级重大项目获得山东省立项；大尺寸碳化硅单晶、地下工程安全试验平台等一批关键技术取得突破。山东大学联合研发的搭载“五官一脑”的“智慧一号”盾构机下线始发。

（五）聚焦社会需求，科技合作与成果转化获重大突破

以服务山东为重点，山东大学科技合作连续多年来实现大幅增长，科技成果质量持续提升。2022 年自然科学类横向到账经费突破 7.4 亿元；深化校地、校企合作，共建高水平新型研发机构 78 个，其中千万级平台达 15 个，年度完成千万元以上转化项目 7 项，成果转化年度完成转化经费达到 2.05 亿元新高，成果转化总量和质量双创新高。

（六）提升核心竞争力，科技成果亮点不断涌现

山东省科学技术奖、教育部高等学校科学研究优秀成果奖（科学技术）、重点社会

科技奖励捷报频传。获山东省一等奖 6 项、青年奖 1 项、国际合作奖 1 项，拟获教育部一等奖 6 项、二等奖 6 项，双双取得重大突破。社会科技奖励方面，成绩斐然。陈子江院士、孙金鹏教授分别获谈家桢生命科学成就奖和谈家桢生命科学创新奖，张承慧教授获第十四届光华工程科技奖，李利平教授获科学探索奖，刘斌教授、徐峰教授获第十七届中国青年科技奖，张海霞教授获第十七届中国青年女科学家奖。

（七）创新工作举措，科技园体系建设见成效

山东大学积极推进国家大学科技园体系建设，按照“学科＋产业”特色模式，优化布局建设济南长清、德州、淄博等科技园区。中心园区投入 5000 万元建设完成新药创制研发平台，山东大学创新药物研究院药剂和化药实验室实现从“校园”到“园区”的转型升级。山东工研院作为国内唯一直接签约新型研发机构实现“德国史太白智能制造技术转移中心”落户济南。

新年伊始、万象更新。山东大学将坚持以习近平新时代中国特色社会主义思想为指导，以政治建设为统领，强化超前谋划，支撑科研平台赋能科技创新；聚力前瞻培育，提升原始创新与技术攻关能力；创新体制机制，推动高水平科技成果产出；聚焦产业创新需求，强化精准对接；积极探索创新体系的中国化、创新举措的山大化，发挥一校三地优势，不断打造科研的特色和高峰，优化配置创新资源，强化国家战略科技力量，实现科技自立自强。

二、科技项目与经费

2022 年度，山东大学自然科学竞争性实到科研经费 237019.47 万元。其中，各类科学基金实到经费 58524.87 万元，国家各级政府高新技术实到经费 98190.68 万元，科技开发实到经费 74142.84 万元。

三、科技成果

（一）科技奖励

2022 年度，山东大学获山东省科学技术奖共计 36 项（含参与获奖 12 项），其中山东大学作为第一完成单位获一等奖 6 项、二等奖 16 项，一等奖获奖数量及占比均实现增长；山东大学第二医院崔琳琳教授获科学技术青年奖，山东大学齐鲁医院特聘教授曹义海院士获国际科学技术合作奖；作为参与单位获一等奖 1 项、二等奖 11 项。另外山东大学作为参与单位获得其他省级科学技术奖共计 5 项。

2022 年度，教育部高等学校科学研究优秀成果奖（科学技术）未正式授奖。根据《教育部科学技术与信息化司关于 2022 年度高等学校科学研究优秀成果奖（科学技术）会议评审结果公示的通知》，山东大学作为第一完成单位拟获奖 12 项，其中建议授予一等奖 6 项、建议授予二等奖 6 项，一等奖获奖数量和获奖总数均取得重大突破。

岩土与结构工程研究中心刘斌教授发明专利“隧道掘进机破岩震源三维地震超前探测装置及方法”获得第二十三届中国专利奖金奖，控制科学与工程学院张承慧教授发明专利“面向全生命周期应用的模块化分布式电池管理系统及方法”获得第二十三届中国专利奖优秀奖；齐鲁交通学院许振浩教授发明专利“基于岩性与不良地质前兆特征识别

的 TBM 搭载式超前地质预报系统及方法”、控制科学与工程学院马昕教授发明专利“桥式吊车系统增强耦合非线性 PD 型滑模控制器及方法”获得山东省专利奖一等奖。

（二）科技论文

2022 年度，黄柏标、戴瑛、冯金奎、李同兴、刘宏、张进涛、张宁、魏乐义、熊胜林、张茂杰等 10 位教授入选科睿唯安 2022 年度全球高被引科学家。彭实戈、赵国群、黄柏标、陈代荣、熊胜林、高宝玉等共 53 位教授入选爱思唯尔 2021 年度中国高被引学者。一批科研成果相继在国际顶级期刊上发表。据中国科学技术信息研究所统计数据，山东大学科学引文索引扩展版（SCIE）收录（2021 年度发表）论文 6324 篇，在全国高校排名中列第 10 位。在 SCIE 收录论文中，中国卓越科技论文 3627 篇，在全国高校排名中列第 16 位。学科影响因子前 1/10 的期刊收录论文 1557 篇，在全国高校排名中列第 11 位；作为第一作者国际合著论文收录 1064 篇，在全国高校排名中列第 16 位。工程索引核心部分（EI）收录期刊论文 3361 篇，在全国高校排名中列第 20 位。科技会议文献引文索引（CPCI-S）收录论文 222 篇，在全国高校排名中列第 25 位。

1. 山东大学基础医学院孙金鹏教授和于晓教授团队在 *Nature* 杂志分别以“Structural basis for the tethered peptide activation of adhesion GPCRs”和“Tethered peptide activation mechanism of the adhesion GPCR ADGRG2 and ADGRG4”为题，背靠背发表两篇关于粘附类 G 蛋白偶联受体（adhesion GPCR，aGPCR）的研究成果，阐明 aGPCR 自激活及对机械力感知的机制，提出 aGPCR 激活的“手指模型”并创新性构思出通用多肽配体拮抗剂的开发方案。两项研究工作在课题开展、思路凝练和文章写作等方面分别得到了山东大学齐鲁医院冯世庆教授、山东大学第二医院王传新教授的指导和大力支持。孙金鹏教授与冯世庆教授长期以来就粘附类受体展开一系列合作，目前已取得显著进展（PNAS 2022），推动了靶向粘附类受体疾病的药物设计与开发；孙金鹏教授与王传新教授长期以来就粘附类受体展开合作，筛选并鉴定了多个 GPCR 肿瘤标志物靶点；针对粘附类受体开发了特异性探针，实现了粘附类受体的特异性标记，为靶向粘附类受体相关疾病的鉴定和治疗奠定了基础。

2. 山东大学生殖医学研究中心陈子江院士、赵涵教授团队联手清华大学颉伟教授团队，发现了人类早期胚胎翻译调控新机制，以长文（article）形式在 *Science* 发表题为“Translatome and transcriptome co-profiling reveals a role of TPRXs in human zygotic genome activation”的文章。该研究绘制了人类卵子向早期胚胎转变过程中的翻译图谱，发现了一组重要的调控人类合子基因组激活和早期胚胎发育的关键转录因子，首次报道了人类与小鼠在卵子向早期胚胎转变过程中，翻译水平动态变化存在物种差异。该研究为人类早期生命探索、胚胎质量评估、生殖疾病研究提供了新方向，为提高生殖健康水平和预防出生缺陷奠定了重要基础。

（三）专利申请与授权

2022 年度，山东大学专利申请 2447 件，其中国内发明专利申请 2258 件、国际发明专利申请 57 件、实用新型专利申请 120 件、外观设计专利申请 12 件；山东大学专利授权 2586 件，其中国内发明专利授权 2194 件、国际发明专利授权 115 件、实用新型专利授权 254 件、外观设计专利授权 23 件。

四、基础研究

（一）自然科学基金

2022 年度，山东大学自然科学领域各类基金项目实到经费 58524.87 万元，新上项目 1255 项，立项经费 52328.18 万元。

（二）国家自然科学基金

2022 年度，山东大学国家自然科学基金项目实到经费 43709.74 万元。山东大学共申报国家自然科学基金项目 3045 项，获批立项项目 609 项（含海外优青 26 项），立项直接经费 34617.18 万元（另有间接经费约 5775.97 万元）。获批国家杰出青年科学基金项目 6 项，立项数较 2021 年翻一番，优秀青年科学基金项目 12 项，人才项目首次覆盖国家自然科学基金委所有 9 个科学部；获批重大重点项目共 33 项，创历年新高。山东大学在立项经费数、项目数及人才类、重点类项目等方面持续突破，再创佳绩。

（三）山东省自然科学基金

2022 年度，山东大学省级自然科学基金项目实到经费 14815.13 万元。山东大学组织申报省级自然科学基金 1795 项，获批立项 646 项，立项经费 17711 万元。其中，山东省自然科学青年项目 328 项，获资助经费 4915 万元，面上项目获得立项 145 项，获资助经费 1450 万元；优秀青年基金项目获得立项 23 项，获资助资费 1150 万元；杰出青年基金项目获得立项 16 项，获资助经费 1600 万元；重大基础研究项目获得立项 18 项，获资助经费 2789 万元；创新发展联合基金项目获得立项 14 项，获资助经费 760 万元。

五、应用研究与高技术研究

（一）高新技术

2022 年度，高新技术类项目实到经费 98190.68 万元。各级政府高新技术项目立项 622 项，立项经费 120769.87 万元。

（二）国家科技计划

2022 年度，国家及部委级高新技术项目实到经费 60201.83 万元。新立项 541 项，立项经费 81645.87 万元。

2022 年度，山东大学牵头国家重点研发计划项目 17 项，国家其他部委共建项目 1 项；主持国家重点研发计划及科技基础资源调查专项课题 51 项。牵头项目和主持课题获批国拨总经费 36812 万元。

（三）国家重点研发计划

2022 年度，山东大学获批立项国家重点研发计划项目 17 项，其中青年科学家项目 2 项，国际科技创新合作项目 4 项，项目获批总国拨经费 17050 万元。主持承担国家重点研发计划课题（山东大学科研人员参加外单位牵头的项目）50 项，获批国拨经费 17942 万元。

（四）国家其他科技计划项目

2022 年度，山东大学获批国家发改委、教育部、国家密码管理局共建项目 1 项，科技基础资源调查专项课题 1 项，获批国拨经费 1820 万元。

（五）地方政府科技计划项目

2022 年度，地方政府高新技术项目实到经费 37988.85 万元。地方政府高新技术项目新立项 81 项，立项经费 39124.00 万元，其中，山东大学主持立项的山东省重大科技创新工程项目 6 项、科技示范工程 1 项，获批立项经费共计 9250 万元，驻鲁高校服务山东项目实现山东大学纵向项目单项立项经费新突破，徐现刚和陈玉国团队分别获批经费 13953 万元和 12092 万元。

六、科技成果转化

2022 年度，山东大学科技成果转化年度完成转化经费 20568.5 万元，合同签订 86 项，合同金额 13786.50 万元。实施转让与许可的专利数达到 223 件，注重打造专利群的氛围增强。

七、科技创新平台建设

2022 年度，山东大学坚持需求导向、问题导向和目标导向，从解决国家关键领域“卡脖子”问题和制约产业升级的核心问题出发，强化多链融合，加强科研平台组织谋划，着力打造基础研究、应用基础研究和前沿技术开发融通发展的新型科研平台创新体系。

截至 2022 年年底，山东大学现有政府主导类科研平台（自然科学类）210 个，其中国家级科研平台 15 个，部委级科研平台 40 个，省级科研平台 155 个。

（一）全国（国家）重点实验室建设情况

晶体材料国家重点实验室聚焦国家在功能晶体材料领域的重要战略需求，以服务国家重大工程为己任，深化体制机制改革，提升实验室创新竞争力和实力。2022 年度实验室承担国家重大工程供货任务，立项经费达亿元以上，为实现重大工程关键材料批量供货，实验室加强与地方政府对接，启用章丘晶体材料中试基地空间，目前已完成部分设备的安装调试工作。

微生物技术国家重点实验室强化协同攻关能力体系建设，持续加强领军人才引育工作，2022 年度 2 名欧洲科学院院士依托实验室获国家级领军人才项目支持，另引育 5 名国家级人才；实验室聚焦产业创新需求，持续推进创新链与产业链的精准对接，目前实验室已与青岛啤酒、华熙生物、齐鲁制药、华大基因、安琪酵母等头部企业形成了良好的合作基础。

持续做好全国重点实验室重组的各项工作。山东大学作为第一依托单位牵头建设的地下工程灾害防控与安全建造全国重点实验室通过教育部新建全国重点实验室预审，进入科技部第二批国重重组评审答辩序列；山东大学作为依托单位之一，与南京医科大学共建的生殖医学与子代健康全国重点实验室，与石家庄以岭药业股份有限公司共建的络病学术创新转化全国重点实验室也进入了科技部第二批国重重组评审答辩序列。

（二）科研平台新增情况

2022年度，山东大学获批立项建设省部级以上科研平台43个，其中，国家级科研平台3个，部委级科研平台2个，省级科研平台38个。

八、学科建设

学科水平跨越提升。首轮“双一流”建设成效显著，新增2个国家“双一流”建设学科，增量处于全国高校前列。准确把握国家第二轮“双一流”精神，坚持“四个面向”，聚焦“出尖出峰”，谋划实施“学科融合创新计划”，按照“筑峰理科、弘扬人文、光大医学、做优社科、建强工科、推进交叉”的基本思路，分两个层次谋划布局4优势学科领域和8个特色学科领域，统筹配置办学资源，强化多位一体重点建设，深入推进学科汇聚融合交叉创新，着力汇聚一流师资、培养一流人才、产出一流成果、作出一流贡献，建设一流学科高峰。5个学科进入ESI全球排名前1‰，19个学科进入ESI全球排名前1%，25个学科进入国际主流学科排名前100名。

九、大学科技园建设

2022年，山东大学国家大学科技园按照“学科＋产业”特色模式，加快凝聚创新资源，提升科技创新支撑能力，促进经济社会高质量发展。以落实山东大学服务山东战略为核心，科学谋划、精心设计，统筹推进科技园体系建设。坚持围绕科技园核心功能定位，探索环山东大学周边及市地建设大学科技园区的建设模式，布局建设济南长清、德州、淄博科技园；与禹城市、东平县进一步深化合作，2个分园园区高质量发展已进入实质性实施阶段。

国家大学科技园中心园区一手抓防疫一手抓建设，始终朝着做好“一个有温度的科技园”的理念稳步前进。2022年中心园区投入5000万元的孵化器新药创制研发平台完成，山东大学创新药物研究院药剂和化药实验室实现从“校园”到“园区”的转型升级；园区运营主体百廿公司逐步实现规范化运行，完成组织架构搭建、管理制度建立、项目入园孵化管理等重大事项决策。

进一步推动山东省国家转移人才培养体系的构建与完善。协同山东省技术市场协会及黄河科创联盟，围绕技术转移和成果转化，共同组织开展中级技术经纪人培训班，200余人取得结业证书。

2022年，山东省工业技术研究院成功获批山东省专利技术转移转化试点单位，专利服务团队有效支撑服务了国家专利金奖1项；积极引进“德国史太白智能制造技术转移中心”落户山东工研院，成为国内唯一与史太白智能制造研究所直接签约的科研机构。受山东省科技厅委托，作为承办单位成功组织了山东省2022中德科技创新合作大会、中国博士后创新创业大赛山东赛区等重大活动与赛事。本年度推动建设创新与转化应用平台6家，申报国家级/省部级创新人才项目13人次，获批7人次。截至2022年11月底，培育科技型中小企业入库数量9家；培育高新技术企业数量6家，培育企业就业人数新增317人；培育企业总利税3500万元；服务企业数量达到41家。

十、科技人才培养与队伍建设

2022 年，山东大学科技人才培养与队伍建设情况见表 1、表 2、表 3、表 4、表 5。

表 1　2022 年度山东大学国家自然科学基金杰出青年

序号	姓名	院所单位
1	贾春江	化学与化工学院
2	王守宇	空间科学与物理学院
3	于　晓	基础医学院
4	史全岐	空间科学与物理学院
5	高　峰	控制科学与工程学院
6	杨建益	数学与交叉科学研究中心

表 2　2022 年度山东大学科技部科技创新领军人才

序号	姓名	院所单位
1	熊胜林	化学与化工学院
2	颜军昊	生殖医学研究中心

表 3　2022 年度山东大学国家自然科学基金优秀青年

序号	姓名	院所单位
1	肖　鹏	基础医学院
2	吴长生	微生物技术研究院
3	秦　伟	物理学院
4	彭珍玲	数学与交叉科学研究中心
5	郑昭科	晶体材料研究院
6	张群姿	经济学院
7	李佳硕	威海前沿交叉科学研究院
8	刘冰玉	基础医学院
9	张　涛	公共卫生学院
10	陈　良	材料学院
11	元　辉	控制科学与工程学院
12	邢相洋	控制科学与工程学院

表 4　2022 年度山东大学全球高被引学者

序号	姓名	院所单位	学科领域
1	戴　瑛	物理学院	交叉学科
2	冯金奎	材料科学与工程学院	
3	张茂杰	国家胶体材料工程技术研究中心	
4	熊胜林	化学与化工学院	
5	张进涛	化学与化工学院	
6	黄柏标	晶体材料研究所	
7	刘　宏	晶体材料研究所	
8	李同兴	控制科学与工程学院	数学
9	魏乐义	软件学院	计算机科学
10	张　宁	山东大学前沿交叉科学研究院（威海）	交叉学科

表 5　2021 年度山东大学中国高被引学者（2022 年公布）

序号	姓名	院所单位	学科领域
1	武传松	材料科学与工程学院	材料科学与工程
2	尹龙卫	材料科学与工程学院	
3	赵国群	材料科学与工程学院	
4	刘俊霞	法学院	法学
5	王　霞	公共卫生学院	公共卫生与预防医学
6	席　波	公共卫生学院	
7	曹枫林	护理与康复学院	护理学
8	陈代荣	化学与化工学院	化学
9	孙　頔	化学与化工学院	
10	熊胜林	化学与化工学院	
11	杨　剑	化学与化工学院	
12	郑利强	化学与化工学院	
13	赵宝祥	化学与化工学院	
14	刘汝涛	环境科学与工程学院	环境科学与工程
15	高宝玉	环境科学与工程学院	
16	岳钦艳	环境科学与工程学院	
17	张　建	环境科学与工程学院	

续表

序号	姓名	院所单位	学科领域
18	刘战强	机械工程学院	机械工程
19	邓建新	机械工程学院	
20	龚瑶琴	基础医学院	生物学
21	林　平	经济学院	应用经济学
22	刘　宏	晶体材料研究所	材料科学与工程
23	黄柏标	晶体材料研究所	
24	薛冬峰	晶体材料研究所	化学
25	于浩海	晶体材料研究所	物理学
26	张怀金	晶体材料研究所	
27	李同兴	控制科学与工程学院	数学
28	王　琦	齐鲁交通学院	交通运输工程
29	李春霞	前沿交叉科学青岛研究院	化学
30	魏乐义	软件学院	软件工程
31	王传新	山东大学第二医院	临床医学
32	杨其峰	山东大学齐鲁医院	
33	张　运	山东大学齐鲁医院	
34	张　宁	山东大学前沿交叉科学研究院（威海）	应用经济学
35	夏光敏	生命科学学院	生物学
36	苗俊英	生命科学学院	
37	王金星	生命科学学院	
38	张举仁	生命科学学院	
39	陈子江	生殖医学研究中心	临床医学
40	彭实戈	数学学院	数学
41	李术才	土建与水利学院	土木工程
42	韩佶颖	外国语学院	外国语言文学
43	宋爱民	微电子学院	电子科学与技术
44	赵明文	物理学院	物理学
45	陈　峰	物理学院	
46	戴　瑛	物理学院	
47	马衍东	物理学院	

续表

序号	姓名	院所单位	学科领域
48	卢建仁	信息科学与工程学院	光学工程
49	娄红祥	药学院	药学
50	刘新泳	药学院	
51	张　娜	药学院	
52	翟光喜	药学院	
53	Daniel A. Bell	政治学与公共管理学院	政治学

十一、科技合作与交流

（一）科技开发与技术咨询

2022 年度，山东大学科技开发实到经费 74142.84 万元，横向科研项目新立项 1700 项，合同额 98165.96 万元。百万元以上项目 310 项（其中，立项金额 1000 万元以上 17 项，500 万元以上 45 项）。

（二）校地、校企合作情况

聚焦“四个面向”，以产业需求为导向，共建高水平新型研发机构，赋能产业转型升级，推动国家区域新旧动能转换，助力山东大学学术兴校战略的实现。2022 年推动“山东大学—华药启创核医学分子影像研究院”“山东大学—山东基舜新材料产业研究院”“山东大学—华特拓疆海洋装备研究院”“山东大学—德普电气新能源与储能控制创新研究院”“山东大学—远大医药放射药物研究院”“山大达能低碳绿氢产业技术研究院”等 78 个校地、校企共建平台签约，其中合同额达到千万元以上的合作协议 15 份。

持续优化“山东大学科技成果直通车行动”方案，在济南、烟台、淄博、泰安、枣庄等地举办近 10 场，累计 30 余场活动。实施“政策送上门，服务送到家”活动，在齐鲁医院、基础医学院进行宣讲。与济南科技局、泰安市科技局、高青县、山东能源集团、烟台万华等几十家大型企事业单位多次进行交流，推进项目落地运行。参加第 24 届高交会（深圳）、第十五届百名专家淄川行等多场重大展示活动。依托利用山东省委组织部和江苏镇长团等形式，积极开展科技挂职工作，同时，鼓励科研人员到企业进行兼职，2022 年累计派出挂职及兼职人员 300 余人。既加强与学院的沟通与交流，又加强与社会的互动，通过内外结合多种举措做好科技成果推介，为校企校地开展科技合作打下良好基础，不断提升山东大学社会影响力。

（任敏利）

人文社科研究

一、科研项目与经费

2022年，人文社科各类科研项目立项987项，其中，纵向项目267项，横向项目688项，校内项目32项。2022年山东大学国家社科基金项目见附表1。国家社科基金年度重大项目立项4项；国家社科基金艺术学重大项目立项2项，立项数并列全国高校第1位；研究阐释党的十九届六中全会精神国家社科基金重大项目立项5项，立项数并列全国高校第3位；国家社科基金重大研究专项立项1项；国家社科基金重大委托项目立项1项；国家社科基金年度项目和青年项目立项42项，立项数并列全国高校第10位；国家社科基金后期资助暨优秀博士论文出版项目立项13项，立项数并列全国高校第10位；国家社科基金中华学术外译项目立项6项，立项数并列全国高校第4位；教育部人文社科研究一般项目立项24项，立项数列全国高校第9位（见附表2）。出台《山东大学人文社会科学重大项目支持办法》（山大科字〔2022〕40号）和《山东大学国家社会科学基金项目资金管理办法》（山大财字〔2022〕4号）。

2022年，科研到账经费总额23300万元。其中纵向项目到账经费3209万元，横向项目到账经费20091万元。

二、科研成果与奖励

2022年，出版人文社科类著作214部，其中专著124部，译著33部，编著51部，古籍整理6部。2021年，发表顶级学术论文86篇，权威学术论文208篇，重要或一般学术论文1298篇。《中国社会科学文摘》主体转载论文17篇，《新华文摘》主体转载论文12篇。

组织评选2021年度山东大学人文社科重大科研成果22项，第二届山东大学人文社科青年学者优秀成果奖18项。《四库存目标注》荣获第三届宋云彬古籍整理奖·图书奖。

全球汉籍合璧工程对境外1988家藏书机构进行了汉籍存藏调查，达成420项合作协议或合作意向，初步完成30万部境外汉籍编目工作，复制回归稀缺汉籍1600余种，出版《欧洲地区所藏中国珍稀文献丛刊》等成果；确立134项境外中华古籍点校整理课题，完成55种境外汉籍点校整理；确立19项培育境外汉籍研究合作项目。9月27日，在党的二十大即将召开之际，“奋进新时代”主题成就展在北京展览馆开幕，全球汉籍合璧工程成果《欧洲地区所藏中国珍稀文献丛刊》等参加展出。

《永乐大典》存卷综合整理研究项目完成《永乐大典索引》电子版10万多条目采集、中华书局影印版《永乐大典》222册37253页扫描、彩色版《永乐大典》图像1002

册复印、《永乐大典》232 册引书条目编号剪贴工作等。

三、科研平台与团队

“十三五”高校人文社会科学重点研究基地测评中学校 3 个基地取得历史最好成绩，山东大学入选第二批中国文艺评论基地，公共安全战略研究中心等 6 个基地入选首批山东省社科理论重点研究基地（见附表 3），政治学与公共管理学院入选山东省铸牢中华民族共同体意识研究基地，俄罗斯学研究中心入选山东省外事研究与发展智库。新设立创意写作研究中心等 8 个校设非实体科研机构（见附表 4）。组织年度人文社科非实体科研机构测评工作。出台《山东大学关于进一步加强教育部人文社会科学重点研究基地建设的实施意见》（山大科字〔2022〕24 号），成立山东大学基地建设管理委员会，推动新发展阶段教育部人文社会科学重点研究基地更高质量发展。

组织实施首批 6 个山东大学人文社会科学创新团队建设，完成第二批创新团队遴选工作（见附表 5），立项建设“文明互鉴视域中的汉语哲学”等 5 个创新团队。

蓝色经济绿色发展实验室（A 类）等 9 个实验室入选山东省高等学校文科实验室（见附表 6），与山东省共同筹建优秀传统文化“两创”文科国家实验室。召开山东大学文科实验室建设研讨会，启动建设第二批校级文科实验室。

四、智库建设与社会服务

探索推进智库大平台体制机制改革，创新国家治理研究院、黄河国家战略研究院体制机制，设立上海合作组织研究院。当代社会主义研究所、卫生管理与政策研究中心、山东区域金融改革与发展研究中心等 3 个智库入选 CTTI 高校百强智库，新增 3 个 CTTI 来源智库，1 项成果被评为 CTTI 智库建设最佳案例，2 项成果获 CTTI 智库优秀成果一等奖。

组织年度智库成果认定工作，认定智库成果 136 项。2022 年，研究报告被中办采用 21 篇，采用数量超过历年总和；被教育部采用 19 篇，采用数量超过前 3 年总和；另有 14 篇研究报告获山东省委、省政府主要领导批示。

智库人才队伍建设进一步加强。目前已形成 300 余人的智库研究队伍，近百位学者被聘为中央部委特约研究员、省委和省政府决策咨询专家、山东省高端智库人才等各级党政部门智库专家。

五、学术交流

组织召开山东大学学习贯彻习近平总书记给《文史哲》编辑部全体编辑人员重要回信精神一周年座谈会，推动成立山东大学人文社科期刊社，加快打造一流哲学社会科学期刊“山大方阵”。《新文科理论与实践》杂志创刊。《文史哲》《山东大学学报（哲学社会科学版）》获第四届山东省新闻出版奖报纸期刊奖，《文史哲》编辑部获第四届山东省新闻出版奖优秀集体奖。

支持举办了“第十一届中国政党研究论坛暨国外政党治国理政的理论与实践学术研讨会”等 21 场山东大学人文社会科学高端学术论坛（见附表 7）。成功举办第二届黄河发展论坛、中国区域经济 50 人论坛第 22 次研讨会暨第六届鲁青论坛，推动黄河生态保护与高质量发展国家战略。

（梁　健）

附表 1

国家社科基金项目

单位：元

序号	批准号	项目名称	负责人	工作单位	项目类别	立项经费
1	22&ZD150	数字时代行为公司治理与利益相关者决策的脑机制研究	李建标	经济学院	重大项目	800000
2	22&ZD177	RCEP对亚太区域价值链重构的影响机制及应对策略研究	刘　文	商学院	重大项目	600000
3	22&ZD194	我国社会科学国际影响力评估与学术话语权建设研究	罗润东	商学院	重大项目	800000
4	22&ZD248	邾国故城遗址的考古发现与综合研究	王　青	历史文化学院	重大项目	800000
5	21@ZH047	《永乐大典》存卷综合整理研究	杜泽逊	文学院	重大委托项目	3789000
6	22VMG028	有关国际关系研究	王学玉	政治学与公共管理学院	重大研究专项	400000
7	22ZD06	中国艺术民俗学的理论与实践研究	张士闪	儒学高等研究院	艺术学重大项目	700000
8	22ZD15	中国画写意体系研究	阮荣春	艺术学院	艺术学重大项目	700000
9	22ZDA014	中国共产党百年奋斗中坚持胸怀天下经验研究	徐艳玲	马克思主义学院	研究阐释党的十九届六中全会精神重大项目	600000
10	22ZDA016	中国共产党百年奋斗中坚持统一战线经验研究	蒋　锐	政治学与公共管理学院	研究阐释党的十九届六中全会精神重大项目	800000
11	22ZDA024	新民主主义革命时期中国共产党宣传动员工作史研究	俞　凡	新闻传播学院	研究阐释党的十九届六中全会精神重大项目	600000

续表

序号	批准号	项目名称	负责人	工作单位	项目类别	立项经费
12	22ZDA033	百年来党加强基层政治建设的实践与经验研究	方　雷	人文社会科学青岛研究院	研究阐释党的十九届六中全会精神重大项目	800000
13	22ZDA130	中国参与全球治理中的软权力建设研究	秦亚青	政治学与公共管理学院	研究阐释党的十九届六中全会精神重大项目	600000
14	22AZD155	面向认知障碍相关脑疾病的中国临床话语分析理论体系构建研究	马　文	外国语学院	重点项目	350000
15	22AZX008	二程、朱熹的经典《易》诠释与理学思想话语体系建构研究	王新春	哲学与社会发展学院	重点项目	350000
16	22JAY010	共同富裕视域下脱贫攻坚与乡村振兴有效衔接的实现路径研究	徐凤增	管理学院	重点项目	350000
17	22AGJ002	俄乌冲突背景下中美俄三角关系的走向及对策研究	黄登学	政治学与公共管理学院	重点项目	350000
18	22AZS006	唐代等级性制度安排与社会结构形态研究	刘玉峰	历史文化学院	重点项目	350000
19	22AZW010	明弘正复古思潮的文学史层累与还原研究	孙学堂	文学院	重点项目	350000
20	22BKS044	社会主义思想与传统文化相结合的文献整理与研究（1871—1949）	鲁法芹	马克思主义学院（威海）	年度项目	200000
21	22BZX051	《易传》与宋明理学话语体系建构研究	翟奎凤	哲学与社会发展学院	年度项目	200000
22	22BJL080	新发展阶段中国特色城乡融合发展的实现机制研究	孙　涛	经济研究院	年度项目	200000
23	22BJY024	人口流动背景下健全常住地提供基本公共服务的财政激励机制研究	石绍宾	经济学院	年度项目	200000

续表

序号	批准号	项目名称	负责人	工作单位	项目类别	立项经费
24	22BJY031	减税降费背景下税收分成促进县级财政可持续的实现机制研究	常世旺	经济学院	年度项目	200000
25	22BJY188	双碳目标下绿色金融支持产业转型升级的路径和政策研究	王凤荣	经济研究院	年度项目	200000
26	22BZZ051	城市高质量发展情境下我国村改居社区融合性治理的实现路径研究	黄　晴	政治学与公共管理学院	年度项目	200000
27	22BFX194	国际竞争新格局下初创企业并购的反垄断规制研究	叶高芬	法学院	年度项目	200000
28	22BGJ045	碳中和视域下美欧对华气候战略协调及其影响研究	李慧明	政治学与公共管理学院	年度项目	200000
29	22BGJ062	新冠肺炎疫情暴发以来的俄罗斯联邦共产党研究	李亚洲	当代社会主义研究所	年度项目	200000
30	22BZS010	古代北方海洋史文献与文物资料整理研究及数据库建设	马　光	历史文化学院	年度项目	200000
31	22BZS107	台湾地理文献数据库建设与研究（1895—2022）	韩国圣	商学院	年度项目	200000
32	22BKG021	神通寺遗址考古资料整理与研究	唐仲明	历史文化学院	年度项目	200000
33	22BZJ006	历史地理学视域下的希伯来圣经叙事传统研究	姜振帅	哲学与社会发展学院	年度项目	200000
34	22BZW052	古文献所见周王朝会盟礼制研究	吴　柱	文学院	年度项目	200000
35	22BZW124	陈三立诗艺发微	李开军	文学院	年度项目	200000
36	22BZW168	中国当代笔记小说研究	马　兵	文学院	年度项目	200000
37	22BYY050	基于声学实验的山东方言语音变异研究	刘　娟	文学院	年度项目	200000
38	22BYY087	新时代中国高校外语教师数智评价素养研究	张　聪	外国语学院	年度项目	200000
39	22BYY113	汉字发展史视角下的现代汉字研究	杜丽荣	文化传播学院	年度项目	200000

续表

序号	批准号	项目名称	负责人	工作单位	项目类别	立项经费
40	22BTQ002	明人著述总目研究	江　曦	儒学高等研究院	年度项目	200000
41	22BTY013	共同富裕视域下村改居社区体育治理体系现代化的内在张力与消解路径研究	崔丽丽	体育学院	年度项目	200000
42	22BTY090	“世界之中国”视野下奥林匹克运动可持续发展的中国方案研究	袁书营	体育教学部	年度项目	200000
43	22BTY110	人类命运共同体视域下中华武术海外传播新格局构建研究	李　源	体育学院	年度项目	200000
44	22BGL012	黄河流域生态保护与高质量发展的跨域协同治理机制研究	王佃利	政治学与公共管理学院	年度项目	200000
45	22BGL200	新发展格局下我国海洋产业净碳排放核算、影响机制与政策模拟研究	李　燕	商学院	年度项目	200000
46	22CKS025	传统政德创造性转化理路研究	孙阳阳	马克思主义学院（威海）	青年项目	200000
47	22CZX009	当代西方马克思主义欲望理论研究	毛林林	哲学与社会发展学院	青年项目	200000
48	22CZX045	当代伦理学中博弈论的应用领域及方法论意义研究	李晓冬	哲学与社会发展学院	青年项目	200000
49	22CFX039	数字经济时代超级平台企业竞争合规体系的建构研究	郭传凯	法学院	青年项目	200000
50	22CFX040	“数字弱势群体”权益法律保障的理论基础与实践路径研究	宋保振	法学院	青年项目	200000
51	22CZS013	地名移动视域下的北朝民族融合研究	谢振华	历史文化学院	青年项目	200000
52	22CSS017	朝鲜与明清王朝情报交涉研究	丁晨楠	历史文化学院	青年项目	200000
53	22CKG003	印章视角下两河流域早期国家形成过程中行政系统的演进研究	马欢欢	文化遗产研究院	青年项目	200000
54	22CZW011	当代意大利生命政治美学研究	李缙英	文化传播学院	青年项目	200000

续表

序号	批准号	项目名称	负责人	工作单位	项目类别	立项经费
55	22CYY022	汉语普通话病理嗓音的声学分析与言语感知研究	刘　文	文学院	青年项目	200000
56	22CGL069	爆发式政策扩散潜在风险识别与防范化解机制研究	杨　志	政治学与公共管理学院	青年项目	200000
57	22BH145	"两创"背景下我国非物质文化遗产价值转化机制研究	唐建军	历史文化学院	艺术学项目	200000
58	22CG181	中国设计史中工匠文化的演进路径研究	宋玉玉	艺术学院	艺术学项目	200000
59	21WZSA003	中国古代乡里制度研究	李　克	翻译学院	中华学术外译重点项目	350000
60	21WSHB001	中国社会变迁（1949—2019）	孙路平	外国语学院	中华学术外译项目	450000
61	21WSHB021	当前村落变迁与新型城镇化研究	李永梅	外国语学院	中华学术外译项目	350000
62	21WYYB006	语法讲义	高红姬	外国语学院	中华学术外译项目	200000
63	21WZWB005	陶渊明经纬	胡志军	外国语学院	中华学术外译项目	300000
64	21WZSB033	中国数学史	解　兵	数学与统计学院	中华学术外译项目	350000
65	22FZXA006	中西比较视角下的儒家思想研究	谢文郁	哲学与社会发展学院	后期资助重点项目	350000
66	22FZSA001	《仪礼》新探	胡新生	历史文化学院	后期资助重点项目	350000
67	22FZSA003	蒙元时期草原部众的统一与统合研究	曹金成	历史文化学院	后期资助重点项目	350000
68	22FZWA005	台湾香港澳门现当代文学图像关系史	黄万华	文学院	后期资助重点项目	350000
69	22FZJB008	华严法界思想研究	杨小平	哲学与社会发展学院	后期资助项目	250000
70	22FJYB004	人工智能与出口高质量发展研究	綦建红	经济学院	后期资助项目	250000
71	22FJYB044	我国数据要素市场构建研究	郭　妍	管理学院	后期资助项目	250000

续表

序号	批准号	项目名称	负责人	工作单位	项目类别	立项经费
72	22FZWB054	探寻宋本：《史通》版本研究	刘占召	文学院	后期资助项目	250000
73	22FZWB055	吴瞻泰《杜诗提要》综合稽考与平议	赵睿才	儒学高等研究院	后期资助项目	250000
74	22FZXB024	《列子》校释及研究	聂中庆	文化传播学院	后期资助项目	250000
75	22FZXB029	朱子《小学》在东亚的承传与创新研究	陈　媛	外国语学院	后期资助项目	250000
76	22FGLB111	校园欺凌政策分析与叙事研究	韩自强	政治学与公共管理学院	后期资助项目	250000
77	22FSHB005	现代中日农村跨国婚姻研究	胡源源	哲学与社会发展学院	后期资助项目	250000
78	22VSZ076	《习近平新时代中国特色社会主义思想概论》专题式教学研究	陈华娟	马克思主义学院	高校思政课研究专项	200000
79	22@ZH029	有关防范研究	刘　畅	外国语学院	特别委托项目	100000
80	22STB033	"易学与中国哲学学科体系、学术体系、话语体系建设"学术研讨会	李秋丽	易学与中国古代哲学研究中心	社团主题学术活动	200000
81	22STA046	《周易》哲学的当代转化与发展研究	张文智	易学与中国古代哲学研究中心	社团主题学术活动	200000

附表 2

教育部人文社科研究一般项目

单位：元

序号	批准号	项目名称	负责人	工作单位	项目类别	立项经费
1	22YJA752008	东南亚华人流散文学中的中华文化共同体的构建与演变研究	黄秀国	翻译学院	规划基金项目	100000
2	22YJA630092	视觉信息线索对消费者食品健康感知及其购买行为影响研究	王兴元	管理学院	规划基金项目	100000
3	22YJA890023	健康关口前移的女性体育公共服务高质量发展战略及保障机制研究	王　丽	体育教学部	规划基金项目	80000

续表

序号	批准号	项目名称	负责人	工作单位	项目类别	立项经费
4	22A10422047	绿色金融支持绿色建筑开发的精准匹配机制与政策研究	刘　沛	商学院	规划基金项目	80000
5	22YJC710006	21世纪中东欧共产党对社会主义话语体系的重构研究	陈　凤	马克思主义学院	青年基金项目	80000
6	22YJC710021	思想政治教育话语权的数字化挑战及应对研究	韩巧霞	马克思主义学院（威海）	青年基金项目	80000
7	22YJC710058	全媒体时代中国共产党党建话语建设研究	宋美桦	马克思主义学院	青年基金项目	80000
8	22YJC710086	网络意识形态话语权的图像化建构研究	郁有凯	马克思主义学院	青年基金项目	80000
9	22YJC751019	礼制视域下的宋代文学生态研究	罗超华	文学院	青年基金项目	80000
10	22YJC770007	宋元明时期日本社会的中国观研究	胡炜权	历史文化学院	青年基金项目	80000
11	22YJC790055	数字人民币推动普惠金融创新发展研究	李建文	经济学院	青年基金项目	80000
12	22YJC790080	公共性生态产品的溢价效应测度与形成机制研究	刘开迪	人文社会科学青岛研究院	青年基金项目	80000
13	22YJC630010	顾客感知价值视角下直播电商意见领袖私有信息识别机制研究	陈萍萍	管理学院	青年基金项目	80000
14	22YJC630042	平疫结合需求下的应急医疗资源协同调度优化研究	汲晨璐	数据科学研究院	青年基金项目	80000
15	22YJC630065	乡村振兴战略下农业产业集群高质量发展研究：演化路径、动力机制与治理模式	李帅帅	管理学院	青年基金项目	80000
16	22YJC630090	多目标协同下光伏发电的政策模拟与路径优化研究：基于区域多重异质性视角	刘　茜	威海前沿交叉科学研究院	青年基金项目	80000
17	22YJC630134	复杂产品研发网络动态变化特征及其对企业创新绩效的影响研究	王京北	管理学院	青年基金项目	80000
18	22YJC840012	后疫情时代海外人才回流的区域需求差异及形成机制研究	蒋　鹏	商学院	青年基金项目	80000

续表

序号	批准号	项目名称	负责人	工作单位	项目类别	立项经费
19	22YJC870021	清代《尔雅》校勘学研究与疑难文本考校	张子帆	文学院	青年基金项目	80000
20	22YJC190018	危机下的亲社会行为研究：动态发生与重塑过程	石　荣	基础医学院	青年基金项目	80000
21	22YJCGJW002	中亚跨界河流区域治理研究	耿　捷	马克思主义学院（威海）	青年基金项目	80000
22	22YJCZH007	融合家庭互动的自闭症儿童XR康复训练：理论、方法及效果研究	卞玉龙	机电与信息工程学院	青年基金项目	80000
23	22YJCZH076	积极生育支持视角下辅助生殖的成本测算与多元筹资机制研究	李超凡	卫生管理与政策研究中心	青年基金项目	80000
24	22YJCZH212	在华英文报刊对近代民族主义运动的书写研究（1905—1928年）	杨　帆	新闻传播学院	青年基金项目	80000

附表 3

首批山东省社科理论重点研究基地

序号	机构名称	负责人	依托单位
1	公共安全战略研究中心	孔令栋	政治学与公共管理学院
2	政党理论研究基地	王韶兴	马克思主义学院
3	儒学研究基地	王学典	儒学高等研究院
4	马克思主义哲学理论与实践应用基地	何中华	哲学与社会发展学院
5	社会治理研究基地	曹现强	政治学与公共管理学院
6	文旅融合发展研究基地	黄潇婷	管理学院

附表 4

新增校设非实体科研机构

序号	机构名称	负责人	依托单位
1	创意写作研究中心	谢锡文	新闻传播学院
2	数字经济与平台竞争研究中心	曲　创	经济学院
3	甲午战争文献研究中心	杜泽逊	文化传播学院
4	习近平法治思想研究中心	谢鹏程	法学院
5	大中小思政课一体化研究中心	郑敬斌	马克思主义学院
6	山东省古籍研究中心	杜泽逊	儒学高等研究院
7	上海合作组织研究院	马　奔	政治学与公共管理学院
8	文化多样性与文明互鉴研究中心	魏　华	人文社会科学青岛研究院

附表 5

山东大学人文社会科学创新团队（第二批）

序号	机构名称	负责人	依托单位
1	文明互鉴视域中的汉语哲学	傅永军	哲学与社会发展学院
2	中华文明传承、转型与新形态建构	杨　瑞	历史文化学院
3	数字经济发展与治理	林　平	经济学院
4	面向高质量发展的产业组织与企业成长	杨蕙馨	管理学院
5	国家安全治理	马　奔	政治学与公共管理学院

附表 6

山东省高等学校文科实验室

序号	机构名称	负责人	依托单位
1	蓝色经济绿色发展实验室（A 类）	张　宁	威海前沿交叉科学研究院
2	经济行为与决策实验室（A 类）	黄少安	经济研究院
3	语言科学实验中心（A 类）	马　文	文学院
4	数字文旅行为实验室（A 类）	黄潇婷	管理学院
5	数智管理与决策模拟实验室（A 类）	孟庆春	管理学院

续表

序号	机构名称	负责人	依托单位
6	智慧国家治理实验室（A类）	邢占军	政治学与公共管理学院
7	数字人文实验室（A类）	苗　威	东北亚学院
8	黄河生态产品价值实现理论实践创新实验室（A类）	张林波	人文社会科学青岛研究院
9	数字体育与主动健康实验室（B类）	孙晋海	体育学院

附表 7

人文社会科学高端学术论坛

序号	会议名称	主办/承办单位	举办时间
1	手工业考古·山大青岛国际论坛	历史文化学院	2022-07-08—2022-07-11
2	中国小说论坛 2022	文学院	2022-07-09—2022-07-10
3	第十一届中国政党研究论坛暨国外政党治国理政的理论与实践学术研讨会	马克思主义学院	2022-07-22
4	风险灾害危机多学科论坛	政治学与公共管理学院	2022-08-13—2022-08-14
5	“新文科视域下思想政治教育学科创新发展”高端论坛	马克思主义学院	2022-08-14
6	第十七届国际应急管理论坛	管理学院	2022-08-17—2022-08-19
7	第七届“昆仑高峰论坛”暨老子道学文化研究会 2022 年会	哲学与社会发展学院	2022-10-29—2022-10-30
8	2022 衍生品与资本市场国际研讨会	经济学院	2022-11-12—2022-11-13
9	中国修辞学会 2022 年年会	翻译学院	2022-11-12—2022-11-13
10	共产党宣传动员新闻史学术研讨会	新闻传播学院	2022-11-13
11	第三届诗歌叙述学前沿学术论坛	人文社会科学青岛研究院	2022-11-19
12	大国关系演变下的朝鲜半岛局势	东北亚学院	2022-11-26
13	生生哲学传统及其当代转化与创新高端论坛	易学与中国古代哲学研究中心	2022-11-26
14	第四届类脑经济学研讨会	经济学院	2022-12-03
15	“伽达默尔与当代中国诠释学”学术研讨会	哲学与社会发展学院	2022-12-03—2022-12-04

续表

序号	会议名称	主办/承办单位	举办时间
16	数字经济背景下企业高质量发展论坛	管理学院	2022-12-08
17	自贸试验区制度创新的理论与实践	商学院	2022-12-16
18	2022全国临床语言学高端学术论坛	外国语学院	2022-12-17
19	能源产业转型升级与山东能源产业发展论坛	经济研究院	2022-12-22
20	基层治理现代化视阈下国家监察的理论与实践高端论坛	法学院	2022-12-24
21	第十六届中国公共经济与公共政策研究学术论坛	经济学院	2022-12-30

国际合作（港澳台事务）

国际事务部（港澳台事务办公室）以党的二十大精神为指引，深刻把握国内国际形势和新时代新要求，聚焦“十四五”规划重点建设任务，持续推进国际化战略规划实施，取得良好工作成效。

一、党建引领事业发展

深入学习贯彻党的二十大精神，创新学习形式，丰富学习内容，不断推进建设学习型党支部，切实提升全员政治理论水平和工作能力。坚定拥护“两个确立”、坚决做到“两个维护”，以习近平新时代中国特色社会主义思想为指导，围绕学校和部门中心任务，推动党建与业务深度融合，深入落实学校国际化发展各项工作。

二、深度落实国际化战略规划

（一）提高人才培养国际化水平

高质量实施“国际学分”计划，年内开展300余个线上线下海外经历项目，开设279门海外师资课程，近1.1万名学生累计选课逾1.6万门次，选课学生数和选课门次较2021年实现倍增，“在地国际化”得到进一步加强。加强高端人才国际化培养，成功获批中日韩三国教育部第三期“亚洲校园”人才培养计划，组织申报并实施创新型国际合作人才培养项目、区域国别人才等近30项国家留学基金委人才培养项目。实现全链条国际化育人，形成入学教育、项目宣介、行前培训、重点推荐相结合的工作机制，全面提升国际化人才培养质量。开展全球胜任力人才培养论证，初步形成全球胜任力人才培养工作路线图。

优化国际学生招生拓展，积极开展疫情常态化背景下“云宣讲”，共参加线上、线下教育展和招生宣讲活动22场。充分发挥“荟萃计划”导师等招生队伍的作用，利用好各类奖学金资源，提高“留学山大”品牌影响力。2022年度学校共录取国际学生903人，其中811名完成新生注册。

（二）提升国际科研合作层次

新实施“全球一流学科合作计划”，对标世界一流大学和一流学科，结合学校重点学科发展布局，以学院为主体整合优质资源，推动学院和学校全球合作网络不断走深走实。一校三地共计申报31个项目，经评审共立项支持13个，境外合作方包括耶鲁大学、莱顿大学、卡罗林斯卡医学院等全球一流高校。积极搭建国际科研合作平台，推进机制化合作，与大阪大学成立山东大学—大阪大学材料连接国际合作联合实验室，推动建设山东大学—拉宾医疗中心中以创新中心。

（三）加强师资国际化及国际化工作队伍建设

加强组织，提升引智工作质量和水平。认真组织科技部2022年度国家外国专家项目申报，获批国家外国专家项目个人类项目10项、支撑类项目3项，完成高等学校学科创新引智计划评估以及山东省外专双百计划项目绩效评价工作。信息科学与工程学院院长黄卫平教授荣获2022年度山东省人民政府“齐鲁友谊奖”。

加强全校国际化工作队伍建设。完成国际交流专员选聘工作，录用第一批国际交流专员9名，有力补充了国际化工作队伍。启动教职工国际化能力提升培训计划，设计了面向全校领导干部、学校6支专业队伍、外事工作系统的三个不同模块的覆盖全年的国际化培训方案，共组织了15场中外专家专题讲座，以及一期校外集中培训，引进了5个系列65门中英文线上培训课程，培训覆盖近1500人次。

（四）拓展全球交流合作网络

优化“一带一路”合作布局，在上海合作组织大学以及中俄工科大学联盟框架下，与俄罗斯高校开展积极合作，与以色列理工学院新建校际合作关系；与墨尔本大学、新加坡国立大学、加州大学戴维斯分校、山口大学、成均馆大学、伯明翰大学、利兹大学等海外高校新签或续签校际协议22份，正式获批加入联合国可持续发展解决方案网络；支持推动数学学院、经济学院、外国语学院、法学院、土建与水利学院、商学院等9个学院与美因茨大学、鲁汶大学、邓迪大学、首尔大学等海外高校相应院系签署院级合作协议17份；成功举办2022国际产学研用合作会议（山东大学专场）、中以建交三十周年国际学者论坛等31项国际会议，合作承办尼山中外大学校长论坛，出席第六届陈振传基金会—南洋理工大学高级领导力提升高端论坛、第八届中日教育交流会、第四届中法非三方高等教育论坛、第十三届中韩大学校长论坛等大学联盟或组织会议，持续巩固并扩大朋友圈，发出山大声音。

三、深化港澳台地区教育交流合作

推动与香港城市大学、台湾清华大学合作协议续签工作，持续开展与港澳台友好学校学生交流，发布港澳台地区春季、秋季交换及寒暑假短期项目30余个。持续推进港澳台学生趋同化管理和国情教育工作体系建设，进一步提高港澳台学生培养质量。以社团建设为抓手，协同学生工作部门，做好港澳台学生的教育管理。

四、推动国际中文教育事业取得突破

提高孔子学院办学质量，聚焦国际中文教育主业，年内各孔子学院共开展各类学术讲座/研讨会52场，各类文化活动181场，共有超过2.3万名学员参与各类中文教学活动。拓展孔子学院全球布局，与塞尔维亚贝尔格莱德大学正式签约合作建设孔子学院，进一步加强和完善了山大孔子学院在“一带一路”中的布局。发挥孔子学院平台作用，积极争取教育部中外语言交流合作中心的各类教学科研项目27项，助力学科建设和科研发展。

五、优化国际化工作服务保障体系

加强“服务型机关”建设，扎实推进“我为群众办实事”工作，践行“一线原则”，广泛深入开展调研，召开国际合作联络教授座谈会、外事秘书工作座谈会，了解学院和学者诉求，针对性地提供解决方案。进一步落实“两不出”要求，升级国际学生招生管理系统，开发设计国际交流合作协议线上审批系统、引智管理服务信息化系统，上线签证管理系统3.0版，完成各类人员签证及居留许可申请/延期近500人次，优化各类人员因公出国（境）线上业务办理系统，2022年度完成出国（境）团组审批243个（含线上会议），共计304人次。

统筹做好涉外人员疫情防控工作，根据疫情变化情况以及属地、学校防控政策要求，动态调整国际及港澳台学生、外籍专家、境外中国籍师生的入境返校政策；牵头制定国际学生及外教入境返校工作方案和流程，保证国际学生返校各项工作安全有序。

（阎　啸）

财务管理

在学校党委和行政的正确领导下，学校财务工作坚持以习近平新时代中国特色社会主义思想为指导，积极落实学校党委“精耕细作”的工作要求，坚持用好“3D”工作法，以构建网格化财务治理体系、织密织牢财经工作网络为着力点，聚焦“强保障、防风险、讲绩效、优服务”四个工作目标，为学校开创中国特色、世界一流大学建设新局面提供了坚实财务保障。

一、积极筹集各类财力资源，赋能学校事业发展

面对全球经济增长动能持续减弱，国家需求收缩、供给冲击、预期转弱的“三重压力”，多措并举推动收入落实，2022 年学校收入实现 92.15 亿元，较上年增加 5.28 亿元，为“十四五”事业发展强力蓄能。

1. 积极创新财经工作理念，学校事业收入实现连续增长。主动抢抓新一轮“双一流”建设和国家贴息贷款重大机遇，深入落实融合发展战略，着力在学科融合、科教融合、产教融合等资源融合关键点上实现新突破。

2. 持续发挥财政主渠道作用。顶住经济增长下行、财政收支紧张的压力，更加积极主动融入地方经济社会发展，在争取中央财政支持的同时，全力以赴落实各类人才拨款、山东省“双一流”共建经费、山东省新旧动能转化等各类财政拨款，助力学校高质量跨越式发展。

3. 科研收入规模再创新高。聚焦国家科技战略需求，瞄准重大科技创新前沿，加快完善科研平台体系布局，持续强化攻关项目组织培育，充分激发产学研合作内生动力，科学基础研究、关键攻关能力、科技成果转化均获重大进展，科研经费再创历史新高。

4. 充分利用贴息贷款政策红利。精准把握国家扩大教育领域投资政策内涵，抢抓国家贴息贷款政策红利，争取设备更新改造专项自主支付额度，加速推进学校设备更新改造进程，有力保障学校未来一段时期内事业高质量发展的硬件需求。

二、深化预算管理改革，推动学校运行提质增效

紧紧围绕学校事业发展战略进行预算安排，科学构建与新一轮“双一流”建设、学校“七大战略”相匹配的预算资源配置体系，推动学校运行提质增效。

1. 优化预算管理体系改革，促进七大战略落实落地。通过管理创新高效保障人才体系建设的经费需求，扎实践行人才强校战略；按照“4＋8”一流学科领域配置财力，赋能学术兴校与融合发展；通过“运行靠自筹、发展靠统筹”创新理念实施预算安排，稳步推进学校一体发展战略；深化学院综合预算改革，创新财力配置模式，进一步增强学院发展的内生动力和办学活力，助力强院兴校落实落地。

2. 全面推进预算绩效管理，提升财力资源配置效率和使用效益。强化全面预算绩效管理，以预算编制为载体，将预算绩效全过程嵌入预算管理全流程，推动事前评估结论、绩效目标申报、绩效自评结果与预算安排相挂钩，初步打通预算绩效全过程管理闭环；以重点专项为试点，有序推进专项绩效评价常态化、标准化、科学化，全方位预算绩效管理开启重点项目层面新探索；以项目管理为主体，强化部门预算项目与校内预算项目“双维度、同标准、共管理”的绩效管理模式，预算绩效管理全覆盖体系持续扩围升级，推动学校运行提质增效。

三、规范财务管理，完善财务治理体系

1. 持续完善制度体系建设，筑牢风险防范之堤。按照“1＋1＋N”工作思路，聚

焦经济关系和内部控制，制定、修订《山东大学经济责任制实施细则》《山东大学基本建设财务管理办法》《山东大学修缮工程支出资本化实施办法（试行）》《山东大学国内差旅费管理办法》《山东大学科研经费管理办法》等制度，为全面推进学校财务治理体系和治理能力现代化建设进一步打牢基础。

2. 构建全过程风险防范体系，织密风险防范安全网。推动财务监管向事中、事前延伸，用好财务管理全链条优势，建立“预算控制、招采管理、合同管理、核算管理”协同联动机制，将风险防范贯穿学校经济活动始终。

3. 全力配合做好审计迎审、整改，查补风险防范短板。有效发挥财务在迎审工作中的主力军作用，积极配合完成国家审计迎审；针对审计发现的问题，组织研判分析，深入剖析查找根源，坚持边审边改、立行立改、当下改与长久立相结合，促进审计整改与内控建设相融合，有效保障学校事业发展行稳致远。

四、构建立体综合服务体系，开启财务服务新篇章

1. 整合传统服务方式，构建立体综合的财务服务体系。进一步优化财务联络员和财务专员个性化服务，多渠道开展政策宣讲和专题培训，打造“专业、温馨、精准、智慧”的服务生态；改进综合预算改革服务体系，按学科领域配强一校三地服务专员团队，提供学院自筹财力统计分析，为学院综合预算改革提供专业支持。

2. 以智慧财务建设推动财务服务水平实现新突破。创新财务服务方式，进一步完善“财务通”建设，为师生提供 7×24 小时智能财务咨询服务；实现增值税发票电子化，优化凭证影像化系统和电子回单系统，成功上线试运行酬金等业务智能报账平台，将“一次不跑，事就办好”改革向纵深推进，开启财务服务新篇章。

五、有序推进一校三地财务一体化建设，汇聚发展合力

2022 年一校三地财务一体化建设取得实质进展：校本部与青岛校区业已形成相对稳定、运转有序的财务管理一体化格局；威海校区预算管理积极落实“两筹”实施意见，校区事业发展内生动力进一步增强的同时，一体化建设也在稳步推进。

1. 强化统一领导与工作协同，完善财务一体化软环境。创新党建一体联建联学模式，凝聚财务“共同体”共识；建立健全覆盖一校三地全域的网格化经济责任体系，落实一校三地财务部（处）长联席会议制度，完善财务一体化运行议事决策机制；开展一校三地财务机构一体化考核，充分发挥考核“指挥棒”作用，通过一体考核深促组织融合。

2. 优化重塑一体化业务流程，强化财务一体化硬基础。推进核算业务标准化，实现制度依据统一、执行标准统一和报销尺度统一，夯实校区高质量一体发展的会计基础；优化校区间实有资金支付结算，开通青岛校区基本户支付权限，实现资金统筹管理调度，有效破解频繁调度资金的安全性与时效性难题；持续推进校区采购一体化建设，率先调整青岛校区采购审批流程与权限，在节约资金、提高采购绩效和行政效能等方面有效发挥规模效应。

（管文卿）

审计工作

学校审计工作在教育部和学校党委的坚强领导下，以习近平新时代中国特色社会主义思想为指导，认真学习贯彻党的二十大精神，贯彻落实习近平总书记关于审计工作的重要讲话和指示批示精神，以精耕细作、务实笃行的实干精神，把服务“国之大者”和学校大局作为审计工作的着力点和切入点，做好配合国家审计和内审工作两统筹，忠诚履职尽责，充分发挥了审计监督服务保障作用。

一、坚持政治引领，凝心聚力谋发展

（一）高层谋划，高位推动，全面部署推进审计工作

组织筹备召开学校审计委员会第三次全体会议，深入学习新《审计法》《“十四五”国家审计工作发展规划》和全国审计工作会议精神，深刻领悟审计工作的新定位、新使命、新任务，总结 2021 年、谋划 2022 年审计工作，提出“政治站位再提高、凝心聚力担大任、精耕细作抓落实、固本强基促提升”的要求，推动审计工作更好地服务学校高质量发展。召开 2022 年学校审计工作会议，加强审计法规宣讲和知识培训，把思想和行动统一到落实党中央新部署、新要求上，全力以赴做好配合国家审计工作。学校党委常委会、校长办公会多次听取审计工作汇报，专题研究推动审计工作，将审计工作成效转化为学校治理效能。

（二）推进内审机构改革，建强审计监督体系

为深入贯彻落实新时代党和国家对审计工作的新部署、新要求，落实学校一体发展战略，审计处配合相关部门研究制定《内部审计机构改革方案》，按照“统一领导，系统整合；一体发展，垂直运行；服务为本，增值高效”的原则，明确了学校内部审计机构主要职责、内设机构和人员编制等，系统谋划审计工作和队伍建设，加快构建覆盖面较广且集中度、权威性较高的内审监督体系。学校党委审计委员会办公室与审计处合署办公，作为负责学校内部审计工作的职能部门，设置综合室、审计一室、审计二室、审计三室、监督审核室，在学校党委的领导下，一体履行审计监督职责，统筹协调、整体推进一校三地审计工作。

（三）打造“审计提升年”，持续推进内部建设

落实学校“精耕细作”要求，2022 年以“审计提升年”为主题，多方面提升监督服务效能。一是持续加强制度建设，修订《山东大学内部审计工作规定》《山东大学经济责任审计实施办法》，制定《山东大学建设工程投资评审实施办法》，内部审计制度体系更加完善。二是践行科技强审，完成学校审计信息系统升级，打造更智能、更集成、更高效、更科学的数字化审计平台 2.0，推进审计信息化二期——投资项目审计管理系

统建设，多次组织审计信息化工作研讨。三是建立健全内部审计与纪检监察、巡视、组织、人事、财务等部门监督贯通协同机制，形成衔接顺畅、保障有力、协调高效的监督工作格局，在信息互通共享、监督成果共用、重要事项共同实施、整改跟踪共同落实等方面形成监督合力，发挥“政治体检＋经济体检”的叠加效应。

（四）队伍建设常抓不懈，再获佳绩

一是抓实党建促提升。始终以习近平新时代中国特色社会主义思想培根铸魂，党建与业务深度融合、同频共振，通过支部改选，配齐建强支部班子，凝聚力、战斗力进一步增强。二是统筹推进疫情防控、安全稳定和事业发展。做好抗疫服务的同时，克服疫情不利影响，夜以继日奋战审计工作。三是加强理论学习和实践锻炼，组织提升审计能力线上培训班和业务研讨，审计人员综合素质不断提高。2022 年，审计处再获“山东省教育审计先进集体”和“山东大学三八红旗集体”称号；张琦、孙培芹、于聪聪获“山东省教育审计先进个人”称号，王玉莲获“山东大学先进教育工作者”称号，4 项课题和论文在学会评比中获一、二等奖。

二、忠诚履职尽责，服务大局担重任

（一）统筹协调，高质量完成配合国家审计任务

中央审计委员会办公室、审计署于 2022 年对学校开展了经济责任审计，学校把配合做好审计作为贯彻落实党和国家重大决策部署的一项重大政治任务，周密部署、精心组织、高效协同，圆满完成各项任务。一是统筹谋划讲担当。学校党委高度重视，成立配合审计工作领导小组和工作专班，建立纵向到底、横向到边的工作网络和责任体系。学校主要领导扛起主体责任，系统谋划，靠前指挥，领导小组整体推进，督促落实。审计处作为专班办公室主要成员单位，牵头制订工作方案，理顺工作流程，具体组织落实，发挥中枢、纽带作用。二是全力推进讲协同。全校一盘棋部署，工作专班坚持“日分析，周调度”，筹备召开全校部署培训会议、各类专题会议、工作例会等 60 余次，及时研究推进工作。做好任务分配、访谈安排、材料审核和提交、取证单分发和报送等工作，对所反映事项逐项落实，及时汇报，及时沟通。各单位分工明确，无缝衔接，配合审计工作顺畅进行。三是全面提升讲质效。迎审过程中，做到人员到位、保障到位、服务到位，认真落实审计组工作要求，与审计组加强沟通，迅速响应，对照审计重点、风险点，认真开展自查自纠和即知即改，有效推动学校治理体系和治理能力建设，促进办学治校水平全面提升。

（二）实干笃行，高标准推动审计整改落实到位

一是提前谋划，主动作为。在配合国家审计过程中开展立审立改，及时补齐短板、堵塞漏洞，推进制定修订管理制度 22 项，推进完成 13 项自查自纠任务，审计组高度认可学校做法并运用成果。二是提高站位，凝聚合力，推动全面整改。学校党委把落实审计整改作为推动学校事业高质量发展的重要契机，审计处认真组织学习并起草制定学校审计整改工作方案。学校成立审计整改工作领导小组，书记、校长为审计整改第一责任人。全校建立整改工作责任体系，各单位对照任务清单制定整改措施，任务分工明确，推动高效落实。审计整改通过审计信息系统，建立整改工作台账，实行项目制、清单

制、责任制管理，做好监督服务，提高了工作效率。三是强化跟踪检查和督导，整改工作见实效。截至2022年年底，37项立行立改问题，已完成整改27项，分阶段整改和持续整改任务明确了整改时间表、路线图、任务书，有序推进。通过立审立改和集中整改，助推了学校内涵式发展，进一步促进了“双一流”建设，规范了重大经济决策程序，健全管理长效机制，学校制定、修订制度30余项，加强了合作办学、资产出租、基建和招标等领域的监管，切实提升了管理水平。

（三）守正创新，统筹开展内部审计项目

加强审计项目和审计组织方式两统筹，扎实服务学校改革发展，深化和巩固中央巡视整改成效，加强对非主业领域的监督，采用“1＋N”审计方式，推动各类审计项目贯通融合开展，通过“一审多果，一果多用”实现扩面提质增效。全年共完成各类审计项目656项，审计资金10.03亿元，为学校节支资金1533.32万元，发现问题123项，提出审计建议并被采纳98条。其中经济责任审计5项，财务收支和管理审计4项，内部控制审计2项，审计整改检查10项，工程审计369项，科研项目结题审签266项。审核银行对账单及余额调节表281份。

（刘晓晨）

资产与实验室管理

一、基本情况

2022年，学校资产总额176.71亿元，负债总额61.83亿元，净资产114.88亿元。其中，流动资产62.04亿元，固定资产83.83万元，在建工程18.73亿元，长期投资10.71亿元，无形资产4408.99万元，其他资产（受托代理资产）9601.23万元。

二、重点工作及成效

（一）深化党业融合，党的领导最大优势更加彰显

深入学习党的二十大精神，切实做到党建引领工作方位，运用“3D”工作法，积极有序推动各项工作顺利开展。成立部门疫情防控先锋队，确保机制到位、人员到位、落实到位，落实学校“平”“战”转换中的各项安排，保障物资供应及实验室安全。

（二）精耕资产管理，服务大局的支撑力持续发挥

1. 持续强化实验教学中心建设，助力人才培养取得新跃升。加大电气、环境、微电子等学院实验中心投入，支持开展工程教育认证和专业认证；聚焦四新建设，重点支持建设9个实验平台；支撑学校申报一流专业25个、多学科交叉融合专业2个、急需

人才培养专项1个、创新平台20余个，有效支撑学生“双创”和学科建设新突破；助推科技考古、语言科学、数字文旅行为和数智管理与决策等实验室入选山东省高校实验室体系。

2. 持续提升公共技术平台服务能力，助力科研能力迈上新台阶。建成冷冻电镜结构解析平台。提升公共技术平台专业服务水平，全年服务校内外平台795个，年平均有效机时超1400小时，建立“齐鲁测试论坛”并组织培训300余场次，建设在线课程体系强化平台的育人功能，设立“仪器设备能力提升项目”牵引高端设备新功能开发及新方法研究。抢时间抓机遇强力推进设备更新采购工作，全年完成7.96万台套、10.30亿元设备家具采购。

3. 持续优化学科空间配置，助力优势学科形成空间新布局。贯彻“四新”理念，整合挖潜共享校内空间6000余平方米，调配空间近1万平方米，助力学科出峰出尖。积极拓展校外空间，推进1.6万平方米美里湖转化医学研究中心建设，为学校医学事业发展强力蓄能。

（三）加强内控建设，规范管理的原动力持续提升

1. 强内控促规范。以国家审计为契机，加强内控建设。系统梳理资产管理的薄弱点、风险点和关键点，扎实做好未审先改和边审边改，提交各类审计材料78批次，推进规范化管理取得实效。

2. 立规矩明责任。出台《山东大学固定资产管理办法》《山东大学无形资产管理办法》等8项制度，规范全过程全方位的资产管理模式。召开国资委会5次，经资领导小组会8次，研究决策资产管理、校企管理、资源配置等重大问题，充分发挥顶层决策监督职能。

3. 清家底明数量。截至2022年年底，学校资产总值176.71亿元，同比增长9.29%；固定资产总值147.39亿元，同比增长3.78%，全面摸清“家底”，做到“心中有数”。

4. 严管理防流失。做好资产规范化管理，稳步推进预算管理一体化任务；统筹一校三地资产内控建设，落实配置有标准、使用有规定、处置有监督的管理要求。

（四）强化实验室风险防控，安全底线红线持续巩固

1. 安全长效机制不断健全。落实教育部部署，制定实验室安全专项行动方案，明确34项具体工作举措，推进形成长效机制；强化教育培训，组织安全培训7次、新生安全准入考试19256人次；立项实验室安全研究课题8项，通过理论研究指导工作实践。

2. 安全制度体系日趋完善。新出台安全责任追究等3项制度，形成层次清晰、覆盖全面的制度体系（2项指导意见、11项办法、5项细则）。

3. 隐患整改闭环管理更加严密。重点难点隐患校院协同整治，整改检查两回头，确保整改闭环。建设危化品暂存间4间，配备防爆冰箱142台，处理危险废物182吨，切实解决师生关切的问题。

（包婵婵）

基本建设

基本建设工作围绕学校中心任务，坚持以“双一流”建设为引领，以高质量发展为主线，强化意识，规范管理，真抓实干，全面落实工程质量、安全、进度、造价控制目标，全面推动学校基本建设事业高标准、高质量发展。

一、以党建领航基建工作高质量发展

强化基建部门基层党建工作，充分发挥党支部战斗堡垒作用，组织一校三地基建部门深入学习习近平新时代中国特色社会主义思想，认真学习贯彻落实党的二十大精神，强化支部党员的党性修养、政治素养、品德涵养，筑牢党员思想根基。

以党建引领促发展，严抓疫情防控、安全生产。筑牢校园防控屏障，全力守护师生健康安全；健全在建项目安全管理长效机制，制定各类应急工作预案，及时组织一校三地基建部门开展安全隐患排查工作，确保项目建设质量。

二、完善基本建设管理制度体系

把完善制度建设、提高制度执行作为当前一项重要工作来抓，组织一校三地基建部门结合学校高质量发展要求，围绕工程施工、项目立项、设计管理、安全管理、档案管理、设计变更及现场签证管理等环节，全方位、多维度梳理学校基建工作的“关键点”“薄弱点”“风险点”，修订、制定《山东大学基本建设项目立项管理实施细则》《山东大学基本建设项目设计管理实施细则》《山东大学基本建设工程施工管理实施细则》《山东大学基本建设工程安全管理实施细则》《山东大学基本建设工程设计变更及现场签证管理实施细则》《山东大学基本建设工程档案管理实施细则》，形成了基本建设全链条管控的制度体系。通过统一制定、统一讨论、统一印发、统一执行，强化了基建管理人员的规矩意识，形成用制度管人，按制度办事的良好氛围，进一步提升了基建部门规范化、科学化、精细化的管理水平。

三、推进基建工作一体化发展

健全基建工作会议制度。建立一校三地基建部门联合办公会议制度，有效传达贯彻执行学校及上级有关指示要求，统筹推进一校三地工程项目建设。组织学校基本建设领导小组会，贯彻执行民主集中制，为学校科学决策提供依据，确保学校资源布局合理，利益最大化。

四、紧抓安全生产，高质高效推进各项工程建设

统筹谋划校园建设，紧紧围绕学校“十四五”基本建设规划重点任务，抓牢安全生产，全力加快各项重点工程建设进度，高质量完成各项工程项目，匠心打造精品工程。

1. 坚持对干部职工的安全教育，强化干部职工的安全意识。

2. 筑牢校园防控屏障，全力守护师生健康安全，严格落实学校各项防疫要求及疫情期间施工管理有关规定。

3. 严抓安全生产，健全在建项目安全管理长效机制，定期组织各校区基建部门开展安全隐患排查工作。

4. 要求各工程项目部制定《应急事故预案》《防疫应急预案》《安全用电方案》等各类安全预案，确保施工安全和质量。

5. 有序推进趵突泉校区高等医学教学科研综合楼项目的功能定位论证及规划定点申报工作；完成千佛山校区工学教学科研综合楼的实验室功能优化工程招标；完成趵突泉校区体育场改造工程的竣工验收和交付使用；完成趵突泉校区小礼堂加固改造工程的竣工验收；做好趵突泉校区动物实验中心工程的后期收尾工作，完成工程结算及剩余工程款支付，并申报调整计划；继续推进趵突泉校区体育场周边一体化改造工程建设。积极推进威海校区项目建设，材料与空间科学科研楼、新工科与交叉学科科研楼顺利投入使用，完成研究公寓在教育部备案工作。全力推进青岛校区二期项目建设，完成青岛校区学生食堂B6竣工验收和交付使用，完成学生公寓S11、S13消防验收和工程备案，完成专家公寓T4—T8基本工程并积极推进工程收尾和室外管网施工；完成综合体育馆基本工程并积极推进工程消防验收；优化调整学生会堂C1图纸，继续推进施工招标准备工作；做好室外工程，完成北区围挡封闭工程、体育场区域环境整治、北区室外智能化工程、北区宿舍食堂配套项目，推进专家公寓室外绿化、安装工程建设，有序推进校区室外景观的美化工程建设。积极配合龙山校区（创新港）建设工作。各工程项目建设过程中，基建部、威海校区基建处、青岛校区基建处围绕学校中心工作，坚持以“双一流”建设为引领，以高质量发展为主线，强化意识，规范管理，切实真抓实干，从疫情防控、组织管理、计划管理、设计管理、施工管理等多方面强化管理过程，全面落实工程质量、安全、进度、造价控制目标，全面推动校区基本建设事业高标准、高质量发展。2022年8月，趵突泉校区体育场改造项目获评济南市优秀勘察设计三等奖，其大跨度钢结构罩棚荣获2022年度济南市优秀勘察设计一等奖。

五、有序开展基本建设日常工作

1. 按时完成基本建设投资计划、调整计划、下年建议计划编制及上报工作；完成“十四五”时期中央预算内投资项目储备及2023年中央预算内投资申报工作；完成“十四五”期间“双一流”建设项目的储备情况调研摸底工作；完成教育部医学支持类项目申报工作；完成教育部要求报送的其他工作报表。

2. 完成2023年基建部财务预算的编制申报工作。

3. 配合学校招标采购管理中心完成6个项目的招标工作并签订合同。

4. 配合协调审计部门尽快完成已竣工项目的竣工结算工作；配合完成资产转固工作。

5. 做好已交付使用基建项目的质保期维修工作。

6. 向学校档案馆归档移交 2021 年度基建部综合档案 71 件，归档工程档案 146 卷盒；向市城建档案馆归档移交 20 卷盒。

六、全力推进济南各校区建成 30 年以上校园公共用房抗震安全鉴定工作

已完成济南各校区 30 年以上校园公共用房抗震安全鉴定招标工作，继续推进鉴定工作，为后期抗震加固等整改措施提供依据。

七、抓牢干部队伍建设

选优配强科级干部工作队伍，根据学校科级干部管理办法，结合基建部内设机构和岗位编制数，根据空缺职位与职数，及时选拔具有良好品行修养，工作能力强、服务意识强的干部，打造一支高素质的基本建设工作综合管理队伍。

八、落实学校党委安全巡视整改工作

成立巡视整改工作领导小组，认真分析原因，研究整改措施，制定整改方案，推动整改成果与重点工作有效对接，提升安全治理能力，筑牢校园安全屏障。

九、积极推动审计整改工作

积极配合审计署的经济责任审计工作，及时提交审计相关材料。根据审计反馈意见，分析问题产生原因，制定整改方案，列出整改时间表、路线图，确保整改工作落实到位，取得实效。

（荆子曌）

后勤服务

后勤保障部在学校党委领导下，紧紧围绕立德树人根本任务、第二轮“双一流”建设核心任务和“十四五”重大改革发展任务，自觉把握“两个大局”“国之大者”“立德树人”“精耕细作”对后勤工作的要求，将 2022 年确定为“规范管理年”，重点抓制度、抓规范、抓标准、抓精细，以节能减排和信息化建设为着力点，深入践行“两个在哪里”的服务理念，以支撑学校高质量发展为目标，科学谋划、创新担当、拼搏进取，推进服务保障工作提质增效，努力为师生医务员工提供更高质量的服务保障，顺利完成本

年度工作任务。

一、强化党建引领，思想自觉行动自觉进一步增强

1. 夯实理论根基。坚持“第一议题”制度，自觉运用“金钥匙”武装头脑、指导实践、推动工作。深入学习贯彻党的二十大精神，制定学习宣传贯彻落实党的二十大精神工作实施方案，认真组织党员收听收看开幕会，部党委理论学习中心组、各支部宣传委员、青年职工、党支部开展党的二十大精神学习交流活动，迅速掀起学习宣传热潮。

2. 加强领导班子建设。大力促进民主集中制和三重一大制度落实落细，制定党委会、办公会议事规则和实施细则。召开党委会、部办公会 25 次，班子政治生态建设引领服务保障工作提质增效。

3. 狠抓基层党建工作。持续推进党史学习教育常态化。发挥党委、党支部、党员、管理骨干“四个作用”，以饮食系统“1＋4＋4”党建工作机制为示范，积极探索职工思想政治教育新实践。党委书记、班子成员、党支部书记联系党支部讲党课 30 余次。后勤党委获评学校 2022 年度先进基层党组织，1 人获优秀共产党员，1 人获先进教育工作者。

4. 加强科级干部队伍建设。新提拔任用正科级干部 9 名、副科级干部 11 名。

二、坚持育人为本，后勤三全育人格局进一步巩固

1. 育人先育己。制定实施《后勤保障队伍能力提升专项方案（2022—2025）》，系统推进队伍能力提升，组织参加学校骨干管理人员能力提升和国际化培训，开展工程、能源、宣传等专题培训。

2. 强化服务育人。持续推进环境提升育人工程，实施中心校区留园（1＃、2＃楼）、洪家楼校区 12＃楼、趵突泉校区 9＃楼等 4 栋楼宇整体改造，完成中心校区健康步道建设，完成千佛山校区大学生活动中心和风雨操场基础条件提升项目改造。食堂为师生提供“免费生日宽心面”，为患病学生定制“病号饭”。交通全力做好学生返校、离校返乡保障，及时转运确诊学生至学校隔离酒店和方舱返回学生。物业在保洁、消杀、会务、维修、门值、绿化、隔离点等各个工作场所，克服人手紧张、难度大、变数多等问题，当好抗疫一线服务员。

3. 健全后勤劳动教育落实机制。制定《山东大学后勤保障部党委关于做好新时代学生劳动教育的行动方案》，重点规划生活技能、安全技能、管理技能等三类 12 种 71 个劳动教育实践基地，开发 4 门劳动教育课程；增加劳动教育岗位供给，提供岗位 1.8 万余人次。各校区办协同团委以学院为单位“划区分片”，引导学生开展清扫美化校园活动。开展“劳动的青春最美丽”劳动教育实践基地共建，见证“书香校园角”落成。

三、推进提质增效，强服务解难题能力进一步提升

1. 注重建章立制。制定实施以《关于推进后勤服务保障工作提质增效的实施意见》为统领的“1＋N”制度体系，出台三个服务中心运行管理办法、校园物业管理办法、修缮工程管理办法、学前教育对外合作办园管理办法等制度文件。编制工作任务清单，

全面做好修缮、物业、饮食、交通、幼教等各领域工作。

2. 大力推行节能减排。顺利完成山东省绿色学校创建工作。加快推动能源粗放式管理向精细化管理转变，减少“跑、冒、滴、漏”现象，积极破解水电暖运行预算绩效难题。聚焦重点任务和薄弱环节，完善约束和激励机制，探索建立以全员责任制为基础的节能管理体系，促进能源与水资源合理、高效利用。

3. 加强信息化建设。制定《后勤保障部信息化建设方案（2022—2023）》，修缮项目管理信息系统等四个建设项目已完成。

4. 有序推进民生工程。学校年度服务师生十件实事涉及后勤事项 6 项，全部完成。推进 2022 年度修缮工程、社区改造等 19 项民生工程。中心校区南院危房拆迁整改任务取得实质性突破，26 户房改住户已经领取补偿金，全部搬离；10 幢危房已经拆除 3 幢，基本腾空 2 幢，待拆除。完成全校 214 幢住宅楼专项维修资金建账，推进售房维修资金划转。社区安装充电桩，新交付使用电梯 12 部。

5. 坚持创新驱动引领。组织开展后勤研究专项课题申报和评审工作，确定 15 个立项课题。深入研究 2022 软科中国大学生满意度调查报告，和四所对标高校（清华、上交、浙大、复旦）情况，对后勤具有重要导向意义的内容进行分析。在《山东大学报》第 15 期刊发宣传报道《坚守筑防线齐心向未来》，制作《2022 春天的记忆——学校服务保障工作纪实特辑》。

四、狠抓安全稳定，底线思维红线意识进一步树牢

1. 学校安全专项巡视整改成效显著。全年持续做好安全专项巡视准备、自查、巡视、整改、提升等工作。完善后勤安全生产领导小组、防汛指挥部成员名单，新增采购 55 种防汛物资。通过安全专项巡视，后勤安全治理效能全面提升。

2. 压实全员安全责任。围绕后勤政治安全、网络安全、生产安全和公共卫生安全等工作，突出后勤意识形态、廉政建设、疫情防控、食品安全、施工安全等重点领域的安全责任落实，实现安全工作全链条全覆盖。一校三地线上签订安全责任书 1696 份，任务落实、压力传导进一步强化。

3. 落实意识形态工作责任制。制定后勤保障部网络安全和信息化管理办法，梳理宣传稿件管理工作流程，加强网站和新媒体摸排整改。

4. 做好防汛应急处置工作。做好各校区，特别是洪家楼校区防洪应急处置工作，确保万无一失。

五、持久精准防控，疫情防控坚实屏障进一步筑牢

1. 强化人员管理。统筹 12 个服务保障单位 2100 余名服务保障人员的管理，每日更新信息，落实核酸应检尽检。

2. 强化物品管理。加强食品供应链尤其是冷链管理，冷链仓库安装臭氧发生器。加强快递、外卖管理，全面推进快餐柜建设。

3. 强化环境管理。各校区实施校园围墙加高、加固总长度约 12 千米。规范精准科学消毒，加大入校缓冲区、核酸检测点、垃圾站等关键区域消杀频次。引进专业队伍，重点场所采取终末消毒，非重点场所预防性消毒。

4. 全力保障校园封闭管理、提级管理期间师生医务员工生活。后勤干部职工迅速到岗赴战、以校为家，留守校园抗疫近 100 天，确保留守教职医务员工有床睡、有被盖、有饭吃、有水喝。配送防护服、口罩、手套、84 消毒液等防疫物资 5000 余箱，折叠床、卧具包、晾衣架、防蚊套等生活物资 4600 余箱。供应中心校区师生 7 天健康监测期间盒饭 27.3 万余份，为学生公寓搬运桶装水、提供热水超过 140 余吨，为临时居住点安装热水器、饮水机、洗衣机。洪家楼校区解决师生理发难题，3 天应急开设通道保障附中如期复学。趵突泉校区 7 天应急架设过街天桥方便学生进入校园。

（尹晓璐）

离退休工作

离退休工作处（离退休党委）在学校党委坚强领导下，坚持以习近平新时代中国特色社会主义思想为指导，从学校离退休工作实际出发，围绕中心工作聚势谋远，立足本职岗位精耕细作，用心用情，精准服务，着力突出基层党组织在离退休工作中的政治引领作用，有效促进党建工作与业务工作的深度融合，较好完成年初确定的工作目标。

一、强化理论武装，努力学好用好“金钥匙”

1. 学习宣传贯彻党的二十大精神。把党的二十大精神作为首要政治任务抓好学习宣传贯彻工作，通过组织收听收看开幕会盛况、分类分层组织会议专题学习党的二十大精神、组织收看收听辅导报告、座谈会、培训班、购买编印学习材料等多种方式，引导离退休干部党员开展学习，做好笔记，撰写体会。充分利用宣传橱窗，开设学习专栏，制作宣传展板，积极营造浓厚氛围。鼓励支持离退休干部党支部与教师、学生党支部开展联学活动，在交流与分享中深入领会党的二十大精神实质和核心要义。

2. 开展常态化政治理论学习。通过每月党支部书记工作例会、主题党日活动、“每日一学”、送学上门等不同形式，促进离退休干部党员学在经常、做在日常，引领做习近平新时代中国特色社会主义思想的坚定信仰者和忠实践行者。

二、做好安全工作，切实拧紧拧牢“安全阀”

1. 坚决抓好安全工作专项巡视整改任务落实。坚持并用好“3D”工作法，抓实抓细防风险、保安全、护稳定各项工作。根据学校安全工作专项巡视和国家审计反馈意见，严肃认真开展问题自查和根源剖析，做好整改“后半篇文章”。制定《离退休工作处（离退休党委）关键节点安保维稳工作方案》，以巡视整改推动各项工作高质量、高效率落地落实。

2. 落实意识形态工作责任制。开展工作网站、企业微信、工作微信群专项治理行动，协同二级单位做好离退休教职工思想政治工作和舆情应对。将党委（党总支）委员联系党支部、党支部委员联系党员等制度进一步落实落细，实现党总支委员加入联系党支部微信群全覆盖、党支部委员与支部党员定期联系全覆盖，加强微信群组监督管理，关注言论动态，积极进行正面舆论引导，并针对性做好思想工作。

3. 积极做好疫情防控工作。春季学期校园封控及秋季学期校园提级管理等特殊时期，严格要求工作人员在宿舍区坚守工作岗位，多次发布"温馨提示"，及时向离退休教职工传达疫情防控政策和学校疫情防控规定，通过宣传提醒，引导广大离退休教职工理解支持、严格遵守学校疫情防控工作要求；密切关注老同志动态，做好思想引导，积极回应合理诉求，协助解决实际困难；积极参与学校疫情防控校外工作组工作，圆满完成工作任务。

三、引导作用发挥，彰显服务大局"助推器"

1. 全力做好银龄教师选派工作。认真做好银龄教师支援西部高校计划有关工作。及时看望慰问银龄教师，积极宣传银龄教师的感人事迹，通过政策宣讲、动员发动，2022 年度共派出 12 名银龄教师赴青海师范大学、喀什大学开展支教支研工作，超额完成教育部下达的指标任务。

2. 积极融入"三全育人"。组织老教授与大学生漫谈活动，讲述红色故事、山大故事，激励学生传承老一辈的优秀传统，接续奋斗、自强不息，努力成长为担当民族复兴大任的新时代青年。

3. 组织老同志建言献策。开展"党的二十大，等您来建言""我看中国特色社会主义""教育这十年"等主题问卷调查活动，组织老同志积极建言献策，继续为党和国家事业发展贡献智慧和力量。

4. 助力体育运动推广。支持柔力球队、太极拳队、舞蹈队等老年社团多次深入社区、乡村推广健身活动，将"我运动，我健康，我快乐"的健身口号落实为贴近群众、丰富多彩的活动，带动更多的人参与体育锻炼，助力体育强国建设。山大柔力球队获省直机关夕阳红健身运动会柔力球比赛第一名、全国社会体育指导员展示大会健身技能展示（健身操舞类）一等奖，入选国家体育总局 2021 全民健身志愿服务项目库。离退休工作处获得 2022 年"全民健身日"活动先进集体。

四、狠抓党建工作，夯实基层组织"压舱石"

1. 强化制度建设。牵头研究起草学校《关于加强新时代离退休干部党的建设工作的实施意见》《离退休干部党支部工作指导标准》等一系列文件，并在文件的指导下，进一步贯彻新理念，开展优化党支部设置探索，推进离退休工作"两级管理、齐抓共管"落地见效，构建离退休工作新格局。

2. 强化组织生活。按照党支部标准化规范化建设的要求，开展流动党员摸排、党费缴纳、"三会一课"、组织生活会、谈心谈话等日常工作。组织"两优一先"评选，共评选优秀党员 43 人、优秀党务工作者 4 人，先进基层党组织 4 个，其中陈言俊同志获得山东大学优秀共产党员。组织“光荣在党50年”纪念章颁发仪式，为69名老党员颁发纪念章。“七一”走访慰问老党员，表达学校对老党员的敬意和关爱。

3. 提升基层组织活力。组织开展2021年基层党组织立项总结和2022年基层党组织立项活动。离退休党委第二党总支“扎实开展党史学习教育”项目总结获评学校三等奖。2022年离退休党委共立项12个，其中1个获学校基层党组织活动立项。鼓励支持离退休党支部开展“健身养生大家谈”等特色活动，为离退休干部党支部增添生机活力。

4. 加强党员教育管理监督。坚持谈心谈话制度、联系支部联系党员制度，做好经常性思想政治工作。对离休党员、年老体弱党员、重病失能党员等，通过送学上门、走访慰问等方式关心关爱。加强党员监督管理，不断强化纪律意识、规矩意识和法治意识。

五、用心用情服务，绘就幸福晚年“新画卷”

1. 实施“退休教职工活动场所改善提升”工程。对离退休职工活动室进行房屋修缮、装修装饰，进行党建主题、山大文化主题、文化养老主体文化提升改造，安装安全监控及烟感报警装置，将离退休教职工的学习活动场所建成温馨和谐安全的“老干部之家”。

2. 开展温暖重阳系列敬老活动。在重阳节为全校老人送上长寿祝福并发放节日慰问金；为年满90周岁的离退休教职工制作“长寿榜”，发放长寿慰问金；联合学生社团举办“重阳送温暖”敬老爱老宣传活动，弘扬中华民族尊老、敬老、爱老、助老的传统美德。

3. 组织开展各类文体娱乐健身活动。支持老年社团开展柔力球、太极拳、乒乓球、舞蹈、书画展等活动，疫情期间开展“众志成城战疫情，老骥伏枥展风采”抗疫“云分享”线上文艺活动，开办“红色影院”，引导老同志文化养老、科学养老，提升老同志的获得感、幸福感和安全感。

4. 组织各类教育培训活动。关注老同志的精神文化需求，举办防范养老诈骗专题讲座；组织离退休教职工收看“本色家园·颐心微课”，学习摄影艺术、手机操作、书画艺术等精品课程；引入社会资源（长者学堂）举办老年教育，向老同志教授声乐与合唱、民族舞、时装走秀、国画、手机摄影、单反摄影、瑜伽、书法等课程。

5. 开展做好亲情化、个性化服务。做好“一对一”离休干部服务工作，每月一访，形成台账；在校园相对封闭期间，联合校医院、财务部为离休干部解决医药费报销难题；利用“七一”、中秋国庆重阳节、元旦春节等重要节日广泛开展走访看望、慰问品发放等工作；到医院看望慰问生病住院的离退休职工，送上温暖；对生活特别困难老干部、老党员、老职工提供应急资助，解决燃眉之急；全年为校本部197名去世老人办理了后事，并慰问遗属等。

六、务实开拓创新，点燃工作发展“加速器”

1. 建设离退休工作管理信息系统。开发离退休工作管理信息系统电脑端，面向离退休教职工的移动端正式上线试运行，进一步促进离退休工作的规范化、精准化、高效化。

2. 大力开展离退休工作宣传。改版离退休工作处网站，充分利用“山大视点”等媒体平台，全面、立体、生动地展示离退休工作成果，截至2022年11月25日发布新闻稿46篇，其中1篇被《中国教师报》采用、2篇被“教育部老干部之家”采用，为离退休工作高质量发展营造了良好氛围。

3. 积极拓展工作新载体。制作《退休生活指南》，强化新退休人员组织归属感。编发《离退休工作大事记》宣传册，有效凝聚共识、激发离退休职工主人翁意识。

（张少石）

服务山东、合作发展工作

服务山东办公室、合作发展部坚持以习近平新时代中国特色社会主义思想为指导，深入学习贯彻党的二十大精神，精准对接国家和区域发展需求，深入开展社会服务工作，开拓社会资源、服务学科发展，有力推动学校高质量跨越式发展。

一、党建引领、提高站位，推动工作高效运转

服务山东办公室、合作发展部合署办公，学校对外资源拓展力量得到有效整合。重组党支部，强化党建引领，扎实开展“三会一课”和主题党日活动，推动党建与中心工作深度融合，高标准完成疫情防控、巡视整改和配合审计工作。加强制度建设，制定完善各项规章制度。实行项目制工作法，明确工作职责，规范工作程序，提升工作效率。构建社会服务工作体系，健全信息共享机制，召开一校三地服务山东、合作发展工作研讨会，开展一校三地社会服务工作学院座谈会，举办社会服务名师大课专题培训，加强一校三地工作高效协调和校内外快速响应。

二、勇担使命、服务学科，强化工作统筹协调

聚焦开拓社会资源、服务学科发展，加强顶层设计，着力完善服务山东工作体系，扎实推进服务山东高质量发展2.0行动方案。围绕服务党建引领、经济社会治理等10大领域，谋划设计35个项目。落实教育部《关于加强高等学校异地科研机构规范管理的通知》要求，推进异地科研机构高质量发展。

三、聚焦重点、强力推进，深化校地校企合作

强化“三核引领、多点突破”的服务布局，进一步扩大服务山东“山大系”品牌效应。在服务济南方面，推动“共建龙山校区（创新港）、打造中国晶谷、争创国家医学中

心、推进焦家遗址挖掘保护”等方面谋划重大项目合作，落实2021年济南市市校融合发展战略工程项目；服务威海六大重点项目顺利推进，与威海市公安局、山东省第六地质矿产勘查院等签署合作协议；在服务青岛方面，与海尔、海信、中车四方等合作顺利推进，与青岛市委党校（行政学院）、青岛市生态环境局、青岛地铁签署合作协议；与淄博、泰安、德州签署校地合作协议，一系列项目签约落地。组织校内科研力量，与中广核集团、山东能源集团、山东土地发展集团、国铁济南局、山东省生态环境厅、山东黄河河务局、中国甲午战争博物院、徐工集团、圣泉集团等签署合作协议，推动实质性合作。与临沂市、聊城市、山东省信访局、山东海洋集团、四大国有银行山东省分行等世界500强企业、行业领军企业启动合作对接，进一步构建校地、校企融合发展格局。

四、守正创新、提质增效，推动校友工作发展

围绕做大做强“山大校友系”目标，聚焦文化引领、质量提升、暖心服务、资源汇聚、聚创齐鲁“五大工程”，持续精耕细作，汇聚校友力量支持学校和社会发展。（山东大学国内外校友组织见附表1、附表2，山东大学行业校友组织见附表3）成立文创咖啡区学生创业实践基地，打造校友馆文化育人阵地；召开2022年校友工作会议暨校友会四届三次理事会，校友组织建设保持生机活力；广泛动员校友参与“招生—培养—就业”全过程，聘任200余位“校友招生宣传大使”，组织校友企业专场招聘，170家校友企业提供近万个就业岗位，成立学生创新创业协会、学生联络与服务校友志愿者协会，邀请杰出校友参加学生毕业典礼等重大活动。

五、系统布局、整体推进，提升筹资发展活力

科学凝练筹资发展需求，深入挖掘重点资源和重点人物，积极策划重点筹资项目，大额筹资有重大突破，年度签约8个千万级项目，创历史同期最高；截至2022年年底，落实捐赠到账1.44亿元，超额完成年度筹资任务。基金会成立十五周年之际，策划发起具备价值引领的“筹款行动”，有效增强筹资发展活力。规范基金会管理运营，强化风险防控，积极完成定点帮扶工作。基金会透明指数（FTI）连续八年保持满分，并列全国第一，获评“山东省社会组织标杆”荣誉称号，入选中国高校基金会优秀公益项目案例。（山东大学教育基金会第三届理事会成员名单见附表4）

六、创新理念、转型发展，打造驻外研究院体系

精准对接国家和区域发展需求，按照“1市1个综合研究院多个专业研究院”的布局，学校驻外研究院体系建设稳步推进。召开苏州研究院理事会、深圳研究院理事会成立大会暨第一次会议，推动学校完善治理体系，健全研究院内部治理结构。（山东大学苏州研究院第一届理事会成员名单见附表5，山东大学深圳研究院第一届理事会成员名单见附表6）苏州研究院获评江苏省新型研发机构、江苏省中小企业公共服务示范平台、苏州市创业孵化一类示范基地、苏州独墅湖科教创新区先进集体；深圳研究院推进“科技＋文化”转型发展，举办山大深圳齐鲁大讲堂，与比亚迪合作项目入选教育部产教融合经典案例。与潍坊保税区共建跨境电商研究院，与临沂共建“沂蒙山生态产品价值实现研究中心”；谋划推动日照智能制造研究院、东营研究院、新泰工研究院转型发展；与云南、西藏等推动平台共建共享，谋划新建研究院，校地校企签约共建平台70余个。北京研究院拓展“山大人＋山东人”网络，在京打造“山大北京”品牌，服务学校“双一流”建设和区域经济社会发展。

（魏金平）

附表1

山东大学国内校友组织

（截至2022年12月）

<table>
<tr><td colspan="2">总计</td><td colspan="2">59家</td></tr>
<tr><td colspan="2">地区</td><td>序号</td><td>组织名称</td></tr>
<tr><td rowspan="20">华东地区
（32家）</td><td rowspan="16">山东省</td><td>1</td><td>济南校友会</td></tr>
<tr><td>2</td><td>青岛校友会</td></tr>
<tr><td>3</td><td>淄博校友会</td></tr>
<tr><td>4</td><td>枣庄校友会</td></tr>
<tr><td>5</td><td>东营校友会</td></tr>
<tr><td>6</td><td>烟台校友会</td></tr>
<tr><td>7</td><td>潍坊校友会</td></tr>
<tr><td>8</td><td>济宁校友会</td></tr>
<tr><td>9</td><td>泰安校友会</td></tr>
<tr><td>10</td><td>威海校友会</td></tr>
<tr><td>11</td><td>日照校友会</td></tr>
<tr><td>12</td><td>临沂校友会</td></tr>
<tr><td>13</td><td>德州校友会</td></tr>
<tr><td>14</td><td>聊城校友会</td></tr>
<tr><td>15</td><td>滨州校友会</td></tr>
<tr><td>16</td><td>菏泽校友会</td></tr>
<tr><td>上海市</td><td>17</td><td>上海校友会</td></tr>
<tr><td rowspan="3">江苏省</td><td>18</td><td>南京校友会</td></tr>
<tr><td>19</td><td>扬州校友会</td></tr>
<tr><td>20</td><td>苏州校友会</td></tr>
</table>

续表

总计		59家	
地区		序号	组织名称
华东地区（32家）	江苏省	21	南通校友会
		22	徐州校友会
		23	无锡校友会
		24	常州校友会
	浙江省	25	浙江校友会
		26	温州校友会
		27	宁波校友会
	安徽省	28	安徽校友会
	福建省	29	福建校友会
		30	厦门校友会
		31	泉州校友会
	江西省	32	江西校友会
华南地区（4家）	广东省	33	广东校友会
		34	深圳校友会
	广西壮族自治区	35	广西校友会
	海南省	36	海南校友会
华中地区（3家）	河南省	37	河南校友会
	湖北省	38	湖北校友会
	湖南省	39	湖南校友会
华北地区（5家）	北京市	40	北京校友会
	天津市	41	天津校友会
	河北省	42	河北校友会
	山西省	43	山西校友会
	内蒙古自治区	44	内蒙古校友会
西北地区（5家）	陕西省	45	西安校友会
	甘肃省	46	甘肃校友会
	青海省	47	青海校友会
	宁夏回族自治区	48	宁夏校友会
	新疆维吾尔自治区	49	新疆校友会

续表

<table>
<tr><td colspan="2">总计</td><td colspan="2">59 家</td></tr>
<tr><td colspan="2">地区</td><td>序号</td><td>组织名称</td></tr>
<tr><td rowspan="5">西南地区
（5 家）</td><td>重庆市</td><td>50</td><td>重庆校友会</td></tr>
<tr><td>四川省</td><td>51</td><td>四川校友会</td></tr>
<tr><td>贵州省</td><td>52</td><td>贵州校友会</td></tr>
<tr><td>云南省</td><td>53</td><td>云南校友会</td></tr>
<tr><td>西藏自治区</td><td>54</td><td>西藏校友会</td></tr>
<tr><td rowspan="4">东北地区
（4 家）</td><td rowspan="2">辽宁省</td><td>55</td><td>辽宁校友会</td></tr>
<tr><td>56</td><td>大连校友会</td></tr>
<tr><td>吉林省</td><td>57</td><td>吉林校友会</td></tr>
<tr><td>黑龙江省</td><td>58</td><td>黑龙江校友会</td></tr>
<tr><td>港澳台地区（1 家）</td><td>香港特别行政区</td><td>59</td><td>香港校友会</td></tr>
</table>

附表 2

山东大学海外校友组织

（截至 2022 年 12 月）

<table>
<tr><td>总计</td><td colspan="2">20 家</td></tr>
<tr><td>地区</td><td>序号</td><td>组织名称</td></tr>
<tr><td rowspan="11">美洲
（11 家）</td><td>1</td><td>美国加州校友会</td></tr>
<tr><td>2</td><td>美国纽约校友会</td></tr>
<tr><td>3</td><td>美国波士顿校友会</td></tr>
<tr><td>4</td><td>美国北加州校友会</td></tr>
<tr><td>5</td><td>美国亚特兰大校友会</td></tr>
<tr><td>6</td><td>美国芝加哥校友会</td></tr>
<tr><td>7</td><td>美国华盛顿校友会</td></tr>
<tr><td>8</td><td>美国休斯敦校友会</td></tr>
<tr><td>9</td><td>美国西雅图校友会</td></tr>
<tr><td>10</td><td>加拿大多伦多校友会</td></tr>
<tr><td>11</td><td>加拿大温哥华校友会</td></tr>
</table>

续表

总计	20 家	
地区	序号	组织名称
欧洲（5 家）	12	英国校友会
	13	德国校友会
	14	澳大利亚校友会
	15	澳大利亚墨尔本校友会
	16	塞尔维亚校友会
亚洲（4 家）	17	新加坡校友会
	18	日本校友会
	19	荷兰比利时卢森堡校友会（筹备）
	20	泰国校友会

附表 3

山东大学行业校友组织

（截至 2022 年 12 月）

总计	2 家
1	山东大学校友企业家俱乐部
2	山东大学校友青年 CEO 俱乐部

附表 4

山东大学教育基金会第三届理事会成员名单

理事长

李守信　　山东大学原党委书记

副理事长

芦延华　　山东大学副校长

理　事（共 15 人，以姓氏笔画为序）

马　勇　　太平资产管理有限公司固定收益部总经理

王　飞　　山东大学研究员

王明良　　山东大学齐鲁医学院综合办公室主任

井海明　　山东大学研究员

刘丕平　　山东山大资本运营有限公司党委书记
吕明新　　山东大学服务山东办公室主任、合作发展部部长
李守信　　山东大学原党委书记
芦延华　　山东大学副校长
杨　斌　　山东大学校友工作办公室主任兼服务山东办公室副主任、合作发展部副部长
杨海坤　　益科正润金控投资集团有限公司总裁
周建民　　光大五道口投资基金管理有限公司董事长
赵玉璞　　山东大学（威海）党工委委员、副校长
韩建新　　山东大学（青岛）党工委委员、常务副校长
焦　震　　鼎晖投资基金管理公司执行总裁
路军伟　　山东大学财务部部长

监　事(2 人)
王善举　　山东山大资本运营有限公司党委副书记
侯艳芳　　山东大学教授

附表 5

山东大学苏州研究院第一届理事会成员名单

理事长
樊丽明　　校长
副理事长
李术才　　副校长
吴　臻　　副校长
易　凡　　副校长
理　事(19 人)
樊丽明　　校长
芦延华　　副校长
李术才　　副校长
吴　臻　　副校长
易　凡　　副校长
曲明军　　党委组织部部长
刘　健　　人事部部长、人才工作办公室主任
王志鹏　　学科建设与发展规划部部长
刘国亮　　研究生院常务副院长
周传健　　科学技术研究院院长
黄凯南　　人文社科研究院院长

路军伟　　财务部部长
占金华　　资产与实验室管理部部长
吕明新　　服务山东办公室主任、合作发展部部长，苏州研究院常务副院长
陈志军　　继续教育学院院长
王明星　　深圳研究院常务副院长
陈　诚　　服务山东办公室副主任、合作发展部副部长
许海成　　艾隆科技股份有限公司董事
吴文慧　　瑞源医药科技（苏州）有限公司执行董事

监　事(2人)
梅　强　　巡视工作领导小组办公室主任
王玉莲　　审计处处长

秘书长
吕明新　　服务山东办公室主任、合作发展部部长，苏州研究院常务副院长

副秘书长
陈　诚　　服务山东办公室副主任、合作发展部副部长

附表6

山东大学深圳研究院第一届理事会成员名单

理事长
樊丽明　　校长
副理事长
芦延华　　副校长
吴　臻　　副校长
易　凡　　副校长
理　事(19人)
樊丽明　　校长
芦延华　　副校长
李术才　　副校长
吴　臻　　副校长
易　凡　　副校长
曲明军　　党委组织部部长
刘　健　　人事部部长、人才工作办公室主任
王志鹏　　学科建设与发展规划部部长
刘国亮　　研究生院常务副院长

周传健　　科学技术研究院院长
黄凯南　　人文社科研究院院长
路军伟　　财务部部长
占金华　　资产与实验室管理部部长
吕明新　　服务山东办公室主任、合作发展部部长，苏州研究院常务副院长
陈志军　　继续教育学院院长
王明星　　深圳研究院常务副院长
陈　诚　　服务山东办公室副主任、合作发展部副部长
尹昌龙　　山东大学深圳校友会会长、深圳市政协文化文史委主任、深圳市决策咨询委员会专家委员、深圳市阅读联合会创会会长
王立新　　山东大学深圳校友会常务副会长，深圳市东华实业集团有限公司党委书记、董事长，深圳市山东商会会长

监　事(2 人)
梅　强　　巡视工作领导小组办公室主任
王玉莲　　审计处处长

秘书长
吕明新　　服务山东办公室主任、合作发展部部长

副秘书长
陈　诚　　服务山东办公室副主任、合作发展部副部长

苏州研究院

苏州研究院坚持以习近平新时代中国特色社会主义思想为指导，深入学习贯彻党的二十大精神，充分发挥党支部战斗堡垒作用，在学校党委、苏州园区党工委的坚强领导下，在研究院全体员工的共同努力下，抢抓机遇、守正创新，科学谋划、规范运营，崇实求新、携手奋进，深入推进研究院转型发展建设，在科研发展、创新创业、产业发展、教育培训、文化交流、校友工作等各个方面取得成绩，各项事业蓬勃发展。

2022 年，研究院荣获江苏省新型研发机构、江苏省中小企业公共服务示范平台，苏州市创业孵化一类示范基地、苏州未来科学家培养薪火计划“合作伙伴”，苏州独墅湖科教创新区先进集体，连续第三年荣获江苏省十大技术转移优秀案例，有力提升了学校在长三角地区的美誉度和竞争力。

一、党建引领精准发力，精耕细作促进发展

研究院坚持党建引领高质量发展，认真学习宣传贯彻党的二十大精神，组织开展“党建引领，精耕细作，培训提升”线上系列主题培训学习活动，组织策划“深入学习宣传贯彻党的二十大精神”系列学习研讨活动，通过“学思践悟”，把党的二十大精神落到实处；与招商银行苏州分行、姑苏材料实验室等单位开展党建共建活动，党建引领业务高质量发展；在上级党委领导下，组织全体员工克服困难，认真落实疫情防控各项要求，圆满完成防疫工作各项任务，同时积极组织党员参与志愿者服务，获地方政府表扬；加强研究院在学校与地方的宣传工作，积极参与学校党委宣传部组织的“高歌领航”宣传片拍摄，为研究院事业发展拓展更多资源渠道；积极组织开展心理防“疫”与调节主题讲座、每日线上运动、浓情端午节等工会活动，舒缓疫情带来的压力，同时保障线上线下工作不打折。

二、成立研究院理事会，转型发展迈入新阶段

4 月 19 日研究院理事会成立，标志着研究院转型发展进入新阶段。研究院将充分发挥长江经济带区位优势，对接国家战略，集聚创新资源，大力推进科技成果转化工作，服务好地方区域经济社会发展和山东大学“双一流”建设。受疫情及政策影响，研究院部分业务受限暂停，但在学校领导指导和全体员工共同努力下，攻坚克难，较好达成了转型发展阶段性目标，新增 2400 平方米办公、科研、孵化场地，物理空间拓展至 6000 平方米，为学校在长三角地区的事业发展提供保障。

三、科技创新取得新成果，科研水平迈上新台阶，双创孵化取得新成绩

研究院作为国家自然科学基金依托单位、江苏省新型研发机构，结合山东大学与地方优势资源，认真组织科研平台建设及科技项目申报工作，新增各类科技项目立项 16 项，包括 1 项江苏省重大专项示范项目、1 项江苏省优秀青年基金项目，实现了新的突破。研究院年度发表高水平论文 80 篇，授权发明专利 11 项，连续第三年荣获江苏省十大技术转移优秀案例。研究院自建实验室以市场为导向，以创新产品产业化为目标，自研项目取得突破性进展，探索院企合作产业化新模式，横向合作经费持续突破千万元。

研究院运营的“山大 e 禾”国家级众创空间，入孵科技企业 22 家；累计签约创业导师 40 位，辅导双创项目 260 项，开展双创教育 8800 人次，打造山大特色的“创业生态圈”，获评江苏省中小企业公共服务示范平台、苏州创业孵化一类示范基地。

四、做好人才培养工作，推动学校在长三角地区招生拓展及学生就业创业，助推学校“双一流”建设

研究院举办山东大学苏州创新创业暑期学校暨第八届苏州独墅湖大学生创业课程班，作为国家首批一流本科课程，以“山大 e 禾”国家级众创空间为实践基地，不断改革创新，引导学员坚定理想信念，投身双创实践。研究院举办第四届“触摸文明魅力——中华传统文化体验”暑期精品课程，累计开展近 40 场国学讲座，推动中华优秀

传统文化创造性转化、创新性发展，引领同学投身文化产业创新实践。山大苏州创新创业暑期学校课程、触摸文明暑期学校课程双双获评山东大学优秀暑期学校。

研究院入选苏州市未来科学家培养薪火计划“合作伙伴”，组织学校数学院、化学院、计算机学院、生命学院、微电子学院等单位 10 位老师，入选江苏省苏州市拔尖人才计划导师，指导苏州 9 所重点高中的 19 位学生开展江苏省中学生科技创新后备人才培养计划，有力促进学校在江苏省的本科招生工作。

五、促进校地交流合作，服务地方经济社会发展

研究院整合校地优势资源，推动高校“双一流”建设和地方经济社会发展。校领导多次到苏州考察访问，走访校友企业、出席长三角校友会活动、开展“访企拓岗”活动、参加山东大学 2022 级苏州籍新生见面会及江苏省中学生科技创新后备人才培养计划山东大学师生见面会等活动、到苏州研究院考察指导工作，深化校地校企合作、汇聚山大校友力量，完善协同育人体系、助推学子高质量就业，推动研究院高质量发展。

研究院持续为山东省及长三角地区企事业单位提供培训，年度培训人次 670 余人；接待山东等地方政府企事业单位、校友、合作伙伴来访 500 余人次，有力促进校地交流合作，服务学校“双一流”建设，促进地方经济社会发展。

（吕明新）

深圳研究院

2022 年是山东大学深圳研究院入驻十周年。研究院全体员工在党的二十大精神指引下，认真贯彻习近平总书记对广东、深圳系列重要讲话精神，围绕学校中心工作和研究院主责主业，以愚公移山的志气、水滴石穿的耐力，脚踏实地、埋头苦干、攻坚克难，在人才培养、科学研究、文化传播、社会服务、自身建设等方面取得优秀成绩，交出圆满答卷，为服务国家和鲁粤两地区域发展作出应有贡献。

一、党建引领创造新成绩

研究院坚持以习近平新时代中国特色社会主义思想为指导，深入学习贯彻党的二十大精神，贯彻落实习近平总书记对高等教育、科技、人才的重要指示，加强研究院党的建设。研究院参与拍摄学校党委宣传部《领航》MV，为党的二十大献礼，参加高新南区党委“党建圆桌派”“书记讲党课”等活动，应邀到广东省高科技商会宣讲党的二十大会议精神，与中信银行大鹏支行党支部共同开展联合党建活动。统筹疫情防控和事业高质量发展，围绕学校新一轮“双一流”建设任务，全力聚焦主责主业，以同心同德的

合力、精诚团结的努力，画好同心圆，凝聚向心力，积极推动“科技＋文化”转型发展取得新成绩，实现了经济和社会效益双提升，有力提升了学校在粤港澳地区的美誉度和竞争力。

二、产教融合成为典型案例

8月19日，研究院常务副院长王明星代表山东大学与中广核集团签署了《全面战略合作框架协议》，携手开创产教融合校企合作新局面。3月24日，由深圳研究院提交的《探索校企合作创新和可持续化发展之路——山东大学深圳研究院与比亚迪集团校企合作案例》成功入选教育部产教融合校企合作典型案例。

2022年，研究院积极推动校企校地合作，先后十余次赴比亚迪推进战略合作协议实施，开办3个定制专业在职研究生班，报名人数1200余人，录取277名在职研究生新生。协助机械学院、材料学院、控制学院等多个学院与比亚迪开展多项科研合作，联合控制学院团队与比亚迪共同申报“大功率动力电池智能测试”国家重点研发计划成功立项，总经费1600万元，对接机械工程学院团队“微纳结构”科技成果在比亚迪转化落地。促成学校与中广核签订战略合作协议，联合能动学院团队与中广核进行产学研合作。与震有科技合作开设软件工程专业定制班，探索校企协同育人新机制，有力推动了科教融合与产教融合。

三、服务山东开创新模式

11月17日，研究院助力滨州市在深举办双招双引推介会，助力滨州市赴深开展“体悟实训”活动，与滨州市工商联签订战略合作协议，协助开展企业家培训等多项服务。

研究院积极对接中广核、比亚迪、正威集团、中集集团、深信服、九洲电气等大湾区知名企业，与山东开展合作，推动学校与中广核签订战略合作协议。服务山东16地市，协助滨州市、济宁市、东营市等地在深圳开展“双招双引”活动8次。与滨州市签订战略合作协议，协助滨州市赴深开展为期100天的“体悟实训”工作。赴山东16地市调研培训需求，开展党政干部“政德”、企业家“商德”、师生“美德”系列培训72期，4405人参加培训，其中济南市青年企业家“薪火英才计划”培训班、云南省直机关培训班成为各地政企培训样板。接待山东政企领导和学校师生1000余人次，为他们到深圳对接工作提供了有力支持。

四、人才培养创建知名品牌

2022年，300余名比亚迪学子在山大成功深造，实现了专业能力、学历水平、工作素养的全面提升。研究院职工协同山大教师团队为深圳班在职研究生持续提供用心、贴心的教学服务，带领学生开展丰富多彩的社会实践、班级活动，指导学生学习、备考和答辩。2022年疫情严峻时期，研究院教职工克服困难保证招生现场确认工作的顺利开展，提供用心的线上线下教学与暖心贴心的统考辅导、送考服务，在职研究生全国统考通过率超过90%。研究院教职工想学生之所想，急学生之所急，解学生之所忧，赢得广大学子的好评与信任。2022 年 12 月，比亚迪 2021 级同等学力人员申请硕士学位深圳班机械工程专业全体同学为研究院致以感谢信。研究院校企联合人才培养模式以“名企带名校，名校促名企”的多维互动，在人才培养与输送上走出一条可持续发展之路。

五、科学研究实现新突破

组织一校三地 368 位老师申报国家省市各级项目申报和课题征集 279 项，获批项目数量稳步增长，累计项目获批数（纵向、横向）达到 245 项，同比增长 34.6%，立项数量 59 项，完成验收 7 项，服务在研项目百余项。截至 2022 年年底，研究院顺利完成科技计划项目结题 80 项，培养博士 108 人、硕士 212 人，发表论文 368 篇，申请专利 199 件，为深圳市创新驱动发展和学校学科建设作出重要贡献。研究院获批深圳市社科联课题“科学精神与人文精神的融合研究”，该课题受到深圳市委市政府高度重视，将为政府部门决策提供重要参考。

通过认定“深圳市技术转移服务机构”，成立深圳市科协“新一代信息技术专业科技服务团”，积极承办“2022 深海科技创新发展论坛”。“山东大学科技成果直通车粤进大湾区”活动成功举办，促进了技术市场与资本市场的有效互动，实现了技术供给与产业需求的精准对接。国家技术转移南方中心批准研究院承办初级技术经纪人培训，研究院与深交所科交中心签订战略合作协议，促进成果落地转化。研究院通过创新机制，共享资源，推进高水平智库建设，构建教育链、人才链与产业链、创新链协同转化的生态体系。

六、校友服务跃升新台阶

8 月 20 日，“潮起大湾区奋进山大人”——“新校友·心关爱”山东大学深圳研究院入驻十周年暨 2022 年新校友欢迎会系列活动在深圳山东大厦举行，300 余位新老校友现场参加活动，线上直播覆盖各地校友 3 万余人。

研究院连续十年举办“新校友·心关爱”校友系列活动，成为驻园高校校友活动的特色品牌。在山东大学 2022 年校友工作会议暨校友会第四届理事会第三次会议进行典型发言，助力广东、深圳校友会获评“百廿校庆十佳校友组织”。研究院秉承高校服务国家战略、服务地方发展的宗旨，立足湾区，根植齐鲁，持续关心和支持校友及校友企业的发展，2022 年吸引近千名校友到大湾区求学、就业、创业，在校友与母校之间搭建起沟通交流合作的平台，大湾区校友组织力量不断扩大，影响力不断增强。

七、转型发展取得新成效

成功举办 5 场山大深圳齐鲁大讲堂，内容覆盖传统文化、管理治理之道，收效显著。

研究院以服务学校新一轮“双一流”建设为目标，发挥山大文史哲见长优势，加快推动“科技＋文化”转型发展。以中华美德学院深圳分院、山大深圳齐鲁大讲堂、虚拟大学园公益课堂为平台，累计举办论坛讲座 40 余场，百万余人受益，其中林平教授专场在线人数突破 3.6 万人次，连年刷新虚拟大学园公益课堂纪录。承担深圳市哲学社会科学规划课题“科学精神与人文精神融合”等 3 项，推进“科技＋文化”转型发展迈上新台阶。

八、助推“双一流”建设

5 月 12 日，研究院作为推广单位参加第十四届中国深圳创新创业大赛深港澳高校预选赛区暨第四届深圳虚拟大学园创新创业大赛启动仪式。

研究院协助学校对接引进多名高端人才，联合学校软件学院、控制学院、能动学院等多个学院开展科研合作。与比亚迪、震有科技等企业联合开展人才培养，提升学校同等学力培养水平。积极组织 10 余所学院 100 余名老师与比亚迪、中集集团、荣耀等企业开展需求对接会近 30 场，对接需求 300 余项，促成多项合作。做好六方联动，连续七年举办山东大学深圳创新创业暑期学校，培养创新创业人才 200 余人，该项目被列入深圳团市委雏凤计划和学校学分课程。积极对接粤港澳大湾区各类创赛，组织推荐 16 支团队参加 2022 年第五届“高创杯”广东高校科技成果转化路演大赛，机械学院团队晋级决赛获铜奖；推荐 4 个团队参加 2022 年第十四届深创赛粤港澳赛区创赛，1 项进入复赛。创新创业暑期学校和高水平赛事极大提升了学校师生的创新创业能力。

九、文件建设呈现新亮点

研究院以文化“两创”为中心，在“科技＋文化”转型发展路径的指引下，积极推动文化的传播与传承。全体员工共同动员和参与，拍摄完成了《潮起大湾区奋进山大人》宣传片，以影片形式充分展现了研究院十年砥砺奋进取得的工作成绩和未来转型的发展规划。推动山东大学出版社深圳中心揭牌，筹备出版《粤港澳大湾区的山大人》，以湾区校友的故事为缩影，展现山大人开拓创新、担当作为的精神风貌。

十、自身建设愈加完善

4 月 19 日，山东大学深圳研究院理事会成立大会暨第一次会议成功召开，在研究院发展历史上具有里程碑式的意义。

研究院加强自身建设，积极配合教育部政策调整，推动网络教育转型，优化资源和人员配置，为学生提供优质服务。配合学校经济责任审计工作，提供材料 17 批次；制度、纪要、报告、报表、账表等文件 369 份；检查整理各类台账表格 136 份，调阅纸质凭证 640 笔，数据内容达 5 万条。聘请各领域知名专家学者进入研究院智库，为研究院发展提供决策支持。推动成立深圳研究院理事会，完善治理体系，把制度优势转化为治理效能，促进研究院健康可持续发展。

（王飞虎）

学生就业创业

面对2022年严峻的就业形势，学校党委、行政高度重视，多次进行专题研究部署，推出多项工作举措，出台了《中共山东大学委员会关于促进毕业生充分高质量就业的实施意见》（山大党综字〔2022〕12号）以及学校相关单位任务分解表，通过一校三地统筹协调、校院两级同频共振，全力促进学校2022届、2023届毕业生就业工作顺利进行。

加强就业指导，坚持以学生成长需求为中心，努力构建了以“职业认知、生涯规划、职业体验、职前准备”为主线的职业生涯教育体系和就业价值引领工作体系，就业指导精准度不断提升。积极开展招聘活动，抓住疫情相对稳定的窗口期快速行动，开展校园招聘、市场拓展等活动；线下招聘活动暂停期间，积极开辟线上招聘平台，招聘服务不断线。加强就业管埋，坚持以服务学生为宗旨，提升全程化、精细化就业管理服务，健全毕业生就业状况统计核查机制，做好就业帮扶工作。加强就业信息化建设，以提供高质量就业信息化服务为目标，以就业信息平台一体化建设为重点，圆满完成系统升级。多措并举为实现毕业生充分高质量就业保驾护航。

一、以党建为统领，强化思想建设，不断提升管理服务水平

严格按照学校党委工作部署，深入贯彻学习习近平新时代中国特色社会主义思想和党的二十大精神，全面落实学校第十四次党代会精神，深化机关作风建设，继续打造学习型工作团队，不断提升管理和服务水平。领导班子充分认识当前形势下做好学生就业创业工作的极端重要性，时刻把学生就业创业工作当作一项重要的政治任务，充分研判，提前谋划，发挥领头雁作用和党支部的战斗堡垒作用，在切实做好疫情防控工作的基础上，采取多种措施，压实工作责任，全力推进学生就业创业各项工作的顺利开展，为毕业生顺利择业保驾护航，最大限度地减少疫情对学生就业创业工作的影响。

二、开展专题调研，主动谋划工作，出台多项就业举措

一是广泛深入开展调研。组织开展对一校三地各培养单位的就业工作专题调研，了解学生就业工作过程中存在的问题困难，听取各培养单位对学校就业工作的意见建议，并对信息精准推送、加强就业引导等具体工作进行安排部署。二是谋划出台多项举措。制定发布《山东大学关于促进毕业生充分高质量就业的实施意见》、校领导带队走访用人单位工作方案、一校三地学生就业工作一体化统筹推进实施方案，制定2022届毕业生就业促进周及“百日冲刺”系列活动方案等。三是落实中心人员“包干定点联系学院（培养单位）制度”。学生就业创业指导中心全体工作人员“一对多”下沉服务学院（培

养单位），重点针对未就业毕业生群体，协助、督导各单位加强思想引导，做好信息精准推送，帮助未就业毕业生尽快落实就业去向。

三、强化价值引领，加强咨询指导，提升学生择业能力

一是实施“就业引导行动计划”，提升服务国家战略就业“内生驱动力”。强化就业价值引领、理想信念教育和行业认知探索，开展成才报国“启航讲堂”等就业育人主题教育和择业规划营、行业探索营、留学精英营、职业体验模拟实训项目等特色活动；强化实训实践和职业体验，以“第二课堂”引导学生关注国家战略需求，深入了解职业世界；鼓励支持毕业生到西部、基层和国家重点行业就业，隆重表彰183名服务国家战略就业2022届毕业生。二是实施“精准就业指导服务专项行动”，提升多元化就业“核心竞争力”。举办考研、留学、公考等各类就业指导工作坊16期，“职汇讲堂”专家讲座8场，公考培训“春苗计划”“公考书屋”8场，求职训练营等专题品牌活动30余场，惠及学生8500余人次。“微课堂”“职业测评”“简历制作”等生涯教育平台实现覆盖率70%；编制发布《山东大学2021届毕业生就业质量报告》并及时反馈学校招生培养部门。承办第十八届中国模拟联合国大会，举办“学术大咖前沿说”国际论坛26场，国际组织人才培养与推送系列讲座14场，参与学生3800余人次，选拔推送34名优秀学生参加国际组织后备人才培养项目及国际组织实习，实现“量增”“质优”双突破。组织指导各培养单位开展各类就业指导特色活动592场，参与学生达7.3万余人次。三是实施“就业工作队伍素养提升计划”，提升专业化师资“指导服务力”。组织就业指导队伍参加各类职业生涯规划、就业咨询辅导、课程教学设计等高级研修或资质培训220余人次，毕业生辅导员就业工作系列培训390余人次；承担山东省就业与人才服务领域课题2项并获评省级一等奖、三等奖，承担教育部学生服务与素质发展委托课题2项，编著出版《大学生职业生涯规划与就业指导案例汇编》等系列丛书。

四、丰富招聘渠道，校园招聘不断线，信息推送不间断

一是提前研判，周密部署。抢抓疫情相对稳定的间隙，在春季学期（2月25日至3月7日）和秋季学期（9月26日至10月26日）有序开展线下校园招聘活动，共举办346场专场招聘会，2场组团招聘会。二是积极搭建线上招聘平台。先后举办890场空中专场宣讲会，举办2022届毕业生春季空中双选会、服务山东人才引进招聘会等22场次空中双选会，参会企业9598家；发布2527家用人单位招聘信息，提供就业岗位23万余个。微信公众号共编辑推送233次、1460篇校园招聘推文，浏览量达16万人次。三是主动开展人才引进对接。对接上海市等33个地市人社部门，收集并转发117个地市人才引进信息。四是主动拓展招聘市场。与厦门、淄博等10个地市新签校地人才引进工作站合作协议；暑假期间赴深圳等14个地市参加人才合作发展论坛；与石家庄、东莞等21个地市开展线上人才合作交流。2022年全校各培养单位党政领导带队走访用人单位共计542家。五是认真做好选调生组织推荐工作。密切配合各省市选调生的选拔、推荐、材料审核以及组织部来校举办宣讲、笔试、面试、政审等工作，截至2022年12月23日，各省市自治区定向山东大学2022届毕业生共录用428人。

五、推出暖心举措，解决学生实际困难，助推学生顺利择业

一是开展暖心服务，帮助学生解决实际困难。应对疫情影响，充分挖掘校院现有资源，为毕业生设置“专属面试间”，提供线上面试服务；印发《校园招聘小贴士》，编印《毕业生就业指南》，帮助学生全面了解和掌握就业知识、就业政策、手续流程和求职技巧。二是优化信息系统，加强就业技术支撑服务。开通“山大校园通”就业功能，升级优化在线招聘、实习招聘、空中宣讲、线下宣讲等模块搜索检索、精准推送和数据统计功能；优化毕业手续办理流程，多渠道推送给全体毕业生和就业工作人员，促进毕业生就业去向登记规范化管理。三是精准推送信息，解决信息传递瓶颈问题。充分利用就业网站、微信公众号、订阅服务号，就业工作书记群、辅导员群等，即时推送各类招聘需求信息，实现就业信息推送全覆盖。

六、实施动态管理，发挥学院主体责任，就业帮扶落实落细

一是推动各培养单位认真落实就业“一把手”工程，压实工作责任，建立工作台账，对重点未就业群体分工包干、责任到人，形成全员化就业指导帮扶体系，权责清晰、分工明确、一体推进毕业生就业工作。二是针对各类未就业毕业生群体，精准实施“一类一策”“一生一策”动态管理，切实将就业指导帮扶覆盖到每一名未就业毕业生。三是在企业微信开通学生就业统计报表实时查看功能，方便校院两级动态掌握毕业生就业进展情况和未就业毕业生情况，为学院科学研判就业形势、落实特殊群体精准帮扶、精准施策推动毕业生就业提供重要参考。

（韩世钧）

兴隆山校区和软件园校区管理

一、年度工作概述

兴隆山校区和软件园校区管理办公室全体干部职工坚持以习近平新时代中国特色社会主义思想为指导，以迎接和学习贯彻党的二十大精神为主线，聚焦立德树人根本任务和学校各项发展规划，认真贯彻“三维一体”的“3D”工作思路，深入落实学校精耕细作工作要求，扎实推进校区各项事业迈上新台阶。

不断提高政治站位，把迎接和学习贯彻党的二十大精神作为2022年度首要政治任务，深化巡视整改工作。注重三全育人，开展志愿服务实践活动，联合学生设计建造校园修读区，及时回应学生诉求。协同组建校区学生骨干服务队，在学校与广大同学间搭

建沟通桥梁，尤其在校园提级管理期间开展了志愿服务、权益保障、文化活动、文字宣传等工作，为服务师生发挥了重要作用。着力精耕细作，完成各类设施检修维护，开展校园绿化环保，完成各类重大活动保障任务，实施完成各类修缮改造项目75个，共计使用经费2439万元。坚持系统思维，强化安全综合管理，及时排查安全隐患200余次，扎实做好疫情防控各项工作，牢牢守住不发生规模性疫情的防控底线。面对严峻复杂疫情，在三次封校或提级管理期间，领导班子靠前指挥，督导落实，坚决守住校门防线，强化校园日常管理，关心关爱师生，开展联建联学活动，倾心做好各项服务保障，牢牢守住了不发生规模性疫情的防控底线，切实保障了师生员工生命健康安全。

二、主要工作举措及成效

（一）提高政治站位，做好巡视整改文章

1. 坚持政治引领。以习近平新时代中国特色社会主义思想为指导，把迎接和学习贯彻党的二十大精神作为年度首要政治任务，深刻感悟“两个确立”的决定性意义，认真领会落实习近平总书记在教育方面的重要论述精神，全面贯彻“三新一高”要求，将立德树人根本任务推向前进。

2. 加强基层党建。完成支委班子成员增补改选，选优配强领导班子队伍，有效提升党务工作能力。严格落实“三会一课”制度，召开组织生活会、专题党课、专题学习、主题党日活动等30余次，积极开展与驻兴隆山校区各单位的支部联建、党员联学活动，探索与企业联合共建主题党日活动基地。

3. 深化巡视整改。结合运用中央巡视整改成果，建立巡视整改长效机制，持续推进“我为群众办实事”相关工作。接受学校安全工作专项巡视，在巡视前积极开展动员部署和未巡先改工作，根据巡视反馈意见及时开展整改，并在巡视后进一步深化整改。顺利完成配合国家审计监督的审前准备、审中配合和审后整改工作。

（二）注重三全育人，落实立德树人任务

1. 扎实开展三全育人。与学生会、培养单位“手拉手”开展树木涂白、清扫落叶、校园拾白等志愿服务实践活动20余项，引导学生树立正确的劳动价值观，培育积极的劳动态度。推进美育文化馆、兴隆大讲堂、大学生活动中心等美育基地建设，开展“我的山大我的家”劳育美育实践活动，联合学生共同设计建造校园修读区，供师生休息阅读、放松身心，提升校园景观美化度。

2. 及时回应学生诉求。强化学生会例会制度，召开座谈会、问卷调查等30余场次，征集意见建议120余条，及时改进相关工作。协同组建校区学生骨干服务队，在学校与广大同学间搭建沟通桥梁，尤其在校园提级管理期间开展了志愿服务、权益保障、文化活动、文字宣传等工作，发挥了重要作用。

（三）着力精耕细作，提升服务保障质量

1. 推动提升服务能力。受理客服来电3000余次，完成多媒体、空调、水电暖等各类设施应急抢修、维护检修4000余次，完成外卖柜安装并投入使用。进行树木养护、花草补种等校园绿化环保近1万平方米，清运垃圾3000余吨。克服重重困难，圆满完成三次校园封控或提级管理期间师生员工生活工作学习等服务保障，顺利完成四六级考试、高考阅卷、新生报到、老生返校等各类重大活动的保障任务。

2. 改善基本办学条件。开展“点亮校园”行动，升级改造校园夜景照明系统，完成教学楼改造、学生公寓粉刷、防疫围墙加固、风雨操场顶棚更换、院士楼改造等升级改造项目。全年实施学校维护专项资金项目 67 个（502 万元），高新区修缮改造工程项目 3 个（1100 万元），中央改善基本办学条件项目 5 个（837 万元），合计使用经费 2439 万元。

（四）坚持系统思维，建立健全安全体系

1. 强化安全综合治理。完善应急指挥体系、安全管理制度和各类应急演练方案，升级改造消防监控设备，建成“一站式”报警救助服务平台，建立校园夜巡及义警队伍，加强校地、校警联防联控，完成各类报警求助 200 余次。全年召开校园安全专题会议 8 次，组织反诈反恐、防汛消防等各类安全教育培训 15 次，开展反恐、防疫、消防救援等各类应急演练 7 次，进一步提升全员安全意识和安全技能。

2. 及时排查安全隐患。开展安全稳定和疫情防控检查、校舍等安全隐患排查、校内使用空间安全隐患排查、食品隐患大检查大整治等专项安全检查 6 次。针对浴室、商超、快递点、锅炉房等重点区域场所，常态化排查消防、水电、应急救援设备、疫情防控等方面存在的安全隐患 200 余次。要求有关单位立即整改问题，落实安全隐患整改的措施、责任和时限，全年整改各类安全稳定风险隐患 30 余项。

3. 扎实做好疫情防控。严格落实常态化疫情防控政策措施，做好防疫信息报送、核酸检测、新冠疫苗接种、防疫物资保障等工作。疫情防控三年以来，特别是面对 2022 年复杂多变的严峻形势，在校区指挥长的亲自调度指挥下，两个校园指挥小组和兴软办坚决执行“外防输入、内防反弹”总策略，牢牢守住了不发生规模性疫情的防控底线，在不能发生疫情时期实现了零感染，在可能发生疫情时期实现了少感染，为学校疫情防控大局作出了积极贡献。

（宋国强）

辅导员工作与思政培训

辅导员工作研究会与思政培训中心办公室以学习宣传贯彻党的二十大精神为主线，以习近平新时代中国特色社会主义思想为指导，以服务党中央和教育部关于高校思想政治工作战略部署为宗旨，以高校思想政治工作质量提升为目标，守正创新、精耕细作，放眼全局、奋楫争先，立足立德树人根本任务，为全国、全省高校辅导员队伍建设发展，以及学校“双一流”建设和人才培养工作作出积极贡献。

一、年度工作概述

辅导员工作研究会与思政培训中心办公室在教育部思政司、中国高等教育学会和山东大学党委领导下，重点突破、整体推进、全面开花，在牵涉全国高校辅导员队伍建设发展的几项重要工作上取得创新突破、推出创新举措，带动全国高校辅导员队伍建设发展不断展示新气象、展现新作为。

2022年工作主要围绕以下几方面开展：完成了中国高等教育学会辅导员工作研究分会换届大会，教育部党组成员、副部长翁铁慧参加中国高等教育学会辅导员工作研究分会换届大会并对辅导员工作研究分会下一步建设发展提出希望要求；按照2022年度教育部年度工作要点要求，受教育部思想政治工作司委托，全面启动高校辅导员队伍能力提升大数据赋能平台建设工作，目前已经全部完成并顺利推广启用平台1.0版；开展2022年“最美高校辅导员”推选展示活动，圆满完成通讯评审和线上集中答辩；举办全国高校辅导员素质能力提升骨干训练营，组织各地各高校推选出的80名辅导员通过网络线上参加训练营；组织开展各层各类高水平辅导员队伍工作研究；开展山东高校辅导员领航工作室建设；牵头实施山大辅导员思政育人能力提升项目；持续做好《高校辅导员》编辑出版发行工作。

二、主要工作举措及成效

1. 顺利完成了中国高等教育学会辅导员工作研究分会换届，选举校党委书记郭新立为新一届理事会理事长，校党委副书记王君松为秘书长。翁铁慧参加换届会议并对辅导员工作研究分会下一步建设发展提出希望要求。教育部和中国高等教育学会长期支持研究会建设发展，将研究会秘书处继续留在山东大学，这是对山东大学为全国高校思想政治质量提升和辅导员队伍建设发展所作贡献的高度认可。

2. 建设全国高校辅导员队伍能力提升大数据赋能平台。2022年，教育部加快推进教育数字转型和智能升级，将“加强高校辅导员素质能力提升精准赋能平台建设”列入年度工作要点。自年初以来，受教育部思想政治工作司委托，全面启动高校辅导员队伍能力提升大数据赋能平台建设工作。教育部高度重视平台建设，部领导亲自作出指示，思政司有关负责同志多次实地调研平台建设推进情况。翁铁慧、中国高等教育学会副会长管培俊、郭新立在辅导员工作研究分会换届大会上共同启动了平台上线仪式。经过调研分析、功能研发、数据维护、资源配置、测试升级等阶段，平台1.0版建设工作已经全部完成。平台服务器设在山东大学，建设权限和最高管理权限在山东大学。目前，平台已经完成基础数据采集、辅导员队伍画像、学习实训中心及业务中心等功能研发上线，全国各地2700多所高校24万余名辅导员登录平台并完成数据填报。在今年的“最美高校辅导员”推选展示和第四批山东高校辅导员领航工作室建设申报过程中，已经全面使用该平台。依托平台编制《全国高校辅导员队伍建设白皮书》并报教育部，系统分析全国及各地各高校辅导员队伍的基本情况、职业发展、工作内容、工作评价，深入分析队伍建设存在的问题并提出资政建议。同时，已经启动完善平台资源建设和筹备平台2.0版，譬如，会同国家教育行政学院、高等教育出版社，开展全国高校辅导员队伍培训课程体系建设等。

3. 开展2022年“最美高校辅导员”推选展示活动。活动由中宣部、教育部主办，纳入国家最高荣誉体系，每年由辅导员工作研究分会承办，目前已经圆满完成通讯评审和候选人线上答辩环节，其中线上答辩环节在教育部和山东大学设线上调度室，为专家、候选人设在线答辩室和监考室。活动拟推选“最美高校辅导员”10名、“高校辅导员年度人物”20名、“高校辅导员年度人物提名”30名。

4. 举办全国高校辅导员素质能力提升骨干训练营。2022年全国高校辅导员素质能力大赛转为以训练营形式开展。训练营设基础知识测试、案例研讨、谈心谈话等环节，各地各高校推选出的80名辅导员通过网络线上参加训练营。训练营在北京和济南设在线调度室，在北京、武汉、西安、厦门设立四个在线会场，组织专家集中参加线上推选点评。最终产生“十佳标兵”10名，“特别表现”20名，“优秀风采”50名。

5. 组织开展辅导员队伍工作研究。面向全国，与中国高等教育学会联合开展“高校辅导员队伍建设与发展”专项课题研究，召开课题管理工作会议，对2019年、2020年、2021年、2022年等不同研究进度的共115个课题分别进行开题、中期检查和结题鉴定，加强课题研究过程管理；完成全国高校思想政治工作优秀案例征集，评选出获奖案例381个，并择优充实进全国高校辅导员队伍能力提升大数据赋能平台学习资源库。面向山东省，努力协调与山东省委教育工委联合开展“山东高校辅导员育人能力提升”专项课题。面向山东大学，组织开展教育教学改革（辅导员思想政治工作创新研究）和人文社科研究专项任务项目（大学生思想政治教育）课题研究。

6. 开展山东高校辅导员领航工作室建设。与省委教育工委联合开展第三批山东高校辅导员领航工作室终期考评和第四批工作室建设立项，工作稳步推进。

7. 牵头开展山大辅导员思政育人能力提升项目。组织保资辅导员参与举办集体观摩全国高校辅导员素质能力提升训练营；组织辅导员开展教育教学改革研究专项课题研究；深化辅导员工作室建设，加强对既有辅导员工作室考核指导，筹备建设最美辅导员工作室；组织辅导员开展高校辅导员队伍能力提升大数据赋能平台建设需求研究和画像算法设计；在全国范围内示范组织开展山东大学思想政治工作交流微视频拍摄工作，组织辅导员等思想政治工作者参与拍摄，经培训选拔后予以立项资助，并择优发布在校辅导员队伍能力提升大数据赋能平台；资助辅导员开展心理健康教育技能相关专题培训。该项目隶属山东大学教职工能力提升计划，立足辅导员育人能力提升，紧紧围绕“双一流”建设，在学校实现“由大到强”的历史转变中作出了积极贡献。

8. 继续做好《高校辅导员》编辑出版发行工作。按照山东大学哲学社会科学强刊计划要求，在期刊建设上重点下功夫。改革期刊审校制度，调整编辑部人员分工，深化编辑人员培训，组织山大辅导员稿件外审，加强期刊制度化、规范化建设；举办深入学习贯彻习近平总书记给《文史哲》编辑部全体编辑人员重要回信精神暨期刊建设发展专家笔谈活动；为学习宣传贯彻党的二十大精神，专设“学习宣传贯彻党的二十大精神”栏目，面向全国高校思想政治工作者组织投稿约稿。

三、存在的问题和不足

因疫情影响，部分工作未按照原定节奏完成，全国高校思想政治工作骨干示范培训班和山东高校辅导员高级研修班未能按计划开展。走近辅导员开展调查研究较少，部分工作开展未及时总结经验成效。

（田丹丹）

档案校史工作

档案馆（校史办）深入学习贯彻习近平新时代中国特色社会主义思想和党的二十大精神，全面落实学校第十四次党代会精神，统筹运用“3D”工作法，克服困难、精耕细作，充分发挥档案工作“存史、资政、育人”作用，为学校“双一流”建设和“由大到强”历史性转变贡献了力量。

一、突出党建引领，建强支部战斗堡垒

1. 强化理论武装加强支部建设。全面落实“三会一课”制度，不断强化理论武装。坚持“第一议题”制度，认真学习党的二十大精神、习近平总书记系列重要讲话精神以及《习近平谈治国理政》第四卷等，全年开展集体学习 8 次，教育引导党员干部不断增强“四个意识”、坚定“四个自信”、做到“两个维护”。

2. 重视干部教育尤其是年轻干部的培养教育。认真组织科级以上干部参加党校开展的线上培训课程，同时通过邀请专家作报告、组织参加线上学术讲座等形式，不断提升党员干部的政治判断力、政治领悟力、政治执行力，业务素质和能力也得到提升。

3. 加强党风廉政建设。认真组织学习有关廉政建设的文件精神和要求，把廉政教育挺在前，不断加强作风建设。班子成员严格遵守中央八项规定精神及实施细则。针对国家审计中提出的问题，认真梳理并建立整改台账，逐项加以落实整改。

4. 做好安全稳定及疫情防控工作。层层签订安全稳定工作责任书，坚持“谁主管、谁负责”的原则，做到职责明确、责任到人。开展 5 次安全工作专项检查，针对消防安全、防疫安全、网络信息安全等认真排查隐患，及时加以整改，有效防止了安全事故的发生。认真落实学校疫情防控相关要求，积极选派志愿者参加学校抗疫工作。

二、坚持精耕细作，全面推进档案校史工作

1. 全面推进档案治理体系建设。围绕巡视整改和国家审计整改工作，加强档案工作制度建设，完成全校各单位归档范围的修订，完善《档案馆（校史办）网站管理办

法》《校史馆管理办法》等管理制度。加强档案工作队伍建设，重新确认全校专兼职档案员队伍，开展馆员能力提升计划，提升职业素养和服务能力。推进档案工作高质量发展，指导、协调青岛、威海校区档案工作，推动校区档案资源建设、信息化建设；开展学院档案建档试点、协调各单位业务数据归档、开展数字档案馆建设立项。开展档案宣传教育工作，组织档案与校史知识竞赛活动、2021年度档案工作总结及评优评先工作。

2. 加强档案资源体系建设。立足应归尽归，重点做好学院档案归档、120周年校庆档案归档、新冠肺炎疫情档案归档等工作。2022年度，累计归档入库档案5775件16869卷（册）。持续推进馆藏数字化工作，至2022年年底，已完成学校馆藏90余万名毕业生学籍档案的数字化、信息著录及信息化管理工作，实现一键调取档案。

3. 加强档案信息化建设，助力资源建设和档案信息安全。开发院系档案管理子系统，子系统实现与学校档案管理信息系统的数据传输与关联，满足学校二级单位档案管理需求。在国际教育学院、历史文化学院开展院系档案管理系统试点，提高二级单位档案管理水平。提升档案管理信息系统安全设置，保障档案系统安全及档案信息安全。

4. 不断提升档案查阅服务水平和质量。开通远程预约系统和邮箱预约查档，不断提升档案借阅服务信息化能力，基本实现“让数据多跑路，让用户少跑腿”工作目标。全年共提供借阅服务17200余人次，档案信息服务工作的提升受到广大校友和师生医务员工好评。积极为国家审计工作提供调阅档案750余卷件册，较好完成了档案资料服务保障工作。

5. 发挥校史育人功能。打造校史馆育人平台，共接待校内外嘉宾和师生校友近5500人次，讲解177场次，校史校情教育受到新生和新职工的欢迎；开辟校史馆参观和校史教育新途径，推出“同心抗疫思望云端”系列活动，开展网上校史馆、校史馆线上直播、“纪念朱树屏先生115周年诞辰”云游展等活动。开展档案编研及校史研究，完成《山东大学简史》《山东大学年鉴（2020）》《山东大学年鉴（2021）》《华岗画传》《潘承洞画传》等编辑出版及组稿工作；制作“纪念朱树屏”专题展览和“深入学习贯彻党的二十大精神”主题展览；完成“史述山大——探寻校园建筑之美”系列研究中的考文楼和柏根楼研究，拍摄专题视频两部。

（田雪华）

博物馆工作

博物馆坚持以习近平新时代中国特色社会主义思想为指导，以迎接党的二十大胜利召开和学习贯彻党的二十大精神为契机，围绕学校“双一流”建设、“十四五”规划，落实“文化引领”战略举措，强化服务师生能力，扩大社会影响力，取得了系列工作成绩。

1. 党建工作。博物馆积极参加学校、校区、历史文化学院党委组织的党史学习教育活动，开展“三会一课”和主题党日活动；认真学习党的二十大精神、习近平总书记给中国国家博物馆老专家回信精神等，结合博物馆业务工作，理论联系实际，撰写学习体会，提高政治理论水平。加强党支部建设，目前正式党员 14 人，其中转入党员 2 人、转正党员 1 人；另接收预备党员 1 人，发展积极分子 1 人，接收入党申请书 1 份。严格落实各级疫情防控政策，编制各阶段疫情防控工作预案，2 次组织疫情防控应急预案演练；校园封控期间，配合学院党委、博物馆党支部派员坚守岗位。

2. 陈列展览。本年度博物馆自主策展 2 个，即“山海风 · 考古情：山东大学考古专业五十年专题展”“穿越 · 探索：恐龙与人类”展；参与外省借展 2 项，即湖北省盘龙城遗址博物院、陕西历史博物馆举办展览的文物借展工作；制作数字展览 3 个，即青岛馆“百年学府”“文韵齐鲁”“精致考古”的 VR 全景展览；在湖北武汉“2022 国际博物馆日”中国主会场活动中，博物馆基本陈列“百年学府、文韵齐鲁”荣获第十九届全国博物馆十大陈列展览精品推介优胜奖，这不仅是学校博物馆历史性的突破，也是全国高校博物馆首次获得这一荣誉。

3. 安全保障。积极落实学校安全工作专项巡视，邀请省市专业机构及校区职能部门针对博物馆场所多次开展安全检查、检测，列出问题清单并积极整改；落实博物馆安全巡查机制，全年共计安全检查 37 次、消防检查 27 次，组织消防培训、防爆演习 3 次，排除各类安全隐患 54 处，参与处置突发事件 4 起。

4. 宣传教育。中央电视台等国内各级各类媒体平台发布转载我馆内容的宣传报道 120 余篇，其中本馆媒体平台发文 55 篇，学校及校外媒体转发或采纳 70 余篇；联合省市有关部门在“学习强国”推文 11 篇；制作博物馆宣传视频 38 个（其中包含竞赛视频 26 个）；协助中央电视台、东方卫视、山东电视台、济南市文物局等单位拍摄文物纪录片 5 部；自主策划博物馆教育活动 10 次；组织“云游博物馆”线上直播活动 3 次；参加中国博物馆协会等行业单位组织的各类活动 11 次。

5. 藏品管理。开展全校 2022 年度文物及陈列品资产管理与盘点工作；完善馆藏 338 件国家珍贵文物档案登记；完成沈从文捐赠文物、丁公遗址出土文物等账目整理；征集资料类藏品 61 件；接收菏泽青邱堌堆遗址出土品 88 件、高密前冢子头遗址出土品 30 余箱（均暂存）；协助生命科学学院整理 6624 瓶动植物浸制标本、18000 多只蝴蝶昆虫标本。

6. 文物保护。推进国家财政拨款项目工作展开，完成“山东大学博物馆（青岛）馆藏可移动文物预防性保护”“山东大学博物馆（济南）馆藏可移动文物预防性保护”“山东大学博物馆藏青铜器保护修复”等 3 个项目实施方案编制与项目招标工作。申报国家文物局“山东大学博物馆（济南）可移动文物数字化保护利用”项目，并获批立项；完成 31 件青铜文物修复保护，完成 13 件珍贵文物三维扫描工作。

7. 教学育人。助力学科发展，为学生提供学习和社会实践的平台。参与学校文化遗产研究院春季学期“博物馆展陈设计实践”、秋季学期“博物馆专题”课程教学，组织文化遗产研究院研二学生博物馆实习活动，指导硕士研究生 7 名，参与学院组织的暑期学校讲座授课。依托学工部“展翼计划”“勤工助学”项目，为45名在校学生提供展览讲解、公众服务和宣传教育内容的社会实践活动，对学生进行培训，指导学生参加探索“宝藏山大”系列参访活动之“云游宝藏”活动、全国高校博物馆优秀讲解案例展示活动、拔尖计划2.0全国线上书院“云游博物馆”等活动。

8. 社会服务。配合学校和职能部门接待对外文化交流任务，全年接待校内外团体参观讲解100余次；配合地方基建工程，承担田野考古勘探调查项目30余项；为地方博物馆提供技术咨询服务，参加博物馆新馆建设、展陈设计、文物保护、文物鉴定及考古发掘等项目评估、评审20余次。

9. 科研与获奖。完成《所立卓尔瞻之在前——刘敦愿先生百年诞辰纪念》《上庠大木八马同槽——山东大学历史学八大教授主题展》等2部博物馆文化图书的书稿撰写工作；发表学术论文2篇。

各类获奖9项：“百年学府、文韵齐鲁”基本陈列分别荣获第六届全省博物馆“十大精品奖”和第十九届全国博物馆十大陈列展览精品推介“优胜奖”；短视频获“5·18#博物馆的力量”主题短视频征集大赛一等奖第四名（博物馆头条新媒体矩阵主办）；指导的研究生实践项目“展益求精——博物馆高质量展览策划践行者”获得2022年第十三届“挑战杯”山东省大学生创业设计竞赛银奖；“守正创新，扎根齐鲁，新时代考古文博高层次人才‘五位一体’培养模式”成果获山东省第九届教学成果二等奖（高等教育类）；译文《地方，文化展示点和生态博物馆》获2022年第三届全国博物馆学优秀学术成果奖；李慧竹、肖贵田、王昭力三位同志获山东大学120周年校庆工作先进个人表彰；等等。

（沙晓红）

科技期刊工作

一、工作概述

2022年科技期刊社深入学习贯彻习近平新时代中国特色社会主义思想和党的二十大精神，认真落实中宣部、教育部、科技部联合印发的《关于推动学术期刊繁荣发展的意见》及学校第十四次党代会精神，认真落实《山东大学世界一流科技期刊培育计划（2019—2035）》（“强刊兴学”计划），在学校和图书期刊出版党委的关心指导下，加强期刊社党组织建设，积极培养年轻党员，同时组织系列政治理论学习，强化意识形态工作，筑牢思想防线；认真贯彻精耕细作要求，较好完成了学校“强刊兴学”计划支持期刊创刊出版工作，助力学校一流学科建设，国际重要数据库收录成果显著；聚焦前沿热点研究，组织专题专刊，提升专业化办刊水平，形成各刊特色；发挥科技期刊的产研媒介作用，吸纳社会力量共同参与办刊，同时服务科技产业发展；多刊在国家及省部级各类科技期刊评奖评优中获奖，提升了期刊社会影响力；完善管理制度，创新管理体制，不断优化“学校引导，期刊社主导，学院协管，专家办刊”的办刊模式；加强出版质量监管，推动期刊良性健康发展，打造中英文科技期刊群“山大方阵”初见成效。

二、主要工作举措及成效、存在的问题和不足

（一）主要工作举措

持续加强党组织建设发展，坚持政治理论学习，强化意识形态工作，筑牢思想防线；持续扎实推进“强刊兴学”计划。进一步理顺办刊体制，加强各刊编辑部建设，加强办刊队伍建设，多渠道筹集办刊资金，加强国际合作；聚焦热点研究，组织专题专刊，提升专业化办刊水平；积极组织各期刊团队申报国家科技期刊支持计划，国家与省部级期刊评奖评优活动，扩大期刊社会影响力。

（二）工作成效

1. 保质保量完成全年科技期刊出版任务，同时坚持强化意识形态工作，所有刊发论文、网站文章、微信推文等无任何政治问题。

2. 全力推进“强刊兴学”计划，服务“双一流”建设。圆满完成了2019年、2020年纳入“强刊兴学”计划6种英文科技期刊2022年的出版任务。各期刊编辑出版团队在主编及编委会的带领下，严格稿件同行评审、积极约稿、组织专题专刊、根据各期出版内容特点设计特色封面，同时积极参加和举办相关专业学术会议，开展国内外多媒体平台的宣传和推广。期刊各项引证指标持续增长，国际重要数据库收录工作成果丰硕（见表1）。

表1　2022年新增国际重要数据库收录情况

刊名	主编	创刊时间	出版周期	收录国际数据库
《化学物理材料》（英文）	钱逸泰	2022-01	季刊	DOAJ、Scopus、EBSCO
《急危重症医学》（英文）	陈玉国	2021-09	季刊	DOAJ、Scopus
《仿生智能与机器人》（英文）	孟庆虎	2021-06	季刊	DOAJ
《高置信计算》（英文）	程秀珍	2021-06	季刊	EI、Scopus
《当代泌尿学》（英文）	郭应禄	2007-09	季刊	ESCI

3. 积极组织学校科技期刊申报国家科技期刊支持计划项目。2022年共组织学校6本英文期刊申报2022年度中国科技期刊卓越行动计划高起点新刊项目，为每本期刊组织专门的申报小组，聘请国内知名专家对申报期刊进行预答辩、指导申报。其中《生物医学工程材料》（英文）与《工程微生物学》（英文）入选中国科技期刊卓越行动计划高起点新刊项目，《当代泌尿学》（英文）入选教育部首批海外科技期刊回归试点期刊。

4. 聚焦热点研究，组织专题专刊，提升专业化办刊水平。为克服学报特色不明显、优质稿源外流等问题，充分利用高校优质资源，通过加强与重点学科、国家重点实验室

及国家重点项目负责人的密切联系，关注学科发展热点，尤其是跨学科领域，争取到更多的国家级创新性课题论文。各期刊坚持走专题、专刊的办刊之路，取得明显成效。如《山东大学学报（理学版）》在 CSCD 数学学科排名中名列 18/47，前 17 名均为数学专业期刊；《山东大学学报（医学版）》刊发了子宫腺肌病研究、生育力保护、胸外科肺癌、食管癌微创诊治与加速康复外科等重点专题，期刊共有 524 篇论文入选中国知网高影响力论文，在 215 种医学综合期刊中排名第 14 位；《山东大学学报（工学版）》整合现有的栏目，重点发展机器学习与数据挖掘、土木工程、电气工程、智慧交通等学科，形成特色栏目；《山东大学耳鼻喉眼学报》刊发儿童耳鼻咽喉疾病、慢性鼻窦炎伴鼻息肉与变应性鼻炎机制研究及诊疗、白内障手术质量的规范管理等重点号专题，与国内的一流研究团队进行深度融合全面沟通，起到了学术引领和应用指导作用；《隧道与地下工程灾害防治》重点关注国内重大工程、重大专题，围绕隧道领域热点主题及工程组约稿，在全国“交通运输工程”学科期刊中排名 21/149。

5. 发挥产研媒介作用，服务科技产业发展。充分发挥科技期刊知识服务优势，以创新引领为关键，架起学术圈、科研圈和产业圈的桥梁，如《隧道与地下工程灾害防治》期刊积极与隧道领域内企业交流合作，同中铁十四局、济南地铁等建立密切合作关系。《生物医学工程材料》（英文）期刊与山东产业技术研究院达成合作协议，每年将获 100 万元经费支持，连续 5 年。《仿生智能机器人》（英文）等期刊也在积极联系接洽中。

6. 在做好各刊出版工作的同时，各出版团队密切跟踪各项出版引证数据、及时进行工作总结，积极申报国家及省部级各类期刊评奖评优。2022 年获奖情况见表 2。

表 2　2022 年国家及省部级各类期刊评奖评优情况

奖项	期刊	级别
第四届山东省新闻出版奖报纸期刊奖	《山东大学学报（医学版）》	省级
第四届山东省新闻出版奖优秀人物奖		省级
中国科技期刊卓越行动计划选育高水平办刊人才子项目优秀主编、优秀编辑、优秀审稿人	《急危重症医学》（英文） 《化学物理材料》（英文）	中国科协
中国高校科技期刊建设示范案例库—百佳科技期刊案例	《山东大学学报(工学版)》 《山东大学学报(理学版)》	国家
中国高校科技期刊建设示范案例库—优秀科技期刊案例	《山东大学学报(医学版)》 《山东大学耳鼻喉眼学报》	国家

7. 完善管理制度，创新管理体制。不断明确办刊思路和发展方向，创新管理体制机制。不断优化“学校引导，期刊社主导，学院协管，专家办刊”的办刊模式。加强出版质量监管，推动期刊良性健康发展。完善各种管理制度明细，加强职工培训，明确岗位职责，增强团队凝聚力，不断加强期刊社文化建设，营造良好的工作氛围，为一流期刊建设提供有力保障。

（三）存在的问题和不足

1. 办好世界一流科技期刊的能力还需进一步提升。近几年创办的英文科技期刊数量增长较快，尽管在实际办刊过程中编辑们努力学习国际期刊办刊经验，实现了期刊起步发展，但办成高水平国际期刊，还需要结合具体学科特色。应进一步探索办好强刊、顶刊的方法和途径，尽快实现山东大学国际强刊、顶刊的突破。

2. 中文期刊的专业化发展还需持续推进。近几年英文科技期刊发展备受关注，发展速度也比较快，但中文期刊发展也需要加强，加大专业化发展的研讨论证，寻求特色发展方向。

3. 科技期刊群"山大方阵"尚未形成。尽管近几年科技期刊创办发展速度较快，但整体创办数量还不能完全满足学科日益发展的需求。

4. 高水平科技期刊办刊人才急需补充。近几年期刊创办速度日益加快，期刊数量不断增加，随着老同志逐步退休，年轻编辑人员的梯队建设亟待加强，高水平办刊人才急需补充，人才队伍的国际化、专业化水平有待提升。

（姜百健）

人文社科期刊工作

人文社科期刊社在学校党政正确领导下，在图书期刊出版党委指导下，高起点定位、高标准推动，提早谋划、重点布局，全面深入学习宣传贯彻党的二十大精神，认真学习领会习近平总书记给《文史哲》编辑部全体编辑人员重要回信精神，持续学习中央关于繁荣哲学社会科学的系列重要论述，聚焦学校第二轮"双一流"建设和"七大战略"实施重点任务，按照争先进位、精耕细作的工作部署，扎实推动《山东大学哲学社会科学强刊计划》落到实处，全力打造人文社科期刊"山大方阵"。

一、年度主要工作

人文社科期刊社自 2022 年 4 月 21 日成立以来，深入贯彻落实习近平总书记给《文史哲》编辑部全体编辑人员重要回信精神，积极促进期刊建设与学科建设融合发展，加快实现期刊专业化、特色化、国际化、数字化、集约化发展，初步形成既有秩序又有活力的山大特色人文社科期刊管理服务体系和学术治理体系。本年度主要工作如下：

1. 强化协同发展、密切联系师生，通过举办系列座谈活动和专题研讨，推动期刊（集刊）抱团发展，加强与学院（基地）联系，促进期刊建设和学科建设深入融合。

2. 大力支持期刊（集刊）发展，加快期刊（集刊）国际化和重点栏目建设，打造更多高品质山大人文社科期刊特色品牌。

3. 强力推动期刊数字化建设，构建“山东大学人文社科期刊网”整合人文社科期（集）刊信息，着手建设山东大学文科期刊采编一体化平台，推动期刊实现选题策划、论文采集、投稿审稿、编辑加工、出版传播的全链条数字化转型。

4. 强化编辑队伍建设、增强编辑队伍凝聚力，着力推进编辑队伍培训和优秀人才引进，探索培育专兼职相结合的编辑队伍。

二、工作举措及成效

1. 举行人文社科期刊社揭牌和《新文科理论与实践》创刊号首发仪式。5月7日，举办了“学习贯彻习近平总书记给《文史哲》编辑部全体编辑人员重要回信精神一周年”座谈会，并举行了山东大学人文社科期刊社揭牌仪式。同时，举办了《新文科理论与实践》创刊号首发仪式，标志着山东大学为构建以育人育才为中心的哲学社会科学发展新格局作出积极贡献中迈出坚实步伐。

2. 人文社科期刊制度化建设不断完善。人文社科期刊社成立伊始，广泛听取业界同行发展建议并召开了第一次社务会，研究和制定了《山东大学人文社科期刊社运行工作方案》，进一步明确了人文社科期刊社发展目标和工作职能。6月22日，组织召开了“落实习近平总书记重要回信精神加快人文社科期刊社建设”专题座谈会，起草了《山东大学哲学社会科学强刊计划实施方案》。同时，加快推动山东大学人文社科期刊网建设，细化各项规章制度。

3. 人文社科期刊社系列活动反响热烈。成功承办“学习贯彻习近平总书记给《文史哲》编辑部全体编辑人员回信精神一周年研讨会”之平行论坛“守正创新建设高品质人文社科期刊”。举办两场“向《文史哲》看齐”系列活动，邀请《文史哲》副主编李扬眉和原副主编刘京希作专题讲座，累计辐射一校三地的文科期（集）刊编辑超过100人次。“文科期刊走进师生”系列活动已成功举办3期。6月10日，联合研究生院，由《山东大学学报（哲社版）》经管编辑纪小乐为全校研究生作线上讲座“经管论文选题与写作”；6月24日，副社长胡友峰教授、王加华教授及相关领域期刊（集刊）负责人走进文学院介绍刊物和投稿经验。10月24日，副社长丁培卫，副社长、《民俗研究》副主编王加华，《文史哲》《山东大学学报（哲社版）》等5人走进历史文化学院，与学院师生进行调研座谈。此外，还举办了系列学术讲座和报告会，策划召开了3期海岱论道·青年工作坊，促进编研互长。11月25日，成功举办“党的领导与中国式现代化”高端论坛，来自国内知名高校的15位专家学者参加，吸引了其他高校、科研院所的300余人线上聆听。该活动被中新网、中国网、光明网、中国社会科学网等权威媒体在显要位置报道。此外，今年暑期联合法学院在青岛校区召开了主题为“迎接党的二十大，促进期刊协同发展，实现与学科融合发展”专题研讨会。

4. 人文社科期刊办刊工作再创佳绩。在11月17日第四届山东省新闻出版奖获奖名单中，《山东大学学报（哲社版）》荣获报纸期刊奖。2022年11月，北大法宝法学期刊研究组完成并发布的《法学期刊学术影响力分析报告——基于法学期刊引证情况的分析》显示，《山东大学学报（哲社版）》刊发的法学论文，在被引用方面再创佳绩。在被引频次方面，刊发的法学文章在纳入评价的高校学报及社科类综合刊中排名第19

位；在被引文章占比方面，排名第13位。在篇均引方面，刊发法学文章的篇均引为0.78，在纳入评价的高校学报及社科类综合刊中处于前列。11月26日，第三届中国文化创意产业优秀论文评选结果公布，《山东大学学报（哲社版）》刊发的4篇论文获奖，入选论文数排名第一。2022年10月，在《中国学术期刊（光盘版）》电子杂志社有限公司等联合发布的《中国学术期刊影响因子年报（人文社会科学·2022版）》中，《民俗研究》各项影响因子指标再创新高：复合影响因子（2.295）、期刊综合影响因子（1.494）及人文社科影响因子（1.420）均有增长，在K—历史学科类（包括42种期刊）排名中蝉联第一，影响力指数（CI值726.956）较去年有显著增长。上述成绩正是人文社科期刊办刊实绩的充分体现。

5. 人文社科期刊（集刊）国际化建设扎实推进。积极推动期刊国际化建设，根据中宣部、教育部、科技部印发的《关于推动学术期刊繁荣发展的意见》，《山东大学学报（哲社版）》《新文科理论与实践》等期刊实行“英文长摘要”制度，国际影响力进一步增强。《周易研究》中英文混合版出版工作正积极推进，国际期刊《语言与健康》（*Language and Health*）已获得爱思唯尔出版集团正式批准，明年年初正式出刊；《民俗研究》英文刊已进入实质操作阶段，拟于明年初推出首期刊物。

6. 与上级主管部门对接工作高效有序。按照中宣部《关于做好哲学社会科学期刊重点专栏申报和建设工作的通知》的要求，认真做好申报工作，《山东大学学报（哲社版）》编辑部申报的“文化与经济”专栏已上报中宣部出版局。组织做好期刊社会效益评价考核工作。按照省委宣传部工作要求，组织学校人文社科期刊形成社会效益评价考核自评报告，组织做好对学校人文社科期刊的月评工作。圆满完成由国家社科规划办组织的2022年度国家社科基金资助期刊中期考核。

7. 人文社科期刊社编辑队伍引育提质增效。加强编辑人才引进，培育科研和编校“双圈人才”。经学校同意，任命胡友峰教授为《新文科理论与实践》编辑部主任、李春明编审为《山东大学学报（哲社版）》副主编。复旦大学和中国人民大学两位优秀博士生被录用。支持和引导更多青年科研教师加入兼职编辑队伍，助力更多“双圈人才”成长。统筹一校三地编辑资源，推动编辑培训和交流研讨常态化。通过集中学习和线上线下培训等方式，不断提升编辑人员业务能力和编校水平。将编辑业务培训与党员政治理论学习相结合，2022年共举办61人次业务培训。

8. 多措并举迈出公共服务坚实步伐。不断完善相关配套制度体系和公共服务，提升服务学校学科建设和发展大局的意识和能力，助力期刊（集刊）规范化发展。建立和完善“山东大学人文社科期刊网”，整合学校人文社科类期刊（集刊）信息，打造清晰明朗的山大人文社科期刊（集刊）群名片。积极论证和对接北大方正电子，推动期刊采用方正系统平台投审稿系统，加快实现“投审稿—编校—出版发行—传播”全链条数字化。鼓励期（集）刊充分利用微信公众号、电子刊等传播渠道，加大宣传推广力度。与资产与实验室管理部对接，积极推动期刊社办公空间的整体搬迁工作。

9. 成功举办系列2022年期刊评刊会暨2023年选题论证会。为进一步提高办刊水平，12月9日《山东大学学报（哲社版）》举办了2022年期刊评刊会暨2023年选题论证会。与会专家对《山东大学学报（哲社版）》近年来取得的成绩给予高度评价，并结合2022年度办刊情况对2023年度选题设置提出具体改进意见和建议。《民俗研究》《周易研究》《新文科理论与实践》《当代社会主义问题》也将陆续开展评刊暨选题会，提高办刊主动性。

（丁培卫）

图书馆工作

图书馆深入学习贯彻习近平新时代中国特色社会主义思想和党的二十大精神，聚焦高质量发展核心，精耕细作、踔厉奋发，统筹推进疫情防控、安全稳定和事业发展，为学校教学科研和学生成长成才提供了坚实保障。

一、重要成就

（一）强化党建引领，助推基层建设

深入学习宣传贯彻党的二十大精神，深化党建融合、落实疫情防控、确保安全稳定。理论学习向基层延伸，向深度拓展，开展党委理论学习中心组学习8次，编发理论学习参考资料27期，指导支部开展好“三会一课”、主题党日等活动；完善党委委员抓支部、支委委员抓党员、党员带群众的“帮包联系”工作机制，形成了一级抓一级、层层抓落实的良好局面；积极探索党建协同创新模式，开启“图书馆＋学院”支部共建项目，打造“红色第二课堂”，助力图书馆转型发展。

（二）坚持聚势谋远，推动事业发展

以《山东大学“十四五”图书馆发展规划》和《龙山校区（创新港）图书馆建设概念性规划》为引领，构建山大特色、高品质、协同共享的文献资源“大馆藏”体系，实现纸质图书按需满足、电子资源学科化精准保障；探索构建“5G＋Lib”智慧化应用场景及其标准化模型，推进智慧化服务与节能增效一体发展。文献信息资源服务坚定有力，知识服务不断深化，科研数据服务初具规模，智能借阅服务持续优化，全面、有效发挥了图书馆的“大学心脏”功能。

二、主要工作

（一）坚持读者为本，提升服务水平

坚持“3D”工作思路不动摇，实现全天候开馆服务，读者年入馆318万人次、座位预约164万人次、图书借阅44万册次、一校三地通借通还图书9.4万册次，服务总量与去年基本持平，文献下载总量近3000万篇次，同比增长近8％；深化智库服务，持续推进山东大学特色专利库建设，完成各类研究报告20余份、中外文查新136项、查收查引

9316项，业务量同比增长50.54%；夯实人才支撑，实施“馆员能力提升2.0计划”，重点打造创新服务团队，培育专家型馆员，馆员获批省部级以上科研项目13项。

（二）精准资源保障，构建“大馆藏”体系

优化纸电资源配置，电子资源经费占比提升至66.9%，更好地满足了疫情防控背景下的读者需求；锚定重点学科发展，新增Bentham、中华医学会期刊数据库、Apabi电子书、汉达文库等数字资源，订购《今注本二十四史》《原国立北平图书馆藏永乐大典·第一辑》等大型文献特藏；强化特色资源建设，促成Lambert教授等图书捐赠，弥补国内相关研究领域藏书空白，完成两部文专大型特藏缩微胶片数字化及目录整理、《说唱文献丛刊》选目扫描与整理、山东省第五批珍贵古籍名录申报等工作，完善学校特藏数字化平台建设，修复古籍及说唱文献600余页，发布数字化文献4087种4649册。

（三）抢抓发展机遇，助力智慧校园建设

将教育部规划的高校未来学习中心建设、文科工程训练中心建设与学校龙山校区创新港智慧化图书馆建设一体筹划，组建专业团队，强化与信息办、本科生院协同互动；深化调研论证，调研校内多个职能部门和学院（所），邀请浪潮等智慧化头部公司开展研讨，赴西安交大等兄弟高校实地调研，参加高等教育博览会、元宇宙与智慧图书馆等线下线上会议，明确设计理念、搭建发展框架；完成智慧化建设专项预算方案和《山东大学龙山校区（创新港）图书馆/未来学习中心建设规划》，完成未来学习中心一期构想方案，为龙山校区（创新港）图书馆建设夯实基础。

（四）深化区域合作，协同创新能力进一步提升

发挥地缘优势，牵头联合沿黄九省区高校图工委秘书处所在馆倡议建设黄河流域高校图书馆联盟，召开发起图书馆会议，研究确定组织形式、主要任务并完成主题征文评选；推进联盟建设，完成山东省高校知识产权信息服务联盟筹备工作，起草联盟协议，与中国海洋大学图书馆等省内高校国家知识产权信息服务中心取得合作共识，合力推动省内高校图书馆服务山东省知识产权强省战略实施。

（五）坚持文化引领，完善育人服务体系

增强红色文化引领，举办“青年读·青年思·青年共创未来”共青团成立100周年主题文化节，设计59场次特色活动，开展“喜迎二十大——奋进新时代”主题活动，合作举办“光辉的历程——在近代文献中探寻党代会历史”一校三地巡回图片展；培育特色文化项目，“楮墨芸香古韵犹存”入选学校第二届“一院一品”文化建设项目，第二期“山东大学堂”圆满开讲，“一院一书”跨学科导读首次覆盖一校三地，“绣梓千年——雕版印刷之旅”体验活动助力传统文化宣传推广，生物多样性一校三地巡回展、绿色生物图书展助力绿色校园建设；深化劳动育人，优化“发现图书之美”劳育课程建设，推进“实践馆员”劳动教育基地建设，优化青志联主体型志愿服务岗，开展“全力战疫守望春天”“展翼图图”等劳动教育主题活动，打造图书馆劳育阵地。

三、典型经验

（一）推进服务平台建设，数据化水平显著提高

完成山东大学学术数据服务平台一期建设，实现师生成果一键认领和数据互通共

享；完成图书馆数据资产平台招标和项目第一阶段建设，汇聚汇文系统馆藏复本数据794万条、MARC数据219万条、当前借阅数据7万条、历史借阅数据2381万条；构建山东大学管理驾驶舱图书馆部分，关联注册读者、借还、入馆、门禁、空间等数据5743万条，实现数据可视化，为深化图书馆数据资源管理奠定良好基础。

（二）深化智库服务，持续推进特色专利建设

完成《“黄河文化”主题研究成果集成》等研究报告20余份，制作发布《山东大学专利简报》、创新改版《知识产权动态资讯》；成功申报首批山东省专利导航基地，作为优秀组织单位联合主办“未来IP专家”全国高校精英赛、承办全国高校专利检索大赛，组织参加学校首届创新微课大赛并获二等奖，顺利开设研究生“专利检索与分析”公选课，成功实现本科生与研究生入馆教育全覆盖。

（王海郦）

工程训练

工程训练中心（以下简称中心）在学校党委的坚强领导下，党政一体凝心聚力，深入贯彻落实《山东大学2022年工作要点》，紧紧围绕立德树人根本任务，落实实施学校“七大战略”，统筹抓好常态化疫情防控和改革发展稳定要务，着力精耕细作、锐意攻坚克难、持续争先进位，进一步深化教学改革，推进双创教育，加快智慧学习工场建设，为实现学校“由大到强”的历史性转变，积极作为、勇担使命。

一、工作举措和主要成效

（一）强化党建引领，凝聚发展合力

全年召开党政联席会22次，党总支会议8次，中心组学习7次，民主生活会2次，各支部召开支委会36次，党小组会46次，为群众办实事20余件。组织中心全体教职员工观看党的二十大开幕会议，制定实施中心党的二十大精神学习方案，组织召开学习贯彻党的二十大精神教师代表座谈会3场。圆满完成中心党总支及5个支部换届工作，选举产生新一届党总支委员会，形成年龄、学历结构合理的支委会。中心党政团结一心抓安全谋发展，全年召开2次务虚会并多次与一线教师座谈交流，中心上下形成“抓政治生态建设形成良好风气，抓融合发展、内涵建设提升发展质量”的总体思路，各项工作取得明显成效。

（二）筑牢安全防线，提高治理能力

树牢“精耕细作”工作理念，认真学习贯彻落实习近平总书记关于总体国家安全观的重要论述，全面落实安全稳定、疫情防控各项部署，全面完成学校安全工作专项自查

及整改落实各项任务，切实维护好学校安全稳定大局。修订和完善了《工程训练中心管理制度汇编》。召开安全工作专题会议 5 次、疫情防控专题会议 10 次，组织各类实验室安全检查 9 次，组织安全应急演练及教育培训 8 次。全面推行实验室 6S 标准建设与管理，对 31 间实验室进行分级分类。全面落实督导制度，组织督导听课测评 26 门次，全面检查 4 次，形成反馈意见并督导落实整改。

（三）深化教学改革，扩大教学覆盖

积极探索疫情下的工程训练教学方法改革，全年完成 7973 人次各类教学任务，其中计划内工程训练及电子实训教学，参训学院 9 个，累计参训学生 2486 人次、19344 人天、154752 人时；计划外教学安排共计 4 个学院，累计参训学生 759 人次、22294 人时。KAPIV 一体化教学项目改革继续深化，机械学院 226 人、材料学院 176 人、能动学院 242 人共分为 126 个一体化项目组进行学习。本年度开设本科选修课、通识核心课、双创荣誉学分等各类课程共计 72 门次，选课人数 3530 人次。教学覆盖扩大至研究生，中心面向 2021 级研究生开设创新创业荣誉学分在线课程 3 门，累计选课人数 554 人。

主持获得省级教学成果二等奖 2 项，参与获得省级教学成果一等奖 3 项。获批 2022 年度山东大学教育教学改革研究项目重点项目 1 项、一般项目 6 项。2022 年度山东大学高质量教材出版资助项目 1 项。2022 年度山东大学实验室建设与管理研究项目重点项目 1 项、一般项目 1 项。发表各类论文 9 篇，其中 SCI 论文 5 篇。

（四）丰富双创活动，提升双创能力

创新创业教育年度校内外受益 9200 人次。中心以课赛结合为抓手，共组织各类双创活动 50 余次，其中包括联合创新创业学院开展的“星光学堂·双创面对面”讲座活动 40 期，山东省大学科技创新大赛、山东省大学生创新方法大赛、山东大学大学生创新创业大赛等赛事，各类活动校内累计参与 7000 余人次。指导各类参赛，共计获得国家级奖项 9 项、省级奖项 70 项，另有水中机器人大赛、工程机器人大赛、山东省大学生科技创新大赛等部分赛事结果未公示。与山东省科协、山东省创客协会、iCan 组委等相关单位开设面向社会的各类双创讲座、能力提升论坛、两班一团双创提升等活动，累计受益 2200 人次。

（五）升级实训平台，服务“四新”建设

结合中心发展战略，以支撑新工科建设为切入点，全面服务“四新”建设，争取各类实验室建设经费 450 余万元。新建无人驾驶智能车实训平台 1 个，新增智能电子表面组装工艺生产线、印制及柔性电路板制作、五轴联动加工中心和冷焊焊接技术实训 4 个模块，优化完善水中机器鱼、机械臂、木艺工坊及普车、电子、医工等实验室建设。更新设备 262 台套，新增设备 124 台套，保障了工程训练及 KAPIV 教学的顺利开展。中心获学校“实验室工作先进集体”称号。

（六）促进能力提升，强化对外合作

中心高度重视教职工能力提升，全年组织教职工参加学校和中心各类培训 12 次，包括实验室安全培训、在线教学能力提升培训、全国工程材料与机械制造基础课程群虚拟教研室研讨会、实验技术骨干培训等。

对外合作紧密围绕“助力学校一流人才培养”的目标，积极与企业及学院合作。企业合作方面，与台湾固纬公司共建智慧学习工场——创新电子实践平台；与浪潮集团、正天集团等继续合作，紧跟社会与企业技术前沿，优化更新课程资源。学院合作方面，与控制学院、基础医学院、软件学院、电气学院、管理学院等进行座谈，就“四新”专业建设背景下，如何更好地为人才培养提供支撑服务，扩大工程训练的学科覆盖面进行交流。服务社会方面，接待齐鲁工业大学等参观来访，助力山大附属中学举办第三届校园科技节系列活动等。

二、发展谋划与改革引领

（一）落实立德树人根本任务，发挥党建引领作用

坚持以习近平新时代中国特色社会主义思想为指导，全面贯彻党的二十大精神。以政治建设为统领，全面提升中心政治生态，为中心事业发展营造良好工作环境和政治风气。牢固树立抓党建就是抓业务、抓发展理念，找准融合路径，构建融合机制，推进党建与中心工作深度融合。

（二）加快实践创新中心规划，迎接示范中心评估

依据创新港事业发展规划和学校“十四五”发展规划，立足于龙山校区实践创新中心建设，协助推进中心功能布局规划，实现中心的内涵发展。以“对接产业需求、巩固专业知识、掌握先进技术，增强实践能力，培养创新精神，面向未来发展”为目标，以示范中心评估为契机，通过“以评促建”推动中心总结经验，实现可持续发展。

（三）深化人事体制机制改革，持续提高治理水平

树牢精耕细作工作理念，熟练掌握使用“3D”工作法，精细谋划部署，不断健全制度体系，精准责任分工，夯实各层级责任。进一步优化人事分配管理制度，不断提升规范化、制度化、科学化管理水平，充分调动中心职工的积极性、主动性和创造性。

（四）持续推进实践项目改革，实现教学提质增量

加大教学改革力度，推进实践项目更新，实现教学提质增量，促进中心改革升级。建设混合式双创荣誉学分课程 3 门以上，建设研究生荣誉学分课程 2 门以上。

（五）推进双创教育体系建设，提升创新创业能力

深入推进建设集理论研究、能力培养、实践实训、平台建设、活动组织为一体的双创教育体系，着力提升学生创新创业综合能力。力争获得省级以上竞赛奖项 90 项以上。

（六）拓展实践实训平台建设，扩大中心示范辐射

聚焦国家重大战略和经济社会发展需求，围绕学校人才培养目标，通过校企合作、与学院合作等方式，完善或新建 3 个左右实训区域，更新教室环境，强力支撑创新人才培养，促进多学科交叉融合。

（胡　蔓　洪新伟）

校医院工作

校医院领导班子紧紧围绕学校中心工作，迎难而上，精耕细作，统筹推进疫情防控和卫生服务，带领干部职工较好地完成了2022年度工作目标。

一、全力做好疫情防控

今年度在前所未有的疫情防控严峻形势下，校医院牵头医护工作组严格贯彻落实属地政策和学校疫情防控专班部署要求，对校园防控提出技术建议、与校内外相关单位协同联动，在确保师生基本医疗服务的同时，全力做好开学、大型考试等重要时间节点、重要活动等的医学指导、核酸检测、应急保障、师生隔离留观、健康防疫宣教、疫苗接种等工作。特别在校园提级管理期间，各应急处置组严阵以待，细致筹划队伍和物资配备，确保紧急时刻拉得出、冲得上，全力确保应急处置规范高效；医院全体医务人员时刻待命，闻令而动，以快制快，高效完成了流调溯源、上门核酸、医疗保障、隔离留观等各项应急处置任务，充分展示了校园医务工作者顾全大局、服务师生的使命担当。

据不完全统计，年内累计完成师生核酸检测480万余人次，流调管理3000余人次，诊治留观师生1200余人次，各类保障派工1800余人次。

校医院获评2022年度“山东大学先进集体”；由山东大学校医院牵头制定的《山东省高校校医院建设与管理专家共识》得到全国同行高度认可，并在教育部直属高校中得到推广；“新冠肺炎疫情背景下高校公共卫生体系建设探讨与实践”获得2022年度山东省学校卫生与健康教育优秀成果一等奖。

二、不断夯实党群工作

1. 强化政治引领。一是抓好理论学习，制定《校医院党总支2022年党建工作计划》和年度理论学习方案，明确了全年工作任务以及学习内容、形式和重点；各党支部采取线上线下、个人自学与书面交流等形式，保证了学习内容和效果。二是抓实组织生活，严格落实“三会一课”、组织生活会、主题党日等制度。制作题为《学入党誓词践责任担当》的授课课件，组织书记在所在党支部开展讲党课活动；扎实开展党的二十大精神专题学习，制定《校医院党总支学习宣传党的二十大精神工作实施方案》，将党的二十大精神学习与安全巡视整改、疫情防控、医疗服务保障提质增效有机结合，保证实效。三是规范做好纳新工作，年内接收预备党员7名、转正党员2名。

2. 助推疫情防控。党总支强化党建引领，充分发挥政治优势和组织优势，积极推动各党支部和广大党员干部冲锋在第一线，战斗在最前沿，抓细抓实防控工作，确保党旗始终高高飘扬在严峻的疫情防控战场上。一是加强思想引领。上半年学校实行封闭化管理伊始，党总支及时发出致全院各党支部和全体党员的疫情防控倡议书，进行战时动员。同时开展“亮身份践承诺做表率”和“榜样的力量”主题教育活动，警醒党员干部牢记使命，勇于担当，充分彰显一名党员就是一面旗帜的作用。二是强化责任担当。按照学校党委工作要求，校医院把疫情防控作为首要政治任务和头等大事，建立健全“7个专项组＋6个应急处置组”的全方位立体化责任体系，班子成员及部分管理骨干靠前指挥，协同配合，科学精准开展防控工作。三是树立正确导向。各党支部掌握职工思想动态，引导留守职工克服麻痹思想、松劲心态，树立积极防疫心态和战疫信心；积极挖掘宣传疫情防控先进事迹和典型人物，发动党员职工撰写防疫手记，交流思想感悟，着力营造迎难而上、担当作为的工作氛围，仅上半年封闭管理期间共组织撰写新闻稿件18篇，山大日记8人次。

三、强抓公共卫生服务

1. 公共卫生。坚持“新冠肺炎疫情防控为重点、人物共防、多病同防”思想，全力做好传染病防控工作，及时处置筛查新冠外各类传染病63例，肺结核密接筛查343人次；完成新冠疫苗外其他疫苗接种14000余人次；学生、新职工入职等体检11000余人次。

2. 健康宣教。持续推进“健康山大”，通过选修课程、新生宣教、科普宣传等形式，举办新冠肺炎、艾滋病、结核病等传染病及校园常见疾病防治知识宣讲20余场次，大学生健康教育通识选修课授课64课时，提高师生保健和疾病预防水平。

3. 健康保健。按期启动教职医务员工年度体检，搭配实用灵活的套餐，采取主动预约、送报告上门等贴心服务，更好地为教职医务员工提供疾病的早期诊断和治疗依据，全年累计完成体检2000余人。

四、细致做好基本医疗

始终坚持以患者为中心，强化制度落实和质量管理，全年无医疗差错事故发生。

1. 严抓制度落实和质量管理。持续推进制度建设，年内修订传染病、人事管理等制度，提升管理规范水平；定期进行医疗质量安全检查，将制度执行、医疗质量和安全管理抓在日常、严在经常。

2. 夯实医疗服务水平。组织医护人员线上线下进行培训学习，提升业务水平。

3. 努力拓展巩固适宜技术。中心院区种植牙业务、趵突泉院区中医治疗特色服务项目不断优化巩固，受到师生欢迎。

4. 认真做好师生医保服务。为教职医务员工办理省直医保大病备案、异地备案和报销、外出带药和报销；大学生医保门诊及住院报销；离休人员报销。

5. 完成全科带教工作。持续与第二医院合作，做好临床医学生全科医学基层实践见习带教。

6. 做好社区卫生服务。四个社区卫生服务机构共服务人口65000余人，完成老年人管理、慢性病管理、孕产妇保健、儿童保健等多项社区健康保健任务。

五、努力提升服务保障

1. 智慧医院建设初见端倪。积极克服校银合作资金不到位、多院区点多面广系统复杂以及疫情反复影响施工进度等困难，顺利完成 HIS、LIS、PACS、体检系统以及掌医系统等功能模块的设计、上线和运行，实现了功能更加完善、服务更加便捷、运行更加安全的建设目标，达到了为校医院高质量跨越式发展赋能的信息化建设要求。

2. 顺利完成全自动生化分析仪、全自动五分类血液分析仪、B 超等大型医疗设备调研申报、招标采购、安装使用等工作。

3. 购置部分办公设备，系统运行和基本办公条件得到有效改善。

六、存在问题和不足

1. 领导班子对政治理论学习重要性认识不够，政治理论学习时间不够，政治敏锐性不强；大半精力被疫情防控牵制，在医院改革发展方面谋划得少，思想不够解放；谋大事、干大事、成大事的能力有待提升。

2. 制度执行力度不够，管理能力有待加强。

3. 干部多年未换届和轮岗，担当精神、创新意识不足，本位主义、因循守旧思想存在；队伍老化、缺岗严重，管理力量难以维系。

4. 缺乏有效的人员绩效考核和激励机制，医院内部驱动力不足；宗旨意识、服务质量还有待于进一步提高。

（刘洪花）

出版工作

在学校党委领导下，出版社领导班子和全体员工脚踏实地、砥砺奋进，坚定走好高质量发展之路。2022 年，出版社出版图书 487 种，发行图书 164.5 万册，发行码洋 7372.9 万元；主营业务收入 5869.27 万元，利润总额 792.24 万元，资产总额 2.04 亿元，社会效益考核取得 92 分的优异成绩。

1. 不断强化党的领导。把学习贯彻习近平新时代中国特色社会主义思想作为首要政治任务，加强党的二十大精神学习，不断提升运用党的创新理论指导出版工作实践的能力。充分发挥党总支“把方向、管大局、促落实”的领导作用，把党的领导融入公司治理全过程，以高质量党建引领企业高质量发展。严格落实意识形态工作责任制，管好导向、管好阵地、管好队伍。加强党支部标准化、规范化建设，发挥“两个作用”，积极营造健康向上的企业文化氛围。

2. 品牌影响力持续增强。出版社在国家社会效益考核中取得 92 分的优异成绩。荣获第四届山东省新闻出版奖优秀集体奖；跻身“中国图书海外馆藏影响力出版 100 强”第 88 名；成功入选《国家哲学社会科学成果文库》指定推荐出版单位（为全国获此资质的七家大学社之一，也是山东唯一一家同时具备国社科基金后期资助项目和《文库》出版资质的出版社）；1 种图书获国家出版基金资助；1 种图书入选“2021 年向全国老年人推荐优秀出版物活动推荐书目”；4 种图书入选国家农家书屋目录；出版 14 种国家社科基金后期资助项目。被山东省社科院等多所院校纳入本单位指定推荐出版社。在全国书号连续压缩的大背景下，争取增补书号 100 个。

3. 主题出版亮点纷呈。出版教育部主题出版重点规划项目《胶东红色故事》等主题读物，讲好中国故事、传播中国声音、推广中国经验。《十八大以来党内法规制度建设研究》入选 2022 年度教育部主题出版重点规划项目。《加强党对制度建设的领导研究》《马克思主义观发展与当代中国马克思主义中国化问题研究》《解决相对贫困的长效机制研究》等 4 种图书入选 2022 年度山东省主题出版重点规划项目。

4. 服务学校教学科研成果丰硕。为贯彻落实“学术兴校”战略，赓续山大文脉，推动学术创新，服务山大学派，出版社推动学校从上缴利润中提取 1000 万元，设立山东大学出版基金，为出版社更好服务山大教学科研提供了重要抓手。《为国育贤》出版物展现了山东大学 120 年来与民族共命运、与时代同奋进的家国情怀和担当精神。为向山大学子充分展现山大精神，出版社无偿捐赠学校 2.96 万套，价值 530 多万元，有力服务了学校文脉传承和文化育人。主动对接学科建设需求，打造了“智慧教学与研究系列”“电气工程系列”“环境工程系列”“智能建造与智慧工程系列”“集成电路科学与工程类新工科教材”“高等学校中文一流学科参考教材”等十几套“四新”教材，策划了“中华三千年文学通史”“山东大学儒学高等研究院教授学术自选集”“中国儒家教育思想通史”“山东大学中文专刊”等一系列学术力作。

5. 持续推进机制改革和制度建设。进一步明确党总支和董事会、监事会、经理层的决策权限与议事规则，构建定位清晰、权责对等、运转协调、制衡有效的公司治理机制。推进制度“废改立释”，修订或新建制度 19 项，制度体系日趋完善。加强内部控制建设，设立财务总监。健全岗位目标责任制，完善考核奖惩机制，构建员工有进有出、干部能上能下的人才成长环境。加强出版阵地管理，着力强化优化审校业务流程，完善 ERP 系统管理，提高出版质量和效率。

6. 人才队伍建设扎实推进。内培外引结合，深入推进人才队伍建设。领导班子带队赴重庆大学出版社等单位学习行业先进经验；组织开展内部审计与内部控制、风险管理专题培训，提高风险防控能力。加强编辑队伍建设，新招编辑 5 人，充实编辑力量；开设“出版大讲堂”9 场，做好编辑培训。加强外部专家和作者队伍建设，借“外脑”、聚优势、促发展。初步打造起一支奋发向上、拼搏进取、吃苦耐劳、勇于争先的出版队伍。

7. 积极承担企业责任。出版社讲政治、顾大局，在实现国有资产保值增值的基础上，2022 年返还上缴学校各项费用 650 多万元；助力乡村振兴、脱贫攻坚，向河南确山捐款 30 万元；向淄博、德州两市捐书 8 万码洋；向山大社区捐赠一批防疫物资。

8. 扎实做好民生工程。坚持以职工为中心的发展理念，让职工共享企业发展红利。进一步提升员工收入水平，提高社聘员工“五险一金”缴费基数。发放交通补贴、通信补贴、取暖补贴、午餐补助、社龄荣誉金、过节福利、劳保用品、生育慰问金。关心关注新员工成长，发放成长扶持基金，提供员工宿舍。不断优化办公条件，实行人性化管理，疫情期间灵活调整办公模式，为在岗员工免费订餐 6000 余人次，切实保障员工生命健康安全。

（赵　聪）

附属中学

（济南振声学校山东山大基础教育集团）

学校领导班子坚持以习近平新时代中国特色社会主义思想为指导，贯彻落实习近平总书记关于教育的重要论述和党的二十大报告精神，立足新发展阶段，贯彻新发展理念，形成新发展格局。在大学党委的坚强领导下，领导班子带领附属中学和集团教育团队坚持以集团文化纲要、教育理念和重要工作部署为出发点和落脚点，以紧紧围绕立德树人根本任务和高质量发展为主题，全面提高教育质量。

一、突出工作重点，强化责任担当

（一）党建引领筑牢根基

一是学校党委切实提高政治站位，不断夯实管党治党、办学治校主体责任，认真落实主体责任和“一岗双责”，严格落实中央八项规定，深入实施党风廉政建设责任制，管党治党向纵深发展，政治生态不断改善，为加快学校建设提供了坚强的政治保证、思想保证和组织保证。二是以党建工作为引领，抓好教职工队伍建设。加强对教师的政治思想引领，深入推进师德师风建设。三是建立健全重大事项征求意见制度和科学民主决策机制，落实民主集中制和“三重一大”制度，积极推动内部治理体系改革。

（二）“四史”学习教育深度推进

以学习贯彻习近平总书记“七一”重要讲话精神、党的二十大报告等为重点，坚持与学习贯彻习近平总书记关于教育的重要论述相结合，与深入推进“四史”学习教育常态化长效化相结合，与推动学校“十四五”高质量发展相贯通，精心组织学习研讨、加强宣传培训，坚定教师的理想信念和精神追求，扎实落实“我为群众办实事”等实践活动，在促进改革稳定发展中增进民生福祉。

（三）审计工作效力增强

积极配合山东大学全面落实中央审计的工作要求，围绕核心问题，深入分析问题根源，扎实开展自查自纠，坚决落实立行立改，严格规范办学行为，坚决杜绝办学风险，充分发挥审计整改工作标本兼治的作用，为教育实施保驾护航。

（四）规范办学稳步前行

根据中央巡视整改和四个领域专项清理整顿的工作要求，学校针对发现和存在的问题，提高政治站位，强化责任担当，将整改作为新的起点，以对党和人民高度负责的态度，不断巩固深化整改成果，以问题整改推动事业发展，持续促进基础教育事业的有序、健康、科学开展。

在大学党委的统一领导下，第112次常委会会议审议通过了《山东大学基础教育合作办学管理办法》，第133次常委会会议审议通过了《山东大学基础教育管理体制机制改革方案》。两个文件的出台，有利于进一步提高山东大学基础教育办学质量，规范办学行为，理顺管理体制机制，提升社会影响力和美誉度，更好地服务于山东大学“双一流”建设，落实服务山东战略。

（五）民办学校深度整改

为了密切配合国家对民办学校清理整顿工作的要求，济南振声学校积极行动，加大整改力度，推进整改进度，在规范办学方面存在的问题已全部整改到位。

学校不再使用山东大学的名称、品牌等无形资产，更名为“济南振声学校”；重新改选了理事会、监事会，将公办人员完全撤出理事会和监事会，更换了法人代表，成立了学校独立的管理团队；修订了《济南振声学校章程》，增加了党建内容，突出了党组织对学校工作的全面领导；按照“新人新办法，老人老办法”的原则，已自2022年秋季学期开始，将济南振声学校学籍的学生独立编班，独立开展教育教学工作；学校克服困难，将符合条件的原与山东大学签署劳动合同的非事业编制教师转入振声学校，学校自行招聘了部分教师，共有教职工89人，已经基本解决了师资不独立问题。

（六）集中全力抗击疫情

面对突如其来的严峻疫情，在山东大学疫情防控指挥部的统一领导下，附中建立了三级抗疫工作机制，加强对抗疫工作的领导。学校成立了由党员和管理干部为主体组建的26个隔离点工作突击队，负责做好分布在近100个隔离点师生和家长的思想工作，关注思想状况，协助解决实际困难，确保他们思想稳定，避免产生舆情。

为阻断中学疫情向大学及社会传播的链条，学校组织了数据摸排小组和流调专班，精细化排查，建立台账，彻底摸清相关人员的行动轨迹，第一时间上报山东大学和市疾控部门，坚决化解传播风险。

因各隔离点生活住宿医疗等条件不均衡，多数地点缺医少药，人员混合居住，缺乏热水、食品、隔离服、药品等生活和医疗必需品。学校开展“送温暖”行动，克服重重困难，每天调动多批次车辆和人员配送急需物资，将解除隔离的人员送回，获得了师生和家长的高度赞赏，确保了社会稳定，彰显了“人民至上”“共享生命成长”的办学理念。

二、坚持改革创新，发展成果辉煌

（一）文化治校取得实效

学校在如何实施文化治校、有效发挥文化引领的作用方面取得了显著效果。一是凝练形成《教育集团文化理念》和《学校行动纲要》，固化文化内涵，形成长效机制。二是成立学校和集团标准化建设项目组，研制面向未来学校建设的规范和标准，推动教育管理走向教育治理。三是成立项目研究团队，对集团和学校在管理和教育教学等全方位工作开展全流程优化研究，促进实现学校管理的目标化、精细化、科学化、高效化。

（二）教科研成果不断涌现

教育集团充分发挥学术引领作用，完善课题研究运行机制，组织国内外知名专家学者和教育集团各学校教师骨干深入开展课程建设和教育教学研究，并取得丰硕成果。

教育集团依据国家基础教育阶段育人目标和素养模型，以主题式、项目式、大单元学习为主要形态，开发十二年一贯制课程体系，已开发各学科、各学段配套使用的《教学指南》和《学习指南》100余册，项目式学习成果专著3册即将出版。在2022年山东省优秀校本课程案例评选中，教育集团有7所学校入选2022年省级、市级校本课程优秀案例公示名单。语文、地理、主题统整、假期作业四个学科在2022年济南市优秀课程设计中荣获一等奖，教育集团四所学校获初中段整体方案一等奖。

教育集团引领所属学校深入开展课题研究，在省、市、区级教育科学研究课题立项，公开发表数十篇学术论文。《疫情背景下的生物线上课程——新冠肺炎疫情探究》被联合国教科文组织信息技术研究所评为一等奖。教育集团课程建设成果类图书《做有信仰的教育》《今天，我们这样教语文》《素养本位的项目式假期作业》《素养本位的项目式学习》丛书和专家课题研究成果《基于学习科学的有效教学》系列图书陆续出版。

建立了新课标下指向核心素养的十二年一贯新常态课程标准、新课标下基于大单元的教研、集体备课的新流程，形成了大单元实施的基本路径。新课程理念引领下，2022年有20名教师被评为市、区级教学能手。学校建有一个济南市生物学科基地，正在争创省级学科基地。

（三）治理体系持续完善

学校与德勤咨询公司、科大讯飞集团、浪潮集团、山东大学管理学院、北京师范大学、以色列希伯来大学等单位合作，深入推进学校和教育集团文化体系、集团管控体系、学校自我诊断体系、十二年一贯制及大中贯通课程体系、创新拔尖人才培养体系、集团培训管理体系、薪酬及绩效考核体系、校长评估考核体系、集团人才选聘体系、集团人才干部储备体系、智慧校园系统等11大系统工程建设，以实现从经验到科学、从管理到治理、从评价到诊断的转变。

（四）德育工作成效显著

一是建立了一体化与立体化的十二年一贯制德育课程体系，实现形成了全员育人、全程育人、全方位育人、文化育人、实践育人新格局，进一步提升了德育工作的针对性、实效性和科学化水平。二是形成了以“齐鲁文化”自行车之旅、开蒙典礼、十四岁生日庆典、成人礼、一日工作体验、“泉城义工”、30公里远足、艺术节、体育节、星空露营、红歌会、乐团展演、新年文艺展演等系列实践德育品牌。三是构建了“家庭—学校—社区”合作教育共同体，创建“三位一体”新型立体教育合作关系，成立了“家庭教育学院”，实现家校社协同育人的科学性、针对性和系统性，促进了家庭教育指导专业化。四是完善心理健康教育体系，充分发挥心理健康教育课程对师生心理健康所起到的支撑作用。

（五）高中发展成绩斐然

1. 高考成绩骄人。首届 56 名高考毕业生高考平均分 630 分，比全省重点线高 117 分，重点率 100%，“双一流”高校率 95%，“985”高校录取率 75%，清北上线 5 人，录取 3 人，1 人考取帝国理工学院。

2. 奥赛成绩傲人。2022 年在化学、物理、生物三科的省赛与国赛以及信息学全国决赛中，取得了全国赛 2 金 2 银，省赛 13 人一等奖，14 人二等奖的成绩，较 2021 年，取得了更加明显的进步。自 2019 年高中部成立以来，已经在五大学科奥赛全国决赛中获得了 3 金 4 银，省赛一等奖 41 人、二等奖 81 人的成绩。2 位金牌获得者入选国家集训队，并获取保送清北资格。在 2022 年全国高中数学联赛中，有 8 名同学获得省一等奖，其中解晟平（高二）、赵钒哲（高一）、董力宁（高三）分别以山东省第 3、7、8 名成绩入选山东省代表队参加全国比赛。在 2022 年全国高中信息学联赛中，有 8 名高中同学和 1 名初中同学获得省一等奖。

3. 创新人才培养喜人。2022 年 2 月，经中国科协、教育部共同评定，学校被评为“中学生科技创新后备人才培养计划（英才计划）”2021 年度优秀组织实施单位，范运梁老师被评为“优秀组织工作者”。全国共有 9 所中学获评，学校成为山东省唯一获评中学。

2022 年 4 月，济南振声学校被英才计划全国管理办公室认定为 2022—2024 年度英才计划中学培养基地（全国共 39 所著名中学入选）。2022 年山东省“英才计划”正式学员 59 名，省级学员 18 名，学校有 15 名同学入选，入选人数全省第一，英才计划已经成为学校的靓丽名片。

英才学员马浩轩获得全国数学奥林匹克竞赛银牌，已被中科大少年班录取，英才学员沈南奇获得全国生物奥林匹克竞赛金牌，入选国家集训队，获得清北保送资格，并发表论文《牛磺酸的生理学和药理学研究新进展》（《医药卫生》杂志）。2022 年 5 月，学校 2022 年度英才学员姜馨雅同学作为全国 30 名中学生代表参加了第五届世界顶尖科学家论坛科学 T 大会，与诺贝尔奖得主、中国两院院士面对面交流。

（六）服务功能充分彰显

服务山东大学的“双一流”建设和“服务山东战略”的实施，助力打造“山大系”：

1. 集团与地方合作办学成果丰硕。目前已形成了“五地八校五个教育共同体”的办学格局，尚有临沂河东区托管项目、济南市天桥区培训项目等正处于洽谈之中。合作办学实现了教育质量、办学规模、育人成效、社会影响力的同步提升，赢得了社会各界的高度认可和普遍赞誉。

2. 实施教育扶贫，助力提升落后地区教育水平。学校和集团委派多批次骨干团队开展对确山县 500 余名骨干管理和教师的培训任务。落实江西吉安县立中学、河南新县高级中学“托管帮扶”项目。研究编制《山东山大基础教育集团—江西吉安县立中学、河南新县高级中学“托管帮扶”项目方案》，成立“托管帮扶”项目组，建立沟通联络机制，对托管帮扶校进行需求调查并形成需求清单，制定“托管帮扶”项目年度工作配档表，建立起常态化沟通交流机制。

3. 推动基础教育学校建设，落实民生工程。为满足威海和青岛校区教职医务员工对优质教育的需求，威海校区和青岛校区中学部于今年秋季开学。龙山校区中小学的校园规划和建设方案已经完成，学校的管理体制机制均已确立，现已进入项目实施阶段。

三、科学统筹全局，规划发展路径

（一）坚持服务为要，服务战略大局

以服从服务于国家战略和山东发展急需、助推山东大学世界一流大学建设、增进民生福祉为出发点，坚持以“育人为本、质量为王、服务为要”为基本原则，严格控制办学规模、办学风险，积极探索、优化合作办学模式，促进基本公共服务的均等化、优质化。

（二）坚持改革创新，推进课程建设

继续研发十二年一贯制课程体系、教育培训体系、标准化建设体系、评价体系等多元化课程建设，以确保集团所属学校的优质高效发展。

（三）坚持人才为重，创新人才机制

通过改革薪酬制度、人事制度、职称岗级评聘制度等内容，积极创造条件高薪引入各类各学科专家型教师。

（四）坚持转变思维，改善办学条件

分散办学、办学空间不足、办学条件落后、骨干师资匮乏等因素严重制约了学校的高速度、高质量发展。将加快学校包括校园文化建设、信息化建设、校舍改造、实验室建设等在内的软硬件建设，提升学校实力，满足学生的多样化与个性化发展需要。

（五）坚持发展为上，突出工作重点

与科大讯飞、浪潮集团等深度合作，量身打造智慧校园系统，令校园变得更“智慧”，服务学生的全面发展，支撑教师的创新提高，实现技术与课程、课堂深度融合。

四、2022 年度大事记

2022 年 7 月 1 日，由山东山大基础教育集团出资建设的济南山大实验学校更名为“济南振声学校”。

2022 年济南振声学校首届高三毕业生取得了辉煌成绩。59 名高三学生中有三人被提前录取：一人在全国生物奥林匹克竞赛中获得金牌并进入国家集训队，被保送至北京大学；一人被中国科学技术大学少年班录取；一人被英国帝国理工学院数学专业录取。其他 56 人参加高考，其中 670 分以上 2 人，均签约清华大学，山东省前 500 名 4 人，前 1000 名 12 人，前 3000 名 22 人。学生高考平均分达到 630 分，比全省重点线高 117 分，重点率 100%，“双一流”高校率 95%，“985”高校录取率 75%。特殊类型招生控制线上线率达到 100%。

2022 年 8 月，山东山大基础教育集团与临沂市平邑县人民政府签署协议，合作开展临沂平邑县培训项目，助力老区教育事业发展。

2022 年 8 月，山东山大基础教育集团与淄博市经济开发区管委会签署协议，合作开展淄博经济开发区培训项目。

2022 年 8 月 17 日，山东山大基础教育集团与江西吉安县立中学、河南新县高级中学“托管帮扶”项目正式开始立项。

2022 年 9 月，山东山大基础教育集团管理的山东大学实验学校（青岛）中学部校园启用，开始招收初中生。

山东大学附属中学篮球队获得省联赛第一名。

连续十一年获得山东省信息学奥林匹克竞赛金牌学校。

（朱子炎）

资本运营工作

山东山大资本运营有限公司以习近平新时代中国特色社会主义思想为指导，认真学习贯彻党的二十大精神，深刻认识“两个确立”的决定性意义，牢树“四个意识”，坚持“四个自信”，做到“两个维护”，牢记“国之大者”，坚持和加强党对校属企业的全面领导，聚焦高质量发展新内涵，统筹做好疫情防控、安全稳定和企业高质量发展，持续推进服务学校、服务山东工作，为“十四五”战略目标不断奋进。

一、2022 年度目标完成情况

2022 年，国内外经济发展环境仍然复杂严峻。从国际看，世纪疫情冲击下，百年变局加速演进，外部环境不稳定不确定性因素仍然较多。资本运营公司积极贯彻落实新发展理念，坚持创新驱动发展战略，不断推进治理体系和治理能力现代化建设。2022 年资本运营公司预计实现营业收入 119187.37 万元，净利润 22678.41 万元，经济增加值为 19808.39 万元，国有资产保值增值率为 110.05％，利润费用率 2.53％；归属于母公司的净利润 1.09 亿元。（因所属上市公司尚未出具中介机构审定的财务报告，以上数据为未审定数。）

二、2022 年重点工作

（一）坚持党建引领，为企业稳定发展保驾护航

公司党委始终坚持党对企业的全面领导，坚持把党的政治建设摆在首位，深入贯彻落实“第一议题”、全面从严治党责任“三清单”等制度。全面学习贯彻习近平新时代中国特色社会主义思想和党的二十大精神，弘扬伟大建党精神，2022 年召开公司党委理论学习中心组集中学习 12 次，召开公司党委会 39 次，前置研究重大事项 50 余项，充分发挥党委“把方向、管大局、促落实”作用。

创新思想教育手段，委托国家行政教育学院，组织开展全体党员线上集中培训 226 人次，建立党史学习教育长效化机制。认真做好党的二十大和省党代会代表推荐提名工

作，公司党委所属9个党支部，232名党员参与推荐提名，党员知晓率100%、参与率达100%。坚持党管干部、党管人才原则，制定《山东山大资本运营有限公司所属企业领导班子调整换届指导意见》，顺利完成6家所属企业高级管理及以上人员换届、调整工作，调整高管及以上人员近50人。开展所属企业全面从严治党专题培训，邀请省纪委/监察委有关专家进行专题授课。层层压实意识形态工作责任，深入开展意识形态领域排查、信教职工排查等工作。认真开展廉政风险排查防控工作，汇总整理重点岗位、关键环节廉政风险点35项。认真核查办理信访线索1件，谈话提醒2人次。加大宣传工作力度，全年围绕疫情防控、企业发展、创新引领发布宣传稿件近50篇。强化政治吸引和政治吸纳，全年发展党员9名，表彰2022年优秀党员5名，优秀党务工作者2名，先进基层党组织2个。不断深化党建带团建，创建校级青年文明号3个，培育山大地纬创新研究院区块链研发团队获得2022年山东省青年创新突击队荣誉称号。

（二）坚持知难而上，不断推动企业内涵式高质量发展

在疫情影响和市场下滑双重压力下，各企业知难而上，苦练“内功”，积极拓展市场，为完成全年经营目标打下坚实基础。其中，山大地纬不断加大研发投入，在“AI+区块链”技术领域取得持续突破；鸥玛软件积极深耕市场开拓，收获近一半省级资格考试分省扫描业务市场，打开了全国性业务新局面。山大电力筹划IPO在创业板上市，制定IPO申报前工作计划表，倒排工期，推动山大电力IPO上市进展。山大科技成果转化基金完成协会备案，发布基金项目征集通知，参与高温传感器等多个基金投资项目的调研、论证。坚持引领所属企业服务学校事业改革发展提档升级，2022年，上缴学校利润4800万元，预计上缴国有资本收益815.03万元；持续推动确山县发展和乡村全面振兴，根据教育部及学校党委有关精神，资本运营公司及所属企业积极履行社会责任，2022年向确山县捐款共计200万元。

（三）坚持苦练内功，推进治理体系和治理能力现代化

进一步优化完善资本运营公司及所属企业法人治理体系建设，健全体制机制，严格落实重大事项决策制度，强化决策流程，召开总经理办公会47次，审议事项近百项，召开董事会10次，研究事项41项；加强派出董事、监事管理，强化履职能力培养，通过派出董事、监事充分体现学校和资本运营公司意志，形成表决意见30余份；加强对派出董事、监事日常考核，完成了年度考核，对董事会、监事换届企业的派出董事、监事进行了任期评价。深入推进资本运营公司内控建设，编制完成《资本运营公司内部控制手册—管理制度汇编》，全面审阅、分析所属企业内控制度500余项，梳理漏洞，总结突出和难点问题，形成反馈意见，系统指导所属企业内控建设，推进管理制度化、制度表单化、表单流程化、流程信息化建设；组织开展“强内控、防风险、促合规”培训，指导公司及所属企业不断健全完善内部控制建设，提升治企兴企能力。

（四）坚持以改促进，推动所属企业内控建设

贯彻落实教育部关于高校所属企业体制改革落实情况“回头看”工作精神，梳理归纳保留企业管理工作成效，论证保留企业学校教学科研关联度，加强服务学校能力建设；积极推进“回头看”发现问题整改，建立台账，压实责任，推动落实；全面完成教育部四个领域专项核查问题整改，实现整改问题清零。完成所属企业年报审计和内部控

制审计工作，制定资本运营公司及所属企业内审整改工作方案，建立内审整改工作动态销号机制。坚持紧盯中央巡视整改重点任务，不断优化谈判策略，强调各方互利共赢，协商重点问题系统解决思路，历经十余次艰难谈判协商后，完成山大生殖利润分配，资本运营公司分红 4650 万元，维护了学校权益。高质量配合完成审计署审计工作，认真组织提交审计署调阅材料，指导所属企业制定整改工作方案，推进整改落实，目前审计反馈问题已全部完成整改。坚持以学校党委专项巡视、内部审计整改落实促进企业改革发展，对安全工作专项巡视反馈问题进行全面梳理，制定整改方案，建立整改台账，11 项问题已基本全部完成整改；针对 2021 年度内部审计报告反馈问题，指导相关部门修订优化内部管理制度、工作流程，进一步完善了内控体系建设，19 项问题已全部整改完成。

（五）统筹常态化疫情防控和安全稳定发展

疫情期间，资本运营公司及所属企业严格执行学校疫情防控制度和要求，强化人员管理，落实落细疫情防控措施，指导所属企业完善应急预案，加强属地联动，迅速高效妥善处理山大地纬、鸥玛软件 2 起突发事件。学校封闭管理期间，资本运营公司党委派专人驻守校园，加大对天猫超市、学人大厦的防疫、供应、服务监管，细化进入校园车辆管理、商品静止消毒、环境消毒等工作流程，稳定驻守员工思想，克服种种困难满足了师生的基本生活需求。面对中心校区突发疫情的严峻挑战和没有人、没有物的艰难条件，在学校主要领导亲自协调、支持和兄弟单位的帮助下，校内校外全力配合，利用短短三天时间，完成中心校区天猫校园超市临时供应点组建搬迁工作，及时为隔离结束返校学生提供线上、线下日常生活物资供应，受到了学校领导充分肯定。统筹疫情防控和企业经营工作，“一企一策”，开展帮扶，强化责任落实，加强督导检查。同时强化疫情防控常态化不放松、不麻痹、不松懈，强化所属企业人员动态管理，加强学府酒店、天猫校园超市冷链食品管理，积极推进疫苗接种工作，努力达到疫情防控与生产经营双赢。认真配合完成学校党委安全工作专项巡视，针对反馈意见提出的问题，制定整改工作方案，认真开展整改落实。

（王华雄）

学院建设

哲学与社会发展学院

一、年度工作概述

2022年全年疫情防控形势严峻，防范难度加大，重点任务交错，各项工作交织。党的二十大胜利召开，国家审计工作和安全工作专项巡视跨度时间长、检查项目细、整改任务重，对学院党委全面落实、统筹谋划、精准对接各项工作都是一个全新的考验。学院班子在统一思想、明确任务、狠抓落实上提出了一系列工作方案，及时传达学习贯彻学校的各项工作部署，有条不紊地谋划学院事业发展，以精耕细作的要求逐一抓好各项工作落地见效，为实现“十四五”发展规划和中层班子目标责任建立了组织保障。

在学校党委的正确领导和全院教职工的共同努力下，学院攻坚克难，勠力同心，战胜了一个个困难挑战，迎来了一次次胜利喜悦。党建引领，全员发力，共克时艰，迎难而上，已深入人心。按照学校倡导的“3D”工作法，学院事业发展、安全稳定、疫情防控齐头并进，各项工作卓有成效，学院各项事业稳中求进，把影响降到最低。2022年，党建工作进一步落实，扎实有力，各项制度落实更加规范；学科发展按照预期得到提升；立德树人的人才培养目标更加凸显；队伍建设有了新的增长点；科学研究持续发力，青年教师科研能力明显提高；社会服务更加务实，专业化的服务对接在不同社会领域获得成功；更加重视国际化水平，海外名家讲坛顺利完成8期；实验室工作提质增效，10项安全工作整改到位；学生工作喜报频传，思想教育与专业学习更加扎实。

二、2022年度任务完成情况

2022年，学院依据“十四五”发展规划和中层领导班子目标责任制任务，以“双一流”建设为目标，各项工作取得较大进步，事业发展稳步提升，年度目标任务完成向好。

（一）党的建设

1. 加强政治建设，提高政治站位。认真学习贯彻党的二十大精神和习近平新时代中国特色社会主义思想，全面落实立德树人根本任务，扎实推进党史学习教育活动常态化，不断增强“四个意识”，坚定“四个自信”，做到“两个维护”，政治意识和政治觉悟不断提升，政治站位更加坚定。

2. 强化理论学习，筑牢思想基础。学院党委理论学习中心组学习6次，各党支部参观、践学、观影等活动200余人次。“双带头人”全覆盖，党支部战斗堡垒作用明显提升，尤其是在疫情防控工作中，各支部积极参与，主动作为，圆满完成了一些急、难、险重任务，师生在关键时刻能够跟得上、打得赢、不掉队，为落实疫情防控筑起了坚实的防护屏障。

3. 抓好日常教育，抓住关键环节。在舆情防控、师德建设和意识形态阵地管理上能够做到守住底线不放松，抓住重点求突破，全年未发生任何问题。党组织书记抓基层党建项目质量有提升，顺利完成2个项目结项、3项议题立项工作。

（二）人才培养

继续落实立德树人根本任务，优化课堂教学效果。顺利完成哲学“强基计划”招生和新文科PPE基地班选拔，社会工作专业入选国家级一流本科专业建设点。获得山东大学2022年本科优秀毕业论文（设计）2项，2022年度教育教学改革研究重点项目4项；积极组织参加第二届教师教学创新大赛并荣获2项奖励。

（三）学科建设

按照“十四五”发展规划目标任务，不断凝练学科方向，优化学科布局，学科水平不断提升。学科交叉、融合发展进一步提升，逻辑学专业发展得到有力支持，人才储备进一步合理，由学院倡导成立了山东省逻辑学学会，刘森林院长担任会长。2022软科排名哲学学科位列第10、社会学排名21位。

（四）队伍建设

坚持引育并举，师资梯队建设更加合理。重视人才队伍建设，全年拟引进招聘教职工27人，已经入职18人。新增国家“万人计划”青年拔尖人才1人，实现了社会学学科国家级人才的突破。引进特聘教授2人、山大杰青1人，现共有国家级人才6人。

（五）科学研究

加强科研创新，科研成果不断提升。顶级期刊发表依然呈现强势，《哲学研究》发表论文4篇，SSCI论文（一区）发表论文5篇，CSSCI论文数80多篇，获国家社科基金项目10项，总量排名文科院系第一。汉语哲学创新团队获山东大学人文社科院立项。在疫情防控前提下，通过线上线下举办各类学术会议、讲座125场次。组织望岳海外名家论坛8次。

（六）社会服务

聚焦国家战略和服务山东要求，学院积极参与社会各项服务，利用学科优势，提出建设性意见建议，在疫情防控、社会保障、青少年发展、扶贫攻坚、残疾权益保障、高端智库建设等方面卓有成效。1份智库报告得到省委书记李干杰批示，2位老师入选山东省精神文明建设领域领军人才。社会工作专业利用丰富的实践教学资源，在校内开展了情绪舒缓、心理辅导、体育锻炼、服务抗疫教职工子女等实践教学活动和社工服务，采取“融合式”实践教学方式，在疫情防控的整体部署中贡献了社工力量。社会捐赠金额近100万元。

（七）学生工作

推动“三全育人”和“五育并举”的深度融合，修订了本科生和研究生的综合素质评价办法，加大了劳育、美育和体育的融入与引导。学院团委获评山东大学学生志愿服务工作先进集体，学生社会实践工作先进集体。1个研究生团队获得第八届中国国际“互联网+”大学生创新创业大赛国家级铜奖、省级金奖，1个本科生团队获批大学生创新创业训练计划国家级立项；1人获得校长奖学金单项奖，1人获得校级优秀班长；2

个班级分别获得“校级优秀班集体”“校级优良学分班”荣誉称号。

（八）实验室建设和安全工作

建成学院“新文科社会治理实验室”，申请项目经费 90.2 万元。实现实验教学、实训、实习、课外创新活动、科研等为一体的综合性实验室功能。在此基础上，积极申报省级文科实验室。

在学校年初启动的安全工作专项巡视和年底进行的安全工作 70 项实地检查中，学院党委高度重视，认真组织，充分认识到安全工作是对学院事业发展提高的保障性举措。一是认真完成未巡先改自查自纠，对 10 个方面的安全专项问题一一列出清单，提出整改要求。二是制定第二阶段的安全工作巡视整改方案，对 9 大安全整治内容，提出了 24 条整改措施，均完成了清单销号，整治效果明显，安全意识倍增。三是抓好年底安全实地检查观测要点的准备工作，确保各项安全工作落地见效。

（九）党风廉政建设

牢固树立党风廉政“一把手”工程意识。严格落实《学院财务管理实施办法》，成立财务工作领导小组，规范经费执行程序。严格落实《落实“三重一大”制度实施办法》，规范党委会议、党政联席会议决策程序，提高集体领导和决策的科学化水平。开展经常性党风廉政教育，设立意见箱，畅通问题线索反映渠道。严格加强采购、招生、职务职称晋升、评奖评优等关键环节和领域的监督。

（何立光　孙德炜）

经济学院

一、学院概况

山东大学经济学科历史悠久，1901 年山东大学堂成立之初，即设有理财科目。百余年间，踔厉奋发、薪火相传，薛暮桥、孙冶方、马家驹等一大批知名经济学家在此执掌教鞭，四万余名学子在此蒙沐教泽，成长为国家和社会发展的中坚力量。在教育部第四轮学科评估中应用经济学科排名 A－。

山东大学经济学院是在山东大学原经济学系的基础上，于 1988 年组建而成。学院下设经济学系、财政学系、金融学系、国际经济与贸易系、风险管理与保险学系等 5 个系，以及消费与发展研究所、泰岳经济研究中心、国际经济与产业组织研究所等研究机构；拥有理论经济学、应用经济学 2 个一级学科博士学位授予权和应用经济学博士后流动站。目前设有 10 个博士专业、14 个硕士专业（含 3 个专业硕士专业）和 4 个本科专业，本科专业全部为国家级一流专业建设点。“经济学拔尖学生培养基地”入选“国家基础学科拔尖培养基地 2.0 计划”，财政学本科专业为国家级特色专业，2003 年与数学院共建金融数学与金融工程基地班（彭实戈班），2020 年同山东大学哲学与社会发展学院、政治学与公共管理学院共建新文科 PPE 基地班。

学院产业经济学为国家重点学科，政治经济学、财政学、金融学、产业经济学为山东省重点学科；学院有公共经济与公共政策研究基地、反垄断与规制经济学重点研究基地、应用金融理论与政策研究基地 3 个山东省社会科学规划重点研究基地，以及山东省金融风险控制工程技术研究中心、山东省金融风险控制方法与政策软科学研究基地、山东省数字经济发展与治理软科学研究基地、山东省区域金融改革与发展研究中心（山东省重点新型智库）和山东省科学管理理论与方法及案例软科学研究基地（与管理学院共建）。

经济学院拥有一支学术造诣深厚、梯队结构合理的教学科研队伍。截至 2022 年底，经济学院共有教职工 158 人，其中专任教师 125 人。在专任教师中，49 人拥有正高级职称，46 人拥有副高级职称，41 人为博士生导师，80 人为硕士生导师。另有校外博士生导师 1 人。

在人才队伍建设方面，经济学院现有国家马克思主义理论研究和建设工程重点教材首席专家 1 人，国家社科基金学科规划评审组专家 1 人，国家“万人计划”领军人才 1 人，国家级教学名师 1 人，国家优秀青年科学基金获得者 1 人，教育部新世纪优秀人才支持计划专家 4 人，山东省泰山学者特聘教授 1 人，山东省泰山学者青年专家 3 人，山东省金融高端人才 2 人，山东省理论人才百人工程专家 1 人，山东省十强产业智库首批专家 1 人，山东省教学名师 2 人，山东省有突出贡献的中青年专家 3 人，山东大学荣聘教授 3 人，山东大学讲席教授 1 人，山东大学特聘教授 2 人，山东大学杰出中青年学者 5 人，山东大学齐鲁青年学者 1 人。

近 5 年来，学院教师在 *Management Science*、*Journal of Financial Economics*、*Journal of Econometrics*、*Journal of Monetary Economics*、*European Economic Review*、*Journal of Comparative Economics*、*Journal of Development Economics* 及《经济研究》等国内外学术刊物发表论文 500 余篇，出版学术专著 60 余部，主持国家社科基金、国家自然科学基金和省部级课题 100 余项，其中国家自然科学基金重大项目 1 项、国家社科基金重大招标项目 9 项、国家自然科学基金重点项目 1 项、教育部哲学社会科学研究重大课题攻关项目 1 项。

学院始终坚持立德树人根本任务，以建设一流经济学科为目标，持续深化“人才强院”“学术兴院”和“国际化”战略，各项事业取得跨越式发展。“十四五”期间，学院将围绕中国特色经济学理论体系构建，面向新发展阶段中国经济实现高质量发展的重大战略需求，大力推进“中国特色经济学与高质量发展”学科领域建设，重点建设“中国财政金融理论与现代财税金融制度”“中国产业经济学与高标准市场体系建设”优势特色方向，培育形成数字经济交叉学科新增长点，在构建中国特色经济学的学科体系、学术体系、话语体系上作出原创性贡献，为推动实现中国经济高质量发展提供理论支撑和智力支持。

二、党建工作

1. 政治引领力全面提升。严格贯彻落实全面从严治党要求，深入学习贯彻习近平新时代中国特色社会主义思想和党的二十大精神，严格落实“第一议题”制度，组织中心组学习5次；制定学院《党委会、党政联席会议事规范》《领导班子年度规定动作清单》，组织召开党委会24次、党政联席会33次、民主生活会2次、专题研讨会2次，学院班子政治判断力、政治领悟力、政治执行力全面提升。制定学院年度学习计划、党的二十大精神和党史学习方案，构建党委、党支部、党员“三位一体”学习格局，切实用“金钥匙”强化全员理论武装。

2. 思想凝聚力全面提升。组织8场高质量发展座谈会，梳理5大类43条意见全面落实；制定《领导班子成员联系师生工作办法》《领导班子成员办实事重点项目清单》，深入开展“暖心工程”“聚力计划”，实行院领导接待日制度、院领导联系班级制度、系工作例会制度，广泛汇聚师生合力谋划推进学院发展。打造“走近薛暮桥”文化品牌，深挖学院红色基因和优秀传统文化，统筹推进师德师风教育和学生思想政治教育，入选学校“一院一品”建设项目；开展作风建设月和服务一线大研讨活动，严格落实党风廉政建设责任制，切实筑牢反腐拒变防线，学院干事创业的精气神全面提振。

3. 谋大事、成大事能力全面提升。加强顶层设计，心怀“国之大者”，统筹推进党建与事业发展深度融合，召开两次专题务虚会，深入研讨春秋学期重大建设任务，明确发展方向；谋划制定学院“十四五”发展规划、任期目标责任书、年度和秋季学期工作要点，明确目标任务，落实工作责任；组织推进“811学科”、国家级人才、省部级平台、重大项目、重大奖励等申报工作，在大人才、大项目、大奖励、大平台等方面取得了阶段性突出成效。

4. 安全保障力全面提升。修订院《党委意识形态工作责任清单》，专题研究意识形态和安全稳定20余次。党委书记主抓安全巡视整改，召开5次专题会，扎实完成14条问题整改。高质量完成安全巡视整改工作。扎实开展未巡先改，梳理形成《经济学院安全工作专项巡视自查自纠台账》，制定和修订完善了相关制度55项，排查整改10个方面33条薄弱环节。制定《经济学院党委安全巡视整改工作方案》，扎实完成整改工作。

5. 高标准推进疫情防控工作。有力推进疫情防控和安全工作，建立班子成员牵头网格，抓好核酸检测，严格落实好学校要求。制定疫情期间工作方案、防控应急工作方案，建立以教工党支部、学生宿舍为最小单元的管理网格。建立疫苗接种、请销假、每日健康监测等8本台账，确保师生底数明、情况清。摸排信息近80次，传达各类通知等近百次，确保防控政策准确及时传达。举办office hours、读书会、线上体育打卡等文化生活，加强对学生的关心和关爱。

三、人才培养

人才培养能力持续引领。扎实推进“4＋N”特色人才培养体系建设，揭牌成立“薛暮桥班”，推动“经世学堂”建设，获批建设公共经济与公共政策微专业，谋划建设数字经济方向实验班。优化博士生毕业审核创新成果认定标准，设立专业硕士教育中心，实行博士生工作论文报告制度，牵头申报山东省经济学科科教融合育人联合体。构建“薛暮桥大讲坛”“首单实习计划”等“1＋N”思政品牌群，打造经济学科特色的“三全育人”大思政体系。本年度，获省级教学成果特等奖2项、一等奖1项，推荐申报国家级教学成果奖2项；获批教育部产学研项目2项、省级教研项目1项。学生获评“省级先进班集体”“研究生样板党支部”等省校最高表彰，获“互联网＋”“挑战杯”国赛三等奖、省赛金奖，获全国税务学科案例大赛一等奖。研究生在《经济研究》、*Games and Economic Behavior* 等国内外顶级期刊持续发表高质量研究成果。学生就业率达到95％。

四、人才引育

队伍建设成效显著。坚持党管人才，成立人才工作领导小组，制定实施《经济学院伯乐计划》《特聘研究员聘用管理规定》等政策，建立领导班子联系人才、青年教师制度。制定《教师思政及师德师风建设工作方案》，构建《教师荣誉表彰体系》，推出《入职引导人计划》，开展青年人才座谈研讨，举办人才专题政策培训，提升服务人才保障能力。本年度，学院培育国家优青1人，青年泰山2人，实现学院国家级青年人才重大突破；引进顶尖领军人才2人、山大杰青2人、TOP前100青年教师7人；引进兼职讲席教授2人，兼职特聘教授2人。“数字经济发展与治理”获批山东大学人文社会科学创新团队。获批山东省首批博士后创新人才支持计划岗位，引进特别资助类博士后2人。

五、科学研究

学术研究成果丰硕。坚持四个面向，加强有组织科研，制定《高水平科研成果奖励办法》，突出高质量科研导向。本年度，获批国家社科基金重大项目1项，国家优秀青年科学基金项目1项，国家自科基金与国家社科基金规划项目9项，国家自科基金重大项目年度评估获评“优秀”，截至12月31日，到账科研经费2046.36万元。在顶级期刊发表论文13篇，获批省数字经济发展与治理软科学研究基地，7项成果获省社会科学优秀成果奖，其中一等奖2项。举办了山东大学第二届反垄断经济学理论与实践国际研讨会、第四届类脑经济学研讨会、第三届衍生品与资本市场国际研讨会、第三届宏观经济学学术研讨会等50余场，不断扩大学院学术影响力。

六、国际合作

国际合作深化拓展。坚持开放办学，对标国际一流，构建“重大项目—科研平台—教学基地—人才引育”四位一体国际化合作机制，制定《短期岗、流动岗特聘教师聘请计划（线上）》《经济学院国际联盟课程项目》，与瑞士洛桑大学等4所境外高校签署合作协议，与澳大利亚昆士兰大学举办国际联盟课程。本年度，获批学校“全球一流学科合作计划”A类立项，新增国际学术期刊副主编2人，新发表SSCI、SCI期刊论文29篇，新增学生联合培养项目1项，65人线上线下出国（境）交流，拥有海外经历学生占比29％（同比实现3倍增长），招收国际学历、非学历学生19人，国际学历学生总数达到53人，学生毕业出国攻读学位29人。

七、社会服务

社会服务贡献突出。坚持服务区域经济社会发展，共同建设“事业共同体”。与莱芜区政府、建设银行等政府行业单位建设合作平台10个。承担国家市场监督管理总局多项委托研究项目，形成权威及重要智库类成果8项。引领中国国家预算治理研究与实践，连续发布《中国政府预算改革发展年度报告》，发起成立研究联盟，举办10期中国国家预算治理大讲堂。与工商银行等30余家单位合作，设立暑期实习岗位500余个、学生实践基地20余个。本年度，学院4篇智库报告获省委省政府批示，11位教授作为全国人大代表、政协委员、智库专家等服务于经济社会发展。

（李莹莹）

文学院

文学院深入学习宣传贯彻党的二十大精神，以习近平新时代中国特色社会主义思想为指导，科学布局、整体推进、重点突破，在落实疫情防控常态化的要求下，推动学院各项事业稳步发展。

至2022年12月31日，文学院教职工总数131人，其中专任教师98人（在岗教授39人，副教授38人，讲师21人），行政管理人员21人（其中非事业编6人），统招博士后12人。在校学生1097人，其中博士生211人，研究生333人，本科生553人。文学院现任领导班子成员：党委书记张帅，院长、党委副书记杜泽逊，常务副院长黄发有，副院长程相占、马兵、杨建刚、樊庆彦，党委副书记王萌，组织员沈文。

一、党的建设

1. 加强政治建设，涵养良好政治生态。制定党委理论学习中心组、全体教职工政治理论学习计划，征订理论学习教材8类、1500余册，编发政治学习资料汇编16期，开展党委理论学习中心组学习20次、全体教职工政治理论学习7次。打造“文研先锋”、党史读书会等多个师生理论学习品牌。依托“山大中文之声”和《山大中文学科动态》等平台，建成“三微一报一网”的融合媒体矩阵，传播中文学科正能量。强化正面教育和思想政治引领，严格“一事一报”“一会一报”，加强对学院各类学术组织的思想引导，确保课堂、校园网、报告会、研讨会、讲座、论坛等各类意识形态阵地可管可控，始终把握好教学科研管理等重大事项中的政治原则、政治立场、政治方向。开展“学思践悟，踔厉奋发”党的二十大精神知识竞赛活动，营造以赛促学、互学共进的良好学习氛围。

2. 加强理论武装，落实全面从严治党。深入贯彻习近平总书记重要回信精神，服务“国之大者”，坚持精耕细作开新局，围绕中文一流学科建设、“十四五”规划，推动“《永乐大典》综合整理”、《中华三千年文学通史》撰写、“高等学校中文一流学科教材”建设等重大工程和项目。落实全面从严治党责任“一办法三清单”，全面加强党对学院各项工作的领导，召开党委会 32 次、党政联席会议 29 次。认真研究安全巡视、审计整改反馈问题，建立整改台账，把抓巡视整改、促工作落实与加强党风廉政建设结合起来，构建长效化机制。

3. 夯实基层党建，筑牢战斗堡垒。推动 54 个师生互动小组活动常态化，570 余名本科生开展互助交流活动 120 余次。创新思政理论学习模式，联合北师大、山师等院校举办主题读书会，探索党支部院际、校际联合共建新模式。创新党史教育学习新形式，开展“学思践悟，踔厉奋发”党的二十大精神知识竞赛活动，营造以赛促学、互学共进的良好学习氛围。全面推进党建“双创”，以党支部规范化提升为抓手，抓实“三会一课”和党内组织生活制度，开展师生党支部联学共建。

二、疫情防控

完善网格管理体系，及时传达学校防控工作要求，加强动员部署，在求职就业面试、疫情防控期间物资保障等方面用心、用情解决学生困难。转运隔离期间，坚持“把思政课堂搬到方舱”，开展“院长书记讲党课”“‘大白’我想对你说”“致肥城市隔离点工作人员的一封信”等特色育人活动，切实将“疫情危机”转化为“教育契机”，取得良好成效。

为更好关注校园防控期间在校学生的心理和思想动态，文学院于 4 月 6 日面向全院教职工发出了组建师生互动小组的号召，国家人才、党政联席会议成员、学术委员会委员、教学指导委员会委员、教研室主任、党支部书记、班主任带头报名，青年教师踊跃参与，仅半天时间完成 54 位负责老师的招募工作。通过师生互动小组的组建，全院确保每生有教师负责，每组有活动开展，形成专业覆盖全面、内容形式丰富、主题特色鲜明的师生文化交流氛围，为校园防控期间的文院学子带来学院的人文关怀和温情守护。

三、学科建设

以习近平总书记在中央人才工作会议上的讲话精神为指导，实施“人才荟萃计划”，巩固优势，补齐短板。

1. 人才队伍建设取得较大突破，人才结构不断优化。2022 年，除新进优秀青年教师 15 人外，还陆续引进特聘教授徐俊，荣聘教授董莲池、罗贻荣，兼职讲席教授刘钊，兼职特聘教授贾海生，兼职杰出中青年学者刘洪涛。胡友峰入选国家“万人计划”领军人才，韩清玉、宫立入选国家“万人计划”青年拔尖人才，周根红入选泰山学者青年专家，并有多位教师入选山东大学高层次人才。学院连续 5 年获评“山东大学人才工作先进单位”，中国语言文学博士后流动站获准设立山东省首批“博新岗位”。

2. 学科影响力稳步提升。入选“双一流”建设学科，入选山东省高峰学科。突出特色，打造国家级教学科研平台和教育部新文科重点实验室。文艺美学研究中心在教育部人文社科重点研究基地新一轮评估中取得优秀等级，在105个基础类基地中，总分进入前10%。成功举办“中国小说论坛2022”，大大提升山大中文在全国学术界的话语权和影响力。语言科学实验中心入选山东省高等学校文科实验室，入选国家语言文字推广基地。

3. 项目培育体系不断完善，培育孵化国家级科研项目。继续完善在职教师立项、引进人才专项、国际化专项相结合的学院项目培育体系，新设院立科研项目11项、国际化专项12项，获得2022年度国社科立项6项，国社科后期资助2项。

4. 学术研究服务国家战略，承担国家重大任务的能力明显提升。启动《永乐大典》系统性整理出版工程，组织撰写《中华三千年文学通史》，积极探索中华优秀传统文化“两创”的山大模式。基于语言科学实验中心研究成果，搭建语言障碍筛查、评估、诊断、康复训练平台，服务“健康中国”战略。成功举办“中国小说论坛2022”，推出“文学院著名学者文集出版座谈会”系列主题活动。杜泽逊教授应邀在《人民日报》、新华社《瞭望》等重要媒体发表专题文章，深入阐释党中央关于弘扬优秀传统文化、加强文化自信的系列文件精神。程相占教授为国际英文期刊《生态人文主义杂志》作题为“生态美学与生态智慧”的英文学术讲座，扩大了中国生态美学的国际影响。与韩国成均馆大学联合举办“生态与东亚哲学”学术大会，推进了中国美学研究的国际化。山大中文在学术界的话语权和影响力进一步提升。

四、人才培养

围绕立德树人根本任务，大力推进“明德双师”课程思政体系改革，以基础学科拔尖学生培养2.0计划、强基计划、“双一流”背景下中文学科高层次创新型人才培养模式的创新与实践、一流课程和教材建设等工作为重点，采取多项有效措施，强化“三全育人”，全面提升人才培养质量。

杜泽逊教授主持的“‘双一流’背景下中国语言文学高层次创新性人才培养模式创新与实践”和胡友峰教授的“面向国家重大战略，创新文学理论课程体系的改革与实践”获得2022年山东省教学成果一等奖。其中，胡友峰教授的项目已推荐申报国家教学成果奖。岳立静教授主持的“以语言实践为抓手，探索构建基础教学向创新能力培养转化的学、研、用一体化教学模式”和马兵教授主持的“以拔尖人才培养、一流课程体系和优秀教材为支撑的汉语言文学国家一流专业内涵式发展的提升实践”获得学校2022年本科教育教学改革项目重点立项。8种教材获得2022年校级教材立项。1门课程获评山东省研究生优质课程，4门课程获山东大学立项建设。举办文学院第四届“学年论文报告会”，286名研究生和70余名本科生提交论文并汇报。开设原典课32门，举办文学院品牌讲座“新杏坛”14期，经典著作读书会29项。开办文学院学术交流平台“山大文苑沙龙”，继续推进“新杏坛”等品牌讲座的建设工作，加强文化交流，展示大家风范，树立教师楷模。

五、社会服务

启动《永乐大典》系统性整理出版工程，组织撰写《中华三千年文学通史》，积极探索中华优秀传统文化“两创”的山大模式。

发挥学科优势，充分利用中国李清照辛弃疾学会、中国历史文献研究会、中国作家协会网络文学研究中心、中国文艺评论基地等国家级学术平台，以及蒲松龄纪念馆、王渔洋纪念馆、莫言文学馆、水浒文化研究基地、“济南二安”研究院、甲午战争文献研究中心等相关机构，加强同地方的文化交流与合作，推动经济发展和文化建设。

加强中华优秀传统文化的阐释与推广，与新闻传播学院共同办好文学生活馆，与济南日报报业集团、济南广播电视台合作办好中国“二安诗词”大会，鼓励相关教师深度参与央视“百家讲坛”、山东省图书馆“大众讲坛”、济南市“海右讲坛”，推广群众性文学和阅读活动。

根据《文学院文化引领战略实施方案》，系统规划学院文化建设。学院精品社团玩家剧社举办党史学习教育主题话剧展演，通过《日出》《回春》《火种》《华灯初上》四个主题剧目，讲好百年党史故事，传承百廿山大精神，剧社获评2022年十佳五星社团。“笔墨千年”礼乐歌舞文化展演获批山东大学第二届“一院一品”文化建设项目立项。

（田玉洁）

外国语学院

截至2022年底，外国语学院下设9个系、1个教学部和14个研究所（中心）。学院共有教职工258人，其中专任教师218人。王俊菊教授任院长，薛佩军副教授任党委书记。另外，学院设副院长3人，副书记2人，副处级组织员1人。

一、党建工作

学院党委组织全院师生认真学习贯彻习近平新时代中国特色社会主义思想和党的二十大精神。积极发挥引领和支撑保障作用，召开党委会26次、党政联席会23次，专题会议6次，统筹做好学院疫情防控、安全稳定和事业发展工作。

严格落实意识形态工作责任制，定期研判，严把政治关，做到意识形态工作全时域稳固。关键时期突出发挥党支部战斗堡垒作用和党员先锋模范作用，建立教工支部和学生支部一对一结对帮扶，加强师生交流推行“office hour”制度，为维护安全稳定发挥重要作用。健全师德师风工作体系，制定学院教师思想政治和师德师风管理办法。

强化组织建设，顺利完成教工支部换届，调整学生支部设置。按专业成立6个研究生党支部，强化研究生学术活动与党建融合；按年级成立4个本科生党支部，加强辅导员对学生党支部的指导。全年发展党员101人。其中，山东省青年泰山学者1人，学生100人。做好“两优一先”评选工作，发挥典型引领作用，1名党员获“山东省三八红旗手”，1名党员被评为“山东大学优秀共产党员”。

二、人才培养

截至2022年底，学院在校本科生1338人，硕士研究生331人，博士研究生78人，博士后3人，留学生2人。

（一）本科生培养

学院以党的二十大精神、新时代全国高等学校本科教育工作会议和学校第十四次党代会、“六卓越一拔尖”计划2.0启动大会等会议精神为导向，继续落实立德树人根本任务，遵循高等教育和人才成长发展规律，对标“培养最优秀的本科生”的目标，以“本”为本，扎实推进本科教学各项工作并取得良好成效。

2022年学院继续实施大类招生，高考志愿率和分数进一步提高。本科生共招收328人，其中外语保送生27人、综合评价30人，本科生源质量和结构进一步提高和优化。

教学秩序总体良好，无教学事故，启动新一轮本科审核评估筹备工作。积极探索和着力推进各类人才培养改革，加强专业内涵建设和现代化建设。俄语、法语和翻译三个专业入选国家一流专业建设点，德语专业入选省级一流专业建设点。在软科发布的“2022年软科中国大学专业排名”中，英语、翻译和日语专业获得A+评级，俄语、朝鲜语专业获得A评级，法语、德语、西班牙语专业获得B+评级。学院2项海外师资课程、4项暑期精品项目获评“2022年暑期学校优秀项目”，学院同时获评“2022年暑期学校优秀组织单位”。王俊菊教授主持的“英语写作课程群虚拟教研室”入选教育部首批虚拟教研室建设试点名单。教改立项实现新的突破，校级教改立项18项，教研论文增幅显著。3项成果荣获山东省第九届教学成果奖（高等教育类）。全年共有15部教材出版，继续做好教材审核和整改工作。加强基础设施建设，学院现代教育技术中心完成语言实验室电子门禁系统建设，实现电子门禁系统统一平台、统一管理、统一制度，有效提升了实验室安全管理水平。

教师在国内多个教学比赛中获奖，邵春燕教学团队（邵春燕、王俊菊、林殿芳、杨凯）参赛课程“英语写作2”（English Writing 2）获得第二届山东省高校教师教学创新大赛副高组二等奖。多名学生在“外研社·国才杯”全国英语演讲大赛、韩素音国际翻译大赛等国内各类专业性比赛中获奖，学生实践能力进一步提升。

（二）研究生培养

2022年共录取硕士研究生102人，博士研究生15人；毕业硕士生113人，毕业博士生8人。

学院紧密围绕服务国家战略和学校建设世界一流大学的目标，做到内涵发展、质量发展、特色发展，学科的学术影响力逐步提升，培养了大批德才兼备的优秀人才，为国家和地方发展作出了重要贡献。在全院师生的共同努力下，外国语言文学学科在第五轮学科评估中获评A，翻译专业学位在全国专业学位水平中获评A+。

学院研究生教育管理工作继续守正创新，不断探索高质量发展道路，研究生教育立德树人成效明显，成果突出。学院积极探索新文科视野下外语专业研究生交叉创新人才培养模式和国际传播能力提升背景下的“一带一路”翻译人才培养模式，与中冶东方工程技术有限公司、北京策马翻译有限公司等单位共建专业实践基地，新聘17位行业导师，校内外导师通力合作，协同育人效果显著。学生多项成果获评校、省级研究生优秀学术成果奖，多位教师荣获校、省级研究生优秀学位论文及学术成果指导教师。研究生生源质量优秀，推免生占比60%，高质量完成2022年硕、博研究生录取等工作。优质课程建设成效显著，共有2门课程获省级优质课程和教学案例库立项；多门课程和项目获山东大学研究生专业课智慧教学创新计划、“研究生课程思政”等专项计划立项。

因教学管理及综合管理能力突出，2022年学院研究生教学管理工作在学校年终考核等级为A。

（三）学生工作

举旗帜，薪火相传，坚守为党育人主责主业。完成优化本科学生党支部体系建设，成立年级党支部，辅导员任支部书记，加强其对支部建设和党员成长的指导作用，以加强党建带动年级工作。试行本科导师制与“office hour”，搭建师生面对面交流平台，将思想价值引领贯穿教育教学全过程、各环节。立足专业特色深入开展七语思政、多语学习党的二十大精神等精品活动，组建两支党的二十大精神学生党员宣讲团、“一支轻骑兵”，带领全体青年学生深刻领会党的二十大召开的重大意义和思想精髓。学院学生获首届山东省大学生讲思政课非专业组三等奖，山东大学第四届大学生讲思政课特等奖、一等奖、二等奖，山东大学红色经典诵读活动特等奖等多项荣誉。

拓视野，五育并举，培养勇立潮头时代青年。2022年，学院举办山东大学第二届模拟APEC大会、“中行杯”外文节、新生才艺大赛、“体海冲浪”知识竞赛、“洪楼跑团”打卡等近百项活动。“山大杯”外院女篮、足球队、男排在各项体育赛事中过关斩将，分别取得三项比赛全校第四、第六、第四的好成绩。“山东大学公译平台”于2022年9月成为国家应急语言服务团团体会员，“童声童趣，公译同行”项目获评2023年校级志愿服务重点建设项目，学院团委获评志愿服务重点建设单位。利用寒暑假，学院组建社会实践队伍130余支，1名同学获评山东省社会实践活动先进个人，27名同学获得校级先进个人荣誉，23支队伍获得“校级优秀团队”称号，12份社会实践报告获得“优秀社会实践报告”称号。学院团委推出“三有”人才实践育人专项，形成了一批优秀的实践项目。“传承中华文化，讲好中国故事”成功立项山东大学第二届“一院一品”文化建设项目，所负责社团“山东大学尼诺剧社”获评“五星社团”。

做实事，解决诉求，坚守校园最后防线。每次校园防控，辅导员团队发扬连续作战精神，义无反顾驻守校园，进驻学生宿舍，入驻方舱，24小时应对各种突发情况，做好学生的安抚、思想引领和生活保障工作。在疫情防控常态化阶段，催核酸检测、审批出入校等，成为辅导员的日常工作。辅导员第一时间了解并回应学生的诉求，关注学生的心理状态，通过各类活动丰富学生课余生活，让在校学生更有归属感。此外，学院打造“辅导员帮你问”栏目，组织开展外交部遴选培训、就业分享会、保研（资）、考研分享会等，满足学生成长成才各类需求。线上“权益委员会”累计收集提案超400份，将学生的疑问和需求有效传达，得到学生的认可。

2022 年，学院团委获得学校 2021 年度“五四红旗团委”称号，获评共青团组织建设工作先进集体、学生校园文化活动先进集体、志愿服务重点建设单位。青志协荣获十佳志愿服务组织，并当选山东大学青年志愿者联合会理事会第十六届常任理事单位，公译平台成功入选国家应急语言服务团团体会员，“读懂中国”活动征文获得教育部关工委优秀征文奖。学生获得国家级、省级荣誉百余项，涌现出 1 个省先进班集体、1 位山东省优秀学生干部、3 位山东省优秀学生、2 位山东大学校长奖、1 个山东大学十佳团支部、1 位山东大学十佳班长、1 位“榜样的力量”学生年度人物。

（四）大学外语教学

大外部按照研究生院和本科生院的教学安排，通过线下、线上相结合的授课方式，顺利完成各项教学任务。积极组织开展新形势下的教研、科研工作，多次召开研讨会，鼓励、指导、帮助教师积极申报教研和科研项目。2022 年度，大外部获批教育部教研项目 6 项、省级教研科研项目 4 项、校级教研项目 12 项，横向项目 2 项。发表 SCI、SSCI 论文 4 篇，C 刊论文 4 篇。出版专著 2 部、教材 8 部。教师获得国家级教学奖励 4 项（在“教学之星”全国讲课大赛中，大外部代表山东大学以省赛、全国半决赛特等奖的身份进入决赛，最终获得季军，这是该赛事学校历史上最好成绩），省部级教学奖励 3 项，校级教学奖励 2 项，“通用学术英语教学团队”获得山东大学优秀基层教学组织奖。此外，大外部创立了“山东大学跨文化多模态外语实践中心”，大力开展丰富多彩的第二课堂外语实践活动，组织学生参加了全国大学生英语竞赛、第二届“外教社·词达人杯”全国大学生英语词汇能力大赛、山东大学外语短视频优秀图书推荐大赛等活动，取得了优异成绩。

三、师资队伍建设

学院继续加强师德师风建设，师资队伍整体水平不断提高。专任教师 218 人，其中高级职称教师 135 人，占 62%。专业外语教师现有 106 人，82%拥有博士学位，海外博士率 42%，高级职称教师占 72%，91%以上的教师都有海外访学、进修经历，是一支学历、学缘、职称、年龄等结构合理，具有创新精神和发展潜力的学术队伍。

2022 年，晋升教授 1 人，副教授 7 人。学院人才引进 6 人，新增行政人员 2 人，退休调离 5 人。引进山东大学杰出中青年学者 1 人，引进山东大学兼职齐鲁青年学者 1 人。

四、科学研究

学科建设扎实推进。制定了《外国语学院“十四五”发展规划》和《中层领导班子任期目标责任书》。在教育部第五轮学科评估中，外语学科获得 A 的佳绩；在全国专业学位水平评估中，翻译硕士专业学位点获得 A+，位列全校第一。俄语、法语和翻译专业入选 2021 年度国家级一流本科专业建设点，德语专业入选省级一流专业建设点。英语、日语、翻译专业获得软科 A+，占我校 A+专业数量的 1/5。“山东大学俄罗斯学研究中心”成功入选“山东省外事研究与发展智库”。山东大学创办的首个文科国际期

刊 *Language and Health*（《语言与健康》）创刊。英语写作课程群虚拟教研室入选教育部首批建设试点，在全国发挥二语写作的示范引领作用。

学术成果不断攀升。立项各类科研项目35项，其中国家级项目5项，部级项目3项，省厅级项目12项，其他重要横向项目15项，到账科研经费505.8万；出版著作及教科书35部，其中专著8部，译著10部，编著2部，教材15部；发表学术论文120余篇，其中SSCI论文24篇（一区、二区20篇）、SCI论文3篇，A&HCI论文10篇、CSSCI来源期刊论文25篇；16篇咨询报告被省部级相关部门采纳；获得全省人力资源社会保障优秀科研成果奖一等奖1项及山大人文社科青年学者优秀成果奖1项；1人入选爱思唯尔“中国高被引学者”。

学术交流影响广泛。邀请国内外知名专家学者通过线上、线下方式做客学院九大学术论坛，举办学术报告53场。主办第十三届汉日对比语言学研讨会、第三届多元文化研究与跨学科教育国际研讨会、2022二语写作教学与研究高端论坛、2022全国临床语言学学术研讨会等国际会议及高端论坛9场，引起学界广泛关注，有效提升学科声誉。

五、国际交流合作

持续实施“国际学分计划”，线上、线下双通道推进学生海外经历。选派53名学生赴境（国）外交流学习，另外有32名学生参加线上海外经历项目。邀请来自美国、俄罗斯、日本等国的知名专家学者，合作开设8门暑期学校海外师资课程，其中2项获评“2022年暑期学校优秀项目”，1人成功立项新汉学计划“海外高校线上学分课”项目，大力推进课程国际化建设提质增效。

引育并举，推动师资队伍国际化。新引进外籍教师5人，聘任全职外籍教师及外籍人才17人，保障线上、线下正常教学。2名教师赴新西兰、加拿大知名高校访学，1名教师担任海外孔子学院院长。

加强国际协同创新，深化推进国际科研合作。成功举办第十三届汉日对比语言学研讨会及第三届多元文化研究与跨学科教育国际研讨会等两场国际会议，有效提升学科国际声誉。在国外出版学术著作2部，发表SSCI、SCI、A&HCI论文37篇，一般国际期刊论文14篇，国际发表质量和数量显著提升。

六、服务地方

为响应“一带一路”倡议，践行“服务山东”战略，学院在做好常态化防控工作的前提下，于2022年陆续举办了北语—山大公派出国留学英语培训班（第十四期）、韩国大学本科项目（第十三期）、俄语语言培训班（第五期）、中铁十局国际化骨干人才英语培训班（第三期）等多个非学历继续教育培训项目，为服务社会发展，提高出国人员语言交流能力作出了应有贡献。

（徐慧超）

艺术学院

2022 年，艺术学院有教职工 75 人，其中讲席教授 1 人，专任教师 62 人，教授 12 人（含外籍教授 1 人）、副教授 25 人，高级职称占比 62%；博士生导师 7 人、硕士生导师 35 人，导师占比 67.7%；专任教师中拥有博士学位的 27 人，拥有硕博学历的占比为 97%。另有兼职特聘教授 1 人。学院毕业本科生 123 人，硕士生 45 人，博士生 1 人；招收本科生 140 人，硕士生 44 人，博士生 7 人。

为进一步加强基层党的建设，经 2022 年 10 月 18 日学院党委会议研究决定，对学生党支部按专业进行纵向调整，成立中共山东大学艺术学院艺术学理论系学生党支部、中共山东大学艺术学院美术系设计系学生党支部、中共山东大学艺术学院音乐系学生党支部。2022 年 4 月 3 日，经党委扩大会议研究决定，任命黎婷为艺术学院副科级党务秘书兼人事秘书。

2022 年，艺术学院在学校党委行政的正确领导下，贯彻落实“精耕细作”要求，各项事业取得新进步。

一、坚持党建领航，基层党建焕发新气象

1. 履行全面从严治党责任。班子成员认真履行全面从严治党责任，贯彻执行民主集中制，年内召开党委会 26 次、党政联席会 21 次，推动党建和业务深度融合。抓好安全稳定和疫情防控，落实意识形态工作责任制，以“三审三校”的方法严格把关发布内容，严格审核各类演出活动，完善师生活动场所使用审批。

2. 加强政治建设，强化思想引领。组织学院理论学习中心组“艺院先锋”学习 10 次和“致广讲坛”教职工学习培训 21 次，融政治理论学习与事业发展能力提升为一体。积极开展学习宣传党的二十大精神，班子成员带头宣讲。百廿校庆三大文化艺术活动创作团队荣获“山东大学先进集体”，安宁教授荣获“山东大学优秀教师”。

3. 创新基层党支部建设。改变学生党支部按年级设置的旧模式，按照专业纵向设置，使基层党支部建设可以长期延续。严格落实“三会一课”，建立党史学习常态化制度，通过组织观看红色电影、参观房干精神展馆、开展党史知识竞赛和学党史专题音乐会等强化组织建设。发挥艺术学科特点开展特色党建活动，成立红色经典艺术作品学习研究会，举办赓续红色血脉经典艺术作品鉴赏会。发展青年教师党员 1 人，学生党员 29 人。

二、坚持融合蓄能，学科发展呈现新活力

1. 战略规划多点推进。秉承一体化发展战略，两次召开济南、威海两地艺术学院

发展规划研讨会并形成常态化工作机制，高质量编制《山东大学艺术学院艺术学院（威海）“十四五”发展规划》《中层领导班子任期目标责任书》，年内多项工作实现突破性进展。学院1人被聘为山东省智库决策咨询专家。完成艺术治疗专业方向的设置与培养方案制订，举行艺术治疗学科交叉导师创新团队论证会。成功申报中国艺术学理论学会第十九届年会，并成为常务理事单位，成为驻济高校艺术管理专业学科联盟常任主席单位。申请教育部大型仪器设备专项2900万元，其中666.7万元已进入采购流程，极大地提升学科发展的基础条件。

2. 师资队伍建设不断加强。积极对接引进艺术学科领军人才，签约兼职特聘教授1人，教授1人。引进博士3人（正在办理手续），其中海外博士2人，至此师资中海外博士占比已达15%。

3. 科研成果取得突破。获批国家社科基金艺术学重大项目1项，填补了建院以来在重大项目上的空白。获批国家社科基金青年项目1项，国家艺术基金创作项目1项，省部级课题4项，其他政府项目1项，横向课题18项，入账经费232.11万元。发表CSSCI、EI、SSCI论文23篇，出版专著10部，编著4部。

4. 对外交流不断深化。全面推进对韩国一流大学的交流与合作，制定《国际化合作办学对韩交流计划书》。

5. 服务社会效益彰显。接受金利来集团捐助资金55万元，合作并成功举办全国大学生创新创意设计大赛。举办第十四届山东省大学生科技节——创新创意设计大赛暨第五届全国大学生创新创意设计大赛，承接山东大学淄博生物医药研究院10周年庆相关工作。承办第七届齐鲁青年论坛艺术分论坛。

三、坚持以人为本，立德树人呈现新亮点

1. 积极构建“五育并举”育人体系。举办首届“青春艺动季”学院师生系列运动会及各类特色体育比赛等品牌活动，指导红色经典艺术作品学习研究会、青年志愿者协会等特色学生社团开展丰富多彩的学研活动和公益服务。

2. 创新思政教育载体。《“艺术+思政”融合宣传模式的创新与实践》获评山东教育系统新闻宣传工作优秀案例，校园原创文化作品《为国育贤》代表山东省参评教育部高校思想政治工作质量提升综合改革与精品建设项目。打造“青春畅聊茶舍”师生系列谈心会及“宿舍走廊会议”“宿舍文化节”“校园井盖绘画志愿行动”“研究生思政下午茶”等系列特色思政品牌。

3. 促进学生优质稳定就业。开展“恩师护航计划”“就业成长之星评选”“艺职等你就业专题讲座”等品牌活动，就业率达到95%。

4. 教学育人成效显著。美术学和视觉传达设计专业分别获评国家级、省级一流本科专业，学院实现本科一流专业全覆盖。进一步推进“艺术汇”线上课程建设，本年度20门优质线上课程入选首批国家高等教育智慧教育平台精品课程。获省级教改项目1项，校级教改立项7项。大力抓好教材建设，3套教材获学校2022年高质量教材出版资助。顺利完成研究生学位点合格评估及研究生学位点调整，与深圳研究院达成合作意向从2023年开始联合培养同等学力研究生。

四、坚持以美育人，文化引领实现新突破

1. 美育工作创新开展。疫情防控期间，济南、威海两地艺术学院共同举办《以美聚力，“艺”起抗疫——山东大学空中艺术节》，共举办 22 场美育讲座、12 场空中艺术展，推介国内外专业艺术团体、高校艺术展演近 300 场，成为疫情期间校园生活一大亮点。录制迎接党的二十大主题 MV《领航》在教育部网站发布，编创录制庆祝共青团成立 100 周年主题 MV 在共青团中央官方网站发布。响应美育浸润行动计划，暑期组织文登区美育教师暑期研修班，与山东省老干部活动中心签订战略合作协议并建立实践教学基地。

2. 艺术实践再创佳绩。艺术实践获奖丰硕，年内学院共斩获国家级奖项 47 项，省级奖项 244 项，极大地提升了山大艺术学科的影响力。举办 Marimba & More 打击乐露天音乐会、“仲夏的傍晚”室外合唱音乐会，组织山东大学泉声室内乐团导赏音乐会，点赞量近两万次。积极推进校园原创文化作品《为国育贤》宣传推广及成果转换，《百廿校庆创新基因活化传播》获山东大学第二届“一院一品”文化建设项目立项。

（张　擎）

历史文化学院、文化遗产研究院

历史文化学院、文化遗产研究院以习近平新时代中国特色社会主义思想为指导，深入学习宣传贯彻党的二十大精神，全面贯彻落实学校第十四次党代会精神，紧紧围绕落实立德树人根本任务，用精耕细作的理念、标准和举措，扎实推进“双一流”建设和中央巡视整改落实，推动强院兴校、强馆兴校和学校“由大到强”历史性转变，各方面工作取得积极成效。

截至 2022 年 12 月 31 日，历史文化学院共有教职工 176 人（含文研院 42 人），其中教授（研究员）45 人，副教授（副研究员）52 人，讲师（助理研究员）26 人；学生 1066 人，其中本科生 465 人、硕士研究生 388 人（含文化遗产研究院 98 人）、博士研究生 213 人（含文化遗产研究院 46 人）。

一、党的建设全面加强

深入学习宣传贯彻党的二十大精神，抓好全面深入学、联系实际学，精耕细作开新局。制定《党政班子成员“一岗双责”重要事项清单》，细化落实意识形态、安全稳定、全面从严治党和党风廉政建设责任。推动党史学习教育常态化长效化，持续开展“我为群众办实事”实践活动。深化党支部建设规范提升行动，探索博士生党支部设置新模

式，硕士生第二党支部获批“全国党建工作样板支部”。成立学院青年教师发展联合会。院长方辉参加教育部思政司“党课开讲啦”高校党组织示范微党课展播。党委书记刘军等在转运隔离方舱为学生讲专题党课。发展党员 65 人，其中青年教工 1 人。

二、三全育人取得实效

构建“四纵四横”协同育人体系，坚持“四个纵向支持、四个横向互助”，带动党团班一体化建设，推进党团共建纵深发展，深化三全育人综合改革。获大学生创新创业训练计划国家级立项 1 项，获评第四届全国高校档案学专业大学生课外科技作品展优秀作品 1 项、社会实践省级优秀团队 2 个、省级先进班集体 1 个。学院学生工作团队获评 2022 年度“山东大学先进集体”。获十佳志愿服务组织、十佳研究生会、十佳共青团员、十佳团支部、五四红旗团委等荣誉。

三、人才培养能力提升

第一届“考古十”拔尖基地 2.0“吴金鼎”班开始招生。档案学专业入选教育部“双万计划”国家一流本科专业建设点。考古专业虚拟教研室入选教育部首批建设试点。获省级重点教改立项 2 项、省级教学成果二等奖 2 项，1 人获省级课程思政教学比赛二等奖。1 人获山东大学教学卓越奖，历史学实践教学团队获校级优秀基层教学组织。获校级课程思政示范课程和教学团队 2 项，暑期课程优秀项目 4 项，校级重点和一般教改项目立项 9 项。获校级高质量教材出版资助项目 2 项，出版课程思政教材 1 部。举办 2 次全国性人才培养会议。加强研究生教育培养，入选国家急需高层次人才培养专项 1 项，与 14 家国家级和省级高水平科研单位签署合作培养协议。获省级教学成果二等奖 1 项，山东省优秀博士学位论文 1 篇，1 人获山东省优秀论文指导教师。获教育部主题案例项目 1 项。获校级教育教学改革研究重点项目 4 项，校级研究生核心课程教材出版专项 1 项，校级研究生课程思政专项 1 项。

四、学术科研成果丰硕

获批国家社科基金项目 9 项，其中重大项目 1 项，重点项目（含后期资助重点项目）3 项，一般项目与青年项目 5 项；获评国家自然科学基金项目 1 项，教育部人文社科项目 1 项，山东省社科重大项目 1 项，山东省社科一般项目 6 项，山东省自科基金项目 5 项。发表 SSCI、A&HCI、CSCD 论文 20 篇，CSSCI 论文 70 篇，在《历史研究》《文学评论》及 *Journal of Archaeological Science*、*Journal of Human Evolution*、*Archaeometry* 等顶级刊物发文 15 篇，科研经费到账 9820 万元。在《人民日报》《光明日报》等重要报刊发表理论文章 5 篇。1 项智库成果获得国家领导人批示。科技考古实验室入选山东省高等学校实验室建设名单。“中华文明传承、转型与新形态建构”团队入选山东大学人文社会科学创新团队。举办“中国共产党与百年中国”学术研讨会暨中国现代史学会年会、手工业考古 · 山东大学青岛国际论坛、第三届山东青年史学家论坛等重要学术会议 70 余场次。

五、队伍建设取得进展

加强师德师风建设，把师德师风作为人才评价第一标准，调整完善师德师风建设工作领导小组，开展师德师风建设月活动，全面提升教师思想政治素质和职业道德水平。考古团队获评“山东青年创新突击队”，1 人获宝钢优秀教师奖，多名教师获山东大学优秀教师、科研突出成果奖等荣誉。1 人入选泰山学者特聘专家，1 人入选泰山学者青年专家，1 人入选山东大学杰出中青年学者。引进兼职讲席教授 1 人、山东大学杰出中青年学者 1 人、研究员 1 人、副研究员 3 人、助理研究员 5 人。

六、社会服务开创新局

服务文化强国和文化强省战略，推动落实“先考古、后出让”制度，承担山东大学龙山校区创新港等大型考古勘探工作 100 余项，服务地方经济和文化建设。与菏泽市人民政府、山东省古建筑保护研究院、成都文物考古研究院、良渚博物院、甲午战争博物馆、济南市图书馆、济宁市档案局等签署合作协议，在平台建设、人才培养、科学研究、红色文化传承等方面开展深入合作。

七、国际合作实现跨越

教育部、科技部“环境与社会考古”111 基地获得 2.0 滚动资助。“环境与社会考古国际拔尖人才培养项目”获批国家留学基金委 2023 年创新型人才国际合作培养项目资助项目。与耶鲁大学、莱顿大学共同申报山东大学“全球一流学科合作计划”并获得最高额度 A 类立项支持。中美联合鲁东南区域系统调查项目、中法联合 Tourtoirac 旧石器时代岩厦遗址考古项目顺利开展。受国家社科基金“中华学术外译项目”资助，中美鲁东南区域系统考古调查项目成果 *Development of Complex Societies in Southeastern Shandong, China: Settlement Patterns from the Neolithic to the Han Period* 由耶鲁大学出版社正式出版。在第 23 届国际历史科学大会举办期间，为获得“国际历史学会—山东大学青年历史学家奖”的青年学者颁发证书及奖励。开设 15 门高水平海外师资暑期学校课程，举办海外教授系列讲座 13 场。派出青年教师赴耶鲁大学参加为期 3 个月的专业培训，4 名博士生获批 CSC 联合培养资助。

八、一体发展稳步推进

持续推进“两院一馆”实质性融合、高质量发展。完善文化遗产研究院领导体制和工作机制，充实领导班子力量。加强博物馆建设，发挥作为国家一级博物馆的育人功能。统筹推进“两院一馆”疫情防控、安全稳定和事业发展，建设完善网格化管理服务体系，落实疫情防控各项措施，维护师生生命安全和身体健康。

（赵　娅）

数学学院

一、党的建设取得新成效

1. 加强思想引领。学院把深入学习贯彻党的二十大精神、作为学习重点，不断提高理论修养。本年度理论中心学习组学习 7 次，每月定期编订教职工政治理论学习汇编，强化教职工政治素养和思想水平。

2. 强化政治建设。组织师生收看党的二十大开幕会，开展党的二十大专题学习，坚持学思践悟，巩固党史学习成果，继续推进“我为群众办实事”实践活动。落实全面从严治党“一办法三清单”，本年度召开党委会 17 次、党政联席会 32 次，统筹谋划学科建设和学院各项事业发展。

3. 全面落实安全工作。完成学校安全工作专项巡视各项整改任务，建立《数学学院安全整改台账》，确保安全整改落实到位。完善《数学学院疫情防控应急处置工作方案》，实现网格化管理全覆盖。本年度召开 2 次专题会议研究意识形态工作，完善学院舆情工作机制。

4. 强化党建引领。切实推动党组织履行主体责任、强化政治功能，坚持“第一议题”制度，推动党建与业务深度融合，发挥基层党委在学科汇聚交叉融合中的催化和引领作用，协同一校三地数学学科党建工作，形成学科特色鲜明、支撑保障有力的基层党建工作品牌，“党组织书记抓党建突破”项目获评优秀，并被作为案例推荐到山东省。

二、夯实安全服务，催化疫情防控下学科汇聚交叉融合新模式

1. 把牢疫情防控和安全稳定工作。坚持“上下一盘棋”思路，积极落实学校关于疫情防控各项决策，严格遵守学校网格化管理要求。开展安全警示活动，组织师生参加学校消防安全演练，落实意识形态工作责任制，意识形态阵地全域稳固。本年度开展 10 次专题工作推进会，着力解决财务、绩效改革、安全、就业等 4 个重点项目。

2. 持续推动一流学科建设。2022 年，在新的学科评估中再创佳绩。同时，数学学科再次被软科排名为数学前 2%，成为山东大学唯一进入顶尖学科的学科。稳步推进“双一流”二期建设和“首批学科培优计划”。进一步加大高水平学科平台的建设和推动力度。

3. 打造学科汇聚交叉融合的学科平台“数学模式”。2022 年，国家基础学科中心建设方案进入第二轮审批，山东省基础学科中心获批建设，山东国家应用数学中心进入第二轮审批，依托济南政治、金融优势，开展金融数学、医学数学等方向前沿研究。教育部“非线性期望前沿科学中心”建设顺利，学科一体化布局进一步完善。山东省重点实

验室“金融风险重点实验室”建设稳步开展，制定了重点实验室管理制度，确定了重点实验室重点支持和发展的六大研究方向，一校三地学科融合发展实现优势互补、资源共通的“联动模式”。

学院将“一体发展”作为学科发展的重要基础，结合济南、威海、青岛一校三地办学实际与科研平台，推动学科多个学院和研究机构的协同发展，学科学术委员会完成换届，以高度统筹、全新格局，促进实现学科内涵式发展、特色发展，共同构建人才培养、前沿理论研究、应用成果转化和国家合作共建紧密结合的学科立体发展格局。

4. 培养一流学生。《大学数学教程——微积分 1》（第三版）和《大学数学教程——微积分 2》（第三版）荣获首届全国优秀教材奖高等教育类二等奖。山东大学“高等数学”课程先后获评国家精品课程、首批国家精品在线开放课程、首批线上线下国家一流课程。秦静教授获评国家“万人计划”教学名师。山东大学数学学院共有 4 名国家级教学名师，在全校各个院系排首位。2 人获得“基础学科拔尖学生培养计划 2.0 优秀教师奖”。

“三全育人”成效显著，“五育并举”全面推进。学院通过“珠峰讲坛”“领航计划”“培优行动”系列课程及讲座、考研保研经验交流会、学术道德规范月等活动，构建“以德为先、拔尖引领、交叉创新、全面发展”的高质量人才培养体系，推动学生全面发展。

三、各项事业加速发展

1. 引育一流人才。学院制定了关于吸引和申报人才项目支持政策，并在微信公众号等平台发布人才引进政策，举办山东大学第七届齐鲁青年论坛——数学与数据科学分论坛，吸引海内外人才。本年度学科人才建设丰收，国家海外优青 1 人，国家“万人计划”青年拔尖人才 1 人，泰山学者特聘专家 1 人，山东省杰青 1 人，泰山学者青年专家 1 人，山东省海外优青 3 人。

2. 开展一流科研。学院制定了国家杰青、优青等重要项目的申报奖励。本年度胡锡俊教授获教育部高校科研优秀成果奖一等奖（已公示）；学院获山东省自然科学二等奖 1 项，山东省青年科技奖 1 项。本年度学院获批纵向立项经费 1500 余万元，此外，与军科战略评估咨询中心及军民融合研究院研讨国防项目合作。

3. 拓展一流合作。学院制定金融数学与金融工程、数学与应用数学英文培养方案，推进与新加坡国立大学的合作。协商共同制定山东大学数学学院学生海外经历专项经费资助管理办法。不断完善出国（境）安全管理工作体系。

4. 助力国家乡村振兴战略，做好社会服务工作。结对帮扶河南省确山县马坡村，支持共建马坡村党员活动室，积极服务，为确山县双河镇数字乡村项目建设方案提供智力支持。

数学学院将充分利用现有的高水平科研平台，充分发挥基础学科的延展优势。围绕重大科学问题进行跨学科探索和合作，不断提升交叉学科的研究质量和实际影响，加速一流学科建设进程。

（姜　杨）

物理学院

物理学院以习近平新时代中国特色社会主义思想为指引，深入学习贯彻党的二十大精神，认真贯彻落实上级和学校党委决策部署，坚持疫情常态化管理，团结带领学院全体师生员工，尽职尽责，尽心尽力，较好地完成了2022年度工作目标。

一、学院概况

截至2022年底，物理学院在职教职工146人（含非事业编8人），离退休教职工137人。其中获教育部“长江学者奖励计划”特聘教授1人，国家杰出青年基金获得者3人，国家高层次青年人才9人，入选国家百千万人才工程人选3人，教育部跨世纪、新世纪优秀人才7人，中组部“万人计划”科技创业领军人才1人，享受国务院政府特殊津贴10人；山东省泰山学者攀登计划专家1人、特聘教授4人、青年专家9人，山东省有突出贡献中青年专家4人，山东省杰出基金获得者10人；山东大学特聘教授6人，兼职特聘教授1人，杰出中青年学者10人，齐鲁青年学者26人，山东大学未来计划青年学者11人。

2022年，学院招收本科生220人，毕业131人；招收硕士研究生65人，毕业35人；招收博士研究生34人，毕业32人（含外籍博士1人）。截至12月底，在校本科生757人，硕士研究生169人，博士研究生119人，外籍博士研究生4人。

二、科研、学科与教师队伍建设

科研立项经费2319万元，到账1512.51万元，其中国家自然基金新立项17项（含重点项目3项），总直接经费为1611万元，省自然基金新立项12项，总直接经费为320万元；胡卉团队获山东省科技进步一等奖；戴瑛老师再次入选科睿唯安“全球高被引科学家”名单，陈峰、赵明文、戴瑛、马衍东4位老师再次入选爱思唯尔“中国高被引学者”榜单；发表SCI论文200余篇，其中 *Phys. Rev. Lett.* 和影响因子大于10的权威期刊论文23篇。

申报并获批“量子物理与物态调控”山东省高校实验室，完成中层任务目标责任书、化学与物质科学双一流学科建设方案制定，申报科技部/教育部“粒子物理理论基础学科研究中心”组建方案、山东省“811计划”“省一流学科”，实施省基础学科研究中心（物理学）建设方案和年度考核，获批山东省“博新博士后”岗，获学科平台建设额度1.3亿元。

入选国家海外高层次青年人才3人，获国家自然科学优秀青年基金1人；获省杰出青年奖金1人、省优秀青年基金2人；入选泰山学者青年专家2人；引进齐鲁青年学者

1 人；引育研究员 2 人、助理研究员 2 人。

三、本科教育教学

顺利完成 2022 年招生宣传、年度教学计划、新生分班、研究生推免、转专业等工作；成功举办暑期学校，组织物理探索未来科学营，获暑期学校优秀组织单位；获学校高质量教材出版资助 2 项、校级教研项目 5 项，申报 2022 年省级本科教学改革研究项目 3 项；承办有 31 所学校 400 余名师生参与的“第五届中国大学生物理学术竞赛”；完成物理国家级实验教学示范中心教学指导委员换届工作；本科生参与国家级及校级科创立项 12 项，各类竞赛获国家级和省级奖 126 项。

充分发挥党团建设引领作用，精心策划形势政策与社会实践课程，全力做好学生疫情防控、安全稳定工作；强化资助育人，认定家庭经济困难学生 55 人，办理生源地助学贷款 47 人，获国家励志奖学金 15 人、山东省励志奖学金 3 人，获国家助学金 58 人、社会助学金 8 人；“一路心语”二级心理辅导站获批全校首批二级心理辅导站建设示范单位（全校 5 家），牵头撰写《山东大学二级心理辅导站工作手册》，推出朋辈辅导、艺术心理沙龙等各类活动 24 期，有效干预学生危机事件 2 起。

建立以学生为中心的“素质拓展同心圆”体系。打造“师生＋兴趣组”孵化新模式，组织各类活动 53 场，参与学生 1102 人次；推出覆盖 6 大类 79 小项的劳动教育指导活动目录，推进“物观星移”中小学科普、“一路心语”朋辈辅导、“老吾老幼吾幼”志愿服务项目等 3 大品牌志愿服务活动，组织各类志愿服务活动 41 场，参与学生 1637 人次，累计志愿服务时长 4273 小时。

聚焦学科育人导向，强化评奖评优工作。2022 年度本科生 2 个班获评先进班集体、1 个班获评优良学风班。本科生中，获国家奖学金 9 人、省政府奖学金 1 人、校长奖学金候选资格 2 人、学业奖学金 228 人、特长奖学金 101 人次；研究生中，获国家奖学金 4 人、校长奖学金 2 人、优秀研究生干部 7 人、正海创新英才奖学金 2 人、山东高速奖学金 2 人、学业奖学金 236 人；在校本科生受到国家级、省级表彰 168 人次，以第一作者身份发表 SCI 论文 3 篇。

促进毕业生充分高质量就业。2022 届毕业生共计 192 人，截至 2022 年 12 月 12 日，总体毕业去向落实率达到 90.63％。

四、研究生教育教学

积极推进研究生优秀生源基地建设，研究生的生源质量不断提高。2022 年入学的硕士研究生中，推免生和来自“双一流”建设高校的优秀生源占比超过 2/3，其中推免生的比例达到 50％。优秀研究生源的数量持续保持较高的水平。

2022 年博士论文的盲审优良率超过 2/3，多名研究生获得山东省研究生优秀科研成果一等奖和山东大学校长奖学金等荣誉，研究生完成的多项成果发表在 *Nature Communications*、*Advanced Materials* 等国际顶级学术期刊上，综合素质和创新能力得到进一步提高。超长学龄的学生数量不断减少。

持续加强导师团队，优化完善导师团队领导人负责制以及差异化的学术评价机制，不断推进“破四唯”的精神，在研究生各类奖学金评比中，通过“代表作”制度等，探索建立分类评价体制，鼓励研究生潜心研究，产出高水平科研成果。邀请国内知名专家对青年导师进行培训，提高导师的育人能力。

五、实验室工作

完成2022年教学实验室硬件建设项目440万元，新增综合型、创新型实验36项，获校实验室先进个人3人；获2022～2026年人才培养专项经费4300万元、校信息化专项经费320万元。

新增入账仪器设备近300件，总值约800万元；仪器设备公共平台完成4台大型仪器设备的调研、论证及招标工作，完成实验室6S管理建设，获校大型仪器设备管理专项实验室工作先进集体；为校内外20余个单位、120余个课题组提供了测试分析服务，为本科生继续开设“现代物理实验技术原理及应用”课程；实现开放共享总收入约98万元。

六、国际交流与合作

成功举办“齐鲁论坛物理分论坛”，承办学术报告35场；教师出国境合作研究2人次，获批1项科技部外国专家项目；外国留学生获博士学位1人，新入站外籍博士后2人；本科生赴境外开展长短期交流2人。

七、党建工作

推进落实全面从严治党“一办法三清单”，专题研究5次；组织党委会26次、党政联席会27次，教职工大会6次。

制定年度教职工、中心组和“三会一课”学习计划安排，中心组学习8次、教职工集体学习6次；认真参加干部在线、学习强国等平台的学习活动和学校、学院各类学习教育；落实“第一议题”制度，组织深入学习习近平总书记给《文史哲》编辑部全体编辑人员的重要回信精神。

制定学习宣传党的二十大工作方案，采取“九个一”形式，与《习近平谈治国理政》（第四卷）专题读书班“学思见行动”活动和党史学习教育常态化要求相结合；组织青年师生宣讲团，汇编师生党的二十大精神学习心得体会。

严格落实意识形态工作责任制。每学期至少专题研究1次，制定加强意识形态管理和涉外交流活动管理办法，将意识形态工作纳入学院党委、基层党支部的集中学习，做好学院门户网站和微信公众号建设；师生思想稳定，党员、团员和学生没有信教问题，师生没有传教问题；书记、院长每学期上好形势政策课、思政课和党课。

组织实施师生庆祝2022年教师节和“为师说”师德师风建设主题教育活动，开展专题研究2次。仝殿民获省自然科学一等奖，刘建强领衔获省级教学成果特等奖，盖志刚获首届全省高校“网络教育名师”称号；学院评选年度优秀党员和党务工作者7人、优秀支部1个。

组织党内外人士学习《关于加强高校统一战线工作的意见》，做好党外代表人士联谊交友工作，完善中青年党外人才储备库。

专题研究基层党建工作，做好党支部书记述职评议、组织生活会；加强党员教育培训和日常管理监督，认真落实“两学一做”学习教育和党史学习教育常态化制度化。

推进党支部规范化建设，评定五星级党支部3个；按期完成师生党支部换届选举4个；组织实施党员教育培训计划56学时，集中培训与分类培训相结合；开展学习强国平台学习评比活动，“灯塔一党建在线”党员注册率95%、e支部开通率100%；发展党员27人，加强青年教师、少数民族学生入党积极分子储备培养；严格党员档案管理，按时足额收缴党员党费。

学院建立整改落实长效机制。安全未巡先改自查发现10个方面23处风险隐患，制定了43条整改措施；针对学校巡视组反馈意见指出的7类问题细化为22项整改任务，整改任务已全部完成。

八、工会与综合性工作

做好校教代会、工代会的有关组织协调工作，筹备学院教代会；组织各类文体活动，举办荣休仪式，开展慰问活动；完善学院制度建设，推进学院公共服务体系建设；梳理学院空间资源管理台账，学院公房调整改造近200平方米；做好离退休职工的信息统计、联络和服务工作。

九、服务山东

与中科院高能物理研究所济南研究部签订重要事项备忘录；依托山东物理学会，完成中学生物理竞赛；程亚洲挂职地方科技副职，助力地方经济发展；交叉科学研究所李永强获唐仲英基金会科研项目资助100万元；开展公益性科普活动，服务中小学；社会捐赠收入67万元。

十、安全稳定

修订学院安全制度汇编，组织安全检查32次，查找整改各类安全隐患188处；对学院教学、科研实验室开展摸底调研；严格执行学校和属地疫情防控管理规定。

（侯志涛）

化学与化工学院

学院坚持以习近平新时代中国特色社会主义思想为指导，深入学习贯彻党的二十大精神，以更高的政治站位、更强的担当意识、更实的工作举措，全面落实学校各项决策部署，围绕立德树人根本任务，切实加强党的建设，全力实现科研突破，创新谋划人才队伍发展，不断夯实人才培养基础，立足学科特点服务社会，全面保障学院整体安全稳定，化学一流学科建设迈出坚实步伐。

王琪珑任院长、侯兴合任院党委书记。拥有在岗教职工（含国家胶体材料工程技术研究中心）216 人，其中专业教师 144 人，行政管理、教辅、政治思想教育人员 72 人；统招博士后 32 人；非事业编人员 80 人；离退休人员 157 人。全日制在校学生 1553 人，其中本科生 723 人，研究生 830 人；继续教育学生 149 人。

一、以高质量党建引领学院事业高质量发展

1. 深入学习宣传贯彻党的二十大精神。强化政治功能，落实“第一议题”制度，召开党委会议 10 次，开展理论学习中心组学习 8 次；充分发挥党支部的战斗堡垒作用，重点抓好党员学习，采用多种方式在学院师生中宣讲党的二十大精神，推动习近平新时代中国特色社会主义思想和党的二十大精神深入人心、落地生根。

2. 高质量党建引领一流学科建设。坚持把加强党的领导和党的建设贯穿改革发展全过程，充分发挥政治引领、思想凝聚、组织保证等作用，谋划推进、保障落实人才培养、学科建设、科研管理等工作，推进党建与中心工作深度融合，形成强大合力，完成化学与物质科学一流学科领域的顶层设计和发展规划，详细制定任期目标责任书，高质量完成新一轮化学一流学科建设第一年任务。

3. 创新方式方法夯实基层党建基础。积极发挥基层党组织战斗堡垒作用和党员先锋模范作用，选优配强党支部书记，全面提升“双带头人”教师党支部书记能力，加强党支部标准化规范化建设；加强思想政治工作，“分子模拟实验”课获评 2022 年省级课程思政示范项目，获评山东省辅导员年度人物 1 人；把基层党建与守卫安全结合起来，成立实验室党员先锋岗队伍，充分发挥学生党员在实验室安全工作中的作用。

二、“十四五”一件大事取得重大进展

瞄准国家战略需求，突出科技自立自强，锐意改革谋大事，学院“十四五”一件大事当年指标全面达成。

1. 特种热防护材料与结构国家重点实验室创建卓有成效。响应航空航天和国防战略需求，发挥化学一流学科优势，联合航天三院，开展基于高马赫数飞行器的热防护材料与结构研究，致力突破空天飞行器“热防护机制、结构设计、材料制备与表征、服役应用”全周期重大科技挑战，产生重大原创成果和关键核心技术，直指国际领军。已引育国家级人才 3 人，初步建成一支学术特色鲜明的创新型团队；投入建设经费 2000 万元，完善科研基础设施；承担一批重大课题，部分型号完成实飞，预期产出重大成果 1～2 项。

2. 主要科研指标亮点纷呈。化学学科入选山东省基础科学研究中心。牵头建设的分子模拟与量子化学国家基础科学研究中心（筹）进入科技部答辩审批阶段。与中海油联合创建海上石油高效开发利用国家重点实验室，完成签约启动实质性建设。成立油田化学科研中心，组建两位院士领衔的创新团队。成功举办全国第十七届有机合成与药物

创制研讨会，扩大了山东大学化学学科的学术影响力。

2022 年，学院各类科研经费到账 8000 万元。获国家自然科学基金项目立项 22 项，其中杰出青年基金 1 项、国际合作重点项目 2 项；获得山东省自然科学基金 16 项，其中省杰青 1 项、省重大基础类项目 2 项。学科高水平成果不断涌现，获得山东省自然科学二等奖 2 项，青年科学奖 1 项，山东大学十大最有价值科研成果 1 项。

三、人才队伍建设取得崭新突破

1. 实施人才强院战略，推出三大人事人才工作改革重点举措。成立人事人才领导小组，着力强化顶层设计，统筹推进人才队伍建设。制定人才倍增计划，出台 3 项激励措施，集中资源支持优秀团队。创新“一事一议”机制，运用超常规措施引育优秀人才。

2. 人才指标实现倍增。新增国家杰出青年基金获得者 1 人、国家“万人计划”领军人才 1 人、国家“四青”人才 2 人；新增山东省杰青 1 人，泰山特聘教授 3 人，泰山青年专家 3 人；引进双聘院士（外籍院士）4 人，引进杰青/长江学者 2 人、何梁何利奖、光华工程科技奖获得者 1 人担任兼职教授。获年度人才工作先进单位，新增专任教师 9 人，专业技术人员 2 人，新增统招博士后 9 人，博士后中，1 人获得山东省博士后创新人才支持计划。

四、人才培养取得显著成效

1. 擦亮“烛光领航”党建育人品牌。全面升级“强基班”培养方案，顺利推进基础学科拔尖人才 2.0 基地建设。出版教材 3 种，其中 1 种入选研究生核心课程教材专项；入选校级教改项目 9 项，入选校级课程思政示范项目 2 项；获山东省教学成果二等奖 1 项、山东大学教学优秀奖 1 项；本科生参与发表论文 50 余篇。

2. 创新性研究生教育成绩突出。化学学科入选国家急需关键人才培养单位。中央电视台、《大众日报》等报道学院创新创业教育先进典型案例。1 名学生获教育部第五届“闪亮的日子——青春该有的模样”大学生就业创业人物等荣誉。《量子化学》获评山东省研究生优质课程。4 位导师推荐山东省研究生优秀论文指导奖，2 人推荐山东省研究生创新成果，1 人获山东大学“学术之星”荣誉称号。

五、服务社会再上新台阶

1. 全面加强校企协同。浙江新安集团党委与学院党委建立“党建助力双创联盟”，全面实现校企产学研对接，签约金额达 5000 万元，2022 年合作到账经费 1000 万元；与浙江新安集团共建“专创融合创新班”，举办有机硅能力提升班，实现校企共育英才；设立 100 万元新安双创基金，支持 15 支学生团队创新创业；联合举办山东大学首届“新安集团杯”化学与物质科学大学生创新创业大赛，22 个学院 600 余人参赛，突出“化学＋”项目特色，加大学科交叉力度，推动成果转化和产学研用融合。此外，学院全面深化与京博集团、圣泉集团等龙头企业合作，共设开放课题 1000 万元，助力推动校企协同发展。

2. 服务社会成果丰硕。接受校友及友好人士无偿捐赠1200万元。派出挂职科技副县长2人，实现技术专利转让15项，服务社会企业70余家。学院青志协荣获济南市五四青年志愿服务先进集体，1人获山东大学2022年度“十佳志愿者”荣誉称号。

六、坚决落实“3D”工作法稳定安全大局

1. 齐心协力共同战“疫”。面对疫情，全院师生拧成一股绳，稳住阵脚、快速行动，建立校内校外协同工作机制，启动紧急应对处置方案。发挥师生党员干部先锋模范作用，19名党员组成先锋岗队伍，5名业务老师担任楼长，带头扛起疫情防控、安全稳定和事业发展担子。转运莱芜，举办弘扬莱芜战役精神专题报告会、“成长面对面”书记党课、五四特别主题团日活动，举办“化时代”学术讲座，开展“感恩有你，暖心暖‘疫’”活动，保障疫情期间整体安全稳定。

2. 底线思维严抓安全。突出落实实验室和消防安全责任，健全实验室安全责任体系，实行实验室“网格化”管理，层层压实实验室安全责任；以实验室6S管理为抓手，加强实验室规范化管理，建成危化品专用储藏间，做好管制类化学品采购存储使用全程监管；定期开展实验室安全宣传教育，常态化开展实验室安全检查，及时消除安全风险隐患，确保学院安全工作落实落细。

（田宝冲　季书豫）

材料科学与工程学院

学院党委坚持以习近平新时代中国特色社会主义思想为指导，学习贯彻党的二十大精神，全面贯彻党的教育方针，落实立德树人根本任务，深化中央巡视整改工作任务，不断推进一流学科建设新发展。

一、全面加强党的建设，切实加强党组织政治力、战斗力

1. 强化创新理论武装，筑牢思想根基。组织全院师生深入学习习近平新时代中国特色社会主义思想和党的二十大精神，党委书记及委员上党课共计16次，各支部全年组织党史学习等各类活动235次，全院师生党员进一步增强“四个意识”，坚定“四个自信”，做到“两个维护”。

2. 突出重点任务，不断提升党建工作水平。一是修订完善基层单位支部和行政班子工作细则，党支部参与研究所（中心）重大事务决策。二是提升基层党建工作水平，塑性成形与模具所教工党支部顺利通过全国首批“双带头人”工作室验收，焊接所教工党支部顺利通过学校“双带头人”工作室验收，无机所教工党支部顺利建设山东大学样板支部。学生党支部获得山东大学基层党组织创新实践立项 1 项，获评山东大学第二批“研究生样板党支部”。1 人获评山东大学优秀党务工作者，1 人获评优秀教师宝钢教师奖。三是积极开展党组织立项，1 项校级党组织书记抓基层党建突破项目，2 项校级基层党组织活动立项。2022 年共计发展党员 90 人，2 名青年教师列为入党积极分子。

3. 强化思想建设，维护安全稳定。一是加强理论武装，组织“第一议题”学习和党委理论学习中心组学习 8 次。二是加强课程思政建设，学院 3 门课程获评校级课程思政示范课程。三是建立“3 协同”的“三全育人”工作机制，建立辅导员与班主任、学业导师协同、学业导师组与研究所协同、家校协同等具有工科特色的育人模式。四是专题研究意识形态工作 6 次，关闭学院网站 12 个，无意识形态领域负面事件发生。五是完善疫情防控制度和工作机制，统筹疫情防控、安全稳定和事业发展。

4. 深化作风建设，营造良好生态。一是坚持群众路线，深入基层调查研究，带领班子成员深入师生，与师生谈话 70 余人次。二是带头落实中央八项规定精神，落实党风廉政建设责任制，组织党员干部廉政教育培训 5 次，学院未发生违法违纪现象。深化各级各类巡视整改，形成工作台账，制定修订制度 13 项，以巡促建、以巡促治、以巡促改。

二、精耕细作学院各项工作开创新局

1. 不断促进学科建设和提升服务社会水平。一是学科影响力和社会影响力持续增强，学科总体水平再上新台阶。1 名教授入选 2022 年度科睿唯安“全球高被引科学家”榜单，2 名教授连续三年入选爱思唯尔“中国高被引学者”榜单，4 名教授入选斯坦福大学 2022 年度全球前 2％顶尖科学家榜单。1 人荣获 2022 年“齐鲁最美科技工作者”称号。二是学院牵头完成了一流学科建设领域的目标任务书，与大阪大学合作共建“山东大学—大阪大学材料连接国际合作联合实验室”，有力提升了本学科的国际影响力。成功申报研究生卓越工程师专项人才培养计划项目与山东省研究生卓越工程师培育项目。超额完成研究生院推免学生任务要求。三是以建院 70 年为契机，与国内 16 家知名企业签署了专业学位研究生产学研实践基地，精心组织院士高端学术论坛和走访校友企业家等活动，创造学院发展机遇。

2. 坚持引育并举、双轮驱动，聚焦“四个面向”。学院国家级青年人才队伍建设实现跨越式提升。本年度学院 5 位青年教师进入国家级青年人才序列，其中国家优青、国家海外优青实现了零的突破。攻克系列关键核心技术，学院重大科研成果实现新突破。学院牵头获省技术发明一等奖 1 项、省自然科学二等奖 1 项，省教学成果特等奖 1 项、一等奖 1 项，加强有组织科研，强化培育力度，国家重大重点类项目申报数量创新高。本年度牵头申报国家重点研发计划 7 项、国家级重点项目 6 项，截至 2022 年底，获批国家级重点项目 4 项。此外，本年度山东省自然科学基金资助率创新高，25 项申报项目中获批立项 15 项，资助率达到 60％。

3. 课程思政建设体系不断完善，教育教学质量不断提升。学院 3 门课程获评校级课程思政示范课程、2 门获推省级课程思政示范课程。校级教育教学改革研究项目立项 16 项，其中重点项目 3 项。学院获山东省教学成果特等奖 1 项、一等奖 1 项和二等奖 2

项。实施了“材料科学与工程学院高水平材料图书出版计划”，本年度出版教材3部，1部获国家出版基金立项、1部入选材料类教指委规划教材、5部入选校高水平教材计划。无机非金属材料教学团队获评山东大学优秀基层教学组织。本科生、研究生就业率均为95%以上，就业率居学校前列。

4. 高度重视师德师风建设与学生思政管理工作，构建“3协同”的“三全育人”工作机制。在全国大学生创新创业大赛中，学院教师指导的团队获得大赛一等奖。1人获优秀研究生标兵（校长奖），2人获山东大学“五四”青年科学奖，1人获山东大学“五四”杰出青年奖。2个团队获得第八届山东省“互联网+”大学生创新创业大赛金奖。1名博士生获得校长奖学金，1名博士获得学术之星。

5. 积极组建大团队、搭建大平台，布局大项目、培育大成果。学院科研平台建设取得重大突破。与济南二机床集团有限公司联合申报“金属成形高端装备与先进技术”全国重点实验室。成立山东大学轻质材料制备与加工研究院，为建设具有国际先进水平的科研创新平台和顶尖人才队伍以及开展基础科学问题研究和关键技术攻关提供了条件支撑。积极推进实验室6S建设与管理工作。加快先进材料测试与制造公共平台和学院材料加工平台的建设，完成多台设备验收和采购申请。积极推进学院实验室建设，高质量完成本年度实验室硬件建设项目。

6. 扎实做好学院工会、离退休工作，着力提升教职工获得感、幸福感、归属感。组织教职工参加中国大学生健康校园大赛暨AI体能赛，3名教工获奖。组织女教工三八节座谈会与关爱女教工系列活动。参加学校最美瞬间作品大赛，4名教工获奖。学院校级工会立项研究课题顺利结项。探望生育职工2人，生病职工3人，慰问直系亲属去世职工5人。关心离退休职工，认真组织开展重大节日期间送温暖活动，为1名退休职工申请了困难补助，为117名离退休职工发放节日慰问品。春节期间单独走访慰问生活困难党员和老干部活动6人次，发放生老病故慰问金3人次。2022年度学院获评全校工会工作先进集体，获评全校职工之家建设“模范职工之家”，获评“健步走”比赛优秀组织单位。1人获得山东大学妇女工作先进个人，2人获得山东大学最美家庭。

（张力勇　郑　杭）

机械工程学院

在习近平新时代中国特色社会主义思想指引下，机械工程学院认真贯彻党的二十大精神，以“追求卓越、只争朝夕”的奋进姿态，精耕细作，推动学院实现高质量发展新突破。在学校、学院党委的坚强领导下，在班子成员的大力配合下，在全院师生共同努力下，学院锚定党的二十大报告提出的实施科教兴国战略、加快建设制造业强国战略，踔厉奋发、勇毅前行，取得了一系列成就。

一、加强政治理论学习，实现理论学习走在前

全院上下坚持以习近平新时代中国特色社会主义思想为指导，落实党史学习教育常态化长效化工作方案，把迎接、宣传、贯彻落实党的二十大精神作为重要的政治任务，认真学习党的二十大报告中有关科教兴国、人才强国、科技创新的重要论述，利用理论研讨集中学、宣讲报告深入学、线上线下组合学、校内校外共同学、学校企业联合学等方式，奏好学习形式“协奏曲”，全院师生不断增强“四个意识”、坚定“四个自信”，积极做“两个确立”坚定拥护者，“两个维护”示范带头人，以实际行动走在前、开新局。

二、持之以恒抓好党的建设伟大工程，高质量推进党的组织建设

书记、院长切实履行党建主体责任，党委书记是第一责任人，领导班子成员“一岗双责”，健全班子成员联系支部制度，牢固树立“党的一切工作到支部”鲜明导向；加强样板党支部内涵建设和示范引领。机制所党支部获批“全国党建工作样板支部”，成功获批第二届“一院一品”项目。万熠同志荣获“山东大学优秀共产党员”，机制所荣获“山东大学先进集体”；深入推进党支部建设规范提升行动。开展党支部书记、新党员各类培训，贯彻落实《中国共产党普通高等学校基层组织工作条例》，加强条例与党章学习。完成16个党支部换届、82个新党员发展工作，其中教职工党员3人。积极组织处级、科级干部轮训和专题培训。严格落实党委会、党政联席会议事规则，营造良好政治生态。

三、加强思想建设，落实立德树人根本任务

全面推进课程思政建设，获3个省校级课程思政立项。获省教学成果奖一等奖2项、二等奖1项，实现历史性突破。持续加强师德师风建设，从学术、师生关系和心理等多方面提升导师育人能力，三全育人成果丰硕。学院获评山东大学红旗团委、学生创新创业工作先进集体、“互联网＋”大赛优秀组织单位等荣誉。本科生获评山东省优秀班集体1个、山东省优秀学生2人，获全国“互联网＋”大赛银奖1项，获全国大学生机械创新设计竞赛各类奖项4项。研究生获校长奖1人、国家奖学金10人，90％研究生分获其他奖学金和荣誉。就业率方面，硕士为96.8％、博士为100％，明显提升。

四、落实意识形态工作责任制，压紧压实意识形态目标任务

组织签订意识形态工作责任书，扎实推进巡视整改；及时传达、贯彻落实上级各项指示精神；每学期至少1次专题研究师生意识形态工作；落实“四进”要求，坚持与师生谈心谈话，摸排师生思想动态，及时解决师生诉求；严格学术讲座审批程序和备案制度；积极引导学生社团开展有益活动；对舆情及隐患风险点做到底数清、情况明，及时排查整改。2022年度师生思想动态良好，无舆情出现。

五、加强作风建设，以刀刃向内的勇气推进自我革命

坚持“严”的主基调，压紧压实书记第一责任人责任，定期开展专题教育；健全廉政风险防控机制，突出党风党纪经常性教育，带头执行党风廉政建设专题学习制度，开展谈话谈心活动；持续推进安全巡视反馈问题整改，定期检视，构建长效机制，做到“当下改”和“长久立”有机结合。

六、做好人事人才工作，落实新时代党的组织路线

加强干部队伍建设，完成 16 个党支部换届。学院考察新聘院长助理 2 人，提拔正科级干部 1 人、副科级干部 3 人。加强高层次人才引育，连续举办齐鲁青年论坛分论坛，新增泰山学者青年专家 3 人，引进山大杰青学者（第二层次）1 人，齐鲁青年学者 2 人，研究员 2 人，助理研究员 2 人。

七、落实“1+8+8”安全防控体系，统筹发展和安全

扎实做好实验室安全等各项安全工作，做好常态化疫情防控工作，把师生身体健康摆在突出位置，在 2022 年 4 次疫情防控最紧张的时刻，主要领导同志和班子成员驻扎一线、靠前指挥，统筹机关运转、隔离转运、物资保障等工作，确保学院各项事业发展不停步、有进步，最大限度减少疫情对师生的影响。

八、注重顶层设计，平台和研究团队建设迈上新台阶

联合申报并成功获批国家重点实验室 2 个，优化整合省级工程实验室 1 个。积极推动产学研合作，横向课题到账经费突破 5700 万元，成果转化 5 项，实施合同额 407 万元。作为第一完成单位申报省部级、协会科学技术奖 10 项；参与申报山东省科学技术奖 5 项、省医学科学奖 2 项。

九、实现课程改革取得新成绩，教师教学能力得到提升

实现了思政课程全覆盖，在校级教育教学改革研究项目申报中，获重点项目立项 2 项。实验室建设与管理研究项目重大项目 1 项，重点项目 1 项，教育部协同育人项目立项 3 项。在第九届省级教学成果奖评选中获一等奖 2 项、二等奖 1 项，实现历史性突破，2 项获推荐参加国家教学成果奖评审资格。在首批虚拟教研室建设试点中，获批 1 项立项。3 门课程参加国家级一流课程评审。在专业建设和课程建设中，智能制造工程专业成功获批省级一流专业建设点，建设虚拟仿真实验课程 1 门，建设沉浸式三维可视化教学系统 1 门。教师教学能力持续提升，2 名教师进入青年教师讲课比赛决赛。

十、研究生培养工作稳中提质，实现高质量就业

研究生获得省级创新成果奖 1 项，校级学术成果奖优秀奖 1 项。1 篇博士学位论文、2 篇硕士学位论文获评 2022 年山东大学优秀研究生学位论文。教研教改项目获省级立项 2 项，校级立项 3 项。学院全面开展山东大学机械工程学院研究生教育质量提升工程，其中教学改革立项11项、课程思政立项2项、优质课程立项5项、案例库建设立项6项、新开课程立项4项、教材出版专项4项。毕业生就业率硕士96.8%、博士100%。

十一、国际交流取得新成效

学院组织了第十六届中日超精密加工国际会议、2022国际产学研用合作会议“先进制造及其高端装备”分论坛、2022齐鲁青年论坛智能制造分论坛。学院研究生参加日本熊本大学第十七届国际学术高科技论坛（ICAST）。推动新加坡国立大学本硕连读项目、加利福尼亚大学尔湾分校（UCI）工程硕士联合培养项目落地。成功获批与加拿大阿尔伯塔大学、英国卡迪夫大学合作的“山东大学全球一流学科合作计划”。

（张荃宝）

控制科学与工程学院

控制科学与工程学院坚持以习近平新时代中国特色社会主义思想为指引，以实际行动学习贯彻落实党的二十大精神，坚持疫情防控、安全稳定和事业发展统筹推进，全院师生斗志扬、劲头足、敢战斗、能打赢，控制科学与工程学科实力挺进全国前5%，“一流学院、一流学科”建设目标正逐步从蓝图变为现实。

学院院长为张承慧，党委书记为高瑞。

一、党建工作

以学习党的二十大精神系列活动为载体，推动班子成员进一步强化对“党领导一切”重大论断的高度认同，深刻领悟“两个确立”的决定性意义，不断增强“四个意识”、坚定“四个自信”，带头做到“两个维护”。制定发布学院《学习宣传党的二十大精神工作方案》，学院党委书记、院长和党委委员面向全院师生作宣讲报告，聚焦立德树人根本任务，突出“培养造就大批德才兼备的高素质人才”等，带领全院师生深入学习党的二十大精神，推动党的二十大精神入脑入心，自觉转化为强院兴校实际行动。

新能源系统控制团队入选第二批“全国高校黄大年式教师团队”，获评“山东省五四红旗团委”、山东大学“优秀基层教学组织”。党委副书记、院长张承慧获山东大学教学终身成就奖，陈桂友教授获本科教学优秀奖，副院长朱文兴教授获“山东大学先进教育工作者”，医工融合系党支部书记李可教授获“山东大学优秀基层教学组织负责人”，博士生李含丰获得山东大学“研究生党员标兵”称号。

二、立德树人

学院始终不忘立德树人初心使命，招生、培养、就业/创业全链条育人不倦，本科生、研究生生源质量、培养质量和就业质量不断提升。2022 年本科招生 337 人，其中自动化专业 277 人、智能医学工程专业 60 人，两个招生大类山东省生源位次较 2021 年继续稳步提升，其中自动化最高排位进入前 4000，智能医学工程最高排位进入前 5000。紧抓本校生源这个基本点，广泛发动学院教师尤其是杰出学者广泛宣传，2022 年研究生优秀生源率达 88.2%。

针对长期跨校区（千佛山校区、兴隆山校区）办学，“师生、本硕（博）、科教三分离”影响本科生培养质量的突出问题，在学校党委指导下，学院班子成员集体参与，从落实立德树人根本任务的高度，总结前期工作经验，集中研讨、反复论证、十易其稿，以“同一个控院”为主线，制定并颁布《控制科学与工程学院本科生跨校区高质量育人行动方案》，并结合学院办学用房优化调整、实验仪器设备升级、开放实验室改革和学院文化宣传等工作扎实推进，方案已初见成效、广受好评。

“智能医学工程”和“机器人工程”两个新工科专业双双入选第三批国家级一流本科专业建设点。至此，形成学院国家级一流专业全覆盖的新格局，成为全校唯一拥有国一流专业“大满贯”学院。另据“高校大数据与人工智能推进联盟”网站信息显示，智能医学工程和机器人工程专业教育教学综合实力总体水平双双位居全国高校前 5%。学院深耕教育教学改革，获山东省第九届教学成果一等奖 3 项（其中本科 2 项、研究生 1 项），获推申报国家级教学成果奖 2 项，另有中国自动化学会教学成果一等奖、山东省第二届教学创新大赛奖励等多项；医工融合系获“校级优秀基层教学组织”；学生获国家级科创比赛奖励 14 项，其中姜明顺教授指导研究生魏钧涛等获得第八届中国国际“互联网+”大学生创新创业大赛金奖；获评山东省优博论文 1 项、优硕论文 2 项。

三、学科建设

教育部第五轮学科评估，控制科学与工程学科实力挺进全国前 5%，高质量完成山东省一流学科申报工作，为进入国家一流学科奠定坚实基础。获批 2023 年高校学科创新引智基地，是学院乃至学校一流学科建设和国际化建设工作的标志性成果。“机器智能与系统控制”教育部重点实验室、“特种机器人 * * *”教育部重点实验室已完成答辩，有望打破学院“有心无室”的局面，以使平台建设上一个新的台阶。获批“机器智能与系统控制”山东省高校实验室和“动态学习与智能医学”山东省高校重点实验室，深化医工融合，有效助力学校国家医学攻关产教融合创新平台建设，学院学科建设再上新台阶。

绘就学院学科中长期发展蓝图。组织学院教师和科研团队，紧紧围绕“四个面向”进行科研攻关，突破重要领域的关键核心技术，以实际行动贯彻科教兴国战略，高质量组织“十四五”发展规划（2021～2025）、一流学科（领域）建设方案、中层领导班子任期目标责任书等学院发展纲领性文件的拟制和优化，进一步明确学院中长期建设目标，推动产学研融合、医工融合、军民融合，特别是与新一代人工智能技术、新一代信息技术深度融合。

以制度建设牵引学科发展。积极响应国家“破五唯”要求，结合学院实际和学科特色，制定颁布《控制科学与工程学院主流期刊目录》；着眼高端、突出标志性成果，修订完善《职称晋升人员科研能力与成果评价导则》（第3次）、《职称晋升人员教学能力与水平评价办法》（第3次）、《申请招收博士生人员资格认定导则与条件》（第2次）和《研究生导师招生限额与配额核算管理办法》（第2次）。

四、队伍建设

2022年，学院共招聘/调入事业编教职工22人，其中专任教师7人，博士后11人，学院专职教师达到127人。与2016年相比，校外博士比例达到50%，提高了17%；海外博士比例达到18%，提高了10%，学缘结构得到较大改善。新增国家杰青1人（高峰）、国家“四青”人才7人，其中国家优青2人、海外优青4人（均占全校的1/6）、国家“万人计划”青年拔尖人才1人，再创学院国家级人才增量历史新高。另外，历经近3年艰苦努力，国家杰青王聪教授正式全职调入山东大学；新增电气与电子工程师协会会士（张承慧）、科睿唯安“全球高被引科学家”（李同兴）各1人，泰山学者青年专家6人。目前，学院业已形成11人次长江杰青等国家高层次人才领衔、20人次国家“四青”支撑的学科队伍。国家级人才增量/总量位居全校第一、全国同类学院学科前列。

五、科学研究

本年度，学院立项科研经费达1.5亿元，到位经费1.06亿元。其中，立项自然科学基金项目34项，立项数创学院历史新高；单项立项经费超1000万元重大项目2项，立项经费千万以上重大项目取得新突破；横向到账经费3144.83万元，首次突破3000万元，占学院年度到账经费的29.53%，近五年实现连续增长；转化单项合同金额破千万，成果转化能力显著提升，转化合同金额远超过去四年之和，创学院历史新高，成果服务于国家电网、中车、山东高速、海信等，服务地方经济建设能力显著增强。

获中国工程院光华工程科技奖和教育部技术发明一等奖各1项，刘帅获山东省自然科学奖二等奖，马昕获山东省科学技术进步奖二等奖，荣学文获山东省技术发明奖二等奖，王光臣获中国自动化学会自然科学奖一等奖，王静获中国自动化学会技术发明奖二等奖，姬冰获中国自动化学会科技进步奖二等奖。

（赵娇娇）

能源与动力工程学院

能源与动力工程学院在学校党委正确领导下，统筹抓好安全稳定、疫情防控和事业发展，以精耕细作的精神和要求，着力推进一流学科建设和学院事业高质量发展。

一、年度工作亮点

学院始终以习近平新时代中国特色社会主义思想和党的二十大精神为指引，不断发挥自身学科特色和传统优势，在人才培养、科技创新、队伍建设、服务地方、国际交流合作和安全稳定等方面着力精耕细作。巩固党史学习教育成果，通过表彰奖励积极发挥先进榜样引领作用，在学院范围内形成向优秀榜样学习的浓厚氛围；结合学科特色，获批山东大学节能及储能科普工作站，以节能减排为导向，不断强化课程思政建设，进一步完善节能创新文化育人体系，使学生创新能力和创新思维获得不断增强，人才培养质量全方位提升。紧密围绕国家重大战略，积极开展学科交叉和产教融合，深化校地、校企合作，新建联合研究院、联合实验室等平台 12 个，与新泰市人民政府共建“山东大学新泰产教融合基地”，与中广核、华能等企业签署框架合作协议 6 项。截至 2022 年 12 月中旬，新增各类经费 5000 余万元，发表 SCI 等高水平论文近 200 篇，获授权发明专利 117 项，举办能动学术论坛近 50 场，不断提升科研创新能力和学术影响力，促进学科更好服务地方高质量发展。牵头创办《绿色能源与资源》（*Green Energy and Resources*）英文国际期刊，与 Elsevier 平台签约出版。做实做细疫情防控和安全稳定工作，确保学院全年无安全责任事故，整体发展环境平稳有序。

二、强基铸魂，以高质量党建引领高质量发展

1. 抓好理论学习，坚持务求实效。严格落实党委理论学习中心组要求和“第一议题”制度，认真学习党的二十大精神，习近平总书记关于教育、总体国家安全观等重要论述，坚持“领学＋研讨”集中学习模式，本年度党委理论学习中心组集中学习 12 次，以“第一议题”形式集中学习 18 次，在学懂弄通做实上下功夫，推动理论学习往深里走、往实里走、往心里走，不断筑牢思想根基。学院党委获评学校理论学习月活动“优秀组织单位”。

2. 强化正风肃纪，推进全面从严治党。通过召开全面从严治党专题研讨会议、党风党纪教育学习、警示教育等方式，筑牢防腐拒变的思想防线。严格履行全面从严治党责任和党风廉政建设责任，强化“一岗双责”，在人才引进、职称评审、评奖评优等环节把好政治关、师德关，在经费使用、评奖评优等涉及师生切身利益的重要事项中进行全过程监督。

3. 强化组织建设，筑牢战斗堡垒。持续开展党支部建设规范化提升行动，进行党支部星级评定，开展庆“七一”表彰及党员宣誓大会，发挥榜样引领作用。“双带头人”教师党支部书记落实率100%，督导开展“三会一课”和组织生活会30余次，着力在促进党建引领业务工作和深度融合上下功夫。实施党支部特色立项活动，与企业建立党建联学共建基地，以党建引领推动学院人才培养、科学研究、服务社会等工作高质量发展，“以项目促进支部建设、以党建引领学科发展”氛围愈发浓厚。

4. 完善体制机制，筑牢安全防线。建立健全安全工作组织，成立学院安全工作委员会和12个安全工作专班，压紧压实安全责任。始终将师生的生命健康放在首位，抓实抓细疫情防控各项措施。校园封控和提级管理期间，校内外师生齐心协力，共克时艰，学院师生均未发生感染情况。持续深化中央巡视整改，扎实做好学校安全专项工作巡视“后半篇文章”，坚持“当下改”和“长久立”相结合，对存在的15个问题，制定了45项整改措施。坚持政治安全首要地位，紧盯意识形态、舆情防范、疫情防控、实验室和师生安全等重点领域，加密风险研判，落实落细重大节点各项安保维稳措施。

三、精耕细作，统筹谋划强院兴校战略

1. 凝心聚力，逐步完善工作机制。凝聚新班子合力，依托学科优势，整合校内外资源，成立服务地方、学生创新创业、国际交流与合作、校友工作等4个委员会，充分调动广大教职工干事创业合力，形成上下联动，齐抓共管的工作格局。加强校企校地融合发展，谋划推动与中广核、华能等世界500强企业签订框架合作协议，新增2个千万级合作联合研发平台；深化与诺丁汉大学等知名高校国际合作，获批2022年山东大学全球一流学科合作计划A类项目；创新创业教育深化改革再获省教学成果二等奖1项；加强校友联络，正式开启“能动大家谈”等院庆40周年筹备工作。

2. 坚持改革创新，人才培养成果丰硕。不断深化教学改革，推进重点领域教学资源建设，7位教师的教学资源被学校推荐为教育部碳达峰碳中和领域教学资源，位居全校前列；获批2022年教育部产学合作协同育人项目3项，获省教学成果二等奖1项，校级教改立项3项；“能源与环境系统工程”专业和“能源与动力工程”专业两个国家一流专业分获软科A+和A专业。着力提高学生创新能力和综合素质，学生创新创业取得新突破，获省级以上各类竞赛30余项，在第八届中国国际“互联网+”大学生创新创业大赛中斩获银奖，实现历史性突破；获第二届全国能动类百篇优秀本科毕业论文1篇；研究生推免生生源质量显著提升，首次实现“双一流”生源过半；获校研究生优秀成果奖1项；1人获山东大学第五届研究生学术之星奖；研究生入学教育方案被评为“2022年山东大学研究生入学教育精品项目”。学生工作分别获“山东大学就业工作先进单位”“2022届毕业生服务国家战略就业优秀组织单位”“招生拓展先进单位”“共青团组织建设先进集体”“共青团新闻宣传工作先进集体”和“十佳学生会”等荣誉称号。

3. 对接国家战略，科研能力、服务社会能力双提升。立足“双碳”战略，推动产业链、人才链、创新链深度融合。积极发挥学科、人才优势，与中广核、华能、国电科技环保集团等世界500强企业签订框架合作协议6项，与新泰市人民政府推动共建“山东大学新泰产教融合基地”，与碳理达、智迈德等行业龙头企业建立校企联合实验室12

个。截至12月中旬，新增各类经费5000余万元。2022年度申报国家自然基金44项，同学科申请数量位列全国高校第12位，获得4项资助，新增联合基金重点类项目1项；获批省基金立项6项、省海外优青资助3人。发表SCI论文近200篇，其中ESI高被引论文2篇，论文质量明显提高；获得授权发明专利117项。积极牵头和参与申报国家重点研发、省重大科技创新工程10余项，获批JCJQ项目等国防课题240余万，军民融合领域不断拓展，承接国家军工项目能力持续提升。

4. 坚持引育并举，人才队伍取得新进展。树牢“人才是第一资源”的理念，制定标志性成果激励办法、博士后资助办法，加大人才配套支持。发挥品牌效应，组织第七届齐鲁青年论坛动力工程及工程热物理分论坛，搭建优秀青年学者沟通交流平台，为学科引才引智提供支撑。2022年入选国家“万人计划”科技创新领军人才1人，入选泰山产业领军人才1人，获批山东海外优青3人；双聘引进中国科学院吴宜灿院士团队，联合申报获批山东省重点实验室1个；引进齐鲁青年学者5人，入站外籍博士后2人；新能源新材料专业领域首次获批“能源低碳技术”山东省博新岗位。

5. 加强国际交流，深化合作发展。克服疫情影响，创新工作模式，通过与诺丁汉大学、爱丁堡大学等知名海外高校开展线上学术交流，不断拓宽国际视野，提高国际化水平。邀请海外知名专家学者为学生授课，获批国际暑期学校海外师资课程8门，其中2门课程获暑期学校优秀项目；进一步深化与诺丁汉大学、伯明翰大学的合作，获批2022年山东大学全球一流学科合作计划A类项目。

（罗　峰）

电气工程学院

电气工程学院下设电力工程、电机工程、电力经济3个系，设电力系统研究所、继电保护研究所、电机与电器研究所、电力电子研究所、电工理论与新技术研究所、高电压与绝缘技术研究所、电气工程实验中心和可再生能源与智能电网研究所（校级）。拥有“电动汽车电网接入技术”国家地方联合工程实验室，“电网智能化调度与控制”教育部重点实验室，“全球能源互联网”山东省示范协同创新中心，“特高压输变电技术与装备”山东省重点实验室，“永磁电机”“磁力分选”“磁悬浮轴承”3个山东省工程技术中心，“电工电子实验教学”国家级实验教学示范中心。与中国华电集团、国家电力投资集团有限公司共建了2个国家级工程教育实践中心。

学院现有全职教职工162人，专任教师117人，其中博士研究生导师47人，硕士研究生导师84人（含博导），教授（研究员）43人，副教授（副研究员）57人。现有国家特聘专家4人，国家“四青”3人；泰山学者特聘教授2人，山东省杰青1人、优青 1 人、海外优青 1 人；山东大学杰出中青年学者 3 人、齐鲁青年学者 5 人。国务院政府特殊津贴专家 4 人，国家百千万人才工程人选 2 人，省级有突出贡献的中青年专家 3 人，教育部“新世纪优秀人才”2 人。学院党委设书记 1 人，副书记 2 人，副处级组织员 1 人，殷录民同志任书记；学院设院长 1 人，副院长 4 人，丁磊教授任院长。

学院现有在校博士、硕士研究生 687 人（外籍 18 人），本科生 1163 人。

一、主要举措

1. 党建引领谋新局，凝聚合力促发展。学院领导班子以党的政治建设为统领，开展“学习型”领导班子建设，精耕细作，开创学院各项工作改革新局面。规范两会会议制度，党政运行机制顺畅有力，召开党委会 43 次、党政联席会 30 次，狠抓政策落实，坚持以抓党建推动落实“3D”工作法。充分发挥党委政治核心和监督保障作用，牵头制定学院十四五规划，推进学科学院一体化发展。推进实施基层党组织项目式建设，通过创特色、建亮点、挖潜力，着力解决基层党建工作重点难点问题，切实将党建优势转化为推动事业发展的强大合力。制定或修订学院工作制度 59 项，组织主题教育类活动 20 余项，推进“我为群众办实事”活动 20 余项，新发展党员 110 人，获校研究生标杆党支部、本科生先进党支部。

2. 防控担使命，安全保障强有力。牢固树立安全发展理念，建立 10 个领域“网格化”安全管理框架，落实安全责任制，将安全专项巡视整改工作与国家审计等整改任务一体推进；制定 20 余项疫情防控工作实施办法，坚决筑牢校园疫情防线；完善加强新闻宣传工作，严格执行三审三校；按照 6S 标准进行实验室管理制度建设与基础设施改造，更新实验室门禁系统，新建研究生工位 200 多个，改造多联电源插座 627 个，制定和完善公共安全应急预案 5 项，组织开展安全教育活动，切实提高师生安全意识与应急能力。

二、工作成效和亮点

1. 立德树人守初心。入选华盛顿协议周期性检查备选专业，高标准全力备战并顺利通过所有阶段评估工作。持续推进本科教学质量提升，实现“教—学—练—考—评—改”的全过程闭环管理。以培养电气学科创新型卓越人才为核心，开展有组织教研，启动青年教师教学能力培养与国家级/省部级“一流课程”培育计划，构建“知—学—教”融合的新型电力系统卓越人才培养体系。通过夏令营、推免等环节多举措提升研究生生源质量，改革研究生导师遴选标准，实现优秀生源与优秀导师的同步提升。出台三全育人实施意见，构建“学院—年级—班级—宿舍—学生”网格化育人体系，落实辅导员“四进”工作，推出学业、就业精准帮扶措施，开展“学风塑造”工程，完善劳动教育体系，促进学生五育并举。获山东省教学成果一等奖、第九届“超星杯”高校青年教师教学比赛二等奖，入选黄河重大国家战略课程思政优秀案例；获全国大学生节能减排大赛特等奖、全国大学生智能汽车竞赛国家一等奖、全国大学生数学建模竞赛等教育部重点资助竞赛奖项 6 项。本科生就业率 98.9%，研究生就业率 100%。

2. 科研水平创新高。围绕“1＋4”学科布局，坚持问题导向，围绕新型电力系统、储能、虚拟电厂、微电网方向组建柔性攻关团队，加强重点项目与科技奖励的提前谋划与系统组织，持续加强科研团队建设，增强团队凝聚力、战斗力，根据团队产出优化资源配置，发挥团队在学生培养、重点项目、奖励申报、实验室建设等方面的核心作用。获批国家级重点项目10项，含国家重点研发计划课题5项、青年科学家项目1项、国家自然科学基金联合基金3项、集成项目课题1项；获批国家自然科学基金一般项目11项、国家重点研发计划子课题10余项。以第一完成人获中国电工技术学会科技进步一等奖、省科技进步二等奖。预计年底到账经费突破1亿元，超额完成年度目标。

3. 人才引育凸显力。启动实施青年教师能力提升计划，出台多项激励措施，开展形式多样的主题活动，邀请校长李术才亲临指导，着力提升青年教师综合能力。构建人才成长梯队，完善人才成长支撑体系，遴选具有发展潜质的青年教师，给信任、给机会、给激励、给舞台，支持青年人才挑大梁、当主角。培育国家"四青"人才1人、泰山青年人才1人、山东省海外优青1人、中国科协托举人才1人，全职引进5位青年教师；本年度获批的10项国家级重点项目中，80%由45岁以下青年教师牵头承担。

4. 实验平台初建成。遵循"核心架构学院集中建设、特色功能团队配套共建"原则，打造1个新型电力系统数字物理混合动态模拟实验平台与N个特色装备实验室，构建学校首个3000平方米学科实验平台。平台底层开源，强力支撑高水平科研与成果转化。组建新型实验中心，科技专聘软硬件研发队伍和大型仪器设备专管，提升服务支撑能力。创新实验室6S建设与管理模式，完善双责任人制度，实现设备统一管理、预约使用，大幅提升利用率，获"山东大学实验室工作先进集体"。

5. 交流合作新发展。加强国际交流合作，加入联合国可持续发展解决方案网络组织，加入碳中和国际联合培养创新型项目国内高校协作组，获山东大学"全球一流学科合作计划"；加强产教融合，对接服务国家、服务山东战略，获"泉城友谊奖"，氢电混合动力与电力系统关键技术成果转化1000万元。

6. 信息化建设提成效。以师生为本，提升办事效率和空间资源利用率，加大信息化基础设施和系统开发投入，建设"会议室预约""公房工位管理""实验室管理"制度，确保学院资产精确管理、高效利用和安全运行；"电子签章""三审三校""研究生选导""本科教学管理"等为学院各项工作的有序开展和科学决策提供强有力支撑。

（王晓龙）

土建与水利学院

土建与水利学院始建于1947年，现有4个本科教学系、1个省部级重点实验室、4个省部级工程研究中心，9个研究中心，1个实验中心。拥有土木工程和力学2个博士后流动站、土木工程一级学科和工程力学一级学科 2 个博士学位授权点，4 个一级学科硕士学位授权点、9 个二级学科硕士学位授权点，4 个本科专业。全日制在校本科生 700 人，研究生 451 人。

学院现有教工 170 人，其中教授 40 人，副教授 47 人。中国工程院院士 1 人，教育部长江学者特聘教授 2 人，国家杰出青年基金获得者 1 人，国家 973 项目首席科学家 1 人，新世纪百千万人才工程国家级人选 1 人，科技创新领军人才 2 人，教育部“新世纪优秀人才支持计划”入选者 4 人，二级教授 4 人，国家级青年人才 10 人，中青年科技创新领军人才 1 人；山东省泰山学者攀登计划人选 1 人，泰山学者特聘专家 2 人，泰山学者青年专家 4 人，山东省杰出青年基金获得者 4 人；教育部长江学者创新团队 1 个，科技部重点领域创新团队 1 个，山东省泰山学者攀登计划团队 1 个。学院近五年来承担各类科学研究项目 400 余项，获得国家科技进步二等奖 5 项，国家技术发明奖二等奖 1 项，山东省科学技术最高奖 1 项，省部级一等奖 10 余项。

2022 年，学院在学校党委领导下，认真学习贯彻落实党的二十大精神，认真贯彻落实《中共山东大学委员会 2022 年工作要点》和《山东大学 2022 年行政工作要点》，以党建为引领，以做好疫情防控工作为底线，围绕年度任务和任期目标，扎实开展教学、科研、学科发展等工作，取得较好成绩。

一、党建和文化建设

深入学习党的二十大精神，贯彻《中国共产党普通高等学校基层组织工作条例》，建立健全组织体系。持续做好疫情防控工作，确保疫情防控和事业发展两不误。在校园防控期间成立疫情防控驻守校园临时党支部，在攻坚克难中发挥先锋作用。选优配强师生党支部书记，实施“支部书记能力提升计划”。坚持做好在高知群体中发展党员工作。2022 年发展教工党员 2 人，教工党员比例达到 70％以上。进一步加强学生党建工作，2022 年新发展学生党员 53 人，党员质量不断提高。持续加强师德师风教育，学院党委和各教工党支部多次开展师德师风典型案例警示教育，取得较好效果。1 个党支部获评山东大学“研究生样板党支部”，1 人获评“研究生党员标兵”。继续发挥学院工会作用，建设“职工之家”，关心在职职工，组织大家喜闻乐见的工会活动，增强教工的凝聚力；做好离退休老教师工作，逢年过节登门拜访看望，为年龄逢五逢十的离退休教师过生日；为生病和生活困难的教师送温暖。

二、行政工作

学院党政领导班子带领师生员工，凝心聚力，攻坚克难，抓住机遇，学院工作取得新突破。

1. 学科建设及人才培养。将学科建设作为学院发展重中之重，土木工程学科升至 A－，水利工程学科升至 C，力学学科升至 C＋，学科发展迈上新台阶。引育国家级人才 2 人，各类省部级人才 8 人，制定《土建与水利学院青年教师公共服务实施办法》《土建与水利学院博士后管理规定》，青年人才汇聚、干事、成长、成才的良好局面初步形成。

2. 本科生、研究生教学培养。聚焦“立德树人”根本任务，“智能建造与智慧交通”专业完成首次招生，先后组织公开课、线上督导听课300余课时，将疫情对教学质量影响降到最低。2022年以来，获山东省教学成果一等奖1项，联合申报国家教学成果奖1项。入选“黄河重大国家战略课程思政优秀案例”1项、“碳达峰碳中和领域教学资源案例”3项，获批山东省教改项目1项、山东大学教改重点项目3项。冯维明教授获山东大学卓越教学奖，刘人太教授获山东大学优秀教师。

成功举办全国大学生暑期夏令营，“双一流”生源率达到75%，获学校年度研究生招生拓展工作先进单位、先进个人。加强研究生培养，组建学院研究生教学督导委员会，建设研究生案例课程7门，获学校研究生优秀成果奖2项、优秀学位论文3篇、优秀学位论文指导奖3项、优质课程项目2项、案例库课程项目1项。研究生思政课程项目立项1项，高质量研究生人才培养模式研究项目立项1项。顺利获批“力学”一级学科博士学位授权点，土木工程、水利工程、力学学科顺利提交学位授权点年度建设报告。派遣公派联合培养博士3人，出国攻读博士学位1人，接收外国留学生入学硕士1人。

3. 科研工作。联合中国矿业大学、中山大学共同申请全国重点实验室，已进入最后答辩阶段，获批立项省高等学校重点实验室2项，推动高水平科研平台建设。承办“黄河流域基础设施高质量发展分论坛”等4项活动，制定《土建与水利学院科研质量提升工作方案》《土建与水利学院学科发展论坛工作方案》，有组织科研、有组织攻关。2022年以来，科研经费到账1.12亿元，获批国家重点研发计划项目1项，与山东能源集团和济南市共建重大科技基础设施，获得中国专利金奖1项、中国青年科技奖1项、中国地球物理学会工程金奖1项、山东省科技进步一等奖1项、中国岩石力学与工程学会钱七虎奖1项、其他各类省部级奖项4项。授权发明专利54项，编写标准2项，发表各类高水平论文55篇。

4. 国际化办学。获批亚洲校园第三期建设项目，与英国利兹大学、邓迪大学签订“2+2”本科双学位协议。联合韩国成均馆大学、日本长崎大学成功申报国家留学基金委创新人才培养项目。引进全职外籍副教授1名，海外流动岗教授、短期岗教授4名。举办暑期海外师资课程5门，获批山东大学优秀暑期课程2门，获暑期学校优秀组织单位。

5. 学生思政及培养。组织“大学生讲堂”“历山论坛”“育英讲坛”“职涯讲座”等品牌活动，加强思想教育价值引领。举办硕士研究生学术报告竞赛、“稷下风”学术报告和博士生高端论坛10余期。获第八届“互联网+”全国大学生创新创业大赛金奖1项、银奖2项、铜奖1项，山东省大学生结构设计大赛二等奖1项、三等奖1项。获批国家级大学生科研创新训练项目立项5项、省级大学生科研创新训练项目立项2项、山东大学大学生科研创新训练项目立项17项。2个班获评山东大学2021～2022学年先进班集体，1个班获评山东大学2021～2022学年优良学风班，院研究生会获评山东大学十佳研究生会，1人获评山东省高等学校优秀学生。

6. 实验室工作。建立6S管理长效机制，已有3个实验室完成6S，45个实验室完成4S。面向全校开放科研试验1500余机时，承接生产实习、毕业实习等教学任务10

余项，充分开发仪器设备的效能。组织开展安全检查30余次，实现实验室全年安全无事故。积极争取2022～2025年教学实验室建设经费，在升级改造、新建智能建造实验室、虚拟仿真实验平台、实验室信息化建设四个方面取得突破。

（辛　帅）

管理学院

管理学院在学校党委的坚强领导下，坚持以习近平新时代中国特色社会主义思想为指导，深入学习宣传贯彻党的二十大精神，全面贯彻新时代党的建设总要求，坚持抓党建与促改革、谋发展有机融合，用好“3D”工作法，聚势谋远、重点布局、精耕细作、全面推进，在人才培养、学科建设、国际交流等方面高质量推动“根植齐鲁、服务中国、影响世界”的一流商学院建设。

一、学院概况

2022年，管理学院共有在职教职工232人，其中专职教师163人，教授39人，副教授83人，国家级教学名师1人，国家“万人计划”领军人才1人，教育部教学指导委员会委员6人，山东省泰山学者特聘专家3人，山东省泰山学者青年专家3人，山东大学讲席教授1人，山东大学特聘教授3人，山东大学杰出中青年学者2人，齐鲁青年学者7人。

武常岐教授任院长，孟庆春教授任党委书记。另外，学院设副院长4人，副书记2人，正处级组织员1人，正处级辅导员1人。

二、用好“金钥匙”，充分发挥党建引领作用

落实“第一议题”制度，用好“五个一”学习模式，制定深入学习贯彻党的二十大精神实施方案，组织开展党委理论学习中心组学习10次，运用“金钥匙”破解“四点”的意识和能力不断增强。严格执行党委会和党政联席会议议事规则，进一步推动民主决策、依法决策、科学决策。成立疫情防控临时党支部，持续加强9个“双带头人”党支部书记品牌工作室建设，疫情期间开展“云”共建、“云”学习、“云”党课活动，组织生活“不断档”、党员队伍“不掉线”。实施“党支部工作创新计划”，推动“一个支部一个特色工作”，定期编发党支部学习资料，加强党支部书记和党员培训教育，扎实做好党员发展，组织开展“好好学‘习’”“凝心聚力新时代，团结奋斗新征程”系列活动。与鲁信集团、山东省泰富资产经营有限公司进行党建联建，推动宣讲调研走深走实。

三、聚焦立德树人，深化“三全育人”综合改革

坚持将思想政治工作贯穿教育教学全过程，积极推进全员育人职责到岗、全过程育人工作到家、全方位育人协同到位。成立学院学生发展委员会，二级心理辅导站阶段性建成，实施“学业帮扶计划”，获得“红旗团委”、学生会研究生会“双十佳”等荣誉称号，在18项国家级、23项省部级双创竞赛中获奖，学生工作团队获评“山东省教育系统女职工建功立业标兵岗”“山东大学先进集体”。2022届毕业生就业率91.36%，2023届就业率已达58.73%，较去年同期明显增长，就业质量明显提升。

四、坚守“为国育贤”，教育教学成果显著

构建“以德为先、拔尖引领、交叉创新、全面发展”的高质量人才培养体系，落实“督导+同行+院领导”听课制度，组织在线教学经验分享与技能提升沙龙，策划教师解读“六要六不要”系列报道。2个专业获评国家级一流本科专业建设点，获山东省第九届省级教学成果奖（高等教育类）一等奖1项、二等奖1项，获山东省高等学校文科实验室（A类）立项2项、实验室建设与管理研究重大项目立项1项，获教育部学位与研究生教育发展中心主题案例征集立项2项、山东大学研究生优秀成果奖优秀奖1项、山东大学课程思政优秀案例库1项、山东大学研究生核心课程教材出版专项1项。工商管理硕士（MBA）首次进入国内高校招生数量十强。

五、坚持引育并举，加强学科梯队建设

师资队伍建设取得阶段性成果，引进1名日本工程院外籍院士任兼职特聘教授，新增泰山学者特聘专家1名，泰山学者青年专家2名。获批纵向项目27项，其中国自科项目10项，省部级项目17项；获批横向项目47项；学院教授团队首次承担国家自然科学基金重大项目研究任务。在国内外知名学术期刊发表科研论文百余篇，包括国内管理学顶级期刊《管理世界》以及 *Strategic Management Journal*、*Manufacturing & Service Operations Management*、*Journal of Applied Psychology* 等UTD24、FT50、AJG（ABS）4*级国际顶级期刊。获山东大学人文社科重大科研成果奖2项、山东大学第二届人文社科青年成果奖2项。1个基地入选首批“山东省社科理论重点研究基地”。承办第十七届国际应急管理论坛、第四届中国管理思想与商业伦理高端论坛。国际商学院协会（AACSB）国际认证资格申请成功获批，国际工作又上新台阶。

六、强化师德师风，推动课程思政建设走深走实

成立师德师风建设工作领导小组，建立健全学院教师教育管理工作制度。将师德师风作为教师招聘引进、职称评审等第一标准，开展谈心谈话70余人次。推出“光荣的使命”教师节系列宣传，强化榜样引领，树立先进典型。1门课程获评山东省课程思政示范课程，1人获山东大学课程思政教学比赛二等奖，3人获校级课程思政示范项目立项，2人获课程思政培育项目立项，育人品牌项目“成长会客厅”获批学校“一院一品”立项。

七、拓展“管理＋”模式，构建社会服务新生态

从融入国家发展战略、服务山东经济发展、促进产业结构升级、优化人才培养质量四方面着手，深化社会服务与成果转化。在第二届山东人才创新发展大会上发布《山东省人才发展报告》。与潍坊综合保税区合作共建潍坊跨境贸易（电商）产业研究院（经费 1000 万元）。与相关单位签署国家北斗大数据智能物流服务保障基地战略合作协议，助力国防建设。

八、守牢安全底线，从严从实抓好疫情防控

把安全工作贯穿到学院事业改革发展的各方面全过程。按照“谁主管、谁负责”的原则和“党政同责、一岗双责、齐抓共管、严肃问责”“管业务必须管安全”的工作要求，层层落实安全责任。成立学院安全工作专班，制定学院疫情处置工作方案、舆情风险防范与应急处置预案、落实意识形态工作责任制的实施意见等制度，落实网格化安全管理要求，常态化进行安全隐患排查，动态更新师生出入校台账、健康管理台账，坚决守牢校园安全底线。

（王栋华）

体育学院

体育学院坚持以习近平新时代中国特色社会主义思想为指导，深入学习宣传贯彻党的二十大精神，以强烈的政治责任感和历史使命感，坚持精耕细作理念，全面开启实施“十四五”事业发展规划，努力在创建一流大学征程中作出新的体育贡献。学院各项工作均取得了较为明显的进步。

一、党建工作

不断加强从严治党。积极统筹学院疫情防控、安全稳定、事业改革发展，对新一届领导班子科学分工、定岗定责，加强党的全面领导，全面实施学院、教学部“十四五”事业发展规划。

加强思想政治建设。认真学习宣传贯彻党的二十大精神，坚持常态化长效化开展党史学习教育，落实“第一议题”制度。扎实开展师德师风教育，推进“三全育人”体系建设，抓好意识形态工作，加强阵地建设和管理，持续做好统战工作。组织教工党员、中层骨干以及党外人士代表等赴德州市乐陵市开展红色主题党日活动。

落实基层党建重点任务。持续加强党支部标准化、规范化建设，3 个党支部获评本

年度五星级党支部，做好入党积极分子教育考察工作，保质保量完成本年度党员发展计划。完成2021年党组织书记抓基层党建突破项目，获批2022年度突破项目。

加强组织建设和党风廉政建设。制定年度教育培训计划，坚持党管人才原则，完成本年度人才引育既定目标。科学研判、有序推进科级干部选拔工作，完善学院、教学部部门设置和职能分工。严格履行党风廉政建设第一责任职责，持续加强作风建设和纠治“四风”。

扎实落实巡视、审计等问题整改。在学校群众体育、师资队伍建设等重点整改领域持续深化中央巡视整改，实现学生体质健康监测优秀良好率达29%、及格率突破97%，在体育育人工作方面取得较大实效。

维护安全稳定。强有力推进安全工作专项巡视整改，有序完成未巡先改自查自纠、接受巡视组专项检查、问题整改落实等各个阶段任务，进一步提升学院安全工作认识，夯实安全责任意识，不断提升学院安全治理能力和水平。

二、学科建设

体育学一级学科博士授权点正式获批，是全国第一个自主审核增设的体育学一级学科博士点，现已建成体育学“本科—硕士—博士”三级人才培养体系。“国家智能社区体育健康治理实验基地”通过国家体育总局中期建设评估，并获批2022年智能社会治理研究项目。泰山学者实现突破，2人入选泰山学者青年教授，全省4位泰山学者，学院占3位，实现了“1+2”、老带新的人才专家团队。1人获山东大学教学卓越奖，实现零的突破。获山东省第九届本科教学成果二等奖1项。数字体育与主动健康文科实验室获批山东省高等学校文科实验室。

三、科学研究

国家社科基金项目实现突破，获批立项国家社科基金一般项目3项（体育教学部1项），首次一年立项3项。立项教育部人文社科项目1项、省部级项目9项，横向课题10余项。高质量学术成果丰硕，发表CSSCI、SSCI等国内外核心期刊论文30余篇，其中体育类顶级期刊2篇、SSCI一区5篇、SCI二区6篇。一项成果获2022年山东省社会科学普及优秀读物，同时入选2022年山东省社会科学普及“十佳”视频。

四、人才培养

稳步推进社会体育指导与管理国家一流本科专业建设，修订《体育学院本科生指导教师管理办法》等相关管理制度，形成了“精心准备、精致教学、精彩互动、精准考核、精细管理”的线上教学模式，建立师生“导学”关系，实现全过程、全方位、个性化培养。建立体育学院“创”青春创新创业工作站，培育创新创业项目15项，2022届就业率超过95%。积极推进新文科项目建设，完成体育健康专业设置的论证报告，以微专业为试点，探索制定了《体育健康专业建设方案》。创新推进社体虚拟教研室建设，开展各类会议18次，发表相关教研、科研论文7篇。

研究生招生实现新突破，博士生招生8人，硕士生招生36人，优秀生源占比超

50%。研究生在CSSCI来源期刊发表高水平学术论文8篇，在SCI、SSCI期刊发表高水平学术论文22篇，其中2名博士研究生在体育类顶级期刊《体育科学》发表论文。获山东省研究生优秀学术成果奖1项，山东大学优秀博士学位论文1项，山东省优秀硕士学位论文1项。获批山东省研究生教育优质课程1门，专业学位研究生教学案例库2项。

五、学校体育工作

（一）群众体育工作

一校三地体育委员会管理体制逐渐完善。建立了“体育课程、健身活动、线上赛事、专家讲座、科学指导”五位一体工作模式。结合疫情防控，实现群众体育活动“线上+线下”融合举办，举办全校各类体育活动80余项，指导保障职能部门、教学科研单位举办各类体育活动1000余项，师生参与体育活动的总数量超过7万人次。创新举办“同心战疫，活力校园”系列群众体育活动，成功开展线上跳绳挑战赛、跑步打卡活动、校园红色定向跑、无限制健身视频大赛等活动，举办“体育大课堂系列讲座”“体育生带你一起动起来线上直播”“同心战疫—科学健身18法”“方舱体育”等科学健身指导活动。威海校区、青岛校区特色活动逐步形成。

学生体质健康水平全面提升，全校学生体质健康水平及格率达到97.03%。体育学院获“山东体育强省建设突出贡献奖”，是全省唯一获此表彰的高校单位。

（二）服务山东工作

承接完成《山东省体育产业发展报告（2021～2022）》编制工作，被山东省体育局采纳，并在社会科学文献出版社发表蓝皮书；承接山东省体育局2021～2022年度健康山东全民健身行动和全民健身实施计划监测评估工作；受国家体育总局社会体育指导中心委托，修订《社会体育指导员管理办法》；连续14年组织山东省全民健身宣讲活动；完成山东省体育用品制造业专项深度调研工作；完成《淄博市“十四五”时期文化产业发展规划》编制和《济宁市全民健身实施计划（2021～2025年）》编制。与山东省体育产业集团签订全面战略合作协议。

（三）场馆管理服务工作

体育场馆建设改造列入服务师生十大实事，高质量完成维修改造。启用体育场馆网上预约管理系统，提高室内运动场地使用效率。承办各二级单位组织各种体育类、文艺类活动约630余场次；举办院级及以上赛事活动5500场次，参与赛事活动人数达到78965人；各校区为师生提供电话预约及现场登记预约服务10.5万余人次；服务学生体育组织及学生体育社团、各培养单位教职员工及学生体育锻炼达到81.5万余人次。

（袁淑娟）

马克思主义学院

2022年1月10日，学校党委宣布任命马克思主义学院领导班子：党委书记马晓琳，院长、党委副书记张士海，副院长周金龙、郑敬斌、张路园、马明冲，党委副书记王海宁，副处级组织员齐子萍。新一届领导班子在校党委、行政领导下，深入学习贯彻党的二十大精神，按照精耕细作的工作要求，坚持“疫情防控、安全稳定、事业发展”“三位一体”统筹谋划、同步推进，在党建、教育教学、人才培养、学科学术、社会服务、国际交流与合作等方面取得了新成绩。

一、党建引领，凝心聚力促发展

坚持和加强党的全面领导，以党建引领学院各项事业发展。2022年，学院党委获批第三批“全国高校党建工作标杆院系”创建单位；省党建工作标杆院系创建工作顺利验收；学院荣获“全国三八红旗集体”称号。

1. 落实全面从严治党要求。4月调整党风廉政建设、安全稳定、师德师风等工作领导小组；制定《党风廉政建设责任制考核和责任追究措施》，严格落实意识形态工作责任制和党风廉政建设责任制，制定《网络宣传工作“三审三校”实施办法》，加强廉政从政警示教育。

2. 加强党的创新理论阐释。充分发挥学科优势，运用“仿吾大讲堂”“习习会”“师生理论宣讲团”“支部联学共建”等特色品牌，认真学习宣传阐释党的二十大精神。年初做好院党委理论中心组学习计划和教职工理论学习制度安排，确保党的最新理论成果进教材、进课堂、进头脑。

3. 夯实基层组织建设。指导完成5个党支部设立、3个党支部换届、1个党支部委员增补等工作，党支部标准化规范化建设水平显著提升。在年度党组织书记抓基层党建突破项目、基层党组织活动立项中，学院党委立项获抓基层党建突破项目优秀成果，中国近现代史纲要教研室党支部立项获三等奖。

4. 严把党员发展质量。严格入党积极分子和发展对象的培养培训，年内组织入党积极分子培训30人，发展对象培训82人。做好党员发展、预备党员教育、考察转正等工作，年内发展党员82名，预备党员转正54名。筑好党员发展“蓄水池”，年内确定入党积极分子64名。

二、多措并举，思政课教学谱新篇

进一步用好习近平新时代中国特色社会主义思想这把“金钥匙”，3月17日，组织召开“习近平总书记在学校思想政治理论课教师座谈会上的讲话”座谈会，推动思政课建设提质增效。

1. 以教学能力提升为抓手，教学成果丰硕。徐艳玲获省第九届教学成果（高等教育类）二等奖；董沐夕、杨国山等2人获第二届全省学校思想政治理论课教学比赛特等奖；周金龙、张路园、刘佳、陈一远等4人获首届全省学校思政课教学设计大赛特等奖；刘佳、张路园等教学团队获“同城大课堂”系列活动优秀奖；郁有凯获山东高校年度“萌新磨课会”二等奖。

2. 以教学质量提升为核心，加强课程建设。在全国高校率先开设“习近平新时代中国特色社会主义思想概论”课程，组织录制教学专题，开展混合式教学；持续推进部、省一流课程建设；“南陈北李”与马克思主义在中国早期传播虚拟仿真实验项目扎实推进。“新时代中国特色社会主义理论与实践研究”课程学堂在线网站开设。

三、人才强院，高质量发展根基更牢固

1. 高层次人才实现历史突破。张士海教授入选国家“万人计划”教学名师、郑敬斌教授入选“万人计划”青年拔尖人才和泰山学者青年专家项目；1人入选山东省党的二十大精神宣讲团；1人入选全国高校学习宣传党的二十大精神师生巡讲团；3位博士后入选山东省创新项目支持计划；3位博士后获得中国博士后科学基金资助项目一等1项、二等2项。

2. 人才培养取得显著成效。围绕马克思主义理论本科人才高质量发展，举办“第二届马克思主义理论本科专业建设协同创新论坛”。在“2022年全国马克思主义理论学科研究生优秀论文奖”评选中，2人获得一等奖，2人获得三等奖。1名学生获得齐鲁最美大学生（全校唯一）；5名学生获评省级优秀学生、优秀学生干部；10名学生获评省级优秀毕业生。6名研究生、2名本科生获得国家奖学金；1名学生获评山东省政府奖学金。在山东省首届“大学生讲思政课”大赛中获一、二等奖各1项，三等奖2项。获评山东省中华经典诵读二等奖2项。2个团队获推省级优秀社会实践项目；1人获评省级优秀个人。1名学生获得第一届“全国青年创新翻译大赛”一等奖。毕业生就业率达到97.69％。

四、精准发力，学科学术实力稳提升

1. 学科建设稳步推进。统筹推进“马克思主义理论与国家治理学科（领域）”、政党政治比较创新团队建设工作，有序推进中共党史党建学一级学科论证工作。成立山东大学马克思主义研究院、山东大学大中小学思政课一体化研究中心、中共党史文化研究中心等学科平台。世界政党研究中心入选首批山东省社科理论重点研究基地。《马克思主义文化研究》入围中国社会科学评价研究院的AMI集刊评价行列。

2. 学术成果丰硕。在《马克思主义研究》《求是》等报刊发表论文270余篇，其中CSSCI论文96篇；出版著作15部，其中《自信的理由》入选国家出版基金资助项目；完成《政党政治研究年鉴（2021）》和《政党政治研究年鉴（2017～2020）》（英文版）编印工作；年度内获国家社科基金项目、教育部人文社科项目、山东省社科重大项目等50余项，累计到账科研经费563.3万元。

3. 学术交流深入。开展党的二十大精神理论研究主题策划。主办第十一届中国政党研究论坛暨国外政党治国理政的理论与实践学术研讨会、思政课一体化视域下党的二十大精神进课堂的理论与实践研讨会、“新文科视域下思想政治教育学科创新发展”高端论坛、“党的十九届六中全会精神进课堂”专题研讨会、中共党史文化研究的理论与方法高端论坛、“文化自觉、文化自信与文化繁荣”学术高端论坛、“党的二十大精神阐释暨治理能力现代化的文化研究”学术研讨会等。持续开展“仿吾大讲堂”“名刊名编面对面”“厚博论坛”等品牌学术活动及系列专家讲座。

五、多元服务，社会担当尽彰显

1. 充分发挥教育部、山东省“思政课教师培训基地”作用，完成省、部委托培训任务。组织开展第二届全省学校思想政治理论课教学比赛，举办山东省高校思政课教学名师工作室论坛。

2. 充分发挥重点马克思主义学院的辐射带动作用，积极开展“手拉手”单位共建、援建。与北京协和医学院马克思主义学院签署共建协议，与黔南民族师范学院、贵州大学等马克思主义学院签署共建备忘录。全国高校思政课“手拉手”集体备课中心（山东大学—宁夏回族自治区）启动，举办集体备课会 2 场，开展 5 场学术论坛。选派教师肖成俊挂职昌吉学院。与安丘教体局签订集体备课备忘录、与济南潍坊商会签订党建备忘录。持续做好与河南省确山县李新店镇的对口援建，与王楼村党支部共建党员活动室。

六、扩大国际交流与合作，不断提升国际影响力

1. 不断深化国际合作，与莫斯科大学社会学系签署合作框架协议；持续实施暑期国际课程项目，不断拓宽学生的国际视野。

2. 打造中外学者交流对话平台，主办“人类命运共同体视野下的世界政党论坛”，与中国社会科学院马克思主义研究院等单位共同承办“新时代——中国意大利瑞士马克思主义理论创新国际研讨会”。

（齐子萍　李　瑞）

软件学院

学院不断深化党建引领，不断加强党的建设与学院中心工作深度融合，紧密围绕学院“十四五”发展规划，积极推动疫情防控、安全稳定和事业发展。

一是紧紧围绕立德树人根本任务，逐步形成目标明确、内容完善、标准健全、运行科学、保障有力、成效显著的“三全育人、五育并举”的学生培养体系。二是贯彻党的教育方针，聚焦学院发展定位，围绕特色化示范性软件学院建设这一核心，不断推进专业建设、教学研究、课程建设、教材建设、招生拓展；全面加强过程管理，持续提高研究生培养质量；积极参加全国学科竞赛，在第六届国产 CPU 并行应用挑战赛（CPC 2022）和第 10 届“英特尔”杯全国并行应用挑战赛（PAC 2022）中获得两项全国第一名。三是不断落实学术兴院，国家自然科学基金立项 16 项（含重点 1 项），同比增长 60%。重点科研项目申报取得进展，到账科研经费比去年有了大幅提高，其中横向经费连续两年实现翻番。四是大力深化产教融合，联合浪潮集团等申请的山东省工业软件技术创新中心获批，并共同发起成立山东省工业软件产业联盟；加强与浪潮、华为、百度、山高信息等企业和东开区、乐陵市、博山区等地方合作，新建 6 个校企共建研究机构，拓展了学院研究力量的外延。五是持续加大高端人才引进力度，高端人才引进实现突破。六是顺利完成实验室年度建设项目、科研项目申报，完成设备更新改造专项工作。

一、党的建设

一是抓严理论武装，制定三个层面的理论学习计划，深入学习宣传贯彻党的二十大精神，深入学习习近平新时代中国特色社会主义思想和习近平总书记给《文史哲》编辑部全体编辑人员重要回信精神。二是抓牢主体责任，全年共召开党委会 15 次、党政联席会 21 次，制定党委文件 14 份，专题研究安全工作、党风廉政建设工作，定期分析研判意识形态情况，推进党建重点工作，落实全面从严治党主体责任。三是抓好规范提升，开展党支部评星定级工作，4 个党支部被评为山东大学五星级党支部；“双创”工作实现新突破，软件学院机关党支部被评为山东大学党建工作样板支部；全年发展党员 55 人，提高党员发展质量。四是抓实巡视整改，围绕安全工作专项巡视，制定《安全工作专项巡视整改工作台账》，将巡视整改任务细化为 10 大类 27 条措施，逐项推动整改落实。

二、学生工作

坚决守好疫情防控责任田、织密防疫网，构建全覆盖网格化的工作体系，做到底数清、情况明、数据准，确保了防控工作的“两个到位”，成效显著。逐步形成层次清晰、内容规范的学生管理规章制度体系，制定完善学院学生工作规章制度 30 余项，不断优化工作规范，提高内部治理能力。拓展全方位、多层次、立体式的育人空间，搭建全链条网格化全员育人体系。将人才培养贯穿于“筑基—赋能—蓄势—启航”四大育人阶段，打造了“铸魂”“启智”“强身”“润心”“尚行”五大育人工程。其中，本科生班主任工作、本科生学业指导体系、研究生综合测评与奖学金改革、导师第一责任人落实、心理健康教育等工作取得显著成效。

三、人才培养

专业建设方面，成立面向工业软件和人工智能方向的软件菁英班，探索特色化软件人才培养体系。数据科学与大数据技术专业成功获批山东省一流本科专业建设点。完成数字媒体技术专业认证自评报告并获得通过。教学研究方面，获得第九届山东省教学成果奖特等奖1项，二等奖1项。获批校级教学改革项目重点项目3项，一般项目8项。获批工信部重点实验室2022年信创实训课程体系研究课题1项。教材建设方面，获批校级高质量教材出版资助项目4项。在课程建设方面，积极组织暑期学校工作，获批暑期学校优秀项目2项，学院获得“暑期学校优秀组织单位”称号。在招生拓展方面，积极进行专业招生宣传工作，逐步提升生源质量，在省内录取最高名次取得了新突破。研究生培养方面，加强过程管理，严把“入口关”“教学关”“培养关”“导师关”“出口关”。2022年软件学院录取硕士研究生中推免生占比63%，优秀生源占比78.47%。在2023年研究生推免工作中，优秀生源占比达到79%。2022级博士生优秀生源为85.7%。获得校长奖学金1人、山东大学优秀博士学位论文1篇、山东大学优秀硕士论文1篇、山东大学研究生优秀学术成果奖1人。《随机算法》以及《负责任的人工智能》入选“山东大学2022年度研究生核心课程教材出版”专项计划。“面向世界前沿的四位一体螺旋式人工智能＋X研究生培养模式研究实践”获得山东省第九届教学成果二等奖。

四、人才引育

学院立足于特色化示范性软件学院建设，聚焦大兴工业软件，依托“山东大学一南洋理工大学人工智能国际联合研究院”高端科研平台，落实两院协调发展总体思路，不断加大高端人才引进力度。2022年学院新增国家级人才2人，省级重点人才工程1人，省优秀青年基金（海外）2人进入会评，泰山产业领军人才2人，引进齐鲁青年学者2人、副研究员2人、助理研究员1人、博士后入站3人，学院师资队伍结构和高层次人才引进实现跨越式提升。

五、科学研究

一是克服疫情带来不利影响，通过及时动员、精心组织和密切追踪，确保科研项目申请立项成效，国家自然科学基金立项率达到64%。二是通过共建研究机构等方式扩大院企合作、院地合作，横向经费连续两年实现了翻番。三是抓住特色化软件学院建设契机，与浪潮集团、山大华天等骨干企业加强合作，规划工业软件自动构造、复杂几何建模与数字孪生、工业安全软件等新方向，开展前瞻性研究；联合浪潮集团、齐鲁工业大学、济南二机床集团等软件企业和应用企业共同申请建设山东省工业软件技术创新中心通过审批，构建了产学研高度融合的工业软件创新体系，打造工业软件数字生态，突破工业软件关键核心技术。2022年，学院获中国电子学会科技进步一等奖1项、省科技进步二等奖1项，授权发明专利50余项。

六、创新创业

学院成立“双创”工作组，将学生创新能力培养作为人才培养的重要目标，为学生搭建了完善的创新和实训平台，设计了系统化的培养内容和实践环节，形成软件创新品牌，进一步完善了本科生的创新管理和组织体系。“双创”工作组为学院内创新创业管理机构，立足软件学院，面向全校，服务山东，争创一流，按照“国际化、工程化、创新型”的创新人才培养目标，采取“项目驱动”的培养方式，成立了由工作组管理、知名教授负责、本科生积极参加的多个特色化示范性创新实验室，运行一年来取得丰硕成果。

七、安全稳定与服务创收

进一步提高政治站位，全年扎实落实疫情防控相关工作。建立安全稳定长效机制，完成学院全院安全工作责任书签订的组织工作，完成学院网格体系更新与梳理及日常安全检查与管理等工作。在防控期间严格落实学校关于安全稳定各项政策，落实实验室等公共场所历次安全检查及后续整改工作。在职研究生工作方面，分别与比亚迪、震有科技、重汽、潍柴、重工等企业开展行业班，实现面向集团型企业定向培养行业技术人才的需求。完善了基于信息化平台的同力在职研究生精细化培养体系和培养质量控制体系。全年国际教育、在职教育实现总收入 1664.8 万元，其中中加教育实现收入 960 万元，IUP 与小语种国际项目实现收入 519.2 万元，同等学力在职研究生教育实现收入 185.6 万元。

八、工会工作

学院工会工作再上新台阶，获评 2021 年度山东大学工会工作先进集体。学院工会关心教职工生活，走访看望生病住院的退休教职工，对亲属病故教职工进行慰问，“三八”妇女节对全体女教职工进行慰问。在 2022 年上半年、下半年校园防控期间慰问校内留守教职工。积极参与学校组织的文体活动，活跃教职工文化生活，2022 年 11 月 12～13 日，软件学院代表队获得 2022 年山东大学济南校本部教职工羽毛球比赛第五名的好成绩。

（曲　毅）

微电子学院

一、年度工作概述

学院坚持以习近平新时代中国特色社会主义思想为指导，坚持立德树人，为党育才、为国育人，在学校党委的坚强领导下，深入学习贯彻习近平新时代中国特色社会主义思想和党的二十大精神，精耕细作、团结奋斗，锚定党和国家对集成电路产业人才战略急需，以深入推进落实学校融合发展战略为根本突破口，落实“3D”工作思路，全力保障了学院事业发展、安全稳定和疫情防控协调统一，顺利完成年度工作任务。成功申报集成电路科学与工程一级学科博士点。山东大学集成电路产业学院获批山东省现代产业学院，成为全校唯一一个国家示范性学院和现代产业学院共同建设、融合发展的学院，成为学校强力落实国家《示范性特色学院建设管理办法》的开拓者，成功开启国家示范性微电子学院 2.0 建设新篇章。获批山东省集成电路前沿科学与工程高校实验室。落实国家集中采购设备库论证，获得学校 5 年支持额度 7000 万元。师资力量进一步加强，聘请山东大学讲席教授孙丕恕为博士生导师。李虎教授获批山东省海外优青，学院各类教师队伍增加 17 人，较去年增长超 15%。培养学生数量再创新高，育人规模超千人。本科生发表 SCI 论文 6 篇，较 2021 年增长 100%；全国集成电路设计竞赛、全国集成电路 EDA 精英挑战赛均获一等奖，实现零的突破。高质量完成 2022 年和 2023 年国家卓越工程师计划任务（微电子承担全校超 1/3 任务量）。获批国家自然科学基金项目 6 项（2021 年 1 项）；作为课题负责人，参与科技部重点研发计划项目 2 项（2021 年 1 项）；主持山东省自然科学基金重大项目 2 项（2020 年 1 项）；首次与行业龙头华为和京东方建立重要项目合作关系；2022 年学院总立项经费超过 3290 万元，较 2021 年翻一番。SCI 论文超过 70 篇。学院教师首次入选爱思唯尔“中国高被引学者”。发表国际合作论文 23 篇（较 2021 年翻一番）；获批科技部“一带一路”创新人才交流外国专家项目和科技部高端外国专家项目（全校共 8 项，微电子学院占 1/4），提前并超额完成学院“十四五”规划国际交流合作特色化指标。2022 届毕业生总体就业率达到 95.73%。

二、主要工作举措及成效

（一）党建引领保障促发展

深入学习贯彻习近平新时代中国特色社会主义思想和党的二十大精神，以及习近平总书记给《文史哲》编辑部编辑人员重要回信精神。落实“第一议题制度”和党委理论中心组学习制度，编发政治理论学习汇编 46 期，开展理论中心组学习 14 次。

严格落实“一岗双责”，把安全稳定、疫情防控作为常态化议题，召开党委会会议 19 次、党政联席会会议 30 次，编制修订制度 20 余项。

修订学院“十四五”发展规划、编制任期目标责任书。完成学院 11 个党支部重组换届工作，发展党员 25 人，聘请教工支部书记为学生支部党建导师，形成师生支部联动新模式。与齐鲁交通学院联合建立山东大学海底隧道工程交叉创新与实践临时党支部。建立齐芯保障临时党支部，创新开展双保双联“联合学习月”活动。投入 25 万元完成实验室安全改造，完成《安全巡视》整改任务 28 项。

（二）一级学科建设启新篇

获批“集成电路科学与工程”一级学科博士点。获批山东省集成电路前沿科学与工程高校实验室。山东大学集成电路产业学院获批山东省现代产业学院，成为全校唯一一个国家示范性学院和现代产业学院共同建设、融合发展的学院，成为学校强力落实国家《示范性特色学院建设管理办法》的开拓者。落实国家集中采购设备库论证，获得学校 5 年支持额度 7000 万元。制定《微电子学院仪器设备开放共享管理办法（试行）》，落实学校设备共享文件落地。

（三）人才培养模式新升级

1. 本科生培养。探索将全员导师制升级为低年级全员导师＋高年级师徒制“双阶”本研一体育人新模式。优化建设本研一体创新实践空间，设立院级专项经费 30

万元，激励本科生科学创新前置。本科生第一作者发表 SCI 论文 6 篇，授权国家发明专利 2 个；在国家重点赛事和集成电路创新创业大赛、EDA 精英挑战赛专业重点赛事中，获得国家级竞赛奖 16 项，省级竞赛奖 41 项。设置专项经费 120 万元，推动了集成电路设计与集成系统“一生一芯”与微电子科学与工程“一生一管”本研一体育人计划实施。

2. 研究生培养。探索升级产教融合协同育人新模式。高质量完成国家卓越工程师计划任务，联合中国电子科技集团、比亚迪，落实培养 2022 级、2023 级工程硕博专项 48 人；积极承担山东省卓越工程师建设任务，分别与歌尔、浪潮、山东高等研究院等共同申请山东省工程硕博士专项；瞄准 EDA 方向，深化校企联合育人模式，与行业领军企业概伦电子共同成立校企双导师团队，联合培养 2021 级专业硕士 25 人。获山东大学学术成果奖 1 项，山东大学优秀学位论文 1 篇，在申山东省研究生创新成果 1 项，中国电子学会优秀硕/博士论文进入再审阶段 3 篇；2 人次获全国集成电路创新创业大赛一等奖，2 人次获全国集成电路创新创业大赛二等奖，2 人次获全国集成电路 EDA 设计精英挑战赛三等奖。

（四）师资队伍扩充优结构

1. 注重产教融合，优化师资配置。聘请山东大学讲席教授孙丕恕为博士生导师；李虎教授获批山东省海外优青，引进齐鲁青年学者等正高级人才 5 人、副研究员 1 人、助理研究员 2 人；引进山东大学兼职杰出中青年学者 1 人，引进集成电路制造产业专家吴金刚、EDA 领域国家特聘专家刘志宏为山东大学兼职特聘教授。招聘实验教学教师 1 人，辅导员 1 人，研究生教务 1 人，院聘非事编教师 3 人。

2. 获批山东省博士后创新人才支持计划“博新岗位”——集成电路科学与工程（全校共 32 个）；承办第七届齐鲁青年论坛微电子与集成电路分论坛，来自 5 个国家和地区的 10 位青年学者线上参加。

（五）科学研究项目有突破

学院组织院内外专家“团体辅导＋一对一辅导”等方式，试行“齐鲁青年学者＋实验技术教师”双科研秘书机制。科研项目立项、科研论文 KPI 指标实现突破（国家级项目 5 项、重点项目 1 项；高水平论文 5 篇）。获批国家自然科学基金面上项目 3 项、青年项目 3 项；作为课题负责人，参与科技部重点研发计划项目 2 项；主持山东省自然科学基金重大项目 2 项。科研项目立项经费：纵向超过 2100 万元、横向 1191 万元，合计超过 3291 万元。发表 SCI 论文 70 余篇，其中高水平论文超过 5 篇。学院教师首次入选爱思唯尔“中国高被引学者”。

（六）社会服务拓展开新局

谋划成立微电子学院创新融合发展中心，联合济南市高新技术开发区管委会，协同概伦电子、联华电子、山东产业技术研究院等产业核心单位，建设山东大学集成电路产业学院，成功入选 2022 年山东省现代产业学院。共建“山东大学－北方电科集成电路研究中心”，共建金额 300 万元。

（七）国际合作交流见成效

聘请齐鲁青年学者作为学院国际合作项目专员，成立国际化工作组群。签订项目工作合同外籍专家 11 人；开设研究生国际化课程 7 门，海外师资课程 3 门；发表国际合作论文 23 篇；获批科技部“一带一路”创新人才交流外国专家项目和科技部高端外国专家项目，提前并超额完成学院“十四五”规划国际交流合作特色化指标。

（八）三全育人体系趋完善

着力构建“四位一体”育人新格局，学院“三全育人”体系日趋完善。组织就业、升学、竞赛等经验分享会 20 余场，建立专业课程帮扶团队 6 支，实施“全能提升”和“精准帮扶”计划，落实精准学业帮扶。党建促团建，不断丰富德智体美劳育人载体。举办志愿服务活动 248 次，参与服务 1893 人次，社会实践获省级荣誉 4 项，校级荣誉 38 项，实现了劳动教育全覆盖，打造 4 支品牌社会实践团队，相关工作受到了新华社、中青网等媒体的宣传报道。着力构建重点学生帮扶体系，建立完善各类学生台账，“一生一策”落实到位。学院领导班子全员参与就业工作，走访用人单位 22 家，实施精准就业指导服务活动 24 次。创新设计开展“芯系未来”系列活动 35 场，实现产业资源引入、校友朋辈辅导、专业认知提升三位一体育人功能。2022 届毕业生总体就业率达到 95.73%。

（苏　伟）

新闻传播学院

一、坚持学习贯彻党的精神，深化党建目标落实思教工作

2022 年，新闻传播学院党委深入学习领会党的二十大精神，班子成员坚持学习习近平总书记关于教育的重要论述和习近平总书记给《文史哲》编辑部全体编辑人员重要回信精神，紧密联系党的百年奋斗历程特别是党的十八大以来新时代 10 年的伟大变革，深刻领悟“两个确立”的决定性意义，深化对习近平新时代中国特色社会主义思想、马克思主义中国化时代化、中国式现代化等重大问题的认识，深刻理解并把握好教育、科技、人才在未来发展中的重大作用，切实把思想和行动统一到党中央精神上来。

1. 坚持全面从严治党，落实管党治党责任。聚焦班子任期目标和年度重点工作，全年召开党委会 30 次、党委理论中心组专题学习 6 次。落实全面从严治党“一办法三清单”，分八个方面整改落实意识形态领域和安全工作巡视检查的问题。落实班子成员“下沉一线”工作原则和联系支部制度，形成全面从严治党整体合力。

2. 结合学科特点，学习贯彻党的二十大精神。举办 2 场“落实党的二十大精神、推动学科创新”系列讲座，学院党政主要负责同志为全院师生进行了专题辅导。

3. 推进基层支部“载体化、实效化、特色化、品牌化”建设。新闻系党支部依托

文学生活馆开展党建活动，“领读经典”三门慕课上线全球中文学习平台、国家智慧教学平台和学习强国平台。“领读经典”系列丛书获评 2022 年山东省社会科学普及优秀读物。传播系党支部积极开展社会服务，获得科研经费 600 多万元。机关广电党支部推出“百微山大”系列视频近 70 部，获山东省第九届原创网络视听节目大赛一等奖、山东省全民阅读短视频大赛优秀奖。学院党委党组织书记抓基层党建突破项目获得优秀，本科生党支部获评“山东大学先进基层党组织”，2022 级硕士生党支部获评“山东大学第二批样板党支部”。

4. 落实立德树人根本任务，加强师生思想政治教育工作。进一步完善“红色文化＋社会实践＋经典导读”的大思政模式，大一《新生研讨课》和大二的《业界精英进课堂》两门课全年邀请 23 位学界、业界导师走进课堂。将“百微山大”“文学生活馆”“聆听光影”3 个党建文化品牌与思想教育结合，体现文化育人。继续推进“红色文化寻访”“调研中国”等学生实践活动，将思想教育课堂延伸到实践环节。完善本科生全员导师制，推进“三全育人”工作。“聆听光影”获学校“一院一品”立项；学生会、研究生会荣获学校“十佳学生会”“十佳研究生会”称号。

二、强化学术能力，提升科研水平，全力建设一流学科

1. 科研经费到账超额完成年度目标任务，项目总经费 1318 万元，到款经费 980 万元，重大科研项目立项数量超额完成年度目标。本年度学院已完成 3 项，超额完成年度目标并完成任期目标；科研成果成绩显著，论文发表 41 篇（其中四大刊 4 篇、CSSCI 收录期刊 15 篇、英文期刊 12 篇）；获得山东省第三十五届社会科学优秀成果奖 3 人、山东大学第二届人文社科青年学者优秀成果奖 1 人、《领读经典》系列丛书获评 2022 年山东省社会科学普及优秀读物；科研平台建设全面提升，建设省部级、校级等多层级学术平台；智库成果及重要报刊理论文章显著增加，5 篇智库报告获得智库成果认定，2 篇资政报告被中共中央办公厅采纳；3 篇资政报告分别被《光明日报》、学习强国平台、山东省人大常委会研究室、中共山东省委宣传部采纳；展开多渠道学术交流活动，举办各类学术讲座、论坛等 30 余场，获得学校人文社科高端学术论坛资助 1 场；主办“落实二十大精神，推动学科创新”“业界精英进课堂”“讲述我所经历的主题报道”等系列讲座；教师参加校内外各类学术会、学术培训近百场。

2. 海外师资课程全面覆盖本院学生，学院联合境外知名高校开设 8 门暑期课程，其中本科生 7 门、研究生 1 门，覆盖全院本硕学生，使学生百分之百地完成海外学分。海外授课师资来自世界知名院校如美国佛罗里达州立大学、加利福尼亚州立大学戴维斯分校、兰卡斯特大学等。申请海外留学访学经历的师生人数不断攀升，学位项目合作不断推进——学院推进与美国密苏里大学新闻学院的双学位学士项目，2017 级本科生李可欣成为该合作项目的第一人，该生同时获得山东大学和密苏里大学双学位，并荣获美国密苏里大学“优秀毕业生”称号。国际科研论文发表数量增长，教师刊发国际论文 12 篇，较之往年有所增长；参加国际学术会议若干场次。

3. 积极做好高端人才引进工作。引进专任教师 4 名，博士后人员 2 名，助理实验师 1 名，保资辅导员 1 名，舆论研究中心网络信息分析员 3 名。

4. 获批山东省数据开放创新应用实验室（第一批），获批两个发明专利。从“整理、整顿、清扫、标准、素养、安全”六个大方面实施完成了实验室 6S 标准化管理。MR 混合现实实验室和公共传播实验室改造完成并投入使用，专家访谈调查室完成系统升级并投入使用。

三、深化研究生教育综合改革，规范研究生招生和培养工作

根据疫情期间学生报考情况变化，从 70 余位报名学生中确定 36 位学生为优秀学生，生源结构进一步合理，优质生源占比不断提高。顺利完成 2022 年研究生推免生录取工作，推免比例继续突破 60%以上，达到年初设定目标，推免生源占比在全校人文社科类院系中名列前茅。顺利完成 2021 年博士研究生招生工作，继续采取“申请—审核制”录取博士生，在招收博士生学业水平、科研能力及综合素质多维度严格把关，年度招生总数量与 2020 年持平，招收学生均具备一定的知识基础与科研功底。

学院师生获推荐山东省专业学位案例库建设 1 项、推荐山东省优秀硕士毕业论文 1 篇、教师指导山东省优秀学术成果奖 1 项。在 2020 版教学计划的基础上进一步理顺学位课程梯队建设，构建多维度一体化的研究生学科建设及团队培养的课程体系。严格按照学校要求将学术硕士、专业硕士、非全日制专业硕士分别开设课程，进行针对性的学术培养和科研训练，其中单独考试学生与非全日制学生数量较多，在疫情防控期间组织其与全日制专业硕士研究生进行“线上+线下”联动的合作培养，确保线上授课的质量和课堂纪律、学习情况以及作业反馈的全面落实。根据研究生院要求，在其给予资金、经费支持的情况下，通过线上邀请专家的方式，开办“落实党的二十大精神，推动学科创新”系列学术讲座，邀请中国社会科学院新闻与传播研究所所长、中国社会科学院大学新闻传播学院院长胡正荣教授主讲，为硕士生、博士生等全院多个年级的研究生开设学术讲座，讲座题目为“学习党的二十大精神，加快建构中国自主的新闻传播学知识体系——以国际传播领域科研为例：政策、实践与研究”。新增博士生导师 1 人、硕士生导师 5 人，目前学院具有博士生导师资格的教师达到 13 人、硕士导师 33 人。根据研究生院 2019 年公布的《山东大学研究生质量提升工程》相关文件和 2020 版培养方案，制定了学院《兼职、合作研究生导师聘任条件》，并于 2022 年底前完成 20 余位新合作导师的聘任工作。

四、本科教学不断完善，培养具有扎实学科知识和综合素质的高质量人才

学院紧紧围绕立德树人的根本任务，深入推进本科教学改革创新，积极探索新教学模式，全面提升教学质量。

1. 完善课程体系，提高教学质量。学院更新教材及教辅资料，充实实践教学环节，引入实际案例和项目，加强学院教材队伍建设。同时学院重视课程教材建设：对“马工程”教材做到应用尽用；发挥党建引领，对于外文教材进行多重审核；制定有效的激励措施，鼓励学院教师参与教材编写。

2. 多次举办师生面对面座谈会。多次举办本科师生面对面座谈会，就毕业论文、毕业实习等问题举行答疑会，解决学生关心的问题。为 2022 级本科生开展本科教育概

况会，介绍学院基本情况和独特优势。

3. 樊丽明校长莅临学院公开课活动进行指导。新学期伊始，校长樊丽明、本科生院院长曹现强赴教学一线，莅临新闻传播学院，参加“品牌策划与传播策略”公开课活动。学院响应学校号召，积极关注一线教学，保证教学秩序，营造学生良好学习氛围。

4. 学院就线上教学开展基层教学研讨会。为提升学院本科教学质量，学院定期举办基层教学研讨会，以系所为单位开展全体教师线上教学研讨，新闻学系、传播学系、新媒体系已相继举行第一期研讨会。持续加强教学过程督导和评估工作，通过教学观摩、课堂评价、反馈等方式对教师进行全面评估，针对评估结果提供培训指导，以期提升教师教育教学水平和能力。学院青年教师林昱君在学校 2022 年度青年教师教学比赛中获二等奖，并获“山东大学青年教学能手”称号。

5. 邀请业界专家走进学院，展示学科魅力。“业界精英进课堂”课程邀请 10 位在新闻工作一线的业内人士讲述主题报道经验，分享业界经验，提升学生实践能力；“新生研讨”课邀请 11 位校外学界、业界老师做多角度理论知识、实践经验的分享。

6. 召开推进本科生教育教学审核评估会议。为进一步落实任务、夯实责任，迎接教育部本科生教育教学审核评估，推进一流本科建设行动，学院召开推进本科生教育教学审核评估会议，就重点工作及工作安排进行讨论。

五、规范学生管理保障学生权益，开展学院特色育人活动

1. 强化思想政治引领。由书记、院长、新生辅导员、优秀毕业生等为新生开展理想信念和爱国主义教育、培养管理教育等系列讲座；组织团支部与院级“榜样的力量”评选活动，选出团支部之星 22 人，院级“榜样的力量” 12 人；进一步完善“青年大学习”学习体系，实现组织督导与团员自主相结合的工作常态，截至 2022 年底完成比率为 81.45%，创学院历史新高。

2. 有序推进日常管理工作。完善学院各项规章制度，对素质拓展培养计划、综合素质测评细则等制度进行逐一合理修订，并面向广大学生征求意见。有序落实各项评奖评优工作，公平公开完成上学年系列奖助学金评定工作。完成毕业年级研究生推免工作，2019 级 2 名本科生获得综合素质赋分，同时多名同学保送清华大学、中国人民大学、上海交通大学、武汉大学等高校。

3. 创新学生党建模式。各支部共举办“三会一课”等主题党日及学习教育活动 40 余场，覆盖学院 100%学生党员及发展对象、入党积极分子学生；本科生党支部获评“2021 年度山东大学先进基层党组织”称号，2020 级硕士生党支部获评“2022 年度山东大学第二批样板党支部”称号。各支部通过社会实践、志愿服务等途径走街道、入社区、进课堂，持续推进“新传党建工坊”建设，通过组织开展校史馆参观学习、兴隆山校区工训中心实践体验等近十项活动，实现了支部组织力提升与党员战斗力提升的“双赢”发展。

4. 落实关心关爱工作。巧用新媒体打造权益服务矩阵，打造“权新全益”院级服务品牌、“权新全益”QQ 号，依托“问卷星”开展“提案大赛”，鼓励同学们主动发现问题、深入调研；增强资助育人实效，落实困难认定、生源地贷款、助学金评定等资助

工作，对42名申请困难认定的学生结合个人情况进行评定。健全心理育人机制，学院“新心向阳”心理辅导站已获批学校二级心理辅导站。

5. 扎实推进五育并举。组织参加第十九届研究生篮球赛，筹备参加第八届研究生啦啦操赛，多方鼓励学生在实践中增强综合素养；迎新晚会面向本硕博6个年级共征集节目近30个，歌曲、舞蹈、乐器演奏亮点颇丰；宿舍文化节创新参与形式，在原有活动基础上开展微视频大赛、宿舍时装周，兼具新传特色与青春气息，学生参与积极性大幅提升。

（高菲菲）

齐鲁交通学院

在学校党委和行政领导下，学院班子深入学习贯彻习近平新时代中国特色社会主义思想，统筹疫情防控、事业发展和安全稳定各项工作，自觉运用“金钥匙”破解改革发展难题，扎实推进一流学院和一流学科建设，圆满完成年度各项工作任务。

一、党的建设更加有力

坚持党建工作和改革发展同研究、同部署、同落实，科学谋划学院“十四五”发展规划和班子任期建设目标；持续加强党的创新理论武装，开展中心组学习11次，严密组织班子民主生活会、暑期读书班和工作务虚会，编印19期理论学习参考资料；系统推进党的二十大精神、《习近平谈治国理政》（第四卷）、新党章学习，迅速掀起学习热潮，获评学校理论学习月活动“优秀组织单位”；坚决扛起巡视整改的政治任务，深入开展安全专项巡视整改；全面增强基层组织体系建设，新建驻华润水泥（合浦）科研现场、驻胶州湾第二海底隧道科研现场临时党支部，增设智能建造与工程软件系教师党支部；严格落实党员发展培养工作，集中开展预备党员和新党员培训，4名青年教师发展为入党积极分子，抓实党支部书记述职评议考核工作；积极做好宣传工作，选树师生先进典型，主动加强与《光明日报》《大众日报》等主流媒体合作对接，广泛宣传学院建设发展成就和重大科研突破。学院获评“山东大学先进集体”。

二、人才培养成效显著

“智能建造与智慧交通”获批成为全国首个开设本科的新专业；扎实推动工程教育专业认证工作，全力做好城市地下空间工程专业专家现场考核迎检工作；获得校级课程思政示范项目1项，课程思政教学比赛三等奖1项；不断深化教育教学改革，形成智能建造与智慧交通类教改项目群，获批省级重点教改项目1项、省级教学成果一等奖1

项、二等奖1项，校级高质量教材出版资助立项2项，优质专业学位教学案例库立项1项，成为山东省首批现代产业学院，新增山东大学教学实践基地1个，成功举办第二届“山东高速杯”创新创业大赛。学生获2022年“互联网＋”国家级金奖、银奖共4项。李利平教授获评“我心目中的好导师”。建立健全学业困难学生“1＋N”长效帮扶机制，上学期末8名挂科30学分以上的学生顺利毕业，帮扶成效走在学校前列。紧盯解决“高四”现象，制定形成学院贯彻“三全育人”行动方案。研究生招生规模和生源质量进一步提升，年度招生计划推免率达到54.4%，首次完成50%推免率。硕士学位论文匿名盲审比例提高至100%。与宁波诺丁汉大学达成联合培养博士生的初步意向，预计2023年实现联合招生。成功申报2022年度国家级教学成果奖。

三、师资水平全面提升

紧盯延揽造就一支具有国际影响力和竞争力的人才队伍，制订实施2022年度人才引育规划，做好师资队伍整体布局。本年度新增国家海外优青2人、国家特支计划青年拔尖人才1人、泰山学者特聘专家1人、泰山学者青年专家2人、山东省海外优青1人、齐鲁青年学者1人、兼职特聘教授2人。对接青塔人才服务合作，广泛开展政策宣讲和引才宣传。成功举办第七届齐鲁青年论坛分论坛，多名优秀青年学者申报人才项目或达成引进意向。加强科研支撑队伍建设，学院专聘科技人员年度新增8人，规模已达36人，有力服务支撑学院科研建设。全面加强师德师风建设，研究制定《关于进一步加强和改进教师思想政治和师德师风建设的工作方案》，开展师德师风师貌座谈会，鼓励引导广大教师心怀“国之大者”、争做“大先生”，不断在人才引进、教师评价等方面严把政治关、师德关。

四、科研创新不断突破

以学科建设为龙头，持续推动智能建造与智慧工程学科领域建设，牵头制定任期目标责任书，研究确立建设管理机制；积极参与国家实验室建设，获批高端工程机械智能制造全国实验室、山东省交通基础设施智能建造与智慧运维高校实验室和山东省重大工程仿真与数字孪生高校重点实验室；深化培育校企智能化平台，共建创新研究院和交通基础设施智能建造与智慧交通研究中心；加强国家重点研发计划组织策划，成功申报9项，获批6项（牵头3项、参与3项）；获批国家自然科学基金7项（面上项目4项、青年基金3项）、省自然科学基金6项（面上项目2项、青年基金4项），积极组织申报2023年度省自然科学基金15项。年度竞争性科研经费到账突破1.3亿元。加快推动成果转化，山东高速集团二期5项课题完成阶段汇报，三期6项课题完成预验收，四期10项课题完成合同签订，五期课题提交31项指南。学院隧道工程灾害预测预警与智能防控青年创新团队被团省委表彰为“山东青年创新突击队”。

五、合作交流延展拓宽

国内方面，克服疫情不良影响，成功召开学院第二届理事会第一次会议，为年度科研合作、设备采购和共建经费划拨的落实落地提供了重要保证；联合主办“2022黄河流域轨道交通高质量发展论坛”，承办“第十届国际桥梁与隧道技术大会海底隧道安全性与灾害控制主题论坛”，联合中国科协成功举办青年科学家沙龙和高层次专家研讨会，促进多学科多领域交叉融合发展。先后赴集团十余家权属单位交流对接工作，积极推进与济南城建集团、四维卓识、易构软件、博赛网络等企业合作，协助学院教师争取更多资源；接收山东高速集团、山东铁投、济南轨道交通、中铁十四局、川藏铁路公司等重点合作企业同等学力申请硕士学位人员 79 人。抓好学院校友工作，积极筹备成立学院校友会和校友理事会，组织校友单位就业对话会 1 次，依托校友申报教育部供需对接就业育人项目立项 2 项、团省委课题 1 项。

国际方面，依托高等学校学科创新引智计划（“111 计划”）等国际合作平台，聘请 30 余位国际著名学者通过线上讲座、学术交流、国际暑期学校、海外师资课程等形式开展化交流，获批科技部外国专家引进计划 1 项、山东大学全球一流学科合作计划 1 项。

六、安全防线稳固托底

坚定不移贯彻落实学校疫情防控部署要求，全力做好疫情防控服务保障工作。坚决打赢疫情防控阻击战。在校园防控管理期间，学院统筹疫情防控和事业发展双促进、两不误，动员全院师生员工凝心聚力、共克时艰，领导班子全员上阵、靠前指挥，组建校内志愿服务和校外服务保障专班，及时传达学习各级疫情防控指示要求，有力供应基本防护和生活需求物资，多方协调解决师生“急难愁盼”；配合校区办开展疫情防控应急演练，全面参与核酸检测保障工作，牵头承办校区党建活动，丰富在校师生文化生活，为学校打赢疫情保卫战作出了积极贡献。加强实验室安全管理，推进实验室 6S 标准化建设，强化实验室安全宣传教育，开展消防演练和安全系列讲座，组织签订实验室安全责任书，按期完成危化品整治建账。

（张承昱）

儒学高等研究院

儒学高等研究院（以下简称“儒学院”）坚持以习近平新时代中国特色社会主义思想为指导，深入学习贯彻落实党的二十大精神，统筹推进疫情防控、安全稳定和事业发展，扎实推进“双一流”建设和“十四五”规划落地落实。

一、基本情况

截至 2022 年 12 月底，儒学院共有教职工 105 人，其中专任教师 61 人，在岗教授

28人，副教授27人，讲师6人；博士后18人。在校学生458人，其中本科生78人，研究生380人。儒学院现任领导班子成员有执行院长王学典，党委书记李平生，党委副书记李鹏程，副院长王加华、徐庆文、王震。

二、党的建设

认真学习贯彻落实习近平新时代中国特色社会主义思想和党的二十大精神，开展党委理论中心组学习8次、党支部集体学习百余次。全面落实民主集中制和“三重一大”决策制度，全年召开党委会会议29次、党政联席会议18次。制定教师思想政治和师德师风建设工作方案，持续加强山东省高校黄大年式教师团队——儒学研究团队建设，以先进典型带动全院深入开展师德师风建设。全面提升基层党建质量，4个党支部换届重组，教师党支部书记“双带头人”全覆盖；新发展党员53人，预备党员转正44人；建设院“双带头人”工作室1个，教工第三党支部入选山东省党建工作样板党支部。织密安全管理网格体系，严格“一会一报”制度，开展新媒体和网站排查10余次，持续强化意识形态工作的凝聚力和引领力。以36项措施深化中央巡视整改，积极配合国家经济责任审计和校内安全工作专项巡视，压实整改责任，部署成果运用，优化政治生态，推动事业发展。

三、深入贯彻落实习近平总书记重要回信精神

儒学院牢记习近平总书记的殷殷嘱托，依托14个重大科研项目，持续挖掘优秀传统文化“两创”资源，积极推动儒学研究“社会科学化”，不断提升《文史哲》国际版影响力。在习近平总书记给《文史哲》全体编辑人员回信一周年之际，《文史哲》编辑部参与组织开展习近平总书记给《文史哲》编辑部全体编辑人员重要回信精神一周年专题座谈会，举办“亚细亚生产方式与中国道路”人文高端论坛，发布2021年度“人文学术十大热点”，以实际行动落实习近平总书记重要回信精神。

四、师资队伍建设

依托儒家文明省部共建协同创新中心、世界儒学分中心和国际儒学联合会山东大学研究基地等平台优势，加大人才引进力度。2022年度，引进讲席教授张其成，特聘教授杨朝明，台湾地区教师曾美珠，青年教师李珮、蔡杰、李富强、吕冠男、李泽华、叶杨曦等6人，统招类博士后朱家钰、解树明、段重阳、陈恳、于帅帅、李骏寅、何家英、吕行佳、陈肖杉、朱家钰等10人，极大地增强了儒学研究的团队力量，人事人才队伍建设迈上新高度。

五、科学研究

全年在研项目70余项，其中重大项目12项。新立项目10项，其中，国社科艺术学重大项目1项，立项课题为“中国艺术民俗学的理论与实践研究”，张士闪教授担任首席专家；国社科年度项目1项，立项课题为江曦副教授主持的“明人著述总目研究”；国社科后期资助项目1项，立项课题为赵睿才教授主持的“吴瞻泰《杜诗提要》综合稽

考与平议"；高校古委会项目1项，立项课题为王承略教授主持的"王先谦《后汉书集解》点校"；省社科项目2项，立项课题为林海聪助理研究员主持的"近现代泰山图像研究（1840～1949）"、赵卫东研究员主持的"陈铭珪《长春道教源流》整理与研究"；横向课题4项，横向经费总额170万元。全年发表论文180余篇，其中CSSCI论文约80篇。出版学术著作近30部。3项成果获2021年度山东大学人文社会科学重大科研成果奖励，分别为杜泽逊教授《尚书注疏汇校》、郭震旦教授《音调难定的本土化——近年来若干相关问题述评》、代亮教授《清初诗学思想与程朱理学》。1项成果获2022年山东省社会科学普及"十佳读物"，为刘培教授《山东辞赋选注》。2项成果获山东大学第二届人文社科青年学者优秀成果奖，分别为任增强副研究员《英美聊斋学研究》、王加华教授《让图像"说话"：图像入史的可能性、路径及限度》。举办高水平学术会议7次，分别为"中华后土文化论坛""亚细亚生产方式与中国道路人文高端论坛""'生活儒学'国际学术研讨会""第十九届民间文化青年论坛""中日民俗学学术交流论坛""中国古代农村治理学术讨论会""儒法对话与国家治理国际学术研讨会"。"儒学研究基地"获评山东省社科理论重点研究基地。山东大学非物质文化遗产研究院揭牌成立。在党的二十大即将召开之际，"全球汉籍合璧工程"和《欧洲地区所藏中国珍稀文献丛刊》等成果作为山东省代表性成果，在"奋进新时代"主题成就展获得展出。

六、人才培养

2022年，招收全日制硕士研究生76人（含外籍硕士1人），博士研究生35人。75名硕士研究生和35名博士研究生申请论文答辩并顺利毕业。尼山学堂招生27人，毕业25人。新聘杨朝明教授、张其成教授为博士生导师，蔡杰副研究员、林海聪助理研究员为硕士生导师。举办"尼山国学大讲堂"3场、"儒家文明论坛"13场、师生读书会17场、"研究生论文写作与发表"讲坛2场、职业规划沙龙5期、导学思政系列活动3期。举办第二届张其成基金师生奖助金评选，举办"思政教育进宿舍"、党的二十大理论学习、疫情防控和安全教育主题团日活动、暑期社会实践等各类学生活动20余项，完成优秀校友访谈43期。1名博士生获省研究生优秀成果奖，1篇博士学位论文获省优秀博士学位论文，1篇硕士学位论文获省优秀硕士学位论文，1名博士生获校长奖学金和第五届研究生"学术之星"奖。

七、社会服务

深度参与第八届尼山世界文明论坛学术活动策划实施，院内多名学者分别主讲山东电视台《理响中国》专题栏目，宣讲推进"文化两创"；中华美德教育学院与济南历城区、济阳区签署合作协议，推动"美德历城"建设，持续举办"我们的节日""中华美德大讲堂""中华美德学堂"系列讲座，推进中华美德教育进乡村、进社区、进企业、进机关、进学校、进文化场所，社会反响不断扩大，中华美德教育品牌越擦越亮。

（温　磊）

《文史哲》编辑部

《文史哲》编辑部以习近平总书记在哲学社会科学工作座谈会上的重要讲话以及习近平总书记给《文史哲》全体编辑人员的回信精神为指南，增强“四个意识”、坚定“四个自信”、做到“两个维护”，自觉承担起“举旗帜、聚民心、育新人、兴文化、展形象”的使命任务，将弘扬中国优秀传统文化与鲜活社会实践结合起来，推进学术繁荣与创新。牢牢把握正确舆论导向，唱响主旋律，弘扬正能量，不断巩固壮大主流思想舆论。

2022 年度，《文史哲》杂志围绕文、史、哲重大关键问题或社会关注热点，组织栏目、稿件，积极探讨回应，提升文化自信，共刊发 83 篇文章。开设的栏目主要有“文明互鉴与中国道路”“中国哲学研究”“儒学研究”“如何创建哲学社会科学的中国范式（笔谈）”“亚细亚生产方式与中国道路（笔谈）”“道德、理念与制度”“文史新考”“当代学术纵览”“中国文论研究”“审美文化研究”“海外中国学研究”“中国社会形态问题”“政治哲学与法哲学研究”“学林春秋”等，刊发了郑永年、陈来、姜义华、沈长云、葛兆光、叶小文、杨国荣、罗志田、刘梦溪、万俊人、姚洋、陈卫平、任剑涛、方朝晖、方辉、彭玉平、麻国庆、何怀宏等知名专家的佳篇力作，具有较高的文化价值和学术价值，引发人文社科学界的广泛关注。

一、主要工作举措

受疫情影响，年初制定的年度工作计划有些未能如期展开。以下是根据实际情况对年度计划进行重新调整之后的主要举措。

（一）策划专栏，引领学界用中国话语讲述中国故事

为落实习近平总书记给《文史哲》全体编辑人员回信有关“坚持中国道路、弘扬中国精神、凝聚中国力量”的指示精神，迎接党的二十大胜利召开，《文史哲》依托创设于 2020 年第 2 期的“文明互鉴与中国道路”专栏，将其强化为在世界文明的范畴内阐释中华文明与中国道路的主设栏目，同时进一步巩固“中国社会形态问题”“唯物史观与现代学术”等特色专栏。

本年内，《文史哲》“文明互鉴与中国道路”和“中国社会形态问题”栏目共刊发何中华《世界历史 · 亚细亚现象 · 中国道路——从马克思唯物史观的角度看》、任剑涛《现代知识体系的中国议题设置》、张城《中国语境的社会主义启蒙叙事》等重要学术文章近 10 篇，其中第 6 期紧跟党的二十大精神，集中刊发姜义华《天下为公、天下为家、天下为私：三大能极结构性纠缠历史逻辑下的中国特色社会主义》、牛方玉《社会形态的二维建构及其功能演进——关于马克思主义社会形态理论的省思与重置》、宋培军

《马克思“亚细亚生产方式”理论与“中国式现代化”命题》三篇专论，集中解读中国特色社会主义和中国式现代化命题。

（二）组织并参加山东大学学习贯彻习近平总书记给《文史哲》编辑部全体编辑人员重要回信精神一周年座谈会

在习近平总书记给《文史哲》编辑部全体编辑人员重要回信一周年之际，《文史哲》编辑部组织并参加了山东大学学习贯彻习近平总书记给《文史哲》编辑部全体编辑人员重要回信精神一周年座谈会。王学典主编在开幕式上以“为建构中国自主知识体系添砖加瓦”为题，代表《文史哲》编辑部，对收到回信一年来的学习贯彻落实情况和相关工作进行了汇报。同时，他还代表编辑部全体成员表态，编辑部全体成员将落实好习近平总书记的殷切嘱托，始终坚持以习近平新时代中国特色社会主义思想为指导，立足国情、面向世界，敢于尝试、勇于创新，以重要回信精神为根本遵循，不忘初心，奋力前行，争取把《文史哲》办得更好，为弘扬中华文明、繁荣学术研究，为中华民族的伟大复兴贡献编辑部的全部力量。

（三）举办以“亚细亚生产方式与中国道路”为主题的第十次人文高端论坛

围绕马克思提出的“亚细亚生产方式”这个概念，中国学界已经争论了100多年，收获了许多的重要成果，也留下了许多悬而未决的问题。作为20世纪50、80年代“亚细亚生产方式”大讨论的重要平台，《文史哲》杂志有必要在这两场讨论展开百年这样一个关口，和学界一起总结既有讨论及其成果，并在新的背景下对“亚细亚生产方式”与中华文明和中国道路的关系展开新的探讨。

在习近平总书记给《文史哲》全体编辑人员回信一周年之际，《文史哲》杂志于2022年5月7日举办了以“亚细亚生产方式与中国道路”为主题的第十次“《文史哲》杂志人文高端论坛”，来自中国社会科学院、香港中文大学（深圳）、北京大学、清华大学、复旦大学等高校及科研单位的20余名资深学者与会，重新激活了“亚细亚生产方式”这一深具东方关怀的马克思命题，在新的背景下就其与中华文明和中国道路的关系做出新的探讨。该次高端论坛的部分成果以“亚细亚生产方式与中国道路”笔谈的形式，集结了郑永年《“亚细亚生产方式”与西方思考“东方”的方法论传统》、沈长云《谈中国古代的亚细亚社会形态》、叶小文《“多元一体”与“多源一体”辨析》、孔令栋《亚细亚生产方式理论是解释中国社会历史发展独特性的一个有效工具》等6篇文章，刊发于《文史哲》2022年第6期，作为学习宣传贯彻党的二十大精神的专题讨论。

（四）与《中华读书报》联袂评选产生2021年度“中国人文学术十大热点”

近年来，国内人文学术研究日益繁荣，并正在发生深刻变迁。为及时总结人文学术领域的新进展、新现象、新趋势，推动人文学术研究的繁荣与进步，提升公众对人文学术的认知度和关注度，《文史哲》杂志与《中华读书报》联袂开展了2021年度“中国人文学术十大热点”评选活动。2022年5月7日，《文史哲》第十次人文高端论坛同时发布“2021年度中国人文学术十大热点”，涉及“从孔夫子到马克思”“党史研究学术化范式”“辛亥晚清热”“渐成气候的家哲学”“后疫情时代”“元宇宙创世”等精彩话题，彰显了当今中国人文学界从历史和现实、理论和实践相结合的角度更好认识中国、了解中国、坚持中国道路、弘扬中国精神、凝聚中国力量的不懈努力。新华社客户端、《中华读书报》微信公众平台、《文史哲》微信公众平台等新媒体，同步推出“2021 年度中国人文学术十大热点”条目及解析辞。这也是《文史哲》杂志和《中华读书报》自 2015 年评选发布“2014 年度中国人文学术十大热点”以来，第七次联袂发布“年度中国人文学术十大热点”。本热点评选发布活动兼顾学术性与普及性，旨在以可读性强的话题式叙述激发公众关注人文学术的热情，在追求传播效果的过程中反促对学术动态的洞察与凝练。

（五）联合举办“儒法对话与国家治理国际学术研讨会”

2022 年 9 月，山东大学儒学高等研究院、儒家文明省部共建协同创新中心、尼山世界儒学中心山东大学分中心、山东大学《文史哲》编辑部联合举办的“儒法对话与国家治理国际学术研讨会”在济南举行。来自北京大学、清华大学、复旦大学、中国人民大学、山东大学、韩国安东大学、以色列特拉维夫大学、印度新那烂陀佛教大学、马来西亚拉曼大学、越南胡志明市社会科学与人文大学、加拿大文化更新研究中心、香港教育大学、台湾东海大学、台湾师范大学等国内外高校 50 余位专家学者以线上发表学术演讲的方式参与会议，并吸引了 200 余名学者、教师、学生共同线上参与。本次论坛共分为四个分会场，旨在围绕儒家和法家的思想内涵，从政治、经济、文化，以及儒、法两家对中国乃至全球的国家治理和实践理念方面作用等多个维度展开讨论。

本次研讨会议题丰富而广博、与会学者思考深入而别致、观点多元而激荡。在全球视野下开展跨学科、跨文化的交流和对话，这将有利于推动对儒法思想的深入理解，从而为当代国家治理和世界文明发展提供宝贵借鉴。此次会议也是第八届尼山世界文明论坛学术预热活动之一。

（六）加强国际版建设，促进中外学术交流

为增强中华文明传播力、影响力，推进国际传播能力建设，更好地推介中华优秀文化、促进文明互鉴互融，《文史哲》国际版在半年刊的基础上，于 2022 年度已调整为 3 期，出版了《汉赋与汉代文学的形成》《唐诗研究》《天下观念》三期专题杂志，向海内外推出此领域十年内最具代表性的成果，引起学界较大关注。随着《文史哲》国际版实现公开获取，文章的下载量和阅读量均不断提高，本年度文章下载量更达到 3 万余次，进一步提高了杂志在海内外的学术影响力。

同时，为进一步加强编辑部内部治理体系的科学化，以保证期刊质量的恒定提升，编辑部按照本年度三期、明年季刊的出版刊次，调整规划，严格遵循新制流程时间表；将编辑流程细化为中文稿编审、翻译、英文稿编审、清样排版等几大环节，完善各环节人员分工及工作闭环；加强对荷兰博睿出版社协作环节的管理，多次召开线上专题工作会议，进一步完善了编辑流程、出版机制。

随着出版刊次的增加，本年度扩大并优化了编、审、译人才队伍。一方面吸收古典哲学和翻译领域的两位专家加入编审队伍，增加编审力量；另一方面与专题作者展开充分合作，邀请作者评审专题文章、约写专题前言。注重译者团队建设，加强对译者业务素质的考评，择优汰劣，组织译者进行学术规范化的培训，同时通过专家推荐、发布招募启事等方式，培养新译者。

（七）与多家主流媒体合作，社会美誉度进一步提高

《文史哲》编辑部配合新华社、《人民日报》、中央电视台等多家新闻媒体做了大量宣传工作，尽量让群众了解《文史哲》，让学术研究走向大众。如王学典主编参加了山东电视台《理响中国》推出的《说“两创”》特别节目《〈文史哲〉做好“两创”引领者》，国际版执行主编孟巍隆参加《理响中国》，共话《文史哲让世界读懂中国》，为中外学术界搭建沟通对话之桥；《文史哲》编辑部还积极推动建设文史哲阅读馆，宣传推广中华传统美德。

二、办刊成效

（一）《文史哲》杂志获第四届山东省新闻出版奖·报纸期刊奖，《文史哲》编辑部获第四届山东省新闻出版奖·优秀集体奖

2022 年 11 月 17 日，山东省新闻出版局公示了第四届山东省新闻出版奖获奖名单，《文史哲》杂志获第四届山东省新闻出版奖·报纸期刊奖，《文史哲》编辑部获第四届山东省新闻出版奖·优秀集体奖。

山东省新闻出版奖是根据《山东省新闻出版奖评选奖励办法》《省委宣传部评选活动管理办法（试行）》等有关规定，经山东省功勋荣誉表彰工作领导小组办公室同意，由山东省新闻出版局组织开展的评选表彰，系山东省新闻出版行业最高奖项。

（二）被中国社会科学评价研究院评定为“2022 年中国人文社会科学期刊 AMI 综合评价”权威期刊

2023 年 1 月，中国社会科学评价研究院正式发布了《中国人文社会科学期刊 AMI 综合评价报告（2022 年）》与《中国人文社会科学学术集刊 AMI 综合评价报告（2022 年）》，《文史哲》在 115 种综合性人文社科期刊中被评为权威，这是继 2018 本刊入选中国人文社会科学期刊（A 刊）评价体系“权威期刊”之后，第二次荣获此项殊荣。

（三）《文史哲》杂志获得国家哲学社会科学文献中心 2021 年度综合性人文社会科学最受欢迎期刊，同时获得国家哲学社会科学文献中心 2016～2021 年最受欢迎期刊。

（四）《文史哲》公众号订户突破六万大关

《文史哲》公众号继续多样态推送，截至 2022 年底，用户数 65000 余人，一年来共增加近 10000 名新用户。2022 年度，共推送文章 96 篇，主要由每周固定推送两篇及各类特辑推送组成。推送文章累计阅读量 273377 次，篇均阅读量 2848 次，单篇最高阅读次数 20589 次。单篇阅读次数 2000 以上有 69 篇，占总推送的 72%。1500 以上 79 篇占总推送的 82%。作为《文史哲》重要内容发布平台，多次引发学术热点讨论，总体数据及篇均阅读量在同类学术期刊数字化平台中居于前列。

（五）进入“CSSCI 源刊微信公众号传播力指数”十强

“CSSCI 源刊微信公众号传播力指数”是国内首次以中文哲学社会科学学术期刊微信公众号为研究对象的传播力统计报告。据南京大学中国人文社会科学综合评价研究院发布的消息，凭借公众号的多样态推送和因此形成的持续性影响力，在 2022 年度半年榜、全年榜排名中，《文史哲》微信公众号传播力一直位居综合性社会科学期刊公众号传播力十强。

（六）入选“2022 中国精品期刊展”

2022 年 9 月，《文史哲》入选第二十九届北京国际图书博览会（BIBF）“2022 中国精品期刊展”。

（七）《文史哲》编辑部 8 名党员所在的儒学高等研究院教工第三党支部被评为山东大学 2021 年度五星级党支部、山东党建工作样板支部。

（八）2022 年继续获得国家社科基金资助

在国家哲学社会科学工作办公室的指导下，《文史哲》编辑部坚持以马克思主义为导向的办刊方针，依据人文学科复兴发展的本土化趋势和期刊自身风格，走特色办刊之路，进一步加强对于优秀传统文化成果的刊发与传播力度，以之凝练人文学科重大话题，凸显期刊的国学特色。

（刘丽丽）

经济研究院（含山东发展研究院）

2022 年是党的二十大胜利召开之年，经济研究院在学校党委和行政的正确领导下，全体师生凝心聚力、争优创先，紧紧抓住国家和山东省统筹推进双一流建设的战略机遇，围绕学校年度工作重点和工作安排，持续增强教学、科研、社会服务等方面核心竞争力，全力推进高水平学院建设，赋能学院新发展。

一、科研工作数量质量双丰收

1. 专著与论文发表。出版著作 6 部。发表论文 118 篇。其中，在 *Journal of Economic Dynamics and Control* 等国际国内顶尖期刊发表论文 26 篇，SCI、SSCI 来源期刊发表论文 55 篇，CSSCI 来源期刊发表论文 53 篇。被《新华文摘》全文转载 1 篇。

2. 课题立项。立项课题 18 项（含国家社科基金重大项目 1 项），立项总经费为 309.3 万元，到账总经费约为 237.39 万元。国家社科基金重大项目 1 项（韦倩，国家社科基金哲社领军人才项目），国家社科基金一般项目 2 项，国家自然科学基金青年项目 1 项。省部级课题 5 项（含山东省社会科学规划重点招标项目 1 项、山东省自科基金项目 3 项，中国博士后科学基金面上项目 1 项，山东省社科规划基金 2 项）。入选山东省高等学校青创科技计划创新团队 1 项。入选山东省重点研发计划（软科学项目）1 项。

3. 科研成果获奖。2022 年度 PwC3535 论坛年度最佳论文奖 1 项、最佳论文提名奖 1 项。山东大学人文社会科学青年学者优秀成果奖 1 项。山东省统计局优秀成果奖一等奖 1 项。

4. 科研平台。经济行为与决策实验室入选山东省高等学校文科实验室。

5. 学术交流合作。一是积极组织召开各类学术会议。作为理事长单位主办第五届中国制度经济学论坛、第二十届中国法经济学论坛、第十四届中国语言经济学论坛等全国性学术会议，形成品牌，在国内具有重要影响力和号召力。拓展和创新会议形式，线上线下相结合，组织召开能源发展趋势与山东能源产业论坛、行为与实验经济学国际研讨会等国际学术会议和全国性大型会议。二是研究院师生积极参加国内外学术交流。被邀参会或讲学 100 余人次，参加国内外重要学术会议 50 余人次，其中大会主题演讲 30 余人次，有效加强了与国内外高等院校及其他相关科研单位的合作与交流。三是举办山大经济学讲坛、山东大学行为实验经济学公开分享荟共 15 期，邀请陆方文、姚澜等一批有实力、有学术水平的国内外知名学者前来讲学。

二、队伍建设：高层次人才引育成效显著

韦倩教授入选国家“万人计划”哲社领军人才、中宣部文化名家暨“四个一批”人才。这是经济研究院在国家级人才的又一重大突破。截至 2022 年底，经济研究院已有 2 名全职国家级海外高层次人才、2 名长江学者、3 名“万人计划”哲社领军人才、2 名“百千万”工程国家级人选、2 名国家“四青”人才等国家级人才。引进全职特聘教授 1 位（Lien Jaimie Wei-huang）。引进国际著名经济学家 Toshiyuki Sueyoshi，聘为山东大学兼职讲席教授。

三、研究生培养

创新教学模式，推进教学改革，组织研究生论文比赛、就业经验交流会以及各项文体活动，激励学生全面发展，研究生培养质量逐年提高。学院结合金融专业硕士的教学培养特色，开展了一系列丰富多彩的学术讲座活动，经济研究院研究生教研与实践系列讲座已举办 12 期，邀请学术及业界专家、校外导师结合金融专硕研究生的学习、论文写作以及职业规划等开展了有针对性的专题讲座。

孙涛、黄露露、唐甜甜撰写的案例《激发人才的金融价值——人才金融和人力资本服务业发展探析》，成功入选全国金融教指委金融专业学位案例库，这是学校和经济研究院在金融教学案例工作方面的重要突破。《新政治经济学导论》入选 2022 年度研究生核心课程教材出版专项项目。刘乔巧的硕士学位论文荣获 2022 年山东省优秀研究生学位论文（指导教师李增刚）。设计和组织全新的“经济研究院研究生教研与实践系列讲座”，本年度该系列讲座顺利开展完成 12 期，并且与授课的实践专家开展合作交流，初步确定了与恒丰银行、山东农担、山东通汇等单位的共建研究生实践基地意向；另外，进一步强化了与济南人力资本产业研究院等原有共建基地的合作。10 余名学生荣获山东大学校长奖学金、国家奖学金等各类奖学金。其中，博士研究生黄宏运获得山东大学校长奖学金和“优秀研究生标兵”荣誉称号。研究生生源情况：硕士招生 93 人（其中推免生 43 人；学术型硕士 38 人，全日制专硕 55 人；男生 34 人，女生 59 人）。博士招生 17 人（其中硕博连读 6 人）；2022 级留学生报到 6 人，其中博士留学生 3 人，硕士留学生 3 人。研究生毕业情况：截至 2022 年 12 月，共毕业 128 人。博士毕业生 16 人（含留学生 1 人；3 月毕业 2 人，6 月毕业 4 人，9 月毕业 8 人，12 月毕业 2 人）；硕士

毕业生 112 人（含留学生 5 人；6 月毕业 105 人，其中普通硕士 41 人，专业硕士 61 人，同等学力硕士 3 人；9 月毕业同等学力硕士 1 人；12 月毕业 5 人，其中专业硕士 3 人，同等学力硕士 2 人）。山东省优秀毕业生 8 人，山东大学优秀毕业生 26 人。积极指导学生参加参与各级创新创业训练项目及各种竞赛，研究生就业率达 100%。

四、服务山东

黄少安院长获聘成为第二届山东省人民政府决策咨询特聘专家。他曾于 2018 年入选第一届山东省人民政府决策咨询特聘专家，这次是其第二次入选。经济研究院与山东发展研究院较好地发挥了省委省政府智库的作用，黄少安教授较好地发挥了省政府特聘咨询专家的作用，共提交对策建议报告 20 余份，有 5 篇研究报告获得刘家义书记、李干杰省长、周乃翔省长等山东省委、省政府主要领导批示。学院承担山东省政府决策咨询重大项目、重点项目以及专项等各类横向课题 9 项；整合学校教学科研资源及智库功能优势，积极开展社会培训；2022 年共举办党政学习、经济、金融、企业管类等各类培训班 39 个，培训人员超 2600 人次，为各级政府机关、事业单位、企业等地方单位培养人才，助力山东发展，逐渐形成了研究院的培训办学特色，得到了受训单位的高度认可。

五、存在的不足

国家基金重大重点项目立项成功率偏低；海外人才引进受疫情防控影响明显，有些由于不能入境而无法引进；实验室用房严重短缺，购进的设备没有安放之处。

（田　川）

晶体材料国家重点实验室

一、研究水平与贡献

2022 年，晶体材料国家重点实验室围绕功能晶体及其相关研究方向取得系列重要突破。

（一）科研工作成果丰硕

本年度实到科研经费 31188 万元，新增国防重大任务 4 项、国防重点项目 3 项、国家自然科学基金重点项目 2 项、国家重点研发计划课题 3 项；共发表学术论文 787 篇，其中 SCI 收录论文 760 篇；以第一单位发表论文 452 篇，其中 SCI 收录论文 437 篇。授权国际发明专利 3 项、国内发明专利 65 项。

提出并“揭榜挂帅”承担了某战略科技任务，立项总经费5亿元，其国拨经费2亿元已全部到账，实现了亿元级重大任务的新突破；签订亿元级关键材料供货合同，突破国家“××”装置“卡脖子”关键核心材料制备难题，强力支撑装置建设；攻克了大尺寸碳化硅单晶结晶质量、晶型控制等系列难题，成功制备出8英寸碳化硅单晶，科研进展显著。

赵国群、王桂龙教授牵头的“轻量化高性能构件微孔发泡成型关键技术与装备开发及应用”获得2022年山东省技术发明一等奖；胡卉、陈峰教授牵头的“大尺寸铌酸锂单晶薄膜制备关键技术及产业化”获得2022年山东省科技进步一等奖；何京良、赵明文教授牵头的“二维材料的非线性光学效应和磁性”获得2022年山东省自然科学二等奖；张进涛教授牵头的“电极界面限域功能化调控与机制”获得2022年山东省自然科学二等奖。

围绕实验室4个重点研究方向各类在研自主课题共计20项，其中代表性成果培育项目8项、人才项目4项、青年人才项目8项；在研开放课题36项，其中新立项开放课题11项。

（二）人才培养成绩显著

青年人才培养再获突破。郑昭科、秦伟教授获得“国家自然科学基金优秀青年基金”项目资助；陈皓、仇吉川教授获得“海外高层次青年人才”项目支持；黄柏标、刘宏、戴瑛、熊胜林、张进涛5人入选2022年科睿唯安“全球高被引科学家”；刘宏、黄柏标、武传松、尹龙卫、赵国群、宋爱民、陈代荣、孙峒、熊胜林、赵明文、陈峰、戴瑛、马衍东、于浩海、张怀金等15名教授入选2021年爱思唯尔“中国高被引学者”。

二、队伍建设和研究生培养

实验室现有人员共196人，其中固定人员135人，流动人员61人。固定人员中，科研人员131人（包含教授、研究员112人，副教授、副研究员19人），技术人员3人，专职管理人员1人。在读研究生509人，其中博士生200人、硕士生309人，在站博士后21人；获得国家奖学金8人次、山东大学校长奖学金1人次、山东省优秀博士论文1篇、山东省优秀硕士论文1篇、山东大学优秀博士论文2篇、山东大学优秀硕士论文1篇。

三、开放与合作交流

（一）学术交流与合作不断拓展

实验室积极邀请美国、阿联酋等国家和地区的国内外知名专家学者采取线上线下相结合的形式，以学术讲坛、研究生暑期学校等平台进行了多场学术交流，加强与国内外顶尖科研院校和企业的科研合作，产出了一批高水平的国际合作科研成果，在 *Advanced Materials*、*Angewandte Chemie International Edition* 等材料类国际知名期刊联合发表SCI论文21篇。

（二）克服疫情影响，做好公众开放

本年度实验室通过网络直播、线上会议等多种形式，开展了实验室公众开放日、

“未来晶体之星”夏令营等活动。

2022 年 5 月 28 日，按照《科技部基础研究司关于国家重点实验室在 2022 年全国科技活动周期间开展公众开放活动的通知》要求，围绕“走进科技，你我同行”这一主题，通过线上线下相结合的方式举办了公众开放日活动，徐现刚教授从发展历程、科研方向、代表性成果、成果转化等方面详细介绍了实验室的总体情况；王泽岩、徐明升副教授分别介绍了晶体材料研究院和新一代半导体材料研究院的专业设置及招生情况；刘阳、桑元华教授及路大治、钟宇副研究员分别作了“生活中的晶体”“材料研究者眼中的宝石”“激光晶体与激光技术”“第三代半导体材料与器件”的科普讲座，全国各地约 400 人收看了线上会议。王泽岩教授带领山大在校部分师生参观了国重展厅，起到了较好的科普效果。

7 月 7～8 日，实验室采用线上形式举办了“未来晶体之星”暑期夏令营活动，来自全国 61 所高校的 128 名优秀大学生参加。本次夏令营通过线上学术讲座、师生交流，加深了对实验室的了解，吸引更多有志于从事晶体材料研究的优秀大学生进入晶体国重学习深造。

（三）弘扬科学精神，开展科学传播

为大力弘扬科学精神，普及科学知识，实验室积极做好科学传播工作。通过多种媒体的传播报道，大大提高了实验室的美誉度和影响力。

8 月 20～21 日，*BMEMat* [《生物医学工程材料(英文)》]第一届青年编委会成立大会暨第一次青年编委学术论坛线上举行。*BMEMat* 是由山东大学主办、山东大学科技期刊社与 Wiley 出版集团联合出版，依托山东大学晶体材料国家重点实验室的开放期刊，旨在为生物医学工程材料领域学术界和产业界专家学者提供国际化交流平台，刘宏教授担任主编。论坛通过蔻享、科研云等平台全网直播，直播累计在线观看超过 6.7 万人次。9 月 21 日，中国科技期刊卓越行动计划办公室发布了《关于下达 2022 年度中国科技期刊卓越行动计划高起点新刊入选项目的通知》，*BMEMat* [《生物医学工程材料(英文)》]成功入选。

10 月 13 日，首期山东大学“育晶论坛”举行，中国科学院院士、南京大学教授祝世宁应邀作学术报告。200 余名师生通过线上线下会议参加活动。山东大学副校长、实验室主任易凡教授出席会议并致辞。实验室主任徐现刚介绍了论坛设置的背景和目的，希望通过系列化的学术活动营造浓厚学术氛围，树牢师生创新意识。祝世宁院士作了题为“老材料，新机遇：铌酸锂晶体及其应用”的学术报告，回顾了铌酸锂晶体及其器件的研究历史介绍薄膜铌酸锂（TFLN）制造、微纳加工及集成化方面的最新进展，也对薄膜铌酸锂在未来集成光电子、光量子技术中的地位、作用和挑战进行了分析。

（四）不断提升大型仪器共享效能

截至 2022 年底，实验室大型仪器共计 378 台（套），总值在 19371 万元以上；其中 50 万元以上大型仪器共 102 台（套），总值达 12893 万元以上。现有设备覆盖晶体相关的各个技术类型，注重校内开放共享，并积极为北京航空航天大学、上海交通大学等院校和社会各行各业科技提供测试服务和科研支持。

实验室高度重视技术成果转化，包括半导体发光器件技术、碳化硅衬底技术、医学芯片等在内的一系列成果转化落地，面向中国建材检验认证集团股份有限公司等科研院所和公司提供技术指导和业务合作。

（蒋宛莉）

威海校区

威海校区 2022 年概况

2022 年，威海校区在学校党委的坚强领导下，以习近平新时代中国特色社会主义思想为指导，紧紧围绕立德树人根本任务，坚决落实学校党委决策部署，进一步深化落实一体发展战略，以高质量党建引领高质量发展、保障高水平安全、建设高品质民生，主动开展特色管理服务，全面推进校区转型发展和“新亮点”建设，各项工作取得新成效。

一、坚持学校党委统一领导，发挥高质量党建引领作用

1. 强化党的创新理论武装。持续深入学习贯彻习近平新时代中国特色社会主义思想，严格落实“第一议题”制度，推动党史学习教育常态化长效化，组织开展党工委理论集中学习研讨 15 次。认真学习宣传贯彻党的二十大精神，设立“学报告、悟思想、开新局”学习专栏，编发主题策划文章 40 余篇，迅速组建校区宣讲团，开展集中宣讲活动 20 余场次，制定《威海校区“学习贯彻党的二十大精神全面推动校区新亮点建设”行动方案》，及时做好党的二十大精神进教材、进课堂、进头脑工作。

2. 深入落实一体发展战略。贯彻落实《关于进一步深化一校三地一体发展的改革方案》，充分汇聚争创一流的一体发展合力。第一时间传达落实学校党委决策部署，定期召开对口管理部门工作联席会。开展规章制度和议事协调机构专项清理，废止 58 项规章制度，统一执行 331 项学校制度。落实预算管理“两筹”实施意见，深入做好学院综合预算改革。校区机关发展性部门和 7 个教学院部实现“一体化运行”，跨学院、跨部门、跨校区协同成效显著。

3. 切实做好意识形态工作。全面夯实意识形态工作主体责任，配合做好全省高校意识形态专项督查整改，先后开展 8 次校园媒体治理摸排，292 场次哲学社会科学活动全部“一事一报”。加强舆情风险防范化解，成立舆情应急工作专班，引进专业舆情监测平台，建好网络评论员、舆情信息员、学生信息员三支队伍，编发舆情日报信息 187 期。调整教师工作委员会组成，制定教师思政和师德师风建设工作方案，严格师德师风综合考察把关。

4. 不断提升基层党建质量。加强高素质专业化干部队伍建设，严格干部监督管理，举办青年骨干能力提升班，选派 8 名干部教师到地方挂职。深入贯彻基层组织工作条例，召开首批党建“双创”工作汇报交流会，深入学院开展党建提升专项调研，建立机关党支部书记工作例会制度，推进机关与学院支部共联共建。获评省级标杆学院 1 个、省“创新榜样”1 人、全省高校“精品党课”一等奖 1 项，获评学校“两优一先”表彰 4 项、五星级党支部 30 个、党组织活动立项 45 项。

5. 持续深化全面从严治党。落实全面从严治党“一办法三清单”，认真履行管党治

党、办学治校责任，与二级单位主要负责人进行谈心谈话，深入开展廉政风险排查防控。按照纪检监察机构改革要求，做好相关机构、人员和职能调整。扎实做好配合国家审计工作，按要求提供审计材料68批次、400余项，组织访谈123人次，进行专项沟通与意见答复56件。制定《校区审计整改工作方案》，成立党政负责人牵头的工作领导小组，加强督导检查和部门协同，确保各项整改落实到位。

二、坚决守牢校区安全防线，构建高水平安全治理格局

1. 迎接安全工作专项巡视。深入开展“未巡先改”，梳理排查风险隐患37项、制定防范举措75项、形成长效机制13项。扎实推进“集中整改”，对标巡视反馈的4大类、22个方面存在的突出问题，研究制定整改举措176项，建立动态整改台账，实行闭环管理，做到整改一处、销号一处。协同做好中央巡视和校内巡视深化整改、安全专项整改和其他专项整改，推进校区与二级单位一体整改、系统整改，18个党组织的安全整改报告有7个获评优秀、9个获评良好。

2. 维护政治大年安全稳定。落实校区年度和重要保障期安全稳定工作方案，制定《校区领导落实安全工作“一岗双责”分工》，完善“1＋8＋N”安全稳定工作体系，夯实校区4个层级13个网格的职责分工，梳理安全任务清单60项、重点任务25项。开展安全工作大排查大整治，排查各类安全隐患142项，制定细化整改措施75项，组织召开安全专题会7次，开展安全督导检查9次，修订完善应急处置预案11个，报送安全周报33期，签订安全工作责任书19036人次。

3. 动态精准落实防控举措。科学应对两次较大的本土疫情，加强同属地的协同联动，压实防控“四方责任”，重要时点坚持“每日两研判一汇报”，做好24小时值班值守工作。年内召开防控工作专题会120余次，迎接上级防控督导检查20余次。制定校园相对封闭管理“1＋7”系列方案、提级管理方案和突发疫情处置脚本，确保防控措施调整转段平稳。校区班子成员和各单位主要负责人下沉一线，全面开展各项暖心服务，全力守护师生健康和生命安全。

三、全面推进校区转型发展，推进高质量发展争先进位

1. 落实立德树人根本任务。深化教育教学改革，环境设计和海洋科学获批省级一流专业建设点，成立国家安全教育、遗传学2个虚拟教研室，增设49门通识教育核心课程和“双创”课程，与华为共建“未来网络”实验班，获评省级教学成果奖6项、省级教改项目4项、省级研究生优质课程1项、省级优秀博硕士论文2篇，强化创新人才培养，学生学科赛事获评国家级奖项51个，多项竞赛取得历史性突破，在第十七届“挑战杯”竞赛中获得国家特等奖2项、总成绩山东省第一。全面推动“五育并举”，启动“访企拓岗”专项行动，促进毕业生高质量充分就业。

2. 积极推动学科融合发展。绘制完成世界首幅1∶250万月球全月岩石类型分布图，首次揭示“天问一号”火星着陆区水岩作用特征，获批探月四期载荷重大项目、立项经费超5000万元，获批“海洋物质活性评价与开发”“蓝色经济与绿色发展”“数字人文”等省级研究平台。深度参与学校新一轮“双一流”建设，启动首批6个交叉学科培育重点项目，科学做好重大仪器购置申报工作，持续加大学科建设投入，为学科发展创造坚实条件。

3. 着力提升科学研究能力。获批国家社科基金各类项目 14 项、教育部人文社科研究项目 8 项、省社科规划年度项目 10 项，其中国家社科基金重大项目 2 项；获批国家自然科学基金项目 29 项、国家重点研发计划课题 3 项、省自然科学基金项目 30 项。新增山东省高等学校实验室 4 个、威海市重点实验室 3 个，横向立项经费近 5000 万元、增幅达 28%。

4. 精耕细作加强队伍建设。2 人获评国家杰青、1 人获评国家优青、2 人获评泰山学者青年专家；新增全职入选杰出人才体系 13 人（其中讲席教授 1 人、特聘教授 5 人）；试讲考察 90 余人次，已入职专任教师 41 名。招收博士后 30 人，13 人获评学校特别资助类和重点资助类博士后，获评省“博新岗位”2 个，承办全国空天科技博士后论坛。组织开展能力提升项目 5 项，开设讲座及课程近 60 次。下放非事业编制岗位招聘权限，获批属地引才津贴 650 余万元，全面激发人才资源效能。

5. 拓展国际合作交流网络。创新开展“海外云课堂”，770 人次参加海外经历项目以及毕业赴海外深造，联合理学院首批 61 名学生赴澳攻读本硕连读项目。获批海外师资课程 61 门，特色国际项目 1 个，选课学生 3720 人次。在校国际学生数量达 368 人，研究生层次占比逐年提高。获批科技部引智项目 3 个，“2022 年度威海友谊奖”1 项，举办高端国际学术会议 6 个，与加拿大高校共建联合平台，签署校际国际合作协议 10 项，合作高校数量已达 122 所。

6. 扎实推进校地合作工作。全面融入“山大系”社会服务体系，着力打造“一区一策”“一院一企”合作品牌，与威海市文登区、山东省地矿六院、蓝海银行等签署校地校企合作协议 10 余项。发挥工研院、发研院平台优势，发起成立威海市智能制造学会，打造碳纤维及复合材料等 9 个协同创新平台，先后孵化创新企业 16 家，提交智库报告 20 余篇。举办首届“聚创威海、一起向未来”校友经济发展论坛，探索建立区县校友联络机构和服务平台，赋能地方经济社会发展，积极争取优质办学资源。

四、做好特色管理增值服务，强化高品质民生综合保障

1. 不断提升校区治理能力。系统梳理近 5 年的合同，开展合同风险专项排查 2666 件，明确校区法治联络员 34 人，强化合同全过程管理，提升案件纠纷处置能力。强化预算管理和财务统筹，建立学院财务联络员制度，开展大额资金支付线上审批和“全天候、零等待”的财务咨询服务。启动实施部分办公设备集中采购，完善教学、科研实验室安全责任体系，加强公房绩效考核，提升国有资产使用效益。

2. 扎实推进各类民生工程。科研楼项目顺利投入使用，新增教学科研空间 10 万平方米。启用学生宿舍火灾报警系统和电气火灾监控系统，开通校园 5G 双域专网，推动校区网络提速增容。山东大学威海实验学校中学段实现招生，设立“海纳之声”教工服务热线，拓展教工保障医疗，优化改造离退休活动中心。建立应急物资供应超市，配备 900 个智能外卖柜，启用智能售饭机，开展美食节和校园夜市，通过 BOT 模式进行学生公寓升级改造，广大师生的获得感和幸福感持续提升。

（李　松　何　峰）

威海校区 2022 年大事记

1 月

10 日　校区党工委副书记李振奎带队开展寒假前校园安全检查。

同日　根据山东大学文件（山大党任字〔2023〕1 号），经 2022 年 12 月 30 日第十四届党委第 150 次常委会研究决定，黄秀国同志任翻译学院副院长，王小利同志任威海校区信息化工作办公室副主任。

10～12 日　校区举办 2022 年“双创”冬令营活动。

11 日　威海火炬高技术产业开发区党工委书记、管委会主任刘伟来校区调研。山东大学副校长、威海校区校长刘建亚，威海校区党工委书记尹作升出席活动。

同日　校区设视频分会场参加在中心校区举行的山东大学科技创新大会。

12 日　山东大学科技创新大会之博士（后）学术创新论坛在威海校区举行。论坛特邀中国科学院院士宋微波作“进展中的纤毛虫学研究：一个微观世界的窗口”主题报告。山东大学副校长、威海校区校长刘建亚出席活动并致辞。威海校区副校长夏利东主持论坛。

18 日　校区党工委书记尹作升主持召开 2021 年度党史学习教育专题民主生活会集中学习研讨会，认真学习贯彻习近平总书记系列重要讲话精神，进一步深化认识、统一思想，为开好校区领导班子民主生活会筑实思想基础。

20 日　校区召开领导班子党史学习教育专题民主生活会。学校党史学习教育第四指导组组长刘相金到会指导并作点评讲话。

21 日　校区组织联系村帮扶工作组相关成员部门，赴乳山市育黎镇宅子夼村开展春节前帮扶和慰问活动。

26 日　威海市委市政府向山东大学发来感谢信，对学校长期以来在学科建设、人才培养、技术创新、智库支持等方面助力威海市“精致城市”建设所作的贡献表示诚挚感谢。

同日　威海市市场监管局来校区检查指导假期食堂卫生安全工作。检查组高度评价食堂的标准化、规范化、精细化管理。

2 月

11 日　校区召开 2022 年领导班子寒假工作务虚会。本次会议的主要内容：深入学习贯彻党的十九届六中全会精神，认真落实学校党委有关决策部署，确保学校“十四五”规划和新一轮“双一流”建设各项部署在校区落实到位，全面加快“新亮点”建设，推动校区事业发展实现新突破。

16 日　校区组织开展春季学期开学前疫情防控应急演练。

19 日　山东大学副校长、威海校区校长刘建亚，威海校区党工委书记尹作升到春季学期学生返校现场检查指导工作。校区党工委副书记李振奎，副校长刘海，党工委副书记周慧如陪同检查。

20 日　校区与威海市文登区举行校地合作座谈会。山东大学副校长、威海校区校长刘建亚，威海市文登区区长单浩仁出席座谈会并讲话。威海校区副校长赵玉璞、文登区副区长刘兆垒参加会议。

21 日　威海市委副书记孔凡萍一行来校区调研春季开学疫情防控工作。校区党工委书记尹作升、副校长刘海陪同调研。

22 日　山东省疫情防控工作督导组来校区督导检查春季学期开学疫情防控工作。山东大学副校长、威海校区校长刘建亚出席汇报会，威海校区党工委书记尹作升主持会议。校区党工委副书记李振奎、副校长刘海、党工委副书记周慧如出席相关活动。

本月　校区申报的 7 个项目全部获批山东省 2021 年本科教学改革研究项目立项，其中重点项目 3 项、面上项目 4 项，获批重点项目为历年最多。

3 月

2 日　威海市委书记张海波来校区督导疫情防控工作。校区党工委书记尹作升、副书记李振奎，威海市委常委、市委秘书长李建陪同调研。

24～25 日　校区设视频分会场参加山东大学教职医务员工党支部书记集中培训班。

26～28 日　校区参赛作品获第十七届“挑战杯”全国大学生课外学术科技作品竞赛国家特等奖 1 项、一等奖 1 项、二等奖 1 项、三等奖 3 项，取得了校区参加“挑战杯”系列竞赛以来的最好成绩。此次荣获主赛道国家特等奖也是校区获得的首个主赛道国家特等奖，创造了新纪录。

27 日　家家悦应急超市正式开业。

本月	山东大学威海前沿交叉科学研究院张宁教授以独立作者身份在国内经济学顶级期刊《经济研究》上发表题为《碳全要素生产率、低碳技术创新和节能减排效率追赶——来自中国火力发电企业的证据》的研究论文。
本月	空间科学与物理学院核物理交叉科学研究中心王守宇教授团队与同行合作首次在质量数约为 80 的核区发现多重手征带与赝自旋双带的共存。该研究成果发表在国际期刊 *Physics Letters B* 上。
本月	校区 6 项教学成果在第九届省级教学成果奖（高等教育类）评比中获奖，其中一等奖 1 项、二等奖 5 项。
本月	威海发生本土疫情，校园实行防控管理。

4 月

2 日	山东大学副校长、威海校区校长刘建亚，校区党工委书记尹作升深入学生宿舍，看望慰问学生代表和一线教职工。校区党工委常务副书记李振奎、副校长刘海陪同走访。
9 日	山东大学副校长、威海校区校长刘建亚做客学校首期“泺源讲堂”，为学生作题为“孪生素数猜想”的报告。
14 日	威海市委人才工作领导小组联合威海迪尚人才发展基金会致信慰问校区师生员工，向校区捐赠防疫物资。威海火炬高技术产业开发区党工委委员、党群工作部部长于志昂、校区党工委常务副书记李振奎代表双方出席捐赠仪式。
26 日	山东大学—华为技术有限公司校企合作签约仪式暨“未来网络”实验班招生宣讲活动通过视频会议方式举行。山东大学（威海）副校长刘海、华为南京研究所所长徐胜军出席仪式并致辞。
27 日	校区代表团赴荣成市对接校地合作工作。校区副校长赵玉璞，荣成市委常委、副市长王得志，副市长刘峰出席座谈会。
28 日	山东大学威海工业技术研究院第一届理事会第二次会议在威海举行。山东大学副校长、威海校区校长刘建亚主持会议。威海市委常委、常务副市长林强，威海校区副校长赵玉璞出席会议。刘建亚和林强共同为山东大学国家大学科技园威海分园揭牌。

5 月

4 日	校区召开学习习近平总书记在中国人民大学考察时的重要讲话精神座谈会，副校长肖金明主持会议。
9～13 日	山东大学副校长、威海校区校长刘建亚，威海校区党工委书记尹作升连续组织召开四场座谈会，分别与各学院党委书记、分管学

生工作副书记、辅导员代表以及学生代表座谈交流，传达上级疫情防控有关精神和工作要求，围绕提升学生学习和生活服务保障水平听取师生意见建议。校区领导李振奎、赵玉璞、刘海、周慧如、肖金明参加了相关专题座谈。

12 日　校区在知行楼召开组织员工作交流座谈会。校区党工委常务副书记李振奎出席会议并讲话。

14 日　校区学生在第十五届全国大学生软件创新大赛总决赛中荣获佳绩。参赛的 4 支队伍分别荣获全国特等奖和一、二、三等奖，并包揽全国前 2 名。

20 日　威海市委副书记孔凡萍一行来校区调研疫情防控工作和事业发展情况。校区党工委书记尹作升、常务副书记李振奎陪同调研。

同日　校区召开人事人才工作交流会。山东大学副校长、威海校区校长刘建亚出席会议并讲话。校区副校长夏利东主持会议，副校长肖金明出席会议。

24 日　校区召开学生就业工作推进会，研究部署学生就业相关工作。副校长刘海出席会议并讲话。

28 日　山东大学与威海市公安局签署深化合作共建框架协议。山东大学副校长、威海校区校长刘建亚，威海校区党工委书记尹作升，威海市政府副市长、公安局党委书记、局长董晓飞，威海市公安局党委副书记、政委王广跃，威海校区副校长赵玉璞、肖金明，威海市公安局党委委员、政治部主任林治博出席签约仪式。

6 月

1 日　威海市副市长杨丽一行来校区调研高校疫情防控和安全稳定工作。校区党工委书记尹作升、常务副书记李振奎、副校长刘海、副书记周慧如陪同调研。

10 日　校区 2022 年“海外学习经历”启动仪式暨教育部“平安留学”行前培训会在玲珑学堂举行。山东大学副校长、威海校区校长刘建亚出席启动仪式并讲话，校区副校长夏利东主持仪式。

18 日　威海首届“聚创威海，一起向未来”中国高校威海校友经济发展论坛暨山东大学威海校友会 2022 年联谊会举行。威海市委组织部副部长、市人力资源和社会保障局局长马绪福，校区副校长赵玉璞出席论坛。

21 日　校区 2022 年毕业典礼暨学位授予仪式在图书馆广场隆重举行。山东大学副校长、威海校区校长刘建亚出席典礼并讲话，校区党工委书记尹作升主持典礼。校区领导班子全体成员出席活动。

22 日　山东大学与山东省第六地质矿产勘查院举行产学研用合作协议签

约暨合作基地揭牌仪式。山东大学副校长、威海校区校长刘建亚，山东省地质矿产勘查开发局党委书记、局长张忠明共同为山东大学—山东省第六地质矿产勘查院产学研用合作基地揭牌。空间科学与物理学院党委书记迟涛，山东省第六地质矿产勘查院党委书记、院长丁正江代表双方签署产学研用合作协议。山东省地质矿产勘查开发局总工程师彭玉明主持签约揭牌仪式。

25 日　由中国留韩经济管理年会理事会和校区共同主办的第五届中国留韩经济管理年会开幕。中华人民共和国驻大韩民国特命全权大使邢海明，山东大学副校长、威海校区校长刘建亚，安徽大学党委副书记、常务副校长陈诗一出席开幕式并致辞。校区副校长、欧美同学会朝韩分会副会长赵玉璞主持开幕式。

30 日　刘松山受聘山东大学特聘教授聘任仪式在校区举行。山东大学副校长、威海校区校长刘建亚出席仪式并为其颁发聘书。校区副校长夏利东主持聘任仪式。校区副校长肖金明出席仪式。

本月　山东大学副校长、威海校区校长刘建亚，校区党工委书记尹作升等带队，先后走访拜会威海市委组织部、环翠区委区政府、威高集团、威海天罡仪表股份有限公司、山东双城电力有限公司等单位，调研人才需求，推动校地合作。

7 月

4 日　2022 年暑期学校正式开课。校区暑期学校开课 167 门，其中理论课程以线上教学为主，实践课程线上线下相结合。

13 日　校区党工委常务副书记李振奎、副校长刘海、党工委副书记周慧如分别带队深入校园安全重点管控部位。

21 日　校区 2022 年山东省本科普通类常规批录取结束，录取成绩再创新高。普通类专业录取位次在山东省本科招生院校中位列第 3，中外合作办学专业录取位次在山东省开设中外合作办学专业的高校中位列第 1 名。

8 月

4 日　校区学生在第十五届全国大学生节能减排社会实践与科技竞赛中取得佳绩，获国家一等奖 3 项、二等奖 6 项、三等奖 3 项，取得参赛以来最好成绩。

5 日　校区东门教职工餐厅开始试营业。

9 日　山东大学与文登区人民政府举行产学研合作签约仪式。山东大学副校长、威海校区校长刘建亚，校区党工委副书记周慧如；

文登区委书记乔新跃，区委副书记、区长单浩仁，副区长刘兆垒；威海市科技局党组成员、市科创中心主任姜松波等出席签约仪式。

15～16 日　山东大学校长李术才到威海校区调研指导工作，深入走访相关学院，实地了解校区建设、发展与改革情况，并分别与校区领导班子、教学院部负责人、青年教师代表座谈交流。副校长、威海校区校长刘建亚，校党委副书记陈宏伟、副校长吴臻、威海校区党工委书记尹作升一同调研并出席相关活动。

17 日　校区召开领导班子安全工作专项巡视民主生活会。

同日　校区召开 2022 年校区领导班子暑期工作务虚会。

28 日　杨元喜院士受聘山东大学兼职讲席教授聘任仪式在威海校区举行。山东大学校长李术才出席仪式并为杨元喜院士颁发聘书。山东大学副校长、威海校区校长刘建亚主持聘任仪式。

同日　中国工程院院士王复明来校区考察调研。山东大学校长李术才一同调研。校区党工委书记尹作升、哈尔滨工业大学（威海）校长谭忆秋陪同调研。

同日　中国科学院国家天文台、山东大学、威海市文登区人民政府合作三方就国家天文台威海观测站建设、运行及相关合作进行座谈，并现场考察观测站建设情况。中国科学院院士、中国科学院国家天文台台长常进，山东大学副校长、青岛校区校长韩圣浩，文登区委书记乔新跃出席活动。

29 日　国家人力资源和社会保障部专技司二级巡视员薛万里一行来校区调研空间科学学科实验室建设。山东省人力资源和社会保障厅党组成员、副厅长周春艳，校区党工委书记尹作升参加活动。

29～30 日　2022 年“空天科技”全国博士后学术论坛在校区举行。中国科学院院士欧阳自远、杨元喜、蔡荣根、常进、王赤应邀以线上线下方式出席论坛并作大会报告。来自全国各地高校和研究机构“空天科技”领域的 20 余位知名专家学者和近 100 名博士后青年学者围绕太空天气、行星科学、深空探测、卫星导航、天文与核天体等领域展开交流研讨。国家人力资源和社会保障部专技司二级巡视员薛万里、山东省人力资源和社会保障厅党组成员、副厅长周春艳，山东大学副校长、威海校区校长刘建亚出席开幕式并致辞，校区党工委书记尹作升主持开幕式。

30 日　子午工程二期/山东大学威海空间环境综合观测站揭牌仪式在威海举行。中国科学院国家空间科学中心主任、子午工程二期总指挥王赤院士，山东大学副校长、威海校区校长刘建亚出席仪式并致辞。校区党工委书记尹作升主持仪式。

31 日　山东大学副校长、威海校区校长刘建亚，校区党工委书记尹作升

	带队督导检查疫情防控和校园安全工作，确保秋季开学安全稳定。校区领导班子成员分组开展检查。
同日	根据山东大学文件（山大党字〔2022〕54 号），校区张清和教授获评“山东大学优秀共产党员”，韦福林获评“山东大学优秀党务工作者”，空间科学与物理学院教工第二党支部获评“山东大学先进基层党组织”。
本月	含光楼投入使用，校区管理职能部门由知行北楼搬迁至含光楼办公。

9 月

5 日	根据山东大学文件（山大党字〔2022〕58 号），校区郝书翠获评 2022 年度“山东大学优秀教师”，吴丙新获评 2022 年度“山东大学先进教育工作者”，空间科学与物理学院获评 2022 年度“山东大学先进集体”。
15 日	根据山东大学文件（山大党任字〔2022〕38 号），经 2022 年 8 月 29 日第十四届党委第 137 次常委会研究决定，免去崔英同志的翻译学院副院长职务，王伟同志的威海校区信息化工作办公室副主任职务。
21 日	根据山东大学文件（山大党任字〔2022〕40 号），经 2022 年 9 月 18 日第十四届党委第 139 次常委会研究决定，根据《山东大学纪检监察机构改革方案》（山大编字〔2022〕10 号），对学校纪检监察机构有关领导人员进行调整，任命薛施贞同志任第一纪检监察室主任，免去其威海校区纪监审办公室副主任职务。
同日	根据山东大学文件（山大党任字〔2022〕41 号），经 2022 年 9 月 18 日第十四届党委第 139 次常委会研究决定，周大白同志任法学院（威海）正处级组织员，免去其威海校区纪监审办公室主任职务。
22 日	山东大学副校长、威海校区校长刘建亚，校区党工委书记尹作升，党工委常务副书记李振奎、副校长赵玉璞深入一线，督导检查学生返校各项工作。
22～30 日	校区 2022 级本科生进行军训。
23 日	校区党工委书记尹作升巡听督导马克思主义学院（威海）党委理论学习中心组学习活动并讲话。
同日	山东大学与蓝海银行举行深化人才培养合作签约暨学生实践基地揭牌仪式。威海校区副校长赵玉璞、蓝海银行行长宋学峰等出席仪式。
本月	校区学生在第十五届中国大学生计算机设计大赛决赛中荣获佳绩，

5 支参赛队伍分别获得国家一等奖 1 项、二等奖 2 项、三等奖 2 项。

本月　空间科学与物理学院乔乐副研究员参与的嫦娥五号着陆区火山活动历史研究取得新进展，有关研究成果在《地球物理研究：行星》杂志（*Journal of Geophysical Research*：*Planets*）发表。

本月　校区学生在第七届中国高校计算机大赛——移动应用创新赛全国总决赛中取得佳绩。校区两支参赛队伍，一支荣获大赛唯一的最具创新奖（特等奖），并获得 12 万元大奖，另一支团队获得三等奖。

本月　校区智能车团队在第十七届全国大学生智能汽车竞赛中再创佳绩，获国家一等奖 8 项、二等奖 2 项、三等奖 3 项。其中在三个组别获线上总决赛全国第一名，另外在群体智能挑战赛中获全国第二名，校区获奖总数位列总决赛全国第一。

本月　校区 29 个项目获批 2022 年度国家自然科学基金立项。

10 月

11 日　校区青年骨干能力提升班开班。党工委书记尹作升作开班报告。党工委常务副书记李振奎主持开班仪式，副校长夏利东出席开班仪式。

20 日　校区党工委组织召开理论学习中心组会议，专题学习党的二十大精神。山东大学副校长、威海校区校长刘建亚出席会议并讲话。威海校区党工委书记尹作升主持会议。校区党工委理论学习中心组全体成员参加学习交流。

25 日　山东大学—华为技术有限公司“未来网络”实验班揭牌仪式举行。校区副校长刘海、华为数通南研分部部长王焘涛共同为实验班揭牌。华为济南研究所所长郝文、华为数通技术合作部部长王林玉出席仪式。

28 日　校区在湖西楼举行学生创新创业育人成果展。党工委书记尹作升和班子其他成员共同到展厅参观指导。

本月　山东大学作为牵头单位，联合中国科学院地球化学研究所等多家单位，以月球样品中的分类方法为基础，融合近年来月球遥感研究获得的信息，建立了一套月球表面岩石分类体系，并归纳总结了不同岩石的特征及其出现的环境，同时完成了世界上第一幅 1∶250 万月球全月岩石类型分布图。该研究成果发表于国际综合性期刊 *Science Bulletin*（中科院 1 区，最新影响因子 20.577）。

11 月

10～13 日　第八届中国国际“互联网＋”大学生创新创业大赛全国总决赛在线上举行。校区参赛的 5 支团队获得 2 金 2 银 1 铜的优异成绩，刷新校区参赛最好成绩。

11～16 日　校区线上举办第七届齐鲁青年论坛分论坛活动。

15 日　校区组织召开就业创业工作推进会。党工委书记尹作升主持会议并讲话，副校长刘海出席会议。

16 日　*Nature* 旗下期刊 *Communications Earth & Environment* 发表空间科学攀登团队行星科学课题组最新研究成果，该成果首次发现天问一号火星着陆区存在弱水岩相互作用的直接证据，揭示火星北半球很可能存在冰冻海洋作用的遗迹。

同日　校区党工委书记尹作升主持召开威海校区学习贯彻落实党的二十大精神推进会。校区领导李振奎、刘海、周慧如、夏利东、肖金明出席会议。

17～18 日　校区举办 2022 人工智能与可持续发展管理国际会议（AISUS 2022），山东大学副校长、威海校区校长刘建亚出席开幕式并致辞。本次会议的主题是“健康、旅游、人才”，以“线上＋线下”相结合的方式举行。来自中国、美国、英国、澳大利亚、新西兰等 7 个国家和地区的专家学者相聚云端，共同交流研讨。

18 日　2022 年“山东—名校人才直通车”山东大学（威海）站招聘活动在校区举行。校区副校长刘海、威海市人力资源和社会保障局副局长陈明霞、威海市公共就业和人才服务中心副主任毕见品出席活动。

12 月

8 日　商学院罗润东教授作为首席专家主持的“我国社会科学国际影响力评估与学术话语权建设研究”、刘文教授作为首席专家主持的“RCEP 对亚太区域价值链重构的影响机制及应对策略研究”2 个项目获批 2022 年度国家社科基金重大项目立项。

11 日　校区学生在大学生计算机系统与程序设计竞赛全国总决赛（CCSP）中再创佳绩，总成绩位列全国参赛高校第一名。其中，2021 级计算机科学与技术（中澳合作）严一涵同学获得总决赛冠军，另有 4 名同学获得金奖，2 名同学获得铜奖，创造了校区参加此项比赛以来的最好成绩。

20～21 日　山东卫视《齐鲁先锋》栏目以《山东大学——锻造新时代的新工

科》为题，分两期报道校区新工科建设情况。

28 日　根据山东大学文件（山大编字〔2022〕11 号），经中共山东大学第十四届委员会第 149 次常务委员会会议研究决定，对威海校区党工委保卫部进行调整，将综合治理科拆分为政保科（综合办公室）和消防科，将校卫队调整为公共安全管理科，校内交通与车辆管理科保持不变。调整后人员编制保持不变，各科室分别设科长 1 人、副科长 1 人。

本月　校区 4 个实验室入选山东省高等学校实验室体系建设名单。其中，“天体物理与空间环境实验室”获批山东省高等学校实验室，“海洋物质活性评价与开发特色实验室”获批山东省高等学校特色实验室，“蓝色经济绿色发展文科实验室”“数字人文文科实验室”获批山东省高等学校文科实验室。

校区建筑面积：548402.95 平方米。

在校全日制本科生 13535 人，博、硕士研究生 2385 人，国际学生 316 人，成人教育及网络教育学生 484 人。

在职教职工 1286 人，其中专任教师 850 人，专任教师中副高及以上职称 468 人。

2022 年招收本科生 3070 人，本科毕业生 3566 人。

（赵林林）

东北亚学院

东北亚学院师生员工在学校党委、校区党工委和学院党委的领导下，以习近平新时代中国特色社会主义思想为指导，深入学习贯彻党的二十大精神，实施强院兴校行动，积极推动学院各项工作向前发展。

一、党建工作

学院坚持把深入学习宣传贯彻习近平新时代中国特色社会主义思想和党的二十大精神作为首要政治任务，组织多层次多形式的学习、宣讲、研讨活动，强化思想引领，以党的建设引领学院各项工作。一是落实全面从严治党。学院班子成员切实履行“一岗双责”，严格落实“三重一大”议事规则，全面落实从严治党“两个责任”，深入推进党风廉政建设。二是严格意识形态管理。学院党委制定了《意识形态工作责任制实施办法》，班子成员工作职责明确，任务落实到位，将意识形态和安全稳定风险的分析、研判和排查纳入党政联席会、党委会的议事议题。三是着力打造党建品牌。充分挖掘和发挥学科特点，将党建工作与专业特色相结合，在校区“标杆学院”和“样板支部”的建设上发力，打造党建品牌。四是抓实安全稳定工作。以安全工作专项巡视整改为契机，全面治理学院存在的安全问题和隐患，切实保障学院的持续稳定发展。

二、学科建设与科研工作

以学院“十四五”规划和任期目标为核心，以创建国内区域国别学一流学科和平台为目标，实施以聚焦学科方向和培育重大成果为目标的“学院科研团队大项目培育计划”、以建设国家一流专业为目标的“学院高质量教育教学支持计划”、以提升青年教师教学科研能力为目标的“学院青年教师支持计划”等。

（一）师资队伍建设

东北亚学院引育并举，深入实施人才强院战略。围绕学科建设和人才培养的需求，完善学院人才政策措施，加大各层次人才培育和引进力度。年内，新引进助理研究员 3 人、包括特别资助博士后等在内的博士后研究人员 2 人。

（二）科学研究

根据学校“学者、学科、学院”一体发展要求，东北亚学院与政管学院设立两院联席会议，共同开展学科建设、学术活动、人才培养、国际合作等共建工作，积极探索建立资源共享、优势互补的运行模式，努力形成科研和育人合力。年内，已建立两院学工、教务、科研、外事的常态化合作机制，现已联合举办学会会议 5 次、共同申报人文社科创新团队项目、全球一流学科合作项目等。

学院 2022 年度获立省部级等纵向课题 6 项、横向课题 5 项，平台建设及课题累计到账经费近 200 万元；发表学术论文 53 篇，其中 SSCI 期刊 3 篇（顶级）、CSSCI 期刊 17 篇、KCI 期刊 5 篇，在《人民日报》《中国社会科学报》等发表理论文章 3 篇；出版专著、译著 7 部。强化学术活动品牌化建设，举办“东北亚国际形势论坛”“海洋安全论坛”“中日韩三边关系论坛”等品牌论坛 13 场；举办东北亚学术讲坛、国际观察讲堂、知识讲堂等品牌讲座 27 场；微信公众号“朝鲜半岛论坛”累计推文 1120 篇，“山大国际观察”累计推文 237 篇。

（三）平台建设

为精准服务于学科建设，创新管理机制，对现有 7 个研究平台优化整合；以学院主导的山大（威海）“交叉学科培育项目”数字人文平台获准立项建设，与政管学院联合申报的校级人文创新团队“国家安全治理团队”成功立项，以学院为依托申报的山东大学数字人文实验室获准立项为省级重点建设实验室（A 类）。

（四）国际交流

学院分别与韩国延世大学、庆南大学、德国波鸿鲁尔大学、杜伊斯堡-埃森大学等高校有关机构签署合作协议，为师资交流与学生联合培养拓展了渠道；在学术活动方面，先后举办了“中韩关系论坛（2022）”“大国关系变动与朝鲜半岛局势国际研讨会”“中日韩三方合作专家研讨会”三次国际学术会议。学院先后派出 11 名教师与学生赴韩国、英国等高校交流学习，有 3 名外籍学生与教师来学院任教和学习。

（五）服务地方

2022年度，学院向政府有关机构提交《国际问题研究专报》《国际问题研究报告》等咨政报告60余份，被教育部、中央办公厅、山东省办公厅、国安委、新华社《参考清样》等采纳21份。韩国研究中心定期向有关部门提供咨询和调研报告，与威海市合作设立研究项目，相关报告引起中央有关部门的高度重视。与威海市政府多个部门达成合作意向，在信息共享、翻译、资政服务等方面进行全方位合作。并与20余家省内企事业单位建立联系，为进一步服务社会拓宽了渠道。

三、人才培养

进一步完善学院招生流程，加大宣传力度，提高生源质量。完成2022级政经双学位实验班的招生工作和朝鲜韩国系专业本科生的分流以及硕博士研究生招生工作，录取统考硕士研究生29人，推免生29人，博士研究生3人，其中，双一流高校生毕业生27人。招生规模创历史新高，优质生源比例进一步扩大。

学院贯彻学校专业融合、科教融合、产教融合发展战略，全面修订各层次人才培养方案，进一步优化专业结构，提升人才培养能力；2022年度学院3个本科专业全部获批国家级一流本科专业；制定《学院一流专业建设支持计划》，设立专项经费支持一流课程、一流课程思政项目、一流教学成果、一流教材建设等教研工作。加强教材建设，签订合同纳入出版计划教材3部。

积极组织学生参加各类竞赛，32人次在国际、全国和省级大赛中获得奖励。国际竞赛方面，2人获“云山杯”首届国际远程口译大赛汉朝同声传译组决赛二等奖，1人获第二届“海洋杯”国际翻译大赛等国际大赛全国优秀奖；全国性竞赛方面，3人在第四届全国大学生区域国别演讲大赛中获一等奖等奖项，6人在CATTI杯全国翻译大赛复赛中获一等奖等奖项；省级竞赛方面，5人在中韩建交30周年山东省大学生韩语演讲比赛中获一等奖等奖项。

学院坚持精准管理、精细服务，构建完善“以生为本”的“三全育人”新格局。建立健全党委成员认领班级、一对一联系党支部制度；完善班主任制度，依托“暖心聚能”班主任立项工作，开展“旗帜鲜明跟党走，文德兼修谱新篇”系列品牌特色活动。

全面落实就业工作“一把手”工程，整合资源推动包联班级的就业工作模式，现毕业生就业率已达95.95%。领导班子全员出动、多线并进“访企拓岗”，先后走访22家单位，拓宽就业市场；积极联络高质量就业单位，建云端“就业班车”，为学生提供云面试间。

（张琳琳）

商学院

商学院党委深入学习贯彻习近平新时代中国特色社会主义思想和党的二十大精神，持续深化中央和学校巡视整改，坚决扛起政治大年的安全责任，坚持用好“3D”工作法，融合创新多元化，以高质量的党建工作引领学院各项事业高质量发展。2022年度学院人才资助培养质量显著提升，科研重大项目取得新突破，学生科创斩获佳绩，学团工作提质增效。

一、党政工作

2022年商学院党委强化党建引领，精准聚焦安全发展开新局。通过“五个聚焦”明确党建工作的落脚点，推动党建工作和业务发展的深度融合，将党建工作向引领构建“三全育人”工作矩阵、提高教学服务水平、做强学科建设、提升学院治理水平、提振干事创业精气神五个方向聚焦，取得显著成效，形成风清气正、安全稳定的发展生态。

年内1项党组织党建突破项目获学校优秀成果，2项分获学校优秀基层党支部活动一等奖和三等奖，1项获批党组织书记抓基层党建突破项目，支部获批党建突破项目和基层党组织活动项目各1项；15个项目获得党支部主题立项活动资助；建立党建工作台账，推行学院党建工作月度简报制度。

将疫情防控和安全稳定作为党委工作首要任务，不断完善和修订相关工作办法和应急预案，全年组织现场应急处置演练2次，累计召开疫情防控及校园安全研判调度会114次。

二、师资队伍

截至2022年底，商学院共有全职教职工148人，其中教师岗105人，非教师岗43人；在编人员132人，外籍教师1人，外籍博士后1人，编外人员14人；年内新入职、校内调入14人，离职、退休、校内调离7人；教授22人，副教授、副研究员46人，讲师、助理研究员36人。另有兼职人才5人（教授4人，副教授1人）。

引育并举，提高人才队伍建设。年内共举办齐鲁青年论坛分论坛1次，通过多种渠道发布招聘信息，引进青年教师7人，外籍博士后1人，辅导员1人，党务秘书1人，劳动用工3人。报送省级重点人才项目2人，齐鲁青年学者2人（含校外1人），国家“万人计划”青年拔尖人才1人，青年学者未来计划4人，仲英青年学者1人。

三、学科科研与服务地方

（一）科研与学科建设

加强学科交叉融合，着力提升科研创新质量，组建学科建设的“四梁八柱”，在交叉融合中寻求发展机遇。2022 年度获批国家社科基金重大项目 2 项、国家社科基金一般项目 2 项、省部级项目 6 项，纵向课题到账经费 180 余万元。“蓝色经济绿色发展实验室”获批省高校文科实验室；1 个项目入选校区交叉学科培育项目；举办国际会议 1 次、国内学术会议 2 次，举办学术讲座近 20 场。在 CSSCI 期刊发表论文 20 篇，在 SCI、SSCI 二区以上发表论文 30 余篇。

（二）服务地方

学院与威海市公安局、玲珑集团等机构和企业建立合作联系。全年对外举办政企培训 25 班次，合同金额 323 万。承担横向课题 6 项，合同总金额 314 万。提报资政报告 17 篇，《经济内参》专报 1 篇，获国家、省、市等重要领导签批 10 篇次，被全国政协采纳 1 篇，市级内参刊物采纳 2 篇。

四、人才培养

（一）本科生教育

新增电子商务、旅游管理 2 个国家一流本科专业。教学改革再结硕果，1 门课程获评山东省普通高等教育课程思政示范课，获评省级教学成果奖一等奖 1 项、二等奖 2 项，省级本科教学改革重点项目 1 项；2 位老师分别获得省课程联盟共享课程一等奖和在线教学优秀案例三等奖；上线 1 门慕课，开设 26 门海外师资课程。校级一流本科课程立项 6 门，校级教改项目立项 18 个（2 个重点），11 个院级课程思政专项结题。教师荣获校级、校区教学荣誉 30 人次。规划建设 12 个高水平数智化新文科实验室。

（二）研究生教育

2 门课程入选“山东大学研究生教育优质课程”，2 门课程入选“山东大学研究生精品课程接续培育项目”；研究生在国际权威以上期刊发表研究论文 10 余篇，斩获“卡萨帝杯”山东大学 MBA/EMBA 管理案例精英赛冠军，获得山东省工商管理专业学位研究生创新实践案例精英赛二等奖。

五、对外交流合作

国际合作办学项目有序推进，海外经历学生 43 人，国际学历学生 59 人。新增国际学术期刊编委 3 人次。

六、学生工作

坚守安全稳定底线，通过“导学思政”青年讲习堂和“商小团”网络矩阵等多种形式推动思想引领入脑入心。聚焦研究生学术创新能力提升，推进商科特色科创育人体系建设，2 个“双创”项目荣获国家特等奖，刷新校区最高纪录；“红色引擎寻访团”获评全国大中专学生志愿者暑期“三下乡”社会实践活动优秀团队。学院团委荣获“山东大学红旗团委”称号，研究生会获评“山东大学十佳研究生会”。本科生就业率达到 95.3%，研究生就业率达到 97.5%。

（张　晨　荆晓文）

法学院（威海）

法学院以党的二十大精神为指引，一以贯之落实学院“十四五”发展规划，在一体化发展的新起点上，坚持基层党建引领事业发展，学科建设统领各项工作，助推山东大学法学教育迈上新台阶。学院共有教职工 70 人，教授 18 人，副教授 17 人，其中，山东大学特聘教授 3 人，山东大学杰出中青年学者 2 人。拥有法学、政治学和社会学 3 个一级学科，学院本着以本为本，培养一流本科生的理念，开设了计算法学、“法学＋英语”双学位班、党内法规和监察法学、日语背景法学班、新闻法学、法学与行政管理、司法社会工作等特色实验班。

一、党建工作

1. 学院党委以迎接宣传贯彻党的二十大精神为主线，强化思想政治引领，认真落实“第一议题”制度，组织党委理论学习中心组学习 16 次，组建、推选学院党的二十大精神青年师生宣讲团 15 人，开展院内党的二十大精神宣讲 30 余次，深入推进党史学习教育常态化长效化。

2. 完善党委抓实、支部做实、小组夯实的基层党建工作体制，以有效的党建工作机制织密学院末端工作体系，统筹推进疫情防控、学院事业发展和安全稳定各项工作；认真抓好安全工作专项巡视反馈问题整改，制定 30 项整改任务、47 条整改措施，确保整改到位。

3. 不断提高基层党组织建设质量，立项党组织书记抓基层党建突破项目 2 项（含党支部 1 项）、基层党组织活动项目 3 项，2021 年党组织书记抓基层党建突破项目获学校优秀成果奖。全年新发展党员 101 人（含教师 1 人）。

二、师资队伍与学科建设

坚持新法科理念引领学科建设，加强法律方法、立法科学、人大制度、党内法规、监察法学、体育法学、老年法学、全过程人民民主与法治政府、基层治理创新与法治社会，以及计算社会科学等学术团队建设，推进组织化科研和原创性、交叉性、集成性、智库性研究，为学科建设提供有力支撑。依循校内“大法科”理念和“交叉法科”趋势推进学科规划和建设，巩固发展法律方法—立法学、新公法—人大制度、党内法规—监察法学、老年法—体育法学新兴交叉学科领域和方向，结合“马克思主义理论与国家治理”新的一流学科建设领域，努力将法律方法、党内法规研究推至全国前沿，其他相关领域和方向走向全国前列。成功申报 1 项校区“交叉学科培育项目”；引进特聘教授 1 人，青年教师 1 人，特别资助类博士后 1 人。

三、教学工作

1. 持续推进学科升级与专业改造。修订计算法学课程体系和培养方案，设置“法学数字化实验实证研究”项目，以实现项目式的人才培养模式；总结计算法学人才培养成果，以计算法学发展取得的经验示范社会科学数字化；论证日韩背景法学教育实验班（本硕贯通）建设，探讨涉外法治人才培养的新路径；成立纪检监察论证专班，研讨成立纪检监察学一级学科和纪检监察学院的必要性和可能性；研究生教育获批社会工作专业学位，于2023年开始招生；与政治学与公共管理学院、东北亚学院合作建立公共管理硕士（MPA）威海培养基地。

2. 加强教学研究和改革。扎实推进习近平法治思想“三进”，组建习近平法治思想概论高水平教学团队，实现面向本硕博全体学生开设，以习近平法治思想概论课程引领法学课程思政和法治人才培养；出台《法学院（威海）课程思政建设项目申报工作指导意见》，立项10项；在全国率先推出新文科教材系列——党内法规学系列教材，在全国首创党内法规学课程体系；4门课程入选校区首批一流本科课程，1人荣获2022年山东大学课程思政教学比赛二等奖，1人荣获山东大学（威海）2022年度青年教师教学比赛一等奖、山东大学2022年度青年教师教学比赛三等奖，2人荣获山东大学第二届教师教学创新大赛三等奖。

四、科研工作

1. 4位教师获校区习近平新时代中国特色社会主义思想学理阐释项目立项，其中重大项目2项，专项项目2项；强化习近平法治思想研究，设立“习近平新时代中国特色社会主义思想的理论阐释”院级研究课题，立项10项。

2. 坚持多元一体的学术活动组织机制，强化学科团队和知名专家教授的科研活动主导作用，举办学术会议10余场，精品讲座18场，海外专家讲座1场。

3. 2022年学院获批省部级以上项目6项，累计到账经费182.998万元，发表CSSCI论文24篇（其中CLSCI论文6篇），SSCI论文1篇，出版专著1部，智库认定成果6项。1人获得山东大学2021年度人文社科重大科研成果奖，1人获得山东大学第二届人文社科青年学者优秀成果奖。

五、社会服务工作

1. 谋划设计“法学高等教育‘双师型’教师工作坊”“党的二十大精神深度解读与中国式现代化研修班”等非学历继续教育培训项目；非学历继续教育全年完成13个班次的培训，参训学员696人，培训费收入140.84万元。

2. 加强校地融合发展项目组织，签订校地融合发展项目9项，全年审核横向科研合同21项，合同金额达285.26万元。

六、学生工作

1. 开展3次学生党支部党建能力提升活动，进一步规范学生党员教育管理工作；

组织开展学习贯彻党的二十大精神活动 60 余次，线上线下 1200 余人参与，增强学生思想引领。

2. 构建全员参与的学院育人格局，开展以校园法治文化建设为主题的“一院一品”文化建设项目；党政领导班子带头访企拓岗，开启“党建＋”模式下就业工作新探索，打造毕业生工作坊特色就业品牌。

3. 学院团委荣获“山东大学 2022 年度红旗团委”等 4 项集体荣誉，15 人获评国家奖学金，18 人获评山东省优秀毕业生，1 人入选全国“青马工程”高校班学员，学院学生连续三年获评山东大学校长奖，学院班级连续三年获评省级优秀班集体。获得第八届中国国际“互联网＋”大学生创新创业大赛等国家级竞赛奖项 5 项，省级奖项 15 项。

（时　珊　黎海鹰）

文化传播学院

一、党务工作

学习并宣传贯彻党的二十大精神，制定实施具体方案，开展迎接、学习、宣传党的二十大专项行动。全年发布 45 份党务工作通知单，全面落实学校党委的相关部署，推动基层党建和中心工作深度融合，深度破解“两张皮”。

坚决贯彻落实学校党委对推进学院一体发展的决策部署和工作要求。顺利完成文学院、文化传播学院学术委员会换届工作和两院领导班子一体考核测评；建立与文学院研究生导师合作机制；围绕重点问题开展全面研讨，推进两院在人事人才、学科建设、教学科研等中心工作上的一体化发展。

严格落实“第一议题”制度，筑牢意识形态安全防线，严格落实意识形态工作责任制，开展第一议题学习 27 次、中心组学习 14 次，抓好党员和教工理论学习，加强舆情风险防范和应急处置，开展专题研究意识形态工作 9 次。

推动全面从严治党向纵深发展，扎实推动基层党建工作提质增效，发挥基层党组织战斗堡垒和党员先锋模范作用。开展“党建促科研，打造线上微科研平台”、党支部联建共建、“高质量党建引领‘双一流建设’”主题党日等活动；打造依托基层党组织和党员的“四位一体”网格化管理模式，落实学生网格化管理制度。

二、科研工作

科研经费净增 66 万元，达到“十四五”发展规划年度目标的 33％，国家社科基金项目数达到年度目标的 75％。学院教师发表学术论文 55 篇，其中 CSSCI 论文 24 篇，

SSCI论文1篇，人大复印资料全文转载1篇；资助出版学术专著6部；获批国家社科基金项目3项，省社科基金项目1项，国家社科重大项目子课题1项，山东大学重大研究培育项目、重大科研成果奖励各1项。

承办中国文学批评研究会2022年年会暨“阐释学与文学批评的话语创新”学术研讨会，举办“名师大讲堂”高水平学术报告会26场。

三、人才引进和师资队伍建设

修订人才引进办法，规范细化人才考察方法和程序，确保人才引进工作的质量。年内引进副研究员2人，助理研究员1人。现有教师队伍中，2人晋升教授职务，1人晋升副教授职务。组织完成新聘教师培训、教师教学能力提高等多项师资培训工作。

四、本科教学工作

贯彻精耕细作理念，统筹疫情防控与日常教学运行，全年190余门课程的教学工作运行有序，实现线下、线上教学的无缝切换。

推进“双一流”建设，促进教学改革创新和教学成果培育。2名教师获年度“青教赛”校级奖励，其中郑薇老师荣获山东省青年教师教学竞赛一等奖；1门课程获山东省在线教学优秀共享课程一等奖，8门课程获校级“一流课程”和教改研究立项。

对标新一轮教育教学审核评估标准，开展自评自建，完成新一轮本科人才培养方案修订，形成各专业人才培养状况报告和本科教学质量报告；制定考试突发事件应急预案，完成试卷保密室硬件升级改造；进一步加强教学管理工作制度化、规范化和专业化建设。

五、研究生人才培养

完成2023年推免研究生招生任务，其中“985”“211”院校生源数量较上年提高29%；新增“新闻与传播”专业硕士学位点，新增研究生导师10人。

研究生课程建设方面，4门课程分获研究生美育公共课程、研究生国际化课程立项，1门国际化课程顺利结项。

研究生培养工作制度建设领域，出台《博士生中期考核和预答辩工作实施细则》，出台《研究生优秀学年论文评选办法》《专业型硕士研究生导师招生资格审核条件》等规章制度。

六、国际化建设与留学生工作

国际学生线上授课有序进行。2位教师分获国家留学基金委高级和一般访问学者资格，1位教师受邀赴境外名校开展科研合作；1位教师入选国家公派汉语教师；与威海市委统战部联动，完成山东省华文教育基地项目申报。

七、学生工作

探索“三全育人”和“五育并举”的融合，思政教育和学生管理工作取得新成果。开展喜迎党的二十大主题教育活动，组织“院长思政大课”5期，“‘千年潮声，传承不息’传统文化建设”入选“一院一品”校园文化建设项目，学院获评山东大学“青年大学习”优秀组织单位。

学院学生会入选“山东大学十佳学生会”；学院“爱的三角”支教团荣获共青团中央 2022 年“三下乡”社会实践活动全国优秀团队奖，是山东大学获得此奖项的唯一团队，此外，学院“黄河源”团队获优秀图片奖。本科生志愿服务注册率达 100%，5 人获评校级优秀志愿者、6 人获评校庆优秀志愿者；学院获评全校就业工作先进集体。

八、服务地方

成立“山东大学甲午战争文献研究中心”，为校地合作搭建新的平台，获批校地融合重点项目资助 15 万元。与威海市文联、作协合作完成网络文学创作资源调查，推进威海网络作家创作基地建设。智库建设工作取得新进展，有关北京冬奥会的智库报告被省委宣传部采用并上报中宣部。

九、安全稳定与疫情防控工作

按照“3D”工作思路，严格落实学校各项安全和疫情防控工作要求，认真开展各类安全教育活动。高质量完成校党委安全工作专项巡视和集中整改工作，建立学院党委全程调度、领导班子全员分工、行政人员全体参与、党支部全面立项、辐射学院全体师生的“五全”安全工作网络和工作格局，为学院事业发展提供有力保障。

（刘　琼）

翻译学院

一、学院概况

翻译学院坚持以观念更新为先导，以制度创新为动力，以师资和学科建设为核心，以培养符合社会发展需要的复合型国际化人才为目标，形成了以翻译学教学为优势，以“英语＋X 语种”和国际化为特色的办学体系。

翻译学院拥有外国语言文学一级学科博士学位授权点，下设英语语言文学、外国语言学及应用语言学 2 个二级学科博士学位授权点；拥有外国语言文学一级学科硕士学位授权点，下设英语语言文学二级学科硕士学位授权点；拥有翻译硕士专业学位授权点，下设英语笔译 1 个专业。英语和翻译均为国家级一流专业。

学院现有专任教师 91 人，其中教授 9 人、副教授 24 人；博士生导师 8 人，硕士生导师 18 人；加拿大皇家院士 1 人，欧洲科学院外籍院士 1 人，国家“万人计划”教学名师 1 人，获国务院政府特殊津贴 2 人，教育部新世纪优秀人才 2 人，山东省有突出贡献的中青年专家 1 人，山东省泰山学者特聘教授 1 人，山东省泰山学者青年专家 1 人，全国宝钢优秀教师 1 人，山东省教学名师 2 人，山东省优秀研究生指导教师 1 人，山东大学高层次人才 9 人，2/3 的教师具有国外留学、访学经历。

二、党建工作

学院党委始终以政治建设为统领，坚定不移地贯彻落实党中央和学校党委决策部署，切实发挥党委政治核心和领导核心作用，以政治上的加强推动全面从严治党向纵深发展，引领带动翻译学院事业发展全面提高。

1. 加强党的建设。学院党委严格履行管党治党主体责任，全年组织理论中心组学习 18 次，提高思想认识和政治理论水平；全年召开党委会 33 次、党政联席会 25 次，推动党建与学院工作全面融合，全面落实意识形态责任制。

2. 强化作风建设和纪律建设。落实党风廉政建设责任制，驰而不息纠治“四风”；加强作风建设，推动落实干部和管理人员行为规范，狠抓师德师风建设。

3. 加强基层党支部建设，落实立德树人根本任务。全年共发展党员 73 人，选优配强党建骨干队伍，通过“三会一课”加强党支部战斗堡垒作用建设，发挥党员先锋模范作用。

三、师资队伍与学科建设

学院引进 1 名翻译学方向的山东省青年泰山学者、1 名西班牙语专业讲师和 1 名二语习得方向博士后。同时，学院内部 1 位教师获得“齐鲁青年学者”称号，4 位讲师晋升副教授，1 名非事业编教师经学校职称代评为讲师，进一步完善了学院人才梯队。

与外国语学院共同举办第七届齐鲁青年论坛外语学科分论坛，承办“中国修辞学学会 2022 年年会”、“英国爱尔兰文学传统中的民族书写与认同”高端论坛、跨文化研究与数字人文中心国际论坛、威海市翻译协会年会，组织博雅论坛约 20 场。

四、科学研究

2022 年度学院教师共发表发表 SSCI、A&HCI、CSSCI 论文 26 篇，出版专（译）著 5 部；立项国家社科中华学术外译重点项目 1 项，国家社科基金重大项目子课题 1 项，教育部社科基金项目 1 项；翻译学院专著资助计划资助 1 部专著。

五、教学工作

1. 研究生教育。1 人荣获 2022 年度博士生国家奖学金，1 人获山东省优秀硕士学位论文，1 门课程获评山东省研究生优质课程。2022 年度硕博研究生发表论文 20 余篇，其中 SSCI 论文 4 篇；出版专著 1 部。

2. 本科生教育。王湘云教授《立足新时代，办好新文科；夯实新基建，引领新发展——新文科建设与实践》获得第九届山东省教学成果奖一等奖，申富英教授《“英语+X 语”复语人才培养模式建设与实践——新文科视角》获评第九届山东省教学成果奖二等奖。在全国英语顶级赛事“外研社·国才杯”写作、阅读、演讲大赛中，学院学生发挥出色，首次斩获国家一等奖，创造参加该项赛事以来的历史最好成绩，另有3位同学分获写作、演讲、阅读大赛省级一等奖，1位同学获“国际传播力”大赛省二等奖。1位教师获得国赛优秀指导教师，8位教师获得大学生英语竞赛一等奖指导教师。学院青年教师在山东大学讲课比赛中获二等奖，在校区教案比赛中斩获多项成绩。学院教师共出版教材5部，其中获得山东大学高质量重点教材资助1部，获学院教改项目资助3部，获得研究生院项目资助1部。年内学院开设核心通识课2门，获评校区一流课程5门；学院教研项目立项共8项，其中重点项目2项，一般项目6项。

六、学生工作

学院团委蝉联“山东大学红旗团委”荣誉称号，实现了该项获奖“三连冠”。各团支部合计组织开展主题团日活动300余次，参与学生人数累计1700余人次。

坚持实践育人，创新工作理念，学生课外科技学术作品竞赛及寒暑期社会实践取得丰硕成果。年内，学院共获得国家级、省级专业竞赛荣誉9项；31支团队获校级优秀团队，61位同学获校级先进个人，4位同学获校级社会实践优秀报告；第十五届本科生科研训练计划（SRTP）结题71项，1支队伍获校级银奖。

加强学业指导，提高学生培养质量和专业水平。首次实行本科生班主任制，选拔了9名责任心强、专业水平精湛的骨干教师担任新生班主任；注重培养学生全面发展，修订新的本科生综合评价办法。在2023届学生的保研工作中，学院共有24名同学成功保送高水平大学，保研率达12.24%，再创历史新高。

加强心理疏导，护航健康成长。学院首批设立的校级学生二级心理辅导站“心畅坊”工作开展顺利。通过组织开展翻译学院心理班会大赛、心理情景剧大赛、“绿动”青春活动、学院“树洞邮箱”平台等，完善危机干预体系，对重点关注学生进行定期和针对性的心理指导，并规范档案。

七、国际交流与合作

坚持拓宽国际学术交流渠道并持续推进国际化人才培养的方式和策略，与俄罗斯彼尔姆国立大学续签3年联合培养协议，2020级英俄专业共计21人参加为期一年的线上联合培养项目；与国际处合作，共组织66名学生参加世界名校线上线下访学项目；2022届应届毕业生共计35人出国（境）读研；依托微专业平台，共开设面向一校三地的7门海外师资课程。

师资培养方面，派出3位教师赴海外攻读博士学位、访学或借调至驻外使馆工作。科研国际化方面，与海外专家联合申报6项外译项目，邀请海外专家专题讲座共计3场。国际影响力方面，由学院学者主编的国际期刊《国际翻译与应用语言学期刊》出版发行2期。

八、社会服务

完成山东大学发展研究院横向项目立项1项。2022年度共计100余人次承担各类活动、会议及论坛的翻译工作。承办威海市翻译协会2022年年会，促进翻译研究学科的交叉融合，加强威海市翻译行业从业人员的相互交流。与山东英格利国际教育交流有限公司合作，提供语言培训服务。服务地方，撰写智库成果，1篇被全国政协办公厅采纳。

九、中华优秀传统文化传承

学院依托翻译硕士研究生（MTI）“中华优秀传统文化”专项设置，开展有关中国经典文学与文化作品的译介的科研与研究生课程的教研活动。

（丛海燕　刘肖君）

艺术学院（威海）

一、党建工作

2022年，艺术学院（威海）在学校党委和校区党工委领导下，坚持用习近平新时代中国特色社会主义思想武装头脑、指导实践、推动工作，全面加强党的领导，强化领导班子建设，进一步深入推进巡视、巡察整改任务落实，摸清、找准基层党建中存在的深层次问题，建章立制，精准施策，突出政治标准，落实落细纪律规矩。

1. 艺术学院（威海）党委履行全面从严治党责任，贯彻执行民主集中制，共计召开党委会29次、党政联席会30次，推动党建和业务深度融合。抓好安全稳定和疫情防控，落实意识形态工作责任制，以“三审三校”严格把关发布内容，严格审核各类演出活动，完善师生活动场所使用审批。

2. 以学习贯彻党的二十大精神为契机，严格落实“第一议题”制度，围绕党的二十大专题学习，邀请马克思主义学院（威海）常务副院长郝书翠教授和中央美术学院马克思主义学院执行院长宋修见教授开展3场专题讲座，推动思想政治建设与专业教育、思政课程、课程思政有机统一，举办学习强国争霸赛，掀起学习使用“学习强国”平台的新高潮。

3. 深入抓好基层党建。突出抓党支部政治功能、组织功能建设，彰显带头引领作用。年度发展党员41人，其中教工党员3人。

4. 加强思想政治工作，力促作风转变。经常性深入师生员工，立足服务、聚焦发展，充分调动各级组织和党员干部的积极性。加强全媒体环境下的意识形态工作，做好日常的分析研判和舆情风险的防控。

二、一体化建设

2022 年是学院新一届领导班子的开局之年，在承前启后的关键时刻，学院秉承一体化发展战略，与校本部艺术学院党政班子共谋发展，科学制定了《山东大学艺术学院、艺术学院（威海）“十四五”发展规划（2021～2025 年）》和《中层领导班子任期目标责任书》，为学院发展开好新局，走好新征程指明了方向。

三、学科建设

1. 立足学院现有学科资源和科研基础，加快人才梯队建设，引进“双一流”高校博士 1 人，专业教师博士比达到 25%。通过跨校区、跨学校、跨领域的学科交叉融合，进一步凝练特色，形成新的学科增长点。2022 年，学院获批国家社科艺术学重大项目子课题 2 项，入选山东林学会风景园林分会副理事长单位。平台建设方面，舞蹈领域申报的山东省非物质文化遗产保护“山东传统民俗秧歌传承与研究基地”获山东省文旅厅立项；设计领域参与依托东北亚学院共建的山东大学“数字人文实验室”获批山东省高等学校文科实验室（A 类）。另有省部级教科研项目 3 项，到账经费到账 234.17 万元，发表 CSSCI、EI、SSCI 论文 16 篇，出版专著 10 部，编著 4 部。

2. 申请教育部大型仪器设备专项 710 万元，其中 302 万元进入采购流程，学院自行投入设备支出 29 万元，极大地提升了学科发展的基础条件，为“十四五”学科发展规划的顺利实施提供了保障。

四、人才培养

1. 拓展国家一流本科专业建设成果。与校本部共建的美术学和视觉传达设计分别获评国家级和省级一流本科专业，学院自建的环境设计专业获评省级一流本科专业，至此，学院实现本科教育“双万”计划全覆盖。在中国软科排名中，除舞蹈编导稳居全国第 4 以外，其余各专业均有不同程度的提升。6 月，研究生首次实施全部外审，外审通过率达到 94%，11 月达到 100%。研究生招生一志愿上线人数突破历史纪录，尤其是艺术设计专业，过线/录取比超过 4∶1。硕士研究生学位论文连续 2 年获评山东大学优秀硕士学位论文。

2. 推动人才培养基地建设。针对艺术学科人才培养特点，坚持“五育并举”，在原有实习教学基地、社会实践基地、创新创业基地和研究生专业实践基地的基础上，创新性地增加了美育基地和课程思政教育基地人才培养基地，着力培养“德智体美劳”全面发展的艺术人才。

3. 发挥专业特色优势，凝练形成“德为艺先，德行天下”学院文化，着力打造“信仰就是力量”革命文化板块和“根脉的传承”中华优秀传统文化板块美育系列活动，开展德育活动 20 余项；围绕建团百年等开展专题培训、讲座 8 场，“灯塔引航”学团品牌活动骨干培训 21 次。以社会美育为突破口，学院党委组织“同心与共，‘艺起奋进’——山东大学（威海）艺术学院联谊展演系列活动”，推出 8 期面向社会美育的师生原创作品；开展“天籁之音，气韵之美”——山东大学（威海）美育“天空课堂”系列活动，由学术骨干主讲12期线上美育课程；开展研究生“艺”起聊美育系列微课堂、“美育课堂”、“云端美育课堂”等共13个美育子课堂，覆盖校区11个学院，700余名学子从中受益。

4. 学院在校学生14人获得国家奖学金，1人获得山东省政府奖学金，4人获得山东省政府励志奖学金；获得“挑战杯”“互联网+”省级奖项3项、国家铜奖1项，是学院参赛以来最好成绩。在第十届未来设计师全国高校数字艺术设计大赛（NCDA）、第十六届中国好创意暨全国高校数字艺术大赛、“齐鲁舞韵”山东省第四届专业舞蹈比赛、第八届“青未了”山东省高等学校美术院系应届毕业生优秀作品展、第十四届山东大学生科技节等省部级以上竞赛中获奖共计51项，包括国赛一等奖2项、二等奖1项、三等奖4项，省赛一等奖10项、二等奖12项、三等奖20项、优秀奖2项。承办第十届未来设计师NCDA优秀作品全国巡展等活动，人才培养社会声誉显著提升。

五、国际交流与合作

依托暑期学校，邀请来自美国和法国名校名师完成4门暑期国际课程，实现本硕层面各专业国际学分全覆盖。

（段胜男）

海洋学院

海洋学院坚持以习近平新时代中国特色社会主义思想为指导，深入学习贯彻党的二十大精神，全面落实立德树人根本任务，对照山东大学2022年工作要点和KPI指标，以更高站位、更大力度、更实举措落实“双一流”建设、“十四五”规划。全院师生在新一届领导班子的带领下克服疫情影响，顺利完成全年度各项教学科研任务。

一、充分彰显党的领导优势

学院领导班子始终把加强党的政治建设摆在首位，把不忘初心、牢记使命作为加强党的建设的永恒课题。充分发挥党委在把方向、管大局、保落实上的领导作用，先后召开党委会、党政联席会议34次，严格落实民主集中制，班子合力进一步巩固增强。

结合党史学习教育，学习党的二十大精神活动开展，针对安全工作专项巡视反馈意见，组织开展为期40天的“安全月”活动，堵住安全方面漏洞28个，上墙规章制度64份。持续深化中央巡视整改，补漏洞、强弱项，做到改革发展和安全稳定“两手抓两不误”。

二、认真落实立德树人根本任务

制定《一流课程和教改资助办法》《疫情期间实验实践毕设教学方案》，保障重要时期本科教学顺利开展。举办2次“海阔教研沙龙”专题活动，成立遗传学虚拟教研室。获批校级一流课程5门，校级一流教案5项，山东省高校在线开放课程平台上线课程1门。获省级教学创新大赛二等奖1项、校级教学创新大赛一等奖1项、校级青年教师教学比赛一等奖2人，学院获优秀组织奖。《海洋生物材料》获山东大学精品教材立项。海洋科学专业获评省级一流专业。

研究生招生拓展成效持续显现，学院获评山东大学研究生招生拓展先进单位。研究生培养质量稳步提升，博士学位论文优秀率达38%，获批省级研究生创新成果（专业学位）建设项目1项。

加强学生思想政治教育，2022年度荣获“校级优秀政工干部”称号1人，获评校级学生工作优秀案例一等奖1项、三等奖2项，学院获2022年度学生工作先进单位。做好就业指导工作，学院2022届本科毕业生升学率达52.37%，位居学校前列。发挥科创育人功能，制定《海洋学院科研创新管理办法》全年各类竞赛累计获得国家级奖项5项、省级奖项13项，获得第八届中国国际“互联网＋”大学生创新创业大赛金奖，突破学院历史最好成绩。

三、积极建设一流人才队伍

积极推动4名国家级优秀人才的引进工作。组织申报山东省青年泰山学者1人，申报中国科协青年人才托举工程1人，申报山东大学齐鲁青年学者1人。

四、着力增强学术核心竞争力

学院“十四五”期间重点谋划“一件大事”稳步推进，与企业共建“海洋牧场产业技术实验室”启动建设，获校区“交叉学科培育项目”立项资助1项。整合科研力量，设立“现代海洋牧场科学与技术”“海洋微型生物多样性与进化”和“海洋生物资源与蓝色碳汇”三大学术团队进行重点培育。在6月公布的软科中国大学专业排名中，学校“海洋科学”排名第8，比上一年度提升一位。

积极组织各类项目申报，获批国家级重点项目1项，国家重点研发任务1项，国家自然科学基金6项，省自然科学基金、国家博士后基金10项；发表高水平论文10篇；全年实到经费1363万元。立项数目、经费总额创历史新高，学术影响力进一步提高。

平台建设取得新成效，“海洋物质活性评价与开发特色实验室”获批山东省高等学校特色实验室。

五、不断提升服务社会成效

积极推动校地合作工作进程，组织教师走访调研企业30余家，推动技术开发类合作项目36项，经费总额600余万元。合作项目中有污水治理项目被山东省住建厅命名为“冠县模式”，环境处理项目获评威海市“无废城市”建设示范点。与企业共建省市级工程技术研究中心、工业设计中心3处，海洋科技创新中心获评山东省级众创空间。3名教师备案威海市企业科技特派员，1名教师获“威海市校地合作人才”称号。

六、持续彰显文化引领

举办第三届海洋文化节，推进完善“爱心海洋”四类志愿服务体系，志愿服务时长逾10000小时。将海洋相关知识与海洋环保理念融合推广，倡导保护海洋生态环境的绿色发展理念，进一步引导学生关心海洋、认识海洋、经略海洋。

七、持续提升国际合作交流能力

加强国际科研合作，保障人才培养过程中国际化学分和国际化水平的提升。2022年度入职外籍博士后1人，1名教师和1名博士生获得省级以上资助赴海外访学深造，获评暑期学校海外师资类优秀项目1项，发表国际合作论文11篇，新增担任国际学术期刊编委5人次，其中副主编1人次。

八、全面强化安全支撑保障

制定并实施《科技安全管理办法（试行）》《实验室安全与实验管理实施细则（试行）》《专业学位研究生联合培养基地的认定标准和程序（试行）》等多项安全保障制度。学院楼通风及上下水改造工程完成验收并投入使用，基本完成危化品信息化全流程管理，实现实验室分类分级管理，6S管理建设初步完成，实验室软硬件水平的提高为教学科研提供了有力支撑。

（孙　艳）

机电与信息工程学院

在学校党委和校区党工委的坚强领导下，机电与信息工程学院把实施“强院兴校”与实施一体化发展战略相结合，加大学院内部改革力度，健全治理体系，完善管理制度，优化组织结构，探索学院治理新模式。

一、党建工作

认真落实“第一议题”等制度，大力开展党的二十大精神宣讲，确保党的理论方针政策得以全面贯彻落实。根据学校新一轮“双一流”建设方案及“十四五”发展规划，结合学院办学实际，摸清学院事业发展底数，明确发展方向，找准发展突破口，确立以高质量党建引领和推动融合发展的新路径，着力推动学科交叉及创新人才培养。以学校安全专项巡视为契机，全面排查梳理各类安全风险，坚决守牢安全底线，事业发展的支撑保障水平不断提高。贯彻一线工作法，深入学生宿舍、实验室、操场及疫情防控一线等场所，进群上网，深入开展师生思想调查，统一思想认识，形成工作合力，全力守好网络意识形态主阵地。加强党风廉政及师德师风警示教育，筑牢教职员工拒腐防变的思想根基，全面从严治党取得新成效。

二、学科建设

凝练学科方向，优化学科队伍，承接大项目的能力逐渐增强。获批 6000 万学科建设经费，围绕三大学科平台，遵循推动团队发展、注重年轻人发展的原则进行经费的合理分配，促进未来学科优化组合。充分发挥学院学科优势服务地方，以服务地方为突破口，探索学院协同发展、产教融合的新路径。与中国开放原子基金会签订战略合作协议，联合威海北洋集团，围绕智能驾驶产业发展中的重大问题，共同突破领域重点难点问题，构建开源智能出行体系。与文登区公安局签署合作协议，落实校区与威海市公安局的“深化合作共建框架协议”，在科学研究、人才培养、师资培训、学术交流等方面开展全面合作。与文登区、迈世腾签署合作项目，打造产学研合作新模式。

三、学生培养

2022 年，获批人才培养经费 7600 万元，进一步完善学院新工科人才培养体系，在已有的人工智能、机器人工程、智能制造工程新工科专业及“量子信息工程”拔尖人才实验班的基础上，与华为技术有限公司新建“未来网络”拔尖人才实验班，并由华为技术有限公司牵头规划投资建设数据通信实验室和创新实践基地。教学成果再创新高，获山东省教学成果奖 2 项。依托山东大学（威海）大学生双创中心，重点建设“人工智能＋”“智能技术与控制”“算法实践与智能创新”“智能制造”四个竞赛平台，通过构建“大平台＋小团队”的模式，在各项竞赛获得突破性成绩。在山东大学玛珈山校友基金会的资助下，成功举办机电学院首届本科生创新创业项目，以基金项目为孵化器，为项目冲击各项竞赛提供了极好的条件。2022 年，学院共有 115 支队伍获得国家级奖项；其中，在第八届中国“互联网＋”大学生创新创业大赛首次摘得金奖，在第十五届全国大学生软件创新大赛首次获得特等奖，在第七届全国大学生工程实践与创新能力竞赛首获国家金奖，在全国大学生计算机系统与程序设计竞赛首次获得全国高校排名第一的最好成绩，在第十六届 iCAN 全国大学生创新创业大赛首次获得全国一等奖，在第十六届全国大学生智能汽车竞赛总成绩继续蝉联全国第一名，在 ICPC 国际大学生程序设计竞赛亚洲区域比赛中获得银牌。

研究生生源质量不断提高，2022 年学院共录取硕士研究生 160 人，博士研究生 9 人，其中硕士研究生推免生 41 人，推免生人数较 2021 年增加 50％，硕士研究生一志愿录取 97 人，一志愿录取人数大幅增加。学院宫建红副教授主讲的“研究生生涯发展与规划”公共课入选研究生在线精品课程，并入选北京 2022“奋进新时代”主题成就展；获批 1 项山东省优质专业学位教学案例库，1 项山东省优秀硕士论文，1 项山东大学研究生教育优质课程，1 项山东大学高质量研究生人才培养模式研究项目，“工程数学”课程入选山东大学研究生智慧课程。学院举办“电子信息学术前沿与行业发展”研究生暑期学校暨高端学术讲坛，从全球视野、前沿探索、产业直通、暑期课程等方面为研究生开展20多场学术报告，累计参与师生近2000余人。举办2022年全国优秀大学生暑期夏令营，吸引了来自全国高校400余名优秀大学生参加。学院逐步完善奖学金评审体系，组织职业生涯规划讲座、学术诚信教育等入学教育。荣获国家级奖励47项、省级奖励18项，研究生发表了SCI、EI检索论文28篇，申请19项国家发明专利。

四、科学研究

科研工作进步显著。2022年获批国家重点研发计划1项、国家自然科学基金项目4项、山东省自然科学基金5项、军工项目1项，参与国家重点、重大项目2项，参与省级重点、重大项目6项；与文登区、迈世腾签署合作项目900万元，开启学校、政府与企业合作新模式；2022年度总立项经费4479万元（含工业研究院立项1323万元），总到账经费3253万元（含深圳、苏州、工业研究院）。全年共发表SCI、EI和CPCI-S索引学术论文101篇，获授权发明专利97项。

五、学生工作

加强学生政治教育思想引领工作，全年发展学生党员183人，在山东大学五四表彰中，学院团委连续第八年获评“红旗团委”，同时获评“创新创业”“组织建设”“宣传调研与网络建设”3个单项“先进集体”称号。2022年，机电与信息工程学院学生会获评“山东大学十佳学生会”，2019级计算机班获评山东省先进班集体、校区第七届“活力支部”大赛二等奖，9个团支部获评山东大学先进团支部。学院有6人获山东省优秀学生，2人获山东省优秀学生干部，2人获山东大学校长奖学金，3人获山东大学新百廿奖学金，2人获山东大学年度榜样的力量人物，1人获山东大学十佳志愿者，1人获山东大学“自强之星”，1人获山东大学十佳共青团员，2人获山东大学优秀团干部，292人获山东大学优秀团员，156人次获单项先进个人。2022届毕业生总体就业率达到95.57%，在2023届毕业生推免工作成绩突出，140名本科生100%被保送至“双一流”建设高校。

六、信息安保工作

顺利完成所有本科教学科研实验室的6S管理建设工作，积极开展学院消防演练和疫情防控演练工作，实行对实验室四级联动管理制度和网格化管理制度，确保实验室安全和防疫安全的顺利开展。实验室建设和管理工作获得山东大学2021年度实验室工作先进集体，1名实验员获得“山东大学实验室工作先进个人”称号，1名实验员获得“山东大学实验室大型设备管理工作先进个人”称号；获得实验室建设与管理研究项目重点项目1项和一般项目2项。

（王婉霞）

空间科学与物理学院　空间科学研究院

一、坚持党建引领，做好思想政治工作

2022 年，学院党委积极组织全院教工学习宣传贯彻党的二十大精神，组织收看开幕式、党委理论中心组学习、“三会一课”、“主题党日”、党建共建和专题宣讲等活动 13 场，发表通讯 15 篇，举办知识竞赛活动 1 次，16 位教师心得体会获学校和校区采用。获山东大学学习宣传贯彻党的二十大精神专项立项 6 项。获批山东大学第二届“一院一品”文化建设项目。

优秀典型频出。教工第二党支部获评山东大学先进基层党组织。教工第二党支部原书记获评山东省“创新榜样”，教工第一党支部书记获评“山东青年创新榜样”，教工第二党支部书记获评“山东大学优秀共产党员”。

2022 年 7 月，学院获评山东省党建标杆学院。

二、落实立德树人根本任务，完善三全育人体制机制

学院团委获评山东大学“红旗团委”“学生创新创业先进集体”。学院获山东省黄河重大国家战略课程思政优秀案例评审 1 项；获山东省教学成果奖二等奖 1 项；获校级重点教改项目 3 项、一般项目 5 项，山东大学研究生专业课程智慧教学创新计划立项 2 项；学院辟出专项经费，设立教材出版资助基金，资助出版教材 1 部。

本科生获省部级以上学科类竞赛奖项 44 人次，以第一作者发表 SCI 论文 5 篇。在全国大学生“挑战杯”课外学术科技作品竞赛、数学建模竞赛、计算机设计大赛、物理实验竞赛等国家级 A 类学科竞赛中获得国家级一等奖 4 项、二等奖 3 项、三等奖 1 项。9 人次获省级及以上竞赛优秀指导教师，学生对本科生导师总体满意度为 97.03%。本科生 4 人获荣誉学士学位，2 人获校长奖学金，1 人获山东大学“自强之星”，1 人获省级优秀学生干部，1 人获山东省优秀学生，1 人获山东省政府奖学金。获山东大学优秀班集体 1 项；获山东大学优良学风班 1 项；获山东大学十佳社团 1 项。

研究生一志愿和推免生录取比例创新高。研究生答辩优秀率 95%，函评优秀率超 75%。2 篇博士/硕士学位论文，被推荐参评省优秀学位论文；1 人获校研究生优秀学术成果奖；3 人获研究生国家奖学金，1 人获省级优秀学生干部。

学院构建了“领导班子带头示范—课题组 PI 参与—导师（含本科生导师）负责对接—辅导员协同落实”的就业工作运行机制，拓展维护 13 家用人单位，大力推动毕业生就业工作。

三、面向国家需求，学术核心竞争力不断提高

2022 年，学院超额完成年度科研经费目标。新立项科研经费 8200 余万元，实到款 5700 万元。新立项重大项目 1 项、国家自然科学基金重点项目 1 项、国家自然科学基金杰出青年基金 2 项、横向重点项目 1 项、山东省杰出青年基金项目 1 项。新立项国防项目 3 项、国家自然科学基金项目 14 项、山东省自然科学基金项目 9 项。新立项横向科研经费超 1000 万元，横向科研经费实到超 800 万元。

平台建设取得新进展。子午工程/山东大学威海空间环境综合观测站正式揭牌运行，国家野外观测研究站筹划建设取得新进展。威海市卫星导航与遥感重点实验室动态评估获得优秀。2 个威海市重点实验室获批立项。

高水平研究成果不断涌现。发表 SCI、EI 论文 100 余篇，获授权国内发明专利 26 项、国外发明专利 2 项。牵头完成世界首幅 1∶250 万月球全月岩石类型分布图；“太空台风”研究成果被《自然》选为研究亮点，入选《自然·通讯》2021 年度物理和地球、环境与行星科学两大领域排名前 25 位的文章；再获嫦娥五号月球样品并研究揭示嫦娥五号月壤的太空风化特征，基于探测数据研究首次揭示天问一号火星着陆区水岩作用特征，2 项研究成果分别发表于《自然·天文学》和《通讯-地球与环境》，这是以山东大学为第一完成单位在该 2 份《自然》旗下期刊发表的首篇论文。

成功自主研制 50 毫米口径白光日冕仪，并首次通过球载在 30 公里海拔高度上对内层日冕进行白光观测；自研“35-40GHz 毫米波太阳连续谱仪”获山东省地球物理学会科学技术奖一等奖；成功研制新一代射电天文数字接收机；自主搭建的真空仓实验平台在等离子体诊断及其装置朗缪尔探针研发方面取得系列研究成果。

组织承办了“空天科技”全国博士后学术论坛，研究生暑期学校暨高端学术论坛等高水平学术活动。

四、坚持党管人才，人才队伍建设实现新突破

2022 年全职引进山东大学讲席教授张慧。杨元喜院士受聘山东大学兼职讲席教授，刘建忠受聘山东大学兼职特聘教授。凌宗成获聘教育部长江学者特岗教授，郭瑞龙获聘长江学者青年专家，王守宇、史全岐获国家自然科学基金杰出青年项目，刘晶获山东省杰出青年项目。

入选山东大学人才体系特聘教授 1 人、杰出中青年学者（第一层次）2 人、杰出中青年学者（第二层次）1 人。新聘研究员 2 人，副研究员 1 人；引进副研究员 3 人，讲师 1 人。特别资助博士后和重点资助博士后各 4 人。凌宗成获人社部等国家六部委联合表彰“首次火星探测任务先进个人”荣誉称号。李云伟获得山东省“博新计划”资助。

五、立足威海，服务社会成效得到有效提升

科普工作取得新成绩。线上线下科普活动受众超 18.6 万人次。山大威海天文台入选 2021～2025 年第一批全国科普教育基地，获评“‘科创筑梦’助力‘双减’科普行动”试点单位；获批山东省科普专家工作室。

推动学校与山东省地矿局第六地质大队签署产学研用合作协议、共建威海市陆海统筹地质资源环境研究院协议。与威海市海洋与渔业监测减灾中心积极合作建立小石岛海洋灾害观测站。获 2022 年度校地融合发展项目 5 项。许艳入选威海市校地合作人才资助计划初步人选。获嘉善文明基金会捐赠 30 万元。杜俊举捐献造血干细胞。

六、国际交流合作能力进一步增强

发表国际合作论文 20 余篇，学院师生参加国际会议 30 余人次；与澳大利亚国立大学共建的物理教学实验室进入实施阶段。张鹏担任国际期刊 *Crystals* 客座主编。3 名研究生获国家留学基金委公派项目。获批 2022 年山东大学全球一流学科合作计划。

（夏雪莲　丁　强）

数学与统计学院

数学与统计学院以建院二十周年为契机，举办“踔厉二十载　数韵致芳华”院庆二十年系列活动，进一步推动学院高质量发展。

一、发挥党建引领作用，构建学院发展新格局

以深入学习宣传贯彻党的二十大精神为主线，坚决落实全面从严治党主体责任，不折不扣执行“两个议事规则”，落实“三重一大”决策制度，全年召开党委会议 33 次、党政联席会议 42 次。抓实理论武装，党委理论学习中心组集中学习 13 次，推动教职工政治理论学习常态化，结合党史学习教育，建立“沐春讲堂”思想学习新阵地，开展讲座 4 期，党的二十大精神集中宣讲 2 次。组织师生党员开展“学习强国”打卡争先活动，在学校党的二十大精神理论学习月中获评“优秀组织单位”。

持续推进党支部建设规范提升、特色创建，信息与计算科学系教工党支部入选山东大学“双带头人”党支部书记工作室建设；获山东大学优秀基层党组织活动二等奖 1 项；获评党组织书记抓基层党建突破项目优秀成果。抓好入党积极分子和预备党员培训，完善流动党员的教育管理，规范党员发展，全年发展党员 35 名，其中青年教师 1 名，1 名教授发展为入党积极分子。深化巡视、审计整改，以巡视整改的实际成效提升办学治院水平。

二、立足一流学科建设，提升学生培养质量

1. 强化课程思政，推动课程高质量发展。加强课程建设，一批教学成果涌现，3 门海外师资课程获评“山东大学 2022 年暑期学校优秀项目”；获山东大学（威海）一流本科“课程思政”金课1项、“四新”金课2项。积极引进海外师资课程，与济南校区数学学院联合开设“前沿连线新生研讨课”，邀请国内外杰出学者作学术报告，开阔师生视野。重视教学改革与研究，学院齐海涛教授申报的“大学数学课程思政研究与实践”获得“2022年山东省本科高校教学改革研究项目”重点立项；4项教改项目获校区立项。

2. 重视人才培养，着力培养学生创新创业能力。组织全校91支队伍参加2022年全国大学生数学建模竞赛，获全国一等奖4项、全国二等奖6项、省级奖55项；组织30支队伍参加2022年美国大学生数学建模竞赛，获美国特等奖提名1项、一等奖3项、二等奖7项等。重视特色班级选拔培养，数据科学实验班学生年内34人次在ICPC国际大学生程序设计竞赛、“互联网+”大学生创新创业竞赛、中国大学生程序设计竞赛、“挑战杯”大学生创业计划竞赛等大赛中获奖。

三、做好条件保障，重视研究生培养质量，逐步提升学术竞争力

1. 完善教学设施，为学院科研教学提供条件保障。制定学院学科建设经费使用方案，谋划未来5年教学、科研和办公仪器设备需求，确定并开始着手建设深度学习实验室、数学建模实验室，学院在实验室建设上迈出可喜大踏步。

2. 重视学术交流与合作，科研取得累累硕果。取得山东省自然科学基金优秀青年基金项目立项突破，获得4项国家级基金项目，其中3项面上项目、1项社科类一般项目，年度科研项目实际到账经费399余万元。开展青年教师学术研讨与汇报，学院设专项经费鼓励教师开展学术研讨交流，2022年举办34次学术会议，邀请7人次外籍专家做线上学术报告。教师发表SCI论文34篇，以第一作者或通讯作者发表29篇。学院教师担任国际期刊编委2人次，其中SCI国际期刊编委1人次，ESCI国际期刊编委1人次。

3. 研究生招生质量稳步提升，2023年硕士研究生推免工作中，“985”“211”高校生源10人；2022年硕士研究生一志愿上线生数量和质量都有新的突破。

四、围绕立德树人，多措并举促学生发展

抓严抓细做好疫情防控常态化工作，建立四级网格安全体系，确保学生台账全、底数清、情况明、把关严、监管到；开展“云端”思政教育，加强信息员队伍建设，畅通沟通机制；组建“学生志愿服务队”，建档协调解决学生各类需求，坚守后勤服务保障；建立学生安全隐患排查、安全问题定期研判制度，学工队伍经常进楼，关键时候包楼，根据需要住校，全方位构建学生安全防线。

坚持立德树人，聚焦“五育并举”。举办“学生干部成长训练营”沉浸式培训8期，依托数学特色开展“魅力数学”系列活动。抓科研突破，通过宣传动员、政策支持、讲座辅导、项目挖掘等措施推动学生科技创新。强化劳育建设，组织“一小时劳动圈”，并申报威海校区劳动实践项目1项，寒暑假社会实践中有11支团队获评校级优秀团队。成立学院“数语心坊”二级心理辅导站，依托学院四级心理工作网络关注危机学生。持续推进“积分筑梦”学业帮扶活动，累计为600余人次学生提供答疑和辅导。

全员参与就业制度化，建立就业工作院领导联系系、系主任联系老师、老师联系学生三级工作体制。举办“天南地北数学人”“励志周末”分享会10余期，多方位引领学生生涯发展。学院领导带队开展“访企拓岗”专项行动，走访中国重汽、海信等13家企业，积极拓展就业市场。

五、校企合作与社会服务工作不断推进

与山东大学数据科学研究院一起引入社会捐赠1000万元；组建“山东大学－百度深度学习教育创新中心”，获得教育部20万元资助；联合山东省社会信用中心，创建“山东省联合社会信用实验室”，获得浪潮集团60万元资助。

（刘东霞　王祎璠）

马克思主义学院（威海）

一、党建工作

1. 坚持“讲党性”“勤学习”。马克思主义学院（威海）以习近平新时代中国特色社会主义思想为指导，学习贯彻习近平新时代中国特色社会主义思想和党的二十大精神以及党史主题教育，组织理论中心组学习、教职工理论学习、按照“制定学习计划—加强学习交流—共享学习成果”的机制强化学习教育，增强理论武装，提高政治素养。2022年共组织党委中心组理论学习15次、教职工政治理论学习20次，各支部开展主题党日活动15次。学院成立党的二十大精神宣传团，为校区开展41次专题宣讲。

2. 坚持“师为范”“生为本”。一方面，明确“以师为范”，切实加强师德师风建设，以师德师风建设月为契机，研究制定《马克思主义学院（威海）加强教师思想政治和师德师风建设的工作方案》，累计开展活动10次，严防以师德师风为燃点的舆情事件发生。另一方面，重点“以生为本”，建立马克思主义学院（威海）“下沉一线　关心关爱学生”四机制，深入了解学生心理健康和思想动态，帮助学生解决实际困难，筹资成立“薪火相传助学金”。认真开展就业指导帮扶工作，就业率达到100％。

3. 坚持“求卓越”“善创新”。一是积极开展安全稳定、从严治党专题研究，形成包括落实立德树人根本任务、统筹发展与安全工作、全面从严治党等方面的调研报告。二是各党支部也力求卓越发展，教工支部荣获“山东大学党建工作样板支部”和“‘双带头人’教师党支部书记工作室”，学生党支部积极建立网格化管理制度。三是指导的学生社团取得优异成绩，其中学院研究生会获评山东大学“十佳研会”、两个社团获评“五星”社团，习近平新时代中国特色社会主义思想研究会荣获山东大学“十佳社团”。

二、教学工作

1. 加强教学改革统筹设计与规划。学院继续在“马克思主义基本原理”“毛泽东思想与中国特色社会主义理论体系概论”“中国近现代史纲要”“思想道德与法治”四门课程中推进“慕课＋翻转课堂”的教学模式。

2. 重视课程思政“三全育人”协同力量。分别推荐教师参加“教学技能工作坊”“本科生院在线培训”“微格课程培训”“教学竞赛培训”，共计13场。设立了包括课程思政在内的16项教学研究项目，编写了《课程思政案例集》，入选山东省黄河重大国家战略课程思政优秀案例1项，实现了山东省教学比赛特等奖的突破。

3. 将党的二十大精神“零时差”融入思政课堂。学院组织思政课教师深入研讨交流，并组织教研室及时制作课堂教学课件、收集相关教学资料，及时将党的二十大精神“零时差”地融入思政课堂，进教材进课堂进头脑，传递党的二十大精神的核心要义。

4. 改革实践教学形式，提升实践成果质量。在社会实践方面，收集整理了20多个内容丰富的网络博物馆，实现了学生的虚拟实践。推送学生作品参加山东省和教育部各项比赛活动，获得山东省中华经典诵读二等奖2项，山东省大学生讲思政课三等奖1项。

三、学科建设

1. 着力打造厚薄论坛等学术会议。升级改版厚博论坛，打造厚博论坛学术品牌，2022年度厚博论坛共计举办6次。另外，积极承办学术会议，如“文化自觉、文化自信与文化繁荣”学术高端论坛、“党的二十大精神阐释暨治理能力现代化的文化研究”学术研讨会等。

2. 助力《马克思主义文化研究》发展。推动《马克思主义文化研究》集刊实现以我为主的转型。2022年吸纳莫斯科大学两位国际编委，并入围中国社会科学评价研究院AMI集刊评价行列，刊物影响力进一步提升。

3. 科研成果产出丰厚。2022年，学院获批各级各类项目20项，其中国家社科项目2项，国家重大项目子课题1项，教育部项目2项（校区8项），省社科项目3项（校区共10项）。年内，学院教师出版论著2部，刊发论文13篇，其中C刊以上级别论文8篇，《光明日报》《人民日报》报纸论文5篇。

四、国际合作与服务地方

学院与高区党委组织部深入沟通交流，根据地方有关需求，设立“党建＋引领基层发展服务高区专项”，发挥学院在马学科方面人才、智力优势，与高区以“党建＋”为主题，开展党建专项培训、“党建＋”专项课题研究咨询服务和机关党建理论研究专项合作共建。此外，学院发挥马学科理论优势，面向各级各类党政干部及企事业单位员工开展形势与政策、特别是习近平新时代中国特色社会主义思想教育培训，在服务地方发展同时，提升了学院服务社会影响力。

（王晓宏）

体育教学部

体育教学部在学校党委和行政、校区党工委和行政的正确领导下，坚持以习近平新时代中国特色社会主义思想为指导，认真学习贯彻党的二十大精神，落实强院兴校发展战略，在做好疫情防控工作的同时，充分发挥体育育人功能，各项工作均取得新进展。

一、党建工作

体育教学部直属党支部认真学习贯彻习近平新时代中国特色社会主义思想，增强“四个意识”，坚定“四个自信”，做到“两个维护”。集体组织收看高校党组织示范微党课、党的二十大开幕会，集中学习习近平总书记给南京大学留学归国青年学者的重要回信精神、党的二十大精神专题报告会等，努力提升政治意识，增强纪律意识和规矩意识。

坚持理论中心组学习与教职工政治理论学习制度，通过理论学习，努力增强理论学习的实效，切实提高广大党员的理论素养，涵养良好的政治生态。完成学校 2021 年党组织书记抓基层党建突破项目。年内顺利发展 2 名教师党员。

二、安全领域未巡先改工作

成立安全工作未巡先改领导小组，制定《体育教学部安全工作未巡先改工作方案》《体育教学部安全工作未巡先改自查自纠清单》，并对照清单逐条进行梳理和研究，细化整改台账，针对 88 个方面问题，制定 120 项整改措施，并按照整改方案全部整改完毕。健全完善制度体系，制定一系列规章管理制度文件，确保学校体育工作安全稳定。

三、疫情防控工作

成立疫情防控工作领导小组，制定《2022 年体育教学部疫情防控预案》等制度方案，认真落实常态化疫情防控各项措施，严格执行课堂教学、群体活动、场馆管理的疫情防控要求，确保师生安全和正常的教学生活秩序。

四、公共体育教学工作

在疫情防控期间的线上教学中导入课程思政内容。积极成立课程建设专项小组，2022 年 3 门课程获批“校级一流本科课程”；2 位教师获得山东大学（威海）优秀教案评选三等奖，1 人获得优秀奖；1 人获得校级教学能手称号。

加强教学研究工作，校级教改项目，1 项立为重点项目，3 项立为一般项目，1 位教师获校级青年教师教学比赛二等奖。

五、群众性体育活动

体育教学部制定各项赛事的《疫情防控预案》和《应急处置预案》。举办系列线上赛事、五人制足球赛、乒乓球赛等各类群众体育赛事活动15项，累计参与人数5700余人次。

指导各体育社团开展丰富多彩的体育活动，累计立项校级社团活动项目7项。各体育社团组织体育活动103项，累计参与人数22000余人次。5个体育社团获得三星级以上社团，舞灵舞蹈、竞技武术社团分获“社团之星”评选一等奖和三等奖，6位社团指导教师获得“优秀指导教师”的荣誉。

根据有关文件要求，制定了一系列威海校区全面提升学生体质健康水平的指导文件，对商学院等教学科研单位和教务处进行了体育发展调研，介绍学校体育工作各方面情况，了解各学院对学校体育工作发展的诉求。

六、校外竞赛和运动队常态化训练

6月，校区组队参加了由国家体育总局科教司主办的2022年全国运动训练竞赛联盟操舞锦标赛（线上比赛）。校区代表队最终获得大学乙级A组自编街舞一等奖、双人街舞啦啦操第一名和双人爵士啦啦操第一名的优异成绩。

进一步落实学校《关于全面加强和改进新时代学生体育工作的实施意见》实施方案，结合校区实际情况组建涉及10个专项共12支校区普通学生运动队，实行主教练负责制，积极开展常规化训练。通过制定《山东大学（威海）普通学生运动队管理办法》等相关制度，切实做好普通学生运动队各项工作。

七、科研工作

积极鼓励广大教师参与开展科研活动，支持教师参加学术交流，注重教师参加科研能力提升培训。2022年是体育教学部近年来科研成果最丰硕、最全面的一年，成功立项国家社科项目1项，教育部人文社科项目1项，山东省社科项目1项；发表CSSCI论文1篇，SCI论文3篇，一般论文2篇；累计科研经费31万元。

八、学生体质健康测试工作

制定年度体测计划与工作安排、体测突发事件应急预案，组织完成2022年度学生体质健康测试工作。加强学生体质健康测试宣传教育，组织体测知识讲座，并宣讲运动安全知识，全面保障测试工作安全有序进行。将体测项目融入课堂教学与课外锻炼，提高了学生的体质健康水平和体测合格率。

九、体育场馆服务工作

全面开放各运动场馆，定期开展安全大检查及应急演练，排查体育场馆内外安全隐患并及时进行整改，明确场馆运营和管理分工，完善体育场馆内外标识、导引牌。年度累计参与健身锻炼人数达到51200余人。

十、大型设备采购工作

为高质量推进学校体育设备更新改造，全面升级学科支撑条件，体育教学部积极成立采购论证小组，论证未来五年大型设备购置计划，逐步解决校区健身场地人均不足等问题。

十一、服务地方工作

为落实国家体育总局、教育部《关于深化体教融合促进青少年健康发展意见的通知》等文件精神，与威海四中签订联合育人协议，设立体育与健康教育联合育人实践基地，在体育与健康课程开发、学生体育素养拓展等方面协同合作。

积极响应服务山东、服务威海的号召，分别选派王丽、郑志磊、高同进、邱海业4名教师参与山东省第二十五届运动会的赛事裁判服务工作，充分展示校区体育教师的专业水平和精神风貌。

（刘钧仁）

山东大学澳国立联合理学院

在学校党委、校区党工委的坚强领导下，山东大学澳国立联合理学院坚持以习近平新时代中国特色社会主义思想为指导，深入学习宣传贯彻党的二十大精神，坚定不移落实立德树人根本任务，聚焦高质量发展主题，系统科学制定“十四五”事业发展规划，围绕学校“七大战略”，贯彻“精耕细作”，全面落实各项重点工作，统筹推进疫情防控、安全稳定和学院事业改革发展。

在党的二十大精神指引下，学院全体师生员工统一思想、凝聚共识、上下齐心、合力破障，以加强党的领导为根基，以提升人才培养质量为核心，以准备中外合作办学评估为牵引，以深化一体发展为支撑，以推进国际化建设为导向，以确保安全稳定为底线，针对学院规章制度完善、体制机制改革、师资队伍建设、教学质量提升、学生教育管理、国际氛围营造、楼宇装修改造等当前及未来一段时间内重点工作进行了统筹谋划、稳步推进。学院各项工作均取得一定成效与突破，包括首批联合培养学生赴澳留学、首批大四学生成功推免保研、首批学生党员完成转正、首名教师进行自主聘任、首次明确 AEMG 人员管理责任分工等等，为学院迎接首届毕业生高质量就业和首次中外合作办学评估打下了坚实基础。

一、强化党的领导，以高质量党建引领学院发展

1. 坚持理论强基，学好用好“金钥匙”。坚持把习近平新时代中国特色社会主义思想作为指导办学治院的“金钥匙”，认真执行“五个一”理论学习中心组学习模式，落实“第一议题”制度。围绕学习贯彻党的二十大精神，制定详细的工作方案，通过领导班子带头学、党员干部引领学、师生员工集体学、支部共建联动学、专题会议研讨学等多种形式，在学懂弄通做实上见真章出实效。

2. 加强制度建设，提升学院治理水平。全面梳理完善现有工作制度，相继建立健全10余项制度文件，规范各项工作开展，提高学院各项工作的制度化、科学化、规范化水平，进一步推进全面从严治党。

3. 落实“三同步”，完善基层党建工作。立足支部标准化规范化建设，对学生党支部改造升级，由原来的按年级横向设置调整为按专业纵向设置，有效提升支部内学业发展和传帮带政治功能。组建学生党建服务中心，构建横纵结合的基层学生党建工作体系，加强学生党建骨干队伍建设，强化各学生党支部之间联动，提升学生党建工作整体效率。

4. 统筹发展与安全，筑牢学院安全稳定工作体系。高度重视疫情防控与安全稳定工作，联合相关学院共建安全督查机制，严格做好安全专项巡视整改落实，安全工作专项巡视反馈意见的整改工作方案和整改进展情况报告均获评学校“优秀”等级。加强安全教育培训，强化应急实战演练，细化实化突发事件应急处置预案，切实提高师生个人防护能力和应急处突能力。认真做好关键时期、敏感节点的值班值守工作，全力维护学院正常教学秩序和校园安全稳定。

二、坚持以人为本，推进人事体制机制改革

聚焦人才强校战略，大力推进实施教师岗位薪酬制度改革，认真落实校区党政联席会研究通过的《首批聘任人员薪酬方案》，完成1位人员聘任工作。结合学院管理岗位人员现状与改革发展方向，研究制定《内设机构负责人管理使用办法（试行）》《管理岗位人员年度考核工作实施办法》，打破身份界限，破解制约学院发展的体制机制障碍。

三、完善人才培养，推动教学开展提质增效

1. 教育教学质量不断提升。建立“共课教师联动制、学生管理数据化、教学监督体系化”三个有机衔接的线上教学质量保障机制，组织选聘34名已推免学生为秋季学期澳国立课程助教，保证澳方远程授课的实质等效。推进学院课程思政建设，组织学院专业教师、学术英语团队教师开展教学能力提升研修会、课程思政建设研讨会，完善课程思政优秀案例库建设和评选。

2. 教学管理机制日趋完善。推进学院教师、教学管理工作制度建设，制定学院师德师风考核工作方案、教师教育管理工作实施方案。完善学院教材审核制度，完成对院内90类教材、教师自查报告，以及437类外文图书、英文报纸、期刊的审查工作。

3. 中外合作育人成效初显。推进“3＋1＋1”联合培养方案落地，协同相关学院细化赴澳学生第六学期考核及毕业论文（设计）安排，从制度上保障其顺利出国，2019

级共68名学生于7月赴澳学习深造。成立推免工作领导小组，制定推免工作方案和实施细则，保证学院首次推免工作顺利进行，2019级共43名学生获得保研资格并完成研究生推免。2022级新生录取名次继续稳步提升，其中数学、物理、生物专业在山东省平均提升1500名左右。

四、贯彻立德树人，促进学生管理提档升级

1. 强化思想引领，创新完善学生管理机制。坚持党建带团建，稳步推进“青年大学习”，加强日常主题团日和关键时点教育活动，通过微信公众号、QQ群、视频会议以及团支部组织学、团员青年自主学等多种形式，加强学生理论学习，强化青年思想引领。优化学院网格化管理体系，建立学生双链条网格化管理机制，并形成辅导员和学生两个层面的应急处置工作机制，以预防和处理突发状况，及时排解风险隐患。

2. 聚焦三全育人，拓展强化育人工作体系。开设“Coffee Time”院长会客厅、“书记有约”书记直通车和“锦理信箱”，构建学院思政大讲堂，积极倾听学生心声，第一时间了解和解决学生诉求。健全“五育并举”工作机制，设立“两讲堂·两计划·两工程”学生综合发展平台，组建“锦理导师团”，由领导班子成员担任团长，专业教师、辅导员、行政管理人员全员参与，全方位开展育人指导与交流。持续强化科研实践育人，加强与相关学院专业教师协调联动，指导学生开展社会实践和志愿服务，鼓励学生积极参加科研立项、学科竞赛等，荣获数学建模、“互联网＋”等国家级省级奖项39人次，取得历史性突破。

3. 突出重点群体，提升学生教育管理效能。针对赴澳学生，通过澳国立在线答疑、座谈交流、行前培训、欢送会等形式，开展系列行前安全专题教育，为学生提供在澳学习生活指导，协助学生办理护照、体检等事宜确保顺利出国。学生赴澳后，通过成立临时班委、学生党员“一点两线”对接、山大澳洲校友会、AEMG等多种渠道，保持紧密联系沟通，为学生安全留学保驾护航。以“学业帮扶、素质提升、质量突破”为立足点，制定专项工作方案，引导形成“学帮赶超”的局面。丰富“格物讲堂”系列活动，通过讲座、青年师生座谈会等形式，促进学风建设。组建“朋辈导师团”，邀请优秀高年级学生开展保研、考研经验分享会，有针对性地开展帮扶。搭建专业学习和英语学习云平台，进行网上学习资源整合推送。

五、聚焦国际化战略，加快推进国际化建设

1. 加强与澳国立合作共建，共同高质量办好学院开放日、开学典礼、毕业典礼、家长见面会、“Coffee time”等活动。启动并基本完成学院英文网站的改版和建设，全面生动地展现中澳双方密切合作与深度融合的精彩亮点和办学成就。

2. 注重学院师生国际化建设，选派教师参加中外合作办学骨干教师培训，时刻关注在澳学生学习和生活动态，并在英文网站留学日志栏目专题报道。

3. 加强外事工作风险评估，制定外籍教师教学管理相关要求、外事工作风险点及防控措施，密切关注在威外籍教师的工作与生活情况，细致做好相关管理和服务工作。

（王　路）

威海前沿交叉科学研究院

威海前沿交叉科学研究院深入落实一体发展战略，坚持“四个面向”，践行“四个服务”，以“双一流”建设为己任，紧紧围绕立德树人根本任务和高质量发展主题，在学生培养、平台建设、科学研究、服务地方和对外交流方面均取得了突破性进展，加快实现研究院“由小变大”，为学校“由大变强”贡献力量。

一、党建工作

威海前沿交叉科学研究院党支部于 2022 年 2 月 23 日成立，2022 年发展预备党员 1 人，计划发展入党积极分子 1 人。支部日常工作坚持对标优秀党支部，进行规范化、制度化建设。研究院党支部与商学院经济系教工党支部进行共联共建，探索机关党支部与学院党支部共联共建新途径，形成党支部之间优势互补、资源共享、协同发展的党建新格局。党支部带头认真学习最新政治理论知识，不断强化思想理论武装，坚持“三会一课”制度、主题党日活动、谈心谈话制度，通过各项制度的执行，党内生活逐步实现制度化、规范化、经常化。全年理论学习 20 余次，讲党课 2 次，参加主题党日活动 7 次，以实际行动带领支部党员和全体教职工增强“四个意识”，坚定“四个自信”、做到“两个维护”。

二、学生工作

研究院在“一体化战略”下开展招生宣传工作，通过优秀大学生夏令营及研究生推免，经过严格细化的考核程序，精心组织导师考核小组，选拔优秀生源。加快结构优化步伐，持续改善学生的学科结构，资源与环境专业博士、专业硕士开始招生。创新人才培养成绩斐然，研究生共发表论文 21 篇，其中 SCI、SSCI 论文 2 区及以上 17 篇，中文权威期刊《计量经济学报》1 篇，中文核心期刊《上海交通大学学报》1 篇；1 人获得博士国家奖学金。此外，为了帮助学生合理做好研究生生涯规划，为低年级研究生提供交流学习的平台，研究院于 2022 年 7 月 22 日举办了 2022 届优秀研究生毕业生就业升学经验线上交流会。2022 年 9 月完成 2019 级全部 10 名硕士研究生毕业工作，就业率达 100％。

研究院鼓励和支持教职工参与校区本科生培养工作。李佳硕教授指导本科生团队在第十三届山东省大学生创业计划大赛中荣获省级一等奖，同时李佳硕教授获评省级“优秀指导教师”；李佳硕教授指导本科生团队在第九届山东省物联网创造力大赛中荣获一等奖；赵旭教授指导商学院本科生团队在第八届“互联网＋”大学生创新创业大赛中获得山东省铜奖。

三、科学研究

1. 论文专著。2022 年教职工发表论文 57 篇，其中 SCI、SSCI 论文二区及以上 46 篇，在《经济研究》、*Nature* 旗下期刊、*Cell* 姊妹刊等领域顶级期刊发表多篇论文。

2. 学术影响与获奖。张宁教授入选科睿唯安 2022 年度跨学科领域（Cross-Field）高被引科学家名单，此次是张宁教授连续第三年入选该榜单。此外，张宁教授还入选了 2021 年爱思唯尔“中国高被引学者”榜单。赵旭教授受邀担任 SCI 期刊 *Frontiers in Environmental Science* 副主编。

3. 科研项目。在国家级科研项目立项方面取得重要突破，李佳硕教授获批国家自然科学基金优秀青年项目（经费 200 万元），这是学院自主培养的第二位国家优青。于浩伟（新入职助理研究员）、刘茜（特别资助博士后）获批国家自然科学基金青年项目（经费 24 万元）；田沛佩（特别资助博士后）获批 2022 年度山东省博士后创新项目；钟洪麟教授获批青海省重点研发项目（经费 90 万元）；冯奎双教授与绿色和平组织签订国际横向科研合同（经费 33.6 万元）。2022 年研究院共获批直接经费 340 多万元。

4. 平台建设。研究院平台建设取得突破性进展，研究院作为牵头单位获批建设山东省高等学校文科实验室（A 类）——“蓝色经济绿色发展实验室”，参与单位包括商学院、东北亚学院，汇聚了具有管理、经济、能源、环境等不同学术背景的高水平科研人才，进一步凝练学科特色，聚焦学科交叉，积极融入学校学科发展。由商学院和威海前沿交叉科学研究院联合申报，采取多学科共同参与的组织方式，联合海洋学院、东北亚学院合作获批山东大学（威海）交叉学科培育项目——“资源环境与海洋经济高质量发展研究”，通过融合多学科研究力量，发挥综合性学科优势，打破学科壁垒，打造威海校区学科建设新亮点，推进山东大学“双一流”建设。

四、师资队伍

研究院获批泰山学者青年专家 1 人（钟洪麟），新引进山东大学齐鲁青年学者 1 人（王超）。成功举办第七届“齐鲁青年论坛分论坛——资源环境经济与管理”，共吸引 4 位来自海内外的优秀青年学者有意向入职工作。此外，新入职 1 名助理研究员（于浩伟），新引进 1 名兼职特聘教授（吴杰）。

五、对外交流

1. 打造特色学院特色讲座，扩大研究院知名度。2022 年初疫情防控期间，为提高研究院学生学术素养，共举办 4 期线上“蓝绿云讲堂”，分享研究院教师发表高质量论文经验，吸引了超 1 万人次参加讲座。研究院金牌学术讲座“蓝绿大讲堂”共举办 15 期，邀请了英国社科院士孙来祥、Klaus Hubacek 教授等国内外知名教授参加，深受全校师生欢迎。2022 年 6 月 25～26 日，研究院组织第五届中国留韩经济管理年会，线上、线下国内外学者共 17000 人次参会，其中年会设置的分会场——经管院长圆桌论坛共邀请了 15 位经管学院院长，促进了学术交流。

2. 积极与知名高校合作，促进学科前沿交叉发展。研究院团队与哈尔滨工业大学

（威海）控制科学与工程系副主任黄海滨博士及其团队开展学术交流，与英国拉夫堡大学创新与创业学院开展国际交流合作，与英国利兹大学水研究中心在校际层面签署了战略合作协议。双方将在研究生培养、学术研究等方面开展深度交流与合作。

六、服务地方

研究院充分发挥自身优势，增强社会服务功能。李佳硕教授参与撰写的政策报告获国家级领导人批示并入选山东大学智库成果，同时该成果被评为民进中央2022年度参政议政成果一等奖；于艳妮教授面向社会开展多次公益讲座——几何图形心理解码、家庭教育、教师/家长正面管教等，对威海中小学开展学校/家庭双向正面管教和积极赋能指导，提升中小学生受教育品质。

（薛　峰　丛　菱）

青岛校区

青岛校区 2022 年概况

一、深入学习宣传贯彻党的二十大精神，聚力强化政治建设与思想引领双提升

一是坚持不懈加强思想武装。严格落实“第一议题”要求，组织党工委理论学习中心组及时跟进学习党的二十大精神，指导基层党组织强化理论武装，深入学习贯彻习近平新时代中国特色社会主义思想和总书记关于教育工作的重要论述，增强“四个意识”、坚定“四个自信”、做到“两个维护”。

二是坚定不移强化党建引领。督促指导分管部门、校区及联系学院贯彻新时代党建总要求，严格落实“三重一大”决策程序，规范开好党委会、党政联席会，全面抓好班子建设、落实意识形态工作责任、抓好疫情防控和安全风险排查，全面贯彻落实学校党委各项重大部署，坚持党建与校区改革发展工作同步推进，自觉维护学校发展稳定大局。

三是全面落实立德树人根本任务。精心打造思政育人新品牌，“书院＋学院”社区书院制改革取得阶段性成果，持续加强心理健康教育，推动 15 个培养单位全面完成二级心理辅导站建设，在各公寓楼推进“青听小屋”建设；坚持“五育并举”，开展青马工程团校培训活动，实现参与学生数万人次，大学生实验农场首次实现果实丰收采摘；积极推进各项双创赛事及培训工作，在第八届“互联网＋”校赛中获得 2 金 4 银，荣获高教社杯全国大学生数学建模竞赛本科组最高奖——“高教社杯”；大力开展教育教学改革和课程建设，泰山学堂、尼山学堂、卓越计划、新文科、新工科等人才培养模式全面覆盖青岛校区，校区 4 个专业新入选国家级一流本科专业建设点，占学校新入选数量 1/4。

二、稳优势、开新局，聚力谋划学科交叉与融合创新共发展

一是大力推动学科建设。坚持四个面向，围绕“生命—环境—海洋”“计算机—信息—网络安全”“政治—法学—公共管理”三大学科群，进一步强化优势，凝练特色，推动融合交叉，校区牵头建设“生命科学与技术”“低碳能源与环境”“网络空间安全与智能计算”三个一流特色学科领域，为学校学科高质量发展贡献青岛校区力量。根据上海软科世界一流学科排名中，年内环境科学与工程排名进入前 100，生物工程学科国际排名跃升至第 33 位，位居全校世界一流学科排名之首，校区现有生物学与生物化学等 7 个学科领域稳居 ESI 学科全球排名前 1%（全校 19 个），整体学科建设水平呈现稳步上升趋势。

二是持续强化引才育才。拓宽人才引进渠道，人才增量明显，结构进一步优化，今

年校区引进杰青1人，海外优青4人，优青1人，讲席教授1人，特聘教授2人，山大杰青3人，齐鲁青年学者13人。全年引进全职高层次人才25人，全校占比达37%。精心做好人才培育，年度培育英国皇家工程院院士1人，长江学者讲席教授2人，泰山学者攀登计划2人，杰青1人，泰山学者特聘教授1人，海外优青3人，青年拔尖人才8人，优秀青年基金获得者2人，青年泰山学者14人；新培育国家和省级人才合计34人，一流人才引育再创新成效。

三是努力构筑优势平台。新增数链融合技术教育部工程研究中心、山东省物质创制与能量转换科学重点实验室，新增4个省高校实验室，获批3个青岛市重点实验室，新成立山东大学上海合作组织研究院；年内科研经费和立项取得新突破，获批国家重点研发计划项目立项2项、国家自然科学基金项目资助116项、国家社科基金重大项目4项、山东省自然科学基金117项，实到科研经费4.398亿元（其中人文社科类较上年翻一番）；推进科技成果落地转化，提升服务社会能力，2022年度通过专利许可、转让等方式签订科技成果转化合同15项，涉及专利26项，合同总额4360万元，较2021年、2020年连续两年保持高速增长。

三、广调研、汇资源，聚力助推服务青岛高质量发展见成效

一是强化顶层设计和服务平台打造，对标青岛发展需求，结合校区学科特色优势，编制完成《山东大学服务青岛高质量发展三年行动计划（2023～2025）》，加快筹建山东大学青岛产业技术研究院，山东大学（青岛）国际创新园现已运行。

二是努力推动校地共建和校企合作，与青岛市委党校、崂山区政府、崂山区纪委监委等单位签订合作协议开展合作共建，为地方发展提供山大智识支持，与青岛地铁、海尔集团卡奥斯和新华锦集团等企业签署战略合作协议，与国家深海基地管理中心、青岛海洋科学与技术试点国家实验室、山东产业技术研究院（青岛）、泰山体育产业集团、青岛蓝谷海上测试科技有限公司等洽谈交流，助力青岛市做强优势产业集群。

四、保基础、促增值，聚力打造“服务主导型”校区再加速

一是推进治理能力提升，按照学校党委决策部署，坚持“立足保值、力争增值”的工作思路，整合优化部门职能，完善11项改革探索，持续推动校区治理体系与治理能力建设，校区职能部门由“管理服务型”向“服务型”转变取得实质性成效，持续落实财务、人事、资产、后勤、基建等服务专员制，初步构建成“线上+线下”全方位服务格局。

二是全力聚焦民生，着力解决师生和教学科研单位急难愁盼的问题。顺利完成北区学生公寓、食堂建设任务。完成临时停车场、学生公寓维修、实验室吊顶更换等项目，完成足球场、运动场等场所亮化提升，完成校医院软硬件建设，完成教职工生活区乐水居南区和北区10kV开闭所、物业站的双电源改造，切实增强师生的获得感与幸福感。

（杨文松）

前沿交叉科学青岛研究院

前沿交叉科学青岛研究院坚持以习近平新时代中国特色社会主义思想为指导，深入学习宣传贯彻党的二十大精神，坚持精耕细作开新局，主动服务和融入学校“双一流”建设，扎实推进高质量发展。

一、夯实“四个责任”，以高水平党建新成效破除事业发展思想薄弱点

一是切实履行政治责任，深入学习宣传贯彻党的二十大精神，扎实推进党史学习教育常态化长效化，坚持以习近平新时代中国特色社会主义思想凝心铸魂。二是抓紧抓实党建责任。扎实推进基层党支部标准化规范化建设，1 个支部获批学校第二批“研究生样板党支部”，1 名党员获评“研究生党员标兵”。三是有力履行师德责任。持续深入推动师德师风建设，积极发挥榜样引领示范作用。1 人荣获“山东大学优秀教师”，1 人荣获“山东大学先进教育工作者”。四是坚决扛牢安全责任。落实落细疫情防控工作举措，扎实做好安全工作专项集中整改相关工作，持续深化安全能力和安全治理体系现代化。

二、把握“三个关键”，以高水平育人新成效布局事业发展新重点

一是突出“立德”鲜明导向。全面加强学生思想引领，荣获学校 2021 年度共青团新闻宣传工作先进集体、学生社团先进集体。新生入学教育工作再次获评研究生入学教育精品项目。二是聚焦“急需”培养目标。立足“物理基础、前沿交叉”，顺利开办首届物理学专业前沿交叉创新实验班。推动提升研究生创新能力，1 人荣获学校研究生优秀成果奖。三是健全“一流”育人体系。实施本科生学业导师制，完善研究生中期考核、学位论文答辩、优秀成果奖评审等规范性制度文件，推动完善交叉学科人才培养体系。

三、统筹“两个目标”，以高水平谋划新成效布局事业发展着力点

一是精准锚定高质量发展总体目标。全面强化党建引领，签署一流学科任期目标责任书、“十四五”发展规划和中层领导班子任期目标责任书。二是精准锚定现代化建设工作目标。扎实做好“化学与物质科学”一流学科领域以及“粒子与原子核科学”“能源化学与材料物理”2 个重点方向的建设任务，推动建立完善目标任务分工落实机制，做好“双一流”建设数据检测和设备更新改造相关工作。

四、强化“四个坚持”，以高水平育才新成效强化事业发展支撑点

一是坚持党管人才，持续深入贯彻落实中央人才工作会议精神，深化“聚”“用”

融合，推动队伍建设转化为人才培养和科学研究的强劲动能。二是坚持目标精准聚焦。专题研究人事人才高质量发展路径方式，推动队伍建设提质增效。研究院再次获评“山东大学人才工作先进单位”。三是坚持活力有效释放。统筹推进精准引才和高效育才，年内新增国家级青年人才 3 人，1 人入选山东省泰山学者攀登计划项目、3 人入选青年项目，5 人获得博士后基金特别、面上资助项目。四是坚持体制深度创新。制订实施研究院《教师高级职务评审推荐实施细则》，着力关心帮助青年教师成长成才。

五、落实“五项任务”，以高水平科研新成效提升事业发展贡献点

坚持“四个面向”，树牢服务“国之大者”的鲜明导向，扎实服务高水平科技自立自强。一是实现服务国家战略有贡献。努力提升服务国家战略需求和经济社会发展能力，新增获批国家重大项目 1 项，国家重点研发计划项目、国家基金原创探索项目 4 项，省重大基础研究项目 2 项。二是实现“有组织的科研”早探索。稳步提升科研项目申报和科研成果产出能力，累计获批国家自然科学基金项目 16 项、省基金 17 项，实现专利授权 12 项，预计全年可到账经费达 4000 万元。三是实现科研亮点有突破。相关团队在新冠肺炎快速检测、癌症免疫协同治疗、重大仪器研制等领域取得最新进展。代表学校加入 SNO＋国际合作组，推动国际交流合作。李春霞教授获评山东省青年科技奖。四是实现平台建设有突破。积极筹划联合复旦大学等单位联合共建国家级平台，获批建设山东省物质创制与能量转换科学重点实验室。五是实现学术交流强保障。联合主办、参与基金委重大项目学术交流会、深度非弹性散射研讨会、夸克物质国际大会等多项国内外重要学术会议，持续深化学术交流合作。

六、推动“四个进步”，以高水平发展新成效彰显事业发展创新点

一是推动落实服务山东战略有进展。结合“访企拓岗”活动，扎实推进校地校企合作，走访苏州、泰兴多家企业，与青岛海尔生物医疗有限公司、青岛国轩电池有限公司持续接洽科研合作与成果转化事宜。积极整合社会资源，推动设立“山东大学天泰天文奖学金”，强化人才培养支撑保障。二是推动落实国际化战略有收获。与欧洲核子研究中心签署合作机构联盟章程，与德国锡根大学推动签署博士生联合培养协议，推动编制研究院国际合作联络教师项目培养方案。三是推动落实文化引领战略有成效。结合学习宣传贯彻党的二十大精神，全面加强思想文化阵地建设。研究院荣获山东大学 2021 年度新闻宣传先进单位，研究院网站荣获 2021 年度山东大学优秀网站。四是推动支撑保障有突破。扎实推进 6S 实验室建设，狠抓安全管理，荣获山东大学 2021 年度实验室工作先进集体。扎实推进 D1 项目楼可研报告编制工作，着力突破物理空间制约难题。

（李明睿）

环境研究院

环境研究院组建于2003年，是学校直属的科研与研究生培养的独立单位，由中国工程院院士王文兴教授创建；拥有环境科学与工程一级学科学术型博士和硕士学位授权点、资源与环境专业型博士和硕士学位授权点、博士后流动站，设有大气环境化学、环境理论化学与实验、环境生态学3个研究所，1个生态环境大数据创新研究中心（由中国工程院院士王桥教授为首席科学家）。

研究院现有专职科研教师39人，其中正高级19人、副高级13人、中级7人。教学科研人员中有全职中国工程院院士2名、泰山学者特聘专家1名、国家优青1人、海外高层次人才2名、海外优青1名、国家“万人计划”青年拔尖人才1名、泰山学者青年专家5名、省杰出青年基金获得者3名、齐鲁青年人才4名等。先后承担国家级及省部级科研项目210余项，纵向科研经费总额1.3亿余元，发表SCI论文920余篇，获国际奖1项，省部级奖6项，社会力量奖3项。

2022年，环境研究院牢牢把握迎接和学习宣传贯彻党的二十大重大机遇，瞄准国际科技前沿和国家重大需求，大力实施“强院兴校”战略，落实“精耕细作”要求，在学科建设、人才引育与培养、科学研究、社会服务等方面取得了重要突破。

一、党建工作

环境研究院基层党组织在上级党委的领导下定期组织开展“三会一课”、主题党日、民主生活会、党史学习教育等党员活动，扎实开展党支部联建共建、密切联系群众、批评与自我批评等工作，认真学习、全面贯彻习近平总书记全国两会、党的二十大等重要讲话精神。党员队伍继续发展壮大，其中教工党支部新增党员4人，研究生党支部新发展党员9名。以“支部共建聚合力，同心共熔促发展”为主题，先后与青岛校区人事处、青岛校区学科及研究生办公室、计算机科学与技术学院及山东省生态环境规划院开展党建联建党史学习活动。环境研究院教工党支部连续两年获评山东大学“五星党支部”，获得学校基层党组织活动立项《持之以恒学党史知行合一悟初心》（创新实践类）项目。教工党支部书记何茂霞同志被评选为环境科学与工程学院党委优秀党务工作者。

二、学科建设

积极推进学科创新与交叉融合发展，全面推动建设生态环境大数据学科交叉方向。修订、完善《山东大学环境研究院“十四五”发展规划》，进一步加强与计算机、信息、能源、电气等学科的交叉融合。生态环境大数据学科方向建设工作取得阶段性进展，科研团队初具规模，完成生态环境大数据需求分析报告编写、分析与服务平台建设方案编制、应用场景示范演示平台上线等关键任务，产出一系列高水平学术论文、发明专利等生态环境大数据首批科研成果。同时，研究院创新“产学研用”发展新模式，与青岛市生态环境局签署战略合作协议并成立研究生联合培养基地，联合申报并获批山东省数据开放创新应用实验室。研究院组织 10 余位院士、专家对生态环境大数据分析与服务平台建设方案进行论证，并对学校生态环境大数据学科方向的长期发展出谋划策。目前，山东大学环境与生态学位列全球 ESI 前 3‰，环境科学与工程在 2021 年软科中国最好学科中排名前 10%。

三、人才引育

积极落实“人才强校”发展战略，坚持引育并举，实现高层次人才持续增长。王文兴院士获中国化学会环境化学专业委员会“环境化学终身成就奖”、首届中国环境保护产业创新发展特别贡献纪念章；从瑞士保罗谢尔研究所全职引进海外优青李坤教授，从美国北卡大学教堂山分校全职引进海外高层次青年人才张玉强教授；胡新明教授入选国家“万人计划”青年拔尖人才，黄柳斌研究员和李延伟副教授入选泰山学者青年专家，申恒青博士入选“香江学者”计划。此外，研究院还引进副教授 1 人、助理研究员 2 人，招收特别资助类博士后 2 人、外籍博士后 2 人。

研究院承办山东大学第七届齐鲁青年论坛一环境化学与生态学分论坛，邀请 7 位来自加拿大、美国、法国、瑞士、日本等国家和地区一流高校和科研机构的优秀青年学者参会，论坛的举办为环境研究院后续引进优秀青年人才提供了资源和储备。

四、人才培养

2022 年，研究院毕业研究生 40 人，截至 12 月 31 日，就业率达到 97.5%。举办第四届环境大气科学暑期学校。3 名博士研究生赴香港等地联合培养，多位研究生线上参加日本横滨国立大学承办的国际学术会议。选拔第二批 4 名优秀青年教师担任研究生班主任，给予学生学涯、生涯、职涯指导。组织开展“就业茶话会”“考公交流会”“出国申请交流会”等就业指导和精准帮扶活动。组织举办“导学思政下午茶”“春季趣味运动会”“夏日歌会”“喜迎党的二十大趣味知识答题”等丰富的学生文体活动，推动“五育并举”，促进学生全面发展。积极组织参加校级活动，斩获山东大学（青岛）啦啦操比赛二等奖、“思壮杯”足球比赛冠军。1 篇博士学位论文获评山东大学优秀博士学位论文，1 篇硕士学位论文获评山东省优秀硕士学位论文，2 人获得研究生国家奖学金，2 人获得小米奖助学金，3 人获得 2022 年度王文兴院士环境科学奖学金。

五、科学研究

坚持引领世界学术前沿和服务国家重大需求并举。2022 年，新增国家级重点项目立项数量创新高（4 项），其中国家自然科学基金重点项目 1 项、国家重点研发计划课题 3 项。横纵向共新立项科研项目 67 项，总立项经费 3802 万元，实到总经费 1775 万元。其中，新立项纵向项目 26 项，包含国家自然科学基金 8 项（面上 2 项，青年 6 项），纵向总立项经费 2460 万元，实到经费 892 万元；新立项横向经费 41 项，横向总立项经费 1342 万元，实到经费 883 万元，其中侯可勇教授、杜林教授成果转化（1 项）和咨询服务到校经费总额共计 245 万元。共发表 SCI 论文 89 篇（其中一区论文 13 篇、二区论文 50 篇），发表国际合作论文 24 篇（比去年增加 10 篇）。获授权国家发明专利 13 项，环境生态学研究所所长刘建教授出版专著《黄河三角洲生物多样性及其生态服务功能》。荣获省部级奖项 1 项，薛丽坤教授的“基于观测的精细化箱模型关键技术研发与大气二次污染防治应用”获中华人民共和国生态环境部环境保护科学技术二等奖。

六、实验室管理

研究院实验室实施 6S 管理，并且每个实验室配备一名安全协管员。加强实验室安全检查力度，将定期检查与不定期抽查相结合，严格审查实验室安全隐患台账、逐条整改销号，确保隐患整改做到闭环管理。对实验室师生加强安全知识教育培训，进行多次消防安全知识培训、实验室 6S 规范化管理培训等。实验室 6S 管理等工作的有效开展，提高了实验室的整体形象，在研究院师生中形成了规范化、标准化的管理理念，积极保障了实验室安全工作。

七、社会服务

研究院积极开展社会服务工作，组织专家团队为济南、青岛、淄博、东营、泰安等多个地市的大气污染、农业土壤污染综合防治等提供了广泛的专业技术支撑服务。侯可勇教授开发的基于化学电离质谱的挥发性有机物在线检测质谱仪专利技术成果转化 300 万元，应用于城市空气中 100 多种挥发性有机物的快速识别与走航监测。研究院牵头或联合报送省级资政报告、科技专报或提案 4 个，其中张庆竹教授的提案《碳交易市场的现状及未来发展趋势》被农工党中央单篇采用，张庆竹、刘建、谢慧君三人获得农工党“全省提案和调研工作先进个人”荣誉称号。

（何茂霞）

国家糖工程技术研究中心

一、年度工作概述

国家糖工程技术研究中心（以下简称“糖中心”）坚持党建引领，深入学习贯彻党的二十大精神，用习近平新时代中国特色社会主义思想武装头脑、指导实践、推动工作；认真贯彻落实党的路线方针政策，始终在思想上政治上行动上同以习近平同志为核心的党中央保持高度一致。科研工作获得重大突破，牵头的国家重点研发计划项目“医用多糖生物制造关键技术及产业示范”顺利获批并启动；承担各类纵向科研项目48项，横向科研项目42项，累计到位经费4000余万元；申请国家发明专利11项，授权国家发明专利22项，发表SCI论文38篇；持续推进1个国家级、4个省部级科研平台和4个联合研究中心（实验室）平稳运行。积极探索糖科学交叉学科建设；参与生物学、药学和化学学科发展。积极组织申报各级各类人才项目，获批省级计划1项。坚持立德树人根本任务，砥砺办学初心，以培育时代新人为目标，重视研究生培养，举办高端研究生学术论坛；1人获国家公派出国读博资格；3人获各类奖学金；1人获“惠永正糖科学奖”。持续加强实验室建设，新入库仪器设备48台件，总值170余万元，坚持大型仪器设备对外开放。扎实开展实验室安全管理工作，推进6S实验室建设工作。严格按照学校及属地最新要求进行疫情防控常日精细管理，保障师生安全及其他各项工作有序开展。

二、主要工作举措及成效

1. 党的建设。坚持把政治建设摆在首位，深入学习贯彻党的二十大精神，用习近平新时代中国特色社会主义思想武装头脑、指导实践、推动工作，教育党员深刻领会“两个确立”决定性意义，增强“四个意识”，坚定“四个自信”，做到“两个维护”。认真贯彻落实党的路线方针政策，始终在思想上政治上行动上同以习近平同志为核心的党中央保持高度一致。

坚持高标准在高层次人才、优秀青年教师中发展党员。加强对教师群体的思想政治引领，认真开展入党启蒙教育，引导教师积极向党组织靠拢。严格规范“三会一课”制度，以“两学一做”为主要内容，突出政治学习和党性锻炼。搭建定期交流联系平台，从职业规划、人文关怀等方面促进教师成长发展。及时发现并花大力气帮助教师解决在工作和生活上面临的急难愁盼问题。

2. 科学研究与学科建设。2022年度，糖中心编制人员共承担各类纵向科研项目48项，横向科研项目42项，累计到位经费4000余万元，新获批国家重点研发计划项目1项、国家自然科学基金面上项目2项、山东省自然科学优秀青年基金1项。申请国家发明专利11项，获授权国家发明专利22项，发表糖中心署名单位SCI论文38篇。持续推进山东省糖化学与生物学重点实验室、山东省糖技术创新中心、国家药品监督管理局糖药物质量研究与评价重点实验室的科研任务开展，并通过设置开放课题等方式，加强与国内外优势单位的强强联合。与澳门大学中药国家重点实验室及山东省药学科学院联合建设的“中药糖工程与检测技术联合实验室”以及与行业优势企业合作共建的“山东大学—福瑞达生物医药研究中心”“山东大学—梅晔生物医药研究中心”“山东大学—赛克赛斯生物材料联合实验室”均运行良好。

持续推进产学研合作，与青岛高新区就共建山东大学青岛产业技术研究院项目协议已基本达成一致，即将进入审批流程。

积极探索建设糖科学交叉学科，计划联合校内生物学、化学、药学、海洋科学等一级学科优势力量共同组建发展；积极深度参与校内生物学、药学和化学学科发展，为山东大学生物学、药学和化学学科的发展及建设作出了贡献。

3. 师资队伍建设。2022 年，凌沛学院士受聘为中国检验检疫科学研究院首席顾问兼客座研究员，山东开放大学聘任凌沛学为客座教授；组织省级重点人才工程青年项目 2 项；海外引进山东大学“齐鲁青年学者”3 人；申报“仲英青年学者”1 人；1 位教师初审通过，单位推荐破格评审教授。

4. 实验平台建设及对外服务。2022 年，新入库仪器设备 48 台（件），总值 170 万余元，不断完善公共实验室平台设备管理制度。完成单位 20 万元以上设备信息统计；完成 2022 年图书资料的盘点工作，开展 2022 年设备家具类固定资产盘点工作。糖中心核磁、质谱等大型仪器设备坚持对外开放，为多家高校、科研单位和企业提供测试服务，测试费收入 32 万元，实现了糖中心在实验设备和实验技术全面开放服务社会的宗旨。

5. 研究生教育。坚持立德树人根本任务，砥砺办学初心，以培育时代新人为目标，始终重视研究生教育培养、日常管理、实验室安全、评奖评优、心理健康、就业等工作。糖中心在读研究生 132 人，下设 4 个专业。2022 年招收硕士、博士研究生 41 人；毕业硕士、博士研究生 33 人。邀请国内外知名糖研究学者开展博士生高端学术论坛；1 名硕士研究生获“国家建设高水平大学公派研究生项目”资助出国攻读博士学位；2 名研究生获得国家奖学金，1 名学生获得校长奖学金；1 名研究生获得第二届“惠永正糖科学奖·优秀学业奖”。积极服务学生就业工作，2022 年就业率达到 91.18%，其中硕士已签约 25 人，就业率达到 96.15%，博士已签约 6 人，就业率达到 75%（12 月底还有 2 名博士将签约，1 名硕士生备考公务员）。

6. 科研实验室安全管理工作。实行实验室安全准入原则；举办安全教育培训（含消防安全）；完成实验室的分类分级工作；完善实验室安全管理体系和实验室安全督导细则，定期开展实验室安全检查；开展实验室安全教育活动，推进各实验室 6S 实验室建设工作。

7. 疫情防控工作。严格按照学校及属地最新要求进行疫情防控常日精细管理，保障了保障师生安全及其他各项工作有序开展。

（曲　敏）

微生物技术研究院

微生物技术研究院坚持以习近平新时代中国特色社会主义思想为指导，深入贯彻落实学校精耕细作要求，坚持面向世界科技前沿和国家重大战略需求，聚焦绿色可持续发展战略，全面贯彻新发展理念。2022 年先后收获“山东大学先进集体”“山东大学人才工作先进单位”“山东大学实验室先进集体”“山东大学新闻宣传先进单位”“山东大学优秀网站”等10余项集体荣誉。

一、坚持党的领导，发挥党建引领作用

1. 强化党建引领，推进党建与中心工作深度融合。加强党的领导，以高质量党建引领高质量发展。充分发挥党政联席会、党委会作用，重点部署推动国重重组工作。牢固树立德才兼备、以德为先、事业为上的鲜明选人用人导向，全年选任正科级干部1名、组织员1名，选聘科研教师14名、专业技术人员2名。不断创新人才引、育、管、用和激励保障机制，实施青年教师导师制，完善博士后、研究生管理等制度，加强对青年教师的培养，同时充分发挥中老年教师的传、帮、带作用。

2. 持续提升党支部标准化规范化建设水平。选评1个山东大学五星级党支部，高标高质完成糖中心3个党支部的换届、增补工作，推动改组教工支部班子，国家糖工程技术研究中心党建工作面貌显著改观。落实文化引领战略，彰显文化品牌效应，国重成功获批“全国科学家精神教育基地”。

二、坚持引育并举，不断壮大高水平人才队伍

1. 大力做好人才引育工作。2022年研究员引育5名国家级人才，包括国家杰青赵宗保、国家优青吴长生，国家“万人计划”青年拔尖人才卞小莹，海外优青孔文涛、陈辉。引育5名省级人才，包括泰山学者攀登计划专家汤亚杰、山东省泰山学者青年专家陈辉、山东省杰青王海龙等。

2. 持续加强人才培育工作。欧洲科学院院士 Adrian Francis Stewart、汪兆琦（山大校友）依托山东大学申报并获得国家级领军人才项目支持。博士后滕兆洁获中国科协“青年人才托举工程”项目资助。王海龙教授获得第十二届山东省青年科技奖，李盛英教授获评青岛最美科技工作者，卞小莹教授获得第十三届青岛市青年科技奖。研究院国家级人才已达22人，省部级人才17人。

三、聚焦科技前沿，持续提升科研能力

1. 科研成果不断取得新突破。2022年，研究院在研项目317项，到账经费6305.08万元，其中横向到账经费3079.84万元。新立项项目78项，总批准经费5812.05万元，较去年增加110.2%。新立项国家级项目35项，包括国家重点研发计划政府间国际科技创新合作专项1项，国家重点研发课题3项，国家自然科学基金项目29项，其中国家优青项目1项，重点项目1项，国际（地区）合作与交流项目1项。国家自然科学基金立项数量位居山东大学第3位，比去年同期增长45%，总批准经费1604万元，比去年同期增长41.19%，创集中受理期历史最好成绩。共发表SCI论文373篇，其中IF>10的论文56篇，高水平论文数较去年增加36.6%；获授权发明专利47件，较去年增加42.2%。

2. 学科水平和国际影响力不断提升。高质量完成“生命科学与技术”学科建设方案中重点建设方向“合成生物学”和“海洋微生物学与微生物技术”2个方向的工作。国重创新群体项目的建设和考核工作已完成第一年度的考核，在重塑一流科研体系、提

高学术创新水平等方面均显示出一定的效果和潜能。研究院所属二级学科如微生物学、生物学与生物化学、分子生物学与遗传学进入或稳定在ESI前1%。2022年软科“世界一流学科排名”中，生物工程学科排名世界第33名。英文期刊*Engineering Microbiology*顺利完成2022年出版任务，共计发表25篇高水平论文，并入选“中国科技期刊卓越行动计划高起点新刊”。

四、推进产学研深度融合，实现科技成果高效转化

1. 成果转化和横向合作成绩再创新高。2022年度，研究院横向项目新立项21项，总批准经费874.45万元。横向在研项目95项，到账经费3079.84万元。祁庆生教授与盛虹控股集团有限公司关于生物基丁二酸的项目转化达到2000万元，成为研究院科研成果转化的新标杆。

2. 持续开展校企校地合作交流活动。本年度，研究院先后调研了齐鲁制药、华熙生物、福瑞达、博科生物及历下控股等重点企业，持续推动与青岛啤酒、华熙生物、齐鲁制药、华大基因、安琪酵母等企业合作。对接苏州工业园，梳理了基于校外事业法人一苏州研究院构建省外技术转移基地的思路，形成了平台、项目及国际学生的联合培养机制。全面推动与邹城市全面战略合作，对方拟出资1000万元与研究院共建合成生物学研究院。

五、坚持立德树人，全面提升人才培养质量

1. 完善招生机制，提高研究生生源质量。2022年入学硕士研究生130人，其中来自“双一流”高校考生53人（含山东大学毕业生13人，创历史新高）。9月开展新一轮硕士招生工作，共计通过推荐免试方式招收59人，其中来自“双一流”建设高校学生28人（含山东大学毕业生10人），占比47.46%，生源质量保持稳定。优化培养方案，提升人才培养水平。

2. 推动案例教学、思政教学、实践教学的研究生“3+”培养模式。2022年共计毕业博士研究生51人，较去年增长64.5%；毕业硕士研究生75人，较去年增长15.4%。4人获得山东大学优秀博士/硕士学位论文奖。博士研究生康照琪、刘嘉琪学术成果获得校级优秀奖，博士研究生孙向楠、荆林倩获山东大学推荐参评山东省研究生创新成果。本年度共主办15期“格微致知”前沿讲座，打造了研究院学术论坛新名片。“高等医药微生物技术”获评了山东大学研究生教育优质课程，并被推荐参评2022年度山东省研究生教育优质课程。

3. 稳步推进本科教学工作。召开新学期本科教学工作会议，及时传达本科生院安排，邀请教师分享教学经验。开展开学第一周公开课，组织青年教师参加听课和评课活动。组织教师参与国家智慧教育公共服务平台的“2022年暑期教师研修”专题培训，44名教师取得结业证书。邀请权威专家作专题报告，相互交流专业基础课程建设方案。组织“清源农冠奖学金”评选活动，吸引优秀本科学生进入科研团队开展科研训练并参与课题研究。

六、全面深化国际合作交流

王栋栋获得博士后国际交流计划引进项目。2 名应届硕士毕业生获得国家公派出国留学资格。联合德国亥姆霍兹感染研究中心和谢菲尔德大学，成功申报山东大学“全球一流学科合作计划”项目。

七、加强科普能力建设，推进科普服务创新发展

国重室联合 5 个省级学会，成立“生命·新知”科普联盟，发挥“启梦微来”科普品牌优势，开展公众开放、研学交流、科普主题报告、科普大赛、国重探秘等形式多样的科普活动，创作了一批精品科普图文和音视频资源，成功获批 1 个山东省科普专家工作室，2 项山东省科普示范工程立项，成为青岛市科普教育基地联盟理事单位，多名专家入选青岛市科普专家库。

八、社会服务水平显著提升

研究院获批全国首批科学家精神教育基地、山东省科普专家工作室；成立“生命·新知”科普联盟；入选“青岛楷模”，成为 8 位正式候选人之一；获山东大学“一院一品”文化建设项目立项。

九、稳步开展实验室安全检查工作

研究院高度重视安全工作，将安全和发展放在同等重要位置，不断完善预案，加强专项整治，组织开展安全教育培训 6 次、应急演练 3 次、安全检查 14 次，聘用 3 名巡查员，每日对全院公共设备间巡查 2 次，为蓝谷实验室配备 40 台灭火器，有力保障了研究院各项改革发展工作。

（李霖田）

海洋研究院

一、工作概述

海洋研究院认真组织学习全国“两会”精神，并全面推进学习宣传贯彻党的二十大精神。通过线上线下、专家讲座、集中学习、领学宣讲等不同形式推进了党的二十大精神学习走深走实。狠抓“师风、学风、作风”三风建设，规范支部党建工作，提升党组织主体作用发挥，以党建引领和推动了研究院高质量发展。

在学科建设方面，海洋科学进入2022软科中国高校专业排名前8位；在科研方面，获批科研项目45项，牵头“一带一路”海上丝绸之路（ANSO）战略咨询项目，获批国家自然科学基金面上项目2项，青年项目3项。在人才引育方面，引进了多名教授，2名中科院外籍院士均落户山东大学。进一步健全了师德师风建设长效机制，提升了博士后引育质量，有效汇聚了优质青年科技人才新力量。在国际合作交流方面，筹备建设“海洋负排放国际大科学计划山东中心”，拟进一步深化国际合作，打造国际一流海洋学科；在研究生培养方面，研究生生源质量显著提升，2023年推荐免试硕士生人数提高40%；在实验室安全管理方面，实验室平台管理水平稳步提升，实验室安全分类和6S管理推进实验室管理体系化、标准化。

二、开展的主要工作

1. 党建工作。加强党的自身建设，召开研究院党员代表大会，全面推进落实“十四五”规划，认真配合审计、安全巡视和疫情防控工作，开展“科技创新活动月”“师风、学风、作风”等专题活动，不断提升研究院治理体系和治理能力现代化；以“喜迎二十大，永远跟党走”为主题，深入学习党的二十大精神，把握习近平新时代中国特色社会主义思想“金钥匙”，促进党建工作和中心工作的深度融合，围绕全面推进海洋学科生态建设，全面提升党建现代化水平。狠抓“师风、学风、作风”三风建设，规范支部党建工作，提升党组织主体作用发挥，以党建引领推动高质量发展。年度完成8个党支部换届工作，研究院党委换届工作，正科级干部选拔1人，副科级干部选拔2人。

2. 学科建设。2022年6月，海洋科学进入2022“软科中国大学专业排名”前8位，继2021年排名全国第9后，再次取得突破。

3. 科研工作。2022年获批科研项目45项，牵头“一带一路”海上丝绸之路（ANSO）战略咨询项目，获批国家自然科学基金面上项目2项、青年项目3项，获批横向科研经费1006.4万元，总到账经费3197万元；获批山东省科学技术奖二等奖1项（第3位）、山东省地球物理学会科学技术奖一等奖1项、山东省海洋科技创新奖特等奖1项，张训华教授获得第七届曾呈奎海洋科技奖突出成就奖；在*Nature Communications*、*Current Biology*、*Water Research*、IEEE *Transactions on Industrial Informatics*等顶级期刊发表学术论文，并有多篇入选ESI Top1%高被引论文；加强科研组织，着力推动“海洋负排放国际大科学计划”（ONCE）的实施；联合机械工程学院完成成果转化1项，转化经费1500万元。

4. 人事人才。加大战略人才汇聚力度，引进兼职讲席教授2人，两名中科院外籍院士均落户山东大学。系统谋划人才梯队建设，探索实施“春笋计划”，青年教师引育工作取得实绩，1人获批国家“万人计划”青年拔尖人才，1人获批山东省青年泰山学者，1人入选山大杰青（第一层次）。引进荣聘教授1人、全职科研教师10人，科研队伍得到进一步充实。积极承办第七届齐鲁青年论坛——海洋科学与工程分论坛，11人中有7人确定了加盟意向，引才聚才效力凸显，极大拓展了人才发展资源，提升了研究院影响力。提升博士后引育质量，汇聚优质青年科技人才新力量。引进博士后8人，其中 1 人获得特别资助类博士后，2 人获得重点资助类博士后，共获批国家、山东省、青岛市各级各类博士后基金等项目资助 10 项。

5. 国际合作。“海洋负排放国际大科学计划”是由中国科学家牵头发起的国际大科学计划，支撑碳中和国家战略。2022 年，山东大学海洋研究院参与并开展了该计划筹备和实施方案编制等工作。在原有与达尔豪斯大学合作的基础上，以“山东中心”为依托，拟进一步深化国际合作，打造国际一流海洋学科，建成有重要国际影响力的海洋负排放科技创新平台和人才培养基地。

6. 研究生培养。2022 年海洋研究院研究生生源质量显著提升，2023 年推荐免试硕士生人数提高 40%；狠抓学位论文质量，硕士学位论文由研究院送外审，毕业论文质量提升；落实山东省加强海洋教育要求，开设特色公共选修课“海洋科学与文化”，选课人数达 110 人；举行教学比赛及教学经验分享会，提升教师教学质量，落实课程思政；举办“海青论坛”品牌活动、国际海洋日主题宣传教育活动；落实海洋科学一体化发展战略，打通海洋学院本科生实习通道，与海洋学院共同组织“海洋科学”夏令营；参加中国海洋大学海洋科考实践活动，年度获得研究生优秀成果奖优秀奖一项，全面形成面向海洋的交叉学科人才培养体系。

7. “三全育人”。落实立德树人根本任务，坚持精耕细作，落实“三全育人”“五育并举”，聚焦培养全面发展人才。积极组织开展“青年大学习”“主题团日”活动，认真贯彻落实学习党的二十大精神，组织召开“新时代与党的二十大”主题党课等活动；致力举办多种活动贯穿毕业季、迎新季，如心理健康征文比赛、有氧操打卡、春季摄影展、就业分享会、“羽乐同享”四院联合师生羽毛球赛、“海研杯”毕业篮球赛、2022 第四届羽毛球赛、“夺宝奇兵”趣味运动会等，丰富研究生课余生活，把思想价值引领贯穿学生在校生活全过程和各环节，实现全方位育人机制。

8. 实验室安全。实验室平台管理水平稳步提升，实验室安全分类和 6S 管理推进实验室管理体系化、标准化。2022 年是海洋研究院实验室建设第五年，进入平台管理提升期和优化期，主要工作包括：调控和优化实验室空间使用效率；有效配置高层次人才办公和实验室用房，鼓足发展后劲，解决后顾之忧；实验室标准化管理全面推开，提升网格化管理体系；实现实验室安全分级分类，细化工科和理科实验室的风险点和防控措施；抓隐患风险点、危险源溯源，强化危化品管理和消防安全；助力科研，培训先行，强化实验室基础安全培训；利用学校安全巡查组检查为契机，强化安全隐患的整改，立查立改，能改快改；积极申购海洋科学大平台仪器设备，充实公共平台仪器设备。

（郭文娟）

生态环境损害鉴定研究院

生态环境损害鉴定研究院以习近平新时代中国特色社会主义思想为指导，深入学习党的二十大精神，牢记“国之大者”，聚焦“立德树人”，紧紧围绕学校“双一流”建设目标任务，锐意进取，大胆开拓，2022 年各项工作稳步推进。

一、不断完善学科建设与研究生培养

进一步凝练学科方向，形成了生态环境损害鉴定评估技术、标准理论与法制两大方向，发展了污染物性质鉴别与溯源、生态效应与风险评估、环境与人体健康、生态环境损害价值计算、生态环境损害鉴定技术标准、生态环境损害鉴定法律制度、碳达峰碳中和等特色研究领域。

建立环境法医学学科课程体系，制定完成博士和硕士研究生培养方案，开设“环境法医学概论”等特色课程。编制完成国内首套生态环境损害鉴定评估系列教材 12 本，涉及水、土壤、大气、海洋、噪声等生态环境领域。

加强研究生招生和培养工作，高质量圆满完成 2023 级推免生招生工作。高度重视实践实习工作，组织师生赴河北中旭教学实践基地开展实践实习活动，实地参与生态环境损害案件鉴定与庭审工作，在一线实践中发现并解决科学问题，真正“将论文写在祖国大地上”。

二、高度重视师资队伍建设

高度重视人才引进工作，引进国际环境法医学会主席 Stephen Michael Mudge 为山东大学特聘教授，段海燕为山东大学杰出中青年学者；引进教育部长江学者特聘教授杨悦锁和油指纹鉴定专家王鑫平研究员为兼职教授；招聘多名青年科研教师，初步形成由国内外著名学者领头、梯次合理的科研教师队伍。

研究院多名教师担任省市海洋科技咨询、生态环境损害鉴定评估等政府咨询专家，在中国环境科学学会环境损害鉴定评估专业委员会等专业学会担任主任委员、副主任委员等职务，在 *Micromachines*、*Frontiers in Marine Science* 等学术期刊担任客座主编或编委，社会影响力初步形成。

三、扎实推进科学研究

研究院各类科研项目立项 21 项，项目总经费 770 多万元，人均到账经费全校排名第五。

与中国科学院大学、山东大学岩土中心合作，成功申报 2 项国家重点研发计划，并承担子课题。承担山东省发改委、山东省生态环境厅、检察院、济南新旧动能转换先行区管委会建设管理部、司法鉴定机构、新发药业有限公司等横向委托项目多项。发表SCI论文11篇（其中一区论文5篇）。

受司法部委托，编制完成《2021年度环境损害司法鉴定指导案例》，获采纳并公开对外发布。受山东省生态环境厅委托，开展地方标准《山东省生态环境损害修复效果评估技术导则》的编制工作；谋划制定全国和山东省生态环境损害鉴定修复、碳达峰碳中和技术标准编制工作。设计完成陆基移动快速智能检测平台方案，并着手建设。

四、深入强化社会服务

与山东省生态环境厅签署合作协议，在生态环境保护与修复前瞻性研究、技术标准研发、案件办理、关键技术研发等方面开展全面深入合作。受其委托，开展《山东省生物多样性条例》《山东省辐射污染防治条例》《山东省环境噪声污染防治条例》等地方性法规立法工作；开展山东省生态环境损害赔偿制度研究工作，对全省的生态环境损害赔偿案件完成系统审核。

作为山东省发改委碳达峰碳中和工作技术支撑单位，持续为山东省和济南市、青岛市、德州市发改委的双碳工作提供技术咨询服务，其中，“山东省碳达峰、碳中和路径研究”项目荣获山东省发改委2022年度优秀研究成果一等奖。与海尔卡奥斯COSMOPlat签订战略合作协议，在双碳方面开展全方位合作。与青岛校区后勤处合作，成功申报并开展学校绿色学校建设项目。

开展全国环境损害司法鉴定人继续教育培训班，共举办培训班6期。其中，10月24～28日，受司法部和生态环境部两部委联合委托开展线上培训，来自全国33个省（区、市）和新疆生产建设兵团共计7823人报名，创历史新高。课程设计合理、内容全面、学者云集，得到学员好评，取得较好的社会影响。受司法部委托，完成司法部2022年度长江经济带环境损害司法鉴定机构“双随机、一公开”专项监督抽查工作方案。

五、不断加强学术合作与交流

联合多家单位，举办生态环境损害司法鉴定、生态环境损害价值计算、环境公益诉讼、环境与人体健康、船舶油污损害鉴定与索赔等学术会议7次，来自国内外数千人参加会议，扩大研究院影响力。

在国家生态环境损害鉴定领域充分发挥引领作用，吸引30余家司法鉴定机构，公检法、生态环境、自然资源部门，发改委、行业学会、兄弟院校、环保企业等来访合作交流。

（高　蒙）

网络空间安全学院（研究院）

网络空间安全学院（研究院）以习近平新时代中国特色社会主义思想为指导，贯彻落实党的二十大精神，落实立德树人根本任务，以新一轮“双一流”建设任务和“十四五”高质量发展为抓手，强基固本、深化内涵，全面拓展改革发展新局面，不断提高学院办学水平，顺利完成年度工作目标任务。

一、党建领航促发展

科学制定学习方案、专题研讨，学习宣传贯彻党的二十大精神。坚持用习近平新时代中国特色社会主义思想“金钥匙”破解改革发展难题，全年组织党委理论学习中心组学习 5 次，落实党委会、党政联席会“第一议题”制度，及时跟进学习习近平总书记重要指示批示精神。落实班子成员联系支部、联系服务专家、联系学生等制度，制定学院《关于进一步加强和改进教师思想政治和师德师风建设的实施方案》，定期调研教师思想政治状况，先后与新党员、师生员工谈心谈话 30 余次，与党外青年教师召开座谈会，面对面交流思想、吸引优秀青年向党组织靠拢。全年共发展党员 23 名，推荐、培养入党积极分子近百名，发展教工党员 2 名，学院已连续 3 年有教师被发展入党。

二、人才培养成效显著

坚决落实立德树人根本任务，坚持以培养一流网络安全人才为核心，建立健全教学质量管理和教学质量监控体系，有效推进课程思政建设。密码科学与技术专业成功入选国家级一流本科专业建设点。截至 2022 年，学院 3 个本科专业均入选国家一流本科专业。积极承担“高层次人才培养专项”“卓越工程师专项”等研究生培养任务，与 10 余家企事业单位签订联合培养协议，科学制定培养方案和管理机制，努力提升高层次人才培养质量。

进一步创新多元化人才培养模式，推动“学训赛研”培养体系建设，11 支学生团队获得网络安全创新资助计划资助，学生获得全国大学生数学建模竞赛最高奖、第一届中国研究生网络安全创新大赛一等奖等重要奖项，包揽第二届全国定制计算算法实现挑战赛冠亚军，全年共斩获国家级奖励 27 项、国际奖励 6 项，省级以上获奖合计 57 项。

三、学科科研扎实推进

全力推进一流网络安全学院建设示范项目，圆满完成一流示范学院轮值院长工作。按新一轮“双一流”学科建设要求，与计算机、软件学院共建网络空间安全与智能计算学科。申报山东省一流学科建设计划备选学科，完成密码技术与信息安全教育部重点实验室5年评估任务，在新兴领域教材研究与实践项目验收中获得“优秀”的评价。

2022年，学院教师获批国家密码某重大项目1项、国家重点研发计划课题等重点项目3项、国家自然科学基金6项、省海外优青等省部级项目6项，发表论文60余篇，其中CCF/CACR A类会议期刊近20篇。稳步推进密码科研实验环境平台建设，全力支持泉城实验室建设，与中电子六所共建国家工程中心，EDA数学科学实验室入选“山东省高等学校实验室建设名单”，申报山东省大数据局支持的大数据安全实验室。学院教师先后获得齐鲁最美科技工作者、隐私计算科技创新人物、ACM新星奖、中国密码年会密码创新奖等荣誉。

四、人才队伍建设结硕果

全面落实党管人才，在人事人才工作领导小组指导和推动下，积极组织齐鲁青年论坛，实施青年教师提升计划，建立潜在高层次人才专家数据库，制定人才引进挂钩考核方案，多措并举做好人才引育工作。全年成功引进各层次人才8人，培育国家级人才2人、省部级人才3人，多名教师获评各类山东大学人才。

五、学生工作亮点频出

坚持“三全育人”，推进“五育并举”。聘请全院教师担任本科生导师，参与学生发展指导。精心策划“我和我的网安故事”毕业生系列征文，获得学校和学生一致好评。开展体育打卡活动，引导全体学生走向操场，锻炼健康身心，包揽校区乒乓球比赛男女双冠军，男篮校区冠军，女篮亚军。创建“导航”“领航”等系列主题讲座品牌，全年共举办讲座、论坛20余场次。做好困难学生帮扶，建立重点关注学生名单，开展学生谈心谈话1000余人次，精准掌握学生思想动态。认真开展访企拓岗，与40多家企事业单位建立密切联系，制定促进学生高质量充分就业20条措施，2022届学生整体就业率达到96.8%。

六、社会服务稳步推进

积极配合济南市高新区成功申报国家网络安全教育技术产业融合发展试验区，与山东省委网信办、密码局联合开展网络安全技术人才培训，与国家高速列车青岛技术创新中心等企业共建实验室、工程中心，共同开展项目合作与交流。积极参与青岛市军民融合产业规划，发挥特色学科和科研平台优势，推进军民融合产业发展，辐射带动区域经济转型升级。

七、宣传文化建设初见成效

规范学院宣传阵地管理，出台《网络信息安全与网站新媒体管理办法》，完善《网络与信息安全事件及应急管理规定》。坚持新闻稿件发布“三审三校”，理顺新闻采编、审核、发布流程。学院网站、企业微信发布新闻稿件110篇，推送学校和校区网站90余篇，“网小安”微信公众号发布稿件150余篇，数量质量均创历史新高。大力推进学院文化建设，凝练学院文化品牌，营造文化育人氛围，学院“‘网安天下强国兴邦'——以科学家精神，引领网安创新人才培养”项目获学校“一院一品”立项。

八、安全工作和疫情防控紧抓不放

对照学校“1+8+8”安全工作体系，成立10个安全专班，对学院安全进行全面体检，开展安全风险研判，排查安全隐患，积极迎接学校安全专项巡视，保质保量做好发现问题整改。坚决落实疫情防控不放松，第一时间传达相关政策，第一时间开展摸排，落实核酸要求，严格外出审批，切实保护师生生命健康。

（魏英凯）

政治学与公共管理学院

在学校党委和校区党工委领导下，学院全体教职工紧紧围绕立德树人根本任务和高质量发展主题，贯彻落实学校党委“精耕细作”工作要求，统筹抓好常态化疫情防控和改革发展稳定要务，着力精耕细作、锐意攻坚克难、持续争先进位，各项事业取得可喜成绩。

学院在职人员124人，其中教学人员94人（含外籍教师5人），教授34人。学院毕业本科生113人（其中留学生7人），毕业硕士生493人（其中学术型硕士100人，留学生4人，公共管理硕士349人），博士生23人（其中留学生1人）。招收本科生178人，学术型硕士生134人（其中留学生14人），博士生39人（其中留学生3人），公共管理硕士432人。

一、深入学习宣传贯彻党的二十大精神，推动教学、科研工作融合发展

坚持把深入学习贯彻习近平新时代中国特色社会主义思想作为首要政治任务，深学笃行习近平总书记给《文史哲》编辑部全体编辑人员重要回信精神，巩固拓展党史学习教育成果。深入学习贯彻党的二十大精神，制定工作方案，开设“学习宣传贯彻党的二十大精神”专题栏目，组织青年师生宣讲团，充分发挥学院学科优势，开展理论研究，打造“政管品牌”。

制定《政管学院专业、学科和党的建设融合发展办法（2022～2025）》。学院各教师党支部立足服务山东、服务国家，不断将先进的科研成果服务于国家治理实践，以党建引领科研实践工作。获评党组织书记抓基层党建突破项目优秀成果及山东大学优秀基层党组织活动二等奖。

二、实施人才强院战略，人才引育成效显著

积极贯彻落实人才强院战略，制定《山东大学政治学与公共管理学院青年教师发展“骐骥计划”》《山东大学政治学与公共管理学院高端人才引进“伯乐计划”》，建立长效引育机制。2022年学院人才引育工作取得新突破，引进高层次人才共计4人，其中特聘教授第一层次1人，杰出中青年学者2人，齐鲁青年学者第一层次1人。此外，2022年度新增青年教师骨干16人，博士后3人。“智慧国家治理文科实验室”成功获批山东省高等学校文科实验室（A类）立项建设。与中共青岛市委党校设立联合招收博士后流动站，助力培养高层次复合型人才。

三、聚焦理论前沿和国家重大战略需求，学术研究和智库建设成果丰硕

2022年，学院共发表CSSCI论文62篇，SSCI英文论文39篇，秦亚青教授在《中国社会科学》、马永驰教授和欧德伟副教授分别在公共管理英文顶级期刊*Governance*和*Climate Policy*、韩自强教授在*Nature*子刊*Humanities and Social Sciences Communications*上发表了原创性、引领性、标志性成果。获批国家级项目12项，其中国家社科基金重大项目4项，国家社科基金重点项目1项，年度一般和青年项目5项，后期资助项目1项，国家自然科学基金青年项目1项；获批省部级项目7项；立项横向科研项目24项；纵向和横向课题经费合同总额774.645万元。获山东省社科理论优秀成果3项，山东大学重大成果奖2项。

着力推进新型高校智库建设，充分发挥学科咨政优势，尤其是在推进国家治理体系和治理能力现代化方面发挥作用。公共安全战略研究中心和社会治理基地入选“山东省社科理论重点研究基地”，公共安全研究院特色优势彰显，4个教育部区域国别中心作用突出，当代社会主义研究所入选中国智库索引（CTTI）百强榜，公共治理研究院一项成果获智库优秀成果一等奖，新增2个CTTI来源智库，分别是生活质量与公共政策研究中心、国家治理研究院。探索智库建设与学科建设深度融合的发展模式，产出一批高质量智库成果。学院教师多份成果要报获得国家和部省领导批示，有采纳证明的智库成果27篇，其中顶级级别1篇（习近平总书记肯定性批示），权威级别1篇，重要级别15篇，充分发挥了智库在帮助党委政府决策中的重要作用。“国家安全治理团队”入选山东大学人文社会科学创新团队（第二批）建设名单。

四、深化专业建设与学位点建设，系统推动人才培养

以一流专业建设为抓手，落实新文科建设要求，积极推动本科教学。国际政治专业入选国家级一流专业建设点，学院所有本科专业均成为国家级一流专业建设点。新文科建设“公共管理＋信息”双学位项目顺利完成招生工作。“智慧国家治理文科实验室”成功获批山东省高等学校文科实验室（A类）立项建设，夯实学院计算社会科学与政治学、公共管理学的发展基础。开展“本本优本”系列活动，《光明日报》刊发的《勇担时代使命凝聚奋进力量——山东大学师生深入学习贯彻党的二十大精神》一文对政治学与公共管理学院“本本优本”教学午餐会进行了报道。

积极推进研究生学位点优化整合，完善研究生教育管理制度，组织导师队伍培训活动，强化研究生创新能力提升。全面推进“研究生培养卓越计划”。出台《政管学院博士生导师团队建设管理办法》，积极推进导师团队建设。2项成果获山东大学研究生优秀学术成果奖一等奖，1人获山东大学“学术之星”奖，本硕博各1人共3人获山东大学校长奖，获评山东省优秀博士硕士学位论文各1篇。

学院MPA教育质量稳步提升。在各类案例赛事中成绩突出，在首届全国卫生治理案例大赛获得一等奖；在第六届中国研究生公共管理案例大赛获得最高荣誉特等奖；在第二届华北地区高校MPA案例大赛获特等奖1项、二等奖1项、三等奖2项。加强MPA教育的品牌建设和国际化水平，成立了NASPAA认证申请工作委员会；推进MPA教学改革，启动精品课程培育工作；开设高水平专题讲座；强化MPA论文质量保障工作；大力推进MPA校友工作。

深入推进“三全育人”，学生工作亮点纷呈。精心打造导学思政下午茶系列活动；构建了相对完善的“三全育人”工作体系；坚持“五育并举”，成功承办第十八届中国模拟联合国大会、第十二届全国模拟市长大赛山东省赛区比赛，学院“新时代美德书屋”获山东大学一院一品文化建设精品项目；开展访企拓岗专项行动，促进毕业生高质量就业，就业率达到96.33%。学院团支部获校十佳团支部，学生会、研究生会荣获校级十佳表彰；1人获评省社会实践优秀指导教师，1支团队获评省社会实践优秀团队，1门课程获批社会实践类国家级一流课程；2名同学获评省级三好学生，2名同学获评省级优秀学生干部，1个班级获评省级先进班集体。各种获评奖项达到了历史最好成绩。

五、严格落实各级巡视、配合国家审计的任务要求，落实疫情防控要求，全面维护安全稳定大局

深入贯彻落实总体国家安全观，贯彻落实学校党委“精耕细作”工作要求，将安全工作专项巡视与国家审计、意识形态专项检查、实验室安全专项行动等工作有机结合、一体推进，落实巡视整改各项任务。严格落实安全工作主体责任，全面筑牢安全稳定防线。

始终高度重视疫情防控工作，认真落实学校党委各项要求。第一时间制定学院工作方案，通过支部书记联络到每一位教师。学院各党支部和广大党员师生，切实将每一项防控任务落实落细落地，守护师生健康、维护校园安全稳定。

六、推动学院内部治理体系建设，不断凝聚发展合力

组织召开学院二届一次教职工代表大会，充分发挥了教代会促进民主管理、助力事业发展的积极作用；发挥典型示范引领作用，制定《政治学与公共管理学院教职工荣誉体系》《政治学与公共管理学院行政人员能力和发展支持计划》，为学院事业发展提供一流行政管理服务支撑与保障；全面梳理修订学院制度汇编，以学院制度“废立释改”为契机，进一步完善内部治理体系，理顺工作机制，提升管理服务水平。

（盖玉强　石　莹　董丹丹）

法学院

法学院认真学习贯彻党的二十大精神，坚持党建引领，统筹安全稳定、疫情防控和事业发展，落实精耕细作工作要求，聚焦学院“十四五”发展规划和一体化发展目标，2022年各项工作稳步推进并取得显著成效。

一、基本情况

截至2022年12月，共有在职教职工111人，其中专任教师84人、教授32人。共有全日制在校生1571人，其中本科生679人，硕士研究生215人，博士研究生87人；有非全日制法律硕士学生55人。

2022年1月，法学院新一届领导班子进行了调整，于向明同志任法学院党委书记，齐向东同志任法学院正处级辅导员，董雪梅同志任法学院党委副书记，郑智航同志任法学院副院长，满洪杰同志任法学院副院长，邹永厚同志任法学院党委副书记，冯俊伟同志任法学院副院长，江小荃同志任法学院副处级组织员。

二、党建工作

1. 深入学习宣传党的二十大精神。充分发挥学院理论研究优势，组织举办“学习宣传贯彻党的二十大精神，培养卓越法治人才”等系列讲座，成立习近平法治思想研究中心，积极推进党的创新理论研究阐释。

2. 党建与业务深度融合。坚持党建引领事业发展，党建与业务同谋划、同部署、同推进。紧密结合学院“十四五”规划和“双一流”学科群建设方向，有针对性地开展人才引进；同时，把党建与服务国家人权外宣和地方政府法治建设相结合，积极推进学科平台和智库平台高质量发展。“‘党建+’模式下推动山大法学融合发展的实践探索”课题获得2022年度党组织书记抓基层党建创新实践类项目立项。

3. 建强支部战斗堡垒。加强对支部工作的指导，严格落实“三会一课”等组织生活制度，按时完成党支部换届，完成年度发展党员计划，实现发展教师党员新突破。研究生党支部获校级党建立项1项，6个党支部获院级党建立项。

4. 构建综合安全体系。落实意识形态工作责任制，加强各类阵地管理。健全学院安全稳定工作体制机制，扎实推进各领域安全工作。认真落实安全工作专项巡视整改任务，纠建并举，建立完善长效工作机制，提升学院安全治理能力。2022年学校安全工作考核，法学院党委获得优秀。

三、学科建设

1. 组建高水平学科团队。“马克思主义人权理论与中国特色社会主义法治”一流学科领域建设取得新进展，“全面依法治国战略实施中的数据运用与数据治理”创新团队建设成效显著，谢鹏程讲席教授领衔的“习近平法治思想研究团队”和黄世席教授领衔的“上合组织法治研究团队”在下半年正式组建，并已开展有效工作。

2. 创建一流学科平台。成立山东大学习近平法治思想研究中心、山东大学法学院上合组织法治研究中心，筹建山东大学司法学研究中心。组织申报山东省高等学校实验室体系、山东省数据开放创新应用实验室（第二批），论证筹建“面向法律人的人工智能辅助系统与技术支撑平台”。

四、人才队伍建设

坚持人才第一资源理念，高层次人才引育取得新突破。全职引进国家海外高层次人才1人、山东大学讲席教授1人、山东大学特聘教授1人。培育山东省泰山学者青年专家1人。引进研究员1人、副研究员1人、助理研究员5人，晋升教授职务2人、副教授职务1人，统招博士后5人。

五、人才培养

1. 高层次特色人才培养取得实效。涉外法治人才培养特色班进行至第二期，知识产权人才培养特色班进行至第三期，“知识产权＋”本硕贯通交叉学科人才培养项目正在积极推进。首期“法律与网络安全”微专业顺利开班，法英双学位班、日语特色班培养更加完善，“法学＋”建设取得实质性进展。1项教改项目获得第九届山东省教学优秀成果奖二等奖。

2. 教学改革、课程思政建设取得成效。获第九届山东省教学优秀成果奖二等奖1项，获校级本科教改一般项目4项，获校级课程思政示范项目1项。

3. 人才培养硕果丰硕。法学院学子获得国际刑事法院模拟法庭竞赛（英文）国内赛一等奖、中文赛一等奖并代表中国赛区参加在荷兰举行的海牙国际轮决赛，获得国际投资仲裁赛亚太四强、FDI MOOT全球赛第七名，获得（中国）国际海洋法模拟法庭竞赛亚军、第二十届“理律杯”全国高校模拟法庭竞赛全国八强、“联合信实杯”全国高校模拟法庭辩论赛全国八强、第十届“中国WTO模拟法庭竞赛”全国一等奖等优异成绩。获批2022年国家级大学生创新创业训练计划项目1项；获批2022年校级大学生创新创业训练计划项目5项，1篇博士论文入选山东大学优秀博士学位论文，2篇硕士论文入选山东大学优秀硕士学位论文。在寒暑假社会实践活动中，获评省级优秀个人1人，省级优秀团队1支，校级优秀团队24支，校级优秀报告9篇。在文体活动中，获2022年青岛校区十大歌手决赛冠亚军、“山大杯”（青岛）女排冠军、研究生和本科生活力团体操双冠。法学院团委也第三次蝉联山东大学“红旗团委”称号，学生会与研究生会分别获评2021年度山东大学“十佳院级学生会”“十佳院级研究生会”。

4. 学生就业工作取得新进展。落实就业工作“一把手工程”，通过开展“校友工作坊”、“法律近距离——实务部门参访计划”、就业技能培训等，促进学生充分就业，目前就业率已超95%。学院获评2022届毕业生服务国家战略就业优秀组织单位。

六、科学研究

1. 科研成果稳步增长。获批国家社科基金项目3项、省社科规划项目2项、青岛市社科规划项目3项，承担最高人民检察院等委托项目10余项。发表SSCI、SCI、A&HCI论文10篇，CLSCI论文17篇，CSSCI论文近50篇；出版学术著作9部；3项智库成果获正部级领导批示，在“三报一刊”发文6篇。获山东省社科成果一等奖1项、二等奖2项、三等奖2项，青岛市社科成果奖3项。软科学学科排名进入国内前7%，周长军、郑智航入选“2022中国高贡献学者”榜单，赵恒、李本灿入选法学期刊高被引作者，学科影响力极大提升。

2. 举办高水平学术活动。承办联合国人权理事会第51届会议云上边会“人类命运共同体视角下的人权发展”，中国社会科学网等多家媒体关注报道；主办第七届全国司法学论坛，《光明日报》《文汇报》《大众日报》等多家主流媒体报道；主办其他各类学术系列讲座论坛等70余场。

七、社会服务

1. 服务国家人权外交战略。山东大学人权研究中心积极协助中宣部做好人权外宣工作，中心教师在《人民日报》《光明日报》发表人权文章4篇，4位教师应邀分别参加联合国人权理事会第49届会议、联合国人权理事会第50届会议和2022北京人权论坛，作为中方学者代表进行发言。

2. 服务国家法治建设。山东大学检察理论研究中心3位教师提交的咨政建议分别获最高检领导批示。山东大学地方立法研究服务基地顺利完成省人大常委会委托的3项课题。

3. 服务“一带一路”国家战略。成立山东大学法学院上合组织法治研究中心并举办首届上合组织法治高端论坛，大力推进上合组织法治研究进程。

4. 服务法治山东建设。学院多位教师担任省党政机关、省纪委监委、省政府、省人大常委会等机关的法律顾问，省法官检察官遴选和惩戒委员会委员、省人民法院和省检察院专家咨询委员等，为法治山东建设作出重大贡献。

5. 深化校企、校地合作。继续巩固已有合作成果，拓展深化合作领域，与新华锦集团有限公司签署战略合作协议；发挥学科优势，开展干部培训，通过线上线下等多种方式开展法律培训，受到广泛好评。

6. 加强校友联络。组建青岛、济南、北京等多个校友群，筹备成立青岛、济南法学院校友会。

八、国际合作交流

1. 深化与海外知名高校的学术交流合作。完成与英国谢菲尔德大学等5所高校之间合作协议的续签，有序推进与美国雪城大学等多所高校的协议签署工作。克服疫情影响，近 20 名同学分赴韩国首尔大学、荷兰莱顿大学等海外名校参加交流项目或深造。

2. 落实学校全球讲席“云课堂”计划。邀请奥地利维也纳大学等多所高校 7 位专家学者线上授课，受益学生人数达 300 余人次。

九、一体化发展

会同威海校区法学院制定统一的“十四五”事业发展规划和中层领导目标责任书，提炼和聚焦山东大学法学学科重点发展方向，推动法学学科一体化发展，在新一轮一流学科建设“马克思主义理论与国家治理”领域，共同论证规划“马克思主义人权理论与中国特色社会主义法治”学科板块，围绕此重点研究方向，组织设立系列子课题，组织两院教师和研究生协同攻关。

（江小荃　方　郁）

信息科学与工程学院

学院按照学校统一工作部署，深入落实立德树人根本任务，全面启动新的任期目标，开展了一系列富有成效的工作，取得了显著成绩。

一、深入学习贯彻习近平新时代中国特色社会主义思想，加强党组织建设

（一）突出政治引领，强化理论武装

采取专题党课引领学、通读书目系统学、专家讲座深入学等形式，结合“学习强国”“灯塔在线”的媒体手段，不断推进党史学习教育常态化长效化。全年组织集中学习、专题研讨 7 次，班子成员带头讲党课 5 余次，组织党的二十大精神集中轮训两次，覆盖党员干部 450 余人，培训 24 课时。组织“喜迎二十大，我心永向党”的新党员宣誓活动，“献礼二十大，奋进新征程”的红色读书周活动。

（二）加强组织建设，筑牢思想根基

以创建基层支部党建工作示范点为抓手，严格规范“三会一课”、主题党日、谈心谈话等制度。9 月 30 日前，按时完成学院 23 个党支部的换届选举工作。2022 年共发展 3 名青年教师党员，其中 1 名为特聘教授、高层次引进人才。全年接收入党积极分子 176 人，预备党员 84 人，预备党员转正 56 人，培训新党员 98 人。

二、开拓进取，精耕细作，全面推进落实任期目标和年度目标任务

（一）人事人才工作

1. 多措并举广纳人才，不断完善人才队伍建设。成功引进山东大学特聘教授国家

高层次人才 1 人，齐鲁青年学者 3 人，形成了以学科带头人为核心，以重要科研项目为依托的建设团队。

2. 全心服务提升教师，高度重视内部人才培养。2022 年度已推荐校内齐鲁青年学者 1 人，青年未来学者 3 人，仲英学者 1 人，并帮助三位海外优秀教师申报青岛市政府各项人才津贴，推荐优秀博士后申报特别资助博士后。

3. 严格执行人事考评，持续优化职称申报流程。学院按照《山东大学专业技术职务评审实施办法》文件要求顺利完成职称申报工作，同时完成 2021 年山东省泰山青年学者、泰山学者特聘专家申报工作。

（二）学生思想政治教育管理工作

1. 加强思想引领，做好学生党建工作。举办“铮铮誓言，青春向党”党史学习教育活动；组建党的二十大精神师生宣讲团，开展党的二十大精神专题宣讲，把广大学生的思想和行动统一到党的二十大精神上来。

2. 加强制度建设，筑牢学生工作安全底线。建立健全安全工作规章制度，组织开展总体国家安全观和各类安全教育，通过专题培训、网络学习、知识竞赛等形式，开展全覆盖的全员培训，筑牢学生工作安全底线。

3. 采取多种形式，落实“五育并举”育人要求。开展丰富多彩校园活动，本学年开展 30 多项、100 多场次的学生活动，包括信思工程、“信青杯”五球联赛、“新生杯”辩论赛、“信院通妙计——帮你修 PC”志愿服务、信青年讲座、弘信讲坛等，丰富了学生的业余生活，促进学生身心健康发展。继续打造“守望行动”品牌项目，帮扶留守儿童 208 人，培养志愿者 400 余名，在精准扶贫的同时提高了学生的综合能力和社会责任感。

（三）科研项目与平台

1. 科研项目方面。科研项目取得积极进展，获批科研项目和到账科研经费都创历史新高。2022 年到账总经费 4715 万元以上，待定 5700 万元（其中某方向到账经费 2583.1 万元以上，待定 5000 万元；其他项目到账经费 2132.383 万元以上，待定 700 万元）。国防军工项目：2022 年度国防军工项目新增立项 23 项，其中刘兆军教授申请的“光学＊＊＊研究”项目，单个项目的科研经费接近 9000 万元，创学院历史新高；同时刘兆军教授也获得了某青年科学基金（军口杰青），立项总经费 5419.05 万元（待定 9000 万元），到账经费 2583.1 万元以上（待定 5000 万元）。国家重点研发计划：刘琚教授主持国家重点研发计划项目“智慧司法可信协同支撑环境关键技术研究”通过评审，正式立项，项目经费 1200 万元（到账经费待定 700 万元）。国家自然科学基金：2022 年组织申报 38 项，包括杰青 1 项、优青 1 项、面上 25 项、联合基金 2 项、国际合作与交流项目 2 项、青年 10 项。获批国家自然科学基金项目 8 项，含面上项目 6 项，青年项目 2 项。山东省科技项目：2022 年度共组织申报 21 项，包括省基金第一批面上 7 项、青年 6 项、优青 3 项、联合基金 1 项、重大基础研究 3 项、海外优青 1 项。获批省自然科学基金项目（第一批）8 项，包括合作基金 2 项、面上基金 4 项、青年基金 2 项。

2. 科研平台。与海信集团公司联合共建先进视像技术与系统全国重点实验室，建设方案已经完成。学院相关团队积极参与之江国家实验室的建设工作。司法部物联网重点实验室在 1 月正式获批，成为司法部优先建设的科技创新平台。

（四）服务地方与国际合作

1. 深化产学研合作。继续深化与华为、浪潮、海尔、海信的合作力度。特别是继续推进与深圳算能公司的合作，首批 1000 万元服务器的捐赠已经到位（安装在图书馆下面的机房），成立山东大学智算研究院校企联合平台，下一步将继续深化推进科研合作、成果转化、人才培养等。

2. 推进国际合作和留学生教育。有序组织并顺利完成学院 2022 年度留学生招生工作；按照学校要求积极申报齐鲁友谊奖，院长黄卫平荣获 2022 年度齐鲁友谊奖。

（五）研究生教育管理工作

1. 拓宽途径，加强研究生生源保障。成功举办大学生暑期夏令营活动，全年共招收普通博士 24 人，普通硕博连读 8 人，硕士 107 人，外籍博士 1 人，外籍硕士 1 人。

2. 客观公正，严把研究生学位质量。学院严把质量关卡，确保论文重复性检测、毕业答辩、答辩表决等工作全面做到客观公正，对学术不端学术造假等行为不姑息、零容忍。全年授予博士学位 21 人，硕士学位 91 人。

（六）本科教学与专业建设

1. 本科教学。推动科创类课程体系建设，引导学生参加各类竞赛和“互联网＋”等创新创业大赛。学院获得暑期学校优秀组织奖；姜威老师获得期学校优秀项目；许宏吉老师主讲的“电路”课程获得山东大学课程思政教学一等奖；山东省大学生电子设计竞赛中，获省级一等奖 1 项，省二等奖 5 项，省三等奖 5 项；翟超老师指导的学生团队，获得美国大学生数学建模竞赛一等奖。

2. 本科专业建设。通信工程、电子科学与技术 2 个专业申报国家一流建设点的工作进一步推进。与政治学公共管理学院联合设立的“公共管理＋信息”双学位项目 2022 年进入实施阶段，作为全国首创的新文科项目，该项目从论证到实施备受瞩目。学院为双学位班开设近 20 门课程，本学期部分课程已经开始授课，项目推进稳中有序。

3. 教学研究和教学改革。在 2022 年教研项目申报工作中，学院项目共获批 16 项，其中校级重点项目 4 项，一般项目 12 项。在学校组织的“2022 年度优秀基层教学组织及优秀基层教学组织负责人”推荐评选活动中，崇新学堂教学团队获批“2022 年度山东大学优秀基层教学组织”，乔文超老师被评为“2022 年度山东大学优秀基层教学组织负责人”。

（赵　萍）

计算机科学与技术学院

计算机科学与技术学院认真贯彻校党委和校行政决策部署，把精耕细作摆在突出位置，并内化为以质图强、争创一流的思维范式、发展方式、工作模式。学院党政领导班子带领全体师生携手并肩、积极进取，锐意攻坚克难、持续争先进位，用智慧和实干书写了学院发展的新篇章。

一、党建工作

高质量“党建＋”引领学院融合发展，打造特色党建文化品牌。深入探索“党建＋”发展模式对各项工作引领推动的实施路径，全力支持各领域重点工作建设；坚持思想铸魂，有效推动党的二十大精神学习走实走深；将安全巡视和配合国家审计工作作为年度重要政治任务，筑牢学院安全根基；构建具有计算机学科特色的“一核·二驱动·三视角·四工程”党建格局和文化品牌，提升对内支撑服务能力和文化建设水平。全力为推动学院长远发展做好顶层设计并提供坚强保障。

二、学科建设

学科结构不断优化，内涵发展成效显现。致力于学科结构优化，内涵发展，形成了“不跟跑、不陪跑、创赛道、争领跑”的学科发展理念和“一个基础、两个融合”的学科发展思路。最新学科全球 ESI 排名 113 位（全球前 2‰），相比于去年上升了 27 位，形成了学科排名稳步上升的良好发展态势。

三、科学研究

科研产出不断攀升，“大平台、大项目、大团队”屡有突破。获批数链融合技术教育部工程研究中心、网络计算山东省高等学校实验室，平台建设屡有突破；主持重大重点项目 3 项、国家自然科学基金 11 项，国家级项目再创新高；山东省项目喜讯频传，获得山东省杰青、优青及海外优青项目 6 项，山东省重大基础研究项目 1 项；制定重大重点项目资助计划以及科研奖励政策；科研工作的顶层设计和统筹谋划能力显著增强，科研服务能力和水平提升，初步建立了以质量和贡献为导向的多元、分类科研评价体系。

四、人事人才

人事人才工作成效卓著，国家级人才数实现翻番式增长。秉持“引得进、育得好、扶得起”的人才引育理念，多渠道引进海内外高层次人才，培育校内人才快速成长。成功引进国家“四青”人才1人，齐鲁青年学者1人，预聘制教师7人，培育国家特聘教授1人，山东省海外优青4人，深化机制体制改革，完善人才发展支持体系和关怀服务机制，健全多元考核评价机制，获评“山东大学人才工作先进单位”。打造学院特色预聘制教师体系，深化分类考评，制定出台《计算机科学与技术学院岗位职责考核办法》《计算机科学与技术学院预聘制教师聘用实施方案》等11份人事制度，扎实推进疫情防控常态化下人事管理基础性工作。

五、研究生培养

研究生培养机制持续优化，优质导师队伍已成规模。以培养拔尖创新人才为目标，多种举措提升研究生教育质量，获批省级优秀案例库项目，硕士学位论文获评山东省优秀硕士学位论文；研究生科研成绩突出，以第一作者或通讯作者发表论文40余篇、TOP期刊/会议30余篇，获批专利数量50余项；学院教师入选山东大学“我心目中的好导师”。

六、本科生培养

打造“优特新”专业结构，涵养硬实的教学研究生态。人工智能专业入选国家级一流本科专业建设点，实现国家级一流专业全覆盖，全面参与教育部计算机领域本科教学改革计划；以第一单位新获山东省教学成果奖一、二等奖各1项，入选高校计算机专业优秀教师奖励计划1项；学生荣获全国数学建模竞赛最高奖“高教社杯”及国家级一、二等奖4项，软件创新大赛国家级二等奖3项，国际大学生程序设计竞赛国家级金银奖7项，计算机系统与程序设计竞赛国家级金银奖5项、总分居全国高校第6名，获评国家级大创项目3项，5名学子荣获CCF优秀大学生奖。获省级教改项目1项、校级教改4项，2本教材入选高质量教材出版资助，2门专业课入选课程思政示范项目，学院设立教研培育项目28项。

七、学生工作

发挥多方协同育人合力作用，学生综合素质能力不断提升。坚守“为国育贤”办学初心，对标服务国家战略指向，坚持德育为先、智育强基、体育强身、美育润心、劳育塑魂的导向思想，年度内围绕“疫情防控”“思想品行”“学风建设”“安全法规”“心理健康”“体、美、劳育”“创新实践”等方面开展百余场班级系列主题教育活动。近百人次学生获得国家级以上专业科创竞赛奖项。2022届毕业生高质量实现既定就业目标，整体就业率达到96.5%，其中本科生就业率达到94.7%，硕士生和博士生达到100%。

八、国际交流

打造一流国际学术高地，*High-Confidence Computing* 创刊一年被EI收录。创办的国际期刊已完成高质量在线出版6期，是山东大学第一本被EI收录的期刊；获批山东大学全球一流学科合作计划A类立项，对打造国际一流计算机学科形成有力支撑。

九、财务工作

推进业财深度融合，为学院高质量、高效率、可持续发展提供保障。强化财务管理顶层设计，探索形成以“蓄能、融合、绩效、共治”为统领的财务管理思路，做到按需分配、重点工作支持、精细化管理，以综合预算改革为抓手支持学院事业发展。顺利完成2021学院财务综合预算调整和2022年编制工作，真正将预算与学院发展紧密结合，实现了定制化、细粒度的预算管理和经费执行。

十、对外合作

对接国家重大战略，开展多领域合作共建。围绕数字经济、智慧城市、新一代计算范式等新兴技术领域，探索挖掘优势技术在各行业领域中的应用示范；6月由院校友会主办，校友企业联盟承办，成功举办山东大学计算机科学与技术学院数字经济发展论坛；与浪潮集团合作筹划成立“元计算”研究院，致力于建设自主可控的关键技术体系。

（徐　慧）

生命科学学院

学院深入学习宣传贯彻党的二十大精神，全面加强党的建设，坚持精耕细作开新局，把握“四点”推进的工作思路，扎实推进新一轮“双一流”建设和“十四五”规划等重点任务，开创了高质量发展新局面。

一、概况

截至2022年底，生命科学学院有教职工192人，其中教授51人，副教授及副研究员36人。学院拥有植物发育与环境适应生物学教育部重点实验室、动物细胞与发育生物学山东省重点实验室、山东省植被生态工程技术研究中心和自然资源部渤海生态预警与保护修复重点实验室。拥有生物学和生态学两个一级学科博士点、生物学和生态学两个一级学科博士后流动站。动物学和植物学、生物学与生物化学、分子生物学与遗传学、免疫学、环境工程与生态学、农业科学一直保持在国际ESI排名前1%。拥有“生物科学强基计划”“基础学科拔尖人才培养计划”“生物科学国家理科基础科学研究和教学人才培养基地”“国家生命科学与技术人才培养基地”，实现国家级拔尖人才培养体系全覆盖，设有4个本科专业和8个研究生专业。拥有青岛校区第周苑B区和第周苑F区两栋现代化科研大楼，以及位于会文北楼的本科教学实验中心，总面积约24000平方米。拥有仪器设备总价值达 1 亿多元。

二、党政管理

全面加强党的建设，推进学院事业发展。坚持以习近平新时代中国特色社会主义思想为指导，以高质量党建引领事业高质量发展。从严管党治党，强化责任落实，召开党委会 18 次、党政联席会 28 次、党务会 11 次。深化理论学习，加强政治建设，组织党委理论中心组学习 13 次，教职工政治理论学习 31 次，固定主题党日活动 9 次。深入学习宣传贯彻党的二十大精神，严格落实“第一议题”制度，制定《学习贯彻落实党的二十大精神工作方案》，组织党的二十大精神专题宣讲 1 次，专题学习 6 次。强化基层组织建设，年度发展党员 41 人，确定入党积极分子 76 人，按期转正 55 人。落实意识形态主体责任，修订《意识形态工作责任制实施落实制度》，4 次专题分析和研判意识形态领域问题。修订《党员领导班子成员联系党支部工作制度》，制定《党员领导干部联系党外知识分子制度》和《党支部书记工作例会制度》。深入开展“我为群众办实事”实践活动，班子成员牵头制定实施重点项目 11 项，支部项目 15 项。

三、人才培养

1. 注重创新实践能力培养，稳步推进教学改革。生物工程入选国家级一流本科专业建设点，生物技术入选省级一流本科专业建设点；1 人获学校“优秀基层教学组织及优秀基层教学组织负责人”；获校级教改项目 5 项（其中重大 1 项）；1 人获青岛高校教学名师；本科教学中心获学校“双一流”实验室建设项目（青岛校区唯一）资助，立项经费 180 万元；教学重大设备更新改造获批 5 年 1800 万元支持。研究生生源质量稳步提升，夏令营报名人数达到 736 人，录取硕士推免生 48 人；生态学博士点顺利通过复评，生物学博士学位授权点和硕士学位授权点顺利通过评估。

2. 强化思想政治引领，提升师德师风水平。坚持党管人才，落实师德第一标准，制定《关于进一步加强和改进教师思想政治和师德师风建设的工作方案》，组织开展“‘树师德正师风’专项活动”“‘两优一先’评选表彰活动”等。把细把严人才入口关，优化教师思政考察办法与流程，完成各类思政考察 145 人次，印发师德师风专属笔记本，为每位教师建立思想政治档案。

3. 学生工作成绩斐然，“三全育人”成效凸显。学生科创取得新突破，获第六届全国大学生生命科学竞赛一等奖 1 项、第十届山东省大学生生物化学技能与创新创业大赛一等奖 1 项、大学生国家级创新创业立项国家级 9 项。获评“校长奖学金”2 人、省级优秀学生 2 人、国家奖学金 14 人。凝聚“三全育人”教育合力，聘任书院导师 44 名，朋辈导师 50 名；构建“学术引领、专业实践、志愿服务”三位一体实践育人体系，49 支学生团队参与社会实践；落实“一把手”工程，推进毕业生充分高质量就业。

四、师资队伍

人才引育实现新突破，队伍布局持续优化。本年度调整学院人事人才工作领导小组，制定《学院人才引进评议流程》，进一步规范学院人才引进工作，提升人才引进效率。人才引育成效显著，引进国家杰青 1 人，山大特聘教授 1 人，山大杰出中青年学者 1 人，齐鲁青年学者 3 人；1 人入选国家“万人计划”青年拔尖人才，1 人入选山东省泰山学者青年专家。

目前，学院已形成一支优势突出、结构合理的高层次人才队伍，其中国家“四青”级以上人才 11 人，山东省泰山学者专家 4 人，山东省杰青 6 人，山东省优青 2 人，教育部新世纪优秀人才 5 人。山东大学荣聘教授 6 人，山东大学特聘教授 6 人，山东大学杰出中青年学者 10 人，山东大学齐鲁青年学者 20 人，山东大学“未来计划”学者 7 人。

五、学科建设

聚焦“双一流”建设，打造学科高峰势态。研究制定班子任期目标责任书，进一步完善“十四五”规划和一流学科领域方案；坚持“出尖出峰”，服务打造国家战略科技力量，积极推进实施重大设备更新改造工作，获批 5 年 1.3 亿元总额仪器设备更新经费；清洁级动物中心项目获立项建设，首期经费 1000 万元。

六、科学研究

科研组织精心谋划，科研成果显著增长。2022 年新获批项目 63 项，其中国家重点研发计划政府间国际科技创新合作项目 1 项，国家自然科学基金 14 项，山东省自然科学基金海外优青 1 项、优青 1 项。国家自然科学基金获批重点项目 2 项，面上项目 6 项、青年基金项目 6 项。在研项目 203 项，实到经费 2242.6 万元。发表 SCI 文章 41 篇，获授权发明专利 14 项。组织首期“生命力”教师发展论坛，邀请资深专家分享科研基金项目和人才项目申报经验，为 2023 年度基金申报加油发力。科技成果转化取得突破性进展，“高特异性 Taq DNA 聚合酶变体及其在基因组编辑和基因突变检测中的应用”专利技术转让经费 1225 万元。

七、国际交流

国际化程度持续提升，与比利时根特大学、法国索邦大学等国际知名大学展开深入合作，共同申请全球一流学科合作计划；与俄罗斯乌普萨拉大学、英国布里斯托大学等建立比较密切的学生培养合作，年度派出 2 名研究生到乌普萨拉大学交流访学。

八、融合发展

提升科技含量，“服务山东”战略实现新突破。与山东元辰生物医药科技集团签约共建“山东大学一元辰生物医药联合实验室”，设立“元辰奖学金”，每年 6 万元用于奖励科研成果优秀研究生；发挥学院智库资源，以助力“乡村产业发展”“环境优化整治”为突破口，推进帮扶对象确山县石滚河镇经济社会发展。

九、安全稳定

1. 将安全稳定作为政治任务抓紧抓好。领导班子“一岗双责”责任体系和网格化管理责任体系齐抓共管，组织签署安全责任书 1208 份；党委会和党政联席会设置固定议题，深入细致做好风险隐患排查。完成安全工作专项巡视整改任务 13 项，配合做好国家审计、廉政风险排查防控等。

2. 加强重点领域安全管理。出台《生命科学学院实验室常态化安全督查工作细则》和《生命科学学院废弃培养土处理规定》，规范实验室安全督查和废弃物处置。稳步推进 6S 实验室建设，严格落实危险化学品“双人双锁”管理制度。

3. 从严从实抓好疫情防控。严格执行出行审批，建立人员台账，完成教职工流动审批 1216 项，校外人员入校审批 487 项。持续抓好全员核酸检测，确保不漏一人。开展各类应急演练 4 次。

（王　薇）

环境科学与工程学院

环境科学与工程学院在学校党委和校区党工委的领导下，深学细悟习近平新时代中国特色社会主义思想，学习宣传贯彻党的二十大精神和学校会议精神，踔厉奋发，笃行不怠，聚焦学科建设、人才培养等重点领域，精耕细作开新局，扎实推进“强院兴校”战略，持续激发全院师生内生动力与创新潜力，谱写出学院内涵式高质量发展新篇章。

一、坚持党建引领，展现新成效

强化政治建设统领作用，充分彰显党的领导办学优势，以高质量党建引领学院各项事业高质量发展。落实学院党委抓党建主体责任、党委书记第一责任人职责及领导班子成员“一岗双责”，顺利完成安全巡视整改和配合国家审计等任务。着力加强领导班子自身建设，召开党委会 19 次、党政联席会 17 次，党委理论学习中心组集中学习 12 次。加强支部标准化、规范化建设，创新“科研＋师生党支部”设置，激发支部活力，实现教师党支部书记“双带头人”全覆盖，从组织形式上解决“两张皮”，举办党建联建活动 5 次，新发展党员 46 人（教职工 2 人）。加强文化引领，凝聚发展动力，选树优秀典型。筑牢意识形态安全防线，出台 3 项管理制度。健全教师思政和师德师风建设工作机制，开展师德师风教育培训，强化教师思想政治素质和师德师风考察。

二、夯实安全基础，建立新保障

全面落实安全工作专项巡视整改任务，重构安全管理体制与机制，按照十个重点领域细化分工，构建大安全工作格局。“起底式”自查，完成制度 12 项、自查整改 39 项、反馈问题 14 项，有效夯实安全工作基础。创新性建立研究生安全协管员工作体系，采用“一表到底”隐患整改清单，大力实施实验室 6S 建设，打造整洁有序的实验室安全环境。从严从紧、落实落细、科学精准做好疫情防控工作。

三、谋划学科发展迈上新台阶

根据学校纲领科学编制中层领导班子任期目标责任书。瞄准“十四五”科技重点发展领域和方向，进一步完善学院“十四五”规划，学科发展布局更加合理。持续完善并推进“双一流”共建学科“低碳能源与环境”“生命科学与技术”的建设。积极申报山东省一流学科建设计划备选学科。环境学科ESI排名快速提升，从2021年11月的356名提升到2022年11月的291名，稳居世界前1.8‰。

四、人才队伍建设呈现新风采

依托第七届“齐鲁青年论坛”吸引海内外人才，邀请美国密歇根大学、辛辛那提大学、佐治亚理工学院，德国法兰克福大学、加拿大卡尔加里大学等国际名校青年人才参会。人才引育成果再创新高，新增国家海外优青1人（刘润增），国家“万人计划”青年拔尖人才1人（胡振），省优青2人（许醒、闫震），省海外优青2人（张清哲、夏鹏飞），农业农村部“神农青年英才”1人（倪寿清）。

五、科研平台建设实现新突破

获批建设山东省“环境过程与健康危害”重点实验室，依托该实验室，获批高等学校实验室“山东省海洋生态环境实验室”和“青岛市海洋污染物防治重点实验室”；获批建设山东省首批科普专家工作室（倪寿清黄河流域生态保护科普工作室），并成功入选年度山东省科普示范工程。

六、科研创新成果体现新进展

2022年度科研工作成就斐然。国家自然科学基金重点项目实现零突破。年度实到科研经费4262万元，其中纵向到账2837万元，横向到账1425万元。获发明专利授权17项，实用新型专利授权1项。发表SCI论文111篇，其中在环境领域顶刊*Environmental Science & Technology*和*Water Research*上发文量超过前3年总和，高水平论文发表量创历年最高。

七、开放办学成效取得新突破

1. 本科专业建设取得新成绩。顺利完成环境工程专业认证专家进校考查工作；完成第八届环境与健康菁英班培养及环境与健康菁英班人才培养质量自评；申报环境与健康微专业，启动教育部本科教育教学审核评估工作。

2. 教学管理更加规范化。整理修订院级教学管理制度文件15个，进一步完善学院基层教学组织；开展实验室文化建设，大幅改善实验教学中心硬件条件，投入359.53万元新增购置教学设备212台（件）；新增校级实习教学基地2处。

3. 创新招生拓展模式。如期举行“山东大学生态环境未来科学营”，不断提升生源质量，本科新生报到120人，同比大幅提升。

4. 深化科教产教融合。新增校级重点教学项目、高质量教材出版资助项目等 13 项；本科生获高教社杯全国大学生数学建模竞赛最高奖、中国国际“互联网+”大学生创新创业大赛铜奖等竞赛奖励 11 项；以第一或通讯作者发表 SCI 论文 7 篇，获授权发明专利 2 项，1 名学生获评山东省优秀学生。

5. 提升培养质量。年度招收硕士 113 人、博士 30 人，“双一流”高校生源比例达 42%，再创新高，1 人获校研究生招生优秀个人奖；暑期夏令营报名人数达 400 余人，“双一流”高校生源比例达 50%；加强过程和实践管理，强化毕业论文审核和答辩管理，严查问题论文，严把毕业关。博士就业率达到 100%，硕士就业率达到 96.8%；获国家奖学金 8 人，山东大学校长奖 1 人，山东大学学术之星提名奖 1 人。

6. 强化课程建设。获校级研究生优秀课程建设立项 1 项，推荐省优秀研究生建设课程 1 门。聚焦工程专业人才培养，与省环保集团、省黄金集团联合申请省工程硕博培养改革试点 2 项。打造人才培养新模式，启动环境与资源同等学力研究生招生工作。

八、服务山东战略呈现新格局

注重科研成果推广，带动社会效益显著。2022 年获省部级奖 2 项，山东省专利奖三等奖 1 项，山东省留学人员回国创业奖 1 项。密切联系企业 50 余家，签订横向项目 35 项，实现成果转化 3 项，政府、企业挂职 5 人次，获社会捐赠 1 项。

九、国际化水平达到新高度

成功召开第十三届环境科学与技术国际会议，吸引加拿大、澳大利亚、葡萄牙、日本、新加坡等国家 60 余名专家参会。兼职特聘教授 Christian George 博士当选欧洲科学院院士。亚洲校园项目派出张雪赴日本长崎大学攻读硕士学位，派出李永光赴海上执行科研任务。Christian George、Hartmut Herrmann、Christophe Guimbaud 教授分别承担国际师资课程 2 门，倪寿清、孙波教授承担本科生国际化课程建设项目 2 项。执行山东大学中意土壤与固废联合实验研究、海岸带城市群生态环境系统的脆弱性与保护策略研究以及与阿德莱德大学校际科研合作专项等国际合作种子基金 3 项。

十、“大思政”育人攀上新高峰

注重思想引领，贯彻党委书记、院长上党课和“开学第一课”制度，成立党的二十大精神宣讲团。出台方案落实全员导师制，新聘班主任、导师 31 人，形成“三师制”模式。强化组织育人。推进学生党支部规范化建设，举办“青马工程”学生骨干培训，建设“心语小屋”心理辅导站，开展心理健康宣教活动 16 场次；推进“五育并举”，“劳动教育示范岗”获学校立项，举办院级体育活动 15 场次，获“思壮杯”足球、篮球赛冠亚军；探索专业化志愿服务模式，“小蓝帽”保河护海活动被《人民日报》等媒体报道，学生获校“十佳志愿者”；提升学生学术创新和实践能力，获省优秀社会实践团队、先进个人等奖项；出台促进充分高质量就业工作方案，引导学生投身服务国家战略，组织专场招聘会，全面提升学生就业获得感，就业率达到 96.9%。

（谢欣彤）

国际创新转化学院

一、工作概述

在学校党委、青岛校区党工委的正确领导和指导下，学院领导班子以习近平新时代中国特色社会主义思想为指导，深入学习贯彻党的二十大精神，落实“十四五”发展规划，加强政治建设，提高学院治理能力。聚焦学科与专业建设，开设各类选修课19门，出版专著1部，2个微专业进行第三届招生，获得技术经济及管理专业学术型研究生独立招生资格；提高人才培养数量和质量，2022级MBA招生133人，同比增长34%，国际MBA招生5人，生源来源多样化，微专业在读26人，学科专业特色越发明显；提升科研水平，立项6项纵向课题、2项横向课题，到账经费180万元，发表SSCI、CSSCI论文20篇，其中一篇五年影响因子达8.488；服务经济社会发展，为社会各行业400多人能力提升提供培训。通过以上关键环节和重点领域，持续激发全院教职工的内生动力与创新潜力，凝心聚力促进学院发展。

二、重点工作

1. 发挥基层党建政治核心作用。加强政治建设，夯实支部堡垒作用。党支部现有正式党员18人，预备党员即将转正2人。党支部围绕机关党委要求，制定“三会一课”和主题党日学习活动计划。其中组织党员大会2次、党支部委员会10次、支部书记讲党课4次。组织“开学第一课”“踔厉奋发、勇毅前行”等主题党日活动6次。支部党员积极参加校区微党课比赛并获奖。坚持党建与学院中心工作相结合，通过理论学习提升个人业务技能。

2. 引育结合，培育学院青年教师团队。承办学校第七届齐鲁青年论坛之创新转化与知识产权管理分论坛，全职引进副研究员1人。完成2名预聘制副研究员同级转聘工作以及学院5名教职工聘期考核工作。1名科研教师入选企业博士后项目。积极申报学校青年学者“未来计划”等项目，协助科研教师做好博士后安家补贴申领工作等。积极参加线上海外招聘会，重点引进海外高层次博士。

3. 继续推进学科与专业建设。在课程与教材建设方面，提高课程建设质量，加强创新创业课程建设，拓展升级课程资源。开设8门通选课、8门暑期学校课程、3门创新创业荣誉课程，《创新创业新思维》获山东大学2022年高质量教材出版资助。在专业设置方面，“创新转化管理”和“知识产权管理”微专业已平稳运行至第三届，为学科建设提供有力支撑。获得2023年度技术经济及管理专业学术型研究生的独立招生资格，目前已接收2名推免生。

4. 人才培养水平不断提升。扎实推进 MBA 招生工作，持续推广 MBA 招生提前面试宣传工作，举办线下招生宣讲会和开展线上咨询工作 1 次，2023 年 MBA 报考人数再创新高。目前共有 MBA 在校生 340 人（2019 级 23 人，2020 级 87 人，2021 级 97 人，2022 级 133 人，同比增长 34%），2022 年 MBA 毕业生共 30 人。学院对 MBA 课程质量严格把关，在严守疫情防控政策前提下坚持开展线下课程，同时开通线上同步授课，满足不同情况 MBA 学生的上课需求。学院 MBA 专注“国际化”和“创新创业”等特色课程培养，在课程设置和研学活动中着重体现，此外还邀请了创业大咖、行业专家、政府人员等针对不同类型 MBA 学生开展 4 次讲座和分享。组织 MBA 学员积极参与学校各项文体赛事，开展 3 次校友企业走访参观，加强互动，促进交流，对接有合作意向的社会成功企业，逐步打造高质量山东大学（青岛）MBA 特色品牌。2022 年，学院国际 MBA 实现招生稳步提升，生源逐渐多元化，自费生报名人员有较大提升。2022 级国际 MBA 招收 5 人，国际 MBA 在读学生达到 10 人。稳步推进微专业招生和人才培养工作，目前“创新转化管理”和“知识产权管理”微专业在读 26 人，结业 15 人。

5. 科学研究。科研课题：纵向项目 6 项，其中 1 项国家自然科学基金面上项目，1 项山东省重点研发计划（软科学）重大项目，3 项山东省自然科学基金项目，1 项山东省社会科学规划研究项目；横向课题 2 项，总经费 160 万元，其中 1 项知识产权驱动传统工业企业绿色创新发展研究项目，1 项“瞪羚”企业成长与科技成果培育规划研究项目。纵向和横向科研经费到账 180.16 万元。

学术成果：1 部著作《创新创业新思维》正式出版；10 篇 SSCI，含与国外合作伙伴合作发表论文 3 篇，其中一篇发表在国际工商领域 A 类 SSCI 期刊，JCR 一区，五年影响因子达 8.488，在商业期刊排名 28，具有很高的国际学术声誉；10 篇 CSSCI 论文。

学术会议：主办“上合国际科技合作与技术转移论坛”，联合主办“全国统一大市场建设和数字经济反垄断”高端学术论坛，承办“新时期区域协调发展与创新转化”论坛暨中国国土经济学会区域战略专业委员会 2022 学术年会，举办“学术午餐会”5 期。

加强与剑桥大学的合作，目前学院有两个研究团队与剑桥大学共同进行科研项目，分别是创业女性领导力和城市创新生态系统。

6. 推进山东大学及青岛校区创新生态系统建设和国际创新园建设。协助山东大学（青岛）国际创新园入驻团队进行成果对接，配合市北区相关部门完成审计工作和基地空间的调整工作，对基地资源进行再利用分配，协助学院做好 MBA 教学工作，持续推进山东大学（青岛）创新生态系统建设和国际创新园建设。学院教师作为指导教师指导 10 多支队伍（项目）参加了第八届中国国际“互联网+”大学生创新创业大赛、ICAN 国家大学生创新创业大赛、山东省单片机大赛、山东省物联网大赛、山东省创新方法大赛等，获得国家奖 2 项，省级一等奖 10 项、二、三等奖 8 项。

7. 提高社会影响。在疫情反复的情况下，学院 EDP 中心完成 4 个培训项目，开启 3 个项目，合计参训人数 402 人。圆满完成历时 4 年的中外合作培训项目——第五届中国－挪威精神动力学心理治疗连续培训项目初级组的结业工作，同时完成济南市民营经济发展局、青岛技师学院、青岛普生控股培训服务工作。第六届中国－挪威精神动力学心理治疗连续培训项目初级组培训、云南百事可乐培训、宁东工业基地碳排放管理员培训也陆续开启。学院 EDP 中心加大拓展力度，不断开拓培训业务的范围，先后与湖南省邵阳市政协、宁夏石嘴山市委党校、青岛和兴化学有限公司等政府和企事业单位 20 多家单位达成合作意向。

（郑海涛）

齐魯医学院

齐鲁医学院 2022 年概况

2022 年度，齐鲁医学院在学校党委的坚强领导下，坚持以习近平新时代中国特色社会主义思想为指导，深入学习贯彻党的二十大精神，紧紧围绕健康中国、健康山东建设，积极统筹疫情防控、安全稳定和齐鲁医学事业发展，踔厉奋发、勇毅前行，精耕细作、守正创新，以“正风、固基、融合、突破”为主线，全力加快医学教育改革创新，奋力推动高质量发展，取得了许多具有历史性、突破性和转折性意义的工作成绩，百年齐鲁医学正踏上新的征程，焕发出新的光彩。

一、增强思想引领，以高质量党建统领医学事业发展

1. 夯实基础加强思想理论武装。把迎接党的二十大、学习宣传贯彻党的二十大精神作为贯穿全年的重大政治任务，配合组织好中央宣讲团来校宣讲。组织党工委理论学习中心组学习 9 次，深入学习习近平总书记系列讲话精神。开展学习型党组织建设，齐鲁医学院党工委、机关党总支荣获学校理论学习月活动“优秀组织单位”（全校共 18 个），多名同志获“学习之星”“学习积极分子”荣誉称号。高质量开展“三会一课”及主题党日活动，获评学校主题党日活动优秀案例 1 项。完成齐鲁医学院新一届机关党总支的换届工作。弘扬榜样力量，1 人荣获山东大学优秀党务工作者。

2. 因势利导创新学生思政内涵。张运、陈子江院士领衔开展“医学大家面对面”医学人文和科研学术讲座；院领导班子成员深入学生班级开展面对面思想教育。举办“济众讲坛”医学人文教育讲座，“医往无前”跑步打卡，“草地艺术节”“杏林印象”摄影，“医路心桥”等全员参与的美育、体育和劳育活动，打造富有医学特色的学生文化精品项目。成功举办“生如夏花”毕业晚会，《医路·追光》毕业视频在学生中引起广泛影响，医学生毕业季活动更加深入人心。

3. 提升品位打造齐鲁医学文化品牌。推出齐鲁医学宣传片《寻》，以崭新形式讲述齐鲁医学故事、弘扬齐鲁医学精神，极大提高了齐鲁医学的知名度与美誉度。“金兰之谊”侯宝璋、老舍先生雕像在 6 月落成揭幕，成为趵突泉校区文化新地标。拍摄短片《非正式的公园》、出版图书《医道寓园》，展现百余年来齐鲁医学历史建筑精髓和深厚人文情怀。微信公众号年度阅读量近 40 万人次，关注人数增长 3600 余人，获评山东大学新闻宣传优秀单位、网站建设先进单位。

4. 守住底线确保意识形态工作落实落细。强化意识形态阵地管理，多次召开意识形态专题分析研判会，牢牢掌握意识形态工作的领导权、主动权和话语权。全面落实意识形态工作责任制，做好齐鲁医学院党工委意识形态工作专项巡察整改工作，并及时完成相关排查工作。强化舆情风险意识，时刻关注疫情状态下的自媒体平台发声，针对网

上暴露出来的问题及时沟通处理，开设“齐鲁医学院院长邮箱”，及时解决师生医务员工的急难愁盼问题。

二、坚持从严从细，筑牢疫情防控和安全稳定“双防线”

1. 积极统筹趵突泉校区疫情防控工作。成立校区疫情防控指挥小组，在上半年校园封闭与下半年提级管理期间，及时调整优化防控举措，做好应急演练，全力保障医学师生医务员工的生命安全及身体健康。坚持用心用情为师生服务，极速开通“绿色通道”、架设过街天桥等，创造趵突泉校区“火神山”速度；妥善解决各类应急突发危机事件，及时听取校园内外多层面学生反映的各类问题，采取线上线下座谈会等多种方式疏导学生不良情绪，将安全隐患消灭在萌芽状态。

2. 坚决扛起保安全护稳定政治责任。在“两会”、毕业季、开学季、党的二十大召开等重大时间节点加强值班值守和报告，加强分析研判、隐患排查，以实际行动保障了政治大年的校园稳定。完成春季和秋季共 9 个批次、1 万余人次的学生返校复学工作，进一步深化中央巡视整改，协调推动校区综合治理和环境提升，以校内安全巡视为契机全面梳理排查和整治安全隐患，积极维护校园安全稳定。

三、加强顶层设计，医学体制综合改革进一步深化

1. 部委省共建工作取得实质性进展。本着聚焦目标、突出重点、坚持问题导向的原则，齐鲁医学院共建工作得到教育部领导和山东省委省政府领导的高度重视和亲切关怀，中央政治局委员、中央书记处书记、山东省委书记李干杰同志明确批示“积极支持”，时任山东省政府副秘书长黄红光同志亲自督导协调。经校内认真酝酿、深入论证，与省市多轮沟通协商、反复修改完善，共建协议在 11 月召开的医学发展委员会第六次全体会议上审议通过，目前共建协议报呈教育部、国家卫建委审批后实施。

2. 国家医学中心建设取得突破性进展。各级领导对创建前期工作成效给予充分肯定，均表态将积极支持齐鲁医院代表山东省争创综合类国家医学中心。山东省委书记李干杰同志先后批示“全力支持、确保办成”“此事重要，要加力推进”等，省长周乃翔同志会见医院主要负责同志，全力支持医院创建国家医学中心。目前山东省支持国家医学中心建设工作领导小组已经成立，省发改委牵头制定的支持政策清单已进入征求意见阶段，与国家发改委、国家卫健委等部委的交流沟通也在切实推进中。

3. 医学空间布局获得优化性调整。秉承“顶层设计、整体谋划、学科牵引、公共优先、节约共享”原则，以服务医学事业长远发展与学科建设需要为导向，制定趵突泉校区整体优化方案，方案在 2022 年 11 月召开的第六次医学发展委员会上获得肯定并审议通过，校园内空间调整工作平稳有序推进中。积极推动美里湖转化医学研究中心、市中区大学科技园建设，动物中心新大楼投入使用。探索构建“以趵突泉校区为中心，以千佛山校区为策应，以山东大学国际医学中心（济南西部医学城）和山东大学龙山校区（创新港）为延展，其他区域为补充”的医学空间发展总体格局，错位布局，协同发展。

四、坚持实干为要，齐鲁医学各项事业蓬勃向上

1. 学科建设水平进一步提高。临床医学学科入选国家新一轮“双一流”建设名单，学科建设取得重大突破。8个医学相关学科跻身ESI全球研究机构前1%行列，其中临床医学、药理学与毒理学跻身ESI前0.7‰。第五轮学科评估中，临床医学、药学评估结果为A－。6个医学相关一级学科中有5个进入软科全国前10。新医科建设取得新成果，入选教育部18所高水平公共卫生学院建设高校。编制签署《临床医学一流学科中层领导班子任期目标责任书（2022～2025年）》，强化学科建设单位责任意识和出峰意识。

2. 人才培养质量全面提升。改革招生范式，取得优异成果。齐鲁医学堂本博连读首次面向高考招生50人，举办隆重开班式增强学生自豪感认同感。本科生生源质量继续提升，临床医学（本博连读、齐鲁医学堂）、口腔医学（“5＋3”一体化）、临床医学（“5＋3”一体化）3个医学类专业占据学校在鲁招生位次前三。医学本科专业建设继续推进。新增交叉融合专业生物医药数据科学，生物医学科学专业获评省级一流专业建设点。组建完成22个临床学系（教研室），为构建临床医学专业教育同质化管理体系和考核体系迈出实质性一步。大学生创新基金项目持续实施。42个项目获国家级、省级大学生创新项目立项。荣获2022年山东省大学生医学技术技能大赛单项奖金奖16项、银奖18项。研究生培养质量着力提升：完成招生系统信息化建设，多渠道拓展优秀生源，硕士研究生推免工作中“双一流”高校生源占比提高至40.98%。创新突破临床学术型硕士报考专业型博士限制，新立项研究生在线课程22门，实施硕士学位论文“全盲审”、在职博士学位论文“预外审”制度，持续构建导师招生资格审核多元化体系，确定新导师资格1100余人。

3. 人才师资队伍建设取得重要突破。国家级人才数量创历史新高。新增入选国家级人才10人（国家杰青1人，国家“万人计划”领军人才1人，国家优青3人，国家“万人计划”青年拔尖人才1人，海外优青4人），从海外全职引进“千人计划”专家1人。专任教师年龄和结构得到优化。全职引进山东大学杰出中青年学者和齐鲁青年学者22人，引进预聘制教师33人，专任教师数量达到591人，比2021年同期相比增长10%。博士后数量增长迅速。医学各类博士后新增入站292人，总在站人数达857人，其中统招博士后在站218人，位列全校各学科之首。附属医院博士后队伍建设取得新突破，齐鲁医院和山大二院临床医学在站博士后人数达114人。多元考核评价体系持续推进。在全校率先完成卫生技术系列职称晋升条件修订工作。落实医院育人主体功能，将医德医风作为申报人“第一标准”，将高水平教研成果、承担教研项目纳入代表性成果，单设护理系列晋升条件，将护理类特色性科研和临床成果纳入晋升指标体系。首次设立机关规范化工作人员轮岗交流制度，提升了管理人员岗位胜任力和人岗匹配度，同步对岗位业绩绩效分配制度进行改革，给予各单位业绩分配自主权，实现“多劳多得、优劳优得”。

4. 科研工作取得丰硕成果。大平台建设成效显著。积极推动山东大学生殖医学科研团队与南京医科大学联合创建生殖医学与子代健康全国重点实验室、心血管科研团队

与吴以岭院士联合创建络病理论创新转化全国重点实验室。3个实验室在教育部和国家卫健委重点实验室评估中获评优秀。获批国家医学攻关产教融合创新平台建设项目，获批建设“山东省零磁医学重点实验室”。科技成果不断涌现：陈子江院士团队、孙金鹏和于晓团队在*Science*、*Nature*等世界顶尖杂志发表一系列高水平文章。实到科研经费34490.8万元，比去年同期增长18.1%，其中纵向总额23661.1万元，横向总额10829.7万元。国家级科研项目再创佳绩：获各类项目资助206项，立项直接经费9678万元；其中获批国家杰出青年科学基金项目1项、优青项目3项、重点项目2项、重点国际（地区）合作研究项目1项，获批4项国家重点研发计划项目。

5. 对外合作获得新拓展。国际交流合作持续深化拓展。巩固拓展与新加坡国立大学、香港中文大学、剑桥大学附属医院、熊本大学等海外高校和机构的合作，搭建海外合作伙伴网络。举办第六届齐鲁护理（国际）青年学者论坛、第五届山东大学—卡罗林斯卡医学院学术研讨会等多场双边或多边学术研讨会。参加2022年“一带一路”国际医学教育联盟以及中德国际医学教育联盟活动。服务山东能力进一步加强。积极推进健康医疗传统合作项目提质升级，助力学校与济南、德州、淄博、泰安四市全面深化校城合作发展。附属医院体系建设稳步推进：加强与地方政府、共建单位及学校附属医院协同对接，成立校内工作专班和校地联合工作专班，加快推进国际医学中心规划筹建与政策协调落实。推进附属医院挂牌工作，共建附属威海市立医院、附属山东省第二人民医院稳步推进中。

（张　磊）

基础医学院

基础医学院以习近平新时代中国特色社会主义思想为指导，深入贯彻落实党的十九届六中全会和党的二十大精神，求真务实、精耕细作，在实践中坚持“3D”工作法，圆满完成中层领导班子任期目标责任书制定、安全工作专项巡视整改等各项工作，2022年在多个方面取得重大突破。

一、加强党建和思想政治工作，充分彰显党的领导最大优势

以迎接党的二十大和学习宣传贯彻党的二十大精神为主线，坚定拥护“两个确立”，坚决做到“两个维护”，以政治建设为统领，全年召开党委会26次、党政联席会50次、党委理论中心组学习会12次。

加强班子建设，履行全面从严治党责任，召开领导干部暑期专题读书班暨学院工作务虚会，党支部书记培训暨党建工作交流推进会，以高质量党建引领高质量发展。强化

教师思想政治和师德师风建设，建立师德师风奖惩长效机制，组织党员和教师赴济南市人民检察院警示教育基地开展警示教育。强化示范带动，厚植师德文化，1 人同时荣获第十四届“我心目中的好导师”、2022 年度“山东大学优秀教师”称号。评选表彰学院先进党支部 4 个，优秀党务工作者 4 人，优秀共产党员 10 人，其中 1 人被评为山东大学“优秀共产党员”。同心抗疫，成立留校师生临时党支部，发挥党员在疫情防控中的先锋模范作用。加强党员日常管理，发展新党员 69 人，举办迎“七一”新党员入党宣誓大会。落实意识形态工作责任制，加强学院网站、微信公众号等舆论阵地建设，在学校、学院新闻网发布新闻稿件累计 203 篇；学院官方微信发布推文 117 篇；官方企业微信公众号发布推文 117 篇；学院网站滚动图片、各类活动海报设计、微信公众号首图设计制作 82 幅。从学院历史名人的光荣事迹中汲取精神力量，以学院历史名人命名生物医学科学专业各班级。打造学院特色文化品牌，“一院一品”校园文化建设项目获校级立项。

二、同心抗疫，疫情防控工作平稳有序

学院党委领导班子全体成员、各学系党支部书记为核心组成学院疫情防控工作组，始终把维护师生身心健康放在学院工作的重要地位，严格落实各级防控要求。在校园封闭和提级管理期间，院领导对疫情形势每日研判调度，辅导员做好学生思想疏导并及时解决学生诉求，教师志愿者分楼层负责实验室安全，科研平台人员协助完成各类物资进出校园，工会组织师生趣味活动放松校内人员心理。其间未引入校园疫情、未发生各类舆情、科研实验室正常运转，确保学校“3D”工作思路得到贯彻执行。

三、引育并举，人才队伍建设成效显著

成功培育国家杰青 1 人，国家“四青”人才 3 人，省级重点人才工程特聘专家 1 人、青年专家 2 人，省优青 1 人。引进齐鲁青年学者及预聘制教师、实验技术系列 11 人，进站博士后 12 人（特别资助 1 人，重点资助 8 人，项目资助 3 人）。在站博士后获博士后面上资助 11 项，省博后创新项目 3 项。学院获评山东大学 2021 年人才工作先进单位。

四、坚持立德树人，人才培养质量稳步提升

在本科生教育方面，生物医学科学专业获批“山东省一流本科专业建设点”。荣获 2022 年省级教学成果奖一等奖 1 项，二等奖 2 项；首届山东大学课程思政教学比赛一等奖、二等奖各 1 项；2022 年度山东省普通高等学校教师教学创新大赛三等奖 2 项；山东大学第二届教师教学创新大赛一等奖 3 项，二等奖 2 项；第四届全国高校混合式教学设计创新大赛校赛选拔赛一等奖 2 项，二等奖 1 项。课程思政示范项目评选中，获批案例库类别示范项目和普通本科课程类别示范项目各 1 项。学院获评省级教学改革与研究重点项目和面上项目各 1 项，校级项目 16 项。人体解剖学教学团队获得 2022 年度“山东大学优秀基层教学组织”。1 人获“教学终身成就奖”，1 人获“教学优秀奖”。充分发挥专职教师育人功能，举行 2022 年度本科生班主任表彰暨聘任仪式。15 人获评国

家奖学金，1人获评山东省政府奖学金；7个班级获评山东大学“优良学风班”“先进班集体”“十佳团支部”和“先进团支部”等荣誉称号；1人获得教育部港澳台学生主题征文优秀指导教师，1人获山东省暑期“三下乡”社会实践优秀指导教师；获批山东大学2022年度教育教学改革研究辅导员思想政治工作创新项目2项（全校31项）、山东大学本科生学业帮扶立项1项（全校26项）。

在研究生教育方面，推免硕士生源39人，再创新高。2门课程入选国家首批向印度尼西亚提供高水平慕课清单，3项校级精品课程获得持续资助。推荐参评全国医学专业学位研究生核心教材1项，参评校级研究生专业课智慧教学创新计划项目3项、研究生课程思政项目2项。导师团队育人优势不断彰显，研究生培养质量持续提升。47名博士毕业生发表SCI文章68篇。获评山东省优秀学位论文6篇（其中博士4篇、硕士2篇）、优秀成果2项、校级学术之星奖1人，获评校级优秀成果特等奖2项、优秀奖2项。成功举办第五届“鹊华风”研究生学术文化月等交流活动。获得校长奖1人，省级优秀学生1人，省级优秀学生干部1人，山东省优秀毕业生9人。研究生就业率达到97.5%。

在留学生教育方面，贯彻MBBS培养趋同化方针，改革培养方案；录取新生12名，指导36名MBBS留学生毕业；贯彻国家外国留学生的边境开放政策，组织68名留学生安全返校。

五、学科和科研实力持续加强

生物医学科学专业跻身软科中国大学基础医学类排名A+专业，位列全国第2；学院新成立系统生物医学系，学科体系进一步完善。加强科研谋划，持续改进科研团队建设，组建6个柔性大团队。获批国家基金项目38项，其中国家杰青1项、国家优青2项、国家优青（海外）1项、重点类3项，资助经费3156万元；获批国家重点研发计划（青年项目）1项，资助经费400万元；获批山东省基金项目29项，包括1项省优青、6项优青（海外）项目，资助经费825万元。共发表中外论文170余篇，其中IF>10文章41篇，包括2篇发表在*Nature*等期刊的高水平论文。2篇文章入选ESI高被引论文，孙金鹏获评“谈家桢生命科学创新奖”。

六、社会服务、成果转化取得重大突破

建设完成“山东大学临床解剖实践中心”。与远大医药合作成立“山东大学—远大医药放射药物研究院”开展新型核药研发，协议金额1000万元。与山东中鸿特检、齐鲁干细胞公司达成全面合作协议，建设学生实习基地并开展科研合作。已签约横向课题14项，协议金额1803.3万元。成果转化6项，协议金额1198万元，接受捐赠签约金额100万元。

七、国际化稳步推进

主办和协办第二届研究生基础医学国际研讨会、山东大学—瑞典卡罗林斯卡医学院医学研讨会、山东大学—日本和歌山县立医科大学国际研讨会，资助11名本科生和研

究生参加牛津大学、人民友谊大学、阿尔伯塔大学等线上海外经历项目，组织 12 名研究生参加国际学术研讨会。

八、安全责任不断强化

认真做好迎接安全工作专项巡视及整改工作，通过安全工作专题会议、党政联席会等形式定期开展安全工作综合研判，重要时间节点提前预判安全风险隐患并制定相关工作预案。压实领导责任，全面实行网格化管理，严格校内值班值守，在校园封闭管理和提级管理期间及时处置各类安全隐患。修订补充多项安全事故应急预案。学院总体安全状况稳定，未发生安全事故。

（刘海华）

公共卫生学院

学院以习近平新时代中国特色社会主义思想为指导，紧紧围绕立德树人根本任务，团结奋进，开拓进取，攻坚克难，圆满完成各项工作任务。

深入推进“党建＋中心工作”融合发展，与淄博市 CDC 签订党建共建协议，推进联合教研室建设；与确山县普会寺镇党委组织联学共建，捐赠图书总价值 2 万元，搭建健康医疗数据平台。1 个研究生支部新获评山东大学样板党支部。院党委书记抓基层党建突破项目获评优秀项目，教工二支部党建活动项目获评三等奖。“我和我的支部”作品被推荐至省教育工委参评。

以习近平新时代中国特色社会主义思想为指导，制定并落实党委理论中心组、教职工政治理论学习计划，重点围绕党的二十大精神、《习近平谈治国理政》（第四卷）等内容进行深入学习，开展 4 次领导班子专题研讨，组织党委理论中心组学习 13 次，开展处级领导干部培训班、专题报告、党的二十大精神专题辅导等，组织党员领导干部赴大峰山党性教育基地实践学习，师生政治理论水平和能力不断提升。

扎实开展安全巡视专项行动、山东省意识形态专项检查，全面落实党委意识形态工作责任制，建立健全意识形态工作制度体系，对教材进行自查，严格讲座论坛报告会审批，开展网站、自媒体隐患排查整改，强化意识形态阵地管理。坚持落实宗教、舆情排查教育机制。

一、教育教学与人才培养

面向“健康中国”国家发展战略，增设“新医科”专业一生物医药数据科学，2022 年首次招生 20 人，采用全程“一对一导师制”，致力于培养数据科学高级专门人才。启动医学数据学系列教材建设，该系列教材一套15本，全部由山东大学公共卫生学院教师担任主编。

实施“金课”建设工程，支撑一流专业建设与新增专业建设。启动“预防医学导论”慕课建设、“预防医学实验室应急处置虚拟仿真实验项目”建设，拟建设为线上“金课”、虚拟仿真“金课”。

学院入选教育部18所高水平公共卫生学院建设名单。培育国家优青1人、山东省海外优青5人、青年学者托举工程1人，实现历史性突破。获批国家自然科学优秀青年基金1项、面上项目和青年基金项目15项。立德树人成效得到新提升，生物医药数据科学专业顺利完成招生。获得一项山东省教学成果一等奖。1人获得山东大学学术之星。在2022年山东省大学生医学技术技能大赛，获得团体金奖等多个奖项。坚持“五育并举”，学院获学生志愿服务工作先进集体、劳动教育工作先进集体、2022年全国大学生健康科普大赛优秀奖和优秀组织单位、2022年度研究生招生拓展工作先进单位。

成功举办2022年优秀大学生暑期夏令营，研究生生源质量稳步提升。学院获得“2022年度研究生招生拓展工作先进单位”称号。培养质量明显提升，获评山东大学优秀博士学位论文1篇、优秀硕士学位论文2篇，1篇获得推荐申报山东省优秀硕士学位论文；1人获得山东大学“学术之星”（全校仅7人）；1人获得山东大学研究生优秀成果奖。

“公共卫生人才培养”和“市校共建健康医疗院大数据学”获批2021年济南市教育局市校融合发展战略工程项目，总经费250万元。

二、学科建设与科学研究

以高水平公共卫生学院建设为核心，持续推动“十四五”规划落地见效和高水平公共卫生学院建设任务落实，研究制定《公共卫生学院科研创新团队建设实施意见》《公共卫生学院科研创新团队考核方案》等文件，确定重点建设团队，并投入近400万元专项经费支持团队建设和人才发展。

学院深入推动有组织科研，坚持以科研平台建设为抓手，助力高水平公共卫生学院建设。2022年12月，学院温红玲团队申报的“新发突发传染病防控与生物安全山东省高校重点实验室”、席波团队申报的“儿童心血管病防控山东省高校特色实验室”分别入选山东省高校重点实验室和特色实验室。席波教授、王霞副教授入选公共卫生与预防医学学科2021年爱思唯尔“中国高被引学者”榜单。2022年启动齐鲁医学公卫学术品牌建设，发挥系主任、青联、学科带头人的作用，邀请全国学科领域的领军人才、权威专家和优秀青年专家进行10余场系列讲座。

学院获得齐鲁医学院2022年“高等学校学科创新引智计划”培育项目一项：重大疾病防控与健康风险管理创新引智基地，获7.5万元资助，用于生物安全及传染病防控、慢性病防控、环境与健康研究和公共健康政策与管理研究等学科发展。

三、国际交流合作

山东大学—多伦多大学的研究生双学位项目持续有序推进，2020级2位硕士生获得硕士学位，2021 级 1 位硕士于 12 月赴加拿大开始线下学习。

四、社会服务

加强智库和重点实验室建设。2022 年共组织提交智库简报 16 份，其中 1 份获得省委主要领导批示，1 份获得《人民日报》内参采纳，并报国家主要领导，3 份被教育部采纳；2 份研究报告获得省部委的应用证明。卫生管理与政策研究中心（山东省重点新型智库）继 2018 年后，2022 年再次入选全国百强智库，位列 A＋（山东大学仅 1 家）。圆满完成国家卫健委卫生经济与政策研究重点实验室“十三五”评估工作，评估结果良好。

积极推动与山东大学附属济南市疾病预防控制中心的实质性合作与交流，继续加深与山东省疾病预防控制中心共建山东大学预防医学研究院，组织参加山东省研究生联合培养基地考核验收工作，在宁阳县疾病预防控制中心设立山东大学公共卫生校外实践与研究基地，推动与山东省精神卫生中心、海南省个浙江省疾病预防控制中心的合作。

五、实验室管理

完成教学九楼大修，有效解决实验室水电暖基础设施的安全隐患。构建实验室安全管理体系，贯彻落实实验室安全管理规定，启动智慧化高水平实验平台建设。

（王　庆）

口腔医学院（口腔医院）

2022 年是学院建院 45 周年、医院建院 30 周年。口腔医学院（口腔医院）以习近平新时代中国特色社会主义思想为指导，深入学习宣传贯彻落实党的二十大精神，紧紧围绕建设一流口腔医学院（口腔医院）的目标，团结凝聚、干事创业，实现了人才培养、科学研究、医疗服务、国际交流合作等各项事业的平稳发展。

一、党建思政

设置专题网站，依托“学习强国”进行学习大比拼，开展“学习党的二十大精神大家谈”征文活动，组织支部联建共建系列活动，组织党委理论学习中心组专题学习研讨 11 次，召开党委会 42 次、党支部及中层干部会 13 次，推动党的二十大精神入脑入心。在教师、医师、护士等节日发布献词、拍摄小视频，大力弘扬抗疫精神，开展“师德师风建设月”系列活动，通过涵养“双德”、厚植“双风”，努力锻造新时代合格“双师”。召开全面从严治党专题会议，加强典型案例警示教育，组织学习《医疗机构工作人员廉洁从业九项准则》知识答题，开展“酒杯中的奢靡之风”专项整治行动，结合“深化审计整改加强风险排查”等专项行动梳理廉政风险点，全年干部职工没有违法违纪问题。

二、人才培养

深入实施“雨课堂”等混合教学，开展“主编进课堂”系列讲座，举办首届全英文口腔科普壁报展示大赛和青年教师讲课比赛，组织10期卓越口腔医生系列讲座，完成16学时暑期海外师资授课项目，承办“中德建交50周年”系列学术交流活动，主办3期中韩残疾人口腔医学体系讲座，编撰1本教材，3门课程入选“学堂在线”平台，获山东大学课程思政三等奖3项，获批山东大学教育教学改革项目13项，在各类教学比赛中获奖6项，在第八届中国一东盟国际口腔医学交流与合作论坛荣获一等奖，获山东大学优秀博士论文、硕士论文各1篇，在省大学生医学技术技能大赛中获得团体一等奖。承担山东省住培临床实践能力结业考核任务，住培医师参加结业考核通过率为96.3%，口腔正畸科、口腔内科专业通过率达到100%。圆满完成了2300名考生国家执业医师考试的实践技能考试任务。

三、人才引育

完善“一人一策”的柔性引才育才机制，梳理人才缺口清单，出台《口腔医学类博士后留院工作管理办法》，举行青年人才成长规划指导会。引进儿牙全麻团队1个，引进海外交叉学科齐鲁青年学者1名、上海交大等国内知名高校交叉学科预聘制教师3人、交叉学科博士后3人、高层次卫生技术人才1人，新增齐鲁青年1人、泰山特聘1人、泰山青年3人，1人入围中华口腔医学会“青年托举人才培育项目”。

四、学术科研

与省内口腔医疗企业联合，成功申报山东省口腔材料重点实验室、山东省数字化义齿技术创新中心，协同攻关口腔医疗器械领域的“卡脖子”问题。修订完善学术激励办法，打通科技成果转化的通道，科研专利转化实现从无到有，一项专利进入“生物医学领域高价值专利项目库”，5项专利已实现成果转化，10项专利达成转化意向。承办中华口腔医学会牙周学术年会，获批成为山东省口腔疾病临床医学研究中心和山东省卫生健康委员会医药卫生口腔医学重点实验室，获批国家级自然科学基金项目6项、科技部外专千人项目1项、中华口腔医学会青年临床科研基金项目立项资助2项、省部级课题23项，各类科研项目总计40余项，科研立项经费达2598万元，实现年度增长233%。发表SCI论文98篇，1区文章12篇。参与获得2022中华口腔医学会科技奖二等奖1项，获授权专利32项。1人荣获2022年度国际先进材料协会科学家奖，1人获全国正畸正牙合临床大赛一等奖，1人在第二十三届世界睡眠大会作主旨发言。

五、医疗服务

围绕儿童口腔全生命周期管理，重点打造山东省儿童口腔牙颌颜面生长发育管理及数字化管理平台的康虹院区正式开诊。完成旧楼装修改造工程，全方位改善患者就医环境。接收门诊患者23万余人次，住院患者1000余人次。作为山东省口腔医学质控中心，在国家口腔医学质控工作年度汇报中获全国第三的好成绩。入选山东省化妆品不良反应监测哨点，推动了牙膏不良反应监测体系建设。结合“重阳节”“爱牙日”等节点，联合省人大老干部处、省保健委办公室党组织、绿城百合社区和济南市外国语学校，开展口腔健康科普宣教及义诊活动。联合济南市民族医院，开展济南市中小学生健康查体工作，完成市中区114所中小学近万余名学生的口腔检查任务。组织无偿献血活动，112名师生医务员工参与，献血量达27400毫升。积极参加口腔健康“西部行”活动，赴新疆喀什疏勒县人民医院开展种植牙技术“点餐式”帮扶，选派科主任赴新疆疏勒县人民医院口腔科开展支医工作。发挥消费扶贫作用，投入20余万助力河南确山脱贫攻坚。累计派出4000余人次参与集中隔离点、济南西客站和社区核酸检测等志愿服务，为济南市疫情防控作出山大口腔贡献。

六、管理和服务保障

赴三所国内知名口腔医学院校交流取经，邀请北大口腔沈曙铭教授等知名专家举行管理培训。实施“管理能力提升”研究计划，立项支持20个管理研究项目，促进了管理水平提升和机关作风转变。完善预算、财务收费等管理工作，推进银医合作项目，全面启动绩效改革工作，财务管理和运营管理水平不断提升。克服困难完成A座及康虹院区装修改造，完成供应商考核管理，持续提升服务保障水平。开展内部评价，启动内部审计，完善内控建设。组织召开庆祝山东大学口腔医学院建院45周年、山东大学口腔医院建院30周年庆典，总结学院（医院）建设发展经验，弘扬爱院荣院光荣传统。

七、国际交流合作

举办研究生暑期学校高端学术论坛，邀请美国国家医学科学院院士柴洋教授、英国卡迪夫大学口腔学院再生医学终身教授宋冰教授等6位国内外知名专家学者，采用线上方式围绕专业研究、学术前沿、医学人文、成长引领等方面进行了精彩的授课，吸引了师生广泛参与和聆听，为学院师生带来了精彩的学术盛宴。举办教育部“万人计划”项目——内地香港口腔医学实践交流与科研文化体验，受疫情影响，41名港大交流学生及学院师生以线上方式开展了为期4天的互动交流活动。邀请美国俄亥俄州立大学 Hua-Hong Chien 教授，德国吉森尤斯图斯一李比希大学 Norbert Krämer、Joerg Meyle 教授和香港大学牙学院张成飞教授为本科生线上授课，加强了国际化课程建设，全方位助力学院（医院）国际化人才培养新格局。

（武　剑）

护理与康复学院

学院始终坚持以习近平新时代中国特色社会主义思想为指导，深入学习贯彻党的二十大精神，全面落实立德树人根本任务，聚焦“精耕细作”工作思路，坚持协同融合发展，推动各项工作高质量发展。

一、年度工作概述

全面学习贯彻党的二十大会议精神，坚持“精耕细作”的思维、标准、模式，统筹推进学院改革发展、疫情防控和安全稳定等各项工作。

坚持稳字当头、防范在先抓好安全稳定工作，全年在安全、防疫、舆情等工作中零事故。围绕“十四五”期间重点发展的4个学科方向，大力推动学科平台建设，2022软科世界一流学科排名进入51～75位，学科水平逐年提升。科研创新获得新进展，获国自然面上项目2项；“全健康智慧护理重点实验室”获批山东省高等学校重点实验室。教育教学水平再提升，获批“护理学＋工商管理”双学位项目，获省教学成果奖二等奖3项。师资队伍建设再上新台阶，新增山东省泰山学者青年专家1人，获山东省教育系统女职工建功立业标兵1人，选派援疆干部1人；制定实施青年教师培养方案，促进多学科团队构建。采取激励措施，吸引多学科优秀博士生充实学科队伍。铸魂育人实效进一步增强，强化导学思政育人工作，修订学生综合素质测评实施细则；实现充分高质量就业，就业率100％。

二、主要工作举措及成效

（一）全面做好安全稳定工作

认真落实中央巡视深化整改、国家审计整改、安全工作专项巡视整改和学院内部控制专项审计整改等重点工作，成立领导小组和各个专项工作组，进一步找准制约学院高质量发展的瓶颈问题，形成工作方案及整改台账，逐一销号。定期召开安全工作专题会议，研判安全风险，梳理形成重点领域、重点问题安全隐患清单。针对实验室等重点领域重要环节，建立健全管理制度，定期组织检查。

（二）深入落实立德树人

1. 实施铸魂育人工程。修订本科生综合评价办法，研究生综合素质测评实施细则。学生充分高质量就业，就业率达到97.62％（全校排名第三位）。获省级社会实践优秀团队2个、省级社会实践先进个人1人、省级优秀毕业生1人。获评校级十佳志愿服务团队、校级志愿服务先进集体，获评校级青年大学习优秀组织单位2次。

2. 加强教育教学改革。本科教育教学方面，强化顶层设计，“护理学＋工商管理”

双学位项目获山东省教育厅批准；设立护教协同教育教学改革指南，以改革促发展，立项 18 项校院级教改课题，获批山东省高等教育教学成果奖二等奖 3 项，获评山东省课程思政示范课 1 门、山东大学优秀基层教学组织 1 个。1 名青年教师获推荐参加山东省教师讲课比赛。以迎接本科专业认证为契机，全面梳理了专业建设与教育教学工作，聚焦问题，边改边建，完成专业认证自评报告、整理各类支撑材料、规范了教学管理各环节。

3. 研究生教育教学方面，稳步推进学位授权点周期性合格评估工作，持续推进学术学位与专业学位研究生分类培养过程及评价体系建设。不断加强课程资源建设，已建成在线课程 8 门。导师队伍建设成效显著，博导队伍增至 15 人，不断提升导师专业指导和育人能力；积极拓展优质生源，硕士研究生推免比例继续保持在 80%以上，招收 2 名外籍博士生，国际化水平进一步提升，获评 2022 年研究生招生拓展工作先进单位。抓好关键节点管理，对学位论文质量实行全程监控，强化原始数据审查及留存机制，保证学位授予质量。

（三）重点建强师资队伍

积极做好人才引进工作，优化教师队伍结构。本年度聘请博士后 1 名、助理研究员 1 名、副研究员 3 名、研究员 1 名。学院教师年龄结构呈现年轻化趋势，35 岁以下教师占比超过 30%，海外博士学位教师达到 20%以上。实行《山东大学护理与康复学院青年教师培养方案》，承办第七届齐鲁青年论坛护理与康复分论坛，营造宽松活跃的学术氛围。新增山东省泰山学者青年专家 1 人，山东省教育系统女职工建功立业标兵 1 人，选派援疆干部 1 人。

（四）提升科研创新能力

围绕"十四五"期间重点发展的 4 个学科方向，大力推动学科团队建设；获批国家自然科学基金面上项目 2 项，山东省自然基金 2 项，山东省人文社会科学课题 1 项，海外联合项目 1 项，横向课题 6 项。入账经费持续增长，本年度为 229.57 万元。共发表文章 68 篇，其中 SCI、SSCI 文章 48 篇（Q1 区文章 24 篇）。获得国家发明专利授权 2 项。"全健康智慧护理重点实验室"获批山东省高等学校重点实验室。

（五）稳步推进国际交流合作

更新学院国际交流奖学金管理办法，制定实施《护理与康复学院国际交流奖学金与海外经历专项资助管理办法》。开展教学流动岗项目 2 项、短期境外专家项目 1 项。邀请境海外专家进行海外师资课程 4 项。组织学生参加海外高校线上暑期工作坊项目，共 66 人参与并获得结业证书。3 名本科生参加牛津大学和得克萨斯州大学奥斯汀分校课程学习，并获得山东大学境外经历专项奖学金资助。成功举办第六届齐鲁护理（国际）青年学者论坛。邀请境外知名专家和优秀青年学者开展了 20 场学术报告。

（六）持续提升社会服务能力

积极推进定点帮扶工作，继续开展"大手牵小手"常态化帮教活动，坚持为确山新安店中心小学留守儿童开展一对一线上教学及心理辅导活动；推进校企合作和学院筹资工作，与威高集团合作建设实验室，合作协议及相关工作正在进行中；亚华电子有限公司继续支持教学实验室建设，初步达成捐赠价值 30 万元仪器设备。为进一步促进医教协同，与威海市立医院就人才培养、科研教学等方面达成合作意向。

（七）优化科研教学条件

为适应学院新的发展目标，整个楼宇重新优化布局。扩大健康与衰老生物学行为实验室面积；重新布局本科教学实验室，新增设内外科护理模拟实验室、儿科护理模拟实验室、妇产科护理模拟实验室、老年护理模拟实验室；新增康复技能实验室和运动康复实验室；进一步优化基础护理技能实验室、健康评估技能实验室、护理心理实验室布局，目前已完成地下一层、地上一层至三层的改造。制定了科研实验室和教学实验室设备添加、更新 2022～2026 年规划，设备总经费近 5000 万元。

（徐良瑜）

药学院

一、学院基本情况

2022 年，药学院共有在职教工 175 人，其中专任教师 95 人。专任教师中，教授 54 人、副教授 30 人、讲师 11 人。共有博士生导师 54 人（含兼职博导 2 人）、硕士生导师 92 人。具有博士学位者占专任教师总数的 98.95%。在校生 1289 人，其中本科生 547 人、硕士生 577 人、博士生 165 人。2022 年入学本科生 146 人、硕士研究生 190 人（含非全日制药学硕士 6 人）、博士研究生 40 人（含生物与医药工程博士 8 人、外籍博士 1 人）、同等学力申请硕士 10 人；毕业学生 290 人，其中本科生 135 人、硕士研究生 123 人（含外籍 2 人）、博士研究生 32 人（含外籍 1 人）。本硕博就业率分别为 91.11%、94.57%、100%。

二、主要工作及成效

2022 年，药学院以习近平新时代中国特色社会主义思想为指导，深入学习贯彻党的二十大精神，全面落实立德树人根本任务，统筹学院改革发展稳定要务和常态化疫情防控，用精耕细作的理念、标准和举措，持续推动学院高质量发展，为学校“双一流”建设蓄势赋能，为强校兴国凝聚药学力量。

（一）党建先行，高质量发展获得新成效

聚焦巩固拓展党史学习教育成果和学习宣传贯彻党的二十大精神两条主线，开展“精耕细作开新局”、师德师风建设月、“明规矩守纪律”主题教育等活动，在全院掀起学习贯彻党的二十大精神热潮。入选校样板支部 1 个、样板双带头人工作室 1 个、五星级党支部 4 个、学生党员标兵 1 名，形成党员先锋队及“党建科研双融合”“党建思政双促进”“党团班协同育人”等系列品牌，入选学校突破项目2个、支部立项2个，申报课程思政3项，获评校优秀基层教学组织和负责人。

（二）文化引领，育人生态谱写新篇章

“中药百草园”获“一院一品”立项。新闻报道216篇，学校采用140篇，获学校年度新闻宣传先进单位，入选学校优秀网站，4人次获新闻宣传先进个人、网站建设与管理先进个人。“为群众办实事”24项重点项目全部完成。民主党派省市级领导、省市人大代表政协委员均有当选。

（三）守正创新，立德树人取得新突破

1. 采撷教学硕果，奋楫扬帆前行。研究生获校优秀学术成果奖2项、省优秀科技成果1项、省级优秀学位论文4篇；本科生获国家级、省级科研学术及技术技能类荣誉28项，获评校级优秀毕业论文3项，发表SCI论文3篇。教师获省级教学成果二等奖2项、校级优秀毕业论文指导奖4项、校级教学名师1人。完成研究生课程教学团队申请和认定工作，举办暑期学校讲座26场，获批校级研究生教改1项。申报省科教融合协同育人联合体、省工程硕博士培养改革试点单位等教改项目。本科教学获校级荣誉8项、教改研究6项。主编国家级规划教材2部，参编教材6部，发表教研论文10篇。开设海外师资课程1门、全英文课程1门。

2. 着力精耕细作，推进“五育并举”。1370人次获校级及以上奖励，其中省优秀学生2人、省优秀学生干部2人、省优秀毕业生20人、社会实践省级优秀个人1人、校长奖学金1人。社会实践工作连续12年获得省级表彰，志愿服务首获“双十佳”。荣获学校第一届心理辅导技能大赛团体一等奖、学生就业工作先进单位、红旗团委、“青年大学习”优秀组织单位等荣誉。

（四）筑巢引凤，队伍建设迈上新台阶

引进国家级青年人才1人、泰山青年1人、齐鲁青年5人、兼职特聘教授2人、副研6人、助研4人、博后7人；培育国家级青年人才1人、泰山特聘1人、省海外优青4人、省优青3人、齐鲁青年1人、“未来计划”学者2人。

举办齐鲁青年论坛药学院分论坛、青年人才托举沙龙，创新应用“云招聘”延揽各方优秀人才。制定新进教师配套经费方案，优化博士后出站考核、能力提升方案。获评学校优秀教师，入选国际先进材料学会会士，获国际先进材料学会青年科学家奖、陆婉珍近红外光谱青年奖各1项，获评学校人才工作先进单位。

（五）凝心聚力，科学研究跑出新速度

国家自然科学基金立项27项，申报与获批数量实现双跃升。获批国家重点研发计划、国家基金委重大课题2项，省自然科学基金21项，横向课题38项，实到科研经费4597万元；发表SCI论文215篇；获授权专利58项。获得教育部高校科研优秀成果奖二等奖2项、省科学技术奖二等奖1项。

制定药学学科建设与发展规划，举行天然产物化学生物学教育部重点实验室学术委员换届，成立学院医学伦理委员会。

（六）攻坚克难，实验室安全实现新跨越

1. 改善基础设施条件欠账。自筹经费800余万元完成教学七楼修缮并进入回迁阶段；4 个学术团队入驻国家大学科技园并开启试运行；维修科研楼通风系统，药厂楼列入明年中央大型修缮计划。创造性实施“领导包楼巡楼”、现场化会议等保障措施。

2. 信息化赋能实验室安全管理。获得实验室研究重点项目 1 项，通过“基于 6S 管理的实验室安全信息化联动联防平台建设”项目中期考核。将平安实验室建设纳入学院总体发展规划，实现实验安全工作从粗放式向精细、智能、高效、节能管理转变，安全教育从“要我安全”向“我要安全”“我会安全”“我懂安全”转变。

（七）多措并举，社会服务开创新局面

与确山县结对共建，购买农产品 5 万余元；张娜、温学森教授团队认领当地科技攻关难题。获省药师成长奖学基金 9.6 万元，与威海市立医院、简道制药等共建实习基地。建设继续教育课程 19 门，培训执业药师 9927 人，完成 7 门执业药师考前辅导课程建设。成立山东大学医药行业校友会。

（八）学科引领，国际合作展现新作为

创办英文期刊 *Pharmaceutical Science Advances*（《药学科学前沿》），获得学校“强刊兴学”计划支持。31 名学生参加北卡罗来纳大学、俄罗斯人民友谊大学暑期学校。招收博士留学生 1 名，推进学生入境返校工作。

（韩　杰）

医学融合与实践中心

医学融合与实践中心（以下简称“中心”），自 2022 年 2 月 24 日宣布成立以来，认真贯彻医学教育体制改革的整体要求，积极承担推进改革深化期平稳过渡的重要职能，全力配合、认真落实各项改革举措，各项工作稳中有进。

一、基本情况

中心现有教职员工 133 人，其中事业编制人员 117 人，非事业编制人员 16 人。除 42 人在校内工作外，其余 91 人日常工作地点均在校外各临床医院。

现有在籍学生 1264 人，其中本科生 206 人（含留学生 11 人），研究生 1058 人（含留学生 9 人）。教学培养单位涉及生殖医院、省立医院、省千佛山医院、济南市中心医院、省肿瘤医院、公卫临床中心（传染病院）、省儿童医院、省精神卫生中心、省皮肤病医院、省耳鼻喉医院及基础医学院等 11 家单位。

中心党总支下辖 16 个党支部，其中教工党支部 2 个，学生党支部 14 个；现有党员 418 名，其中教工党员 36 名，学生党员 382 名。鉴于师生分布实际，除了 2 个教工党支部的主体在校园内部，其余学生党支部均分布在各医院。

二、2022 年度工作

中心应学校医学教育改革大势而生，承担着推进改革深化期平稳过渡的重要职能。成立以来，中心坚持“稳中求进”的工作总基调，党团建设、师生思政、人事人才、教育教学、疫情防控、行政服务、实验室运行等各项工作均有条不紊。

（一）建强基层组织力量，稳定师生思想根基

中心党总支成立之初，局势未定，人心待稳。为了尽快打开工作局面，稳定师生动态，党总支以提升政治功能和组织力为核心，开展了三项主要工作。

1. 建章立制，保障运行。建立党总支会议、主任办公会议、教职工政治理论学习制度、学生骨干培养计划、网络及新闻宣传管理办法、基层教学组织管理办法等工作机制和制度体系，确保整体工作有序高效运行。

2. 坚强队伍，凝心聚力。在教工层面，依托教职工政治理论学习制度统一思想；在学生层面，坚持每两周一次的骨干培训计划，提高站位，提升能力，进一步推动支部协同，师生干事创业氛围持续向好。

3. 奖惩并举，双向激励。奖惩并举体现在每一项制度的制定、机制的落实中。比如，将教职工政治学习情况纳入年度考核，确保教育实效；严肃政治生活，开展年度党支部工作实地考核，奖励先进，约谈后进等。正负结合，切实激发工作动力。

（二）完善教育教学形式，保障人才培养质量

中心自成立以来，面向第二临床学院、基础医学院、公卫学院、口腔医学院、药学院等兄弟学院共开设 97 门次课程，统筹管理省立医院、市中心医院、省精卫中心、省公卫中心等单位的实习教学。在疫情特殊情况下，中心持续加强与各单位的协调配合，线上、线下相结合的混合式教学模式日臻成熟。

1. 严格执行一对一临床带教制度，规范出科考试，按照趋同化要求管理留学生教学，确保临床轮转实习保质提效。

2. 强化过程监督，成立本科教学督导工作小组；建立课堂教学评估、教研室专业评估、医学中心督导评估的三层次质量保障模式；制定并落实教研室、教学秘书例会制度，确保教学信息畅通传达。

3. 启动并持续加强基层教学组织建设，落实立德树人根本任务、加强基层教学组织在提升教学质量中发挥的决定性关键作用，诊断学教研室获评学校 2022 年优秀基层教学组织。

（三）抓实学生管理工作，落实三全育人要求

学生整体呈现年级高、分布分散、培养类型多，医院管理模式不一、情况复杂等现实特点。自中心成立以来，中心学工团队一直秉持稳扎稳打的工作原则，坚持“标准不降，质量不减，攻坚克难，与时俱进”，顺利完成各项工作。

1. 在团队建设方面，唯变不变，随机应变。中心成立至今，学生团队先后经历了 4 次人员调整和新老更迭。虽然在这一年中还经历了疫情反复、提级管理、内外协调、安全维稳等较为严峻的考验，但仍然完成了相对稳定的团队分工，建立了行之有效的例会制度，形成了“集体研究、共同把关”的决策机制。

2. 在学生管理方面，精耕细作，一人一策。中心有千余名学生，分散在十余家医院，各医院政策要求不一，校外集体住宿与自租房住宿混杂。鉴于此，中心确定了“一人一策”的管理模式。2022 年度的学生管理，两个“关键词”贯穿始终。其一是“梳理”，形成并持续完善各类台账，通过梳理发现漏洞，及时调整，补齐短板。其二是“管理”，结合疫情特殊时期的要求，制定了校外学生管理办法，明确校外辅导员工作职责，制定并坚持落实“五个一”清单：每天一次核酸督促，每天一次行程追踪，每周一次线上会议，每周一次重点关注，每周一次工作研究。同时，加强每日打卡监督，重点关注打卡地点，掌握每一名学生的行程（医院内、医院外、不在济等），中心层面每天汇总打卡情况进行内部公告；建立校内外两套监管系统，校内专人监督，校外由驻院辅导配合医院教学部门进行管理，一对一监督到人等。

3. 在医院协同方面，主动作为，汇聚共识。一是积极开展教学医院走访工作，互通有无，座谈商讨，在研究工作中达成协同；二是组织各层面学生交流，面对面倾听学生诉求，畅通学生—医院交流渠道，在解决问题中达成协同；三是四度致函医院，重要节点，重点关注，以公对公模式达成协同。通过以上途径，顺利解决了生殖、省立、肿瘤、耳鼻喉、精卫等多家医院涉及学生规培、宿舍管理、防疫保障等多个问题。

（四）做好研究生教育统筹，保障“同质化”教育成效

中心成立以来，研究生工作采用“双创新”模式，即医融中心与齐鲁医学院研究生教育管理办公室，在工作职能上“合署办公”，在工作团队上“双向借调”。此模式下，中心发挥临床医学研究生教育“同质化”统筹作用，同时做好临床医学在职研究生和国际研究生教育工作。

在招生方面，中心发挥统筹功能，同质化完成临床医学同等学力硕士招生工作，规避各单位分别组织不同步、不同标准的风险。首次实现同专业内跨方向调剂，并依托融合中心集中组织跨院调剂，年度招生 33 人，持续为直属医院职工打通学位晋升通道。在培养方面，以在职硕士研究生招生培养为切入点，助力山东省医学卫生健康事业高质量发展，全力服务省内及周边区域人民健康医疗需求。在学风建设方面，持续建设在职研究生管理系统，优化推动学生管理信息化、规范化；坚持质量检查关口前移，发挥关键节点的筛查作用，学风建设和质量控制覆盖研究生培养全过程；开展全面的医学博士学位论文自查自纠，查找过程管理短板，完成专项整治工作。

（五）持续优化科研生态，增强科研创新活力

1. 建立并完善“三级管理，全员参与”的科研工作模式，科研生态持续向好，各类科研基金项目申报热情高涨。2022 年，共申报国家自然科学基金 12 项，山东省重大基础研究项目 1 项，山东省自然科学基金海外优青项目 2 项，山东省自然科学基金申报项目（第一批）5 项，山东省社会科学规划研究项目 1 项，广东省自然科学基金申报项目 2 项，山东大学集成攻关培育项目 1 项。获批 2 项国家重点研发计划课题，4 项国自然青年项目。文章发表 SCIE 一区 4 篇、二区 11 篇，ESI TOP7 篇。科研转化到账 10 万元，年度实到科研经费总计 685.38 万元。

2. 成立伦理委员会，组织召开伦理委员会集中会议 2 次，机动审查 2 次，共下发伦理批件 39 份，不管是数量还是质量均较去年有了大幅提升，既保障受试者的安全、

健康和权益，也为临床科学创新性研究、基础研究保驾护航。

3. 大力推进教研工作，年度进行4轮慕课（MOOC）平台和2轮小规模在线课程（SPOC）建设，共有30门临床课程上线，课程数量与选课人数均保持在全国高校同类课程前列。获批校际教研项目13项，其中重点项目1项。荣获第九届省级教学成果特等奖1项、一等奖1项，均入围国家级奖项评审；获学校推荐进入省教学改革重点项目评审1项。

（六）推进实验室建设，助力提升育人成效

1. 全面改善实验室基础建设，通风、照明、控温、电路、供水、供暖及安全均达到教育部A类标准。

2. 启动新型手术学实验室及综合功能手术技能培训室建设工程，购置可移动台式腹腔镜和台式显微镜，完成与现代临床医院的接轨。可通过显微镜技术、内镜技术、多媒体音视频交互技术，实现实验室的集成化、数字化、智能化建设，更好地培养学生的临床思维，推进基础医学与临床医学的交叉融合。

3. 持续推进医学模拟中心搬迁和建设工程。根据趵突泉校区教学科研空间整体规划布局，医学模拟中心将进行搬迁，并以“高精尖”为标准进行重建，同时与第一临床学院、第二临床学院的教学功能形成互补。搬迁规划论证会已顺利召开。

（七）贯彻国际化发展战略，提升国际化办学水平

紧扣“育人”主题，高度重视学生国际化培养。中心负责的由学校立项并完成验收的18门本科临床国际化全英文课程，目前已正常开课；发挥医学学科特色优势，设立医学国际学生短期学习项目2项，打造精品国际暑期学校8门；鼓励学生积极参加学生境内外交流，2022年共派出6名学生赴境外学习交流，接受90余名MBBS国际学生来中心学习；全面落实“国家领导人承诺中坦医学专项奖学金项目”，各项工作均取得突破性进展；擦亮齐鲁医学国际品牌，服务海内外校友，完成临床医学专业海外学历认证300余人次。

（曲珊娜）

附属医院

齐鲁医院

齐鲁医院在国家卫生健康委、山东省委、省政府和山东大学的坚强领导下，深入学习贯彻习近平新时代中国特色社会主义思想和党的二十大精神，深刻把握“两个确立”的决定性意义，不断增强做到“两个维护”的思想自觉、政治自觉、行动自觉，党的建设呈现新面貌。医院根据“健康中国”“健康山东”和学校“双一流”建设要求，聚焦“三中心一试点”战略目标和中心工作，全面实施五大发展战略，以追求卓越、唯旗是夺的奋斗精神全面推进各项事业，奋力开创医院高质量发展新局面。

一、主要业务工作

受疫情影响，2022 年总诊疗 315.60 万人次，出院 18.76 万人次，手术 8.36 万人次；CMI（病例组合指数）为 1.48，同比提高 5.71%；疾病诊断相关分组（DRG）相对权重（RW）≥2 占比 20.74%，同比提高 3.96 个百分点；平均住院日 6.53 天，同比下降 0.54 天；四级手术占比 41.47%，同比增长 1.81 个百分点。

二、医疗工作

医院“揭榜挂帅”创建综合类国家医学中心，代表山东省建设卫生健康领域的“国之重器”。国家、省市、学校高度重视并全力支持齐鲁医院创建工作，山东省成立了国家医学中心创建工作领导小组，牵头制定完成支持政策清单；济南市全力做好 600 亩以上建设用地保障，山东大学支持组建新型研发机构和学术特区，推动医理工文交叉融合发展。目前“国家—省市—高校—企业”协同支持齐鲁医院创建综合类国家医学中心的工作格局已全面形成。

在 2021 年度国家三级公立医院绩效考核中，医院位列全国第 13 位，进入 A++行列，其中代表医院诊疗病例技术难度以及收治疑难重症能力的 CMI 值位列全国第 6，衡量医院开展疑难复杂手术数量的四级手术人次位列全国第 9；2022 年山东省公立医院绩效考核位列全省第 1。医院积极发挥国家区域医疗中心建设输出医院作用，德州医院获批第四批国家区域医疗中心建设项目。

以国家三级公立医院绩效考核为指引，推动 2022 年医疗质量安全十大改进目标和各专业质控目标落实落地。4 个学科获批临床重点专科建设和区域医疗服务能力提升项目，荣获全国首批日间医疗质量规范化管理哨点医院，审批开展新技术新项目 12 项。医院开展齐鲁求真大讨论 22 期、广智大讲堂 46 期与青云联盟系列闭门讨论会。2022 年全院药耗占比 55.26%，同比下降 3.28 个百分点。

医院全力响应国家号召，先后派出支援上海、新疆、西藏等 9 省市，以及省内各地市、山大各校区、全民核酸检测点等医务人员 10729 人次，圆满完成疫情防控支援工作任务。根据疫情形势变化，将疫情防控医疗救治重点转为“保健康、防重症”，坚持“一个目标、三个统筹、六项准备、五个确保”，形成了具有齐鲁特色的“1365”工作体系，全力备战迎战感染和重症高峰。国务院督导组、省市校各级领导对医院新型冠状病毒感染救治工作予以高度认可和充分肯定。

科学研判、细化部署疫情防控各项工作，组织召开疫情防控和院感专题工作会议 40 次，制定疫情相关应急预案 50 余项，开展培训 7000 余人次，临床科室督导 600 余次，处置院内疫情防控应急事件 400 余起，排查风险人员近万人，有效防范院感事件发生。牵头主编全国首套消毒供应专业本科网络教育配套教材，助力提升消毒供应行业整体水平。

“互联网＋医疗健康”智慧服务提质升级，互联网医院上线运行，构建院前、院中、院后全病程健康管理线上服务新模式。加强门诊内涵建设，新增专病门诊 8 个、多学科综合门诊 11 个（分别达 67、66 个），诊治疑难罕见病患者近 500 人次，提供咨询近 6000 人次。创新门诊服务理念，坚持“以患者为中心”，实施病员服务中心 6S 管理、建立门诊就医服务矩阵、率先推行暖医服务工程等数字化智慧化门诊新举措，显著提升患者就医体验及管理效能，医院获评优秀等次老年友善医院。志愿服务再创佳绩，服务之星评选、“每天奉献一小时”、南丁格尔志愿服务等公益活动温暖齐鲁，志愿者及志愿服务项目多次荣获国家、省市及高校奖励。

保健服务扩面增效，进一步完善“四纵四横”医疗保健服务体系，高质量完成全国“两会”、国家领导来鲁视察等医疗保障任务 23 项，服务范围延伸至 14 地市、21 个省直部门及 14 名省市高层次人才，齐鲁保健影响力不断提升。

深入开展分级诊疗合作，与省内 168 家医疗机构建立分级诊疗协作关系，实现山东省内 16 地市全覆盖。不断深化专科联盟工作机制，以国家及省级临床重点专科为依托牵头新成立专科联盟 13 家，进一步搭建区域专科协同发展体系。积极推进精准对口帮扶，派出 18 名专家赴陕西清涧及省内 4 家对口支援医院，组织 5 名专家赴新疆阿勒泰地区开展巡回医疗。

推进护理学科发展，成立山东省首家优玛（EWMA）国际伤口治疗师学院，举办第三届齐鲁国际护理学术论坛，上线齐鲁云课堂，在全国医院品管圈大赛和各类质量提升大赛中荣获一等奖 13 项。护理科研实现国家自然科学基金面上项目突破。

持续优化医保服务流程，全面实现医保电子凭证“刷脸就医”和“移动支付”全流程应用，完成一卡通行、互联网医院医保线上线下一体化结算等智慧医保服务，切实解决人民群众急难愁盼问题。完善智慧医保质控体系，增设多头取药警示功能，全线贯通医保门诊智能审核，进一步规范医疗收费行为，全力保障基金安全健康运行。全方位打造 DRG 改革标杆，圆满完成国家编码贯标工作，顺利通过国家医保信息平台质量验收。积极参与价格管理工作，牵头确定 97 项价格审核标准，核定并获批 142 项医疗服务价格；申报新项目、新技术价格 200 余项，获批数量居山东首位，助推医院高质量发展。

以临床需求为导向，持续提升药学内涵建设。强化医院药品供应，成立中心药房，推动药品物流系统建设，实现大液体“院外分拣、院前分发、院内直配”，深入落实药品集中带量采购政策，提高群众用药可及性。加强药事服务，实现处方审核/点评全过程闭环管控，开展“互联网医院＋”居家药学服务，大力发展传统优势制剂，着力满足临床需求；开展临床患者用药监护、用药指导等药学服务 8000 余次，医药联合门诊服务患者 5000 余人次。加强药学学科建设，荣获中国医院管理奖药学管理组银奖，获评山东省首批医药卫生重点学科，助力打造齐鲁药学品牌。

三、人才学科建设工作

压实学科建设责任，构建“定目标—重实干—严跟进—强保障”全周期管理机制，制定实施科室负责人任期目标责任书（2022～2025 年）。强化学科评估，修订学科建设考核评估指标体系，夯实对标一流、追求卓越价值导向。搭建学科建设交流平台，举办 10 场学科建设沙龙和调研会，探索学科合作发展新模式。在复旦大学医院管理研究所 2022 年度中国医院专科综合排行榜上，5 个专科进入全国排名前 10，其中急诊医学稳居前 3，康复医学、妇产科排名稳中有升；12 个专科获专科声誉十强提名，学科建设总体成绩稳中向好。

人才工作扎实推进，体系化人才育引机制不断优化。引进零磁医学双聘院士团队 1 个，入选泰山学者系列 21 人、山东大学杰出人才体系兼职人选 12 人、山大齐鲁青年学者 3 人，引进临床高水平人才 3 人，入选全国老中医药专家学术经验继承工作指导老师、省名老中医（药）专家等 4 人。博士后工作量质齐升，在站博士后一年破百，获批项目稳居全国医院设站单位前列。人事招聘扩容提效，完成事业编招聘 133 人，毕业生质量与到岗率大幅提升。人事管理稳步推进，学术委员会成功换届，推动医院学术治理提档升级；构建医院荣誉体系，激发全院干事创业活力；首次选聘兼职项目主管，推进医院管理与业务融合发展；强化专业技术职务多维度评价，不断优化评价机制。医院荣获山东省人才工作表现突出单位。

四、科研工作

平台建设成果丰硕，新增省部级以上平台 5 个，现有省部级以上平台达 33 个。国家级平台实现新突破，获批国家医学攻关产教融合创新平台（医工结合方向）；获批国内第一个省部级以上零磁医学科研平台——山东省零磁医学重点实验室。坚持创新驱动发展，成立科技创新转化中心，打造贯通基础研究、临床研究、成果转化的一体化全链条科技创新公共服务平台。项目获批再创新高，2022 年获批国家自然科学基金项目 105 项，位列全国医疗机构第 15。科研经费近 4.0 亿元，总量稳定增长。科研成果收获喜人，牵头荣获省部级以上奖励 6 项（其中山东省科学技术奖一等奖 3 项，第十七届“中国青年科技奖”3 项），荣获中国“年度重要医学进展”。

五、教学工作

坚持立德树人，全面加强第一临床学院建设，助力学校临床医学学科进入教育部第五轮学科评估 A 类行列。牵头进行本科招生宣讲，医科学生招录位次居学校首位，生源质量显著提升。强化研究生培养过程管理，打造研究生过程管理的“齐鲁标准”。强化师资队伍建设，遴选2023年具有博士生招生资格导师79人，硕士生招生资格导师255人。课程与教材建设稳步推进，13门慕课亮相国家高等教育智慧教育平台，开设4门医工融合课程，首次开展智能医学工程专业临床实践教学，主编出版10部智能医学工程专业医学系列教材，自主申请设置的二级学科“零磁医学”专业通过论证。教学成果丰硕，首次荣获山东省第九届教学成果奖（高等教育类）特等奖，获批省级教研项目与优秀成果9项、校级教材与教改项目15项。13个集体/个人获批山东大学优秀教师、先进教育工作者和先进集体。

六、医师规范化培训工作

助力住院医师成长成才，通过严把录取招收、加强岗前培训、强化过程管理、选树典型等举措，不断提升学员岗位胜任力。强化师资管理，做好师资遴选、培训、考核和认定工作，推进专职教学助管发挥作用，新增师资80人，培训考核师资1168人次，2人被遴选为国家级住培评估专家，荣获全国首届住培全科指导医师教学查房技能竞赛二等奖。健全临床技能培训体系，首次承接本科生临床技能培训与考核任务，新增10门临床技能培训课程，打造标准化病人系列培训精品课程，不断提升临床技能培训水平。强化培训内涵建设，完成各类考核4932人次，培养心血管急救培训导师26名，累计培训36000余人次，培训量增长125%。积极共建山东省医学会临床技能培训基地，4个专科成功入选国家首批外科基础技能省级培训基地。

七、国际合作与交流工作

不断拓宽国际合作交流领域，开发与新加坡、以色列等“一带一路”沿线国家优势学科的精准合作，共同推进“健康丝绸之路”建设；深化与瑞典卡罗琳斯卡医学院、以色列拉宾医疗中心的伙伴关系，探索建立多中心、深层次的国际科技合作交流长效机制。积极开展海外引智工作，获批国家级、省部级外专引智项目4项，顺利完成省级外专项目绩效评价工作。拓展职工国际化视野，支持职工参与加拿大等国际友好院校及山东大学举办的海外研修和国际化能力培养项目，提升国际化水平。

八、医院管理工作

高质量推进急诊综合楼建设，项目先后获得国家级安全文明工地和山东省重点工程创新创优劳动竞赛先进集体等荣誉。克服疫情防控过程中材料生产运输受限、施工人员短缺等困难，全力推进项目进度，项目主体封顶以来不到1年时间完成工程质量竣工验收和消防验收。国家医学中心选址工作推进顺利，拟落址济南国际医学科学中心生命科技创新产业区。医技综合楼工程已完成拆迁和“三通一平”，前期土地手续和规划咨询等工作加快推进。

以三大协同管理机制为抓手，全面梳理医院现行规章制度，对管理制度、工作职责和流程等进行废、改、立，不断完善医院管理和运行体制。围绕国家医学中心创建需要，加快建立科技成果转化、人才育引等工作机制。优化绩效薪酬制度，进一步完善分配办法，调动干部职工的创造性和积极性。启动院领导接待日工作，拓宽医院领导与职工的沟通渠道，持续提升民主管理水平。强化医院应急管理，开展医院突发事件（灾害）脆弱性分析，修订医院突发事件应急预案总则并进行应急处置演练。试行合同线上联审，审核合同3052份，可计算金额10.2亿元，有效维护医院权益。

在“整体规划、错位布局、学科统筹、一体发展”方针指引下，打造一院多区高质量发展体系，构建形成医教研防管有效辐射全省全国的发展格局。聚焦协同发展，巩固青岛院区现代化综合性院区优势，二期项目推进顺利，青岛院区“国考”首次进入全国前20%、上升至A等级；全力推进中子医学中心建设，国内首台套硼中子俘获治疗系统大装置即将吊装完成。持续推进德州医院建设，胸外科获批山东省首批医药卫生重点学科，多项手术填补德州市及河北省周边地区技术空白。持续推进蓝谷院区建设，部门科室设置、人员设备配置等前期工作正有序推进。

深入推进运营绩效一体化建设工作，不断提升科室运营管理和绩效水平。落实国家财政政策，全面推行预算管理一体化改革，以项目为主线实施全周期管理，实现对预算管理全流程的动态反映和有序控制。提升财务管理信息化水平，实现运营辅助决策管理系统（BI）和运营精细化综合管理系统（HRP）全面应用，推进医疗服务项目成本核算，促进临床科室降本增效，业务流程进一步优化。构建“1＋7＋N”审计制度体系，为高质量开展审计工作提供制度支撑。首次开展风险评估与内部控制评价工作，建立涉及13个业务层面、涵盖80项业务的风险数据库并提出管理建议，医院内控体系不断完善。高质量配合国家审计，扎实开展急诊综合楼跟踪审计，有序实施大型医疗设备绩效等专项审计，不断提升审计服务水平。不断提升整改效能，整改完成率达93.68%。

加强资产管理，资产调拨和报废实现线上办理。强化装备管理，实现医学装备全生命周期管理，突破性推动36项进口设备获批。不断提升国有资产管理效能，保障国有资产保值增值，齐鲁投资公司财务信息管理工作连续8年荣获国家卫健委一等奖并蝉联委属管企业第1名，入选济南市创新发展突出贡献企业。医疗耗材二级库实现全院临床科室应用全覆盖，梳理耗材目录全品规，强化耗材精细化管理，年采购金额下降12%。拓宽设备维修渠道，维修支出较2021年降低15.8%，进一步降本增效。开通应急便利化采购通道，全力保障医疗救治设备及物资紧急采购。进一步提升医院信息化水平，推进项目部署实施，完成医院大数据集成平台建设，建设临床数据中心、大数据科研平台，实现全院业务互联互通。通过国家医疗健康信息互联互通标准化成熟度测评四级甲等评级，完成电子病历五级评审文审，推进急诊综合楼楼宇智能化设计和方案论证。

持续改善院容院貌，推进实施华美楼外墙防水、新核酸采样区建设、健康楼日间手术管理中心改造等维修改造项目50余项。充分发挥东院区“临时隔离区”疏解功能，先后接收闭环管理人员570人次，切实满足疫情防控需要。筑牢疫情防控后勤防线，设立后勤24小时应急体系，完成应急消杀、医疗废物处置、核酸标本临时处置、特殊转运等事项5000余次。服务临床急危重症救治需求，膳食配送进病区超5万人次。深化7×24小时一站式服务模式，改进维修流程，提升服务效能。贯彻落实健康中国行动计划要求，加强爱国卫生工作。

九、平安医院建设

落实全省安全风险隐患大排查大化解专项行动要求，维护医院安全稳定。进一步完善法制工作体系，制定投诉处理、纠纷解决等工作办法，提高医疗纠纷处理效率。深入推广法治宣教，专题培训与全员培训相结合，累计培训职工 6000 余人次。强化治安保卫，建立明暗岗哨相结合的防范模式，在重点部位增加高端智能监测设备，提升医护人员安全感。加强消防安全工作，组织开展全覆盖拉网式安全隐患排查整改工作，消防安全培训及应急疏散演练 1400 余人次，营造安全稳定院区环境。

十、党建工作

坚持以政治建设为统领，认真执行“第一议题”制度，持续提高党委理论学习中心组和职工政治理论学习质量，坚持不懈用习近平新时代中国特色社会主义思想武装头脑、指导实践、推动工作。扎实做好迎接党的二十大胜利召开和学习、宣传、贯彻党的二十大精神各项工作。筑牢意识形态防线，推动党史学习教育常态化长效化，将深化巡视整改同医院事业改革发展一体谋划、一体落实。持之以恒纠治“四风”，严格落实中央“八项规定”及其实施细则精神、医疗机构工作人员廉洁从业“九项准则”，“三不腐”一体推进机制更加完善。将作风建设作为年度重点工作，加快推动“六个机关”建设，开展作风建设大讨论，出台首接负责制实施办法，全面确立“两个有尊严”理念，全院上下干事创业热情进一步激发。

突出政治标准，按照“支部建在科室”原则，优化调整基层组织 36 个，构建上下贯通、执行有力的组织体系，有效扩大党的组织和工作覆盖。突出组织功能，以党建双创、星级评定、活动立项为抓手，大力提升党支部标准化规范化水平。突出质量把关，注重吸纳高层次人才，发展党员 119 人，党员队伍结构不断优化。举办喜迎党的二十大及学习贯彻党的二十大精神系列主题活动，进一步激发广大党员干事创业精气神。突出素质建设，调整补充干部 39 人次，完成试用期满及年度干部考核 680 人次，持续强化干部管理监督。分类开展干部教育培训，举办“求真讲坛”系列培训及党务干部专题培训，实现网络培训全覆盖。突出制度建设，围绕党建质量和干部能力提升健全规章制度，夯实党建工作制度基础。

十一、文化建设工作

强化宣传引导，全媒体宣传矩阵进一步完善。内宣工作亮点纷呈，出版院报 35 期，发布信息近 4000 条，年阅读总量 405 万余次；外媒合作深度推进，央视及《瞭望》《光明日报》《健康报》等持续推介齐鲁名医名科；融媒科普快速推进，全年制作各类视频 260 余部。强化文化引领，凝聚发展共识。启动“院区文化提升工程”，统筹医院形象标识系统，提升“齐鲁”辨识度；启动“我爱齐鲁大实践”活动，选树“齐鲁医院榜样人物”“中国好医生”“山东好医生”“山东好护士”“齐鲁最美健康卫士”等典型，营造创先争优浓厚氛围。深化统战工作，提升工作合力。2 名专家当选民主党派中央委员，组织各民主党派、无党派人士开展理论学习、义诊讲座、基层帮扶等活动。

加强民主管理，规范提案落实，64 件提案全部落实并获代表认可。丰富职工生活，组织开展线上健步走活动、齐鲁好声音大赛等，提升职工获得感。用心用情做好离退休职工服务工作，创建离退休书画社活动室，协调设立离退休职工查体专场，为老同志办实事、办好事。加强共青团建设，向全体团员发起“倡议书”，推动广大青年担当作为、奉献建功；深入开展志愿服务，组织志愿者以多种形式参与疫情防控工作。扎实做好学生工作，以“制度建设年”为抓手搭建学生工作制度体系，为开展医学生思想政治教育工作奠定良好基础。探索党团学一体化建设，通过讲述“新生第一课”、选聘本科生兼职班主任、设立“齐鲁青年讲堂”等，助力学生成长成才。

（张　啸）

第二医院

山东大学第二医院是国家卫生健康委员会委属（管）医院，也是百年老校山东大学的附属医院，是集医疗、科研、教学、预防、保健为一体的大型综合性三级甲等医院。

医院秉承齐鲁医学“博施济众广智求真”血脉基因，遵循“明德至善护佑民生”院训精神，医院事业不断拓展，形成了中心院区、南部院区（济南善德养老院）、北院区“一院三区”战略发展格局。

2022年，山东大学第二医院在学校坚强领导下，提振信心，强势破局，统筹抓好疫情防控、事业发展和安全生产各项年度工作，奋力开启了高质量特色化跨越式发展新二院时代。

一、党建工作

1. 认真贯彻中央和学校党委决策部署，学习宣传贯彻党的二十大精神作为首要政治任务，上线“聚焦党的二十大精耕细作开新局”专题网站，举办“踔厉奋进谋发展奋发有为迎盛会”微视频大赛，开辟“我们这十年”“学习二十大我们在行动”专栏。始终把党的政治建设摆在首位，深化中央巡视反馈意见整改落实，坚决执行党委领导下的院长负责制，坚持重大问题党委集体决定，强化决策事项交办督办。

2. 聚焦医院发展重点、难点、薄弱点、风险点组织学习研讨，落实“第一议题”制度，开展12次中心组理论学习。推动意识形态与业务工作同部署同落实同检查同考核，重点关注疫情防控相关舆情处置。调整补充临床医技科室负责人34人次，稳妥做好中层干部调整工作。成立抗疫医疗队临时党支部，创新党支部鲁疆“云”共建模式，培育支部建设成果入选学校基层党组织党建工作典型案例。

3. 紧抓党风廉政建设责任制，完成全院党风廉政建设责任书签订考核。深化政治监督，开展学习贯彻习近平总书记重要讲话、重要指示批示精神专项监督检查，每日督导安全生产、疫情防控落实。坚持“三不”一体，组织党风廉政警示教育专题报告，排查整改48个廉政风险点，开展“酒杯中的奢靡之风”专项整治。积极配合审计署和国家卫健委专项审计，扎实开展日常经济活动监督，严格招标采购管理，强化法治建设。持续推进作风建设，强化正能量宣传，以发展的办法解决前进中的问题，政治生态显著改善。

二、医疗服务

1. 准确把握新阶段新形势新政策，医院入选全国首批“大思政课”抗击疫情专题实践教学基地。因时因势调整防控方案，疫情防控指挥部每日研判，12个专班协同作战，坚持“早、快、准、稳、细、实”六字方针，坚持“保医”和“防疫”两手抓两手硬两手赢，最早实施病区静默管控，率先推行全院模块化管理。畅通急诊救治出口，开设6个综合救治病区，组建混编制医护队伍，全面加强院感消杀督导，协同联动强化空间改造、设备调配、药品供应、供餐服务、关心关爱等保障支撑，形成了指挥有力、协同有力、执行有力的防控体系。全院科室外科内科化、内科重症化，33个科室尽锐出击收治新冠患者，5支急救小分队随时待命，成功救治6000余名重症感染患者。积极响应党和国家号召，先后选派230余名白衣战士、7支医疗队驰援河南、上海、滨州、威海、菏泽、新疆、北京等省内外抗疫前线，组织950余名医务人员支援天桥区、起步区、山东大学核酸采样以及济南市定点医院、方舱医院、济南海关等地医疗救治和疫情防控，累计完成1.8万日次支援任务。选派专家包干帮扶地市重症救治，提升基层医疗机构应急处置能力，输出方案、输出技术、输出经验，全力护佑一方百姓安康。

2. 在疫情严重影响下，医疗运行整体平稳。规范药耗供给，严格不合理用药处罚，药占比降至24.9%，抗菌药物使用强度降至36.7DDDs。坚持疑难危重救治导向，准入新技术项目56项，举办全国消化道早癌病理诊断进展研讨会，开展全国胃癌手术联播、全国4K腹腔镜手术直播季、博鳌外科微创手术直播周活动，发布国内首个PTPBD术治疗胆总管结石诊治规范，通过“夫精人工授精技术”校验评审，荣获全国关节镜病例大赛“理念创新奖”，摘取全国减重代谢手术视频大赛柳叶刀奖，勇夺乳腺癌多学科诊疗全国辩论赛年度总冠军，创新3D打印上颌骨重建技术应用，成功实施国内最高龄患者“人工心脏”植入手术，MDT生死时速抢救濒死刀刺伤患者和17层楼高坠伤患儿。实施患者满意度提升方案，成立患者综合服务中心、日间手术管理中心，开设早、中、晚门诊，重塑互联网医院，开展周末和节假日健康查体，全国首家推行影像当天预约、当天检查、当天出报告，切实为患者提供高效率高质量医疗服务。实施重症护理能力提升计划，获山东省“三贴近一关爱”优质护理服务优秀案例。拓展医疗保健服务，获评山东省卫生保健先进单位。

三、科研与教学

1. 科学研究持续发力，创新科研组织模式、建立基础医学院、高等医学研究院等院院全面合作关系，推动基础与临床深度对接。中标各类课题158项，获批2项国家重点研发计划重大项目、5项重点项目，立项科研经费8240万元。发表中科院SCI一区论文31篇，实现*Nature*成果突破。获批骨科医学工程和组织再生山东省首批医药卫生重点实验室，获山东省首届科学技术青年奖、山东省自然科学奖二等奖、山东省科技进步二等奖4项、山东医学科技奖和齐鲁护理科技奖7项，主办期刊*Current Urology*收录ESCI数据库。开展职工科技创新活动，举办医院首届专利创新创意大赛，获批国家专利48项，创新创造活力进一步增强。补齐临床试验短板，补发研究者观察费，新增临床试验11项。

2. 医学教育内涵提升，完善第二临床学院管理架构，调整教指委和教督委，完成学系改革，配齐学工队伍，健全学生组织，召开学院第一次学生（研究生）代表大会。树立全院关心关爱学生导向，举办“我与书记院长面对面”活动，创造条件拓展学生运动场地，积极回应学生关切。注重教研教改和课程建设，获批山东省本科教学改革与研究重点项目，3 门课程获学校高水平教材和研究生核心课程教材出版立项，面向全校新增 5 门本科生和研究生选修课课程。规范住培管理，独立设置全科医学科，重获省住培临床实践技能结业考核基地资格。新入院本科生 223 人，招录研究生 110 人、规培生 108 人，圆满完成 1530 名各类学生培养任务，成功举办 75 项国家和省级继续教育项目。组织学生参加山东省大学生医学技术技能大赛，荣获单项金奖及团体优秀奖。

四、人才队伍建设

1. 扎实推进人才会聚和学科振兴两大工程，稳步提升医疗服务、科技创新和医学教育三大能力，实现全国五强学科历史性突破，4 个学科跻身华东区排行榜，6 个学科跃居中国医院科技量值（STEM）全国百强，3 个学科入选山东省首批医药卫生重点学科，国家公立医院绩效考核位列全省第八、跻身 A+行列。

2. 坚持齐鲁医学学科共同体理念，试点成立齐鲁医学骨科临床中心。建立四级学科组织体系，统筹普外科、骨外科学科发展，重点支持妇儿中心建设，整合解决泌尿外科、耳鼻咽喉头颈外科、胃肠外科和麻醉科建制零散问题。组织普外科、骨外科、心血管内科、康复医学中心申报国家临床重点专科。

3. 深化人事人才“1+N”体系改革，建立“顶尖、领军、杰出、拔尖、优秀”高层次人才架构，设立人才“伯乐奖”，试点“双主任制”，泰山学者新增 7 人，学科带头人和业务骨干引进 20 余人，特聘主任、临床客座教授、校内双聘教授选聘近 50 人。深入实施青年人才支持计划，遴选医院第三批 17 名杰青、优青，支持 104 项院内培育基金项目，优化“卓越医师”培养设计。获批博士后创新实践基地，提升博士后薪酬竞争力，博士后合作导师已达 70 人、入站博士后 21 人，实现国家博新计划突破。招录优秀博士毕业生 33 人、硕士 56 人，护理人员近百人，后备力量进一步壮大。医院人才引育用管服工作成效显著，获评学校人才工作先进单位。

五、医院管理

1. 对接学校新一轮“双一流”建设方案，完善医院“十四五”规划，编制领导班子任期目标责任书，细化“一件大事”实施方案。开展“争先进位精耕细作”大家谈，凝聚“精进、精细、精准”高质量发展共识。完善医院会议体系，推行科务会制度，提升决策和执行合力。搭建运营管理架构，建立科室运营档案。优化绩效方案，增加发放年终绩效，人员经费占比提高到 36.9%。创新内控建设模式，推进 79 项风险问题整改。启动预算一体化改革，实现项目制管理全覆盖，国拨资金项目执行率为 98%，获国家卫健委部门决算考核二等奖。推进医保精细化管理，荣获山东省首届医院医保管理创新优秀案例一等奖。

2. 对标公立医院高质量发展要求，加强内部管理，上线 17 项业务系统，解决手麻重症系统顽疾，通过五级电子病历应用评价省级初审，获全国 F5G 全光智慧医院示范点授牌，实现全省年度网络安全大赛“三连冠”。按期完成诊疗环境改造项目，交接物业综合服务项目，畅通医院内循环通路和生命绿色通道。科学管理综合能耗，获评国管局公共机构能源资源节约典型示范案例。基础建设加速推进，教学科研楼扩建工程奠基建设，崭新大门华丽亮相，数字化手术室、消毒供应室、呼吸重症病房、滨河查体中心等20余项改造项目顺利完成，东片区门急诊综合病房楼工程设计项目招标确定，北院区一期工程主体封顶。

3. 融合外部资源协同发展，新增3家合作单位，成立5个专科联盟，平均覆盖85家医疗单位；构建社区“健康之家”体系，打造华山街道样板；建设远程病理诊断平台，签订6家合作单位。南部院区（济南善德养老院）年度总收入近亿元，获批全省养老服务标准化示范点、首批中医药特色医养结合示范基地。承担全校师生基本医疗和社区卫生服务，开展师生核酸检测480万人次。善德公司全年销售额达6.3亿元，实现国有资产保值增值。

4. 贯彻落实学校三维一体工作思路，强化支持保障，夯实安全底线，开展全员安全生产“大学习、大培训、大考试”专项行动，建立特殊时期院领导每日安全巡查机制，全面排查整改各类风险问题近100项。升级改造智慧安防和消防系统，扎实开展安全日巡、周检、月查，逐步形成高效协同的管理保障体系，获评济南市“五星级平安单位”。

六、文化建设

打造全媒体立体化宣传格局，培育“一科一品”创新文化项目。开展“我为群众办实事”活动，成立关爱职工工作机构，建设职工小家样板，改造手术餐厅，增设专家和职工自助用餐区，引入星巴克咖啡，丰富职工体检项目等，系列惠民举措温暖人心。探索打通护理合同制职工成长渠道，开设“我与我的医院”新闻专栏，举办“我爱我院”手绘大赛，开展“我爱二院，争做卓越二院人”大讨论，增强职工归属感。完善医院荣誉体系，设立“十佳”系列奖项，营造医教研管服创先争优氛围。

（侯　雯　袁玉起）

附属生殖医院

一、成果获奖、荣誉

陈子江院士获第十五届谈家桢生命科学成就奖，该奖项被誉为“中国生命科学诺贝尔奖”；陈子江院士入选美国斯坦福大学全球前2%顶尖科学家榜单；秦莹莹教授获第十八届青年女科学家奖；赵涵教授获霍英东教育基金会高等院校青年科学二等奖、中华医学科技奖青年奖；吴克良教授获第十二届山东省青年科技奖。

“辅助生殖冷冻胚胎移植策略确立及其关键载体和管理系统研发应用”项目获得教育部高校科学研究项目优秀成果一等奖。

陈子江、赵涵研究团队与清华大学合作完成的“人类早期胚胎翻译组图谱及合子基因组激活因子研究”入选中国科协生命科学学会联合体公布的2022年度“中国生命科学十大进展”。

二、人才培养

颜军昊教授入选国家“万人计划”科技创新领军人才；崔琳琳教授入选国家“万人计划”青年拔尖人才、获山东省杰出青年科学基金并获首届山东省科学技术青年奖；焦雪、郭婷分别获得山东省优秀青年科学基金；刘博洋获山东省优秀青年科学基金（海外），赵世斗、焦雪、郭婷、刘博洋入选山东省泰山学者青年专家。

（王建峰）

表彰和奖励

师　生

2022 年全国“三下乡”社会实践优秀团队和个人

2022 年全国“三下乡”社会实践优秀团队：
　　山东大学（威海）“爱的三角”支教团
2022 年全国“三下乡”社会实践优秀个人：
　　张沁涵

2022 年全国绿色长征科考实践优秀团队和个人

2022 年全国绿色长征科考实践全国优秀团队：
　　硕博服务团东营
2022 年全国绿色长征科考实践优秀实践个人：
　　宋海涛

山东青年创新突击队和创新榜样

山东青年创新突击队：
　　山东大学隧道工程灾害预测预警与智能防控创新团队
　　山东大学考古团队
山东青年创新榜样：
　　杜鲁涛　刘　斌

山东省高等学校先进班集体名单

2020 级俄英双语班
2020 级金融数学班
2020 级王淦昌国家物理学基地班
2020 级能源与环境系统工程基地班
2019 级临床医学本硕 1 班
2020 级药学 1 班
2020 级马克思主义理论班
2020 级泰山学堂
2019 级数据科学与人工智能班
2020 级会计学 1 班
2020 级计算机科学与技术（中澳合作办学）1 班
2019 级国际政治与国际经济双学位实验班
2020 级法学与英语双学位班
2020 级崇新学堂（电子信息类）

山东省高等学校优秀学生名单

姓名	学生类型	年级	专业	班级
张沁涵	本科生	2020 级	社会学	2020 级社会学班
陈泽昊	本科生	2019 级	金融工程	2019 级金融数学班
林才伟	本科生	2020 级	汉语言文学（强基计划）	2020 级汉语言文学强基班
蒋睿凝	本科生	2020 级	德语	2020 级德语班
范陈昕怡	本科生	2020 级	音乐学（声乐表演）	2020 级音乐学（声乐表演）班
高一诺	本科生	2020 级	历史学	2020 级历史学班
葛雨辰	本科生	2019 级	数学与应用数学	2019 级数学与应用数学班
向杨阳	本科生	2020 级	物理学	2020 级物理学基地班
张乃月	本科生	2020 级	化学	2020 级化学 1 班
梁思睿	本科生	2020 级	软件工程	2020 级软件工程 6 班

续表

姓名	学生类型	年级	专业	班级
张天戈	本科生	2020 级	软件工程	2020 级软件工程 4 班
冯　时	本科生	2019 级	材料成型及控制工程	2019 级材料成型及控制工程卓越 1 班
程　昊	本科生	2020 级	机械设计制造及其自动化	2020 级机电班
苏雯菁	本科生	2020 级	智能医学工程	2020 级智能医学工程班
韩　韬	本科生	2020 级	自动化	2020 级人工智能与机器人班
武　辰	本科生	2020 级	能源与环境系统工程	2020 级能源与环境系统工程班
姜店丰	本科生	2020 级	电气工程及其自动化	2020 级电气 F 班
王子渊	本科生	2019 级	工程力学	2019 级工程力学班
刘仕艳	本科生	2018 级	预防医学	2018 级公共卫生与预防医学 3 班
陈文臻	本科生	2020 级	临床医学	2020 级临五 1 班
董雪琪	本科生	2018 级	临床医学（5＋3）	2018 级本硕 1 班
张继正	本科生	2019 级	临床医学（本硕博连读）	2019 级齐鲁医学堂
朱展鹏	本科生	2019 级	临床医学	2019 级临五 1 班
黄心怡	本科生	2019 级	口腔医学（5＋3一体化）	2019 级口腔医学本硕班
刘诗雨	本科生	2020 级	护理学	2020 级护管理创新实验班
李夏蕾	本科生	2018 级	临床药学	2018 级临床药学班
马健凯	本科生	2020 级	工商管理	2020 级工商管理（国际商务方向）班
阴晓雪	本科生	2020 级	工商管理	2020 级工商管理创新班
阴文彦	本科生	2020 级	社会体育指导与管理	2020 级社会体育指导与管理班
王怡然	本科生	2020 级	马克思主义理论	2020 级马克思主义理论班
张馨语	本科生	2020 级	汉语国际教育	2020 级国汉中班
朱叶青	本科生	2019 级	微电子科学与工程	2019 级微电子科学与工程（理学）班
周傲珺	本科生	2020 级	新闻学	2020 级新闻学（新闻传播学类）班
张博钦	本科生	2021 级	城市地下空间工程	2021 级城市地下空间工程 1 班
孙树喆	本科生	2019 级	化学	2019 级泰山学堂
王一清	本科生	2019 级	汉语言文学	2019 级尼山学堂
谢　卓	本科生	2021 级	俄语	2021 级俄语班

续表

姓名	学生类型	年级	专业	班级
涂津宁	本科生	2021 级	工业工程	2021 级工业工程（智能工程与管理）班
史浩然	本科生	2020 级	社会体育指导与管理	2020 级社会体育指导与管理 1 班
孔勐勍	本科生	2020 级	国际政治	2020 级国际政治班
杨雅欣	本科生	2020 级	法学	2020 级法学 1 班
杨增昊	本科生	2020 级	法学	2020 级党内法规与监察法学班
温杨洋	本科生	2020 级	英语（法学+英语双学位班）	2020 级法学+英语双学位班
沈诗南	本科生	2020 级	英语（英法双语）	2020 级英语（英法双语）2 班
张玮嘉	本科生	2020 级	海洋资源开发技术	2020 级海洋资源开发技术（海洋生物工程）2 班
周润杰	本科生	2020 级	计算机科学与技术	2020 级计算机科学与技术（中澳合作办学）1 班
李俊彦	本科生	2020 级	计算机科学与技术	2020 级计算机 1 班
王君豪	本科生	2020 级	机械设计制造及其自动化	2020 级机械设计制造及其自动化（中澳合作办学）1 班
王驰卓	本科生	2020 级	空间科学与技术	2020 级天文与空间科学菁英班
徐思勉	本科生	2020 级	应用物理学	2020 级应用物理学 1 班
韩奥麟	本科生	2020 级	数学与应用数学	2020 级数学与应用数学 1 班
王明月	本科生	2020 级	金融学	2020 级金融合 3 班
吉　驰	本科生	2020 级	会计学	2020 级会计学 1 班
李海荣	本科生	2020 级	会计学	2020 级会计学 1 班
冯婧雯	本科生	2020 级	会计学	2020 级会计实验班
范传进	本科生	2020 级	统计学	2020 级数据科学与人工智能实验班
宋　媛	本科生	2020 级	汉语言文学	2020 级汉语言文学 1 班
尚士琛	本科生	2020 级	新闻学	2020 级新闻班
赵唯嘉	本科生	2020 级	视觉传达设计	2020 级视觉传达班
袁　辰	本科生	2020 级	音乐学	2020 级音乐 2 班
杨康宁	本科生	2020 级	法学	2020 级法学 1 班
施政良	本科生	2019 级	计算机科学与技术	2019 级计算机科学与技术 4 班
张亦诺	本科生	2020 级	公共管理类	2020 级新文科 PPE 基地班

续表

姓名	学生类型	年级	专业	班级
栾天成	本科生	2020 级	环境科学	2020 级环境科学班
唐寅洲	本科生	2019 级	电子信息工程	2019 级电子信息工程 1 班
雷新宇	本科生	2020 级	信息安全	2020 级信息安全 1 班
康彬蔚	本科生	2021 级	物理学	2021 级物理学（前沿交叉创新实验班）1 班
贺泽宇	本科生	2020 级	电子信息类	2020 级崇新学堂
吴睿佳	研究生	2020 级	宪法学与行政法学	2020 级宪法学与行政法学博士班
王　顺	研究生	2020 级	电子信息	2020 级电子信息硕士班
段丕俊	研究生	2020 级	环境科学与工程	2020 级环境科学与工程博士班
赵凌新	研究生	2021 级	机械	2021 级机械博士班
孟　璇	研究生	2020 级	化学	2020 级分子硕士班
谢香杰	研究生	2020 级	应用经济学	2020 级经济学硕士班
曹士凯	研究生	2019 级	细胞生物学	2019 级细胞生物学博士班
高亚楠	研究生	2020 级	生物化学与分子生物学	2020 级生物化学与分子生物学硕士班
张木子	研究生	2021 级	考古学	2021 级考古文博班
董　丽	研究生	2020 级	光学工程	2020 级光学工程博士班
杜逸群	研究生	2020 级	材料与化工	2020 级材料与化工博士班
薛　飞	研究生	2019 级	内科学	2019 级内科学（心血管病）博士 3 班
俞力雯	研究生	2021 级	内科学	2021 级内科学（心血管病）博士 6 班
吴振国	研究生	2021 级	内科学	2021 级内科学（心血管病）硕士 6 班
邢泽智	研究生	2019 级	电气工程	2019 级电气工程博士班
马传伟	研究生	2019 级	流行病与卫生统计学	2019 级流行病与卫生统计学博士班
贾竣云	研究生	2020 级	企业管理	2020 级企业管理博士班
张泽懿	研究生	2020 级	护理	2020 级护理硕士班
王　鹏	研究生	2019 级	无机化学	2019 级高博班
纪振冰	研究生	2020 级	机械工程	2020 级机械工程学硕 1 班
李国英	研究生	2021 级	机械工程	2021 级机械工程博士班

续表

姓名	学生类型	年级	专业	班级
徐润东	研究生	2019 级	概率论与数理统计	2019 级概率论与数理统计博士班
王雪芳	研究生	2020 级	国际贸易学	2020 级国际贸易学学硕 2 班
何为东	研究生	2020 级	材料物理与化学	2020 级材料科学与工程博士班
刘少鹏	研究生	2019 级	控制理论与控制工程	2019 级控制理论与控制工程博士班
缪昭明	研究生	2020 级	控制科学与工程	2020 级控制科学与工程硕士 1 班
季翀昊	研究生	2020 级	口腔医学	2020 级口腔医学本硕班
章岸婧	研究生	2020 级	档案学	2020 级档案学硕士班
张春晓	研究生	2020 级	动力工程及工程热物理	2020 级动力工程及工程热物理博士班
姜能栋	研究生	2021 级	桥梁与隧道工程	2021 级桥梁与隧道工程博士班
杨胜祥	研究生	2020 级	中国古典文献学	2020 级中国古典文献学博士班
穆甜甜	研究生	2020 级	运筹学与控制论	2020 级运筹学与控制论硕士 2 班
马晨阳	研究生	2020 级	防灾减灾工程及防护工程	2020 级防灾减灾工程及防护工程博士班
周　杰	研究生	2018 级	外国语言学及应用语言学	2018 级外国语言学及应用语言学博士班
李　卉	研究生	2020 级	中国古代文学	2020 级中国古代文学博士班
张　婷	研究生	2020 级	原子与分子物理	2020 级原子与分子物理博士班
于　宸	研究生	2020 级	微生物与生化药学	2020 级微生物与生化药学博士班
郭　玲	研究生	2021 级	妇产科学	2021 级妇产科学博士 5 班
刘姝杉	研究生	2021 级	社会保障	2021 级社会保障硕士 2 班
边　琦	研究生	2018 级	行政管理	2018 级行政管理博士班
褚士成	研究生	2021 级	审计	2021 级审计专硕班
刘欣瑜	研究生	2021 级	企业管理	2021 级企业管理学硕班
谢宜林	研究生	2021 级	图书情报	2021 级图书情报硕士班
陈丛浩	研究生	2021 级	马克思主义中国化研究	2021 级马克思主义中国化研究硕士班
嵇东升	研究生	2021 级	思想政治教育	2021 级思想政治教育硕士班
郭　佳	研究生	2021 级	中国古代文学	2021 级中国古代文学硕士班
李雅茜	研究生	2020 级	社会工作	2020 级社会工作硕士 3 班
刘　前	研究生	2021 级	社会工作	2021 级社会工作硕士 3 班

山东省高等学校优秀学生干部名单

姓名	学生类型	年级	专业	班级
张　煜	本科生	2020 级	社会学	2020 级社会学班
窦　宇	本科生	2020 级	汉语言文学	2020 级中国语言文学类班
陈羽裳	本科生	2020 级	俄语	2020 级俄语班
肖俊哲	本科生	2020 级	统计学	2020 级统计学班
周昱欣	本科生	2020 级	能源与环境系统工程	2020 级能源与环境系统工程班
张智棋	本科生	2020 级	土木、水利与海洋工程	2020 级土木、水利与海洋工程（建筑工程）1 班
高　娃	本科生	2019 级	预防医学	2019 级公共卫生与预防医学类 2 班
李雅轩	本科生	2021 级	临床医学	2021 级临床医学五年制 3 班
凌　璐	本科生	2018 级	临床医学（本硕博连读）	2018 级齐鲁医学堂
贾双旭	本科生	2020 级	药学	2020 级药学 1 班
赵玉铖	本科生	2020 级	工商管理	2020 级工商管理（人力资源管理方向）班
徐文玉	本科生	2020 级	汉语国际教育	2020 级国汉中班
房久凯	本科生	2020 级	微电子科学与工程	2020 级微电子科学与工程（工学）1 班
王　瑶	本科生	2020 级	新闻学	2020 级新闻学（新闻传播学类）班
苏彦心	本科生	2020 级	城市地下空间工程	2020 级城市地下空间工程 1 班
陈晓慧	本科生	2019 级	化学	2019 级泰山学堂
宋佳骏	本科生	2020 级	法学	2020 级法学 1 班
傅雨桐	本科生	2020 级	英语（法学＋英语双学位班）	2020 级法学＋英语双学位班
于丁一	本科生	2020 级	海洋科学	2020 级海洋科学（海洋生物学）2 班
王子鸣	本科生	2020 级	自动化	2020 级自动化 1 班
刘一村	本科生	2020 级	软件工程	2020 级软件专业 1 班
曹陈宇	本科生	2020 级	应用物理学	2020 级应用物理学 1 班
宋闻知	本科生	2020 级	应用化学	2020 级应用化学 1 班

续表

姓名	学生类型	年级	专业	班级
高　铭	本科生	2020 级	金融学	2020 级金融学（证券、银行方向）3 班
王奕然	本科生	2020 级	会计学	2020 级会计学 2 班
林凡凯	本科生	2020 级	汉语言文学	2020 级汉语言文学 2 班
万津彤	本科生	2020 级	环境设计	2020 级景观班
刘东叙	本科生	2020 级	法学	2020 级法学 2 班
方羿阳	本科生	2020 级	计算机科学与技术	2020 级计算机科学与技术 2 班
吕姿昀	本科生	2020 级	政治学类	2020 级新文科 PPE 基地班
王飒琦	本科生	2020 级	环境科学	2020 级环境科学班
程晓朋	本科生	2019 级	信息安全	2019 级网络空间安全班
张丹旭	研究生	2021 级	麻醉学	2021 级临床医学专业硕士 4 班
盛翠萍	研究生	2021 级	世界经济	2021 级世界经济班
任奕霖	研究生	2021 级	民商法学	2021 级法学硕士班
杨小超	研究生	2021 级	诉讼法学	2021 级法学硕士班
李依洁	研究生	2021 级	公共卫生	2021 级公共卫生硕士班
赵　丽	研究生	2020 级	市场营销	2020 级市场营销学硕班
刘霜霜	研究生	2020 级	汉语国际教育	2020 级汉语国际教育 1 班
王　媛	研究生	2021 级	药学	2021 级药学硕士班
许　晴	研究生	2020 级	病原生物学	2020 级病原生物学硕士 2 班
鞠昊辰	研究生	2021 级	电子信息	2021 级电子信息硕士班
丁冠森	研究生	2021 级	财政学	2021 级财政学学硕 2 班
张萌萌	研究生	2020 级	材料学	2020 级材料学博士班
孙玉杰	研究生	2019 级	模式识别与智能系统	2019 级模式识别与智能系统博士班
刘晨曦	研究生	2021 级	新闻传播学	2021 级新闻传播学硕士班
王玺祥	研究生	2021 级	概率论与数理统计	2021 级概率论与数理统计硕士 1 班
吕泊宁	研究生	2020 级	土木水利	2020 级力学建筑班
宋海涛	研究生	2021 级	中国现当代文学	2021 级中国现当代文学硕士班
王茹雪	研究生	2021 级	新闻传播学	2021 级新闻传播学硕士班
贾晓琼	研究生	2021 级	社会工作	2021 级社会工作硕士 3 班

续表

姓名	学生类型	年级	专业	班级
刘金虎	研究生	2020 级	药学	2020 级药学专硕 1 班
史艺姝	研究生	2021 级	社会学	2021 级社会学硕士 2 班
李　琼	研究生	2021 级	行政管理	2021 级管理类硕研班
钱远洋	研究生	2021 级	计算机技术	2021 级计算机技术专硕班
祝　一	研究生	2021 级	图书情报	2021 级图书情报硕士班
李　楠	研究生	2021 级	思想政治教育	2021 级思想政治教育硕士班
武文婕	研究生	2020 级	新闻与传播	2020 级新闻与传播硕士班

2022 年度山东大学优秀共产党员

万　熠　　机械工程学院院长、党委副书记
马　文　　外国语学院副院长
马桂兰　　政治学与公共管理学院党委副书记
马艳妮　　国际教育学院团委书记
汤华财　　附属中学初中段负责人、基础教育集团教学管理中心主任
李明哲　　马克思主义学院（威海）2020 级硕士研究生
宋继斌　　青岛校区党工委学生工作部主任科员、机关团委书记
张　义　　齐鲁医院检验医学中心主任
张清和　　空间科学与物理学院副院长、教工第二党支部书记
陈玉国　　齐鲁医院院长、党委副书记
陈言俊　　离退休党委第三党总支第 26 党支部书记
武大雷　　微生物技术研究院党委委员、教授
周庆博　　第二医院南部院区党支部书记、副院长
周金龙　　马克思主义学院副院长
赵　龙　　后勤保障部副部长、饮食管理服务中心主任
胡长玉　　党委保卫部部长、安全管理处处长
高成江　　基础医学院院长、党委副书记
隋佳桐　　党委办公室、校长办公室主任科员
廉　刚　　晶体材料研究院教工第二党支部书记、副教授
潘玫杏　　护理与康复学院团委书记

2022 年度山东大学优秀党务工作者

王　娟	材料科学与工程学院焊接研究所党支部书记
王东海	齐鲁医院神经外科副主任、妇儿神党总支副书记、神经外科党支部书记
韦福林	翻译学院辅导员、本科生第四党支部书记
冯洪彩	党委组织部（机关党委）副主任科员
刘伟红	第二医院党委组织部部长、党委统战部部长
刘国亮	研究生院常务副院长、党委研究生工作部部长
刘洪渭	齐鲁医学院党工委书记
张　青	党委教师工作部部长
周作福	齐鲁交通学院党委书记
赵　罡	前沿交叉科学青岛研究院党委书记

2022 年度山东大学先进基层党组织

历史文化学院硕士生第二党支部
新闻传播学院本科生党支部
基础医学院医学免疫学系党支部
空间科学与物理学院教工第二党支部
后勤保障部党委
宣传部党支部
纪监巡党支部
青岛校区党工委（校长）办公室党支部
齐鲁医院门诊党总支检验科党支部
第二医院手术室麻醉第二党支部

2022 年度山东大学先进教育工作者

马克思主义学院	马晓琳
审计处	王玉莲

国际教育学院	王璐璐
经济学院	吕　宁
控制科学与工程学院	朱文兴
青岛校区党工委（校长）办公室	朱继磊
人事部（人才工作办公室）	刘　健
青岛校区组织宣传统战部	刘竞虹
化学与化工学院	孙国翠
威海校区机关党委	吴丙新
管理学院	武常岐
后勤保障部	罗司军
第二医院	赵小刚
校医院（卫生与健康服务中心）	赵增科
齐鲁医院	侯俊平

2022 年度山东大学先进集体

马克思主义学院
艺术学院百廿校庆三大文化艺术活动创作团队
历史文化学院学生工作团队
本科生院
机械制造及其自动化研究所
齐鲁交通学院
齐鲁医院急诊科
空间科学与物理学院
科学技术研究院
疫情防控医疗队
党委组织部（机关党委、党校）
第二医院检验医学中心
晶体材料国家重点实验室
微生物技术国家重点实验室
管理学院学生工作团队

2022 年度山东大学先进医务工作者

医学融合与实践中心　　林祥涛
山东大学齐鲁医院　　田　辉　王东海　董　辉　刘春兰
山东大学第二医院　　孙　琳　胡　勇　王晓云
山东大学口腔医院　　张风河
山东大学附属生殖医院　　高　选

山东大学 2022 年度校长奖获得者

一、本科生（42 人）

综合类

学院	姓名	年级
哲学与社会发展学院	王力勐	2018
经济学院	徐　诺	2018
文学院	林　孜	2018
外国语学院	任珏辰	2018
数学学院	尹　昊	2018
物理学院	孔德龙	2018
化学与化工学院	蔡欣懿	2018
软件学院	张泽宇	2018
材料科学与工程学院	孔晓冰	2018
机械工程学院	林劲松	2018
控制科学与工程学院	李志强	2018
能源与动力工程学院	刘洪栋	2018
电气工程学院	倪树森	2018
基础医学院	史佳乐	2019
临床医学院	逯明慧	2017

续表

学院	姓名	年级
口腔医学院	应巧慧	2017
管理学院	赵　昭	2018
马克思主义学院	焉　祯	2018
微电子学院	刘　宁	2018
新闻传播学院	刘鲁倩	2019
东北亚学院	吕紫烟	2018
商学院	邢力元	2018
法学院（威海）	潘震林	2019
文化传播学院	宋子蕤	2018
翻译学院	董艺蕾	2018
艺术学院（威海）	张庭铨	2018
海洋学院	颜晓钰	2018
机电与信息工程学院	任瑞龙	2018
空间科学与物理学院	郑书玥	2018
数学与统计学院	都一凡	2018
法学院	王懋祺	2018
信息科学与工程学院	周健平	2018
计算机科学与技术学院	田明慧	2018
生命科学学院	于艺丹	2018
网络空间安全学院	尉远炬	2018

单项类

学院	姓名	年级
外国语学院	张潇文	2018
物理学院	刘毅博	2018
控制科学与工程学院	姜万里	2018
土建与水利学院	李浩隆	2018
临床医学院	席开颜	2017
机电与信息工程学院	李华杰	2018
机电与信息工程学院	栗文哲	2019

二、硕士生（21 人）

学院	姓名	年级
法学院	朱翔宇	2019
马克思主义学院	郭　超	2019
文学院	周琦玥	2019
数学学院	冯洁茹	2019
化学与化工学院	张峥春雨	2019
信息科学与工程学院	胡钰涛	2019
晶体材料研究院	邓乐全	2019
环境科学与工程学院	彭丽静	2019
管理学院	周晓晗	2019
儒学高等研究院	吴雪菡	2019
能源与动力工程学院	王　斌	2019
电气工程学院	司志远	2019
控制科学与工程学院	顾潘龙	2019
土建与水利学院	张伯勋	2019
口腔医学院	秦倩怡	2019
护理与康复学院	伊　默	2019
药学院	张梦竹	2019
临床医学院	徐建业	2019
临床医学院	吴　昊	2019
前沿交叉科学青岛研究院	刘雨涵	2019
海洋学院	杜明足	2019

三、博士生（21 人）

学院	姓名	年级
经济研究院	易　行	2019
政治学与公共管理学院	杨秀勇	2018
历史文化学院	他维宏	2018
物理学院	陈志豪	2019
化学与化工学院	苏艳敏	2019

续表

学院	姓名	年级
晶体材料研究院	郝　敏	2020
国家糖工程技术研究中心	高亚楠	2020
环境科学与工程学院	潘静文	2019
管理学院	张　云	2018
儒学高等研究院	胡骄键	2018
材料科学与工程学院	安永灵	2019
热科学与工程研究中心	蔺海洋	2017
电气工程学院	张　烁	2019
控制科学与工程学院	李含丰	2018
土建与水利学院	孔凡猛	2018
公共卫生学院 卫生管理与政策研究中心	王　奕	2019
药学院	陈　晨	2018
基础医学院	秦　菲	2018
临床医学院	孙　璐	2018
网络空间安全学院	樊燕红	2018
机电与信息工程学院	傅　宇	2019

山东大学 2022 年“榜样的力量”学生年度人物

陈允隆	基础医学院
高益凡	土建与水利学院
施政良	计算机科学与技术学院
郝　敏	晶体材料研究院
周梓博	机电与信息工程学院
赫　威	化学与化工学院
赵灵虎	管理学院
张　熙	海洋学院
毛　涵	外国语学院
隧道不良地质识别研究生团队	齐鲁交通学院

教学科研

宝钢优秀教师奖

刘新泳　张存生　王　芬

高等学校科学研究优秀成果奖（科学技术）

获奖成果名称	奖励类别	奖励类型	奖励级别	奖励等级	所有完成人	所有完成单位	奖励年度	山东大学排名
液氙暗物质探测研究	自然科学	成果奖	部级	一等奖	刘江来、季向东、肖梦姣、王萌、Karl Ludwig Giboni、巨永林、杨勇、周宁、韩柯、赵力、张涛、谌勋	上海交通大学、山东大学	2022	2
N体问题中周期轨道的稳定性研究	自然科学	成果奖	部级	一等奖	胡锡俊、孙善忠、欧昱伟、王鹏辉	山东大学、首都师范大学	2022	1
蛋白质泛素化调控天然免疫的分子机制研究	自然科学	成果奖	部级	一等奖	高成江、赵伟、张猛、刘冰玉、宋冠华、余仲夏、宋慧	山东大学	2022	1
大功率动力电池快速充放电测试与控制关键技术及应用	技术发明	成果奖	部级	一等奖	张承慧、段彬、丁文龙、商云龙、陈畅、康永哲	山东大学、湖北德普电气股份有限公司	2022	1

续表

获奖成果名称	奖励类别	奖励类型	奖励级别	奖励等级	所有完成人	所有完成单位	奖励年度	山东大学排名
深部软弱围岩高效强化与大变形控制关键技术	科技进步	成果奖	部级	一等奖	王琦、孙晓明、张修峰、章冲、刘冬桥、孟庆彬、杨军、齐辉、高红科、王亚军、姚刚、任文涛、郭志飚、李士栋、高玉兵、臧金诚、黄玉兵、薛浩杰、张勇、韩飞、辛忠欣、王帅、许硕、曾昭楠、魏华勇	山东大学、中国矿业大学（北京）、山东能源集团有限公司、中国矿业大学、北京科技大学、北京力岩科技有限公司、山东高速集团有限公司、北京数字岩石科技有限公司、兖煤菏泽能化有限公司、山东天勤工程科技有限公司、兖煤万福能源有限公司、山东润凝新材料科技有限公司、山东唐口煤业有限公司	2022	1
城市地下空间不良地质精细探测与掘进智能感控关键技术	科技进步	成果奖	部级	一等奖	刘斌、杨磊、刘泉维、刘征宇、贾连辉、许新骥、陈磊、刘艺、任玉晓、张凤凯、蒋鹏、王瑞睿、郭谦、李尧	山东大学、中铁工程装备集团有限公司、青岛地铁集团有限公司、上海市政工程设计研究总院（集团）有限公司	2022	1
辅助生殖冷冻胚胎移植策略确立及其关键载体和管理系统研发应用	科技进步	成果奖	部级	一等奖	陈子江、吴克良、魏代敏、赵涵、秦莹莹、颜军昊、赵跃然、马金龙、耿玲	山东大学	2022	1
逾渗构型超材料的构筑策略与双负机理	自然科学	成果奖	部级	二等奖	范润华、孙凯、解培涛、史志成、张子栋	上海海事大学、山东大学	2022	2
大气活性氮氧化物的化学转化机制及其对臭氧和灰霾污染的影响	自然科学	成果奖	部级	二等奖	王韬、薛丽坤、高健、丁爱军、聂玮、王新锋	香港理工大学、山东大学、南京大学、中国环境科学研究院	2022	2
航天飞行器难加工弱刚性构件形性创成的高效精密切削加工关键技术	科技进步	成果奖	部级	二等奖	黄传真、邹斌、李建华、张开虎、李磊、王鑫锋、郭国强、刘继凯、王磊、周愿愿、张加波、杨叶、金路、刘玥、王真	燕山大学、山东大学、上海航天精密机械研究所、北京卫星制造厂有限公司	2022	2

续表

获奖成果名称	奖励类别	奖励类型	奖励级别	奖励等级	所有完成人	所有完成单位	奖励年度	山东大学排名
儿童药物临床评价关键技术体系建设与应用	科技进步	成果奖	部级	二等奖	赵维、郑义、郝国祥、吴月娥、周岳、王晓玲、张丽、贺敦伟、崔东洋	山东大学、首都医科大学附属北京儿童医院、北京协和医学院、则正（上海）生物科技有限公司、江苏恒瑞医药股份有限公司	2022	1
超感互动特种影院系统及其关键技术	科技进步	成果奖	部级	二等奖	杨承磊、孟祥旭、刘军、杨义军、关东东、王宇、盖伟、卞玉龙、刘娟	山东大学、上海恒润数字科技集团股份有限公司	2022	1
苔藓化学与生物学研究	自然科学	成果奖	部级	二等奖	娄红祥、苑辉卿、常文强、程爱霞、张教真、周金川	山东大学	2022	1
微生物中2，3—丁二醇手性异构体形成机制的应用基础研究	自然科学	成果奖	部级	二等奖	马翠卿、高超、许平、李理想、徐友强、陶飞	山东大学、上海交通大学	2022	1
多孔介质复杂流动问题的数值方法研究	自然科学	成果奖	部级	二等奖	芮洪兴、潘浩、刘伟、张静源	山东大学	2022	1
多源固废低碳制备硫铝/铁系胶凝材料关键技术及应用	技术发明	成果奖	部级	二等奖	王文龙、王旭江、胡芝娟、葛智、段广彬、李敬伟	山东大学、天津水泥工业设计研究院有限公司、济南大学	2022	1

第十五届谈家桢生命科学奖

谈家桢生命科学成就奖　　陈子江

谈家桢生命科学创新奖　　孙金鹏

第十七届中国青年科技奖

刘　斌　　岩土工程中心、土建与水利学院
徐　峰　　山东大学齐鲁医院、第一临床学院

第十七届中国青年女科学家奖

张海霞　　控制科学与工程学院

2022 年科学探索奖

李利平　　山东大学齐鲁交通学院

2022 年度山东省科学技术奖

获奖成果名称	奖励类别	奖励类型	奖励级别	奖励等级	所有完成人	所有完成单位	山东大学排名
/	科学技术青年奖	人物奖	省级	/	崔琳琳	/	1
/	国际科学技术合作奖	人物奖	省级	/	曹义海	/	1
微构件弹性力学与力电耦合性能尺寸效应	自然科学	成果奖	省级	二等奖	周慎杰、王炳雷、孔胜利、李安庆、齐鲁	山东大学	1
二维材料的非线性光学效应和磁性	自然科学	成果奖	省级	二等奖	郝霄鹏、何京良、赵明文、吴拥中、徐金龙、杜淼、赵刚、侯佳、李先磊	山东大学	1

续表

获奖成果名称	奖励类别	奖励类型	奖励级别	奖励等级	所有完成人	所有完成单位	山东大学排名
电极界面限域功能化调控与机制	自然科学	成果奖	省级	二等奖	张进涛、马厚义、马继臻、王月青、李康、鹿可	山东大学	1
杂原子 α 位 sp3 碳氢键的选择性氧化官能化	自然科学	成果奖	省级	二等奖	刘磊、娄红祥、刘希功、王岗、谢智宇	山东大学	1
受约束的正倒向随机系统控制理论及金融应用	自然科学	成果奖	省级	二等奖	聂天洋	山东大学	1
蛋白质翻译后修饰在抗肿瘤药物耐药分子机制中的研究	自然科学	成果奖	省级	二等奖	王允山、魏光伟、王琴、王玉丽、刘小艳、丰茂晓、崔浩然、任一丹、焦沁连	山东大学	1
复杂网络化系统控制、优化与估计诊断理论研究	自然科学	成果奖	省级	二等奖	刘帅、李岳炀、钟麦英	山东大学、济南大学、山东科技大学	1
纳米多孔材料的研制及其储能行为研究	自然科学	成果奖	省级	二等奖	冯金奎、边秀房、刘帅、安永灵	山东大学	1
轻量化高性能构件微孔发泡成型关键技术与装备开发及应用	技术发明	成果奖	省级	一等奖	赵国群、王桂龙、管延锦、张磊、王家昌、鲁韶磊、董桂伟、潘涵遇、张明磊、王国琪、张爱敏、刘学栋、赵海滨、牟玥、王磊磊	山东大学、青岛海信模具有限公司、福建鑫瑞新材料科技有限公司	1
城市轨道交通盾构高效智能掘进与运营保障成套材料及工程应用	技术发明	成果奖	省级	一等奖	李树忱、陈健、冯现大、雷丽、周磊生、李秀东、赵宇、商金华、袁超、种记鑫、刘日成、张转转、王长柱、赵世森、万泽恩	山东大学、山东高速交通建设集团股份有限公司、中铁十四局集团有限公司、中铁十局集团有限公司、济南大学、中国矿业大学、济南轨道交通集团有限公司、山东宏禹工程科技有限公司	1
电动四足机器人关键技术及应用	技术发明	成果奖	省级	二等奖	荣学文、范永、陈腾、李彬、李贻斌、陈彬、张国腾、柴汇、谢爱珍、张辰	山东大学、山东交通学院、齐鲁工业大学、山东优宝特智能机器人有限公司	1

续表

获奖成果名称	奖励类别	奖励类型	奖励级别	奖励等级	所有完成人	所有完成单位	山东大学排名
大尺寸铌酸锂单晶薄膜制备关键技术及产业化	科技进步	成果奖	省级	一等奖	胡卉、陈峰、胡文、薛冬峰、朱厚彬、王磊、贾曰辰、陈昆峰、张秀全、卢霏	山东大学、济南晶正电子科技有限公司	1
基于ERAS理念下肺癌微创诊疗关键技术的研究及其推广应用	科技进步	成果奖	省级	一等奖	田辉、李树海、鲁铭、岳韦名、李林、高存、司立博、程传乐、孙振国、马征、亓磊	山东大学齐鲁医院	1
基于心脏骤停调查的救治质量改进关键技术与体系的建立和应用	科技进步	成果奖	省级	一等奖	徐峰、陈玉国、潘畅、王甲莉、庞佼佼、郑佳琪、边圆、马静静、王纯奕、张建波、郑雯、袁秋环、徐同辉、曹盛川	山东大学齐鲁医院	1
脑胶质瘤全程化精准诊疗技术体系建立和推广应用	科技进步	成果奖	省级	一等奖	李刚、薛皓、邓林、赵荣荣、申杰、张平、郭兴、钱明禹、王劭博、邱伟、郭小凡、张宗璞、陈子航、王会志、徐建业	山东大学齐鲁医院	1
面向智能化服务的复杂虚拟环境构建与人体特征识别关键技术及应用	科技进步	成果奖	省级	二等奖	周元峰、李峰、孙涛、朱锦雷、张彩明、马龙、郝兴伟、许野平、贾广胜、范林海	山东大学、神思电子技术股份有限公司、山东出版数字融合产业研究院有限公司	1
高适应性自稳定桥架型起重机关键技术及应用	科技进步	成果奖	省级	二等奖	马昕、仉健康、张梦华、李靖、田新诚、韩吉超、沈兰华、史海红、范开英、赵连远	山东大学、山东丰汇设备技术有限公司、中国电建集团山东电力建设第一工程有限公司	1
工程结构防灾分析理论与灾后鉴定加固技术及工程应用	科技进步	成果奖	省级	二等奖	王培军、宋杰、赵国栋、许清风、姜丽萍、刘梅、周生展、刘芳州、陈玲珠、成勃	山东大学、上海市建筑科学研究院有限公司、山东省建筑科学研究院有限公司、青岛城建集团有限公司	1
卵巢癌生物学行为的分子调控机制	科技进步	成果奖	省级	二等奖	张辉、张露、崔晶、董瑞芬、高敏、卢雪	山东大学齐鲁医院、山东第一医科大学第一附属医院(山东省千佛山医院)	1
“七步法”模式化腹腔镜肝切除治疗肝脏肿瘤技术体系的建立与推广应用	科技进步	成果奖	省级	二等奖	靳斌、王伟、刘崇忠、杜刚、刘泽阳、翟翔宇、马德林、王建磊	山东大学	1

续表

获奖成果名称	奖励类别	奖励类型	奖励级别	奖励等级	所有完成人	所有完成单位	山东大学排名
恶性肿瘤分子诊断关键技术创新及临床应用	科技进步	成果奖	省级	二等奖	杜鲁涛、王佳谊、唐博、张成鹏、张一、杨帆、李娟、李培龙、张骁、马丽芳	山东大学、上海市胸科医院、广西医科大学第一附属医院、山东康华生物医疗科技股份有限公司	1
慢性乙型肝炎患者核苷（酸）类似物停药管理及预后预测	科技进步	成果奖	省级	二等奖	王磊、李涛、刘峰、张立新、王岩、薛艳、叶茜	山东大学	1
改扩建高速公路路基差异沉降智能感知、预警与精细化控制及应用	科技进步	成果奖	省级	一等奖	崔新壮、李晋、张军辉、来逢波、付伟、潘为刚、金青、薛志超、邹宗民、姜福强、张涛、张光桥、闫志平、张炯、左珅	山东交通学院、山东大学、山东高速基础设施建设有限公司、长沙理工大学、山东高速建设管理集团有限公司、中交第二公路勘察设计研究院有限公司、山东省路桥集团有限公司、山东高速工程建设集团有限公司、山东省公路桥梁建设集团有限公司、山东恒泰工程集团有限公司	2
高精度大型风电叶片模具绿色智能制造技术研究及产业化	科技进步	成果奖	省级	二等奖	李义全、邹美帅、贾玉玺、黄尚洪、张旭锋、陈万康、李瑞盈、张驰、刘晓彬、李晓	北玻院（滕州）复合材料有限公司、北京理工大学鲁南研究院、山东大学、山东奥卓新材料有限公司	3
高压电能直接计量关键技术开发及应用	科技进步	成果奖	省级	二等奖	邓文栋、刘志军、雷民、王晓龙、谢建国、张加海、代燕杰、岳长喜、艾兵、张发忠	烟台东方威思顿电气有限公司、中国电力科学研究院有限公司、山东大学、国网山东省电力公司营销服务中心（计量中心）、国网四川省电力公司营销服务中心、国网冀北电力有限公司物资分公司	3
配电网接地故障辨识与处置关键技术及应用	科技进步	成果奖	省级	二等奖	张林利、张世栋、薛永端、梁永亮、李建修、孙勇、刘合金、刘洋、王峰、苏国强	国网山东省电力公司电力科学研究院、中国石油大学（华东）、山东大学、珠海许继电气有限公司、东方电子股份有限公司、积成电子股份有限公司	3
促进大规模新能源消纳的电网功率平衡能力评估与优化关键技术及应用	科技进步	成果奖	省级	二等奖	杨明、胥明凯、李鹏、瞿寒冰、王孟夏、于光远、于一潇、尹爱辉、秦昌龙、刘晓	国网山东省电力公司济南供电公司、山东大学、国网山东省电力公司、国电南瑞南京控制系统有限公司、北京清大科越股份有限公司、积成电子股份有限公司	2

续表

获奖成果名称	奖励类别	奖励类型	奖励级别	奖励等级	所有完成人	所有完成单位	山东大学排名
分布式储能系统优化控制及核心装备研发与应用	科技进步	成果奖	省级	二等奖	王瑞琪、安树怀、张祯滨、郭光华、董政、杨勇、魏振、刘继彦、田崇翼、刘雷	国网山东省电力公司青岛供电公司、国网山东综合能源服务有限公司、山东大学、山东鲁软数字科技有限公司智慧能源分公司、山东建筑大学	3
山东省富铁矿协同勘查关键技术与深部找矿突破	科技进步	成果奖	省级	二等奖	王怀洪、李秀章、朱裕振、杨洋、周明磊、沈立军、郝兴中、陈磊、张心彬、孙超	山东省煤田地质规划勘察研究院、山东省地质调查院、山东大学	3
中国人群遗传性远端肾小管酸中毒基因型和表型特点暨致病新机制	科技进步	成果奖	省级	二等奖	邵乐平、董冰子、赵向忠、郎艳华、张瑞晓、高延霞、蔡琰、尤青青、孙艳	青岛市市立医院、青岛大学附属医院、山东大学齐鲁医院（青岛）	3
高性能分布式光纤陆海智慧勘察系统关键技术、装备及应用	科技进步	成果奖	省级	二等奖	尚盈、王晨、杨旭、王英英、倪家升、宋志强、孔祥贵、许人东、沈韦韦、万家平	山东省科学院激光研究所、山东大学、山东泰山资源勘查有限公司、启东中远海运海洋工程有限公司、江苏亨通海洋光网系统有限公司	2
腹腔镜治疗疝病技术体系的建立与应用推广	科技进步	成果奖	省级	二等奖	张光永、闫治波、李波、李健文、王明刚、胡三元、仲明惟、程玉刚、李临川、乐飞	山东第一医科大学第一附属医院（山东省千佛山医院）、山东大学齐鲁医院、上海交通大学医学院附属瑞金医院、首都医科大学附属北京朝阳医院	2
特色果蔬绿色精准保鲜关键技术及产业化	科技进步	成果奖	省级	二等奖	陈蕾蕾、周庆新、杨相政、裘纪莹、李喜宏、王达、陈相艳、陈秀兰、贾连文、王军华	山东省农业科学院、中华全国供销合作总社济南果品研究院、山东大学、寿光蔬菜产业控股集团有限公司、天津捷盛东辉保鲜科技有限公司、山东宝源生物科技股份有限公司	3
直接接入 750 千伏、1000 千伏电网换流变压器关键技术及应用	科技进步	成果奖	省级	二等奖	王明胜、杨仁毅、刘光辉、王进、韩克俊、王磊、杨帅、栾兰、何东欣、杨伟光	山东电力设备有限公司、山东输变电设备有限公司、山东电工电气集团有限公司、国网山东省电力公司电力科学研究院、国家电网有限公司直流技术中心、山东大学、国网新疆电力有限公司超高压分公司	6

山东省创新榜样

凌宗成　　空间科学与物理学院

第十二届山东省青年科技奖

王海龙　刘　磊　许振浩　李春霞
吴克良　张海霞　聂天洋　聂礼强

2022 年齐鲁最美科技工作者

赵国群　王美琴

山东大学第二届人文社科青年学者优秀成果奖

序号	成果名称	出版机构	负责人	工作单位
1	元代易学史	齐鲁书社	李秋丽	易学与中国古代哲学研究中心
2	英美聊斋学研究	中国社会科学出版社	任增强	儒学高等研究院
3	加速时代的时间体验与诗学呈现——中国新诗中的“钟表”书写	文学评论	马春光	人文社会科学青岛研究院
4	让图像“说话”：图像入史的可能性、路径及限度	史学理论研究	王加华	儒学高等研究院
5	元代“黄金家族”称号新考	历史研究	曹金成	历史文化学院
6	Reducing parent—adolescent conflicts about mobile phone use: The role of parenting styles	Mobile Media & Communication	杨晓冬	新闻传播学院
7	阿维森纳与阿维罗伊论形而上学的主题	哲学研究	董修元	人文社会科学青岛研究院

续表

序号	成果名称	出版机构	负责人	工作单位
8	How saussure is misinterpreted in cognitive grammar	Semiotica	张延飞	外国语学院
9	论电子媒介时代文论话语转型	文学评论	胡友峰	文学院
10	面向次生灾害的应急物流网络规划研究	科学出版社	张江华	管理学院
11	中国司法的经验与智慧：指导性案例中法律方法的运用实践	中国法制出版社	孙光宁	法学院（威海）
12	教育公共品配置调整对人力资本的影响——基于撤点并校的研究	经济研究	梁　超	经济研究院
13	从钱庄到小额贷款公司：中国民间金融发展的历史持续性	经济学（季刊）	张　博	经济学院
14	价值共创如何影响创新型企业的即兴能力？——基于资源依赖理论的案例研究	管理世界	王　琳	管理学院
15	Coupons or free shipping? Effects of price promotion strategies on online review ratings	Information Systems Research	赵海川	管理学院
16	全过程人民民主对人类政治文明的新贡献	马克思主义研究	蒯正明	马克思主义学院
17	劳动力质量与民营企业劳动生产率：马克思主义视角的研究	世界经济	刘一鸣	经济学院
18	刑事证据分布理论及其运用	法学研究	冯俊伟	法学院

2022 年度山东大学优秀教师

政治学与公共管理学院	马　奔
历史文化学院	王　芬
数学学院	冯俊娥
化学与化工学院	刘　磊
土建与水利学院	刘人太
管理学院	刘　冰
药学院	刘新泳
艺术学院	安　宁
基础医学院	孙金鹏
电气工程学院	杨　明
材料科学与工程学院	张存生

马克思主义学院（威海）	郝书翠
马克思主义学院	徐国亮
齐鲁医院	徐　峰
前沿交叉科学青岛研究院	黄性涛

2022 年度山东大学优秀临床教师

口腔医学院	李国菊　蓝　菁
医学融合与实践中心	林晓英
山东大学齐鲁医院	宋　坤　彭　军　于德新
山东大学第二医院	张春敏
山东大学附属生殖医院	崔琳琳
山东大学附属精神卫生中心	胡　蕾
山东大学附属公共卫生临床中心	蒋雪梅

山东大学第十四届“我心目中的好导师”

马克思主义学院（威海）	马秋丽
数学学院	王光辉
儒学高等研究院	王承略
经济学院	石绍宾
计算机科学与技术学院	成秀珍
机械工程学院	刘战强
基础医学院	孙金鹏
齐鲁交通学院	李利平
马克思主义学院	郑敬斌
第二临床学院	赵小刚
物理学院	秦　伟

毕业生名单

本科生毕业生名单

关于 2022 年度授予梁豪等 6549 人学士学位的决定

山大教字〔2022〕15 号

根据《中华人民共和国学位条例》《中华人民共和国学位条例暂行实施办法》以及《学士学位授权与授予管理办法》的有关规定，经校学位评定委员会 2022 年度第一次全体会议审核通过，决定授予梁豪等 6256 人学士学位，授予刘宇等 293 人辅修学士学位。具体名单如下：

法学学士（456 人）

梁豪 郁卓 王燕 朱飞 才源 苏逸 田畅 马颖 王璇
李婧 杨悦 刘昊 李慧 夏超 黄颖 李芸 牛烁 宋娇
李敏 钟原 向靓 郑遥 梁姗 李昂 孙彬 任合 管钰
惠雪 苏凡 刘宇 庄媛 李涛 王婕 张博 高天 王晶
王静 周宁 罗琳 李达 齐斌 刘可 赵薇 兰琪 肖昊
齐浩 薛田 林帆 范淘 周敏 梁泓 李超 皮彭 乐雯
宋旭 秦雷 商晨 刘静 衣男 林越 孙珂 杨昊 焉祯
张开 熊尧 许帆 向茗 徐虎 丁统 张锐 张会 杨磊
胡俏 梁潇 杜霞 周宁 陈敏 尚波 陈凤 芮仙 倪龙
王悦 刘畅 樊璐 臧一 孟岩 姜晴 董璇 于楠 和鑫
王馨 张迪 杨辰 旦增 陈宇 唐凤 李立 毕超 常珊
徐冰 王潇 刘桦 蔡洁 陈冰 杨勇 白婷 徐鹏 武宸羽
程韬霖 裴悦彤 黄培茹 王胜男 姜雅涵 张宝文 张广胜 陈双雪 王璐瑶
秦艺梦 刘一天 牟浩杰 傅梦迪 王子越 薛若冰 高小乐 袁子雲 罗晓仪
李春雨 张婧文 谈书华 唐子昇 秦子楠 钱程锦 周子航 李畅雨 边玉姣
杨宇情 何世龙 葛玲丽 卜梦雨 隋凤英 谭博文 战仲圆 曹宁馨 廉卫昊
颜玉莹 刘嘉雯 王雨琦 尹贞一 赵莉莉 魏珂鑫 杨文青 李佳哲 崔明希
吕晓雯 杨睿思 张雨璇 白乐天 朱雨晴 熊梓涵 游书维 贾晓涵 蔡可润
温夏蕾 吴雨涵 苏家宜 司丽洋 吴京昉 刘恬嘉 陈佳颖 祝宏吉 陈秋旺

李智皓　辛意康　刘晓星　万雨欣　江小涵　王懋祺　于靖雯　王昌盛　魏龙雨
张燕茹　田春雨　文松林　林雨欣　范煜姝　余仲谋　张晓宇　龚亚丽　邓永壮
孙琦洋　刘志军　王一琳　曹惠雅　冯严文　高晨霞　李沛雨　施科琦　孙梓津
董佳璐　王钰腾　任依雯　郑玖霖　张伊静　刘晗旭　翟洨仪　王林辉　杨智超
何鉴逻　杜雨淅　傅子爔　田紫越　朱曼莉　孙傲晨　喻顺杰　胡星岑　唐上钦
赵晨伊　邢文清　赵清宇　刘春杉　张胜男　张熠琳　刘泽昆　王思原　曾嘉仪
国千卉　雷雨欣　季炜丹　陈世荣　朱馨泉　袁雨雯　李承尧　黄月芬　李宇辰
管美丽　梁思骅　王紫瑶　刘锦睿　翁溶聆　董超男　李维肖　陈莺歌　王嘉辉
曹楚涵　徐银萍　张颖禧　王可欣　原赵磊　贲雯莉　陆赛露　卜思遥　李思仪
刘竞芳　陈心如　徐齐洋　马凤娇　王世英　赵华谦　刘晓慧　石若雨　史兰心
蓝士鉴　景家敏　黄曼倩　王怡欣　殷正翰　王玟珏　蓝功昊　谢雪莹　张雨涵
张雅清　魏扬澜　孔嘉璐　韩江红　陈子涵　刘鹏宇　何涌涛　宋继源　吕景菲
李志远　薛国志　宋家豪　翟哲涵　梁晓仪　黄宵雨　田赫冉　汤雨欣　许桂宗
柳依依　王浩宇　童新元　姜惠凡　宋昊博　薛宇君　申冬青　赵俊德　李菁华
孙沛涵　杨曦涉　王倩倩　吴银婷　蒋卓然　孙源泽　范清玉　代安妮　熊云天
满一墨　曲海蛟　黄熠恒　叶文璐　张慧颖　赵一聪　赵柔萱　张文哲　王国勇
倪立承　徐一凡　马浩哲　何镁洁　徐婷婷　王炜煜　仇予童　王天启　孙琳凯
刘可心　李星潼　郭晓丹　黄滟婕　许紫萱　胡玉洁　梁斐然　庄昕桐　王艺涵
郭佳妮　周凤鸣　张晓一　姜梦婷　孙扬懿　张永洁　王冰河　王怡宁　杨鲁华
王潇曼　张玉婷　陈艺琼　何秋霖　何玉鑫　刘青桐　刘涵予　魏子怡　张琰瑜
马林靖　张鸿儒　陈之昊　林敏敏　马英姝　孙文晞　钟燕苹　徐宝华　戴宇轩
潘俊田　申佳琪　鄢宇鹏　吕莹莹　张尉博　燕隆姿　黄诗蕊　黄潇逸　吕奕涵
郭文怡　戴英洁　马建敏　吴卓心　刘书含　赵新菲　潘卉晴　魏言伊　舒瑞馨
王梦娇　张嘉鑫　杨舒淇　吴宇新　杨砚博　朴承银　苏宇阳　陆诗瑶　阮恬慧
孙文胜　辛嘉祺　于小斐　王可心　初佳伟　夏梦瑜　时之鑫　韩美玲　王力勐
王艺洁　朱福容　向昱良　龙佳翼　毛仕清　李一宁　哈嘉颖　陈文惠　欧永莉
冯宇辰　陈彩伊　董立治　沈晓宇　陈玉春　史泽龙　王希讯　谭鸿钙　吴相宜
蒋秩幽　邢璐潇　张颖慧　徐莉力　高亚琪　李明娇　张召龙　左玉金　刘贤龙
刘周智　苏瑞鑫　马巍芮　席顺利　陆锦霖　石稀慧　任昊杰　刘飞琦　王一丹
杨浩淼　邱陈芸菲　益西卓嘎　格桑曲珍　李珈白芮　魏林潇潇　丹增卓嘎
苏·莎仁娜　阿地来·艾海提　阿依努尔汗·对山　克库赛根·革命太
哈尼凯·木合塔尔　古丽米热·艾科拜尔　苏比依·吐尔逊塔依
布热比古丽·吾麦尔　叶斯木别克·胡麻尔汗　吉恩西别克·齐尼巴依
PEÑARANDA CAÑIPA TATIANA　YUSUPOV FO ZILJON
NEMATULLOZ ODA NEKRUZ　CHANTHABAN DITH SISOUNONH
PUDJO HART ONO SALMAA ALTHOOF TIIN RIZQY
CHANTHASOUK CHANTHAVONG　BALDE MALODY FATUMATA

工学学士（2612人）

武 悠 苏 锐 张 晨 罗 丹 金 伟 张 涵 李 蕊 赵 璞 张 航
程 喆 宋 锐 唐 迈 王 鑫 赵 敏 唐 欢 刘 鹏 赵 薇 尹 力
梁 骞 秦 孟 刘 冷 李 喆 李 振 王 岳 高 天 张 鑫 刘 倩
李 凯 杨 帆 刘 力 丁 晗 杨 盖 朱 颖 王 震 邓 璐 王 翀
李 靖 曾 千 吴 媚 王 宁 陶 冶 张 龙 邵 彤 樊 虹 周 硕
王 飞 丁 昕 李 萌 狄 婧 洪 敏 谭 昕 董 渊 徐 艺 刘 凯
张 帆 潘 枭 杨 晨 郑 强 赵 迪 陈 潇 刘 佳 朱 锐 覃 勇
刘 畅 庞 硕 张 磊 卢 阳 张 雨 张 莉 何 旭 王 波 宋 啸
卢 爽 徐 昊 韩 爽 刘 浩 张 浩 李 敏 聂 君 张 阳 梁 爽
王 玥 高 原 葛 岩 刘 露 孟 甜 银 皓 钟 毅 王 鹏 周 斌
郭 柯 姜 宇 董 杰 潘 腾 趙 翔 康 然 杨 翊 张 森 宋 震
王 宁 雷 聪 于 瑶 郗 逊 吴 浩 龚 成 燕 铮 赵 洁 王 清
梁 森 陶 真 刘 娅 熊 楠 李 思 王 博 赵 锐 张 谋 甘 璐
张 强 龙 源 李 欣 张 鑫 王 泓 孔 邑 马 捷 陈 渡 李 甲
周 围 潘 放 杨 泽 孙 文 包 晗 吴 齐 陈 曦 齐 旭 何 意
李 帅 朱 硕 程 坤 王 俊 梁 磊 何 超 王 淦 卫 倩 胡 涛
韦 腾 兰 希 杜 雨 李 辉 张 旗 李 硕 徐 静 崔 雪 王 颖
曾 汉 孙 哲 邵 波 张 超 徐 冲 李 洋 韩 文 刘 洋 葛 彪
张 鑫 戴 越 刘 哲 彭 崧 李 靓 刘 哲 李 鹏 张 倩 来 苑
孙 浩 王 锟 郭 炅 陈 阳 蒲 欢 高 宇 杨 涛 赵 津 徐 通
刘 硕 姚 尹 星 宇 张 雨 王 硕 王 博 罗 奋 张 畅 王 凯
刘 倩 张 杏 徐 容 孙 颖 侯 旋 王 杰 唐 灿 梁 浩 郑 煜
陈 路 张 哲 孙 迪 曾 杰 刘 欣 冯 灏 肖 佩 黄 昊 刘 宇
陈 钊 张 鹏 何 为 张 钰 李 洋 董 也 宋 涵 胡 超 蔡 晨
孙 昊 程 婷 刘 威 高 旖 魏 琪 魏 楠 李 程 张 畅 周 君
罗 岚 涂 彭 王 远 高 鑫 代 欣 吴 灏 刘 畅 杨 阳 代 炜
冯 岩 薛 原 邱 天 李 哲 曹 颖 乔 双 涂 方 吴 鑫 宗 迷
肖 宇 陈 宇 张 龙 赵 乐 赵 钧 王 哲 吴 昊 李 阳 谢 昊
王 静 汪 健 仝 润 徐 丹 李 醒 何 松 段 松 刘 通 解 正
张 磊 王 超 于 森 谷 雨 包 容 李 焱 李 新 李 睿 齐 浩
沈 淼 刘 帅 张 鑫 张 骁 赵 薇 张 素 刘 洋 戴 琛 陈 红
兰 琪 孙 浩 张 君 彭 滔 王 喜 陈 旭 杨 鹏 郑 磊 李 航
肖 昊 王 超 刘 岳 刘 欣 万 千 苏 辉 崔 巍 艾 熠 黄 海
李 贺 刘 可 刘 潇 杨 睿 程 雪 高 睿 王 池 刘 可 胥 薇
李 槟 王 超 徐 皓 秦 宇 苏 聪 张 超 吴 鹏 冯 涵 田 婕
刘 硕 闫 硕 张 涛 陈 阳 朱 毅 王 娜 柳 昊 程 豪 汪 超

秦雷 程龙 王焱 陈瑀 张帅 谢云 林繁 李睿 陈诺
李想 黄靖 陈宁 王健 马腾 杨潇 程帆 肖雨 赵显
罗盛 范睿 刘旭 张伟 李杉 徐阳 孙昊 李楠 向杓
马辉 刘浩 李玮 李成 王帅 刘琦 黄港 安洋 高萁
余元 刘淼 赵轩 李宁 金辉 李翀 乐雯 徐瀚 高起
宋壮 李刚 王森 刘元 陈明 刘金 田野 张宇 王宁
王然 施扬 李赢 苑轩 李澳 陈露 张庆 刘杉 周祥
李震 王伟 张菁 薄晨 王宇 齐雪 孙頔 王冉 赵譞
曹潇 徐曼 高洁 唐帅 胡啸 马晳 杨跃 梁钰 葛仡
王璞 赵绰 程利 李熠 李源 张越 刘炎 万杰 徐晴
王珂 丁瑜 彭越 王赓 孙凯 谢浩 刘佳 高杰 覃帅
李涛 肖英 李斌 刘博 高扬 于潇 史策 韩坤 张千
徐溢 赵荣 金霄 李倩 项炜 王倞 侯杰 李帆 汪煜
潘浩 丁江 韩柯 王悦 苗淏 唐农 唐加 谢韬 田冲
张政 高祥 魏一 宋扬 吴越 邢喆 胡轲 周辉 高远
刘宁 李哲 查宇 倪恒 鲁煜 周扬 高原 陈雨 潘宁
马博 利欣 金涛 杨博 杨瑞 王海 王雯 金琦 何勰
韩畅 苏瑞 王楠 鲁晓 冯程 杨倩 李磊 唐波 冯程
袁杰 孙昕 张超 陈东 刘弦 于鑫 徐瑞 李硕 许晨
钟晨 季铄 戚威 练翔 陈颖 于玮 高龙 张晓 刘潇
房睿 张朝 彭冲 李达 崔杰 吴焜 孙宸 冯新 高超
李博 杜琨 刘睿 孙铱 高耀 杨洋 苏波 齐斌 杨帆
徐谦 柯筠翔 陈卓君 黄少君 唐巍楠 梁生全 周炳见 刘文达 李佳昌
冯雨萱 刘斌华 姜晓恒 牛国卿 陈双鹤 林施虹 朱嘉凡 王崇晅 李玉堂
郝范禄 周子淳 程凯毅 王祥坤 申瀚搏 曾小东 王光帅 李思宽 闫祺鹏
吕文龙 王洪涛 张志豪 张津珲 王胜龙 苏力东 涂彬琳 刘雨欣 李子壮
王国飞 罗秋阳 桂懋杰 陈昊旻 高绪超 綦世龙 于亚楠 李新顺 徐伟鹏
李竹程 张绪龙 王子毅 徐亚宁 陈浩东 吕晓辉 任书仪 薛成岩 王思博
于新杰 牟天杨 张涵军 朱奇成 谷新旭 王育山 李新茹 苏国栋 王亚楠
务腾越 项光斌 时澳回 邱子浩 许志合 蒋智栋 杨昊川 常晓云 高宇航
纪凯文 林凌寒 孙鹏洋 刘文浩 孟筱灏 陈治平 赵小康 李映直 徐海韵
窦长帅 董昭腾 尹虹霞 林佳煌 宋天宇 林德祐 于树涛 吴倩倩 沈凯强
王美晓 冀皓丽 沈洁豪 王思源 张鲁杰 徐凌微 郭晓龙 栗梦玉 郭晋熙
孙斯羽 张文溢 薛俊杰 朱锐霄 王文博 谢昱昊 王景辰 杨乐童 耿文宝
秦玉莹 王泓显 刘家龙 景家敏 董俊杰 阮天逸 邓新元 周泓伶 黄明月
贾素月 赵婷婷 陈纪捷 周心怡 梅泽承 杨青霖 孔晓冰 石宝龙 周笑宇
袁俊晓 朱自通 江明信 庄瀚林 赵慧卿 王汝文 蔡汶君 马赫贤 柴怡然
孙一涵 吴世元 张修齐 井雪菲 王梦琦 刘腾善 原婷婷 蔡秉志 王雨薇

高宇欣　郭银亭　亓浩宇　刘宇轩　沙葆凝　白浩宇　臧宇佳　刘家龙　姚嘉妮
温煜娴　曹芮钦　权佩雯　张雅思　辛泰林　潘静怡　罗思颖　张宗耀　李伟宁
魏玉璐　侯承雨　高博纬　夏晓晖　张辛铭　顾晓波　杨方雯　杨茜雅　吕旭龙
罗湘雪　毕静宇　曾嘉晖　游星楷　陈浩林　裴冰颖　段天一　颜玉琪　肖玉琦
李心如　刘乐为　张昊炎　胡昕元　张葛斌　卢济彬　李晓东　高振壹　高雅芝
邓钰林　刘智通　王智正　夏昊宇　吴梦凡　赵振霖　董明明　刘文林　龚广爱
边君鑫　范宇琛　商江磊　王佳欣　李庚辰　应墨龚　卞学妍　隋康兴　张峻豪
王誉凯　郭绍鹏　谭紫韩　杨佳云　崔哲语　徐泽华　吕志豪　王天奇　李中正
张家正　赵剑勃　彭亚同　徐佳鹏　王向杰　金立鑫　周铭健　周世昌　高一帆
耿晓龙　董旭林　孙中宝　高文博　郭安琪　倪树森　曹永智　宋文杰　梁魁稳
曾祥云　许焕添　许佳龙　李安源　李建新　舒聆风　刘宇腾　焦明宇　赵和杰
牛雨芊　刘春伶　戚佳炜　曲以凡　黄振山　李冠辉　张承锦　李海涵　徐肖同
张永杰　李广武　顿向阳　方月明　仓艺倩　曹茂斌　丁宇杰　赵梦圆　席非然
王议伟　彭巧玲　王奕谦　王易丹　吴眉颖　黄仕泓　李致华　孙孝哲　纪艾汝
曾庆良　刘路遥　郭建增　王明月　贾文达　罗世元　崔彦秀　余鸿飞　王玫珏
朱子骏　李鹏飞　宋世航　朱芳璇　邱浩宇　王浩楠　刘伟彬　王福坤　崔家骏
杨天惠　杨佳欣　何佳蒙　贺卓达　杜卓擎　汤源境　陈华炯　孙兆泽　曹睿智
李江炜　张祥磊　智瑾玉　高心愉　董子锐　吴昌书　杜明辉　赵世豪　郑新铖
张伟琦　朱承汉　王浩然　张誉耀　管西洋　杨宇翔　李建霖　纪洪乐　梁才帅
苏瑞阳　慕龙飞　樊云鹏　甘卓瓒　李官荣　李欣莲　刘尊龙　李兵兵　冯艳琪
余孝磊　汪浩然　徐梦晴　丁国琛　王之瀚　秦钟淇　于宏阳　周广龙　王维涛
高弋典　陈紫玥　张子雒　马斯阳　邵腾霄　孙昊文　孙丰斌　李明洋　赵佩尧
纪静雯　吴庆文　李济祺　张天明　丁琦欣　刘泳含　侯倩倩　孟铃涵　李孟伟
陈陆宇　李菁华　李立民　赵长骁　李懿鑫　赵戈瑞　韦美佳　宋嘉炯　丁洁婷
杨博森　宋治宇　李子恒　吴佳昊　史秀宝　王续卓　黄冯莲　李唯嘉　唐茂伟
李皓禹　于甯伊　马千生　郭水源　陈一帆　任子雨　张赫祥　杨文璐　应辰浩
张冠亚　李倩倩　杜震莹　姜润浩　孙靖轩　李龙轩　于佳乐　侯路通　公泓鑫
王刘旭　李志辰　高轶凡　李维运　王馨沄　邱璟然　徐端倪　崔田杰　万永琦
马雨彤　王君恒　毛召宇　叶永辉　宋帅超　孟祥浩　滕海洋　赵星宇　马世馨
王睿欣　孙常发　徐嘉璐　王继康　张易宁　国思佳　杨林睿　董雅敏　刘国梁
张欣宇　张嬗纪　康铮言　陈宇轩　王舒妍　万思宇　吕环宇　徐雪然　张家宁
李雨泽　崔立江　张艺涛　吴玉凯　李璐坤　戴云彤　葛子冶　黄珊珊　辛建冰
白皓月　谢辰玮　崔彦悦　肖合康　田克芳　聂彩薇　张艳婷　黄广幸　房晓霈
王舶帆　廖文静　李晓坤　朱小会　麻琼艳　马茹雯　张思雨　谢雪莹　耿凡舒
杨越瑶　张雨涵　张心如　戴诗宇　韦耆龄　柏婧琳　童新元　齐甜雨　赵禹皓
王宇欣　谭轩宇　张瀚文　邢天宝　雷浩宇　徐纪磊　韩文彬　汪光辉　赵瑞顺
张俊杰　包崇桦　李建军　杨政宇　尤开洪　贺煜斌　程慕利　孟国庆　韩庆泽
张其纤　黄曼倩　辛长颖　吴欣予　朱卓雅　俞雯萱　俞恒洁　温灵睿　艾孟琪

魏礼艳　李文欣　钟雨柔　韩方伯　冯金浩　董思铝　张盛林　吉文超　郎子璇
潘舒啸　郭晓龙　李从杰　胡正勇　安昭辉　郝安春　孟海涛　张红一　杨梦晴
李定豪　孟轩宇　支晨旭　石浩男　张哲豪　赵永琪　徐涵博　张天鸿　薛少奇
林政科　王文俊　何嘉诚　李鸿颖　郭露壕　李朝志　黄一钊　刘伟彤　邢智元
袁沛生　牟炜淇　崔宇轩　崔羽齐　张皓雯　王天弘　赵娜娜　王泽源　邝凌龙
韩丰宇　李云鸿　韩飞扬　袁英贺　时君一　林劲松　周文洁　李克信　罗映秋
先泽文　翁兆楠　唐铜辉　朱隽辉　李泽田　刘兆旭　李俊睿　张元斌　刘唐志
郭威辰　袁皓宇　胡华锐　于升华　付嘉贺　唐兆义　李承阳　李政霖　周书柳
朱佳慧　陶檄蒙　胡繁庆　杜俊伟　徐维真　张仕林　刘飞飞　张兴尧　刘欣恬
王梓靖　何抒洺　王源彬　王姝玮　王振瑜　杨沛然　胡公丰　杨卓燃　徐雨辰
孙鸿峰　芮世腾　王泽正　邓伟之　张龙臻　张子轩　孙晓鹏　丁加文　苑宇龙
董治成　庄泽彬　贾玉意　王子菲　梁允豪　窦建淇　刘晓亮　张贺华　辛成祺
王子钦　贺文浩　李成龙　从行健　张延博　吕吉辉　范洪硕　任俊杰　白添宇
辛宜荣　陈嘉琦　杨宇潇　丁希云　李悦民　高广夏　张景奎　朱雨森　张则凯
郭新龙　庞世龙　沈超杰　赵立军　许雯博　段龙坤　彭诗琦　施梦蝶　祖明宇
于盼磊　叶卜科　张重阳　邵白雨　席鹏宇　陈学辉　刘世杰　吴佳轩　李安宁
李书成　潘家豪　孙彦哲　刘懿博　张家祯　李春龙　刘明月　郭云龙　李秀忠
许延杰　张晨博　李璋锦　雷英婷　郭龙雪　宁文博　牛继道　聂义勇　刘东岳
陈新妹　林世源　周恩传　刘朝日　李东玮　施博凡　张鸿宇　杨思萌　刘宝珉
于红靖　王晨旭　王志睿　贺靖涵　李振浩　王尤卓　李欣然　刘振宇　毛玥琼
邓睿婷　高梁梁　尹浩飞　李子晗　方翔宇　张朝洪　李宏源　彭少杰　席腾霄
王新宇　曹文豪　成志宇　赵子汉　胡煜航　孟祥龙　郑天怡　余德浩　李昊晨
刘趋阳　黄一鸣　戚怡昊　崔振斌　王黎杉　杨宇涵　王逸青　王晓斌　孟龙雨
倪莹莹　徐宏涛　马春华　亓龙雨　尹永琪　李博远　赵林峰　韦世强　李奕灼
孙书镇　朱玉洁　孙天一　王永帅　王雨阳　孟子洋　李子任　刘宇庆　王炳烨
踪家君　王惠中　陈绪烽　张家豪　李文秀　程亚坤　赵子涵　岳大帅　宁子淳
林柏綸　李泽昊　赵雨晗　周泽昆　田正龙　姚传洲　黑乃磊　杨纪元　王志佳
王福森　刘欣悦　袁凤池　李世昱　杜雅莉　娄云飞　魏庆彬　贾雯欣　张逸之
刘雨君　柯俊哲　李嘉琦　刘永豪　樊伟哲　赵艺卓　杨成豪　常滋厚　郑刘周
许振科　蒋泓杰　张树祥　朱可欣　张天祥　汤欣宇　王子涵　刘千一　史成顺
陈晓曦　郑继凯　韩宵玥　牛庆莹　薛宇涵　王英凡　庞守任　王阳阳　崔斯佳
方子伊　刘清扬　张芮睿　贺伟强　张逸凡　邵钟慧　黄宇龙　冉德龙　尹祥琨
邱鸿宇　薛天扬　亓佳宁　李心怡　刘恺文　梁若男　郭宇宁　逯沐一　张钦淦
姚智涛　官优有　戎思宇　陈陆欣　邹天宇　李铭祎　刁龙飞　崔晓蕊　臧亮亮
刘汉秀　郝佳凝　马方洲　陈丁硕　李瑞琪　苗顺源　宋赖招　廖承茂　王群蕾
王子杰　赵振华　刘士红　宋金娥　韦彩霞　田明慧　李康楠　郭静怡　乔兆辰
李正浩　崔天硕　马浩然　王昊晨　宋洋阳　陈子涵　方立恒　刘宇轩　邹宗瑞
王明旭　王晨冰　张麟凯　侯玉坤　张健康　徐鹏博　潘凯杰　李巧莹　汪珅汉

汪子涵 白一丁 班子祥 马子阳 朱炳文 侯晓阳 乔亚非 杨逸君 陈澳旋
郭书宇 郝继泰 魏安然 刘景越 胡莎莎 吴欣红 胡弘毅 许煜佳 陈康乐
苑斯豪 郝盈欣 崔庆魁 李云龙 彭国珍 贾宗卫 孟羽康 郭晓彤 王学博
胡凯祥 李云开 章子越 季心宇 左永来 孟芮帆 张婉钰 孙希进 谢龙悦
李志强 邓茂森 李昀翰 曹瑞钰 李嘉辉 方永祥 周国飙 赵世龙 和茹欣
朱仲军 于宏基 许一帆 胡嘉斌 胡雨辰 赵天豪 杨洪易 费拯衡 夏一铭
苑红榜 刘家宝 刘宏宇 刘斯琦 廖鸿浩 赵文韬 刘茂祺 于梦洁 刘泳辰
赵思瀚 赵晨琨 孙海月 赵天宇 杨易牧 杨鹏瀚 徐梦蝶 李旺芳 张步喆
阎明雪 高雪晴 刘梦楠 范钧宇 李思霏 孙广博 黄盅豫 汪文龙 朱李懋
曹启航 马秋扬 杨皓辰 林宇畅 万昕宸 魏鹏坤 逄镇东 杨志强 于松松
孟子喻 胡家祺 刘姝涵 袁悦宁 戴思宇 孙罗洋 唐义人 刘事泽 秦永森
郝智伟 娄昭玺 仲世超 刘学锋 朱华祥 张佳赞 巩欣晖 冯彦文 陈玮松
姚晓壮 王永佳 赵维康 丛照日 马清风 王怡晨 侯焱鼎 徐步丰 岳文淇
周锦凡 陈洪渊 胡致豪 万志浩 刘彦君 赵天龙 周茂龙 李树静 皮甜甜
王劲松 张兴海 禤淇文 翁浩翔 姜万里 撒俊杰 徐勇超 张恺晨 濮希军
梁鉴龙 陶梦莹 苏峻民 石昌腾 刘伟龙 李垚荣 任伟华 王子立 王龙升
林庄昱 陈文玥 李云飞 李奕宇 杨辰文 青赫力 于滓洋 李映辰 林翔瑞
杨显龙 刘峻豪 尹家豪 郭广宁 王广宇 李昌盛 郭星雨 黄馨仪 吴宝胜
杨昊东 马旭睿 刘永鹏 张庚辰 卢立栋 季善磊 吴董文 谢祥雨 杨钰龙
赵艺豪 田江川 刘亚轩 张雪媛 付龙斌 姚晨阳 林楚儿 金子鑫 唐智宇
曹舒童 赵国宇 周广涛 陈偲怡 邱芷艺 胡作航 王明月 邹占鑫 张锴培
赵朝阳 赵煜玢 陈曦轩 张宇涵 李禧龙 卢家璇 王申奥 吴治江 蒲泽宁
高一凡 王佳俊 陈宇昂 赵文博 左震宇 梁诗亚 赵含璞 周子翔 朱天恩
樊一航 张顺铎 段成龙 马贵春 徐宁辰 黄国栋 施雨凡 张淑娴 郝晓璐
郭盈杞 闫志飞 孙显昊 吴泽臻 刘翰承 魏泽成 赵新润 曹晓东 黄志杰
崔慧莹 朱林一 杨圣龙 芦子晟 杨子华 侯文科 刘旭平 傅智鸿 黄阳光
汪立恒 魏海洋 王彦强 甄洪锐 温锦嵘 唐凌浩 杨国良 宋皓天 刘江源
陈玉龙 孙冬雨 周运耀 石旭升 李伟明 马礼学 王龙罡 饶志峰 隋晨汐
蒋一鸣 徐敏惠 韩铭浩 林子程 徐靖鸿 杨亚昕 高玄歌 李鹏刚 张滋浩
李矫赛 姚建强 郭丰源 代坤龙 肖子程 陈绎帆 程佳贝 刘孟臻 唐世杰
王辰潇 韩沂霖 李亚帆 刘霈一 王怡欣 李嘉豪 任若愚 陈昱羲 宋朝阳
李硕勋 计云献 陈锐杰 朱俊烨 刘子郡 刘洪栋 张永鹏 张泽栋 薛常青
李现鹏 郭浩文 杨雪莹 王家行 王远新 鲁佳欣 周敏萱 陈琦思 熊容誉
张思远 安鹏浩 刘苗苗 赵进奎 石贵月 陈伟华 张友浩 戚汉杰 田宇轩
王晨宇 伊锦昊 郭思言 林明祥 高琳琳 孙子益 李林宣 李志恒 宋福临
王一博 张晟炜 麻波涛 杨子豪 樊文杰 马鸿元 蔡晨欣 万军驰 符传略
余欣燕 王雅麒 陈志永 张子坚 王子豪 牛海鹏 段丽丽 周冰倩 刘济森
李毅力 尹怡思 张俊洁 樊铭冲 王雨豪 王奕博 洪文娟 陈天宇 吕尚擎

张革成　张倚赫　韩宇浩　朱郁卉　徐一明　刘博严　赵鲁豪　张凯淇　石新国
孙方哲　刘盈光　刘文志　黄锦鹏　沈君翊　胡珑渝　李心洋　邓子鹏　韦德冲
刘建碧　陶柄辰　高伟杰　魏秉超　邓新元　葛瑞豪　贾浩然　唐腾宇　杨国辉
张乐毅　陈玉淞　邵宝毅　武贤杰　刘娜娜　李翔宇　罗世博　吴汉琦　李晶晶
苏美伊　宋祎清　吕金埔　徐文婷　吴皓南　栾和成　杨文豪　李志萍　龚希蛟
谌敬业　蔡明慧　陈润东　方翛然　吴珍珍　陈元杰　穆健侹　侯慧敏　高宇婷
吴文君　王子川　宫浩程　巩晓雨　乔砚锦　董玉霞　曾宏轩　卢骋睿　申紫欣
肖开彦　覃诗婷　周煜森　张忠鹏　李琦强　袁辰风　孙景怡　蒋凯佳　刘皓天
陈嘉楠　林海鹏　巩师硕　岳远航　崔雨啸　帅秀云　李浩楠　李昕苒　刘鸿宇
高宇鹤　马嘉勇　殷正翰　张诗玥　吴晨涛　王佳宇　魏敬宏　李同心　江凯旋
李家宸　任雅彤　李成昊　万嘉成　张广正　李雪纯　田逸飞　童晓锋　张倍帆
张慧丽　阎瞳瞳　甘志鹏　赵俊德　袁思哲　郑涵匀　刘岩松　韩玉轩　张顺尧
罗程斌　赵欣玥　马婉琳　王同庆　武子隽　宁凯泽　张炜滨　王瀚博　曹敏媛
邵昕怡　赖靖淇　王子雄　晏俊龙　孔晟杰　蓝功昊　许华宇　王志成　邵博睿
寇增川　刘珂鑫　聂永华　乔洪磊　陈良策　田箴言　公晓龙　周振发　郭海伦
张庆豪　刘凯生　张绍旺　郑先朔　刘起帆　聂广彬　叶胜酩　夏志鹏　叶宇航
李忠熹　文毅然　罗雨皓　吴一波　蔡韬韬　郑学宇　侯健浩　高樱园　刘玉梅
潘文毅　许晨星　陈晓初　王志洋　李一帆　孙路熠　陈志旻　马凯龙　卜令来
何海东　郭云彤　宋智书　张钰赫　霍延强　李铉聪　姚斐青　王康旭　刘星言
章嘉亮　谢志明　李梦莹　何文嘉　宋啸林　李霆泷　赵婉羽　郁莹莹　徐则林
卢昱佑　薛羽丰　董诣博　赵晓桐　孙智尚　马振向　张永浩　赵乾皓　王维鹏
贾宏伟　桂孝强　韩宗胜　王齐凯　崔振兴　于铭哲　黄涵卓　周宇鹏　郑子新
吴慧倩　高晋飞　张泽宇　宋琬瑶　梁嘉朗　潘嘉昊　李浩宇　张亦琪　张煜晨
金冉秋　丛铭毅　宋浩喆　田一岚　李金津　眭思悦　楚宪圆　郑文瑞　陈宇轩
代景莹　高先锋　舒晓帆　陈旭阳　周高健　叶恒杰　沈业欣　张嘉颖　郭宇昊
那云昊　张哲铭　彭俊雄　柴腾杰　王成龙　杨德智　李文栋　傅显坤　张金宇
童一凡　高付杰　王飞宇　陈二猛　杨成业　谭馨怡　李宗亮　苗雨润　毛朝炤
庞昭辰　苟李渊　王霆威　庞兴国　姜喜友　曲清越　王永睿　赵文菲　乔剑博
胡江涛　杨海誉　黄珊珊　邓鹏飞　周子越　孟祥虎　郝峰玉　周明威　王玺斌
祖宇晗　刘天赐　柳佳文　王一帆　兰毅豪　黄琨磊　苏国元　权小苇　张瑞阳
汤岳奇　葛湘羚　李睿哲　王晋恒　马林昊　谢慧龙　宋佳慧　袁佳国　李昊锦
戴行之　吴钊颖　王智文　马旭颖　庞广龙　白振华　张迎奥　许新帅　姜昕彤
张宝珍　张友龙　吴硕哲　武雨汐　张浩瑞　陈迎龙　张晴阳　张泽恩　兰远芳
万远聪　罗艺铭　贾仁叙　欧阳吻　吴泉锟　覃雨馨　李每文　马铭泽　伍晓鸣
陈修杰　李嘉洲　姜雷雨　于湘凝　张桦桦　沈育洋　牛翔宇　董冰清　陈禹锡
王志康　刘凯悦　孙振瑜　王永超　袁翔宇　常峰恺　赵子茗　刘金城　陈纪霖
岳明龙　周毅敏　刘海生　阙隆凯　陈小燕　俞泳舰　朱方舟　薛之渊　马东原
靳雨晴　李文春　张泽阳　王禹元　吴浩宇　蒋均令　邢海洋　卢子辰　刘逸飞

马睿哲	陈玮琳	刘翔宇	马增润	刘玉鑫	袁仲锴	张书博	张丁然	张真瑜
吕奕衡	刘顺博	陈振国	吕逸伦	罗俊杰	薛大龙	陈奕州	王思文	龙文韬
罗晨曦	刘子煜	徐海峰	施俊源	章智勇	高志宝	卜咏祺	刘小雨	侯冠立
白健健	林志强	简绿焜	岳子千	马辰旭	刘一帆	陈祥鹏	苏庆栋	田方源
张智文	范庆宏	戴雨宏	杨红梅	任腾龙	刘灿宇	李世维	郑世君	贾旭阳
安世鹏	姚艾瑞	赵子豪	孙伟豪	林子祺	赵乐乐	宋佳豪	李仕龙	杨盛凯
臧传润	李兆瑞	曹铭哲	杨天畅	靳晓璐	修晨宇	潘腾飞	徐永辉	蔡耀德
段可维	白宇涛	张兆丰	岳婉霏	侯志伟	刘昊为	李浩达	谢海逸	马兆欣
田国庆	路普钰	秦海涛	赵丽君	董作岭	赵琪琳	鹿腾然	徐同勰	刘晓乐
李晓宇	刘大鹏	杨伟涛	朱咨丞	张志豪	李雯沨	周志伟	曹世程	黄祖坤
陈思辰	马龙飞	叶大荣	黄祥龙	张子寒	汪汝毅	戴芷钰	郭力玮	崔鹏飞
田晨阳	毕益绅	张子涵	朱文豪	张泓波	梁鸿垅	池晓艳	钟雨玮	王可忻
李一帆	赵晏浠	王润龙	李博文	孙雨晴	石宇恒	张计成	陈月如	邢颢馨
仵云霄	高俊媛	宋浩淳	冯晓雪	姚坤宇	陈子坦	李升晨	杨文博	朱晓策
陈宇涛	郭鹏程	刘明远	刘心怡	马佳惠	朱秋月	田梦凡	王思凯	李浩隆
赵元硕	王育成	党启辉	王鑫龙	吴金桐	黄泽晗	平一豪	范翔南	王浩屹
杨鑫科	杨子涵	黄耀昕	郭彬涵	方雅欣	李哲园	周学伟	张益通	朱兆慧
黎卓廷	陈梓研	陈欣然	袁羚匀	诸沛伦	汪玲佳	胡云海	杜致远	陈天诺
李营利	张明玥	王紫晗	胡德阳	孟心宇	路丹妮	黄一雄	吴秋萁	黄一璇
王丽慧	佟肖萌	陈亚丽	洪文锦	范文焘	沈佳敏	翁婧玥	王启云	王秀聪
简毓呈	王浩铭	李圣萱	李东泽	魏思焕	王国梁	粘华荣	刘振涛	崔广运
王家昌	石金峰	朱秋帅	袁庭蔚	王冰琴	魁占良	吴佩隆	郝梦然	杨宇航
王倩超	张立乾	高天明	周恩梁	张思遥	潘容与	桂杨成	李志翔	梁新翔
于泽轩	朱泉宇	刘路遥	陈文韬	于绍斌	汲广晨	赵跃收	韩开元	刘士远
张树豪	郝宇昌	许文彬	马铭泽	周致谕	罗煜旻	黄镜泽	唐钰琅	罗凯文
严志涛	符益铭	蔡昌昊	程小洪	高昱皓	谢嘉成	孟博杰	王雨佳	殷建伟
丁伊凡	杨旭腾	詹乐乐	吴智俊	王庆欣	歐永楷	张庆晨	汪梓俊	覃丽娟
龙昌胜	王志能	冯元园	韩书波	傅紫茹	赵子微	张瑞康	代云飞	崔晋尘
宋少泽	魏之千	刁廉正	张芷源	杨晨旭	李清扬	葛润葳	于亿凡	赵克松
孙烟威	李文智	王宗耀	梅明阳	李言涛	段亚奇	刘志强	李逸飞	陈兴洲
王一彪	李炜毅	李依阳	程昌宇	王韬云	饶颖慧	蒋雨含	王振鑫	史泰林
吴浩睿	赵子烨	张子涵	王一丹	马临风	张博涵	李雨函	蔡粮胜	黄少卿
隋松原	韩金池	林卓凡	郭仁杰	付敬毅	宣慧哲	张婉晴	谭相哲	张辉柱
彭文象	周文博	张泽锦	王鹏展	张瀚文	王明星	谢宇航	厚思彤	行紫璇
苏俊友	王宇龙	罗乃川	徐海龙	于晓松	曲学良	李康立	袁伟民	彭思源
李炜烨	李镜泉	陈绍鑫	王宇飞	张玉龙	王昊哲	滕一华	王万年	何意涵
李祥瑞	侯振林	李义熙	胡浩宇	韩昕伟	白灵灵	刘凌霄	冯瑞宁	董政华
赵文帝	施昌楠	吴国葳	李文浩	周润泽	周家玉	林炜腾	骆森焘	张腾升

贾弘辉 赵李琛 丁冠华 刘培冰 葛航宇 赵清溪 王巨尚 赵云龙 赵子涵
李冠中 周涵瑜 孔程浩 廖大锌 颜华钰 康浩轩 杨文龙 余云龙 刘宇龙
刘桐菲 吴晓菁 杨逸冕 吕乐洋 宋晓倩 李永飞 常惠峰 孟鑫昊 吴秀皓
周璐彦 向昱桐 龚向新 余金鸿 李文澳 陈文龙 梅俊瑶 李玉鸿 亢延哲
刘坤一 薛卫敏 郑坤宇 张冰玉 张泽宇 牛庆芸 高逸飞 蔡盛源 李桢煜
张棋源 贾志奇 陈梦雅 黄美澳 孙雨辰 王福超 徐华龙 牟振林 王淑禾
吴梦琦 钟玉池 罗佳林 陶丹丹 陈晟楠 柳钰婕 张浩轩 马稼霖 朱栢華
云星月 陈艳超 刘景奇 罗国会 李仕芬 李玉松 许越答 魏守克 王纯正
方玉林 陈祖旭 胡嘉孚 刘美彤 郭盛邦 王宇超 高尚瑞 梁家庆 胡春语
蔡凯扬 许静茹 杨健龙 李芊芊 孙浩骏 张先雯 朱本智 王博林 胡龙惠
代茗芷 苏平凡 李长年 赵晨浩 李子阳 王凯欣 陆家骥 杨宁恺 韩雅婷
王鹏程 贺英杰 曹佳杭 贾熙来 袁加生 孙乐宁 谢欣怡 孙启家 曲一丹
秦晓敏 陈孝金 刘云扬 时学龙 郑立康 徐荣琪 陈佳欣 谢梓兴 袁沧粟
焦悦轩 陈世昱 马文轩 许泽凡 周健平 许龙威 师佳佳 徐子涵 耿德华
刘昊天 董飞宏 陈泓润 张雨维 于嘉超 谢霆轩 林仁聪 陆佳恒 徐心妍
何旭祥 陈福沛 杨渭滨 王海鹏 高洪旭 范义昆 宋程淏 韩开心 闫晓曼
兰顺翔 付洋洋 彭奕洲 黄云烽 陈佳佳 曹诗辰 余培壮 程凯雷 李春莹
杨子祺 袁浩钧 张耀辉 徐熙麟 贾文庆 刘润英 刘金睿 申朝媛 夏利成
渠智渤 于晓涛 沈刘佳 宿国纲 孟麟芝 李心慧 何舒畅 史金鹏 马佳奇
王欣雨 侯庆森 郭星昊 邢连仁 李昭仪 张效源 郭子一 廖予涵 李子逸
张文霞 陈伊宁 陈璟雯 郝锦玲 常馨月 杨慧林 苏运芝 拜雅洁 兰道晨
黄婷婷 赵晓欢 杨文琦 赵梦涛 彭俊程 周轩禹 李育博 黄雨萌 王嘉明
雷洛诗 孙先元 何梦雪 丁明利 王延壮 黄星宇 晁硕檀 杜晓晗 马艳庆
赵丽华 汤文静 唐文韬 叶新泳 尉志媛 吴桐思柳 志玛措姆 强巴加措
拉巴平措 边巴曲珍 米有麦彦 覃陈柯夫 华旦才让 邱陈芸菲 施文惜时
阿旺伦珠 嘎玛曲培 崔成加措 旦增晋美 李童雅琪 加依达尔·都曼
艾科拜尔·卡合曼 艾力西尔·艾赛提 阿依波塔·阿依恒 伊科拉木·艾麦尔
阿哈江·巴合提亚尔 古丽孜亚·吉力合巴依 依合斯阿恩·那斯尔丁
阿布都卡哈尔·努尔艾合麦提

管理学学士（572 人）

尹 瑞 张 铭 吕 杨 黄 钰 刘 洋 陶 豫 李 纳 黄 君 刘 航
张 慧 洪 蕾 苏 旭 包 洁 任 妍 杨 鑫 赵 昭 李 爽 廉 雪
何 昊 杨 灿 王 宇 王 寒 秦 瑜 贺 帅 张 琛 孙 颖 范 淘
隋 毅 韩 璐 曾 静 黄 芮 李 婧 杨 阳 鲍 涵 郭 浩 林 帆
殷 菲 李 晴 牛 璐 杨 清 王 汇 祁 欣 何 薇 张 欣 陈 波
王 森 邓 乐 蔡 晨 周 敏 梁 泓 肖 枫 邱 扬 张 朝 汪 丹
王 莹 陈 洁 王 晨 何 海 胡 涛 朱 丹 侯 雪 梁 晨 尹 航

李　靖　李　蕊　苏　悦　姜　越　宗　哲　刘　妍　周　彧　胡　熙　梁　晨
杨　吟　刘　彤　柳　昕　林　乙　高　晶　张　凯　崔　振　李　涵　武　玥
于　伟　王　斐　游　轲　刘　超　胡　斌　德　吉　罗　琳　曲　宗　张笑阳
张振琦　杨振兴　杨静怡　潘辰贺　马鹏程　杜伟倩　李欣雨　李建宇　付玉飞
张诗怡　李司琪　唐绮莲　闫雅婷　宋旖柔　毛双荣　魏前坤　岳欣冉　裴诚然
金建秋　卞云飞　黄沛云　刘欣雨　宫姝璇　禄梦涵　苏金涵　温志鹏　冯雪冰
申恩英　潘飞扬　王淇永　滕少君　纪美惠　周少斐　任欣茹　刁文荟　姜颖璠
高艺玮　刘芸菲　徐丌涵　王露洁　鲁金伟　马士典　朱英浩　陈乔珺　董银鹏
郭甜甜　张嘉琪　王紫旭　郑亦芳　王秋霞　谭莉泓　孙傲伟　许敬瑶　张露月
郝琳杰　蔡尧田　肖滋颖　袁子康　唐子淇　高宇轩　吕奉瑾　王馥佳　周新博
徐嘉辰　刘思源　程佳乐　马彦然　刘莹莹　和佳琪　李欣荣　张怡然　李沁雯
高子惠　马澳秋　刘涵宇　舒文君　陈怡然　刘百川　李雨辰　刘泳奇　段佳蕾
刘鹏宇　李雯雯　杜春雨　陈云龙　刘超楠　郝羽琛　孙钰清　王烁涵　金柏言
潘祖请　李羽容　李浩冉　高婉莹　王天歌　王心荷　董一帆　韩江红　赵陈雨
沈聪慧　鲁嘉阳　张子涵　张欣奕　苏东烨　邹艳桃　郑子珊　刘嘉璇　易雨彤
朱舫漪　刀春丽　张悦童　郭丽敏　张婷婷　丁莉杉　朱晴彦　刘皓月　石湘恺
宋鹏飞　马雨萌　李茹芋　马怡锦　谭伊丽　杨书涵　伍美媛　魏扬澜　龚英杰
宋子玄　张万昊　李笑语　张新颖　韩顺己　石纪辉　张欣怡　张世千　王晓萍
李孟璐　傅新媛　姜心慧　高慧敏　傅朝云　王瑞通　李冰雪　田龙玺　王文欣
李永康　王泽鑫　李文春　宋雨辉　卢亚龙　白延庭　张文博　肖伶俐　罗雅诗
蒋志强　王淑珂　朱宸慧　马书乐　黄雅雯　毛雨璇　刘宇星　徐晨晨　叶昉晴
史沫然　苏欣悦　金江炎　任晓雯　徐佳鑫　贾则畅　高珂睿　高开云　赵若彤
李欣雨　艾琳璐　曲芙琳　赵婧潞　李晓宇　张华琪　王明辉　刘梦凡　范树文
王朝晖　陈晓倩　王学政　夏雨梦　杨连盛　陈盼盼　樊韵秋　程劝劝　刘辰路
刘世帆　颜方芳　吴承思　林紫璇　聂彦巍　赵心慧　杨亚楠　王梦娇　吴宇新
兰海天　田雨晴　肖亚楠　史昕艳　游星楷　刘博严　李圣萱　于泽轩　武子隽
赵万飞　赵凯文　郑淼淼　薛之渊　孙泽宇　崔丽静　宋雨轩　王镓珂　蔡颖莹
张静雯　张泽龙　秦阳晨　李彩云　廖巧欣　陈泓宇　潘崇耀　陈俊颖　石穆沙
黄扬生　赵雨萌　孙沛涵　郭晓晗　谭筱悦　许晨熙　杨曦涉　王小雨　于存壮
张宁宁　陈祺祺　柯润康　刘天卓　张曼玉　闫曼曼　张浩楠　刘润泽　王甜恬
江俊良　周昕怡　白彬彬　王育铭　熊盛坤　罗漫婷　孙瑶瑶　张沂梦　丁明璐
刘凯伟　张超群　刘志睿　孙昕如　张羽欣　刘英仁　胡辰昊　赵一帆　石林娜
汪海龙　姜思宇　姜雨婷　程麒瑜　曹云珂　王明汇　刘淋涵　赵光熙　孙启慧
管怡雪　崔程鹏　陈若男　杜冰倩　邱雪莹　谷雪瑞　张水青　马玉欣　张珅千
孟令冉　李静雯　赵汝琳　张容容　刘艳兰　裴文敬　陈正锴　张思雨　王轶楠
尹敏婷　乔梓航　李雨航　王元宏　蒋欣眉　夏嘉涵　梁煜旻　金烨华　李柯霖
马雪莲　于晓寒　金英杰　陈博洋　王艺静　郭芊月　周淑萍　贾佩佩　葛文志
晋瑞阳　邱洱琦　邓垓翡　黄烁燃　吴宛真　张佳文　李雪祎　郭江月　王宵宇

杨昊玉　马利娅　张家康　汤传承　梁彦杰　李权升　梁志煌　沈晓芳　申冬青
杨光正　叶彬彬　杜子仪　段煜荣　宋丽萍　张运宝　樊凯萌　高凯露　黄晓晴
方雨萌　曾海玉　潘泳伶　马雯琪　田海蓉　张传伟　田明卓　尤远涛　梁元新
刘一鸣　田世奇　王世辰　孙雨婷　刘岳昕　严敬欣　梁德昌　邓瑞云　李咏琦
刘健伟　沈梦瑶　闫嘉文　齐甜甜　王雨翔　谢鹏鑫　徐晓珊　裴银璐　吴晓洁
孙辰睿　董佳辉　胡少焯　王琳琳　李苗苗　张浩轩　张恩龙　刘凡璇　马宸昊
原雨舟　戴临风　孙崇辕　徐文浩　马晓菲　张子恒　赵浩汝　钟艳妮　詹可意
张靖煜　麦靳懿　胡月琪　丁佳宁　姚兰兰　李嘉迪　王姿涵　冯文桥　杨振杰
纪雅淳　廖晓欣　戴宇轩　戴英洁　赵乐梅　田思祺　杨保贺　张志昊　孙雨晴
梁珺茹　栾雅喆　丁沛文　贺圣哲　潘星宇　何成东　张明龙　王树桢　李伯辰
宋宝涛　姚昊煜　胥亚晖　吕田昊　宗可豪　王钟锐　董冠林　张少宇　杜潇霖
宋昊博　王乾祎　范文瑜　李奕炜　管雨竹　魏嘉源　周美娟　侯小凡　衣江雪
尹圣洁　张郁馨　姜奇秀　薛丽丽　颜舒婷　刘晓倩　何思勤　尹文睿　王文景
索琳捷　陈旎欣　张少森　彭可余　马一苇　郑美谊　王丹阳　吴雨瑾　於钊阳
丁美慧　李宇辰　方泽堃　牟兴兰　王华斌　康传彬　马宗纪　乔淑惠　孟凡伟
管美丽　王晓东　黄敬焱　王思彤　熊梦凡　常楚言　梁思骅　曹雨佳　徐旖璇
周雪阳　许建茹　王紫瑶　朱子晨　何涌涛　翟哲涵　伊茹汗　吴慕雅　李晓宇
王阿日查　扎西拉吉　阿毕雅斯　刘珍禧连　仁青巴宗　索朗卓玛　旦增拉姆
诸葛静蕊　贡桑群培　次旦央拉　其米卓嘎　KHOR CHOK CHUEN
PANG SHEN QI　HONG CHEAKYOUNG

教育学学士(51 人)

马　晨　刘　洋　关　涛　肖　彤　肖　琦　李　超　刘　康　皮　彭　王海江
金日新　严若雷　曾文霖　李晋君　姬生辉　郭恒喆　宋继源　吕景菲　韩跃鲁
赵万飞　宋文森　史腾龙　李志远　薛国志　宋家豪　郭印玺　杨保贺　刘思源
张志昊　陈永正　郑佳龙　曾泽仁　方世隆　杜云博　陈桂源　蒲俊华　袁承志
汤家乐　白熙哲　杨振裕　葛泓丽　许千睿　赖淑青　张余贤　潘佳俊　宋世杰
孟德良　杨秀龙　尹淑婷　冯琬璇　颜紫龙　吴沁玫

经济学学士(357 人)

周　荃　张　博　高　天　王　菲　郭　慧　张　泽　于　意　张　悦　陈　琢
陈　莉　黄　可　常　蕾　黄　林　陈　晨　落　卓　张　敏　王　鑫　徐　熙
周　琳　王　欢　蒋　晗　徐　诺　陈　凯　权　深　张　琰　殷　昊　李　轲
杨　睿　陈　曦　陈　哲　尹　烨　吴　丽　高　滢　谢　妍　陈　雪　张　乾
赵　雨　杨　淼　张　叶　王　静　孔　晖　刘　畅　臧　一　包　容　高　睿
王　宇　张　开　高　萁　李　澳　王　冉　于　波　常　珊　黄　颖　刘　昊
郑　遥　李　莹　王　潇　周　超　李　甜　李　洁　荆　然　王　敏　贾　珊
李　翔　魏　旭　商　晨　鲁　和　雷曼曼　张新颖　梁佳翔　赵子俊　郭家蓉

岑庆庆　罗欣怡　陈雅诗　朱文玉　蔡晓晴　张思佳　尉东雪　李若昕　陈少杰
王琛玮　郭佳星　王晓彤　林佶鸿　尹鑫宇　朱桂琴　刘艺杰　董林杨　钱晓升
王雨欣　吴茹茹　赵梦姣　谭志勇　韩依伶　廖衍清　李雪梅　罗泽泓　姬晓妍
任晓颖　陈思蓉　王馨妍　朱彦蒿　卞秀颖　卫在旗　林悦轩　林青勋　李承尧
居笑宇　杨梦娇　王新秀　黄长江　曾斯涛　汤媛媛　马思玥　杨子涵　齐双凤
邓达玉　刘品呈　包靖慈　王子璇　周廷亮　谭康宁　单宇聪　王纳川　刘月心
张瑞锦　孙乾越　尹子倩　李雨晴　刘梦昕　陈春晓　崔东洋　黄月芬　何鑫淼
黎也汇　罗涵丹　罗志羽　郭泽铠　董伟豪　曹晶晶　唐新港　李祖昊　江雪婷
朱静雨　张健慧　赵欣新　杜昕蔚　董瑞涵　李思琪　郑心泓　陈群芳　李方位
周道生　孙恋洋　刘新宇　郄子怡　刘文素　景雪松　司仲婕　刘沫含　刘镇玮
郑芷蓉　廖颖瑜　姜偶遇　马翼飞　丁怡文　马凯萌　陈欣言　白欣然　李迪炀
齐鍩莹　龚欣颖　张广生　李心贝　王舒奇　陈思羽　宋敏赫　李东林　袁昕宇
高浩哲　毕育淇　马春晓　王博源　周苏芳　李中轩　赵晓蓓　耿荣佳　李淑凤
谭文惠　秦若彤　闫璐瑶　向识霖　陈远福　杨晓薇　丁卓然　阴悦心　赵浩铭
张凤麟　李长桦　朱志莹　李泽一　范子琦　陈欣婕　魏晓萌　施维安　帅彤心
王忠炜　林明铭　刘倩倩　吕金泽　冷小涵　石皓月　武光晨　王熙栋　王胜群
宋雨凌　马逸驰　吴昊悦　殷秀婷　王小涵　刘梓怡　马鸣宇　吴梦雪　董善亮
王学娟　王翔宇　李汝昊　王浩然　马志成　魏雨柯　陈逸飞　赵勤锴　赵桃岍
梁雨欣　杜致远　郝泽辉　盛雪瑞　熊方洲　刘瑞淇　黎卓廷　易如诗　郭诗雨
方棨桓　姜永晟　李泽众　张孙杰　杨砚博　刘翘楚　李雪莹　王安淇　吕佳芯
王晓希　廉婷婷　姚兰兰　代丕孟　孔晓冰　温煜娴　王梓靖　王子钦　陈文玥
郭晓彤　孟芮帆　高玄歌　李家宸　刘皓天　丁琦欣　郭彬涵　孔晟杰　郑先朔
任仰卿　许敬瑶　冯雪冰　张万昊　张振琦　高子惠　刘一鸣　潘辰贺　王镓珂
蔡颖莹　孙源泽　尹淑婷　张子涵　徐海龙　朱宸慧　苏峻民　郭星汝　殷琪蒙
石昌腾　刘星言　郭银亭　刘亚轩　阎明雪　刘百川　赵雨萌　许晨熙　张召龙
马宗纪　王懋祺　崔明希　朱昱州　喻顺杰　邢智元　岳婉霏　杨静茹　何冷心
黎素欣　关伊扬　王兴洲　李镕灿　李高硕　郝玉龙　刘德硕　田绘博　崔梦妹
范雨萱　杨向艳　张一鸣　黄嗣方　吴钰琦　吴舒怀　吴崇正　张瑞嘉　李昭君
刘泽翔　林秋源　王靖涵　王家璇　徐晨语　郝文龙　邹紫辰　黄郁茗　周东毅
鲍春见　许屹潇　蒲敏成　庄晨辰　何家兴　许莲文　朱姜静　陈子涵　乔一宁
德烨鑫　付文静　杨佩锜　王沐桢　杨增炜　林馨怡　黄方泓　杨靖楷　次旦旺姆
阿布都·艾合买提　买拉木拜克·哈勒德依　吾拉孜别克·木哈卖提汗
ELENA KHLEBINSKAIA　LEE TAEHO　KIM HYOGYUN

理学学士(975 人)

刘　毅　王　灏　李　煜　李　志　杨　爽　程　晨　苏　宁　陈　锋　康　婕
徐　航　陈　卓　路　泱　王　轲　吴　尤　严　煌　罗　鑫　潘　瀛　付　航
胡　琴　赵　勇　贾　迎　李　晨　祝　勇　王　尧　薛　雨　刘　薇　邓　乐

王晨 张轲 薛田 张淼 苏睿 宋旭 祝源 刘辰 李欣
程昊 魏玮 周超 李胜 赵超 罗涵 卢钰 张卓 任宇
徐可 李莹 刘畅 汝霖 乔颖 蹇洁 范萍 杨潇 赵璇
于冉 杨旭 孙科 刘旭 甄杨 刘叶 濮利 刘匽 杨捷
张睿 安如 罗旺 陈晨 辛旭 苏洁 戴瑜 熊凯 盛楠
尹昊 魏民 兰煜 卢兴 任昊 刘婷 沈歌 韩鸣 王朔
胡腾 孙涛 商阔 夏磊 张乾 李熠 尹航 刘潇 程雪
王昆 刘琪 李涵 刘悦 代畅 朱峰 项楠 谢靖 李睿
王滢 黄婷 彭参 徐涛 杨澍 朱奕 张驰 孙奕 陈昊
崔航 兰峰 李江 孙雨 秦奋 陈辰 王远 花明 徐尘
万潇 崔喆 徐航 周攀 刘静 张衍 孟茂 肖源 孙昊
郑凯 金傲 徐程 苏杰 林原 陈龚 赵昊 宋锟 马鑫
朱凡 陈涛 张涵 冯海 刘畅 孙政 李璐 张灿 许力
黄雄 祁颖 王晶 杨坤 牟彤 邓豪 张丰 王岩 梁宸
于岳 孙硕 孟茹 于涵 王文 尹蝉 陈梦 王颖 李培
刘潇 刘杰 王瑶 王露 杨悦 陈放 何毅 钟媛 汤恒
李展 滕兴 孙彦 吴琪 席钥 李杨 魏晓蕾 王云然 邢逸凡
许雅静 王远清 杨志慧 乔竞航 叶清源 蔡兴奥 李思格 柯丹丹 邵娇娇
谢彦桐 郭晓宇 黄芷萱 刘晓丽 张星茹 牛婧宜 李蕴仪 王小莫 于学士
肖家珩 曹雯尧 张慧敏 葛婧雯 周李凯 仲家豪 姚京泰 李中群 房小骞
张宗泽 党浩然 于志泽 孙永贤 胡钦燚 鲁雨帆 谭皓原 张耀翔 包若涵
孙兆龙 谢玉龙 亓凤翠 霍英豪 王宇哲 张茗民 何子瞻 陈鸿源 刘睿辰
蔡欣懿 吕皓珺 陶亚欣 余声勇 刘丁畅 余新东 周肇远 韩紫东 张慧龙
赵晓宁 连佳乐 柏浩男 李梳琰 许云腾 陈幼雯 吴奇龙 尹义轩 李延如
徐延强 张天洋 宋小慧 张德善 杨培祺 邱世琦 王广旋 曹会翠 欧凌辉
唐可涵 高雨珊 傅湘羽 田轶凡 达格妮 程国庆 王中旭 陈明珠 范睿智
庄鉴行 孙天娇 蔡泽鹏 沈佳麒 张晓琛 于北溟 佟宇宙 张琪悦 王鸿淼
魏嘉遁 张翥斐 赖纪龙 林嘉聪 王德栋 丁博雅 詹墅宇 魏嘉祺 李江潇
李杼晓 吕润豫 卢冠宇 陈雨蔚 韦琳钰 李雪祺 令乙淇 马琛然 祁鹏翔
潘茂玲 郭傲雪 季新健 胡鸣豪 周子琪 毛潇梵 赵佳龙 郭睿渊 王君正
刘金帅 裴景泰 刘春发 杜歆芸 祝金铿 刘景达 吴玉洁 郭玉迪 陈少霞
刘晓涵 李腾跃 张琬童 何心竹 郑礼萍 朱昕妍 蔡何香 宋雨轩 郭美琪
董如意 张一帆 蒲羽昕 周俊华 乔俊朋 吴延栋 张师齐 李孟璇 迟茂田
潘奕彤 朱昱州 刘斌华 李文璟 寇芸菲 傅虹瑜 张雅清 罗雅文 王一婷
冯脉宣 孙文龙 张竣宇 卢炜煜 罗振宇 黄昭宇 李祥龙 赵安南 韩百睿
乔陈阳 王珑钦 伊若文 马荣艳 王佳淇 许圣龙 吴津津 郑豫宁 耿瑞泽
郭晓龙 孟俊言 陈一飞 王明浩 刘致恒 张晓婷 纪梦雪 朱安然 王子辰
陈家驰 杨力谋 朱红乙 赵天怡 周晓龙 姚远航 赵琮瑶 李兆鹏 李家福

包欣慧　郑晴丹　谢东林　马皓宇　崔杰泷　管欣茹　王超凡　朱景一　魏茹萌
陆子文　熊浩霖　何健铭　张馨予　赵嘉怡　唐艳芳　景文欣　夏文英　杨蒋雨
张慧熙　胡旭楠　姜成程　曹文正　李佳傲　高嘉乐　杨雨萌　夏子蛟　张积豪
刘炳成　熊静雯　董诗煜　乌日嘎　李嘉同　杨艳坤　张雅琪　郭少菲　段瑞钦
高建宁　李观鹏　任雅婷　赵梦迪　徐世阳　刘雅菲　白治芳　兰云玺　唐艺恬
李博妮　高欣然　宋爱龙　杨雅云　杨静茹　张宇辰　丁沛文　蔡志斌　杨海容
吴明治　闫晓萌　梁世宽　闫昆明　熊欣媛　王野力　许吾娴　朱辰旭　吕家宁
李昌颖　吴其乐　相昌昕　于艺丹　李具臻　孟庆旭　温淇深　韩雨昕　门晓婷
王怡宁　张卓宇　钮己衡　李佳骏　王怡然　朱子奇　张文佳　李家广　蔡园园
张可意　张泽浩　马韶华　孙霄宇　崔文浩　尚北辰　吕心如　黄一帆　陆乙中
曹一铭　王庚辰　李岱远　董霖炎　侯卓鹏　姚志成　郑文镇　李鹤洋　陈正烨
赵佳辰　袁顺雨　方丽洁　刘靖海　何心童　倪世钰　刘昶昱　徐雪晴　石祥盛
薛韫韬　刘晓东　李明玮　王兴泽　陈雅琦　范晓玮　张国辉　王号洁　蒋冬立
李嘉琦　钱丁丁　刘静怡　王俊皓　史天辰　李一鸣　林之淇　宗世超　杨钰琨
苗得雨　王浩宇　雍晋玮　马志远　赵春雨　王宇珩　钟子盟　马峰伟　王玥琨
彭新展　姚洙铁　张劭航　杜思雨　邓嘉鸣　王博林　刘奕彰　苏建文　徐明霞
李嘉翔　赵锐杉　李霆威　葛文芃　王一帆　乔时琛　李子健　李沐东　潘俞霏
陈天一　高昕宇　梁伊宁　吕存贵　代丕孟　王宇润　王寓炜　刘雨晴　马一骁
黄昭月　郑一豪　张千峰　孔德伟　王安琪　郝佳鑫　刘其皓　王有静　胡云海
赵侃如　郝晗宇　贺麟然　马书乐　魏之千　范文焘　王忠炜　王博源　周苏芳
赵浩铭　朱志莹　苏国栋　马清风　马秋扬　胡雨辰　刘斯琦　李现鹏　黄锦鹏
温志鹏　乔梓航　王元宏　肖滋颖　唐子淇　王晓萍　周新博　刘思源　马彦然
徐丌涵　王泽鑫　曹云珂　张传伟　王世辰　郝羽琛　舒文君　李羽容　潘嘉昊
苏俊友　李康立　李义熙　马鸣宇　卢昱佑　张慧丽　王志超　陈博恺　陈洁苗
尹卓群　谢琪娜　李辰洋　王曼君　王晓雪　任彬华　赵钟泽　胡宇新　施梦涵
张思昂　陶轩奇　杨静欣　高云昊　王庆昊　李永琪　张润楠　卢月彤　张鸿意
李玫莹　蔡诗雨　刘兴瑞　田子杰　傅文博　李文博　王童舒　邵龙然　许崇智
马增蛟　贾子同　赵小洁　刘云涛　邓颖岚　李茂渠　李惠楠　周志龙　王海晴
朱一灵　刘珅源　王可馨　邱佳炜　杜博文　高国伟　崔丰麟　冯晓璇　李嘉宁
王钰涵　徐得宇　朱可凡　支华明　陈明哲　王鑫璐　代司戎　缪弈博　张志彬
王庭瑞　李瑶达　许威豪　张聪玮　康永泽　武显通　王兆乐　杨世培　刘博文
葛金鑫　郑松昌　曹博文　龚陈博　赵东阳　赵宜男　谢晨阳　傅俊博　邸颖浩
朱彦泽　汤志国　刘雁炤　郑鹿鸣　孙浩辰　杜文潇　贠龙腾　徐立人　石佳洋
李梦蝶　王翔宇　侯龙桢　崔明伟　王昊阳　徐海淇　杨一诺　董明慧　赵汗青
任怿然　汤一鸣　孟俊宇　高文帅　张子扬　许文璐　侯晟宇　张一凡　程柯豪
林雨芃　刘子辰　王宇轩　傅敏聪　王正阳　薛睿智　蒋以恒　郁筱蓉　孙浩源
赵中远　万祥钰　刘诗洋　仇银龙　康云洋　陈潇萌　赵彬晅　段宇丞　刘子毅
高正阳　梁怀斐　张之顺　吝亦弘　林韵雪　周瑞生　尉远炬　李柯霖　白玉洁

张梓豪　李瑞阳　孙茂森　蔡希淳　张鸣飞　王庆峰　游世龙　郭晓宁　陈帅宇
杨嘉乐　宋培喆　刘国霄　李胜寒　赵凌青　谢媛媛　王智超　赵子硕　王文成
欧阳颖　吴文慧　田新蕾　赵大伟　陈天乐　杨雄健　段仪帅　杨若清　李雨晴
高梓杰　石岩泽　刘晴晴　闫建法　许玉鹏　蔡秉衡　孟晨曦　王震泽　王浩麟
曹方禹　崔晨阳　滕翔宇　宋怡涵　李佩珊　刘烨然　李润泽　王陆尧　丛智林
王海龙　汉云松　张雨函　丁宝春　孙渊博　叶才阳　谢成昭　唐于晰　何彦乐
王光宇　肖雯澜　李雪劼　张皓琛　杨雨潼　陈英健　赵婉冰　李煜龙　张顺亮
王禹志　孔德龙　刘咏灏　程炜钊　刘方泽　伍琦龙　李泽宇　黄家俊　巩佳硕
秦聪浩　刘宇辰　董嘉晖　杜世泽　王志齐　王子滨　王觊玮　杨程远　江信麒
刘毅博　吴昌林　张锡蒙　朱春祥　李乐怡　赵先拓　王世通　刘泽宇　丛文强
李宝硕　陆昀霄　苏建雄　王志辉　刘海岳　王俊为　考灿辰　王焯群　吕文鼎
陈宇鹏　刘子煊　许翔栋　王浩星　金莹徽　周旭洁　邓秉浩　曹笑言　黎学武
张栩凡　滕泽坤　牛菁菁　慕洲帆　徐昕冉　吴作雨　蒋伟杰　高宇宏　毛潆晗
周开东　刘文康　曹辰宇　何志宏　潘立维　张耕源　段棋涛　刘正扬　王宗豪
肖梦飞　柯天乐　欧陈秀　疏承睿　姜国梁　高皓桐　郑韵佳　李承五　王振来
陈妍希　李志昊　侯瑞敏　易赵正　赵齐方　黄怡宾　李江帆　谭俊雨　杜政忠
付连龚　刘家才　万宝龙　郭香昀　辛思语　李秋月　张培韬　单冬梅　张子安
任昱霖　赵晟铮　王金荣　邢振帅　林行刚　刘雪宁　董安冉　尹丽君　王庚辰
朱蒙沛　杜智勇　吴晓霞　掌佩佩　胡巧颖　杨晓月　张小龙　胥淑敏　杨雅诗
王艺铭　马晓妍　李晓雨　吴子丁　孙钰桐　冯万浩　董馨哲　徐梓睿　郭森林
刘慧娴　黄雨薇　陈祖斌　马玉娜　黄敏怡　伊淑娟　李颢鑫　张伊羽　李凌琳
戴乐天　常玉冉　朱家顺　何瑞东　祁丹辉　石佩佩　李宇婷　张嘉迅　沈柏彤
王元昕　兰共德　李颖超　张婧懿　李瑞强　吕冬雪　魏素云　王颖玥　李佳欣
李雅信　刘雨欣　张龙雨　李雪瑞　王文娟　关云艳　张子苏　牟虹飞　卢慧媛
廖子怡　王垣予　蔺广馨　邵高畅　席乐桐　金婕茹　王子昱　蔡易旻　叶邓辉
彭运良　孙天雪　崔晓林　周昊楠　王涤凡　栾怀祖　付凤岩　耿姝瑶　张艺薇
宋鹏飞　刘莹莹　丁文硕　付泽光　尚天则　黄金萍　黄丽嫚　何诗仪　王阿雯
毛宇恒　张宝丹　李泓璇　杨东昂　陈若瑜　王妍君　殷富靓　谢凤杰　李柏龙
孙萧辰瑞　益西班旦　王马思言　王良龙盛　刘孙嘉毅　王成晨雨
麦热艳木·吐尔迪　艾菲拉·艾力克木　叶尔肯古丽·艾斯尔
谢尔娜依·热依木江　米热古丽·阿布力米提　阿依萨娜提·麦麦提依萨

历史学学士(81 人)

张　孟　徐　爽　李　宣　王　琪　刘　睿　张　晋　肖　常　陶　然　丁　畅
毕　楠　王方宏　王开腾　关媛媛　宋依雯　陈凌婕　雷仪菲　李铸镔　李振民
张世文　赵宇昂　朱凌宇　徐佳琪　赵怡然　赵佳滢　董远华　赵张怡　武启凡
陳雪雯　趙鎔明　黎婉琳　焦思睿　王为鑫　黄银梅　瞿千曜　张碧璇　唐文星
龚则铭　郑西迅　曹玮青　张怡然　董欣怡　岳温舒　蒋浩龙　李婉婷　韦名强

杨宿苑　黄俊豪　周澤眾　刘海龙　徐紫玉　孟子涵　由昊雨　赵彤彤　单可欣
韦可薇　齐书妍　李燕楠　王浩臣　黄开龙　王学睿　杜锦虹　韩紫昕　董天怡
丁煜晖　姚佳歆　曾慧敏　董抒恒　高展羽　郑晨雨　蓝士鉴　朱宏月　刘晨熙
杜淑娟　常斯淼　邓子毅　薄睿宁　许书乐　周浩贤　邓祥云　韩江雪晴
AKIEMBOTO　KIMBERLY　WHITNEY　MARLENKA

文学学士(644 人)

王　迪　曹　可　张　源　陈　硕　韦　岸　邹　越　林　乙　黄　旭　李　想
周　宁　龚　熙　陈　晴　杨　露　于　童　张　驰　黄　铭　谢　婧　陈　果
孙　旸　延　鑫　麻　苗　王　梅　王　静　刘　媛　钱　蔚　牟　笛　袁　帅
李　静　刘　畅　王　晶　李　炎　郝　云　于　娜　孙　澳　郭　畅　邱　丰
吴　莹　吴　瑾　王　晶　李　婧　孟　响　尚　俏　王　淼　王　婕　魏　卢
卿　凌　张　月　赵　楠　郭　荣　贾　健　王　莹　熊　尧　许　帆　向　茗
徐　虎　丁　统　张　锐　张　会　陆　越　王　璇　赵　晨　卢　凤　李　雪
杨　磊　胡　俏　梁　潇　杜　霞　柳　昕　缪　静　谢　晶　王　霞　董　宇
刘　凯　吴　霏　李　朔　邓　旭　郭　旭　林　孜　玉　措　韩　旭　艾　鑫
邱　慧　刘　雯　黄　毅　邱　童　占　鹏　杨　娅　李　丰　龙　女　赵　婧
袁　豪　李　璐　董　怡　赵　颖　袁　旭　滕　芸　宋　洁　陆　颖　吴　彤
贺　峥　程　真　牛　凝　高　雪　魏　林　张　越　叶　柳　李　莹　沈　宇
胡　迪　李　文　张　坤　国千卉　刘笑笑　张秋雨　亓瑜迪　杜怡静　马田垟
李慧冉　杨子林　陈璐瑶　洪碧凤　张晶璐　杨静熙　郑依鹤　王婧懿　陈成龙
刘梦雪　谭中翰　宋英姿　张凌云　王伟敏　颜嘉璇　安一卓　孔小涵　董立静
袁秋月　项荟霖　彭媛媛　罗预川　黄林灏　孙印金　樊海东　雒易寒　孙广昊
刘妍慧　李琪琪　李佳铭　纪霖凯　周建峰　陈一娇　张铭清　鲁家媛　孙佳燕
施雪琦　王佳程　李思仪　吴志鹏　刘竞芳　刘馨涵　王世英　任贤静　张淑珺
王静泊　杨永馨　金奕辰　吴汐雯　刘樱子　王奥博　王可欣　师宜跃　陆赛露
梁梦烨　蔡雯雯　潘欣雨　赵如越　邹浥尘　肖亚楠　李雪倩　石若雨　张文斐
廉婷婷　黄绎中　李思仪　代湘月　张婧仪　原赵磊　金贤丽　吕佳芯　王梦瑶
高锦沅　韦子扬　宁胜燕　于心语　梁玉洁　周采薇　梁文杰　邓仕磊　唐叮叮
张维亚　翟晓茗　蔡宝德　张庭豪　马佳怡　马平川　丁子玹　钟诗懿　王柯晴
王颢颖　董文琪　贾秋莎　张潇文　潘雨鑫　韩汶洛　杨传庆　李嘉雪　赵天一
郝可心　朱珂雨　王思涵　卜思遥　沈芸莹　王晓希　王书亚　王若宇　李雅凡
马凤娇　杨晓玮　孙宇彤　延梦媛　鲁雨鑫　张雨欣　杨桂连　蔡嘉辉　史兰心
许仰尚　黄菲菲　崔逸飞　禄梦晗　冯国华　孙洪浩　贾云清　孙晓晨　王佳正
姜晓萍　纪文翠　王贾伟　徐帆平　左玉迪　冯惠琳　黄书晗　陈一凡　冀超宇
许诗莹　唐婉茹　范心怡　罗丽轩　汤雨欣　李安琪　蔺晓洋　王晓雯　王博文
崔继友　李明善　刘明玥　戴世遵　王茸茸　陈琬娟　邵明清　赵华谦　杨琳洁
丁亚杰　肖汶佳　劳小荷　谭单婧　杨慧子　余思亲　徐吉祥　陈家欣　管遥远

王安淇　闫美辰　王雨寒　张亚丽　吴英娜　桑怡晶　商梓萌　张心慧　刘晓慧
陈香君　孙楚涵　朱欣然　邹珂琦　张颖禧　刘雨菲　郭凡钰　王楚雯　衣美霖
尹虹璎　张嘉瑞　贲雯莉　涂一萍　陆舒晴　范家豪　唐洁琳　史昕艳　王福林
陈心如　徐齐洋　田思祺　石嘉鑫　钮阳阳　孙紫晶　譚芷嫣　何镁洁　徐婷婷
王炜煜　仇予童　王天启　孙琳凯　刘可心　李星潼　郭晓丹　黄滟婕　许紫萱
胡玉洁　梁斐然　庄昕桐　王艺涵　郭佳妮　周凤鸣　张晓一　姜梦婷　孙扬懿
刘梦真　任正邦　吴润丰　张雪宁　杨志斌　司一丹　李沁怡　王晓璇　杨嘉怡
韩如冰　侯乐妍　傅志辰　戴安然　董兆妍　邢佳凤　张昌兴　孙天阳　李维肖
杜凯玥　兰海天　赵乐梅　李雪莹　张淑敏　李雪莹　郑晓静　范艳华　周芮帆
汪亚东　王嘉辉　潘恒博　徐银萍　王若渲　冯昕彤　宋晓雅　杨欣茹　耿佳鑫
宓登豪　崔丽静　穆明娜　薛宇君　张永洁　王冰河　王怡宁　杨鲁华　王潇曼
张玉婷　陈艺琼　何秋霖　何玉鑫　刘青桐　刘涵予　魏子怡　张琰瑜　马林靖
张鸿儒　陈之昊　林敏敏　马英妹　孙文晞　赵亚男　唐凡舒　唐顺海　王淡然
蔡雨润　刘思琳　马文慧　李雨倩　徐乐乐　朱国丽　崔梦莹　任珏辰　吴晓菲
王慧丽　高依卓　王佳琪　魏思淼　唐逸辰　吴蕴琪　谭晓明　赵心怡　司泽昊
喻咏絮　张美仑　潘晨昕　杨晓晨　岳双双　陈莺歌　许雅楠　胡雨寒　李戈旭
田雨晴　石晓楠　甘涵宇　蒙思思　张丽娟　孙小雯　禹彩英　曹楚涵　任仰卿
宋柳琪　郑春美　仲翔宇　陈姝帆　王衍卉　刘锦睿　翟雨佳　徐思雯　宋偲妍
支婧薇　魏一然　陈晓蕾　郭翔宇　刘翘楚　林文清　刘佳铭　徐琬萍　闫柯笛
彭雅婷　万心雨　胡齐洁　潘航航　李雅琪　杜正莹　张晶晶　张希哲　王一涵
杨云舒　刘子辰　欧昱汐　丁雅宁　孙小晨　张胜男　周尧琳　王子祺　张悦怡
冯旭丹　张力恒　陈若冰　文尔雅　刘雨濛　张晓欧　张子文　王佳璐　贾家林
姜闳曦　孙均安　唐若霏　周裕欣　翁溶聆　曹瑛林　王心凝　赵海霞　尚文月
付心玥　王秋蓉　刘丹瑶　刘子维　宋文婷　刘宸硕　赵佩泽　董超男　吴芷婧
张芳奥　甘传昀　靖子怡　林春燕　黄若涵　蒋朝金　罗灵淼　孙钰涵　蒋丕佳
韩雨桐　郭惠杰　刘翰如　朱炜明　吕小曼　马雪兰　王皓宇　吴一凡　于冰晓
李威龙　邵小凡　林笑吟　杨婧琪　贺臻真　李欣彤　任春晓　李丽珊　熊奇颖
梁珺茹　孙秀伟　戴芷涵　许桂宗　周文静　曹思敏　郑淼淼　柳依依　郭星汝
刘玉珊　李必雨　杨昊霖　武雨荷　芦玉霞　甘峰于　孙明阳　谢利亚　官桂妮
许逸凡　逄湘凌　王穗子　赵小月　葛传睿　郭凯鸽　汪龙佳　伊壮状　梁晓仪
黄乐炫　刘奕娴　丁益阳　韩宛谕　王丹瀛　何美瞳　冀紫慧　古晓雅　黄宵雨
李颖章　温津波　田赫冉　王天惠　张鹤兰　杨沐锦　王玉璇　余惠妍　陈发恒
宋雨辰　张鑫淼　杨馨怡　苗飞雨　周世勋　陈东燕　苏月鹏　吴思彤　张心培
于子旋　毛秀慧　尹玉婷　秦晓月　赵凯文　吕雨欣　孙梦坤　毕研哲　刘永笑
张梦娇　彭文豪　路梦婷　靳双双　王紫瑜　梁佳心　帅兮兮　赵耘嘉　黄栩燕
杨涪森　谢欣彦　谭思雨　曹梦凡　代李蓉　李云松　杨婷丹　邝浩贤　查力凡
叶文馨　孟旖旎　王尹婷　黄延杰　池咏恒　鄧俊華　赵艺霖　殷琪蒙　刘嘉迎
万钊廷　刘梦青　宋倩宇　任雅宁　益西绕吉　扎西卓嘎　江措卓玛　刘珍禧连

益西卓嘎　格桑曲珍　边巴扎西　比拉力丁·玉山　胡西塔尔·加力恒
阿布都拉·买买提　祖力尼尕尔·艾尔肯　吐尔逊江·卡哈热曼　KAEUN LEE
HARBIN KIM　CHO SEUNGMEE　SONG AFTAAB　NAM YOUNGEON
ADILBEK KYZY CHOLPON　ATHIKAKEEREEPONG THANYARUN
KAMNOEDSIN MATHANEE　MUNKONG APINYA
NNALUE RAPHEAL CHUKWUEBUKA　SAE CHANG YUWAREE
SAMBOU VICTOR BENJAMIN　TANGPAN KANOKWAN
UDEOGU LOVETH CHINENYE　MAMADKULOV NASIM
CHONG SINN SI

医学学士(608 人)

宋 健　许 诺　刘 佳　赵 可　张 硕　周 诺　杨 旭　余 海　王 滔
王 静　张 琳　车 欣　黄 煜　王 伟　袁 莹　李 正　孟 欣　李 昌
宋 帆　程 亮　张 旭　王 帅　刘 瑜　梁 睿　王 松　周 颖　丁 旭
田 源　王 琰　泽 吉　袁 芬　林 炜　胡 璟　宋 杨　陈 昊　李 丽
徐 婷　孙 桐　李 昊　张 哲　牛 笑　周 煜　王 奕　高 鑫　崔 瑛
丁 澳　杨 阳　韩 雪　段 淼　彭 璐　张 琬　夏 媛　丁 晨　关 斌
唐 蕊　张 萍　董 瑞　韩 卓　赵 薇　苏 聪　崔 璨　李 壮　李 婷
唐 卫　胡 洋　田 阳　张 凯　陈 銮　张 剑　刘 昆　朱 航　赵 勇
王 婷　李 昕　张 涵　薛 雯　吴 迪　格 松　李 荣　孙 羽　马 瑄
杨 淇　张 静　杨 雪　安 洋　封 磊　赵 玮　苏 虹　王 浩　宋 远
李 倩　文 力　苏 杨　刘 强　董 杭　孟 齐　彭 帆　王 楠　杨 晴
高 原　陈 幸　徐 威　钟 深　吴 京　李 航　周 铭　刘 俐　殷 威
赵 哲　张 敏　宋 佳　张 展　段 聪　黄 磊　于 燕　王 露　蔡 垚
苏 力　冯 媛　王 镨　南 迪　王 柳　张 尧　王 辉　张 怡　王有静
韩炳琦　李诗华　付瑞仪　殷嘉麟　高孟颖　杨皓茹　续若彤　陆中婷　程泽宏
李昀珊　文羽洁　刘乐贤　高明月　李慧敏　曲绍宁　刘梦荃　郝孟翰　朱风瑞
李泽凯　吴彦霖　刘文静　王漫兮　和韶仪　王亚美　王怡涵　王祎璠　赵岩松
张佳悦　杜佳鹏　陈雾诗　毛银清　崔孟杰　陆娅胶　张孙杰　曾嘉仪　贾雪晴
张骁驰　方棨桓　李林瑾　姜永晟　寇德健　李孟楚　唐博雅　崔书萌　马春兰
马素娟　王梦鎡　付春阳　崔子鸥　王浩霖　李顺然　刘思硕　张梦迪　王小凡
张苗苗　赵伟杉　马晓燕　李晓玥　徐晓彤　肖意楠　刘泽昆　石晓楠　周乐艳
徐润泽　陈俊杰　施俊艺　黄灿灿　罗佳妮　徐思艺　盛怡雯　彭博远　尹秋月
熊逍鹤　陈泽睿　伍任捷　白俊强　李婧怡　李子瞻　梁宇琪　周芷含　窦欣宇
陈玮玉　刘子杨　王新雨　王冠儒　刘奕芯　赵华东　屈留洋　李潇楠　王美名
孙锦睿　张泽柔　罗智博　张婧哲　方崧凌　万家乐　杨芸瑄　林政峰　阮伟俊
马楚然　陈秋蕾　郑清树　王胜妙　金渌波　应巧慧　刘佳仪　桂厚达　王晓虹
吴雨桐　刘映雪　徐孟辰　刘苁芮　商梦瑶　刘成航　任慧颖　李新航　张焕荣

刘广瑞　齐跃宁　李亚慧　魏雨奇　陆兆模　刘永远　王子骅　张梦瑶　程聪逸
李永健　赵晓涵　李宛娜　刘德键　李玉灿　刘旭臣　朱一林　武文璐　伏苗苗
栾雪玉　田晓涵　聂辰宇　刘筱涵　胡冰涛　戴子晗　邱心慧　张新陶　张博文
郎孚勇　焦晓宇　成宇璇　何子萌　刘俊杰　李世豪　安宝坤　曾顺杰　韩秋月
梁晓可　许新彦　倪杰锟　宋雅安　王毓凯　王光裕　韩中雪　高常昊　李英瑞
罗延戈　郭新瑞　庄璐璐　朱逸清　修美好　王志浩　陈天然　豆立靓　刘志伟
杨宇航　梁远魁　苏嘉琦　孙志皓　张丽婷　林翔宇　李倩妮　李琦曌　包子游
张骁奕　翟昊昕　李晓娟　邱佳伟　王宇晴　刘冰玉　周甲琳　张增福　韩金铭
付润翰　张如皓　孙庆宇　梁湘君　刘雨芊　逯明慧　吴汉阳　刘昌浩　胡守蕊
万小涵　王婉茹　修志刚　隋明皓　李文浩　王丁新　刘严晟　彭作杰　樊闽春
武小义　鞠潇慧　刘奕杉　丁殊磊　李洋洋　王怡帆　马进兰　冯小鹏　金浩杰
许少宇　张峰源　姚志鹏　张心宇　张雅雯　王迎新　许可欣　陈思喆　张少猛
张文文　王雅菁　谢鑫鑫　计诗语　李元哲　洪润生　史宗焱　王文静　苏韵涵
王开心　梁梦圆　孙祥铠　苏德慧　郝玉虎　陈熙锐　南雪萍　张倩文　何梦媛
王炳忱　陆柯吉　关力豪　丁宇宸　赵金超　肖钰宣　徐浩然　刘哲宇　曾海金
彭江帆　邱程辉　岳晓琳　付铭玉　张鸣晖　曾鸿晖　熊思思　周禹睿　郑云博
李佳遥　王荃讷　徐淑琦　沈小语　李彦秋　王乐齐　纪晓帆　赵世萌　张域爽
钱竞予　徐哲钧　阿丽娅　史晓晖　雷发宗　何俊言　龚妍妍　付玉凤　周华鑫
涂兴权　张翼真　朱晶晶　胡甜甜　陈梦情　李鸿鑫　柏明帅　徐明阳　岳晓彤
孟永康　尚娟娟　丁春晖　刘宗鑫　贾春旺　李嘉豪　李继先　袁子诺　张煜宸
龙俊桑　柴雨薇　朱凌慧　段秀芸　席开颜　郑伊娜　李竹峰　李申浩　高淑哲
刘晓晨　肖夤凡　彭起帆　王崇丽　曾舒琰　吴晨睿　刘昱锌　李仕萌　赵琬怡
项云治　束建强　赵世程　魏述航　孙浩东　孔邵秋　桑德润　李瑞宇　殷文朝
崔晋铨　窦婧婧　曹吉双　陈丹丹　介海鹏　卢昱蓉　王帅鑫　张晶晶　孔令博
杨雨萌　郭丽莹　周相宇　陆志逸　颜蔺涛　王心怡　马国华　姜萌萌　刘兆宇
信凯强　张惠婷　张香菱　王嘉怡　王兆亿　徐可言　李孜涵　冯庆圆　贾秀芝
姜维英　余睿萱　杨天菊　马星宇　马文龙　陈传奇　王铭伟　邢云灿　李炳臻
刘汝成　陈润泽　陈琪太　刘福泽　刘如意　孙华梅　马学明　韩晓娟　代馨阅
厚天心　禹天同　郑凯文　黄志豪　向崇鑫　赵迎澳　韦菀淇　朱天宇　周大强
王振勋　刘子琴　傅锡洪　李欣怡　龙逸飞　颜子涵　雷雨欣　周芳馨　付浩然
丁健峰　颜佳楠　刘文瑶　徐子涵　宋婧婧　叶向荣　吴铁玺　张丽俊　刘明慧
石鲁森　厉彦飞　张锦松　付怡然　邵姝钰　李家闯　吴晨阳　杜郁洋　陈卓尔
刘颖洁　张特翰　张新媛　李子甘　支飞航　杨钰莹　杜亚洁　普布仓决
桑洁梅多　曲尼旺姆　扎西措姆　次旦卓拉　唐玲利亚　旦增次仁　皇甫莎莎
地娜·叶里卖克　哈里旦·艾再孜　古米拉·热斯别克　排尔哈提·艾则孜
合然·努尔萨无列　叶丝太·赛尔哈力　乔娃克·马合沙提　沙力玛·努尔加合普
麦尔哈巴·吐尔干江　米尔义·巴合提别克　阿孜古丽·吐拉麦提
买买提依明·沙吾尔　古丽尼莎汗·热西提　热依拉·阿布都肉苏力

热甫海提·阿布都热依木　艾克拜尔·阿布都塞麦提　古孜丽奴尔·奴尔热合买提
MAHABEER NATASHA　AURELIA ALLEN
MOOLA MUHAMMAD UZAIR　ANN MARY JOSE　RIYA JAYANTI PATEL
NAZRANA HOGARTH　SRISARAN SAKGOUNDANPALAYAM KUMARAVEL
MUTHAZHAGAN RAJESWARI NAVALADI　DIVYAM AGGARWAL
NAVANEETHA KRISHNAN VELU　JASSIM NIZAM
ARSHATH ANISH MAHATHAP　MUHAMMAD DIHYAH DOCRAT
JUDE RANCHU MAIMO　DASOLI ISHMAEL HASSAN
NYASHADZAMWARI NICOLE MAWORERE　MEYSAM NOURI
INOMASA RUKORO　YUMNA DINDAR　FALY NIRINA RANARIVELO
KAREEM AYMAN ZAKI AHMED AZZAM　HARI GOKUL THANGAVEL
DINESH RAJAMANICKAM　KABWE MWANGO CHEWE　IAD RABATA
DHATCHAYENE RAVICHANDRAN　GUJJULA SAI RAMAKANTH
GAURAV KUMAR　WAJEED IMTIYAZ　KHAPEKAR MAYURI GAJANAN
MOHAMED ASIQ ABDUL WAHID　NTLATSENG ALETTA SETHINYANE
MANNOJ MOHAN　FIDHA BINTH BASHEER THALANAR THODUKA
MUHAMMAD OMEIR　ABDULLATIF E M A ALENEZI
SAIF ABDULLAH AL-HAJJ ABDULLAH ABDULRAQEB
AL-SHARABI AMGAD ALI HAMID　NABIL WALI
LOLKIBAYANGO YUSTINE SEVERINA
AL-SAWIDI HUSSAM MOHAMMED AHMED GHANEM
HAIDARAH ASHRAF HASAN MUSAED NAJI
ALYOUSEFY EMAN AHMED MOHAMED
ALYOUSEFY SUMAYA AHMED MOHAMED
AL-YOUSEFY AYMAN AHMED MOHAMED

艺术学学士（155 人）

巩　瑞　倪　铭　胡　洋　周　健　曹　洁　孙　雨　林　卉　李　敏　叶　颖
周　丁　张　颖　张　君　翟　研　薛　玥　宁　元　李　璇　张　凯　刘　洁
郭　阳　陈　祥　周　琦　刘　妍　陈　杰　刘　雨　胡　飞　王　振　王　丹
吴　桐　王　仪　彭　森　修　宇　刘　诺　柴　晓　郭雨霏　郭俊清　朱子雯
王逸青　魏海心　亓焕昊　张紫尧　刘俊懿　温雪莉　于麒麟　陈雨彤　陈学强
王可欣　李奉癸　孔鑫茹　姚艺书　戴莹莹　杨子越　邹一鸣　杨文玉　盖冠男
栾雅喆　黄晓瞳　张煜培　徐怡帆　张纪龙　胡秀燕　王樱凤　毛舒颖　田晓倩
郭雨牵　殷明越　张智斐　林海燕　杨新奇　高一凡　李佳琪　王金波　雷耀桐
赵婧雯　唐生龙　肖紫晗　赵璐瑶　王程曦　张一格　麻琴钞　王天艺　张丽莹
范楚楠　张晓燕　潘玉仙　陈澳门　俞慧威　刘璐遥　陈冬冬　王智慧　胡一叶
雷馨语　孙嘉辰　赵晓云　谢曦和　李政邦　牛新宇　周昱彤　于梦圆　赵逸辰

于金泽　李志强　单玛丽　王蓓蕾　范泳君　刘欣雨　王博雅　曹子萱　马辰旭
李筱萌　可天媛　李任飞　董艺初　徐傲帆　张振兴　郭金诺　李瑞丰　张华欣
周思煜　朱越秋　易文治　刘芳菲　郭晨雨　张紫轩　王雨晴　司展硕　宋婉宁
陈雪淳　赵新月　邱馨莹　姜兆云　孙昊然　李家宁　高官欣　田思祺　孙方志
黄乔凤　王雨辰　王文富　张梦圆　韩滋伦　董朝阳　吴雨桐　吴书研　孙泽宇
曲厚润　姜惠凡　翟明昕　侯国冰　李睿思　付恒源　胡烨钰　一川雨歌
刘杨聪慧　张予妍汝　李珈白芮

哲学学士(38 人)

李　涛　孙　然　王　婕　窦　玥　王　银　项　东　宋　池　祁姣姣　毕之昂
陈世荣　田焕青　雷沐春　滕文博　袁雨雯　宋佩宸　杨瞰焱　王晓晨　田中旭
刘飞祥　赵明明　莫百璇　刘慎也　熊梓涵　史静宜　陆思文　洪进晋　谢碧婵
黄月鹏　李慈恩　付慧琳　贺麟然　李浩坦　朱馨泉　辛泽龙　王滟萍　苏晨阳
何昕依　江李鹏侨

山东大学
2022 年 6 月 18 日

关于 2022 年度授予丁统等 123 人荣誉学士学位的决定

山大教字〔2022〕17 号

根据《中华人民共和国学位条例》《中华人民共和国学位条例暂行实施办法》以及《学士学位授权与授予管理办法》的有关规定，经校学位评定委员会 2022 年度第一次全体会议审核通过，决定授予丁统等 123 人荣誉学士学位。具体名单如下：

法学学士(4 人)

丁　统　马建敏　王力勐　杨睿思

工学学士(68 人)

安　洋　陈　旭　丁　瑜　李　熠　刘　宁　马　腾　齐　浩　秦　孟　王　娜
郗　逊　杨　睿　张　超　陈润东　陈祖旭　窦长帅　杜雅莉　高轶凡　桂孝强
郭书宇　郭星昊　何文嘉　黑乃磊　侯振林　黄珊珊　纪艾汝　贾宗卫　姜万里
蒋凯佳　孔晓冰　李浩隆　李梦莹　李雨函　李志恒　李志强　刘洪栋　刘江源
刘峻豪　刘千一　刘心怡　卢子辰　马临风　马子阳　倪树森　宁文博　潘容与
秦玉莹　石贵月　王玟珏　王新宇　魏庆彬　吴佳昊　伍晓鸣　向昱桐　谢昱昊
杨逸君　尹怡思　余欣燕　张辉柱　张慧丽　张嘉颖　张凯淇　张倚赫　张泽宇

赵俊德　赵梦圆　赵子微　周健平　朱佳慧

管理学学士(6人)

范　淘　郝羽琛　李静雯　鲁嘉阳　潘辰贺　谢鹏鑫

教育学学士(2人)

白熙哲　李晋君

经济学学士(2人)

徐　诺　陈子涵

理学学士(21人)

崔　航　冯　海　花　明　李　莹　方丽洁　高梓杰　刘炳成　刘雪宁　钮己衡
孙渊博　田子杰　王庚辰　王海龙　王陆尧　王震泽　尉远炬　许文璐　于艺丹
张德善　赵梦迪　赵中远

历史学学士(1人)

郑晨雨

文学学士(12人)

牛　凝　孙　肠　王　梅　李云松　蔺晓洋　刘宸硕　刘嘉迎　任珏辰　宋英姿
汪龙佳　殷琪蒙　张潇文

医学学士(7人)

段　淼　孟　齐　陈润泽　段秀芸　任慧颖　王冠儒　应巧慧

山东大学
2022年6月18日

关于2022年度授予李昊等214人学士学位的决定

山大教字〔2022〕20号

根据《中华人民共和国学位条例》《中华人民共和国学位条例暂行实施办法》以及《学士学位授权与授予管理办法》的有关规定，经校学位评定委员会审核通过，决定授予李昊等198人学士学位，授予麻苗等16人辅修学士学位。具体名单如下：

工学学士(98 人)

李　昊　雒　洋　李　娇　李　辰　陈　婷　陈　懿　杨　林　王　耀　李　坚
牟　迪　杨　森　梁　帅　吕　昊　许　浩　闫　铮　唐　威　韩　笑　刘　浩
余　飞　李　冲　王　睿　冯圣杰　赵王翌　尚文哲　李晓晨　孟祥康　王迎新
许天悦　谢本贤　曹晓芙　李超平　程润身　孙绍轩　梁倍铭　孟昊磊　党高越
寇卓颢　刘照平　夏博文　曾加贝　李帛霖　王澳南　刘桂轩　曾稳庚　赖宇杭
丁宪哲　张铭豪　崔伊然　程志灏　丰弋博　马腾飞　康锦瑞　刘彦甫　冀天亮
林乾平　孙昕洋　宋佳雨　王海波　王和顺　谢炅辰　张原玮　雪镇鸿　夏正飞
焉琳智　田茂华　广少杰　于继乐　侯智恒　王灏天　邢之洲　李文龙　王国巍
杜汶瑾　康一平　史方正　黄河滨　侯江麟　李楠楠　祁创业　李钰璁　李鹏堃
刘雨星　黄龙雨　田嘉雨　史泽华　张哲元　熊小江　万少鲲　王钦政　陶雨化
蔡家源　史瀚文　赵伟腾　尼玛卓嘎　扎西多杰　阿依扎旦·麦木提吐尔干
MWALE RUTH　RENTERIA LOOR MANUEL ENRIQUE

法学学士(4 人)

麻　苗　张盈欣　孙楚涵　钟华建

管理学学士(11 人)

林　政　王　宇　王　珂　吴士丞　汤琳娜　刘文瑞　马晓喆　王建影　刘媛媛
旦真泽平　LAMUNU HANIFA

教育学学士(3 人)

张　杰　钟华建　吴鹏晖

经济学学士(16 人)

左吉瑞　李雨笑　杨晨曦　王治平　刘雨辰　米星月　柴逸飞　孙芷璇　孟昊磊
杨鹏瀚　杜春雨　郭印玺　蒋鹏辉　白乐天　邢浩宇　史雅婧

理学学士(45 人)

袁　鸣　刘　涛　陈　瑜　黄　宸　李　啸　张　哲　许　硕　许　浒　张　睿
贾　恩　李　健　周文耀　苑广龙　颜士杰　黄鹏远　农朝龙　郭鹏初　李威兵
王致远　吴柁岷　焦芊轶　关梓健　闫新雨　何安烨　沈皓明　程田旺　马文龙
王云瀛　王治平　郑佳龙　彭俊雄　马晓喆　粘华荣　赵卓凡　潘圣文　熊逸丰
王元烁　刘泽林　陈清匀　郭超凡　王麒齐　李嘉喆　辛智昊　刘子群　邱浩伟

文学学士(5 人)

董　欢　尹紫赟　禤韦行　王梓鉴　汪馨玥

医学学士(30 人)

刘　文　李　航　武　玥　张　璨　刘　娜　涂宇轩　陈嘉尧　蒋晓慧　王天宇
李庆辉　张盈欣　李乐其　张东溯　马有顺　何铭月　韩骁然　陈昌利　朱传昱
刘新欣　仁青多吉　朗杰晋扎　LIU LI HSUAN
MICO BINDANG NATIVIDAD　KOKER MARIAMA　FATIMA MIRZAEE
SEKGEE GOABAONE　DIAWARA NAFATOUMATA
KUFUNA KENNLY NDUMBA
ORNELLA MARINA GIRIMBERE
SALOTE FAKATOUMAFI VEA

艺术学学士 (2 人)

张　杰　徐贵东

山东大学
2022 年 7 月 30 日

关于 2022 年度授予李增智等 20 人学士学位的决定

山大教字〔2022〕39 号

根据《中华人民共和国学位条例》《中华人民共和国学位条例暂行实施办法》以及《学士学位授权与授予管理办法》的有关规定，经校学位评定委员会审核通过，决定授予李增智等 20 人学士学位。具体名单如下：

工学学士(4 人)

李增智　刘家骏　张语灵　赵泽圣

理学学士(4 人)

敖靖淞　耿浩程　张奕晗　章　振

医学学士(10 人)

林宙夫　MICHELL LEIGH PILLAY　JUVERIA FATHIMA
ONAOPEPO OYETUNJI ADERIBIGBE
SETHUPATHI EASWARAMOORTHY
SRIRAM RAMAMOORTHY　MAHAMED DAHIR MOHAMOUD
MOHAMMAD RAIHAN CHOWDHARY

DZINKAMBANI TAPIWA
TAKAFA DONALD NGONIDZASHE

艺术学学士(2 人)

王志磊　张　旭

山东大学
2022 年 12 月 27 日

研究生毕业生名单

关于2022年度授予李静含等73人博士学位陈麟等32人硕士学位的决定

山大研字〔2022〕6号

根据《中华人民共和国学位条例》和《中华人民共和国学位条例暂行实施办法》的有关规定，经校学位评定委员会2022年度第一次会议审核通过，决定授予攻读博士学位研究生李静含等64人博士学位；授予孙军等6人博士专业学位；授予以同等学力申请博士学位人员李苏满等3人博士学位；授予攻读硕士学位研究生陈麟等5人硕士学位；授予朱昊等23人硕士专业学位；授予以同等学力申请硕士学位人员池长会等4人硕士学位。具体名单如下：

一、授予博士学位人员名单（共73人）

（一）攻读博士学位研究生（64人）

哲学（1人）

李静含

经济学（1人）

王冠东

法学（11人）

白玉荣　台培森　张钰欣　周　鹏　陈　晔　宋　伟　梁可妮
史　杰　王　琼　周子杰　胡玉翠

文学（3人）

徐高楠　蒋　帅　朱　鹏

理学（15人）

荆广栋　王深清　崔恩鑫　赵培健　王泓程　刘　倩　张　琨　屠海龙　王　婷
陈利飞　边志龙　方文元　段仰苗　刘　嘉　倪素兰

工学（21人）

杨勇雄　张亚军　郑立仁　孔　龙　乔俊楠　张文扬　鹿海洋　董配玉　李　瑞
迟世丹　张梦泽　李　军　张　昊　张怡雪　王卓迪　章　丽　李　骏　刘　健

吕秋义　曹金明　胡旭峰

医学（11 人）

林庆杰　黄　超　卢志远　赵松柏　王体潇　陈朝佳　李　扬　冯少滨　张　硕
艾　丹　刘　点

管理学（1 人）

程　峥

（二）博士专业学位（6 人）

工程（1 人）

孙　军

口腔医学（2 人）

朱海燕　霍金凤

临床医学（3 人）

荆卫强　田晶晶　张　晨

（三）以同等学力申请博士学位（3 人）

经济学（1 人）

李苏满

管理学（2 人）

王　飞　董红刚

二、授予硕士学位人员名单（共 32 人）

（一）攻读硕士学位研究生（5 人）

法学（1 人）

陈　麟

理学（1 人）

张汝岳

工学（1 人）

王　欣

医学（2 人）

张　钰　张文博

（二）硕士专业学位（23 人）

法律（2 人）

朱　昊　刘晶晶

工程（2 人）

陈国权　程　鹏

口腔医学（1 人）

闫召月

临床医学（3 人）

陈功海　周振莹　罗　丹

公共管理（13 人）

王梦立　于丽娜　张　森　李　琛　武红敏　胡程哲　李佳轩　李　政　刘　青
任酉瑾　王鲁明　王雯雯　张传杰

工程管理（2 人）

郭仕伟　乔明娜

（三）以同等学力申请硕士学位（4 人）

文学（1 人）

池长会

医学（3 人）

王延海　魏　宁　杨　凯

山东大学
2022 年 3 月 28 日

关于 2022 年度授予尹辰霆等 736 人博士学位 冯茉等 5795 人硕士学位的决定

山大研字〔2022〕13 号

根据《中华人民共和国学位条例》和《中华人民共和国学位条例暂行实施办法》的有关规定，经校学位评定委员会 2022 年度第一次全体会议审核通过，决定授予攻读博士学位研究生尹辰霆等 602 人博士学位；授予张荣岭等 127 人博士专业学位；授予以同等学力申请博士学位人员孙瑞玺等 7 人博士学位；授予攻读硕士学位研究生冯茉等 2372 人硕士学位；授予王泰桦等 3374 人硕士专业学位；授予以同等学力申请硕士学位人员伏特等 49 人硕士学位。具体名单如下：

一、授予博士学位人员名单（共 736 人）

（一）攻读博士学位研究生（602 人）

哲学（10 人）

尹辰霆　罗　淼　陈彦杰　王　伟　张春光　张小雨　胡骄键　张小星　王　晶
朱　琳

经济学（30 人）

韩　星　廉　凯　陈东阳　苏咪咪　袁　媛　陈志成　胡亚男　王　佳　张翠燕
孙济潍　李晓飞　李拯非　张海霞　崔　杰　王　澍　李宗显　谢国梁　李朝婷
周立学　汪　蕾　郭俊艳　李业梅　崔瀚中　于　红　郭怡笛　张　敏
IKRAM MAJID　NADEEM ABDULMALIK ABDULRAHMAN
ALJONAID　EFFANGOU OTAMBOU CHRIST MARIEL

OBAMBI CHARDEL CARDOREL

法学（19 人）

汪　潇　秦悦涵　冯晓畅　韩　晗　原浩洋　张海宁　杨　帆　亓子龙　孙小菲
马双军　赵李叶　杨　毅　崔　哲　王　鹏　赵信彦　李常清　王新鹏　孔　蕊
MUSTAFA TÜTER

文学（30 人）

杜松梅　张婷婷　王　今　高学德　潘　磊　曹祥金　李香月　黄维军　梁建蕊
张　倩　刘洪东　华有杰　李晓丽　胡晓岩　赵春娟　陈　华　吕行佳　张　春
刘迎秋　马　兰　陈　恳　刘　博　井长海　刘尚才　胡培培　张　剑　解树明
杨胜男　李　兵　张学芬

历史学（17 人）

王　梁　陈　劲　赵星宇　葛海燕　王德勇　鲍海勇　王良智　陈树淑　王　亚
高志伟　赵珍珍　程保增　张晓雯　刘艳菲　李京震　他维宏　李自强

理学（171 人）

李　晓　黎　珊　王永利　赵晓宇　郑亚婷　赵元元　苏　烨　杨　莉　林博文
荆　飞　赵文嘉　王　悦　孟维君　景天琪　杨　帆　迟晓庆　宋繁鹏　孙向荣
张庆乐　王子豪　张西川　滕　斌　徐　杨　胡文涛　姜恋姿　王晓林　谢文丽
马　慧　杜明明　苏　静　张　琪　石　鹏　陈婷婷　陈志豪　高　涵　高　腾
焦安欣　卢志健　逄　驰　彭　瑞　齐思云　王乐栋　王　桐　王媛媛　吴　倩
武　璇　徐凌霞　杨玉莹　王士香　陈娟园　赵小舟　王　玲　张乾亮　张闪闪
谷　雨　仉凤华　柳婷婷　关弘浩　黄海财　孙海峰　张德良　吴　攸　苏龙龙
薛利娟　华明明　邱　烽　傅　莉　李世琛　谢羽芳　杨文静　段杨杨　李　莹
刘弈含　武文娜　伊梦娇　张　潇　陈晏如　谌梓煦　王雪玉　齐佳霖　王风霞
杨大林　刘佳佳　李　鹏　田海莹　穆　宁　李　苍　闫科吉　赵宝瑞　朱鹏程
张　羲　刘晓宇　韩丽娟　徐京华　赵健存　朱延平　刘营航　王慧敏　卢　婷
商　延　程俊慧　杨世达　袁恒星　董宏杰　贾贺雪　邱晨曦　王　晔　徐文强
欧阳清　顾心怡　康照琪　潘　卓　沙国萌　郑会会　胡跃严　谢帅帅　王天琪
张　珊　肖　丹　王清达　张　鹏　邵明川　施炳楠　梁珍雁　刘　琳　仝凤霞
张　翔　郑茗月　梁　敏　芦　娜　魏　琳　王会娟　李　彤　范玉佳　平玉奇
樊翠琴　柳晓晨　王明威　郭璐璐　林婧宇　杨　烜　程　杰　石　瑶　丁朋朋
杨雨晴　南云程　王洪磊　赵沿亮　唐　喆　尹　航　刘四平　龙雪豪　李　龙
李　通　孙泽浩　田　悦　郭战胜　卢德臣　杜俊举　石二彬　黄石锋　王君婷
王慧姿　关梅倩　贺匀峤　杨　晨　徐钟煜坤　FAHAD MEHMOOD
KHORSHED ALAM　SIKANDAR IQBAL　MUHAMMAD AHMAD

工学（185 人）

丁杭超　赵敬梅　徐利剑　布吉东　梁之威　李　睿　袁玉卓　梁广大　刘　杰
刘　阳　王　迪　徐伟东　刘国洋　刘　娜　张明强　赵其锴　魏　巍　赵英明
郑庆河　汪倩文　蒋文杰　刘凯京　牛自群　渠　帅　王士铨　刘　昊　王玉萍

时金金　刘　木　薛　妮　颜为山　韩留圆　张力元　黄美苓　董　晴　高　鹏
刘　倩　鲍晓磊　崔　晨　崔子浩　杜　敏　杜晓利　付　博　郭　庆　黄　远
蒋轩宇　孔　颖　李晓蒙　马法豪　缪振宇　孙军威　屠华耀　王思媛　吴雅博
武广达　谢冠英　于金英　张　康　张　娜　张汪阳　朱　菲　谭琳睿　秦　静
齐泮晴　潘静文　翟一杰　王　宁　安泽秀　董峻宇　徐　丽　张英南　姜　超
孙　丽　何伟林　梁洋洋　尹晓琴　刘　闪　魏传亮　曹滢文　段书伟　蒋蕙宇
金辉鑫　刘　惠　唐建伟　代林娜　宋美佳　孙　卿　王银川　闫芝成　姚志强
张　颖　王　曼　张柯远　南泽昭　王　伟　王　喻　刘璐瑶　杨　斐　孙　光
潘春阳　魏永利　章　程　黄志翔　王　鹏　侯秋林　杜际雨　冀寒松　韩　甦
沙元鹏　葛栋良　陈齐志　沈卫东　张　静　王闻杰　闫勇敢　马　磊　巩志强
张政清　孙培亮　白甜瑞　李箫玉　朱　晓　张志明　张　怡　李　昱　尹　睿
牛得存　曾祥军　李晓彤　李克强　闫炯程　张鸿儒　李华瑞　韦明杰　张　烁
朱元振　李长龙　李浩然　王中立　武寒波　马文凯　迟　诚　王春雨　李南君
魏　超　李　帆　黄玉兵　孔凡猛　张　岳　王美霞　蓝雄东　尤　洋　刘　娟
闫　鑫　王闪闪　罗　琦　孟文龙　郑　娜　韩贤静　张余豪　杨　斌　王奎奎
史　洋　朱君秋　周　维　张益杰　赵世森　王鹏程　万泽恩　马鹏飞　武　爽
李国强　李冠冠　褚玉金　王春华　王代超　孙文旭　薛祎凡　樊燕红　倪博煜
卢振宇　张中然　HUSSAIN　SUMAIRA　HAMMAD ARMGHAN
NAGHMASH

医学（116 人）

李　斐　吴　含　于媛媛　侯宝莲　刘亚轻　焦珂笛　王海涛　魏艳欣　朱雨辰
杨盼盼　王亚楠　席　迅　柳珊珊　丁　田　王建文　王艳荣　陈参参　张　烜
邵利伟　张自鹏　郑丹丹　吴丽丹　潘召义　王健华　杨兴业　鞠　翰　陈　晨
宋金同　徐玉良　张春阳　赵　彤　梁　涛　汪　昭　韩敬敬　郭翔宇　高　琳
陈　也　娄云霞　阎珍珍　张言坤　朱文洁　潘国聘　李　琪　邵　伟　赵田田
韩璐璐　柳瀚森　秦　颖　孙偲瑜　孙　杨　赵　茹　郭安良　陈　晨　韩　杨
韩晓蕾　康　冰　王　耸　何　东　齐亚娜　崔怀平　李佳璇　胡顺凤　宋守阳
张雨晗　刘端瑞　徐　鑫　许伟伟　徐　岚　郑艳军　韩　珊　赵如淞　焦文林
蔡先云　于祎昂　安典政　孙雅文　许业扬　刘兆芸　魏玉春　程　博　卜　川
张　娅　周　莹　胡耀天　郜振兴　倪晓菲　刘　蕾　林　岩　李孝峰　周冠文
张玉霖　崔剑锋　刘亚骁　李　政　齐贡花　赵　晨　李秋菊　王春燕　陈鹏翔
李胜强　邵显昊　王锐卿　亓　燕　徐　丹　于天舒　张梦宇　刘慧慧　周如琛
马小鸿　陈　雪　丁凯凯　张　健　李　慧　叶春淼　SAJID IQBAL
ZEESHAN FARHAJ

管理学（24 人）

付冷冷　于　棋　杨秀勇　王友春　吉海颖　许滋坤　赵志彬　许　蕾　孙孝静
杨英英　刘　洋　韩　杰　王亚明　张　云　张红霞　袁菲菲　刘瑶瑶　杨　凡
凌润泽　黄术生　张　楠　李佳婧　王　奕　苏明珠

（二）博士专业学位（127 人）

工程（5 人）

张荣岭　董学前　荆明阳　王　达　刘伟生

临床医学（119 人）

于奎鹏　董　艺　梁君慧　粟祥声　张　丽　孙世成　于　震　董朔晖　黄思源
陈晓玮　朱诗琴　郭子珍　潘　烨　韩　霜　李姝敏　孙　聪　李亚明　孙　璐
王　坤　周婷婷　陈安滨　周　维　金碧莹　王　迪　邱　伟　宋肖瑾　吕东平
王凌君　赵子潇　陈　彤　阎钰钏　张守基　王子翔　赵振丹　肖兆华　徐大宇
韩云飞　王善磊　林　燕　张　楠　相建峰　满荣军　余丽春　张占成　宋海霞
张　蓓　冯宝宝　倪丽艳　姜　鹏　孙钦辉　朱　超　刘文举　于克娜　董　艳
纪艳婷　费　晓　张旭晗　郭振伟　李奉祥　王立玲　曹兴许　纪岩磊　马春玲
宋　达　牛　苹　刘志宁　刘　唯　王永彬　尹冬梅　任祥斌　马长林　刘　洋
方佩佩　张雯雯　张　锐　张业勇　李　刚　袁宪顺　王　勇　祝鹏举　张丽华
孔　雪　刘元钦　孙珊珊　徐新建　邱仁峰　李颖超　刘　菲　侯珊珊　王　齐
赫　天　辛　海　申　迪　张　建　栾　萌　钱　运　董发进　冯文娟　宋方强
王燕燕　脱　磊　李正浩　梁冬冬　王凤云　徐　跃　曹　媛　高兴华　隋晶蕊
张玉丽　刘　静　郭　浩　任广利　邝　泓　宫小慧　张　杰　郭　爽　王美建
程　鹏　解　敏

口腔医学（3 人）

孟春秀　刘盼盼　孙　磊

（三）以同等学力申请博士学位（7 人）

法学（2 人）

孙瑞玺　张　奇

文学（2 人）

朱耀云　周彦每

理学（1 人）

吴连锋

医学（2 人）

王　钰　李　勇

二、授予硕士学位人员名单（共 5795 人）

（一）攻读硕士学位研究生（2372 人）

哲学（62 人）

冯　茉　蒋奇轩　程文明　李珈莹　廖鹏程　刘　昊　刘少华　宁　睿　朱梦莹
范碧璐　姬喻捷　嵇雪娇　林瀚林　鲁　钰　尚益民　滕佳慧　吴永翠　徐　珍
张谦谦　陈　翔　陈翔宇　邓　涵　霍馨莹　王羽青　周子谦　左向宇　丁宜文
高自然　李　雷　杨志伟　张方策　杜思凡　胡学伟　吴星岸　邓明霞　李梦媛
李泰达　李宇航　魏思静　吴思家　庄世涛　白梦雨　邓曦阳　郭　晨　李姣姣

李诗远　李　想　卢江平　芦　越　乔建宇　秦　晓　邱　虹　石　睿　宋婉玉
孙燕丽　薛　可　杨　婷　张　帆　张轶璇　孙佳丽　许遇好
MAKSYMMAKSYM NESTEROV

经济学（152 人）

何兆伟　刘　静　冯晓玢　高　斌　侯晓壮　李　双　李鑫阳　孟　菲　裴　真
蔡宇琛　王雅文　吴蔚然　朱海见　邹一德　刘　岱　刘家卉　刘　杰　王虎成
王世昊　韦丹琳　燕玉婷　常　晶　李鹏飞　李晓晓　李　昕　粟智豪　孙　慧
王珍珍　张均秒　张苡宁　祝秋思　曹慧雯　贾学萌　李初枚　李君瑶　李书画
刘　颖　卢　平　孙国瑞　唐慧娟　田　梦　王慧敏　王　静　王璐璐　王艳梅
王宇璇　吴苏敏　邢　瑶　杨文慧　虞方林　袁振方　张晨冉　张晓晗　张　萱
陈丽萍　董超越　田　淑　王禹嘉　周子鑫　丁　宁　刘书宏　刘昕琪　秦立政
宋　雨　夏　冰　许人宁　祝立莹　郭新艳　姜世好　李瑜真　齐　霁　王　玉
孔维月　马重阳　冯舒杰　李天阔　孙溶梅　王　瑞　郑　莉　喻敏柯　郭雨微
黄佳微　刘荆丽　王建坤　王琳凯　王新逾　魏钰洁　薛世森　宗小靓　蔡银辉
晁　臻　陈静怡　范明伟　侯智伟　李浩铭　李敬聪　李　震　罗　统　马明帅
莫　彦　曲星熠　孙　丽　王靖文　徐紫嫣　杨　飞　张晨曦　张　驰　张秋爽
赵志刚　周煜博　陈宇欣　李志敏　田儒江　王正洋　周　磊　龙　奇　王　成
赵　地　柳俊燕　孙丽慧　王　婷　俞　露　陈　莲　李晓晴　刘艳红　田培培
王志成　杨旭超　张树艳　陈炫亦　付伟豪　李琼琼　王哲宇　黄　琦　孔祥辉
林　琳　苏　苑　王文鑫　肖　琳　张婷婷　张欣怡　赵继俞　欧阳佳君
FARHAN YOUSAF　RIZWAN AKHTAR JAMSHEED　IRISH LYN DASALLA
ASAD HASEEB KHAN　BIOH MARY　ANGELO SEBLETSEGA AYELE
CHEMDE DIBA DENU　OPOKU PHILIP　HAMZA MUHAMMAD AMEER

法学（253 人）

林　帆　甘月童　贾元昊　李鑫芳　卢建如　马雁思　王　哲　肖博文　辛　红
张丹丹　周　琦　朱　楷　高　盼　宋展飞　黄　鑫　于　淼　陈革新　苏　锴
周梦琪　王　贺　徐　莹　范　鑫　胡鹏月　李丹丹　刘栋林　未志华　邢梦琪
尹一帆　张　超　赵　楠　杜子馨　胡子轩　刘成君　刘　婧　马家彬　唐筱丹
王佳琦　朱晓琪　曹　洪　李帅男　李衍惠　林　楷　刘梦洹　秦子牛　孙　瑜
王风瑞　王　晖　王　玥　张国琪　赵常伟　安梦杰　冷晶晶　李　震　隋双媛
隋英英　孙晓敏　王金良　王倩丽　王玉荣　张彩霞　张子钦　周明明　靳雅萱
吴彦瑾　朱翔宇　王雨晴　张印东　楚孔杨　杜　晓　李靖慧　吕朋华　曲　雯
徐　豪　杨　钊　游雪妍　俞艾歆　张建英　丛日轩　冯　丹　侯静雅　罗嵩安
尚远洪　施宏悦　孙晨源　王　成　王志伟　吴　芳　谢　静　杨怀晨　张宇蓬
董秋阳　冯亚昆　李　阳　刘　鑫　魏　力　董文倩　杜娱宁　冯雨晴　付　清
富大亨　郝俊逸　乐　清　李贵香　李婧茹　李柯静　李晓彤　刘楠楠　吕海丽
马　艳　孙先正　王之夏　徐　煜　张绍鲁　赵　杰　赵千惠　庄淑涛　胡　静
李　钦　张一帆　赵　雷　白一凡　陈欣然　陈韵键　董　爱　范丹丹　李昊霖

李顺强　李彦霖　李旖婷　苗辰生　王开智　王　楠　徐　芳　钟　力　郝文敏
李　敏　李　硕　吴　晗　张　聪　胡海鹏　李　菲　李金蔓　刘晓烨　栾美娇
任胜男　谭长峰　王立文　王玉娇　杨　慧　刘　岩　任凯旋　朱　瑞　陈慧玲
崔佳杏　崔晓宇　郭　琳　蒋　艳　李维佳　刘灵潇　刘天添　刘子惠　庞好月
王彤彤　吴德岭　肖　迪　信慧慧　包蓓蓓　李东东　张榕芳　陈　彤　陈琰琪
初旭东　傅寒青　高　鹏　耿海倩　黄雷文　黄万宏　李娇娇　林　燕　刘佳璇
刘晓恋　鲁梦蕾　牟凤娇　潘玉静　乔　忍　桑子慧　滕召侠　王　辰　王敏敏
夏　静　徐　丹　于晓薇　赵　爽　孔令玮　李晓倩　王蒙蒙　杨兆艳　郭　超
胡文轩　胡致祥　黄秋雨　李　丽　李亚琳　刘　蓉　刘孺桐　屈丽萍　王记兵
王嘉成　武思浩　席亚萍　于　淼　何泳桥　黄军钧　刘　玉　马永佳　杨苗苗
杨萍萍　袁晓倩　张延杰　陈施融　张静思　张晓宇　蔡安绮　陈文升　孟晓宇
王强强　姚寰宇　曾　坤　冯晨琳　李佳同　吕建群　谢梦霞　徐　琳　刘　璇
孙安政　王其腾　夏慧婷　袁　野　许文丽　张　滕　曹力文　冯金菊　贺　彩
孔　腾　李婉颖　李雅洁　王可欣　王爽爽　尹昱珺　张　娜　周玉莹
古丽娅尔·艾热提　SURAJ PRAKASH

教育学（9 人）

郭宗续　海玉娟　李　阳　米小燕　任鹏飞　王嘉琦　王　静　熊春伟　徐珊珊

文学（230 人）

耿姝晴　孔　超　李　翔　林蒙初　龙雪情　马方韬　孙永洁　王凌云　王　觅
张　哲　朱洪秀　庄欣欣　曹明芝　陈莜烨　谷云红　郭鹤威　郝梦雪　李思萌
李紫宇　刘泊宁　刘　璐　刘奇超　宋少雄　孙艺璇　汪晓芳　王楚翘　杨　华
杨　萍　殷　蕊　于　畅　张改丽　张　涵　赵秒秒　周芳冰　周琦玥　曹鑫源
陈婉婷　杜银莲　冯国藩　冯　娇　焦题名　鞠辛陆　李　睿　李　想　刘一璠
宋玉蓉　孙晓晴　滕　丹　王　真　徐舒桐　徐龑鹏　叶楠楠　张　涵　张皓琛
张其姝　张　叶　曹书婧　费诗贤　耿庆睿　林　媛　王嘉倩　张敏萱　张　婷
赵　航　陈颖玫　范心瑜　古欣蕊　姜如月　李文畅　李　杨　李志新　刘　强
刘泽昊　马成玉　米娟娟　任春玉　申　畅　孙玲霞　唐心蕊　王金星　王琬琼
王一凡　吴　冕　徐布维　颜子靖　杨　阳　张梦瑶　张　明　张紫柔　胡丽娟
汪　泽　张　茜　张　泽　赵静茹　周　芳　李可人　王彦文　常　阳　崔　迪
管　悦　郝书苑　姜悦儿　金　狄　李伶俐　李雨薇　刘梦晗　刘怡凡　马晓惠
冉景仪　唐　辰　王　丰　魏　瑾　武官莹　徐子贤　颜鑫同　杨　珊　张　能
赵　玲　邹　倩　陈德稳　李鸿飞　乔　凡　于凤洁　桂书杰　刘春杉　陈昕雨
张荣莖　朱卓颖　高子迪　李　彤　魏心怡　程华琪　崔云青　林　辉　宋　涵
朱　越　邓　悦　刘慕荣　王菁菁　张　琦　黄笑赧　李偶祺　曹　琳　冯梦非
郭永臻　李古月　李冠一　李佳杰　李祎炀　林　康　刘　丹　刘平阁　刘润枫
马庆辉　商赛博　尚　嵲　孙颖睿　隗茂杰　吴雪菡　许高雅　薛林浩　于　周
李晨宇　李维康　向伦常　张诺丕　张　翼　张子悦　祖雪妍　韩青芸　王明欣
刘烨臻　卞婧婧　卞亚敏　陈　彬　陈立勋　陈　乾　邓萌萌　方誉杰　蒋　帅

李承志　李凤艳　李冉冉　李晓琛　刘　帆　刘美秀　曲绍萍　石尚上　宋　爽
王　迪　王凤敏　王淑平　魏廷义　徐素素　杨　璐　杨文倩　张美乐　张梦琪
张馨月　张　雪　赵文姝　高月仙　耿　腾　刘香乐　王心宇　樊　岩　王淑月
吴亦菲　熊　静　曲　铮　谢晶垚　赵祎凡　王佳芬　武俊宇　徐冰月　于昊杰
张海玉　宾胜兰　伏　宁　孟凡秀　张　晗　李　瑞　陆　茜　毛红敏　仲少华
周姝丽　田钰涵　徐秋月　祝欣琳　高　婷

历史学（61 人）

陈　凯　戴敬一　丁方婕　丁昊阳　李志伟　梁　坤　刘　蒙　彭富仁　秦旭彤
司丽媛　王振宇　曹永坤　单　宸　邓浩颜　李嘉怡　李倪倪　李　雯　李西萌
林月良　刘姝含　路梦圆　马　骏　宋方凯　孙　畅　孙静文　田　丽　王艺茹
王逸临　邢丽娜　雪清泉　张　培　张　晴　张　群　赵怡帆　钟海鹏　姜淑敏
吕松昊　闫世钰　冯令儒　武笑迎　代　娇　段锦珂　冷琴琴　刘立磊　孟　艺
乔文娟　王明琪　张隆鑫　朱啸乾　王一钒　岳鹏程　张　培　杜婷婷　李张驰
王群星　段绮梦　范宥彬　宫瑞博　阚颖浩　李凤翔　李怡晓

理学（496 人）

张　琪　宋天博　迟丽娜　迟苑洁　戴子龙　范丽丽　冯金枝　巩飞羽　蒋天怿
李　珊　李双悦　卢梦雅　吕　冲　吕　娇　马方裕　孟　麟　彭博炜　汪　青
王　珍　赵　博　赵　倩　赵　应　崔婉婉　高梦琪　李洪鹏　栾正芳　王涵钰
王建行　肖红单　徐　奥　于博宇　陈超杰　李姝月　罗　佳　杨春晖　张　晴
章飞强　郑文昊　贾纯颖　刘　曼　刘小扬　吴兆娣　朱远卓　冯洁茹　卢静静
孟繁茵　舒希超　孙淑敏　王　恬　王奕众　王志兰　杨星宇　张　芬　张灵婕
单小真　张雍杰　崔博钧　杜贤贤　郝　琪　季　承　康静文　刘明学　孙　雨
王若怡　张文洁　赵玉如　程晓华　董宇安　范兴源　蒋慧慧　任清华　王琳惠
王　颖　魏思宇　徐玉臣　徐　月　杨　琳　翟茜彤　张　彬　仲卿照　朱小梅
左　慧　王孟欣　左明月　车杨予　丁　语　胡文婷　李晨晨　刘　婷　刘雅茜
米俊喆　苗元鑫　曲韵竹　王依诺　辛洲扬　许明月　赵宇博　冯璐瑶　郭　凝
贾倩莹　姜钦瀚　李佳琳　李琳琳　李晓雪　王榕巍　魏何平　杨　菲　朱　琳
范嵘浩　丁燕萍　董舒苹　高　达　葛羽丰　耿雯惠　郭聪聪　贾秉清　贾志伟
雷慧霞　李慧琴　李鑫颖　刘晨阳　刘凤颖　刘　璇　马帮争　马晓飞　石雪怡
王静远　王秀娟　王泽琛　吴晨雨　谢瑞莹　邢玉陟　徐　舸　徐　慧　杨道霖
杨　云　岳宪珂　张　鼎　张好娜　张淑慧　张志华　孙　硕　高　娜　姚智尹
张蒙蒙　丁　董　孔　珍　来晓萌　李　彤　李扬扬　刘佳明　吕　丹　司为丹
宋　宁　张智璐　张宗一　周　洁　董双田　李晓囡　杨　青　黄　玮　李述念
梁君聪　刘　越　史振威　佟庆喆　王天麟　王　玉　吴逾诸　徐忠芸　杨海泉
袁裕长　赵建剑　宗兆辉　曹鹏飞　陈晓丽　程才坤　范　琪　范新珂　范学诚
高　畅　宫菲雪　何玉龙　李金芮　李　君　刘苗苗　刘雨微　陆绍青　路丹丹
宋媛媛　孙艳美　王冬蕾　王金昭　魏静静　邢亚男　胥　琳　徐聪聪　徐　悦
许铭源　英　昊　张　颖　王小溪　王　晓　吴瑞英　徐云帆　杨　楠　冯明明

韩　旭 梁家鸣 刘笑宇 孟令成 魏之奂 徐瑞雪 崔荣秀 黄子琴 李学鹏
李雅洁 马金鑫 孙　雪 王　静 吴　楠 谢阳阳 陈　琪 孟　迎 穆天骄
郭雅南 王晓颖 王　啸 曾沛源 崔莉方 韩仕伟 李艳萍 任　慧 申美琪
石　宏 王莉丽 王月凤 魏凯静 谢圆圆 姚辉丽 姚　文 张文静 张雨雪
赵凤影 赵　敏 赵紫艳 朱红颖 朱加勇 朱馨芳 洪盼盼 金科谚 李　璋
闫　俏 张　辉 崔阳哲 董继斌 祁鲁玉 秦慧颖 张廷靖 张晓政 付常爱
陈　贝 董美宏 冯予荟 郭肖桐 何　鑫 贺文昕 胡佳敏 黄银月 姬博纹
康福思 可志萍 李芙哲 李　庚 李晓萌 李　越 林子佳 刘思敏 刘巳钰
刘伟松 刘远翔 马梅娜 沈佳丽 沈林静 苏安琪 孙煦茵 孙雨晴 王金祺
王玖清 王锐章 王霜珏 王文凯 王　霞 王亚茹 王志敏 吴鹏举 徐黄纬
徐秋爽 徐子萍 杨超凡 张荃宝 张　硕 张　彤 赵鹏鹏 赵晓雨 郑　宁
周　凡 朱子薇 高亚楠 刘晓慧 刘昭曦 王　帅 孙文璇 王菲菲 高　倩
高泽玉 王鹤静 王　楠 熊宇峰 张庆燕 赵相炎 赵慧敏 李文华 曲　倩
陈　雷 王　菲 庄昊儒 邹晓梅 金铭畅 李梦雪 李　毅 唐　雯 武小聪
赵清宇 柯鸿飞 兰　天 刘建博 孟　然 潘　玮 郑俊杰 耿　廉 霍晓晗
李晓娇 孟新媛 宋肖菡 孙　萍 孙悦清 夏来硕 杨毅恺 党纤利 韩　宏
韩　盼 何增辉 黄　菊 乔笑菲 秦青华 任海源 王鑫鑫 杨园园 姚　晨
余天富 李书杰 刘娣铭 刘建松 陶晓娜 王　佳 杜颖馨 高　敏 孔佑姿
李双杰 刘娅星 刘　颖 彭雪琪 任晓蕾 王春颖 徐艳文 颜荣震 杨杉杉
张　艺 张玉玲 赵　颖 程亚红 崔茜茜 韩学超 曲灵心 徐征征 曹文金
靳馨晨 南美玲 杨孝祥 翟云姣 陈卓韵 高之茵 廖慧敏 王蔚港 臧晚莹
张　锗 吕海波 沈宏琛 史梅娟 王延伟 武奕鑫 张　琪 周煜琦 崔文博
李金瑞 刘娅楠 马宏源 王　丛 蔡奋业 程磊东 崔佳佳 张　晴 靳　琳
刘雨涵 邵宇童 王艺颖 方　旭 何慧杰 解玉林 李　成 王晓晨 张洪苓
于文奇 王彦彬 祁俊海 徐　超 何彬涛 马雨茁 田弘正 汪　洋 杨　娜
于桐桐 柳文爽 于子良 曹智涵 李林蔚 鲁晓玲 聂兆一 宋建达 佟姝妍
王　璐 邢韶颖 张思琪 尚丹丹 朱珂磊 封　帅 王浩诚 薛少铭 杨佳美
尤瑞松 张　惠 张　哲 周永杰 朱鹏元 柏红春 韩晨尧 侯旭婷 李晨帆
刘筱琪 刘　杨 龙　霞 马　肖 孟馨悦 牛　哲 任道鹏 万　晟 许丙强
杨士立 于飞瑜 于晓雨 张　震 赵伟华 郑金梅 朱晓琼 曹靖雯 秦晓玲
陈　慧 范伊兰 贾义飞 李晓琳 张　硕 常艳荣 崔佩彩 张莉娅 郝凯静
宋泽远 张月蕾 甄肖聪 白　迪 李梦雪 梁俊超 舒王欣泽 张峥春雨
库丽洪·赛热别力 FARAH NAZ

工学（678人）

霍婷婷 吕　卓 汤紫成 田　震 吴翰清 袁文博 张　晓 周淑瑾 庄晓佳
季　通 降雅男 宁芸芸 王冰雪 吴苏晴 张利鑫 赵慧娟 廖宇航 孟祥瑞
王晓宇 谢明明 张　迪 张威风 何家浩 李道直 张志峰 赵　微 郑佳琪
席义方 徐　晖 杨琳婕 张维强 狄子钧 丁保清 高　华 郭润东 黄　澄

李冰鑫　李晓乐　李孝港　李亚锋　李玉珍　刘东杰　刘改勤　刘　强　刘　瑶
孙晓杰　汪剑豪　王丹凤　王宏蕊　王　璐　王鸣天　王雪静　王一涵　邬　磊
夏　璠　徐红玉　颜蒙蒙　杨颖慧　张德彩　张立双　张歆怡　张艳艳　张　艺
郑安竹　史俊超　董文韬　李继煜　李岩岩　刘佳林　张　腾　张　颜　赵东木
赵云瑞　祝诗诗　邹　杨　艾　黎　邓乐全　董建红　冯安波　谷锡猛　何玉杰
蒋　震　李程程　李　杨　刘昌辉　刘聖福　刘　伟　孙丰磊　王国良　吴金明
熊玖龙　徐德勤　姚贵腾　翟广耀　张　莉　赵　行　赵仁娜　朱雨馨　庄　吉
白月阳　曹晓晴　董泽正　段良凤　冯齐云　高　品　高翔宇　郭　丹　贺锦开
洪艺博　蒋家丽　康爱林　李沐阳　李　帅　刘　德　刘海豹　刘明艳　彭丽静
沙建华　宋元旭　王佳丽　王盼盼　王欣丽　王玉茹　王志伟　谢雨阳　姚静烨
于思腾　张家超　张娇娇　张世节　张书榕　张　彤　张易牧　赵　博　郑　晓
周璐璐　周晓宇　陈　晶　董丰硕　高　松　韩亚楠　胡霄进　霍俊羽　刘陵瑞
孙　娟　孙　悦　汪李飞　王鹏程　王浥铭　展亚楠　张博雯　张仕文　赵　峰
赵　敏　郑玉珍　刘俊都　曲兆展　王翰章　殷延蕊　顾　宇　焦俊鹏　王猛达
王相悦　王志心　闫　昊　常籽萱　陈　洁　慈乃轩　高　源　韩泽俊　胡国峰
蒋　振　李高阳　李　静　李瑞栋　李玉琦　李志贺　李子豪　梁慧君　凌亮建
刘景伟　刘玲玉　刘欣然　马英杰　孟琳杰　倪尔力　齐　园　邱志杰　任尚轩
阮　骋　苏效婧　孙　睿　田康东　王安然　王　菲　王晟祯　王　烁　王文静
王笑非　王鑫雨　王逸菲　王逸群　王英豪　王玉胜　王玉霞　蔚锦华　魏至成
武　样　邢　凯　徐仁杰　许晓峰　薛瑞青　闫　劭　严亦超　阎汐睿　杨东杰
姚星宇　姚雨晴　张　昊　张茂富　张　硕　赵昕宇　郑司南　周海平　周　艺
周雨童　杨　洵　代兴博　江梦倩　吕岱臻　潘阿东　杨　宸　杨晓恒　叶世红
于广林　张圣帅　周中国　张兴艺　曾云飞　陈彬彬　陈　帅　丛山昊　丁宏健
段凌云　傅振升　高雪晴　葛人杰　何婉盈　洪　颖　胡健睿　黄永猛　冀浩楠
贾天昊　解振威　李宏民　李金慧　李茂华　李婷玉　李智敏　廉博洋　梁钊瑜
廖利城　刘　祥　刘元玉　刘忠强　欧金顺　潘龙叶　屈一飞　邵国栋　孙海耀
孙田田　孙旭峰　唐贤康　王晨浩　王惟可　王晓阳　王　岩　徐春望　薛祥儒
叶新来　张春松　张　锟　张　乐　张茹凤　张世波　张　涛　张　岩　张　勇
张泽坤　张钟予　赵梓贺　郑　涛　周京国　秦　宇　伯振明　高业勤　郭子毓
姜明慧　刘　慧　刘亚男　马绪莹　潘　乐　任倬欧　刘良良　陈乐平　成　涛
豆业辉　甘宗伟　高　传　胡倩润　江镇宇　李　昌　李锦峰　李　颖　刘　浩
刘静远　刘　权　卢美岳　路静文　马荣泽　满全友　苗佳雨　聂冠宇　荣思达
盛雪柔　宋　锐　孙嘉泽　孙丽慧　孙晓晴　陶慧芳　汪　淼　王　斌　王俊杰
王　奇　王天宇　王文杰　王玉琢　夏　雷　邢向文　徐婷婷　徐伊萌　伊世磊
于目深　张德英　张书繁　张宇杰　张祝平　周文波　宋广舒　王明阳　谭珺元
艾洪宇　常延朝　陈超超　陈　帅　程　涵　刁子邗　丁婷婷　杜志峰　封新驰
冯国文　冯振康　郭宸显　郭　浩　韩明昊　黄铕浠　孔　昊　黎鹏程　李柏慷
李　伟　罗志杰　吕华灿　马振贺　梅立敏　祁振宁　秦龙宇　阮佳程　石雨帆

司志远　孙守晶　孙玉鑫　王海博　王海天　王　昊　王建建　王深泓　王　玮
王尊贤　文　韬　吴　凡　夏侯迪　徐恭德　徐建春　徐　威　许　韬　杨长通
杨正扬　姚　茜　易骁建　于浩天　臧琳冬　张成泉　张方旭　张书怡　张中一
季金杰　谭鹏飞　翟世波　周文正　齐　欣　侯永超　江连杰　李晓卿　苏靖惜
苏祺钧　孙志浩　杨君如　杨永康　张博学　陈路昌　陈鑫洋　陈旭东　高世伟
公英杰　郭　凯　韩祥祖　郝　涛　黄　景　黄学钦　吉中昶　贾寿安　解瑞明
李　睿　刘敬贺　刘振宇　鲁彬彬　陆梦旭　满荣军　米华东　聂昭颖　秦　浩
沈文鑫　盛嘉鹏　史　攀　宋亚杰　隋明君　孙　倡　孙中锴　王德鑫　王璐瑶
王　顺　王晓彤　王　旭　王　宇　王志雪　韦　傲　徐全政　徐睿欣　延晓晖
杨聪敏　杨旭亭　杨易蓉　杨志勇　尹心彤　岳　露　张　帆　张　宏　张　潇
张园凯　康湘莲　马志祥　梅　娜　孟祥伟　王红霞　王怡娟　夏　宇　赵　卓
朱　霖　王　帅　董舒凡　范志鑫　冯玥鹏　郭文昊　刘　洋　陈经棚　陈琦琦
宋　茜　王朝阳　杨　静　杨　敏　张　晨　张贯达　赵友超　焦圣虎　李　超
李　佳　刘金樟　刘凯铭　邱　凯　杨　浩　张伯勋　张来仪　陈兆庚　于月浩
景　硕　甘　甜　刘正达　刘子莹　孟　健　黄国香　孟博雯　史逸伟　谭怡然
张国锋　陈　瀚　陈泽豪　成　达　郝振云　黄兆如　吉学博　焦方锴　黎佩华
李晨晨　李冬冬　李宇凡　林信然　刘　洁　刘隆都　刘培庆　刘钰超　曲磊钢
孙玮璠　仝　心　汪　淳　王朝阳　王　旭　王燕军　魏　倩　温皓琨　薛　亮
于宏正　俞旭铮　袁　娜　袁旭阳　张立芳　张　晓　张　政　赵继超　赵向文
赵　欣　赵增瑞　周　秋　朱　丽　安　宁　柴嘉靖　董姗姗　杜泽林　槐敏涵
李贺贺　李扬科　林熙捷　刘忠青　马　乾　秦梓恒　邵明山　邵　奇　师脉旺
孙梦谦　滕隽雅　田洁茹　王　彬　王　彬　王鹤钧　奚彧婷　许志伟　闫炳豪
燕嘉鑫　叶子扬　张金潇　张千领　赵海博　赵彦博　赵梓婷　朱桂萍　朱孟瑾
李小彤　郭美延　刘　悦　汤宇婷　王　滨　王　悦　熊　悦　曹天宇　肖宇驰
段龙飞　黄贝贝　刘赫然　刘明朋　杨晨君　赵一民　蒋佩玉　刘福民　肖宇扬
黄万祥　王登帅　王　伟　闫雪琛　邓东浩　付妤婕　何启航　宋方腾　王　敏
俞凯雄　段振堂　黄　金　霍江航　季雅文　李沐阳　米　楠　郑维红　陈蔚林
刘青桐　赵文玲　白兴涛　韩明钦　汲长江　刘奕辰　孙宇阳　张涵东　张　进
陈得帅　李德合　刘元帅　柳洪生　吕　臻　宁文婧　曲　攀　石筱筱　徐海超
许艳锋　单飞龙　刘和灵　孙通通　李倩雯　李雨晴　沈智威　董昌昊　侯宜春
李　超　李香吕　孙文凯　徐振东　郑　芳　郑凯通　周殷玉　邹　启　段文强
胡友鹏　李晓艳　吕培鑫　王月娇　徐同坤　张哲晨　阿曼尼沙·艾海提
木巴来克·都尕买提　ABIODUN EMMANUEL OGUNMOROTI
QARNAIN ZUL　GHAFOOR SHAHID　IRFAN ULLAH
Ahmed Omer Salih Mohmmed　DANIEL LIMENEW MEHERETIE
KHAN AMIR　MOGADEM AHMED MAZIN MOHAMMED
MOHAMED ABDELRAHMAN AHMED DAFAALLAH
RAMMAH HAYDAR ELTOM IBRAHIM　Danish MASOOD

SARIM SALEEM SIDDIQUI　ALAA JALAL ABDALLA AHMED

医学（273 人）

程春晓　代伟英　杜宛毓　高超男　郭　萍　贾　艳　李春霞　李振伟　潘凤鸣
王　欢　吴新莹　颜　钰　杨晓帆　于文浩　赵　然　单　姗　张怡莎　赵慧文
刘乐乐　王　欣　吴　虹　张正铎　孙雪纯　董　雪　李智贤　田婷婷　王若薇
韦苏晴　杨士鋆　赵金凤　赵　洋　柏　萌　高　京　郭沙沙　侯茹男　李佳博
刘路路　刘　萍　刘新雨　王江淋　王　权　杨惠芝　赵　妮　姜昱君　刘小艺
陆钰璞　王爽爽　张亚萍　董淑逸　冯笑梅　冯　瑶　林雪芬　刘紫奇　邱韵歌
史晓扬　王宗华　袁孟绮　李　健　叶　艺　韩　静　胡周英　解子惠　毛芳香
任敏敏　苏靖雯　孙可馨　孙相洁　王　洁　王　睿　徐小婷　徐照娟　张百艺
张　洁　张云雪　陈晓月　林丹丹　陈　丽　陈维金　董旭辉　郭　婷　侯凌欣
李　敬　马晓虹　彭敦权　施　琦　田雨欣　王甜甜　薛俊鑫　杨剑锋　张　涛
张燕芸　常丽丽　邓　琦　葛孝艳　黄小雨　李沐函　刘晓庆　宋凯丽　王　榕
闫会仙　张梦竹　赵志鹏　程欣平　王智明　孙　柳　王　晓　赵春乾　杜丹丹
张元祯　陈金瑶　段希萌　刘绪源　马丽然　王　雨　徐家鑫　元双芝　郑　浩
邹郝琛　杨　翠　张梦琪　聂爱清　印　瑞　郭飞越　石　彤　赵晓天　赵明月
陈永真　刘兰兰　宋锐恒　魏延邦　杨丽萍　只素娟　王德鹏　王　梦　王梦琪
张　静　韩庆胜　吕　航　王　岭　李浩男　朱泽萌　仇婧茹　彭秀平　吴梦婷
郑胜男　刘海蓝　梅艺璇　苏　晨　杜丰颖　李胜男　刘姝妍　石彤彤　杨红丽
孔丹霞　李静怡　齐祥宇　魏硕硕　于　群　冯鑫鑫　王超群　刘　鑫　张薇薇
高慎硕　王晓宇　陈京国　朱明昇　张汇钰　郭常法　李　晶　赵　浩　朱伟力
李惠琳　王　康　乔馨蕊　李先治　李　涛　李继振　李　江　李永清　李松翰
许　乾　张明茹　冯丹丹　陈嘉敏　路　遥　张　平　王洋洋　李鑫宇　史闻靖
刘雨晴　米　欣　宋　甜　王玉清　胥冰颖　陈翔宇　王昌斌　张庆雷　王博文
程　杰　崔秀茹　李　娜　李若川　李　宣　谈艳敏　王成伟　相宇娇　杨　娇
姚　捷　菅天孜　王元琦　吴旭婷　陈姗姗　兰洪涛　张冉冉　张秀芳　殷熙然
王潇旋　安俊华　杨　健　施　杰　赵　赓　蔡铖锋　高政栋　张乐凯　董　睿
张　训　窦志远　侯伊欣　李　静　刘浩冉　赵天轶　赵　月　初宝睿　唐双梅
辛慧娴　陈树树　王付琳　钟　颖　赵　祎　王洪刚　董娜娜　高惠茹　李雁儒
盛　楠　童　尧　王　景　张莹莹　孟星辰　赵林枫　刘　蕾　曾剑睿　程大磊
郜　雪　李　冉　王玉清　蒋诗清　李　松　刘冬青　邢化冉　姚　惠

Reham Mirghani Elhassan Mohammed

AMINA NORADDIN ABDALLAH ADAM

ZUBAIR QAISER　YAKUBU IBRAHIM

AMIR MUSE MOHAMUD　ODILOV BEKZOD KOZIMJON O′G′LI

MAHMOUD MATAR MOHAMMAD ABU RAKHEY

BA DUGHAISH AHMED SAEED OMAR

IKIZAKUBUNTU JECHRUN　NTAWUYAMARA EPIPODE

ALPHONCE MASANJA KACHEMBEHO NYALALI
MOISE HABIYAREMYE　GEOFREY MAHIKI MRANDA

管理学（144 人）

刘冠群　刘韫祺　张瀚文　白雪婷　崔　妍　郭俊兵　黄嘉鸿　黄　栩　加朵朵
李彦霏　李英绮　刘慧杰　刘权权　陆晓雨　罗才慧　孟　鑫　孟雪迪　邵爱慧
司丽琦　宋怡南　孙　妍　王春宁　王亚丰　吴建群　谢雨红　徐静冉　杨柯林
杨　璐　杨　平　玉观敏　翟岩文　张文倩　赵　璐　朱鑫磊　高洁馨　刘　宝
王　慧　王琨元　於　佳　薛其刚　范　晨　郭　媛　李浩宇　李　静　邵镭雨
王　洋　武鹭帅　范珑瀚　冯　妍　任燕飞　魏亮亮　杨　璇　张　蕾　张晓航
赵栩莹　赵杨培　陈付波　丁子璐　段晓阳　郭媛媛　霍　鑫　金宗凯　刘凡凡
刘梦梦　刘伟豪　桑　萍　宋钰璇　王欣瑜　徐宏祯　闫　倩　于　宇　张皓悦
周晓晗　曹　腾　陈珈羽　高江天　郭潇涵　李鲁晨　李臻禹　刘林荧　刘　乾
马　晨　孙敬敬　王会会　王　瑾　肖学敏　白　露　陈　晗　崔子钰　戴思琦
冯天雨　韩　愈　胡尊朔　李思勤　廖子璇　马佳琪　孟丽华　裴　娜　孙兰珠
孙　涛　屠云峰　王　楚　王红艳　王亚楠　王艺骁　谢荣贝　徐雁南　杨林惠
张家强　张文丽　张　媛　张忠昊　周宜勤　朱乃馨　冯立莉　康文青　孟凡英
孟　瑶　谭　娟　汪佳慧　于　雪　詹崔婧　刘惠香　欧阳强　王晓雪　王　怡
张玉乔　顾　杨　刘英豪　荣　毅　宋家宇　王慕雅　王艺昂　张明宇　程诗雨
丁玉立　高晓薇　王　珂　于冬阳　张晓凯　MOHAMMADASHRAF YUSOFI
KHALIUNAA BAT-ERDENE　BORAZANOGLU SEYMA
PAYE NUPOLU GIFTEE

艺术学（14 人）

郭梓锋　李恬语　栾立君　于晓雪　孔泽宁　李雅茹　张　瑜　王堃燕　张艾佳
白　洋　李海桐　廖心童　夏　雪　杨　爽

（二）硕士专业学位（3374 人）

金融（165 人）

王泰桦　蔡欣悦　陈　浩　陈佳星　崔雪悦　崔玉超　邓晓慧　丁雅岚　董睿楠
董欣佳　方　翌　苟孟东　古嘉媚　顾芳菲　管世源　管帅康　管亚宁　郭　峰
何　冰　何璐瑶　胡　颖　胡壮豪　黄诗琦　季　洁　贾新博　姜子涵　井　爽
李澹怡　李　宏　李　亭　李婉悦　李　响　李妍如　刘　昊　刘　琪　刘　馨
刘羽宁　刘昱昕　刘正昂　龙　璇　马璐璐　毛　铭　秦　凯　荣师蜜　宋春雪
孙　铭　王成城　王高天　王　钧　王露悦　王　茜　王婷婷　王雅欣　武艺泉
杨吉远　杨嘉铭　杨　锐　杨　亭　杨忠超　伊弘芊　余婷婷　张聪聪　张建媛
张思聪　张文玉　张晓明　张雅洁　赵国利　赵紫荆　郑喜桐　朱康宁　张明磊
韩晓晔　边笑阳　陈继文　陈秋彤　崔　雪　丁秋硕　杜佳静　刚　帅　郭一帆
韩佳璇　胡　卉　黄盛荣　解羚文　李天宇　李阳芳　李则政　卢紫熙　栾翔茹
吕佳悦　马晨钧　马　扬　裴鑫鑫　齐浩然　乔　璐　邵婧伟　孙柏莲　孙长松
王　蕾　王　美　王世宏　王淑仪　王晓彤　王　昕　相怡如　徐碧琮　徐朝阳

闫 森　阴跃源　岳龙龙　张冰冉　张瀚文　张蕙敏　张晋嘉　张 桐　赵玉雪
郑 欢　周欣然　白书婷　曹佳亮　陈雪琳　程思敏　丁嘉佩　杜晨晨　杜欣怡
付吉星　高天骄　郭子晟　黄子鉴　李树武　李雅囡　刘丛欣　刘 航　刘妍珂
刘宇灏　路佳楠　吕永康　倪佳玉　彭德坤　钱璐琦　任凯航　孙 然　孙 卓
王昌慧　王翠玉　王 锐　王 硕　王 璇　夏晓嵌　徐 策　杨秋丽　杨雅晴
殷汝哲　余明娜　翟泓智　张隆琛　张 娜　张瑞毅　张馨瑀　赵鑫源　赵宗轩
郑艳莹　邹佳芯　皇甫正浩

应用统计（51 人）

徐晓曦　曹慧溪　戴晗悦　吕启超　马晓婷　宋鹏飞　王宇濛　谢宛汀　邢 耀
翟纯玉　赵 爽　赵月凡　刘子闻　王瑞敏　张峻山　毕玉娟　杜 敏　付 睿
高 飞　高文雪　李景华　李晓娟　刘克非　刘梦雪　刘天一　楼奇杰　吕晓璇
钱云峰　秦博文　史 琳　苏 琳　唐 艳　万文婷　王本艳　王福昌　王 娜
王 玭　王 伟　王一清　王伊诺　王 营　徐 冉　徐寅起　张 成　张 迪
张佳璇　张 焱　周明达　周 琦　周腾远　李婧璇

税务（22 人）

马知遥　陈惠佳　陈思含　杜 秀　段慧敏　高 凡　高 磊　郭晏秀　韩 雪
雷 晶　李梦石　李雁宁　刘 茜　刘 晓　孙璎楠　王 念　王育荷　徐 伟
张 菊　张秋颖　张晓彤　何诗韵

国际商务（25 人）

常瑞雪　程鑫鑫　崔镇关　董树芹　范子璇　高钰琳　高正翔　郭丽娟　韩笑雨
霍孜涵　李婕瑶　彭欣城　隋梦雪　孙瑜罄　王丹萍　王 芬　文海玲　颜 雪
叶 贝　于雪婷　张天娇　郑耀宇　朱必林　卓 浩　左 壮

审计（14 人）

陈颖杰　陈允律　崔馨方　杜忠惠　何兰萍　洪燎琳　刘 奇　邵光杰　王 睿
吴彩霞　肖梦瑶　张馨予　周 靖　上官杨兰

法律（227 人）

李云燕　赵晓坤　石 璇　张 蕾　曹 群　程琪钧　崔向敏　董姗姗　冯耀辉
韩彤彤　黄 伟　焦泰斗　李晓静　李 莹　李永青　李玉玲　刘悠杨　鹿佳男
路凌志　尚玉娇　束 晨　宋景龙　王晓芳　王紫涵　邢 正　徐 卉　于可心
赵烨然　付金良　高玉冰　何昊天　贺晓芳　焦 蕾　潘润莹　陶 冶　王莉莉
邢智博　姚晓雨　张鹏程　张庆娜　张 雯　柏光兰　包国莉　常玉玺　常钰昆
晁嘉璐　陈 娜　陈 冉　丁雨嘉　段 然　方玥曼　房美莹　费明超　高 敏
高 娜　关帅聪　郭会昭　国 晓　韩 艺　何怡华　侯仰越　胡玲瑜　胡晓悦
姜道平　蒋明哲　蒋 熙　荆晓洁　李 琛　李传文　李东蔚　李 行　李静宇
李松忆　李 秀　李雪健　李艳秋　李 阳　李子臣　刘德健　刘 涵　刘美霞
刘 宁　刘青芃　刘瑞鸿　刘兖曼　刘 武　刘 洋　刘 洋　罗明伟　吕 博
马 粤　潘树杰　逄玉杰　朴宇昕　曲本芳　任亚汝　孙静雯　孙 琳　孙 尧
孙艺蕾　孙志文　谭紫薇　田川雨　田 野　童苗苗　王 晨　王 驰　王瀚林

王　靖　王梦晨　王艺霏　王艺璇　王长锟　王政法　吴一帆　肖生华　邢　爽
徐　尚　许现师　杨海玲　姚青松　尤鹏飞　于黎颖　张恩祥　张静茹　张民兴
张荣宝　张兴国　张玉婷　赵明睿　赵晓凤　赵欣然　赵学军　赵宇轩　郑凤仪
郑福桦　钟春雷　朱　璐　朱盼盼　朱学峰　陈欣悦　池梦姣　崔　洁　崔淑杰
段灵通　范雅君　付恩睿　盖一尘　高　强　扈梦真　贾琳惠　李鹏翔　李肖佳
李晓杰　李　哲　刘靖雯　刘晓彤　刘耀淇　吕梦娇　马扶摇　马田昊　马梓璇
乔　宇　曲鑫豪　申浩璐　时文欣　孙碧珣　孙慧敏　覃　磊　王　飞　王鸿宇
王凯楠　王　昆　王　萌　王　琪　王若愚　王世泽　王修杰　王云璐　吴丽丽
吴丽娜　武　朋　徐慧玲　薛占笑　杨　敏　杨胜刚　杨新钰　于汉瑛　于金印
张洪尘　张丽娜　张曼悦　张清波　张　琬　张　毅　赵晨笑　赵　康　高凤阁
许晓婷　高黎谦　王　迪　毕天晓　李乐童　李　琳　刘传东　骆成浩　邱元春
石栢毓　王丹丹　王逍宇　尹　航　于杵杉　张耀中　陈柯嘉　程　梦　李常勇
李晨阳　李慧妍　李亚兰　刘　佳　王康宁　王玉鑫　吴　涵　徐伟杰　寻媛媛
翟宇航　赵冠宇

社会工作（37人）

赵学美　安文洁　蔡钰莹　崔志杰　郝凤莉　胡安全　刘雅岁　刘兆娇　张　越
陈思思　陈温斌　窦本港　樊　雪　高　丹　高　敏　葛雪芹　姜慧颖　荆雯雯
李　贺　梁雪冰　林　晶　刘一璐　刘岳莖　马　芳　任培心　石文乐　田　蕾
田晓行　田欣宇　王静宜　王彦颖　袁嘉豪　袁小南　袁紫琳　赵明慧　郑　慧
周　蓉

体育（13人）

陈　珂　陈　潇　杜黎涛　郭晨宇　荆　汶　刘汝松　马　超　宋梦杰　孙　逸
王子玥　张佳辉　张　坤　张文静

汉语国际教育（28人）

何楠楠　叶雅娟　白会如　曹晓军　陈晓玉　崔鑫茹　高丽云　侯宁杉　胡培艳
计天馨　李欣雨　刘娜汝　刘雪雪　刘玉彬　聂文锦　朴芙萱　孙优雅　王　蕊
魏春晓　肖燕雪　谢秉哲　易可欣　赵昊玉　赵竹青　郑雯晴　孙栗昕明
ANAK AGUNG AYU MEGA TRIANA DEWI　CHO EUNYI

翻译（108人）

林英杰　陈隆源　高可煜　马国阳　时　晨　宋雯琪　王国和　王　坤　王　露
常慧雷　韩　坤　胡君卉　马荣举　倪婷婷　王红侠　宋雅琼　郇春晓　柴奕洋
陈飞飞　郭友良　郭子文　韩　笑　郝馨瑞　姜　敏　李佳遥　刘　琮　刘　俐
庞明欣　申小宇　史芳舟　田相齐　王海霞　王　日　王晓菲　杨文强　于　露
朱文博　杜　赫　古　铎　匡琼琼　连雨晴　罗彩月　宋晓健　田　野　王子纯
杨清萍　袁　敏　张翠萍　张祖政　赵婷婷　郭　琪　李孟婷　牛树玉　史冠芳
王志坤　邢承玮　邹　丹　邓雪蓉　李亚欢　吕明峰　沈　娜　孙同绰　朱一帆
董超越　李春月　李雪冉　李　真　毛金彩　安　培　段鑫洁　傅婉瑜　刘鲁胜
刘晓宇　刘　馨　刘　洋　亓丽萍　孙嘉钰　孙榕蔚　王世豪　肖彦泽　于峥满

张静 张梦亚 张明丽 周东阳 邹高峰 程宇琴 高彩霞 郭士伟 姜萌萌
李恩莹 李晓晨 柳星叶 骆淑慧 马逸超 孙信霞 王璐 王姗姗 王绪钦
武麟 姚乃钰 叶欣 张曼丽 张维 张晓丹 周世显
淳于莎莎 SONG EUNJI

新闻与传播（66 人）

武文博 刘荣荣 徐振丽 陈炜 杜安艺 范嘉恒 冯加香 高璐 葛君
金鑫 李康 刘佳 刘文倩 刘原芃 娄连琴 卢姗 孙迪迪 王琪
王妍 王月华 吴梦璇 肖书雅 邢楚凡 许荷晶 于安霞 于晨 于洋
于永亮 张珏 张明珠 张宪芝 张宇轩 朱可可 訾金翰 于海洋 陈曦
陈晓 范铭君 房倩茹 冯晗 葛菲菲 郭蓉 金豆豆 开玉畅 李月莲
李玥 刘鑫 鹿文玉 穆姝珺 潘江涛 彭林 乔春娜 宋石猛 宋笑笑
孙璐璐 王畅 王璐璐 王月 魏芳雨 杨璐菲 杨楠 杨晓露 张佳婧
张康 郑可欣 周梦依

文物与博物馆（31 人）

李绍源 陈娟 高月 贾楠楠 雷嘉柔 李伟 梁菡 牛玉琦 田佳艳
王星皓 王正辉 武卿 许森森 余蕾希 赵宋园 白桐 陈娜 白彩霞
曹曼 陈楠 谷天骄 栾燕菲 祁静怡 孙田璐 王晓静 王欣 文皓月
伍招霞 徐明亮 杨露 于佳静

工程（1036 人）

叶兴兴 陈楠 程迪 丁成成 丁峰 杜卓 郭伟 郭晓君 纪建华
李本友 李彩凤 李辰昊 李鹏 李煜 李志诚 刘泽津 卢世龙 卢钰
逯浩月 吕苹 满晏全 秦琪 宋奇 苏腾 王栋 王有远 王珍珍
魏增岳 吴杨 许倩 薛亮 杨林川 姚佳伟 张韶缨 张帅 赵倩
白欣朝 陈启源 董彦辰 贾茹尚 阮广朋 孙克玲 王逸敏 张涛 陈思豪
陈有涛 董艳 谷有豪 郭兆坤 韩帅 韩长明 侯坤 李海洋 李文娇
刘露 刘杨 罗兵 马纪超 孟志扬 苗飞 邱冬悦 宋正云 孙士刚
王帆 王海生 王丽华 王帅 王志奇 王志勇 杨芷 付海晶 付晓艺
黄秀秀 康阿苗 刘超 刘书凝 路冬雪 马宏宇 马香艳 秦思琪 邵斌岩
孙露 孙能旭 王朝辉 谢子珂 徐贺 张姣姣 张荣 郭斐 郭嘉伟
侯懿珊 胡文鹏 李萍 李伟光 李小燕 刘小宇 刘秀洁 尚伟昊 谭龙
万秀芬 王凯 王招悬 杨智宇 姚旖旎 张佳欣 张萌 张晓玉 张永佳
胡喜风 刘佩 万军 崔明斌 胡钰涛 黄佳诚 曲港 王宸琳 王泽群
杨文晨 姚港 于春展 于错 张雨 陈梦寒 丁飞 郭一帆 韩卓群
何泽鲲 焦广超 孔亚晨 李晓 李璇 刘保臣 沈航宇 孙国荃 孙玉馨
王晓辉 王一竹 徐田凤 薛佳宁 姚军 虞海燕 翟承凯 张浩 张学林
周冠群 周智伟 高杰 李娟 李艳 林宏哲 刘枫榆 秦倩 树东生
王浩东 王绍庆 步长凯 董鹏 刘娇娇 刘利玲 吕盼盼 王德志 徐娅
袁敏 云中厚 赵洁琳 赵庆鹏 李泳志 许浩 郑富馨 毕梦艳 车雅宁

陈　昊　程　旭　褚珊珊　董淼忻　杜　萍　费　凡　封立东　高　维　郭　浩
韩　熠　胡浩东　黄连锋　黄伊璇　霍成乾　江雨豪　焦显辉　井振阳　李嘉政
李梦婷　李　硕　李想想　李　馨　梁宇鲲　刘晓莹　马雪松　毛琛琛　乔　鹏
沈梦迪　石永森　宋　强　孙　宁　田　辉　王冰洁　王　静　王　敏　王　宁
王　晓　魏清泉　魏先晓　吴肖汐　徐金梁　徐思佳　徐志鹏　张开心　张　雯
张　颖　张　振　赵　赫　赵丽萍　娇春言　常梦杰　程天泽　崔　伟　刘　兵
秦聪丽　滕卓超　庹　雄　王　芸　戴梦娜　董鹏程　杜晓龙　何慧蓉　李晓萌
万　芳　王美远　张君玉　陈　伟　范咏梅　刘香茹　宋　琛　王　韬　徐利伟
杨　栋　张　彤　康汝燕　李紫荆　王明臣　王　楠　王　燕　张　然　张　裕
赵国鹏　左明浩　安茂宁　鲍意浩　陈云强　戴　翔　高鹏超　高智勇　韩鹤程
韩　蕊　贺海鑫　贾贵星　李安然　李崇兴　李德元　李　萍　李珊珊　李　桐
李文博　李永涵　刘永鹏　刘岳峰　卢　涛　马清源　潘　琼　渠慎全　任鑫波
邵潇庆　宋亚东　苏文禄　孙宝磊　孙宝壮　孙　姗　孙　伟　谭茂举　谭泽清
王德宏　王琦伟　王心武　王岩君　王　宇　王忠潇　温　振　吴永杰　夏　青
辛华倩　徐　虎　徐婷婷　杨文杰　杨香凝　岳　阳　翟东杰　张含茹　张建军
张建楠　张　凯　张庆帅　张　岩　张　泽　张兆刚　章铭杰　赵　涵　赵庆桢
赵　喆　周二龙　周　银　戴曼曼　葛　一　霍禄平　金晓炜　林承坤　茹康杰
苏　谦　王李炜　张　旭　赵悦雯　赵泽滢　郭延超　孟　麒　吴玉霞　刘春娜
孙　伟　赵　越　张新标　郑　婕　蔡文通　曹天宇　程大猛　高　飞　郭卿炜
郭伟豪　郭中义　胡宜帆　姜千青　蒋宗祥　荆传智　李吉遵　李鹏程　李瑞珍
李亚男　李钊全　刘会永　刘　慧　刘　凯　刘润涛　刘智慧　卢存壮　卢　远
陆新时　马康康　马兴瑞　马玉财　满录明　孟凡龙　秦　齐　秦嗣涛　石振杰
宋　凯　宋艺龙　孙从雨　孙赫武　唐一平　王殿瑞　王　栋　王国宁　王　力
王凌飞　王世杰　吴　迪　吴俊杰　吴强波　谢宜宁　徐小刚　徐作珂　许树磊
杨圣钊　杨旭光　杨子兵　张　晨　张　诚　张承前　张岱岩　张贺永　张胜博
张玉雪　赵一凡　周华章　周疆宇　朱平忠　崔　峥　郭俊财　柯泽锋　孙明帅
王正坤　颜静静　郭春丽　滑志昆　吕晓腾　戚小霞　武爽爽　夏　荷　张蓝宁
郭　珩　王君婷　王伟昊　于九龙　袁　鑫　张玉娜　赵华超　王广贞　李双双
宋　斌　王　方　李冰冰　程　龙　于彦伟　曹　涵　陈超伟　陈　瑞　陈维茜
程　成　程圣明　冯春雨　冯业鑫　韩　铭　胡　俊　胡凯翔　黄彦敏　纪嘉树
冷亚娟　李　伟　李文翔　李彦霖　李　洋　栗劲松　刘吉祥　刘天文　刘文洋
潘　蔚　齐亮亮　瞿　遥　任培旗　宋传林　宋佳霖　宋卷达　孙德强　孙景阳
唐文静　王春燕　王　俊　王　睿　徐梦菲　徐运飞　杨喻博　张　晗　张经伟
张君正　张　凯　张　囡　赵浚哲　赵瑞华　赵玉婷　柘淳天　郑智睿　周　兴
胡　勇　李嘉颀　梅　娜　吴　平　靳华磊　王　曦　武　奥　刘　聪　步冬冬
曹春雨　陈　凡　陈家辉　董恩丞　董玉锡　段舒童　方　振　冯文韬　高　浩
葛　鑫　巩文洁　郝　鹏　姜心怡　金　磊　金　帅　金晓唐　李建营　李泽新
李增睿　李子谦　梁新宇　刘俊伟　刘星斗　卢　治　陆双庆　陆信波　路　彤

马汝玥　米元泽　逄　龙　秦英昊　曲晓琛　任艺婧　盛智宇　宋凯歌　宋志平
孙靓雨　孙圣亚　孙远翔　谭祖觊　田舒祺　王安诚　王　波　王厚福　王金龙
王良凯　王明旭　王心仪　王亚松　王　莹　王永基　王岳涵　王志欣　王卓群
王梓宸　许金阳　杨浩然　杨金叶　杨　康　杨　涛　杨永鑫　杨智铄　姚建伟
张光宇　张弘喆　张　萌　张牧烨　张泰恒　张　涛　张文秀　张瀛欣　张振威
张志睿　张志源　张子越　赵学文　赵永森　钟　逊　周晓童　朱一峰　庄静茹
宗　鹏　左　鹏　郭　凯　王鸿志　李长红　赵　航　许永强　兰积进　曹学彬
陈剑飞　高　翔　郭文琛　姜　昆　解维建　李祥杰　刘　畅　殷培鑫　张　晨
周剑文　陈浩然　陈惠力　陈科夫　陈　伟　陈智维　程小余　丁国强　丁录国
杜志强　范明旭　盖　昊　顾潘龙　郭　伟　何　萱　黑振全　胡加银　姜美娟
姜　玥　蒋亚辉　康文强　李安琪　李佳敏　李　娜　李　涛　李　炜　李新龙
连智杰　林海洋　凌和靖　刘涵池　刘力瑜　刘　强　刘伟哲　刘　洋　刘　轶
吕舒恒　聂玉洁　潘　皓　邵瀛杰　施其国　帅仁浩　孙露娜　王金水　王　睿
王祎帆　王　宇　王宇航　王玉丽　王钰淏　吴　锋　肖　飞　颜建东　杨乐诚
杨齐训　杨　睿　杨湘江　杨　烨　杨紫菲　尹志远　于彦飞　臧晓韩　张红柱
张佳琪　张林川　张凌志　张　明　张庆徽　张文君　张亚迪　赵宏昊　赵　捷
赵景太　赵　曼　赵叶云　邹本健　李郑振　梁晓洪　刘　斌　刘彤彤　刘芯宇
鲁子鹏　马纪德　梅海艺　任孟丽　苏　昂　孙凤云　唐跃威　闫丹丹　张剑红
张现茹　吕　惠　程　凯　程　磊　邓朝阳　邓鑫西　杜志浩　段少龙　高大威
高智健　郭　鑫　韩　翔　孔维秋　李成新　李聪聪　李海洋　李红波　李　珍
刘海艇　刘文棚　马徐晋　孙华琛　孙　杰　孙玉杰　田嘉伟　汪志恒　王锋会
王　静　王路超　王　孟　王用鑫　武　磊　邢宇铖　颜士荣　杨惠茗　杨晓达
杨延林　郑　扬　白　冰　丁江朋　甘高源　刘国庆　刘太衡　刘钊胜　栾纪元
逄晓腾　王亚洵　夏　弘　张中泽　陆夏轶　毕玉莉　郭冬媛　胡文辉　牟　晨
庞捷文　沈梦莹　石绍松　宋　钊　孙玉璐　王芳珺　王均平　王　雪　王艺霖
王　湛　王　哲　张　艳　赵伟翔　赵勇威　郑新雨　曹　涵　陈柏成　方诗婷
冯圆媛　符道远　葛均易　郭孝通　侯雯娟　黄　巧　江　文　寇健恺　李　彬
李双良　李松繁　刘　波　刘　徽　刘佳镕　刘小童　刘晓川　刘亚新　刘　扬
刘子鑫　陆思奇　苗纯源　裴玉洁　宋子坤　孙文昌　孙禹铭　王　健　王　耀
王蕴潇　向卫星　谢　凡　谢子睿　邢成浩　徐　标　徐昊洋　杨　震　于嘉琳
张能威　张全杰　张喜连　张新星　张旭东　张志宇　赵夫慧　赵廷森　赵宇明
周兆芸　陶云亭　察胜男　陈晓飞　陈新源　陈　旭　程满元　窦雅明　高栩玥
郭　睿　韩　鹏　侯梦凡　解明昭　金子哲　康风建　孔雨昕　李　博　李凌霄
李圣伟　李文全　李欣雨　李　哲　梁文豪　刘国安　刘坤鹏　刘　耀　刘一锟
罗俊翔　弭传玫　牛亚朦　曲　浩　宋　贤　孙彦增　谭国强　王　冲　王腾飞
王文同　王正浩　吴苗苗　吴志鸿　肖　扬　肖中德　徐　帅　许瑞杰　杨铭杰
于乐刚　张　健　张　伟　张玉龙　赵　猛　白传睿　曹先帅　陈冠恒　陈　静
陈星潼　代　岩　冯思齐　付亚婷　郭文学　侯文杰　胡志伟　嵇敬业　靳付棋

井　方　李东昌　李秀萍　李玉基　李章恒　李　政　连小萌　林亚坤　刘　博
刘莲莲　刘世超　刘腾腾　刘文妍　刘新放　刘亚辉　刘　洋　吕　钢　马嘉遥
马明珠　明　晓　宁祥东　潘俊彬　盛怡璇　宋长友　苏亚琦　孙自若　谭玉慧
王子欣　谢永杰　姚　丽　张洪路　张金芳　张亚茹　张　岩　张　莹　张振虎
张紫捷　赵　钰　周生昌　朱树佳　朱萧璇　宗晓宁　朱学涛　曹　帅　迟浩然
崔文杰　董利静　方　晨　郭晨晨　郭森垚　侯宗良　李　凯　李尚安　李宜欣
刘金义　刘景航　马　文　皮任东　孙浩诚　孙振浩　王　超　王　涵　王　昊
王　凯　吴　杰　许广璐　羊勇位　张道生　张　涛　张学森　赵启睿　祝向向
张　晋　高泽坤　罗一牛　王若宏　杨　维　张雨龙　李亚男　孙嘉阳　张　成
李为琦　孙克强　闫天冉　余　平　郑永健　解锋锋　包晓成　方鹏飞　高伟奇
黄亚辉　鞠彦超　李晓丹　刘成鑫　彭腾飞　王可逸　王宜广　杨国卿　张彩翼
赵启霖　周含笑　陈国霞　丁安宁　赖清清　罗淑林　马正航　任晓超　魏彬彬
张焕晴　初泓旭　丁鹤鸣　董　镇　李国江　刘　旭　吕玲全　时义龙　王德绚
许文浩　张向成　张　震　赵　振　傅　旭　耿启涛　姜　聪　刘　乾　苗　青
沈中本　孙自豪　王　冲　王俐文　王玉玺　王钰淇　修丽欣　周洪光　周　瑞
周　婷　曹　智　顿泽栋　郭峰岳　郝义铭　胡志远　李　君　李辛涛　孟利选
王心怡　邢永超　杨玉杰　周奕杉　胡　柯　李　韵　王新刚　陈康健　陈　卓
杜明足　杜少娟　江　珊　金川博　刘　洋　刘元峰　娄雪梅　马　璐　满夫龙
牛　尧　平秀雅　阮　杭　史　超　孙悠扬　王志鹏　吴嘉颀　薛朝朝　尹　睿
余　欢　粘　立　张佳婷　赵佳锐　赵星明　赵雪莉　诸葛翔飞　呼延天亮
澹台姝昱　苏日嘎拉图

临床医学（434 人）

李　萍　孙礼国　王　娜　刘　静　姜　涛　蒋黎娜　乔昌龙　张吉霞　侯全宁
王相儒　宋庆鹤　徐小燕　高　涵　孙　翔　夏翊夫　赵亚灵　尹玉如　张元吉
赵士豪　侯文潭　李舒祺　李燕梅　刘思齐　吕友缘　米柯霖　舒　梦　孙　雪
夏　茜　肖　蕊　徐小龙　闫金铭　张　洁　张清锋　董晓倩　黄婷萍　李超凡
李冠江　刘黎明　刘　爽　倪佳佳　綦灵宇　宋晚妹　孙卫霞　王丽娜　徐　嵘
云晓雅　张倩云　赵　桐　毕淑宇　高　倩　徐宏业　韩丰月　孙　晓　王　聘
门　祎　孟　欣　任奕霏　徐　珊　曹素园　刁艳照　胡宁芮　李叶琴　卢超群
鄢行畅　杨咏青　侯西蔓　柴敌浩　丁培凯　冯殿杰　李　良　刘丙强　申贺臣
宋钰峰　王　宇　肖　文　许　振　杨建桥　郑　斌　鲍世浩　陈　峰　陈家政
陈剑峰　陈效伟　丁　坤　范茂文　纪智奇　李宏文　凌佳琦　刘　晨　刘　洋
陆梓文　毛昌琳　乔秋江　邵景龙　汪　玉　吴　昊　相　皓　徐子晟　许秦锋
闫　涛　杨　莖　杨　洋　赵狄铭　赵智勇　邹梦佳　范明喆　邱世康　万书婷
魏　丹　胡　敏　李梦晴　李晓文　朱思静　韩宜平　赵泓霄　李　璐　刘伊琳
任大壮　滕震霄　荆　琪　孙晓琳　韦彦君　李　伟　李晶晶　薛　松　袁心语
陈文昊　徐骊驰　毕亚珍　陈沁兰　高　菲　王舒钧　吴　霞　杨　慧　杨建军
李彦霖　王　茹　吴　瑞　尹　娣　顾言阁　李　博　刘　凯　刘俏男　刘文卿

石志伟 孙跃坤 王文韬 武　昊 张汉元 张熙伟 纪小帅 张　广 赵犁梅
付婷婷 刘羽彤 彭少怡 亓晓涵 邹　珂 邹文玉 韩　笑 韩　睿 张　倩
董　辉 范涛涛 张逸凡 汤中云 徐　鹏 陈　娜 高　洁 高欣艳 宫炳琛
李佳霖 李佳蓉 李　静 李林玲 刘媛媛 王凯旋 吴日超 吴小涵 徐晶晓
阎昱辰 杨珺兰 姚　园 于振清 岳彩欣 张　梦 张　硕 赵　恒 邹　丹
常佳琪 冯婉冰 孟婷婷 申亚倩 殷长健 张有振 樊心语 马　琳 吴　敏
杨林林 尹天雯 刘晓丽 杨关丽 张　岱 周春阳 李洪达 程文瑾 焦军霞
何　强 李萌萌 张　凯 侯振兴 梁　旭 张　群 蒋子允 孔　魏 荣慧敏
陈　佳 爱丽斯 查　菁 陈莹莹 成　晅 冯　峰 李建平 李胜楠 李淑英
李舒婷 刘爱华 刘慧宇 刘　敬 刘婷婷 刘文钊 孟凡一 潘丽娜 潘鹏飞
浦　英 亓梦雨 孙志坚 陶子文 田丰宇 王佳琦 王　菊 王　娟 王　楠
王忍忍 王振东 徐华伟 薛美娟 阎拂蒙 殷小斐 张　慧 张　洋 赵庆余
赵茹霞 左小琳 安　雯 丁萌萌 国云飞 何开新 何宜珊 刘健宇 娄　煜
沈大伟 万　萌 谢佳莹 邢晶波 杨　威 姚　帅 张　远 曹增才 但　源
高宪梅 李蕴熙 谢心怡 余小芳 刘　玮 吴　凡 祝新伟 孔文程 任　红
宋洛卿 王新新 赵　杰 宋　朋 张民阔 江　超 李淑祎 杨粒芝 程　蕾
邓展昊 陈文丹 岳聪博 常建华 陈时红 初竹秀 丛　菡 冯　阳 高　晗
谷光辉 侯德晖 李海超 李岳轩 刘家良 刘凯文 马德林 潘中健 亓伟峰
宋　浩 孙富云 孙浩瑜 王军鹏 王雄宝 王　悦 肖洪秋 徐博文 徐铭培
张景良 钟　鑫 左　优 白佳佳 陈　垒 丁　昊 郭宏达 郭　铮 郝　鹏
蒋松霖 李守明 李　曈 李　旭 刘　鹏 刘紫怡 鲁林涛 陆　地 罗德素
马　欢 苗　壮 石　铭 宋建平 苏文倩 唐钰怡 王会志 王文卿 王一飞
徐建业 徐　瑶 姚晟玉 董亚杰 付梦迪 黄学瑶 焦　学 李俊婷 卢　雪
宋宁宁 孙文雄 臧朝雯 张　慧 张文锦 安文婷 陈月芬 陈忠绍 崔亭亭
高景悦 李心冰 李欣悦 刘鹏林 龙宇晗 孙淑琴 王丽慧 肖钰鑫 尹琦慧
张　雪 雷家颖 邵哲怡 吴丽丽 赵红冉 贾若霜 潘丽洁 韩莹莹 肖富亮
秦　静 提文琪 杨　飞 张欣华 陈　谦 魏天慧 冯琰琰 贾卓琳 刘倩倩
马如意 王　成 张文文 马岩岩 魏述星 伍朝玉 张　珂 李昕昊 张永鹏
苏语涵 闫立军 曹文璐 丁仁清 韩清梅 李仁实 盛其萍 王　晶 魏怡敏
肖鹏柁 朱宁宁 徐婷婷 李　晴 孟玉洁 苏彦倩 石　雪 张慧坤 张　莹
陈剑锋 高中霞 薛　莹 张静娟 蒋绪峰 王　宇 周　鹏 周兴国 陈　潇
韩书慧 胡春辉 蔡淑涓 沈　慧 刘　慧 王笑璇 马昀菲 安袁笑雪
孔林笑语 MUSA MAKONGORO SABI EDITH HENRY KIMAMBO

口腔医学（41人）

陈　旭 范　增 贺业恒 贾书涵 马　驰 马恺悦 孙朝阳 王晗溪 王　煜
徐静艺 徐秋平 徐　尧 姚宝玉 于佳莉 张乃暄 张玉娜 郑明雪 朱凯文
陈思艺 陈文倩 陈　怡 邓延伟 付雅婧 侯莹月 黄晟栋 李龙杰 李艺宣
梁　晔 刘　婵 蒙钇伶 秦倩怡 田浩洋 王清彪 向莹雪 徐文惠 杨恩黎

张力伟　张　琪　郑文舟　王艳艳　王雅琦

公共卫生（69 人）

杨柏林　崔思奇　丁　云　窦　璇　杜　爽　冯一平　耿　月　谷丛丛　郝　强
郝仪铭　胡珍珍　黄蓉蓉　李丹迪　李　浩　李怡君　李紫琳　刘佳琪　刘诗旋
刘廷轩　吕霄扬　秦艺文　佘凯丽　王方怡　王丽华　王燕君　王怡然　韦雪敏
吴涛宇　徐小莹　晏苗苗　雍　慧　俞自强　袁浩闻　张　翠　张雅楠　赵红玉
赵　雪　付文昊　桂　珍　韩宛彤　姜　峰　井玉荣　李　杰　厉文娟　闫　琛
柏子臣　邸　盈　董怡然　冯俊超　葛浩通　郭　磊　郭　丽　贺梦璐　霍福昊
琚号杰　梁佳瑞　刘丽华　刘亭亭　刘校七　马梓媛　任　茹　唐　蕾　王春霞
王　辛　袁　燕　张金鹤　张钦钰　刘　颜　张明军

护理（47 人）

徐晓敏　卢世兰　武　霞　柳海泥　曹　恒　房金霞　贾元敏　孔翠翠　类美容
李承霖　李　丹　李芳华　李　倩　李　双　李雨欣　蔺　楠　刘红霞　刘　静
刘　旭　刘雪燕　马建敏　时萧寒　宋佳佳　宋　明　孙　萌　孙　倩　滕　敏
王　娟　王　品　王淑娜　仙秀英　徐　静　杨　琰　伊　默　尹慢慢　张红伟
张燕燕　张　叶　赵宝生　赵淑青　赵　玉　郑雪露　周凤娟
NYAGWASWA　ATHANAS MICHAEL　STANFORD JEREMIAH COSTANTINE
PHILIP SOGONOLI NDAKAMA　PATRICK EMANUEL CHIKUNI

药学（74 人）

周　静　袁菁聪　步思情　陈　晨　杜　倩　段晓明　傅　杰　高　灿　高健翔
高　琳　宫雪艳　顾晓彤　郭紫璇　胡一飞　解春雨　李双双　李雯雯　李　雪
李玉霞　李园园　李志颖　李　卓　梁瑞鹏　刘明杰　刘妮姗　刘清莹　刘书功
刘　颖　刘昱彤　刘园园　卢　豪　麻婧雯　马文青　倪英倩　秦晓晗　邱胜男
任玉洁　桑　晓　宋若男　宋禹良　唐凯俊　陶昱岑　童麒蓉　汪　铃　王　晨
王程霖　王晶晶　王　珂　王蒙蒙　王　锐　王晓旭　王亚利　王钰博　王照忠
魏文秀　文照慧　邢文兰　熊睿琳　许启富　杨　晗　杨慧珍　杨　康　尹立敏
尹梦月　尤钰琳　袁　萌　张婧哲　张珂帆　张　菱　张　蕊　张潇月　赵　川
朱丽华　庄见星

工商管理（428 人）

毕　飞　蔡　宇　车鹏飞　丛晓彤　代振超　邓明远　董雪瑛　郝明煜　纪鹏松
焦方明　李红梅　李慧慧　刘丹阳　刘洪亮　刘志鹏　茼琳琳　宋春蕾　苏文菲
王晨宇　王韦荃　夏鲁威　徐小萌　于美琳　张德玮　张皓喆　张利娟　郑舒文
侯　然　马　硕　王令文　陈泽滨　倪大禹　高　欣　吉俊杰　兰玉林　刘吉媛
路亚楠　艾　可　丁姝琪　董　畅　胡　炜　黄冉冉　贾　晨　姜　猛　郎海波
李慧娟　刘　峰　刘卿鹏　马元梓　孟　锐　宋　琰　王　超　杨芸健　叶子豪
尹　宁　郑世娟　梁　栋　李明珠　步嘉琪　曾　敏　程　强　范鹏翼　韩　爽
郝成凯　李　扬　刘　晨　刘　威　马克伟　乔根强　任卫国　尚　龙　邵　琰
宋　伟　宋晓晨　田家培　王　川　王　芳　王雅璇　吴　北　肖朝阳　徐小曼

许　璐 叶丹丹 张欣童 白庆瑜 白　雪 毕海龙 蔡琳琳 曹　磊 曾　凯

曾祥运 柴玉玉 陈方迪 陈富强 陈　瀚 陈丽珠 陈　龙 陈　明 陈　双

陈晓宁 陈亚骄 成甜钵 程晓东 初云霞 楚景惠 丛晔明 崔韶晖 代玉洲

丁仁雯 丁　铮 董亚男 杜　伟 段会龙 樊晶晶 樊泽敏 付晓腾 高付国

高金龙 高　敏 高　雁 耿湘宁 郭海涛 郭　昊 郭红燕 郭　健 郭琳琳

郭庆丽 郭　颖 韩　茜 韩　伟 何　飞 何　贺 何睿智 何　山 贺慧君

胡朝斌 胡慧琴 黄　平 黄怡君 黄颖心 黄泽琛 贾红岩 姜　玮 姜奕辰

姜政君 蒋明耘 蒋　鑫 解冰岩 金哲伦 靳祖浩 巨　天 李保才 李　冰

李彩凤 李成铭 李传奇 李　翠 李登雅 李光磊 李海峰 李洪升 李怀涛

李晶晶 李　坤 李　琨 李　宁 李培豪 李守鹏 李　涛 李伟杰 李卫兵

李　文 李晓莉 李晓晴 李彦博 李彦辉 李莹莹 李永舟 李勇超 李兆海

李　智 梁廷辉 林茂瑞 刘博文 刘　畅 刘德山 刘宏裕 刘继开 刘景成

刘乾坤 刘全杰 刘人赫 刘太龙 刘　伟 刘伟伟 刘香川 刘晓强 刘晓伟

刘心宇 刘　英 刘　钊 路燕燕 罗欣欣 吕　彬 吕　磊 吕　玲 吕升轩

马　晨 马晨晨 马冬雨 马　建 马湘军 马　永 梅红霞 孟令旋 密　瑗

缪志翀 牟　生 牟卫俊 倪巍爽 宁大磊 牛玉婷 裴承度 亓　剑 齐　明

钱　铭 乔建军 乔向迁 秦彩红 邱骏仙 曲玲姣 曲文涛 任泽玉 桑园园

尚光磊 邵小秋 邵　旭 申佳鹏 沈　林 沈凌云 沈倩倩 沈　韬 盛欣燕

石优霞 时月霞 司书哲 司　婷 宋鹏飞 宋　兴 宋　莹 宋章峰 苏宝莹

孙　崇 孙赫楠 孙鸿伟 孙君可 孙　凯 孙　睿 孙毓泽 孙振孝 覃　静

谭安清 陶跃华 滕玉伟 滕兆龙 田佰征 田厚平 田丽莎 田　婷 田尉钧

田艺伟 万　刚 万　莉 万秋燕 王冰崧 王春伟 王东岳 王　菲 王涵宇

王洪松 王　惠 王慧慧 王家峰 王　静 王　静 王　珏 王　坤 王　莉

王满晓 王　宁 王倩倩 王　晴 王绍辰 王胜蓝 王世建 王世伟 王婷婷

王童阳 王锡龙 王晓鹏 王学谦 王亚军 王燕飞 王智慧 卫志敏 魏春燕

魏建勇 魏硕彤 温培譞 吴　猛 吴万宁 武　辉 武筱铭 武　征 夏乐天

夏培龙 肖　伟 谢大红 辛承龙 徐德升 徐连波 徐溪亭 许　洪 许凌云

许　宁 许　平 闫芳超 闫　欣 闫　旭 言建锋 杨成林 杨　敏 杨文孟

杨玉杰 姚静兰 尹　航 尹燕维 于　琨 于晓慧 翟丽华 张安琪 张　斌

张　晨 张春旺 张纯旭 张昊林 张　恒 张晃清 张金鑫 张　莉 张令宇

张　鹏 张平平 张　琦 张青健 张盛晰 张淑芹 张　婷 张婷婷 张婷婷

张　彤 张彤晓 张文辉 张希冉 张晓萌 张晓萌 张晓雪 张晓燕 张昕蕊

张　秀 张　秀 张雪婷 张　艳 张　扬 张　杨 张　怡 张　莹 张永健

张咏絮 张有为 张　宇 张　宇 张玉杰 张玉娟 张振兴 张志香 张　治

赵　睿 赵洲洋 郑海燕 郑荣光 郑如敏 郑汝涛 郑　玮 周海超 周建华

周　停 朱浩慧 朱　琳 朱守栋 朱腾坤 朱先锋 朱晓旭 朱雨杰 朱政宇

祝晓双 蔡　宏 公维军 孟祥伟 孙琬璐 王金红 徐　超 张永妮 程　飞

陈维哲 徐田忠 穆立萍 李金鹏 欧阳平 王　鹏 吴琳琳 辛　梦 徐　婧

杨喜尧　翟继深　张元霖　曲萍贵子　侯阳白玉

公共管理（262 人）

安　洋　崔　灿　丁梦真　葛玉培　郭　敏　黄　婷　纪文静　刘　敏　刘世云
刘书丽　刘云凤　马莹莹　商　婷　孙　菁　王胜男　王心玫　于梦琪　张瀚羽
毕荣东　蔡静怡　蔡源源　常登科　车新辕　陈梦楚　迟忠伟　初　琳　丛铭炫
崔　魁　崔文芳　崔　昕　丁雪峰　董　峰　杜　敏　房　婧　冯海静　高慧慧
高鲁彦　高鹏飞　高文青　耿瑜珠　耿　沄　关田民　郭　璇　郭嘤泽　郭中慧
韩　涵　韩寿强　韩霜霜　韩　夏　郝丽萍　贺　震　侯慧琳　胡　帅　胡玉莹
纪俊巧　纪维政　贾圆圆　姜艳艳　解　君　解　雨　孔令唯　冷　真　李　晨
李聪聪　李广超　李嘉伟　李　晶　李　靖　李珏霏　李铭洋　李芊芊　李瑞星
李　炜　李　想　李晓鹏　李筱含　李秀华　李雪彤　李延泽　李怡丹　李玉燕
栗圣楠　林大文　刘春晗　刘　芳　刘瀚文　刘家玮　刘洁心　刘　琳　刘梦麟
刘泮清　刘　青　刘庆欢　刘胜男　刘　腾　刘　彤　刘潇月　刘笑妍　刘兴阳
刘　妍　刘英杰　刘兆金　鲁钰童　罗　洁　罗　曼　吕昌更　马久惠　马燕妮
马　跃　毛晨眶　孟申申　孟祥森　聂晓巍　潘　倩　潘小哲　皮衍飞　亓　琛
亓　玮　亓晓菲　乔　娜　屈　艺　曲田田　任慧娟　任　伟　沙　慧　商雪蒙
尚子歆　邵若男　沈小倩　石岩峰　束婧冉　宋坤尧　宋琳萍　宋彦霖　宋逸群
苏小燕　苏云东　隋勋斌　孙宁雪　孙鹏飞　孙晴晴　孙　睿　孙　欣　孙一鸣
孙　宇　谭昌麟　谭晓旭　唐　璐　滕静雯　滕　凯　滕　璐　田　晶　田起路
田　雨　王　丹　王　斐　王凤娥　王芙蓉　王国乾　王晶晶　王　丽　王　林
王　璐　王　萍　王启超　王　群　王书婕　王　帅　王　文　王潇冉　王晓彤
王笑宇　王　欣　王兴堂　王雪娇　王　阳　王耀威　王英哲　王　宇　王长超
魏伯阳　魏　丹　魏靖超　温凯翔　文晓夏　吴为现　吴晓露　吴　琰　席　聪
谢　萌　辛　璐　徐　畅　徐　娜　徐腾飞　徐　跃　许花思　薛　迪　薛晓裕
郇　田　燕天翔　杨艾鸽　杨　晨　杨　帆　杨慧茹　杨　丽　杨姗姗　杨文君
杨　越　姚　望　伊诗振　衣晓霖　殷华英　尹晓君　于聪聪　于绮雯　于　晴
于珊珊　于　祎　于　跃　于云兰　翟明波　翟钰莹　张春静　张　晗　张慧娟
张继匀　张　瑾　张　静　张　轲　张乐璋　张　敏　张　倩　张　强　张　舒
张炜健　张　雯　张晓彤　张　笑　张　旭　张　岩　张　洋　张振颖　张正一
赵　峰　赵荣荣　赵延宇　赵业琪　赵　越　甄景文　郑　崴　周广阁　周月华
周争艳　朱风云　朱　珂　朱铭娟　朱绍聪　庄　哲　左方锐　左晓颖　王文喆
苏晓莉

会计（73 人）

安　帅　陈甜甜　王一清　位　欢　姚兴存　张时雨　张思钊　曹靖静　常馨月
陈风铭　陈　婕　陈思良　陈梓芃　成金都　董　静　何秀媛　侯裕鹏　黄　倩
黄晓晨　贾可帅　蒋若琳　李京鑫　李　蕾　李仁杰　李姝坤　李雪妍　李振豪
林旭静　刘　斌　刘嘉惠　刘培荣　刘妍汝　刘兆祯　马康宁　南雪晴　戚　真
齐晓棠　任　维　宋　伟　宋雪晨　宋一璇　陶　瑞　王若男　王玉琪　王泽石

徐丽玮　许力丹　闫琛琛　闫光泽　杨　晨　杨潇潇　翟一璇　张京京　张靖媛
张梦圆　张晓雯　张　瑜　张　玉　赵鹤云　赵　童　郑萌萌　郑　伟　卓　立
禚　昕　郝新亚　李依玲　逄伟群　苏权慧　孙　宇　田玉莹　王　婧　邢晓倩
张于兰

图书情报（9人）

杜　阳　范永丰　刘子怡　马海婷　马文媛　邵栗子　孙善美　王　雨　姚睿琦

工程管理（60人）

张金波　孙　振　袁鑫源　牛和龙　王晓芳　闫　超　张晨豪　董金荣　付达奇
付先凯　纪　超　刘　浩　刘　鹏　梅文倩　牟新琪　潘明宇　乔　谦　田　青
万文欣　王方舟　王　颀　王嵩嵩　王　伟　魏子钦　徐京睿　杨大群　袁军成
张　璐　张　松　张文杰　周天宇　才　溢　晁　洋　陈泽河　丛才林　高捍宇
胡国盼　李　栋　李翃宇　李俊晓　李林杉　李清云　李永生　林　健　苗　青
彭　程　戚　全　史阿蒙　王鑫丽　王　瑛　许　杰　杨冉昕　张晶晶　张　田
张　幸　张　杨　张一鸣　周小琪　ISLAM MD KHAIRUL　AKBAR ALI

艺术（54人）

刘金鹏　马溪蔓　皮筱冬　姚孜怿　常小涵　付景菲　韩　睿　刘兴璞　潘　濛
王子怡　倪志韧　邵　轶　卢义萍　孙东旭　孙铭旋　王　茜　王宇辰　陈欣茹
樊海平　公　妍　王　菲　张　苏　张雨婷　吕文佳　孙嘉怡　曾芙琳　程逸飞
邱　玥　杨　露　王馨苹　岳　雨　曲家宁　张新雨　曾佶茹　郭鑫茹　胡馨心
李璐玢　孙嘉阳　汪紫怡　王晓晴　王雨馨　杨雅倩　郭　婷　姜晓玉　宋　飞
朱文丽　李　婷　刘慧男　谭景华　王聪聪　王俪烨　文益依　郑世鑫
KIM BORAM

（三）同等学力申请硕士学位（49人）

经济学（3人）

伏　特　周晓君　王　鑫

法学（1人）

孙洪晓

历史学（2人）

李　华　纪海涛

理学（5人）

郝　刚　韩鹏鹏　陆　权　庄同光　王丽英

工学（3人）

常恩远　崔红雨　高惠蛟

医学（24人）

门延艳　高金霞　刘晓辉　任　颖　董园园　胡永凤　石丛丛　宋丽娜　王　美
邹盼盼　季加翠　杨　荣　竺传钰　卢双彦　赵　雪　周红珍　朱　翠　李仁涛
刘丽雯　杨　芳　辛　敏　庄乾英　梁　硕　苏　佩

管理学（11人）

刘美慧　徐　平　梁　品　王　鑫　韦翠宁　魏连秀　吴加强　于　杨　徐　倩
于　鹏　杜宗泥

山东大学
2022年6月18日

关于2022年度授予张晓周等179人博士学位徐宏祥等234人硕士学位的决定

山大研字〔2022〕24号

根据《中华人民共和国学位条例》和《中华人民共和国学位条例暂行实施办法》的有关规定，经校学位评定委员会2022年度第三次会议审核通过，决定授予攻读博士学位研究生张晓周等142人博士学位；授予李维卫等35人博士专业学位；授予以同等学力申请博士学位人员赵发海等2人博士学位；授予攻读硕士学位研究生徐宏祥等54人硕士学位；授予张岱晗等175人硕士专业学位；授予以同等学力申请硕士学位人员胡学文等5人硕士学位。具体名单如下：

一、授予博士学位人员名单（共179人）

（一）攻读博士学位研究生（142人）

哲学（3人）

张晓周　程永凯　洪兆旭

经济学（9人）

苟成娟　蔡　倩　曹洪峰　王　燕　杨文祺　路文成　耿　良　徐　榕　于　丛

法学（6人）

姜美玲　郭　圆　施锋娇　李国良　刘仁健　李　燕

文学（8人）

陈　璁　叶艳宁　周坤鹏　洪　娜　孙　涛　冯佳音　马荣良　陈肖杉

历史学（2人）

门绪峰　赵慧君

理学（34人）

杨　珍　韩　强　陈伟斌　董亚男　李　聪　徐　凯　朱延松　徐明远　刁晓彤
王　艳　赵　瑞　冯晓婷　刘晓芹　陈海燕　祝　远　马丽娟　高　菲　林　慧
周小艳　郝晓荷　任雪冰　张嘉洁　任宏伟　李瑶瑶　戚由倩　郭睿巨　刘长卿
夏琪琪　王　璐　王成刚　张　恒　乌兰巴日　刘新园　梁超超

工学（56 人）

张　云　苏　燕　苗成成　周　倩　王雷雨　张翼飞　吴雨林　高悉宝　张　龙
赵逸朕　张梦汝　尚亚男　陈信含　于　川　宋　健　陈天舒　蒋　莹　张　鑫
顾蓉蓉　卫园园　王付玲　魏铭洋　李　奕　安永灵　赵俊杰　尹　翾　王冰成
李长松　马福浚　丁兆磊　岳鸿志　孟　荣　韩　波　王仁伟　朱金亮　王梅梅
王长亮　边志国　武　双　魏国招　李　会　吴　凉　李亦佳　卜　林　李　彪
吕高航　代　松　刘衍凯　王鹏飞　王　升　焦鹏飞　庞永昊　陈雨雪　李　刚
陈　云　李木舟

医学（17 人）

吕高荣　曲　颖　路　璐　孙菲菲　李　亮　王　越　李　蕾　李　璋　殷思源
王尚琳　李竹青　贺科文　秦　静　谭诗川　李　晨　范欣慧　孙乾文

管理学（7 人）

徐琪新　杨伟伟　张丹婷　兰奎旭　曹范堃　鲁志鸿　刘倩倩

（二）博士专业学位（35 人）

工程（6 人）

李维卫　倪海平　曹方方　李宁博　于　芳　左爱侠

临床医学（28 人）

陆合明　解凤阳　朱庆庆　王瑞伟　朱彦慧　林　涛　胡　瑞　夏芳芳　张　沛
庞一强　张庆露　于　淼　吕立娟　王　蕾　杨振贤　王梅洁　高　昆　黄珊珊
姜元培　王　娇　徐　英　严春梅　李　勇　和　政　丁　玲　王　腾　张绪光
苗　萌

口腔医学（1 人）

陈　健

（三）以同等学力申请博士学位（2 人）

经济学（1 人）

赵发海

法学（1 人）

郭　超

二、授予硕士学位人员名单（共 234 人）

（一）攻读硕士学位研究生（54 人）

经济学（4 人）

徐宏祥　吕　博　张滕滕　张水琴

法学（3 人）

苏　钰　赵小宇　NASRIN SHULTANA SHIMU

教育学（1 人）

张　硕

文学（3 人）

陈　璐　熊梦宇　贾万里

历史学（1 人）

李　妍

理学（14 人）

何　静　李雪芹　杜天星　乔政华　董霄霄　陈星宇　李　智　徐美晨　谭银霜
文康舒　孟莜辉　孙铭鸿　岳荣荣　王金晓

工学（13 人）

张雅琪　陈心怡　刘新宁　刘智艺　张昊伟　谢国芳　许镇武　丁英丽　张钰荻
孙　冰　张际福　张　锋　MUHAMMAD AAMIR MOAWWEZ

医学（8 人）

姚艳玲　陈娅锋　刘博慧　张学利　张立媛　赵婷婷　白冠男　赵　强

管理学（6 人）

殷咸铭　王舒蕙　纪秀超　薛英勃　AMAKYE BENJAMIN
WILLIAM SOMBO

艺术学（1 人）

陈天怡

（二）硕士专业学位（175 人）

金融（2 人）

张岱晗　周润楠

法律（15 人）

宋　娟　孙　烨　张玉林　刘书玉　吕江涵　肖　鹏　黄程鹏　王颖超　李长帅
史楠楠　赵慧敏　郭世阳　李　玮　栾兆凤　许亚婷

翻译（2 人）

韦芊宇　蒋　坦

新闻与传播（2 人）

郝小庆　罗一诺

工程（32 人）

简彦超　张　非　周　浩　刘慧玲　李　冰　周　航　于成琳　孙铭序　颜莉汶
吴振海　杨　浩　闫睿一　张　宁　邓重宏　赵昱臣　王廷正　李梦圆　王　思
王志远　李菩文　杨晓霞　李　智　田　可　朱林海　李昉乐　马乐乐　周亚楠
王浩良　许继月　郑天宇　苗俊杰　师硕珍

临床医学（17 人）

亓晓敏　吕小龙　李　青　王传玉　张　晨　郑文博　李琳琳　魏小泉　赵海青
程少鹏　梁复超　刘恺宁　张鸿志　邹浩然　REUBEN ELIUD MKAMA
EUNICE ANDREW SHIJA　THERESIA EDGAR LUTUFYO

口腔医学（3 人）

陈沐寒　刘金华　巫梅赟

公共卫生（2人）

孟　晨　李晓凡

药学（1人）

房凯丽

工商管理（12人）

刘　勇　崔　荻　刘晓辉　许凯波　姜　鑫　金培基　马　越　沈鑫鑫　宋述彤
王静怡　闫士民　邹雯雯

公共管理（75人）

孟　君　棣　璐　丰晓飞　巩凯鹏　石仁卿　王　欣　张　艺　曹睿恒　曹雅珍
陈明萱　陈　妍　程冠昊　段丽菲　郭　威　韩金蒙　黄馨慧　姬亚楠　贾旭旭
康晓丽　李凤至　李倩倩　梁　潇　刘　丹　刘　璐　刘璐璐　刘骐源　卢镜先
苗元博　潘广霞　秦　潇　瞿文杰　石凯文　孙　涵　孙　浩　田洛萍　田　淼
王　军　王　雪　谢新宇　邢泽权　徐　潇　闫　烁　杨冰翡　杨晓峰　于家盛
于晓洋　翟英皓　张　晨　张驰名　张世栋　张阳阳　赵　萌　朱耀华　曹　婷
常　润　陈　健　郝继晴　郝　宇　刘　倩　刘世琳　马玥昕　聂智慧　乔钰斐
邱春蕊　任尚鹏　宋义远　汪　丽　王铭欣　王秀红　王　莹　徐红强　徐文雯
于雪莉　张晓晖　邹　婷

会计（2人）

齐　媛　姜润东

工程管理（6人）

蒋筱悦　刘世鹏　田润楠　吴娜娜　楼小茜　燕　亮

艺术（4人）

刘健鹏　赵廷雯　宋家瑞　宋　菲

（三）以同等学力申请硕士学位（5人）

法学（1人）

胡学文

医学（3人）

徐　烨　王彩霞　刘枫林

管理学（1人）

陈　波

山东大学
2022年9月23日

关于2022年度授予赵佳佳等238人博士学位张纤纤等344人硕士学位的决定

山大研字〔2022〕46号

根据《中华人民共和国学位条例》和《中华人民共和国学位条例暂行实施办法》的有关规定，经校学位评定委员会2022年度第四次会议审核通过，决定授予攻读博士学位研究生赵佳佳等156人博士学位；授予李岩等74人博士专业学位；授予以同等学力申请博士学位人员刘雪芹等8人博士学位；授予攻读硕士学位研究生张纤纤等31人硕士学位；授予杨志浩等265人硕士专业学位；授予以同等学力申请硕士学位人员杨启志等48人硕士学位。具体名单如下：

一、授予博士学位人员名单（共238人）

（一）攻读博士学位研究生（156人）

哲学（2人）

赵佳佳　杨　鹏

经济学（7人）

张　伟　蔡震坤　杨志媛　李春梅　刘晓红　郑　潇
JOAQUIM　ISAQUE MANTEIGA

法学（15人）

仇婷婷　乔　杉　杨　姿　倪文艳　周海玲　修丰义　朱修强　朱光明　毕腾亚
孙其战　张春芳　王宇翔　郑志康　万坤利　赵　岩

文学（10人）

郑晓莹　林珈亦　王　琦　谢　娜　林殿芳　潘文竹　柳湘瑜　于少飞　信明华
高　潇

历史学（5人）

田庆强　张　洁　叶大深　李旭冉　张道奎

理学（36人）

李　新　华国栋　王芳芳　陈颖谷　李　敏　贾俊青　谢季阳　张　明　王　旭
唐国锋　马晓雨　张舒心　邢若飞　张洪湖　吴振发　李淑英　张娟娟　刘　慧
石　稳　王红蕾　杨乐乐　郑丽媛　谈太聪　果士婷　曹梦豪　翟昊天　姜文欣
韩泉祥　秦君超　李成龙　袁　睿　赵丽华　王晓平　JAMAL AFZAL
MESFIN ANGAW TESFAY　KHURAM TARIQ

工学（49人）

林　昊　范曹明　崔笑笑　顾凌晨　姜为易　赵超鹏　王志炜　朱洪健　段建鲁
李佳欢　陈　浩　赵　凯　徐永正　华明昊　聂延艳　马晓玲　张　蒙　杨　雪

王景山 任杰 杨琪琪 毕志敏 刘通 崔忠瑞 王文灿 马天赋 李含丰
崔择民 赵高争 李天雨 杨堃 柳尚斌 胡蒙蒙 付超 梁家珲 郭焱旭
安棋祎 徐雅洁 罗伟 任永健 刘怡然 魏广顺 李邦翔 崔春雨 马钊
张灵莉 汪引 于福杰 MUHAMMAD ZEESHANASHFAQ

医学（27 人）

杨丽丽 司书成 王丽洁 陈帅 谢跃武 孙超 严宁 徐广森 梁啸
王学耀 杜希友 柏雪梅 余仲夏 崔晓阳 郭小维 黄炜 田迷迷 王静
罗丹丹 刘菁 秦朗 张天立 崔晨 李明颖 郑晖 孟霖霖 王倩倩

管理学（5 人）

王文娟 申丛丛 洪扬 荣雪菁 袁悦

（二）博士专业学位（74 人）

工程（5 人）

李岩 陈明亚 曾滔 朱晓璇 王晖

临床医学（64 人）

吴慧潇 李宗跃 宋茹 于小宸 丰丙程 贾睿楠 臧楠 左心怡 王旭
张盟辉 杨春生 郑海兰 李士光 王晓阳 吴书胜 陈冠璇 余世成 王聪
赵园园 鲁志华 张努 孙国庆 张烁 李珊珊 王东升 杨晓梅 姜春艳
孙士彬 张永霞 王慧慧 田玮 高玮 郭海雷 罗洪霞 张凯 陈晨
徐溢新 刁文杰 孙娴莉 王静 孙彬 王晓玉 郭任博 王越 刘春艳
李宁 吴倩 杨洁 真晓雯 朱珣珣 杨稳 王亮 杜梅 高占娟
王海军 荆菁 陈诚 花晓敏 刁玉超 李芳芳 潘盛盛 王德海 常海洋
密玉帅

口腔医学（5 人）

代燕 吕春旭 李君 王海燕 刘琨

（三）以同等学力申请博士学位（8 人）

法学（1 人）

刘雪芹

文学（3 人）

董晓丽 刘书妤 钟世华

医学（4 人）

贾秀芹 蒋雪梅 朱少伟 王立水

二、授予硕士学位人员名单（共 344 人）

（一）攻读硕士学位研究生（31 人）

经济学（1 人）

张纤纤

法学（2 人）

段恋 孙玉衡

历史学（1 人）

梁国庆

理学（10 人）

张　良　兰皓月　任洋洋　李　丽　林学星　杨温鑫　袁晓娜　孟琬珍　王　洁
宋宪锐

工学（9 人）

王井阳　汪文杰　高召涛　修蓬岳　邓　阔　韩思源　张玉潇　袁昊天　马泽中

医学（7 人）

齐延旭　李　淼　朱　月　胡曼琦　曾　睿　樊又菠　郑志坚

艺术学（1 人）

魏铭豪

（二）硕士专业学位（265 人）

金融（2 人）

杨志浩　王　林

应用统计（1 人）

黄昊明

法律（7 人）

曹先杰　范佳欣　陈　茜　侯霈玥　刘　阳　张熠晴　宋春蕾

体育（1 人）

包文伟

翻译（1 人）

王晶津

新闻与传播（2 人）

郝　爱　王兆娟

工程（35 人）

潘立群　高　鑫　刘华玉　路鹏程　侯方硕　王　玉　李　涛　王　创　王浩天
王　瑞　张　帝　王银桥　李仕强　易绍兴　刘冬艳　王　鹏　郭新林　刘羿之
曹　杰　武　钊　焦亚男　刘祥龙　熊自龙　刘鹏博　肖清仆　丁　宁　刘　攀
曹相阳　付心蕊　庄金旭　袁　森　贾　坤　刘竞泽　吕高攀　汪雨晴

临床医学（20 人）

刘金香　高利利　王尚芬　信敬平　杨佳璇　高　沛　冯仕君　王　晶　刘新超
单　宇　平　硕　赵　晗　金霄雪　田瑞渊　曹　娟　王法哲　姜红伟　张　倩
高笠博　张　醒

口腔医学（2 人）

刘　岩　李香玉

公共卫生（1 人）

杨玉红

护理（3人）

朱义英　李海燕　张文婷

药学（1人）

张琪

工商管理（128人）

徐鲁斌　宋佳佳　付　尧　于冰洁　刘　璐　马天琦　乔美玲　刘　洋　庞　兴
韩志永　邓安阳　张　璐　常克坚　陈　鹏　陈卫华　陈志敏　崔天翔　范晓雨
高文栋　韩丽萍　康历姮　李　娜　李秋菊　李　政　强显光　宋晓飞　王　峰
王　娟　王明灿　王玉洁　王玉哲　韦洪琦　魏　鹏　许　勇　于文彤　于　洋
喻　丹　张　浩　张　华　张令军　张　敏　张　薇　赵世兴　刁凌月　孙荣超
王珊珊　王秀秀　张来鑫　张诗琪　徐建芹　程月铭　董　琳　郭良谡　李加林
刘佳玉　肖　鹏　肖新政　徐云凤　杨　苗　张斌全　张　磊　张辛跃　张　媛
仲　蕊　白　云　陈　金　陈祥东　程亭亭　董　岚　窦一斌　范军妮　郭建元
侯学永　胡吟雪　蒋俊怡　金宁波　李　林　李淑娟　李晓彤　李　月　梁高静
凌　飞　凌媛媛　刘　成　刘　萌　刘丝雨　刘韦嘉　牟子清　秦昌盛　曲晓雪
曲一冲　任丽香　申恒欣　石明兰　孙崇虎　孙　健　孙燕敏　王嫦凤　王　冲
王民辉　王向锋　王迎迎　王　雨　王子晗　肖天华　邢　胜　宿可伟　许　彬
许　鹏　闫　振　杨　婕　杨俊飞　于海臣　于　瑞　袁义忠　詹玲书　张聪聪
张　达　张华康　张　瑾　张立波　张梦璐　张　森　张　颖　张玉芹　赵海陆
周　博　周效刚

公共管理（40人）

杨金录　石　磊　董倩倩　房文强　宫子云　胡文举　胡　越　李国照　李　淼
李培治　刘惠宇　孟康康　曲俊明　石　玉　宋　晓　万　莉　王成豪　王广顺
王　鑫　邢　琛　岳　璐　张露露　冯朝晖　程雪静　李宝萍　肖子扬　颜廷睿
李　超　董纾含　高素真　侯贺方　贾天仪　潘书涵　邵　琪　申崇焱　尤　娴
于博远　于晓菲　张继文　孙文荣

会计（1人）

沈晓辰

工程管理（12人）

肖　萌　楚文静　谭　帅　张笑迎　谭燕华　周亦蒙　李书青　徐　敏
Gerald Tendesekai Marangwanda　MANILAY KEOMANY
KHUN　SIREYVICHITR　IBRAHIM　SADIA

艺术（8人）

李敬宜　刘天煜　闫金芝　魏亦汝　王文川　陈雨杉　张　涵　邱泽萱

（三）以同等学力申请硕士学位（48人）

经济学（4人）

杨启志　王维莉　卞娟娟　刘　建

理学（2 人）

王　骋　李江阔

工学（5 人）

夏长庚　倪春明　李学强　马春辉　周蓓蓓

医学（35 人）

雷　琰　杨文荣　梁　伟　王　新　王　艳　丁丽丽　杜婷婷　贾冬梅　李平平
杨　静　朱伟卫　宋　晴　武荧荧　祝学梅　韩娜娜　马　姝　王　哲　李明轩
刘福燕　刘　茜　乔诗曼　荆晓雷　董雪芹　毛德香　高　锋　解洪强　李　琛
江　领　马龙涛　张炳杨　范伟强　刘　燕　杜　鹏　刘　琰　段新艳

管理学（2 人）

李成行　鲁文倩

山东大学
2022 年 12 月 27 日

大事记

山东大学 2022 年大事记

1 月

7 日　山东大学本科教学指导委员会召开 2021 年度第二次工作会议。校长樊丽明出席会议并讲话，副校长吴臻主持会议，学校教学指导委员会委员以及相关专业负责人参加会议。

9 日　委省共建国家区域医疗中心工作汇报会在山东大学齐鲁医院举行。山东省人民政府副省长孙继业、山东大学校长樊丽明出席会议并讲话，国家卫生健康委医政医管局副局长李大川发表视频讲话。会议由山东大学副校长、齐鲁医学院院长易凡主持。

10 日　经党委常委会研究决定：

聘任：林平为经济学院院长；
武常岐为管理学院院长；
宋爱民为微电子学院执行院长；
李术才为齐鲁交通学院院长；
李利平为齐鲁交通学院常务副院长；
葛智为齐鲁交通学院副院长；
杨为民为齐鲁交通学院副院长；
许振浩为齐鲁交通学院副院长；
王川为齐鲁交通学院副院长；
郭亮为数学与统计学院副院长；
焦佩为马克思主义学院（威海）副院长；
贝淡宁为政治学与公共管理学院院长；
黄卫平为信息科学与工程学院院长；
陈杰智为信息科学与工程学院副院长；
成秀珍为计算机科学与技术学院院长；
景传勇为环境科学与工程学院院长；
王小云为网络空间安全学院（研究院）院长；
王美琴为网络空间安全学院（研究院）常务副院长；
陈耀为空间科学研究院执行院长；
李娟为数学与交叉科学研究中心副主任；

刘保东为青岛校区公共教学管理服务中心主任；

王洪君为青岛校区公共（创新）实验教学中心主任。

免去：郝晓涛的物理学院副院长职务；

林兆军的微电子学院常务副院长职务；

吕芃的新闻传播学院院长职务；

孙法合的齐鲁交通学院副院长职务；

贾磊的海洋学院院长职务；

梁振林的海洋学院常务副院长职务；

张益唐的数学与统计学院院长职务；

郭炅的计算机科学与技术学院副院长职务；

谭保才的生命科学学院院长职务。

同日　　经第十四届党委第 111 次、112 次常委会研究决定：

杨玉同志任学生工作党委书记；

李汝宾同志任学生工作党委副书记；

张桂珍同志任图书期刊出版党委书记，免去其出版社党总支书记职务。

免去李红同志的直属单位党委书记职务。

同日　　经第十四届党委第 111 次常委会研究决定：

邢占军同志任青岛校区党工委常务副书记。

免去：杜言敏同志的威海校区党工委副书记、党工委委员、纪工委书记职务；

郭培良同志的青岛校区纪工委书记职务；

郭邦礼同志的青岛校区党工委副书记、党工委委员职务。

同日　　经第十四届党委第 111 次、112 次常委会研究决定：

吕波同志任口腔医学院（口腔医院）党委书记；

葛少华同志任口腔医学院（口腔医院）院长、党委副书记；

齐山华同志任口腔医学院（口腔医院）党委副书记；

陈国军同志任口腔医学院（口腔医院）党委副书记、纪委书记；

李彤冰同志任口腔医学院（口腔医院）总会计师，免去其第二医院总会计师职务；

宋晖同志任口腔医学院（口腔医院）副院长；

郭杰同志任口腔医学院（口腔医院）副院长；

魏福兰同志任口腔医学院（口腔医院）副院长；

柳松同志任口腔医学院（口腔医院）党委副书记；

张海燕同志任口腔医学院（口腔医院）副处级组织员；

姜昆同志任基础医学院党委副书记；

于超同志任公共卫生学院党委副书记，免去其党委组织部副处级组织员职务；

李岩同志任齐鲁医学院人事人才办公室主任兼人事部副部长、人才工作办公室副主任；

吕光平同志任齐鲁医学院综合办公室副主任，免去其口腔医学院（口腔医院）党委副书记职务；

陈明菊同志任第一临床学院副处级组织员；

于先兰同志任第二医院总会计师。以上新提拔担任非选举产生领导人员的，试用期一年。

免去：马宏峰同志的基础医学院党委副书记职务；

孙钦峰同志的口腔医学院（口腔医院）副院长职务；

熊世江同志的口腔医学院（口腔医院）副院长职务。

同日　　经第十四届党委第111次、112次常委会研究决定：

郑倩同志任哲学与社会发展学院党委书记；

刘森林同志任哲学与社会发展学院院长、党委副书记；

阚铮同志任哲学与社会发展学院党委副书记；

马燕同志任哲学与社会发展学院党委副书记，免去其经济学院副处级组织员职务；

付立华同志任哲学与社会发展学院副院长；

翟奎凤同志任哲学与社会发展学院副院长；

冯波同志任哲学与社会发展学院副院长；

李忠路同志任哲学与社会发展学院副院长；

何立光同志任哲学与社会发展学院副处级组织员；

董春杰同志任经济学院党委书记，免去其学科建设与发展规划部副部长职务；

石绍宾同志任经济学院常务副院长、党委副书记；

李维林同志任经济学院正处级辅导员；

孙淑琴同志任经济学院副院长；

林竹同志任经济学院党委副书记；

李良杰同志任经济学院党委副书记；

汤玉刚同志任经济学院副院长；

张群姿同志任经济学院副院长；

张伟同志任经济学院副院长；

杜泽逊同志任文学院院长、党委副书记，文化传播学院院长；

张帅同志任文学院党委书记；

黄发有同志任文学院常务副院长；

程相占同志任文学院副院长；

马兵同志任文学院副院长；

王萌同志任文学院党委副书记；

杨建刚同志任文学院副院长；

樊庆彦同志任文学院副院长；
沈文同志任文学院副处级组织员；
王俊菊同志任外国语学院院长、党委副书记，翻译学院院长，免去其外国语学院党委书记职务；
薛佩军同志任外国语学院党委书记；
刘华同志任外国语学院党委副书记，免去其机关党委副书记职务；
马文同志任外国语学院副院长；
刘洪东同志任外国语学院副院长；
魏鲁鸿同志任外国语学院党委副书记；
苏永刚同志任外国语学院副院长；
周俊基同志任外国语学院副处级组织员；
李雨嘉同志任艺术学院党委书记；
安宁同志任艺术学院院长、艺术学院（威海）院长；
李勇同志任艺术学院党委副书记，免去其学生就业创业指导中心副主任职务；
姚榕华同志任艺术学院副院长；
王文灏同志任艺术学院副院长；
孔南同志任艺术学院副院长；
孙亚娣同志任艺术学院副处级组织员；
方辉同志任历史文化学院院长、党委副书记，博物馆馆长；
刘军同志任历史文化学院党委书记；
王芬同志任历史文化学院副院长；
李功华同志任历史文化学院党委副书记，免去其电气工程学院党委副书记职务；
张伟同志任历史文化学院党委副书记；
代国玺同志任历史文化学院副院长；
曲春梅同志任历史文化学院副院长；
马光同志任历史文化学院副院长；
薛辰兵同志任历史文化学院副处级组织员；
李一楠同志任历史文化学院副处级辅导员；
孙强同志任文化遗产研究院副院长；
吴臻同志兼任数学学院院长、数学与统计学院院长；
王光辉同志任数学学院党委书记；
胡锡俊同志任数学学院常务副院长；
王苗雨同志任数学学院党委副书记；
刘丙强同志任数学学院副院长；
聂天洋同志任数学学院副院长；

张艳强同志任数学学院党委副书记；
崔玉红同志任数学学院副处级组织员；
郁鹏同志任物理学院党委书记；
司宗国同志任物理学院院长；
张倩同志任物理学院正处级辅导员；
徐晓霞同志任物理学院党委副书记；
赵明文同志任物理学院副院长；
赵明磊同志任物理学院副院长；
辛莹同志任物理学院党委副书记；
秦伟同志任物理学院副院长；
柏利慧同志任物理学院副院长；
王琪珑同志兼任化学与化工学院院长；
侯兴合同志任化学与化工学院党委书记；
刘红同志任化学与化工学院正处级辅导员；
孙国翠同志任化学与化工学院党委副书记；
贾春江同志任化学与化工学院副院长；
刘磊同志任化学与化工学院副院长；
马勇同志任化学与化工学院党委副书记，免去其党委办公室、校长办公室副主任职务；
徐政虎同志任化学与化工学院副院长；
彭彤同志任化学与化工学院副处级组织员；
王秀丽同志任软件学院党委书记，免去其经济学院党委书记职务；
崔立真同志任软件学院院长、党委副书记，免去其本科生院院长、本科招生办公室主任职务；
吕刚同志任软件学院党委副书记；
许信顺同志任软件学院副院长；
刘士军同志任软件学院副院长；
刘卫国同志任软件学院副院长；
周元峰同志任软件学院副院长；
周广鹏同志任软件学院党委副书记；
崇学文同志任材料科学与工程学院党委书记，免去其山东山大资本运营有限公司党委书记职务；
吕宇鹏同志任材料科学与工程学院常务副院长、党委副书记；
吕伟同志任材料科学与工程学院党委副书记，免去其机械工程学院党委副书记职务；
董兴同志任材料科学与工程学院党委副书记；
李辉同志任材料科学与工程学院副院长；

管延锦同志任材料科学与工程学院副院长；
毕见强同志任材料科学与工程学院副院长；
张存生同志任材料科学与工程学院副院长；
张力勇同志任材料科学与工程学院副处级组织员；
刘杰同志任机械工程学院党委书记；
万熠同志任机械工程学院院长、党委副书记，免去其研究生院副院长、党委研究生工作部副部长、研究生质量保障办公室主任职务；
滕玉军同志任机械工程学院党委副书记，免去其能源与动力工程学院党委副书记职务；
姚鹏同志任机械工程学院副院长；
刘玥同志任机械工程学院党委副书记；
宋清华同志任机械工程学院副院长；
朱洪涛同志任机械工程学院副院长；
蔡玉奎同志任机械工程学院副院长；
张承慧同志任控制科学与工程学院院长、党委副书记；
高瑞同志任控制科学与工程学院党委书记；
常发亮同志任控制科学与工程学院常务副院长；
朱文兴同志任控制科学与工程学院副院长；
吴晓晴同志任控制科学与工程学院党委副书记；
孙波同志任控制科学与工程学院副院长；
王光臣同志任控制科学与工程学院副院长；
李文振同志任控制科学与工程学院党委副书记；
管延新同志任控制科学与工程学院副处级组织员；
辛公明同志任能源与动力工程学院党委书记；
王小平同志任能源与动力工程学院党委副书记，免去其人事部副部长、人才工作办公室副主任职务；
王文龙同志任能源与动力工程学院副院长；
韩奎华同志任能源与动力工程学院副院长；
白书战同志任能源与动力工程学院副院长；
李永卫同志任能源与动力工程学院党委副书记，免去其哲学与社会发展学院党委副书记职务；
袁学良同志任能源与动力工程学院副院长；
殷录民同志任电气工程学院党委书记，免去其后勤保障部部长、党委书记，房改办公室主任职务；
丁磊同志任电气工程学院院长、党委副书记；
宋思利同志任电气工程学院党委副书记；
王海华同志任电气工程学院党委副书记，免去其外国语学院党委副书记职务；

李清泉同志任电气工程学院副院长；

杨明同志任电气工程学院副院长；

叶华同志任电气工程学院副院长；

赵浩然同志任电气工程学院副院长；

薛辉同志任电气工程学院副处级组织员；

张庆松同志任土建与水利学院院长、党委副书记；

刘斌同志任土建与水利学院党委书记；

胡岩同志任土建与水利学院正处级组织员，免去其土建与水利学院党委书记职务；

张强同志任土建与水利学院党委副书记；

张强勇同志任土建与水利学院副院长；

王培军同志任土建与水利学院副院长；

韩勃同志任土建与水利学院副院长；

辛帅同志任土建与水利学院党委副书记；

毛德强同志任土建与水利学院副院长；

范方同志任土建与水利学院副处级组织员；

孟庆春同志任管理学院党委书记，免去其管理学院副院长职务；

卞江同志任管理学院正处级组织员，免去其管理学院副院长职务；

石清云同志任管理学院正处级辅导员；

傅艺娜同志任管理学院党委副书记，免去其学生心理健康教育与咨询中心主任、党委学生工作部副部长职务；

王益民同志任管理学院副院长；

周琳同志任管理学院党委副书记；

张江华同志任管理学院副院长；

唐贵瑶同志任管理学院副院长；

黄潇婷同志任管理学院副院长；

孙晋海同志任体育学院院长、党委副书记，体育教学部主任，免去其体育学院党委书记职务；

郭学庆同志任体育学院党委书记；

卢士涌同志任体育学院党委副书记，免去其微电子学院党委副书记职务；

王先亮同志任体育学院副院长；

张洪振同志任体育学院副院长；

高岩同志任体育学院副院长；

马晓琳同志任马克思主义学院党委书记；

张士海同志任马克思主义学院院长、党委副书记，马克思主义学院（威海）院长；
周金龙同志任马克思主义学院副院长；
王海宁同志任马克思主义学院党委副书记，免去其辅导员工作研究会与思政培训中心办公室副主任职务；
郑敬斌同志任马克思主义学院副院长；
张路园同志任马克思主义学院副院长；
马明冲同志任马克思主义学院副院长；
齐子萍同志任马克思主义学院副处级组织员；
徐希锋同志任国际教育学院党委书记；
马晓乐同志任国际教育学院院长、党委副书记；
王尧美同志任国际教育学院副院长；
王彦伟同志任国际教育学院副院长；
王璐璐同志任国际教育学院党委副书记；
杜文倩同志任国际教育学院副院长；
吴天柱同志任微电子学院党委书记，免去其软件学院党委副书记职务；
王永同志任微电子学院副院长；
王以林同志任微电子学院副院长；
郭庆磊同志任微电子学院副院长；
钱凯同志任微电子学院副院长；
崔剑同志任微电子学院党委副书记；
王德胜同志任新闻传播学院党委书记；
刘明洋同志任新闻传播学院院长、党委副书记；
王丽君同志任新闻传播学院党委副书记；
倪万同志任新闻传播学院副院长；
邱凌同志任新闻传播学院副院长；
杨晓冬同志任新闻传播学院副院长；
王智洁同志任新闻传播学院副处级组织员；
周作福同志任齐鲁交通学院党委书记，免去其党委学生工作部部长、武装部部长职务；
李凯同志任齐鲁交通学院党委副书记；
曾斌同志任齐鲁交通学院副处级组织员；
谷丽霞同志任东北亚学院党委书记；
刘昌明同志任东北亚学院院长兼政治学与公共管理学院副院长；
张景全同志任东北亚学院副院长；
陈昕同志任东北亚学院党委副书记；
郑冬梅同志任东北亚学院副院长；
毕颖达同志任东北亚学院副院长；

于培丽同志任商学院党委书记，免去其文化传播学院党委书记职务；
戚桂杰同志任商学院院长、党委副书记；
韩延伟同志任商学院正处级组织员；
杨林同志任商学院副院长；
夏辉同志任商学院副院长；
陈学胜同志任商学院副院长；
郭晓妮同志任商学院党委副书记；
韩鲁青同志任商学院党委副书记；
郝延伟同志任商学院副院长；
井海波同志任商学院副处级组织员；
肖金明同志兼任法学院（威海）党委书记，免去其法学院（威海）院长职务；
侯丽娜同志任法学院（威海）党委副书记；
门中敬同志任法学院（威海）副院长；
武飞同志任法学院（威海）副院长；
张其山同志任法学院（威海）副院长；
张小宁同志任法学院（威海）副院长；
魏斌同志任文化传播学院党委书记，免去其威海校区党工委宣传统战部副部长、教师工作办公室副主任职务；
张红军同志任文化传播学院常务副院长、党委副书记，免去其文化传播学院院长职务；
周玉宏同志任文化传播学院党委副书记；
周新顺同志任文化传播学院副院长；
尹海良同志任文化传播学院副院长；
张超同志任文化传播学院副院长；
于燕臣同志任翻译学院党委书记，免去其威海校区财务处处长职务；
申富英同志任翻译学院常务副院长、党委副书记兼外国语学院副院长，免去其翻译学院院长职务；
栗庆冬同志任翻译学院正处级组织员，免去其翻译学院党委书记职务；
常伟东同志任翻译学院党委副书记；
崔英同志任翻译学院副院长；
唐鑫梅同志任翻译学院副院长；
李恒江同志任艺术学院（威海）党委书记；
张剑同志任艺术学院（威海）常务副院长、党委副书记；
纪维剑同志任艺术学院（威海）副院长；

赵鸿同志任艺术学院（威海）副院长；
宗文婷同志任艺术学院（威海）党委副书记；
李静同志任艺术学院（威海）副院长；
刘海同志兼任海洋学院院长；
黄建军同志任海洋学院党委书记，免去其威海校区人事处处长、离退休工作办公室主任、离退休党委书记职务；
杜宗军同志任海洋学院副院长；
李霞同志任海洋学院副院长；
牛志强同志任海洋学院党委副书记；
张伟同志任海洋学院副院长；
姜昭阳同志任海洋学院副院长；
王福安同志任机电与信息工程学院党委书记，免去其威海校区资产与实验室管理处处长职务；
王丽同志任机电与信息工程学院常务副院长、党委副书记；
叶军堂同志任机电与信息工程学院正处级组织员；
李冶同志任机电与信息工程学院党委副书记，免去其空间科学与物理学院党委副书记职务；
陈原同志任机电与信息工程学院副院长；
姜斌同志任机电与信息工程学院副院长；
宋凯凯同志任机电与信息工程学院副院长；
郭春生同志任机电与信息工程学院副院长；
宋勇同志任机电与信息工程学院副院长；
孙宁同志任机电与信息工程学院党委副书记；
迟涛同志任空间科学与物理学院党委书记；
王守宇同志任空间科学与物理学院常务副院长；
单登科同志任空间科学与物理学院党委副书记，免去其机电与信息工程学院党委副书记职务；
胡绍明同志任空间科学与物理学院副院长；
张清和同志任空间科学与物理学院副院长；
凌宗成同志任空间科学与物理学院副院长；
李凯同志任空间科学与物理学院副院长；
杜猛同志任空间科学研究院行政副院长；
于振涛同志任数学与统计学院党委书记；
齐海涛同志任数学与统计学院常务副院长；
杨金才同志任数学与统计学院正处级组织员，免去其威海校区国际教育学院正处级组织员职务；
王鹏飞同志任数学与统计学院党委副书记；
亓兴勤同志任数学与统计学院副院长；

孙庆峰同志任数学与统计学院副院长；
陈广奕同志任马克思主义学院（威海）党委书记；
郝书翠同志任马克思主义学院（威海）常务副院长、党委副书记，免去其马克思主义学院（威海）党委书记职务；
马秋丽同志任马克思主义学院（威海）副院长；
周慧如同志兼任体育教学部直属党支部书记；
战文腾同志任体育教学部副主任；
刘建亚同志兼任山东大学澳国立联合理学院院长；
吕广世同志任山东大学澳国立联合理学院执行院长；
梁奉军同志任山东大学澳国立联合理学院党委书记，免去其威海校区党工委组织部副部长、机关党委副书记职务；
王蔚同志任山东大学澳国立联合理学院党委副书记；
盖玉强同志任政治学与公共管理学院党委书记；
马奔同志任政治学与公共管理学院常务副院长、党委副书记；
马桂兰同志任政治学与公共管理学院党委副书记，免去其信息科学与工程学院副处级组织员职务；
朱贵昌同志任政治学与公共管理学院副院长，免去其国际事务部副部长职务；
孔新峰同志任政治学与公共管理学院副院长；
石莹同志任政治学与公共管理学院党委副书记；
赵婷同志任政治学与公共管理学院副院长；
周长军同志任法学院院长、党委副书记，法学院（威海）院长；
于向明同志任法学院党委书记；
齐向东同志任法学院正处级辅导员；
董雪梅同志任法学院党委副书记；
郑智航同志任法学院副院长；
满洪杰同志任法学院副院长；
邹永厚同志任法学院党委副书记；
冯俊伟同志任法学院副院长；
江小荃同志任法学院副处级组织员；
张东升同志任信息科学与工程学院党委书记；
李德春同志任信息科学与工程学院常务副院长、党委副书记；
宫相栋同志任信息科学与工程学院党委副书记；
赵佳同志任信息科学与工程学院副院长；
李鸿娟同志任信息科学与工程学院党委副书记；
李玉军同志任信息科学与工程学院副院长；
贾智平同志任计算机科学与技术学院党委书记；
贺平同志任计算机科学与技术学院正处级辅导员；

彭朝晖同志任计算机科学与技术学院副院长；
张四化同志任计算机科学与技术学院党委副书记；
于东晓同志任计算机科学与技术学院副院长；
陈竹敏同志任计算机科学与技术学院副院长；
王纪磊同志任生命科学学院党委书记；
周传恩同志任生命科学学院常务副院长、党委副书记；
刘相国同志任生命科学学院副院长；
张伟同志任生命科学学院副院长；
张攀攀同志任生命科学学院党委副书记；
白明义同志任生命科学学院副院长；
邵明同志任生命科学学院副院长；
李汉烨同志任生命科学学院党委副书记；
刘健同志任环境科学与工程学院党委书记，免去其资产与实验室管理部副部长、国有资产管理办公室（经营性资产管理办公室）副主任职务；
袁宪正同志任环境科学与工程学院副院长；
胡振同志任环境科学与工程学院副院长；
桑伟林同志任环境科学与工程学院党委副书记，免去其政治学与公共管理学院党委副书记职务；
王志宁同志任环境科学与工程学院副院长；
刘春光同志任环境科学与工程学院副院长；
王宪华同志任网络空间安全学院（研究院）党委书记；
郭山清同志任网络空间安全学院（研究院）副院长；
魏普文同志任网络空间安全学院（研究院）副院长；
顾乃静同志任网络空间安全学院（研究院）党委副书记；
胡思煌同志任网络空间安全学院（研究院）副院长。
以上新提拔担任非选举产生领导人员的，试用期一年。
免去：
王华平同志的哲学与社会发展学院副院长职务；
陈坚同志的哲学与社会发展学院副院长职务；
程胜利同志的哲学与社会发展学院副院长职务；
曹廷求同志的经济学院院长、党委副书记职务；
王哲伟同志的经济学院副院长职务；
刘志业同志的文学院正处级辅导员职务；
李剑锋同志的文学院副院长职务；
曾志英同志的外国语学院正处级辅导员职务；
李建刚同志的外国语学院副院长职务；
崔校平同志的外国语学院副院长职务；

李晓峰同志的艺术学院党委书记、艺术学院（威海）院长职务；
刘家峰同志的历史文化学院副院长职务；
陈增敬同志的数学学院院长职务；
芮洪兴同志的数学学院副院长职务；
赵立璐同志的数学学院副院长职务；
赵伟同志的数学学院副处级组织员职务；
陈峰同志的物理学院院长职务；
于新好同志的物理学院副处级组织员职务；
郝京诚同志的化学与化工学院院长、党委副书记职务；
陈代荣同志的化学与化工学院副院长职务；
潘国栋同志的软件学院正处级组织员职务；
赵国群同志的材料科学与工程学院党委书记、院长职务；
贾存栋同志的机械工程学院副院长职务，另行安排；
刘林华同志的能源与动力工程学院院长职务；
徐波同志的能源与动力工程学院正处级辅导员职务；
刘相宜同志的电气工程学院党委书记职务；
崔新壮同志的土建与水利学院副院长职务；
吉小青同志的管理学院党委书记职务；
任若强同志的体育学院正处级组织员职务；
石振国同志的体育学院副院长职务；
王飞同志的体育学院副院长职务；
黄广友同志的马克思主义学院副院长职务；
王卿璞同志的微电子学院党委书记职务；
赵玉璞同志的东北亚学院院长职务；
袁相万同志的商学院党委书记职务；
汪全胜同志的法学院（威海）党委书记职务；
姜世波同志的法学院（威海）副院长职务；
刘军同志的法学院（威海）副院长职务；
管恩森同志的文化传播学院副院长职务；
王迎宾同志的翻译学院正处级组织员职务；
李万军同志的翻译学院副院长职务；
梁远同志的翻译学院副院长职务；
孙文范同志的海洋学院党委书记职务；
葛长宇同志的海洋学院副院长职务；
彭兆强同志的机电与信息工程学院党委书记职务；
辛洪云同志的机电与信息工程学院正处级组织员职务；
刘若伦同志的机电与信息工程学院副院长职务；
陈耀同志的空间科学与物理学院副院长职务；

吕英波同志的空间科学与物理学院副院长职务；
贾慧卿同志的空间科学与物理学院副处级组织员职务；
綦建刚同志的数学与统计学院常务副院长、党委副书记职务；
李娟同志的数学与统计学院副院长职务；
吴文新同志的马克思主义学院（威海）院长、党委副书记，马克思主义学院副院长职务；
李洋修同志的马克思主义学院（威海）正处级组织员职务；
王友坤同志的体育教学部副主任职务；
姜胤同志的山东大学澳国立联合理学院副处级组织员职务；
彭展同志的政治学与公共管理学院正处级辅导员职务；
李济时同志的政治学与公共管理学院副院长职务；
张海燕同志的法学院副院长职务；
李忠夏同志的法学院副院长职务；
刘琚同志的信息科学与工程学院副院长职务；
郭卫华同志的生命科学学院副院长职务；
李玉江同志的环境科学与工程学院副院长职务；
宋红明同志的环境科学与工程学院副处级组织员职务。

同日　经第十四届党委第111次、112次常委会研究决定：

王浩同志任党委办公室、校长办公室主任，信息化工作办公室主任；
蔡清香同志任党委办公室、校长办公室副主任，免去其齐鲁医学院综合办公室副主任职务；
管晓亮同志任党委办公室、校长办公室副主任，免去其校卫队队长、公安处副处长职务；
付岩志同志任保密工作办公室主任兼党委办公室、校长办公室副主任，机关党委常务副书记；
田磊同志任政策研究室主任兼党委办公室、校长办公室副主任；
刘金帅同志任政策研究室副主任；
类淑毅同志任党委办公室、校长办公室副主任（负责安全工作委员会办公室日常工作）；
郭晓东同志任信息化工作办公室常务副主任，免去其青岛校区条件保障处副处长职务；
陈军同志任信息化工作办公室副主任，免去其网络信息技术与服务中心主任职务；
李永在同志任信息化工作办公室副主任；
林飞同志任信息化工作办公室副主任兼保密工作办公室副主任；
邝璐同志任法律事务办公室主任；
王桂林同志任会议服务中心主任；

刘珂同志兼任纪委办公室主任、监察处处长；
梅强同志兼任巡视工作办公室主任；
毛永强同志任纪委办公室副主任；
朱恪川同志任纪委监督检查室主任，免去其纪委案件管理与审理室主任职务；
王旭锋同志任纪委审查调查室主任；
牛玉国同志任纪委案件管理与审理室主任；
朱优县同志任纪委副处级纪检员；
白向忠同志任巡视工作办公室副主任；
曲明军同志任党委组织部部长、党校校长；
王欣同志任党委组织部副部长；
高凯同志任党委组织部副部长，免去其本科生院副院长职务；
江红同志任党委组织部副处级组织员；
张晓冉同志任党委组织部副处级组织员；
宋玉浩同志任机关党委副书记；
罗建军同志任党校常务副校长兼党委组织部副部长；
张海宁同志任党校办公室主任；
鞠晗同志任党委宣传部常务副部长；
孙宜山同志任党委宣传部副部长；
万广远同志任党委宣传部副部长，免去其融媒体中心副主任职务；
冯刚同志任融媒体中心副主任兼山东大学报社主编；
孟丽同志任融媒体中心副主任；
仇道滨同志任党委统战部部长，免去其软件学院党委书记职务；
邵明石同志任党委统战部副部长，免去其离退休工作处副处长、离退休党委副书记职务；
马毓轩同志任党委统战部副部长；
张青同志任党委教师工作部部长，免去其党委宣传部常务副部长职务；
张权同志任党委教师工作部副部长；
杨玉同志任党委学生工作部部长、武装部部长，辅导员工作研究会与思政培训中心办公室主任，免去其威海校区党工委（校长）办公室主任职务；
朱伟同志任党委学生工作部副部长；
任伟同志任党委学生工作部副部长，免去其能源与动力工程学院党委副书记职务；
纪荣顺同志任武装部副部长；
范蕊同志任学生心理健康教育与咨询中心主任，免去其党委学生工作部副部长职务；

曹源同志任学生公寓管理服务中心主任；

胡长玉同志任党委保卫部部长、安全管理处处长，免去其公安处处长、“610”办公室主任职务；

栾希新同志任党委保卫部副部长、安全管理处副处长，免去其公安处副处长职务；

赵明晟同志任党委保卫部副部长、安全管理处副处长，免去其科技创新军民融合研究院副院长、保密工作办公室副主任职务；

訾维星同志任党委保卫部副部长、安全管理处副处长，免去其公安处副处长职务；

董太华同志任校卫队队长兼党委保卫部副部长、安全管理处副处长，免去其“610”办公室副主任、公安处副处长职务；

刘相金同志任工会主席；

孙玉玲同志任妇委会主任兼工会副主席，免去其齐鲁交通学院党委副书记职务；

程翠玉同志任工会副主席；

关勇同志任工会副主席，免去其化学与化工学院党委副书记职务；

姜炳刚同志任团委书记；

翁祥栋同志任团委副书记；

刘健同志任人事部部长、人才工作办公室主任，青岛校区人事处处长，免去其齐鲁交通学院党委书记职务；

郭春晓同志任人事部常务副部长、人才工作办公室常务副主任，威海校区人事处处长、离退休工作办公室主任、离退休党委书记；

石岩同志任人事部副部长、人才工作办公室副主任，免去其管理学院党委副书记职务；

徐先蓬同志任人事部副部长、人才工作办公室副主任，免去其研究生院、党委研究生工作部学位办公室主任职务；

朱子川同志任人事部副部长、人才工作办公室副主任；

董斌同志任人事部副部长、人才工作办公室副主任；

王璐璐同志任档案管理服务中心主任；

王志鹏同志任学科建设与发展规划部部长、学术委员会办公室主任；

李晶晶同志任学科建设与发展规划部副部长、学术委员会办公室副主任；

张强同志任学科建设与发展规划部副部长、学术委员会办公室副主任；

曹现强同志任本科生院院长、本科招生办公室主任，免去其青岛校区党工委委员、副校长，政治学与公共管理学院常务副院长职务；
王立祥同志任本科生院副院长；
姜兆亮同志任本科生院副院长；
申树欣同志任本科生院副院长，免去其本科生院教务管理办公室主任职务；
杨晓玲同志任本科生院副院长；
张树永同志任教学促进与教师发展中心主任兼本科生院副院长；
高弟同志任教学促进与教师发展中心副主任，免去其研究生院副院长、党委研究生工作部副部长、研究生教育管理办公室主任职务；
刘振美同志任泰山学堂专职副院长；
徐孝刚同志任泰山学堂副处级辅导员；
徐延宝同志任本科招生办公室副主任；
刘国亮同志任研究生院常务副院长、党委研究生工作部部长；
张恒旭同志任研究生院副院长、党委研究生工作部副部长兼研究生质量保障办公室主任，免去其电气工程学院常务副院长职务；
郎剑锋同志任研究生院副院长、党委研究生工作部副部长；
李汝宾同志任研究生院副院长、党委研究生工作部副部长兼研究生教育管理办公室主任，免去其研究生院、党委研究生工作部研究生招生办公室主任职务；
孙艳洁同志任研究生院、党委研究生工作部综合办公室主任；
王标同志任研究生院、党委研究生工作部研究生招生办公室主任；
许峰同志任研究生院、党委研究生工作部研究生培养办公室主任；
郑彬同志任研究生院、党委研究生工作部专业学位教育办公室（在职教育中心）主任；
姜楠同志任研究生院、党委研究生工作部学位办公室主任，免去其艺术学院党委副书记职务；
周传健同志任科学技术研究院院长；
张希华同志任科学技术研究院副院长（原正处级不变）；
张玉生同志任科学技术研究院副院长，免去其科学技术研究院项目组织办公室副主任职务；
刘全芬同志任科学技术研究院副院长，免去其科学技术研究院项目组织办公室副主任职务；
胡大伟同志任科学技术研究院副院长，免去其科学技术研究院成果与综合办公室（科技服务中心）副主任职务；
刘德宝同志任技术转移中心主任兼科学技术研究院副院长；
王广昌同志任技术转移中心副主任；
宋锐同志任国家大学科技园管理办公室（工业技术研究院管理办公室）主任兼科学技术研究院副院长，免去其控制科学与工程学院副院长职务；
房瑞同志任国家大学科技园管理办公室（工业技术研究院管理办公室）副主任；
刘兆军同志任科技创新军民融合研究院院长兼科学技术研究院副院长，免去其信息科学与工程学院副院长职务；
都业爽同志任科技创新军民融合研究院副院长兼保密工作办公室副主任；
黄凯南同志任人文社科研究院院长；
王涛同志任人文社科研究院副院长；
韩吉绍同志任人文社科研究院副院长；
孙凤收同志任国际事务部部长、港澳台事务办公室主任、国际中文教育办公室主任；
姜宏敏同志任国际事务部副部长；
徐志全同志任国际事务部副部长兼国际学生学者中心主任；
张佳琦同志任国际事务部副部长；
姬锐同志任港澳台事务办公室副主任兼国际事务部副部长；
孔梓同志任国际中文教育办公室副主任，免去其国际教育学院副院长职务；
路军伟同志任财务部部长、预算绩效管理办公室主任，青岛校区财务处处长；
何维兴同志任财务部副部长，免去其青岛校区财务处副处长职务；
张斌同志任财务部副部长；
孙贤荣同志任会计服务中心主任兼财务部副部长；
安爽同志任招标采购管理中心主任兼财务部副部长；
郭超同志任预算绩效管理办公室副主任；
王玉莲同志任审计处处长；
张琦同志任审计处副处长；
范晔同志任审计处副处长；
占金华同志任资产与实验室管理部部长、国有资产管理办公室（经营性资产管理办公室）主任，免去其化学与化工学院副院长职务；
徐洪民同志任资产与实验室管理部副部长、国有资产管理办公室

（经营性资产管理办公室）副主任兼公有住房管理服务中心主任，免去其工会副主席职务；

张灵同志任资产与实验室管理部副部长、国有资产管理办公室（经营性资产管理办公室）副主任，免去其合作发展部副部长职务；

冉栋刚同志任资产与实验室管理部副部长、国有资产管理办公室（经营性资产管理办公室）副主任，免去其公共技术平台管理服务中心主任职务；

吕国凯同志任资产与实验室管理部副部长、国有资产管理办公室（经营性资产管理办公室）副主任兼公共技术平台管理服务中心主任；

张敬明同志任基建部部长、威海校区基建处处长、青岛校区基建处处长；

田文宝同志任基建部副部长、总工程师；

许岩同志任基建部副部长；

朱德建同志兼任后勤保障部党委书记、部长，房改办公室主任；

罗司军同志任后勤保障部党委副书记，免去其后勤保障部副部长职务；

赵龙同志任后勤保障部副部长、饮食管理服务中心主任；

刘浩同志任后勤保障部总工程师；

梁勇同志任后勤保障部副部长；

赵元东同志任后勤保障部中心校区和洪家楼校区管理办公室主任；

卢新郁同志任后勤保障部趵突泉校区管理办公室主任，免去其资产与实验室管理部副部长、国有资产管理办公室（经营性资产管理办公室）副主任、公有住房管理服务中心主任职务；

郑延民同志任后勤保障部千佛山校区管理办公室主任；

延宏同志任后勤保障部交通通讯管理服务中心主任；

张卫东同志任后勤保障部幼教服务中心主任；

解国同志任房改办公室副主任；

郭举修同志任离退休工作处处长、离退休党委书记；

王景山同志任离退休工作处副处长、离退休党委副书记；

任杰同志任离退休工作处副处长、离退休党委副书记；

刘冰同志任离退休工作处副处长、离退休党委副书记；

吕明新同志任服务山东办公室主任、合作发展部部长，免去其科学技术研究院副院长、国家大学科技园管理办公室主任职务；

王延太同志任服务山东办公室副主任、合作发展部副部长，免去其会计服务中心主任、财务部副部长职务；

王震同志任服务山东办公室副主任、合作发展部副部长；
陈诚同志任服务山东办公室副主任、合作发展部副部长；
杨斌同志任校友工作办公室主任兼服务山东办公室副主任、合作发展部副部长；
曹锐同志任校友工作办公室副主任；
肖祥同志任学生就业创业指导中心主任；
周庆华同志任学生就业创业指导中心副主任，免去其体育学院党委副书记职务；
王迎春同志任学生就业创业指导中心副主任；
鲁统超同志任继续教育学院党委书记；
陈志军同志任继续教育学院院长、中华美德教育学院执行院长；
沈翔同志任继续教育学院副院长；
刘灿伟同志任继续教育学院副院长；
周明华同志任继续教育学院副院长、中华美德教育学院副院长；
王明山同志任兴隆山校区和软件园校区管理办公室主任；
窦志强同志任兴隆山校区和软件园校区管理办公室副主任；
马岩同志任兴隆山校区和软件园校区管理办公室副主任；
周明明同志任辅导员工作研究会与思政培训中心办公室副主任，免去其马克思主义学院党委副书记职务；
刘丕平同志任山东山大资本运营有限公司党委书记，免去其资产与实验室管理部部长、国有资产管理办公室（经营性资产管理办公室）主任职务；
王善举同志任山东山大资本运营有限公司党委副书记，免去其审计处副处长职务；
赵海同志任档案馆馆长、校史办公室主任，免去其党委组织部副部长职务；
楼蔚文同志任档案馆副馆长；
耿德良同志任档案馆副馆长；
路云生同志任校史办公室副主任，免去其数学学院党委副书记职务；
李慧竹同志任博物馆副馆长；
肖贵田同志任博物馆副馆长；
陈斌同志任科技期刊社社长；
周英智同志任科技期刊社副社长；
姜百健同志任科技期刊社副社长；
魏建同志任《山东大学学报（哲学社会科学版）》主编、编辑部主任；
丁培卫同志任《山东大学学报（哲学社会科学版）》编辑部副主

任，免去其人文社科研究院副院长职务；
徐关众同志任图书馆党委书记；
赵兴胜同志任图书馆馆长；
姚传义同志任图书馆副馆长；
汲言斌同志任图书馆副馆长；
程川生同志任图书馆副馆长；
赵雷同志任图书馆副馆长；
李剑峰同志任工程训练中心主任；
罗超同志任工程训练中心党总支书记，免去其材料科学与工程学院党委常务副书记职务；
刘新同志任工程训练中心副主任；
齐炳和同志任工程训练中心副主任；
胡蔓同志任工程训练中心副主任；
张海波同志任威海校区党工委（校长）办公室主任，免去其青岛校区党工委组织宣传统战部部长、机关党委书记职务；
李松同志任威海校区党工委（校长）办公室副主任；
张正武同志任威海校区党工委（校长）办公室副主任，免去其威海校区国际教育学院副院长职务；
单丙波同志任威海校区党工委组织部部长、机关党委书记，免去其山东大学澳国立联合理学院党委书记职务；
高佚婧同志任威海校区党工委组织部副部长、机关党委副书记，免去其机电与信息工程学院党委副书记职务；
王景瑞同志任威海校区党工委宣传统战部部长、教师工作办公室主任，免去其威海校区学生工作部（处）部（处）长职务；
朱桂华同志任威海校区党工委宣传统战部副部长、教师工作办公室副主任兼工会主席、妇委会主任（原正处级不变）；
陈莹同志任威海校区党工委宣传统战部副部长、教师工作办公室副主任；
范其学同志任威海校区党工委学生工作部部长、学生工作处处长、武装部部长，免去其山东大学澳国立联合理学院党委副书记职务；
孙丽霞同志任威海校区党工委学生工作部副部长、学生工作处副处长；
孔雷同志任威海校区党工委学生工作部副部长、学生工作处副处长；
李彤彤同志任威海校区党工委学生工作部副部长、学生工作处副处长兼团工委书记；
于和利同志任副处级辅导员；

周大白同志任威海校区纪监审办公室主任，免去其威海校区纪工委副书记职务；
薛施贞同志任威海校区纪监审办公室副主任；
葛彩云同志任威海校区人事处副处长、离退休工作办公室副主任、离退休党委副书记；
吕兆生同志任威海校区人事处副处长、离退休工作办公室副主任；
王湘云同志任威海校区教务处处长；
赵辉同志任威海校区教务处副处长；
宋嵩同志任威海校区教务处副处长；
吴丙新同志任威海校区学科建设与研究生教育办公室主任；
吴玉阁同志任威海校区学科建设与研究生教育办公室副主任，免去其威海校区科研处副处长职务；
陈昌珠同志任威海校区科研管理办公室副主任兼人文社科研究院副院长，免去其威海校区学科建设与研究生教育办公室副主任职务；
孙栋同志任威海校区财务处处长兼财务部副部长；
牛光辉同志任威海校区财务处副处长；
孔海燕同志任威海校区国际合作与交流处处长、港澳台事务办公室主任；
刘亮同志任威海校区国际合作与交流处副处长；
顾炜同志任威海校区校地合作与校友工作办公室主任，免去其威海校区党工委（校长）办公室副主任职务；
吕健同志任威海校区校地合作与校友工作办公室副主任，免去其山东大学威海前沿交叉科学研究院副院长职务；
张珂同志任威海校区基建处副处长；
王亮同志任威海校区信息化工作办公室主任；
王伟同志任威海校区信息化工作办公室副主任；
程蓓同志任威海校区图书馆直属党支部书记、馆长兼图书馆副馆长；
左峰同志任威海校区图书馆副馆长；
姜玉晶同志任威海校区图书馆副馆长；
高军同志任威海校区资产与实验室管理处处长，免去其威海校区科研处处长职务；
宋玉厚同志任威海校区资产与实验室管理处副处长；
徐健同志任威海校区后勤管理处党总支书记、处长；
佟强同志任威海校区后勤管理处副处长；
何睦同志任威海校区后勤管理处副处长；

刘会刚同志任威海校区党工委保卫部部长、安全管理处处长，免去其威海校区后勤管理处副处长职务；

王绍林同志任威海校区党工委保卫部副部长、安全管理处副处长，免去其威海校区保卫处副处长职务；

刘超同志任威海校区继续教育学院院长，免去其商学院副院长职务；

贾鹏同志任威海校区继续教育学院副院长；

李克同志任威海校区国际教育学院院长，免去其翻译学院副院长职务；

孟凡波同志任威海校区国际教育学院副院长，免去其威海校区国际合作与交流处副处长职务；

薛峰同志任山东大学威海前沿交叉科学研究院副院长；

宋作标同志任青岛校区党工委（校长）办公室主任；

朱继磊同志任青岛校区党工委（校长）办公室副主任；

张剑同志任青岛校区党工委（校长）办公室副主任；

刘竞虹同志任青岛校区党工委组织宣传统战部部长、机关党委书记，免去其青岛校区财务处处长、财务部副部长职务；

杜亮同志任青岛校区党工委组织宣传统战部副部长、机关党委副书记；

赵启鹏同志任青岛校区党工委组织宣传统战部副部长、机关党委副书记；

刘琰同志任青岛校区党工委学生工作部部长、学生工作处处长、武装部部长；

李海燕同志任青岛校区党工委学生工作部副部长、学生工作处副处长；

李娟同志任青岛校区党工委学生工作部副部长、学生工作处副处长，免去其生命科学学院党委副书记职务；

史正勇同志任青岛校区纪监审办公室主任；

杜林同志任青岛校区人事处副处长；

刘仁芝同志任青岛校区财务处副处长，免去其预算绩效管理办公室副主任职务；

王衍章同志任青岛校区科研管理办公室副主任兼科学技术研究院副院长，免去其青岛校区科研处副处长职务；

张东鹏同志任青岛校区科研管理办公室副主任兼人文社科研究院副院长；

王丰晓同志任青岛校区本科教育办公室常务副主任兼本科生院副院长；

王建立同志任青岛校区公共教学管理服务中心副主任；

屠长河同志任青岛校区学科建设与研究生教育办公室常务副主任；
宋春玲同志任青岛校区国际事务办公室常务副主任兼国际事务部副部长；
王曙光同志任青岛校区资产与实验室管理处处长，免去其环境科学与工程学院党委书记职务；
盛瑞金同志任青岛校区资产与实验室管理处副处长；
李延成同志任青岛校区后勤管理处处长、信息化工作办公室主任，免去其龙山校区（创新港）建设办公室副主任职务；
王奉合同志任青岛校区后勤管理处副处长、信息化工作办公室副主任，免去其后勤保障部交通通讯管理服务中心主任职务；
王斌同志任青岛校区后勤管理处副处长、信息化工作办公室副主任，免去环境科学与工程学院党委副书记职务；
李华君同志任青岛校区基建处副处长；
李修荣同志任青岛校区党工委保卫部部长、安全管理处处长，免去其青岛校区保卫处处长职务；
金鑫同志任青岛校区党工委保卫部副部长、安全管理处副处长。
以上新提拔担任非选举产生领导人员的，试用期一年。
免去：
林萍同志的保密工作办公室副主任职务，另行安排；
葛连升同志的信息化工作办公室常务副主任职务；
高山同志的纪委监督检查室主任职务；
秦承涛同志的党委统战部部长职务；
朱文增同志的党委统战部副部长职务；
朱桂英同志的妇委会主任、工会副主席职务；
王彩霞同志的教学促进与教师发展中心副主任职务；
王立民同志的国家大学科技园建设管理办公室副主任职务；
信春雨同志的学术委员会办公室副主任职务；
刘升贤同志的科技创新军民融合研究院院长职务；
胡美琴同志的资产与实验室管理部副部长、国有资产管理办公室（经营性资产管理办公室）副主任职务；
于振国同志的基建部副部长、总工程师职务；
彭恒军同志的后勤保障部副部长职务；
巩勇同志的后勤保障部党委副书记职务，另行安排；
杨汝元同志的后勤保障部趵突泉校区管理办公室主任职务；
李学禄同志的离退休工作处副处长、离退休党委副书记职务；
王飞同志的合作发展部部长职务；
李湘军同志的校友工作办公室副主任职务；

夏晓虹同志的辅导员工作研究会与思政培训中心办公室主任职务；

井海明同志的服务山东办公室主任职务；

史永志同志的档案馆馆长、校史办公室主任职务；

李彦英同志的校史办公室副主任职务；

赵玉华同志的《山东大学学报（哲学社会科学版）》编辑部副主任职务；

高建军同志的工程训练中心（机械厂）党总支书记职务；

张文玺同志的威海校区党工委组织部部长、机关党委书记职务；

姜强同志的威海校区党工委宣传统战部部长、教师工作办公室主任职务；

刘晓军同志的威海校区校地合作与校友工作办公室副主任职务；

王祖杰同志的威海校区基建处处长职务；

谢穗芬同志的威海校区图书馆馆长、直属党支部书记职务；

王学福同志的威海校区图书馆副馆长职务；

林朝旭同志的威海校区保卫处处长职务；

蒋保臣同志的威海校区国际教育学院院长职务；

张荣林同志的青岛校区科研处处长职务；

霍新喜同志的青岛校区资产与实验室管理处处长职务；

薛建斌同志的青岛校区基建处处长职务；

苏保玲同志的青岛校区条件保障处处长职务，另行安排。

11 日　山东大学科技创新大会在中心校区知新楼三层报告厅举行，会议的主题为“构建一流科技创新体系 打造国家战略科技力量”。山东大学校长樊丽明、济南市副市长孙斌、山东省科学技术厅副厅长潘军、山东省科协副主席张波、上海交通大学副校长朱新远、中山大学副校长郜忠智、山东大学副校长易凡出席会议。会议由山东大学常务副校长王琪珑主持。

同日　西湖大学校长施一公一行来访山东大学，双方签署校际合作框架协议。山东大学党委书记郭新立出席相关活动，校长樊丽明出席签约仪式。

12 日　中共山东大学纪律检查委员会第九次全体会议召开，校党委副书记、纪委书记陈向阳主持会议。

同日　济南市政府与山东大学共建济南市疾病预防控制中心、济南市儿童医院签约暨揭牌仪式在山东大学趵突泉校区举行。山东大学校长樊丽明，济南市副市长王桂英，山东大学副校长、齐鲁医学院院长易凡出席仪式。

13 日　为深入学习贯彻习近平新时代中国特色社会主义思想，着力提高新一届中层领导班子履职能力，全面落实学校“十四五”时期各项任务要

	求，山东大学举办新任处级领导干部集中上岗培训。校党委书记郭新立聚焦提升领导干部政治能力主讲第一课，校长樊丽明围绕学校改革发展与重点任务进行专题授课，有关校领导针对学校相关领域工作作专题辅导。
15 日	山东大学召开党史学习教育总结会，深入学习贯彻习近平总书记关于党史学习教育的重要讲话精神，全面总结山东大学党史学习教育工作，并对建立常态化、长效化制度机制，不断巩固拓展党史学习教育成果提出要求。
同日	山东大学召开领导班子党史学习教育专题民主生活会。校党委书记郭新立主持会议并作总结讲话，校长樊丽明和其他班子成员参加会议。中管高校党史学习教育第八指导组到会指导并作点评讲话，山东省委组织部和省委教育工委有关领导同志参加会议。
16 日	山东大学 2021 年度学校领导班子和领导人员年度考核及选人用人“一报告两评议”会议举行。校党委书记郭新立代表学校领导班子作 2021 年工作述职报告，并代表学校党委报告选人用人工作情况。校长樊丽明主持会议。
28 日	校党委书记郭新立、校长樊丽明等走访慰问春节期间留校学生和坚守工作一线的教职医务员工，送去新春的祝福，并检查校园疫情防控和安全工作。
本月	山东省人民政府发布《关于表彰第一届山东省人民政府决策咨询奖获奖人员和成果的通报》，山东大学黄少安教授获评第一届山东省人民政府决策咨询奖突出贡献奖，徐艳玲教授成果《“抗疫精神”的生成逻辑、丰富内涵和价值意蕴》获评研究成果奖二等奖，潘爱玲教授成果《山东省国有文化企业调研分析及高质量发展对策建议》获评研究成果奖三等奖。
本月	山东省社会科学优秀成果奖评选委员会办公室公布表彰了 2021 年度（第十五届）山东省社会科学突出贡献奖、学科新秀奖获奖人员名单，山东大学哲学与社会发展学院、犹太教与跨宗教研究中心傅有德教授，历史文化学院栾丰实教授，管理学院杨蕙馨教授获第十五届山东省社会科学突出贡献奖，历史文化学院路国权教授荣获第十五届山东省社会科学学科新秀奖。截至目前，山东大学共有 18 人获得突出贡献奖，12 人获得学科新秀奖。
本月	山东省人民政府公布《关于表彰山东省第三十五届社会科学优秀成果奖获奖成果和第十五届社会科学突出贡献奖、学科新秀奖获奖人员的通报》，山东大学共有 61 项科研成果获得山东省第三十五届社会科学优秀成果奖，其中一等奖（含特等奖）11 项、二等奖 28 项、三等奖 22 项，获奖数量再创新高。
本月	山东大学全面启动 2022 年寒假社会实践工作。学校团组织根据疫情

防控常态化要求，将“打赢疫情防控持久战”“过好学生能力发展关”“服务国家战略先手棋”有机结合，部署安排寒假社会实践，坚持及早布局，科学谋划，细心准备，完善校院协同安全防控机制，切实要求各团队严格落实学校学生放假、假期管理服务方案。同时，要继续引导青年学生把报国之志转化为务实之行，深入基层、深入群众，扎实提高实践能力，努力成长为担当民族复兴大任的时代新人。

本月　教育部、工业和信息化部联合发布《关于公布首批特色化示范性软件学院名单的通知》（教高厅函〔2021〕40号），山东大学软件学院入选首批33所国家特色化示范性软件学院建设名单。

本月　山东大学2021年度专业技术职务及岗位聘任工作顺利完成。经评审，本年度533位教职医务员工晋升专业技术职务，722位晋升专业技术岗位级别，166位非事业编专业技术人员取得职称资格，晋升评价激励为队伍建设持续赋能增效。

本月　教育部发布《教育部办公厅国家文物局办公室关于实施考古学国家急需高层次人才培养专项的通知》（以下简称《通知》）。《通知》选取部分高校会同有关联合培养单位实施考古学国家急需高层次人才培养专项，共13所高校和16家联合培养单位入选，山东大学入选高校名单行列。

2月

13—14日　山东大学召开2022年校领导班子寒假工作务虚会。校党委书记郭新立主持会议，校长樊丽明等全体校领导出席会议。

15日　山东大学校长樊丽明一行到山东海洋集团公司参观考察，并交流推进校企深度合作。山东海洋集团公司党委书记、董事长包剑英，集团公司党委委员、副总经理于冰，山东大学青岛校区党工委书记孔令栋参加活动。

16日　中共山东大学第十四届委员会第十一次全体会议在中心校区举行。党委委员27人出席会议，非党委委员的校领导、纪委委员等14人列席会议。会议由学校党委常委会主持。

同日　山东大学党委书记郭新立主持召开党委理论学习中心组会议，传达学习习近平总书记在十九届中央纪委六次全会上的重要讲话和全会精神，传达学习相关文件，部署贯彻落实工作。校长樊丽明出席会议。

17日　经2022年2月16日第十四届党委第115次常委会研究决定：

李永在同志任齐鲁医院信息网络中心主任，免去其信息化工作办公室副主任职务。

免去张辉同志的齐鲁医院信息网络中心主任职务。

18日　山东大学召开2022年春季学期工作会议，部署年度重点工作，并对百廿校庆工作进行总结表彰。校党委书记郭新立出席会议并作总结讲话，校长樊丽明部署 2022 年工作。

21 日　经 2022 年 2 月 16 日第十四届党委第 115 次常委会研究决定：
聘任马金耀同志为医学融合与实践中心主任。
免去：王欣同志的临床医学院院长职务。

同日　经 2022 年 2 月 16 日第十四届党委第 115 次常委会研究决定：
免去：牟道玉同志的临床医学院党委书记职务；
马金耀同志的临床医学院副院长职务，另行安排；
孙钰同志的临床医学院党委副书记职务；
王立祥同志的临床医学院副院长职务。

23—26 日　为落实《山东大学“十四五”事业发展规划》目标任务，高质量完成《中层班子任期目标责任书》编制等工作，山东大学面向全体处级干部开展了“高质量制定中层班子任期目标”专题培训。校长樊丽明，有关校领导、相关部门和院系负责人、校外专家等围绕“双一流”建设、融合发展战略、人才队伍建设、科研组织与组织科研、立德树人、学院治理等工作分专题作了 10 场辅导报告。

24 日　经 2022 年 2 月 16 日第十四届党委第 115 次常委会研究决定：
李振奎同志任威海校区党工委常务副书记；
牟道玉同志任齐鲁医学院党工委副书记。

26 日　山东大学党委书记郭新立主持召开学校党委理论学习中心组会议，传达学习《关于深入推进世界一流大学和一流学科建设的若干意见》和关于人才工作的相关文件精神，并部署学习贯彻落实工作。校长樊丽明出席会议。

本月　教育部公布了第二批“全国高校黄大年式教师团队”名单，山东大学张承慧教授领衔的新能源系统控制教师团队成功入选。同时，山东大学考古团队获评第二批“山东省高校黄大年式教师团队”。

本月　全国哲学社会科学工作办公室公布了 2021 年度国家社科基金中华学术外译项目立项名单，山东大学 6 项课题获准立项，并列全国高校第四位。

本月　山东省人民政府发布了聘任 12 名代表人士为山东省人民政府参事的通知，中国科学院院士、山东大学陈子江教授名列其中。

本月　经过前期的积极筹备、申请以及联合国可持续发展解决方案网络（SDSN）战略委员会评估，山东大学获批加入联合国可持续发展解决方案网络。

本月　教育部办公厅公布 2021 年度教育部工程研究中心评估结果，控制科学与工程学院张承慧教授负责的“电力电子节能技术与装备”教育部工程研究中心获评优秀。

本月　教育部公布了 2021 年度普通高等学校本科专业备案和审批结果，山东大学获批智能建造与智慧交通、生物医药数据科学两个多学科交叉融合专业。其中智能建造与智慧交通为新增审批本科专业，山东大学为全国首个设置该专业的高校。

3 月

1 日　中共山东大学审计委员会召开第三次全体会议。学校党委书记、审计委员会主任郭新立，校长、审计委员会主任樊丽明，副校长芦延华，党委副书记陈宏伟出席会议。会议由樊丽明主持。

4 日　山东大学召开 2022 年全面从严治党工作会议暨安全工作专项巡视动员部署会议，深入学习贯彻习近平总书记在十九届中央纪委六次全会上的重要讲话和全会精神、中共山东省纪委十一届七次全会精神，学习贯彻教育部党组 2022 年教育系统全面从严治党工作视频会议精神，总结回顾 2021 年学校全面从严治党工作，部署安排 2022 年重点任务。校党委书记郭新立出席会议并讲话。

同日　经 2022 年 3 月 4 日第十四届党委第 118 次常委会研究决定：

董斌任党委教师工作部副部长，免去其人事部副部长、人才工作办公室副主任职务。

8 日　山东大学举办纪念三八国际妇女节 112 周年暨先进表彰座谈会，对 2021 年度妇女工作先进集体和个人进行表彰。校党委书记郭新立出席会议并为获奖者代表颁奖。

14 日　山东大学党委书记郭新立主持召开学校党委理论学习中心组会议，专题学习 2022 年全国“两会”精神，并部署学习贯彻落实工作。校长樊丽明出席会议。

17 日　为持续深入学习贯彻落实习近平总书记在学校思想政治理论课教师座谈会上的重要讲话精神，回顾总结学校在思政课改革创新中的成果和经验，进一步推动思政课高质量发展，山东大学召开“习近平总书记在学校思想政治理论课教师座谈会上的讲话”发表三周年学习座谈会。校党委书记郭新立出席会议并讲话，校党委副书记张永兵主持会议。

同日　山东大学召开 2022 年春季学期本科教育暨教材建设工作会议，研究部署新学期本科教育教学重点工作。校党委副书记陈宏伟、副校长吴臻出席会议。

22 日　山东大学召开 2022 年实验室安全工作会并动员部署迎接教育部安全检查工作。副校长芦延华、李术才出席会议并讲话。

24—25 日　为强化基层党组织政治功能，在全校上下牢固树立“大抓基层、大抓支部”的鲜明导向，山东大学举办教职医务员工党支部书记集中培训班。校党委书记郭新立为培训班主讲第一课，有关校领导和部门负责人针对相关领域工作作辅导报告，部分兄弟院校全国党建工作标杆院系和教师党支部书记“双带头人”工作室的负责人进行了经验交流。

25 日　山东大学思政公共教学中心教师聘任仪式在中心校区明德楼举行。校党委副书记张永兵，副校长吴臻，党委常委、党委宣传部部长、思政公共教学中心主任桑晓旻出席仪式。

28 日　教育部举行国家智慧教育平台启动仪式，国家智慧教育平台正式上线。山东大学 279 门慕课作为首批精品课程亮相国家智慧教育平台，课程数位居全国第五。

29 日　第十七届“挑战杯”全国大学生课外学术科技作品竞赛获奖名单公布，共有 474 所高校入选。山东大学学生获特等奖 1 项、一等奖 1 项、二等奖 1 项、三等奖 8 项。

同日　山东省委常委、省纪委书记、省监委主任夏红民到山东大学，围绕学习贯彻十九届中央纪委六次全会和省纪委十一届七次全会精神，落实全面从严治党主体责任、监督责任，深化高校纪检监察体制改革，有效发挥纪检监察机构职能作用开展调研。山东大学党委书记郭新立陪同调研。

本月　全国妇联公布了 2021 年度全国三八红旗手标兵、全国三八红旗手、全国三八红旗集体全名单，山东大学马克思主义学院获“全国三八红旗集体”荣誉称号。山东省妇联也于近日公布了山东省三八红旗手标兵、山东省三八红旗手（集体）名单，山东大学王俊菊、邱晨获评“山东省三八红旗手”荣誉称号。

本月　山东省教育厅公布了第九届山东省高等教育省级教学成果奖获奖名单，山东大学作为第一完成单位共有 77 项成果入选，其中，特等奖 8 项、一等奖 24 项、二等奖 45 项，获奖数量创历史新高，较上一届翻了一番。

本月　教育部办公厅公布了第三批全国党建工作标杆院系、样板支部培育创建单位名单。山东大学马克思主义学院党委入选“全国党建工作标杆院系”培育创建单位；党委学生工作部、武装部党支部，机械工程学院机械制造及其自动化研究所党支部，历史文化学院硕士生第二党支部等 3 个党支部入选“全国党建工作样板支部”培育创建单位。

4 月

8 日　全国哲学社会科学工作办公室公布了研究阐释党的十九届六中全会精神国家社科基金重大项目立项名单，共立项 130 项课题，其中，学校申报的 5 项课题获得立项，立项数并列全国高校第 3 位。

8 日、11 日　学校分别召开文科类和理科类基础学科拔尖人才培养专题会议，部署相关重点工作，研究创新举措。校长樊丽明出席会议并作总结讲话，副校长吴臻出席会议。

11 日　第 25 届“山东青年五四奖章”评选揭晓，全省共有 30 名同志获奖。山东大学齐鲁医院重症医学科副主任王昊副教授荣获“山东青年五四奖章”。

12 日　山东大学召开校院工作交流例会，统筹推进疫情防控、安全稳定和学校各项事业改革发展。校党委书记郭新立出席会议并讲话，校长樊丽明部署学校近期重点工作。会议由常务副校长王琪珑主持。

同日　由山东大学主办的“2022 年工程教育认证专业建设研讨会”采用在线会议和直播的方式召开。中国科学技术协会国际联络部副部长王庆林、教育部教育教学评估中心副主任李智、山东大学校长樊丽明出席会议并讲话。

13 日　山东大学基础医学院孙金鹏和于晓教授团队在 *Nature* 杂志分别以“Structural basis for the tethered peptide activation of adhesion GPCRs”和“Tethered peptide activation mechanism of the adhesion GPCR ADGRG2 and ADGRG4”为题，背靠背发表两篇关于粘附类 G 蛋白偶联受体（adhesion GPCR，aGPCR）的研究成果，阐明 aGPCR 自激活及对机械力感知的机制，提出 aGPCR 激活的“手指模型”并创新性构思出通用多肽配体拮抗剂的开发方案。

15 日　中共山东大学纪律检查委员会第十一次全体会议召开，会议组织集体学习并研究部署有关工作。校党委副书记、纪委书记、国家监委驻山东大学监察专员陈向阳主持会议并作总结讲话。

19 日　山东大学苏州研究院理事会、深圳研究院理事会成立大会暨第一次会议通过线上线下相结合的方式召开。校长樊丽明出席会议并讲话，副校长芦延华、李术才、吴臻、易凡参加会议。

23 日　第十八届中国研究生数学建模竞赛颁奖大会在线上举行。山东大学研究生荣获一等奖 1 项、二等奖 20 项、三等奖 38 项，获颁优秀组织奖。控制科学与工程学院研究生赵文元、李京伦、陈桂成团队斩获一等奖。

25 日　山东大学党委书记郭新立主持召开党委理论学习中心组会议，传达学习习近平总书记给北京科技大学的老教授重要回信精神，部署贯彻落实工作。校长樊丽明出席会议。

26 日　山东大学第四届教职医务员工代表大会第四次会议、第十九届工会会员代表大会第四次会议在中心校区举行。按照疫情防控相关要求，会议采取线上线下相结合的方式进行。

同日　接教育部党组通知（教党任〔2022〕59 号），易凡同志任中共山东大学委员会委员、常委，曲明军同志任中共山东大学委员会常委。

28 日　由山东大学牵头承担的国家重点研发计划“交通基础设施”重点专项项目启动暨实施方案论证会在济南举行。中国工程院院士杜彦良，中国工程院院士、山东大学副校长李术才出席会议。

本月　为深入贯彻习近平总书记关于国家急需高层次人才培养的系列重要讲话精神，落实全国有关会议精神，推动国家急需高层次人才培养工作，山东大学分别召开文医类和理工类国家急需高层次人才培养工作专题会议。校长樊丽明出席会议并作总结讲话，副校长吴臻、全国新文科教育研究中心执行主任仝兴华出席会议。

本月　山东省委宣传部公布了首批 39 个“山东省社科理论重点研究基地”入选名单，山东大学 6 个基地入选，具体包括公共安全战略研究中心、政党理论研究基地、儒学研究基地、马克思主义哲学理论与实践应用基地、社会治理研究基地、文旅融合发展研究基地。

5 月

4 日　经 2022 年 5 月 3 日第十四届党委第 127 次常委会研究决定：

免去赵佳同志的信息科学与工程学院副院长职务。

7 日　山东大学学习贯彻习近平总书记给《文史哲》编辑部全体编辑人员重要回信精神一周年座谈会举行。山东省委常委、宣传部部长白玉刚，山东大学党委书记郭新立，中宣部出版局局长冯士新，教育部社科司司长徐青森，全国政协常委、《文史哲》主编王学典出席会议并致辞。校长樊丽明主持座谈会。

13 日　经 2022 年 5 月 3 日第十四届党委第 127 次常委会研究决定：

曹现强同志任山东大学校长助理，试用期一年。

14 日　校党委书记郭新立主持召开校党委理论学习中心组会议，传达学习贯彻习近平总书记在庆祝中国共产主义青年团成立 100 周年大会上的重要讲话精神，部署贯彻落实工作。校长樊丽明出席会议。

同日　第十五届全国大学生软件创新大赛总决赛在西北工业大学举行，本届大赛主题为“基于多设备融合的软件应用创新”。山东大学共有 8 支队伍入围决赛，经过角逐，1 支队伍获赛事唯一的特等奖，1 支队伍获一等奖，4 支队伍获二等奖，2 支队伍获三等奖，实现了奖项数量和层次的新突破。

19 日　为落实教育部“访企拓岗促就业”要求，进一步汇聚校友力量，助力 2022 届毕业生充分高质量就业，山东大学举行校友企业 2022 年人才引进空中双选会。山东大学校长、校友会会长樊丽明，校友企业家代表、山东科汇电气股份有限公司董事长、电力 78 级校友徐丙垠出席开幕式并致辞。山东大学党委副书记、校友会副会长王君松出席开幕式，副校长吴臻主持开幕式。

23 日　校党委书记郭新立主持召开中共山东大学第十四届委员会第 130 次常委会议，专题学习贯彻习近平总书记给南京大学留学归国青年学者重要回信精神，部署贯彻落实工作。校长樊丽明出席会议。

24 日　山东大学召开学生就业工作推进会，深入学习贯彻习近平总书记关于做好高校毕业生就业工作的重要指示批示精神，贯彻落实党中央、国务院“稳就业”“保就业”决策部署，进一步加强工作统筹，全力推进 2022 届毕业生就业创业各项工作顺利开展。山东大学校长樊丽明、党委副书记王君松出席会议并讲话，副校长吴臻主持会议。

25 日　经 2022 年 5 月 23 日第十四届党委第 130 次常委会研究决定：

范蕊同志兼任党委学生工作部副部长。

本月　“山东青年创新突击队”“山东青年创新榜样”表彰文件公布。山东大学隧道工程灾害预测预警与智能防控创新团队、考古团队、山大地纬研究院区块链研发团队获评“山东青年创新突击队”；土建与水利学院刘斌教授、第二医院杜鲁涛研究员、空间科学与物理学院刘晨副教授获评“山东青年创新榜样”。

6 月

5 日　山东大学 2022 年校友工作会议暨校友会第四届理事会第三次会议召开。校党委书记郭新立，校长、校友会会长樊丽明出席会议并讲话，常务副校长、校友会副会长王琪珑出席会议并作会议报告。党委副书记、校友会副会长王君松主持会议。

6 日　校党委书记郭新立主持召开校党委理论学习中心组专题学习会，传达学习习近平总书记在中共中央政治局第三十九次集体学习时的重要讲话精神、山东省第十二次党代会精神，部署贯彻落实工作。校长樊丽明出席会议。

7 日　为贯彻落实山东省第十二次党代会精神，深化校城融合发展，山东大学代表团赴淄博市，与淄博市政府签署“校城融合”框架协议。山东大学校长樊丽明、淄博市委书记江敦涛出席会议并致辞，淄博市市长马晓磊主持活动。山东健康医疗大数据管理中心党委书记、主任迟蔚蔚；淄博市委常委、秘书长袁良，市委常委、副市长宋振波；山东大学党委副书记王君松，党委常委、宣传部部长桑晓旻等出席活动。

同日　为深入学习贯彻山东省第十二次党代会精神，锚定“走在前、开新局”，山东大学与德州市人民政府战略合作签约活动在德州举行。山东大学党委书记郭新立，德州市委书记、市人大常委会党组书记、主任田卫东出席活动并致辞。中国工程院院士、山东大学副校长李术才，德州市委常委、常务副市长宿胜，市委常委、组织部部长马广峰，市委常委、秘书长赵学坤，市委常委、宣传部部长祁小青，市人大常委会副主任、山东大学齐鲁医院德州医院党委书记王晓东，副市长、民进市委主委陈晓强，副市长牟春雁等出席活动。市委副书记、统战部部长苑衍刚主持签约活动。

9日　山东省政协主席、党组书记葛慧君到山东大学，围绕“学习贯彻山东省第十二次党代会精神、在增强经济社会发展创新力上走在前”进行调研。山东大学党委书记郭新立、校长樊丽明陪同调研。

10日　山东大学举办首批新文科研究与改革实践项目开题研讨会。山东大学校长、教育部新文科建设工作组组长樊丽明，山东大学副校长吴臻出席会议并讲话。全国新文科教育研究中心执行主任仝兴华出席会议。

11日　教育部哲学社会科学研究重大课题攻关项目“新时代推进新文科建设的理论与实践研究”开题论证会在山东大学召开。项目首席专家、山东大学校长樊丽明出席会议。中国社会科学院大学党委常务副书记、校长张政文教授，山东财经大学党委副书记、校长赵忠秀教授，浙江工商大学党委副书记、校长郁建兴教授，北京外国语大学党委常委、副校长孙有中教授，中国人民大学社会与人口学院社会学系李路路教授，南方科技大学人文社会科学学院院长、人文中心主任陈跃红教授担任本次开题报告评议专家。山东大学常务副校长王琪珑、全国新文科教育研究中心执行主任仝兴华出席会议。

13日　为贯彻落实山东省第十二次党代会精神，山东大学代表团赴泰安市，与泰安市政府签署战略合作框架协议。山东大学校长樊丽明，泰安市委副书记、市长张涛出席会议并致辞；泰安市委常委、副市长姜宁，山东大学党委副书记王君松，校党委常委、组织部部长曲明军等出席活动；泰安市副市长刘峰梅主持活动。

14日　山东省委常委、组织部部长王宇燕到山东大学，就学习贯彻省第十二次党代会精神，加强人才引育创新等进行调研。山东大学党委书记郭新立、校长樊丽明陪同调研。

15日　2022年昱鸿助学基金捐赠暨助学金发放仪式在山东大学举行。活动前，山东大学党委书记郭新立会见昱鸿助学基金捐赠方代表、江西省财政投资集团有限公司纪委书记范庆军一行。山东省政协原常委、教科文卫体委员会主任郭建磊，山东省教育厅副厅长邢顺峰，山东省学生资助管理中心主任林燕，江西省财政投资集团有限公司高级经理刘著，山东大学党委副书记王君松出席相关活动。

16日　山东大学以“学回信、强责任、见行动”为主题举办“师德大讲堂”第一期活动。校党委书记郭新立出席会议并讲话，党委副书记张永兵主持会议，副校长吴臻参加会议。

17日　“金兰之谊”侯宝璋老舍先生雕像落成揭幕仪式在山东大学趵突泉校区银杏广场举行，山东大学党委副书记张永兵，校党委常委、宣传部部长桑晓旻，齐鲁医学院党工委书记刘洪渭，山东省世博高新医院院长、口腔医学79级校友闫敬武参加仪式。

同日　山东大学党委书记郭新立到章丘焦家遗址考古发掘现场调研田野考古

实践教学成果，看望慰问历史文化学院考古队师生。

同日　为深化校城融合发展，推动中华优秀传统文化传承创新，助力历城文化强区建设，山东大学与历城区委区政府共同举行美德历城“中华美德学堂”启动仪式。山东大学校长樊丽明出席活动。

18日　“再见了，我的小树林”山东大学2022届毕业生告别母校青春歌会举行。来自各学院的毕业生代表相聚在中心校区小树林，用精彩的才艺表演，感恩母校、致敬青春。本次歌会采取线上线下相结合的方式进行展演，校党委副书记王君松出席活动。

同日　山东大学学位评定委员会举行2022年第一次全体会议。学位评定委员会主席、校长樊丽明出席会议并讲话，副校长吴臻等出席会议。学位评定委员会副主席、副校长李术才主持会议。

19日　山东大学2022年本科生毕业典礼暨学位授予仪式在中心校区体育场隆重举行。毕业生身着学位服，带着激动和喜悦的心情共赴盛典，见证属于自己的人生重要时刻。校党委书记郭新立出席典礼并为2022届优秀毕业生颁奖，校长樊丽明出席典礼并寄语毕业生赓续山大精神，作勇担时代责任的青年表率。

20日　山东大学2022年济南校本部研究生毕业典礼暨学位授予仪式在中心校区体育场举行。山大师生怀着激动的心情，共同送别2022届硕士、博士毕业生。校党委书记郭新立出席典礼并为2022届优秀毕业生颁奖，校长樊丽明出席典礼并寄语毕业生要担承新时代山大人的历史责任。

21日　山东大学青岛校区2022年学生毕业典礼暨学位授予仪式在田径场隆重举行。青岛校区2022届本硕博毕业生圆满完成学业，携着师长的殷殷嘱托和同窗的深深祝福，作别山海，拥抱未来。

同日　山东大学齐鲁医学院2022年毕业庆典暨毕业晚会在趵突泉校区新落成的体育场隆重举行，中国工程院院士张运，齐鲁医学院党工委书记刘洪渭等出席活动。

22日　山东省委、省政府在济南召开全省科技创新大会，深入学习贯彻习近平总书记关于科技创新的重要论述，总结成绩，表彰先进，研究部署山东省科技创新工作。省委书记李干杰出席会议并讲话，省委副书记、省长周乃翔主持。会上宣读了《山东省人民政府关于2021年度山东省科学技术奖励的决定》，共授予303个项目（人选）省科学技术奖励。

同日　中国博士后科学基金第71批面上资助评审结果公布，山东大学72人获资助，位列全国高校（含附属医院）第7位，其中8人获一等资助，位列全国第1位。

27日　校党委书记郭新立主持召开党委理论学习中心组学习会议，专题传达学习习近平总书记在中央政治局第四十次集体学习会议上的重要讲话精神，部署贯彻落实工作。校长李术才出席会议。

29 日　山东大学召开 2022 年统一战线联席会，以迎接党的二十大为主线，统筹推进学校统战工作。校党委书记郭新立出席会议并讲话，党委副书记陈宏伟主持会议。

29 日　全国哲学社会科学工作办公室公布了 2022 年度国家社科基金艺术学重大项目立项名单，全国共 18 项课题获立。其中，山东大学 2 项课题获得立项，并列全国高校第 1 位。

本月　教育部办公厅发布《关于公布 2021 年度国家级和省级一流本科专业建设点名单的通知》，山东大学 16 个本科专业新入选国家级一流本科专业建设点，9 个本科专业入选省级一流本科专业建设点。至此，学校 97 个本科招生专业中共有 74 个国家级一流本科专业建设点，16 个省级一流专业建设点，占本科招生专业总数的 92.8%，其他均为战略新兴专业，全面实现专业“优特新”，专业现代化工程建设取得显著成效。

7 月

4 日　山东大学 2022 年暑期学校正式启动。在常态化疫情防控前提下，今年暑期学校普遍沿用线上教学为主、线下实践为辅的授课方式，面向山东大学一校三地全体学生开放，提供广泛的选课资源及灵活多变的课堂形式。为更好地深化教育教学改革，探索开放办学协同育人新模式，拓展国际校际交流合作，2022 年暑期学校统筹建设海外师资项目与暑期精品项目两大板块，涵盖通识教育、专业教育、创新创业等多种类型。暑期学校启动第一天，共有 173 项暑期项目开始授课，参与学生达 9480 人次。

5 日　经 2022 年 6 月 27 日第十四届党委第 134 次常委会研究决定：

马颖颖同志任保密工作办公室副主任，试用期一年；

陈琳同志任信息化工作办公室副主任，试用期一年；

张伟同志任控制科学与工程学院副院长，试用期一年；

免去刘永新同志山东山大资本运营公司党委副书记职务。

5—6 日　教育部思想政治工作司司长魏士强到山东大学，就高校辅导员队伍能力提升大数据赋能平台建设以及高校党建思政情况进行调研。山东大学党委书记郭新立、校长李术才会见魏士强一行。

7 日　为推动做好 2022 年中国 · 山东博士后创新创业大赛宣传推介工作，进一步调动省内博士后设站单位、博士后研究人员参赛积极性，全面激发博士后创新创业活力，由山东省人力资源和社会保障厅、山东大学联合举办的 2022 年中国 · 山东博士后创新创业大赛宣讲推介会在济南举行。山东省人力资源和社会保障厅党组成员、副厅长、一级巡视员侯复东，山东大学副校长吴臻出席会议并讲话。

10 日　张其成受聘山东大学讲席教授聘任仪式在中心校区举行。山东大学校长李术才出席仪式并向张其成教授颁发聘书。聘任仪式由副校长吴臻主持。

12 日　成都诚学长青公益服务中心向山东大学捐赠仪式在中心校区举行。此次成都诚学长青公益服务中心向山东大学捐赠 1000 万元，用于设立“引航计划”公益基金，支持数据科学和人工智能科学研究和科普推动。山东大学常务副校长王琪珑，副校长刘建亚出席仪式。

14 日　山东大学非物质文化遗产研究院揭牌仪式在中心校区举行。山东大学校长李术才，文化和旅游部非物质文化遗产司司长王晨阳，山东省文化和旅游厅班子成员、二级巡视员付俊海出席活动并致辞。

15 日　第十七届“中国青年女科学家奖”颁奖典礼在北京钓鱼台国宾馆隆重举行。山东大学控制科学与工程学院张海霞教授获此殊荣。全国人大常委会副委员长、全国妇联主席沈跃跃出席典礼并为获奖人颁奖，她寄语女科学家要牢记习近平总书记嘱托，心怀“国之大者”，大力弘扬科学家精神，在提升我国发展独立性自主性安全性中展现巾帼担当。张海霞教授是继王小云院士之后，山东大学第二位获此殊荣的女性科学家。王小云院士作为颁奖嘉宾参加了典礼。

21 日　经 2022 年 7 月 11 日第十四届党委第 135 次常委会研究决定：

徐文忠同志任五级职员；

范金林同志任团委副书记。

22—31 日　为深入学习贯彻习近平新时代中国特色社会主义思想，全面贯彻落实党的十九大和十九届历次全会精神，以“迎接党的二十大”为主线，进一步落实学校党委关于辅导员队伍建设的相关制度安排，不断提升学校辅导员队伍的理论水平、职业能力和专业素养，强化作用发挥，助力学校思想政治教育工作提质增效，推动立德树人根本任务落地落实落细，学校分两期在威海举办 2022 年暑期辅导员队伍能力提升培训。校党委副书记王君松出席会议并讲话。

25—29 日　由中国化学会环境化学专业委员会主办，哈尔滨工业大学承办的第十一届全国环境化学大会在哈尔滨举行。在大会首日的开幕式上，举行了由中国化学会环境化学专业委员会组织的“环境化学终身成就奖”表彰活动。中国工程院院士、山东大学环境研究院王文兴教授被授予“环境化学终身成就奖”。

26 日　国家知识产权局发布了《关于第二十三届中国专利奖授奖的决定》（国知发运字〔2022〕31 号）。山东大学岩土工程中心刘斌教授等研发的发明专利“隧道掘进机破岩震源三维地震超前探测装置及方法”获第二十三届中国专利金奖。

28—31 日　学校召开一校三地安全、宣传、教师工作暑期务虚会，就筑牢校园防线、维护安全稳定，加强宣传文化引领、提供坚强思想保障，强化师德师风建设、推进教师思政工作等进行深入研讨。校党委副书记张永兵出席活动。

29 日　由山东大学凌沛学教授担任项目负责人的 2021 年度国家重点研发计划“绿色生物制造”重点专项“医用多糖生物制造关键技术及产业化示范”项目启动会在济南召开。中国工程院院士谭天伟、陈坚、郑裕国，欧亚科学院院士杜冠华，欧洲科学院院士张友明，山东大学副校长易凡等出席会议。

同日　山东大学与山东省生态环境厅签署合作协议。中国工程院院士、山东大学校长李术才，山东省生态环境厅党组书记、厅长宋继宝出席签约仪式。山东大学常务副校长王琪珑主持仪式，山东省生态环境厅党组成员、副厅长姚云辉出席活动。

同日　山东大学与中国铁路济南局集团有限公司（以下简称“国铁济南局”）、天桥区人民政府战略合作框架协议签约活动在国铁济南局举行。中国工程院院士、山东大学校长李术才，国铁济南局党委书记、董事长王新春，天桥区区长张庆国出席活动并致辞。山东大学常务副校长王琪珑，国铁济南局总经理贯昌奉、党委副书记李翔鹏、副总经理张利春、总会计师罗跃成等出席活动。

本月　山东大学全面启动“喜迎党的二十大、永远跟党走、奋进新征程”2022 年暑期社会实践活动。在常态化疫情防控条件下，学校团组织深入学习贯彻习近平总书记在中国共产主义青年团成立 100 周年大会上的重要讲话精神，落实山东省第十二次党代会精神，面向一校三地部署安排暑期社会实践，构建起“严守疫情防控要求、确保实践安全”与“响应国家重大战略需求，服务山东高质量发展，促进山大学子成长成才”有机结合的暑期社会实践格局。青年学子们锚定走在前、开新局的目标，收拾行囊，抖擞精神，预备开启一段深入观察社会的崭新旅途。

8 月

1 日　中国文艺评论家协会、中国文联文艺评论中心公布第二批中国文艺评论基地名单，山东大学文艺美学研究中心成功入选，基地主任为文艺美学研究中心特聘教授范玉刚。

2 日　山东大学—圣泉集团新材料与碳中和产业技术研究院揭牌仪式在济南圣泉集团举行。山东大学常务副校长王琪珑，圣泉集团董事长唐一林、总裁唐地源等参加揭牌仪式。

4 日　由教育部高等教育司发起，全国大学生节能减排社会实践与科技竞赛委员会主办，天津大学承办、天津六百光年智能科技有限公司协办的

“六百光年杯”第十五届全国大学生节能减排社会实践与科技竞赛落下帷幕。山东大学代表队获国家特等奖 1 项、一等奖 4 项、二等奖 9 项、三等奖 5 项，“六百光年智慧能源创新奖”银奖 1 项。总成绩继续保持在全国高校前列，校本部及威海校区均获得“优秀组织奖”。

5 日　经 2022 年 7 月 27 日第十四届党委第 136 次常委会研究决定：

聘任樊丽明为国家治理研究院院长。

同日　经 2022 年 7 月 27 日第十四届党委第 136 次常委会研究决定：

聘任王浩为黄河国家战略研究院院长。

6 日　山东大学塞尔维亚校友会成立大会在贝尔格莱德中国文化中心大厦举行。山东大学常务副校长、校友会副会长王琪珑线上出席会议并讲话，中国驻塞尔维亚大使馆教育参赞袁纪纲致信祝贺。中国驻塞尔维亚大使馆教育官员常波参加会议。

8 日　山东大学与山东黄河河务局签署战略合作框架协议。中国工程院院士、山东大学校长李术才，山东黄河河务局党组书记、局长李群出席签约仪式并致辞。山东大学常务副校长王琪珑，山东黄河河务局一级巡视员崔节卫，党组成员、副局长尹学辉，山东华特控股集团有限公司党委书记、董事长朱效平出席活动。

9 日　由山东大学数学与交叉科学研究中心韩仁敏教授担任项目负责人的国家重点研发计划“基础科研条件与重大科学仪器设备研发”重点专项“面向海量冷冻电镜数据的高分辨原位结构智能解析软件平台”青年科学家项目启动会在青岛校区举行。

12 日　济南市、山东大学校地合作座谈会在山东大学中心校区举行。山东省委常委、济南市委书记刘强，济南市委副书记、市长于海田，山东大学党委书记郭新立、校长李术才出席会议。郭新立主持会议。

13 日　一校三地后勤保障部门 2022 年暑期工作务虚会在中心校区举行。常务副校长王琪珑出席会议并讲话。校长助理，后勤保障部党委书记、部长，房改办公室主任朱德建主持会议。

13—14 日　第七届中国研究生智慧城市技术与创意设计大赛在上海松江以“线下＋线上”“云相聚”的形式举办。经评审，山东大学土建与水利学院研究生甘高源、张柏楠、张琪玥、刘迪团队斩获一等奖，土建与水利学院韩勃教授获优秀指导老师奖，山东大学获优秀组织奖。

13—14 日　为深入学习落实中央人才工作会议精神，全面贯彻新时代人才工作的新理念新战略新举措，山东大学在威海校区举办 2022 年暑期人事人才工作务虚会，围绕“攻坚打造战略人才力量　服务国家重大战略需求”进行专题汇报、研讨交流。校党委副书记陈宏伟、副校长吴臻出席会议并讲话。

14 日　第六届中国研究生公共管理案例大赛总决赛在河南郑州举行。山东大学政治学与公共管理学院孙宗锋教授、杨志助理研究员共同指导的

“昭君出赛”队（队员：研究生高昭君、苗英荟、刘晨曦、刘铭钧、刘诗琦、张璇），在总决赛中荣获大赛最高荣誉特等奖。山东大学获得优秀组织奖，指导教师孙宗锋、杨志荣获“最佳指导教师”称号，高昭君同学荣获“最有价值队员奖”。

17 日　为深入学习贯彻落实习近平总书记关于教育的重要论述，学习贯彻《习近平谈治国理政》第四卷、习近平总书记在省部级主要领导干部专题研讨班上的重要讲话和在中央统战工作会议上的重要讲话，贯彻落实学校党委的相关工作部署，进一步加强学生工作的经验交流，做好秋季学期工作部署，学校学生工作部门、保卫部、兴软办、艺术学院、体育学院等单位举行 2022 年暑期工作务虚会。校党委副书记王君松主持会议并讲话。

同日　随着第四批本科录取通知书的寄出，山东大学 2022 年本科招生录取工作圆满结束。学校在全国 31 个省（市、自治区）及港澳台地区共完成 18 个类型的招生录取工作，录取新生 10334 人。其中，济南校本部和青岛校区录取 7246 人，威海校区录取 3088 人。

19 日　山东大学常务副校长王琪珑一行赴中国广核集团有限公司（以下简称“中广核集团”）进行调研学习，中广核集团党委常委、副总经理庞松涛接待调研组一行，双方举行合作交流座谈会，并签署全面战略合作框架协议。

21—25 日　第十七届全国大学生智能汽车竞赛全国总决赛在南京信息工程大学举行。山大学子共获得全国一等奖 17 项、二等奖 4 项、三等奖 4 项、群体搬运挑战赛全国第二名。一等奖和总获奖数量均列所有参赛学校之首。其中，有四支队伍分别获得平衡信标、四轮电磁、多车编队、完全模型等赛项的全国第一名，创历史最好成绩。

22 日　由山东大学承担的国家重点研发计划政府间国际科技创新合作重点专项“城市地下交通设施的绿色建造及韧性化技术研究”项目启动暨实施方案论证会在济南召开。中国工程院院士、山东大学校长李术才出席会议并讲话。

同日　山东大学与青岛地铁集团有限公司深化合作框架协议签约活动在青岛校区举行。山东大学校长李术才，青岛地铁集团党委书记、董事长张君出席活动并致辞；山东大学副校长、青岛校区校长韩圣浩，青岛地铁集团党委委员、副总经理王守慧、刘富华出席活动。

22—23 日　山东大学纪检监察机构召开 2022 年暑期专题读书班暨工作务虚会，聚焦落实“精耕细作”要求，围绕推动中管高校纪检监察工作高质量发展进行学习研讨。校党委副书记、纪委书记、国家监委驻山东大学监察专员陈向阳主持会议并讲话。

25—26 日　山东大学召开 2022 年校领导班子暑期专题读书班暨工作务虚会。校党委书记郭新立主持会议并讲话，校长李术才出席会议。

28 日　杨元喜院士受聘山东大学兼职讲席教授聘任仪式在威海校区举行。山东大学校长李术才出席仪式并为杨元喜院士颁发聘书。聘任仪式由山东大学副校长、威海校区校长刘建亚主持。

29 日　中共山东大学第十四届委员会第十二次全体会议在中心校区举行。党委委员 26 人出席会议，非党委委员的校领导、纪委委员等 14 人列席会议。会议由山东大学党委常委会主持。

31 日　山东大学与山东能源集团有限公司（以下简称“山东能源集团”）战略合作框架协议签约活动在山东大学中心校区举行。山东大学党委书记郭新立、校长李术才，山东能源集团党委书记、董事长李伟出席活动。山东能源集团总经理张宝才，工会主席岳宝德，副总经理刘健，副总经理、总审计师茹刚，副总经理刘强，总工程师孙希奎，山东大学常务副校长王琪珑、党委副书记王君松参加活动。

本月　持续一个月的山东大学第十九届暑期学校落下帷幕。今年暑期学校，一校三地共开课 747 门，来自一校三地的 15329 名本科生完成线上选课，累计选课人数达到 30561 门次，与去年同期相比，选课人数、选课门次分别增长 25.4％和 39.7％。本届暑期学校继续秉承“精品化、国际化、创新型、开放式”的理念，充分发挥综合性研究型大学优势，开设多门立足于各学科学术前沿的精品课程，邀请诸多海外优秀专家学者开设海外师资课程项目，帮助学校学生拓展国际视野，了解科技前沿。同时，暑期学校认真落实疫情防控要求，采用线上线下相结合的教学方式，让身处各地的师生破除地域限制，共享优质教学资源。

本月　山东大学一校三地财务工作暑期务虚会在中心校区举行，副校长芦延华出席会议并讲话。

9 月

1 日　山东大学召开 2022 年秋季学期工作会议，部署新学期重点工作。校党委书记郭新立主持会议并讲话，校长李术才出席会议并讲话。会议强调，2022 年秋季学期学校工作的基本思路是，坚持以习近平新时代中国特色社会主义思想为指导，以迎接党的二十大和学习宣传贯彻党的二十大精神为主线，深入学习领会《习近平谈治国理政》第四卷和习近平总书记关于教育的重要论述、给《文史哲》编辑部全体编辑人员重要回信精神，加强党的领导，牢记“国之大者”，聚焦“立德树人”，围绕实施“七大战略”，着力贯彻精耕细作要求，大力落实“双一流”建设、“十四五”规划、深化中央巡视整改和经济责任审计整改等重点任务，全面开创世界一流大学建设新局面。

3 日　由山东大学软件学院崔立真教授担任项目负责人的国家重点研发计划

“文化科技与现代服务业”重点专项“服务效能理论与技术研究及应用”项目启动暨实施方案咨询会召开。山东大学副校长芦延华出席会议并讲话。会上，芦延华简要介绍了学校近年来面向国家重大战略需求、服务地方经济发展需求所取得的成就。他表示，山东大学作为项目牵头单位，将切实履行法人主体责任，全力为项目团队提供条件保障，确保项目顺利实施。

8 日　山东大学生殖医学研究中心陈子江院士、赵涵教授团队联手清华大学颉伟教授团队，发现了人类早期胚胎翻译调控新机制，以长文（article）形式在 *Science* 发表题为“Translatome and transcriptome co-profiling reveals a role of TPRXs in human zygotic genome activation”的文章。陈子江院士、赵涵教授和颉伟教授为本文的共同通讯作者，清华—北大生命科学联合中心博士研究生邹卓宁、清华大学博士研究生王秋艳、山东大学生殖医学研究中心博士研究生张传鑫和助理研究员侯真真为本文共同第一作者。

9 日　为展现广大教师和教育工作者爱党爱国、立德树人、自信自强的精神风貌，山东大学在中心校区举行“光荣的使命”——庆祝 2022 年教师节暨优秀教师表彰大会，表彰在教书育人、立德树人工作中涌现出来的先进集体和个人。

同日　山东大学举办“光荣的使命”2022 年度获奖教师代表座谈会，校党委书记郭新立出席座谈会并讲话。座谈会由校党委副书记张永兵主持。

15 日　2022 年“科学探索奖”获奖名单揭晓，山东大学齐鲁交通学院常务副院长李利平教授榜上有名，成为山东大学首位获此奖项的青年科学家。“科学探索奖”是由科学奖主导、腾讯基金会出资支持的公益奖项，是目前国内金额最高的青年科技人才资助计划之一。奖项面向基础科学和前沿技术领域，设置十个领域，分别是数学物理学、化学新材料、天文和地学、生命科学、医学科学、信息电子、能源环境、先进制造、交通建筑、前沿交叉。每年遴选不超过 50 名获奖人。

同日　经 2022 年 8 月 29 日第十四届党委第 137 次常委会研究决定：

宋玉浩同志任校长秘书（副处级），免去其机关党委副书记职务；

陈菡同志任学科建设与发展规划部副部长、学术委员会办公室副主任，免去其校长秘书（副处级）职务。

免去：崔英同志的翻译学院副院长职务；

王伟同志的威海校区信息化工作办公室副主任职务；

马光同志的历史文化学院副院长职务。

17 日　智能盾构下线暨“智慧一号”盾构始发仪式在济南地铁 6 号线凤凰路站举行，标志着整体搭载山东大学研发的“五官一脑”的智能盾构正式进入工程应用阶段。中国工程院院士、山东大学校长李术才，山东省交通运输厅党组书记、厅长孟庆斌，济南市政府党组成员、副市长任庆虎，济南市政协副主席、济南轨道交通集团总经理王伯芝出席活动。

18 日　山东大学党委书记郭新立主持召开学校党委理论学习中心组会议，学习习近平总书记给北京师范大学“优师计划”师范生重要回信精神，部署学习贯彻落实工作。校长李术才出席会议。

21 日　中国科技期刊卓越行动计划办公室发布《关于下达 2022 年度中国科技期刊卓越行动计划高起点新刊入选项目的通知》，全国共 50 种期刊入选。山东大学组织申报的 *BMEMat* ［《生物医学工程材料》（英文）］和 *Engineering Microbiology* ［《工程微生物学》（英文）］两种英文期刊入选。截至目前，山东大学共有 5 种期刊入选，入选期刊数在教育部主管单位中位列第三。

同日　经 2022 年 9 月 18 日第十四届党委第 139 次常委会研究决定：

刘珂同志任纪委副书记，免去其纪委办公室主任、监察处处长职务；

梅强同志任纪委副书记，免去其巡视工作办公室主任职务；

史正勇同志任办公室主任，免去其青岛校区纪监审办公室主任职务；

朱优县同志任办公室副主任，免去其副处级纪检员职务；

薛施贞同志任第一纪检监察室主任，免去其威海校区纪监审办公室副主任职务；

牛玉国同志任第二纪检监察室主任，免去其案件管理与审理室主任职务；

王旭锋同志任第三纪检监察室主任，免去其审查调查室主任职务；

毛永强同志任综合业务室主任，免去其纪委办公室副主任职务。

同日　经 2022 年 9 月 18 日第十四届党委第 139 次常委会研究决定：

朱恪川同志任巡视工作办公室副主任，免去其纪委监督检查室主任职务；

周大白同志任法学院（威海）正处级组织员，免去其威海校区纪监审办公室主任职务。

同日　经 2022 年 9 月 18 日第十四届党委第 139 次常委会研究决定：

张东同志任齐鲁医院人事处处长，免去其齐鲁医院保健办公室主任职务。

免去：徐峰同志的齐鲁医院人事处处长职务；

王传新同志的第二医院院长、党委副书记、第二临床学院院长职务。

27 日　经 2022 年 9 月 18 日第十四届党委第 139 次常委会研究决定：

王帅同志任山东山大资本运营有限公司党委副书记。

本月　山东大学 2022 年新聘教职工入职培训在一校三地同步开展。本次培训设置文化认同、师德师风、专业素养、合作交流、责任纪律等五大主题，共 19 场报告，增强新聘教职工履职尽责、担当作为能力，帮助“山大新人”加速启航。山东大学校长李术才为新聘教职工讲授了“山大第一课”。

本月　第十五届中国大学生计算机设计大赛落下帷幕。山东大学 9 支队伍入围决赛，“LIGHT BALL RUN”团队项目获得国家一等奖，“灵池学书”“宇宙漫步”两支团队项目获得国家二等奖，“DoodleBand”“没有取名”“故事”“龙的传人”“墨柳队”“泉城龙之队”等 6 支团队项目获得国家三等奖。

本月　全国哲学社会科学工作办公室公布了 2022 年度国家社科基金社科学术社团主题学术活动资助立项名单。中国周易学会申报的学术会议类项目“易学与中国哲学学科体系、学术体系、话语体系建设学术研讨会”和课题研究类项目“《周易》哲学的当代转化与发展研究”（负责人：张文智教授）获准立项，资助经费各 20 万元，共计 40 万元。

本月　国家自然科学基金委员会公布了 2022 年国家自然科学基金集中接收期项目评审结果。截至目前，山东大学共获各类项目资助 549 项，立项直接经费 2.92 亿元。其中获批国家杰出青年科学基金项目 6 项、优秀青年科学基金项目 12 项、重点项目 12 项等。山东大学在立项经费数、项目数及人才项目等方面持续突破，再创佳绩。

10 月

1 日　为庆祝中华人民共和国成立 73 周年，引导广大团员青年积极响应党的号召，以实际行动迎接党的二十大胜利召开，山东大学举行“喜迎二十大　永远跟党走　奋进新征程”升国旗主题团日活动。校党委副书记王君松出席仪式并寄语青年学子胸怀“国之大者”，传承山大基因，投身强国伟业；校党委常委、宣传部部长桑晓旻出席仪式。

6 日　山东省委教育工委常务副书记，山东省教育厅党组书记、厅长李明一行到山东大学调研，并出席山东省教育厅与山东大学协同发展座谈会。山东大学党委书记郭新立、校长李术才出席座谈会。会议由李术才主持。

7 日　新闻传播学院于晓风老师讲授的“电影艺术通论”课程依托山东大学全息互动教室顺利开课，以全息投影形式实现了多校区师生同上一门课。这是学校自建成全息互动教室以来，首次使用全息互动方式开展直播互动教学，标志着山大全息互动教室建设进入实际使用阶段。

8 日　经 2022 年 10 月 7 日第十四届党委第 141 次常委会研究决定，聘任：

曹现强为国家治理研究院常务副院长；

肖金明为国家治理研究院副院长；

孔新峰为国家治理研究院副院长；

孙强为国家治理研究院副院长；

石绍宾为国家治理研究院副院长；

王佃利为国家治理研究院副院长。

10 日　经 2022 年 10 月 7 日第十四届党委第 141 次常委会研究决定：

聘任李利平同志为齐鲁交通学院院长，免去李术才同志的齐鲁交通学院院长职务。

18 日　经 2022 年 10 月 7 日第十四届党委第 141 次常委会研究决定：

李建刚同志任教学促进与教师发展中心副主任，试用期一年。

24 日　中共山东大学第十四届常务委员会第 142 次会议暨党委理论学习中心组（扩大）会议专题传达学习党的二十大精神。党的二十大代表、校党委书记郭新立主持会议，领学并传达党的二十大精神；校长李术才在会上就深入学习并领会党的二十大精神谈了体会。

27 日　为全面学习、深刻领会、准确把握党的二十大报告的精神实质和丰富内涵，切实把思想和行动统一到党的二十大精神上来，大力推动党的二十大精神入脑入心、落地见效，按照学校党委全面学习宣传贯彻党的二十大精神的工作部署，党委办公室、校长办公室第一、第二党支部召开党的二十大报告专题学习交流会议。校党委书记郭新立以普通党员身份参加党支部的学习讨论并宣讲党的二十大精神。

27—30 日　由中国联合国协会主办、外交部国际司支持、山东大学学生就业创业指导中心和山东大学政治学与公共管理学院共同承办的第十八届中国模拟联合国大会在青岛举行。联合国秘书长古特雷斯向大会发来贺信。中国联合国协会副会长兼总干事胡文丽、外交部国际司参赞陈凯、山东大学党委副书记王君松出席开幕式并致辞。

本月　教育部下发了《关于 2022 年度教育部工程研究中心建设项目立项的通知》，山东大学数链融合技术教育部工程研究中心建设项目成功立项。该中心是山东大学第 6 个获批立项建设的教育部工程研究中心。教育部工程研究中心是高等学校科技创新体系的重要组成部分，是高等学校面向世界科技前沿、面向经济主战场、面向国家重大需求，组织工程技术研发、促进科技成果转化、推动学科建设发展、培养集聚创新人才、开展国际合作交流的重要基地。

本月　全国哲学社会科学工作办公室公布了 2022 年度国家社会科学基金年度项目和青年项目立项名单，山东大学 42 项课题获准立项，立项数并列全国高校第十位。立项课题包括重点项目 5 项、一般项目 26 项、青年项目 11 项，立项总经费 915 万元。

本月　由教育部主办、全国高校博物馆育人联盟承办的全国高校第六届“礼敬中华优秀传统文化”系列活动推荐结果正式公布，由山东大学党委宣传部申报的“传承红色校史厚植家国情怀”荣获全国特色展示项目。这是学校自“礼敬中华优秀传统文化”活动开展以来第四次获此荣誉，也是山东大学文化引领战略深入实施和推动党史学习教育常态化长效化的又一成果。截至目前，学校在“礼敬中华优秀传统文化”活动评选中的获奖项目数量并列全国高校第六。

11 月

2 日　按照中央统一部署，学习贯彻党的二十大精神中央宣讲团来山大宣讲，中央宣讲团成员、中央财经委员会办公室分管日常工作的副主任韩文秀作宣讲报告。山东省委常委、宣传部部长白玉刚，山东大学党委书记郭新立出席报告会。

4 日　经 2022 年 10 月 31 日第十四届党委第 143 次常委会研究决定：

免去满洪杰的法学院副院长职务；

免去钱凯的微电子学院副院长职务；

免去郭山清的网络空间安全学院（研究院）副院长职务。

10 日　党的二十大代表、山东大学党委书记郭新立以“精耕细作，团结奋斗，全面开创担当中华民族复兴大任的世界一流大学建设新局面”为题，为学校师生医务员工作党的二十大精神宣讲报告。山东大学校长、中国工程院院士李术才出席报告会。校党委副书记张永兵主持活动。

10—13 日　由中国化学会、山东大学共同主办的第十七届全国有机合成化学学术研讨会在济南举行。百余位杰出学者、学界新秀通过线上线下方式参加大会。中国工程院院士、山东大学校长李术才出席开幕式并致辞。

11—13 日　山东大学第七届齐鲁青年论坛在济南、威海、青岛三地举行。山东大学校长、中国工程院院士李术才，中共山东省委组织部副部长龚文东出席主论坛并致辞。山东大学副校长吴臻主持主论坛。

12 日　第十七届中国青年科技奖在 2022 世界青年科学家峰会开幕式上举行颁奖仪式，山东大学岩土工程中心教授刘斌、齐鲁医院教授徐峰荣获该奖项。

13 日　为全面学习贯彻党的二十大精神，进一步落实落细学生会组织深化改革要求，团结引领广大青年学子为加快建设中国特色世界一流大学贡献青春力量，山东大学第三十八次学生代表大会、第二十次研究生代表大会在中心校区召开。山东大学党委副书记王君松出席开幕式并讲话，副校长吴臻，党委常委、组织部部长曲明军，校长助理朱德建出席会议。

14 日　校党委书记郭新立主持召开党委理论学习中心组会议，专题传达学习中共中央办公厅印发的《推进领导干部能上能下规定》，部署贯彻落实工作。校长李术才出席会议。

15 日　山东大学与日本山口大学通过视频方式举行签约仪式。中国工程院院士、山东大学校长李术才，山口大学校长谷泽幸生出席仪式并致辞，山东大学副校长韩圣浩与山口大学副校长石井由理共同主持仪式。

17 日　中国工程院院士、山东大学校长李术才以“始终心怀‘国之大者’奋力投身强国建设”为题，为学校师生医务员工作党的二十大精神宣讲报告。校党委副书记张永兵主持活动。

18 日　中国博士后科学基金第 72 批面上资助评审结果公布，山东大学 61 人获资助，位列全国高校第 8 位（附属医院合并计算），总资助金额 466 万元。

21 日　第八届中国国际“互联网＋”大学生创新创业大赛全国总决赛结果公布，山东大学斩获 4 项金奖、8 项银奖、7 项铜奖，获奖数量和质量均创历史最好水平。

22 日　《光明日报》红船初心专版整版报道山东大学学习贯彻党的二十大精神情况，《勇担时代使命　凝聚奋进力量》聚焦山东大学在学习宣传贯彻党的二十大精神实践中不断创新学习载体、谱写马克思主义中国化时代化新篇章、加强有组织科研为国家重大战略需求贡献力量的具体做法和典型经验，《学好用好“金钥匙”　精耕细作开新局》讲述山东大学通过理论强基、育人为本、战略升级、党建引领来学好用好“金钥匙”，《为文化自信注入不竭青春力量》则体现了山大学子明确新时代青年担当，用实际行动贡献山大力量。

25 日　微生物技术国家重点实验室学术委员会第六届五次会议在线上举行。学术委员会主任、中国科学院院士邓子新主持会议。学术委员会副主任、中国科学院院士焦念志，学术委员会副主任、德国工程院院士、欧洲科学院院士、微生物技术国家重点实验室主任张友明，学术委员会委员、中国科学院院士赵国屏、王志新、元英进，学术委员会委员、中国工程院院士印遇龙、谭天伟，学术委员会委员、清华大学教授曹竹安，学术委员会委员、军事医学科学院研究员杨瑞馥，学术委员会委员、中科院青岛生物能源与过程研究所研究员吕雪峰，中国工程院院士、山东大学校长李术才，山东大学副校长易凡参加会议。

26 日　由中国科学技术协会、山东省人民政府指导，山东大学、山东省科学技术协会、中国区域经济 50 人论坛和青海师范大学主办，黄河国家战略研究院和山东省创新战略研究院承办的第二届黄河发展论坛、中国区域经济 50 人论坛第 22 次研讨会暨第六届鲁青论坛以线上线下相结合的方式举办，线下会场设在山东济南。与会专家学者深入学习贯彻党的二十大精神和习近平总书记关于黄河流域生态保护和高质量发展的重要讲话和重要指示批示精神，紧扣黄河重大国家战略内涵，为推动黄河流域生态保护和高质量发展、助力山东省“走在前、开新局”、建设人与自然和谐共生的中国式现代化献计献策。

本月　国际电气和电子工程师协会（Institute of Electrical and Electronic Engineers，简称 IEEE）公布了 2023 年新晋会士（Fellow）名单。山东大学教授张承慧因对可再生能源系统控制领域的杰出贡献，当选 IEEE Fellow，成为依托山东大学申报成功的首位 IEEE Fellow。

本月　由中央宣传部、国家发展改革委、中央军委政治工作部和北京市委市政府联合主办的“奋进新时代”主题成就展自开幕以来受到了社会各界的瞩目。该展览在北京展览馆面向公众开放至 12 月 31 日。来自山东大学的两门研究生公共课“研究生生涯发展与规划”“医学统计方法”入选研究生在线精品课程，并和“国家智慧教育公共服务平台”栏目中共计 55 门来自全国各高校的研究生在线课程共同在“中央综合展区”进行展出。

本月　山东省教育厅公布山东省高等学校实验室体系建设名单，山东大学共有 40 个实验室入选。其中，“EDA 数学科学实验室”等 16 个实验室获批山东省高等学校实验室，“重大工程仿真与数字孪生重点实验室”等 12 个实验室获批山东省高等学校重点实验室，“儿童心血管病防控特色实验室”等 3 个实验室获批山东省高等学校特色实验室，“蓝色经济绿色发展文科实验室”等 9 个实验室获批山东省高等学校文科实验室。

12 月

12 日　经 2022 年 12 月 9 日第十四届党委第 145 次常委会研究决定：

免去肖敏同志的山东大学国家糖工程技术研究中心副主任职务。

17 日　2022 新型智库治理论坛举行，发布了 CTTI 2022 年度增补来源智库名单、CTTI 2022 年度智库最佳案例与优秀成果、CTTI 2022 年度高校智库百强榜。山东大学智库建设再创佳绩。

23 日　山东大学口腔医学院建院 45 周年、口腔医院建院 30 周年院庆大会以线上方式举行。中国科学院院士、首都医科大学副校长王松灵，中国工程院院士、军事口腔医学国家重点实验室主任赵铱民，中华口腔医学会名誉会长俞光岩，中华口腔医学会会长、北京大学口腔医（学）院院长郭传瑸，山东省科技厅副厅长于洪文，山东省卫健委二级巡视员刘桂刚，山东大学副校长、齐鲁医学院院长易凡出席大会。

24 日　2022 年度第十九届王大珩光学奖评审会线上召开，会议由中国科学院院士、北京大学校长、中国光学学会理事长龚旗煌主持，评选出了本届中青年科技人员光学奖和高校学生光学奖的获奖者。山东大学物理学院秦伟教授指导的博士研究生高铭升荣获本届“王大珩光学奖——学生光学奖”。

26 日 晶体材料国家重点实验室学术委员会暨集成攻关大平台专家委员会 2022 年度会议在线上召开。学术委员会主任、中国科学院院士、南京大学教授祝世宁主持会议。学术委员会副主任、中国工程院院士、天津理工大学教授吴以成；学术委员会副主任、中国科学院院士、浙江大学教授杨德仁；学术委员会委员、中国科学院院士，清华大学教授范守善、西北工业大学教授魏炳波、清华大学教授南策文、南京大学教授邹志刚、燕山大学教授田永君、东南大学校长黄如；专家委员会委员，厦门大学党委书记张荣、山东产业技术研究院院长孙殿义、郑州大学副校长单崇新；中国工程院院士、山东大学校长李术才，山东大学副校长易凡参加会议。

27 日 山东大学国家治理研究院研究员聘任仪式暨智库建设座谈会举行。山东大学党委书记郭新立，山东大学原校长、国家治理研究院院长樊丽明出席活动。山东大学副校长吴臻主持聘任仪式。

30 日 为深入学习贯彻党的二十大精神，推动期刊高质量发展，山东大学通过线上方式召开《新文科理论与实践》编委会第一次会议。中宣部出版局局长冯士新，教育部社科司司长徐青森，教育部高教司副司长武世兴，山东大学党委常委、副校长吴臻出席会议并致辞。全国人大常委、中国社会科学院学部委员李培林，中国人民大学原校长刘伟，中国社会科学院大学党委常务副书记、校长张政文等 30 余位编委出席会议。山东大学原校长、教育部新文科建设工作组组长、《新文科理论与实践》主编樊丽明主持会议。

本月 山东省新闻出版局、山东省财政厅、山东省人力资源和社会保障厅联合公布了第四届山东省新闻出版奖获奖名单，山东大学刘树伟教授主持编写的“十三五”国家重点出版物出版规划项目《数字人连续横断层解剖学彩色图谱》获“图书和数字出版物奖”。《文史哲》《山东大学学报（哲学社会科学版）》《山东大学学报（医学版）》获“报纸期刊奖”，山东大学出版社有限公司、《文史哲》编辑部获优秀集体奖，山东大学科技期刊社副社长周英智编审获“优秀人物奖”。

本月 国家留学基金管理委员会公布了 2023 年创新型人才国际合作培养项目立项通知，山东大学数学学院的“组合数学与网络科学交叉创新型人才联合培养”项目、土建与水利学院的“亚洲校园基础设施可持续发展领域全球领导者联合培养”项目，以及历史文化学院和文化遗产研究院的“环境与社会考古国际拔尖人才培养”项目成功入选，累计可派出各类出国留学人员 96 人次。

本月　　由山东省委宣传部、团山东省委组织开展的2022年“齐鲁最美青年”评选结果揭晓，全省共评出10名“齐鲁最美青年”。山东大学齐鲁医院抽血室护士张睿获此殊荣。

（杨　洁）

附录

山东大学 2022 年度统计公报

按照《山东大学信息公开实施办法》《山东大学统计工作管理办法》，现将学校 2022 年度统计公报予以发布。

一、学生

类别		人数
本科生研究生	本科生	41835
	全日制硕士研究生	18833
	非全日制硕士研究生	4555
	全日制博士研究生	6859
	非全日制博士研究生	13
	小计	72095
成教生	成人本专科生	3353
	网络本专科生	18189
	小计	21542
国际学生	学历教育学生	1271
	非学历教育学生	2435
	小计	3706
其他学生	普通预科生	130
总计		97473

二、教职工

类别		人数
在编教职工	专任教师	5182
	行政人员	1222
	教辅人员	1329
	工勤人员	194
	专职科研人员	753
	其他附设机构人员	102
	小计	8782
校外教师		146
离退休人员		5233
附属中小学幼儿园教职工		185

三、学科与平台基地

类别	个数
博士学位授权一级学科点	46
博士学位授权二级学科点	1
硕士学位授权一级学科点	52
硕士学位授权二级学科点	0
博士后科研流动站	42
国家一流学科（入选教育部“双一流”学科）	4
省级一流学科（入选山东省“双一流”学科）	30
国家重点实验室	2
国家工程实验室	2
国家工程研究中心	1
国家工程技术研究中心	3
省部级平台基地	182

四、办学条件

类别		数量
学校占地面积（m^2）		5333551
产权校舍建筑面积（m^2）	教学及辅助用房	12882
	行政办公用房	93398
	生活用房	996923
	教工住宅	883413
	其他用房	182784
	小计	3440000
固定资产总量（万元）		1436424
教学科研仪器设备资产（万元）		474182
图书（含电子图书）（册）		9506893

注：统计时期为 2021 年 10 月 1 日至 2022 年 9 月 30 日，统计时间点为 2022 年 9 月 30 日。

山东大学 2022 年服务师生十件实事

序号	事项名称	完成目标	责任领导	牵头单位	配合单位
1	体育育人项目开发及场馆改造	1. 落实《山东省教育厅关于进一步落实早操制度的通知》要求，在济南中心校区宿舍区试点建设健身步道，配备户外健身器材，开展早操活动试点，引导学生进行早操、晨练、晚练等形式的健身活动。 2. 修缮改造千佛山校区和兴隆山校区风雨操场，提高运动设施使用安全性，为体育活动、体育赛事提供更加充足、规范的场地。 3. 统筹一校三地体育活动重点开展校区品牌赛事、学院常态化体育活动、班级宿舍日常体育锻炼等。	王琪珑 王君松 朱德建	体育学院、后勤保障部	财务部、资产与实验室管理部、各学院(培养单位)
2	美育育人活动拓展及设施提升	1. 统筹一校三地艺术活动。通过线上线下结合、巡演等方式，进一步丰富一校三地系列艺术活动。 2. 对中心校区、千佛山校区大学生活动中心进行升级改造，满足校级、院级艺术团队及学生社团日常活动需求，同时承担部分美育课程教学活动。 3. 研究洪家楼校区大学生活动中心管理机制，启动整体改造工作。 4. 提升音乐厅管理服务。理顺现有音乐厅资源管理机制，在学校信息化平台框架下配备智慧化管理系统，实现音乐厅所有活动可网络直播。	王琪珑 王君松 朱德建	团委、艺术学院、后勤保障部	党委、校长办公室(信息化工作办公室)，财务部，资产与实验室管理部

续表

序号	事项名称	完成目标	责任领导	牵头单位	配合单位
3	丰富劳动教育岗位供给	通过搭建主框架、构建“四梁八柱”的形式全方位构建劳动教育体系： 1. 制定工作任务清单，围绕培育营造劳动教育浓厚氛围、深入挖掘扩大劳动教育实践资源供给、完善劳动教育课程培养体系建设、建立健全劳动教育支撑保障体系、形成劳动教育评价机制等方面开展劳动教育。 2. 启动“周四一小时”劳动教育实践活动，通过划分学院实际包片包区劳动场域，推进每周四下午所有学生劳动一小时的工作落地。 3. 结合“三助一辅”，在一校三地设不少于200个生产实践、校园服务、事务处理等劳动教育项目，覆盖15000～20000名学生。 4. 探索“揭榜挂帅”新形式，通过各单位提出需求、相关组织和团体申报的形式，探索以项目化形式推进劳动教育。 5. 挖掘社会资源，开辟60～70个劳动教育基地，将劳动教育与社会实践相结合。 6. 适时启动素质拓展培养信息系统升级，依托智慧平台有序推进劳动教育。	王君松	团委	党委、校长办公室(信息化工作办公室)，各二级单位
4	学生公寓条件改善	1. 整体改善中心校区学生公寓5号楼、洪家楼校区学生公寓12号楼、趵突泉校区学生公寓9号楼住宿条件，通过综合改造水电暖基础设施、更换部分家具，改善学生公寓居住条件。 2. 推行威海校区学生公寓直饮水、淋浴间建设。其中，直饮水工程覆盖全部24栋公寓楼；淋浴间覆盖除2021年试点楼宇之外的全部17栋公寓楼。启动调研、谋划、筹备新建研究生公寓楼。 3. 完成青岛校区学生公寓B1、B2、B5建设。	王琪珑 王君松 尹作升 朱德建 孔令栋	党委学生工作部、后勤保障部、威海校区、青岛校区	财务部、资产与实验室管理部、相关学院(培养单位)

续表

序号	事项名称	完成目标	责任领导	牵头单位	配合单位
5	餐饮服务优化提升	1. 改造兴隆山校区欣园餐厅。对操作间、货梯、扶梯、中央空调管道及末端风机，水电暖设施、就餐区进行优化。 2. 完成青岛校区学生食堂 B6 建设。 3. 在一校三地布点推广智能售饭机，以解决就餐时段餐厅拥挤、部分师生医务员工夜餐需求等问题，提供便捷的就餐服务。 4. 统筹优化提升餐厅餐饮服务水平。持续保持饮食 ISO9001 质量管理和 ISO22000 食品安全管理双体系认证，确保师生餐饮质量与安全；采取增设保温设备等措施进一步解决饭菜保温难题；着重关注营养与健康，试点推进营养与健康食堂建设；试点推出“食堂菜谱我来定”活动，丰富餐饮品种，汇总制定统一标准化集成食谱，加大新品研发力度和更新频次。	王琪珑 刘建亚 朱德建 孔令栋	后勤保障部、威海校区、青岛校区	财务部、资产与实验室管理部
6	医学办学空间优化提升	1. 推进美里湖转化医学研究中心建设并投入使用，完成各实验团队入驻。 2. 推动大学科技园山东大学创新药物研究院建设并投入使用。 3. 统筹谋划校内外资源，对趵突泉校区楼宇空间进行功能定位、规划调整，推动趵突泉校区学科、学院相对集中。	芦延华 易　凡 刘洪渭	资产与实验室管理部、齐鲁医学院	财务部、各相关学院（培养单位）
7	山东大学实验学校（青岛）投入使用	推进青岛蓝谷小学、蓝谷中学［山东大学实验学校（青岛）］建设，2022 年秋季入学投入使用。	孔令栋	青岛校区	附属中学
8	大力推进中心校区南院老旧居民楼拆迁	济南市、历城区、山大路街道办事处成立南院危房地块拆迁项目指挥部，统筹负责危房改造工作；学校成立南院危房改造工作专班，协同政府部门落实拆迁工作。	王琪珑 张永兵 芦延华 陈宏伟 桑晓旻 朱德建	校地联合工作专班	

续表

序号	事项名称	完成目标	责任领导	牵头单位	配合单位
9	离退休职工活动场所改善提升	1. 实现趵突泉校区离退休活动室迁入新建体育场附属用房空间；对中心校区南院、千佛山校区东院离退休活动室进行修缮及适老性改造，更新部分活动设施。 2. 整体改造威海校区退（离）休活动室整体改造。 3. 研究推进青岛校区离退休职工活动场所落实工作。	王琪珑 陈宏伟 尹作升 朱德建 孔令栋	离退休工作处、后勤保障部、威海校区、青岛校区	财务部、资产与实验室管理部
10	完善电动自行车、电动汽车充电服务及综合治理	1. 在中心校区、千佛山校区、第二医院办公楼、教学楼、学生宿舍区周边等处拟分别增设多组 10 孔位充电桩，威海校区新建 165 孔充电桩。 2. 在中心校区、趵突泉校区、千佛山校区、兴隆山校区试点安装电动汽车充电桩。 3. 协调社区居委会，征求社区居民意见，在现有基础上增加家属区电动自行车、电动汽车充电设施。 4. 切实加强一校三地校园电动车消防安全综合治理，全面排查、整治电动车在使用管理等方面存在的问题，重点规范停放电动车场所及充电设施，引导广大师生依法合规使用电动车，养成遵章守法、文明安全的交通习惯。	王琪珑 刘建亚 王君松 朱德建 孔令栋	党委保卫部（安全管理处）、后勤保障部、兴隆山校区和软件园校区管理办公室、威海校区、青岛校区	财务部

各类“委员会”“领导小组”名单

山东大学科学技术协会第一届委员会

主　席：李术才

副主席：易　凡　夏利东　汤亚杰　刘奇迹　周传健

秘书长：周传健（兼）

委　员：陈阿莲　成秀珍　方　浩　姜炳刚　李德春　李利平　李术才　刘　磊　刘奇迹　彭　军　谭保才　汤亚杰　王光辉　王文龙　席　波　夏利东　闫　鹏　易　凡　周传健

山东大学经营性资产管理领导小组

组　长：樊丽明

副组长：芦延华

成　员：王玉莲　占金华　刘　健　刘丕平　宋　锐　张　灵　路军伟

山东大学体育委员会

主　任：樊丽明

副主任：王君松　陈宏伟　李术才　吴　臻

秘书长：王君松（兼）

副秘书长：王　浩　刘相金　孙晋海　郭学庆

委　员：党委办公室、校长办公室，党委宣传部，党委学生工作部，党委研究生工作部，工会，团委，人事部（人才工作办公室），本科生院，财务部，资产与实验室管理部，党委保卫部（安全管理处），后勤保障部（后勤保障部党委），兴隆山校区和软件园校区管理办公室，校医院主要负责人；威海校区、青岛校区、齐鲁医学院党工委书记；各教学科研单位党委书记。体育委员会办公室设在体育学院。

山东大学思政课教师队伍建设工作专班

组　长：张永兵　吴　臻
副组长：桑晓旻　曲明军　刘　健
成　员：马晓琳　张士海　陈广奕　郝书翠　郭春晓　王　欣　孙宜山　张　强　王立祥　韩吉绍　张　斌　冉栋刚
联络员：许德涛

山东大学学生违纪处理委员会

主任委员：王君松
副主任委员：杨　玉　刘国亮
委　员：邝　璐　朱　伟　刘　琰　孙凤收　李汝宾　范其学　胡长玉　曹现强　学生会主席团成员　研究生会主席团成员

学生违纪处理委员会下设办公室，由朱伟兼任办公室主任。学生违纪处理委员会成员随工作变动自然调整。

山东大学学生服务保障工作监督委员会

主任委员：党委学生工作部部长
副主任委员：团委书记　党委研究生工作部副部长　党委办公室、校长办公室副主任
委　员：由党办校办和学生工作党委所属单位负责人、学生会执行主席、研究生会执行主席、权小益工作室负责人、学生代表等担任。学生服务保障工作监督委员会下设办公室，办公室设在党委学生工作部，学工部副部长任办公室主任。学生服务保障工作监督委员会成员随工作变动自然调整。
相关单位：党委保卫部（公安处）、国际部（港澳台办）、财务部、后勤保障部、兴软办、资本运营公司、图书馆、校医院（卫健中心）、体育学院、艺术学院及齐鲁医学院综合办公室等指定专人负责。

山东大学学生资助工作领导小组

组　长：李术才

副组长：王君松　芦延华

成　员：王　浩　王玉莲　吕明新　任　伟　刘　琰　刘国亮　刘相金　牟道玉　杨　玉　肖　祥　范其学　姜炳刚　路军伟

学生资助工作领导小组办公室设在党委学生工作部，任伟兼任办公室主任。学生资助工作领导小组成员随工作变动自然调整。

山东大学研究生奖助工作领导小组

组　长：刘建亚

成　员：马春红　王玉莲　刘国亮　汤亚杰　杜泽逊　周传健　夏利东　黄凯南　黄柏标　路军伟

研究生奖助工作领导小组办公室设在研究生院、党委研究生工作部，郎剑锋、李汝宾兼任办公室主任。研究生奖助工作领导小组成员随工作变动自然调整。

山东大学学术委员会换届领导小组

组　长：郭新立　李术才

副组长：刘建亚

成　员：王小云　王学典　邢占军　吴　臻　张永兵　张　运　陈向阳　易　凡　赵国群　桑晓旻　彭实戈　韩圣浩　樊丽明

聘用相关专业技术职务及岗位人员名单

关于聘任李兴伟等 130 名同志相应专业技术岗位的通知

山大人字〔2022〕7 号

各有关单位：

根据我校杰出人才和新进人员专业技术职务聘任的有关规定，经学校研究，决定聘任李兴伟等 130 名同志相应专业技术岗位。聘任名单如下：

教授二级岗：

前沿交叉科学青岛研究院：李兴伟（自 2021 年 3 月起聘）

教授三级岗：

历史文化学院：杨瑞（自 2020 年 7 月起聘）

教授四级岗：

易学与中国古代哲学研究中心：张克宾（自 2022 年 1 月起聘）

历史文化学院：路国权（自 2022 年 1 月起聘）

政治学与公共管理学院：孙宗锋（自 2022 年 1 月起聘）

生命科学学院：孔祥培（自 2022 年 1 月起聘）

数学学院：李晓丽（自 2022 年 1 月起聘）

物理学院：于晓东（自 2021 年 10 月起聘）

前沿交叉科学青岛研究院：朱辉（自 2021 年 9 月起聘）

微生物技术研究院：秦启龙（自 2022 年 1 月起聘）

海洋研究院：李远宁（自 2021 年 12 月起聘）

机械工程学院：宋维业（自 2021 年 11 月起聘）

史振宇（自 2022 年 1 月起聘）

土建与水利学院：熊清蓉（自 2021 年 11 月起聘）

岩土工程中心：李召峰（自 2022 年 1 月起聘）

晶体材料研究院：高泽亮（自 2022 年 1 月起聘）

控制科学与工程学院：李立伟（自 2021 年 9 月起聘）

邢相洋（自 2022 年 1 月起聘）

计算机科学与技术学院：李峰（自 2022 年 1 月起聘）

基础医学院：贾瑞（自 2021 年 12 月起聘）
肖鹏（自 2022 年 1 月起聘）
药学院：由晓娜（自 2021 年 12 月起聘）
叶潇寒（自 2021 年 11 月起聘）
常文强（自 2022 年 1 月起聘）
高等医学研究院：刘发保（自 2021 年 11 月起聘）
生殖医学研究中心：赵世斗（自 2022 年 1 月起聘）

研究员四级岗：

经济学院：叶高芬（自 2021 年 11 月起聘）
生命科学学院：汪正品（自 2021 年 9 月起聘）
物理学院：李海涛（自 2021 年 11 月起聘）
前沿交叉科学青岛研究院：王皓（自 2021 年 9 月起聘）
许秋楠（自 2021 年 9 月起聘）
魏树一（自 2021 年 11 月起聘）
数学与交叉科学研究中心：李邯武（自 2021 年 9 月起聘）
张会林（自 2021 年 7 月起聘）
李加宁（自 2021 年 11 月起聘）
环境科学与工程学院：张清哲（自 2021 年 9 月起聘）
环境研究院：黄柳斌（自 2021 年 9 月起聘）
新一代半导体材料研究院：崔鹏（自 2021 年 11 月起聘）
谢雪健（自 2021 年 3 月起聘）
控制科学与工程学院：丁文龙（自 2021 年 12 月起聘）
光学高等研究中心：王云征（自 2021 年 11 月起聘）
网络空间安全学院：孙玲（自 2021 年 10 月起聘）
方伟军（自 2021 年 9 月起聘）
基础医学院：刘瑞康（自 2021 年 12 月起聘）
药学院：方润平（自 2021 年 12 月起聘）
公共卫生学院：赵琳（自 2021 年 11 月起聘）

研究员（自然科学）四级岗：

齐鲁医院：吴贯召（自 2021 年 11 月起聘）

研究员（卫生技术）四级岗：

齐鲁医院：徐云飞（自 2022 年 1 月起聘）
冯昕（自 2022 年 1 月起聘）
第二医院：王斐（自 2022 年 1 月起聘）

副研究员三级岗：

文学院：姚文昌（自 2021 年 10 月起聘）
文化遗产研究院：王方晗（自 2021 年 8 月起聘）
吴朦（自 2021 年 8 月起聘）

廖卫（自 2021 年 11 月起聘）
经济学院：刘一鸣（自 2021 年 11 月起聘）
管理学院：胡文安（自 2021 年 10 月起聘）
政治学与公共管理学院：冷安丽（自 2021 年 8 月起聘）
法学院：刘浩（自 2021 年 9 月起聘）
李若祺（自 2021 年 8 月起聘）
生命科学学院：黄戌戌（自 2021 年 8 月起聘）
数学学院：黄巧龙（自 2021 年 10 月起聘）
施意（自 2021 年 11 月起聘）
前沿交叉科学青岛研究院：李芳（自 2021 年 7 月起聘）
张瑞玲（自 2021 年 9 月起聘）
微生物技术研究院：徐菲（自 2021 年 11 月起聘）
崔志勇（自 2021 年 11 月起聘）
数学与交叉科学研究中心：纪晓君（自 2021 年 9 月起聘）
环境研究院：朱玉姣（自 2021 年 11 月起聘）
晶体材料研究院：王树贤（自 2021 年 10 月起聘）
刘本学（自 2021 年 12 月起聘）
齐鲁交通学院：林鹏（自 2021 年 9 月起聘）
新一代半导体材料研究院：王丽焕（自 2021 年 11 月起聘）
张福生（自 2021 年 9 月起聘）
电气工程学院：牟倩颖（自 2021 年 12 月起聘）
光学高等研究中心：刘俊良（自 2021 年 8 月起聘）
陈菲菲（自 2021 年 10 月起聘）
网络空间安全学院：张伟（自 2021 年 11 月起聘）
高等技术研究院：濮金欢（自 2021 年 11 月起聘）
程煦（自 2021 年 12 月起聘）
徐文龙（自 2021 年 5 月起聘）
临床医学院：李焕杰（自 2021 年 11 月起聘）
口腔医学院：杜密（自 2021 年 11 月起聘）
刘世岳（自 2021 年 11 月起聘）
高等医学研究院：栗桂玲（自 2021 年 10 月起聘）
生殖医学研究中心：张玉青（自 2021 年 10 月起聘）

助理研究员三级岗：

文学院：梁昌维（自 2021 年 11 月起聘）
历史文化学院：薛戈（自 2021 年 10 月起聘）
文化遗产研究院：李志敏（自 2021 年 8 月起聘）
经济研究院：张文（自 2021 年 11 月起聘）
法学院：杨瑞贺（自 2021 年 8 月起聘）

周文章（自 2021 年 9 月起聘）

管理学院：陈萍萍（自 2021 年 11 月起聘）

常丹婷（自 2021 年 12 月起聘）

马克思主义学院：韩文彬（自 2021 年 11 月起聘）

刘敏（自 2021 年 11 月起聘）

新闻传播学院：祝晓彤（自 2021 年 11 月起聘）

数学学院：栾永志（自 2021 年 11 月起聘）

物理学院：刘扬（自 2021 年 11 月起聘）

海洋研究院：张海伦（自 2021 年 11 月起聘）

机械工程学院：王丽乔（自 2021 年 12 月起聘）

任仲靖（自 2021 年 10 月起聘）

土建与水利学院：赵亚琛（自 2021 年 9 月起聘）

张宇（自 2021 年 10 月起聘）

齐鲁交通学院：成帅（自 2021 年 9 月起聘）

电气工程学院：王鹏（自 2021 年 11 月起聘）

高等技术研究院：孙宪达（自 2021 年 9 月起聘）

公共卫生学院：孟敏（自 2021 年 12 月起聘）

梁昊（自 2021 年 10 月起聘）

基础医学院：孙爽莉（自 2021 年 12 月起聘）

齐鲁医院：刘志东（自 2021 年 2 月起聘）

刘芸宏（自 2021 年 3 月起聘）

青岛校区党工委（校长）办公室：邝璐（自 2021 年 7 月起聘）

副编审三级岗：

《山东大学学报》（哲学社会科学版）编辑部：陆影（自 2021 年 8 月起聘）

编辑三级岗：

党委宣传部、党委教师工作部：王一晗（自 2021 年 7 月起聘）

正高级实验师四级岗：

化学与化工学院：鲁宁（自 2021 年 12 月起聘）

高级实验师三级岗：

高等医学研究院：李雪莹（自 2021 年 6 月起聘）

实验师三级岗：

微生物技术研究院：林冠楠（自 2021 年 7 月起聘）

计算机科学与技术学院：马良（自 2021 年 7 月起聘）

工程师三级岗：

齐鲁交通学院：朱良成（自 2021 年 8 月起聘）

助理实验师二级岗：

前沿交叉科学青岛研究院：左志宏（自 2021 年 8 月起聘）

基础医学院：侯海光（自 2021 年 11 月起聘）

馆员一级岗：

档案馆：李晨（自 2021 年 8 月起聘）

馆员三级岗：

齐鲁医院：徐支腾（自 2021 年 6 月起聘）

助理馆员二级岗：

博物馆：徐娜（自 2021 年 7 月起聘）

高级教师三级岗：

附属中学：刘丽美（自 2021 年 12 月起聘）
　　　　　刘世忠（自 2021 年 9 月起聘）

主任医师四级岗：

齐鲁医院：陈立勇（自 2021 年 12 月起聘）

副主任医师三级岗：

第二医院：楚玉峰（自 2021 年 9 月起聘）
　　　　　高姗姗（自 2021 年 9 月起聘）

医师二级岗：

青岛校区后勤管理处、信息化工作办公室：张晋高（自 2021 年 7 月起聘）

山东大学
2022 年 1 月 12 日

关于聘任齐鲁医院陈军等 101 名同志相应专业技术岗位的通知

山大人字〔2022〕35 号

各有关单位：

根据我校专业技术职务聘任的有关规定，经学校研究，决定聘任齐鲁医院陈军等 101 名同志相应专业技术岗位。聘任名单如下：

研究员四级岗：

陈军（自 2022 年 2 月起聘）

副主任医师三级岗：

赵立健（自 2022 年 4 月起聘）

主治医师三级岗：

李晓（自 2022 年 2 月起聘）

李世真（自 2022 年 1 月起聘）

付强（自 2019 年 9 月起聘）

李明宝（自 2022 年 1 月起聘）

杨洲（自 2022 年 2 月起聘）
郑佳琪（自 2021 年 10 月起聘）
赵新（自 2021 年 12 月起聘）
徐瑞（自 2022 年 2 月起聘）
李刚（自 2021 年 4 月起聘）
陈斌（自 2022 年 1 月起聘）
张腾（自 2022 年 1 月起聘）
郑腾飞（自 2022 年 1 月起聘）
助理研究员三级岗：
张钰（自 2022 年 1 月起聘）
马瑞琳（自 2022 年 1 月起聘）
张坤（自 2022 年 1 月起聘）
聂莎莎（自 2022 年 1 月起聘）
陈倩（自 2022 年 1 月起聘）
姜啸（自 2022 年 1 月起聘）
王守荣（自 2022 年 1 月起聘）
王祎祎（自 2022 年 1 月起聘）
王婧雯（自 2022 年 1 月起聘）
史桂东（自 2022 年 1 月起聘）
王腾（自 2022 年 1 月起聘）
周雨菁（自 2022 年 1 月起聘）
崔立伟（自 2022 年 1 月起聘）
刘潇（自 2022 年 1 月起聘）
段会全（自 2022 年 1 月起聘）
刘童（自 2022 年 1 月起聘）
王雯雯（自 2022 年 1 月起聘）
高文双（自 2022 年 1 月起聘）
刘焕（自 2022 年 1 月起聘）
侯永浩（自 2022 年 1 月起聘）
靳飞鸿（自 2022 年 1 月起聘）
孟琬坪（自 2022 年 1 月起聘）
牛玲霞（自 2022 年 1 月起聘）
陈立朋（自 2022 年 1 月起聘）
李路超（自 2022 年 1 月起聘）
孟力维（自 2022 年 1 月起聘）
王勇（自 2022 年 1 月起聘）
郭星宏（自 2022 年 1 月起聘）
侯振宇（自 2022 年 1 月起聘）

刘荆恺（自 2022 年 1 月起聘）
邱国同（自 2022 年 1 月起聘）
申朔豪（自 2022 年 1 月起聘）
王东旭（自 2022 年 1 月起聘）
陈吉英（自 2022 年 1 月起聘）
雷升云（自 2022 年 1 月起聘）
孙晓晗（自 2022 年 1 月起聘）
李茂桂（自 2022 年 1 月起聘）
王劭博（自 2022 年 1 月起聘）
李妍（自 2022 年 1 月起聘）
李静（自 2022 年 1 月起聘）
谢潇语（自 2022 年 1 月起聘）
于宇（自 2022 年 1 月起聘）
王威（自 2022 年 1 月起聘）
乔磊（自 2022 年 1 月起聘）
张杰（自 2022 年 1 月起聘）
刘晓琳（自 2022 年 2 月起聘）
田煜（自 2022 年 1 月起聘）
黄兵（自 2022 年 2 月起聘）
逄一华（自 2021 年 9 月起聘）
马赛（自 2022 年 1 月起聘）
王姝文（自 2022 年 1 月起聘）
于亚菲（自 2022 年 1 月起聘）
赵亚楠（自 2022 年 1 月起聘）
韩芳（自 2022 年 1 月起聘）
孙林（自 2022 年 1 月起聘）
陈璇（自 2022 年 1 月起聘）
泮玲（自 2022 年 1 月起聘）
黄小芳（自 2022 年 1 月起聘）
黄振兴（自 2022 年 1 月起聘）
常芬（自 2021 年 10 月起聘）
陈小荣（自 2022 年 1 月起聘）
察倩倩（自 2022 年 1 月起聘）
窦丹丹（自 2022 年 1 月起聘）
李坤龙（自 2022 年 2 月起聘）
刘嘉宁（自 2022 年 1 月起聘）
宋瑞雪（自 2022 年 1 月起聘）
王志丹（自 2022 年 1 月起聘）

张金金（自 2022 年 1 月起聘）
李娜（自 2022 年 1 月起聘）
刘仁帅（自 2022 年 1 月起聘）
张同超（自 2022 年 1 月起聘）
李明哲（自 2022 年 2 月起聘）
马慧娴（自 2022 年 1 月起聘）
王璟涛（自 2022 年 1 月起聘）
梁盈（自 2022 年 1 月起聘）
刘国超（自 2022 年 1 月起聘）
张安然（自 2022 年 1 月起聘）
王统（自 2022 年 1 月起聘）
邵童（自 2022 年 2 月起聘）

医师二级岗：

高璐瑶（自 2022 年 1 月起聘）
王晓玉（自 2022 年 1 月起聘）
郑玥（自 2022 年 1 月起聘）
单俊丽（自 2022 年 1 月起聘）
宋涵（自 2022 年 1 月起聘）
孙伟（自 2022 年 1 月起聘）
王宇（自 2022 年 1 月起聘）
虞嘉碧（自 2022 年 1 月起聘）

山东大学
2022 年 4 月 15 日

关于聘任李树强等 101 名同志相应专业技术岗位的通知

山大人字〔2022〕36 号

各有关单位：

根据我校杰出人才和新进人员专业技术职务聘任的有关规定，经学校研究，决定聘任李树强等 101 名同志相应专业技术岗位。聘任名单如下：

一、长聘教师岗位

教授三级岗：

新一代半导体材料研究院：李树强（自 2022 年 2 月起聘）

教授四级岗：

哲学与社会发展学院：龚颖（自 2022 年 3 月起聘）
外国语学院：时秀娟（自 2022 年 1 月起聘）
数学学院：孙端辰（自 2022 年 1 月起聘）
　　　　　李起峰（自 2022 年 3 月起聘）
物理学院：李海涛（自 2022 年 1 月起聘）
材料科学与工程学院：喻俊荃（自 2022 年 2 月起聘）
能源与动力工程学院：秦宁（自 2022 年 3 月起聘）
晶体材料研究院（晶体材料国家重点实验室）：仇吉川（自 2022 年 1 月起聘）
　　　　　　　　　　　　　　　　　　　　　于小雯（自 2022 年 1 月起聘）
控制科学与工程学院：邢兰涛（自 2021 年 12 月起聘）
齐鲁交通学院：张洪智（自 2022 年 1 月起聘）
公共卫生学院：刘珂（自 2022 年 3 月起聘）

副教授三级岗：

环境研究院：房磊（自 2022 年 2 月起聘）

二、预聘制教师岗位

研究员四级岗：

历史文化学院：李发根（自 2022 年 3 月起聘）
物理学院：陈龙（自 2022 年 3 月起聘）
前沿交叉科学青岛研究院：王麟（自 2022 年 2 月起聘）
高等技术研究院：刘思达（自 2022 年 2 月起聘）
公共卫生学院：曹洪倩（自 2022 年 3 月起聘）
护理与康复学院：孔令华（自 2022 年 1 月起聘）
药学院：由晓娜（自 2021 年 12 月起聘）
高等医学研究院：毕明君（自 2022 年 2 月起聘）

威海校区：

海洋学院：陈晓（自 2022 年 1 月起聘）

副研究员三级岗：

文学院：伊强（自 2022 年 1 月起聘）
　　　　徐美德（自 2022 年 3 月起聘）
历史文化学院：卢镇（自 2022 年 3 月起聘）
政治学与公共管理学院：金澄（自 2021 年 11 月起聘）
法学院：宋保振（自 2022 年 3 月起聘）
人文社会科学青岛研究院：张依然（自 2021 年 12 月起聘）
数学学院：张英龙（自 2022 年 3 月起聘）
前沿交叉科学青岛研究院：高铭鸿（自 2021 年 12 月起聘）
　　　　　　　　　　　　胡雪萍（自 2022 年 1 月起聘）

姚利（自 2022 年 2 月起聘）
李晓溪（自 2022 年 2 月起聘）
微生物技术研究院：吕传娟（自 2022 年 2 月起聘）
能源与动力工程学院：李敬伟（自 2022 年 1 月起聘）
土建与水利学院：张峰领（自 2022 年 3 月起聘）
环境研究院：李建龙（自 2022 年 1 月起聘）
控制科学与工程学院：许涛（自 2021 年 12 月起聘）
光学高等研究中心：冯超（自 2022 年 1 月起聘）
电气工程学院：梁永亮（自 2022 年 1 月起聘）
软件学院：胡宇鹏（自 2021 年 12 月起聘）
李曼祎（自 2022 年 2 月起聘）
微电子学院：郭启凯（自 2022 年 3 月起聘）
高等技术研究院：谢博伟（自 2022 年 2 月起聘）
公共卫生学院：李洁（自 2022 年 3 月起聘）
口腔医学院：窦宇（自 2022 年 1 月起聘）
王文君（自 2022 年 1 月起聘）
护理与康复学院：齐美苓（自 2022 年 1 月起聘）
药学院：周丽波（自 2022 年 1 月起聘）
何颖（自 2022 年 2 月起聘）
基础医学院：刘海亭（自 2022 年 1 月起聘）
孙万伟（自 2022 年 3 月起聘）
医学融合与实践中心：李炳男（自 2022 年 1 月起聘）

三、合同聘用制教师岗位

助理研究员三级岗：

哲学与社会发展学院：林绮纯（自 2022 年 1 月起聘）
王亚涛（自 2022 年 2 月起聘）
外国语学院：张磊（自 2022 年 3 月起聘）
儒学高等研究院：李珮（自 2022 年 1 月起聘）
管理学院：王京北（自 2022 年 2 月起聘）
杨琪（自 2022 年 3 月起聘）
新闻传播学院：姜楠（自 2021 年 12 月起聘）
中泰证券金融研究院：孔翠娟（自 2022 年 2 月起聘）
微生物技术研究院：何晓飞（自 2022 年 1 月起聘）
王川东（自 2022 年 2 月起聘）
姜天宇（自 2022 年 2 月起聘）
吴秀芸（自 2022 年 2 月起聘）
海洋研究院：黄淑亭（自 2022 年 1 月起聘）

韩云蕊（自 2022 年 1 月起聘）
热科学与工程研究中心：杨远东（自 2022 年 2 月起聘）
齐鲁交通学院：田源（自 2022 年 1 月起聘）
电气工程学院：刘彦华（自 2022 年 1 月起聘）
软件学院：唐昊煜（自 2022 年 1 月起聘）
护理与康复学院：毛敏（自 2022 年 2 月起聘）
药学院：何文秀（自 2022 年 3 月起聘）
威海校区：
文化传播学院：郑薇（自 2021 年 9 月起聘）
李缙英（自 2021 年 9 月起聘）
白洋本（自 2022 年 3 月起聘）
马克思主义学院（威海）：耿捷（自 2021 年 9 月起聘）
刘晓慧（自 2021 年 10 月起聘）
靳贺（自 2022 年 1 月起聘）
数学与统计学院：刘晓珍（自 2022 年 2 月起聘）
空间科学与物理学院：江楠（自 2021 年 12 月起聘）
石米杰（自 2021 年 12 月起聘）
机电与信息工程学院：王挺侹（自 2021 年 9 月起聘）
夏一帆（自 2021 年 12 月起聘）
山东大学澳国立联合理学院：于培（自 2021 年 11 月起聘）
周美娟（自 2021 年 11 月起聘）
闫俏（自 2021 年 11 月起聘）

四、思想政治教育教师岗位

助教二级岗（预聘制辅导员）：
威海校区：
文化传播学院：朱慧敏（自 2020 年 10 月起聘）
商学院：姜文立（自 2020 年 12 月起聘）
机电与信息工程学院：姜佳男（自 2020 年 10 月起聘）
助教二级岗（预聘制心理教师）：
威海校区党工委学生工作部（学生工作处、武装部）：王婷（自 2020 年 10 月起聘）

五、工程技术岗位

工程师三级岗：
科学技术研究院：魏康亮（自 2022 年 2 月起聘）

六、卫生技术岗位主治医师三级岗

口腔医学院：刘红蕊（自 2020 年 9 月起聘）

李青（自2020年6月起聘）
王兵（自2020年9月起聘）
于洋（自2020年9月起聘）
陈鹏（自2020年11月起聘）
马川（自2020年11月起聘）
邵金龙（自2020年12月起聘）
窦宇（自2022年1月起聘）

山东大学
2022年4月15日

关于聘任臧恒昌等114名同志相应专业技术岗位的通知

山大人字〔2022〕59号

各有关单位：

根据我校杰出人才和新进人员专业技术职务聘任的有关规定，经学校研究，决定聘任臧恒昌等114名同志相应专业技术岗位。聘任名单如下：

教授三级岗1人：

药学院：臧恒昌（自2022年1月起聘）

教授四级岗11人：

生命科学学院：孙佳琦（自2022年3月起聘）
国家胶体材料工程技术研究中心：国霞（自2022年6月起聘）
杜善国（自2022年7月起聘）
前沿交叉科学青岛研究院：张洋（自2022年6月起聘）
能源与动力工程学院：王栋（自2022年4月起聘）
赵培（自2022年5月起聘）
环境研究院：李坤（自2022年4月起聘）
晶体材料研究院（晶体材料国家重点实验室）：陈皓（自2022年6月起聘）
机电与信息工程学院：孙加林（自2022年5月起聘）
控制科学与工程学院：张敬林（自2022年4月起聘）
药学院：尚卓（自2022年6月起聘）

研究员四级岗16人：

国际教育学院：于洋（自2022年7月起聘）
化学与化工学院：张冠云（自2022年6月起聘）
前沿交叉科学青岛研究院：熊伟志（自2022年6月起聘）
微生物技术研究院：王雪（自2022年2月起聘）

冯旭（自 2022 年 3 月起聘）
材料科学与工程学院：吴维康（自 2022 年 6 月起聘）
新一代半导体材料研究院：郁万成（自 2022 年 6 月起聘）
机电与信息工程学院：寇天一（自 2022 年 6 月起聘）
控制科学与工程学院：高树华（自 2022 年 3 月起聘）
信息科学与工程学院：潘忠奔（自 2022 年 3 月起聘）
武继璇（自 2022 年 5 月起聘）
光学高等研究中心：姚晨雨（自 2022 年 3 月起聘）
山东大学—南洋理工大学人工智能国际联合研究院：白露（自 2022 年 7 月起聘）
药学院：刘伟龙（自 2022 年 6 月起聘）
高等医学研究院：王军成（自 2022 年 6 月起聘）
周恒星（自 2022 年 7 月起聘）

副研究员三级岗 28 人：

哲学与社会发展学院：亓彩云（自 2022 年 7 月起聘）
历史文化学院：贾建增（自 2022 年 7 月起聘）
儒学高等研究院：刘晨（自 2022 年 4 月起聘）
蔡杰（自 2022 年 7 月起聘）
文化传播学院：王海涛（自 2022 年 6 月起聘）
经济学院：周立学（自 2022 年 7 月起聘）
政治学与公共管理学院：费立国（自 2022 年 5 月起聘）
生命科学学院：徐佳萌（自 2022 年 1 月起聘）
数学学院：朱宁（自 2022 年 7 月起聘）
物理学院：崔彬（自 2022 年 5 月起聘）
化学与化工学院：刘希功（自 2022 年 6 月起聘）
曹金风（自 2022 年 6 月起聘）
付信朴（自 2022 年 6 月起聘）
中泰证券金融研究院：赵玮（自 2022 年 6 月起聘）
前沿交叉科学青岛研究院：徐化君（自 2022 年 4 月起聘）
秦智（自 2022 年 5 月起聘）
海洋研究院：郭磊（自 2021 年 10 月起聘）
刘昆（自 2022 年 5 月起聘）
数据科学研究院：曲存全（自 2022 年 7 月起聘）
新一代半导体材料研究院：夏金宝（自 2022 年 7 月起聘）
齐鲁交通学院：孙子正（自 2022 年 5 月起聘）
李梦天（自 2022 年 5 月起聘）
控制科学与工程学院：张帅（自 2022 年 4 月起聘）
基础医学院：刘长安（自 2022 年 6 月起聘）
护理与康复学院：刘双武（自 2022 年 7 月起聘）

药学院：杨斐（自 2022 年 6 月起聘）
乔学志（自 2022 年 7 月起聘）
医学融合与实践中心：王伟（自 2022 年 5 月起聘）
预聘制副教授三级岗 2 人：
计算机科学与技术学院：章宦乐（自 2022 年 5 月起聘）
潘润宇（自 2022 年 5 月起聘）
助理研究员一级岗 1 人：
法学院：彭哲（自 2022 年 1 月起聘）
助理研究员三级岗 45 人：
哲学与社会发展学院：申超（自 2022 年 5 月起聘）
张仑（自 2022 年 7 月起聘）
文学院：乐进进（自 2022 年 7 月起聘）
历史文化学院：陆青玉（自 2022 年 6 月起聘）
王宁（自 2022 年 7 月起聘）
经济学院：刘东日（自 2022 年 7 月起聘）
经济研究院：赵帅（自 2022 年 6 月起聘）
薛言（自 2022 年 6 月起聘）
李小明（自 2022 年 7 月起聘）
政治学与公共管理学院：赵志华（自 2022 年 5 月起聘）
李梦丹（自 2022 年 5 月起聘）
褚雷（自 2022 年 6 月起聘）
法学院：崔寒玉（自 2022 年 5 月起聘）
管理学院：刘艾青（自 2022 年 5 月起聘）
李荣（自 2022 年 7 月起聘）
郑秋霞（自 2022 年 7 月起聘）
赵玉杰（自 2022 年 7 月起聘）
胡冬青（自 2022 年 7 月起聘）
马克思主义学院：张晋铭（自 2022 年 5 月起聘）
崔哲（自 2022 年 7 月起聘）
赵信彦（自 2022 年 7 月起聘）
郭云泽（自 2022 年 7 月起聘）
毕秋（自 2022 年 7 月起聘）
法学院（威海）：杨苑（自 2022 年 6 月起聘）
商学院：刘震（自 2021 年 8 月起聘）
周荣云（自 2022 年 5 月起聘）
杨涛（自 2022 年 5 月起聘）
张越（自 2022 年 5 月起聘）
数学学院：郝亚琦（自 2022 年 7 月起聘）

物理学院：王茜（自 2022 年 7 月起聘）
　　　　　路鹏程（自 2022 年 7 月起聘）
海洋研究院：窦雯雯（自 2022 年 5 月起聘）
　　　　　　姬兰婷（自 2022 年 5 月起聘）
　　　　　　邵帅（自 2022 年 5 月起聘）
空间科学与物理学院：张月昭（自 2022 年 7 月起聘）
威海前沿交叉科学研究院：于浩伟（自 2022 年 6 月起聘）
材料科学与工程学院：龙腾（自 2022 年 7 月起聘）
土建与水利学院：刘胜（自 2022 年 7 月起聘）
环境研究院：陈金月（自 2022 年 1 月起聘）
齐鲁交通学院：姜新波（自 2022 年 4 月起聘）
　　　　　　　郭峰（自 2022 年 6 月起聘）
电气工程学院：郭一忱（自 2022 年 4 月起聘）
基础医学院：屈虹男（自 2022 年 6 月起聘）
护理与康复学院：杨意如（自 2022 年 7 月起聘）
药学院：许振鹏（自 2022 年 7 月起聘）

预聘制助理教授三级岗 2 人：

计算机科学与技术学院：王芯蕊（自 2022 年 2 月起聘）
　　　　　　　　　　　滕德军（自 2022 年 4 月起聘）

高级实验师三级岗 1 人：

化学与化工学院：林猛（自 2022 年 4 月起聘）

一级教师二级岗 1 人：

附属中学：神祥强（自 2022 年 7 月起聘）

一级教师三级岗 2 人：

附属中学：卢娟（自 2022 年 6 月起聘）
　　　　　李林（自 2022 年 6 月起聘）

主任医师四级岗 1 人：

口腔医学院：邵林琴（自 2022 年 4 月起聘）

副主任医师三级岗 3 人：

第二医院：林海群（自 2022 年 1 月起聘）
　　　　　刘志芳（自 2022 年 6 月起聘）
高等医学研究院：周恒星（自 2022 年 7 月起聘）

山东大学
2022 年 7 月 29 日

关于聘任山东大学第二医院王苗苗等57名同志相应专业技术岗位的通知

山大人字〔2022〕80号

各有关单位：

根据我校专业技术职务聘任的有关规定，经学校研究，决定聘任山东大学第二医院王苗苗等57名同志相应专业技术岗位。聘任名单如下：

主治医师三级岗27人：

王苗苗（自2021年4月起聘）

王雅琳（自2021年8月起聘）

甲铭（自2021年10月起聘）

付佳（自2022年8月起聘）

吕钊鹏（自2021年11月起聘）

刘小滨（自2022年1月起聘）

刘欢（自2022年6月起聘）

刘贵奇（自2021年1月起聘）

齐雯雯（自2021年9月起聘）

李秀存（自2021年12月起聘）

李灵犀（自2021年12月起聘）

李德全（自2021年9月起聘）

李鑫（自2022年4月起聘）

肖俊超（自2020年9月起聘）

宋馥希（自2021年12月起聘）

张栋栋（自2022年7月起聘）

张琛琛（自2022年7月起聘）

张晶（自2022年5月起聘）

张皓（自2021年7月起聘）

张强（自2021年8月起聘）

张璇（自2022年7月起聘）

胡帅（自2022年8月起聘）

姜卉（自2022年8月起聘）

宫汝梅（自2021年8月起聘）

徐飞（自2019年1月起聘）

黄太胜（自2022年8月起聘）

臧义丰（自2022年8月起聘）

助理研究员（自然科学研究）二级岗 1 人：

刘现芳（自 2021 年 9 月起聘）

助理研究员（自然科学研究）三级岗 5 人：

王文正（自 2022 年 1 月起聘）

王妙妙（自 2022 年 3 月起聘）

张鹏（自 2021 年 10 月起聘）

张璐（自 2022 年 7 月起聘）

栾冬瑞（自 2022 年 1 月起聘）

助理研究员（卫生技术）三级岗 17 人：

王倩倩（自 2022 年 1 月起聘）

王浩然（自 2021 年 10 月起聘）

刘家信（自 2022 年 1 月起聘）

李培超（自 2021 年 10 月起聘）

张可昕（自 2022 年 1 月起聘）

徐亚琦（自 2022 年 1 月起聘）

郭胜男（自 2022 年 1 月起聘）

崔秀杰（自 2022 年 1 月起聘）

温吉亮（自 2022 年 1 月起聘）

谢文利（自 2022 年 1 月起聘）

龙逢（自 2021 年 12 月起聘）

赵汇（自 2022 年 9 月起聘）

段伟丽（自 2022 年 1 月起聘）

刘冬玲（自 2022 年 1 月起聘）

杨晓霞（自 2022 年 4 月起聘）

张雅楠（自 2022 年 1 月起聘）

高岩（自 2022 年 1 月起聘）

实验师二级岗 1 人：

张敏（自 2022 年 6 月起聘）

实验师三级岗 1 人：

李青（自 2021 年 9 月起聘）

医师二级岗 5 人：

孙钧（自 2022 年 3 月起聘）

刘文东（自 2022 年 3 月起聘）

张珏（自 2018 年 4 月起聘）

王泓力（自 2021 年 11 月起聘）

宫沫轩（自 2021 年 11 月起聘）

山东大学

2022 年 10 月 23 日

关于聘任王聪等 137 名同志相应专业技术岗位的通知

山大人字〔2022〕86 号

各有关单位：

根据我校杰出人才和新进人员专业技术职务聘任的有关规定，经学校研究，决定聘任王聪等 137 名同志相应专业技术岗位。聘任名单如下：

教授二级岗 1 人：

控制科学与工程学院：王聪（自 2022 年 8 月起聘）

教授三级岗 1 人：

法学院：谢鹏程（自 2022 年 7 月起聘）

教授四级岗 6 人：

艺术学院：尹德辉（自 2022 年 7 月起聘）

历史文化学院：张献忠（自 2022 年 9 月起聘）

法学院（威海）：刘松山（自 2022 年 6 月起聘）

能源与动力工程学院：王子良（自 2022 年 8 月起聘）

环境科学与工程学院：刘润增（自 2022 年 5 月起聘）

高等医学研究院：王路雯（自 2022 年 9 月起聘）

研究员四级岗 8 人：

文学院：尹林（自 2022 年 9 月起聘）

管理学院：贺泽亚（自 2022 年 7 月起聘）

物理学院：赵培莊（自 2022 年 7 月起聘）

微生物技术研究院：刘畅（自 2022 年 8 月起聘）

机械工程学院：姬帅（自 2022 年 9 月起聘）

能源与动力工程学院：李加乾（自 2022 年 8 月起聘）

晶体材料研究院：王康男（自 2022 年 7 月起聘）

公共卫生学院：杨帆（自 2022 年 8 月起聘）

副研究员三级岗 15 人：

文学院：蓝青（自 2022 年 9 月起聘）

文化遗产研究院：赵宇超（自 2022 年 9 月起聘）

经济学院：宋彦（自 2022 年 7 月起聘）

李建文（自 2022 年 9 月起聘）

政治学与公共管理学院：陈仁兴（自 2022 年 7 月起聘）

马克思主义学院：段光鹏（自 2022 年 7 月起聘）

化学与化工学院：张洁（自 2022 年 7 月起聘）

微生物技术研究院：卓丽（自 2022 年 7 月起聘）

姜昆（自 2022 年 7 月起聘）

数学与交叉科学研究中心：孔垂柳（自 2022 年 7 月起聘）

于婷（自 2022 年 9 月起聘）

网络空间安全学院：樊燕红（自 2022 年 7 月起聘）

药学院：李慧（自 2022 年 7 月起聘）

彭明（自 2022 年 8 月起聘）

高等医学研究院：安文涛（自 2022 年 9 月起聘）

预聘制副教授三级岗 1 人：

计算机科学与技术学院：卢建波（自 2022 年 7 月起聘）

助理研究员三级岗 43 人：

哲学与社会发展学院：王元超（自 2022 年 7 月起聘）

姚小琴（自 2022 年 7 月起聘）

文学院：王鑫（自 2022 年 7 月起聘）

侯瑞华（自 2022 年 7 月起聘）

周逸群（自 2022 年 8 月起聘）

陆浩斌（自 2022 年 8 月起聘）

外国语学院：谢冰冰（自 2022 年 7 月起聘）

曲畅（自 2022 年 8 月起聘）

张一帆（自 2022 年 9 月起聘）

历史文化学院：张恒（自 2022 年 7 月起聘）

东北亚学院：潘雨晨（自 2022 年 9 月起聘）

政治学与公共管理学院：李欢欢（自 2022 年 8 月起聘）

庞敏（自 2022 年 8 月起聘）

宋锴业（自 2022 年 9 月起聘）

谢东虹（自 2022 年 9 月起聘）

法学院：刘建臣（自 2022 年 7 月起聘）

江海洋（自 2022 年 7 月起聘）

陈伟（自 2022 年 7 月起聘）

王超（自 2022 年 9 月起聘）

管理学院：洪瑞阳（自 2022 年 8 月起聘）

李佳雪（自 2022 年 8 月起聘）

姚舒阳（自 2022 年 8 月起聘）

伍翕婷（自 2022 年 8 月起聘）

姚洪江（自 2022 年 8 月起聘）

任宪同（自 2022 年 8 月起聘）

新闻传播学院：李颖异（自 2022 年 7 月起聘）

商学院：杨凡（自 2022 年 7 月起聘）

朱千林（自 2022 年 8 月起聘）

李瑞芹（自 2022 年 8 月起聘）
马克思主义学院（威海）：刘清云（自 2022 年 8 月起聘）
胡静（自 2022 年 8 月起聘）
数学学院：施嘉（自 2022 年 9 月起聘）
王世民（自 2022 年 9 月起聘）
海洋研究院：李艳（自 2022 年 8 月起聘）
数学与交叉科学研究中心：徐海清（自 2022 年 9 月起聘）
数据科学研究院：汲晨璐（自 2022 年 8 月起聘）
数学与统计学院：迟晓庆（自 2022 年 8 月起聘）
王子豪（自 2022 年 9 月起聘）
牟超洲（自 2022 年 9 月起聘）
热科学与工程研究中心：于海燕（自 2022 年 8 月起聘）
王子曼（自 2022 年 8 月起聘）
网络空间安全学院：王梅（自 2022 年 8 月起聘）
药学院：宋颜君（自 2022 年 8 月起聘）

预聘制助理教授三级岗 2 人：

计算机科学与技术学院：高莘（自 2022 年 7 月起聘）
杨燕妮（自 2022 年 7 月起聘）

助教（辅导员）二级岗 14 人：

艺术学院（威海）：宋扬帆（自 2021 年 8 月起聘）
政治学与公共管理学院：王之夏（自 2022 年 8 月起聘）
法学院（威海）：孙政（自 2021 年 8 月起聘）
周晓政（自 2021 年 8 月起聘）
商学院：田欣宇（自 2022 年 9 月起聘）
海洋研究院：孙嘉阳（自 2022 年 8 月起聘）
数学与统计学院：赵宇轩（自 2021 年 8 月起聘）
山东大学澳国立联合理学院：李佳昊（自 2021 年 8 月起聘）
机电与信息工程学院：孙慧敏（自 2022 年 9 月起聘）
控制科学与工程学院：马雁思（自 2022 年 8 月起聘）
软件学院：董泽正（自 2022 年 8 月起聘）
医学融合与实践中心：李智贤（自 2022 年 8 月起聘）
魏廷义（自 2022 年 8 月起聘）
党委学生工作部、武装部：王振宇（自 2022 年 8 月起聘）

助教（心理健康教师）二级岗 1 人：

党委学生工作部、武装部：凌钲程（自 2022 年 9 月起聘）

高级工程师一级岗 1 人：

控制科学与工程学院：耿彤（自 2022 年 8 月起聘）

工程师三级岗 2 人：

后勤保障部：徐金鑫（自 2022 年 8 月起聘）

黄文强（自 2022 年 8 月起聘）

助理工程师二级岗 4 人：

党委办公室、校长办公室：杜冠男（自 2022 年 9 月起聘）

本科生院：孙梦雨（自 2022 年 9 月起聘）

资产与实验室管理部、国有资产管理办公室（经营性资产管理办公室）：赵鹏（自 2022 年 9 月起聘）

后勤保障部：杨清茹（自 2022 年 8 月起聘）

技术员 1 人：

后勤保障部：孔晓夏（自 2022 年 8 月起聘）

高级实验师三级岗 1 人：

资产与实验室管理部、国有资产管理办公室（经营性资产管理办公室）：齐磊（自 2022 年 8 月起聘）

实验师三级岗 11 人：

物理学院：刘倩（自 2022 年 9 月起聘）

化学与化工学院：柳婷婷（自 2022 年 9 月起聘）

冯康露（自 2022 年 9 月起聘）

空间科学与物理学院：杜俊举（自 2022 年 9 月起聘）

材料科学与工程学院：祝琳（自 2022 年 9 月起聘）

控制科学与工程学院：陈腾（自 2022 年 9 月起聘）

电气工程学院：裴英（自 2022 年 9 月起聘）

基础医学院：陈秀丽（自 2022 年 9 月起聘）

公共卫生学院：张秀蕾（自 2022 年 9 月起聘）

实验动物中心：曹永芝（自 2022 年 9 月起聘）

工程训练中心：孙震（自 2022 年 9 月起聘）

助理实验师二级岗 14 人：

文化遗产研究院：王雅正（自 2022 年 9 月起聘）

新闻传播学院：张恺月（自 2022 年 9 月起聘）

物理学院：黄淑芬（自 2022 年 9 月起聘）

国家糖工程技术研究中心：李毅（自 2022 年 8 月起聘）

材料科学与工程学院：何玉杰（自 2022 年 9 月起聘）

软件学院：穆冠琦（自 2022 年 9 月起聘）

陈洪波（自 2022 年 9 月起聘）

网络空间安全学院：仝乐（自 2022 年 9 月起聘）

药学院：杨越（自 2022 年 9 月起聘）

高等医学研究院：赵慧（自 2022 年 9 月起聘）

实验动物中心：田文坦（自 2022 年 9 月起聘）

工程训练中心：经晶（自 2022 年 9 月起聘）
　　　　　　　查蕴容（自 2022 年 9 月起聘）
青岛校区资产与实验室管理处：李鸥（自 2022 年 9 月起聘）
馆员（图书）三级岗 1 人：
图书馆：王心凝（自 2022 年 9 月起聘）
助理馆员（图书）二级岗 2 人：
图书馆：马海婷（自 2022 年 9 月起聘）
　　　　王一展（自 2022 年 9 月起聘）
助理馆员（档案）二级岗 1 人：
档案馆：于梦文（自 2022 年 9 月起聘）
编辑三级岗 2 人：
人文社科期刊社：王玲强（自 2022 年 8 月起聘）
　　　　　　　　王苏苏（自 2022 年 8 月起聘）
助理编辑二级岗 1 人：
人文社科期刊社：韩玲（自 2022 年 9 月起聘）
助理会计师二级岗 3 人：
财务部：潘玉娟（自 2022 年 9 月起聘）
　　　　黄春雨（自 2022 年 9 月起聘）
威海校区财务处：王倩（自 2022 年 9 月起聘）
助理审计师二级岗 1 人：
审计处：杨莉坤（自 2022 年 8 月起聘）

山东大学
2022 年 11 月 9 日

关于聘任刘昱等 119 名同志相应非事业编制岗位的通知

山大人字〔2023〕22 号

根据《山东大学非事业编制管理支撑队伍建设实施办法》（山大人字〔2019〕115 号）、《关于开展 2022 年非事业编制岗位聘任工作的通知》等文件通知精神，经个人申报、单位推荐、资格复核、学校评审、岗位设置与聘用管理委员会审议等程序，学校研究决定，聘任刘昱等 119 名同志相应非事业编制岗位，聘任时间自 2022 年 7 月起，2022 年 7 月以后入职的按照入校之日起聘。聘任名单如下：

一、专技岗位

（一）工程实验系列

1. 中级岗位（三级）

党委办公室、校长办公室：刘昱

2. 中级岗位（四级）

党委办公室、校长办公室：刘馨月

3. 初级岗位（六级）

威海校区教务处：刘峻锴

（二）财务会计系列

1. 中级岗位（三级）

后勤保障部：王自强

2. 中级岗位（四级）

财务部：刘梦颖、杨蕊蕊

3. 中级岗位（五级）

财务部：王洋卿、李雪、张艳婷、姜倩楠

青岛校区财务处：吴倩文

4. 初级岗位（六级）

财务部：王闪

威海校区财务处：王俊苏

青岛校区财务处：马哲、徐梦晨

图书馆（青岛）：王颖

（三）图书资料系列

1. 中级岗位（三级）

图书馆：马艳、赵子豪

2. 中级岗位（四级）

图书馆：刘瑶

3. 中级岗位（五级）

图书馆：于广远、马灿、王梦南、郭晓瑜、程远、谭海燕

图书馆（青岛）：王策、蒋婷

4. 初级岗位（六级）

档案馆：初桐

图书馆：袁飞

图书馆（青岛）：李翰文、郑致静

（四）宣传编辑系列

1. 中级岗位（四级）

科技期刊社：张延欢

2. 中级岗位（五级）

党委宣传部：赵方方

（五）其他系列

1. 中级岗位（四级）

马克思主义学院：王海燕（自 2022 年 10 月起聘）

国际教育学院：尹彤迪、张惠玲

2. 中级岗位（五级）

国际教育学院：张举英、董雪

3. 初级岗位（六级）

国际教育学院：付瑶

青岛校区资产与实验室管理处：李瑞华

二、文员岗位

（一）中级岗位（三级）

党委办公室、校长办公室：王成龙

国际事务部（港澳台事务办公室）：姚晓娟

后勤保障部：任文宁

继续教育学院：王琛琛

兴隆山校区和软件园校区管理办公室：李娟

（二）中级岗位（四级）

高等技术研究院：孙莹

党委学生工作部、武装部：孙媛媛、张华云

本科生院：王丽、孟冉

继续教育学院：王晓君

兴隆山校区和软件园校区管理办公室：林建

东北亚学院：边宁

空间科学研究院：陈博

威海前沿交叉科学研究院：丛菱

威海校区党工委学生工作部（学生工作处、武装部）：宋青

威海校区教务处：华慧、缪莎莎

威海校区科研管理办公室：王倩倩

威海校区国际教育学院：刘田恬

前沿交叉科学青岛研究院：周诗雯

青岛校区党工委（校长）办公室：刘龙龙

青岛校区党工委学生工作部（学生工作处、武装部）：温少华

青岛校区人事处：杨萌

青岛校区国际事务办公室：柳杨

青岛校区后勤管理处、信息化工作办公室：解爱景

（三）初级岗位（五级）

数学学院：陈亚宁管理学院：孙圣翔

儒学高等研究院：李广伟

艺术学院：赵晓璐

党委办公室、校长办公室：房翠平（自 2022 年 8 月起聘）

党委组织部：余梦

党委教师工作部：袁正菲

党委学生工作部、武装部：芮雪、赵淑文

人事部（人才工作办公室）：马珂晴、贺光伟

学科建设与发展规划部：刘俊花

本科生院：卫心怡、王海静

研究生院、党委研究生工作部：刘燕

人文社科研究院（人文社科处）：袁伊姗

服务山东办公室、合作发展部：傅晓静

学生就业创业指导中心：孙维佼

齐鲁医学院综合办公室：肖娇

齐鲁医学院本科教育管理办公室：王冰

齐鲁医学院研究生教育管理办公室、学科与发展规划办公室：李一冉

东北亚学院：马雨瑶、刘孟娇（自 2022 年 10 月起聘）

威海校区法学院：安新宇、时珊

文化传播学院：朱月月

翻译学院：刘肖君

机电与信息工程学院：刘秀萌

数学与统计学院：张海洋

澳国立联合理学院：曲春雨

体育教学部：孙田果

威海校区党工委组织部、机关党委：李萌芮

威海校区党工委宣传统战部（教师工作办公室）：曹雅婷

威海校区党工委学生工作部（学生工作处、武装部）：王恬玉

威海校区人事处、离退休工作办公室（离退休党委）：马海源、许珈玮（自 2022 年 8 月起聘）

威海校区教务处：祝君

威海校区科研管理办公室：唐哲

威海校区学科建设与研究生教育办公室：于贝贝

威海校区校地合作与校友工作办公室：梁春圆

威海校区国际教育学院：牛俊喃

网络空间安全学院（研究院）：徐亚楠

前沿交叉科学青岛研究院：邵森森

青岛校区党工委（校长）办公室：吕雪晴
青岛校区党工委学生工作部（学生工作处、武装部）：马钰宸
青岛校区学科建设与研究生教育办公室：王云燕、鲁妮妮
青岛校区资产与实验室管理处：刘伟
博物馆（青岛）：周孟涵

三、工勤岗位

（一）中级岗位（三级）
后勤保障部：周丽丽、董琳
（二）中级岗位（四级）
后勤保障部：李德炳
（三）初级岗位（五级）
党委学生工作部、武装部：曹月亮

山东大学
2023 年 3 月 1 日

关于聘任贾春江等 593 名同志相应专业技术职务的通知

山大人字〔2023〕23 号

各有关单位：

根据《关于开展 2022 年度专业技术职务聘任工作的通知》（山大人字〔2022〕87 号）等文件精神，经个人申报、单位资格审核、同行专家评审、中级评审委员会评审推荐、学科评议组评审推荐、公示、学校学术委员会审定等程序，学校研究决定聘任贾春江等 593 名同志相应专业技术职务（岗位），除特殊注明起聘时间者外，聘任时间自 2022 年 9 月算起。聘任名单如下：

一、高等学校教师系列

教授二级岗：11 人
化学与化工学院：贾春江
空间科学与物理学院：王守宇、凌宗成、史全岐
新一代半导体材料研究院：陈秀芳
控制科学与工程学院：高峰、张海霞
软件学院：聂礼强
智能创新研究院：孙丕恕
基础医学院：于晓

生殖医学研究中心：赵涵

教授：68 人

哲学与社会发展学院：付立华、苏冰涛（青年教师特别评审）

文学院：王辉、付昌玲

外国语学院：刘畅（重大成果贡献破格）、杜新宇（教学型）、张溪（教学型）、邵春燕（教学型）

历史文化学院：谭必勇

国际教育学院：王彦伟（重大成果贡献破格）

儒学高等研究院：杨华

文化传播学院：崔春、王艳丽

人文社会科学青岛研究院：董修元

法学院：王笑冰、柴瑞娟

管理学院：谢京辞、赵海川（青年教师特别评审）

马克思主义学院：周金龙（教学型）、徐钧（教学型）

新闻传播学院：杨晓冬（青年教师特别评审）

法学院（威海）：刘洋

商学院：吕岩威

数学学院：张大伟、黄宗媛（教学型）

物理学院：刘凤芹（教学型）

化学与化工学院：李洪光（同级转聘）

微生物技术研究院：李平一

海洋研究院：张宇、刘纪化（重大成果贡献破格）

数学与交叉科学研究中心：彭珍玲（人才特别评审，自 2022 年 8 月起聘）

数学与统计学院：续焕英

海洋学院：穆大帅

空间科学与物理学院：付晓辉、刘维新、吕英波

材料科学与工程学院：王协彬

机械工程学院：卢国梁、王黎明、朱向前（同级转聘）

能源与动力工程学院：雷丽

热科学与工程研究中心：孙锲、王鑫煜（青年教师特别评审）

环境科学与工程学院：王新华、王燕

晶体材料研究院：张国栋、廉刚、张健（国防型）

齐鲁交通学院：曹卫东、崔伟

机电与信息工程学院：岳振明

控制科学与工程学院：杜春水、姬冰、李峰忠（青年教师特别评审）、王超群（人才特别评审，自 2022 年 10 月起聘）

信息科学与工程学院：吴强、李玉军（同级转聘）、杨忠明（青年教师特别评审）

电气工程学院：杨玉波、赵彤、邹亮（人才特别评审，自 2022 年 10 月起聘）、

丛伟（应用技术开发型）
软件学院：潘丽（重大成果贡献破格）
微电子学院：辛倩
基础医学院：李汶娟、王贞、刘冰玉（人才特别评审，自 2022 年 8 月起聘）
药学院：李瑶瑶
长聘研究员：2 人
新一代半导体材料研究院：张雷、彭燕（重大成果贡献破格）
副教授：132 人
哲学与社会发展学院：王强伟、梁飞（同级转聘）
文学院：王世昌、伏煦、刘洪超、刘文（同级转聘）、张鹏（同级转聘）、寇鑫（同级转聘）
外国语学院：肖笛、李月珊、刘真、庞娜娜（同级转聘）、杨港（同级转聘）、曲丽洁（教学型）、张红梅（教学型）
艺术学院：唐绍钧
历史文化学院：李大伟、武绍卫
国际教育学院：李昊天（教学型）
儒学高等研究院：潘超、任增强（同级转聘）、辛智慧（同级转聘）
文化传播学院：郑薇
翻译学院：李淑康、曹春玲、郭全照、徐高楠
艺术学院（威海）：郭瑾、赵青
人文社会科学青岛研究院：马春光、赵坤（同级转聘）
经济学院：程龙
经济研究院：李若辰、李欣泽
政治学与公共管理学院：王鹏权
法学院：徐千寻
管理学院：谢磊（同级转聘）、王景鹏（同级转聘）、刘伟波（同级转聘）、王磊（同级转聘）、马自香（同级转聘）
国际创新转化学院：张立伟（同级转聘）、刘振（同级转聘）
体育学院：陈巍然（教学型）
马克思主义学院：吴磊、徐瑜霞、江林泽（援疆）、杨国山（教学型）
法学院（威海）：杨永伟
商学院：蒋鹏
马克思主义学院（威海）：韩巧霞
体育教学部（威海）：郑志磊
生命科学学院：郑培明（同级转聘）
数学学院：张玲、席开华、郑云瑞、吴立（同级转聘）、谭蕾（教学型）
物理学院：蒋军（同级转聘）、周华（同级转聘）
化学与化工学院：刘星岑

国家胶体材料工程技术研究中心：李海平、李澄（同级转聘）、许兴东（同级转聘）
前沿交叉科学青岛研究院：李真、刘大鹏、任祥祥（同级转聘）
微生物技术研究院：张兴旺
海洋研究院：宋艳、宫先哲、胡玉斌（同级转聘）、张永（同级转聘）、陈士强（同级转聘）、宋文（同级转聘）、杨旭（同级转聘）、刘菲菲（同级转聘）
数学与统计学院：李太玉、廖宝超
海洋学院：丁一、昝肖肖、叶萌祺、陆榕
空间科学与物理学院：尹红星、孙珲（同级转聘）、许艳（同级转聘）
土建与水利学院：宋娟（教学型）
材料科学与工程学院：王琦、林晓航、宿浩、张永昂、王伟礼（同级转聘）、孙璐（同级转聘）
机械工程学院：姬丽（同级转聘）、满佳（同级转聘）、张成鹏（同级转聘）、李磊（同级转聘）
能源与动力工程学院：陈常念、马兰新、陈娟（同级转聘）
环境研究院：许洋
晶体材料研究院：路大治（同级转聘）
齐鲁交通学院：张吉哲（同级转聘）
机电与信息工程学院：刘娟、张亚涛、高翔、赵志勇
控制科学与工程学院：张善辉、张健、王正方（同级转聘）、王新立（同级转聘）
信息科学与工程学院：张晨（同级转聘）、詹学鹏（同级转聘）、杜刘革（同级转聘）
光学高等研究中心：王丽丽
电气工程学院：金朝阳（同级转聘）、李真（同级转聘）
微电子学院：张翼飞（同级转聘）、宁亚飞（学科交叉型）
网络空间安全学院：唐朋
基础医学院：李春阳、王晓杰、郭晓笋、张静
公共卫生学院：刘铱
口腔医学院：谷雨（同级转聘）
护理与康复学院：曹丛、李玉丽（同级转聘）
药学院：刘后梅、徐泽军（同级转聘）、侯旭奔（同级转聘）、李连（同级转聘）、郝国祥（教学型）

长聘副研究员：3 人

县域发展研究院：乔元波
微生物技术研究院：李瑞娟、苏田源

二、思想政治教育教师系列

教授：3 人

党委学生工作部、武装部：朱伟
辅导员工作研究会与思政培训中心办公室：黄立清

物理学院：徐晓霞

副教授：8 人

党委学生工作部、武装部：路翠艳

威海校区党工委学生工作部：陈剑

经济学院：林竹

法学院：邹永厚

商学院：陶宏

机械工程学院：刘玥

控制科学与工程学院：刘慧慧

软件学院：周广鹏

讲师：15 人

哲学与社会发展学院：封莹

经济学院：田地

物理学院：葛鹏飞

软件学院：刘学帅

土建与水利学院：何玥

基础医学院：王冬明

医学融合与实践中心：王浩南

马克思主义学院：陈晓

新闻传播学院：杨璐

泰山学堂：刘梦嘉

海洋学院：尹帅

法学院：付聪

信息科学与工程学院：董雅梅

生命科学学院：张牧臣

网络空间安全学院：解逸群

三、实验、工程系列

正高级实验师：6 人

前沿交叉科学青岛研究院：尹娜

材料科学与工程学院：郑超

机械工程学院：朱振杰

土建与水利学院：李景龙

药学院：王姝麒

工程训练中心：闫云涛

高级实验师：17 人

国际教育学院：崔萌

经济学院：王立强

物理学院：宋洪晓
化学与化工学院：于群
材料科学与工程学院：白延文
能源与动力工程学院：陈守燕
土建与水利学院：李相辉
控制科学与工程学院：荣海林
信息科学与工程学院：李明
软件学院：万林
微电子学院：王一鸣
山东大学—南洋理工大学人工智能国际联合研究院：郭伟
药学院：张教真
工程训练中心：曹利华
空间科学与物理学院：武昭
机电与信息工程学院：孙蛟
岩土与结构工程研究中心：陈孟军
高级工程师：2 人
党委办公室、校长办公室：赵科军
第二医院：孙爱民
实验师：32 人
文学院：王伟龙
历史文化学院：曹冬蕾
经济学院：靳菲菲
政治学与公共管理学院：丁恺
法学院：严杰
管理学院：李扬
新闻传播学院：柳晓翠
商学院：韩冰
物理学院：刘芳敏
前沿交叉科学青岛研究院：黄伶俐
微生物技术研究院：郭玉玉
空间科学与物理学院：韩建平、倪宇恒
机械工程学院：杜宜聪
能源与动力工程学院：陈增桥
土建与水利学院：张晓
新一代半导体材料研究院：刘鑫彤、邵慧慧
信息科学与工程学院：张冉冉
光学高等研究中心：闫莉莉
软件学院：王政

微电子学院：贾磊
网络空间安全学院：罗雨佳
基础医学院：侯海光、蒋慧敏、李俊、王瑞睿、周启迪
药学院：栾小艺
医学融合与实践中心：胡孟慧
高等医学研究院：廖永祥
工程训练中心：焦绪丽
工程师：4 人
人文社科研究院（人文社科处）：高佳蕾
资产与实验室管理部、国有资产管理办公室（经营性资产管理办公室）：张璐
青岛校区资产与实验室管理处：黄宁
青岛校区后勤管理处、信息化工作办公室：史福田

四、教育管理研究系列

研究员（党务）：2 人
党委保卫部（安全管理处）：胡长玉
网络空间安全学院：王宪华
研究员（行政）：3 人
服务山东办公室、合作发展部：杨斌
青岛校区本科教育办公室：王丰晓
校医院：赵增科
副研究员（党务）：5 人
党委办公室、校长办公室：刘金帅
党委组织部：陈盟
党委学生工作部、武装部：纪荣顺
团委：翁祥栋
齐鲁医院：李宁
副研究员（行政）：6 人
本科生院：叶虹
科学技术研究院：刘德宝
资产与实验室管理部、国有资产管理办公室（经营性资产管理办公室）：冉栋刚
学生就业创业指导中心：王迎春
齐鲁医学院本科教育管理办公室：李力
威海校区党工委（校长）办公室：张海波
助理研究员（党务）：12 人
党委办公室、校长办公室：蔡东廷
党委组织部：李广力
团委：朱云龙

青岛校区党工委（校长）办公室：张苗
青岛校区党工委组织宣传统战部、机关党委：李雅洁
艺术学院：黎婷
物理学院：董林聪
化学与化工学院：王玮
材料科学与工程学院：郑杭
计算机科学与技术学院：徐慧
网络空间安全学院：王峭帆
基础医学院：朱秀

助理研究员（行政）：44 人

党委学生工作部、武装部：武磊
人事部（人才工作办公室）：苏震、程文琪
学科建设与发展规划部：李发科
本科生院：王蓓
研究生院、党委研究生工作部：马凤伟、于帆
科学技术研究院：田雨
科技创新军民融合研究院：王永
人文社科研究院（人文社科处）：王雅迪
国际事务部（港澳台事务办公室）：侯金萍
资产与实验室管理部、国有资产管理办公室
（经营性资产管理办公室）：邓玉洁、边琨、卢其亮
离退休工作处（离退休党委）：张淼
服务山东办公室、合作发展部：朱颜锐
学生就业创业指导中心：尉龙、韩世钧
兴隆山校区和软件园校区管理办公室：亓颖、张斌、张鑫、宋国强
青岛校区科研管理办公室：王群
威海校区党工委（校长）办公室：陈楷丰
威海校区教务处：马晓红
文学院：刘后德
艺术学院：赖晓宇
东北亚学院：刘晨晨
经济研究院：刘丽
法学院：黄憬怡
管理学院：孙玉红、陈凌
法学院（威海）：李波
数学学院：于海英
微生物技术研究院：张凌娇
海洋研究院：于小桐

数学与交叉科学研究中心：郝蕾
机械工程学院：马丽林、韩伟
电气工程学院：左叶
软件学院：杨杨
药学院：孙萩辰
齐鲁医院：李蕊
第二医院：张瑞

五、图书、档案、文博系列

研究馆员：1 人
图书馆：程蓓
副研究馆员：5 人
档案馆：张庆美
图书馆：娄家星、张艳红
威海校区图书馆：王玮
第二医院：韩双
馆员：2 人
图书馆：唐凯宁
儒学高等研究院：布吉帅

六、出版、编辑系列

编审：1 人
科技期刊社：刘霞
副编审：2 人
党委宣传部：孟丽
人文社科期刊社：纪小乐
编辑：3 人
党委宣传部：苗立群、张穆楠
人文社科研究院（人文社科处）：刘端

七、会计、审计、统计系列

正高级会计师：1 人
财务部：何维兴
高级会计师：3 人
财务部：于坤、李颖
出版社：管永礼
高级统计师：1 人
齐鲁医院：王清亮

会计师：6 人
财务部：田旭、滕宇、尚子俊、司旭
青岛校区财务处：王静
威海校区财务处：宋婷

八、中小学教师系列

正高级教师：1 人
附属中学：汤华财
高级教师：4 人
附属中学：杨茜、金现云、李娟
后勤保障部：傅军
一级教师：1 人
后勤保障部：刘晓凤

九、卫生技术系列

主任医师：37 人
齐鲁医院：于岩波、王昊、杨建民、马翔宇、王勤周、毛洪鸾、朱慧、朱耀丰、李东亮、李际盛、李晓星、杨秋安、张东、张凯（普外）、张泽立、季锐、赵翠萍、钟华、姜园园、展翰翔、彭程、刘广义（援疆）、郝盼盼（同级聘任）
第二医院：刘崇忠、王娟、王红娟、王欣、王海斌、仲海、吴东进、吴洪磊、宋晓翠
校医院：秦文
基础医学院：王晓
口腔医学院：文勇
生殖医学研究中心：秦莹莹（同级聘任）、赵涵（同级聘任）
主任护师：5 人
齐鲁医院：赵艳、高伟、翟永华
第二医院：牛瑞、张英辉
主任技师：3 人
齐鲁医院：王立水、王涛
第二医院：芦鑫
研究员（卫生技术）：1 人
第二医院：刘斌
副主任医师：101 人
齐鲁医院：于飞、于晓晓、马鹤成、王川、王兴邦、王奔、王俊涛、王冠、王晓、王健、王得翔、王鸿雁、甘煜东、叶萍、史陇、丛梦琳、吕林懋、庄泳、刘南、刘静、闫飞、闫建军、许志赟、孙振国、杜鹃、李凤彩、李

远、李杰、李岩、吴云鹏、吴金香、宋承远、宋晓彬、张同霞、张希艳、张超、张翔（普外）、张翔（泌外）、张源、张慧（临床）、陈桐帅、庞迎新、房志卿、孟辉、姜云鹏、秦涛、贾国勇、徐万龙、徐小飞、高会杰、黄晓莉、戚庆庆、崔香丹、彭瑾、葛伟、董平、韩露、鲁铭、赛林涛、颜凤、鞠成群、刘晗、步华磊、张媛、张慧（复合）、陈守臻、殷翠萍（援疆）、薛皓（同级聘任）

第二医院：王永彬、于云海、马金凤、王文珂、王青海、王春燕、王魏、叶茜、丛萍、冯菲菲、边中睿、邢小卫、毕少杰、吕莎莎、刘冰天、刘兵、刘倩、孙中正、李帅、李亮、李蕃、张晓伟、张蕾、范新泰、周晓艳、郑晓磊、赵洁、殷庆丰、凌霄、郭爽、郑超（同级聘任）

校医院：栾颖妮

口腔医学院：孙圣军

副主任药师：3 人

齐鲁医院：袁桂艳

第二医院：李娟、周蒙

副主任护师：18 人

齐鲁医院：汤娟、郝俊萍、孙春华、赵燕、张红、张海先、盛桂梅、曲红华、邵梅英

第二医院：丁宁、王兴蕾、王莹、王翠玲、朱礼峰、肖辉、张其枝、孟华、蒋宝

副主任技师：8 人

齐鲁医院：王华阳、朱淑珍、李英杰、李笃民、赵地

第二医院：王顺、李培龙、袁超

副研究员（卫生技术）：8 人

齐鲁医院：刘源、李萌萌、郭兴、郭炜、董伦、杨孝荣、桑少伟

第二医院：张文

主治医师：1 人

校医院：徐胜男

主管药师：2 人

校医院：郭霞

口腔医学院：高梦珊

山东大学

2023 年 3 月 15 日

关于授予陈鹤龄等 107 名同志相应专业技术资格的通知

山大人字〔2023〕24 号

各有关单位：

为积极推进非事业编制队伍建设，根据学校 2022 年度专业技术资格评审工作有关通知精神，经个人申报、单位资格审核推荐、专家组审核、评审委员会评审推荐、公示等程序，学校研究决定授予陈鹤龄等 107 名同志相应专业技术资格，取得资格时间为 2022 年 9 月 1 日。名单如下：

一、高等学校教师系列

讲师资格：7 人

国际教育学院：陈鹤龄、董雪、徐贺君、尹彤迪、张举英

翻译学院：李依思

艺术学院（威海）：穆潇雨

二、工程、实验系列

实验师资格：3 人

前沿交叉科学青岛研究院：王安庆

齐鲁交通学院：杨梦宇

药学院：李楠

工程师资格：11 人

后勤保障部：段敏、王彩平

生态环境损害鉴定研究院：高蒙、高腾、李奥

齐鲁交通学院：杨梓梁、何敬源、刘桐源、牛余朋、王勇

控制科学与工程学院：陈伟

三、中小学教师系列

一级教师资格：37 人

附属中学：任冲、刘迪、张清芳、刘薇、王雪莹、覃曼、李钊、罗奇、何超、张金鑫、万首丽、宋旭钊、史泽华、秦倩倩、武双

山大基础教育集团：滕阳

济南振声学校：张晓文、袁仲洁、徐晨、穆正鑫、范思岐、袁雪、孙耀威、滕迎哲、杨万慧、杨秋香、孙丛

后勤保障部：徐炎炎、任惠惠、陈宗婷、张丽莉、郭秋焕、杨杰

青岛蓝谷小学：李亚梅、张雯雯、孙皓、张常莹

二级教师资格：30 人

附属中学：韩腾飞、曲晏松、代阳、赵宇宁、李肖肖、徐琳琳、万晓青、王冠宇、唐艺庆、丁妍、朱虹、何雯婕、韩雨纯、金稚洁、李仿舒、石月、田正军、王倩、逄博、王国杰、姜和倩

后勤保障部：张晓琳、张晓晓、焦钰滢、朱赵琳、王录巧、刘敏

山东大学实验幼儿园（青岛蓝谷幼儿园）：辛彦锋、邴军慧、庞晨晨

三级教师资格：6 人

后勤保障部：杨诗婷、田钰琳、庞春玲、赵泽萱、王弘扬、邵士鹏

四、卫生技术系列

副主任医师资格：7 人

齐鲁医院：于臻、程志强

第二医院：侯华英、曹松华

口腔医学院：李景媛、刘兴光、杨双艳

主管护师资格：6 人

第二医院：于杰、王丽、邓常丽、李玉珍、徐倩倩、韩继莹

山东大学

2023 年 3 月 15 日

关于聘任张仕利等 20 名同志相应工勤技能岗位的通知

山大人字〔2023〕25 号

各有关单位：

根据学校《关于开展 2022 年度工勤技能岗位聘用工作的通知》等文件精神，经个人申报、单位资格审核、职业技能鉴定、评审委员会评审、公示等程序，学校决定聘任张仕利等 20 名同志相应工勤技能岗位，聘任时间自 2022 年 1 月起算。聘任名单如下：

一级岗（高级技师）：1 人

资本运营公司党委：张仕利

二级岗（技师）：6 人

党委办公室、校长办公室：刘相美

党委保卫部：王建新

资产与实验室管理部、国有资产管理办公室（经营性资产管理办公室）：苗世清

后勤保障部：刘少宝

工程训练中心：高民

校医院：焦守福

三级岗（高级工）：10 人

党委办公室、校长办公室：孟维国、张霖

党委保卫部：汤先杰

后勤保障部：吕吉田

兴隆山校区和软件园校区管理办公室：陈磊

校医院：翟晓峰

资本运营公司党委（华特）：王利民、沈海东

哲学与社会发展学院：王迎

生命科学学院：李祚雨

四级岗（中级工）：3 人

党委保卫部：杨慧立、苗立军

工程训练中心：李琳

山东大学

2023 年 3 月 15 日

组织机构与干部任职名单

中共山东大学委员会、校长、副校长

单位	职务	姓名
山东大学	党委书记	郭新立
	党委副书记、校长	李术才
	党委常委、常务副校长	—
	党委副书记	张永兵
	党委常委、副校长	韩圣浩
	党委常委、副校长	芦延华
	党委副书记、纪委书记，国家监委驻山东大学监察专员	陈向阳
	党委常委、副校长	刘建亚
	党委副书记	王君松
	党委副书记	陈宏伟
	党委常委、副校长	吴　臻
	党委常委、副校长	易　凡
	副校长	—

副校级干部、党委常委、校长助理

单位	职务	姓名
山东大学	副校级干部	尹作升
	副校级干部	侯俊平
	党委常委	桑晓旻
	党委常委	曲明军
	校长助理	邢占军
	校长助理	朱德建
	校长助理	曹现强

职能部门

单位	职务	姓名
党委办公室、校长办公室	主任	王　浩
	副主任（兼）	付岩志
	副主任（兼）	田　磊
	副主任（兼）	王明良
	副主任	蔡清香
	副主任	管晓亮
	副主任（挂任）	王　波
	校长秘书	宋玉浩
保密工作办公室	主任	付岩志
	副主任	马颖颖
	副主任（兼）	林　飞
	副主任（兼）	都业爽
政策研究室	主任	田　磊
	副主任	刘金帅

续表

单位	职务	姓名
安全工作委员会办公室	党委办公室、校长办公室副主任	类淑毅
信息化工作办公室	主任（兼）	王　浩
	常务副主任	郭晓东
	副主任	陈　军
	副主任	林　飞
	副主任	陈　琳
法律事务办公室	主任	邝　璐
会议服务中心	主任	王桂林
纪委、国家监委驻山东大学监察专员办公室	纪委副书记	刘　珂
	纪委副书记	梅　强
	办公室主任	史正勇
	办公室副主任	朱优县
	办公室副主任	—
	综合业务室主任	毛永强
	第一纪检监察室主任	薛施贞
	第二纪检监察室主任	牛玉国
	第三纪检监察室主任	王旭锋
巡视工作办公室	主任	—
	副主任	朱恪川
	副主任	白向忠
党委组织部	部长	曲明军
	副部长（兼）	罗建军
	副部长	王　欣
	副部长	高　凯
	副处级组织员	江　红
	副处级组织员	张晓冉
机关党委	书记（兼）	陈宏伟
	常务副书记	付岩志
	副书记	—

续表

单位	职务	姓名
党校	校长（兼）	曲明军
	常务副校长	罗建军
	副校长（兼）	桑晓旻
	办公室主任	张海宁
党委宣传部	部长	桑晓旻
	常务副部长	鞠　晗
	副部长	孙宜山
	副部长	万广远
融媒体中心	主任（兼）	桑晓旻
	副主任	冯　刚
	副主任	孟　丽
山东大学报社	社长（兼）	桑晓旻
	主编（兼）	冯　刚
党委统战部	部长	仇道滨
	副部长	邵明石
	副部长	马毓轩
党委教师工作部	部长	张　青
	副部长	张　权
	副部长	董　斌
党委学生工作部、武装部	学工部部长、武装部部长	杨　玉
	学工部副部长	朱　伟
	学工部副部长	任　伟
	学工部副部长（兼）	李玉蓉
	学工部副部长（兼）	范　蕊
	武装部副部长	纪荣顺
学生心理健康教育与咨询中心	主任	范　蕊
学生公寓管理服务中心	主任	曹　源

续表

单位	职务	姓名
党委保卫部（安全管理处）	部长、处长	胡长玉
	副部长、副处长	栾希新
	副部长、副处长	赵明晟
	副部长、副处长	菅维星
	副部长、副处长（兼）	董太华
校卫队	队长	董太华
工会、妇委会	工会主席	刘相金
	妇委会主任兼工会副主席	孙玉玲
	工会副主席	程翠玉
	工会副主席	关　勇
	工会副主席兼妇委会副主任（不驻会）	王丽萍
团委	书记	姜炳刚
	副书记	翁祥栋
	副书记	范金林
人事部（人才工作办公室）	部长、主任	刘　健
	常务副部长、常务副主任	郭春晓
	副部长、副主任（兼）	李　岩
	副部长、副主任	石　岩
	副部长、副主任	徐先蓬
	副部长、副主任	朱子川
	副部长、副主任	—
档案管理服务中心	主任	王璐璐
学科建设与发展规划部、学术委员会办公室	部长、主任	王志鹏
	副部长、副主任	李晶晶
	副部长、副主任	陈　菡
	副部长、副主任	张　强
	副部长（兼）	田　磊
	副部长（兼）	李　泉

续表

单位	职务	姓名
本科生院	院长	曹现强
	副院长（兼）	张树永
	副院长（兼）	王丰晓
	副院长	王立祥
	副院长	姜兆亮
	副院长	申树欣
	副院长	杨晓玲
	副院长（兼）	周成超
教学促进与教师发展中心	主任	张树永
	副主任	李建刚
泰山学堂	院长	彭实戈
	常务副院长（兼）	吴　臻
	专职副院长	刘振美
	副处级辅导员	徐孝刚
本科招生办公室	主任（兼）	曹现强
	副主任	徐延宝
研究生院、党委研究生工作部	院长	刘建亚
	常务副院长、部长	刘国亮
	副院长、副部长	张恒旭
	副院长、副部长	郎剑锋
	副院长、副部长	李汝宾
	副院长、副部长（兼）	秦莹莹
综合办公室	主任	孙艳洁
研究生招生办公室	主任	王　标
研究生培养办公室	主任	许　峰
专业学位教育办公室（在职教育中心）	主任	郑　彬
研究生质量保障办公室	主任（兼）	张恒旭
学位办公室	主任	姜　楠
研究生教育管理办公室	主任（兼）	李汝宾

续表

单位	职务	姓名
科学技术研究院	院长	周传健
	副院长	张希华
	副院长	张玉生
	副院长	刘全芬
	副院长	胡大伟
	副院长（兼）	刘德宝
	副院长（兼）	宋 锐
	副院长（兼）	曹枫林
	副院长（兼）	刘兆军
	副院长（兼）	王衍章
技术转移中心	主任	刘德宝
	副主任	王广昌
国家大学科技园管理办公室（工业技术研究院管理办公室）	主任	宋 锐
	副主任	房 瑞
科技创新军民融合研究院	院长	刘兆军
	副院长	都业爽
人文社科研究院	院长	黄凯南
	副院长	王 涛
	副院长	韩吉绍
	副院长（兼）	陈昌珠
	副院长（兼）	张东鹏
国际事务部（港澳台事务办公室）	部长（主任）	孙凤收
	副部长（兼）	宋春玲
	副主任兼副部长	姬 锐
	副部长	姜宏敏
	副部长	徐志全
	副部长	张佳琦
	副部长（兼）	汤煜春
	副部长（挂任）	陈 凌

续表

单位	职务	姓名
国际学生学者中心	主任（兼）	徐志全
国际中文教育办公室	主任	孙凤收
	副主任	孔　梓
财务部	部长	路军伟
	副部长（兼）	孙　栋
	副部长	何维兴
	副部长	张　斌
	副部长（兼）	安　爽
	副部长（兼）	孙贤荣
会计服务中心	主任	孙贤荣
招标采购管理中心	主任	安　爽
预算绩效管理办公室	主任（兼）	路军伟
	副主任	郭　超
审计处	处长	王玉莲
	副处长	张　琦
	副处长	范　晔
资产与实验室管理部、国有资产管理办公室（经营性资产管理办公室）	部长、主任	占金华
	副部长、副主任	徐洪民
	副部长、副主任	张　灵
	副部长、副主任	冉栋刚
	副部长、副主任	吕国凯
公共技术平台管理服务中心	主任（兼）	吕国凯
公有住房管理服务中心	主任（兼）	徐洪民
基建部	部长	张敬明
	副部长、总工程师	田文宝
	副部长	许　岩

续表

单位	职务	姓名
后勤保障部	党委书记、部长（兼）	朱德建
	党委副书记	罗司军
	副部长	赵　龙
	总工程师	刘　浩
	副部长	梁　勇
	副部长（挂职）	苏保玲
	副处级干部	巩　勇
中心校区和洪家楼校区管理办公室	主任	赵元东
趵突泉校区管理办公室	主任	卢新郁
千佛山校区管理办公室	主任	郑延民
饮食管理服务中心	主任	赵　龙
交通通讯管理服务中心	主任	延　宏
幼教服务中心	主任	张卫东
房改办公室	主任（兼）	朱德建
	副主任	解　国
离退休工作处（离退休党委）	处长、书记	郭举修
	副处长、副书记	王景山
	副处长、副书记	任　杰
	副处长、副书记	刘　冰
服务山东办公室、合作发展部	主任、部长	吕明新
	副主任、副部长（兼）	杨　斌
	副主任、副部长	王延太
	副主任、副部长	王　震
	副主任、副部长	陈　诚
校友工作办公室	主任	杨　斌
	五级职员	于德宁
	副主任	曹　锐

续表

单位	职务	姓名
学生就业创业指导中心	主任	肖　祥
	副主任	周庆华
	副主任	王迎春
继续教育学院	党委书记	鲁统超
	院长、中华美德教育学院执行院长	陈志军
	副院长	沈　翔
	副院长	刘灿伟
	副院长、中华美德教育学院副院长	周明华
兴隆山校区和软件园校区管理办公室	主任	王明山
	副主任	窦志强
	副主任	马　岩
辅导员工作研究会与思政培训中心办公室	主任（兼）	杨　玉
	副主任	高　弟

直属附属单位

单位	职务	姓名
山东山大资本运营有限公司党委	书记	刘丕平
	副书记	王善举
	副书记	王　帅
档案馆	馆长	赵　海
	副馆长	楼蔚文
	副馆长	耿德良
校史办公室	主任	赵　海
	副主任	路云生
博物馆	馆长	方　辉
	副馆长	李慧竹
	副馆长	肖贵田

续表

单位	职务	姓名
科技期刊社	社长	陈　斌
	副社长	周英智
	副社长	姜百健
山东大学人文社科期刊社	社长	魏　建
	副社长	丁培卫
	副社长（挂任）	胡友峰
	副社长（挂任）	王加华
图书馆	党委书记	徐关众
	馆长	赵兴胜
	副馆长（兼）	程　蓓
	副馆长	姚传义
	副馆长	汲言斌
	副馆长	程川生
	副馆长	赵　雷
工程训练中心	主任	李剑峰
	党总支书记	罗　超
	副主任	刘　新
	副主任	齐炳和
	副主任	胡　蔓
校医院	院长	王传新
	执行院长	孟　彦
	副院长	田　旭
	副院长	李　玉
	副院长	姚海燕
	办公室主任	刘宝泉
卫生与健康服务中心（计划生育委员会办公室、爱国卫生运动委员会办公室）	主任	赵增科
图书期刊出版党委	书记	张桂珍

续表

单位	职务	姓名
出版社	社长	陈　斌
	总编辑	王贻社
附属中学	党委书记	李玉亮
	校长	赵　勇
	常务副校长	庄晓迎
	党委副书记	申桂华
	副校长	陈立军
	副校长	王继萍
	副校长	刘成军

科研机构

单位	职务	姓名
晶体材料研究院	党委书记	曲　刚
	院长	—
	常务副院长	于浩海
	党委副书记	赵希波
	副院长	孙　洵
	副院长	王泽岩
晶体材料国家重点实验室	名誉主任（聘）	薛其坤
	主任（聘）	易　凡
	常务副主任（聘）	于浩海
	副主任（聘）	赵国群
	副主任（聘）	陈　峰
	副主任（聘）	郝京诚
	副主任（聘）	宋爱民
	副主任（聘）	孙　洵

续表

单位	职务	姓名
晶体材料国家重点实验室	主任助理（聘）	王泽岩
	主任助理（聘）	贾志泰
	办公室主任（聘）	蒋宛莉
新一代半导体材料集成攻关大平台	党总支书记	曲　刚
	主任（聘）	徐现刚
	副主任（聘）	贾志泰
	副主任	王焕杨
经济研究院	院长	黄少安
	副院长	韦　倩
	副院长	孙　涛
	副处级辅导员	石　莹
儒学高等研究院	党委书记	李平生
	执行院长（聘）	王学典
	党委副书记	李鹏程
	副院长（聘）	颜炳罡
	副院长（聘）	王加华
	副院长（聘）	徐庆文
	副院长（聘）	王　震
《文史哲》编辑部	主编兼主任	王学典
	英文版编辑部主任兼副主任、副主编	李扬眉
	副主任	—
金融研究院	院长（聘）	陈增敬
	常务副院长（聘）	嵇少林
	副院长（聘）	贾广岩
	副院长（聘）	石玉峰
	副院长（聘）	李　健
数据科学研究院	名誉院长（聘）	汤　涛
	院长（聘）	刘建亚
	副院长（聘）	王光辉
	副院长（聘）	薛付忠

续表

单位	职务	姓名
数据科学研究院	副院长（聘）	刘　斌
	副院长（聘）	郭　亮
	副院长（聘）	王　芳
高等技术研究院	副院长（聘）	孙　锲

学　院

单位	职务	姓名
哲学与社会发展学院	党委书记	郑　倩
	院长、党委副书记	刘森林
	党委副书记	阚　铮
	党委副书记	马　燕
	副院长	付立华
	副院长	翟奎凤
	副院长	冯　波
	副院长	李忠路
	副处级组织员	何立光
经济学院	院长（聘）	林　平
	党委书记	董春杰
	常务副院长、党委副书记	石绍宾
	副院长	孙淑琴
	党委副书记	林　竹
	党委副书记	李良杰
	副院长	汤玉刚
	副院长	张群姿
	副院长	张　伟
	正处级辅导员	李维林

续表

单位	职务	姓名
文学院	院长、党委副书记	杜泽逊
	党委书记	张　帅
	常务副院长	黄发有
	副院长	程相占
	副院长	马　兵
	党委副书记	王　萌
	副院长	杨建刚
	副院长	樊庆彦
	副处级组织员	沈　文
外国语学院	院长、党委副书记	王俊菊
	党委书记	薛佩军
	副院长（兼）	申富英
	党委副书记	刘　华
	副院长	马　文
	副院长	刘洪东
	党委副书记	魏鲁鸿
	副院长	苏永刚
	副处级组织员	周俊基
艺术学院	党委书记	李雨嘉
	院长	安　宁
	党委副书记	李　勇
	副院长	姚榕华
	副院长	王文灏
	副院长	孔　南
	副处级组织员	孙亚娣
历史文化学院	院长、党委副书记	方　辉
	党委书记	刘　军
	副院长	王　芬
	党委副书记	李功华
	党委副书记	张　伟

续表

单位	职务	姓名
历史文化学院	副院长	代国玺
	副院长	曲春梅
	副院长	—
	副处级组织员	薛辰兵
	副处级辅导员	李一楠
文化遗产研究院	副院长	孙　强
数学学院	院长（兼）	吴　臻
	党委书记	王光辉
	常务副院长	胡锡俊
	党委副书记	王苗雨
	副院长	刘丙强
	副院长	聂天洋
	党委副书记	张艳强
	副处级组织员	崔玉红
物理学院	党委书记	郁　鹏
	院长	司宗国
	党委副书记	徐晓霞
	副院长	赵明文
	副院长	赵明磊
	党委副书记	辛　莹
	副院长	秦　伟
	副院长	柏利慧
	正处级辅导员	张　倩
化学与化工学院	院长	王琪珑
	党委书记	侯兴合
	党委副书记	孙国翠
	副院长	贾春江
	副院长	刘　磊
	党委副书记	马　勇
	副院长	徐政虎

续表

单位	职务	姓名
化学与化工学院	正处级辅导员	刘　红
	副处级组织员	彭　彤
软件学院	党委书记	王秀丽
	院长、党委副书记	崔立真
	党委副书记	吕　刚
	副院长	许信顺
	副院长	刘士军
	副院长	刘卫国
	副院长	周元峰
	党委副书记	周广鹏
材料科学与工程学院	党委书记	崇学文
	院长	—
	常务副院长、党委副书记	吕宇鹏
	党委副书记	吕　伟
	党委副书记	董　兴
	副院长	李　辉
	副院长	管延锦
	副院长	毕见强
	副院长	张存生
	副处级组织员	张力勇
机械工程学院	党委书记	刘　杰
	院长、党委副书记	万　熠
	党委副书记	滕玉军
	副院长	姚　鹏
	党委副书记	刘　玥
	副院长	宋清华
	副院长	朱洪涛
	副院长	蔡玉奎

续表

单位	职务	姓名
控制科学与工程学院	院长、党委副书记	张承慧
	党委书记	高　瑞
	常务副院长	常发亮
	副院长	朱文兴
	党委副书记	吴晓晴
	副院长	孙　波
	副院长	王光臣
	党委副书记	李文振
	副院长	张　伟
	副处级组织员	管延新
能源与动力工程学院	党委书记	辛公明
	院长	—
	党委副书记	王小平
	副院长	王文龙
	副院长	韩奎华
	副院长	白书战
	党委副书记	李永卫
	副院长	袁学良
电气工程学院	党委书记	殷录民
	院长、党委副书记	丁　磊
	党委副书记	宋思利
	党委副书记	王海华
	副院长	李清泉
	副院长	杨　明
	副院长	叶　华
	副院长	赵浩然
	副处级组织员	薛　辉
土建与水利学院	院长、党委副书记	张庆松
	党委书记	刘　斌
	党委副书记	张　强

续表

单位	职务	姓名
土建与水利学院	副院长	张强勇
	副院长	王培军
	副院长	韩　勃
	党委副书记	辛　帅
	副院长	毛德强
	正处级组织员	胡　岩
	副处级组织员	范　方
管理学院	院长（聘）	武常岐
	党委书记	孟庆春
	党委副书记	傅艺娜
	副院长	王益民
	党委副书记	周　琳
	副院长	张江华
	副院长	唐贵瑶
	副院长	黄潇婷
	正处级组织员	卞　江
	正处级辅导员	石清云
体育学院	院长、党委副书记	孙晋海
	党委书记	郭学庆
	党委副书记	卢士涌
	副院长	王先亮
	副院长	张洪振
	副院长	高　岩
马克思主义学院	党委书记	马晓琳
	院长、党委副书记	张士海
	副院长	周金龙
	党委副书记	王海宁
	副院长	郑敬斌
	副院长	张路园

续表

单位	职务	姓名
马克思主义学院	副院长	马明冲
	副处级组织员	齐子萍
国际教育学院	党委书记	徐希锋
	院长、党委副书记	马晓乐
	副院长	王尧美
	副院长	王彦伟
	党委副书记	王璐璐
	副院长	杜文倩
微电子学院	执行院长（聘）	宋爱民
	党委书记	吴天柱
	副院长	王　永
	副院长	王以林
	副院长	郭庆磊
	党委副书记	崔　剑
	副院长	—
新闻传播学院	党委书记	王德胜
	院长、党委副书记	刘明洋
	党委副书记	王丽君
	副院长	倪　万
	副院长	邱　凌
	副院长	杨晓冬
	副处级组织员	王智洁
齐鲁交通学院	院长（聘）	李利平
	党委书记	周作福
	副院长（聘）	葛　智
	副院长（聘）	杨为民
	副院长（聘）	许振浩
	副院长（聘）	王　川
	党委副书记	李　凯
	副处级组织员	曾　斌

威海校区

单位	职务	姓名
校区领导	校长（兼）	刘建亚
	党工委书记	尹作升
	党工委常务副书记	李振奎
	副校长	赵玉璞
	副校长	刘 海
	党工委副书记	周慧如
	副校长	夏利东
	副校长	肖金明
党工委（校长）办公室	主任	张海波
	副主任	李 松
	副主任	张正武
党工委组织部、机关党委	部长、书记	单丙波
	副部长、副书记	高佚婧
党工委宣传统战部（教师工作办公室）、工会（妇委会）	部长、主任	王景瑞
	副部长、副主任兼工会主席、妇委会主任（原正处级不变）	朱桂华
	副部长、副主任	陈 莹
党工委学生工作部（学生工作处、武装部）、团工委	部长、处长	范其学
	副部长、副处长	孙丽霞
	副部长、副处长	孔 雷
	副部长、副处长兼团工委书记	李彤彤
	副处级辅导员	于和利
人事处、离退休工作办公室（离退休党委）	处长、主任、书记	郭春晓
	副处长、副主任、副书记	葛彩云
	副处长、副主任	吕兆生

续表

单位	职务	姓名
教务处	处长	王湘云
	副处长	赵　辉
	副处长	宋　嵩
学科建设与研究生教育办公室	主任	吴丙新
	副主任	吴玉阁
科研管理办公室	副主任	陈昌珠
	副主任	—
财务处	处长	孙　栋
	副处长	牛光辉
国际合作与交流处（港澳台事务办公室）	处长（主任）	孔海燕
	副处长	刘　亮
校地合作与校友工作办公室	主任	顾　炜
	副主任	吕　健
基建处	处长	张敬明
	副处长	张　珂
信息化工作办公室	主任	王　亮
	副主任	—
图书馆（图书馆直属党支部）	馆长、书记	程　蓓
	副馆长	左　峰
	副馆长	姜玉晶
资产与实验室管理处	处长	高　军
	副处长	宋玉厚
后勤管理处（后勤管理处党总支）	处长、书记	徐　健
	副处长	佟　强
	副处长	何　睦
党工委保卫部（安全管理处）	部长、处长	刘会刚
	副部长、副处长	王绍林
继续教育学院	院长	刘　超
	副院长	贾　鹏

续表

单位	职务	姓名
国际教育学院	院长	李　克
	副院长	孟凡波
山东大学威海前沿交叉科学研究院	副院长	薛　峰
东北亚学院	党委书记	谷丽霞
	院长	刘昌明
	副院长	张景全
	党委副书记	陈　昕
	副院长	郑冬梅
	副院长	毕颖达
商学院	党委书记	于培丽
	院长、党委副书记	戚桂杰
	副院长	杨　林
	副院长	夏　辉
	副院长	陈学胜
	党委副书记	郭晓妮
	党委副书记	韩鲁青
	副院长	郝延伟
	正处级组织员	韩延伟
	副处级组织员	井海波
法学院（威海）	党委书记（兼）	肖金明
	院长	周长军
	正处级组织员	周大白
	党委副书记	侯丽娜
	副院长	门中敬
	副院长	武　飞
	副院长	张其山
	副院长	张小宁

续表

单位	职务	姓名
文化传播学院	院长	杜泽逊
	党委书记	魏　斌
	常务副院长、党委副书记	张红军
	党委副书记	周玉宏
	副院长	周新顺
	副院长	尹海良
	副院长	张　超
翻译学院	院长	王俊菊
	党委书记	于燕臣
	常务副院长、党委副书记	申富英
	党委副书记	常伟东
	副院长	唐鑫梅
	正处级组织员	栗庆冬
	副院长	—
	副院长	—
艺术学院（威海）	党委书记	李恒江
	院长	安　宁
	常务副院长、党委副书记	张　剑
	副院长	纪维剑
	副院长	赵　鸿
	党委副书记	宗文婷
	副院长	李　静
海洋学院	院长（兼）	刘　海
	党委书记	黄建军
	副院长	杜宗军
	副院长	李　霞
	党委副书记	牛志强
	副院长	张　伟
	副院长	姜昭阳

续表

单位	职务	姓名
机电与信息工程学院	党委书记	王福安
	院长	—
	常务副院长、党委副书记	王　丽
	党委副书记	李　冶
	副院长	陈　原
	副院长	姜　斌
	副院长	宋凯凯
	副院长	郭春生
	副院长	宋　勇
	党委副书记	孙　宁
	正处级组织员	叶军堂
空间科学与物理学院	党委书记	迟　涛
	常务副院长	王守宇
	党委副书记	单登科
	副院长	胡绍明
	副院长	张清和
	副院长	凌宗成
	副院长	李　凯
空间科学研究院	执行院长（聘）	陈　耀
	行政副院长	杜　猛
数学与统计学院	院长（兼）	吴　臻
	党委书记	于振涛
	常务副院长	齐海涛
	副院长（聘）	郭　亮
	党委副书记	王鹏飞
	副院长	亓兴勤
	副院长	孙庆峰
	正处级组织员	杨金才

续表

单位	职务	姓名
马克思主义学院（威海）	党委书记	陈广奕
	院长	张士海
	常务副院长、党委副书记	郝书翠
	副院长	马秋丽
	副院长（聘）	焦　佩
体育教学部	直属党支部书记（兼）	周慧如
	主任	孙晋海
	副主任	战文腾
山东大学澳国立联合理学院	院长（兼）	刘建亚
	执行院长	吕广世
	党委书记	梁奉军
	党委副书记	王　蔚

青岛校区

单位	职务	姓名
校区领导	校长（兼）	韩圣浩
	党工委书记	孔令栋
	党工委常务副书记	邢占军
	常务副校长	韩建新
	党工委副书记	郭培良
	副校长	韩明涛
	副校长	汤亚杰
党工委（校长）办公室	主任	宋作标
	副主任	朱继磊
	副主任	张　剑

续表

单位	职务	姓名
党工委组织宣传统战部（机关党委）	部长、书记	刘竞虹
	副部长、副书记	杜　亮
	副部长、副书记	赵启鹏
党工委学生工作部（学生工作处、武装部）	部长、处长	刘　琰
	副部长、副处长	李海燕
	副部长、副处长	李　娟
人事处	处长	刘　健(回族)
	副处长	杜　林
财务处	处长	路军伟
	副处长	刘仁芝
科研管理办公室	副主任	王衍章
	副主任	张东鹏
本科教育办公室	常务副主任	王丰晓
公共教学管理服务中心	主任（聘）	刘保东
	副主任	王建立
学科建设与研究生教育办公室	常务副主任	屠长河
国际事务办公室	常务副主任	宋春玲
资产与实验室管理处	处长	王曙光
	副处长	盛瑞金
公共(创新）实验教学中心	中心主任(聘)	王洪君
后勤管理处、信息化工作办公室	处长、主任	李延成
	副处长、副主任	王奉合
	副处长、副主任	王　斌
基建处	处长	张敬明
	副处长	李华君
党工委保卫部（安全管理处）	部长、处长	李修荣
	副部长、副处长	金　鑫

续表

单位	职务	姓名
政治学与公共管理学院	党委书记	盖玉强
	院长（聘）	贝淡宁（加拿大籍）
	常务副院长、党委副书记	马　奔
	副院长（兼）	刘昌明
	党委副书记	马桂兰
	副院长	朱贵昌
	副院长	孔新峰
	党委副书记	石　莹
	副院长	赵　婷
法学院	院长、党委副书记	周长军
	党委书记	于向明
	党委副书记	董雪梅
	副院长	郑智航
	党委副书记	邹永厚
	副院长	冯俊伟（蒙古族）
	副院长	—
	正处级辅导员	齐向东
	副处级组织员	江小荃
信息科学与工程学院	院长（聘）	黄卫平（加拿大籍）
	党委书记	张东升
	常务副院长、党委副书记	李德春
	党委副书记	宫相栋
	党委副书记	李鸿娟
	副院长（聘）	陈杰智
	副院长	李玉军
	副院长	—
计算机科学与技术学院	党委书记	贾智平
	院长（聘）	成秀珍（美籍）
	副院长	彭朝晖

续表

单位	职务	姓名
计算机科学与技术学院	党委副书记	张四化
	副院长	于东晓
	副院长	陈竹敏
	正处级辅导员	贺　平
生命科学学院	党委书记	王纪磊
	院长（聘）	刘　峰
	常务副院长、党委副书记	周传恩
	副院长	刘相国
	副院长	张　伟
	党委副书记	张攀攀
	副院长	白明义
	副院长	邵　明
	党委副书记	李汉烨
环境科学与工程学院	院长（聘）	景传勇
	党委书记	刘　健
	副院长	袁宪正
	副院长	胡　振
	党委副书记	桑伟林
	副院长	王志宁
	副院长	刘春光
	副处级组织员	蒲业虹
国际创新转化学院	名誉院长（聘）	初大平
	院长（聘）	陈志军
	副院长（聘）	乔　岳
	副院长（聘）	邢建平
网络空间安全学院（研究院）	院长（聘）	王小云
	党委书记	王宪华
	常务副院长（聘）	王美琴(回族)
	副院长	魏普文
	党委副书记	顾乃静

续表

单位	职务	姓名
网络空间安全学院（研究院）	副院长	胡思煌
	副院长	—
海洋研究院	党委书记	张振山
环境研究院	院长（聘）	张庆竹
	副院长（聘）	薛丽坤
微生物技术研究院（微生物技术国家重点实验室）	党委书记	林建群
	院长（主任）（聘）	张友明(德籍)
	常务副院长（常务副主任）（聘）	李盛英
	党委副书记	韩春岫
	副院长（副主任）（聘）	祁庆生
	副院长（副主任）（聘）	王禄山
	副院长（副主任）（聘）	胡　玮
	副院长（副主任）（聘）	王海龙
国家糖工程技术研究中心	主任（聘）	凌沛学
	副主任	肖　敏
	副主任（聘）	谭海宁
前沿交叉科学青岛研究院	院长（聘）	韩圣浩
	党委书记	赵　罡
	党委副书记	张　杨
	副院长（聘）	黄性涛
	副院长（聘）	邓伟侨
人文社会科学青岛研究院	院长	方　雷(回族)
	直属党支部书记兼副院长	张荣林
数学与交叉科学研究中心	主任（聘）	彭实戈
	常务副主任	赵永新
	副主任（聘）	陈增敬
	副主任（聘）	栾贻会
	副主任（聘）	李　娟

齐鲁医学院

单位	职务	姓名
齐鲁医学院	院长（兼）	易　凡
	党工委书记	刘洪渭
	常务副院长	曲　波
	党工委副书记	陈　鑫
	副院长	刘奇迹
	党工委副书记	牟道玉
	副院长	马春红
	副院长（兼）	纪春岩
	副院长（兼）	赵小刚
综合办公室	主任	王明良
	副主任	吕光平
	副主任	方　珺
	副处级组织员	王言法
本科教育管理办公室	主任	牟道玉
	副主任	李玉蓉
	副主任	周成超
研究生教育管理办公室、学科与发展规划办公室	主任	秦莹莹
	副主任	李　泉
	副主任	孙　钰
	副主任	王琳琳
人事人才办公室	主任	李　岩
	副主任	黄　涛
科研与国际交流办公室	主任	曹枫林
	副主任	王振光
	副主任	汤煜春
实验动物中心	主任（聘）	高　飞

续表

单位	职务	姓名
基础医学院	党委书记	赵福昌
	党委副书记、院长	高成江
	副院长	高　鹏
	党委副书记	张乃亭
	副院长	邹永新
	副院长（聘）	于　晓
	党委副书记	姜　昆
	副处级组织员	张爱国
	副处级辅导员	刘明利
医学融合与实践中心	主任（聘）	马金耀
公共卫生学院	党委书记	姜文丽
	院长	—
	常务副院长	孙　强
	党委副书记	李松涛
	党委副书记	于　超
	副院长	马　伟
	副院长	席　波
	副院长	温红玲
	副处级组织员	侯淑军
口腔医学院（口腔医院）	党委书记	吕　波
	院长、党委副书记	葛少华
	党委副书记	齐山华
	党委副书记、纪委书记	陈国军
	总会计师	李彤冰
	副院长	宋　晖
	副院长	郭　杰
	副院长	魏福兰
	党委副书记	柳　松
	副处级组织员	张海燕

续表

单位	职务	姓名
护理与康复学院	党委书记	王晓林
	院长	王克芳
	党委副书记	艾　斌
	副院长	厉　萍
	副院长	李　静
	副院长（聘）	岳寿伟
	副院长（聘）	曹英娟
	副院长（聘）	周庆博
	副处级组织员	鲍　红
药学院	党委书记	王秋生
	院长（聘）	鞠建华
	常务副院长	方　浩
	党委副书记	张　慧
	党委副书记	王巍巍
	副院长	李敏勇
	副院长	王小宁
	副院长	沈　涛
	五级职员	徐文忠
	副处级组织员	张春河
高等医学研究院	常务副院长（聘）	孙金鹏
	副院长（聘）	彭　军
	副院长（聘）	刘招舰
	副院长（聘）	高　飞

附属医院

单位	职务	姓名
齐鲁医院	党委书记	侯俊平
	党委副书记、院长	陈玉国
	党委副书记	苏　华
	党委副书记	王炳学
	总会计师	刘　庆
	党委副书记	林亚杰
	副院长	纪春岩
	党委副书记、纪委书记	陈莹颖
	副院长	焉传祝
	副院长	程玉峰
	副院长	田　辉
	副院长	韩　辉
	副院长	徐　峰
党委办公室	主任	高　飞
监察处	纪委副书记兼监察处处长	葛　楠
党委组织部	部长	张欣平
党委宣传统战部	部长	李　宁
学生工作处	处长	孔令杰
工会	主席	高　莉
内科党总支	书记	张桂兰
外科党总支	书记	闫　琰
妇儿神党总支	书记	安丰玲
五官肿瘤党总支	书记	赵　欣
门诊党总支	书记	于莉娟
后勤党总支	书记	陈　浩
离退休职工服务中心	主任	李　勇

续表

单位	职务	姓名
院长办公室	主任	连雪洪
人事处	处长	张　东
医务处	处长	韩　辉
教育处	处长	吕　明
科研处	处长	杨晓云
国际合作交流处	处长	陈　腾
医院感染管理处	处长	栾晓嵘
法规事务处	处长	郭　刚
门诊部	主任	董来东
护理部	主任	曹英娟
医师培训处	处长	赵栋修
计划财务处	处长	艾　量
审计处	处长	孙志霞
国有资产管理处	处长	费剑春
供应处	处长	王新宇
保卫处	处长	李　超
基建处	处长	孟祥彬
后勤保障处	处长	曹雁南
信息网络中心	主任	李永在
医疗保险管理办公室	主任	姜子霞
东院区综合管理办公室	主任	耿　磊
保健办公室	主任	—
第一临床学院	党委书记	侯俊平
	党委副书记、院长	陈玉国
	党委副书记	王炳学
	副院长	徐　峰
	教育处处长	吕　明
	医师培训处处长	赵栋修
	学生工作处处长	孔令杰
	副处级组织员	陈明菊

续表

单位	职务	姓名
第二医院	党委书记	柳丽华
	院长（聘）	冯世庆
	党委副书记	孔令华
	党委副书记、纪委书记	吕　军
	副院长	赵小刚
	副院长	贾红英
	党委副书记、副院长	马宏峰
	党委副书记	孙永国
	副院长	余之刚
	总会计师	于先兰
第二临床学院	党委书记	柳丽华
	院长（聘）	冯世庆
	党委副书记、副院长	马宏峰

专项工作、挂职外派等干部

单位	职务	姓名
山东大学	校务委员会副主任、文化委员会主任	曹宪忠
龙山校区（创新港）规划建设办公室	主任	李旭新
	副主任	周加强
	副主任	闫忠明
	副主任	李传海
	副主任	王　波
校庆筹备工作办公室	常务副主任	史永志
	副主任	靳光华
机械工程学院	副处级干部	贾存栋
纪委办公室、监察处	副处级纪检员	宋尧玉
后勤保障部	副部长（挂职）	姜令嘉
深圳研究院	常务副院长、合作发展部副部长（兼）	王明星

2022年高考山东大学分省区市科类专业录取情况统计

济南和青岛校区录取情况统计

单位：人，分

省区市代码	省（区、市）	科类	专业名称	统计类型	录取人数	控制线	最低分	最高分	平均分
11	北京	综合改革	自动化类	民委专项	1	518	618	618	618
11	北京	综合改革	工商管理类	民委专项	1	518	617	617	617
11	北京	综合改革	经济学类	普通类	4	518	635	641	639.25
11	北京	综合改革	政治学类	普通类	2	518	632	636	634
11	北京	综合改革	法学类	普通类	2	518	633	633	633
11	北京	综合改革	中国语言文学类	普通类	2	518	644	648	646
11	北京	综合改革	新闻传播学类	普通类	2	518	628	634	631
11	北京	综合改革	外国语言文学类	普通类	2	518	629	633	631
11	北京	综合改革	数学类	普通类	2	518	649	651	650
11	北京	综合改革	物理学类	普通类	2	518	647	648	647.5
11	北京	综合改革	电子信息类（通信电子与光电方向）	普通类	2	518	639	641	640
11	北京	综合改革	计算机类(计算机与智能方向)	普通类	2	518	642	647	644.5
11	北京	综合改革	生物科学类	普通类	2	518	631	632	631.5
11	北京	综合改革	机械类	普通类	2	518	639	645	642
11	北京	综合改革	电气工程及其自动化	普通类	2	518	639	640	639.5
11	北京	综合改革	环境科学与工程类	普通类	2	518	626	632	629
11	北京	综合改革	工商管理类	普通类	2	518	630	633	631.5

续表

省区市代码	省(区、市)	科类	专业名称	统计类型	录取人数	控制线	最低分	最高分	平均分
11	北京	综合改革	计算机类（软件数媒与大数据方向）	普通类	3	518	641	642	641.33
11	北京	综合改革	电子信息类（微电子与电路集成方向）	普通类	2	518	641	644	642.5
11	北京	综合改革	临床医学（五年制）	普通类	2	518	624	629	626.5
11	北京	综合改革	网络空间安全	普通类	2	518	640	640	640
11	北京	综合改革	哲学	强基计划	2	518	626	636	631
11	北京	综合改革	汉语言文学（古文字学方向）	强基计划	1	518	663	663	663
11	北京	综合改革	数学与应用数学	强基计划	2	518	632	637	634.5
11	北京	综合改革	马克思主义理论	提前批	3	518	623	624	623.33
11	北京	综合改革	视觉传达设计	艺术类	2	518	526	549	537.5
11	北京	综合改革	产品设计	艺术类	2	518	498	538	518
12	天津	综合改革	社会学类	普通类	2	583	665	667	666
12	天津	综合改革	经济学类	普通类	4	583	664	671	666.25
12	天津	综合改革	政治学类	普通类	2	583	664	665	664.5
12	天津	综合改革	法学类	普通类	2	583	666	667	666.5
12	天津	综合改革	中国语言文学类	普通类	2	583	668	671	669.5
12	天津	综合改革	新闻传播学类	普通类	2	583	665	666	665.5
12	天津	综合改革	外国语言文学类	普通类	3	583	663	664	663.67
12	天津	综合改革	数学类	普通类	2	583	670	673	671.5
12	天津	综合改革	物理学类	普通类	2	583	663	667	665
12	天津	综合改革	化学类	普通类	4	583	656	658	657
12	天津	综合改革	电子信息类（通信电子与光电方向）	普通类	3	583	662	665	663
12	天津	综合改革	计算机类(计算机与智能方向)	普通类	4	583	663	669	666
12	天津	综合改革	生物科学类	普通类	2	583	658	660	659
12	天津	综合改革	材料类	普通类	2	583	659	659	659
12	天津	综合改革	机械类	普通类	4	583	660	661	660.5
12	天津	综合改革	自动化类	普通类	2	583	662	663	662.5
12	天津	综合改革	能源动力类	普通类	2	583	660	661	660.5

续表

省区市代码	省(区、市)	科类	专业名称	统计类型	录取人数	控制线	最低分	最高分	平均分
12	天津	综合改革	电气工程及其自动化	普通类	3	583	661	663	661.67
12	天津	综合改革	药学类	普通类	2	583	658	658	658
12	天津	综合改革	管理科学与工程类	普通类	2	583	660	660	660
12	天津	综合改革	工商管理类	普通类	4	583	664	668	666
12	天津	综合改革	计算机类（软件数媒与大数据方向）	普通类	4	583	663	665	664.25
12	天津	综合改革	汉语国际教育	普通类	2	583	662	663	662.5
12	天津	综合改革	电子信息类（微电子与电路集成方向）	普通类	2	583	662	665	663.5
12	天津	综合改革	网络空间安全	普通类	3	583	663	667	664.33
12	天津	综合改革	汉语言文学（古文字学方向）	强基计划	1	583	665	665	665
12	天津	综合改革	数学与应用数学	强基计划	1	583	673	673	673
12	天津	综合改革	物理学	强基计划	2	583	646	648	647
13	河北	物理类	物理学类	高校专项	1	487	604	604	604
13	河北	物理类	电子信息类（通信电子与光电方向）	高校专项	1	487	618	618	618
13	河北	物理类	生物科学类	高校专项	1	487	612	612	612
13	河北	物理类	材料类	高校专项	2	487	605	605	605
13	河北	物理类	机械类	高校专项	1	487	611	611	611
13	河北	物理类	自动化类	高校专项	1	487	621	621	621
13	河北	物理类	土木类	高校专项	1	487	601	601	601
13	河北	物理类	临床医学（五年制）	高校专项	1	487	621	621	621
13	河北	物理类	自动化类	国家专项	2	487	620	620	620
13	河北	物理类	电气工程及其自动化	国家专项	2	487	619	622	620.5
13	河北	物理类	临床医学（五年制）	国家专项	1	487	628	628	628
13	河北	物理类	经济学类	普通类	2	487	626	627	626.5
13	河北	物理类	法学类	普通类	2	487	622	622	622
13	河北	物理类	数学类	普通类	4	487	629	631	629.5
13	河北	物理类	物理学类	普通类	6	487	621	627	623
13	河北	物理类	化学类	普通类	8	487	608	610	609.12

续表

省区市代码	省（区、市）	科类	专业名称	统计类型	录取人数	控制线	最低分	最高分	平均分
13	河北	物理类	电子信息类（通信电子与光电方向）	普通类	10	487	620	621	620.4
13	河北	物理类	计算机类(计算机与智能方向)	普通类	8	487	625	627	625.62
13	河北	物理类	生物科学类	普通类	8	487	611	630	614.38
13	河北	物理类	材料类	普通类	10	487	607	611	608.5
13	河北	物理类	机械类	普通类	12	487	613	618	614.5
13	河北	物理类	自动化类	普通类	9	487	619	621	619.56
13	河北	物理类	智能医学工程	普通类	4	487	611	612	611.25
13	河北	物理类	能源动力类	普通类	12	487	612	618	614.58
13	河北	物理类	电气工程及其自动化	普通类	13	487	621	625	621.85
13	河北	物理类	建筑学（五年制）	普通类	2	487	612	614	613
13	河北	物理类	土木类	普通类	10	487	606	610	608
13	河北	物理类	环境科学与工程类	普通类	3	487	610	610	610
13	河北	物理类	预防医学（五年制）	普通类	4	487	606	613	609
13	河北	物理类	生物医药数据科学	普通类	2	487	609	609	609
13	河北	物理类	口腔医学（五年制）	普通类	3	487	626	628	627
13	河北	物理类	口腔医学（5＋3 一体化）	普通类	3	487	630	630	630
13	河北	物理类	药学类	普通类	3	487	611	611	611
13	河北	物理类	管理科学与工程类	普通类	2	487	611	613	612
13	河北	物理类	工商管理类	普通类	4	487	618	622	620
13	河北	物理类	计算机类（软件数媒与大数据方向）	普通类	14	487	621	624	622.43
13	河北	物理类	电子信息类（微电子与电路集成方向）	普通类	10	487	619	620	619.3
13	河北	物理类	临床医学（五年制）	普通类	6	487	624	627	625.33
13	河北	物理类	临床医学（5＋3 一体化）	普通类	6	487	633	636	633.83
13	河北	物理类	临床医学（本博连读，齐鲁医学堂）	普通类	2	487	641	641	641
13	河北	物理类	生物医学科学	普通类	3	487	613	620	616
13	河北	物理类	智能建造与智慧交通	普通类	4	487	610	613	611.5
13	河北	物理类	网络空间安全	普通类	6	487	621	626	622.17

续表

省区市代码	省（区、市）	科类	专业名称	统计类型	录取人数	控制线	最低分	最高分	平均分
13	河北	物理类	护理学	普通类（专业志愿）	6	487	580	587	583
13	河北	物理类	数学与应用数学	强基计划	2	487	621	626	623.5
13	河北	物理类	物理学	强基计划	2	487	613	616	614.5
13	河北	物理类	化学	强基计划	2	487	606	608	607
13	河北	物理类	生物医学科学	强基计划	2	487	619	622	620.5
13	河北	历史类	德语	保送生	1	487	0	0	0
13	河北	历史类	外国语言文学类	高校专项	2	506	596	610	603
13	河北	历史类	工商管理类	高校专项	1	506	603	603	603
13	河北	历史类	哲学类	普通类	2	506	617	617	617
13	河北	历史类	社会学类	普通类	2	506	619	620	619.5
13	河北	历史类	经济学类	普通类	5	506	622	624	622.8
13	河北	历史类	政治学类	普通类	3	506	620	621	620.67
13	河北	历史类	公共管理类	普通类	2	506	617	617	617
13	河北	历史类	法学类	普通类	4	506	624	625	624.75
13	河北	历史类	中国语言文学类	普通类	5	506	623	628	625.2
13	河北	历史类	新闻传播学类	普通类	4	506	618	620	619
13	河北	历史类	外国语言文学类	普通类	10	506	614	618	615.8
13	河北	历史类	历史学类	普通类	4	506	621	623	621.5
13	河北	历史类	工商管理类	普通类	6	506	619	621	619.83
13	河北	历史类	护理学	普通类（专业志愿）	4	506	595	604	598.25
13	河北	历史类	哲学	强基计划	2	487	617	618	617.5
13	河北	历史类	汉语言文学（古文字学方向）	强基计划	1	487	616	616	616
13	河北	历史类	历史学	强基计划	2	487	617	619	618
13	河北	历史类	马克思主义理论	提前批	2	506	615	616	615.5
13	河北	艺术（不分科目类）	美术学	艺术类	3	506	609	614	610.67
13	河北	艺术（不分科目类）	音乐学（键盘器乐表演）	艺术类	3	506	599	606	601.33

续表

省区市代码	省（区、市）	科类	专业名称	统计类型	录取人数	控制线	最低分	最高分	平均分
13	河北	艺术(不分科目类)	音乐学（中国民族器乐表演）	艺术类	3	506	579	599	591.67
13	河北	艺术(不分科目类)	音乐学（声乐表演）	艺术类	3	506	618	639	628.33
13	河北	艺术(不分科目类)	音乐学（西洋器乐表演）	艺术类	3	506	552	564	556.67
13	河北	艺术(不分科目类)	视觉传达设计	艺术类	2	506	616	617	616.5
13	河北	艺术(不分科目类)	产品设计	艺术类	3	506	615	618	616.33
14	山西	文史	英语	保送生	2	517	0	0	0
14	山西	文史	德语	保送生	1	517	0	0	0
14	山西	文史	中国语言文学类	高校专项	1	517	566	566	566
14	山西	文史	哲学类	普通类	2	517	582	584	583
14	山西	文史	社会学类	普通类	2	517	576	578	577
14	山西	文史	经济学类	普通类	4	517	586	590	587.75
14	山西	文史	政治学类	普通类	2	517	581	581	581
14	山西	文史	公共管理类	普通类	2	517	577	579	578
14	山西	文史	法学类	普通类	3	517	582	583	582.67
14	山西	文史	中国语言文学类	普通类	4	517	584	586	585
14	山西	文史	新闻传播学类	普通类	4	517	580	581	580.75
14	山西	文史	外国语言文学类	普通类	10	517	576	583	578.1
14	山西	文史	历史学类	普通类	4	517	579	582	580.5
14	山西	文史	工商管理类	普通类	6	517	579	584	581.33
14	山西	文史	汉语国际教育	普通类	2	517	579	579	579
14	山西	文史	历史学	强基计划	2	517	569	573	571
14	山西	文史	马克思主义理论	提前批	2	517	577	579	578
14	山西	理工	物理学类	高校专项	1	498	571	571	571
14	山西	理工	化学类	高校专项	1	498	570	570	570
14	山西	理工	计算机类(计算机与智能方向)	高校专项	1	498	579	579	579
14	山西	理工	材料类	高校专项	1	498	568	568	568

续表

省区市代码	省(区、市)	科类	专业名称	统计类型	录取人数	控制线	最低分	最高分	平均分
14	山西	理工	机械类	高校专项	1	498	575	575	575
14	山西	理工	能源动力类	高校专项	2	498	571	572	571.5
14	山西	理工	计算机类(计算机与智能方向)	国家专项	1	498	586	586	586
14	山西	理工	材料类	国家专项	1	498	581	581	581
14	山西	理工	经济学类	普通类	2	498	600	600	600
14	山西	理工	法学类	普通类	2	498	596	597	596.5
14	山西	理工	数学类	普通类	4	498	602	610	605.75
14	山西	理工	物理学类	普通类	7	498	588	602	596.43
14	山西	理工	化学类	普通类	6	498	583	591	586.83
14	山西	理工	电子信息类（通信电子与光电方向）	普通类	10	498	598	600	598.5
14	山西	理工	计算机类(计算机与智能方向)	普通类	8	498	600	603	601.12
14	山西	理工	生物科学类	普通类	8	498	581	596	589.88
14	山西	理工	材料类	普通类	11	498	582	596	589
14	山西	理工	机械类	普通类	14	498	592	596	593.86
14	山西	理工	自动化类	普通类	10	498	595	596	595.6
14	山西	理工	智能医学工程	普通类	3	498	588	591	589
14	山西	理工	能源动力类	普通类	12	498	592	595	593.08
14	山西	理工	电气工程及其自动化	普通类	12	498	597	600	597.33
14	山西	理工	建筑学（五年制）	普通类	2	498	582	589	585.5
14	山西	理工	土木类	普通类	10	498	582	593	588.5
14	山西	理工	环境科学与工程类	普通类	3	498	584	597	592
14	山西	理工	预防医学（五年制）	普通类	4	498	581	595	586.5
14	山西	理工	生物医药数据科学	普通类	2	498	596	596	596
14	山西	理工	口腔医学（5+3 一体化）	普通类	2	498	604	605	604.5
14	山西	理工	药学类	普通类	3	498	591	596	594
14	山西	理工	管理科学与工程类	普通类	3	498	588	593	590
14	山西	理工	工商管理类	普通类	4	498	590	594	592.25
14	山西	理工	计算机类（软件数媒与大数据方向）	普通类	15	498	597	600	598.07

续表

省区市代码	省（区、市）	科类	专业名称	统计类型	录取人数	控制线	最低分	最高分	平均分
14	山西	理工	电子信息类（微电子与电路集成方向）	普通类	8	498	596	601	596.62
14	山西	理工	临床医学（五年制）	普通类	6	498	599	604	601.33
14	山西	理工	临床医学（5+3一体化）	普通类	8	498	604	612	607.88
14	山西	理工	临床医学（本博连读，齐鲁医学堂）	普通类	2	498	615	621	618
14	山西	理工	生物医学科学	普通类	2	498	583	595	589
14	山西	理工	智能建造与智慧交通	普通类	4	498	590	594	592.5
14	山西	理工	网络空间安全	普通类	6	498	596	601	598.17
14	山西	理工	预防医学（五年制）	普通类（征集志愿）	1	498	565	565	565
14	山西	理工	数学与应用数学	强基计划	2	498	595	595	595
14	山西	理工	物理学	强基计划	2	498	579	594	586.5
14	山西	理工	化学	强基计划	2	498	572	573	572.5
14	山西	理工	生物科学	强基计划	2	498	579	585	582
14	山西	艺术（不分文理）	音乐学（中国民族器乐表演）	艺术类	2	498	91	92	91.5
14	山西	艺术（不分文理）	音乐学（声乐表演）	艺术类	3	498	90	92	91
14	山西	艺术（不分文理）	音乐学（西洋器乐表演）	艺术类	2	498	81	83	82
15	内蒙古	文史	历史学类	高校专项	1	459	552	552	552
15	内蒙古	文史	社会学类	普通类	2	459	570	573	571.5
15	内蒙古	文史	经济学类	普通类	2	459	585	588	586.5
15	内蒙古	文史	政治学类	普通类	2	459	579	580	579.5
15	内蒙古	文史	法学类	普通类	2	459	583	584	583.5
15	内蒙古	文史	外国语言文学类	普通类	4	459	563	576	572.5
15	内蒙古	文史	工商管理类	普通类	2	459	569	583	576
15	内蒙古	文史	哲学类	预科转正	1	488	591	591	591
15	内蒙古	文史	法学类	预科转正	1	488	578	578	578
15	内蒙古	理工	环境科学与工程类	高校专项	1	427	555	555	555
15	内蒙古	理工	生物科学类	国家专项	1	427	570	570	570

续表

省区市代码	省(区、市)	科类	专业名称	统计类型	录取人数	控制线	最低分	最高分	平均分
15	内蒙古	理工	材料类	国家专项	2	427	548	549	548.5
15	内蒙古	理工	电气工程及其自动化	国家专项	2	427	591	593	592
15	内蒙古	理工	经济学类	普通类	2	427	592	594	593
15	内蒙古	理工	数学类	普通类	2	427	615	617	616
15	内蒙古	理工	物理学类	普通类	3	427	595	602	599
15	内蒙古	理工	化学类	普通类	4	427	577	585	579.25
15	内蒙古	理工	电子信息类（通信电子与光电方向）	普通类	4	427	592	596	594.75
15	内蒙古	理工	计算机类(计算机与智能方向)	普通类	3	427	600	610	603.33
15	内蒙古	理工	生物科学类	普通类	2	427	584	586	585
15	内蒙古	理工	材料类	普通类	4	427	549	576	566
15	内蒙古	理工	机械类	普通类	4	427	576	582	579
15	内蒙古	理工	自动化类	普通类	2	427	579	579	579
15	内蒙古	理工	能源动力类	普通类	6	427	586	590	588.17
15	内蒙古	理工	电气工程及其自动化	普通类	6	427	580	605	593.5
15	内蒙古	理工	土木类	普通类	4	427	575	592	582.5
15	内蒙古	理工	环境科学与工程类	普通类	2	427	578	582	580
15	内蒙古	理工	预防医学（五年制）	普通类	2	427	584	587	585.5
15	内蒙古	理工	口腔医学（五年制）	普通类	2	427	603	606	604.5
15	内蒙古	理工	工商管理类	普通类	2	427	588	592	590
15	内蒙古	理工	计算机类（软件数媒与大数据方向）	普通类	4	427	591	600	596
15	内蒙古	理工	电子信息类（微电子与电路集成方向）	普通类	2	427	566	579	572.5
15	内蒙古	理工	临床医学（五年制）	普通类	2	427	599	608	603.5
15	内蒙古	理工	临床医学（5＋3一体化）	普通类	2	427	621	622	621.5
15	内蒙古	理工	智能建造与智慧交通	普通类	2	427	575	578	576.5
15	内蒙古	理工	网络空间安全	普通类	2	427	595	600	597.5
15	内蒙古	理工	生物科学	强基计划	2	427	571	572	571.5
15	内蒙古	理工	经济学类	预科转正	1	418	567	567	567

续表

省区市代码	省（区、市）	科类	专业名称	统计类型	录取人数	控制线	最低分	最高分	平均分
15	内蒙古	理工	数学类	预科转正	1	418	588	588	588
15	内蒙古	理工	材料类	预科转正	1	418	563	563	563
15	内蒙古	理工	土木类	预科转正	1	418	548	548	548
15	内蒙古	理工	电子信息类（微电子与电路集成方向）	预科转正	1	418	571	571	571
21	辽宁	物理类	机械类	高校专项	1	501	616	616	616
21	辽宁	物理类	数学类	普通类	2	501	645	647	646
21	辽宁	物理类	物理学类	普通类	4	501	636	638	636.75
21	辽宁	物理类	化学类	普通类	2	501	628	632	630
21	辽宁	物理类	电子信息类（通信电子与光电方向）	普通类	4	501	638	638	638
21	辽宁	物理类	计算机类(计算机与智能方向)	普通类	2	501	641	646	643.5
21	辽宁	物理类	生物科学类	普通类	3	501	626	629	628
21	辽宁	物理类	材料类	普通类	3	501	625	626	625.67
21	辽宁	物理类	机械类	普通类	4	501	630	634	632
21	辽宁	物理类	自动化类	普通类	4	501	636	640	637.5
21	辽宁	物理类	智能医学工程	普通类	2	501	629	631	630
21	辽宁	物理类	能源动力类	普通类	5	501	630	633	632.2
21	辽宁	物理类	电气工程及其自动化	普通类	4	501	638	640	639.5
21	辽宁	物理类	土木类	普通类	4	501	621	628	623.75
21	辽宁	物理类	环境科学与工程类	普通类	2	501	627	629	628
21	辽宁	物理类	口腔医学（5+3一体化）	普通类	2	501	646	655	650.5
21	辽宁	物理类	药学类	普通类	2	501	629	635	632
21	辽宁	物理类	工商管理类	普通类	2	501	637	641	639
21	辽宁	物理类	计算机类（软件数媒与大数据方向）	普通类	6	501	639	640	639.33
21	辽宁	物理类	电子信息类（微电子与电路集成方向）	普通类	3	501	637	639	637.67
21	辽宁	物理类	临床医学（五年制）	普通类	2	501	639	641	640
21	辽宁	物理类	临床医学（5+3一体化）	普通类	2	501	647	651	649

续表

省区市代码	省(区、市)	科类	专业名称	统计类型	录取人数	控制线	最低分	最高分	平均分
21	辽宁	物理类	临床医学（本博连读，齐鲁医学堂）	普通类	2	501	650	653	651.5
21	辽宁	物理类	智能建造与智慧交通	普通类	2	501	630	635	632.5
21	辽宁	物理类	网络空间安全	普通类	3	501	637	637	637
21	辽宁	物理类	护理学	普通类（专业志愿）	4	501	565	581	573.5
21	辽宁	物理类	数学与应用数学	强基计划	1	501	641	641	641
21	辽宁	物理类	物理学	强基计划	2	501	603	620	611.5
21	辽宁	历史类	法学类	高校专项	1	500	608	608	608
21	辽宁	历史类	社会学类	普通类	2	500	609	611	610
21	辽宁	历史类	经济学类	普通类	2	500	619	619	619
21	辽宁	历史类	政治学类	普通类	2	500	614	615	614.5
21	辽宁	历史类	法学类	普通类	2	500	624	626	625
21	辽宁	历史类	中国语言文学类	普通类	2	500	623	625	624
21	辽宁	历史类	新闻传播学类	普通类	2	500	617	620	618.5
21	辽宁	历史类	外国语言文学类	普通类	6	500	613	618	615.33
21	辽宁	历史类	工商管理类	普通类	2	500	620	620	620
21	辽宁	历史类	护理学	普通类（专业志愿）	2	500	594	601	597.5
21	辽宁	历史类	历史学	强基计划	1	500	620	620	620
22	吉林	文史	英语	保送生	3	511	0	0	0
22	吉林	文史	日语	保送生	1	511	0	0	0
22	吉林	文史	外国语言文学类	高校专项	1	511	513	513	513
22	吉林	文史	社会学类	普通类	2	511	564	565	564.5
22	吉林	文史	经济学类	普通类	2	511	568	568	568
22	吉林	文史	政治学类	普通类	2	511	564	573	568.5
22	吉林	文史	公共管理类	普通类	2	511	558	558	558
22	吉林	文史	法学类	普通类	2	511	567	572	569.5
22	吉林	文史	中国语言文学类	普通类	3	511	573	578	576.33
22	吉林	文史	新闻传播学类	普通类	2	511	559	559	559

续表

省区市代码	省(区、市)	科类	专业名称	统计类型	录取人数	控制线	最低分	最高分	平均分
22	吉林	文史	外国语言文学类	普通类	5	511	557	568	561.8
22	吉林	文史	工商管理类	普通类	2	511	564	569	566.5
22	吉林	文史	历史学	强基计划	1	511	573	573	573
22	吉林	理工	英语	保送生	1	488	0	0	0
22	吉林	理工	生物科学类	高校专项	1	488	565	565	565
22	吉林	理工	电气工程及其自动化	国家专项	1	488	580	580	580
22	吉林	理工	数学类	普通类	2	488	612	613	612.5
22	吉林	理工	物理学类	普通类	4	488	583	600	590.75
22	吉林	理工	化学类	普通类	4	488	578	585	583
22	吉林	理工	电子信息类（通信电子与光电方向）	普通类	4	488	590	594	591
22	吉林	理工	计算机类(计算机与智能方向)	普通类	4	488	604	609	606.5
22	吉林	理工	生物科学类	普通类	3	488	583	586	584.67
22	吉林	理工	材料类	普通类	4	488	574	587	580
22	吉林	理工	机械类	普通类	4	488	587	588	587.75
22	吉林	理工	自动化类	普通类	4	488	589	590	589.5
22	吉林	理工	能源动力类	普通类	4	488	588	589	588.25
22	吉林	理工	电气工程及其自动化	普通类	5	488	590	615	597
22	吉林	理工	土木类	普通类	4	488	574	580	576.25
22	吉林	理工	环境科学与工程类	普通类	2	488	582	585	583.5
22	吉林	理工	预防医学（五年制）	普通类	2	488	579	581	580
22	吉林	理工	生物医药数据科学	普通类	2	488	582	582	582
22	吉林	理工	口腔医学（五年制）	普通类	2	488	594	597	595.5
22	吉林	理工	管理科学与工程类	普通类	2	488	582	583	582.5
22	吉林	理工	工商管理类	普通类	2	488	588	589	588.5
22	吉林	理工	计算机类（软件数媒与大数据方向）	普通类	5	488	595	603	598.2
22	吉林	理工	电子信息类（微电子与电路集成方向）	普通类	5	488	590	594	592.4
22	吉林	理工	临床医学（五年制）	普通类	2	488	575	591	583

续表

省区市代码	省（区、市）	科类	专业名称	统计类型	录取人数	控制线	最低分	最高分	平均分
22	吉林	理工	临床医学（5+3一体化）	普通类	2	488	609	616	612.5
22	吉林	理工	智能建造与智慧交通	普通类	2	488	579	588	583.5
22	吉林	理工	网络空间安全	普通类	4	488	596	604	598
22	吉林	理工	数学与应用数学	强基计划	1	488	584	584	584
22	吉林	理工	物理学	强基计划	1	488	574	574	574
22	吉林	理工	化学	强基计划	2	488	546	559	552.5
22	吉林	理工	生物科学	强基计划	1	488	568	568	568
23	黑龙江	文史	政治学类	高校专项	1	463	520	520	520
23	黑龙江	文史	社会学类	普通类	2	463	570	571	570.5
23	黑龙江	文史	经济学类	普通类	2	463	578	578	578
23	黑龙江	文史	政治学类	普通类	2	463	572	573	572.5
23	黑龙江	文史	法学类	普通类	2	463	578	586	582
23	黑龙江	文史	中国语言文学类	普通类	2	463	581	588	584.5
23	黑龙江	文史	新闻传播学类	普通类	2	463	572	575	573.5
23	黑龙江	文史	外国语言文学类	普通类	4	463	568	575	571
23	黑龙江	文史	工商管理类	普通类	2	463	576	577	576.5
23	黑龙江	文史	汉语国际教育	普通类	2	463	569	572	570.5
23	黑龙江	理工	能源动力类	高校专项	1	429	528	528	528
23	黑龙江	理工	材料类	国家专项	1	429	570	570	570
23	黑龙江	理工	电气工程及其自动化	国家专项	1	429	579	579	579
23	黑龙江	理工	数学类	普通类	2	429	590	593	591.5
23	黑龙江	理工	物理学类	普通类	3	429	579	581	580.33
23	黑龙江	理工	化学类	普通类	2	429	578	581	579.5
23	黑龙江	理工	电子信息类（通信电子与光电方向）	普通类	4	429	582	584	583.25
23	黑龙江	理工	计算机类(计算机与智能方向）	普通类	4	429	585	589	586
23	黑龙江	理工	生物科学类	普通类	3	429	579	581	579.67
23	黑龙江	理工	材料类	普通类	4	429	577	582	579
23	黑龙江	理工	机械类	普通类	7	429	579	581	580

续表

省区市代码	省（区、市）	科类	专业名称	统计类型	录取人数	控制线	最低分	最高分	平均分
23	黑龙江	理工	自动化类	普通类	5	429	582	585	583.2
23	黑龙江	理工	智能医学工程	普通类	1	429	577	577	577
23	黑龙江	理工	能源动力类	普通类	5	429	578	580	578.8
23	黑龙江	理工	电气工程及其自动化	普通类	4	429	582	586	584
23	黑龙江	理工	土木类	普通类	4	429	575	576	575.25
23	黑龙江	理工	环境科学与工程类	普通类	2	429	578	578	578
23	黑龙江	理工	口腔医学（5＋3一体化）	普通类	2	429	588	609	598.5
23	黑龙江	理工	药学类	普通类	1	429	573	573	573
23	黑龙江	理工	工商管理类	普通类	2	429	578	580	579
23	黑龙江	理工	计算机类（软件数媒与大数据方向）	普通类	4	429	585	587	585.75
23	黑龙江	理工	电子信息类（微电子与电路集成方向）	普通类	2	429	584	586	585
23	黑龙江	理工	临床医学（5＋3一体化）	普通类	1	429	587	587	587
23	黑龙江	理工	智能建造与智慧交通	普通类	3	429	576	579	577.67
23	黑龙江	理工	网络空间安全	普通类	3	429	581	588	583.67
23	黑龙江	理工	数学与应用数学	强基计划	1	429	591	591	591
23	黑龙江	理工	物理学	强基计划	2	429	576	583	579.5
23	黑龙江	理工	生物科学	强基计划	2	429	556	567	561.5
23	黑龙江	体育(理)	社会体育指导与管理	体育类	5	429	460	507	484.8
31	上海	艺术（不分文理）	美术学	艺术类	2	0	500	505	502.5
31	上海	艺术（不分文理）	产品设计	艺术类	2	0	499	503	501
31	上海	综合改革	哲学类	普通类	2	0	560	564	562
31	上海	综合改革	经济学类	普通类	2	0	561	565	563
31	上海	综合改革	政治学类	普通类	2	0	560	561	560.5
31	上海	综合改革	中国语言文学类	普通类	2	0	560	560	560
31	上海	综合改革	新闻传播学类	普通类	2	0	560	560	560
31	上海	综合改革	历史学类	普通类	2	0	562	567	564.5
31	上海	综合改革	数学类	普通类	2	0	567	568	567.5

续表

省区市代码	省(区、市)	科类	专业名称	统计类型	录取人数	控制线	最低分	最高分	平均分
31	上海	综合改革	物理学类	普通类	2	0	566	567	566.5
31	上海	综合改革	电气工程及其自动化	普通类	2	0	565	566	565.5
31	上海	综合改革	口腔医学（五年制）	普通类	2	0	576	579	577.5
31	上海	综合改革	工商管理类	普通类	2	0	560	561	560.5
31	上海	综合改革	计算机类（软件数媒与大数据方向）	普通类	4	0	566	568	566.75
31	上海	综合改革	网络空间安全	普通类	2	0	566	568	567
32	江苏	物理类	电子信息类（通信电子与光电方向）	高校专项	1	516	620	620	620
32	江苏	物理类	生物科学类	高校专项	1	516	613	613	613
32	江苏	物理类	材料类	高校专项	2	516	610	610	610
32	江苏	物理类	能源动力类	高校专项	2	516	613	615	614
32	江苏	物理类	土木类	高校专项	2	516	608	612	610
32	江苏	物理类	经济学类	普通类	2	516	623	624	623.5
32	江苏	物理类	法学类	普通类	2	516	621	623	622
32	江苏	物理类	数学类	普通类	4	516	625	629	626.75
32	江苏	物理类	物理学类	普通类	4	516	622	623	622.25
32	江苏	物理类	化学类	普通类	6	516	612	616	613.67
32	江苏	物理类	电子信息类（通信电子与光电方向）	普通类	6	516	622	623	622.33
32	江苏	物理类	计算机类(计算机与智能方向)	普通类	6	516	623	629	624.17
32	江苏	物理类	生物科学类	普通类	2	516	617	618	617.5
32	江苏	物理类	材料类	普通类	8	516	618	620	618.88
32	江苏	物理类	机械类	普通类	8	516	619	620	619.38
32	江苏	物理类	自动化类	普通类	8	516	621	622	621.25
32	江苏	物理类	智能医学工程	普通类	4	516	613	616	614.5
32	江苏	物理类	能源动力类	普通类	10	516	618	620	619.1
32	江苏	物理类	电气工程及其自动化	普通类	8	516	622	624	622.62
32	江苏	物理类	建筑学（五年制）	普通类	2	516	618	619	618.5
32	江苏	物理类	土木类	普通类	5	516	618	619	618.2

续表

省区市代码	省（区、市）	科类	专业名称	统计类型	录取人数	控制线	最低分	最高分	平均分
32	江苏	物理类	环境科学与工程类	普通类	2	516	620	620	620
32	江苏	物理类	口腔医学（五年制）	普通类	2	516	620	624	622
32	江苏	物理类	药学类	普通类	2	516	617	617	617
32	江苏	物理类	工商管理类	普通类	3	516	618	620	619
32	江苏	物理类	计算机类（软件数媒与大数据方向）	普通类	12	516	620	622	621
32	江苏	物理类	电子信息类（微电子与电路集成方向）	普通类	10	516	620	624	621.2
32	江苏	物理类	临床医学（五年制）	普通类	4	516	621	623	622
32	江苏	物理类	临床医学（5＋3 一体化）	普通类	4	516	624	625	624.25
32	江苏	物理类	生物医学科学	普通类	2	516	615	617	616
32	江苏	物理类	智能建造与智慧交通	普通类	2	516	619	619	619
32	江苏	物理类	网络空间安全	普通类	4	516	621	623	621.75
32	江苏	物理类	土木类	普通类（征集志愿）	1	516	609	609	609
32	江苏	物理类	数学与应用数学	强基计划	2	516	618	633	625.5
32	江苏	物理类	物理学	强基计划	2	516	609	610	609.5
32	江苏	物理类	化学	强基计划	2	516	596	600	598
32	江苏	历史类	新闻传播学类	高校专项	1	525	593	593	593
32	江苏	历史类	历史学类	高校专项	1	525	592	592	592
32	江苏	历史类	哲学类	普通类	2	525	598	600	599
32	江苏	历史类	社会学类	普通类	3	525	599	600	599.33
32	江苏	历史类	经济学类	普通类	6	525	599	601	599.83
32	江苏	历史类	政治学类	普通类	4	525	596	597	596.25
32	江苏	历史类	公共管理类	普通类	2	525	597	598	597.5
32	江苏	历史类	法学类	普通类	2	525	600	601	600.5
32	江苏	历史类	中国语言文学类	普通类	6	525	601	605	602.67
32	江苏	历史类	新闻传播学类	普通类	2	525	600	601	600.5
32	江苏	历史类	外国语言文学类	普通类	10	525	596	598	597.1
32	江苏	历史类	历史学类	普通类	4	525	598	599	598.25

续表

省区市代码	省（区、市）	科类	专业名称	统计类型	录取人数	控制线	最低分	最高分	平均分
32	江苏	历史类	工商管理类	普通类	6	525	597	599	598.17
32	江苏	历史类	汉语国际教育	普通类	2	525	597	597	597
32	江苏	历史类	汉语言文学（古文字学方向）	强基计划	1	516	597	597	597
32	江苏	艺术(历史类)	美术学	艺术类	3	525	579	584	580.67
32	江苏	艺术(历史类)	视觉传达设计	艺术类	2	525	576	578	577
32	江苏	艺术(历史类)	产品设计	艺术类	3	525	580	584	581.67
32	江苏	体育(物理类)	社会体育指导与管理	体育类	5	516	557	587	566
33	浙江	艺术(不分文理)	美术学	艺术类	3	592	393	463	432.33
33	浙江	艺术(不分文理)	视觉传达设计	艺术类	2	592	470	474	472
33	浙江	艺术(不分文理)	产品设计	艺术类	4	592	383	508	417.25
33	浙江	综合改革	新闻传播学类	高校专项	1	592	655	655	655
33	浙江	综合改革	生物科学类	高校专项	1	592	639	639	639
33	浙江	综合改革	哲学类	普通类	2	592	656	657	656.5
33	浙江	综合改革	经济学类	普通类	4	592	656	658	656.75
33	浙江	综合改革	政治学类	普通类	4	592	652	657	654.75
33	浙江	综合改革	法学类	普通类	4	592	658	658	658
33	浙江	综合改革	中国语言文学类	普通类	4	592	658	659	658.25
33	浙江	综合改革	新闻传播学类	普通类	2	592	656	657	656.5
33	浙江	综合改革	外国语言文学类	普通类	10	592	651	657	652.4
33	浙江	综合改革	历史学类	普通类	2	592	657	658	657.5
33	浙江	综合改革	数学类	普通类	6	592	656	663	657.5
33	浙江	综合改革	物理学类	普通类	5	592	649	650	649.4
33	浙江	综合改革	化学类	普通类	5	592	646	648	646.4
33	浙江	综合改革	电子信息类（通信电子与光电方向）	普通类	8	592	649	650	649.25

续表

省区市代码	省（区、市）	科类	专业名称	统计类型	录取人数	控制线	最低分	最高分	平均分
33	浙江	综合改革	计算机类(计算机与智能方向)	普通类	6	592	651	654	652
33	浙江	综合改革	生物科学类	普通类	4	592	649	649	649
33	浙江	综合改革	材料类	普通类	6	592	643	645	644
33	浙江	综合改革	机械类	普通类	4	592	647	648	647.75
33	浙江	综合改革	自动化类	普通类	8	592	648	650	648.88
33	浙江	综合改革	智能医学工程	普通类	4	592	646	646	646
33	浙江	综合改革	能源动力类	普通类	6	592	646	649	647
33	浙江	综合改革	电气工程及其自动化	普通类	6	592	650	651	650.33
33	浙江	综合改革	建筑学（五年制）	普通类	4	592	649	650	649.5
33	浙江	综合改革	土木类	普通类	6	592	643	644	643.5
33	浙江	综合改革	环境科学与工程类	普通类	3	592	647	647	647
33	浙江	综合改革	预防医学（五年制）	普通类	2	592	651	651	651
33	浙江	综合改革	口腔医学（五年制）	普通类	2	592	664	670	667
33	浙江	综合改革	药学类	普通类	2	592	649	650	649.5
33	浙江	综合改革	工商管理类	普通类	6	592	653	657	654.17
33	浙江	综合改革	计算机类（软件数媒与大数据方向）	普通类	10	592	650	651	650.1
33	浙江	综合改革	电子信息类（微电子与电路集成方向）	普通类	6	592	648	650	648.67
33	浙江	综合改革	临床医学（五年制）	普通类	4	592	654	659	656
33	浙江	综合改革	临床医学（5＋3 一体化）	普通类	2	592	660	662	661
33	浙江	综合改革	临床医学（本博连读，齐鲁医学堂）	普通类	2	592	660	663	661.5
33	浙江	综合改革	智能建造与智慧交通	普通类	2	592	648	649	648.5
33	浙江	综合改革	网络空间安全	普通类	4	592	650	651	650.25
33	浙江	综合改革	哲学	强基计划	2	592	636	657	646.5
33	浙江	综合改革	数学与应用数学	强基计划	2	592	643	647	645
33	浙江	综合改革	生物科学	强基计划	2	592	632	639	635.5
33	浙江	综合改革	马克思主义理论	提前批	2	592	651	655	653
34	安徽	文史	中国语言文学类	高校专项	1	523	589	589	589

续表

省区市代码	省（区、市）	科类	专业名称	统计类型	录取人数	控制线	最低分	最高分	平均分
34	安徽	文史	工商管理类	高校专项	1	523	595	595	595
34	安徽	文史	哲学类	普通类	2	523	598	598	598
34	安徽	文史	社会学类	普通类	2	523	598	600	599
34	安徽	文史	经济学类	普通类	5	523	599	600	599.4
34	安徽	文史	政治学类	普通类	2	523	597	598	597.5
34	安徽	文史	公共管理类	普通类	2	523	597	599	598
34	安徽	文史	法学类	普通类	4	523	600	603	601.5
34	安徽	文史	中国语言文学类	普通类	6	523	600	605	601.67
34	安徽	文史	新闻传播学类	普通类	4	523	598	599	598.25
34	安徽	文史	外国语言文学类	普通类	12	523	596	598	596.83
34	安徽	文史	历史学类	普通类	4	523	597	598	597.75
34	安徽	文史	工商管理类	普通类	6	523	597	600	597.83
34	安徽	文史	护理学	普通类（专业志愿）	4	523	578	581	579
34	安徽	文史	汉语言文学（古文字学方向）	强基计划	1	523	579	579	579
34	安徽	文史	历史学	强基计划	2	523	591	601	596
34	安徽	文史	马克思主义理论	提前批	2	523	597	597	597
34	安徽	理工	物理学类	高校专项	1	491	623	623	623
34	安徽	理工	计算机类(计算机与智能方向)	高校专项	1	491	627	627	627
34	安徽	理工	材料类	高校专项	2	491	615	616	615.5
34	安徽	理工	机械类	高校专项	1	491	618	618	618
34	安徽	理工	土木类	高校专项	1	491	619	619	619
34	安徽	理工	管理科学与工程类	高校专项	1	491	617	617	617
34	安徽	理工	临床医学（五年制）	高校专项	1	491	626	626	626
34	安徽	理工	数学类	国家专项	1	491	626	626	626
34	安徽	理工	电子信息类（通信电子与光电方向）	国家专项	2	491	625	625	625
34	安徽	理工	计算机类(计算机与智能方向)	国家专项	2	491	626	628	627
34	安徽	理工	机械类	国家专项	2	491	623	624	623.5
34	安徽	理工	自动化类	国家专项	2	491	624	625	624.5

续表

省区市代码	省（区、市）	科类	专业名称	统计类型	录取人数	控制线	最低分	最高分	平均分
34	安徽	理工	能源动力类	国家专项	2	491	620	621	620.5
34	安徽	理工	土木类	国家专项	2	491	617	618	617.5
34	安徽	理工	临床医学（五年制）	国家专项	2	491	627	628	627.5
34	安徽	理工	经济学类	普通类	2	491	629	631	630
34	安徽	理工	法学类	普通类	2	491	626	627	626.5
34	安徽	理工	数学类	普通类	4	491	632	633	632.25
34	安徽	理工	物理学类	普通类	5	491	626	629	627.8
34	安徽	理工	化学类	普通类	8	491	623	626	624.75
34	安徽	理工	电子信息类（通信电子与光电方向）	普通类	12	491	626	629	627.08
34	安徽	理工	计算机类(计算机与智能方向)	普通类	8	491	629	631	629.75
34	安徽	理工	生物科学类	普通类	8	491	624	626	625.75
34	安徽	理工	材料类	普通类	9	491	623	624	623.11
34	安徽	理工	机械类	普通类	12	491	624	626	624.92
34	安徽	理工	自动化类	普通类	8	491	626	629	626.38
34	安徽	理工	智能医学工程	普通类	3	491	623	625	624.33
34	安徽	理工	能源动力类	普通类	10	491	624	626	624.9
34	安徽	理工	电气工程及其自动化	普通类	10	491	627	638	630.3
34	安徽	理工	建筑学（五年制）	普通类	2	491	623	626	624.5
34	安徽	理工	土木类	普通类	8	491	624	626	624.25
34	安徽	理工	环境科学与工程类	普通类	3	491	623	625	624.33
34	安徽	理工	预防医学（五年制）	普通类	5	491	623	625	624
34	安徽	理工	生物医药数据科学	普通类	2	491	624	624	624
34	安徽	理工	口腔医学（五年制）	普通类	2	491	631	631	631
34	安徽	理工	药学类	普通类	4	491	623	623	623
34	安徽	理工	管理科学与工程类	普通类	3	491	623	625	624
34	安徽	理工	工商管理类	普通类	4	491	623	626	624.75
34	安徽	理工	计算机类（软件数媒与大数据方向）	普通类	14	491	627	631	628.21

续表

省区市代码	省（区、市）	科类	专业名称	统计类型	录取人数	控制线	最低分	最高分	平均分
34	安徽	理工	电子信息类（微电子与电路集成方向）	普通类	10	491	626	626	626
34	安徽	理工	临床医学（五年制）	普通类	8	491	629	631	629.88
34	安徽	理工	临床医学（5+3 一体化）	普通类	9	491	633	641	635.89
34	安徽	理工	临床医学（本博连读，齐鲁医学堂）	普通类	2	491	636	642	639
34	安徽	理工	生物医学科学	普通类	2	491	626	627	626.5
34	安徽	理工	智能建造与智慧交通	普通类	4	491	623	625	624.5
34	安徽	理工	网络空间安全	普通类	5	491	626	629	627.4
34	安徽	理工	护理学	普通类（专业志愿）	6	491	565	580	570.5
34	安徽	理工	数学与应用数学	强基计划	1	491	635	635	635
34	安徽	理工	化学	强基计划	2	491	595	602	598.5
34	安徽	理工	生物医学科学	强基计划	2	491	603	609	606
34	安徽	艺术(不分文理)	美术学	艺术类	2	491	815	828	821.5
34	安徽	艺术(不分文理)	音乐学（键盘器乐表演）	艺术类	2	491	781	783	782
34	安徽	艺术(不分文理)	音乐学(中国民族器乐表演)	艺术类	3	491	747	773	763
34	安徽	艺术(不分文理)	音乐学（声乐表演）	艺术类	3	491	771	795	779.33
34	安徽	艺术(不分文理)	音乐学（西洋器乐表演）	艺术类	3	491	737	750	745.33
34	安徽	艺术(不分文理)	视觉传达设计	艺术类	2	491	815	827	821
34	安徽	艺术(不分文理)	产品设计	艺术类	3	491	815	822	817.67
34	安徽	体育(不分文理)	社会体育指导与管理	体育类	5	491	173	173	173
35	福建	物理类	法语	保送生	1	520	0	0	0
35	福建	物理类	能源动力类	高校专项	1	520	615	615	615
35	福建	物理类	环境科学与工程类	高校专项	1	520	612	612	612
35	福建	物理类	管理科学与工程类	高校专项	1	520	609	609	609

续表

省区市代码	省（区、市）	科类	专业名称	统计类型	录取人数	控制线	最低分	最高分	平均分
35	福建	物理类	经济学类	普通类	2	520	629	630	629.5
35	福建	物理类	数学类	普通类	2	520	634	647	640.5
35	福建	物理类	物理学类	普通类	6	520	617	627	621
35	福建	物理类	化学类	普通类	6	520	614	618	615.17
35	福建	物理类	电子信息类（通信电子与光电方向）	普通类	4	520	622	628	624.25
35	福建	物理类	计算机类(计算机与智能方向)	普通类	6	520	628	631	629
35	福建	物理类	生物科学类	普通类	4	520	611	613	611.5
35	福建	物理类	材料类	普通类	6	520	616	617	616.5
35	福建	物理类	机械类	普通类	8	520	616	618	616.88
35	福建	物理类	自动化类	普通类	4	520	619	621	619.5
35	福建	物理类	能源动力类	普通类	10	520	615	618	616
35	福建	物理类	电气工程及其自动化	普通类	6	520	625	632	628.33
35	福建	物理类	土木类	普通类	6	520	615	616	615.17
35	福建	物理类	环境科学与工程类	普通类	2	520	617	619	618
35	福建	物理类	预防医学（五年制）	普通类	2	520	613	619	616
35	福建	物理类	口腔医学（5＋3一体化）	普通类	2	520	614	646	630
35	福建	物理类	药学类	普通类	4	520	611	615	612.25
35	福建	物理类	管理科学与工程类	普通类	3	520	617	619	618
35	福建	物理类	工商管理类	普通类	4	520	615	621	617.75
35	福建	物理类	计算机类（软件数媒与大数据方向）	普通类	14	520	621	631	624.36
35	福建	物理类	电子信息类（微电子与电路集成方向）	普通类	8	520	617	621	618.38
35	福建	物理类	临床医学（五年制）	普通类	4	520	636	639	637.5
35	福建	物理类	临床医学（5＋3一体化）	普通类	4	520	640	643	641.75
35	福建	物理类	智能建造与智慧交通	普通类	2	520	616	617	616.5
35	福建	物理类	网络空间安全	普通类	4	520	621	627	624.25
35	福建	物理类	数学与应用数学	强基计划	1	520	645	645	645
35	福建	物理类	化学	强基计划	2	520	606	616	611

续表

省区市代码	省（区、市）	科类	专业名称	统计类型	录取人数	控制线	最低分	最高分	平均分
35	福建	历史类	英语	保送生	2	542	0	0	0
35	福建	历史类	工商管理类	高校专项	1	542	601	601	601
35	福建	历史类	哲学类	普通类	2	542	606	607	606.5
35	福建	历史类	社会学类	普通类	2	542	605	606	605.5
35	福建	历史类	经济学类	普通类	2	542	608	614	611
35	福建	历史类	政治学类	普通类	2	542	604	605	604.5
35	福建	历史类	公共管理类	普通类	2	542	604	607	605.5
35	福建	历史类	法学类	普通类	3	542	609	613	611.33
35	福建	历史类	中国语言文学类	普通类	4	542	609	615	611
35	福建	历史类	新闻传播学类	普通类	2	542	607	608	607.5
35	福建	历史类	外国语言文学类	普通类	10	542	603	607	605.3
35	福建	历史类	历史学类	普通类	3	542	608	608	608
35	福建	历史类	工商管理类	普通类	7	542	603	607	604.57
35	福建	历史类	汉语国际教育	普通类	2	542	607	609	608
35	福建	历史类	马克思主义理论	提前批	2	542	602	603	602.5
36	江西	文史	工商管理类	高校专项	1	529	595	595	595
36	江西	文史	社会学类	普通类	2	529	596	597	596.5
36	江西	文史	经济学类	普通类	2	529	601	604	602.5
36	江西	文史	政治学类	普通类	2	529	596	596	596
36	江西	文史	法学类	普通类	2	529	599	599	599
36	江西	文史	中国语言文学类	普通类	4	529	599	603	600.5
36	江西	文史	新闻传播学类	普通类	2	529	598	599	598.5
36	江西	文史	外国语言文学类	普通类	8	529	596	599	597.75
36	江西	文史	历史学类	普通类	3	529	595	599	597
36	江西	文史	工商管理类	普通类	4	529	597	599	598
36	江西	文史	护理学	普通类（专业志愿）	6	529	571	577	572.83
36	江西	理工	机械类	高校专项	1	509	593	593	593
36	江西	理工	自动化类	高校专项	1	509	594	594	594

续表

省区市代码	省（区、市）	科类	专业名称	统计类型	录取人数	控制线	最低分	最高分	平均分
36	江西	理工	土木类	高校专项	1	509	592	592	592
36	江西	理工	电子信息类（通信电子与光电方向）	国家专项	2	509	604	609	606.5
36	江西	理工	计算机类(计算机与智能方向)	国家专项	2	509	606	607	606.5
36	江西	理工	机械类	国家专项	2	509	602	609	605.5
36	江西	理工	自动化类	国家专项	2	509	605	605	605
36	江西	理工	智能建造与智慧交通	国家专项	2	509	603	604	603.5
36	江西	理工	经济学类	普通类	2	509	606	608	607
36	江西	理工	数学类	普通类	2	509	611	611	611
36	江西	理工	物理学类	普通类	4	509	606	609	607.25
36	江西	理工	化学类	普通类	2	509	599	601	600
36	江西	理工	电子信息类（通信电子与光电方向）	普通类	6	509	605	607	605.67
36	江西	理工	计算机类(计算机与智能方向)	普通类	4	509	609	612	610.5
36	江西	理工	生物科学类	普通类	2	509	603	605	604
36	江西	理工	材料类	普通类	4	509	598	600	599
36	江西	理工	机械类	普通类	9	509	599	607	602.33
36	江西	理工	自动化类	普通类	4	509	604	608	605.75
36	江西	理工	能源动力类	普通类	6	509	599	604	600.33
36	江西	理工	电气工程及其自动化	普通类	4	509	605	607	605.75
36	江西	理工	土木类	普通类	3	509	599	601	600.33
36	江西	理工	环境科学与工程类	普通类	2	509	598	604	601
36	江西	理工	生物医药数据科学	普通类	2	509	600	604	602
36	江西	理工	口腔医学（五年制）	普通类	2	509	616	618	617
36	江西	理工	药学类	普通类	3	509	599	611	604.67
36	江西	理工	管理科学与工程类	普通类	2	509	598	598	598
36	江西	理工	工商管理类	普通类	2	509	602	602	602
36	江西	理工	计算机类（软件数媒与大数据方向）	普通类	10	509	605	609	606.4
36	江西	理工	电子信息类（微电子与电路集成方向）	普通类	6	509	604	608	605.33

续表

省区市代码	省（区、市）	科类	专业名称	统计类型	录取人数	控制线	最低分	最高分	平均分
36	江西	理工	临床医学（五年制）	普通类	4	509	612	613	612.25
36	江西	理工	临床医学（5＋3 一体化）	普通类	4	509	613	621	617.25
36	江西	理工	网络空间安全	普通类	2	509	606	607	606.5
36	江西	理工	护理学	普通类（专业志愿）	4	509	555	589	566.5
36	江西	理工	数学与应用数学	强基计划	2	509	601	613	607
36	江西	理工	物理学	强基计划	2	509	587	589	588
36	江西	理工	化学	强基计划	2	509	564	576	570
37	山东	艺术(不分文理)	美术学	艺术类	15	513	613	626	616
37	山东	艺术(不分文理)	音乐学（键盘器乐表演）	艺术类	8	513	343	425	378.12
37	山东	艺术(不分文理)	音乐学（中国民族器乐表演）	艺术类	12	513	329	468	396
37	山东	艺术(不分文理)	音乐学（声乐表演）	艺术类	12	513	327	511	387.67
37	山东	艺术(不分文理)	音乐学（西洋器乐表演）	艺术类	12	513	337	429	388.42
37	山东	艺术(不分文理)	视觉传达设计	艺术类	13	513	623	630	625.38
37	山东	艺术(不分文理)	产品设计	艺术类	20	513	615	632	619
37	山东	体育(不分文理)	社会体育指导与管理	体育类	25	513	641	658	647.56
37	山东	综合改革	英语	保送生	3	513	0	0	0
37	山东	综合改革	法语	保送生	2	513	0	0	0
37	山东	综合改革	临床医学(五年制，定向西藏)	定向西藏	4	513	571	577	573.75
37	山东	综合改革	药学类（定向西藏）	定向西藏	1	513	583	583	583
37	山东	综合改革	管理科学与工程类(定向西藏)	定向西藏	2	513	569	592	580.5
37	山东	综合改革	计算机类（计算机与智能方向，定向西藏）	定向西藏	2	513	579	580	579.5
37	山东	综合改革	政治学类	高校专项	1	513	615	615	615
37	山东	综合改革	法学类	高校专项	2	513	618	621	619.5

续表

省区市代码	省（区、市）	科类	专业名称	统计类型	录取人数	控制线	最低分	最高分	平均分
37	山东	综合改革	中国语言文学类	高校专项	2	513	618	619	618.5
37	山东	综合改革	新闻传播学类	高校专项	2	513	613	614	613.5
37	山东	综合改革	外国语言文学类	高校专项	3	513	610	613	611.33
37	山东	综合改革	物理学类	高校专项	2	513	619	625	622
37	山东	综合改革	化学类	高校专项	2	513	615	617	616
37	山东	综合改革	电子信息类（通信电子与光电方向）	高校专项	3	513	620	624	622
37	山东	综合改革	计算机类(计算机与智能方向)	高校专项	3	513	628	629	628.67
37	山东	综合改革	生物科学类	高校专项	3	513	616	622	618.33
37	山东	综合改革	材料类	高校专项	6	513	611	616	613.17
37	山东	综合改革	机械类	高校专项	6	513	615	617	616
37	山东	综合改革	自动化类	高校专项	5	513	617	622	618.6
37	山东	综合改革	能源动力类	高校专项	6	513	614	617	615.17
37	山东	综合改革	土木类	高校专项	6	513	611	623	613.83
37	山东	综合改革	环境科学与工程类	高校专项	3	513	610	616	612.67
37	山东	综合改革	预防医学（五年制）	高校专项	2	513	611	615	613
37	山东	综合改革	药学类	高校专项	3	513	613	623	616.67
37	山东	综合改革	管理科学与工程类	高校专项	2	513	610	611	610.5
37	山东	综合改革	工商管理类	高校专项	2	513	617	624	620.5
37	山东	综合改革	临床医学（五年制）	高校专项	2	513	626	628	627
37	山东	综合改革	哲学类	普通类	12	513	616	628	619.33
37	山东	综合改革	社会学类	普通类	15	513	613	620	614.33
37	山东	综合改革	经济学类	普通类	80	513	623	633	625.29
37	山东	综合改革	政治学类	普通类	20	513	617	624	620.3
37	山东	综合改革	公共管理类	普通类	15	513	613	623	615.93
37	山东	综合改革	法学类	普通类	45	513	624	634	626.87
37	山东	综合改革	中国语言文学类	普通类	40	513	624	635	627.6
37	山东	综合改革	新闻传播学类	普通类	20	513	617	623	619.55
37	山东	综合改革	外国语言文学类	普通类	65	513	608	621	611.31

续表

省区市代码	省(区、市)	科类	专业名称	统计类型	录取人数	控制线	最低分	最高分	平均分
37	山东	综合改革	历史学类	普通类	26	513	616	628	620.23
37	山东	综合改革	数学类	普通类	72	513	629	643	631.58
37	山东	综合改革	物理学类	普通类	80	513	617	630	621.01
37	山东	综合改革	化学类	普通类	50	513	612	627	615.64
37	山东	综合改革	电子信息类（通信电子与光电方向）	普通类	120	513	619	628	620.8
37	山东	综合改革	计算机类(计算机与智能方向)	普通类	122	513	626	634	627.78
37	山东	综合改革	生物科学类	普通类	50	513	614	627	616.86
37	山东	综合改革	材料类	普通类	40	513	608	612	609.95
37	山东	综合改革	机械类	普通类	60	513	613	623	614.85
37	山东	综合改革	自动化类	普通类	80	513	617	631	619.28
37	山东	综合改革	智能医学工程	普通类	20	513	616	628	618.15
37	山东	综合改革	能源动力类	普通类	60	513	612	625	614.57
37	山东	综合改革	电气工程及其自动化	普通类	100	513	621	632	623.71
37	山东	综合改革	建筑学（五年制）	普通类	18	513	609	615	611.44
37	山东	综合改革	土木类	普通类	30	513	607	616	609.13
37	山东	综合改革	环境科学与工程类	普通类	30	513	608	622	610.2
37	山东	综合改革	预防医学（五年制）	普通类	30	513	613	623	616.13
37	山东	综合改革	生物医药数据科学	普通类	4	513	619	623	620.75
37	山东	综合改革	口腔医学（五年制）	普通类	20	513	629	636	630.45
37	山东	综合改革	口腔医学（5＋3一体化）	普通类	30	513	634	646	637.43
37	山东	综合改革	药学类	普通类	34	513	612	629	616.44
37	山东	综合改革	管理科学与工程类	普通类	20	513	608	617	610.95
37	山东	综合改革	工商管理类	普通类	70	513	615	625	617.66
37	山东	综合改革	计算机类（软件数媒与大数据方向）	普通类	160	513	620	628	621.79
37	山东	综合改革	电子信息类（微电子与电路集成方向）	普通类	70	513	617	626	618.93
37	山东	综合改革	临床医学（五年制）	普通类	50	513	626	632	627.16
37	山东	综合改革	临床医学（5＋3一体化）	普通类	100	513	631	642	635.24

续表

省区市代码	省（区、市）	科类	专业名称	统计类型	录取人数	控制线	最低分	最高分	平均分
37	山东	综合改革	临床医学（本博连读，齐鲁医学堂）	普通类	30	513	642	656	646.83
37	山东	综合改革	生物医学科学	普通类	6	513	617	625	619.83
37	山东	综合改革	智能建造与智慧交通	普通类	20	513	613	620	614.95
37	山东	综合改革	网络空间安全	普通类	75	513	618	633	620.6
37	山东	综合改革	哲学	强基计划	4	513	611	633	618.5
37	山东	综合改革	汉语言文学（古文字学方向）	强基计划	3	513	618	636	625.67
37	山东	综合改革	历史学	强基计划	3	513	619	625	622.67
37	山东	综合改革	数学与应用数学	强基计划	12	513	627	651	638.25
37	山东	综合改革	物理学	强基计划	9	513	617	642	623.78
37	山东	综合改革	化学	强基计划	6	513	614	626	619
37	山东	综合改革	生物科学	强基计划	6	513	614	640	624.83
37	山东	综合改革	生物医学科学	强基计划	3	513	624	637	629.33
37	山东	综合改革	社会学类	综合评价	10	513	595	613	603.6
37	山东	综合改革	公共管理类	综合评价	10	513	597	622	606.9
37	山东	综合改革	法学类	综合评价	10	513	613	624	619
37	山东	综合改革	新闻传播学类	综合评价	10	513	604	618	611
37	山东	综合改革	俄语（俄英双语）	综合评价	10	513	590	606	596.4
37	山东	综合改革	日语	综合评价	10	513	590	600	596.4
37	山东	综合改革	朝鲜语（朝英双语）	综合评价	10	513	591	601	596.6
37	山东	综合改革	计算机类(计算机与智能方向)	综合评价	10	513	619	627	622.8
37	山东	综合改革	材料类	综合评价	20	513	593	610	600.8
37	山东	综合改革	机械类	综合评价	20	513	596	616	607.05
37	山东	综合改革	自动化类	综合评价	20	513	605	620	615.5
37	山东	综合改革	能源动力类	综合评价	10	513	599	620	610
37	山东	综合改革	电气工程及其自动化	综合评价	10	513	607	623	615.8
37	山东	综合改革	土木类	综合评价	20	513	589	611	600.3
37	山东	综合改革	环境科学与工程类	综合评价	10	513	595	615	603.4
37	山东	综合改革	预防医学（五年制）	综合评价	10	513	602	624	607.3

续表

省区市代码	省(区、市)	科类	专业名称	统计类型	录取人数	控制线	最低分	最高分	平均分
37	山东	综合改革	护理学	综合评价	20	513	557	602	574.5
37	山东	综合改革	药学类	综合评价	10	513	602	625	608.4
37	山东	综合改革	工商管理类	综合评价	10	513	604	620	612.1
37	山东	综合改革	马克思主义理论	综合评价	10	513	592	608	601.6
37	山东	综合改革	计算机类（软件数媒与大数据方向）	综合评价	10	513	612	627	618.2
37	山东	综合改革	汉语国际教育	综合评价	10	513	600	613	606.3
37	山东	综合改革	电子信息类（微电子与电路集成方向）	综合评价	10	513	608	621	616
37	山东	综合改革	智能建造与智慧交通	综合评价	10	513	604	617	609.5
37	山东	综合改革	网络空间安全	综合评价	10	513	613	624	618
41	河南	文史	法学类	高校专项	2	527	597	598	597.5
41	河南	文史	新闻传播学类	高校专项	1	527	597	597	597
41	河南	文史	外国语言文学类	高校专项	2	527	595	595	595
41	河南	文史	工商管理类	高校专项	1	527	601	601	601
41	河南	文史	哲学类	普通类	3	527	600	603	601.67
41	河南	文史	社会学类	普通类	3	527	599	601	599.67
41	河南	文史	经济学类	普通类	6	527	603	607	604.83
41	河南	文史	政治学类	普通类	3	527	599	601	599.67
41	河南	文史	公共管理类	普通类	2	527	601	603	602
41	河南	文史	法学类	普通类	3	527	603	607	605
41	河南	文史	中国语言文学类	普通类	6	527	605	608	606.33
41	河南	文史	新闻传播学类	普通类	2	527	603	605	604
41	河南	文史	外国语言文学类	普通类	14	527	598	605	600.14
41	河南	文史	历史学类	普通类	6	527	600	603	601.5
41	河南	文史	工商管理类	普通类	10	527	601	604	602.2
41	河南	文史	汉语国际教育	普通类	2	527	599	602	600.5
41	河南	文史	护理学	普通类（专业志愿）	4	527	574	579	576
41	河南	文史	哲学	强基计划	2	527	591	599	595

续表

省区市代码	省（区、市）	科类	专业名称	统计类型	录取人数	控制线	最低分	最高分	平均分
41	河南	文史	汉语言文学（古文字学方向）	强基计划	2	527	584	603	593.5
41	河南	文史	历史学	强基计划	2	527	594	596	595
41	河南	文史	马克思主义理论	提前批	3	527	600	602	601
41	河南	艺术(文)	美术学	艺术类	2	527	272	291	281.5
41	河南	艺术(文)	音乐学（键盘器乐表演）	艺术类	2	527	187	190	188.5
41	河南	艺术(文)	音乐学(中国民族器乐表演)	艺术类	3	527	190	192	190.67
41	河南	艺术(文)	音乐学（声乐表演）	艺术类	3	527	183	192	188.33
41	河南	艺术(文)	音乐学（西洋器乐表演）	艺术类	3	527	177	192	184.33
41	河南	艺术(文)	视觉传达设计	艺术类	2	527	280	285	282.5
41	河南	艺术(文)	产品设计	艺术类	3	527	274	276	275.33
41	河南	理工	化学类	高校专项	2	509	614	615	614.5
41	河南	理工	电子信息类（通信电子与光电方向）	高校专项	2	509	622	623	622.5
41	河南	理工	计算机类(计算机与智能方向)	高校专项	2	509	624	625	624.5
41	河南	理工	生物科学类	高校专项	2	509	615	619	617
41	河南	理工	材料类	高校专项	4	509	611	613	612
41	河南	理工	机械类	高校专项	2	509	620	621	620.5
41	河南	理工	自动化类	高校专项	2	509	622	622	622
41	河南	理工	能源动力类	高校专项	4	509	616	618	617.5
41	河南	理工	土木类	高校专项	2	509	617	617	617
41	河南	理工	环境科学与工程类	高校专项	1	509	613	613	613
41	河南	理工	药学类	高校专项	2	509	614	618	616
41	河南	理工	临床医学（五年制）	高校专项	1	509	633	633	633
41	河南	理工	数学类	国家专项	1	509	626	626	626
41	河南	理工	电子信息类（通信电子与光电方向）	国家专项	2	509	627	627	627
41	河南	理工	计算机类(计算机与智能方向)	国家专项	2	509	627	631	629
41	河南	理工	材料类	国家专项	3	509	613	618	615.67
41	河南	理工	机械类	国家专项	2	509	619	626	622.5
41	河南	理工	自动化类	国家专项	2	509	626	627	626.5

续表

省区市代码	省(区、市)	科类	专业名称	统计类型	录取人数	控制线	最低分	最高分	平均分
41	河南	理工	能源动力类	国家专项	4	509	621	629	625
41	河南	理工	土木类	国家专项	2	509	615	619	617
41	河南	理工	预防医学（五年制）	国家专项	2	509	615	616	615.5
41	河南	理工	管理科学与工程类	国家专项	2	509	614	618	616
41	河南	理工	临床医学（五年制）	国家专项	2	509	633	633	633
41	河南	理工	经济学类	普通类	2	509	623	625	624
41	河南	理工	法学类	普通类	2	509	623	626	624.5
41	河南	理工	数学类	普通类	6	509	628	639	634
41	河南	理工	物理学类	普通类	4	509	626	629	627.25
41	河南	理工	化学类	普通类	11	509	619	623	620.91
41	河南	理工	电子信息类（通信电子与光电方向）	普通类	13	509	624	630	625.77
41	河南	理工	计算机类(计算机与智能方向)	普通类	10	509	627	642	629.7
41	河南	理工	生物科学类	普通类	12	509	619	624	621.75
41	河南	理工	材料类	普通类	12	509	619	625	620.67
41	河南	理工	机械类	普通类	14	509	622	624	622.79
41	河南	理工	自动化类	普通类	10	509	624	627	624.9
41	河南	理工	智能医学工程	普通类	4	509	622	622	622
41	河南	理工	能源动力类	普通类	12	509	622	624	622.92
41	河南	理工	电气工程及其自动化	普通类	14	509	625	632	627.29
41	河南	理工	建筑学（五年制）	普通类	2	509	622	624	623
41	河南	理工	土木类	普通类	12	509	619	622	620.25
41	河南	理工	环境科学与工程类	普通类	3	509	620	623	622
41	河南	理工	预防医学（五年制）	普通类	6	509	619	630	622.17
41	河南	理工	生物医药数据科学	普通类	4	509	622	622	622
41	河南	理工	口腔医学（五年制）	普通类	3	509	631	638	633.67
41	河南	理工	口腔医学（5＋3 一体化）	普通类	3	509	634	638	636.33
41	河南	理工	药学类	普通类	5	509	623	623	623
41	河南	理工	管理科学与工程类	普通类	4	509	619	623	620.25

续表

省区市代码	省（区、市）	科类	专业名称	统计类型	录取人数	控制线	最低分	最高分	平均分
41	河南	理工	工商管理类	普通类	5	509	621	623	622
41	河南	理工	计算机类（软件数媒与大数据方向）	普通类	14	509	624	627	624.5
41	河南	理工	电子信息类（微电子与电路集成方向）	普通类	8	509	624	628	625.5
41	河南	理工	临床医学（五年制）	普通类	9	509	630	634	632.33
41	河南	理工	临床医学（5＋3一体化）	普通类	10	509	635	640	636.9
41	河南	理工	临床医学（本博连读，齐鲁医学堂）	普通类	4	509	641	646	643
41	河南	理工	生物医学科学	普通类	3	509	620	621	620.67
41	河南	理工	智能建造与智慧交通	普通类	6	509	619	625	622.33
41	河南	理工	网络空间安全	普通类	8	509	625	627	625.62
41	河南	理工	化学类	普通类（征集志愿）	1	509	613	613	613
41	河南	理工	护理学	普通类（专业志愿）	6	509	578	581	579
41	河南	理工	数学与应用数学	强基计划	2	509	619	639	629
41	河南	理工	物理学	强基计划	2	509	613	624	618.5
41	河南	理工	化学	强基计划	2	509	598	608	603
41	河南	理工	生物科学	强基计划	2	509	622	625	623.5
41	河南	理工	生物医学科学	强基计划	2	509	608	620	614
41	河南	体育（理）	社会体育指导与管理	体育类	5	509	85	87	85.6
42	湖北	物理类	物理学类	高校专项	1	504	583	583	583
42	湖北	物理类	自动化类	高校专项	1	504	590	590	590
42	湖北	物理类	管理科学与工程类	高校专项	1	504	592	592	592
42	湖北	物理类	计算机类(计算机与智能方向)	国家专项	1	504	603	603	603
42	湖北	物理类	机械类	国家专项	2	504	601	602	601.5
42	湖北	物理类	能源动力类	国家专项	2	504	592	597	594.5
42	湖北	物理类	土木类	国家专项	2	504	591	592	591.5
42	湖北	物理类	预防医学（五年制）	国家专项	2	504	591	592	591.5
42	湖北	物理类	经济学类	普通类	2	504	610	610	610

续表

省区市代码	省（区、市）	科类	专业名称	统计类型	录取人数	控制线	最低分	最高分	平均分
42	湖北	物理类	数学类	普通类	3	504	611	615	612.67
42	湖北	物理类	物理学类	普通类	4	504	609	610	609.5
42	湖北	物理类	化学类	普通类	4	504	605	605	605
42	湖北	物理类	电子信息类（通信电子与光电方向）	普通类	6	504	608	610	609
42	湖北	物理类	计算机类(计算机与智能方向)	普通类	6	504	611	614	612.17
42	湖北	物理类	生物科学类	普通类	3	504	606	607	606.67
42	湖北	物理类	材料类	普通类	6	504	606	611	607.17
42	湖北	物理类	机械类	普通类	10	504	606	607	606.6
42	湖北	物理类	自动化类	普通类	4	504	610	613	611
42	湖北	物理类	能源动力类	普通类	9	504	606	609	607.22
42	湖北	物理类	电气工程及其自动化	普通类	4	504	608	610	609
42	湖北	物理类	建筑学（五年制）	普通类	2	504	606	608	607
42	湖北	物理类	土木类	普通类	4	504	606	607	606.25
42	湖北	物理类	环境科学与工程类	普通类	3	504	607	608	607.67
42	湖北	物理类	预防医学（五年制）	普通类	2	504	606	607	606.5
42	湖北	物理类	口腔医学（5+3 一体化）	普通类	2	504	610	616	613
42	湖北	物理类	药学类	普通类	4	504	608	610	608.5
42	湖北	物理类	管理科学与工程类	普通类	3	504	606	607	606.33
42	湖北	物理类	工商管理类	普通类	2	504	608	609	608.5
42	湖北	物理类	计算机类（软件数媒与大数据方向）	普通类	12	504	609	611	610.17
42	湖北	物理类	电子信息类（微电子与电路集成方向）	普通类	4	504	607	610	608.75
42	湖北	物理类	临床医学（五年制）	普通类	2	504	616	617	616.5
42	湖北	物理类	临床医学（5+3 一体化）	普通类	3	504	617	619	618
42	湖北	物理类	临床医学（本博连读，齐鲁医学堂）	普通类	2	504	622	627	624.5
42	湖北	物理类	智能建造与智慧交通	普通类	2	504	609	611	610
42	湖北	物理类	网络空间安全	普通类	4	504	609	612	610.5

续表

省区市代码	省（区、市）	科类	专业名称	统计类型	录取人数	控制线	最低分	最高分	平均分
42	湖北	物理类	护理学	普通类（专业志愿）	4	504	565	566	565.25
42	湖北	物理类	数学与应用数学	强基计划	1	504	603	603	603
42	湖北	物理类	生物科学	强基计划	2	504	588	601	594.5
42	湖北	历史类	新闻传播学类	高校专项	1	527	597	597	597
42	湖北	历史类	社会学类	普通类	2	527	598	599	598.5
42	湖北	历史类	经济学类	普通类	2	527	599	607	603
42	湖北	历史类	政治学类	普通类	2	527	597	597	597
42	湖北	历史类	公共管理类	普通类	2	527	598	598	598
42	湖北	历史类	法学类	普通类	2	527	599	599	599
42	湖北	历史类	中国语言文学类	普通类	3	527	599	604	601
42	湖北	历史类	新闻传播学类	普通类	2	527	598	599	598.5
42	湖北	历史类	外国语言文学类	普通类	6	527	597	598	597.5
42	湖北	历史类	工商管理类	普通类	4	527	597	598	597.75
43	湖南	物理类	计算机类(计算机与智能方向)	高校专项	1	475	612	612	612
43	湖南	物理类	材料类	高校专项	1	475	610	610	610
43	湖南	物理类	能源动力类	高校专项	1	475	607	607	607
43	湖南	物理类	电子信息类（通信电子与光电方向）	国家专项	2	475	605	605	605
43	湖南	物理类	生物科学类	国家专项	2	475	589	591	590
43	湖南	物理类	材料类	国家专项	3	475	598	601	599.33
43	湖南	物理类	能源动力类	国家专项	2	475	599	601	600
43	湖南	物理类	智能建造与智慧交通	国家专项	2	475	601	602	601.5
43	湖南	物理类	经济学类	普通类	2	475	613	615	614
43	湖南	物理类	数学类	普通类	2	475	620	624	622
43	湖南	物理类	物理学类	普通类	4	475	615	619	616.75
43	湖南	物理类	化学类	普通类	6	475	601	606	603.33
43	湖南	物理类	电子信息类（通信电子与光电方向）	普通类	6	475	611	615	613
43	湖南	物理类	计算机类(计算机与智能方向)	普通类	5	475	615	616	615.2

续表

省区市代码	省(区、市)	科类	专业名称	统计类型	录取人数	控制线	最低分	最高分	平均分
43	湖南	物理类	生物科学类	普通类	4	475	610	614	612
43	湖南	物理类	材料类	普通类	6	475	607	608	607.17
43	湖南	物理类	机械类	普通类	10	475	607	612	609.5
43	湖南	物理类	自动化类	普通类	4	475	614	617	615.25
43	湖南	物理类	能源动力类	普通类	10	475	607	610	608.6
43	湖南	物理类	电气工程及其自动化	普通类	4	475	612	616	613.75
43	湖南	物理类	土木类	普通类	5	475	608	610	609
43	湖南	物理类	环境科学与工程类	普通类	2	475	609	609	609
43	湖南	物理类	预防医学（五年制）	普通类	2	475	613	617	615
43	湖南	物理类	口腔医学（5+3一体化）	普通类	2	475	620	620	620
43	湖南	物理类	药学类	普通类	3	475	612	619	616.33
43	湖南	物理类	管理科学与工程类	普通类	3	475	607	611	609.33
43	湖南	物理类	工商管理类	普通类	2	475	611	612	611.5
43	湖南	物理类	计算机类（软件数媒与大数据方向）	普通类	12	475	610	616	612.17
43	湖南	物理类	电子信息类（微电子与电路集成方向）	普通类	4	475	611	612	611.75
43	湖南	物理类	临床医学（五年制）	普通类	2	475	622	625	623.5
43	湖南	物理类	临床医学（5+3一体化）	普通类	3	475	628	629	628.33
43	湖南	物理类	临床医学（本博连读，齐鲁医学堂）	普通类	2	475	629	630	629.5
43	湖南	物理类	智能建造与智慧交通	普通类	2	475	610	611	610.5
43	湖南	物理类	网络空间安全	普通类	4	475	613	616	614
43	湖南	物理类	数学与应用数学	强基计划	1	475	618	618	618
43	湖南	物理类	化学	强基计划	2	475	553	555	554
43	湖南	历史类	工商管理类	高校专项	1	499	574	574	574
43	湖南	历史类	哲学类	普通类	2	499	599	599	599
43	湖南	历史类	社会学类	普通类	2	499	598	599	598.5
43	湖南	历史类	经济学类	普通类	2	499	598	603	600.5
43	湖南	历史类	政治学类	普通类	2	499	596	602	599

续表

省区市代码	省（区、市）	科类	专业名称	统计类型	录取人数	控制线	最低分	最高分	平均分
43	湖南	历史类	法学类	普通类	2	499	601	602	601.5
43	湖南	历史类	中国语言文学类	普通类	3	499	600	605	602.33
43	湖南	历史类	新闻传播学类	普通类	2	499	599	600	599.5
43	湖南	历史类	外国语言文学类	普通类	6	499	597	599	597.67
43	湖南	历史类	工商管理类	普通类	4	499	597	599	597.75
43	湖南	历史类	历史学	强基计划	2	475	588	593	590.5
43	湖南	体育（物理类）	社会体育指导与管理	体育类	5	475	766	781	771.8
44	广东	物理类	经济学类	普通类	2	538	621	622	621.5
44	广东	物理类	法学类	普通类	1	538	619	619	619
44	广东	物理类	数学类	普通类	3	538	634	637	635.33
44	广东	物理类	物理学类	普通类	4	538	629	632	630.5
44	广东	物理类	化学类	普通类	4	538	613	613	613
44	广东	物理类	电子信息类（通信电子与光电方向）	普通类	6	538	622	624	623
44	广东	物理类	计算机类（计算机与智能方向）	普通类	5	538	627	629	627.6
44	广东	物理类	生物科学类	普通类	4	538	614	624	617.25
44	广东	物理类	材料类	普通类	6	538	616	618	617
44	广东	物理类	机械类	普通类	8	538	617	619	618.38
44	广东	物理类	自动化类	普通类	6	538	620	622	620.83
44	广东	物理类	智能医学工程	普通类	4	538	613	614	613.5
44	广东	物理类	能源动力类	普通类	10	538	618	620	618.6
44	广东	物理类	电气工程及其自动化	普通类	8	538	619	626	620.5
44	广东	物理类	建筑学（五年制）	普通类	4	538	617	618	617.5
44	广东	物理类	土木类	普通类	6	538	616	619	617.17
44	广东	物理类	预防医学（五年制）	普通类	2	538	616	622	619
44	广东	物理类	口腔医学（五年制）	普通类	2	538	632	635	633.5
44	广东	物理类	药学类	普通类	4	538	614	629	618.5
44	广东	物理类	管理科学与工程类	普通类	3	538	617	617	617
44	广东	物理类	工商管理类	普通类	4	538	617	621	618.75

续表

省区市代码	省（区、市）	科类	专业名称	统计类型	录取人数	控制线	最低分	最高分	平均分
44	广东	物理类	计算机类（软件数媒与大数据方向）	普通类	16	538	619	627	622.06
44	广东	物理类	电子信息类（微电子与电路集成方向）	普通类	10	538	619	623	620
44	广东	物理类	临床医学（五年制）	普通类	2	538	635	636	635.5
44	广东	物理类	临床医学（5＋3 一体化）	普通类	2	538	636	644	640
44	广东	物理类	智能建造与智慧交通	普通类	2	538	618	619	618.5
44	广东	物理类	网络空间安全	普通类	4	538	623	626	624.5
44	广东	物理类	法学类	普通类（征集志愿）	1	538	628	628	628
44	广东	物理类	数学与应用数学	强基计划	2	538	622	624	623
44	广东	历史类	外国语言文学类	高校专项	1	532	535	535	535
44	广东	历史类	哲学类	普通类	2	532	601	603	602
44	广东	历史类	经济学类	普通类	4	532	600	604	601.75
44	广东	历史类	政治学类	普通类	2	532	596	609	602.5
44	广东	历史类	公共管理类	普通类	2	532	594	598	596
44	广东	历史类	法学类	普通类	2	532	602	603	602.5
44	广东	历史类	中国语言文学类	普通类	4	532	605	608	606.25
44	广东	历史类	新闻传播学类	普通类	2	532	599	601	600
44	广东	历史类	外国语言文学类	普通类	11	532	594	599	597.09
44	广东	历史类	历史学类	普通类	4	532	601	604	602.75
44	广东	历史类	工商管理类	普通类	6	532	594	599	597.5
44	广东	历史类	汉语国际教育	普通类	2	532	598	603	600.5
44	广东	历史类	哲学	强基计划	2	532	602	603	602.5
44	广东	历史类	历史学	强基计划	1	532	609	609	609
44	广东	历史类	马克思主义理论	提前批	2	532	595	603	599
45	广西	文史	历史学类	高校专项	1	532	599	599	599
45	广西	文史	社会学类	普通类	2	532	610	614	612
45	广西	文史	经济学类	普通类	2	532	622	631	626.5
45	广西	文史	公共管理类	普通类	2	532	603	612	607.5

续表

省区市代码	省（区、市）	科类	专业名称	统计类型	录取人数	控制线	最低分	最高分	平均分
45	广西	文史	法学类	普通类	2	532	618	622	620
45	广西	文史	中国语言文学类	普通类	2	532	623	629	626
45	广西	文史	新闻传播学类	普通类	2	532	620	620	620
45	广西	文史	外国语言文学类	普通类	8	532	598	610	605.88
45	广西	文史	工商管理类	普通类	4	532	612	623	616.75
45	广西	文史	社会学类	预科转正	1	530	596	596	596
45	广西	文史	中国语言文学类	预科转正	1	530	599	599	599
45	广西	理工	生物科学类	高校专项	1	475	545	545	545
45	广西	理工	临床医学（五年制）	高校专项	1	475	607	607	607
45	广西	理工	计算机类(计算机与智能方向)	国家专项	2	475	591	592	591.5
45	广西	理工	材料类	国家专项	2	475	580	582	581
45	广西	理工	自动化类	国家专项	2	475	589	590	589.5
45	广西	理工	临床医学（五年制）	国家专项	1	475	598	598	598
45	广西	理工	数学类	普通类	2	475	622	628	625
45	广西	理工	物理学类	普通类	3	475	609	612	610.33
45	广西	理工	化学类	普通类	4	475	577	606	594.25
45	广西	理工	电子信息类（通信电子与光电方向）	普通类	6	475	601	618	606.17
45	广西	理工	计算机类(计算机与智能方向)	普通类	4	475	614	616	615
45	广西	理工	生物科学类	普通类	4	475	589	609	596.25
45	广西	理工	材料类	普通类	6	475	577	608	587.17
45	广西	理工	机械类	普通类	8	475	588	602	593.88
45	广西	理工	自动化类	普通类	4	475	604	620	610
45	广西	理工	能源动力类	普通类	9	475	585	609	595.56
45	广西	理工	电气工程及其自动化	普通类	5	475	608	615	610.8
45	广西	理工	土木类	普通类	7	475	580	610	593.71
45	广西	理工	环境科学与工程类	普通类	2	475	580	581	580.5
45	广西	理工	预防医学（五年制）	普通类	3	475	577	586	581.67
45	广西	理工	口腔医学（五年制）	普通类	2	475	599	606	602.5

续表

省区市代码	省(区、市)	科类	专业名称	统计类型	录取人数	控制线	最低分	最高分	平均分
45	广西	理工	药学类	普通类	4	475	578	599	586.25
45	广西	理工	管理科学与工程类	普通类	3	475	577	599	587.67
45	广西	理工	工商管理类	普通类	2	475	591	603	597
45	广西	理工	计算机类（软件数媒与大数据方向）	普通类	8	475	608	613	610.75
45	广西	理工	电子信息类（微电子与电路集成方向）	普通类	4	475	606	614	610
45	广西	理工	临床医学（五年制）	普通类	2	475	587	598	592.5
45	广西	理工	临床医学（5＋3 一体化）	普通类	2	475	629	634	631.5
45	广西	理工	智能建造与智慧交通	普通类	2	475	584	597	590.5
45	广西	理工	网络空间安全	普通类	2	475	612	614	613
45	广西	理工	经济学类	预科转正	1	487	570	570	570
45	广西	理工	物理学类	预科转正	1	487	580	580	580
45	广西	理工	生物科学类	预科转正	1	487	544	544	544
45	广西	理工	口腔医学（五年制）	预科转正	1	487	564	564	564
45	广西	理工	管理科学与工程类	预科转正	1	487	555	555	555
45	广西	理工	电子信息类（微电子与电路集成方向）	预科转正	1	487	578	578	578
45	广西	物理类	数学与应用数学	强基计划	1	532	610	610	610
45	广西	历史类	历史学	强基计划	2	532	624	626	625
46	海南	综合改革	外国语言文学类	高校专项	1	569	682	682	682
46	海南	综合改革	能源动力类	高校专项	1	569	663	663	663
46	海南	综合改革	经济学类	普通类	3	569	705	733	715.67
46	海南	综合改革	政治学类	普通类	2	569	704	706	705
46	海南	综合改革	中国语言文学类	普通类	2	569	730	732	731
46	海南	综合改革	外国语言文学类	普通类	2	569	719	722	720.5
46	海南	综合改革	历史学类	普通类	2	569	711	711	711
46	海南	综合改革	化学类	普通类	2	569	690	705	697.5
46	海南	综合改革	电子信息类（通信电子与光电方向）	普通类	4	569	708	722	714.25
46	海南	综合改革	计算机类(计算机与智能方向)	普通类	2	569	720	722	721

续表

省区市代码	省(区、市)	科类	专业名称	统计类型	录取人数	控制线	最低分	最高分	平均分
46	海南	综合改革	生物科学类	普通类	2	569	704	704	704
46	海南	综合改革	材料类	普通类	2	569	703	705	704
46	海南	综合改革	自动化类	普通类	2	569	709	714	711.5
46	海南	综合改革	能源动力类	普通类	2	569	702	706	704
46	海南	综合改革	土木类	普通类	3	569	703	705	704
46	海南	综合改革	环境科学与工程类	普通类	2	569	693	701	697
46	海南	综合改革	药学类	普通类	2	569	693	696	694.5
46	海南	综合改革	工商管理类	普通类	4	569	698	727	706.5
46	海南	综合改革	计算机类（软件数媒与大数据方向）	普通类	2	569	713	718	715.5
46	海南	综合改革	临床医学（五年制）	普通类	2	569	735	736	735.5
46	海南	综合改革	临床医学（5＋3一体化）	普通类	2	569	741	741	741
46	海南	综合改革	网络空间安全	普通类	2	569	717	718	717.5
50	重庆	物理类	计算机类(计算机与智能方向)	高校专项	1	476	612	612	612
50	重庆	物理类	土木类	高校专项	1	476	573	573	573
50	重庆	物理类	计算机类(计算机与智能方向)	国家专项	3	476	615	616	615.67
50	重庆	物理类	机械类	国家专项	2	476	609	612	610.5
50	重庆	物理类	能源动力类	国家专项	2	476	606	612	609
50	重庆	物理类	电气工程及其自动化	国家专项	2	476	612	615	613.5
50	重庆	物理类	数学类	普通类	2	476	630	649	639.5
50	重庆	物理类	物理学类	普通类	3	476	616	618	617
50	重庆	物理类	化学类	普通类	4	476	604	607	604.75
50	重庆	物理类	电子信息类（通信电子与光电方向）	普通类	2	476	619	619	619
50	重庆	物理类	计算机类(计算机与智能方向)	普通类	6	476	621	622	621.17
50	重庆	物理类	生物科学类	普通类	2	476	606	611	608.5
50	重庆	物理类	材料类	普通类	3	476	602	606	604.33
50	重庆	物理类	机械类	普通类	2	476	611	612	611.5
50	重庆	物理类	自动化类	普通类	2	476	620	621	620.5
50	重庆	物理类	智能医学工程	普通类	2	476	605	610	607.5

续表

省区市代码	省（区、市）	科类	专业名称	统计类型	录取人数	控制线	最低分	最高分	平均分
50	重庆	物理类	能源动力类	普通类	6	476	606	608	606.83
50	重庆	物理类	电气工程及其自动化	普通类	4	476	615	618	616.5
50	重庆	物理类	土木类	普通类	3	476	597	605	600
50	重庆	物理类	环境科学与工程类	普通类	2	476	604	613	608.5
50	重庆	物理类	药学类	普通类	3	476	603	607	604.33
50	重庆	物理类	管理科学与工程类	普通类	2	476	597	601	599
50	重庆	物理类	计算机类（软件数媒与大数据方向）	普通类	4	476	616	617	616.5
50	重庆	物理类	电子信息类（微电子与电路集成方向）	普通类	2	476	618	618	618
50	重庆	物理类	临床医学（五年制）	普通类	2	476	632	632	632
50	重庆	物理类	临床医学（5+3一体化）	普通类	2	476	638	647	642.5
50	重庆	物理类	网络空间安全	普通类	3	476	615	616	615.33
50	重庆	物理类	数学与应用数学	强基计划	2	476	611	626	618.5
50	重庆	历史类	中国语言文学类	高校专项	1	493	578	578	578
50	重庆	历史类	哲学类	普通类	2	493	599	605	602
50	重庆	历史类	经济学类	普通类	2	493	604	606	605
50	重庆	历史类	政治学类	普通类	2	493	601	602	601.5
50	重庆	历史类	公共管理类	普通类	2	493	597	598	597.5
50	重庆	历史类	法学类	普通类	2	493	607	612	609.5
50	重庆	历史类	中国语言文学类	普通类	2	493	610	614	612
50	重庆	历史类	新闻传播学类	普通类	2	493	605	607	606
50	重庆	历史类	外国语言文学类	普通类	2	493	598	606	602
50	重庆	历史类	历史学类	普通类	2	493	604	606	605
50	重庆	历史类	工商管理类	普通类	2	493	603	606	604.5
50	重庆	历史类	历史学	强基计划	2	493	575	600	587.5
51	四川	文史	政治学类	高校专项	1	538	596	596	596
51	四川	文史	社会学类	普通类	2	538	598	602	600
51	四川	文史	经济学类	普通类	2	538	609	614	611.5
51	四川	文史	政治学类	普通类	3	538	604	605	604.33

续表

省区市代码	省（区、市）	科类	专业名称	统计类型	录取人数	控制线	最低分	最高分	平均分
51	四川	文史	公共管理类	普通类	2	538	596	604	600
51	四川	文史	法学类	普通类	2	538	604	605	604.5
51	四川	文史	中国语言文学类	普通类	2	538	606	616	611
51	四川	文史	新闻传播学类	普通类	3	538	605	606	605.33
51	四川	文史	外国语言文学类	普通类	6	538	599	607	602.33
51	四川	文史	历史学类	普通类	2	538	604	607	605.5
51	四川	文史	工商管理类	普通类	4	538	601	604	602.75
51	四川	文史	汉语国际教育	普通类	2	538	599	599	599
51	四川	文史	哲学	强基计划	2	538	604	611	607.5
51	四川	文史	马克思主义理论	提前批	2	538	592	595	593.5
51	四川	文史	经济学类	预科转正	1	541	572	572	572
51	四川	文史	历史学类	预科转正	1	541	568	568	568
51	四川	文史	工商管理类	预科转正	1	541	569	569	569
51	四川	理工	临床医学(五年制，定向西藏)	定向西藏	1	515	588	588	588
51	四川	理工	管理科学与工程类(定向西藏)	定向西藏	1	515	595	595	595
51	四川	理工	计算机类（计算机与智能方向，定向西藏）	定向西藏	1	515	595	595	595
51	四川	理工	材料类	高校专项	1	515	617	617	617
51	四川	理工	自动化类	高校专项	1	515	619	619	619
51	四川	理工	药学类	高校专项	1	515	615	615	615
51	四川	理工	电子信息类（通信电子与光电方向）	国家专项	2	515	620	620	620
51	四川	理工	计算机类(计算机与智能方向)	国家专项	2	515	621	625	623
51	四川	理工	材料类	国家专项	2	515	584	615	599.5
51	四川	理工	机械类	国家专项	2	515	613	615	614
51	四川	理工	自动化类	国家专项	2	515	618	619	618.5
51	四川	理工	管理科学与工程类	国家专项	2	515	611	614	612.5
51	四川	理工	智能建造与智慧交通	国家专项	2	515	616	616	616
51	四川	理工	经济学类	普通类	2	515	636	645	640.5
51	四川	理工	数学类	普通类	4	515	646	662	651.5

续表

省区市代码	省（区、市）	科类	专业名称	统计类型	录取人数	控制线	最低分	最高分	平均分
51	四川	理工	物理学类	普通类	4	515	636	646	639.25
51	四川	理工	化学类	普通类	4	515	631	632	631.25
51	四川	理工	电子信息类（通信电子与光电方向）	普通类	6	515	632	642	634.83
51	四川	理工	计算机类(计算机与智能方向)	普通类	4	515	644	646	644.75
51	四川	理工	生物科学类	普通类	2	515	635	646	640.5
51	四川	理工	材料类	普通类	5	515	628	632	629.4
51	四川	理工	机械类	普通类	6	515	629	632	631.17
51	四川	理工	自动化类	普通类	4	515	632	641	634.75
51	四川	理工	智能医学工程	普通类	4	515	629	645	634.75
51	四川	理工	能源动力类	普通类	8	515	629	642	631.88
51	四川	理工	电气工程及其自动化	普通类	4	515	633	636	634.25
51	四川	理工	土木类	普通类	4	515	629	633	630.25
51	四川	理工	环境科学与工程类	普通类	2	515	631	633	632
51	四川	理工	预防医学（五年制）	普通类	3	515	635	647	639.67
51	四川	理工	口腔医学（5+3一体化）	普通类	2	515	648	649	648.5
51	四川	理工	药学类	普通类	3	515	631	633	632
51	四川	理工	工商管理类	普通类	4	515	630	632	631
51	四川	理工	计算机类（软件数媒与大数据方向）	普通类	12	515	633	647	636.42
51	四川	理工	电子信息类（微电子与电路集成方向）	普通类	4	515	632	640	634.5
51	四川	理工	临床医学（五年制）	普通类	2	515	647	648	647.5
51	四川	理工	临床医学（5+3一体化）	普通类	3	515	652	654	653
51	四川	理工	临床医学（本博连读，齐鲁医学堂）	普通类	2	515	656	659	657.5
51	四川	理工	生物医学科学	普通类	2	515	634	636	635
51	四川	理工	智能建造与智慧交通	普通类	2	515	632	632	632
51	四川	理工	网络空间安全	普通类	3	515	635	643	638
51	四川	理工	数学与应用数学	强基计划	1	515	650	650	650
51	四川	理工	物理学	强基计划	2	515	629	652	640.5

续表

省区市代码	省(区、市)	科类	专业名称	统计类型	录取人数	控制线	最低分	最高分	平均分
51	四川	理工	生物医学科学	强基计划	1	515	633	633	633
51	四川	理工	化学类	预科转正	1	521	573	573	573
51	四川	理工	材料类	预科转正	1	521	574	574	574
51	四川	理工	机械类	预科转正	1	521	576	576	576
51	四川	理工	自动化类	预科转正	1	521	577	577	577
51	四川	理工	环境科学与工程类	预科转正	1	521	573	573	573
51	四川	理工	预防医学（五年制）	预科转正	1	521	572	572	572
51	四川	理工	计算机类（软件数媒与大数据方向）	预科转正	1	521	591	591	591
51	四川	理工	网络空间安全	预科转正	1	521	574	574	574
51	四川	体育(不分文理)	社会体育指导与管理	体育类	5	515	98	99	98.4
52	贵州	文史	工商管理类	高校专项	1	549	611	611	611
52	贵州	文史	社会学类	普通类	2	549	628	629	628.5
52	贵州	文史	经济学类	普通类	2	549	635	636	635.5
52	贵州	文史	法学类	普通类	2	549	634	634	634
52	贵州	文史	中国语言文学类	普通类	2	549	635	636	635.5
52	贵州	文史	新闻传播学类	普通类	2	549	633	633	633
52	贵州	文史	外国语言文学类	普通类	4	549	629	635	631.25
52	贵州	文史	历史学类	普通类	3	549	629	632	630.67
52	贵州	文史	工商管理类	普通类	4	549	631	634	632.5
52	贵州	文史	哲学	强基计划	1	549	626	626	626
52	贵州	文史	历史学类	预科转正	1	556	620	620	620
52	贵州	文史	汉语国际教育	预科转正	1	556	622	622	622
52	贵州	理工	机械类	高校专项	1	451	575	575	575
52	贵州	理工	土木类	高校专项	1	451	574	574	574
52	贵州	理工	药学类	高校专项	1	451	566	566	566
52	贵州	理工	数学类	国家专项	1	451	610	610	610
52	贵州	理工	电子信息类（通信电子与光电方向）	国家专项	2	451	595	595	595

续表

省区市代码	省(区、市)	科类	专业名称	统计类型	录取人数	控制线	最低分	最高分	平均分
52	贵州	理工	计算机类(计算机与智能方向)	国家专项	1	451	600	600	600
52	贵州	理工	生物科学类	国家专项	2	451	570	578	574
52	贵州	理工	材料类	国家专项	2	451	565	585	575
52	贵州	理工	自动化类	国家专项	2	451	587	592	589.5
52	贵州	理工	能源动力类	国家专项	2	451	579	585	582
52	贵州	理工	土木类	国家专项	2	451	575	577	576
52	贵州	理工	预防医学（五年制）	国家专项	2	451	585	586	585.5
52	贵州	理工	管理科学与工程类	国家专项	2	451	568	569	568.5
52	贵州	理工	临床医学（五年制）	国家专项	2	451	619	620	619.5
52	贵州	理工	经济学类	普通类	2	451	590	590	590
52	贵州	理工	数学类	普通类	2	451	602	612	607
52	贵州	理工	物理学类	普通类	3	451	588	590	589
52	贵州	理工	化学类	普通类	4	451	579	590	585
52	贵州	理工	电子信息类（通信电子与光电方向）	普通类	4	451	590	594	591.25
52	贵州	理工	计算机类(计算机与智能方向)	普通类	4	451	601	605	602.25
52	贵州	理工	生物科学类	普通类	2	451	582	586	584
52	贵州	理工	材料类	普通类	4	451	579	586	583
52	贵州	理工	机械类	普通类	6	451	585	593	588.5
52	贵州	理工	自动化类	普通类	4	451	587	591	588.5
52	贵州	理工	能源动力类	普通类	6	451	583	589	586
52	贵州	理工	电气工程及其自动化	普通类	5	451	592	618	598.6
52	贵州	理工	土木类	普通类	5	451	581	590	585.2
52	贵州	理工	环境科学与工程类	普通类	2	451	580	581	580.5
52	贵州	理工	预防医学（五年制）	普通类	2	451	569	601	585
52	贵州	理工	药学类	普通类	3	451	580	582	581
52	贵州	理工	管理科学与工程类	普通类	3	451	580	582	581
52	贵州	理工	工商管理类	普通类	2	451	579	582	580.5
52	贵州	理工	计算机类（软件数媒与大数据方向）	普通类	6	451	593	598	595.17

续表

省区市代码	省（区、市）	科类	专业名称	统计类型	录取人数	控制线	最低分	最高分	平均分
52	贵州	理工	临床医学（五年制）	普通类	2	451	604	617	610.5
52	贵州	理工	临床医学（5+3一体化）	普通类	2	451	618	622	620
52	贵州	理工	智能建造与智慧交通	普通类	2	451	583	590	586.5
52	贵州	理工	网络空间安全	普通类	3	451	595	597	596.33
52	贵州	理工	物理学	强基计划	1	451	551	551	551
52	贵州	理工	化学	强基计划	1	451	566	566	566
52	贵州	理工	经济学类	预科转正	1	456	562	562	562
52	贵州	理工	电子信息类（通信电子与光电方向）	预科转正	1	456	555	555	555
52	贵州	理工	计算机类(计算机与智能方向)	预科转正	1	456	563	563	563
52	贵州	理工	能源动力类	预科转正	1	456	553	553	553
52	贵州	理工	预防医学（五年制）	预科转正	1	456	557	557	557
52	贵州	理工	工商管理类	预科转正	1	456	567	567	567
53	云南	文史	法学类	高校专项	1	575	624	624	624
53	云南	文史	哲学类	普通类	2	575	647	647	647
53	云南	文史	经济学类	普通类	2	575	647	649	648
53	云南	文史	政治学类	普通类	2	575	645	646	645.5
53	云南	文史	公共管理类	普通类	2	575	644	647	645.5
53	云南	文史	法学类	普通类	2	575	647	648	647.5
53	云南	文史	中国语言文学类	普通类	3	575	649	652	650.67
53	云南	文史	新闻传播学类	普通类	2	575	647	648	647.5
53	云南	文史	外国语言文学类	普通类	2	575	644	647	645.5
53	云南	文史	历史学类	普通类	2	575	644	645	644.5
53	云南	文史	工商管理类	普通类	2	575	645	645	645
53	云南	文史	经济学类	预科转正	1	565	622	622	622
53	云南	文史	新闻传播学类	预科转正	1	565	627	627	627
53	云南	文史	汉语国际教育	预科转正	1	565	623	623	623
53	云南	理工	电子信息类（通信电子与光电方向）	高校专项	1	515	627	627	627
53	云南	理工	自动化类	高校专项	1	515	610	610	610

续表

省区市代码	省(区、市)	科类	专业名称	统计类型	录取人数	控制线	最低分	最高分	平均分
53	云南	理工	预防医学（五年制）	高校专项	1	515	594	594	594
53	云南	理工	数学类	国家专项	1	515	647	647	647
53	云南	理工	电子信息类（通信电子与光电方向）	国家专项	2	515	631	633	632
53	云南	理工	生物科学类	国家专项	1	515	623	623	623
53	云南	理工	机械类	国家专项	2	515	619	624	621.5
53	云南	理工	自动化类	国家专项	2	515	626	635	630.5
53	云南	理工	能源动力类	国家专项	3	515	615	624	619.67
53	云南	理工	预防医学（五年制）	国家专项	2	515	617	617	617
53	云南	理工	智能建造与智慧交通	国家专项	2	515	617	624	620.5
53	云南	理工	经济学类	普通类	2	515	637	638	637.5
53	云南	理工	数学类	普通类	2	515	640	649	644.5
53	云南	理工	物理学类	普通类	3	515	637	638	637.67
53	云南	理工	化学类	普通类	4	515	626	637	629
53	云南	理工	电子信息类（通信电子与光电方向）	普通类	4	515	634	640	635.75
53	云南	理工	计算机类(计算机与智能方向)	普通类	4	515	638	639	638.5
53	云南	理工	生物科学类	普通类	2	515	631	637	634
53	云南	理工	材料类	普通类	5	515	626	640	630.6
53	云南	理工	机械类	普通类	6	515	629	635	631
53	云南	理工	自动化类	普通类	4	515	632	637	634
53	云南	理工	能源动力类	普通类	6	515	629	633	630.67
53	云南	理工	电气工程及其自动化	普通类	4	515	632	641	635.75
53	云南	理工	土木类	普通类	4	515	625	628	626.25
53	云南	理工	环境科学与工程类	普通类	2	515	628	628	628
53	云南	理工	预防医学（五年制）	普通类	3	515	626	633	629.33
53	云南	理工	口腔医学（五年制）	普通类	2	515	649	660	654.5
53	云南	理工	药学类	普通类	3	515	629	636	632.33
53	云南	理工	管理科学与工程类	普通类	2	515	627	629	628
53	云南	理工	工商管理类	普通类	2	515	626	631	628.5

续表

省区市代码	省(区、市)	科类	专业名称	统计类型	录取人数	控制线	最低分	最高分	平均分
53	云南	理工	计算机类（软件数媒与大数据方向）	普通类	6	515	632	639	635.33
53	云南	理工	临床医学（五年制）	普通类	2	515	657	658	657.5
53	云南	理工	临床医学（5+3一体化）	普通类	2	515	660	667	663.5
53	云南	理工	网络空间安全	普通类	2	515	632	633	632.5
53	云南	理工	生物科学	强基计划	2	515	614	635	624.5
53	云南	理工	数学类	预科转正	1	520	603	603	603
53	云南	理工	计算机类(计算机与智能方向)	预科转正	1	520	602	602	602
53	云南	理工	机械类	预科转正	1	520	593	593	593
53	云南	理工	电气工程及其自动化	预科转正	1	520	597	597	597
53	云南	理工	土木类	预科转正	1	520	591	591	591
53	云南	理工	药学类	预科转正	1	520	599	599	599
53	云南	理工	管理科学与工程类	预科转正	1	520	600	600	600
53	云南	理工	临床医学（五年制）	预科转正	1	520	610	610	610
54	西藏	文史	历史学类	高校专项	1	430	353	353	353
54	西藏	文史	法学类	普通类	1	430	560	560	560
54	西藏	文史	工商管理类	普通类	2	430	558	559	558.5
54	西藏	文史	公共管理类	普通类(西藏少数民族)	2	430	414	417	415.5
54	西藏	文史	法学类	普通类(西藏少数民族)	1	430	429	429	429
54	西藏	文史	社会学类	西藏内地班	2	430	465	492	478.5
54	西藏	文史	经济学类	西藏内地班	3	430	457	501	473.67
54	西藏	文史	公共管理类	西藏内地班	3	430	431	444	435.67
54	西藏	文史	法学类	西藏内地班	2	430	486	529	507.5
54	西藏	文史	中国语言文学类	西藏内地班	2	430	486	505	495.5
54	西藏	文史	新闻传播学类	西藏内地班	2	430	415	447	431
54	西藏	文史	外国语言文学类	西藏内地班	2	430	398	468	433
54	西藏	文史	历史学类	西藏内地班	2	430	469	484	476.5
54	西藏	文史	工商管理类	西藏内地班	3	430	445	460	453.33

续表

省区市代码	省(区、市)	科类	专业名称	统计类型	录取人数	控制线	最低分	最高分	平均分
54	西藏	文史	公共管理类	预科转正	1	448	532	532	532
54	西藏	文史	外国语言文学类	预科转正	1	448	356	356	356
54	西藏	理工	药学类	高校专项	1	400	333	333	333
54	西藏	理工	生物科学类	国家专项	1	400	410	410	410
54	西藏	理工	机械类	国家专项	2	400	586	596	591
54	西藏	理工	智能建造与智慧交通	国家专项	2	400	587	608	597.5
54	西藏	理工	自动化类	普通类	1	400	561	561	561
54	西藏	理工	药学类	普通类	2	400	560	563	561.5
54	西藏	理工	临床医学（五年制）	普通类	2	400	583	619	601
54	西藏	理工	自动化类	普通类(西藏少数民族)	1	400	413	413	413
54	西藏	理工	土木类	普通类(西藏少数民族)	2	400	392	392	392
54	西藏	理工	计算机类(计算机与智能方向)	西藏内地班	2	400	397	475	436
54	西藏	理工	土木类	西藏内地班	3	400	364	377	371
54	西藏	理工	环境科学与工程类	西藏内地班	2	400	472	482	477
54	西藏	理工	预防医学（五年制）	西藏内地班	2	400	491	550	520.5
54	西藏	理工	药学类	西藏内地班	2	400	436	467	451.5
54	西藏	理工	临床医学（五年制）	西藏内地班	2	400	551	556	553.5
54	西藏	理工	智能建造与智慧交通	西藏内地班	2	400	425	452	438.5
54	西藏	理工	药学类	预科转正	1	415	334	334	334
54	西藏	理工	工商管理类	预科转正	1	415	327	327	327
61	陕西	文史	中国语言文学类	高校专项	1	484	577	577	577
61	陕西	文史	经济学类	普通类	2	484	599	600	599.5
61	陕西	文史	政治学类	普通类	2	484	590	594	592
61	陕西	文史	公共管理类	普通类	2	484	592	594	593
61	陕西	文史	法学类	普通类	2	484	601	601	601
61	陕西	文史	中国语言文学类	普通类	2	484	599	599	599
61	陕西	文史	新闻传播学类	普通类	2	484	595	599	597
61	陕西	文史	外国语言文学类	普通类	4	484	590	595	592.5

续表

省区市代码	省（区、市）	科类	专业名称	统计类型	录取人数	控制线	最低分	最高分	平均分
61	陕西	文史	历史学类	普通类	4	484	597	600	598.75
61	陕西	文史	工商管理类	普通类	4	484	594	597	595.25
61	陕西	理工	计算机类(计算机与智能方向)	高校专项	1	449	558	558	558
61	陕西	理工	能源动力类	高校专项	1	449	553	553	553
61	陕西	理工	环境科学与工程类	高校专项	1	449	553	553	553
61	陕西	理工	电子信息类（通信电子与光电方向）	国家专项	3	449	592	599	594.67
61	陕西	理工	材料类	国家专项	2	449	556	590	573
61	陕西	理工	机械类	国家专项	2	449	592	592	592
61	陕西	理工	自动化类	国家专项	2	449	590	591	590.5
61	陕西	理工	能源动力类	国家专项	2	449	590	591	590.5
61	陕西	理工	预防医学（五年制）	国家专项	2	449	556	570	563
61	陕西	理工	经济学类	普通类	2	449	597	609	603
61	陕西	理工	数学类	普通类	2	449	607	609	608
61	陕西	理工	物理学类	普通类	4	449	594	623	606.75
61	陕西	理工	化学类	普通类	4	449	552	582	569.25
61	陕西	理工	电子信息类（通信电子与光电方向）	普通类	8	449	586	612	593.75
61	陕西	理工	计算机类(计算机与智能方向)	普通类	4	449	603	609	606.75
61	陕西	理工	生物科学类	普通类	2	449	580	583	581.5
61	陕西	理工	材料类	普通类	4	449	567	591	580.75
61	陕西	理工	机械类	普通类	6	449	516	589	561.33
61	陕西	理工	自动化类	普通类	2	449	593	599	596
61	陕西	理工	能源动力类	普通类	6	449	542	585	567.17
61	陕西	理工	电气工程及其自动化	普通类	4	449	589	604	596
61	陕西	理工	建筑学（五年制）	普通类	2	449	544	565	554.5
61	陕西	理工	土木类	普通类	4	449	517	559	535
61	陕西	理工	环境科学与工程类	普通类	2	449	584	590	587
61	陕西	理工	预防医学（五年制）	普通类	2	449	585	588	586.5
61	陕西	理工	药学类	普通类	3	449	532	557	541.33

续表

省区市代码	省（区、市）	科类	专业名称	统计类型	录取人数	控制线	最低分	最高分	平均分
61	陕西	理工	管理科学与工程类	普通类	3	449	529	577	559
61	陕西	理工	工商管理类	普通类	4	449	578	600	587.5
61	陕西	理工	计算机类（软件数媒与大数据方向）	普通类	8	449	590	604	595.75
61	陕西	理工	电子信息类（微电子与电路集成方向）	普通类	4	449	589	599	593.5
61	陕西	理工	临床医学（五年制）	普通类	2	449	615	618	616.5
61	陕西	理工	临床医学（5＋3 一体化）	普通类	3	449	619	632	623.33
61	陕西	理工	网络空间安全	普通类	3	449	596	610	601.67
61	陕西	理工	物理学	强基计划	1	449	596	596	596
61	陕西	理工	生物科学	强基计划	2	449	579	595	587
62	甘肃	文史	历史学类	高校专项	1	485	535	535	535
62	甘肃	文史	哲学类	普通类	2	485	568	569	568.5
62	甘肃	文史	经济学类	普通类	2	485	574	575	574.5
62	甘肃	文史	政治学类	普通类	2	485	566	569	567.5
62	甘肃	文史	公共管理类	普通类	2	485	566	566	566
62	甘肃	文史	法学类	普通类	2	485	572	573	572.5
62	甘肃	文史	中国语言文学类	普通类	3	485	571	575	572.67
62	甘肃	文史	新闻传播学类	普通类	2	485	569	570	569.5
62	甘肃	文史	外国语言文学类	普通类	4	485	568	572	569.25
62	甘肃	文史	历史学类	普通类	5	485	568	573	570.6
62	甘肃	文史	工商管理类	普通类	4	485	568	571	568.75
62	甘肃	文史	哲学	强基计划	1	485	567	567	567
62	甘肃	理工	电子信息类（通信电子与光电方向）	高校专项	1	442	540	540	540
62	甘肃	理工	能源动力类	高校专项	1	442	550	550	550
62	甘肃	理工	预防医学（五年制）	高校专项	1	442	538	538	538
62	甘肃	理工	数学类	国家专项	1	442	567	567	567
62	甘肃	理工	电子信息类（通信电子与光电方向）	国家专项	2	442	566	575	570.5
62	甘肃	理工	计算机类(计算机与智能方向)	国家专项	2	442	571	583	577

续表

省区市代码	省(区、市）	科类	专业名称	统计类型	录取人数	控制线	最低分	最高分	平均分
62	甘肃	理工	材料类	国家专项	2	442	557	559	558
62	甘肃	理工	机械类	国家专项	2	442	560	567	563.5
62	甘肃	理工	自动化类	国家专项	2	442	566	582	574
62	甘肃	理工	能源动力类	国家专项	2	442	564	571	567.5
62	甘肃	理工	电气工程及其自动化	国家专项	2	442	573	576	574.5
62	甘肃	理工	土木类	国家专项	1	442	555	555	555
62	甘肃	理工	临床医学（五年制）	国家专项	2	442	588	592	590
62	甘肃	理工	经济学类	普通类	2	442	570	571	570.5
62	甘肃	理工	数学类	普通类	2	442	584	590	587
62	甘肃	理工	物理学类	普通类	5	442	560	575	565.2
62	甘肃	理工	化学类	普通类	4	442	563	566	565
62	甘肃	理工	电子信息类（通信电子与光电方向）	普通类	8	442	567	579	569.5
62	甘肃	理工	计算机类(计算机与智能方向)	普通类	4	442	574	579	576.5
62	甘肃	理工	生物科学类	普通类	2	442	565	565	565
62	甘肃	理工	材料类	普通类	6	442	556	560	557.67
62	甘肃	理工	机械类	普通类	8	442	559	565	561.75
62	甘肃	理工	自动化类	普通类	4	442	567	580	571
62	甘肃	理工	智能医学工程	普通类	2	442	560	561	560.5
62	甘肃	理工	能源动力类	普通类	8	442	561	569	565.38
62	甘肃	理工	电气工程及其自动化	普通类	5	442	572	579	574.6
62	甘肃	理工	土木类	普通类	6	442	556	557	556.5
62	甘肃	理工	环境科学与工程类	普通类	4	442	558	566	562.25
62	甘肃	理工	预防医学（五年制）	普通类	3	442	557	564	561
62	甘肃	理工	口腔医学（五年制）	普通类	2	442	581	600	590.5
62	甘肃	理工	药学类	普通类	3	442	563	565	563.67
62	甘肃	理工	管理科学与工程类	普通类	3	442	558	560	559.33
62	甘肃	理工	工商管理类	普通类	4	442	556	567	561
62	甘肃	理工	计算机类（软件数媒与大数据方向）	普通类	10	442	569	577	571.3

续表

省区市代码	省（区、市）	科类	专业名称	统计类型	录取人数	控制线	最低分	最高分	平均分
62	甘肃	理工	电子信息类（微电子与电路集成方向）	普通类	2	442	573	576	574.5
62	甘肃	理工	临床医学（五年制）	普通类	2	442	585	591	588
62	甘肃	理工	临床医学（5＋3 一体化）	普通类	2	442	596	601	598.5
62	甘肃	理工	网络空间安全	普通类	3	442	568	569	568.67
62	甘肃	理工	生物科学	强基计划	2	442	554	561	557.5
62	甘肃	理工	经济学类	预科转正	1	440	524	524	524
62	甘肃	理工	法学类	预科转正	1	440	513	513	513
62	甘肃	理工	化学类	预科转正	2	440	521	521	521
62	甘肃	理工	计算机类(计算机与智能方向)	预科转正	1	440	536	536	536
62	甘肃	理工	自动化类	预科转正	1	440	522	522	522
62	甘肃	理工	口腔医学（五年制）	预科转正	1	440	536	536	536
63	青海	文史	工商管理类	高校专项	1	445	512	512	512
63	青海	文史	经济学类	普通类	2	445	534	534	534
63	青海	文史	公共管理类	普通类	2	445	505	528	516.5
63	青海	文史	法学类	普通类	2	445	535	544	539.5
63	青海	文史	中国语言文学类	普通类	2	445	543	548	545.5
63	青海	文史	新闻传播学类	普通类	2	445	516	527	521.5
63	青海	文史	外国语言文学类	普通类	3	445	521	538	526.67
63	青海	文史	历史学类	普通类	2	445	520	528	524
63	青海	文史	工商管理类	普通类	2	445	532	533	532.5
63	青海	文史	政治学类	预科转正	1	456	534	534	534
63	青海	文史	工商管理类	预科转正	1	456	537	537	537
63	青海	理工	临床医学(五年制，定向西藏)	定向西藏	2	393	459	472	465.5
63	青海	理工	计算机类（计算机与智能方向，定向西藏）	定向西藏	1	393	457	457	457
63	青海	理工	电子信息类（通信电子与光电方向）	高校专项	1	393	514	514	514
63	青海	理工	机械类	高校专项	1	393	481	481	481
63	青海	理工	药学类	高校专项	1	393	487	487	487

续表

省区市代码	省（区、市）	科类	专业名称	统计类型	录取人数	控制线	最低分	最高分	平均分
63	青海	理工	计算机类(计算机与智能方向)	国家专项	1	393	492	492	492
63	青海	理工	能源动力类	国家专项	1	393	485	485	485
63	青海	理工	数学类	普通类	2	393	520	529	524.5
63	青海	理工	物理学类	普通类	2	393	500	517	508.5
63	青海	理工	化学类	普通类	4	393	497	506	502.75
63	青海	理工	电子信息类（通信电子与光电方向）	普通类	4	393	510	524	516.25
63	青海	理工	计算机类(计算机与智能方向)	普通类	2	393	520	531	525.5
63	青海	理工	生物科学类	普通类	2	393	506	507	506.5
63	青海	理工	材料类	普通类	4	393	498	501	500
63	青海	理工	机械类	普通类	3	393	500	507	502.67
63	青海	理工	自动化类	普通类	2	393	508	510	509
63	青海	理工	能源动力类	普通类	5	393	505	509	506
63	青海	理工	电气工程及其自动化	普通类	2	393	518	525	521.5
63	青海	理工	环境科学与工程类	普通类	2	393	500	502	501
63	青海	理工	预防医学（五年制）	普通类	2	393	501	501	501
63	青海	理工	药学类	普通类	3	393	495	502	498
63	青海	理工	计算机类（软件数媒与大数据方向）	普通类	2	393	516	517	516.5
63	青海	理工	临床医学（五年制）	普通类	2	393	511	512	511.5
63	青海	理工	法学类	预科转正	1	403	490	490	490
63	青海	理工	电子信息类（通信电子与光电方向）	预科转正	1	403	490	490	490
63	青海	理工	生物科学类	预科转正	1	403	469	469	469
63	青海	理工	能源动力类	预科转正	1	403	473	473	473
63	青海	理工	环境科学与工程类	预科转正	1	403	481	481	481
63	青海	理工	计算机类（软件数媒与大数据方向）	预科转正	1	403	483	483	483
64	宁夏	文史	历史学类	高校专项	1	487	517	517	517
64	宁夏	文史	经济学类	普通类	2	487	572	577	574.5
64	宁夏	文史	法学类	普通类	2	487	565	569	567

续表

省区市代码	省（区、市）	科类	专业名称	统计类型	录取人数	控制线	最低分	最高分	平均分
64	宁夏	文史	中国语言文学类	普通类	2	487	567	573	570
64	宁夏	文史	新闻传播学类	普通类	2	487	542	547	544.5
64	宁夏	文史	外国语言文学类	普通类	3	487	487	541	509
64	宁夏	文史	工商管理类	普通类	4	487	515	571	551.5
64	宁夏	文史	公共管理类	预科转正	1	505	579	579	579
64	宁夏	文史	法学类	预科转正	1	505	589	589	589
64	宁夏	理工	环境科学与工程类	高校专项	1	412	545	545	545
64	宁夏	理工	电子信息类（通信电子与光电方向）	国家专项	1	412	523	523	523
64	宁夏	理工	能源动力类	国家专项	2	412	519	522	520.5
64	宁夏	理工	数学类	普通类	2	412	545	545	545
64	宁夏	理工	物理学类	普通类	3	412	535	547	542.67
64	宁夏	理工	化学类	普通类	4	412	526	535	530
64	宁夏	理工	电子信息类（通信电子与光电方向）	普通类	4	412	546	552	549.25
64	宁夏	理工	生物科学类	普通类	2	412	540	548	544
64	宁夏	理工	材料类	普通类	4	412	521	530	524.25
64	宁夏	理工	机械类	普通类	5	412	521	537	525.4
64	宁夏	理工	自动化类	普通类	2	412	549	552	550.5
64	宁夏	理工	能源动力类	普通类	7	412	533	539	535.71
64	宁夏	理工	电气工程及其自动化	普通类	2	412	555	556	555.5
64	宁夏	理工	土木类	普通类	2	412	521	522	521.5
64	宁夏	理工	环境科学与工程类	普通类	4	412	524	525	524.5
64	宁夏	理工	预防医学（五年制）	普通类	2	412	531	544	537.5
64	宁夏	理工	药学类	普通类	2	412	540	542	541
64	宁夏	理工	工商管理类	普通类	2	412	545	546	545.5
64	宁夏	理工	计算机类（软件数媒与大数据方向）	普通类	3	412	549	553	551.33
64	宁夏	理工	临床医学（五年制）	普通类	2	412	550	555	552.5
64	宁夏	理工	网络空间安全	普通类	3	412	544	547	545.67

续表

省区市代码	省(区、市)	科类	专业名称	统计类型	录取人数	控制线	最低分	最高分	平均分
64	宁夏	理工	电气工程及其自动化	预科转正	1	412	511	511	511
64	宁夏	理工	工商管理类	预科转正	1	412	485	485	485
64	宁夏	理工	临床医学（五年制）	预科转正	1	412	560	560	560
65	新疆	文史	社会学类	普通类	2	443	528	528	528
65	新疆	文史	经济学类	普通类	2	443	546	546	546
65	新疆	文史	公共管理类	普通类	2	443	533	538	535.5
65	新疆	文史	法学类	普通类	2	443	545	549	547
65	新疆	文史	中国语言文学类	普通类	3	443	538	542	539.67
65	新疆	文史	新闻传播学类	普通类	2	443	540	541	540.5
65	新疆	文史	历史学类	普通类	2	443	525	531	528
65	新疆	文史	工商管理类	普通类	4	443	538	543	541.25
65	新疆	文史	汉语国际教育	普通类	2	443	536	537	536.5
65	新疆	文史	经济学类	新疆内地班	6	443	550	588	565.17
65	新疆	文史	法学类	新疆内地班	4	443	553	567	559.25
65	新疆	文史	外国语言文学类	新疆内地班	2	443	546	546	546
65	新疆	文史	工商管理类	新疆内地班	4	443	547	556	551.5
65	新疆	文史	社会学类	预科转正	2	466	484	523	503.5
65	新疆	文史	社会学类	预科转正	2	482	410	414	412
65	新疆	文史	经济学类	预科转正	2	482	407	409	408
65	新疆	文史	经济学类	预科转正	2	466	510	510	510
65	新疆	文史	公共管理类	预科转正	2	466	478	515	496.5
65	新疆	文史	公共管理类	预科转正	2	482	410	413	411.5
65	新疆	文史	法学类	预科转正	2	482	438	442	440
65	新疆	文史	法学类	预科转正	2	466	463	480	471.5
65	新疆	文史	中国语言文学类	预科转正	2	466	517	528	522.5
65	新疆	文史	中国语言文学类	预科转正	2	482	411	423	417
65	新疆	文史	外国语言文学类	预科转正	2	466	475	491	483
65	新疆	文史	外国语言文学类	预科转正	2	482	416	416	416
65	新疆	文史	历史学类	预科转正	2	466	489	490	489.5

续表

省区市代码	省（区、市）	科类	专业名称	统计类型	录取人数	控制线	最低分	最高分	平均分
65	新疆	文史	历史学类	预科转正	2	482	410	413	411.5
65	新疆	文史	工商管理类	预科转正	2	482	411	426	418.5
65	新疆	文史	工商管理类	预科转正	2	466	509	514	511.5
65	新疆	理工	药学类	高校专项	1	400	512	512	512
65	新疆	理工	计算机类(计算机与智能方向)	国家专项	1	400	520	520	520
65	新疆	理工	生物科学类	国家专项	2	400	402	570	486
65	新疆	理工	能源动力类	国家专项	2	400	515	542	528.5
65	新疆	理工	管理科学与工程类	国家专项	4	400	477	539	506.25
65	新疆	理工	经济学类	普通类	2	400	557	564	560.5
65	新疆	理工	电子信息类（通信电子与光电方向）	普通类	2	400	558	560	559
65	新疆	理工	计算机类(计算机与智能方向)	普通类	2	400	562	563	562.5
65	新疆	理工	生物科学类	普通类	2	400	545	562	553.5
65	新疆	理工	材料类	普通类	3	400	545	547	546.33
65	新疆	理工	机械类	普通类	4	400	547	553	550.25
65	新疆	理工	自动化类	普通类	2	400	555	555	555
65	新疆	理工	智能医学工程	普通类	2	400	551	561	556
65	新疆	理工	能源动力类	普通类	4	400	551	557	553
65	新疆	理工	电气工程及其自动化	普通类	2	400	559	559	559
65	新疆	理工	土木类	普通类	3	400	551	552	551.67
65	新疆	理工	环境科学与工程类	普通类	4	400	544	550	547.75
65	新疆	理工	预防医学（五年制）	普通类	2	400	551	554	552.5
65	新疆	理工	生物医药数据科学	普通类	2	400	543	548	545.5
65	新疆	理工	药学类	普通类	4	400	545	552	549.75
65	新疆	理工	管理科学与工程类	普通类	3	400	544	547	545.67
65	新疆	理工	工商管理类	普通类	2	400	542	548	545
65	新疆	理工	计算机类（软件数媒与大数据方向）	普通类	2	400	558	560	559
65	新疆	理工	临床医学（五年制）	普通类	2	400	566	567	566.5
65	新疆	理工	智能建造与智慧交通	普通类	2	400	548	552	550

续表

省区市代码	省（区、市）	科类	专业名称	统计类型	录取人数	控制线	最低分	最高分	平均分
65	新疆	理工	电子信息类（通信电子与光电方向）	新疆内地班	4	400	552	574	565
65	新疆	理工	计算机类(计算机与智能方向)	新疆内地班	4	400	565	582	570.25
65	新疆	理工	材料类	新疆内地班	4	400	546	571	562.75
65	新疆	理工	机械类	新疆内地班	4	400	543	571	556
65	新疆	理工	自动化类	新疆内地班	4	400	561	582	567.25
65	新疆	理工	能源动力类	新疆内地班	4	400	545	576	560.75
65	新疆	理工	电气工程及其自动化	新疆内地班	2	400	545	546	545.5
65	新疆	理工	土木类	新疆内地班	6	400	525	577	556.5
65	新疆	理工	预防医学（五年制）	新疆内地班	4	400	560	604	577
65	新疆	理工	药学类	新疆内地班	4	400	547	572	556.5
65	新疆	理工	临床医学（五年制）	新疆内地班	2	400	581	586	583.5
65	新疆	理工	经济学类	预科转正	2	405	469	487	478
65	新疆	理工	经济学类	预科转正	2	431	363	389	376
65	新疆	理工	化学类	预科转正	2	405	413	454	433.5
65	新疆	理工	化学类	预科转正	2	431	354	376	365
65	新疆	理工	电子信息类（通信电子与光电方向）	预科转正	2	405	425	437	431
65	新疆	理工	电子信息类（通信电子与光电方向）	预科转正	2	431	360	360	360
65	新疆	理工	生物科学类	预科转正	2	431	359	384	371.5
65	新疆	理工	生物科学类	预科转正	2	405	435	456	445.5
65	新疆	理工	材料类	预科转正	4	405	404	423	416
65	新疆	理工	材料类	预科转正	4	431	353	378	361.75
65	新疆	理工	机械类	预科转正	2	431	372	373	372.5
65	新疆	理工	机械类	预科转正	2	405	415	436	425.5
65	新疆	理工	自动化类	预科转正	4	431	372	384	378
65	新疆	理工	自动化类	预科转正	4	405	417	457	440.75
65	新疆	理工	能源动力类	预科转正	4	405	426	469	441
65	新疆	理工	能源动力类	预科转正	4	431	357	366	361.5

续表

省区市代码	省（区、市）	科类	专业名称	统计类型	录取人数	控制线	最低分	最高分	平均分
65	新疆	理工	电气工程及其自动化	预科转正	2	405	427	430	428.5
65	新疆	理工	电气工程及其自动化	预科转正	2	431	358	360	359
65	新疆	理工	土木类	预科转正	4	431	356	390	368.5
65	新疆	理工	土木类	预科转正	4	405	409	433	419.25
65	新疆	理工	环境科学与工程类	预科转正	2	431	356	371	363.5
65	新疆	理工	环境科学与工程类	预科转正	2	405	439	441	440
65	新疆	理工	预防医学（五年制）	预科转正	2	405	454	459	456.5
65	新疆	理工	预防医学（五年制）	预科转正	2	431	360	385	372.5
65	新疆	理工	药学类	预科转正	2	431	355	361	358
65	新疆	理工	药学类	预科转正	2	405	448	478	463
65	新疆	理工	管理科学与工程类	预科转正	2	431	373	374	373.5
65	新疆	理工	管理科学与工程类	预科转正	2	405	404	413	408.5
65	新疆	理工	工商管理类	预科转正	4	405	427	450	437.5
65	新疆	理工	工商管理类	预科转正	4	431	354	382	365.25
65	新疆	理工	临床医学（五年制）	预科转正	2	405	452	488	470
65	新疆	理工	临床医学（五年制）	预科转正	2	431	358	361	359.5
65	新疆	理工	智能建造与智慧交通	预科转正	2	405	409	415	412
65	新疆	理工	智能建造与智慧交通	预科转正	2	431	367	368	367.5
90	港澳台	文史	哲学类	港澳台—联招	2	0	510	525	517.5
90	港澳台	文史	经济学类	港澳台—联招	2	0	528	537	532.5
90	港澳台	文史	政治学类	港澳台—联招	2	0	509	516	512.5
90	港澳台	文史	新闻传播学类	港澳台—联招	4	0	519	531	524.75
90	港澳台	文史	外国语言文学类	港澳台—联招	4	0	506	519	510
90	港澳台	文史	历史学类	港澳台—联招	4	0	513	536	521.25
90	港澳台	文史	工商管理类	港澳台—联招	2	0	518	521	519.5
90	港澳台	文史	汉语国际教育	港澳台—联招	4	0	508	514	511.25
90	港澳台	理工	经济学类	港澳台—联招	2	0	511	528	519.5
90	港澳台	理工	生物科学类	港澳台—联招	2	0	487	489	488
90	港澳台	理工	机械类	港澳台—联招	4	0	483	502	490.5

续表

省区市代码	省(区、市)	科类	专业名称	统计类型	录取人数	控制线	最低分	最高分	平均分
90	港澳台	理工	自动化类	港澳台—联招	4	0	490	514	501.75
90	港澳台	理工	环境科学与工程类	港澳台—联招	2	0	489	495	492
90	港澳台	理工	工商管理类	港澳台—联招	2	0	500	501	500.5
90	港澳台	理工	计算机类（软件数媒与大数据方向）	港澳台—联招	4	0	499	509	505.5
90	港澳台	理工	电子信息类（微电子与电路集成方向）	港澳台—联招	4	0	491	508	496.25
90	港澳台	理工	临床医学（五年制）	港澳台—联招	2	0	495	518	506.5
90	港澳台	综合改革	经济学类	港澳台—澳	2	0	0	0	0
90	港澳台	综合改革	法学类	港澳台—澳	1	0	0	0	0
90	港澳台	综合改革	中国语言文学类	港澳台—澳	1	0	0	0	0
90	港澳台	综合改革	新闻传播学类	港澳台—澳	2	0	0	0	0
90	港澳台	综合改革	外国语言文学类	港澳台—澳	2	0	0	0	0
90	港澳台	综合改革	计算机类(计算机与智能方向)	港澳台—澳	2	0	0	0	0
90	港澳台	综合改革	电子信息类（微电子与电路集成方向）	港澳台—澳	2	0	0	0	0
90	港澳台	综合改革	临床医学（五年制）	港澳台—澳	1	0	0	0	0
90	港澳台	综合改革	哲学类	港澳台—港	1				
90	港澳台	综合改革	社会学类	港澳台—港	1				
90	港澳台	综合改革	经济学类	港澳台—港	2				
90	港澳台	综合改革	政治学类	港澳台—港	1				
90	港澳台	综合改革	公共管理类	港澳台—港	2				
90	港澳台	综合改革	法学类	港澳台—港	3				
90	港澳台	综合改革	中国语言文学类	港澳台—港	3				
90	港澳台	综合改革	新闻传播学类	港澳台—港	3				
90	港澳台	综合改革	历史学类	港澳台—港	4				
90	港澳台	综合改革	数学类	港澳台—港	2				
90	港澳台	综合改革	化学类	港澳台—港	1				
90	港澳台	综合改革	计算机类(计算机与智能方向)	港澳台—港	2				
90	港澳台	综合改革	生物科学类	港澳台—港	1				

续表

省区市代码	省（区、市）	科类	专业名称	统计类型	录取人数	控制线	最低分	最高分	平均分
90	港澳台	综合改革	智能医学工程	港澳台—港	1				
90	港澳台	综合改革	电气工程及其自动化	港澳台—港	1				
90	港澳台	综合改革	建筑学（五年制）	港澳台—港	1				
90	港澳台	综合改革	土木类	港澳台—港	1				
90	港澳台	综合改革	口腔医学（五年制）	港澳台—港	2				
90	港澳台	综合改革	药学类	港澳台—港	1				
90	港澳台	综合改革	管理科学与工程类	港澳台—港	1				
90	港澳台	综合改革	工商管理类	港澳台—港	3				
90	港澳台	综合改革	计算机类（软件数媒与大数据方向）	港澳台—港	2				
90	港澳台	综合改革	电子信息类（微电子与电路集成方向）	港澳台—港	2				
90	港澳台	综合改革	临床医学（五年制）	港澳台—港	1				
90	港澳台	综合改革	外国语言文学类	港澳台—台	1	0	0	0	0

威海校区录取情况统计

单位：人，分

省区市代码	省（区、市）	科类	专业名称	统计类型	录取人数	控制线	最低分	最高分	平均分
11	北京	综合改革	经济学类	普通类	2	425	622	624	623
11	北京	综合改革	电子信息类	普通类	3	425	624	632	627
11	北京	综合改革	美术学	艺术类	1	518	497	497	497
11	北京	综合改革	设计学类	艺术类	2	518	479	486	482.5
12	天津	综合改革	新闻学	普通类	2	463	655	657	656
12	天津	综合改革	经济学类	普通类	2	463	654	655	654.5
12	天津	综合改革	外国语言文学类	普通类	3	463	654	657	655.33
12	天津	综合改革	法学类	普通类	2	463	659	666	662.5
12	天津	综合改革	自动化类	普通类	2	463	655	655	655
12	天津	综合改革	电子信息类	普通类	2	463	657	657	657
12	天津	综合改革	计算机类	普通类	2	463	657	659	658
12	天津	综合改革	海洋资源开发技术	普通类	3	463	653	653	653
12	天津	综合改革	数学类	普通类	2	463	654	657	655.5
12	天津	综合改革	物理学	普通类	2	463	654	654	654
12	天津	综合改革	数学与应用数学（中外合作办学）	中外合作办学	2	463	653	654	653.5
12	天津	综合改革	应用物理学(中外合作办学)	中外合作办学	2	463	650	652	651
12	天津	综合改革	机械设计制造及其自动化(中外合作办学)	中外合作办学	2	463	648	651	649.5
12	天津市	综合改革	计算机科学与技术（中外合作办学）	中外合作办学	2	463	653	655	654
13	河北	物理类	经济学类	国家专项	1		606	606	606
13	河北	物理类	工商管理类	国家专项	1		603	603	603
13	河北	物理类	外国语言文学类	国家专项	1		599	599	599
13	河北	物理类	自动化类	国家专项	1		612	612	612

续表

省区市代码	省（区、市）	科类	专业名称	统计类型	录取人数	控制线	最低分	最高分	平均分
13	河北	物理类	计算机类	国家专项	1		613	613	613
13	河北	物理类	智能制造工程	国家专项	1		607	607	607
13	河北	物理类	海洋科学	国家专项	1		602	602	602
13	河北	物理类	海洋资源开发技术	国家专项	1		593	593	593
13	河北	物理类	数学类	国家专项	1		605	605	605
13	河北	物理类	经济学类	普通类	2	430	612	614	613
13	河北	物理类	工商管理类	普通类	5	430	604	607	605.4
13	河北	物理类	外国语言文学类	普通类	5	430	602	606	604
13	河北	物理类	自动化类	普通类	8	430	609	618	610.88
13	河北	物理类	电子信息类	普通类	7	430	611	618	612.86
13	河北	物理类	计算机类	普通类	5	430	613	624	616.4
13	河北	物理类	智能制造工程	普通类	6	430	608	609	608.67
13	河北	物理类	海洋科学	普通类	2	430	602	603	602.5
13	河北	物理类	数学类	普通类	10	430	609	615	611.4
13	河北	物理类	物理学	普通类	8	430	602	606	603.75
13	河北	物理类	金融学（中外合作办学）	中外合作办学	2	430	601	602	601.5
13	河北	物理类	数学与应用数学（中外合作办学）	中外合作办学	3	430	600	601	600.33
13	河北	物理类	应用物理学(中外合作办学）	中外合作办学	3	430	593	596	594.33
13	河北	物理类	应用化学（中外合作办学）	中外合作办学	4	430	579	581	580
13	河北	物理类	生物科学（中外合作办学）	中外合作办学	4	430	582	590	586.75
13	河北	物理类	机械设计制造及其自动化(中外合作办学）	中外合作办学	4	430	595	599	597
13	河北	物理类	计算机科学与技术（中外合作办学）	中外合作办学	4	430	603	609	605.25
13	河北	历史类	国际政治	国家专项	1		605	605	605
13	河北	历史类	新闻学	国家专项	1		609	609	609
13	河北	历史类	工商管理类	国家专项	1		608	608	608
13	河北	历史类	外国语言文学类	国家专项	1		610	610	610
13	河北	历史类	新闻学	普通类	2	443	614	616	615

续表

省区市代码	省（区、市）	科类	专业名称	统计类型	录取人数	控制线	最低分	最高分	平均分
13	河北	历史类	汉语言文学	普通类	2	443	620	622	621
13	河北	历史类	经济学类	普通类	2	443	615	616	615.5
13	河北	历史类	工商管理类	普通类	2	443	613	614	613.5
13	河北	历史类	外国语言文学类	普通类	2	443	611	612	611.5
13	河北	历史类	法学类	普通类	3	443	614	617	615.33
13	河北	历史类	金融学（中外合作办学）	中外合作办学	2	443	609	611	610
13	河北	艺术(不分科目类)	音乐学（键盘）	艺术类	2	506	588	596	592
13	河北	艺术(不分科目类)	音乐学（声乐）	艺术类	2	506	592	596	594
13	河北	艺术(不分科目类)	音乐学（民族器乐）	艺术类	2	506	574	578	576
13	河北	艺术(不分科目类)	美术学	艺术类	2	506	595	600	597.5
13	河北	艺术(不分科目类)	舞蹈编导	艺术类	2	506	580	583	581.5
13	河北	艺术(不分科目类)	设计学类	艺术类	5	506	597	601	599.2
14	山西	文史	国际政治	普通类	2	450	571	572	571.5
14	山西	文史	新闻学	普通类	2	450	572	572	572
14	山西	文史	汉语言文学	普通类	2	450	573	575	574
14	山西	文史	经济学类	普通类	2	450	573	574	573.5
14	山西	文史	工商管理类	普通类	2	450	572	573	572.5
14	山西	文史	外国语言文学类	普通类	2	450	571	572	571.5
14	山西	文史	法学类	普通类	3	450	573	573	573
14	山西	文史	金融学（中外合作办学）	中外合作办学	2	450	559	565	562
14	山西	理工	外国语言文学类	国家专项	1		564	564	564
14	山西	理工	自动化类	国家专项	1		573	573	573
14	山西	理工	海洋科学	国家专项	1		573	573	573
14	山西	理工	海洋资源开发技术	国家专项	2		565	571	568
14	山西	理工	经济学类	普通类	2	417	584	584	584
14	山西	理工	工商管理类	普通类	3	417	581	584	582

续表

省区市代码	省(区、市)	科类	专业名称	统计类型	录取人数	控制线	最低分	最高分	平均分
14	山西	理工	外国语言文学类	普通类	3	417	581	582	581.33
14	山西	理工	法学类	普通类	4	417	582	584	583.25
14	山西	理工	自动化类	普通类	5	417	583	584	583.6
14	山西	理工	电子信息类	普通类	5	417	585	586	585.6
14	山西	理工	计算机类	普通类	4	417	586	588	587
14	山西	理工	智能制造工程	普通类	3	417	582	584	583
14	山西	理工	海洋科学	普通类	6	417	580	581	580.33
14	山西	理工	海洋资源开发技术	普通类	6	417	580	581	580.5
14	山西	理工	数学类	普通类	8	417	582	586	583.88
14	山西	理工	物理学	普通类	5	417	581	583	581.8
14	山西	理工	生物科学（中外合作办学）	中外合作办学	2	417	539	563	551
14	山西	理工	机械设计制造及其自动化（中外合作办学）	中外合作办学	2	417	567	567	567
14	山西	理工	计算机科学与技术（中外合作办学）	中外合作办学	2	417	578	580	579
14	山西	艺术(不分文理)	音乐学（键盘）	艺术类	3	498	91	93	92.33
14	山西	艺术(不分文理)	音乐学（声乐）	艺术类	3	498	88	91	89.33
14	山西	艺术(不分文理)	音乐学（民族器乐）	艺术类	3	498	89	91	90
14	山西	艺术(不分文理)	音乐学（西洋弦乐与打击乐表演）	艺术类	3	498	83	88	85.33
14	山西	艺术(不分文理)	音乐学（西洋管乐表演）	艺术类	2	498	88	92	90
14	山西	艺术(不分文理)	舞蹈编导	艺术类	8	498	76	77	76.5
14	山西	艺术(不分文理)	设计学类	艺术类	2	498	253	258	255.5
15	内蒙古	文史	工商管理类	国家专项	1		556	556	556
15	内蒙古	文史	外国语言文学类	国家专项	1		552	552	552
15	内蒙古	文史	汉语言文学	普通类	2	366	570	576	573
15	内蒙古	文史	经济学类	普通类	2	366	549	565	557

续表

省区市代码	省（区、市）	科类	专业名称	统计类型	录取人数	控制线	最低分	最高分	平均分
15	内蒙古	文史	工商管理类	普通类	3	366	562	563	562.67
15	内蒙古	文史	外国语言文学类	普通类	3	366	561	567	563.33
15	内蒙古	文史	法学类	普通类	3	366	567	572	569.67
15	内蒙古	理工	工商管理类	国家专项	2		562	566	564
15	内蒙古	理工	外国语言文学类	国家专项	1		553	553	553
15	内蒙古	理工	自动化类	国家专项	1		585	585	585
15	内蒙古	理工	海洋科学	国家专项	1		541	541	541
15	内蒙古	理工	海洋资源开发技术	国家专项	1		537	537	537
15	内蒙古	理工	物理学	国家专项	1		570	570	570
15	内蒙古	理工	经济学类	普通类	2	323	565	582	573.5
15	内蒙古	理工	工商管理类	普通类	3	323	556	581	566.33
15	内蒙古	理工	外国语言文学类	普通类	2	323	567	568	567.5
15	内蒙古	理工	法学类	普通类	4	323	575	587	581
15	内蒙古	理工	自动化类	普通类	5	323	547	578	568.4
15	内蒙古	理工	电子信息类	普通类	4	323	579	586	581.25
15	内蒙古	理工	计算机类	普通类	3	323	579	588	584.33
15	内蒙古	理工	智能制造工程	普通类	3	323	572	576	574
15	内蒙古	理工	数学类	普通类	5	323	576	589	581.8
15	内蒙古	理工	物理学	普通类	4	323	555	572	567.75
21	辽宁	物理类	经济学类	普通类	2	362	625	628	626.5
21	辽宁	物理类	工商管理类	普通类	4	362	618	627	620.5
21	辽宁	物理类	外国语言文学类	普通类	3	362	613	621	616.33
21	辽宁	物理类	自动化类	普通类	4	362	621	623	622
21	辽宁	物理类	电子信息类	普通类	4	362	624	625	624.25
21	辽宁	物理类	计算机类	普通类	3	362	625	627	626.33
21	辽宁	物理类	智能制造工程	普通类	4	362	617	619	617.75
21	辽宁	物理类	数学类	普通类	4	362	625	636	630.25
21	辽宁	物理类	物理学	普通类	2	362	618	619	618.5
21	辽宁	物理类	金融学（中外合作办学）	中外合作办学	2	362	608	613	610.5

续表

省区市代码	省(区、市)	科类	专业名称	统计类型	录取人数	控制线	最低分	最高分	平均分
21	辽宁	物理类	数学与应用数学（中外合作办学）	中外合作办学	3	362	612	619	616
21	辽宁	物理类	应用物理学(中外合作办学)	中外合作办学	3	362	597	600	598.33
21	辽宁	物理类	应用化学（中外合作办学）	中外合作办学	3	362	587	592	589
21	辽宁	物理类	生物科学（中外合作办学）	中外合作办学	3	362	589	590	589.33
21	辽宁	物理类	机械设计制造及其自动化(中外合作办学)	中外合作办学	3	362	598	600	599
21	辽宁	物理类	计算机科学与技术（中外合作办学）	中外合作办学	4	362	610	613	611
21	辽宁	历史类	汉语言文学	普通类	2	404	609	610	609.5
21	辽宁	历史类	经济学类	普通类	2	404	611	618	614.5
21	辽宁	历史类	工商管理类	普通类	3	404	607	611	609
21	辽宁	历史类	外国语言文学类	普通类	2	404	606	607	606.5
21	辽宁	历史类	金融学（中外合作办学）	中外合作办学	2	404	595	595	595
21	辽宁	艺术(历史类)	美术学	艺术类	2	500	488	492	490
21	辽宁	艺术(历史类)	舞蹈编导	艺术类	2	500	256	257	256.5
21	辽宁	艺术(历史类)	设计学类	艺术类	2	500	497	498	497.5
22	吉林	文史	汉语言文学	普通类	2	364	556	559	557.5
22	吉林	文史	经济学类	普通类	2	364	561	564	562.5
22	吉林	文史	工商管理类	普通类	3	364	556	557	556.33
22	吉林	理工	经济学类	普通类	2	327	574	577	575.5
22	吉林	理工	工商管理类	普通类	2	327	572	574	573
22	吉林	理工	外国语言文学类	普通类	2	327	562	570	566
22	吉林	理工	法学类	普通类	3	327	568	576	572.33
22	吉林	理工	自动化类	普通类	3	327	574	577	575.33
22	吉林	理工	电子信息类	普通类	2	327	574	575	574.5
22	吉林	理工	计算机类	普通类	2	327	579	581	580
22	吉林	理工	智能制造工程	普通类	2	327	569	573	571
22	吉林	理工	海洋科学	普通类	5	327	559	567	562.4

续表

省区市代码	省（区、市）	科类	专业名称	统计类型	录取人数	控制线	最低分	最高分	平均分
22	吉林	理工	海洋资源开发技术	普通类	4	327	553	560	555.5
22	吉林	理工	数学类	普通类	3	327	574	581	576.67
22	吉林	理工	物理学	普通类	2	327	561	568	564.5
22	吉林	理工	数学与应用数学（中外合作办学）	中外合作办学	2	327	558	558	558
22	吉林	理工	应用物理学(中外合作办学)	中外合作办学	2	327	552	553	552.5
22	吉林	理工	应用化学（中外合作办学）	中外合作办学	3	327	547	549	548
22	吉林	理工	生物科学（中外合作办学）	中外合作办学	2	327	556	559	557.5
23	黑龙江	文史	汉语言文学	普通类	2	365	570	575	572.5
23	黑龙江	文史	经济学类	普通类	2	365	564	566	565
23	黑龙江	文史	外国语言文学类	普通类	3	365	561	567	564
23	黑龙江	艺术（文）	舞蹈编导	艺术类	2	463	544	551	547.5
23	黑龙江	理工	外国语言文学类	国家专项	1		542	542	542
23	黑龙江	理工	海洋科学	国家专项	1		543	543	543
23	黑龙江	理工	海洋资源开发技术	国家专项	2		539	549	544
23	黑龙江	理工	物理学	国家专项	1		536	536	536
23	黑龙江	理工	经济学类	普通类	2	308	567	568	567.5
23	黑龙江	理工	工商管理类	普通类	3	308	563	566	564.33
23	黑龙江	理工	外国语言文学类	普通类	2	308	564	568	566
23	黑龙江	理工	法学类	普通类	4	308	560	567	563.25
23	黑龙江	理工	自动化类	普通类	2	308	572	572	572
23	黑龙江	理工	电子信息类	普通类	2	308	571	575	573
23	黑龙江	理工	计算机类	普通类	2	308	572	574	573
23	黑龙江	理工	智能制造工程	普通类	2	308	569	571	570
23	黑龙江	理工	海洋科学	普通类	6	308	555	563	558
23	黑龙江	理工	海洋资源开发技术	普通类	5	308	556	563	560
23	黑龙江	理工	数学类	普通类	2	308	572	578	575
23	黑龙江	理工	物理学	普通类	2	308	567	572	569.5

续表

省区市代码	省（区、市）	科类	专业名称	统计类型	录取人数	控制线	最低分	最高分	平均分
23	黑龙江	理工	数学与应用数学（中外合作办学）	中外合作办学	2	308	560	564	562
23	黑龙江	理工	应用物理学(中外合作办学)	中外合作办学	2	308	564	566	565
23	黑龙江	理工	应用化学（中外合作办学）	中外合作办学	3	308	551	556	553.67
23	黑龙江	理工	生物科学（中外合作办学）	中外合作办学	3	308	551	555	553
23	黑龙江	理工	机械设计制造及其自动化(中外合作办学)	中外合作办学	2	308	558	561	559.5
23	黑龙江	理工	计算机科学与技术（中外合作办学）	中外合作办学	3	308	558	563	561
31	上海	综合改革	经济学类	普通类	2	400	553	554	553.5
31	上海	综合改革	工商管理类	普通类	3	400	550	552	551.33
31	上海	综合改革	自动化类	普通类	3	400	552	555	553.33
31	上海	综合改革	电子信息类	普通类	2	400	555	556	555.5
32	江苏	物理类	经济学类	普通类	2	429	611	616	613.5
32	江苏	物理类	工商管理类	普通类	5	429	610	611	610.2
32	江苏	物理类	外国语言文学类	普通类	5	429	610	611	610.4
32	江苏	物理类	自动化类	普通类	7	429	611	613	611.71
32	江苏	物理类	电子信息类	普通类	7	429	612	612	612
32	江苏	物理类	计算机类	普通类	5	429	613	617	614.6
32	江苏	物理类	智能制造工程	普通类	5	429	611	611	611
32	江苏	物理类	数学类	普通类	10	429	611	617	612.3
32	江苏	物理类	物理学	普通类	7	429	611	613	611.43
32	江苏	物理类	应用物理学(中外合作办学)	中外合作办学	2	429	608	608	608
32	江苏	物理类	机械设计制造及其自动化(中外合作办学)	中外合作办学	2	429	608	609	608.5
32	江苏	物理类	计算机科学与技术（中外合作办学）	中外合作办学	2	429	610	612	611
32	江苏	历史类	新闻学	普通类	2	471	591	591	591
32	江苏	历史类	汉语言文学	普通类	4	471	592	593	592.5
32	江苏	历史类	工商管理类	普通类	5	471	591	594	592
32	江苏	历史类	外国语言文学类	普通类	5	471	590	591	590.6

续表

省区市代码	省（区、市）	科类	专业名称	统计类型	录取人数	控制线	最低分	最高分	平均分
32	江苏	历史类	法学类	普通类	3	471	593	594	593.33
32	江苏	历史类	金融学（中外合作办学）	中外合作办学	2	471	588	590	589
32	江苏	艺术(历史类)	美术学	艺术类	2	525	563	563	563
32	江苏	艺术(历史类)	设计学类	艺术类	6	525	563	574	565.67
33	浙江	艺术(不分文理)	美术学	艺术类	2	592	383	386	384.5
33	浙江	艺术(不分文理)	设计学类	艺术类	5	592	392	506	450.2
33	浙江	综合改革	汉语言文学	普通类	4	497	651	653	651.75
33	浙江	综合改革	经济学类	普通类	5	497	648	649	648.8
33	浙江	综合改革	工商管理类	普通类	5	497	648	650	648.8
33	浙江	综合改革	外国语言文学类	普通类	5	497	648	649	648.6
33	浙江	综合改革	法学类	普通类	4	497	650	652	651
33	浙江	综合改革	自动化类	普通类	3	497	646	646	646
33	浙江	综合改革	电子信息类	普通类	3	497	647	651	648.33
33	浙江	综合改革	海洋科学	普通类	4	497	640	643	641.25
33	浙江	综合改革	海洋资源开发技术	普通类	3	497	637	641	639.33
33	浙江	综合改革	数学类	普通类	4	497	649	651	649.5
33	浙江	综合改革	物理学	普通类	3	497	642	643	642.33
33	浙江	综合改革	金融学（中外合作办学）	中外合作办学	5	497	643	646	644
33	浙江	综合改革	数学与应用数学（中外合作办学）	中外合作办学	3	497	641	645	642.67
33	浙江	综合改革	机械设计制造及其自动化(中外合作办学)	中外合作办学	3	497	637	637	637
33	浙江	综合改革	计算机科学与技术（中外合作办学）	中外合作办学	6	497	642	645	643.5
34	安徽	文史	国际政治	国家专项	2		585	586	585.5
34	安徽	文史	新闻学	国家专项	2		584	584	584
34	安徽	文史	汉语言文学	国家专项	1		586	586	586
34	安徽	文史	工商管理类	国家专项	2		584	588	586

续表

省区市代码	省(区、市)	科类	专业名称	统计类型	录取人数	控制线	最低分	最高分	平均分
34	安徽	文史	外国语言文学类	国家专项	1		588	588	588
34	安徽	文史	法学类	国家专项	1		588	588	588
34	安徽	文史	国际政治	普通类	2	480	589	589	589
34	安徽	文史	新闻学	普通类	2	480	591	592	591.5
34	安徽	文史	汉语言文学	普通类	3	480	590	592	591
34	安徽	文史	经济学类	普通类	2	480	593	594	593.5
34	安徽	文史	工商管理类	普通类	5	480	589	591	589.4
34	安徽	文史	外国语言文学类	普通类	5	480	588	590	589
34	安徽	文史	法学类	普通类	5	480	590	594	591.8
34	安徽	文史	金融学（中外合作办学）	中外合作办学	2	480	588	591	589.5
34	安徽	理工	工商管理类	国家专项	3		601	607	604
34	安徽	理工	外国语言文学类	国家专项	3		595	601	597.33
34	安徽	理工	自动化类	国家专项	1		616	616	616
34	安徽	理工	电子信息类	国家专项	2		613	616	614.5
34	安徽	理工	计算机类	国家专项	2		617	619	618
34	安徽	理工	智能制造工程	国家专项	2		613	615	614
34	安徽	理工	海洋科学	国家专项	4		601	606	603.75
34	安徽	理工	海洋资源开发技术	国家专项	4		596	611	603.25
34	安徽	理工	数学类	国家专项	1		616	616	616
34	安徽	理工	物理学	国家专项	1		613	613	613
34	安徽	理工	国际政治	普通类	2	435	614	615	614.5
34	安徽	理工	经济学类	普通类	2	435	615	619	617
34	安徽	理工	工商管理类	普通类	3	435	614	615	614.33
34	安徽	理工	外国语言文学类	普通类	2	435	614	614	614
34	安徽	理工	法学类	普通类	4	435	614	618	615.5
34	安徽	理工	自动化类	普通类	4	435	616	622	617.75
34	安徽	理工	电子信息类	普通类	3	435	617	618	617.67
34	安徽	理工	计算机类	普通类	2	435	618	622	620
34	安徽	理工	智能制造工程	普通类	2	435	615	616	615.5

续表

省区市代码	省（区、市）	科类	专业名称	统计类型	录取人数	控制线	最低分	最高分	平均分
34	安徽	理工	海洋科学	普通类	7	435	613	614	613.86
34	安徽	理工	海洋资源开发技术	普通类	7	435	613	615	614
34	安徽	理工	数学类	普通类	9	435	615	621	617.56
34	安徽	理工	物理学	普通类	5	435	614	620	616.2
34	安徽	理工	金融学（中外合作办学）	中外合作办学	2	435	599	603	601
34	安徽	理工	数学与应用数学（中外合作办学）	中外合作办学	3	435	598	610	604
34	安徽	理工	应用物理学(中外合作办学)	中外合作办学	3	435	602	608	604.67
34	安徽	理工	应用化学（中外合作办学）	中外合作办学	5	435	587	592	590.8
34	安徽	理工	生物科学（中外合作办学）	中外合作办学	5	435	593	598	595.4
34	安徽	理工	机械设计制造及其自动化(中外合作办学)	中外合作办学	3	435	605	609	607
34	安徽	理工	计算机科学与技术（中外合作办学）	中外合作办学	3	435	609	612	610.33
34	安徽	艺术(不分文理)	音乐学（声乐）	艺术类	2	491	758	772	765
34	安徽	艺术(不分文理)	美术学	艺术类	2	491	803	805	804
34	安徽	艺术(不分文理)	舞蹈编导	艺术类	2	491	792	796	794
34	安徽	艺术(不分文理)	设计学类	艺术类	6	491	802	810	804.67
35	福建	物理类	经济学类	普通类	2	428	617	618	617.5
35	福建	物理类	工商管理类	普通类	4	428	612	616	613
35	福建	物理类	外国语言文学类	普通类	3	428	611	612	611.67
35	福建	物理类	自动化类	普通类	5	428	613	616	614.8
35	福建	物理类	电子信息类	普通类	5	428	616	618	617.2
35	福建	物理类	计算机类	普通类	3	428	619	621	620
35	福建	物理类	智能制造工程	普通类	3	428	612	614	613
35	福建	物理类	数学类	普通类	9	428	612	617	614.22
35	福建	物理类	物理学	普通类	4	428	612	613	612.25
35	福建	物理类	金融学（中外合作办学）	中外合作办学	2	428	607	608	607.5

续表

省区市代码	省（区、市）	科类	专业名称	统计类型	录取人数	控制线	最低分	最高分	平均分
35	福建	物理类	数学与应用数学（中外合作办学）	中外合作办学	2	428	609	613	611
35	福建	物理类	应用物理学(中外合作办学)	中外合作办学	2	428	607	608	607.5
35	福建	物理类	机械设计制造及其自动化(中外合作办学)	中外合作办学	2	428	606	607	606.5
35	福建	物理类	计算机科学与技术（中外合作办学）	中外合作办学	2	428	610	612	611
35	福建	历史类	新闻学	普通类	2	468	601	602	601.5
35	福建	历史类	汉语言文学	普通类	2	468	602	603	602.5
35	福建	历史类	工商管理类	普通类	2	468	600	601	600.5
35	福建	历史类	外国语言文学类	普通类	2	468	601	601	601
35	福建	历史类	法学类	普通类	2	468	602	602	602
35	福建	历史类	金融学（中外合作办学）	中外合作办学	2	468	594	596	595
35	福建	艺术(历史类)	美术学	艺术类	2	542	567	572	569.5
35	福建	艺术(历史类)	设计学类	艺术类	2	542	569	569	569
36	江西	文史	汉语言文学	国家专项	1		592	592	592
36	江西	文史	经济学类	国家专项	1		593	593	593
36	江西	文史	工商管理类	国家专项	1		588	588	588
36	江西	文史	外国语言文学类	国家专项	1		590	590	590
36	江西	文史	法学类	国家专项	1		591	591	591
36	江西	文史	汉语言文学	普通类	2	472	589	591	590
36	江西	文史	经济学类	普通类	2	472	593	594	593.5
36	江西	文史	工商管理类	普通类	3	472	589	591	589.67
36	江西	文史	外国语言文学类	普通类	2	472	591	595	593
36	江西	文史	法学类	普通类	2	472	589	590	589.5
36	江西	理工	经济学类	国家专项	1		597	597	597
36	江西	理工	工商管理类	国家专项	2		590	591	590.5
36	江西	理工	外国语言文学类	国家专项	2		581	583	582
36	江西	理工	法学类	国家专项	1		592	592	592

续表

省区市代码	省（区、市）	科类	专业名称	统计类型	录取人数	控制线	最低分	最高分	平均分
36	江西	理工	自动化类	国家专项	1		596	596	596
36	江西	理工	电子信息类	国家专项	1		595	595	595
36	江西	理工	计算机类	国家专项	1		597	597	597
36	江西	理工	智能制造工程	国家专项	1		592	592	592
36	江西	理工	海洋科学	国家专项	3		580	588	583
36	江西	理工	海洋资源开发技术	国家专项	3		586	591	588.67
36	江西	理工	经济学类	普通类	2	440	597	597	597
36	江西	理工	工商管理类	普通类	2	440	595	595	595
36	江西	理工	外国语言文学类	普通类	2	440	595	603	599
36	江西	理工	自动化类	普通类	2	440	598	598	598
36	江西	理工	电子信息类	普通类	2	440	598	601	599.5
36	江西	理工	计算机类	普通类	2	440	598	599	598.5
36	江西	理工	海洋科学	普通类	5	440	594	595	594.4
36	江西	理工	海洋资源开发技术	普通类	6	440	594	595	594.5
36	江西	理工	数学类	普通类	4	440	597	604	599.75
36	江西	理工	物理学	普通类	3	440	596	596	596
36	江西	理工	应用化学（中外合作办学）	中外合作办学	2	440	574	582	578
36	江西	理工	生物科学（中外合作办学）	中外合作办学	2	440	575	579	577
36	江西	艺术(不分文理)	美术学	艺术类	2	509	359	414	386.5
36	江西	艺术(不分文理)	设计学类	艺术类	4	509	348	393	368.75
37	山东	艺术(不分文理)	音乐学（键盘）	艺术类	6	513	332	385	351
37	山东	艺术(不分文理)	音乐学（声乐）	艺术类	5	513	340	421	388.2
37	山东	艺术(不分文理)	音乐学（民族器乐）	艺术类	7	513	327	425	362.29
37	山东	艺术(不分文理)	音乐学（西洋弦乐与打击乐表演）	艺术类	5	513	355	402	381.6
37	山东	艺术(不分文理)	音乐学（西洋管乐表演）	艺术类	5	513	348	484	388

续表

省区市代码	省(区、市)	科类	专业名称	统计类型	录取人数	控制线	最低分	最高分	平均分
37	山东	艺术(不分文理)	美术学	艺术类	13	513	604	611	606.15
37	山东	艺术(不分文理)	舞蹈编导	艺术类	20	513	288	423	350
37	山东	艺术(不分文理)	设计学类	艺术类	32	513	606	618	609.56
37	山东	综合改革	国际政治	普通类	4	437	603	607	604
37	山东	综合改革	新闻学	普通类	12	437	603	608	604.33
37	山东	综合改革	汉语言文学	普通类	49	437	604	620	607.88
37	山东	综合改革	经济学类	普通类	51	437	603	614	605.04
37	山东	综合改革	工商管理类	普通类	83	437	599	610	600.77
37	山东	综合改革	外国语言文学类	普通类	72	437	598	604	599.74
37	山东	综合改革	法学类	普通类	59	437	605	619	608.46
37	山东	综合改革	自动化类	普通类	67	437	603	611	604.18
37	山东	综合改革	电子信息类	普通类	57	437	605	625	606.56
37	山东	综合改革	计算机类	普通类	38	437	608	618	609.92
37	山东	综合改革	智能制造工程	普通类	35	437	602	604	602.57
37	山东	综合改革	海洋科学	普通类	14	437	600	606	600.71
37	山东	综合改革	海洋资源开发技术	普通类	14	437	598	600	598.71
37	山东	综合改革	数学类	普通类	67	437	602	613	605.01
37	山东	综合改革	物理学	普通类	33	437	601	617	602.94
37	山东	综合改革	新闻学	威海走读	2		595	602	598.5
37	山东	综合改革	汉语言文学	威海走读	3		601	604	602.67
37	山东	综合改革	经济学类	威海走读	3		600	600	600
37	山东	综合改革	工商管理类	威海走读	7		594	600	595.43
37	山东	综合改革	外国语言文学类	威海走读	6		594	600	596.5
37	山东	综合改革	法学类	威海走读	3		601	613	605.67
37	山东	综合改革	自动化类	威海走读	3		601	602	601.67
37	山东	综合改革	电子信息类	威海走读	3		603	604	603.67
37	山东	综合改革	计算机类	威海走读	3		605	605	605

续表

省区市代码	省（区、市）	科类	专业名称	统计类型	录取人数	控制线	最低分	最高分	平均分
37	山东	综合改革	智能制造工程	威海走读	3		598	599	598.33
37	山东	综合改革	海洋科学	威海走读	4		591	598	593.75
37	山东	综合改革	海洋资源开发技术	威海走读	4		589	592	590.5
37	山东	综合改革	数学类	威海走读	3		599	601	599.67
37	山东	综合改革	物理学	威海走读	3		594	595	594.67
37	山东	综合改革	金融学（中外合作办学）	中外合作办学	39	437	593	606	595.49
37	山东	综合改革	数学与应用数学（中外合作办学）	中外合作办学	40	437	590	597	592.85
37	山东	综合改革	应用物理学(中外合作办学)	中外合作办学	40	437	583	593	586.28
37	山东	综合改革	应用化学（中外合作办学）	中外合作办学	30	437	578	583	580.57
37	山东	综合改革	生物科学（中外合作办学）	中外合作办学	30	437	584	592	586.7
37	山东	综合改革	机械设计制造及其自动化(中外合作办学)	中外合作办学	37	437	586	595	589.49
37	山东	综合改革	计算机科学与技术（中外合作办学）	中外合作办学	50	437	595	602	597.62
41	河南	文史	国际政治	国家专项	2		593	594	593.5
41	河南	文史	新闻学	国家专项	2		594	598	596
41	河南	文史	汉语言文学	国家专项	2		593	595	594
41	河南	文史	经济学类	国家专项	1		596	596	596
41	河南	文史	工商管理类	国家专项	1		599	599	599
41	河南	文史	外国语言文学类	国家专项	2		593	597	595
41	河南	文史	法学类	国家专项	1		596	596	596
41	河南	文史	国际政治	普通类	3	445	595	596	595.33
41	河南	文史	新闻学	普通类	2	445	596	596	596
41	河南	文史	汉语言文学	普通类	2	445	596	598	597
41	河南	文史	经济学类	普通类	2	445	598	598	598
41	河南	文史	工商管理类	普通类	3	445	594	595	594.67
41	河南	文史	外国语言文学类	普通类	3	445	594	595	594.67
41	河南	文史	法学类	普通类	3	445	597	597	597
41	河南	文史	金融学（中外合作办学）	中外合作办学	2	445	591	592	591.5

续表

省区市代码	省(区、市)	科类	专业名称	统计类型	录取人数	控制线	最低分	最高分	平均分
41	河南	艺术(文)	音乐学（键盘）	艺术类	2	527	191	191	191
41	河南	艺术(文)	音乐学（声乐）	艺术类	2	527	184	185	184.5
41	河南	艺术(文)	音乐学（民族器乐）	艺术类	3	527	185	188	186.67
41	河南	艺术(文)	美术学	艺术类	2	527	276	276	276
41	河南	艺术(文)	舞蹈编导	艺术类	2	527	184	189	186.5
41	河南	艺术(文)	设计学类	艺术类	4	527	277	282	280
41	河南	理工	经济学类	国家专项	2		612	615	613.5
41	河南	理工	工商管理类	国家专项	5		597	611	604
41	河南	理工	外国语言文学类	国家专项	4		595	602	598
41	河南	理工	法学类	国家专项	2		610	613	611.5
41	河南	理工	自动化类	国家专项	3		614	618	615.67
41	河南	理工	电子信息类	国家专项	3		614	616	615
41	河南	理工	计算机类	国家专项	3		615	619	617.33
41	河南	理工	智能制造工程	国家专项	3		613	614	613.67
41	河南	理工	海洋科学	国家专项	5		600	610	606
41	河南	理工	海洋资源开发技术	国家专项	5		599	610	605.6
41	河南	理工	数学类	国家专项	3		611	614	612.67
41	河南	理工	物理学	国家专项	2		610	619	614.5
41	河南	理工	国际政治	普通类	2	405	607	609	608
41	河南	理工	经济学类	普通类	2	405	613	613	613
41	河南	理工	工商管理类	普通类	3	405	610	612	611
41	河南	理工	外国语言文学类	普通类	3	405	611	611	611
41	河南	理工	法学类	普通类	6	405	607	627	611.83
41	河南	理工	自动化类	普通类	7	405	613	615	614
41	河南	理工	电子信息类	普通类	7	405	615	618	615.43
41	河南	理工	计算机类	普通类	7	405	616	620	616.86
41	河南	理工	智能制造工程	普通类	6	405	612	615	613.33
41	河南	理工	海洋科学	普通类	7	405	607	612	608.86
41	河南	理工	海洋资源开发技术	普通类	7	405	608	612	609.29

续表

省区市代码	省（区、市）	科类	专业名称	统计类型	录取人数	控制线	最低分	最高分	平均分
41	河南	理工	数学类	普通类	18	405	612	617	613.33
41	河南	理工	物理学	普通类	9	405	610	613	611.22
41	河南	理工	金融学（中外合作办学）	中外合作办学	2	405	606	608	607
41	河南	理工	数学与应用数学（中外合作办学）	中外合作办学	7	405	602	607	604.86
41	河南	理工	应用物理学(中外合作办学）	中外合作办学	7	405	591	598	593.57
41	河南	理工	应用化学（中外合作办学）	中外合作办学	8	405	589	595	591.25
41	河南	理工	生物科学（中外合作办学）	中外合作办学	8	405	589	603	594
41	河南	理工	机械设计制造及其自动化(中外合作办学）	中外合作办学	7	405	599	608	603.43
41	河南	理工	计算机科学与技术（中外合作办学）	中外合作办学	8	405	608	613	609.75
41	河南	艺术(理)	设计学类	艺术类	2	509	265	269	267
42	湖北	物理类	工商管理类	国家专项	2		582	584	583
42	湖北	物理类	外国语言文学类	国家专项	2		582	582	582
42	湖北	物理类	自动化类	国家专项	1		585	585	585
42	湖北	物理类	电子信息类	国家专项	1		595	595	595
42	湖北	物理类	计算机类	国家专项	1		585	585	585
42	湖北	物理类	海洋科学	国家专项	2		572	573	572.5
42	湖北	物理类	海洋资源开发技术	国家专项	2		569	572	570.5
42	湖北	物理类	数学类	国家专项	2		584	585	584.5
42	湖北	物理类	物理学	国家专项	1		590	590	590
42	湖北	物理类	经济学类	普通类	2	409	600	600	600
42	湖北	物理类	工商管理类	普通类	2	409	600	601	600.5
42	湖北	物理类	外国语言文学类	普通类	2	409	602	602	602
42	湖北	物理类	自动化类	普通类	3	409	602	604	602.67
42	湖北	物理类	电子信息类	普通类	2	409	605	605	605
42	湖北	物理类	数学类	普通类	3	409	603	610	605.67
42	湖北	物理类	物理学	普通类	3	409	601	602	601.67
42	湖北	物理类	数学与应用数学（中外合作办学）	中外合作办学	2	409	595	596	595.5

续表

省区市代码	省(区、市)	科类	专业名称	统计类型	录取人数	控制线	最低分	最高分	平均分
42	湖北	物理类	应用物理学(中外合作办学)	中外合作办学	2	409	591	594	592.5
42	湖北	物理类	应用化学（中外合作办学）	中外合作办学	2	409	581	585	583
42	湖北	物理类	生物科学（中外合作办学）	中外合作办学	2	409	586	591	588.5
42	湖北	物理类	机械设计制造及其自动化(中外合作办学)	中外合作办学	2	409	590	595	592.5
42	湖北	历史类	汉语言文学	国家专项	1		593	593	593
42	湖北	历史类	经济学类	国家专项	1		590	590	590
42	湖北	历史类	工商管理类	国家专项	1		590	590	590
42	湖北	历史类	外国语言文学类	国家专项	1		588	588	588
42	湖北	历史类	汉语言文学	普通类	2	435	593	594	593.5
42	湖北	历史类	外国语言文学类	普通类	3	435	592	593	592.33
42	湖北	历史类	法学类	普通类	2	435	593	595	594
42	湖北	历史类	金融学（中外合作办学）	中外合作办学	2	435	585	586	585.5
43	湖南	物理类	经济学类	国家专项	1		586	586	586
43	湖南	物理类	工商管理类	国家专项	3		586	588	587
43	湖南	物理类	外国语言文学类	国家专项	2		586	587	586.5
43	湖南	物理类	自动化类	国家专项	1		589	589	589
43	湖南	物理类	电子信息类	国家专项	2		591	593	592
43	湖南	物理类	计算机类	国家专项	1		592	592	592
43	湖南	物理类	智能制造工程	国家专项	1		591	591	591
43	湖南	物理类	海洋科学	国家专项	2		580	582	581
43	湖南	物理类	海洋资源开发技术	国家专项	2		579	579	579
43	湖南	物理类	数学类	国家专项	2		586	587	586.5
43	湖南	物理类	物理学	国家专项	2		586	587	586.5
43	湖南	物理类	经济学类	普通类	2	414	601	602	601.5
43	湖南	物理类	工商管理类	普通类	4	414	599	600	599.25
43	湖南	物理类	外国语言文学类	普通类	4	414	599	599	599
43	湖南	物理类	自动化类	普通类	4	414	600	602	601.25
43	湖南	物理类	电子信息类	普通类	3	414	603	604	603.33

续表

省区市代码	省（区、市）	科类	专业名称	统计类型	录取人数	控制线	最低分	最高分	平均分
43	湖南	物理类	计算机类	普通类	3	414	604	606	605
43	湖南	物理类	数学类	普通类	9	414	600	604	601.11
43	湖南	物理类	物理学	普通类	4	414	599	609	601.75
43	湖南	物理类	金融学（中外合作办学）	中外合作办学	2	414	589	590	589.5
43	湖南	物理类	数学与应用数学（中外合作办学）	中外合作办学	2	414	588	589	588.5
43	湖南	物理类	应用物理学(中外合作办学)	中外合作办学	3	414	585	595	589
43	湖南	物理类	应用化学（中外合作办学）	中外合作办学	2	414	581	583	582
43	湖南	物理类	生物科学（中外合作办学）	中外合作办学	2	414	576	580	578
43	湖南	物理类	机械设计制造及其自动化(中外合作办学)	中外合作办学	3	414	585	589	587.33
43	湖南	物理类	计算机科学与技术（中外合作办学）	中外合作办学	3	414	589	600	593.67
43	湖南	历史类	新闻学	国家专项	1		583	583	583
43	湖南	历史类	汉语言文学	国家专项	1		590	590	590
43	湖南	历史类	经济学类	国家专项	1		582	582	582
43	湖南	历史类	工商管理类	国家专项	1		582	582	582
43	湖南	历史类	外国语言文学类	国家专项	2		583	584	583.5
43	湖南	历史类	法学类	国家专项	1		585	585	585
43	湖南	历史类	新闻学	普通类	2	451	589	589	589
43	湖南	历史类	汉语言文学	普通类	2	451	589	593	591
43	湖南	历史类	经济学类	普通类	2	451	590	591	590.5
43	湖南	历史类	工商管理类	普通类	2	451	589	595	592
43	湖南	历史类	外国语言文学类	普通类	3	451	588	595	591.33
43	湖南	历史类	法学类	普通类	2	451	591	595	593
43	湖南	历史类	金融学（中外合作办学）	中外合作办学	2	451	586	588	587
43	湖南	艺术(物理类)	设计学类	艺术类	1	475	376	376	376
43	湖南	艺术(历史类)	美术学	艺术类	2	499	385	397	391
43	湖南	艺术(历史类)	舞蹈编导	艺术类	4	499	390	483	434.75

续表

省区市代码	省(区、市)	科类	专业名称	统计类型	录取人数	控制线	最低分	最高分	平均分
43	湖南	艺术(历史类)	设计学类	艺术类	6	499	394	461	418.83
44	广东	物理类	经济学类	普通类	2	445	610	614	612
44	广东	物理类	工商管理类	普通类	6	445	609	612	609.67
44	广东	物理类	外国语言文学类	普通类	5	445	609	612	609.8
44	广东	物理类	自动化类	普通类	7	445	612	616	613.57
44	广东	物理类	电子信息类	普通类	5	445	613	615	614.2
44	广东	物理类	计算机类	普通类	4	445	616	618	617.5
44	广东	物理类	智能制造工程	普通类	4	445	611	612	611.5
44	广东	物理类	海洋科学	普通类	2	445	608	609	608.5
44	广东	物理类	海洋资源开发技术	普通类	2	445	606	608	607
44	广东	物理类	数学类	普通类	12	445	610	618	612.33
44	广东	物理类	物理学	普通类	4	445	609	612	609.75
44	广东	物理类	数学与应用数学(中外合作办学)	中外合作办学	2	445	605	607	606
44	广东	物理类	应用物理学(中外合作办学)	中外合作办学	3	445	603	608	604.67
44	广东	物理类	应用化学(中外合作办学)	中外合作办学	2	445	600	601	600.5
44	广东	物理类	生物科学(中外合作办学)	中外合作办学	2	445	602	603	602.5
44	广东	物理类	机械设计制造及其自动化(中外合作办学)	中外合作办学	3	445	604	605	604.33
44	广东	物理类	计算机科学与技术(中外合作办学)	中外合作办学	3	445	608	611	609
44	广东	历史类	汉语言文学	普通类	2	437	592	596	594
44	广东	历史类	经济学类	普通类	2	437	591	591	591
44	广东	历史类	工商管理类	普通类	2	437	591	591	591
44	广东	历史类	外国语言文学类	普通类	2	437	591	592	591.5
44	广东	历史类	法学类	普通类	2	437	591	591	591
44	广东	历史类	金融学(中外合作办学)	中外合作办学	2	437	587	592	589.5
45	广西	文史	新闻学	国家专项	1		592	592	592
45	广西	文史	汉语言文学	国家专项	1		596	596	596
45	广西	文史	经济学类	国家专项	1		581	581	581

续表

省区市代码	省（区、市）	科类	专业名称	统计类型	录取人数	控制线	最低分	最高分	平均分
45	广西	文史	工商管理类	国家专项	1		586	586	586
45	广西	文史	外国语言文学类	国家专项	1		592	592	592
45	广西	文史	法学类	国家专项	1		599	599	599
45	广西	文史	新闻学	普通类	2	421	608	610	609
45	广西	文史	汉语言文学	普通类	2	421	613	616	614.5
45	广西	文史	经济学类	普通类	2	421	607	610	608.5
45	广西	文史	工商管理类	普通类	3	421	604	605	604.33
45	广西	文史	外国语言文学类	普通类	3	421	604	606	605
45	广西	文史	法学类	普通类	3	421	607	612	610.33
45	广西	理工	工商管理类	国家专项	2		547	547	547
45	广西	理工	法学类	国家专项	1		540	540	540
45	广西	理工	自动化类	国家专项	1		555	555	555
45	广西	理工	海洋科学	国家专项	2		541	542	541.5
45	广西	理工	海洋资源开发技术	国家专项	2		544	548	546
45	广西	理工	工商管理类	普通类	4	343	576	592	582.25
45	广西	理工	外国语言文学类	普通类	3	343	566	575	570
45	广西	理工	法学类	普通类	4	343	583	601	589.75
45	广西	理工	自动化类	普通类	4	343	589	595	592.75
45	广西	理工	电子信息类	普通类	3	343	596	600	597.67
45	广西	理工	计算机类	普通类	2	343	601	601	601
45	广西	理工	智能制造工程	普通类	3	343	577	588	581.33
45	广西	理工	海洋科学	普通类	6	343	566	576	570.17
45	广西	理工	海洋资源开发技术	普通类	6	343	560	578	570.67
46	海南	综合改革	海洋科学	国家专项	1		669	669	669
46	海南	综合改革	海洋资源开发技术	国家专项	1		643	643	643
46	海南	综合改革	经济学类	普通类	2	471	673	674	673.5
46	海南	综合改革	工商管理类	普通类	3	471	672	682	678.33
46	海南	综合改革	外国语言文学类	普通类	3	471	685	692	689.33
46	海南	综合改革	自动化类	普通类	2	471	679	687	683

续表

省区市代码	省（区、市）	科类	专业名称	统计类型	录取人数	控制线	最低分	最高分	平均分
46	海南	综合改革	海洋资源开发技术	普通类	2	471	677	679	678
50	重庆	物理类	经济学类	国家专项	1		600	600	600
50	重庆	物理类	工商管理类	国家专项	2		587	592	589.5
50	重庆	物理类	外国语言文学类	国家专项	2		583	592	587.5
50	重庆	物理类	自动化类	国家专项	1		602	602	602
50	重庆	物理类	电子信息类	国家专项	1		608	608	608
50	重庆	物理类	计算机类	国家专项	1		613	613	613
50	重庆	物理类	智能制造工程	国家专项	1		600	600	600
50	重庆	物理类	海洋科学	国家专项	1		581	581	581
50	重庆	物理类	海洋资源开发技术	国家专项	1		572	572	572
50	重庆	物理类	数学类	国家专项	1		605	605	605
50	重庆	物理类	经济学类	普通类	2	411	617	620	618.5
50	重庆	物理类	工商管理类	普通类	2	411	599	602	600.5
50	重庆	物理类	外国语言文学类	普通类	2	411	590	598	594
50	重庆	物理类	自动化类	普通类	3	411	601	604	602.33
50	重庆	物理类	计算机类	普通类	2	411	612	612	612
50	重庆	物理类	数学类	普通类	3	411	612	613	612.67
50	重庆	物理类	物理学	普通类	2	411	597	598	597.5
50	重庆	物理类	数学与应用数学（中外合作办学）	中外合作办学	3	411	587	590	588
50	重庆	物理类	应用物理学(中外合作办学)	中外合作办学	2	411	579	607	593
50	重庆	物理类	机械设计制造及其自动化(中外合作办学)	中外合作办学	3	411	578	579	578.67
50	重庆	物理类	计算机科学与技术（中外合作办学）	中外合作办学	3	411	588	590	588.67
50	重庆	历史类	新闻学	国家专项	1		587	587	587
50	重庆	历史类	汉语言文学	国家专项	2		588	591	589.5
50	重庆	历史类	工商管理类	国家专项	1		583	583	583
50	重庆	历史类	外国语言文学类	国家专项	1		592	592	592
50	重庆	历史类	法学类	国家专项	1		590	590	590

续表

省区市代码	省（区、市）	科类	专业名称	统计类型	录取人数	控制线	最低分	最高分	平均分
50	重庆	历史类	新闻学	普通类	2	415	586	590	588
50	重庆	历史类	外国语言文学类	普通类	3	415	590	593	591
50	重庆	历史类	金融学（中外合作办学）	中外合作办学	2	415	571	572	571.5
51	四川	文史	新闻学	国家专项	1		588	588	588
51	四川	文史	汉语言文学	国家专项	1		589	589	589
51	四川	文史	经济学类	国家专项	1		595	595	595
51	四川	文史	工商管理类	国家专项	2		588	590	589
51	四川	文史	外国语言文学类	国家专项	2		587	588	587.5
51	四川	文史	法学类	国家专项	2		590	592	591
51	四川	文史	新闻学	普通类	2	466	595	596	595.5
51	四川	文史	汉语言文学	普通类	2	466	602	603	602.5
51	四川	文史	经济学类	普通类	2	466	598	598	598
51	四川	文史	工商管理类	普通类	4	466	597	601	598.25
51	四川	文史	外国语言文学类	普通类	4	466	594	597	596
51	四川	文史	法学类	普通类	3	466	598	599	598.33
51	四川	理工	工商管理类	国家专项	2		600	602	601
51	四川	理工	外国语言文学类	国家专项	1		588	588	588
51	四川	理工	法学类	国家专项	2		603	604	603.5
51	四川	理工	自动化类	国家专项	1		603	603	603
51	四川	理工	电子信息类	国家专项	1		605	605	605
51	四川	理工	计算机类	国家专项	1		608	608	608
51	四川	理工	智能制造工程	国家专项	1		602	602	602
51	四川	理工	海洋科学	国家专项	3		589	593	590.33
51	四川	理工	海洋资源开发技术	国家专项	4		591	601	595.5
51	四川	理工	数学类	国家专项	1		598	598	598
51	四川	理工	物理学	国家专项	1		595	595	595
51	四川	理工	工商管理类	普通类	3	426	623	623	623
51	四川	理工	外国语言文学类	普通类	2	426	622	625	623.5
51	四川	理工	法学类	普通类	4	426	620	625	622.5

续表

省区市代码	省（区、市）	科类	专业名称	统计类型	录取人数	控制线	最低分	最高分	平均分
51	四川	理工	自动化类	普通类	5	426	626	629	627.2
51	四川	理工	电子信息类	普通类	5	426	629	630	629.4
51	四川	理工	计算机类	普通类	2	426	633	634	633.5
51	四川	理工	智能制造工程	普通类	4	426	623	625	624
51	四川	理工	海洋科学	普通类	6	426	621	623	621.67
51	四川	理工	海洋资源开发技术	普通类	5	426	621	622	621.8
51	四川	理工	数学类	普通类	8	426	625	629	627.12
51	四川	理工	物理学	普通类	4	426	623	627	625.25
51	四川	理工	金融学（中外合作办学）	中外合作办学	2	426	599	605	602
51	四川	理工	数学与应用数学（中外合作办学）	中外合作办学	2	426	609	617	613
51	四川	理工	应用物理学(中外合作办学)	中外合作办学	2	426	605	613	609
51	四川	理工	应用化学（中外合作办学）	中外合作办学	3	426	598	601	599.33
51	四川	理工	生物科学（中外合作办学）	中外合作办学	3	426	600	604	601.67
51	四川	理工	计算机科学与技术（中外合作办学）	中外合作办学	3	426	606	613	609.33
51	四川	艺术(不分文理)	舞蹈编导	艺术类	2	515	367	368	367.5
52	贵州	文史	新闻学	国家专项	1		622	622	622
52	贵州	文史	汉语言文学	国家专项	2		622	624	623
52	贵州	文史	经济学类	国家专项	2		627	628	627.5
52	贵州	文史	工商管理类	国家专项	3		617	623	620.33
52	贵州	文史	外国语言文学类	国家专项	4		617	622	620.25
52	贵州	文史	法学类	国家专项	3		623	633	627
52	贵州	文史	新闻学	普通类	2	471	623	624	623.5
52	贵州	文史	汉语言文学	普通类	2	471	622	622	622
52	贵州	文史	外国语言文学类	普通类	2	471	620	621	620.5
52	贵州	文史	法学类	普通类	3	471	621	627	623.33
52	贵州	理工	经济学类	国家专项	1		579	579	579
52	贵州	理工	工商管理类	国家专项	4		557	575	569.75

续表

省区市代码	省（区、市）	科类	专业名称	统计类型	录取人数	控制线	最低分	最高分	平均分
52	贵州	理工	外国语言文学类	国家专项	3		571	576	574
52	贵州	理工	法学类	国家专项	2		578	581	579.5
52	贵州	理工	自动化类	国家专项	1		578	578	578
52	贵州	理工	电子信息类	国家专项	1		583	583	583
52	贵州	理工	计算机类	国家专项	1		590	590	590
52	贵州	理工	智能制造工程	国家专项	1		577	577	577
52	贵州	理工	海洋科学	国家专项	4		569	576	571.25
52	贵州	理工	海洋资源开发技术	国家专项	4		554	575	564
52	贵州	理工	数学类	国家专项	1		576	576	576
52	贵州	理工	物理学	国家专项	1		581	581	581
52	贵州	理工	工商管理类	普通类	2	360	578	580	579
52	贵州	理工	外国语言文学类	普通类	2	360	574	577	575.5
52	贵州	理工	自动化类	普通类	2	360	578	579	578.5
52	贵州	理工	电子信息类	普通类	2	360	580	582	581
52	贵州	理工	智能制造工程	普通类	2	360	576	576	576
52	贵州	理工	海洋科学	普通类	5	360	573	575	573.6
52	贵州	理工	海洋资源开发技术	普通类	4	360	574	577	575.25
52	贵州	理工	数学类	普通类	2	360	580	583	581.5
53	云南	文史	新闻学	国家专项	2		634	634	634
53	云南	文史	汉语言文学	国家专项	2		631	633	632
53	云南	文史	经济学类	国家专项	2		631	631	631
53	云南	文史	工商管理类	国家专项	3		628	630	629
53	云南	文史	外国语言文学类	国家专项	3		629	629	629
53	云南	文史	法学类	国家专项	2		634	638	636
53	云南	文史	新闻学	普通类	2	505	638	639	638.5
53	云南	文史	汉语言文学	普通类	2	505	639	640	639.5
53	云南	文史	经济学类	普通类	2	505	638	640	639
53	云南	文史	工商管理类	普通类	2	505	638	638	638
53	云南	文史	外国语言文学类	普通类	2	505	639	639	639

续表

省区市代码	省（区、市）	科类	专业名称	统计类型	录取人数	控制线	最低分	最高分	平均分
53	云南	理工	经济学类	国家专项	1		611	611	611
53	云南	理工	工商管理类	国家专项	3		603	608	604.67
53	云南	理工	外国语言文学类	国家专项	3		601	614	609.33
53	云南	理工	法学类	国家专项	1		617	617	617
53	云南	理工	自动化类	国家专项	1		620	620	620
53	云南	理工	电子信息类	国家专项	1		620	620	620
53	云南	理工	计算机类	国家专项	1		621	621	621
53	云南	理工	智能制造工程	国家专项	1		614	614	614
53	云南	理工	海洋科学	国家专项	3		606	610	607.67
53	云南	理工	海洋资源开发技术	国家专项	3		599	610	605
53	云南	理工	工商管理类	普通类	2	430	618	619	618.5
53	云南	理工	外国语言文学类	普通类	2	430	616	618	617
53	云南	理工	法学类	普通类	2	430	620	626	623
53	云南	理工	自动化类	普通类	2	430	619	619	619
53	云南	理工	电子信息类	普通类	2	430	620	620	620
53	云南	理工	计算机类	普通类	2	430	622	622	622
53	云南	理工	智能制造工程	普通类	2	430	618	619	618.5
53	云南	理工	海洋科学	普通类	5	430	615	617	616.4
53	云南	理工	海洋资源开发技术	普通类	4	430	615	617	616
53	云南	理工	数学类	普通类	2	430	622	623	622.5
61	陕西	文史	新闻学	国家专项	1		582	582	582
61	陕西	文史	汉语言文学	国家专项	1		582	582	582
61	陕西	文史	经济学类	国家专项	1		585	585	585
61	陕西	文史	工商管理类	国家专项	2		583	588	585.5
61	陕西	文史	外国语言文学类	国家专项	2		580	581	580.5
61	陕西	文史	法学类	国家专项	1		582	582	582
61	陕西	文史	汉语言文学	普通类	2	400	587	587	587
61	陕西	文史	经济学类	普通类	2	400	585	586	585.5
61	陕西	文史	外国语言文学类	普通类	3	400	585	586	585.67

续表

省区市代码	省（区、市）	科类	专业名称	统计类型	录取人数	控制线	最低分	最高分	平均分
61	陕西	文史	法学类	普通类	2	400	586	587	586.5
61	陕西	理工	经济学类	国家专项	1		575	575	575
61	陕西	理工	工商管理类	国家专项	2		564	573	568.5
61	陕西	理工	外国语言文学类	国家专项	3		569	573	570.67
61	陕西	理工	法学类	国家专项	1		583	583	583
61	陕西	理工	自动化类	国家专项	1		585	585	585
61	陕西	理工	电子信息类	国家专项	1		583	583	583
61	陕西	理工	计算机类	国家专项	1		580	580	580
61	陕西	理工	智能制造工程	国家专项	1		582	582	582
61	陕西	理工	海洋科学	国家专项	3		542	560	549.33
61	陕西	理工	海洋资源开发技术	国家专项	3		544	562	555.67
61	陕西	理工	数学类	国家专项	1		577	577	577
61	陕西	理工	物理学	国家专项	1		576	576	576
61	陕西	理工	工商管理类	普通类	3	344	572	583	578
61	陕西	理工	外国语言文学类	普通类	2	344	582	594	588
61	陕西	理工	自动化类	普通类	2	344	586	588	587
61	陕西	理工	电子信息类	普通类	3	344	585	586	585.67
61	陕西	理工	计算机类	普通类	2	344	585	590	587.5
61	陕西	理工	智能制造工程	普通类	2	344	584	585	584.5
61	陕西	理工	海洋科学	普通类	3	344	561	584	572.33
61	陕西	理工	海洋资源开发技术	普通类	3	344	572	576	574.33
61	陕西	理工	数学类	普通类	3	344	591	596	593.67
61	陕西	理工	数学与应用数学（中外合作办学）	中外合作办学	2	344	573	575	574
61	陕西	理工	应用物理学(中外合作办学)	中外合作办学	2	344	569	572	570.5
61	陕西	理工	应用化学（中外合作办学）	中外合作办学	3	344	563	564	563.33
61	陕西	理工	生物科学（中外合作办学）	中外合作办学	2	344	565	568	566.5
61	陕西	理工	机械设计制造及其自动化(中外合作办学)	中外合作办学	2	344	570	572	571

续表

省区市代码	省（区、市）	科类	专业名称	统计类型	录取人数	控制线	最低分	最高分	平均分
61	陕西	理工	计算机科学与技术（中外合作办学）	中外合作办学	2	344	572	574	573
62	甘肃	文史	国际政治	国家专项	1		554	554	554
62	甘肃	文史	新闻学	国家专项	2		548	550	549
62	甘肃	文史	汉语言文学	国家专项	2		554	555	554.5
62	甘肃	文史	经济学类	国家专项	1		561	561	561
62	甘肃	文史	工商管理类	国家专项	3		546	552	549
62	甘肃	文史	外国语言文学类	国家专项	3		546	551	548.67
62	甘肃	文史	法学类	国家专项	1		559	559	559
62	甘肃	文史	国际政治	普通类	2	425	555	557	556
62	甘肃	文史	新闻学	普通类	2	425	559	560	559.5
62	甘肃	文史	汉语言文学	普通类	2	425	560	560	560
62	甘肃	文史	工商管理类	普通类	2	425	557	558	557.5
62	甘肃	文史	外国语言文学类	普通类	2	425	555	559	557
62	甘肃	文史	法学类	普通类	2	425	559	561	560
62	甘肃	理工	经济学类	国家专项	2		548	548	548
62	甘肃	理工	工商管理类	国家专项	5		523	544	530.4
62	甘肃	理工	外国语言文学类	国家专项	4		542	548	545.25
62	甘肃	理工	法学类	国家专项	2		545	547	546
62	甘肃	理工	自动化类	国家专项	2		551	558	554.5
62	甘肃	理工	电子信息类	国家专项	2		550	555	552.5
62	甘肃	理工	计算机类	国家专项	1		555	555	555
62	甘肃	理工	智能制造工程	国家专项	1		549	549	549
62	甘肃	理工	海洋科学	国家专项	4		536	546	543
62	甘肃	理工	海洋资源开发技术	国家专项	4		526	549	540.5
62	甘肃	理工	数学类	国家专项	1		556	556	556
62	甘肃	理工	国际政治	普通类	2	345	545	545	545
62	甘肃	理工	工商管理类	普通类	3	345	546	549	547.67
62	甘肃	理工	外国语言文学类	普通类	3	345	544	551	547.67

续表

省区市代码	省（区、市）	科类	专业名称	统计类型	录取人数	控制线	最低分	最高分	平均分
62	甘肃	理工	法学类	普通类	5	345	543	552	547.2
62	甘肃	理工	自动化类	普通类	3	345	551	555	552.67
62	甘肃	理工	电子信息类	普通类	3	345	553	554	553.33
62	甘肃	理工	计算机类	普通类	2	345	554	556	555
62	甘肃	理工	智能制造工程	普通类	2	345	550	551	550.5
62	甘肃	理工	海洋科学	普通类	4	345	545	547	545.75
62	甘肃	理工	海洋资源开发技术	普通类	3	345	545	548	546.33
62	甘肃	理工	数学类	普通类	3	345	550	556	553.33
62	甘肃	艺术（不分文理）	舞蹈编导	艺术类	2	442	254	256	255
63	青海	文史	新闻学	国家专项	1		521	521	521
63	青海	文史	汉语言文学	国家专项	1		523	523	523
63	青海	文史	法学类	国家专项	1		525	525	525
63	青海	文史	工商管理类	普通类	2	409	516	516	516
63	青海	文史	法学类	普通类	2	409	519	521	520
63	青海	理工	工商管理类	国家专项	1		468	468	468
63	青海	理工	海洋科学	国家专项	1		459	459	459
63	青海	理工	经济学类	普通类	2	335	487	490	488.5
63	青海	理工	工商管理类	普通类	2	335	484	485	484.5
64	宁夏	文史	经济学类	国家专项	1		552	552	552
64	宁夏	文史	外国语言文学类	国家专项	1		556	556	556
64	宁夏	文史	法学类	国家专项	1		552	552	552
64	宁夏	文史	外国语言文学类	普通类	3	425	551	555	552.67
64	宁夏	文史	法学类	普通类	2	425	555	555	555
64	宁夏	理工	工商管理类	国家专项	1		480	480	480
64	宁夏	理工	海洋科学	国家专项	1		457	457	457
64	宁夏	理工	经济学类	普通类	2	350	515	516	515.5
64	宁夏	理工	工商管理类	普通类	2	350	513	523	518
64	宁夏	理工	自动化类	普通类	2	350	512	519	515.5

续表

省区市代码	省（区、市）	科类	专业名称	统计类型	录取人数	控制线	最低分	最高分	平均分
64	宁夏	理工	海洋资源开发技术	普通类	2	350	509	511	510
65	新疆	文史	汉语言文学	国家专项	1		527	527	527
65	新疆	文史	经济学类	国家专项	1		525	525	525
65	新疆	文史	工商管理类	国家专项	1		518	518	518
65	新疆	文史	外国语言文学类	国家专项	1		528	528	528
65	新疆	文史	新闻学	普通类	2	334	525	526	525.5
65	新疆	文史	汉语言文学	普通类	2	334	526	526	526
65	新疆	文史	经济学类	普通类	2	334	527	533	530
65	新疆	文史	工商管理类	普通类	2	334	525	534	529.5
65	新疆	文史	外国语言文学类	普通类	2	334	527	528	527.5
65	新疆	理工	工商管理类	国家专项	1		505	505	505
65	新疆	理工	法学类	国家专项	2		490	500	495
65	新疆	理工	电子信息类	国家专项	1		505	505	505
65	新疆	理工	计算机类	国家专项	1		505	505	505
65	新疆	理工	海洋科学	国家专项	2		477	486	481.5
65	新疆	理工	海洋资源开发技术	国家专项	1		495	495	495
65	新疆	理工	经济学类	普通类	2	290	531	536	533.5
65	新疆	理工	工商管理类	普通类	3	290	523	524	523.67
65	新疆	理工	外国语言文学类	普通类	2	290	522	525	523.5
65	新疆	理工	法学类	普通类	3	290	524	532	527.33
65	新疆	理工	自动化类	普通类	3	290	528	532	529.67
65	新疆	理工	电子信息类	普通类	2	290	528	530	529
65	新疆	理工	计算机类	普通类	2	290	532	533	532.5
65	新疆	理工	智能制造工程	普通类	3	290	526	528	527
65	新疆	理工	海洋科学	普通类	4	290	523	527	524.75
65	新疆	理工	海洋资源开发技术	普通类	3	290	521	526	523